【市 树】香 樟

【市 花】菊 花

【土地面积】986.73 平方千米（其中陆地面积 791.06 平方千米）

【户籍人口】91.47 万人

【城市区位】沿海和长江两大经济开发带交会处

【城市性质】新兴的现代化港口城市

【张家港精神】团结拼搏 负重奋进 自加压力 敢于争先

【辖区镇】保税区（金港镇）、经济技术开发区（杨舍镇）、冶金工业园（锦丰镇）、塘桥镇、凤凰镇、乐余镇、南丰镇、大新镇、常阴沙现代农业示范园区、双山岛旅游度假区

【2013 城市荣誉】全国科技进步先进市、全国义务教育发展基本均衡县（市）、国家餐饮服务食品安全示范市、国家公共文化服务体系示范区、全国社会工作服务示范地区、中国曲艺之乡、全国版权示范城市创建市、全国法治县（市、区）创建活动先进单位

美丽城镇——凤凰镇

千年古镇

美丽凤凰

桃源人家

河阳山歌馆

凤恬路

河阳庙会

恬庄古街

ZHANGJIAGANG ALMANAC 2014

中国年鉴资源全文数据库核心年鉴

张 家 港 市 人 民 政 府 主 办

中共张家港市委党史地方志办公室编

图书在版编目（CIP）数据

张家港年鉴. 2014 / 中共张家港市委党史地方志办公室编. -- 北京 ：方志出版社，2014.8
ISBN 978-7-5144-1333-5

Ⅰ. ①张… Ⅱ. ①中… Ⅲ. ①张家港市－2014－年鉴 Ⅳ. ①Z525.33

中国版本图书馆CIP数据核字（2014）第187512号

张家港年鉴（2014）

编　　者：中共张家港市委党史地方志办公室
责任编辑：从　珺
出 版 人：冀祥德
出 版 者：方志出版社
地址　北京市朝阳区潘家园东里9号（国家方志馆四层）
邮编　100021
网址　http://www.fzph.org
发　　行：方志出版社发行中心
(010) 67110500
经　　销：各地新华书店
印　　刷：南京凯德印刷有限公司
开　　本：889×1194　1/16
印　　张：40.25
字　　数：925千字
版　　次：2014年8月第1版　2014年8月第1次印刷
印　　数：0001～2600册
ISBN 978-7-5144-1333-5/K·1086　定价：210.00元

张家港年鉴编纂委员会

名誉主任	姚林荣
主　　任	朱立凡
副 主 任	高建刚　单玉珍　杨　芳　陆颂义　华　红
委　　员	（按姓氏笔画排序）
	万资平　王永康　王觉方　卢德兴　龙凤清
	孙敏彪　朱兴华　严栋兴　何　剑　应　梓
	张卫中　张小伟　汪丽菁　沈　浩　邵建华
	陈世海　陈　稳　周　兵　周志虎　尚文涛
	罗晓骏　秦毅峰　袁　勋　袁雪祥　钱锦东
	陶　平　黄亚红　黄祥亮　黄惠珍　黄　镇
	詹亚军　蔡彩虹　潘正云　戴建明

《张家港年鉴（2014）》

主　　审	陆颂义　应　梓
主　　编	陈　稳
副 主 编	汪丽菁　卢德兴　张　洁
编　　辑	汪丽菁　卢德兴　陈建明　俞慧军　张　洁
	黄宏庆　陆文琰　陆正芳　景力颖　朱永平
	钱永浩　沈立平　卞永高　沈国民　陈友恭
图片编辑	沈立平
装帧设计	张家港市无界广告设计中心
地图编制	苏州市地图应用开发中心
编　　务	马　俊　许建东　陆婷婷

序

中共张家港市委书记 姚林荣

全面推进港城现代化建设
争当苏南现代化示范区建设排头兵

在全市上下凝心聚力推进港城现代化建设，扎实开展党的群众路线教育实践活动的重要时刻，2014卷《张家港年鉴》带着浓郁的墨香与广大读者见面了。她以丰富的内容、翔实的资料和精美生动的图片，真实全面记录了过去一年全市人民大力弘扬张家港精神，攻坚克难、创新实干、争先率先的奋斗历程，充分展示了全市经济社会发展的重大成就和崭新风貌，是一本存史、资政、育人的生动教材。

2013年，全市上下认真学习贯彻党的十八大、十八届三中全会和习近平总书记一系列重要讲话精神，按照《张家港市现代化建设三年行动计划》的总体部署，以“全面推进港城现代化建设”为总目标，以“六大提升行动”为总任务，以“810工程”为总抓手，全力以赴稳增长、抓创新、促转型，全市经济社会各项事业取得了来之不易的成绩。一年来，**经济发展难中有进，转型升级步伐加快**。页岩气新材料、康得新光学膜、国家再制造产业示范基地以及汽车整车进口口岸等一批重大产业项目和重要载体平台取得突破。新增省“双创”人才居全省县市（区）之首，“姑苏”人才连续三年位居苏州县市第一，荣获“全国科技进步先进市”七连冠。**城乡一体稳步推进，城市品质不断提升**。沙洲湖湖区形象开始显现，金港滨江新城、锦丰沙洲新城、凤凰新城等片区新城建设有序推进，疏港高速开工建设，通洲沙西水道二期主体工程竣工。村级经济发展迅速，村均可支配收入达718万元，其中超千万元的村达30个，形成了全省最大的强村群体。**生态建设全面加强，人居环境巩固优化**。全面实施《张家港市生态文明建设三年行动计划》，完成农业保护和发展“四个百万亩”落地上图。高标准建设黄泗浦生态园、一干河生态系统工程、双山岛生态湿地等“十大生态工程”，林木覆盖率达19.2%、居苏州县市第一。村庄环境得到全面整治，成为首批“全省村庄环境整治工作示范市”。**社会事业协调发展，群众生活持续改善**。社会保障水平保持全省领先，全体居民人均可支配收入达3.52万元，居苏州县市第二。成功举办第十届长江文化艺术节，“公共文化服务网格化模式创新与示范”入选国家文化创新工程重点项目，“群星奖”“文华奖”和“中国戏剧奖”获奖数量列全国县（市）第一。成为全国首批义务教育发展基本均衡县（市），平安建设经验在全国推广。

2014年是全面深化改革的启动之年，也是全面推进港城现代化建设的关键一年。全市上下要深入贯彻落实党的十八大和十八届三中全会精神，坚持“稳中求进、好中求快、改革创新、勇于争先”的导向，与时俱进弘扬张家港精神，以“810成效比拼年”为主题，以转型升级为核心，突出项目人才，提升产业品质；突出功能内涵，提升城市品质；突出环境整治，提升生态品质；突出群众满意，提升生活品质，全力推进港城现代化建设，争当苏南现代化示范区建设排头兵。

《张家港年鉴》作为市委、市政府的年度综合性公报和大型资料工具书，已成为全市文化建设的一个靓丽品牌。希望《张家港年鉴》进一步彰显地方特色，放大品牌效应，提升资政服务功能，为促进地方经济社会发展，为各级领导决策参考，为宣传张家港、推介张家港，发挥更加重要的作用，做出新的更大的贡献。

2014年7月

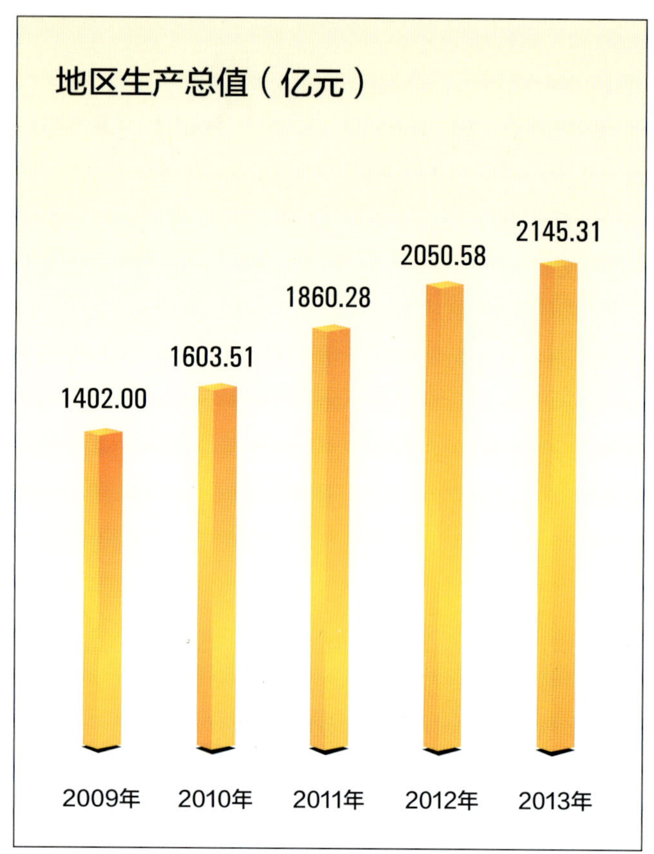
地区生产总值（亿元）
1402.00
1603.51
1860.28
2050.58
2145.31
2009年
2010年
2011年
2012年
2013年

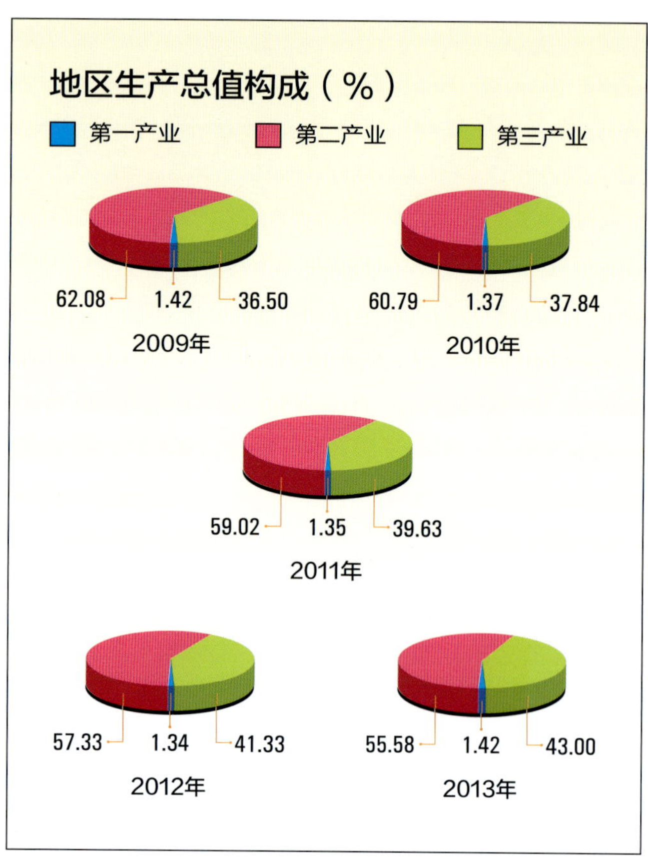
地区生产总值构成（%）
第一产业
第二产业
第三产业
62.08
1.42
36.50
2009年
60.79
1.37
37.84
2010年
59.02
1.35
39.63
2011年
57.33
1.34
41.33
2012年
55.58
1.42
43.00
2013年

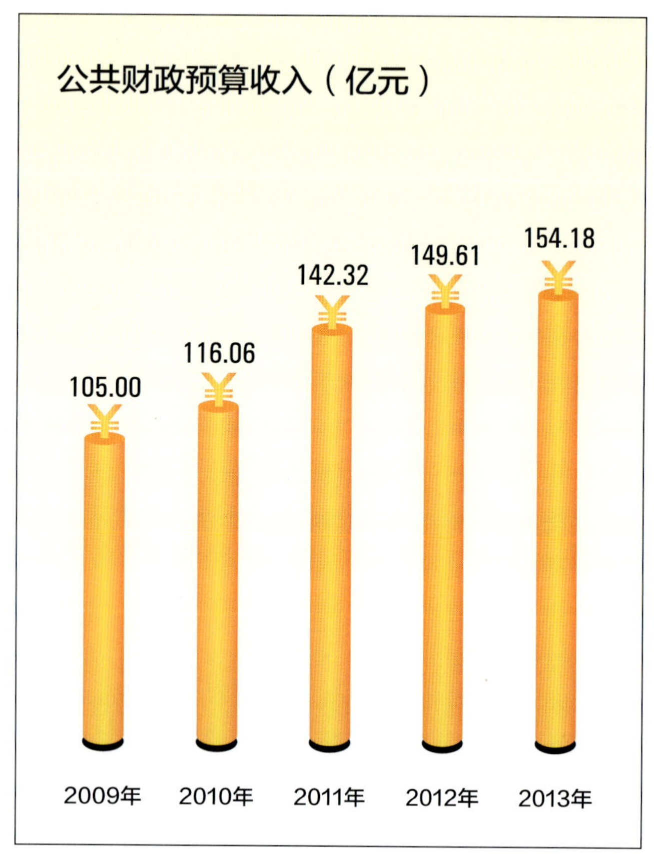
公共财政预算收入（亿元）
105.00
116.06
142.32
149.61
154.18
2009年
2010年
2011年
2012年
2013年

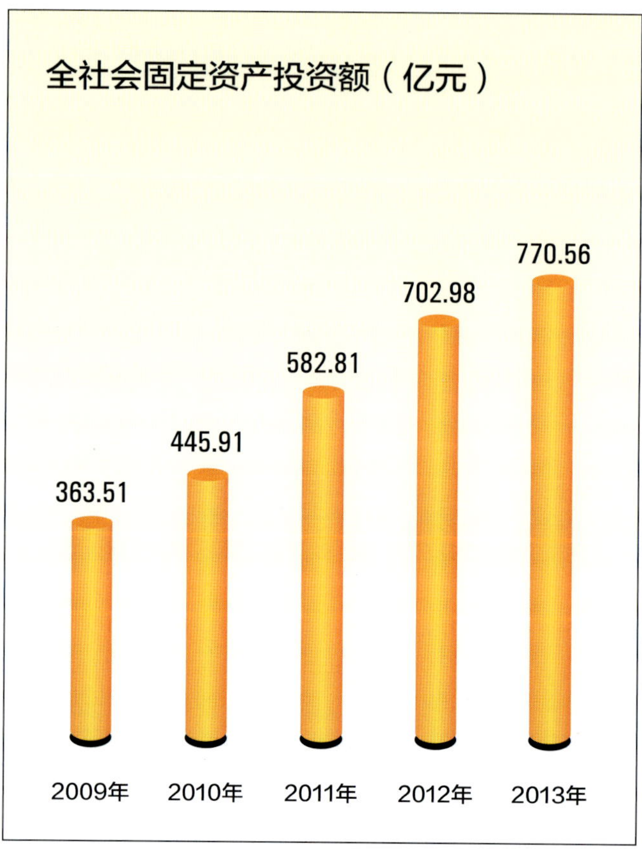
全社会固定资产投资额（亿元）
363.51
445.91
582.81
702.98
770.56
2009年
2010年
2011年
2012年
2013年

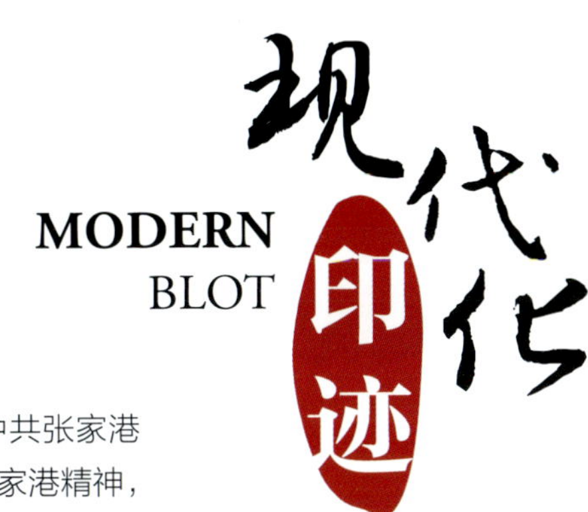

2013 年，是张家港市现代化建设三年行动计划的启动之年。全市人民在中共张家港市委的坚强领导下，深入贯彻落实党的十八大和十八届三中全会精神，大力弘扬张家港精神，紧紧围绕“全面推进港城现代化建设”的总目标，聚焦“810 工程”，实施“六大提升行动”，突出重点抓落实，攻坚克难求实效，全力抓好稳增长、促转型、惠民生各项工作。

2013 年，全市更加注重经济发展的质量和效益，抓牢重大项目、人才科技、载体平台等关键要素，集聚资源优先保障“810 工程”项目，大力实施淘汰落后、腾笼换凤，产业转型呈现提速提质的良好势头。全市更加注重城乡建设的内涵和节奏，加快重大基础设施和安置房建设，有序推进中心城区和片区新城开发，优化镇区和办事处功能形象，城市品质得到进一步提升。全市更加注重在整体改善群众生活质量的同时，加大对困难群众的帮扶救助力度，坚持可持续的要求办好普惠性民生事业，现代化建设成果加快惠及全体市民。

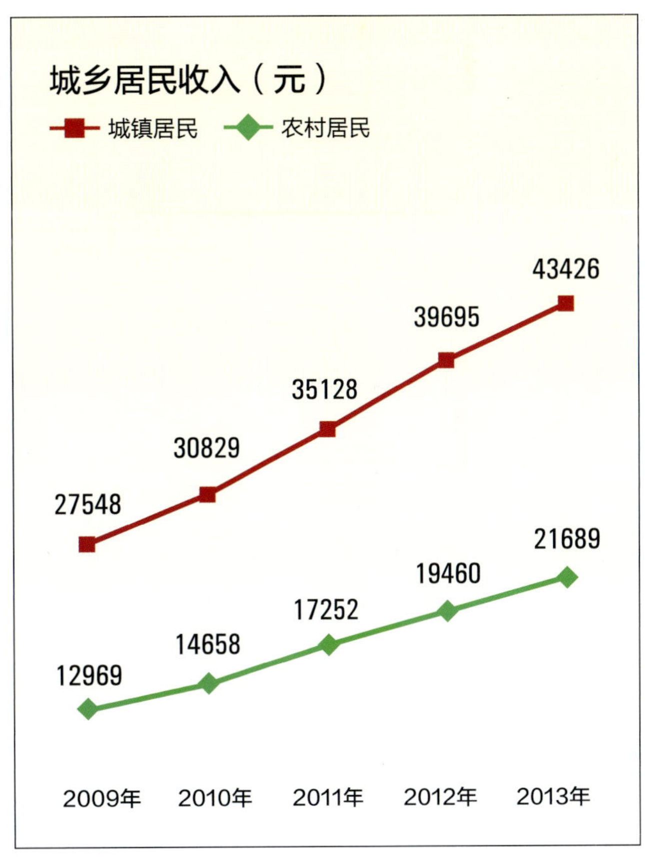

2月22日，张家港保税港区汽车整车进口口岸通过国家验收。图为验收工作会议现场　　（王　佩　摄）

3月5日，东山村遗址、黄泗浦遗址、杨氏宅第入选第七批全国重点文物保护单位。图为杨氏宅第之一榜眼府敦本堂　（凤凰镇　供稿）

3月14日，张家港市首批被命名为全省“书香之县（市、区）”。图为“徐玲公益书屋”赠书仪式　　（张家港日报社　供稿）

5月18日，张家港市以全优成绩通过评估认定，首批成为全国义务教育发展基本均衡县（市）。图为全国县域义务教育均衡发展督导评估认定现场会会场　　（庞瑞和　褚珊珊　摄）

7月18日，市委、市政府联合印发《张家港市现代化建设三年行动计划（2013～2015）》，提出以“810工程”为重中之重，深入实施“六大提升行动”，加快建设更具实力、更显美丽、更加幸福的现代化城市。图为十大制造业项目之一霍尼韦尔特性材料和技术集团张家港生产基地奠基仪式　　（王　佩　摄）

10月24日，张家港再制造产业示范基地被国家发改委批准为首批“国家再制造产业示范基地”。图为开工典礼（严子洋　摄）

9月26日，南丰镇永联村党委书记、永钢集团董事长吴栋材获全国道德模范称号。图为吴栋材先进事迹集中采访座谈会

（黄智强　摄）

10月16日，常阴沙农业产业化示范基地被农业部认定为国家农业产业化示范基地。图为常阴沙现代农业示范园区

（张家港日报社　供稿）

11月1日，张家港长江文化基金会成立。图为揭牌仪式

（严子洋　摄）

12月22日，中央文明办公布2013年全国城市文明程度指数测评结果，张家港市继续位居全国同类城市之首。图为志愿者陪同市老年公寓老人游览步行街（严子洋　摄）

市第七届科技节授牌仪式 （肖　湘　摄）

页岩气新材料综合利用研发生产基地项目签约仪式 （苏栋汇　摄）

中国（江苏）国际科技交流与人才智力合作大会

（庞瑞和　褚珊珊　摄）

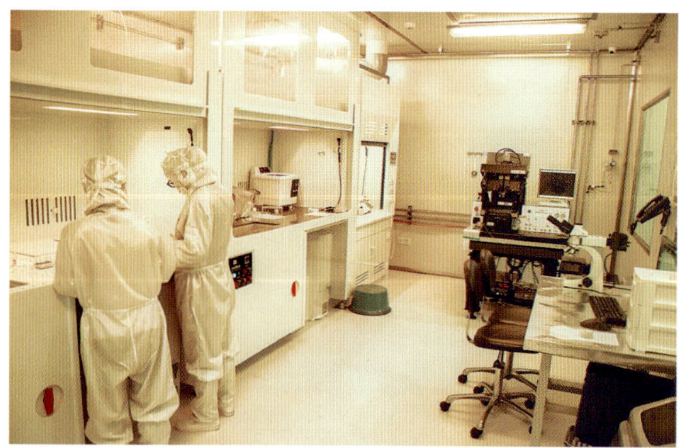

国家“千人计划”专家创办企业——江苏能华微电子科技发展有限公司 （经开区　供稿）

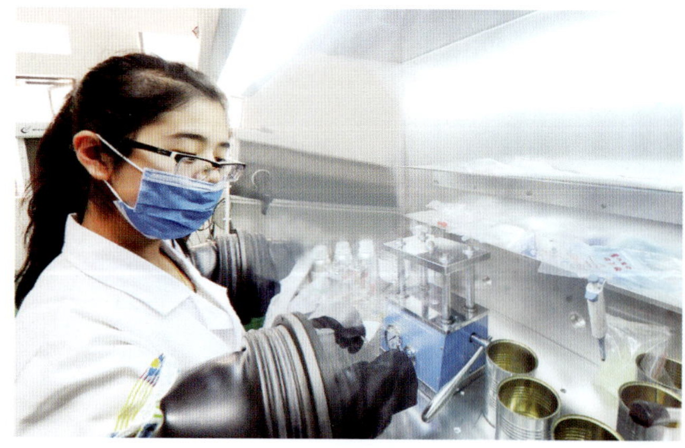

沙洲湖科技创业园投入试运行的首家企业——江苏华东锂电技术研究院 （严子洋　摄）

2013 年，张家港市突出转型升级这个核心，紧紧抓牢“重大项目、科技人才、载体平台、企业运行”等环节，全力以赴稳增长、抓创新、促转型。全年实现地区生产总值 2145.31 亿元，比上年增 6.1%；公共财政预算收入 154.18 亿元，比上年增 3.1%；全社会固定资产投资 770.56 亿元，比上年增 9.6%；规模以上新兴产业产值 1965 亿元，占规模以上工业总产值比重的 39.8%；全社会研发投入占地区生产总值比重达到 2.6%；服务业增加值占地区生产总值比重达到 43%；沙钢集团连续 5 年跻身世界 500 强，列第 318 位。

东城科技创业园 （陈　东　摄）

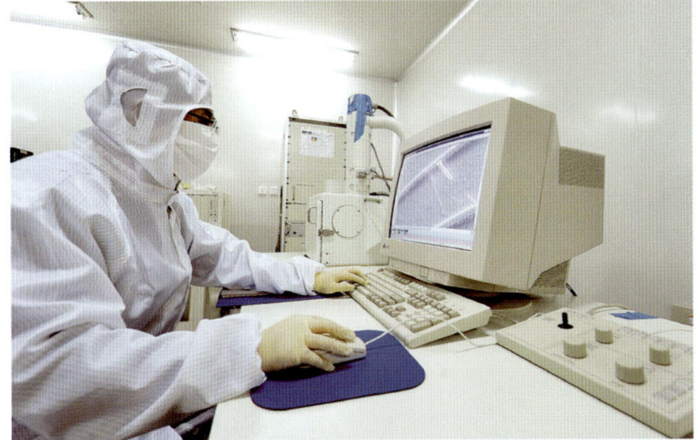

“千人计划”（张家港）集成光电研究院 （严子洋　摄）

江苏和昊激光科技有限公司 （肖　湘　摄）

“利固敖”号滚装船靠泊保税港务码头 （褚珊珊　摄）

重型装备制造基地码头 （王　佩　摄）

东沙物流园 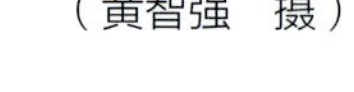 （黄智强　摄）

那智不二越（江苏）精密机械有限公司 （经开区　供稿）

张家港富瑞特种装备股份有限公司 （李　颖　摄）

永钢集团启动“十二五”规划转型升级项目（严子洋　摄）

玖隆物流园（冶金工业园　供稿）

常阴沙油菜花海　　（徐　威　摄）

沙洲湖　　（朱德明　摄）

2013年，全市把生态文明理念融入现代化建设的各个领域，坚持产业化与城镇化互动并进，把握城乡一体化建设的内涵和节奏，编制完成保留村庄布点规划。新开工安置房面积409万平方米，竣工404万平方米。环城河创建成国家级水利风景区。“810工程”的十大基础设施工程、十大生态工程顺利推进。沙洲湖湖区形象开始显现，金港滨江新城、锦丰沙洲新城、凤凰新城等片区新城建设稳步推进，镇区三年综合改造工程全部完成。

小城河梦翼雕塑广场　（严子洋　摄）

南丰镇永联村江鲜美食街　（王苗苗　摄）

滨江公园“银杏染秋”美景　（庞瑞和　摄）

香山公园　（孙凤贤　摄）

大新镇新东社区　（严子洋　摄）

南丰镇法治文化广场　（王志向　摄）

常阴沙现代农业示范园区常兴社区　（市城乡环境卫生指导中心　供稿）

崛起的新城　　　　（张龙法　摄）

保税区（金港镇）一角　　　　（严子洋　摄）

沙洲新城郁金香美景　　　　（蔡春林　摄）

市委书记姚林荣参加保税区（金港镇）“民生面对面”活动

（褚珊珊　摄）

市委副书记、市长朱立凡参加经开区（杨舍镇）“民生面对面”活动

（严子洋　摄）

2013年中国（张家港）长江文化艺术节开幕式

（庞瑞和　摄）

经开区（杨舍镇）汇景社区、万红社区举办庆中秋大联欢

（严子洋　摄）

沙洲湖科技创业园项目部“虹筑之家”

（市住建局　供稿）

2013年，张家港市把改善民生作为出发点和落脚点，大力推进以管理创新为重点的社会建设，突出加强困难群众帮扶，努力使发展成果更多惠及群众。城镇居民人均可支配收入和农村居民人均纯收入分别达到4.34万元、2.17万元，比上年增9.4%和11.5%。全年开发就业援助岗位1.26万个，新增城镇职工社保参保人员4.2万人。编制完成养老服务设施布局规划，基本公共卫生服务项目绩效居全省县级市第一，成为全国首批义务教育发展基本均衡县（市）。成功举办第十届长江文化艺术节，“公共文化服务网格化模式创新与示范”入选国家文化创新工程重点项目。平安建设经验在全国推广，城乡和谐社区建设达标率分别达到99%和98.2%。

南丰镇建农村民主协商会　（南丰镇　供稿）

市检察院工作人员农家院内听民声　（庞瑞和　摄）

新市民幸福百家宴　（严子洋　摄）

全市少数民族“我爱我家手工艺”展示活动 （庞瑞和 摄）

南丰镇永联村“策马奔腾迎新春、千人健步迎健康”活动 （黄智强 摄）

“金塘桥”第七届围棋节 （褚珊珊 摄）

凤凰“爱恋桃花缘”相亲会 （凤凰镇 供稿）

冶金园（锦丰镇）书院社区“四点半学校” （严子洋 摄）

听江苏省道德模范金小华讲故事 （严子洋 陈 忠 摄）

开展“光盘行动” （严子洋 摄）

善港道德书场 （李 颖 摄）

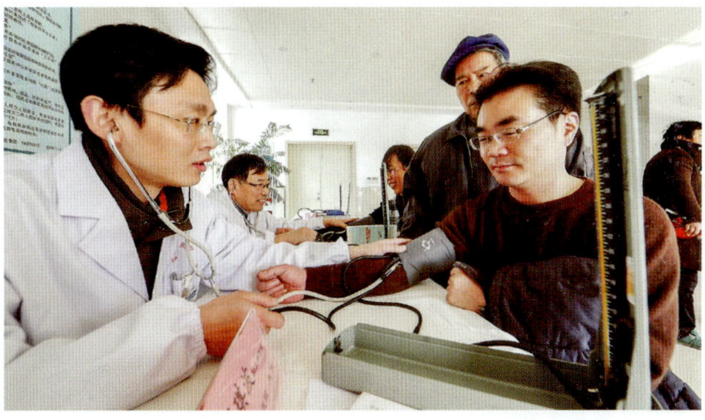

医疗专家在保税区（金港镇）公共卫生中心为市民开展健康义诊 （严子洋 摄）

市人力资源市场　　（市人社局　供稿）

市首届退休人员文体艺术节　　（市人社局　供稿）

市新市民意外保险启动仪式　　（市新市民事务中心　供稿）

亲情“虚拟”养老院　　（严子洋　摄）

凤凰镇农村气象工作站　　（市气象局　供稿）

花园浜小区照明改造　　（市城管局　供稿）

2013年，张家港市实事工程共五大类15个项目，其中跨年度项目5项。一是惠民工程，包括提高劳动者就业率、提高城乡养老人员待遇、增设惠民险种；二是便民工程，包括新增居家养老服务设施、增设社区卫生服务中心、气象精细化预报建设；三是宜居工程，包括住宅小区防盗设施建设、背街小巷及路灯改造、老城区天然气配套用户改造、镇区设施改造；四是文化教育事业建设工程，包括文化育民工程、新建3所学校及更新66辆校车；五是“菜篮子”工程，包括农副产品批发市场易地新建工程、城西拓展区菜场建设工程、改造老农贸市场及增加优质蔬菜基地直销点。

云盘二村天然气改造（市住建局　供稿）

乐余镇人民路街景改造工程（市住建局　供稿）

大新镇“沙上秧歌”展演（肖　湘　摄）

永联小镇天天鲜超市市区店（黄智强　摄）

7月5日，市委书记姚林荣会见法国驻上海总领事馆总领事卢力捷

8月29日，市委副书记、市长朱立凡会见韩国浦项市市长朴承浩

5月14日，副市长部军民会见南非驻上海代总领事陶博闻一行

9月中旬，加拿大万锦市区域议员李国贤及华盛顿商贸团访问张家港市

11月4日，埃塞俄比亚投资说明会在张家港市举行，埃塞俄比亚工业部国务部长西塞等出席

11月6日，巴哈马副总督Dame Marguerite Pindling、外交部长Frederick A. Mitchell与中国驻巴哈马候任大使苑桂森参加过产业重机（江苏）有限公司为巴哈马坎贝尔船运公司制造的3.75万吨级散货船NB0029号下水及命名仪式

11月1日至4日，韩国浦项市迎日高师生访问张家港市

11月21日至23日，日本福井县永平寺町日中友好协会访问张家港市

11月2日，韩国传统特色节目《风物游戏》在2013年中国（张家港）长江文化艺术节开幕式上展演

（市外事办　供稿）

杨佳怡

对于大部分孩子来说，10岁是一个见到打针就怕的年龄。然而，市中兴小学四年级学生杨佳怡，为挽救身患白血病的父亲，勇敢地捐献了自己的造血干细胞，诠释了一个10岁女孩对父亲的爱。

季静娟

45岁，出生于经开区（杨舍镇）乘航办事处，毕业于苏州评弹学校，先后师从张碧华、邢宴芝两位评弹表演艺术家，刻苦钻研评弹艺术，曾多次获国家级、省级大奖。演出过《法华庵》《赵匡胤》等多部长篇剧，深受江浙沪广大评弹观众喜爱。2012年，凭借现代短篇弹词《良心》获得中国曲艺最高奖牡丹奖。她嗓音醇厚，充满磁性，声情并茂，塑造的人物个性鲜明。从艺20余年，她常年坚持一线演出，跑遍江浙沪的大小书场，演出3600余场，为观众送去欢乐。

李志强

2013年9月11日，经开区（杨舍镇）东莱办事处徐丰小区19幢一间车库液化气爆炸，突发大火。在这生死攸关的时刻，同住该小区的李志强不顾个人安危，毅然钻进滚滚火场中，奋力将车库内的老人转移到安全的地方，然后再次冲进车库，关闭煤气阀门，防止了二次事故的发生。他奋不顾身，勇闯火场，不是消防队员，胜似消防队员。

尚丛林

34岁，安徽人，家住保税区（金港镇）德丰社区。2004年，他与徐菊香结婚，组成新的家庭，家庭成员除了夫妻两人以及徐菊香的一儿一女外，还有徐菊香的前婆婆王正英。10年前，徐菊香的前夫不幸意外死亡，她独自挑起整个家庭的重担，尚丛林被徐菊香的善良所打动。结婚后，为了全力抚养好徐菊香的子女，尚丛林放弃了生育自己孩子的机会，还毫无芥蒂地叫王正英为“妈妈”，并经常和老人聊聊天，让老人感受到晚辈的孝顺和家庭的温馨。

俞振尧

2013年12月9日傍晚，在南丰镇永钢大道永丰村附近，一辆轿车因为追尾翻入路边的河里，一车五人全被困在车中。危急时刻，新市民俞振尧挺身而出，跳入冰冷的河水中，把被困人员全部解救出来。他舍己救人、见义勇为的精神传播了社会正能量。

沈佑刚

41岁，江苏华昌集团电焊技师。沈佑刚是一名外来务工人员，他勤奋好学，自强不息，凭着一股韧劲，勇于探索，不断提高自己，熟练掌握了一系列焊接技术，从生产一线的一名普通员工，成长为焊接技师、公认的电焊大王。他先后被评为建设第二故乡优秀青年新长征突击手，获2012年首届江苏技能状元大赛苏州赛区选拔赛焊工第一名、2013年苏州市首届技能状元大赛焊工第二名、2013年苏州市五一劳动奖章。

年末，张家港市举办“真心英雄”2013年张家港年度新闻人物评选。通过寻访英雄，候选人事迹展播，超过5万名市民参与投票，最终选出杨佳怡、季静娟、李志强、尚丛林、俞振尧、沈佑刚、程莲娣、王明生、袁琦琦、城南环卫所步行街保洁组为“真心英雄”。上图为2014年1月16日，“真心英雄”颁奖典礼现场。

程莲娣

69岁，塘桥镇鹿苑人，在鹿苑菜场附近经营一家早餐店。24年前，程莲娣不顾他人劝阻收留了智障儿孙文刚。24年中，这位善良的老人把孙文刚当成自己的亲人，让这个单纯朴实的“孩子”摒弃了“流浪”的习性，懂得了知恩回报。24年中，这两个没有血缘关系的人形成了一套固定、和谐的相处模式，成为了亲人。

王明生

76岁，家住市花园浜四村。退休前王明生是一位测绘工程师。十几年中，他一直为新市民子女免费辅导一至六年级的功课。2007年，王明生被查出患有癌症。尽管如此，他依然坚持帮助孩子。王明生共辅导20余名孩子。他说，生命不息，奉献不止，帮助别人，快乐自己。

袁琦琦

19岁，乐余镇人，2006年进入张家港市少年业余体校训练，2010年11月入选苏州市体校田径队。曾在2012年全国田径大奖赛山东淄博站获女子100米及200米冠军。2013年9月11日晚，在第十二届全运会田径项目女子4×100米接力决赛中，代表江苏队参赛的袁琦琦被安排在第四棒，冲刺时，她遥遥领先，最终江苏队轻松夺冠。此次夺冠实现张家港籍选手在全运会赛场田径项目上金牌零的突破。

城南环卫所步行街保洁组

由12名女同志组成，平均年龄45岁。她们克服步行街人流量大、保洁要求高等困难，通过落实“15分钟保洁”“一周一次大冲洗”等措施，实现了步行街天天干净、月月整洁、年年靓丽的目标，用自己20年的辛勤劳动擦亮张家港市的文明窗口。

（市文广新局、市城管局 供稿）

编辑说明

一、《张家港年鉴》是由中共张家港市委领导、张家港市人民政府主办、中共张家港市委党史地方志办公室负责逐年编纂的张家港市地方综合性年鉴。

二、《张家港年鉴（2014）》为第十九卷。她全面、系统、真实地记录了2013年度张家港市自然、政治、经济、文化和社会生活等方面的基本情况，为领导决策提供依据，为中外人士了解和研究张家港提供资料，也为地方史志留下宝贵史料。

三、《张家港年鉴（2014）》采用条目式记事体，分类编纂。基本结构为类目、分目、条目三个层次。《张家港年鉴（2014）》共设类目38个，下设分目239个、条目996个、表格124张。

四、年鉴彩页彰显年度特色。公共彩页突出“全面推进现代化建设”和“实力张家港、美丽张家港、幸福张家港”建设主线。以“现代化印迹”为题，用数据体现2013年张家港市聚焦“810工程”，实施“六大提升行动”，突出重点抓落实，攻坚克难求实效，全力抓好稳增长、促转型、惠民生各项工作；以“年度聚焦”为题，体现张家港市年度大事；以“实力张家港”为题，体现张家港市以转型升级为核心，创新经济发展路径情况；以“美丽张家港”为题，体现张家港市以城市能级为核心，创新推进城乡一体情况；以“幸福张家港”为题，体现张家港市以人文幸福为核心，创新社会建设管理情况。同时设置“实事工程”“友好往来”“真心英雄”等栏目。

五、年鉴正文框架设计充分体现分类合理、主题明晰、特色鲜明的特点，与2013卷年鉴相比类目上有较大调整。一是为充分体现全市“全面推进现代化建设，争当苏南现代化示范区建设排头兵”主题，设置专文《全力争当苏南现代化示范区建设排头兵》，放在“特载•特辑”中，作为全书开篇。二是体现“文明张家港”特色，改版“概况”篇，专门设置“文明张家港”分目，并将组织机构及其领导人内容移入，大量增加2013年大事要事的信息，让其真正成为具有年度特色的可反映2013年张家港市全貌的概况。三是为突出2013年社会经济发展新特色，展现法治建设、城乡一体化及社会民生发展的新特点，调整设置“法治•军事”“生态环境建设”“农业和农村工作”“商贸服务业•旅游业”“市场 · 物流”“人力资源和社会保障”“社会民生”篇，并将“开放型经济”和“民营经济”置于经济类目之首。四是在书末选择书香城市建设和全国各大媒体集中宣传报道的全国道德模范两件大事设专记反映年度闪光点。

六、《张家港年鉴（2014）》采用的稿件由全市各区镇、各部门提供，并经相关单位领导审核。文中所列数据，原则上依据《张家港统计年鉴（2013）》，统计年鉴中没有的以主管部门统计为准。有些数据因统计口径不同而有所差异，请读者在引用时加以注意。

七、《张家港年鉴（2014）》有纸型版和光盘版两种版本。光盘版内附有视频、音频资料。

八、根据行文实际需要，年鉴部分机构使用简称，机构全称与简称对照表列于目录前。文中“年初”“年内”“年末”指2013年年初、年内、年末，“上年”指2012年。

九、《张家港年鉴（2014）》卷首有总目和详细的中文目录、英文要目，卷末有按汉语拼音顺序排列的主题分析索引，各卷有该篇分目提示，文中信息可由目录、索引、书眉等获得。

十、年鉴征编工作，得到了上级部门和全市各区镇、各部门、各单位的支持和帮助，在此深表谢意！由于编辑水平有限，不足之处恳请广大读者批评指正。

张家港市域图
靖江市
南通市
南通港
通沙汽渡
双山高尔夫俱乐部
双山岛旅游度假区
双中
老圩
新圩
渡口
十字港口
巫山港口
张家港口
双山轮渡
老套港口
四干河口
五干河口
六干河口
七干河口
江心沙
长江
金港镇
张家港保税区管委会
长江西路
港华路
南沙办事处
香山寺
香山风景区
杨舍镇
江阴市
周庄镇
长寿镇
常阴沙现代农业示范园区
畜禽良种场
齐心
红闸
东林
常西
常红
常北
常兴
常南
常沙
常东
东沙办事处
东沙
东风
东联
福山农场
福山
福山港口
崔浦塘口
望虞河口
海虞镇
赵市
谢桥
S340
S338
图例
市政府驻地
区镇政府驻地
办事处驻地
社区、社区居委会
行政村、场
码头
堤岸
河流
市界
镇界
高速公路
国道、省道
规划铁路
道路
规划道路
景点
图内界线不作划界依据
地图审查号：苏S（2012）070号
苏州图博地图应用开发中心
苏州数字地图网络科技有限公司
编制
责任编辑：王伟龙 电话：0512-57575000

张家港城区图
张家港市人民政府
沙洲湖科创园
江苏科技大学张家港校区
江苏科技大学苏州理工学院
沙洲湖
东城体育公园
梁丰生态园
长途汽车站
沙钢立交桥

张家港市部分机构简称、全称对照表

简　称	全　　称	简　称	全　　称
市委	中国共产党张家港市委员会	市人武部	张家港市人民武装部
市人大	张家港市人民代表大会	市国税局	张家港市国家税务局
市政府	张家港市人民政府	张家港地税局	苏州市张家港地方税务局
市政协	政协张家港市委员会	张家港工商局	苏州市张家港工商行政管理局
市纪委	中国共产党张家港市纪律检查委员会	张家港质监局	苏州市张家港质量技术监督局
民革市总支	中国国民党革命委员会张家港市总支委员会	张家港住房公积金中心	苏州市住房公积金管理中心张家港分中心
民盟市委	中国民主同盟张家港市委员会	市工商联	张家港市工商业联合会（总商会）
民建市基层委员会	中国民主建国会张家港市基层委员会	团市委	共青团张家港市委员会
农工党市委	中国农工民主党张家港市委员会	市妇联	张家港市妇女联合会
保税区（金港镇）	张家港保税区（金港镇）	市侨联	张家港市归国华侨联合会
经开区（杨舍镇）	张家港经济技术开发区（杨舍镇）	市文联	张家港市文学艺术界联合会
冶金园（锦丰镇）	江苏扬子江国际冶金工业园（锦丰镇）	市社科联	张家港市哲学社会科学界联合会
市委统战部	中国共产党张家港市委统一战线工作部	市科协	张家港市科学技术协会
市委农工办	中国共产党张家港市委农村工作办公室	市残联	张家港市残疾人联合会
市委史志办	中国共产党张家港市委党史地方志办公室	市关工委	张家港市关心下一代工作委员会
市发改委	张家港市发展和改革委员会	市食品药品监管局	张家港市食品药品监督管理局
市经信委	张家港市经济和信息化委员会	市政府口岸办	张家港市人民政府口岸办公室
市安监局	张家港市安全生产监督管理局	张家港边检站	张家港边防检查站
市农委	张家港市农业委员会	张家港检验检疫局	张家港出入境检验检疫局
市人口计生委	张家港市人口和计划生育委员会	张家港引航站	长江引航中心张家港引航站
市人社局	张家港市人力资源和社会保障局	沙工	沙洲职业工学院
市科技局	张家港市科学技术局	市金融办	张家港市人民政府金融工作办公室
市文广新局	张家港市文化广电新闻出版局	市人民银行	中国人民银行张家港市支行
市台办	张家港市人民政府台湾事务办公室（中国共产党张家港市委台湾工作办公室）	市银监办	中国银行业监督管理委员会苏州监管分局张家港监管办事处
市侨办	张家港市人民政府侨务办公室	市外汇管理局	国家外汇管理局张家港市支局
市外事办	张家港市人民政府外事办公室	沙钢集团	江苏沙钢集团有限公司
市国土局	张家港市国土资源局	永钢集团	江苏永钢集团有限公司
市住建局	张家港市住房和城乡建设局	国泰集团	江苏国泰国际集团有限公司
市房管中心	张家港市房产管理中心	华尔润集团	江苏华尔润集团有限公司
市园林局	张家港市园林绿化管理局	华芳集团	华芳集团有限公司
市城管局	张家港市城市管理局	澳洋集团	江苏澳洋实业（集团）有限公司
市环保局	张家港市环境保护局	骏马集团	江苏骏马集团有限公司
市民宗局	张家港市民族宗教事务局	华昌集团	江苏华昌（集团）有限公司

总　　目

特载·特辑……(1)

大事记……(19)

概　况……(27)

中共张家港市委员会……(55)

张家港市人民代表大会……(71)

张家港市人民政府……(81)

政协张家港市委员会……(91)

纪检·监察……(97)

民主党派·工商联·人民团体……(103)

法治·军事……(115)

港口·口岸……(125)

生态环境建设……(139)

城乡建设……(147)

交通·水利……(159)

邮电·信息化……(167)

开放型经济……(175)

民营经济……(183)

农业和农村工作……(191)

工　业……(199)

建筑业·房地产业……(213)

商贸服务业·旅游业……(223)

市场·物流……(233)

财政·税务……(241)

金　融……(247)

综合管理……(261)

科学技术……(277)

教　育……(291)

文化·新闻……(299)

卫　生……(315)

体　育……(325)

人力资源和社会保障……(331)

社会民生……(337)

区镇概况……(357)

人物·先进集体……(395)

专　记……(423)

统计资料……(429)

附　录……(441)

索　引……(459)

目　录

特载·特辑

全力争当苏南现代化示范区建设排头兵……………（3）
党和国家领导人在张家港市考察………………………（4）
张家港市竞争力和综合实力位居全国县级市第三……（5）
张家港市获“全国科技进步先进市”七连冠…………（5）
抢抓改革机遇，突出转型重点，
全力推进港城现代化建设……………………姚林荣（6）
政府工作报告………………………………朱立凡（13）

大事记

1月………………………………………………（21）
2月………………………………………………（21）
3月………………………………………………（21）
4月………………………………………………（21）
5月………………………………………………（22）
6月………………………………………………（23）
7月………………………………………………（23）
8月………………………………………………（24）
9月………………………………………………（24）
10月………………………………………………（25）
11月………………………………………………（25）
12月………………………………………………（26）

概　况

地情概要………………………………………………（29）
地理位置………………………………………………（29）
地质地貌………………………………………………（29）
沿江岸线………………………………………………（29）
自然资源………………………………………………（29）
气候………………………………………………（29）
建制沿革………………………………………………（30）
行政区划………………………………………………（30）
表1　2013年张家港市行政区划情况………………（30）
消亡自然村………………………………………………（31）
表2　2013年张家港市消亡自然村一览………（31）
人文风情………………………………………………（32）
人口………………………………………………（32）
方言………………………………………………（32）
历代名人………………………………………………（32）
地方特产………………………………………………（33）
名胜古迹………………………………………………（34）
革命传统纪念地………………………………………（34）
文明张家港………………………………………………（34）
张家港精神………………………………………………（34）
文明系列创建………………………………………………（35）
社会志愿服务………………………………………………（35）
未成年人思想道德建设………………………………（36）
文明程度指数测评得分位居全国同类城市之首……（36）
经济建设………………………………………………（36）
综合实力………………………………………………（36）
农业………………………………………………（36）
工业………………………………………………（36）
服务业………………………………………………（37）
转型升级………………………………………………（38）
开放型经济………………………………………………（38）
城乡一体………………………………………………（39）
政治建设………………………………………………（39）
党的建设………………………………………………（39）
人大监督………………………………………………（39）
法治建设………………………………………………（39）
政治协商………………………………………………（39）
文化建设………………………………………………（40）
思想理论武装………………………………………………（40）
文化事业………………………………………………（40）
文化产业………………………………………………（40）
社会建设………………………………………………（41）
社会保障………………………………………………（41）
社会事业………………………………………………（41）
社会管理………………………………………………（41）
平安建设………………………………………………（42）
生态建设………………………………………………（42）
生态文明建设………………………………………………（42）
节能减排………………………………………………（42）
城乡建设………………………………………………（42）
城乡绿化………………………………………………（43）

景观建设……………………………………………………(43)
组织机构及其领导人……………………………………(43)
市级领导机构…………………………………………(43)
保税区、经济技术开发区、冶金工业园
工作机构……………………………………………(44)
各镇(区)领导机构 ……………………………………(45)
市纪委(监察局) ……………………………………(47)
市人武部、法院、检察院 ………………………………(47)
市委工作机构…………………………………………(47)
市人大、政协机关 ……………………………………(48)
市政府工作部门………………………………………(48)
市政府派出机构………………………………………(51)
民主党派、社会团体 …………………………………(51)
直属事业单位…………………………………………(52)
市属企业………………………………………………(53)
条线管理部门、涉外单位 ……………………………(53)

中共张家港市委员会

市委全会……………………………………………………(57)
市委十届六次全体(扩大)会议 ………………………(57)
市委十届七次全体(扩大)会议 ………………………(57)
重要决策……………………………………………………(57)
概况……………………………………………………(57)
现代化建设三年行动计划出台…………………………(57)
推动“民生面对面”活动开展 …………………………(57)
推进城乡一体化建设…………………………………(57)
加快科技创新…………………………………………(57)
重要活动……………………………………………………(58)
干部学习培训活动……………………………………(58)
党政领导考察活动……………………………………(58)
项目签约、奠基、竣工、开业等活动 …………………(58)
重大文化、教育、科技、体育活动 ……………………(58)
调查研究……………………………………………………(58)
概况……………………………………………………(58)
“两区一园”发展专题调研 ……………………………(58)
镇域经济发展专题调研………………………………(58)
招商队伍建设专题调研………………………………(59)
农民增收专题调研……………………………………(59)
组织…………………………………………………………(59)
概况……………………………………………………(59)
领导班子和干部队伍建设……………………………(59)
基层党组织和党员队伍建设…………………………(59)
“百名经济服务型干部培养工程”启动 ………………(60)
村(社区)党组织换届选举 ……………………………(60)
基层服务型党组织建设经验得到中组部肯定………(60)
宣传…………………………………………………………(61)
概况……………………………………………………(61)
全国主流媒体聚焦“最美基层干部”吴栋材 …………(62)
省人文社科研究生工作站启动………………………(62)
公共文化服务网格化项目入选国家文化创新
工程重点项目………………………………………(62)
统战…………………………………………………………(62)
概况……………………………………………………(62)
共建“同心”品牌经验交流会 …………………………(63)
民主党派新成员培训班………………………………(63)
“发展大楼”筹建 ………………………………………(63)
机构编制管理………………………………………………(63)
概况……………………………………………………(63)
冶金工业园与锦丰镇实行“园政合一”体制 …………(63)
事业单位分类改革推进………………………………(63)
市级机关工委………………………………………………(63)
概况……………………………………………………(63)
机关党建………………………………………………(64)
机关人大工作…………………………………………(64)
机关群团活动…………………………………………(64)
机关干部教育培训……………………………………(65)
第二、三批机关干部下基层实践锻炼 ………………(65)
市级机关基层党组织换届选举………………………(65)
老干部工作…………………………………………………(65)
概况……………………………………………………(65)
落实老干部政治待遇…………………………………(66)
落实老干部生活待遇…………………………………(66)
组织老干部活动………………………………………(66)
“书香溢晚霞”阅读活动 ………………………………(66)
党校…………………………………………………………(67)
概况……………………………………………………(67)
基层党校建设…………………………………………(67)
两本干部培训读本发行………………………………(67)
史志…………………………………………………………(67)
概况……………………………………………………(67)
“五个依托”亮化史志文化宣传 ………………………(67)
《张家港市志(1986~2005)》出版 ……………………(68)
党史二卷本出版………………………………………(68)
《张家港年鉴》获全国和省双项荣誉 …………………(68)
苏州市首个乡镇史志馆开馆…………………………(68)
《张家港纪事2013》受市两会代表好评 ………………(68)
档案…………………………………………………………(68)
概况……………………………………………………(68)
档案宣传………………………………………………(68)
档案保管利用…………………………………………(68)
档案征集编研…………………………………………(69)
档案管理督导…………………………………………(69)
档案信息化建设………………………………………(69)
民生档案共享服务平台开通…………………………(69)
省级中小学档案教育社会实践基地创建……………(69)
名人档案特藏库建立…………………………………(69)
公务接待……………………………………………………(69)
概况……………………………………………………(69)

公务接待厉行节约…………………………………（70）
保密工作…………………………………………（70）
概况……………………………………………（70）
保密普查………………………………………（70）

张家港市人民代表大会

综述………………………………………………（73）
重要会议…………………………………………（73）
市十三届人民代表大会第二次会议………………（73）
表3　张家港市十三届人大二次会议
重点督办建议一览 ……………………………（73）
市十三届人大常委会会议…………………………（73）
市十三届人大常委会主任会议……………………（74）
审议与任免………………………………………（75）
审议工作………………………………………（75）
人事任免………………………………………（75）
表4　2013年张家港市人大常委会任免
“一府两院”及人大机关工作人员情况………（75）
依法监督…………………………………………（76）
概况……………………………………………（76）
督办代表建议…………………………………（77）
表5　2013年度张家港市优秀人大代表建议
一览 ……………………………………………（78）
表6　2013年度张家港市承办代表建议
先进单位一览 …………………………………（78）
执法检查…………………………………………（78）
概况……………………………………………（78）
宗教事务条例执法检查…………………………（78）
安全生产法执法检查……………………………（78）
道路交通安全条例执法检查……………………（78）
电力法执法检查…………………………………（79）
调查视察…………………………………………（79）
概况……………………………………………（79）
重大产业项目进展视察…………………………（79）
生态文明建设调研………………………………（79）
防汛排涝工作视察………………………………（79）
实事工程视察……………………………………（80）
1号议案办理情况视察 …………………………（80）

张家港市人民政府

重要会议…………………………………………（83）
概况……………………………………………（83）
市政府全体（扩大）会议 ………………………（83）
市政府常务会议…………………………………（83）
重要施政…………………………………………（83）
概况……………………………………………（83）
加快全市旅游业发展的文件出台………………（84）
生态文明建设三年行动计划出台………………（84）
加快全市服务业发展的文件出台………………（84）
实事工程的实施与确定…………………………（84）
表7　2013年张家港市实事工程完成情况………（84）
议案、建议、提案办理 …………………………（85）
政府法制…………………………………………（85）
概况……………………………………………（85）
政府规范性文件管理……………………………（85）
行政执法监督……………………………………（86）
行政复议…………………………………………（86）
行政调解…………………………………………（86）
苏州仲裁委员会张家港办事处启动仲裁工作………（87）
行政服务…………………………………………（87）
概况……………………………………………（87）
“网上政务通”审批平台持续深化 ……………（87）
信访………………………………………………（87）
概况……………………………………………（87）
表8　2013年张家港市信访情况…………………（87）
表9　2013年张家港市群众信访处理情况………（87）
“天天听民声”工作制度化推进 ………………（88）
港澳侨台事务……………………………………（88）
概况……………………………………………（88）
“海外华侨华人高层次人才江苏行”苏州站
开幕式暨张家港创业环境说明会………………（88）
海外高层次人才交流合作大会张家港站
开幕式暨创业环境说明会………………………（88）
多举措服务台商和台资企业……………………（88）
外事………………………………………………（89）
概况……………………………………………（89）
与加拿大万锦市签署友好交流备忘录…………（89）
韩国浦项市友城代表参加长江文化艺术节………（89）
对口支援和帮扶…………………………………（89）
概况……………………………………………（89）
交流培训活动……………………………………（89）
援藏援疆工作……………………………………（89）
宿豫工业园建成省共建园区先进单位…………（90）
驻外办事处………………………………………（90）
市政府驻南京办事处……………………………（90）
市政府驻深圳办事处……………………………（90）
机关事务管理……………………………………（90）
概况……………………………………………（90）
4000余平方米机关办公用房改造 ………………（90）

政协张家港市委员会

综述………………………………………………（93）
重要会议…………………………………………（93）
市政协十一届二次会议…………………………（93）

表10　张家港市政协十一届二次会议优秀提案……(94)
市十一届政协常委会议……(94)
市十一届政协主席会议……(95)
表11　2013年张家港市政协重要人事任免情况……(95)
协商议政……(96)
概况……(96)
污染防治及中小企业科技创新工作协商……(96)
市科技人才队伍建设工作协商……(96)
市职业教育工作协商……(96)
民主监督……(96)
概况……(96)
376件提案办结……(96)
民主评议住建工作……(96)
收集社情民意信息159条……(96)

纪检·监察

党风廉政建设……(99)
概况……(99)
十届纪委二次全会……(99)
党风廉政建设责任制落实……(99)
领导干部廉洁自律……(99)
反腐倡廉宣传教育和廉洁文化建设……(99)
执纪查案……(100)
惩防体系建设……(100)
"四级联动"强化非公经济纪检工作……(100)
廉政·法治文化作品创作征集活动……(100)
"勤廉天天问"软件启用……(101)
行政监察……(101)
概况……(101)
执法监察……(101)
效能监察……(101)
纠风和专项治理……(101)
机关副职领导和职能科室作风效能再评议……(102)
政务公开……(102)
概况……(102)
政务信息公开……(102)
政风行风热线……(102)
依法受理公开政务信息申请……(102)
"网上政务通"建设推进三级联动服务……(102)

民主党派·工商联·人民团体

中国国民党革命委员会张家港市总支委员会……(105)
概况……(105)
参政议政……(105)
社会服务……(105)
中国民主同盟张家港市委员会……(105)
概况……(105)
参政议政……(105)
社会服务……(106)
"同心"社会服务工作站成立……(106)
中国民主建国会张家港市基层委员会……(106)
概况……(106)
参政议政与社会服务……(106)
中国农工民主党张家港市委员会……(107)
概况……(107)
参政议政……(107)
社会服务……(107)
服务小明沙社区卫生服务站工作完成……(107)
九三学社张家港市基层委员会……(107)
概况……(107)
参政议政……(108)
社会服务……(108)
张家港市工商业联合会(总商会)……(108)
概况……(108)
参政议政……(108)
会员服务……(108)
交流合作……(109)
现代农业示范园区商会成立……(109)
市安徽商会成立……(109)
市莆田商会成立……(109)
市精英企业家俱乐部开业……(109)
张家港市无党派人士联谊会……(110)
概况……(110)
参政议政与社会服务……(110)
张家港市总工会……(110)
概况……(110)
职工宣教……(110)
劳动竞赛……(110)
厂务公开民主管理……(110)
职工维权帮扶……(111)
市工会第十一次代表大会……(111)
市厂务公开协调小组获评全国先进……(111)
中国共产主义青年团张家港市委员会……(111)
概况……(111)
青少年教育……(111)
青少年服务……(112)
青年志愿者行动……(112)
微博微电影等新媒体运用……(112)
张家港市妇女联合会……(112)
概况……(112)
妇女维权……(112)
妇女发展……(113)
市妇女第十次代表大会……(113)

家庭文明女性素质提升活动……………………（113）
巾帼公益服务活动………………………………（113）
“点亮微心愿，献爱微公益”行动………………（114）
主题阅读实践区项目实施………………………（114）
张家港市归国华侨联合会…………………………（114）
概况………………………………………………（114）
市第五次归侨侨眷代表大会……………………（114）
市第二届侨界运动会……………………………（114）

法治·军事

社会管理综合治理与法治建设……………………（117）
概况………………………………………………（117）
两大平台建设……………………………………（117）
“关爱民生法治行”惠民工程……………………（118）
博士生工作站调研社会管理创新………………（118）
法院………………………………………………（118）
概况………………………………………………（118）
首届青年法官论坛………………………………（119）
“雷霆行动”会战清积案…………………………（119）
法、检“两长”首次联审…………………………（119）
检察………………………………………………（119）
概况………………………………………………（119）
预防职务犯罪“正廉”指数编制…………………（119）
派驻公安机关检察官办公室建设………………（120）
驻巡结合的检察工作模式建立…………………（120）
公安………………………………………………（120）
概况………………………………………………（120）
“走千家访万户送安全”三年行动
启动……………………………………………（121）
服务群众十项措施………………………………（121）
张家港市通过省“技防城”验收…………………（121）
司法行政…………………………………………（121）
概况………………………………………………（121）
“法律之声”五巡惠民工程………………………（122）
市社区矫正管理教育服务中心建立……………（122）
人民武装…………………………………………（122）
概况………………………………………………（122）
“三个机制”衔接试点任务完成…………………（123）
专武干部统一换发“07式”服装…………………（123）
武警………………………………………………（123）
概况………………………………………………（123）
武警江苏总队副政委到中队检查指导…………（123）
消防………………………………………………（123）
概况………………………………………………（123）
省消防总队总队长驻点调研……………………（124）
民防………………………………………………（124）
概况………………………………………………（124）
参加民防系统比武竞赛获佳绩…………………（124）

港口·口岸

张家港港…………………………………………（127）
概况………………………………………………（127）
港口码头…………………………………………（127）
货物吞吐…………………………………………（127）
保税港务启动进出口整车业务…………………（127）
东沙作业区建成码头3座………………………（127）
港务集团获评省文明单位………………………（127）
长江国际1号泊位改造完成……………………（128）
表12　2013年年末张家港口岸码头泊位
一览………………………………………（128）
口岸与港口管理…………………………………（131）
概况………………………………………………（131）
港口规划…………………………………………（131）
港政管理…………………………………………（131）
港口安监…………………………………………（131）
口岸共建…………………………………………（131）
张家港口岸获评全国运行管理先进口岸………（131）
水上执法联勤联动合作机制建立………………（132）
海关………………………………………………（132）
概况………………………………………………（132）
海关统计…………………………………………（132）
“绿篱”专项行动…………………………………（132）
通关作业改革……………………………………（132）
海关服务重点项目………………………………（133）
检验检疫…………………………………………（133）
概况………………………………………………（133）
深化“检港同行”服务承诺发布会………………（133）
口岸检验检疫核心能力建设课题通过验收……（133）
国家材种鉴定与木材检疫重点实验室通过
验收……………………………………………（133）
国家食用植物油检测重点实验室获批筹建……（134）
国内首次在进境集装箱中截获
小麦腥黑穗病…………………………………（134）
海事………………………………………………（134）
概况………………………………………………（134）
水上搜救综合演练………………………………（134）
“绿色通道”服务重装码头建设…………………（134）
全市水上安全管理创历史佳绩…………………（134）
国际先进大型设备滚装工艺
在张家港港首次运用…………………………（135）
“党建桥·心港湾”创建经验受中组部关注……（135）
边防检查…………………………………………（135）
概况………………………………………………（135）
公安边防部队边检长效机制建设工作会议
在张家港召开…………………………………（135）
海港边检勤务综合指挥系统在全国推广………（135）

长江引航……（136）
概况……（136）
“阳光引航”服务品牌推行……（136）
长航公安……（136）
概况……（136）
技侦长江联勤大队成立……（136）
口岸服务……（136）
概况……（136）
电子口岸推进电子通关服务……（137）
张家港中外运通过AAAA级物流企业认证……（137）
张家港外代拓展物流业务……（137）
中理理货做好保税港区汽车理货滚装船配套服务工作……（138）
中联理货完成理货信息系统升级……（138）
海员俱乐部年接待海员超1万人次……（138）
上源外供年营业额超4000万元……（138）
海宇航务参与防污染演习……（138）
沿江港务提供船舶污染物接收服务……（138）
港鑫船务提供拖轮服务……（138）

生态环境建设

生态文明建设……（141）
概况……（141）
长江渔业资源增殖放流活动……（141）
中国县域生态文明建设（张家港）高层研讨会……（141）
工业循环经济新增效益5000余万元……（141）
生态文明建设绩效考核实施……（141）
环境保护……（142）
概况……（142）
环境质量……（142）
环保执法……（142）
节能减排……（142）
固废与辐射源管理……（142）
“环安行动”强化监管……（142）
“80后”生态文明智能人才库建成……（143）
城乡绿化……（143）
概况……（143）
城区绿化……（143）
区镇绿化……（143）
农村绿化……（143）
道路河道绿化……（144）
绿化管理……（144）
绿化养护……（144）
抗旱保绿……（144）
湿地保护率超40%……（144）
景观建设……（145）
概况……（145）
双山岛景观……（145）
凤凰山风景区……（145）
香山风景区……（145）
暨阳湖生态园……（145）
梁丰生态园……（146）
滨江生态景观带……（146）
暨阳湖休闲街建设启动……（146）
谷渎港景观提升工程完成……（146）

城乡建设

综述……（149）
城乡规划……（149）
概况……（149）
规划管理……（149）
规划服务……（149）
城市测量……（149）
公共基础地理信息系统建设……（149）
保留村庄布点规划完成……（150）
核心城区和10个办事处控制性详细规划完成……（150）
中心城区建设……（150）
概况……（150）
表13　2013年张家港中心城区部分重点工程建设情况……（151）
城东新区建设……（151）
城西新区西拓北延建设……（151）
城北科教新城建设……（151）
镇村建设……（151）
概况……（151）
金港镇建设……（151）
锦丰镇建设……（152）
塘桥镇建设……（152）
乐余镇建设……（153）
凤凰镇建设……（153）
南丰镇建设……（154）
大新镇建设……（154）
常阴沙现代农业示范园区建设……（154）
双山岛旅游度假区建设……（155）
美丽镇村建设……（155）
一干河生态廊道建设完成……（155）
镇区改造三年计划完成……（155）
首个“水上乐园”开建……（155）
公用事业……（156）
概况……（156）
供电……（156）
供水……（156）
供气……（156）
污水处理……（156）

市容保洁……………………………………………（156）
市政道路建设…………………………………………（156）
路灯管理……………………………………………（156）
市政养护和管理………………………………………（156）
220千伏鹿民输变电工程通过验收 ………………（157）
35个村建成新农村电气化村 ……………………（157）
一干河（沙洲湖）应急水源厂建成 ………………（157）
餐厨废弃物处理实现市区全覆盖…………………（157）
城乡管理……………………………………………（157）
概况…………………………………………………（157）
城镇管理……………………………………………（157）
城管执法……………………………………………（158）
“931”城市环境综合整治…………………………（158）
“城市e管家”系统运行 …………………………（158）
三级预警系统创新城市管理………………………（158）

交通·水利

交通建设……………………………………………（161）
概况…………………………………………………（161）
申张线航道金港段整治……………………………（161）
杨锦公路改造………………………………………（161）
交通运输……………………………………………（162）
概况…………………………………………………（162）
表14　2013年张家港市全行业营业性
客货运输量一览……………………………（162）
阳光好运网建成……………………………………（162）
“车大夫”服务品牌在全省推广 …………………（162）
交通管理……………………………………………（162）
概况…………………………………………………（162）
乡镇交通执法改革…………………………………（163）
港航行政管理“8+2”联动执法 …………………（164）
水利建设……………………………………………（164）
概况…………………………………………………（164）
中央财政小型农田水利重点县工程完成…………（164）
通洲沙西水道二期南岸边滩综合整治……………（165）
水利管理……………………………………………（165）
概况…………………………………………………（165）
防汛防旱……………………………………………（165）
水利站标准化建设…………………………………（166）
环城河水利风景区晋升国家级水利风景区………（166）

邮电·信息化

邮政…………………………………………………（169）
概况…………………………………………………（169）
集邮协会……………………………………………（169）
高端客户珍邮品鉴会………………………………（169）
“中国梦·我的梦”书信文化活动 ………………（169）
“四季平安盒”捐赠仪式 …………………………（169）
支局长“能力提升”周末培训班 …………………（170）
“自邮一族”会刊推出 ……………………………（170）
电信…………………………………………………（170）
概况…………………………………………………（170）
移动公司“张闻明”精神再弘扬 …………………（170）
信息基础设施建设…………………………………（171）
概况…………………………………………………（171）
“新张家港人数字电视全覆盖”工程 ……………（171）
家庭信息化项目上线运营…………………………（171）
信息产品生产………………………………………（171）
概况…………………………………………………（171）
国信通信两种产品被认定为高新技术产品………（172）
特恩驰电缆产学研合作出成果……………………（172）
红叶视听4种产品被认定为高新技术产品 ………（172）
信息技术应用………………………………………（172）
概况…………………………………………………（172）
智慧防汛信息系统启用……………………………（173）
社会治安动态监控系统建设启动…………………（173）
移动4G进公交 ……………………………………（173）
无线血压监护实现高血压远程检测………………（173）
如意通公司一项目入选国家新闻出版改革发展
项目库……………………………………………（173）
苏州市首个圩区管理信息化系统建成……………（173）
信息化管理…………………………………………（174）
概况…………………………………………………（174）
张家港市成为国家信息消费试点市………………（174）
“诚信张家港”网开通 ……………………………（174）
市民网页综合服务系统上线启用…………………（174）

开放型经济

综述…………………………………………………（177）
汪洋考察埃塞俄比亚东方工业园…………………（177）
对外及对港澳台贸易………………………………（178）
概况…………………………………………………（178）
异地出具首份机电产品进口许可证………………（178）
商务局为企业争取扶持资金6209万元 …………（178）
表15　2013年张家港市十大出口企业出口
情况…………………………………………（178）
利用外资及港澳台资………………………………（178）
概况…………………………………………………（178）
开发区招商引资……………………………………（178）
镇（区）招商引资 …………………………………（179）
招商引资实务研修班………………………………（179）
世界500强霍尼韦尔牵手张家港 …………………（179）
表16　2013年张家港市主要新批（含增资）
外资及港澳台资项目情况……………………（179）

对外及对港澳台经济技术合作…………………………（180）
概况……………………………………………（180）
表17 2013年张家港市批设对外及对港澳台投资企业（项目）情况 …………………（180）
泰中（张家港）贸易投资机遇洽谈会 …………（181）
埃塞俄比亚投资说明会…………………………（181）
首个林业类对外投资项目获批…………………（181）
江苏国泰国际集团…………………………（181）
概况……………………………………………（181）
外贸主业………………………………………（181）
表18 2013年江苏国泰国际集团主要下属专业外贸子公司经营情况………………（181）
投资产业………………………………………（182）
集团首家NEWLOCKER品牌体验店开业…………（182）
60万平方米平台项目在建 ……………………（182）
国泰财务公司发放首笔贷款……………………（182）
19万元“希望之光”国泰奖学金发放 …………（182）

民营经济

综述…………………………………………（185）
8家企业入围中国民营企业500强 ………………（185）
11家企业入围中国民营企业制造业500强 ………（185）
私营企业……………………………………（185）
概况……………………………………………（185）
澳洋集团多产业开花……………………………（185）
多维科技公司项目入选国家级计划……………（186）
长江润发集团转型升级…………………………（186）
宏宝五金公司被认定为省工业设计示范企业……（186）
巨元科技公司推广“智慧安防” ………………（186）
攀华集团重庆公司二期汽车板项目投产…………（186）
个私协会助私企融资67亿元 …………………（186）
个体工商户…………………………………（187）
概况……………………………………………（187）
个体工商户转型为企业登记操作规范出台………（187）
两个体经营者当选市第二届道德模范……………（187）
外地资本利用………………………………（187）
概况……………………………………………（187）
表19 2013年张家港市引进外地资本注册超1亿元以上项目情况 ……………（187）
世茂房产公司投资全市最大房产项目……………（187）
上市公司……………………………………（187）
概况……………………………………………（187）
市上市办推动企业上市…………………………（188）
表20 2013年张家港市企业在国内上市情况…………………………………（188）
“新三板”挂牌工作推进会 ……………………（189）
张化机、保税科技、华昌化工三公司实施再融资……………………………（189）
管理与服务…………………………………（189）
概况……………………………………………（189）
企业培训服务…………………………………（189）
融资担保服务…………………………………（190）
对上争取服务…………………………………（190）
政策咨询服务…………………………………（190）
产业集聚服务…………………………………（190）
惠商系列活动…………………………………（190）

农业和农村工作

综述…………………………………………（193）
“四个百万亩”工程 ……………………………（193）
海峡两岸农业博览会……………………………（194）
种植业………………………………………（194）
概况……………………………………………（194）
夏季保淡绿叶菜价格指数保险推行………………（194）
养殖业………………………………………（194）
概况……………………………………………（194）
内塘螃蟹养殖政策性农业保险出台………………（194）
永联实现人工繁育鲥鱼苗………………………（195）
农业服务业…………………………………（195）
概况……………………………………………（195）
农业技术推广…………………………………（195）
农业行政执法…………………………………（196）
发展烘干机缓解晒粮难…………………………（196）
乐余镇引进韭菜收割机…………………………（196）
农业产业化…………………………………（196）
概况……………………………………………（196）
首个家庭农场开业………………………………（197）
农产品年出口额突破1亿美元 …………………（197）
农村经营管理………………………………（197）
概况……………………………………………（197）
保税区（金港镇）村均可支配收入突破1000万元 （198）
惠民台账信息管理系统创建……………………（198）
村级集体经济………………………………（198）
概况……………………………………………（198）
“一村二楼宇”优惠政策出台 …………………（198）

工　业

综述…………………………………………（201）
冶金工业……………………………………（201）
概况……………………………………………（201）
表21 2013年张家港市规模以上冶金企业主要产品产量情况……………（202）
表22 2013年张家港市冶金企业投入1亿元以上竣工项目情况 ……………（202）

沙钢、永钢集团成为全国钢铁行业规范企业 …… (202)
联合铜业公司废杂铜综合利用工程技术研究中心获认定 …… (202)
永钢集团联峰重工装备项目投产 …… (202)
纺织工业 …… (202)
概况 …… (202)
表23 2013年张家港市规模以上纺织企业主要产品产量情况 …… (203)
表24 2013年张家港市纺织企业投入1亿元以上竣工项目情况 …… (203)
华芳集团获全国纺织工业先进集体称号 …… (203)
骏马集团1.5万吨帘子布扩产项目启动 …… (203)
大唐纺织公司新创品牌“波音·卡蓝” …… (203)
东渡纺织公司研发中心被认定为省级设计中心 …… (204)
粮油食品工业 …… (204)
概况 …… (204)
表25 2013年张家港市规模以上粮油食品企业主要产品产量情况 …… (204)
表26 2013年张家港市粮油食品企业投入1亿元以上竣工项目情况 …… (204)
“梁丰”商标被认定为中国驰名商标 …… (204)
市面粉食品公司获全国食品工业优秀龙头食品企业称号 …… (204)
机电工业 …… (204)
概况 …… (204)
表27 2013年张家港市规模以上机电企业主要产品产量情况 …… (205)
表28 2013年张家港市改装车生产企业产量情况 …… (205)
表29 2013年张家港市机电企业投入1亿元以上竣工项目情况 …… (205)
富瑞特装公司项目入选国家示范工程 …… (206)
新美星公司吹瓶机项目获行业最高荣誉 …… (206)
海陆重工公司两项目获突破 …… (206)
海陆环锻公司超大型环件轧制技术填补国内空白 …… (206)
张化机公司费托反应器刷新世界纪录 …… (206)
化学工业 …… (206)
概况 …… (206)
表30 2013年张家港市规模以上化工企业主要产品产量情况 …… (207)
表31 2013年张家港市化工企业投入1亿元以上竣工项目情况 …… (207)
华昌集团获省管理创新示范企业称号 …… (207)
苏化集团获港口危险货物作业证 …… (207)
七洲绿色化工公司通过国际禁化武组织核查 …… (207)
建材工业 …… (207)
概况 …… (207)
表32 2013年张家港市规模以上建材企业主要产品产量情况 …… (208)
表33 2013年张家港市建材企业投入1亿元以上竣工项目情况 …… (208)
新型墙材生产节约土地57.3公顷 …… (208)
华尔润集团与东昊石油公司战略合作 …… (208)
新港星公司产品获“专精特”新产品认定 …… (208)
电力工业 …… (208)
概况 …… (208)
表34 2013年张家港市（热）电力企业基本情况 …… (209)
恒东热电公司整厂关停 …… (210)
沙洲电力公司锅炉脱硝改造工程建成投运 …… (210)
中康电力公司2.23兆瓦屋顶光伏发电并网项目投运 …… (210)
其他工业 …… (210)
概况 …… (210)
表35 2013年张家港市其他工业企业投入1亿元以上竣工项目情况 …… (210)
欧邦塑胶公司“膜”力无限 …… (210)
新兴产业 …… (211)
概况 …… (211)
张家港机器人产业园获工信部确认 …… (211)
霍尼韦尔公司张家港生产基地奠基 …… (211)
康得新公司打造世界级光学膜产业基地 …… (211)
华盛化学公司项目获国家技术发明奖 …… (211)
江苏沙钢集团 …… (211)
概况 …… (211)
沙钢集团节能减排 …… (212)
沙钢集团冷轧产品实现零的突破 …… (212)
沙钢集团自主开发新品38种 …… (212)
沙钢集团钢管和管线钢抢滩海外 …… (212)

建筑业·房地产业

建筑 …… (215)
概况 …… (215)
建筑资质 …… (215)
建筑市场管理 …… (215)
工程建设管理 …… (215)
推进绿色建筑发展的实施意见出台 …… (216)
建筑企业转型升级加快 …… (216)
“虹筑之家”成为行业从业人员新家园 …… (216)
表36 2013年张家港市建筑工程获奖情况 …… (217)
装潢 …… (218)
概况 …… (218)
表37 2013年在张家港市经营的装潢企业工程获奖情况 …… (218)

大拇指装饰公司连续两年被评为苏州市家庭装饰优秀企业…………(219)
装饰协会被授予AAAAA级社会组织称号 ………(219)
房地产…………(219)
概况…………(219)
表38 2013年张家港市主要竣工楼盘情况……(220)
房政管理…………(221)
物业管理…………(221)
保障性住房收入审查联动机制试点通过省级验收…………(222)
房屋权属登记工作进入数字时代…………(222)
市房地产市场继续保持平稳态势…………(222)
世纪华庭小区建成老住宅区环境综合整治样板……(222)

商贸服务业·旅游业

服务业综述…………(225)
市电子商务产业发展交流会…………(226)
11家企业入选中国服务业企业500强 …………(226)
高端餐饮服务走亲民路线…………(226)
美容业发展迅猛…………(226)
商业…………(226)
概况…………(226)
生猪定点屠宰监管强化…………(226)
2013年张家港长江鲜美食节开幕 …………(227)
肉菜流通追溯体系建设启动…………(227)
大成广场掘金老商圈…………(227)
百信生活广场开业…………(227)
供销…………(227)
概况…………(227)
4000余万元农药集中配送 …………(228)
青草巷市场加强农产品质量检测…………(228)
青草巷市场易地新建…………(228)
粮食…………(228)
概况…………(228)
沙洲中心粮库竣工投产…………(229)
国有粮食企业改革稳步推进…………(229)
专营专卖…………(229)
烟草经营…………(229)
盐业经营…………(230)
石油经营…………(230)
中油泰富集团又添酒店新成员…………(230)
全民减盐行动部署开展…………(230)
旅游…………(230)
概况…………(230)
星级饭店建设 …………(231)
表39 2013年张家港市星级旅游饭店一览…………(231)
旅行社建设…………(231)
表40 2013年张家港市旅行社一览 …………(231)
"第二故乡行"新市民公益一日游活动 …………(231)
乡村旅游节活动精彩纷呈…………(232)

市场·物流

市场…………(235)
概况…………(235)
表41 2013年张家港市成交额超1亿元消费品市场一览…………(235)
表42 2013年在张家港工商局登记的张家港市生产资料市场一览…………(236)
保税区专业市场成交超1000亿元 …………(236)
化工品交易中心蝉联全国诚信示范市场称号……(236)
保税区纺织原料市场和国际消费品中心两市场进入全省先进行列…………(237)
农贸市场停活禽交易防控禽流感…………(237)
物流…………(237)
概况…………(237)
表43 2013年张家港市重点物流企业一览 ……(238)
表44 2013年在苏州市邮政管理局登记备案的张家港市快递企业一览…………(238)
玖隆物流园打造钢铁物流公共平台…………(239)
众益物流入选省重点物流基地…………(239)
澳洋医药物流公司技术中心成为省物流企业技术中心…………(239)
特种守押公司获省重点物流企业称号…………(239)
虎翼车业轮胎贸易配送体系建成…………(240)
高兴达钢贸中心商务楼竣工…………(240)
邮政速递开创网商创(产)业园 …………(240)
电子口岸危化品道路运输实现平台化管理………(240)

财政·税务

财政…………(243)
概况…………(243)
表45 2013年张家港市公共财政预算收入情况…………(243)
表46 2013年张家港市公共财政预算支出情况…………(243)
会计管理…………(227)
政府采购…………(243)
财政惠民政策…………(243)
财政政策清理整合…………(243)
财政专项资金全过程绩效管理体系构建………(244)
国税…………(244)
概况…………(244)
表47 2013年张家港市国税入库税收情况 ……(244)

国税征管……………………………………………（228）
国税稽查……………………………………………（244）
国税征收服务………………………………………（244）
出口退税超68亿元 ………………………………（245）
“营改增”降低行业税负 …………………………（245）
税源专业化管理总成效3.72亿元 ………………（245）
地税……………………………………………………（245）
概况…………………………………………………（245）
表48　2013年张家港市地方税（费）
收入情况………………………………………（245）
地税基础管理………………………………………（245）
地税风险管理………………………………………（246）
地税纳税服务………………………………………（246）
地税稽查……………………………………………（246）
3.5%高收入者贡献65%个税 ……………………（246）
“个体税收一体化应用平台”上线 ………………（246）

金　融

金融监管………………………………………………（249）
概况…………………………………………………（249）
金融风险预警防范和处置机制逐步健全…………（250）
银行……………………………………………………（250）
概况…………………………………………………（250）
表49　2013年张家港市银行机构网点一览 ……（250）
表50　2013年年末张家港市银行机构本外币
存贷款和经营利润情况（一） …………（251）
表51　2013年年末张家港市银行机构本外币
存贷款和经营利润情况（二） …………（252）
中国农业发展银行张家港市支行…………………（252）
中国工商银行股份有限公司张家港支行…………（252）
中国农业银行股份有限公司张家港分行…………（252）
中国银行股份有限公司张家港分行………………（253）
中国建设银行股份有限公司张家港分行…………（253）
中国建设银行股份有限公司张家港港城支行……（253）
交通银行股份有限公司张家港分行………………（254）
江苏张家港农村商业银行股份有限公司…………（254）
江苏银行股份有限公司张家港支行………………（254）
中信银行股份有限公司张家港支行………………（254）
中信银行股份有限公司张家港金港支行…………（255）
中国民生银行股份有限公司张家港支行…………（255）
上海浦东发展银行股份有限公司张家港支行……（255）
招商银行股份有限公司张家港支行………………（255）
中国邮政储蓄银行张家港市支行…………………（255）
中国光大银行股份有限公司张家港支行…………（256）
华夏银行股份有限公司张家港支行………………（256）
苏州银行股份有限公司张家港支行………………（256）
兴业银行股份有限公司张家港支行………………（256）
江苏张家港渝农商村镇银行股份有限公司………（257）
友利银行（中国）有限公司张家港支行 …………（257）
汇丰银行（中国）有限公司张家港支行 …………（257）
恒丰银行（中国）有限公司张家港支行 …………（257）
4家银行业分支机构开业 …………………………（257）
张家港农商行南通支行开业………………………（257）
全省金融系统首家县域科技支行成立……………（257）
张家港农商行推出“强村富民”贷款 ……………（257）
苏州银行张家港支行开办“诚信贷”业务 ………（258）
保险……………………………………………………（258）
概况…………………………………………………（258）
表52　2013年张家港市主要保险机构
经营情况………………………………………（258）
中国人民财产保险股份有限公司
张家港中心支公司………………………………（258）
中国人寿保险股份有限公司张家港支公司………（258）
中国太平洋财产保险股份有限公司
张家港支公司……………………………………（258）
中国太平洋人寿保险股份有限公司
张家港支公司……………………………………（259）
中国平安财产保险股份有限公司
张家港支公司……………………………………（259）
紫金财产保险股份有限公司张家港支公司………（259）
证券·期货……………………………………………（259）
概况…………………………………………………（259）
东吴证券股份有限公司张家港分公司……………（259）
华泰证券股份有限公司张家港杨舍东街
证券营业部………………………………………（260）
南京证券股份有限公司张家港步行街
证券营业部………………………………………（260）
江苏东华期货有限公司张家港营业部……………（260）
其他金融机构…………………………………………（260）
概况…………………………………………………（260）
市金港投资担保有限公司…………………………（260）
江苏广聚源典当有限公司…………………………（260）
苏州市富城拍卖有限公司…………………………（260）

综合管理

宏观经济管理…………………………………………（263）
概况…………………………………………………（263）
发展规划编制………………………………………（263）
项目审核报批………………………………………（264）
省级服务业综合改革试点工作全面启动…………（264）
国有资产经营管理……………………………………（264）
概况…………………………………………………（264）
城投集团全力推进城市建设………………………（265）
金茂公司融资平台见成效…………………………（265）
金城公司新增股权投资1.88亿元 ………………（265）
全市最高建筑封顶…………………………………（266）

国土资源管理……………………………………（266）
概况……………………………………………（266）
表53　2013年张家港市一级类土地利用构成情况……………………………（267）
土地储备交易…………………………………（267）
农村集体土地确权登记发证率100% ……………（267）
土地集约利用居全省前列……………………（267）
基本农田有偿代保制度实行…………………（267）
多家品牌房企进驻张家港市…………………（267）
工商行政管理……………………………………（268）
概况……………………………………………（268）
商标质押融资扶持政策出台…………………（269）
直销企业行政指导加强………………………（269）
物价管理…………………………………………（269）
概况……………………………………………（269）
表54　2013年张家港市居民消费价格指数一览………………………………（270）
居民阶梯式天然气价格管理实行……………（270）
价格诚信城市创建提升年活动开展…………（270）
审计………………………………………………（270）
概况……………………………………………（270）
工程审计引入外部复审机制…………………（271）
统计………………………………………………（271）
概况……………………………………………（271）
第三次全国经济普查进入前期准备…………（272）
投入产出调查开展……………………………（272）
质量技术监督……………………………………（272）
概况……………………………………………（272）
表55　2013年张家港市企业创江苏省名牌产品情况……………………………（273）
质监服务十举措出台…………………………（274）
永钢集团获首届市长质量奖…………………（274）
市特种作业人员培训基地投入运行…………（274）
在全省率先推行食品生产企业从业人员培训考核制度……………………………………（274）
安全生产监督管理………………………………（274）
概况……………………………………………（274）
安全生产标准化建设…………………………（275）
安全生产大检查………………………………（275）
安全隐患排查治理……………………………（275）
“安全到家”服务品牌建设 ……………………（276）
住房公积金管理…………………………………（276）
概况……………………………………………（276）
住房公积金政策调整…………………………（276）

科学技术

综述………………………………………………（279）
第七届科技节…………………………………（279）
首场科技成果网上对接会举办………………（279）
科技载体…………………………………………（279）
概况……………………………………………（279）
高新技术创业服务中心………………………（279）
“十大科技载体”建设 …………………………（280）
“十大企业研发平台”建设 ……………………（280）
科技人才…………………………………………（280）
概况……………………………………………（280）
表56　2013年张家港市新增苏州市级以上高层次人才一览…………………（280）
集成光电研究院获评省级“千人计划”研究院…………………………………（281）
高新技术产业……………………………………（282）
概况……………………………………………（282）
表57　2013年张家港市新增高新技术企业一览………………………………（282）
沙钢集团成为国家“区域创新示范企业” ………（283）
科技项目…………………………………………（283）
概况……………………………………………（283）
表58　2013年张家港市新增国家级科技计划项目一览…………………………（283）
表59　2013年张家港市新增省级科技计划项目一览…………………………（284）
两项目获省科技扶持最高奖…………………（285）
省级产学研联合项目获重大突破……………（285）
科技成果…………………………………………（285）
概况……………………………………………（285）
表60　2013年张家港市获苏州市级以上科学技术奖励一览…………………（285）
经开区入选示范型国际科技合作基地………（286）
知识产权保护……………………………………（286）
概况……………………………………………（286）
表61　2013年张家港市各区镇企业专利申请、授权情况 ……………………（287）
保税区、经开区成为国家知识产权试点园区 ……（287）
专利三年行动计划出台………………………（287）
科普工作…………………………………………（287）
概况……………………………………………（287）
市科协第七次代表大会………………………（288）
第25届科普宣传周 ……………………………（288）
中国海智大会在张家港市举行………………（288）
气象科技…………………………………………（289）
概况……………………………………………（289）
自动土壤水分观测站建成……………………（289）
人工影响天气作业获得成功…………………（289）
新气象观测场建成……………………………（290）
防震减灾…………………………………………（290）
概况……………………………………………（290）
建设工程抗震设防管理办法修订出台………（290）
金塘社区地震科普馆建成……………………（290）

教　育

综述……………………………………………（293）
张家港市获评全国义务教育发展基本均衡县……（293）
张家港市获评江苏省学前教育改革发展示范区……………………………………（293）
基础教育………………………………………（293）
概况…………………………………………（293）
“美丽港城我的家”社会实践活动 …………（294）
梁丰教育集团成立……………………………（294）
高考获佳绩……………………………………（294）
职业教育………………………………………（294）
概况…………………………………………（294）
张家港开放大学………………………………（295）
开放大学5个项目获教育部立项 ……………（295）
5家企业成为职校首批教师实践基地 ………（295）
职业学校开展国际合作………………………（295）
在全国职业院校技能大赛中获奖……………（295）
高等教育………………………………………（296）
概况…………………………………………（296）
沙工提供服务企业“330”菜单 ……………（296）
沙工慈善会成立………………………………（296）
江科大产业技术研究院成立…………………（297）
苏州理工学院与永钢集团签订战略合作协议……（297）
社会教育………………………………………（297）
概况…………………………………………（297）
全民终身学习活动周…………………………（298）
教师队伍………………………………………（298）
概况…………………………………………（298）
首届“美丽教师”评选活动 …………………（298）
校长队伍建设创新……………………………（298）

文化·新闻

文化事业………………………………………（301）
概况…………………………………………（301）
张家港市创成“中国曲艺之乡” ……………（301）
斩获全国文化“四大奖” ……………………（301）
第三届文艺招贤赛举行………………………（302）
表62　2013年张家港市文化产品获奖情况……………………………………（302）
文物博物·图书………………………………（303）
博物馆………………………………………（303）
图书馆………………………………………（303）
新华书店……………………………………（303）
非物质文化遗产保护…………………………（304）
国保单位实现零的突破………………………（304）
东山村遗址被收入江苏大遗址名录…………（304）
长江文化博物馆开馆…………………………（304）
文化市场………………………………………（304）
概况…………………………………………（304）
文化产业……………………………………（304）
市场管理……………………………………（305）
版权工作……………………………………（305）
2013年江苏影视动漫年会在张家港举行 ……（305）
文学艺术………………………………………（305）
概况…………………………………………（305）
文艺活动……………………………………（305）
文艺创作与交流………………………………（306）
表63　2013年张家港市文学、书法、美术、摄影创作主要成果一览…………………（306）
2013年扬子江诗学奖发布暨“诗歌里的城”朗诵会……………………………………（308）
徐玲入选全省宣传文化系统“五个一批”人才名单……………………………………（308）
《金村文存》编纂出版 ………………………（308）
季雪忠书法展在京展出………………………（308）
社科工作………………………………………（308）
概况…………………………………………（308）
第八届张家港论坛……………………………（309）
承办第五届中国智慧学学术研讨会…………（309）
文化中心………………………………………（309）
概况…………………………………………（309）
“移动的文化中心”品牌打造 ………………（309）
千名空巢老人走进文化中心…………………（309）
广播·电视·电影……………………………（309）
概况…………………………………………（309）
广播…………………………………………（310）
电视…………………………………………（310）
电影…………………………………………（310）
网络媒体……………………………………（310）
巨幕电影城建成………………………………（311）
表64　2013年张家港市主要广播电视作品获奖情况……………………………（311）
张家港日报……………………………………（312）
概况…………………………………………（312）
舆论宣传……………………………………（312）
凤凰文化出版10种21本图书 ………………（312）
表65　2013年《张家港日报》新闻作品获奖情况……………………………………（313）
中国（张家港）长江文化艺术节 ……………（314）
概况…………………………………………（314）
长江文化艺术节开幕式暨民族民间艺术节踩街展演……………………………………（314）
“中国戏剧奖·小戏小品奖”暨第五届（张家港）全国小戏小品大赛…………………（314）
中国·张家港首届微电影大赛………………（314）

卫　　生

综述……………………………………………………（317）
公立医院改革…………………………………………（318）
医疗联合帮扶启动……………………………………（318）
医疗……………………………………………………（318）
概况……………………………………………………（318）
一院骨科成为省级临床重点专科建设单位………（319）
预防保健………………………………………………（319）
概况……………………………………………………（319）
中小学生健康体检实现数据化管理………………（320）
免疫规划智能冷库建成………………………………（320）
卫生监督………………………………………………（321）
概况……………………………………………………（321）
打击非法行医…………………………………………（321）
食品药品监管…………………………………………（322）
概况……………………………………………………（322）
国家餐饮服务食品安全示范市创建………………（322）
环境卫生………………………………………………（322）
概况……………………………………………………（322）
健康城市建设…………………………………………（323）
环境卫生设施提优工程………………………………（323）
农村环卫保洁市场化运作……………………………（324）
农村河道保洁纳入环境卫生考核…………………（324）
红十字救护……………………………………………（324）
概况……………………………………………………（324）
“红十字博爱月”活动 ………………………………（324）

体　　育

综述……………………………………………………（327）
青少年体育……………………………………………（327）
概况……………………………………………………（327）
在苏州市级、省级比赛中获佳绩 …………………（327）
承办第十二届省少儿象棋定（升）级赛 …………（327）
承办第十八届全国青少年车辆模型教育竞赛……（327）
群众体育………………………………………………（328）
概况……………………………………………………（328）
城乡健身步道建设启动………………………………（328）
承办江苏省城市体育舞蹈公开赛…………………（328）
承办江苏武术文化交流赛……………………………（328）
承办全国桥牌公开赛…………………………………（328）
竞技体育………………………………………………（329）
概况……………………………………………………（329）
袁琦琦在东亚运动会摘金夺银……………………（329）
表66　2013年张家港市承办体育赛事一览……（329）
承办国际网联男子巡回赛……………………………（330）
承办世界斯诺克巡回赛张家港公开赛……………（330）
承办环太湖国际公路自行车赛双山岛绕圈赛……（330）
体育产业………………………………………………（330）
概况……………………………………………………（330）
市体育中心锦丰分中心建成…………………………（330）
“江苏永钢女篮”主场移至张家港市 ……………（330）

人力资源和社会保障

人才开发………………………………………………（333）
概况……………………………………………………（333）
“千人计划”取得显著成果 …………………………（333）
创新创业项目对接会…………………………………（333）
张家港市在全国率先启用“人才项目绩效评估”体系……………………………………………………（333）
2013苏州国际精英创业周张家港分会场活动……（333）
汉酶生物入选全国最具成长潜力的留学人员创业企业…………………………………………（334）
人事管理………………………………………………（334）
概况……………………………………………………（334）
公务员大讲堂…………………………………………（334）
市级机关中层干部集中轮训…………………………（334）
公务员考录工作“警示教育周”活动 ……………（334）
劳动就业………………………………………………（334）
概况……………………………………………………（334）
张家港市籍高校毕业生初次就业率达到99.6%……（334）
首届“行行出状元”职业技能大赛 ………………（335）
政府购买职业中介服务的补贴政策出台…………（335）
支持小微企业吸收高校毕业生就业政策出台……（335）
就业援助“一对一”工作制度实施 ………………（335）
劳动维权………………………………………………（335）
概况……………………………………………………（335）
建筑工程领域打击恶意欠薪工作规程建立………（335）
“十字一线”工作法化解劳资纠纷 ………………（335）
“51维权——劳动仲裁”助手软件上线运行 ……（336）
社会保险………………………………………………（336）
概况……………………………………………………（336）
表67　2013年张家港市社会保险参保情况……（336）
首届退休人员文体艺术节……………………………（336）
基本医疗保险政策调整………………………………（336）
建筑企业外来务工人员工伤保险办法出台………（336）

社会民生

便民服务………………………………………………（339）
概况……………………………………………………（339）
“12345”热线年受理电话190余万个 ……………（339）
亲情虚拟养老院全面启用……………………………（339）

市家协提供高水平服务4.47万件次 ……………（339）
“12345”志愿服务专业委员会成立………………（339）
预约挂号服务开通……………………………（339）
新市民服务……………………………………（339）
概况……………………………………………（339）
表68　2013年张家港市流动人口分布情况……（340）
新市民法律法规知识竞赛………………………（340）
“你我携手，健康同行”新市民健康素养知识竞赛……………………………………………（340）
“家在港城”新市民阅读行动 ……………………（340）
新市民意外保险项目启动………………………（341）
两协会中介作用发挥明显………………………（341）
社会调解………………………………………（341）
概况……………………………………………（341）
“3·31”火灾事故善后工作了结 …………………（341）
医患纠纷调解办公室年化解医患矛盾79批 ……（342）
民政事务………………………………………（342）
概况……………………………………………（342）
双拥活动………………………………………（342）
优抚安置………………………………………（342）
慈善事业………………………………………（342）
社会福利………………………………………（343）
婚姻和儿童收养登记……………………………（343）
殡葬管理………………………………………（343）
烈士陵园管理……………………………………（343）
地名勘界………………………………………（343）
社工队伍建设……………………………………（343）
社会组织管理……………………………………（344）
表69　2013年张家港市核准登记社会团体一览……………………………（344）
表70　2013年张家港市核准登记民办非企业单位一览…………………………（346）
救助申请家庭经济状况核对办法出台……………（347）
市救灾物资储备库建成…………………………（348）
基层民主自治与社区建设………………………（348）
概况……………………………………………（348）
基层民主实践形式创新…………………………（348）
基层换届选举……………………………………（348）
永联村村民议事会开创民主管理新途径…………（349）
人口和计划生育…………………………………（349）
概况……………………………………………（349）
“生育关怀、服务到家”主业品牌活动 ……………（349）
计生养老帮扶行动………………………………（349）
阳光诚信计生建设………………………………（350）
人口和家庭公共服务体系实现全覆盖……………（350）
流动人口计生服务升级…………………………（350）
民族宗教事务……………………………………（350）
概况……………………………………………（350）
民族事务………………………………………（350）
宗教事务………………………………………（351）
市佛教协会第三次代表会议……………………（351）
民族宗教事务网格化管理………………………（351）
民族团结进步主题教育馆竣工开放………………（352）
老龄工作………………………………………（352）
概况……………………………………………（352）
养老服务体系建设………………………………（352）
养老服务保障……………………………………（352）
敬老月活动………………………………………（352）
空巢失能老人关爱行动…………………………（353）
“夕阳红”阅读活动 ……………………………（353）
循环养老试点……………………………………（353）
老年协会组织实现全覆盖………………………（353）
关心下一代工作…………………………………（353）
概况……………………………………………（353）
“中国梦”主题教育活动 …………………………（353）
“五有五好”示范校外教育辅导站建成 …………（354）
未成年人零犯罪社区（村）创建 …………………（354）
2275名贫困生获得资助 …………………………（354）
残疾人事业………………………………………（355）
概况……………………………………………（355）
残疾人活动………………………………………（355）
“阳光驿站”盲人阅读系列活动 …………………（355）
惠残新政出台……………………………………（356）
中残联两个会议在张家港召开…………………（356）
残疾人家庭居家无障碍改造项目启动……………（356）
市肢体残疾康复中心揭牌………………………（356）
市爱心义工协会开展送关爱行动…………………（356）

区镇概况

保税区（金港镇） ………………………………（359）
概况……………………………………………（359）
表71　2013年张家港保税区（金港镇）办事处基本情况…………………………（360）
表72　2013年张家港保税区（金港镇）各村（社区）基本情况 …………………（360）
表73　2013年张家港保税区（金港镇）主要开工项目情况………………………（362）
55个项目集中开、竣工 …………………………（362）
院士领衔建超级电源研究院………………………（362）
保税区滨江大厦封顶……………………………（362）
保税港区汽车整车进口口岸通过验收……………（362）
进口汽车物流中心通过规划评审…………………（363）
全国首家区（镇）海智基地成立 …………………（363）
页岩气研发生产基地落户张家港保税区…………（363）
经开区（杨舍镇） ………………………………（363）
概况……………………………………………（363）
表74　2013年张家港经济技术开发区（杨舍镇）办事处（街道办事处）基本情况 ………（365）

表75　2013年张家港经济技术开发区(杨舍镇)各村(社区)基本情况 ……………………(365)
表76　2013年张家港经济技术开发区(杨舍镇)主要开工项目情况…………………………(368)
88个项目集中开、竣工和签约 ……………………(368)
杨舍镇获全国社会主义新农村示范镇称号………(368)
“神园葡萄”新品推广项目被列为国家星火计划重点项目……………………(369)
全省首个24小时自助图书馆启用 ………………(369)
中国产学研合作创新示范基地获批………………(369)
张家港再制造产业示范基地获批为国家示范基地……………………………(369)
节能环保装备特色产业基地跻身“国家队” ……(369)
花和平、侯静叶登上“中国好人榜”………………(369)
全市首现居民屋顶光伏发电………………………(370)
冶金园(锦丰镇) ………………………………(370)
概况…………………………………………………(370)
表77　2013年江苏扬子江国际冶金工业园(锦丰镇)办事处基本情况 ……………(372)
表78　2013年江苏扬子江国际冶金工业园(锦丰镇)各村(社区)基本情况 ………(372)
表79　2013年江苏扬子江国际冶金工业园(锦丰镇)主要开工项目情况 …………(373)
八个民生项目集中开工……………………………(373)
“沙洲新城美·网格群英会”文化活动 …………(373)
钢铁产业基地获批省新型工业化产业示范基地……………………………………………(373)
国内首个镇级职业能力测评工作室开张…………(374)
南师大附属合兴初级中学、合兴小学揭牌 ………(374)
沙上文化研究会成立………………………………(374)
中央财政小农水补助锦丰专项工程竣工…………(374)
与中国科学院合作研发能源环境材料与装备……(374)
塘桥镇……………………………………………(374)
概况…………………………………………………(374)
表80　2013年塘桥镇办事处基本情况 ………(376)
表81　2013年塘桥镇各村(社区)基本情况……………………………………(376)
表82　2013年塘桥镇主要开工项目情况 ……(376)
金村庙会……………………………………………(377)
妙桥小学两年为患癌学生捐助近11万元 ………(377)
省梅花奖文艺家献艺塘桥…………………………(377)
2013年中国围棋甲级联赛在塘桥举行 …………(377)
江苏新能源产业园获中华环境友好园称号………(377)
“腾笼换凤”推进产业转型升级 …………………(377)
三大利好助推塘桥发展……………………………(378)
凤凰镇……………………………………………(378)
概况…………………………………………………(378)
表83　2013年凤凰镇办事处基本情况 ………(380)
表84　2013年凤凰镇各村(社区)基本情况……………………………………(380)
表85　2013年凤凰镇主要开工项目情况 ……(381)
凤凰湖生态建设工程………………………………(381)
发现明代墓葬………………………………………(381)
贝贝足球队载誉青海多巴…………………………(381)
全市首个韩资企业党建联盟成立…………………(381)
陈利芳成为“中国好人” …………………………(382)
乐余镇……………………………………………(382)
概况…………………………………………………(382)
表86　2013年乐余镇办事处基本情况 ………(383)
表87　2013年乐余镇各村(社区)基本情况……………………………………(383)
表88　2013年乐余镇主要开工项目情况 ……(384)
长力机械高端装备制造基地项目开工……………(384)
省青少年科技模型赛在兆丰学校举行……………(384)
全市首家小微企业乡镇合作社成立………………(385)
乐余老街改造………………………………………(385)
金小华当选“中国好人”和省道德模范 …………(385)
中新乐余新型城镇化项目签约……………………(385)
《兆丰镇志》出版 …………………………………(385)
全市首台高效率水田植保机落户永乐村…………(385)
南丰镇……………………………………………(386)
概况…………………………………………………(386)
表89　2013年南丰镇办事处基本情况 ………(387)
表90　2013年南丰镇各村(社区)基本情况……………………………………(387)
表91　2013年南丰镇主要开工项目情况 ……(388)
67个项目分两次集中开、竣工 …………………(388)
永钢集团能源管理中心建设示范项目通过工信部验收……………………………(388)
“美丽南丰”展示进苏州观前街 …………………(388)
永联村获中国最美乡村称号………………………(389)
报告文学《江边中国》首发 ………………………(389)
南丰镇被世界卫生组织评为健康社区……………(389)
大新镇……………………………………………(389)
概况…………………………………………………(389)
表92　2013年大新镇各村(社区)基本情况……………………………………(390)
表93　2013年大新镇主要开工项目情况……………………………………(390)
十大重点民生和十大科技产业项目集中开、竣工 ……………………………………(391)
大新镇获评省农村劳动力充分转移就业乡镇……(391)
镇文化中心启用……………………………………(391)
3项非物质文化遗产项目进入市第四批非物质文化遗产代表作名录…………(391)
江源生态养殖农民专业合作社成立………………(391)
新大新科技创业园获批省级科技企业孵化器……(391)
林士坤被评为“中国好人” ………………………(392)
常阴沙现代农业示范园区………………………(392)
概况…………………………………………………(392)

表94　2013年常阴沙现代农业示范园区各社区（居委会）基本情况 ……………（393）
首届常阴沙油菜花节……………………………………（393）
常阴沙大米获国家地理标志证明商标………………………………………………（393）
常阴沙农业产业化示范基地被认定为国家农业产业化示范基地……………（393）
双山岛旅游度假区……………………………………（394）
概况…………………………………………………（394）
表95　2013年双山岛旅游度假区各村基本情况………………………………（394）
南码头航运大楼竣工……………………………………（394）
双山老街改造…………………………………………（394）

人物·先进集体

新任市领导…………………………………………（397）
姚林荣　朱立凡……………………………………（397）
新闻人物…………………………………………（397）
胡　军…………………………………………………（397）
张　炜　张贵新……………………………………（398）
王小良　吴栋材　李秋菊…………………………（399）
张晓波　赵贵清　周春峰　倪永祥………………（400）
赵庆华　刘欣石　董元清　王群刚………………（401）
钱王平　汪本德……………………………………（402）
逝世人物…………………………………………（402）
邓绍基…………………………………………………（402）
张光斗　王承绪　祁龙威…………………………（403）
先进个人…………………………………………（404）
表96　2013年张家港市获国家条线表彰的先进个人一览……………………………（404）
表97　2013年张家港市获省级和省条线表彰的先进个人一览……………………………（405）
表98　2013年张家港市获苏州市级表彰的先进个人一览……………………………（410）
先进集体…………………………………………（411）
表99　2013年张家港市获国家条线表彰的先进集体一览……………………………（411）
表100　2013年张家港市获省级和省条线表彰的先进集体一览 …………………………（413）
表101　2013年张家港市获苏州市级表彰的先进集体一览 …………………………（420）

专　记

凝心聚力奏响书香城市新乐章，齐抓共管释放全民阅读正能量 …………………………（425）
全国道德模范吴栋材的强村富民梦……………………（427）

统计资料

表102　2013年张家港市行政区划、面积、人口一览 ……………………………………（431）
表103　张家港的一天 ……………………………（431）
表104　2013年张家港市农、林、牧、渔业总产值和增加值一览………………………（432）
表105　2013年张家港市农作物播种面积和产量一览 ……………………………（432）
表106　2013年张家港市工业总产值一览…………（433）
表107　2013年张家港市规模以上工业经济主要指标一览 ……………………………（433）
表108　2013年张家港市规模以上工业企业主要产品产量一览 …………………………（433）
表109　2013年张家港市规模以上工业企业分行业能源消费情况 ……………（434）
表110　2013年张家港市外向型经济主要指标一览……………………………………（434）
表111　2013年张家港市社会消费品零售总额一览 ……………………………（434）
表112　2013年张家港市全社会固定资产投资完成情况 ……………………………………（435）
表113　2013年张家港市交通、邮电基本情况 ………………………………………………（435）
表114　2013年张家港市预算内财政收入、支出情况……………………………………（436）
表115　2013年张家港市金融机构信贷收支情况 ……………………………………（436）
表116　2013年张家港市保险业务情况…………（437）
表117　2013年张家港市科技基本情况…………（437）
表118　2013年张家港市人才、人事情况 ………（437）
表119　2013年张家港市学校基本情况…………（438）
表120　2013年张家港市群众文化、广播电视、体育事业基本情况 …………………………（438）
表121　2013年张家港市卫生机构基本情况 ………………………………………………（439）
表122　2013年张家港市前十位疾病死因及比重一览 ……………………………………（439）
表123　2013年张家港市法人单位从业人员及平均工资情况 ……………………………（440）
表124　2013年张家港市农村居民人均收入情况 ………………………………………………（440）

附　录

媒体聚焦…………………………………………（443）
发挥“第一资源”的“第一作用”………………（443）

张家港:“六大提升”指向现代化……………………（444）
政府“导”群众“演”……………………（445）
挖掘再制造产业“金矿”……………………（446）
港城集聚创新冲击波……………………（448）
“书香城市”升级文明之城……………………（449）
文件选录……………………（450）
关于2013年全市城乡发展一体化工作的实施意见……………………（450）
张家港市现代化建设三年行动计划（2013~2015）……………………（452）
张家港市生态文明建设三年行动计划（2013~2015）……………………（455）
2013年中共张家港市委部分文件目录……………………（457）
2013年张家港市人民政府部分文件目录……………………（458）

索　　引

条目索引……………………（461）
表格索引……………………（472）
随文图片索引……………………（474）

宣传画页

全面推进现代化建设……………………前环1
千年古镇——美丽凤凰……………………前环2

序
现代化印迹……………………1
年度聚焦……………………2
实力张家港……………………4
美丽张家港……………………8
幸福张家港……………………12
实事工程……………………16
友好往来……………………18
真心英雄……………………20
编辑说明……………………22

政协张家港市委员会……………………23
中共张家港市纪律检查委员会、张家港市监察局……………………24
市人民法院……………………25
市人民检察院……………………26
市委宣传部……………………28
市委市级机关工作委员会……………………29
市总工会……………………30
共青团张家港市委……………………32
市残疾人联合会……………………33
市委党史地方志办公室……………………34
市档案局……………………36
市经济和信息化委员会……………………38
市公安局……………………39
市民政局……………………40
市司法局……………………42
市国土资源局……………………43
市住房和城乡建设局……………………44
市城市管理局……………………46
市交通运输局……………………47
市水利局……………………48
市文化广电新闻出版局……………………50
市体育局……………………52
市民族宗教事务局……………………53
市人口和计划生育委员会……………………54
市房产管理中心……………………56
市园林绿化管理局……………………58

苏州市住房公积金管理中心张家港分中心……………………59
市新市民事务中心……………………60
市城市投资发展集团有限公司……………………62
市国家税务局……………………64
苏州市张家港地方税务局……………………66
市人民政府口岸办公室、市港口管理局……………………68
张家港出入境检验检疫局……………………69
张家港海事局……………………70
长江引航中心张家港引航站……………………72
张家港开放大学……………………73
市崇实初级中学……………………74
市塘桥中心幼儿园……………………75
江苏银行股份有限公司张家港支行……………………76
紫金财产保险股份有限公司张家港支公司……………………77
张家港中联理货有限公司……………………78
市金厦房地产开发公司……………………80
江苏栋国进出口有限公司……………………82
市天腾氨纶纱有限公司……………………84
市国裕酒业有限公司……………………86
江苏华程工业制管股份有限公司……………………88
市港红印制有限公司……………………89
华芳集团有限公司……………………90

张家港经济技术开发区（杨舍镇）……………………91
张家港保税区（金港镇）……………………98
江苏扬子江国际冶金工业园（锦丰镇）……………………103
塘桥镇……………………111
凤凰镇……………………120
乐余镇……………………124
南丰镇……………………130
大新镇……………………134
双山岛旅游度假区……………………137
常阴沙现代农业示范园区……………………138
千年古村——美丽金村……………………后环

Main Contents

Special Records

Chronicle of Events

Overview

Overview of the City Condition ······ (29)
Humanities and Style ······ (32)
Civilized Zhangjiagang ······ (34)
Economic Construction ······ (36)
Political Construction ······ (39)
Cultural Construction ······ (40)
Social Construction ······ (41)
Ecological Construction ······ (42)
Organizations and Leaders ······ (43)

Zhangjiagang Municipal Committee of the CPC

Plenary Session ······ (57)
Great Policy Decisions ······ (57)
Important Activities ······ (58)
Investigation and Research ······ (58)
Organization ······ (59)
Propaganda ······ (61)
United Front ······ (62)
Organization Staffing Administration ······ (63)
The Party's Committee of Municipal Leading Bodies ······ (63)
Old Cadre Work ······ (65)
The Party's School ······ (67)
Local History and Records ······ (67)
Archives ······ (68)
Official Reception ······ (69)
Security Work ······ (70)

Zhangjiagang Municipal People's Congress

Summary ······ (73)
Important Meetings ······ (73)
Consideration and Patronage ······ (75)
Lawful Supervision ······ (76)
Examination of Law Enforcement ······ (78)
Survey and Inspection ······ (79)

Zhangjiagang Municipal People's Government

Important Meetings ······ (83)
Important Administration ······ (83)
Legal Institutions ······ (85)
Administrative Service ······ (87)
Letters and Visits ······ (87)
Hong Kong, Macao, Overseas Chinese and Taiwan Affairs ······ (88)
Foreign Affairs ······ (89)
Counterpart Support and Assistance ······ (89)
Agencies ······ (90)
Routine Management in the Government Offices ······ (90)

Zhangjiagang Municipal Committee of the CPPCC

Summary ······ (93)
Important Meetings ······ (93)
Political Consultation ······ (96)
Democratic Supervision ······ (96)

Discipline Inspection & Supervision

Construction of Party Style and Clean Government ······ (99)
Administrative Supervision ······ (101)
Open Work of Political Affairs ······ (102)

Democratic Parties & Association of Industry and Commerce & People's Groups

Zhangjiagang Municipal Revolutionary Branch of the Chinese Kuomintang ······ (105)
Zhangjiagang Municipal Committee of China Democratic League ······ (105)
Zhangjiagang Municipal Committee of China Democratic National Construction Association ······ (106)

Zhangjiagang Municipal Committee of Chinese Peasants' and Workers' Democratic Party ………… (107)
Zhangjiagang Municipal Committee of Jiu San Society ………………………………… (107)
Zhangjiagang Municipal Association of Industry and Commerce ………………………… (108)
Zhangjiagang Municipal Friendship Association of Non-Party Personages ………………………… (110)
Zhangjiagang Municipal Federation of Labor Unions …………………………………… (110)
Zhangjiagang Municipal Committee of the Communist Youth League of China ……………… (111)
Zhangjiagang Municipal Women's Federation ……… (112)
Zhangjiagang Municipal Association of Overseas Returnees ………………………………… (114)

Nomocracy & Military Affairs

Comprehensive Administration of Social Management and the Rule of Law ……………………………… (117)
Court …………………………………………………… (118)
Procuratorate ………………………………………… (119)
Public Security ……………………………………… (120)
Administration of Justice …………………………… (121)
People's Armed Force……………………………… (122)
The Armed Police ………………………………… (123)
Fire Prevention …………………………………… (123)
People's Air Defense ……………………………… (124)

Harbor & Port

Zhangjiagang Harbor ……………………………… (127)
Management of Port and Harbor …………………… (131)
Customs ……………………………………………… (132)
Examination and Quarantine for Entry and Exit …… (133)
Maritime Affairs …………………………………… (134)
Frontier Defense Inspection ……………………… (135)
The Yangtze River Piloting ……………………… (136)
Public Security of the Yangtze River Shipping …………………………………………… (136)
Port Service………………………………………… (136)

Ecological Environmental Construction

Ecological Civilization Construction ………………… (141)
Environmental Protection …………………………… (142)
Urban and Rural Forestation ……………………… (143)
Landscape Construction …………………………… (145)

Urban and Rural Construction

Summary ……………………………………………… (149)
Urban and Rural Planning…………………………… (149)
City Center Area Construction …………………… (150)
Towns and Villages Construction ………………… (151)
Public Utilities ……………………………………… (156)
Urban and Rural Administration ………………… (157)

Traffic & Water Conservancy

Traffic Construction………………………………… (161)
Transport …………………………………………… (162)
Traffic Administration ……………………………… (162)
Water Conservancy Construction ………………… (164)
Water Conservancy Administration………………… (165)

Post and Telecommunications & Informatization

Postal Service ……………………………………… (169)
Telecommunications………………………………… (170)
Informational Infrastructure Construction ………… (171)
Informational Production…………………………… (171)
Application of Informational Technology ………… (172)
Information Management…………………………… (174)

Open Economy

Summary ……………………………………………… (177)
Foreign Trade and Trade on Hong Kong, Macao, Taiwan, China ……………………………………… (178)
Utilization of Foreign Capitals and Capitals from Hong Kong, Macao, Taiwan, China ……………… (178)
Economic and Technical Cooperation for Foreign and Hong Kong, Macao, Taiwan, China ………………………………………………… (180)
Jiangsu Guotai International Group ……………… (181)

Private Economy

Summary ……………………………………………… (185)
Private Enterprises ………………………………… (185)
Individual Industrial and Commercial Households ………………………………………… (187)
Utilization of Nonlocal Capitals ………………… (187)
Listed Companies …………………………………… (187)
Management and Service ………………………… (189)

Agriculture and Rural Work

Summary ………… (193)
Planting ………… (194)
Feeding ………… (194)
Agricultural Service ………… (195)
Industrialization of Agriculture ………… (196)
Management in Rural Area ………… (197)
Village Collective Economy ………… (198)

Industry

Summary ………… (201)
Metallurgical Industry ………… (201)
Textile Industry ………… (202)
Food Industry ………… (204)
Machinery and Electronic Industry ………… (204)
Chemical Industry ………… (206)
Building Materials Industry ………… (207)
Power Industry ………… (208)
Other Industry ………… (210)
New Industry ………… (211)
Jiangsu Shagang Group ………… (211)

Architecture & Real Estate

Architecture ………… (215)
Decoration ………… (218)
Real Estate ………… (219)

Commerce and Service Trade & Tourism

Summary of Service Industry ………… (225)
Commerce ………… (226)
Supply and Marketing ………… (227)
Grain ………… (228)
Exclusive Agency ………… (229)
Tourism ………… (230)

Markets & Logistics

Markets ………… (235)
Logistics ………… (237)

Public Finance & Taxation

Public Finance ………… (243)
State Taxation ………… (244)
Local Taxation ………… (245)

Finance

Financial Supervision ………… (249)
Banks ………… (250)
Insurance ………… (258)
Securities & Futures ………… (259)
Other Financial Institutions ………… (260)

Comprehensive Administration

Macroeconomic Management ………… (263)
State-owned Assets Administration ………… (264)
Territory Resources Administration ………… (266)
Administration of Industry and Commerce ………… (268)
Price Administration ………… (269)
Audit ………… (270)
Statistics ………… (271)
Supervision of Quality and Technology ………… (272)
Supervision of Safety Production ………… (274)
Administration of Housing Public Accumulation Fund ………… (276)

Science and Technology

Summary ………… (279)
Carriers of Science and Technology ………… (279)
Science and Technology Talents ………… (280)
Higher and New Technology Industry ………… (282)
Science and Technology Projects ………… (283)
Science and Technology Achievements ………… (285)
Intellectual Property Protection ………… (286)
Work of the Science and Technology Popularization ………… (287)
Meteorological Technology ………… (289)
Earthquake Prevention and Disaster Reduction ………… (290)

Education

Summary ………… (293)
Elementary Education ………… (293)
Vocational Education ………… (294)
Higher Education ………… (296)

Social Education …… (297)
Teacher Ranks …… (298)

Culture & News

Culture Undertakings …… (301)
Cultural Relics and Museum & Books …… (303)
Culture Market …… (304)
Literature and Art …… (305)
Work of the Social Science …… (308)
The Cultural Center …… (309)
Radio, Television and Film …… (309)
Zhangjiagang Daily …… (312)
The Yangtze River Culture and Art Festival of Zhangjiagang, China …… (314)

Health

Summary …… (317)
Medical Treatment …… (318)
Prevention and Health …… (319)
Health Supervision …… (321)
Supervision of Food and Drug …… (322)
Environmental Health …… (322)
The Red Cross Ambulance …… (324)

Sports

Summary …… (327)
Teenagers Sports …… (327)
Mass Sports …… (328)
Athletics Sports …… (329)
Sports Industry …… (330)

Human Resources and Social Security

Talents Development …… (333)
Personnel Management …… (334)
Labor and Employment …… (334)
Labor Rights Safeguarding …… (335)
Social Security …… (336)

People's Livelihood

Convenience Services …… (339)
New Citizen Service …… (339)
Social Mediation …… (341)
Civil Affairs …… (342)
Grassroots Democracy and Community Construction …… (348)
Population and Family Planning …… (349)
Ethnic and Religious Affairs …… (350)
Work for the Aged …… (352)
Work for the Future Generations …… (353)
Undertaking of the Disabled …… (355)

Survey of Zones and Towns

Free Trade Zone (Jingang Town) …… (359)
Economic and Technological Development Zone (Yangshe Town) …… (363)
Metallurgical Industrial Park (Jinfeng Town) …… (370)
Tangqiao Town …… (374)
Fenghuang Town …… (378)
Leyu Town …… (382)
Nanfeng Town …… (386)
Daxin Town …… (389)
Changyinsha Modern Agriculture Demonstration District …… (392)
Shuangshan Island Tourism Resort …… (394)

Personages & Advanced Collectives

New Municipal Leaders …… (397)
Popular Personages …… (397)
Death Figures …… (402)
Advanced Personages …… (404)
Advanced Collectives …… (411)

Special Narration

Book Fragrant City Construction …… (425)
The Dream of Strong Village and Rich Villagers of Wu Dongcai Which is the National Moral Model …… (427)

Statistics

Appendix

Media Focus …… (443)
Selected Documents …… (450)

Index

Entries Index …… (461)
Forms Index …… (472)
Pictures Index …… (474)

特载·特辑

Special Records

凤凰湖　（凤凰镇　供稿）

全力争当苏南现代化示范区建设排头兵

党和国家领导人在张家港市考察

张家港市竞争力和综合实力位居全国县级市第三

张家港市获“全国科技进步先进市”七连冠

抢抓改革机遇，突出转型重点，全力推进港城现代化建设

政府工作报告

全力争当苏南现代化示范区建设排头兵

4月25日，国家发展和改革委员会印发《苏南现代化建设示范区规划》，标志着中国第一个以现代化建设为主题的区域规划正式颁布实施。规划明确，围绕到2020年建成全国现代化建设示范区，到2030年全面实现区域现代化、经济发展和社会事业达到主要发达国家水平的目标，重点推进经济现代化、城乡现代化、社会现代化和生态文明、政治文明建设，促进人的全面发展，将苏南地区建成自主创新先导区、现代产业集聚区、城乡发展一体化先行区、开放合作引领区、富裕文明宜居区。

5月6日，市委召开常委市长联席会议，传达贯彻省委、省政府苏南现代化建设示范区工作会议精神。会议强调，张家港市已走在率先基本实现现代化的前列，在新一轮更高水平的现代化建设浪潮中，各级各部门要在不断巩固提升率先基本实现现代化建设成果的基础上，结合更高水平现代化的要求，咬定目标，提升定位，全力争当苏南现代化建设的排头兵。

7月15日，市委十届六次全体（扩大）会议召开。会议对照《苏南现代化建设示范区规划》以及省委、苏州市委的相关要求，科学谋划张家港市现代化建设的一系列重大问题，动员全市上下进一步统一思想，凝聚共识，积极抢抓苏南建设现代化示范区的历史机遇，全力争当苏南现代化示范区建设排头兵。

7月18日，市委、市政府联合印发《张家港市现代化建设三年行动计划（2013~2015）》，提出以“810工程”（十大制造业基地、十大制造业项目、十大科技载体、十大服务业项目、十大专业市场、十大生态工程、十大基础设施、十大民生工程）为重中之重，深入实施“六大提升行动”（经济实力提升行动、创新能力提升行动、生态文明提升行动、城市功能提升行动、民生福祉提升行动、社会管理提升行动），加快建设更具实力、更显美丽、更加幸福的现代化城市。到2015年年末，基本形成以新兴产业为先导、先进制造业为主体、现代服务业为支撑、现代农业为基础的现代产业格局，人均地区生产总值超过20万元，综合实力继续位居全国同类城市前列；城乡一体化建设水平领先全国，城市功能品质明显提升，国家生态文明建设试点示范区创建工作领先全国同类城市；民生保障水平保持全国最优，城乡居民人均收入分别达到5.6万元和2.8万元，低收入人群收入普遍较快增长；现代化建设初步达到《苏南现代化建设示范区监测评价指标体系》的总体要求，全力争当苏南现代化示范区建设排头兵。

市委、市政府全面部署现代化建设后，全市上下进一步理清思路，落实措施，紧紧围绕“810工程”和“六大提升行动”，凝心聚力、奋力拼抢。相关部门相应调整完善推进工作机构，加强领导力量，充实工作人员，形成市镇分级负责、部门协作联动、社会广泛参与的现代化建设格局。对上争取方面，由市发改委牵头，协同各相关单位做好与国家、省各部委的对接，争取在保税港区进口集聚区、化工品交易场所、服务业综合改革试点以及重大项目建设等方面取得更多政策支持。对内激励方面，由市财政局牵头，认真梳理并有效整合原有扶持政策，强化对转型升级、自主创新以及

华灿光电（苏州）有限公司竣工典礼 （严子洋 摄）

节能减排、环境保护、民生事业等方面的激励导向。由市国土局牵头，优先保障符合张家港市产业发展导向、投资规模大、市场前景好、产出效益高的重大项目用地指标供给。由市委组织部牵头，加大干部调配力度，对重点单位的队伍配备实施倾斜，进一步增强经济一线、发展前沿的队伍力量。

各区镇抢抓全面深化改革的重大历史机遇，凝心聚力推进“810工程”，全力加快转型升级步伐，不断开创港城现代化建设新局面，全市经济社会发展取得了显著成绩。保税区（金港镇）紧紧咬定打造“江苏外高桥”既定目标，按照“贡献份额最大、转型质效最优、特色优势最亮”的总要求，把重大项目作为工作的主要抓手，加快推进康得新、双象光学、康宁化学、霍尼韦尔一体化生产基地、扬子江聚丙烯、普洛斯物流园等一批重大项目，化工品交易中心、进口商品集采分销中心、汽车口岸建设列入国家《苏南现代化建设示范区规划》，汽车口岸当地上牌和小批量进口等功能实现突破，经济社会继续保持健康较快发展态势，科学发展水平位居全省开发区前列，为现代化三年发展目标的顺利实现奠定了扎实基础。同时，进一步做优规划，抓紧实施，加快金港新城、香山风景区、南沙老镇的建设和改造，不断提升西部城市副中心形象品位。经开区（杨舍镇）围绕全年目标任务，抓住年初八“开门红”、“750工程”实施、“决胜四季度、献礼二十年”和秋季集中开竣工等重要节点，一步不松、步步加压，各项工作责任到人、时序到点，全年46个市级绩效考核指标中，34个指标基准时序进度高于全市平均水平，35个指标超额完成全年任务，呈现出财税增长明显快于总量增长，科技、环境指标明显优于其他指标的良好态势。获批国家国际科技合作基地、国家知识产权试点园区、国家火炬节能环保装备特色产业基地、中国产学研合作创新示范基地。再制造基地成为全国首批、华东地区首家国家再制造产业示范基地，并全面启动建设；机器人产业园列入工业和信息化部重点支持建设园区；现代装备制造产业园在全省特色产业园评比中荣获第二名；软件（动漫）产业园获批江苏省文化产业重点园区。冶金园（锦丰镇）积极实施“转型升级、城乡一体、改善民生”三大战略，充分发挥项目建设、产业载体、科技创新对促进经济增长、加快转型升级的引领作用，加速推进高端制造集聚区、玖隆钢铁物流区建设，全力打造精品钢材产业基地、新医药产业基地、锦丰科技创业园等载体，不断提升区域发展后劲。塘桥镇、凤凰镇、乐余镇、南丰镇、大新镇、常阴沙现代农业示范园区、双山岛旅游度假区，根据市委“810工程”确立以后三年3件至5件大事，在转型升级、城乡一体、社会事业、美丽镇村建设等方面创新有为。2013年，全市实现地区生产总值2145.31亿元，公共财政预算收入154.18亿元，继续稳居中国中小城市综合实力百强县市第一方阵。

（张　赟）

党和国家领导人在张家港市考察

3月25日，中共中央政治局委员、中央书记处书记、中宣部部长刘奇葆及随行的中宣部副部长孙志军、中央电视台台长胡占凡、中宣部副秘书长陈永刚一行，在江苏省委书记罗志军，省委常委、苏州市委书记蒋宏坤，省委常委、宣传部部长王燕文等人陪同下到张家港市调研。刘奇葆一行在南丰镇永联村听取了永联村情况介绍，观看了永联村网格化公共文化服务成果展示，参观了喷泉广场、永联戏楼、爱心互助街（红领巾驿站、爱心超市、综合服务大厅）、永联图书馆、江南农耕文化园、现代粮食生产基地和永联议事厅等地。他强调，要深化党的十八大精神学习宣传贯彻，把坚持和发展中国特色社会主义作为聚焦点、着力点、落脚点，组织开展形式多样的宣传教育，在干部群众中展开，在全社会展开，引导人们始终坚持中国特色社会主义道路、中国特色社会主义理论体系、中国特色社会主义制度。

5月8日，全国政协副主席、民建中央常务副主席马培华到张家港市考察调研，他先后调研了江苏力天新能源科技有限公司、市文化中心、城西新区、爱康新能源产业园等地。马培华强调，要不断增强自主创新能力，大力引进和培育人才，通过扩大品牌影响力、做精做专核心产品，不断提升竞争力。

6月1日，中共中央政治局委员、中央政法委书记、中央综治委主任孟建柱以及国务委员兼公安部部长郭声琨、最高人民法院院长周强、最高人民检察院检察长曹建明一行到张家港市考察平安建设工作，省委书记罗志军，省委副书记、省长李学勇，省委常委、苏州市委书记蒋宏坤，省委常委、政法委书记李小敏，苏州市市长周乃翔等陪同考察。孟建柱一行先后调研了南丰镇政法综治工作中心、永联村和市民服务中心等，还考察了城西新区和全市食品安全建设、“12345”便民服务热线等情况。孟建柱希望张家港市全面统筹经济、政治、文化、社会、生态等多领域的平安建设，努力形成一个全覆盖、多层面的大平安社会格局，努力打造平安中国建设的示范区。

张家港市竞争力和综合实力位居全国县级市第三

6月，中国城市竞争力研究会在香港发布“2013中国城市分类优势排行榜”，张家港市排名第三位。中国城市竞争力研究会对中国县（县级市）综合竞争力的总体评价，是以经济、地理与行政划分为基础，对中国内地省、区、直辖市所辖县（县级市）进行系统而全面的研究与评价。县级市综合竞争力评价指标体系涵盖经济、社会、环境、文化四大系统，由10项一级指标、50项二级指标、217项三级指标组成。

10月，由东北亚开发研究院、中国社科院社会科学文献出版社、中小城市经济发展委员会等单位联合举办的《2013年中国中小城市绿皮书》发布会暨中小城市新型城镇化座谈会在北京召开，会上发布了2013年度中国中小城市综合实力百强县市，张家港市位居第三名。2013年中小城市科学发展评价体系从经济发展、社会进步、环境友好和政府效率四个方面对全国中小城市进行评价。

小城河夜景 （严子洋 摄）

张家港市获“全国科技进步先进市”七连冠

11月，科技部发文公布全国县（市）科技进步考核结果，张家港市被评为全国科技进步先进市。这是张家港市连续第7次获此荣誉。全国县（市）科技进步考核是科技兴县（市）工作的重要组成部分，科技部每两年组织一次，已先后组织7届。近年，张家港市着力优化科技发展环境，不断加大科技投入力度，进一步完善科技服务体系，自主创新能力不断加强，各项科技工作取得显著成效，科技综合实力不断攀升。2012年，全市万人发明专利拥有量9.76件，每万名劳动力研发人员数123人，全社会研发经费支出占地区生产总值比重为2.35%，大中型企业科技活动人员占从业人员比重为11.21%，科技进步贡献率突破60%。

（史 志）

抢抓改革机遇　突出转型重点 全力推进港城现代化建设

——2013年12月24日在市委十届七次全体(扩大)会议上的讲话

姚林荣

同志们：

这次市委全体(扩大)会议的主要任务是，以党的十八大精神为指引，深入贯彻十八届三中全会、中央经济工作会议、省委和苏州市委全会精神，回顾总结今年工作，分析当前形势，按照“现代化建设三年行动计划”的总体部署，研究明确2014年全市发展的主要目标、具体思路和关键举措，动员各级党组织、广大党员和干部群众，抢抓全面深化改革的重大历史机遇，凝心聚力推进“810工程”，全力加快转型升级步伐，不断开创港城现代化建设新局面。

下面，我根据市委常委会讨论的意见，讲四个方面的情况。

第一个方面，团结拼搏，迎难而上，经济社会发展取得来之不易的成绩

今年以来，市委常委会深入学习党的十八大、十八届三中全会和习近平总书记一系列讲话精神，并将中央精神贯彻落实到全局性重大问题的研究、部署和推进之中。制定出台了《张家港市现代化建设三年行动计划》，确立了“全面推进港城现代化建设”的总目标、“六大提升行动”的总任务，特别是以“810工程”为重中之重的总抓手，为我市现代化建设明确了前进的方向、工作的重点。同时，市委常委会创新领导工作机制，建立了每月常委会、每季度常委市长联席会议等制度，及时交流工作、会商解决问题；通过“两区一园”和“五镇”工作推进会议、双月板块书记工作例会和现场办公等多种方式，强化工作指导、明确工作要求、推进工作落实。通过抓方向、抓大事、抓关键，以重点突破推动全局发展，全市经济社会各项事业取得了来之不易的成绩。

（一）经济发展难中有进，转型升级步伐加快。面对发展中的种种困难，市委常委会因势利导，突出转型升级这个核心，紧紧抓牢“重大项目、科技人才、载体平台、企业运行”等环节，全力以赴稳增长、抓创新、促转型。重大项目、重要载体平台取得突破，必将为产业转型带来长远的积极影响。“810工程”的十大制造业和十大服务业项目全部开工、十大制造业基地和十大专业市场建设扎实推进。特别是页岩气新材料综合基地项目签约落户，部分项目开工建设，为打造千亿级新材料产业基地奠定重要基础；再制造产业基地获批全国首批、华东首家“国家再制造产业示范基地”，启动区一期开工建设，已集聚汽车发动机、关键零部件等骨干企业10家；汽车整车进口口岸通过国家验收并投入运行，建设内涵创新提升，改装车、汽车物流等12个项目入驻开工。同时，康得新光学膜一期、华灿光电一期、沙钢冷轧薄板、永钢大型锻件等项目竣工投产，玖隆物流、霍尼韦尔基地、富瑞特装、联东U谷产业综合体和曼巴特购物广场等一批项目加快建设。人才科技工作成效明显，为产业转型加注了创新活力。自主培育国家“千人计划”人才4人，新增省“双创”人才18人、居全省县市(区)第一，新增“姑苏”人才20人、居苏州县市第一。引进“千人计划”专家产业化项目38项。“810工程”的十大科技载体建设全面加快，新增创新载体34万平方米。新增高新技术企业55家、省级以上创新平台81家。成功举办中国海智大会。连续第七次获评“全国科技进步先进市”。产业发展空间进一步拓展，为转型升级创造了新的条件。成功争取建设用地流量空间，率先获省政府批准新增指标1.65万亩；积极淘汰和转移落后产能，“腾笼换凤”置换土地4886亩。高效农业稳步发展，新增高效农业面积2.5万亩，常阴沙现代农业示范园区获批国家级农业产业化示范基地。同时，市委常委会高度重视服务企业，及时协调解决经济运行中出现的困难和问题，全力保障企业在严峻的经济形势下实现总体平稳运行。预计全年实现地区生产总值2145亿元，可比价增长6%；公共财政预算收入154亿元，增长3%；全社会固定资产投资增长10%；新兴产业产值1965亿元，占规模以上工业总产值比重达40%、同比提高1.2个百分点；全社会研发投入占GDP比重达2.6%，同比提高0.2个百分点；服务业增加值占GDP比重达43%，同比提高1.7个百分点；沙钢集团连续5年跻身世界500强，列第318位。

（二）城乡一体稳步推进，城市品质不断提升。市委常委会坚持产业化与城镇化互动并进，重视把握城乡一体化建设的内涵和节奏，编制完成保留村庄布点规划，修订完善配套政策，统筹指导中心城区和片区新城建设。“810工程”的十大基础设施工程按计划有序推进。特别是，疏港高速按时完成全面清障并实施路基填筑，为2015年通车打下坚实基础；通过对上争取，沪通铁路张家港段的线形走向、枢纽场站设置和长江大桥建设等方案，与我市规划实现了最佳对接，开工在即；福南深水航道整治争得最优方案，12.5米进港航道建设抓紧筹备。通洲沙西水道二期主体工程竣工，圈围滩地1.1万亩；三干河、七干河等重点河道的延伸拓浚进展顺利。安置房建设规模为张家港历史之最，新开工面积409万平方米、竣工404万平方米。同时，市域一批重要路段改造按期完工；老城区防汛能力提升三期项目如期竣工，街景立面整治、背街小巷和里弄改造等工程顺利完成；农副产品批发市场、高职园区等工程有序实施。沙洲湖湖区形象开始显现，金港滨江新城、锦丰沙洲新城、凤凰新城等片区新城建设稳步推进，镇区三年综合改造工程全部完成。

（三）生态建设全面加强，人居环境巩固优化。市委常委会把生态文明理念融入到现代化建设的各个领域，全面组织开展生态文明建设，研究制定“生态文明建设三年行动计划”，“810工程”的十大生态工程顺利推进。“四个百万亩”完成落地上图；东沙化工区整体转型加快实施；飞翔化工集中区落实水、气、固废的综合整治，并逐步向高科技园区转型；化工、电镀、重金属等行业的专项整治力度加大，关停污染企业66家。27项重点减排工程深入实施，沙钢脱硫项目全部按计划完成。新增城镇污水管网60千米。成片生态林、经济林建设有序推进，沿河沿路新建绿色生态廊道19条，新增绿地面积7182亩，林木覆盖率达到19.2%。环城河创建成国家级水利风景区。建立了覆盖市区的餐厨废弃物集中收运、无害化处理体系。村庄环境综合整治通过省级全域考核验收，凤凰、南丰、永联、金村等12个镇村被确定为苏州市美丽镇村示范点，34个行政村通过苏州市级生态村验收。

中国最美乡村——永联村 （王苗苗 摄）

（四）社会事业协调发展，群众生活持续改善。市委常委会坚持把改善民生作为出发点和落脚点，大力推进以管理创新为重点的社会建设，突出加强困难群众帮扶，努力使发展成果更多惠及群众。预计城镇居民人均可支配收入和农村居民人均纯收入分别达4.34万元、2.17万元，增长9.3%和11.4%。把促进就业作为改善民生的重中之重，开发就业援助岗位1.25万个，帮助6400名特困家庭劳动力等困难人员实现就业。新增社保参保人员4.2万人，各项社保标准整体提升。编制完成养老服务设施布局规划，机构养老的千人拥有床位数达41.2张。建成全国首个民生档案共享服务平台。成为全国首批义务教育发展基本均衡县（市），在我国教育史上具有标志性意义的“全国县域义务教育均衡发展督导评估认定现场会”在我市召开。基本公共卫生服务项目绩效居全省县市第一。成功举办第十届长江文化艺术节，长江文化促进会获国务院批准成立，“公共文化服务网格化模式创新与示范”入选国家文化创新工程重点项目，“群星奖”“文华奖”和“中国戏剧奖”获奖数量列全国县（市）第一。市委常委会健全领导干部下基层常态化机制、定期接访下访制度，全面开展“民生面对面”活动，解决了一批群众期盼的问题。承办“平安中国”现场会实地考察，受到与会代表高度评价，平安建设经验在全国推广。获评“全国社会管理综合治理先进集体”。城乡和谐社区建设达标率分别达99%和98.2%，在苏州领先。

（五）党建工作持续深化，组织保障有效加强。市委常委会坚持党要管党、从严治党，把党建创新作为基础工程和保障工程，改进作风、增强本领，党的各项建设取得新进步。宣传思想工作扎实有力。学习型党组织建设成为全省示范点。围绕现代化建设，精心组织主题宣传活动。全国“最美基层干部”、全国道德模范吴栋材的先进事迹被广泛宣传。年度获评6位“中国好人”，数量居全省县市之首。志愿服务“伙伴计划”得到中央文明办的高度肯定。全方位加强对外宣传，“文明张家港”的影响力进一步提升。组织工作持续加强。坚持“以实绩论英雄”的用人导向，完善“好干部”综合研判机制，有针对性地实施干部培训，切实加强年轻干部的培养。圆满完成全市基层党组织和村委会、社区居委会的换届选举，基层干部队伍得到优化加强。全面推进服务型党组织建设，区域化大党建和非公经济党建持续深化，基层服务型党组织建设经验得到中组部的肯定。党风廉政建设深入推进。认真落实中央“八项规定”和反“四风”要求，从严从紧执行改进作风的各项规定。加大执纪查案力度，严肃查处党员干部违纪违法案件。完善绩效管理办法，建立了岗位绩效评估和干部评议常态化机制。同时，市委常委会全力支持人大、政府、政协开展工作，人大、政府和政协的职能作用得到更好发挥。积极推动对口援建和南北挂钩，工青妇、兵役、民防、老干部、党史、残疾人和关心下一代等工作取得新进展。

成绩来之不易，收获饱含艰辛。市委常委会深切感到，在复杂困难的环境下，经济社会发展取得的每一点进步，工作推进取得的每一项突破，都凝聚着全市上下的辛勤汗水，凝结着广大干部群众的智慧勇气，特别是在座同志，承受了比过去更大的压力，付出了比过去更多的辛劳。在此，我代表市委常委会，向你们并通过你们，向全市各级党组织、广大党员干部和全市人民，表示衷心的感谢和崇高的敬意！

在肯定成绩的同时，我们也清醒地看到经济社会发展中存在的问题和不足。一是持续低迷的经济形势对我市产业发展造成很大影响，产业结构偏重的矛盾暴露得更加明显，公共财政预算收入、进出口总额等指标未能达到年初预期目标。二是城乡一体化建设的科学化水平有待进一步提高，动迁安置任务艰巨，村级集体经济发展缺乏新的增长点。三是促进群众增收特别是困难群众增收的有效措施不多；公共服务供给与人民群众需求还有差距，群众对空气水质、社区医疗、小区停车等意见还比较多。四是少数干部缺乏紧迫感、责任感，勇于担当的精神、攻坚克难的办法、求真务实的作风、为民办事的意识不够。更有个别干部自身要求不严，损害了队伍和组织的形象，等等。我们将依靠全市党员干部和人民群众的共同努力，迎难而上，创新突破，认真解决。

第二个方面，把握大势，统一认识，自觉学习运用中央精神指导港城现代化建设

党的十八大以来，新一届党中央围绕“坚持和发展中国特色社会主义、实现中国梦、深化改革开放、推动科学发展、建设美丽中国、加强法治建设、把握意识形态工作领导权、贯彻群众路线、转变工作作风、坚持从严治党”等十个方面，提出了一系列新的思想论断，采取了一系列励精图治的务实举措，开拓了治国理政的新境界，形成了全党全社会的新风气。党的十八届三中全会，对经济、政治、文化、社会、生态文明以及党的建设等各个领域，作出了全面深化改革的总部署、总动员，把我国的改革开放事业推向了新的历史阶段。中央经济工作会议对做好明年的经济工作作出了总体部署，指出“最核心的是要坚持稳中求进、改革创新，努力实现经济发展质量和效益得到提高又不带来后遗症的速度”。这些重大决策部署，体现了新一届中央领导集体的执政理念、治国方略和工作思路，是新形势下各项建设的行动指南和根本遵循。市委常委会认为，全市各级必须全面、系统、深入地学习贯彻党中央的指示精神，学深学透、真学真用，以此来统一思想认识、明确前进方向、指导发展实践。

（一）进一步统一对现代化建设的认识，坚定不移，接力推进。实施“810工程”“六大提升行动”，全面推进港城现代化建设，是我市在新形势下开创科学发展新局面的新举措。对照习总书记系列讲话和十八届三中全会精神，建设现代化港城的愿景取向，与“两个一百年”“中国梦”的奋斗目标十分契合；“六大提升行动”的目标内涵，与“五位一体”总体布局高度一致；紧抓“810工程”重中之重，体现了习近平同志“突出重点、干在实处”的作风要求。可以说，全面推进港城现代化建设的实践，完全符合党中央的精神实质，找准了中央要求与我市实际的结合点，抓住了全局工作的着力点，必须坚定不移、一以贯之地加以推进。实践在发展、创新无止境。全市各级要在现有良好的工作基础上，把现代化建设事业放到十八届三中全会后新的形势背景下去考量、谋划、推进，紧扣“产业更加先进、生态更加优美、城市更加现代、民生更加幸福、社会更加文明”的目标定位，进一步抓牢“810工程”“六大提升行动”的创新点、关键点、突破点，逐条对照分析、逐项推进落实，做到目标有新定位、工作有新举措、实践有新成效，推动港城现代化建设不断取得新进展，争当苏南现代化示范区建设排头兵。

（二）进一步统一对重大历史机遇的认识，创新作为，推进发展。党的十八届三中全会，是继十一届三中全会后又一具有里程碑意义的重要会议，必将对未来中国产生重大而深刻的影响。习近平同志强调“变革是大势所趋、人心所向，是浩浩荡荡的历史潮流，顺之则昌、逆之则亡”。张家港过去取得的辉煌成就，靠的就是抢抓机遇、改革创新。当前，我们正处于发展的重要历史关头。无论是应对国际严峻复杂形势还是推进经济社会转型发展，都必须把改革作为“决定命运的关键一招”。全市各级特别是领导干部，务必要认清大势，顺应潮流，以极强的敏锐性，抢抓改革机遇，争取先行先试，推进重点领域和关键环节尽快取得实质性突破。特别要围绕“自贸区、再制造产业基地、汽车整车进口口岸、玖隆物流、服务业综合改革”等重点，争创新的政策平台，集聚各类创新要素，加速产业转型升级。同时，我市各方面的基础条件都非常好，发展均衡、全面、协调，更有条件全面抢抓机遇，改革创新，走在前面。全市各级要进一步解放思想，破除一切不适应形势、不利于发展的固化思维和习惯性做法，切实提高工作效能，激发经济社会发展活力。

（三）进一步统一对当前历史时段发展要求的认识，科学发展，求真务实。发展是主线、是硬道理、是第一要务。全市各级必须坚持发展是解决所有问题的关键这一重大战略判断，进一步增强发展的紧迫感、责任感、机遇感。同时，发展要科学，要追求可持续发展。新一届党中央多次强调“坚持科学发展，就要坚持实事求是的思想路线、探索和掌握事物发展的规律、领导干部一定要求真务实”。关于经济增长，习近平总书记强调“再不能简单以GDP论英雄，速度不是越快越好，关键在于质量和效益，否则速度也难以为继”。关于城镇化，习总书记指出“要尊重经济社会发展规律，过快过慢都不行，重要的是质量”。关于民生福祉，他指出“保障和改善民生是党和政府工作的永恒主题，要坚持尽力而为和量力而行相结合”，等等。我们要切实遵照这些重要指示，准确把握新的历史时段新的发展要求，确保方向不偏差、工作更务实。在经济发展上，要清醒看到，虽然我市经济总量较大，但是与发达国家高技术、高品质的产业状况相比，我市产业的内在素质仍有较大差距。因此，既要坚持敢拼敢抢、稳中求进、好中求快，保持必要的合理增速；更要注重提高经济发展的质量和效益，以创新驱动为战略支撑，坚定不移加快产业转型升级，努力实现更有质量、更有效益、更可持续的发展。在城乡一体上，要看到，我市的规划建设水平在全国县市领先，当前最紧要的是“为产业转型提供更强的功能支撑、为群众生活创造更好的人居环境”。要科学把握“经济发展与城市建设、近期面貌改善与长远品质提升、消费性投入与生产性投入、建设规模与财力承受”四个关系，突出重点、做出内涵。在民生工作上，要把造福群众作为一切工作的出发点、落脚点，要尽力而为地满足群众需求、多办民生实事；同时要看到，民生改善是一个渐进过程，不能脱离实际、超越阶段，要量力而行把握节奏、统筹安排，确保民生工作的可持续。要树立正确的政绩观，功成不必在我、问题不留后人，发扬“钉钉子”精神，步步为营、踏踏实实地把现代化事业抓实抓好。

总之，全市各级要切实增强大局意识、机遇意识、科学意识和责任意识，把思想和行动统一到党中央的决策部署和指示精神上来，准确把握科学发展的方向、内涵、路径和节奏，以改革创新的勇气、求真务实的作风，更加扎实地推进以“810”工程为最重要抓手的现代化建设，更加科学地统筹各项事业发展，抓重点、攻难点、增亮点，加快建设“更具实力、更显美丽、更加幸福”的现代化港城。

第三个方面，突出转型，狠抓重点，不断开创港城现代化建设新局面

明年，国内外经济环境仍然比较复杂。大国货币政策调整，我国全面深化改革、推进城镇化、化解产能过剩、控制政府债务等，必将带来深远的影响，挑战和机遇并存。基于对发展大势的认识和我市现代化建设实际的把握，市委常委会提出2014年工作总的思路是：贯彻落实党的十八大和十八届三中全会精神，按照中央经济工作会议、省委和苏州市委全会的部署，坚持“稳中求进、好中求快、改革创新、勇于争先”的导向，与时俱进弘扬张家港精神，以“810成效比拼年”为主题，以转型升级为核心，突出项目人才，提升产业品质；突出功能内涵，提升城市品质；突出环境整治，提升生态品质；突出群众满意，提升生活品质，全力推进港城现代化建设，争当苏南现代化示范区建设排头兵。

经济社会发展的主要预期目标是：地区生产总值增长7.5%；公共财政预算收入增长8%左右；全社会固定资产投资增长10%；实际利用外资、进出口总额与2013年持平；城镇居民人均可支配收入增长10%，农村居民人均纯收入增长11%；万元GDP能耗下降率、主要污染物排放总量削减率完成上级下达任务。

做好2014年工作，必须紧扣“810工程”这个重中之重，集中精力，一抓到底。重点抓好五个方面。

*（一）抢抓改革机遇，充分激发经济社会发展活力。*改革是最大的红利。要牢牢抓住全面深化改革的历史性重大机遇，坚定不移落实上级已经明确的改革举措，特别要针对我市面临的主要矛盾和挑战，逐项梳理研究，勇于先行先试，加快创新突破。着力抓住四个领域的改革重点。

一是产业发展领域的改革，要以“政策突破、平台建设”为重点，为转型升级提供更有力支撑。要全力争取自由贸易园（港）区。省和苏州市已将张家港保税区列入自由贸易区对国家申报。这是我市改革的大事，务必盯紧抓牢、力求早日突破。同时，要主动对接上海自贸区，接受“溢出效应”，积极争取先行先试。要加快打造国家级再制造示范基地。在“逆向物流税收政策、关键零部件进出口、汽车五大总成旧件再制造”等方面，加强对上争取，实现政策突破。要加速现代服务业发展。以进口汽车、玖隆物流、省进口商品集采分销中心等为重点，深化省级服务业综合改革。要争取更多实质性的政策支持，搭建更高水平的电子商务、金融结算等平台，实现突破性发展。支持有条件的企业建办各类金融机构。

二是行政管理体制的改革，要全面落实中央政府简政放权的要求，以“减少阻力、释放活力”为目标，优化行政流程，提高行政效率。积极推动“智慧审批”等服务创新，构建三级联动的便民服务体系。培育发展商会类、科技类、公益慈善类、社区服务类等社会组织，稳妥推进政府购买公共服务。要围绕“810工程”，改革绩效考核办法，强化考核结果运用，发挥绩效管理效能。

三是社会事业领域的改革，要以“市场化、社会化”为方向，优化社会资源配置，调动社会力量参与建设。在城乡一体化改革中，深化农村承包土地确权登记试点，积极稳妥探索集体土地、宅基地管理新方法，推行农村资源资产交易市场化。加快提升村级集体经济的自身发展能力。在养老服务业改革中，争取养老服务业改革发展试点，加强政府引导并充分发挥社会力量的主体作用，构建多元化的养老服务体系。在医药卫生体制改革中，改革公立医院管理体制和运行机制，完善贯通到村（社区）的医疗资源流动体系，优化提升社区卫生服务站的服务能力，破除“以药补医”机制，推进医院、社区卫生服务中心一体化管理。同时，进一步完善食品安全监管体制，全力保障食品安全。

四是财政绩效管理的改革，要以“效率最高、成本最低”为取向，努力开源节流，实现健康运行。要科学配置财政支出，把握好财政资金用于经济建设、基本建设、改善民生的方向和规模，科学统筹资金安排，把资金用在“刀口”上，压缩一般性支出。要高度重视政府性债务管理，合理控制债务规模,做好防范风险预案。要加强财政预决算管理,改进年度预算控制方式,做好市本级部门预算公开试点工作,推进预算公开透明,建立跨年度预算平衡机制。要整合统筹使用产业扶持资金,发挥财政资金"四两拨千斤"的效用,鼓励引导社会资金投入产业发展。加强科技金融结合,完善多元化、多层次的创业创新投融资支持体系。

(二)突破项目人才,加快产业转型升级步伐。产业决定城市。要更加注重投入的有效性,以"810工程"重点产业和重点项目为核心,整合优势资源,集聚创新要素,促进高端产业发展、产业向高端延伸。

一要全力打造优势产业。页岩气新材料、光学膜新材料、汽车零部件再制造、智能装备、进口改装车和特种车等新产业,正呈现出很好的发展势头,需要全力以赴加快突破发展、形成优势。精品钢材、有机硅、锂电、机械装备等现有优势产业,也要继续努力提高发展水平,不断巩固提升在行业中的优势地位。要充分发挥长江水道优势,以保税港区进口商品集采分销中心、玖隆物流和东沙物流为重点,做强做大口岸物流产业。

二要突出抓好重点项目。页岩气新材料综合基地项目、康得新二期、国家再制造产业示范基地、玖隆物流中心、进口整车物流园、沙电二期等列入省重点的产业项目,要全力以赴加快建设。华灿光电二期、富瑞海水淡化装备、霍尼韦尔、软件动漫产业园等列入苏州市重点以及列入我市重点的50个重大产业项目,要拉出进度表、排出工程单,逐项跟踪、协力推进。

三要创新突破新型业态。在保税区和保税港区政策的叠加应用上争取突破。大力引进培育"区域总部、运营中心、结算中心"等总部经济,并带动金融、信息、中介等服务业发展。全力争取跨国公司外汇资金的集中运营管理试点。加快商务模式从线下到线上、从出口到进口、从物流到资金流的转变。要以"两区一园"为主要载体,推进实体产业与电子商务融合发展,大力建设电商园区。

四要强化科技人才支撑。要保持人才科技工作在苏州乃至全省县市中的领先优势。突出企业的创新主体地位,推动创新资源和创新要素向企业集聚,使企业成为技术创新的主体力量。政府要完善和落实支持科技创新的政策,着力营造有利于创新的环境。确保全年新增领军人才团队超过80个、"姑苏"以上人才超过30人、"千人计划"专家产业化项目35个以上。要加快城北科教新城和"十大科技载体"建设。要进一步优化载体平台的运行机制,提升科技载体的运作成效。要更加注重科技成果转化,提高"技术交易、创投融资、产学研合作"的公共服务水平,推动人才与企业嫁接,实现科技成果的本土产业化,尽快形成实体产能。要更加重视办好苏理工、沙工和职业教育,更好对接服务我市的转型升级。

五要高度关注企业运行。要切实服务好企业,特别是发挥规模骨干企业优势。现有企业是最现实的生产力。要进一步弘扬企业家精神,支持企业做好、做强、做大。现有传统产业企业、中小企业中,有很多成长性好、运行质量好的企业,要特别重视为他们提供周到服务。同时,要大力淘汰落后产能,切实提高"腾笼换凤"的实效性,提升新置换项目的亩均产出,确保腾换面积5000亩以上。

(三)突出功能品位,持续提升城乡一体化水平。城市建设不求大、不求快、但求好。要按照积极稳妥的要求,科学推进城乡一体化建设,注重内涵功能,提升城市品位。

一要全力实施重大工程建设。疏港高速年内完成路基填筑和桥梁工程,为确保2015年通车奠定基础。主动对接沪通和沿江城际铁路建设,及时跟进道路、拆迁和管线等配套工程。密切关注上级动态,争取福南水道12.5米进港航道与福中主航道一起建设。抓紧实施通洲沙西水道长沙河以下边滩整治工程。启动老海坝节点综合整治工程,完成十三圩港至三干河段的百年一遇江堤加固改造,三干河南延确保汛前通水。曼巴特购物广场年内开业运营。金新城国际中心要基本完成地下工程。青草巷市场要确保在上半年竣工交付。高职园区要确保9月份投入使用。全面完成天然气配套及改造的年度任务。科学做好智慧港城建设国家试点。开工建设沙洲湖中央商务区。金港新城要全力推进新城与南沙、香山景区的一体化建设。经开区国际商务新城、锦丰沙洲新城等片区新城也要注重内涵品质,排定项目、有序推进。要根据每一项工程的时间要求,过细研究落实"征地、拆迁、资金"等要素保障,确保不因某个节点"卡壳"而影响整个建设进度。要高度重视房地产市场,加强主城区与各板块房地产市场的统筹,实现建设规模与市场需求基本平衡。要强化对城建项目的规划评审,增强投入产出观念,分清轻重缓急,选准选优项目,控制建设成本、优化资金结构,促进城市持续健康开发。

二要积极稳妥推进城乡一体。把市民的就业和生活作为城乡一体化的核心,遵循规律、注重质量、创新推进。要注重内涵提升。坚持以优化建设用地的空间布局保障发展,以优化农用地的结构布局保护耕地,以优化镇村的居住用地布局保护权益。科学推进"三个集中",进一步落实好"四个百万亩"工程、发展好高效农业,高水平建设美丽镇村,根据不同村庄类型完善配套设施,提升公共服务。要按照"苏南最高水平农业园"的定位,加快提升常阴沙现代农业示范园区的产业形态和效益。要妥善做好拆迁安置工作。按照"服从产业、兼顾环境"的思路,重点推进项目拆迁、环境拆迁,形态提升性的拆迁原则上要放缓。突出抓好安置房建设,年内新开工安置房300万平方米,竣工300万平方米。通过明后两年努力,确保现有过渡人群得到妥善安置。与此同时,要照顾好动迁过渡群众的生活,特别是要管理好老年群众过渡安置点,切实帮助他们解决实际困难。要推动富民强村。通过"一村二楼宇、拓展经营领域、创新资本经营、参与联合发展"等多种途径,发展壮大村级集体经济。探索农村土地有偿使用、村级集体收益惠民分红自然增长机制,实现农民人均纯收入、村级经济、村级惠民支出、社区股份合作社现金分红的增幅均超过10%。

三要精益求精加强城市管理。全面开展并完成十大类108个城市环境综合整治项目,探索建立"市容管理、停车管理、执法管理、环卫保洁"等难点治理的长效机制。要按

市区夜景 （范品才 摄）

地制宜推进农村污水处理设施建设。年内，力争镇区和农村生活污水处理率分别达80%和60%，市区居民小区生活垃圾分类“全覆盖”。要切实减少噪音、油烟、工地扬尘等扰民问题，让群众切身感受到生态建设的成效。

（五）围绕群众需求，扎实做好各项社会事业。改善生活、安居乐业、和谐稳定，是群众最根本的需求，也是现代化建设最根本的目标。

一要做好民生事业。注重稳定和扩大就业，特别是高校毕业生、困难家庭劳动力的就业和淘汰落后产能中的再就业；鼓励群众通过“抱团就业、互助就业、家庭手工”等增加收入；健全工资决定和正常增长机制，提高二次分配在村级财力支出中的比重，增加职工和农民收入。健全社保待遇调整机制，提高新市民和灵活就业人员参保率；统筹配置城乡义务教育资源，缩小城乡、校际差距；调整医疗服务价格，完善医疗服务体系，为市民就医提供更多方便，实现人均医疗费用增长低于居民可支配收入增长。全面推进“老有颐养”工程，加快养老机构建设，推广实施虚拟养老院、循环养老等服务模式。完善社区服务管理体制，提升社区网格化服务的能力。同时，要紧贴群众需求，实施好年度实事工程项目。在民生工作中，特别要更多关心困难群众，在就业、帮扶、补助等各方面优先照顾安排。不断完善医疗、教育、住房等专项救助体系，着力做好大病家庭、孤寡老人、残疾人等群体的帮扶工作。要把民生工作和群众工作结合起来，在加大政府投入的同时，要引导群众形成合理的心理预期，尤其要引导群众树立“勤劳致富最光荣”的理念，努力通过自己的劳动来增加收入、改善生活，使改善民生既作为党和政府工作的方向，也成为群众自身奋斗的目标。

二要繁荣城市文化。文化是城市重要的软实力，是社会和谐的润滑剂。要大力建设以张家港精神为内核的城市文化，通过港城现代化建设的生动实践、先进模范人物的典型事例，不断丰富张家港精神的内涵，并在全社会形成“人心思进、见贤思齐”的时代风尚，巩固全市人民团结拼搏的思想基础。要不断深化文明创建，高处着眼，低处入手，以群众喜闻乐见的经常性活动渗透文明理念，以长效化的机制保障文明建设的常态化，确保高标准实现全国文明城市“四连冠”。要牢牢把握舆论主动权，壮大主流思想舆论，建好用好新兴媒体，为现代化建设营造良好的舆论氛围。要高度重视市民对健身体育、文化活动的多样化需求，加快市镇两级文化体育设施建设，鼓励文艺创作，多出精品力作，丰富群众文化体育活动。要重视发展文化产业，积极发展文化旅游，启动东山村遗址博物馆主体场馆，科学实施恬

照“大城管”的要求，进一步完善“城管牵头、部门协同、全社会参与”的工作机制，推进管理力量向社区和薄弱地段延伸。要创新完善“精确敏捷、全时段、全方位”的管理平台，推进“智慧城管”资源扩容、监管增效，更好地实现城市管理的“精细化、网格化、人性化”，持续提升我市城市管理的美誉度。

（四）坚持生态优先，全面推进生态文明示范区建设。生态环境，中央高度重视、群众高度关注。要深入实施“810工程”的十大生态工程，突出抓好“污染企业关停、大气污染防治、工业污水截流、城镇污水纳管、重点河道、危险固废”六大专项整治行动，让张家港天更蓝、水更清、地更绿，确保生态文明建设“全国领先、群众得益”。

一要加强生态管控，坚决刹住偷排放、淘汰污染产能。加快实施新一轮环保“333工程”。要强化环保标准的硬约束，严格执法、铁腕治污，依法严厉打击破坏生态环境的行为，坚决刹住偷排放。更大力度关停转改“五小”企业等落后产能。加快推进东沙化工区等重点区块的整治转型。全力推进工业污水接管改造和集中处理，不断提高中水回用水平。严格按照“810工程”的要求实施工程减排，年内钢铁行业烧结机脱硫、电力行业脱硝改造要实现“全覆盖”，黄标车淘汰率要达到60%以上。着力抓好13家能耗超10万吨企业的节能降耗，新增清洁生产企业50家。

二要加强生态再造，不断增强生态建设的惠民实效。要根据规划有序开展生态修复。加快实施一干河生态廊道等“810工程”的生态建设项目。黄泗浦生态园要基本完成湖区土方开挖。完成香山南侧“一湖三园两路”工程，启动香山北侧生态修复。凤凰湖生态湿地要全部完工。双山岛要加大植树造林力度，加强生态修复。保护和建设常阴沙沿江湿地。实施重点区块的生态防护隔离带建设。要积极探索经济林建设和绿化工程的市场化运作，实现经济效益和社会效益“双赢”。加快实施城镇生活污水纳管处理，因

庄、金村等古街古村落的保护开发。

三要维护社会稳定。健全基层网格化服务模式，设岗定责、责任到人、服务到户，努力实现“第一时间发现问题，第一时间化解矛盾，第一时间服务到位”。试点建设社区综合信息化服务平台，突出解决好农村动迁小区“人户分离、小区物管、信息共享”等难题。充分发挥社会组织、社区自治组织、社工队伍的重要作用，引导群众共同参与，着力夯实社会治理基础。要加强对重大项目、重大决策社会稳定的风险评估，从源头上预防和减少社会矛盾。在“环境保护、征地拆迁、劳动社保、医患纠纷”等重点领域，健全矛盾纠纷排查化解的长效机制。加强网上网下的协同管理，及时回应、有效疏导处置社会热点问题。加强社会治安防控体系的信息化建设，严厉打击各类刑事犯罪。强化生产、交通、消防、校园、危化品、食品药品等领域的安全监管，完善突发事件应急处置机制，坚决遏制重特大安全事故发生。密切关注困难企业运行情况，及时化解不稳定因素，全力维护社会安定。

第四个方面，加强领导，强化党建，为推进港城现代化建设提供坚强保障

事业成败，关键在党。全市各级党组织和党员干部，要切实担当起全面推进港城现代化建设的历史重任。

（一）精心组织好群众路线教育实践活动。根据中央统一部署，明年上半年，群众路线教育实践活动将在县市级全面展开。这是党在新形势下落实“党要管党、从严治党”的重大决策部署。全市上下必须以高度的政治自觉、思想自觉和行动自觉，扎实有效地开展好教育实践活动。要按照“照镜子、正衣冠、洗洗澡、治治病”的总要求，抓牢活动开展的关键环节，把整风精神贯穿活动始终，着力解决党员干部“四风”方面存在的突出问题、群众反映强烈的问题、联系和服务群众“最后一公里”的问题，实现“思想进一步提高，作风进一步改变，党群干群关系进一步密切”的目标。要立足推动中心工作，把活动的开展与推进“810工程”结合起来，与保障和改善民生结合起来，与严格管理干部队伍结合起来，与建设服务型党组织结合起来，使教育实践活动真正成为群众支持、群众满意的民心工程。

（二）着力提升党建科学化水平。要紧紧抓牢党建工作的着力点，以切实有效的行动凝聚力量、推动发展。一要切实加强思想理论教育。按照“以用为学、学以致用”的要求，组织各级干部认真学习十八届三中全会等中央最新精神，推动各级干部不断提高把握宏观、引领发展的政策理论水平，并努力把学习成果转化为创新转型的思路、破解难题的办法、创先争优的举措。要抓好党性教育这个核心，教育引导党员干部牢固树立正确的世界观、权力观、事业观，严守政治纪律，明辨大是大非，不断增强政治敏锐性和政治鉴别力，做到“政治上靠得住、工作上有办法、作风上过得硬”。二要用“好干部”的标准加强干部队伍建设。大力选用“信念坚定、为民服务、勤政务实、敢于担当、清正廉洁”的干部。切实运用好“810工程”绩效考核结果，更加注重在“落实重大决策、推进重大项目、完成重大任务”的实践中考察和了解干部，更加注重在矛盾困难多、建设第一线的地方培养和使用干部，不断强化用人导向的激励作用。三要深入推进服务型党组织建设。把握“服务型”的内在要求，完善“服务型基层党组织建设指标体系”，推动工作重心下移、工作方式转变，通过项目化服务，让群众得到更多实惠。要根据农村、社区、非公企业和社会组织等不同特点，选优配强基层党组织书记。四要全面加强反腐倡廉建设。按照中央《建立健全惩治和预防腐败体系2013~2017年工作规划》精神，进一步健全规范权力运行的制约和监督机制，努力建设与港城现代化建设相适应的廉洁政治。加大查案执纪力度，强化对腐败易发多发领域的监督。严格执行“八项规定”和《党政机关厉行节约反对浪费条例》等各项制度，推进作风建设常态化。

（三）与时俱进大力弘扬张家港精神。张家港精神是我们的“传家宝”，是张家港经济社会发展的动力源泉。全市各级要始终高举张家港精神大旗，凝聚拼搏实干的“精气神”。一要精神更振足。没有精神，干不成事。当前，我市各方面的情况总体还是很好，面临的最大任务是产业转型升级，必然要经历一个阵痛的过程。当然，要推进“810工程”、港城现代化建设，遇到的矛盾困难也必然很多，特别需要全市各级迎难而上、创新突破。任何时期要成就一番事业，都不是件容易的事。我们每位同志都要时常重温张家港半个世纪波澜壮阔的发展历史，看看我们过去是怎样走过来的，从中接受教益、得到启示，提振精气神，争做新贡献。二要担当更自觉。敢于负责、勇于担当，对各级干部来讲，是职责使命所在，是党性修养的反映。要时刻以“对张家港历史负责、对张家港荣誉负责、对张家港人民负责”的态度，恪尽职守、奋发有为。主要领导责无旁贷要全面负责任。分管领导要对分管工作负责任，部门的成绩和问题也是分管领导的成绩和问题。十个板块都要有强烈的责任担当，“两区一园”要比拼对全市的贡献份额、其他各镇要在综合实力上争先进位。机关部门要把板块和企业的事当作自己的事，围绕“810工程”等重点，主动对接板块、企业，做好服务保障工作。三要作风更务实。务实落实是做好一切工作的关键，也是检验干部能力水平、思想品质的标尺，必须做到“情况清、工作实、成效好”。“810成效比拼年”比的是不掺水分、经得起查的数据，比的是看得见、摸得着的项目，比的是群众得实惠、老百姓认可的业绩。坚决不搞形式主义、不做表面文章，更不允许弄虚作假。要时刻把“810工程”和各板块的“三至五件大事”牢记在心、紧抓不放，掌握实实在在的情况，通过实实在在的工作，取得实实在在的成效。市委常委会是全市发展的领导核心，常委会的自身建设十分重要。常委同志要自觉严格要求、接受监督，全方位为全市干部作出表率。

同志们，明年是全面深化改革的启动之年，也是全面推进港城现代化建设的关键一年。新机遇孕育新希望，新挑战激发新动力。让我们紧密团结在以习近平同志为总书记的党中央周围，与时俱进弘扬张家港精神，团结带领广大干部群众，开拓创新、锐意进取，为夺取全年目标的新胜利、争当苏南现代化示范区建设排头兵而努力奋斗！

政府工作报告

——2014年1月7日在市十三届人大三次会议上

朱立凡

各位代表：

现在，我代表市人民政府向大会报告工作，请予审议，并请市政协委员和其他列席人员提出意见。

一、2013年工作回顾

2013年，是我市现代化建设三年行动计划的启动之年。全市人民在中共张家港市委的坚强领导下，深入贯彻落实党的十八大和十八届三中全会精神，大力弘扬张家港精神，紧紧围绕"全面推进港城现代化建设"的总目标，聚焦"810工程"，实施"六大提升行动"，突出重点抓落实，攻坚克难求实效，全力抓好稳增长、促转型、惠民生各项工作。

一年来，我们更加注重经济发展的质量和效益，抓牢重大项目、人才科技、载体平台等关键要素，集聚资源优先保障"810工程"项目，大力实施淘汰落后、腾笼换凤，产业转型呈现提速提质的良好势头。我们更加注重城乡建设的内涵和节奏，加快重大基础设施和安置房建设，有序推进中心城区和片区新城开发，优化镇区和办事处功能形象，城市品质得到进一步提升。我们更加注重在整体改善群众生活质量的同时，加大对困难群众的帮扶救助力度，坚持可持续的要求办好普惠性民生事业，现代化建设成果加快惠及全体市民。我们始终保持奋发有为的工作干劲，积极应对严峻复杂的宏观形势，打基础，谋长远，凝心聚力推进现代化建设，经济社会保持平稳健康的发展态势，各项工作取得了来之不易的成绩。预计实现地区生产总值2145亿元，增长6%；公共财政预算收入154.18亿元，增长3.1%；全社会固定资产投资770亿元，增长10%；城镇居民人均可支配收入4.34万元，农村居民人均纯收入2.17万元，分别增长9.3%和11.4%；社会消费品零售总额415亿元，增长12%。

（一）转型升级步伐加快

经济运行稳中有进。深入实施工业经济转型升级"3333"百企培育工程。实现规模以上工业总产值4930亿元，增长3.9%；新兴产业产值1965亿元，占规模以上工业总产值比重达到40%。8家企业入选"中国民营企业500强"，沙钢集团连续五年入围世界500强、列第318位。实施省级服务业综合改革试点。实现服务业增加值922亿元，增长10.3%，占GDP比重提高到43%；专业市场成交额2500亿元，增长22%。11家企业入选"中国服务业企业500强"。完成口岸货物吞吐量2.6亿吨、集装箱运量170万标箱，进出口总额322.4亿美元。加强要素保障和经济运行监测预警，全面落实"营改增"、小微企业减负等结构性减税政策，制定实施临时性困难企业帮扶措施。兑现市级各项扶持资金8.73亿元，对上争取各类专项资金9.3亿元。新增融资总量260亿元，上市公司再融资募集资金16.5亿元。新增允许建设区规划空间1.65万亩，腾笼换凤面积4886亩。

重大项目加快建设。列入省重点的5个项目和苏州市重点的21个项目顺利推进。"810工程"项目中，十大制造业、十大服务业项目全部开工，十大制造业基地、十大专业市场建设扎实推进。页岩气新材料综合利用基地签约落地。扬子江石化聚丙烯、霍尼韦尔、富瑞特装再制造等一批项目开工建设。沙钢综合技改、永钢"十二五"转型升级、进口整车物流园、曼巴特购物广场等一批项目加快建设。康得新2亿平方米光学膜、华灿光电一期等一批项目竣工投产。全市完成工业投资440亿元，增长6.7%，其中，新兴产业投资195亿元，增长17%；服务业投资330亿元，增长14%。实际利用外资7亿美元。注册外地资本119亿元，增长14%。

载体功能不断提升。"两区一园"以"810工程"产业项目为依托，加快拓展发展平台。保税港区汽车整车进口口岸通过国家部委联合验收并投入运行；保税区获批省进口食品监管样板区，成为全省最大的葡萄酒保税进口口岸。经济技术开发区获批全国首批国家再制造产业示范基地，机器人产业园获工信部批复设立，入选国家级示范型国际科技合作基地。冶金工业园联东U谷产业综合体正式签约，玖隆物流园保税库和出口监管库获批。“810工程”十大科技载体建设全面加快，新增创新创业载体面积34万平方米。沙洲湖科创园被认定为省级科技企业孵化器，引进清华大学华东锂电技术研究院、哈工大智能装备研究院等研发机构和公共服务平台11家。节能环保装备产业基地列入国家火炬计划特色产业基地。保税区、经济技术开发区入选国家知识产权试点园区。

科技创新成效显著。新增国家“千人计划”人才4人；省“双创计划”人才18人，居全省县市（区）首位；“姑苏计划”人才20人，列苏州县市第一。新增领军型创新创业人才（团队）95个、博士183人。引进“千人计划”专家产业化项目38项。成功举办中国海智大会。全市新增产学研合作项目261项。列入省级以上科技项目104项，其中国家级项目50项。国家重点星火计划、国家科技型中小企业技术创新重点项目实现“零”的突破。新增省级以上各类创新平台81家。永钢集团获批国家级企业博士后科研工作站。集成光电研究院成为苏州首个省级“千人计划”研究院。出台科技型中小企业金融扶持政策。新增高新技术企业55家。培育年销售超亿元科技型企业15家，其中超10亿元企业3家。新增授权发明专利471件，万人拥有发明专利超过12件。

（二）城市功能优化提升

规划布局进一步完善。编制完成保留村庄布点规划、生态建设规划及三年行动计划、10个镇辖办事处控制性详规。沙洲湖工程全面完工。暨阳湖欢乐世界扩建项目竣工开园。金港新城、锦丰·沙洲新城、凤凰新城等片区新城建设稳步推进，镇区三年综合改造工程全面完成。

重大工程推进有力。“810工程”十大基础设施加快建设。沪通铁路张家港枢纽站区规划方案基本确定，增设张家港北站获得批准。疏港高速公路清障工作全面完成，工程建设加速推进。新泾路、晨丰公路、杨锦公路、港华路等道路新建、改造工程竣工。申张线航道整治工程开工建设。通洲沙西水道综合整治二期主体工程基本完工。双狮物流至老沙码头百年一遇江堤改造顺利完成。农副产品批发市场、高职园区等39项代建工程有序推进，其中13项竣工并交付使用。老城区防汛能力提升三期工程、谷渎港清淤截污、背街小巷和里弄改造等工程如期竣工。

生态建设不断加强。“810工程”中的十大生态工程建设顺利推进。制定《生态文明建设三年行动计划（2013~2015）》，启动第三轮环保“三三三”工程，实施东沙化工集中区整体转型，农业保护和发展“四个百万亩”落地上图。27项重点减排工程深入实施，沙钢脱硫项目全部按计划完成。关停污染企业66家，淘汰高耗能生产设备750台（套）。工业污水集中处理和排污口归并整治工程启动实施。新增城镇污水管网60千米，城镇生活污水处理率达到91.2%。化学需氧量、氨氮、二氧化硫、氮氧化物减排完成上级下达任务。疏浚河道437条，拆坝111条、建桥（涵）106座。新增林地、绿地7182亩。

城市管理服务水平不断提高。高标准完成城市环境“四大整治四大提升”各项任务，启动实施城市环境综合整治三年规划。梁丰路街景立面改造顺利完成。南丰、凤凰创建苏州市美丽城镇示范镇通过阶段性预验收。高标准推进10个苏州市美丽村庄示范点建设，建成18个省级“康居乡村”，村庄环境整治通过省级全域考核验收。餐厨废弃物集中收运、无害化处理体系实现市区全覆盖。市民网页综合服务系统、公共基础地理信息系统等9个智慧港城信息化项目上线运行，入选首批国家信息消费试点城市。“网上村委会”综合信息服务平台建成省重大信息化示范工程。

（三）民生事业全面发展

富民强村取得新成效。开发就业援助岗位1.26万个，帮助7197名就业困难人员实现就业，本市籍应届高校毕业生、特困家庭劳动力、被征地农民就业率保持在99%以上。举办首届“行行出状元”职业技能大赛，组织劳动技能培训4.6万人，培养高技能人才3600人。新增高效农业面积2.5万亩。成立村级集体经济联合发展公司11家、农村资源交易所8家。全市村均可支配收入达680万元、增长12%，超千万元的村达到25家。常阴沙现代农业示范园区获批国家农业产业化示范基地。

社会保障体系更加健全。新增城镇职工社保参保人员4.2万人，参保率达99.3%。职工、居民医保大病救助水平保持全省领先。城乡低保标准进一步提高。发放“共享阳光”慈善助学金727.2万元，惠及困难家庭学生2435人。完成残疾人家庭无障碍改造1068户，残疾人康复服务模式在全省推广。“菜篮子”工程扎实推进，在全省率先出台夏季保淡绿叶菜价格指数保险，新建优质蔬菜基地1100亩、优质蔬菜直销店和农贸市场专销区16家。

住房保障工程加速推进。新开工安置房面积409万平方米、竣工404万平方米。安置过渡户1万户。建设改造临时安置过渡点99个、10779套。开工保障性住房23万平方米、3565套（户），竣工31万平方米、5251套（户）。新增住房公积金缴存职工3.3万人。

养老事业加快发展。扎实推进养老议案办理工作，制定代表议案办理实施方案，编制养老服务设施布局规划，出台推进社会养老事业发展的若干意见。新（改）建养老机构5家，新增养老机构床位1018张，总数8450张，每千名老人拥有机构养老床位数达到41.2张。新（改）建省2A级以上标准居家养老服务中心（站）18家、日间照料中心9家、助餐点15家。深入开展计生家庭养老帮扶、空巢失能老人关爱行动。创新实施虚拟养老院、循环养老等服务模式。

教育卫生水平协调提升。成为全国首批义务教育发展基本均衡县（市）、全省首批学前教育改革发展示范区。普通高考、职校对口单招本科达线率继续位居苏州前列。完成常青藤实验中学、福前小学、江帆幼儿园等9所学校新（改）建工程，新增国标校车66辆。市中医院急诊综合楼改（扩）建工程、澳洋医院二期住院大楼竣工投用。启动公立医院综合改革，组建市第一人民医院、市中医院两个医疗联合体，新建8家社区卫生服务分中心。基本公共卫生服务绩效考核名列全省县市第一。

文化文明建设更具活力。建成首批国家公共文化服务体系示范区、全省首批“书香城市”、中国曲艺之乡。“公共文化服务网格化模式创新与示范”项目，成为全省唯一入选2013年度国家文化创新工程重点项目。成功举办第十届中国（张家港）长江文化艺术节。东山村遗址、黄泗浦遗址、杨氏宅第入选全国重点文物保护单位，实现我市国保单位“零”的突破。“群星奖”“文华奖”和“中国戏剧奖”获奖数量均名列全国县市第一。高分通过全国城市文明程度指数测评。吴栋材、金小华分获全国、全省道德模范称号，6名市民荣登“中国好人榜”。“城区5分钟、中心镇区10分钟体育健身圈”基本建成。成功承办国际男子网球巡回赛、环太湖国际公路自行车赛等6项国家级以上赛事。建成全国首个民生档案共享服务平台。成功举办春、秋季旅游系列活动。

社会管理持续加强。“政社互动”试点深入推进，村委会、社区居委会换届选举顺利完成。新增登记社会组织134个，每万人拥有持证社工数达9.3人。新市民积分管理继续深化，新增新市民子女积分入医5000人、入学5942人。平安、法治建设扎实开展，被列为“平安中国”现场会考察点。深入开展安全生产大检查，全市化工企业和规模以上非化工企业实现安全标准化运行。“天安行动”扎实推进，放心校园食品、放心粮油等六大食品安全惠民项目有效实施，建成全国首批餐饮服务食品安全示范市。

实事工程建设优质高效。五大类15项实事工程项目顺利实施。老城区天然气配套用户改造、老农贸市场改造、增设惠民险种等10个项目全面完成；5个跨年度项目按时序推进。

与此同时，对口援建、南北挂钩、民族宗教、台务侨务、统计、兵役、气象、人民防空、外事、地方志、妇女、儿童、关心下一代等工作都取得了新的进步。

（四）行政效能进一步提高

依法行政扎实推进。高度重视建议提案办理工作，组织实施人大议案1件，办复人大代表建议251件、政协委员提案376件。修订市政府工作规则，制定行政执法监督实施办法，深化行政决策事前、事中、事后全程评估，出台政府规范性文件17件，完成规范性文件后评估32件。全面推行行政调解，调解成功率达99%以上。办理行政复议案件69件。

服务绩效有效提升。公布2014年行政许可（审批）事项目录。办理各类行政服务事项22.3万件，提前办结率99.2%。按国家级试点标准建设“网上政务通”行政审批平台。组建市镇两级公共资源交易平台。完成地方政府性债务审计。凤凰镇行政管理体制改革稳步推进。

作风建设全面加强。坚决贯彻中央“八项规定”和各级关于改进工作作风、密切联系群众的制度规定。深入开展“天天听民声”“民生面对面”和机关干部下基层活动，落实领导干部“六个一”挂钩和“810工程”包挂联系制度。实现对市级机关班子副职和职能科室作风效能调查评议全覆盖。全面清理规范节庆、论坛、展会及各项创建达标活动。“12345”便民热线服务功能和群众满意度不断提升。

各位代表，过去一年取得的成绩，是市委正确领导的结果，是市人大、市政协监督支持的结果，是全市人民团结拼搏、奋勇争先的结果。在此，我谨代表市人民政府，向辛勤奋战在全市各条战线上的广大干部职工、企业家和全市人民，致以崇高的敬意！向给予政府工作大力支持的人大代表、政协委员，离退休老领导、老同志，各民主党派、工商联和无党派人士，各人民团体、各垂直部门和涉外单位，全体驻军指战员、武警官兵、公安干警，以及所有关心、参与张家港建设发展的海内外朋友，表示衷心的感谢！

回顾过去一年，我们也清醒地看到，我市经济社会发展中仍然存在一些不容忽视的矛盾和问题。主要表现在：一是在宏观经济下行压力下，主要经济指标增速有所回落，部分指标完成情况与年初预期存在脱幅。工业开票销售增幅低于工业产值增幅，工业产值、财税指标增幅低于GDP增幅，反映出经济质量效益仍不高，产业结构依然偏重，转型升级的压力仍然较大。二是公共服务的供给与群众日益增长的多样化、多层次需求还有差距，惠民实效有待提升。城乡居民持续增收的难度加大，教育、医疗、社保等民生领域的改革需要进一步深化。生态环境持续改善还需付出更大努力。三是社会治理水平与社会结构的深刻变化还不相适应，城乡一体化建设的内涵、服务配套等还需加强，新型社区管理服务体制有待完善，在外过渡群众的安置需要进一步加快。四是少数工作人员在压力和困难面前，存在畏难和懈怠情绪，责任意识、创新精神、担当能力不强；对照全面深化改革的新要求，政府职能需要加快转变，服务效能需要进一步提升。对此，我们将在今后的工作中，坚持以问题为导向，提振精气神，抓牢关键点，通过改革创新寻求突破，努力解决制约发展的突出问题。

二、2014年工作安排

2014年，是我市实施现代化建设三年行动计划的关键一年。市政府将紧紧围绕市委十届七次全会的部署要求，抢抓改革机遇，集中精力推进“810工程”，全力加快转型升级步伐，确保取得实实在在的成效。

今年政府工作的指导思想是：贯彻落实党的十八大和十八届三中全会精神，按照市委十届七次全会的部署，坚持“稳中求进、好中求快、改革创新、勇于争先”的导向，与时俱进弘扬张家港精神，以“810成效比拼年”为主题，以转型升级为核心，突出项目人才，提升产业品质；突出功能内涵，提升城市品质；突出环境整治，提升生态品质；突出群众满意，提升生活品质，全力推进港城现代化建设，争当苏南现代化示范区建设排头兵。

今年经济社会发展的主要预期目标是：地区生产总值增长7%；公共财政预算收入增长7%；全社会固定资产投资增长10%；实际利用外资、进出口总额与上年基本持平；万元GDP能耗下降率、主要污染物排放总量削减率完成上级下达任务；城镇居民人均可支配收入增长10%，农村居民人均纯收入增长11%；社会消费品零售总额增长12%。

今年，市政府将紧扣“810工程”，着力抓好以下五个方面工作：

（一）全面深化重要领域改革

牢牢抓住全面深化改革、上海自贸区建设、沪通铁路开建给我市发展带来的历史性机遇，瞄准现代化建设特别是“810工程”推进中的关键环节，创新思路举措，全力攻坚突破。

加快转变经济发展方式。推进保税区对接上海自贸区，主动应对，加快融入，着力在战略定位、口岸功能、贸易便利化、金融财税等方面争取政策突破，积极争创自由贸易试验区；争取跨国公司外汇资金集中运营管理试点；加快商务模式从线下到线上、从出口到进口、从物流到资金流的延伸，全面增强保税区开发开放的动力和活力。推进经济技术开发区国家再制造产业示范基地建设，着力在逆向物流税收政策、关键零部件进出口、汽车五大总成旧件再制造、节能减排换算指标认可、碳排放交易等方面争取先行先试。深入开展省级服务业综合改革试点，着力构建产业生态系统特色鲜明、产业链较为完整的现代服务业产业集群。

积极推进人才科技工作由单个引进向更加注重打造综合环境转变，让人才项目引得进、留得住、用得好。创新科技金融，鼓励商业银行加强科技信贷产品和服务创新，推动企业股权融资发展，为科技型企业成长提供金融支持。促进地方金融创新发展，积极支持具备条件的民间资本依法发起设立中小型银行、消费金融公司、金融租赁公司等各类金融机构。

加快农业经营方式创新，积极培育新型农业经营主体，推进家庭经营、集体经营、合作经营、企业经营等共同发展。推进农村承包土地确权登记试点，积极探索集体土地流转新机制。推行农村资源资产交易市场化，各镇（区）全面建立农村资源交易平台。健全激励保障机制，提升农村股份合作组织的惠民成效，让广大农民在城乡一体化进程中得到更多实惠。

加快转变政府职能。正确处理政府与市场的关系，推进经济服务由扶持具体企业、具体项目向强化产业引导、优化平台建设的方向转变。发挥财政资金杠杆作用，鼓励引导信贷资本、社会资金投入项目建设和产业发展。创新公共服务供给模式，推进公共服务由政府单一化提供向市场化、多元化、社会化供给的方向转变。整合利用社会资源，激发经济社会活力，培育发展行业协会商会、科技服务、公益慈善、城乡社区服务等各类社会组织，在社会服务重点领域探索引进专业社工机构，积极稳妥推进政府购买适合市场化方式的公共服务。创新社会治理方式，健全“一委一居一站一办”新型社区管理体制，深入开展“政社互动”试点，明晰社区管理服务职能，促进政府行政管理与社会协同治理的良性互动。

推进财政绩效管理改革。坚持“效率最高、成本最低”的要求，科学配置财政支出。加强财政预决算管理，改进年度预算控制方式，做好市本级预算公开试点工作，推进预算公开透明，建立跨年度预算平衡机制。加强政府性债务管理，推进政府投融资体制改革，优化债务结构，降低融资成本。强化财政专项资金绩效管理，建立绩效评价结果的公开、整改和预算激励与问责制度，提高财政资金使用效益。

做好省下放审批事项的承接和市级行政审批项目的调整工作，并建立严格的监管机制。加快建立覆盖生产、流通、消费各环节的食品药品监管制度，充分发挥群众监督、舆论监督作用，形成有效的行业自律机制。坚持精简、效能原则，进一步探索和实施政府机构改革。稳步推进事业单位分类改革，提高事业单位的公益服务水平。

积极探索养老服务业综合改革，强化政策引导，鼓励社会力量投入养老服务业，加快构建功能完善、覆盖城乡的社会化养老服务体系。改革公立医院管理体制、运行机制和财政补偿机制。加强公共卫生服务资源整合，引导扶持民营医院健康发展。稳步调整完善生育政策。继续深化教育、文化、生态等领域的改革。

（二）全力加快产业转型升级

突出重点抓好“810工程”产业项目，增强创新驱动，做优载体平台，不断提升产业核心竞争力。

狠抓重大项目建设。加快建设50个重点产业项目，主攻“810工程”十大制造业、十大服务业项目。集中力量建设页岩气新材料、光学膜新材料、汽车零部件再制造、智能装备等重点产业。全力推进页岩气综合利用在建项目，加快启动后续项目建设；富瑞特装1万台汽车发动机再制造项目年内竣工投产；推进康得新一期加快量产，启动二期报批建设。年内完成工业投资475亿元，其中新兴产业投资220亿元，分别增长8%和15.8%。完成新兴产业产值2200亿元，增长12%，占规模以上工业总产值比重达到42%以上。加快建设进口整车物流园、玖隆物流园、东沙物流园等重点服务业项目。年内完成服务业投资370亿元，其中，生产性服务业投资150亿元，分别增长12.1%和15%。服务业增加值占GDP比重达到44.5%。

激发企业发展活力。大力弘扬企业家精神，发挥企业主体作用，加快推进产业高端化、技术专利化、经营品牌化。引导扶持优质企业发展壮大，年内新增入库税收超5000万元企业10家左右。加快传统产业提档升级，推进沙钢综合技改、华昌技改提升、中集圣达因低温装备等57个重点技改项目。培育电子商务服务平台，促进实体产业与电子商务融合发展。引进区域总部、运营中心、结算中心等总部项目，年内新增总部企业4家。加强有效信贷投放，新增信贷220亿元。落实企业资本经营扶持政策，推进企业上市和“新三板”挂牌。继续加大对上争取和对内挖潜力度，用足用好增减挂钩、土地点供等政策，确保新增建设用地5000亩，实现腾笼换凤面积5000亩以上。

提升园区开发水平。围绕“810工程”产业基地、产业项目建设，推动“两区一园”等产业园区加速创新转型。保税区要全面推进汽车整车进口口岸建设，加快基础设施配套，大力引进汽车贸易、物流、改装等品牌企业。加快推进页岩气新材料综合利用基地建设，科学规划布局，落实要素保障，大力开展衍生产业招商。加快建设临港装备、光学膜、新能源锂电、有机硅、新医药等产业基地。大力发展进口消费品、大宗商品结算中心等新兴市场；加快提升化工品、纺织原料、粮油、名贵木材等传统市场。经济技术开发区要重点推进再制造产业基地建设，大力引进再制造优质企业，加快形成再制造产业的先发和集聚优势。培育壮大智能机器人装备、LED等新兴产业基地。加快建设国际商务新城，推进软件动漫产业园、金新城国际中心等重点服务业项目建设，曼巴特购物广场年内开业运营。冶金工业园要围绕服务沙钢转型升级，着力推进玖隆物流园建设，年内商务楼、剪切加工仓库、保税监管库等配套物流平台基本建成，同步引进优质企业，做大交易总量，提升贡献份额。加快建设联东U谷产业综合体、六星国际汽车生态文化产业园。各镇产业载体要在培育特色产业、集聚优质项目上取得新突破。

增强人才科技支撑。集聚创新创业人才，年内引进领军型创新创业人才（团队）80个以上、博士180人以上，新增“姑苏计划”以上人才超过30人，引进“千人计划”专家产业化项目35项以上。积极推进人才项目与企业嫁接，加快科技成果本土产业化。加大科技成长型企业培育力度，新增年销售超亿元科技型企业10家，其中超10亿元以上企业2至3家，新增高新技术企业40家。深化产学研合作，新增产学研合作项目200项、国际科技合作项目18项、省级以上科技项目54项。新增授权发明专利330件。加快筹建省级高新区。扎实推进城北科教新城和十大科技载体建设。年内沙洲湖科创园高层研发区具备项目入驻条件，引进产业研究院1至2家，成立产业化公司10家以上。全市新增创新创业载体面积30万平方米、省级以上企业创新平台30家，力争实现国家工程技术研究中心零的突破。

（三）更大力度建设生态文明

深入实施“810工程”的十大生态工程，注重统筹产业发展与生态建设，狠抓治理、修复，推进企业环保法治化，汇聚全社会的力量，共同建设和保护好我们的家园。

扎实推进节能减排。全面实施第三轮环保“三三三”工程。严格执法、铁腕治污，依法严厉打击环境违法行为，更大力度关停转改落后产能。加快推进东沙化工集中区等重点区块的整治转型。严格生态环境保护责任追究制度，开展环境污染责任保险试点扩面，探索实施节能量、排污权交易，推行环境污染第三方治理。严格按照“810工程”的要求实施工程减排，扎实推进钢铁、电力、玻璃等行业脱硫脱硝治理和热电企业归并整合，加快黄标车淘汰，建立完善覆盖城乡的PM2.5监测网络。基本完成杨舍、金港、塘桥、凤凰等区域工业污水集中处理和排污口归并整治工程。加快镇区生活污水支管网建设和纳管工作，力争镇区和农村生活污水处理率分别达到80%和60%。深化万企节能低碳和能效促进行动，实施25个节能和循环经济项目，新增清洁生产审核企业50家。推进经济技术开发区创建国家级生态工业示范园区，冶金工业园创建省级循环化改造示范园区。

大力实施生态保护修复。扎实做好省水生态文明城市建设试点和全国最严格水资源管理制度试点。加快市域三大水循环体系建设，三干河南延工程全部完工。推进城乡河道连片整治，疏浚河道450条，拆坝155条、建桥（涵）155座，建设生态河道26条。完成谷渎港—新沙河、界泾河综合整治。实施杨舍城区环城林带、扬子江化工园环区林带和垃圾填埋场、垃圾焚烧发电厂、污水处理厂的生态防护隔离带建设。推进环城河、梁丰河、塘桥西环路等沿河、沿路绿化工程，完成林地、绿地年度建设任务。严格保护香山、凤凰山等山林资源。启动建设常阴沙湿地公园，高标准完成凤凰湖生态湿地、一干河生态廊道建设工程。落实保护和发展农业“四个百万亩”规划，扎实推进双山岛生态园、一干河西侧生态农业示范工程。高标准通过国家生态市复核验收。

（四）统筹推进城乡建设发展

把握城市建设“不求大、不求快，但求好”的要求，注重内涵功能，推进以人为核心的城镇化。紧抓“810工程”十大基础设施建设，加强城乡公共服务配套，打造城乡协调、更显美丽的现代城市。

加快重大基础设施建设。开工建设沪通铁路过江公铁两用大桥，加快实施地方配套工程。开展沪通铁路张家港站区地下空间和张家港北站公铁水运物流规划研究。疏港高速路基填筑、桥梁工程基本完工。启动建设港丰公路和晨丰公路东延工程。张皋路、五棵松路年内竣工通车。推进通洲沙西水道长沙河以下边滩整治，年内基本完成主体工程。加快实施老海坝节点综合整治工程，完成十三圩港至三干河段百年一遇江堤加固改造。农副产品批发市场年内竣工投用。

科学实施新城开发。加快城北沙洲湖中央商务区建设，沙洲湖科创园竣工交付。完成界罗港、斜桥中心河等城北生态景观提升工程。暨阳湖休闲街主体工程完工。推进城西新区北延西拓区域道路、绿化及公共配套设施建设。黄泗浦生态园基本完成湖区土方开挖。金港新城要全力推进新城与南沙、香山景区的一体化建设。锦丰·沙洲新城、凤凰新城等片区新城要排定项目、有序推进，注重提升内涵品质。

积极稳妥推进城乡一体化。组织编制保留村庄建设整治规划，加快推进各镇（区）总体规划修编和中心城区及区镇的控制性详规编制，完成社区服务设施、城市公共交通、医疗卫生设施、绿地系统等专项规划。加快安置房建设，年内新开工安置房面积300万平方米，竣工300万平方米。加强安置社区的物业管理和配套服务。高标准完成南丰、凤凰美丽城镇和3个省级美丽乡村试点示范村以及苏州市美丽村庄示范点建设任务。推进镇区天然气配套工程，新建、改造配套用户3.55万户。大力发展现代农业，推进品牌农业建设，创新农业商业模式，新增高效设施农业面积1万亩。加快富民强村，落实“一村二楼宇”政策，推进村级经济联合发展，村均可支配收入增长10%以上。

不断优化城市管理服务。全面完成十大类108个城市环境综合整治项目，创建省级城市管理示范路3条、示范社区10个。探索城乡一体、市民广泛参与的城市管理机制，完善城市管理“三色预警”系统，构建城市治理公众交互平台，实施区镇容貌创优提升工程，加快把市区管理效应辐射到镇（区）。推进公共自行车服务系统工程逐步向乡镇延伸。加快智慧港城建设，积极开展国家信息消费试点工作，提升公共服务、城市管理信息化水平。

（五）持续增进民生福祉

坚持尽力而为和量力而行相结合，扎实办好“810工程”的十大民生工程,更大力度提升民生水平,让市民享有更好的社会保障和更优的公共服务。

促进充分就业。帮助有工作意愿、就业能力的市民尽快实现就业。全年提供就业岗位5.5万个,开发就业援助岗位1万个,新建创业孵化基地10个,确保本市籍应届高校毕业生、特困家庭劳动力、被征地农民就业率稳定在99%以上。继续开展“行行出状元”职业技能大赛,年内培养高技能人才3000人。全面推行工资协商制度,健全劳资纠纷调处机制。

完善社会保障。实施社保惠民计划,提高外来务工人员和灵活就业人员参保率,新增城镇职工参保人员4万人。落实困难群体补助标准联动机制和自然增长机制,加大对大病支出型家庭、困境家庭儿童等困难群体的救助帮扶力度。完善残疾人救助保障体系,完成残疾人家庭无障碍改造1000户。实施农副产品保供及安全工程,新(扩)建优质蔬菜基地1000亩,提高农产品质量追溯覆盖率,争创国家农产品质量安全监管示范县(市)。加强保障性住房建设,新开工保障性住房20.6万平方米、2692套(户),竣工8万平方米、1393套(户)。新增住房公积金缴存职工3万人。

全面推进“老有颐养”工程。加快养老机构建设,新增养老机构床位500张,新建老年人日间照料中心12家、助餐点20家。改造完成市老年活动中心,全市新增老年活动场所10处。改善市老年大学办学条件。培育居家养老服务主体,完善养老服务信息平台,推广实施虚拟养老院、循环养老等服务模式。结合“政社互动”,整合社区资源,提升社区养老服务功能。健全养老服务业标准,加强护理员专业培训,养老机构护理员持证上岗率达到85%以上。

繁荣发展文化事业。加快市级文化设施和镇(区)文化中心建设。拓展“书香城市”载体平台,建设数字文化馆、数字博物馆,24小时自助图书馆实现各镇和镇辖办事处全覆盖。精心策划举办长江文化艺术节,深入开展“幸福港城”网格文化活动。大力发展文化旅游,推进恬庄、金村等古街、古村落保护,启动建设东山村遗址博物馆主体场馆。加强版权保护,争创全国版权示范城市。完善体育公共服务体系,扎实开展全民健身品牌活动,办好第六届市体育运动会。

优质均衡发展教育卫生事业。加快美丽学校达标建设,完成新(改)建学校13所。推进集团化办学和教育共同体建设,促进城乡教育资源均衡共享。加强师资队伍、课程改革和课程基地建设,完善教育质量综合评估机制,提升办学水平和管理质量。推进校企合作,深化中高职衔接教育,高职园区年内投入使用。支持沙洲职业工学院、江苏科技大学苏州理工学院加快发展。市第一人民医院妇儿大楼年内竣工投用,启动康乐医院、金港医院易地新建工程,科学规划建设社区卫生服务中心(站)。加强重点专科建设、高层次卫生人才引进和社区卫技队伍建设。建立市级临床检验中心和心电、影像会诊中心,落实医疗机构上下联动帮扶机制,推行先诊疗后付费、预约诊疗等便民举措。实施妇儿健康、慢性病患者健康管理等公共卫生服务项目。

提升社会治理水平。激发社会活力,深化文明创建,进一步提高城市文明程度和市民文明素养,确保实现全国文明城市“四连冠”。推进社会信用体系建设,营造“讲诚信、守公德”的社会氛围。培育志愿者组织,推进志愿服务常态化。规范引导社会组织健康发展,提高社会组织承接政府转移职能的能力。立足社会资源的承载度,有序推进新市民积分入医、入学、入户。深化平安建设,完善立体化、现代化的社会治安防控体系。深入推进“六五”普法。加强网上网下的协同管理,有效疏导网络舆情。健全矛盾纠纷排查化解长效机制,引导群众理性表达信访诉求。加强食品药品质量安全监管。扎实开展安全生产专项整治和“打非治违”,落实三级政府挂牌隐患整改。加强企业应急处置队伍建设,优化应急救援体系网络。

同时,我们将紧贴市民需求,实施好农产品质量检测站、公交车辆清洁能源提升、城乡生态气象等11项实事工程项目。

各位代表,完成现代化“810工程”的各项目标任务,实现全市人民的美好愿景,我们深感责任重大。必须全面增强宗旨意识、担当意识,全面提升政府服务能力,努力打造人民满意的法治政府和服务型政府。大力改进作风。以高度的政治自觉、思想自觉和行动自觉,开展好党的群众路线教育实践活动。深入群众,依靠群众,凝聚人心,做好群众工作,回应和解决好群众关心的具体问题。凝聚拼搏实干的精气神,咬定“810工程”,多出实招,克难奋进。以作风转变和服务为民的实效,进一步赢得群众的信赖和支持。严格依法行政。政府部门要在市委领导下,严格按照法定权限和程序行使权力、履行职责。全面规范行政行为,不断提高运用法治思维和法治方式实施管理服务的能力。自觉接受人大及其常委会的法律监督和工作监督,主动接受政协民主监督,认真听取各民主党派、工商联、无党派人士和人民团体的意见,高度重视司法、舆论和公众监督。强化服务效能。围绕“810工程”建设,逐项细化推进方案,逐项跟进服务举措,比拼进度、比拼质量、比拼成效。改革绩效考核办法,强化考核结果运用,动态督察,问责问效。加强行政监察和审计监督,确保政令畅通,推动各项工作提速增效,切实提高政府工作的执行力、公信力。恪守清正廉洁。认真落实党风廉政建设责任制,深入推进廉政风险防控管理,加大对工程建设、财政资金使用等重点领域和环节的监管力度。厉行勤俭节约,严控公务开支,把有限的资源和财力更多地用在发展经济和改善民生上,真正做到干部清正、政府清廉、政治清明。

各位代表,时代赋予重任,人民寄予厚望。让我们在中共张家港市委的坚强领导下,紧紧依靠全市人民,与时俱进弘扬张家港精神,坚定信心、改革创新、艰苦创业、攻坚突破,为全面推进港城现代化、争当苏南现代化示范区建设排头兵而努力奋斗!

(注:报告中2013年数据为预计数)

【编辑　朱永平】

大事记

Chronicle of Events

杨氏宅第入选全国重点文物保护单位　（凤凰镇　供稿）

1月
2月
3月
4月
5月
6月
7月
8月
9月
10月
11月
12月

1月

2日至5日　市政协十一届二次会议举行。

3日至6日　市十三届人大二次会议举行。

9日　在全省财政工作会议上，张家港市被省政府授予“财政收入质量提升表彰单位”称号。

10日　张家港市被省民政厅评为全省和谐社区建设示范市。

13日　在全省林业局局长会议上，张家港市被省绿化委员会、省林业局表彰为2012年绿色江苏建设“植树造林先进县（市、区）”。

15日　在全省宣传部部长会议上，张家港市“书香城市”建设指标体系作为唯一县（市）级项目被授予全省宣传思想文化工作创新奖。

18日　沙钢集团与东北大学、鞍钢集团、宝钢集团等共同完成的“现代轧制技术、装备和产品研发创新平台”项目获2012年度国家科技进步奖二等奖。

30日　省委常委、苏州市委书记蒋宏坤，副省长许津荣到张家港市走访养老福利机构和慰问部分困难家庭。

2月

4日　张家港市获2012年度全省兽医工作综合评比先进县称号。

17日　2013年全市“开门红”项目集中开工活动举行，共有82个项目，总投资441亿元。其中，工业项目55项，总投资323亿元；服务业项目21项，总投资113亿元；基础设施项目6项，总投资5亿元。

全市“开门红”项目集中开工活动　（严子洋　摄）

18日　苏州市现代化建设暨转型升级推进会明确：张家港市走在率先基本实现现代化的前列，基本达到省和苏州市现代化指标体系的总体要求。

22日　张家港保税港区汽车整车进口口岸通过国家联合验收组验收，成为江苏省及长江内河首个汽车整车进口口岸。

23日　省委常委、组织部部长杨新力受中共中央政治局常委、书记处书记刘云山和省委书记罗志军委托专程到张家港市慰问省政协原常委、苏州市人大常委会原副主任、张家港市委原书记秦振华和金港镇长江村党委书记郁全和。

25日至27日　省委常委、苏州市委书记蒋宏坤到张家港市进行“三解三促”蹲点调研。

27日　南丰镇举行33个项目集中开、竣工活动，总投资94.14亿元。

△　在江苏省“绿色江苏”建设推进会上，张家港市获2003~2012年“绿色江苏”建设突出贡献奖和生态创建成就奖。

3月

2日　农业部发布2012年10个中国最有魅力休闲乡村名单，南丰镇永联村入选。

5日　国务院印发《关于核定并公布第七批全国重点文物保护单位的通知》，东山村遗址、黄泗浦遗址、杨氏宅第入选第七批全国重点文物保护单位，实现张家港市国保单位零的突破。

11日　张家港市召开乐余镇、南丰镇行政区划调整大会，将乐余镇东沙居委会和东沙、东联、东风3个村，以及市水产场、畜牧场、金田公司、电厂堆场管理区域划归南丰镇管辖。

14日　江苏省“书香之县、书香之乡、书香之家”评选活动揭晓，张家港市被命名为“书香之县（市、区）”。

18日　安逸达电解液技术（张家港）有限公司项目竣工仪式在华芳金陵国际酒店举行。公司由日本宇部兴产株式会社和美国陶氏化学公司合资成立。

△　张家淋市被省国土资源厅授予“江苏省国土资源节约集约模范县（市）”称号。

21日　恒丰银行张家港支行开业。

22日　上海银行张家港支行开业。

23日至24日　百名“千人计划”专家·百家规模企业（张家港）创新创业项目对接会举行，19个项目签约。

25日　中共中央政治局委员、中央书记处书记、中央宣传部部长刘奇葆到南丰镇永联村调研。

28日　省委副书记、省长李学勇就促进城乡发展一体化情况到张家港市调研。

△　张家港水运口岸被国家口岸管理办公室评为全国运行管理先进口岸。

4月

9日　中央政法委副秘书长、中央综治办主任陈训秋到张家港市调研。

11日至13日 《人民日报》和新华社、中央人民广播电台、中央电视台等中央级主流媒体在重要版面或重要时段的《最美基层干部》栏目中，刊发、播出南丰镇永联村党委书记吴栋材的事迹报道。

12日 副省长傅自应到张家港市调研外贸工作。

16日 副省长徐鸣到张家港市调研防汛工作。

18日 国家食品药品监督管理总局公布首批国家餐饮服务食品安全示范县（市、区）名单，张家港市入选。

19日 第八届“中华慈善奖”在北京揭晓，江苏沙钢集团有限公司再次获“最具爱心捐赠企业”奖。

22日 中组部常务副部长陈希在省委常委、组织部部长杨新力陪同下调研南丰镇永联村。

23日 最高人民法院审判委员会副部级专职委员、二级大法官杜万华到张家港市调研。

△ 文化部下发《关于印发2013年度国家文化创新工程项目立项名单的通知》，由市委宣传部、市文广新局共同承担的“公共文化服务网格化模式创新与示范”项目入选重点项目。

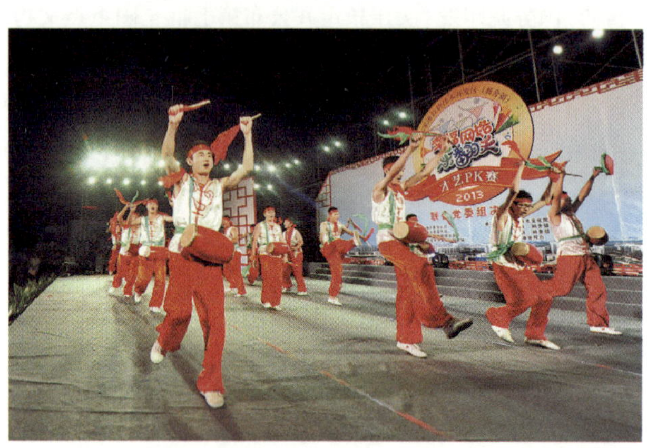

“幸福网格乐翻天”才艺PK赛
（张家港日报社　供稿）

27日 省委常委、政法委书记李小敏到张家港市专题调研社会管理、政法、平安建设、法治建设工作，现场指导平安中国现场会筹备情况。

28日 全市9个安置房项目集中开工建设，总面积137.02万平方米。

△ 全市首个家庭农场——市庆桂家庭农场经核准登记成立。

5月

1日至2日 海关总署党组书记、署长于广洲到张家港市调研汽车整车进口口岸建设情况。

3日 中央政法委副秘书长、中央综治办主任陈训秋，公安部副部长黄明到张家港市考察平安建设工作。

8日 全国政协副主席、民建中央常务副主席马培华到张家港市调研。

△ 全省首家24小时自助借阅图书馆在经开区（杨舍镇）梁丰社区投运。

全省首家24小时自助图书馆——经开区（杨舍镇）梁丰社区图书馆　（市委宣传部　供稿）

10日 中国科学院院士、南京大学电子科学与工程学院教授吴培亨，中国科学院院士、中国科学院上海技术物理研究所研究员薛永祺到张家港市参加第二十五届科普宣传周开幕式。

15日 那智不二越（江苏）精密机械有限公司开业。公司由日本不二越株式会社投资1亿美元建设，主要从事高端精密机械装备的制造及精密切削工具和工程机械关键部件的再制造。

16日 国家质检总局副局长、党组成员、国家认证认可监督管理委员会主任孙大伟到张家港市调研。

△ 南京银行张家港支行开业。

18日 全国县域义务教育均衡发展督导评估认定现场会在张家港市召开。教育部部长袁贵仁，教育部副部长刘利民，江苏省委常委、苏州市委书记蒋宏坤，江苏省副省长曹卫星等出席会议。会上，张家港市以全优成绩通过评估认定，成为全国首批义务教育均衡发展县级市。

20日 在成都举行的第26届中国戏剧梅花奖颁奖典礼上，国家一级演员、市艺术剧院院长董红凭借锡剧《一盅缘》获梅花奖。

锡剧《一盅缘》　（张家港日报社　供稿）

21日　市政府出台《张家港市关于实行最严格水资源管理制度实施意见》，这标志张家港市作为全国首批加快实施最严格水资源管理制度的12个试点地区之一，进入全面推进阶段。

21日至22日　公安边防部队边检长效机制建设工作会议在张家港市举行。公安部边防管理局局长武冬立等出席会议。

22日　南京师范大学附属合兴初级中学、合兴小学揭牌成立。

24日　国务院副总理汪洋在出席庆祝非洲统一组织成立50周年非盟特别峰会期间，考察由张家港市企业江苏永元投资有限公司投资兴建的埃塞俄比亚东方工业园。

28日　永钢集团举行联峰重工装备项目投产暨220千伏变电站竣工庆典仪式。

29日　在苏州召开的张家港市2013年融资项目汇报会上，张家港市14家企业与苏州13家银行签约，签约项目16项，签约金额139.5亿元。

6月

1日　深化平安中国建设工作会议在苏州市闭幕。会议期间，中共中央政治局委员、中央政法委书记、中央综治委主任孟建柱，国务委员兼公安部部长郭声琨，最高人民法院院长周强，最高人民检察院检察长曹建明到张家港市考察平安建设工作。省委书记罗志军，省委副书记、省长李学勇等陪同考察。

3日　加拿大国会原议员梁陈明任到张家港市参观考察。省委常委、苏州市委书记蒋宏坤会见梁陈明任一行。

5日　全市领导干部会议在市馨苑度假村召开，会上宣布江苏省委、苏州市委关于张家港市委主要领导的调整决定：提名徐美健为苏州市副市长人选，免去张家港市委书记、常委、委员，张家港保税区党工委书记、委员职务；姚林荣任张家港市委书记、张家港保税区党工委书记，免去张家港保税区管委会主任职务。

△　省委副书记石泰峰到张家港市调研基层服务型党组织建设和群众路线教育实践活动。

17日至18日　人力资源和社会保障部副部长信长星到张家港市参观考察。

18日　中国城市竞争力研究会在中国香港发布2013年中国城市分类优势排行榜，张家港市列2013年中国最具竞争力百强县排行榜第三位。

19日　人民日报社副总编辑米博华到张家港市调研现代化建设等工作。

20日　国家知识产权局发文评定张家港保税区、张家港经济技术开发区为"国家知识产权试点园区"。

25日　张家港市在全国率先推出"人才项目绩效评估"指标体系。

30日　工业和信息化部部长苗圩在副省长史和平陪同下到张家港市调研。

7月

4日至5日　江苏省全民阅读工作经验交流会在张家港市召开。国家新闻出版广电总局副局长邬书林出席会议。

5日　法国驻沪总领馆总领事卢力捷到张家港市考察。

6日　"一个村的中国梦"——报告文学《江边中国》首发式在南丰镇永联村举行。

《江边中国》作品研讨会　（市委宣传部　供稿）

△　张家港市在苏州范围内首先成立公共资源交易管理委员会办公室和公共资源交易服务中心。

6日至10日　市第七届科技节举行，科技部副部长曹健林等出席。其间，港城创新院士专家论坛、重点高校（院所）科技成果对接洽谈会、科技合作项目签约仪式暨市级科技政策发布会举行，海创智库（千人计划）科技服务中心张家港工作站成立。

8日　省委常委、苏州市委书记蒋宏坤率苏州市委十一届五次全体（扩大）会议与会人员到张家港市考察。

△　美国《财富》杂志公布2013年世界500强企业名单，沙钢集团以营业收入345.58亿美元列第318位。

11日　省委常委、苏州市委书记蒋宏坤到张家港市调研。

15日　市委十届六次全体（扩大）会议在市馨苑度假村召开。会议动员全市上下进一步统一思想，凝聚共识，积极抢抓苏南建设现代化示范区的历史机遇，全力争当苏南现代化示范区建设排头兵。

18日　市委、市政府联合印发《张家港市现代化建设三年行动计划（2013~2015）》，提出以"810工程"为重中之重，深入实施"六大提升行动"，加快建设更具实力、更显美丽、更加幸福的现代化城市。

20日　南丰镇举行34个项目集中开、竣工活动，总投资116.3亿元。

22日　中国曲艺家协会发文授予张家港市“中国曲艺之乡”称号。

26日　民政部公布首批企业社会工作试点地区和单位名单，江苏永钢集团有限公司入选。

27日至28日　2013年中国业余网球公开赛张家港分站赛举行。

8月

3日至11日　2013年国际网联男子巡回赛张家港站赛举行。

5日　张家港市救灾物资储备库建成，总价168.6万元的帐篷、发电机、担架、棉被等35个大类5718件救灾应急物资入库。

8日　全市领导干部会议在市沙洲宾馆召开，宣布江苏省委、苏州市委关于张家港市人民政府主要领导的调整决定：姚林荣不再担任张家港市人民政府市长职务；朱立凡任张家港市委副书记、张家港保税区党工委副书记、管委会副主任，并提名为张家港市人民政府市长候选人。

12日　省委常委、副省长李云峰率全省重大项目调研组到张家港市调研沙钢集团玖隆物流项目。

20日　冶金园(锦丰镇)8个民生项目集中开工，总投资12.2亿元。

△　在第二届亚洲青年运动会男子100米决赛中，张家港市籍选手夏振坤以10.71秒的成绩获得冠军。

21日　市委下发《关于在全市各区镇开展“民生面对面”活动的实施意见》，在全市范围内推行“民生面对面”活动，由党政主要领导带队，组织相关职能部门在基层一线听取群众诉求。

24日　全市动迁社区现代化管理服务模式试点工作启动，选择大新镇新东社区作为试点社区。

△　张家港市在凤凰镇鸷山首次成功实施人工增雨。

在凤凰镇鸷山首次实施人工增雨

(市气象局　供稿)

25日　张家港市政府、张家港保税区管委会与东华能源股份有限公司签订页岩气新材料综合利用研发生产基地项目合作协议。省委常委、常务副省长李云峰，省委常委、苏州市委书记蒋宏坤等出席仪式。

26日　市现代农业示范园区更名为市常阴沙现代农业示范园区。

29日　韩国浦项市市长朴承浩到张家港市访问。

△　全国工商联在北京发布2013年中国民营企业500强榜单，沙钢集团、永钢集团、华芳集团、丰立集团、澳洋集团、攀华集团、骏马集团、东渡纺织集团8家企业上榜。

△　张家港机器人产业园获工信部批准。

31日　中国企业联合会、中国企业家协会在昆明发布2013年中国企业500强榜单，沙钢集团、国泰集团、华芳集团、丰立集团、澳洋集团5家企业上榜。

7月至8月　全市达到35摄氏度的高温日数有48天，8月9日出现年极端最高气温41.2摄氏度，高温日数、极端最高气温均成为全市有气象记录起的最大值。

9月

1日　在辽宁沈阳市召开的全国群众体育先进单位和先进个人、全国体育系统先进集体和先进工作者表彰会上，市体育局被授予2009~2012年度全国群众体育先进单位称号。

11日　在第十二届全国运动会田径女子4×100米接力比赛中，张家港市籍选手袁琦琦和3名队友组成的江苏队获冠军。

11日至14日　加拿大万锦市区域议员李国贤到访并代表万锦市与张家港市签署友好交流备忘录。

12日　2013年中国(江苏)国际科技交流与人才智力合作大会在张家港市召开。中国科协党组成员、书记处书记张勤，江苏省科协党组书记陈惠娟，美国第二代互联网联盟主席戴维·兰伯特，美国驻上海总领事馆副领事林泰瑞，旅美科协总会会长蔡逸强，诺贝尔物理学奖获得者江崎玲于奈，美国国家工程院院士、中国科学院外籍院士马佐平等出席会议。会上，江苏省海外智力服务协会宣告成立，中国(江苏)国际科技资源转移网宣告开通，南京市江宁区海智基地、张家港市保税区(金港镇)海智基地等18家省级海智工作基地被授牌。

17日至18日　省人大常委会副主任赵鹏率省人大常委会执法检查组到张家港市检查《中华人民共和国行政复议法》贯彻实施情况。

23日至27日　2013年世界斯诺克巡回赛张家港公开赛举行。

26日　第四届全国道德模范名单公布，南丰镇永联村党委书记、江苏永钢集团有限公司董事长吴栋材获全国道德模范(敬业奉献模范)称号。

10月

9日　在第六届东亚运动会田径女子4×100米接力比赛中，张家港市籍选手袁琦琦和3名队友组成的中国队获冠军并破纪录。

11日　由中国城市公共交通运输协会科学技术分会主办、张家港富瑞特种装备股份有限公司承办的2013年城市公交天然气车辆技术专家会暨推进应用清洁能源LNG（液化天然气）技术交流会在市国贸酒店召开。

16日　常阴沙农业产业化示范基地被第二批认定为国家农业产业化示范基地。

17日　张家港市政府、乐余镇政府与中新苏州工业园区开发集团签署新型城镇化示范区建设商务总协议。

18日　张家港市民网页综合服务系统上线启用，系统整合全市31个政府机关和公共服务部门的486项服务内容和相关信息资源。

21日　南京军区装备部部长、少将孟昭斌到张家港市调研。

△　江苏科技大学苏州理工学院和永钢集团签订校企战略合作框架协议，永钢集团向江苏科技大学苏州理工学院捐赠400万元，设立“永钢奖学金”。

△　《2013中国中小城市绿皮书》发布会暨中小城市新型城镇化座谈会在北京召开，张家港市获2013年度中国中小城市综合实力百强县市第三名，并获评全国中小城市新型城镇化质量前十强。

22日至23日　省人大常委会副主任张艳到张家港市检查《江苏省长江水污染防治条例》实施情况。

23日　省委副书记石泰峰到张家港市调研凤凰镇美丽镇村建设。

24日　由北京联东投资（集团）有限公司和冶金园（锦丰镇）合作的联东U谷·张家港产业综合体项目签约。项目总投资35亿元，规划用地40公顷。

△　张家港再制造产业示范基地被国家发改委首批批准为“国家再制造产业示范基地”。该基地于11月8日揭牌开建，为华东地区首家。

25日　大新镇举行“十大民生项目、十大科技产业项目”集中开、竣工仪式，总投资22亿元。

27日　中国县域生态文明建设高层研讨会在张家港市召开，中国生态文明研究与促进会常务副会长、国家环保总局原副局长祝光耀等出席会议。

28日　中国民营企业联合会、中国统计协会、中国管理科学研究院企业研究中心发布2013年中国民营500强企业榜单，沙钢集团、永钢集团、澳洋集团、华芳集团、丰立集团、骏马集团等6家企业上榜。

29日　霍尼韦尔特性材料和技术集团张家港生产基地在张家港保税区奠基，一期建设内容包括2000吨脱氢催化剂和5700吨吸附剂生产项目。

11月

1日　长江文化博物馆开馆。这是全国首个集长江流域文化收藏、保护、研究、展示和教育于一体的博物馆。张家港长江文化基金会同时成立。这是全国唯一一家以“保护、发展和弘扬长江文化”为宗旨的基金会，也是江苏省县市首家公益性文化基金会。

△　“寻找长江文化的十个符号——中国·张家港首届微电影大赛”颁奖典礼举行。

首届微电影大赛颁奖典礼　（市委宣传部　供稿）

2日　2013年中国（张家港）长江文化艺术节开幕式暨第五届（张家港）长江流域民族民间艺术节踩街展演在市体育馆世纪广场开演。

3日　2013年张家港长江文化旅游系列活动暨永联农耕文化节在南丰镇永联村开幕。

△　环太湖国际公路自行车赛双山岛绕圈赛举行。

4日　埃塞俄比亚投资说明会在张家港市举行，埃塞俄比亚工业部国务部长西塞等出席会议。

6日　省委常委、苏州市委书记蒋宏坤到张家港市调研双山岛开发建设情况。

△　“长江水·山花情”第五届（张家港）长江流域民族民间艺术节闭幕式暨第五届“中国戏剧奖·小戏小品奖”颁奖晚会举行。

第五届“中国戏剧奖·小戏小品奖”颁奖晚会现场
（市委宣传部　供稿）

△ 巴哈马副总督Dame Marguerite Pindling、外交部长Frederick A. Mitchell与中国驻巴哈马候任大使苑桂森参加过产业重机(江苏)有限公司为巴哈马坎贝尔船运公司制造的3.75万吨级散货船NB0029号船下水及命名仪式。

8日 张家港经济技术开发区举行88个项目集中开、竣工和签约仪式,总投资215亿元。

12日 全市首个“水上乐园”项目在苏州江南农耕文化园三期工地开工奠基,总投资近8000万元,占地4.2万平方米。

14日 南丰镇获世界卫生组织“健康社区”称号。

15日 省人大常委会副主任赵鹏到张家港市调研村级组织换届选举情况。

△ 科技部发文公布2013年全国县(市)科技进步考核结果,张家港市连续第七次被评为全国科技进步先进县(市)。

16日 位于冶金园(锦丰镇)文体中心的张家港史志馆锦丰分馆开馆。

18日 张家港农村商业银行科技支行开业,这是全省金融系统首家县域科技支行。

19日 康得新2亿平方米光学膜产业集群项目投产暨《世界级光学膜产业基地项目战略合作框架协议》签约仪式在保税区(金港镇)举行。

24日 国务院副总理刘延东在中国驻埃塞俄比亚大使解晓岩等陪同下,考察埃塞俄比亚东方工业园。

△ 浙江泰隆商业银行张家港支行开业。

25日 在苏州举行的第十三届中国戏剧节上,张家港市参演剧目《一盅缘》获优秀剧目奖,张家港市人民政府获优秀组织奖。

27日 福布斯中文版发布“2013年中国大陆最佳商业城市排行榜”,张家港市入选。

27日至28日 省政协主席张连珍到张家港市调研城镇化和城乡发展一体化情况。

28日 全市启动建设以市第一人民医院、市中医医院为核心的两个医疗联合体。

△ 市民生档案共享服务平台开通。

30日 “CCTV·2013中国最美乡村颁奖典礼”在南丰镇永联村举行,永联村获“中国十大最美乡村”称号。

△ 全国首个农村公共自行车系统在南丰镇永联村投入使用。

△ 在山西省太原市举行的国家国际科技合作基地工作座谈会上,张家港经济技术开发区申报的“国际科技合作基地”被科技部认定为2013年度国家示范型国际科技合作基地。

12月

4日 在福建省厦门市举行的2013年全国文化志愿服务工作现场经验交流会上,张家港市“‘绽放在港城’文艺演出基层行”项目被文化部评为2013年“文化志愿者基层服务年”示范项目。

6日 市气象台首次发布霾橙色预警信号。

9日至12日 全国动物检疫暨屠宰环节“瘦肉精”监管工作现场经验交流会在张家港市召开。

10日 经人力资源和社会保障部、全国博士后管理委员会批准,永钢集团成立国家级博士后科研工作站。

△ 经开区(杨舍镇)的“中国产学研合作创新示范基地”获批。

12日 全市质量强市工作推进会召开,永钢集团获首届张家港市市长质量奖。

永钢集团110吨超高功率电弧炉　(王志向　摄)

18日 在浙江省义乌市召开的长江三角洲城市市场信息协作网第十三次联席会议暨2013年长三角城市商业发展论坛上,张家港市被评为“2013年长三角县域商业十强县市”,已连续五次获此称号。

20日 宁波银行张家港支行开业。

23日 中央文明办公布2013年全国城市文明程度指数测评结果,张家港市继续位居全国同类城市之首。

24日 市委十届七次全体(扩大)会议在市馨苑度假村召开。会议动员各级党组织、广大党员和干部群众,抢抓全面深化改革的重大历史机遇,凝心聚力推进“810工程”,全力加快转型升级步伐,不断开创全市现代化建设新局面。

市委十届七次全体(扩大)会议　(庞瑞和　摄)

【编辑　沈立平】

概况

Overview

张家港购物公园　　（张龙法　摄）

地情概要

人文风情

文明张家港

经济建设

政治建设

文化建设

社会建设

生态建设

组织机构及其领导人

张家港年鉴(2014)

地情概要

【地理位置】 张家港市位于长江下游南岸，江苏省东南部。东、东南连常熟市，西、西南接江阴市，北、东北、西北临长江，是沿海和长江两大经济开发带交会处的新兴的现代化港口城市。地理坐标北纬31°43′12″~32°02′，东经120°21′57″~120°52′。大中城市环绕四周，东南距上海市98千米；南近太湖，分别距无锡市58千米、苏州市90千米；西距常州市55千米、南京市200千米；北隔江距南通市62千米，属长江三角洲的重要组成部分。全市总面积986.73平方千米，占全省面积的0.92%、苏州市面积的11.62%。其中，陆地面积791.06平方千米，占全市总面积的80.17%；长江水域195.67平方千米，占19.83%。陆地东西最大直线距离44.58千米，南北最大直线距离33.71千米。北宽南窄，呈三角形。

【地质地貌】 *地层* 张家港境内主要是第四系沉积覆盖。第四系覆盖层的厚度为90米至240米，是全新统现代沉积。西南零星出露基岩属泥盆系茅山群的紫红色沙砾岩。第四系覆盖层的可耕层为2米至3米，耕层下面是沙质黏土、黏土层，隔水性能较好，厚度为50米至70米；在地面以下70米至150米之间，有含水性较好、透水性较强的细沙层、黏质沙层、中沙层、砾石层，但中间夹有含砾黏土层、黏土层等不透水层。在地面140米至240米以下是砂岩、灰岩、砾岩层。在第四系覆盖层下有白垩系的杂色砾岩、粉砂岩及灰岩，厚度约210米；三叠系青龙群的灰岩和钙质泥岩，厚600米；二叠系龙潭组的海陆交互相岩层、砂岩、灰岩、泥岩等，厚450余米；石炭系的砂岩、灰岩和泥岩等，厚450余米。

地震地质 江苏省主要的地震带是西北部的郯庐断裂地震带和沿长江的扬铜地震带。张家港市主要受扬铜地震带所控制，在大地构造上属扬子准地台下扬子古拗陷的东部，苏锡中台拱的北东部，北邻苏北中新凹陷，南部和东部与钱塘褶皱带相连，西部是常州中凹陷。张家港境内基本构造格架为“二隆二凹”构造形式。“二隆”是段山—张家港褶断束、顾山—铜官山褶断束；“二凹”是祝塘—锦丰凹陷、谢桥凹陷。境内有北北西向、北西向和北东向（华夏）构造发育，形成网络系统。根据可考文字和有关地震研究，张家港市历史上未见强震记载。从地震强度背景值而论，境内所在位置介于强震和弱震的过渡区域，受扬州—铜陵地震带所控制。

工程地质 根据市建筑设计院历年工程地质勘探资料，境内的地耐力一般为每平方米10吨左右。其中，南部黏土一般为每平方米20吨左右，亚黏土一般为每平方米18吨左右，轻亚黏土一般为每平方米10吨左右；北部粉黏土一般为每平方米8吨左右。

地貌 张家港市地跨长江三角洲平原的两个地貌副区，即长江南岸古代沙嘴区和靖江常阴古沙洲区。北面临江，双山沙孑立江中，长江沿岸滩地绵长。古长江岸线把境内陆地分为南、北两个部分，南部属老长江三角洲的古代沙嘴区，成陆8000年以上，地势高亢，高程（吴淞零点，下同）为5米至8米，散落着大小10座山丘；北部属新长江三角洲，由数十个沙洲积涨连接而成，成陆最早的800余年，地势低平，高程为3米至5米。根据地面黄海高程，全境地貌可分为丘陵、高平田、平田、低平田和圩田。其中，南部地区主要为高平田、平田和低平田，北部地区均为圩田，丘陵主要散落在塘桥镇的妙桥地区、金港镇的南沙地区和凤凰镇的少量地区。

【沿江岸线】 张家港市境内有沿江岸线63.57千米，其中不冻不淤的深水岸线有35.8千米。依托优越的沿江岸线，建有国际贸易商港张家港港，并由西向东排布着江苏省张家港保税区、江苏扬子江国际冶金工业园等各具特色的专业园区。西北部有江中小岛双山沙（福姜沙），离南岸1千米，是张家港港天然的避风屏障。双山岛与南岸之间的航道为福南水道，系长江主航道。双山岛距北岸3千米，之间为福中水道和福北水道。双山环岛洲堤长16.77千米，面积18平方千米，高程4米至5米。

【自然资源】 *土地资源* 据市国土资源局2013年统计公布，至2012年年末，全市有耕地30526.08公顷、园地3558.99公顷、林地206.27公顷、城镇村及工矿用地28903.43公顷、交通运输用地5682.96公顷、水域及水利设施用地29391.47公顷、其他土地403.34公顷。

水资源 境内水资源丰富。地表水中河港蓄水量丰水年为2.36亿立方米，中等干旱年为9700万立方米。2013年全市沿江各闸共引水7.93亿立方米，排水12.54立方米。其中，汛期沿江各节制闸共引水4.81亿立方米，排水8.31亿立方米。全年实际用水量：地表水8.49亿立方米，地下水245万立方米。全境河港纵横，土地肥沃，有大小河道9002条，总长4569.51千米。

矿产资源 境内矿产资源较多，已发现的矿产品主要有：砂石、砖瓦黏土、矿泉水、煤炭、天然气等。其中，探明储量的有：砂石约6000万吨，煤炭约2010万吨，天然气约8000万立方米，矿泉水约8000万立方米。2003年建成凤凰地热井温泉，水温45摄氏度，日产地热水624立方米。

野生动植物资源 境内共有野生动物资源13纲292个品种。其中，鱼纲类有刀鱼、河豚、鲫鱼等96种，爬行纲类有龟、鳖、蛇等21种，鸟纲类有野鸡、野鸭、鹰、雀等104种，哺乳纲类有野兔、刺猬、鼠等8种，另有野生无脊椎动物63种。野生植物资源比较丰富，有百余科近500个品种，常见的有24科80个品种，分布在田间、山丘、河边、滩地，可用于农、牧、渔业生产，手工编织及疾病治疗。另有常见绿化植物314种。

【气候】 *光照* 全年日照时数2101.9小时，比上年多330.6小时，日照百分率（相对日照）为47%。同1986~2005年平均日照1887.2小时相比多214.7小时，日照偏多。日照时数最多的月份是7月，为263.6小时，占月可照时数的61%；月日照时数最少的月份是2月，为97.5小时，占月可照时数的32%。

气温　全年平均气温16.9摄氏度，比上年度高0.8摄氏度。同1986~2005年平均气温16摄氏度相比高0.9摄氏度，气温偏高。7月是全年最热的月份，月平均气温31.5摄氏度。年极端最高气温41.2摄氏度，出现在8月9日。全年达到35摄氏度的高温日数48天，比上年多29天。其中，7月23日至8月1日和8月3日至20日分别出现长时间的持续高温天气，8月6日至10日连续5天最高气温超过40摄氏度。8月6日11时58分，市气象台首次发布高温红色预警信号，提醒市民加强防范、做好防暑降温措施。高温日数、极端最高气温均成为张家港市有气象记录起的最大值。1月是全年最冷的月份，月平均气温为3.4摄氏度。年极端最低气温零下6摄氏度，出现在12月28日。全年低于0摄氏度的低温日数40天，比上年多5天。

降水　全年降水量912.7毫米，比上年少199毫米，同1986~2005年平均降水量1077.9毫米相比少165.2毫米，雨量明显偏少。全年降水分布不均，干湿档明显。1月、11月和12月降水量均在20毫米以下，分别为13.3毫米、16.7毫米和19.5毫米；6月和10月雨量集中，月降水量均在150毫米以上，分别为157.1毫米和167.7毫米。4月至9月汛期降水量549.3毫米，与历年同期相比偏少。全年有4次暴雨，分别出现在6月7日、25日和10月7日、8日，降水量分别为57.8毫米、61.7毫米、50.9毫米和92.6毫米。梅雨期自6月23日至27日，历时5天，降水总量76.3毫米，入梅偏迟、出梅明显偏早，梅雨期明显偏短、梅雨量明显偏少。

霜、雪、风及灾害性天气　2013年终霜日为4月7日，初霜日为11月18日，无霜期224天。全年降雪日数6天，最大积雪深度8厘米，出现在2月19日。年平均风速每秒2米，无8级以上大风。全年共有137天出现霾天气，其中1月中旬和12月上旬分别出现持续性霾天气，空气质量明显下降。12月6日9时21分，市气象台首次发布霾橙色预警信号，提醒市民加强防范。全年有4个台风外围影响张家港市，比常年略偏多，其中10月6日至8日第23号强台风“菲特”影响严重，过程降雨量达到166.5毫米。

【建制沿革】张家港市历史悠久。8000年前，南部地区就有人类活动。商末，属勾吴之地。春秋时期，属吴国延陵郡。秦代，属会稽郡。汉高祖五年（公元前202年），建毗陵县暨阳乡，为境内有据可查的最早的乡级行政建置。晋代，置暨阳县，为境内第一个县级行政建置，县治杨舍镇。南朝梁代，在暨阳之墟建梁丰县。唐代以后，分属常熟、江阴两县。清代至民国，常通港以北属南通县。抗日战争时期，中国共产党曾一度在北部沿江地区建立沙洲县，南部及常熟、江阴两县的边界地区设立虞西县。新中国成立后，东部属常熟县，西部属江阴县。1962年，常熟划出14个公社和国营常阴沙农场，江阴划出9个公社，建立沙洲县，隶属苏州地区。1986年9月，经国务院批准，撤销沙洲县，以天然良港——张家港港命名设立张家港市，隶属苏州市。

【行政区划】年内，全市行政区划发生以下变化：1月21日，锦丰镇店岸村、红光村合并为店岸村，星火村、永盛村合并为星火村。新增书院社区。1月26日，大新镇新增长新社区、新东社区。2月6日，乐余镇东沙社区、东沙村、东风村、东联村划归南丰镇。3月18日，金港镇新增滕丰社区、金润社区。6月17日，南丰镇东沙村并入东风村。8月，市现代农业示范园区更名为市常阴沙现代农业示范园区。9月14日，锦丰镇新增大南社区、悦来社区。乐余镇新增乐江社区。9月17日，杨舍镇对城东村、小城市村、范庄村、包基村、城北村、仓基村、城南村、赵庄村、城西村、万红村10个村实行撤村建居，成立城东社区、小城市社区、范庄社区、包基社区、城北社区、仓基社区、城南社区、赵庄社区、城西社区9个社区。11月8日，杨舍镇新增七里庙社区。是月，金港镇新滕社区、长江社区、巫山社区、安利社区、滩上社区、香山社区,塘桥镇周巷社区、青龙社区等8个村居合一社区成立单独的社区居委会。至年末，全市有8个镇，1个常阴沙现代农业示范园区，1个双山岛旅游度假区；16个办事处，4个街道办事处；152个行政村，118个社区居委会。

2013年张家港市行政区划情况

表1

镇（区）	面积（平方千米）	办事处（个）	街道办事处（个）	行政村（个）	社区居委会（个）
杨　舍	153.09	5	4	29	66
塘　桥	94.26	2	—	14	6
金　港	111.62	3	—	26	22
锦　丰	114.32	2	—	23	9
乐　余	78.58	1	—	19	3
凤　凰	78.79	2	—	15	4
南　丰	62.47	1	—	12	4
大　新	40.48	—	—	10	3
常阴沙现代农业示范园区	37.45	—	—	7	1
双山岛旅游度假区	20.00	—	—	4	1
合　计	791.06	16	4	152+7	118+1

说明：常阴沙现代农业示范园区下不设行政村、社区居委会，设7个社区、1个居民委员会；乐余镇另设稻麦粮种场、畜禽良种场2个场

【消亡自然村】 年内，因经济开发建设、道路交通建设，以及零星宅基地归并、农民集中居住区建设等，全市消亡自然村92个。至年末，全市共有自然村2381个，其中杨舍镇394个、塘桥镇568个、金港镇268个、锦丰镇275个、乐余镇196个、凤凰镇453个、南丰镇141个、大新镇65个、常阴沙现代农业示范园区21个。

2013年张家港市消亡自然村一览

表2

镇　名	自然村名（所属行政村）	消亡原因
杨舍镇	项家住基（城北社区）	城北新区建设
	范家谷（城北社区）	城北新区建设
	安家坝（田垛里村）	工业企业征用
	四房坝（田垛里村）	工业企业征用
	苏家基（田垛里村）	工业企业征用
	北邵巷（善港村）	开发区建设
	太平桥（百家桥村）	城西新区扩延
	大窑泾（河北村）	工业企业征用
	旺家巷（河北村）	工业企业征用
	东兴巷（河北村）	工业企业征用
	葫芦箭（汤联村）	安置房建设
	程家堂（汤联村）	安置房建设
	吴巷（河南村）	工业企业用地
	吴家庄（河南村）	工业企业用地
	东墙门（南庄村）	工业企业用地
	芮家湾（棋杆村）	工业企业用地
	东阚庄（棋杆村）	工业企业用地
	西阚庄（棋杆村）	工业企业用地
	地板上（棋杆村）	工业企业用地
	黄土泾桥（棋杆村）	工业企业用地
	南中房（棋杆村）	工业企业用地
	石皮陈巷（李巷村）	疏港高速公路建设
	旺家巷（旺西村）	吾悦广场建设
	马家巷（旺西村）	开发区征用
	大石桥（旺西村）	开发区征用
	潘家桥（蒋桥村）	城东新区建设
	池墩（蒋桥村）	城东新区建设
	横港桥（蒋桥村）	城东新区建设
	钱家堂（农联村）	农联花苑建设
	港西（农联村）	农联花苑建设
	永盛三圩（福前村）	中丹科技城二期
	十七圩埭（西闸村）	高职园建设
	新庄里（黎明村）	安置房建设
	庞家堂（黎明村）	安置房建设
	侯家堂（黎明村）	工业企业征地
	许家堂（黎明村）	工业企业征地
	顾家堂（黎明村）	工业企业征地
	饭巷头（黎明村）	工业企业征地
	大王庙（黎明村）	工业企业征地
	何家堂（黎明村）	工业企业征地
	小六圩埭（晨南村）	疏港高速公路建设
	东金陈案（晨新村）	再制造示范基地建设
塘桥镇	刘桥组（横泾村）	动迁
	新桥组（横泾村）	动迁
	上张家（何桥村）	动迁
	下张家（何桥村）	动迁
金港镇	杨树圩（滩上村）	新城区建设
	港上老街（山北村）	新城区建设
	东小埭（山北村）	新城区建设
	三圩岸（山北村）	新城区建设
	前殷家埭（柏林村）	新城区建设
	半埭头（柏林村）	新城区建设
	蒋家埭（柏林村）	新城区建设
	后殷家埭（柏林村）	新城区建设
	西塘坊圩（柏林村）	新城区建设
	东塘坊圩（柏林村）	新城区建设
	东老新田（柏林村）	新城区建设
	西套沿（柏林村）	新城区建设
	朝东新住基（东山村）	新城区建设
	张家场（占文村）	香山风景区建设
	翁家村（占文村）	香山风景区建设
	小村子（占文村）	香山风景区建设
	水洞坝（新滕村）	安置房建设
	许家圩（三角滩村）	安置房建设
	棉油车埭（福民村）	化工园区建设
	定心圩埭（朝南村）	化工园区建设
	太字圩埭（新套村）	化工园区建设
	后丁家圩埭（新套村）	化工园区建设
	和字三圩埭（新套村）	化工园区建设
	和字四圩埭（新套村）	化工园区建设
	港东埭（新套村）	化工园区建设
	后标营圩埭（双丰村）	环保工程建设
	三圩埭（双丰村）	环保工程建设
	天字二圩埭（双丰村）	环保工程建设
	天字头圩埭（双丰村）	环保工程建设
	西标营圩埭（双丰村）	环保工程建设
	小圩岸埭（双丰村）	环保工程建设
	高子圩埭（北荫村）	化工园区建设

续表2

镇　名	自然村名（所属行政村）	消亡原因	镇　名	自然村名（所属行政村）	消亡原因
金港镇	洋漕圩埭（北荫村）	化工园区建设	南丰镇	九丰圩（南丰村）	镇村建设
	中岸圩埭（北荫村）	化工园区建设		壬申南圩（南丰村）	镇村建设
锦丰镇	许家埭（洪桥村）	市果品市场动迁		壬申北圩（南丰村）	镇村建设
	沙家埭（洪福村）	联东U谷规划动迁		甲戌大堤（南丰村）	镇村建设
凤凰镇	陆家塘湾（凤凰村）	三干河延伸工程		癸酉北圩（南丰村）	镇村建设
南丰镇	民生五圩（海坝村）	镇村建设	大新镇	书院里（大新村）	动迁
	民生西四圩（海坝村）	镇村建设		城北高科埭（龙潭村）	动迁

人 文 风 情

【人口】 年末，张家港市户籍登记335391户，总人口91.47万人。户数比上年减少1179户，人口比上年增加4500余人。总人口中，男性44.96万人，女性46.52万人，男女性别比为96.7∶100。0岁至17岁的115990人，占12.7%；18岁至59岁的585263人，占64%；60岁及以上的213487人，占23.3%。全市出生人口7588人，出生率为7.89‰，死亡人口6313人，死亡率为6.56‰，人口自然增长率为1.33‰。全年迁入人口5068人，迁出人口2542人，机械增长2526人。人均期望寿命82.01岁，其中男性79.35岁、女性84.71岁。平均家庭规模2.7人。外来暂住人口65.67万人，比上年增2.24万人。

【方言】 张家港方言主要有虞西话、澄东（澄要）话、老沙话、常阴沙话（又称崇明话）、江北话五大类。其中，虞西话、澄东（澄要）话、老沙话和常阴沙话分布地域最广、人口最多，成为境内有代表性的方言；江北话主要有南通话、如皋话和靖江话。其方言具体分区及其人口分布情况为：讲虞西话的约有20万人，占户籍人口的21.86%。分布在凤凰镇的全部；塘桥镇的塘桥地区全部，鹿苑地区的绝大部分，妙桥地区的大部分；杨舍镇的乘航地区全部，杨舍、塘市、东莱地区的绝大部分；南丰镇的小部分地域。讲澄东（澄要）话的约有21万人，占户籍人口的22.96%。分布在金港镇的南沙、港区、后塍地区的绝大部分；杨舍镇的泗港地区大部分，杨舍、塘市地区的小部分地域。讲老沙话的约有24万人，占户籍人口的26.24%。分布在金港镇的德积地区、晨阳并入部分的绝大部分，港区、后塍地区的小部分；双山岛旅游度假区的绝大部分；锦丰镇的合兴地区的绝大部分，锦丰地区的小部分；大新镇（含晨阳并入部分）的绝大部分；南丰镇的小部分；塘桥镇的妙桥、鹿苑地区的小部分；杨舍镇的泗港、东莱地区的小部分，晨阳地区的绝大部分；乐余镇和常阴沙现代农业示范园区的小部分地域。讲常阴沙话（崇明话）的约有17万人，占户籍人口的18.59%。分布在锦丰镇的锦丰地区的大部分，三兴地区的绝大部分；南丰镇部分（含东沙地区的绝大部分）；乐余镇和常阴沙现代农业示范园区的绝大部分；金港镇的港区、后塍、德积地区的小部分；杨舍镇的东莱、泗港地区的小部分；塘桥镇的妙桥地区的小部分；大新镇的小部分地域。讲江北话的约有3万余人，分布在沿江一带。

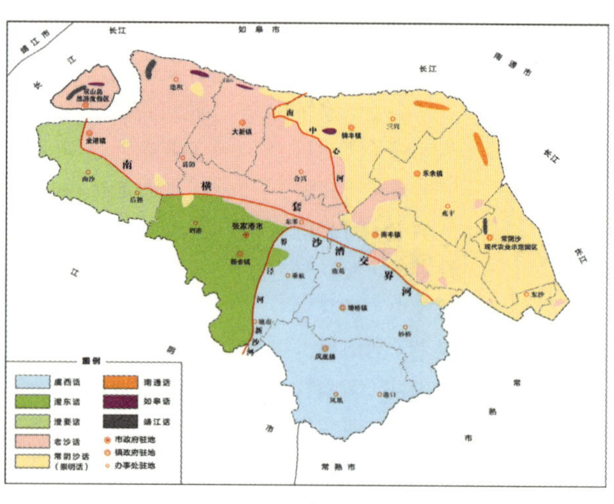

张家港方言分布图　　　　（史志办　供稿）

【历代名人】 据史料记载，自唐宋至清末，张家港境内共出状元、榜眼、探花、进士数百名。唐代状元陆器是苏州范围内最早的状元；章卿赵氏自宋代至清末共出37名进士；鹿苑钱氏在明代有“一门九进士”之誉；港口蒋氏在清康熙、乾隆年间出了蒋廷锡、蒋溥父子大学士。境内官至大学士、尚书、御史、总督、巡抚者代不乏人。张家港人民有着光荣的爱国斗争传统。宋代有抗金名将丘崇；明代有抗倭英烈钱泮、徐督、许蓉、朱贵等，有斗阉直臣缪昌期、黄昭。在文化艺术方面，著述宏富的经学家有北宋职方郎中陆绾、清代国子监纂修庞大坤；享誉文坛的诗人学者有号称东南文宗的钱谦益、近代诗人杨云史、南社诗人庞树柏、新文学家刘半农；史学家有主纂《江阴县志》的北宋进士郭庭坚、纂修《元史》的元末明初学士陈基、主纂《常熟县志》的清代举人钱陆灿、进士庞鸿文；书画篆刻、工艺美术名人有清代篆隶书法家杨沂孙、近代金石篆刻家赵古泥、现代工艺美术家庞熏琹；乐坛耆宿有近代民族音乐家刘天华、刘北茂，古琴学家吴景略；医药名家有明代缪希雍、清代缪柳村，近代名医周憩棠、金兰升、章成器等。在社会主义现代化建设中，张家港涌现出了一大批科学家，张光斗、钱人元、曹楚南、章申、童秉纲、薛永祺、吴培亨、吴中伟等8位院士为其中的杰出代表。

【地方特产】 长江三鲜　鲥鱼、刀鱼、河豚并誉为“长江三鲜”。鲥鱼为南方水产中的珍品，《本草纲目》载，鲥鱼“夏初时有，余月则无，故名”。鲥鱼鳞可食，肥嫩清鲜。古时曾列为皇帝的“御膳”珍肴，后蜚声海外，远销新加坡、日本、美国等地。张家港境内长江水域属河口段，鲥鱼至此，体内脂肪消耗少，丰腴肥硕，肉味鲜，营养丰富。刀鱼体形狭长侧薄，颇似尖刀，银白色，肉质细嫩，但多细毛状骨刺。肉味鲜美，肥而不腻，兼有微香。宋代名士刘宰曾有诗称赞：“肩耸乍惊雷，腮红新出水，芼以姜桂椒，未熟香浮鼻。”河豚产于咸水和淡水相交处的水域里，营养丰富，腴肥鲜美且带野味，与众不同。宋《明道杂志》曾称颂它为“水族中之奇味也”。河豚有补虚去湿、舒胃、却痔疾等效用。但血液、肝脏、卵巢都有剧毒，烹煮不慎，食后易中毒致死。中华人民共和国成立后，禁止私自买卖，统一由国家购销。河豚经处理后，可制成冻鱼片或罐头食品，还可从肝脏、卵巢中提炼出河豚素、河豚酸等名贵药品。进入21世纪，随着养殖技术的日益成熟，河豚人工养殖普遍。

河豚养殖　（市委宣传部　供稿）

长江蟹　学名中华绒螯蟹，养殖历史较久，但规模较小。进入21世纪后，在境内沿长江一带发展较快。锦丰镇、乐余镇、常阴沙现代农业示范园区等地均建有养殖基地。长江蟹营养丰富，每100克蟹肉含蛋白质14克、脂肪5.9克、糖分7克，维生素A为5960国际单位，热量139千卡，为一般水产品之冠。由于其所含脂肪为不饱和脂肪，对高血压、高血脂、高血糖、血管硬化有预防作用，蟹黄中富含的卵磷脂对智力发育亦有良好的促进作用。优质的长江蟹外观表现为青背、白肚、金爪、黄毛，在肉质与口味方面表现为肥、鲜、腥、甜。长江蟹曾获得首届中国“华东杯”河蟹评比大赛“最佳种质奖”和“优胜奖”。

血糯　又名“呕血糯”，又称“红莲糯”，是一种名贵的糯稻。其米，清代列为“御米”，是制作八宝饭的主要原料。境内塘桥镇金村、凤凰镇一带均有种植。清《常昭合志·物产志》载：“血糯，亦名红莲糯，宜粥。”金鹤翀所撰《金村小志》载：“糯米之佳者曰‘落霜青’，曰‘红莲糯’。江阴人亦来购取，云：唯产金村者为佳。”

凤凰稻　是凤凰山附近长期培育成的优良粳稻，谷粒基部有双翼（护颖），似凤凰展翅，故名凤凰稻。清代《常昭合志》中列为著名物产。凤凰稻碾成的米，色洁白如珍珠，煮饭烧粥，性黏腻，香软适口，为粳米中的上品，载誉江南。

常阴沙有机米　2009年起，常阴沙现代农业示范园区采用香港长江生命科技集团首席科学家、教授张令玉历经30余年研究创建的三安生物操作规程，在常北社区和常沙社区种植“南粳5055”“南粳46”等优质水稻良种，生产有机大米。水稻生长阶段完全不用化肥和化学农药，公顷产量稳定在6吨以上，经南京检测中心抽样检测，各项指标均达到并超过有机大米标准，达到“无化残、无药残、低重金属”要求，被誉为顶级安全优质食品。常阴沙有机米圆润洁白，煮饭烧粥，性黏腻，香软可口。2011年，在苏州绿色风“马大嫂地产大米”评比活动中，常阴沙“有机硒米”“优精米”成为张家港市唯一获得“最受苏州老百姓喜爱的十大地产大米”金奖的农产品；在2012年海峡两岸（张家港）农业博览会上，经过市民投票，常阴沙“优精米”入选当地“十大最受市民欢迎的参展品牌农产品”。继获得国家地理标志证明商标、绿色食品A级认证后，2013年，“常阴沙”大米又获“2013年度苏州名牌产品”称号。

鹿苑鸡　因产于鹿苑而得名，相传已有200年的饲养历史。鹿苑鸡的毛、皮、嘴、脚均为黄色，颈羽、尾羽和翅羽间有稀疏黑毛。公鸡脚杆高壮，傲然挺立，大的体重可达到4千克以上，有“九斤王”之称。母鸡脚杆粗矮，浑重壮实，重2千克以上，年产蛋在140个至200个之间，平均蛋重54克。该鸡肉质细嫩、肥美、香鲜、味浓。民间传说，清代同治、光绪皇帝的老师翁同龢常把鹿苑鸡作为特产，带至京城赠送亲友和同僚。

凤凰水蜜桃　在1952年引进无锡水蜜桃的基础上，经长期选育而成的优良品种。有白凤、白花、黄皮、小青等主栽品种，皮色有淡黄、有乳白、有微红，具有果大、肉嫩、鲜甜、多汁、果皮易剥等特点。受到苏州、南京、上海等地居民喜爱。凤凰山和鸷山山麓是主要产地。

高峰鹿液茶　产于金港镇长山一带。长山因地处长江边，江雾迷漫，空气清新，气候湿润，适合茶叶生长。所产茶叶具有气香色清的天然品质。长山高峰茶场制成的高峰鹿液茶，条索紧结，色泽嫩绿，带有清香，用水冲泡，碧色诱人，味感鲜醇，有生津止渴、解乏提神的作用。高峰鹿液茶分春、秋两季采摘，以谷雨前为最好。曾在江苏省品茶会上获第一名。

凤凰白茶　2008年，凤凰山茶园批量引进安吉白茶良种，针对其适应性要求高的特点，改革栽培技术，创新加工工艺，形成“采摘把关、重视萎凋、注重杀青、回潮揉捻、薄摊二青、扬去末子、搓条整形、足干提香”的独特工艺流程。凤凰白茶以“叶白、脉绿、香郁、味醇”独树一帜，营养丰富，药用价值高，氨基酸含量高于普通绿茶2倍至5倍，味鲜爽不苦涩，深受消费者青睐，成为张家港市茶叶新品牌。

弄里芹菜　凤凰镇金谷村朱家弄种植的水芹，品质优良，历史悠久。在上海、苏州等地享有盛名，称“弄里芹菜”。相传宋名将韩世忠和夫人梁红玉带兵驻守庆安，被金兵围困，军中缺粮，梁红玉率部遍寻野菜，至弄里一带见有大片野芹，味清香，采食充饥。以后，人们把野芹移植家种，称为“玉芹”，并精心培育，世代栽种。芹菜品种有大青种、小青种、红种、麻栗等，具有嫩茎（俗称白头）长、叶柄青、质地脆、香味浓、存放时间较久等特点。无论是清炒，或与豆制品素炒，或与肉类混炒，都味道鲜美，各具风味；若在开水里稍烫后，浇上酱油、麻油等佐料，拌作冷菜，则香脆、鲜嫩、爽口，能去腻、舒胃。是苏、锡、沪一带家庭日常生活和便宴常用的菜肴。

高庄豆腐干　凤凰高庄豆腐干始于清咸丰年间，已有100余年的历史。原料选用经精心筛选的地产小黄豆，制法独特，一般要经过磨豆、滤浆、点卤等11道工序，制作精细，风味独特。清末民初，已畅销常熟、江阴、无锡等地。高庄豆腐干有厚型、薄型两种，呈绛色，质地细实，五香佐料渗透入味，闲吃或作下酒菜，均属佳品。

拖炉饼　杨舍、塘桥等地的著名传统风味小吃，已有150余年历史。制作工艺独特，烘烤时需用两只炉，下面一只为底炉（平底），上面一只为顶炉（尖顶，呈锥状），烘烤时两只炉同时加热吻合，并以顶炉的热量将饼吊熟，大有顶炉拖底炉之势，故称拖炉饼。拖炉饼采用上等白面粉、白糖、净板油（加工过的生猪油）、荠菜、芝麻、桂花等为原辅料。口味油而不腻，甜而不黏，清香可口。集酥、甜、松、脆、香于一体，外形饱满，色泽金黄，酥层清晰。

沙洲优黄　沙洲优黄（后塍黄酒）始酿于清光绪年间，已有100余年的历史。原料选用优质大米。其制作需经过过筛、浸渍、摊冷、落缸、发酵、压榨、澄清、勾兑、煎酒等十几道工序，工艺精细。所酿黄酒具有色泽金黄、酒体协调、清亮透明、醇厚爽口等特点，不仅营养丰富，而且在文化、工艺、保健和药用等方面有重要价值。产品历经江苏张家港酿酒有限公司数十年开发，已形成“沙洲优黄”“花开花香”等多个系列，酒龄为2年、3年、5年、6年、7年、10年、15年、20年等不同规格，深受上海、苏州等地消费者欢迎，还远销海外。“沙洲”“沙洲优黄”商标被国家工商局认定为中国驰名商标。

【名胜古迹】 张家港境内有多处新石器时代遗址。其中，金港镇南沙东山村遗址以马家浜文化和崧泽文化为主，发现了马家浜晚期和崧泽文化早中期大墓、大房址及分区埋葬现象，是长江下游最重要的史前遗址。塘桥镇境内的黄泗浦遗址是唐代鉴真大和尚第六次东渡日本并获得成功的启航地，1963年国家在鹿苑黄泗浦古址设立纪念经幢，20世纪90年代后陆续修建东渡纪念馆、碑亭和东渡禅院，2006年成为国家级AAA景区。金港镇香山风景区古迹众多，有梅花堂、桃花涧、圣过潭、藏军洞、香山寺等，其中梅花堂由宋代大文豪苏东坡题写匾额，明代地理学家徐霞客曾在堂内小住并写下6首诗、2篇序文，2013年香山风景区通过国家级AAAA景区省级验收。张家港南部地区的集镇大多是明清以前建成的古镇。其中，杨舍镇是古暨阳、梁丰县的县治，明代多次发生抗倭斗争，建造的杨舍堡城是当时江南5座城池中规模最大的防御倭寇工程；凤凰镇恬庄古镇保留有榜眼府、杨氏孝坊以及石板街道等古迹，已完成保护性修复；塘桥镇已修复庞氏故居嘉荫堂。凤凰镇境内的永庆寺、塘桥镇境内的永昌寺均属“南朝四百八十寺”之列，其中永庆寺所在的河阳山周围有秀峰、醴泉、读书台、红豆树等名胜古迹，且有多处名人墓葬。2011年，凤凰山风景区成为国家级AAAA景区。北部的乐余镇有保存较为完整的民国时期一条街——乐余老街。

【革命传统纪念地】 张家港是一块英雄辈出、风雷激荡的红色热土。在战火纷飞的革命年代，张家港人民在中国共产党领导下，发动沙洲农民暴动起义，开展抗日救国运动，积极配合渡江作战，建立人民民主政权。境内重要的纪念设施有：双山渡江战役纪念碑、沙洲县抗日民主政府纪念馆、市烈士陵园、巫山渡江战役登陆纪念碑、学勤广场、毋忘国耻纪念碑亭、南丰之战纪念广场等。重要革命机构旧址有：1926年中国共产党金村支部旧址、江南人民抗日救国军沙洲县办事处旧址、沙洲县抗日民主政府成立地旧址、蔡悲鸿办公旧址、重建后的沙洲县抗日民主政府活动地旧址、江南保安司令部警卫一团成立地、新四军六师十八旅后方医院第一疗养所旧址、新四军六师十八旅修械所旧址、地下情报站、交通站旧址等。重要历史事件纪念地有：农民暴动纪念地（后塍农民暴动纪念地、占文桥农民暴动纪念地、杨舍农民暴动纪念地、店岸福利垦殖公司暴动纪念地）、拦门沙江心遭遇战纪念地、常家埭地洞旧址、恬庄“千人坑”纪念地、谭震林抗战动员讲话纪念地暨年旺街小学党支部旧址、血战南横套纪念地、收缴伪军武装纪念地等。重要人物故居及纪念地有：孙逊群烈士纪念地、谢恺烈士故居、茅学勤烈士纪念地、范醒之故居、田平故居、许亚故居、孙洁人故居等。

（史　志）

文明张家港

【张家港精神】 伟大的事业需要崇高的精神。1992年在改革开放的进程中，张家港人培育、塑造了“团结拼搏、负重奋进、自加压力、敢于争先”的张家港精神，实现了张家港的大变化、大发展。随着时代发展，张家港人又以全球的视野和开放的胸怀，赋予张家港精神“争先、创新、务实、富民”的新内涵，使之保持旺盛的生命力。进入21世纪，张家港人把弘扬张家港精神与落实科学发展观有机结合起来，以无功即过的意识抢抓科学发展机遇，以超越自我的追求提升统筹发展定位，以激励竞争的机制营造协调发展氛围，并不断丰富其“率先、创新、和谐”的新内涵，促进了张家港的大进步、大提高。张家港精神是一种艰苦奋斗的创业精神，是一种科学务实的创新精神，是一种敢争一流的创优精神。1995年5月13日，时任中共中央总书记的江泽民亲临张家港考察，并欣然为“张家港精神”亲笔题词；是年10月，全国精神文明建设经验交流会在张家港召开，从此“张家港精神”在全国迅速产生了极为广泛的影响，并被中共中央政治局常委刘云山称赞为：“张家港精神已经成为我们中华民族精神和时代精神的重要组成部分”。十余年中，通过深入持久的教育和熏陶，张家港精神已经成为全市人民的自觉行动和共同追求，成为实现率先发展的强大动力，同时成为江苏创业创新创优精神的一个生动典型和全苏州发展的“三大法宝”之一。正是在张家港精神激励下，文明城市创建结出了丰硕的成果，张家港市被《人民日报》誉为“伟大理论的成功实践”，首批荣膺全国文明城市，成为江苏省首批全面小康达标的县（市）。2011年荣膺“全国文明城市”三连冠。2013年仍保持“全国文明城市”称号。至2013年年末，张家港市先后获197项国家级荣誉、176项省级荣誉。

【文明系列创建】 自开展文明城市创建起，张家港市每年都开展数十项文明系列创建活动。2013年全市组织开展2010~2012年度江苏省文明单位、文明乡镇、文明村、文明社区创建工作，市财政局被评为江苏省文明单位标兵，经开区（杨舍镇）东湖苑社区被评为江苏省文明社区标兵，市人民检察院等30个单位被评为江苏省文明单位，塘桥镇等7个镇被评为江苏省文明乡镇，金港镇长江村等15个村被评为江苏省文明村，金港镇德丰社区等3个社区被评为江苏省文明社区。在2013年度张家港市文明村镇、社区、单位、机关评比中，南丰镇和经开区（杨舍镇）获文明区镇标兵称号，保税区（金港镇）滩上村等10个行政村获文明村标兵称号，保税区（金港镇）德丰社区等15个社区获文明社区标兵称号，市公安局锦丰派出所等20个单位获文明单位标兵称号，市公安局塘市派出所等70个单位获先进文明单位称号，全市共有97个机关被评为文明机关，8个区镇被评为文明区镇，94个村被评为文明村，117个社区被评为文明社区，358个单位被评为文明单位。年内，吴栋材、金小华、陈利芳、林士坤、侯静叶、花和平等6人入选“中国好人榜”。至年末，全市有全国道德模范1人、省道德模范3人、张家港市道德模范43人、“中国好人”16人。1月20日，2012年度苏州道德模范·精神文明建设十佳新人颁奖典礼举行，张家港市民金小华获“2012年苏州道德模范·精神文明建设十佳新人”称号，邵丽娅获“2012年苏州道德模范·精神文明建设十佳新人”提名奖称号。1月31日，“苏州市十大幸福乡村”颁奖典礼举行，长江村获“苏州市十大幸福乡村”称号，永联村获“苏州市幸福乡村”称号。9月26日，中宣部、中央文明办等部委公布第四届全国道德模范和全国道德模范提名奖名单，永联村党委书记、江苏永钢集团有限公司董事长吴栋材获第四届全国道德模范称号。9月28日，省委宣传部、省文明办等公布第四届江苏省道德模范名单，吴栋材和金小华获评江苏省道德模范。10月14日，苏州市文明委发文表彰2013年度苏州市农村“文明户标兵”，徐进法等15名市民获评苏州市农村“文明户标兵”。配合创建，3月，市文明委在全市启动“讲文明，树新风”公益广告宣传。3月30日，市文明办等部门在金港镇举办“我们的节日·清明”2013年张家港市“礼赞书香之城”诗歌朗诵会。4月至12月，市文明办举办2013年“千场优秀电影进社区”活动。4月17日，在万红社区广场举行启动仪式；12月13日，在金港镇举行闭幕式。4月28日，市文明办在电视台演播大厅举行“道德的力量·张家港市2012年度十佳身边好人颁奖典礼”，王志勇等10人获评“张家港市2012年度十佳身边好人”。5月24日起，市文明办在杨舍镇举行2013年张家港市道德模范、身边好人先进事迹基层巡讲活动，全年巡讲10场。6月8日，市文明办在塘桥高级中学举行“诵读中华经典，感知端午文化”张家港市端午诗歌朗诵会。9月29日，市委宣传部、市文明办在沙洲职业工学院举办全国道德模范吴栋材先进事迹报告会。12月27日，市文明委在市电视台演播厅举行第二届张家港市道德模范颁奖典礼，徐玲等24人当选市道德模范（含提名奖）。

【社会志愿服务】 2003年12月15日，市志愿者协会成立。至2013年年末，市志愿者协会有总队、法人团体会员48个，注册志愿者超过13.6万人。1月1日，张家港市设立每年150万元的志愿服务专项资金，用于支持、推动全市志愿服务工作。1月13日，市文明办等部门在沙洲新城举行“红红火火过大年”志愿服务集中行动暨“走进工棚·情暖民工”慰问演出活动。1月31日，市文明办在元丰社区举行“我们的节日·春节”关爱新市民子女公益行动暨保税区（金港镇）“红红火火过大年”志愿服务启动仪式。3月4日，市文明办、市志愿者协会在市文化中心星海剧场召开第三届会员代表大会，并举办市2013年度第二批志愿服务项目发布会暨微电影《爱在三月》首映式，多个爱心单位确认28个资助项目，资助金额合计50.07万元。4月19日，市文明办、市委史志办、市文化中心在大新镇文化中心启动“学党史·知地情”志愿者讲坛暨移动城市展示馆巡展活动。8月5日，市志愿者协会开通微信公众平台。11月19日，市文明办、市志愿者协会命名首批10个张家港市志愿服务基地。11月21日，市文明委召开全市志愿服务工作现场推进会。12月2日，刘建荣等9名志愿者获苏州市志愿者总会表彰的首届苏州市优秀星级志愿者称号。12月4日，市文明委在市文化中心星海剧场举办2013年“张家港市志愿服务伙伴日”主题活动，发布张家港志愿者标识和2014

年度首批志愿服务项目，现场多个爱心企事业单位确认26个项目资助意向，资助金额合计135.7万元。

【未成年人思想道德建设】 3月25日，市文明办在未成年人中组织开展“网上祭英烈”活动。5月20日，市文明办、市教育局启动中小学校“道德讲堂”建设工作。5月24日，市文明办在云盘小学举行“学习雷锋、做美德少年”网上签名寄语活动启动仪式。9月27日，市文明办在大新小学举行“向国旗敬礼、做有道德的人”网上签名寄语活动启动仪式。年内，“美丽港城我的家”社会实践活动、“美的教育”港城艺术公益培训、锦绣育心读书会3个案例被评为2013年度张家港市未成年人创新案例一等奖，“点亮微心愿”圆梦公益行动、青苹果之家、徐玲公益书屋、文千工作室、蒲公英工作室、少年国学讲堂6个案例被评为2013年度张家港市未成年人创新案例二等奖。2月16日，市文明办、市教育局获苏州市未成年人思想道德建设工作先进集体称号。

【文明程度指数测评得分位居全国同类城市之首】 6月8日，全市召开全国城市文明程度指数测评动员会，部署各项迎检工作。8月14日，市领导姚林荣、朱立凡带领相关部门负责人，实地督察沙洲公园、长途车站等单位迎检工作。8月16日，市文明委召开全国城市文明程度指数测评迎检工作推进会。8月27日至28日，中央文明办测评组在全市开展2013年度全国城市文明程度指数测评工作，测评组进行实地考察、材料审核、问卷调查、网络调查。12月23日，中央文明办公布2013年全国城市文明程度指数测评结果，张家港市综合测评得分92.72分，未成年人思想道德建设工作综合测评得分94.13分，继续位居全国同类城市之首。（蔡　磊）

经济建设

【综合实力】 2013年，全市围绕全面推进现代化建设的总目标，聚焦“810工程”，实施“六大提升行动”，突出重点抓落实，攻坚克难求实效，全力抓好稳增长、促转型、惠民生工作。7月15日，市委十届六次全体（扩大）会议召开，要求全市上下对照《苏南现代化建设示范区规划》以及省委、苏州市委的相关要求，科学谋划张家港市现代化建设的一系列重大问题。7月18日，市委、市政府联合印发《张家港市现代化建设三年行动计划（2013~2015）》，提出加快建设更具实力、更显美丽、更加幸福的现代化港城。

地区生产总值　全年全市实现地区生产总值2145.31亿元，按可比价格计算，比上年增6.1%。其中，第一产业增加值30.41亿元，比上年增3.3%；第二产业增加值1192.34亿元，比上年增3.5%；第三产业增加值922.56亿元，比上年增9.8%。三次产业的比重为1.42∶55.58∶43。按户籍人口计算，人均地区生产总值23.51万元，按汇率折3.86万美元；按常住人口计算，人均地区生产总值17.21万元，按汇率折2.82万美元。

财政收入　全年实现财政总收入450.71亿元，比上年增9%。其中，公共财政预算收入154.18亿元，比上年增3.1%。增值税、企业所得税、个人所得税和营业税四项主体税种入库86.56亿元，比上年增2.3%。公共财政预算内支出145.02亿元，比上年增1.5%，完成城乡基本公共服务支出113.15亿元，占全市公共财政预算支出比重为78%；完成民生支出78.3亿元，占全市公共财政预算支出比重为54%，比上年提高1.3个百分点。

固定资产投资　全年完成全社会固定资产投资额770.56亿元，比上年增9.6%。其中，完成工业投资440.19亿元，比上年增6.7%，占全社会投资额的比重为57.1%；服务业投资330亿元，比上年增14%，占全社会投资额的比重为42.8%。

【农业】 全年粮食总产量27.23万吨，比上年减2.9%；油料总产量4492吨，比上年增11.2%；棉花总产量48吨，比上年减9.4%。全市实现农林牧渔业总产值53.63亿元，其中农业产值29.99亿元、林业产值6.75亿元、牧业产值4.61亿元、渔业产值5.09亿元、农林牧渔服务业产值7.19亿元。

高效农业　年内，全市投入7771万元新建高标准农田2320公顷，其中市级标准化农田1320公顷，农业综合开发治理中低产田1000公顷。全市高标准农田面积达到2.16万公顷，占耕地面积的66.7%。全年农机总投入9046万元，其中私人投入1815万元，占20.06%。新增各类农机具1500余台套。新建标准化农机场库13个，建成农机综合维修服务中心3家。新建高效设施农业806.67公顷，其中新建连片1.33公顷（20亩）以上的连栋钢架大棚18公顷，连片6.67公顷（100亩）以上单体钢架大棚近80公顷。全市新（改、扩）建优质蔬菜基地100公顷，蔬菜播种面积1.29万公顷次，总产量33.4万吨。新建果品面积153.33公顷，果品种植面积1320公顷，总产量2.51万吨。全市重点建设常阴沙、金麦穗、金南港3个市级农产品配送中心，并新建6家直销店和10个直销摊位。全市优质蔬菜基地配送和专卖专销比例达到40%。

农业产业化　全市按照“一核三区五园十基地”的现代农业园区建设规划，给予项目扶持和财政补贴，将农业新品种、新技术和技术指导服务向园区集中。全市申报下达各类农业项目90项，总投资44395.8万元，争取各级财政资金5587万元；引进示范推广农业新品种200种、新技术60项。全市新增苏州市级农业龙头企业3家、省级农业龙头企业1家，30家年销售2000万元以上的农业龙头企业全年销售收入300.5亿元，农产品出口创汇10529万美元，在全省继续保持领先地位。全市新建规模以上农业项目25项，新增外资项目2项，增资项目30项。新建家庭农场18个，其中种植业11个、渔业1个、种养结合6个，经营土地面积191.47公顷。

【工业】 全年完成工业增加值1142.35亿元，比上年增3.3%。完成工业总产值5630.35亿元，比上年增2%。其中，规模以上工业完成总产值

4922.05亿元，比上年增3.5%。冶金、纺织、机电、化工、粮油食品和建材六大行业在规模以上工业总产值中占的比重为93.9%，其中冶金占49.4%、纺织占15.2%、机电占12.9%、化工占10.3%、粮油食品占4.5%、建材占1.6%。工业产品销售收入5071.75亿元，比上年增6.36%；工业利税218.92亿元，工业利润115.12亿元。工业用电量256.85亿千瓦小时，比上年增4.1%。全年销售收入超亿元的工业企业有378家，其中超1000亿元的有1家，超200亿元的有1家，超100亿元的有4家，超50亿元的有4家，超20亿元的有17家，超10亿元的有29家。沙钢集团连续五年入围世界500强，列第318位。十大企业集团企业实现主营业务收入3114.14亿元，比上年增5.6%。规模以上工业主要产品产量：食用植物油99.35万吨，比上年增27.2%；黄酒5.54万立方米，比上年增3.8%；布22291万米，比上年减4.5%；服装16447万件，比上年增8.7%；纯碱54.88万吨，比上年减14.3%；化学肥料29.98万吨，比上年增6.7%；化学农药7529吨，比上年减25.6%；水泥316.51万吨，比上年增5.1%；玻璃3012.38万重箱，比上年减0.8%；成品钢材3662.14万吨，比上年增6.4%；铜材5.17万吨，比上年增7.4%。全市民营企业规模壮大，规模以上民营企业完成工业总产值3557.89亿元，比上年增7.2%，5家入围中国企业500强，8家入围中国民营企业500强，11家入围中国民营企业制造业500强。年内新增私营企业3452家、个体工商户9256户，新增注册资本分别为102.22亿元和9亿元，私营个体企业总注册资本累计突破900亿元。全市有上市企业19家，募集资金总额171.26亿元，上市总数继续保持苏州市领先。

【服务业】 全市服务业增加值占全市地区生产总值的比重为43%，比上年提高1.7个百分点，服务业对地区生产总值增长的贡献率为79%，高于地区生产总值增速3.7个百分点。服务业入库税收突破100亿元，服务业公共财政预算收入63.21亿元，均占全市总量的41%。全市服务业投资占全社会固定资产投资的比重比上年提高2.2个百分点。其中生产经营性投入为130.12亿元，比上年增21.8%。全市有11家企业入选2013年中国服务业企业500强。年营业收入超10亿元的服务业企业有51家，其中江苏沙钢物资贸易有限公司、张家港玖隆钢铁贸易有限公司、江苏沙钢国际贸易有限公司等7家公司超100亿元。按行业分，交通运输、仓储、邮政业年末有在册企业（以下企业均含个体工商户）4772家，注册资金122.62亿元，从业人员20864人，全年实现利税6.41亿元。信息传输、计算机服务业年末有在册企业561家，注册资金4.72亿元，从业人员3022人，全年全年实现利税8782万元。批发和零售业年末有在册企业39932家，注册资金335.96亿元，从业人员124434人，全年实现利税33.28亿元。住宿和餐饮业年末有在册企业4764家，注册资金11.05亿元，从业人员14782人，全年实现利税1.33亿元。金融保险业年末有在册企业449家，注册资金103.55亿元，从业人员1956人，全年实现利税12.08亿元。房地产业年末有在册企业381家，注册资金108.6亿元，从业人员5455人，全年实现利税33.09亿元。租赁和商务服务业年末有在册企业1922家，注册资金323.3亿元，从业人员14828人，全年实现利税5.74亿元。其他服务业年末有企业7181家，注册资金115.36亿元，从业人员38369人，全年实现利税8.83亿元。

港口物流 张家港口岸完成货物吞吐量2.6亿吨，比上年增4%。其中，外贸货物吞吐量5091.1万吨，比上年增1.1%。集装箱吞吐量170.1万标箱，比上年增13.2%。张家港保税港区汽车整车进口口岸通过国家部委联合验收并投入运行，全年进出口整车1.44万辆。张家港保税区获批省进口食品监管样板区，成为全省最大的葡萄酒保税进口口岸。

商品贸易 全年实现社会消费品零售总额413.8亿元，比上年增11.62%。在社会消费品零售总额中，批发和零售业358.79亿元，住宿业和餐饮业55.01亿元。在限额以上单位商品零售分类中，建筑及装潢材料类、中西药品类、化妆品类、书报杂志类、汽车类商品分别比上年增49.1%、21.4%、13.3%、10.6%、9.6%。全年商品市场实现成交额2561.9亿元，比上年增31.2%，其中生产资料市场为2433.85亿元，比上年增33.1%。玖隆物流园、江苏化工品交易中心、张家港保税区纺织原料市场成交额分别达到1187.62亿元、659.58亿元和317.67亿元。

金融 全年金融业实现增加值100亿元，比上年增12%。上海银行张家港支行、南京银行张家港支行、浙江泰隆商业银行张家港支行、宁波银行张家港支行挂牌营业，全市银行机构有25家。市金融机构本外币存款余额2383.43亿元，本外币贷款余额1980.88亿元，分别比上年增10.24%和10.73%。存款中，居民储蓄余额837.45亿元，比上年增11.52%。贷款中，个人消费贷款余额169.19亿元，比上年增25.1%。全市有保险公司40家，全年完成保费收入30.62亿元，其中财险收入13.17亿元、寿险收入17.45亿元。理赔支出9.67亿元，其中财险支出7.56亿元、寿险支出2.11亿元。年末全市证券开户数17.56万户，比上年增3.1%，全年股票成交金额1228.11亿元，比上年增59.9%。

房地产 全年完成房地产开发投资98.18亿元，比上年增17.2%。商品房施工面积529.47万平方米，竣工面积114.8万平方米。全年销售商品房面积110.43万平方米，其中现房销售36.43万平方米、期房销售74万平方米。实现销售额111.62亿元，其中现房销售额36.11亿元、期房销售额75.51亿元。

交通运输 沪通铁路张家港枢纽站区规划方案基本确定，增设张家港北站获得批准。疏港高速公路清障工作完成，工程建设加速推进。新泾路、晨丰公路、杨锦公路、港华路等道路新建、改造工程竣工。申张线航道整治工程开工建设。全市有公交营运汽车640辆，客运总量7779.38万人次。年末拥有机动车32.32万辆，其中汽车23.91万辆，比上年增17.4%。全年新增私牌汽

车3.25万辆，比上年增19.1%，年末私牌汽车保有量20.25万辆。

旅游　全市旅游业接待游客602.15万人次，比上年增10.9%，旅游总收入110.96亿元，比上年增16.95%。暨阳湖欢乐世界、江南农耕文化园、凤凰山风景区3个收费景区实现门票收入2430万元，比上年增102%。全市有旅游星级饭店13家，其中五星级3家、四星级3家、三星级6家、二星级1家。全年星级饭店累计接待人数33.95万人次，比上年减7.51%，其中境外游客2.95万人次，比上年减4.95%；营业收入总额53051.83万元，比上年减1.49%；客房平均出租率53.04%，比上年减5.17%。全市有旅行社34家，其中国际社2家、国内社32家，有在册导游156人。全年累计组团人数18.45万人次，比上年增13.16%；地接人数61140人次，比上年增101.42%；营业总收入2.44亿元，比上年减13.22%。

邮电通信　全年完成邮政业务总收入1.41亿元，电信运营商业务总收入18.96亿元。其中，电信公司张家港分公司收入7.06亿元、移动公司张家港分公司收入10亿元、联通张家港市分公司收入1.9亿元。全市有固定电话用户38.89万户，其中电信公司张家港分公司固定电话用户32.49万户；移动电话用户158.98万户，其中电信公司张家港分公司移动电话用户39.78万户、移动公司张家港分公司用户90.9万户、联通张家港市分公司用户28万户。有宽带用户35.1万户。

【转型升级】　年内，全市深入实施工业经济转型升级"3333"百企培育工程。出台《关于加强工业经济和信息化专项资金使用管理的意见》。突出集聚发展，全年"两区一园"完成工业投入占全市工业投入的73.76%。加快"两化融合"步伐，经济技术开发区升级为省两化融合示范区，全年新增江苏省两化融合示范企业3家、江苏省两化融合试点企业14家，江苏省双软（软件企业和软件产品）认定企业10家。

重大项目　全市列入省重点的5个项目和苏州市重点的21个项目顺利推进。"810工程"项目中，十大制造业、十大服务业项目全部开工，十大制造业基地、十大专业市场建设扎实推进。页岩气新材料综合利用基地签约落地。扬子江石化聚丙烯、霍尼韦尔、富瑞特装再制造等一批项目开工建设。沙钢集团综合技改、永钢集团"十二五"期间转型升级、进口整车物流园、曼巴特购物广场等一批项目加快建设。康得新2亿平方米光学膜、华灿光电一期等一批项目竣工投产。

新兴产业　全市规模以上新兴产业企业实现工业产值1965亿元，比上年增7.7%，占全市规模以上工业总产值的39.8%，比上年提高1个百分点。其中：新材料企业130家，实现工业产值1297.78亿元，比上年增8.1%；新能源企业42家，实现工业产值163.9亿元，比上年增9.2%；新装备企业145家，实现工业产值318.43亿元，比上年增11%；智能电网及再生利用企业44家，实现工业产值169.19亿元，比上年减1.2%；新医药及其他企业13家，实现工业产值15.7亿元，比上年减8.2%。年内新批新装备、新能源、新材料等现代制造业项目29项，新增注册外资6.9亿美元，占市制造业新增注册外资额的64.4%。全市178个在建新兴产业项目总投资415.6亿元，全年完成投资208.11亿元，比上年增24.8%，占工业总投资的47.3%，比上年提高6.9个百分点；占全社会投资的27%，比上年提高3.3个百分点，拉动全社会投资增长5.9个百分点。

科技创新　年内，张家港经济技术开发区获批全国首批国家再制造产业示范基地，机器人产业园获工业和信息化部批复设立，入选国家级示范型国际科技合作基地。冶金工业园联东U谷产业综合体签约。"810工程"十大科技载体建设全面加快，新增创新创业载体面积34万平方米。沙洲湖科创园被认定为省级科技企业孵化器，引进清华大学华东锂电技术研究院、哈尔滨工业大学智能装备研究院等研发机构和公共服务平台11家。节能环保装备产业基地列入国家火炬计划特色产业基地。张家港保税区、张家港经济技术开发区入选国家知识产权试点园区。全年新增国家"千人计划"人才4人；省"双创计划"人才18人，居全省县市（区）首位；"姑苏计划"人才20人，列苏州县市第一。新增领军型创新创业人才（团队）95个、博士183人。引进"千人计划"专家产业化项目38项。全市新增产学研合作项目261项。列入省级以上科技项目104项，其中国家级项目50项。国家重点星火计划、国家科技型中小企业技术创新重点项目实现零的突破。新增省级以上各类创新平台81家。永钢集团获批国家级企业博士后科研工作站。集成光电研究院成为苏州首个省级"千人计划"研究院。新增高新技术企业55家。培育年销售超1亿元科技型企业15家，其中超10亿元企业3家。新增授权发明专利500件，万人拥有发明专利超过12件。

【开放型经济】　对外及对港澳台贸易　全市全年完成进出口总额322.19亿美元，比上年增0.8%。其中，出口128.24亿美元，比上年增0.1%；进口193.95亿美元，比上年增1.28%。出口总额按企业类别分：国泰集团（外贸企业）出口26.97亿美元，比上年增22.9%；自营生产企业出口65.43亿美元，比上年增0.4%；三资企业出口35.83亿美元，比上年减7.3%。

招商引资　全市全年新批外商及港澳台商投资项目108项，完成注册外资及港澳台资17.05亿美元，到账外资及港澳台资7亿美元。新批超1000万美元投资项目51项，新增注册外资16.93亿美元，占全市总额的99.3%；新批增资项目41项，新增注册外资及港澳台资3.7亿美元，占全市总额的21.7%。新增服务业注册外资及港澳台资6.39亿美元，比上年增12.6%，占全市注册外资的37.5%。开发区龙头效应凸显。"两区一园"（张家港保税区、张家港经济技术开发区和冶金工业园）完成注册外资和港澳台资13.57亿美元，到账外资和港澳台资6.11亿美元，分别占全市的79.6%和87.3%。

对外及对港澳台经济技术合作　全市新批对外及对港澳台投资项目19项，投资总额3.66亿美元，其中张家港投资方出资额2.79亿美元；新签对外及对港澳台工程劳务合同额2亿美元，完成营业额2.56亿美元。

【城乡一体】 1月16日，市委下发《关于2013年全市城乡发展一体化工作的实施意见》，提出突出城市能级和品位提升，继续加快“三集中”、强村富民和农业现代化步伐，加速推进农民居住向城镇和社区集中，精心打造城乡发展一体化示范区。年内，全市大力发展村级集体经济，不断提高村集体对村民福利性补贴的范围和总量。村集体支出各类惠民补贴2.41亿元，直接惠民比例达到19%。完善“三大合作组织”分配机制，提升新型专业合作组织与农民的利益联结程度。全市188家农村社区股份合作社年内分红增幅10%以上，145家土地股份合作社分红总额超2.3亿元，8家富民合作社实现年收益8%以上，40家劳务合作社年人均劳务工资8600元。全市土地适度规模经营面积累计26520公顷，占全市耕地面积的92.5%。全市成立村级集体经济联合发展公司11家、农村资源交易所8家。村级集体可支配收入130405万元，比上年增加15799万元，增13.79%。全市村均可支配收入680万元，比上年增12%，超1000万元的村达到25家。

政治建设

【党的建设】 年内，市委常委会坚持党要管党、从严治党，把党建创新作为基础工程和保障工程，党的各项建设取得新进步。市委常委会创新领导工作机制，建立每月常委会、每季度常委市长联席会议等制度，及时交流工作，会商解决问题；通过“两区一园”和五镇工作推进会议、双月板块书记工作例会和现场办公等多种方式，推进工作落实。全年市委召开常委会议12次，常委、市长联席会议5次，领导干部会议4次，各类专题会议52次。学习型党组织建设成为全省示范点。围绕现代化建设，精心组织主题宣传活动。全国“最美基层干部”、全国道德模范吴栋材的先进事迹被广泛宣传。年度获评6位“中国好人”，数量居全省县市之首。志愿服务“伙伴计划”得到中央文明办的高度肯定。全方位加强对外宣传，“文明张家港”的影响力进一步提升。组织工作持续加强。坚持“以实绩论英雄”的用人导向，完善“好干部”综合研判机制，有针对性地实施干部培训，切实加强年轻干部的培养。圆满完成全市基层党组织换届选举，基层干部队伍得到优化加强。全面推进服务型党组织建设，推动“民生面对面”活动开展，区域化大党建和非公经济党建持续深化，基层服务型党组织建设经验得到中组部的肯定。党风廉政建设深入推进。认真落实中央《八项规定》和反“四风”要求，从严从紧执行改进作风的各项规定。加大执纪查案力度，严肃查处党员干部违纪违法案件173件，其中贪污贿赂案21件、违反社会秩序类案122件、1万元以上经济案45件、“三机关一部门”案16件。完善绩效管理办法，建立岗位绩效评估和干部评议常态化机制。

【人大监督】 年末，全市有市十三届人大代表331人。年内，市人大重点围绕水环境整治、大气污染整治、长江澄通河段通洲沙西水道河道整治、老有颐养、农副产品保供及安全、青草巷农副产品交易市场建设等6项工程，跟踪督察项目建设的进度、质量，提出25条意见建议，积极督促指导，推动落实。加强法律监督和工作监督，全年召开常委会会议9次，主任会议12次，听取和审议“一府两院”专项工作报告35项，作出决议、决定28项，组织调研、视察、执法检查等活动28次，撰写各类调研报告20篇。规范人事任免，依法任免国家机关工作人员49人次。发挥代表作用，举办代表履职培训班，指导召开履职经验交流会。先后邀请179人次代表参加有关座谈会、执法检查、视察和调研活动，组织市代表小组活动47次，参加代表433人次。

【法治建设】 年内，全市紧扣法治政府建设目标任务，统筹推进依法行政工作。市政府组织实施人大议案1件，办复人大代表建议251件、政协委员提案376件。修订市政府工作规则，制定行政执法监督实施办法，深化行政决策事前、事中、事后全程评估，出台政府规范性文件17件，完成规范性文件后评估32件。全面推行行政调解，调解成功率99%以上。办理行政复议案件69件。开展2013~2014年依法行政示范点创建活动和2013年度依法行政考核评议活动。2月，市依法治市领导小组制定下发全市法治建设工作要点。3月，张家港市被全国普法办通报表彰为全国法治县（市、区）创建活动先进单位。年内，全市推进法治建设先进机关、镇、村、社区、企业、学校等系列创建活动。以领导干部述法考评等制度为保障，加强机关法治建设，组织对机关法制宣传、法治建设工作的调研考核，明确13个依法行政示范点。调整和加强法制副校长队伍建设，出台中小学法制教育队伍管理办法，开展校园周边环境整治，完善学校、社会、家庭三结合教育机制。至年末，新市民积分管理办法入选苏州市法治建设优秀案例。市法院民一庭、市检察院侦查监督科、市公安局刑警大队、锦丰派出所、杨舍镇司法所被命名为苏州市公正司法示范点；南丰镇、凤凰镇创建成苏州市法治建设先进镇；全市累计创建成省级民主法治示范村（社区）71个，创建率27.4%，创建成苏州市级民主法治村（社区）224个，创建率83.6%；江苏东渡纺织集团等25家企业成为苏州市第二批诚信守法先进企业；南丰镇永联村党委副书记、江苏永钢集团副董事长、总经理吴耀芳入选苏州市首届“十大法治人物”。

【政治协商】 年末，市十一届政协有委员330人。年内，市政协围绕现代化建设大局，开展协商议政活动，组织开展各类协商通报活动8次。其中，市政协常委会议分别就中小企业科技创新、发展职业教育、推进污染防治提升生态宜居质量、经济社会发展及提案办理等议题，市政协主席会议分别就商贸服务业发展、科技人才队伍建设、推进依法行政、台资企业运行和农机现代化建设等议题，与市政府及有关部门进行协商，形成专题调研报告3篇，提出各类意见和建议70余条。市政协十一届二次会议收到提案548件，其中党派集体提案101件，个人提案447件。经审查，立案376件。通过开展主席会议成员督办重点提案、带案调研视察、B类提案专项督察、提案办理“回头看”等活动，提案办理的成效不断提高。全年组织开展专题视察通报活动11项，提出各类合理化意见建议80余条。开展社情民意收集工作，收集社情民意信息159条，向市政府编报重点社情民意信息18条。弘扬团结民主主题，利用多种活动形式，支持民革市总支、民盟市委、民建市基层委员会、农工党市委、九三学社市基层委员会、工商联、各人民团体和无党派人士发挥作用。认真督办党派团体提出的集体提案，推荐党派团体成员担任党风政风行风监督员，支持党外人士参加市里有关经济社会发展重大问题的政治协商活动。推进政协自身建设，组织160余名委员赴全国政协培训中心参加业务培训，加强对各区镇政协工委的工作指导，基本实现区镇“委员之家”建设全覆盖。

文化建设

【思想理论武装】 年内，全市落实党委（党组）中心组学习和述学、评学、考学制度，开展党的十八大和十八届二中、三中全会精神学习活动，推进中国特色社会主义理论体系宣传普及。1月，下发基层党员干部冬训工作的意见，召开全市党员干部冬训动员会，评比表彰全市基层党员干部冬训工作先进单位及个人。邀请中央党校原副校长李君如等专家作理论专题讲座。7月，印发《习近平同志一系列讲话精神学习专辑》。8月，开展学习型党组织示范点创建活动，全市评出15个学习型党组织建设示范点。12月，开展学习型党组织建设创新案例评选工作，全市共评出12项创新案例。筹建市思想政治工作研究会。全年组织理论宣讲志愿者巡回宣讲560余场，超过20万人次受教育。组织开展市第八届社会科学普及宣传周活动、第八届“张家港论坛”“争当苏南现代化示范区建设排头兵”主题征文活动。建立重大课题申报、立项、管理制度。评选确定市级社科研究课题43项，申报2013年江苏省社科研究学会专项课题22项。“e读计划”社科主题阅读活动获选江苏省第八届社科普及周资助项目，市青少年社会实践基地获评苏州市社会科学普及示范基地。

【文化事业】 年内，全市首批建成国家公共文化服务体系示范区、全省“书香城市”，成为中国曲艺之乡。公共文化服务网格化模式创新与示范项目，成为全省唯一入选2013年度国家文化创新工程重点项目。第十届中国（张家港）长江文化艺术节成功举办。东山村遗址、黄泗浦遗址、杨氏宅第入选全国重点文物保护单位，实现全市国保单位零的突破。“群星奖”“文华奖”和“中国戏剧奖”获奖数量均名列全国县市第一，张家港市成为全省唯一齐获“牡丹奖”和“梅花奖”的县（市）。全国首个民生档案共享服务平台建成。《张家港市志（1986~2005）》《中国共产党张家港（沙洲）历史（第二卷）（1949~1978）》出版。

公共文化服务　在全国率先开展文化志愿者资格认证，全市首批675名网格文化员、阅读推广人通过资格认证培训和考试持证上岗。《关于促进张家港市地方特色文化繁荣的实施意见》出台，群众文艺团队总数达到480个。全年开展文明欢乐行“村村演”256场、广场文艺“周周演”117场、千场电影“月月映”4000场、文明书场“天天说”2400场。国家一级社团——长江文化促进会和张家港长江文化基金会成立。年内，网格化公共文化服务模式获中国社会文化艺术政府最高奖项目类“群星奖”。

文化设施　年内，市艺术中心、市少儿图书馆、长春园书场及评弹艺术馆等新建改造工程有序推进。新一轮区镇街道办事处文化设施建设标准化工程启动，全市近30个镇、镇办事处、村级公共文化设施建设列入2013年规划。大新镇、锦丰镇、常阴沙现代农业示范园区文化中心启用。至年末，全市新增公共文化设施面积近2万平方米，人均公共文化设施面积超过0.38平方米。全市有市公共图书馆1个、市少年儿童图书馆1个、镇分馆19个，村（社区）图书馆（室）246个。市、镇、村（社区）三级公共图书馆业务用房4.85万平方米。公共图书馆藏书总量188.7万册，人均（按常住人口计算）藏书量1.52册。全市有电影放映单位12个，容纳座席1799个；有专业剧团1个，演出2984场次；博物馆有文物藏品11117件；有群众文化机构10个，全年组织文艺活动1437次。

【文化产业】 年内，全市新办歌舞娱乐经营单位5个，总投资420万元；新办印刷复制经营单位11个，总投资450万元。至年末，经市文广新局许可或备案登记的文化（新闻出版）经营单位1035个，其中音像、书报刊经营单位299个、印刷企业（含打字复印）404家、歌舞娱乐经营单位123个、网吧95家、游戏厅59家、影演单位54个、出版社1家。市文化市场行业协会下辖印刷、出版物、网吧、歌舞娱乐、电影演艺、版权6个分会，团体会员单位超过900个，经营单位入会率超过90%。全市主要演出和电影放映场所承办各类演出、放映1.5万场，实现营业收入4000余万元。原创动画片7部4784分钟，江苏如意通动漫产业有限公司出品的如意动物系列、苏州市磐石卡通制作有限公司出品的《快乐椭魔塔之小镇乐翻天》等动漫片取得发行许可证。《中华美德少年》《快乐椭魔塔之小镇乐翻天》获2013年度全国优秀动漫奖。江苏如意通动漫产业有限公司“动漫关键技术研发与应用示范项目”入选国家新闻出版广电总局2013年新闻出版改革发展项目入库项目，张家港软件（动漫）产业园、如意通动漫总部大厦、3D电影金属银幕等3个项目入选2013年度苏州市文化产业重点项目。张家港国家影视网络动漫实验园首批被江苏省文化改革发展领导小组评为省重点文化产业园区。苏州红叶视听器材股份有限公司、江苏银河电子股份有限公司被首批评为江苏省重点文化科技企业。

社会建设

【社会保障】 全年全市新增城镇职工社保参保人员4.2万人，参保率达到99.3%。职工、居民医保大病救助水平保持全省领先。市城乡低保标准进一步提高。全市发放“共享阳光”慈善助学金727.2万元，惠及困难家庭学生2435人。完成残疾人家庭无障碍改造1068户，残疾人康复服务模式在全省推广。推进“菜篮子”工程，在全省率先出台夏季保淡绿叶菜价格指数保险，新建优质蔬菜基地73.33公顷、优质蔬菜直销店和农贸市场专销区16家。全年开工保障性住房23万平方米、3565套（户），竣工31万平方米、5251套（户）。新增住房公积金缴存职工3.42万人。

就业　全市提供就业岗位8.51万个，当地户籍新增就业1.93万人，开发就业援助岗位12610个，帮助就业困难人员实现就业7197人，城镇登记失业率为2.09%，社会登记失业率为2.12%。年内，举办春、夏季高校毕业生公益性就业双选会和各区镇、机械电气类等大小型毕业生专场12场，有1144个单位参加，提供毕业生需求岗位23758个。年末，张家港市户籍高校毕业生初次就业率达到99.6%，特困家庭高校毕业生就业率达到100%。出台政府购买职业中介服务的补贴政策、支持小微企业吸收毕业生就业政策和就业援助“一对一”工作制度。对全市低保户及低保边缘户开展摸底调查，确定全市1334名特困家庭帮扶对象，年内实现就业1327人，特困家庭劳动力就业率达到99.6%。对全市已产生的被征地劳动力就业状况进行动态跟踪，确定被征地劳动力83971人，年内实现就业83311人，被征地农民就业率99.21%。

养老　全市推进养老议案办理工作，制定代表议案办理实施方案，编制养老服务设施布局规划，出台推进社会养老事业发展的若干意见。新（改）建养老机构5家，新增养老机构床位1018张，总数达到8450张，每千名老人拥有机构养老床位数41.2张。新（改）建省AA级以上标准居家养老服务中心（站）18家、日间照料中心9家、助餐点15家。深入开展计生家庭养老帮扶、空巢失能老人关爱行动。创新实施虚拟养老院、循环养老等服务模式。

生活质量　全市农村居民人均纯收入21689元，比上年增11.45%；城镇居民人均可支配收入43426元，比上年增9.4%。居民投资更趋多元化，年末城乡居民人均储蓄存款6.65万元。居民消费支出不断增长。农村居民人均生活消费支出17414元，比上年增15.1%，恩格尔系数为29.6%。城镇居民人均生活消费支出29070元，比上年增5%，恩格尔系数为29%。据城镇抽样调查资料反映，在百户城镇居民拥有的耐用消费品中：洗衣机107台，电冰箱111台，彩色电视机212台，空调器276台，电话机77部，移动电话274部，热水器具111台，电脑122台，汽车71辆。据农村抽样调查资料反映，在百户农村居民拥有的耐用消费品中：洗衣机95台，电冰箱102台，彩色电视机174台，空调器181台，抽油烟机69台，移动电话234部，热水器具101台，电脑70台，汽车40辆。居住环境不断改善，年末农村居民人均住房面积70平方米，城镇居民人均住房建筑面积38.1平方米。

【社会事业】 教育　张家港市成为全国首批义务教育发展基本均衡县（市）、全省首批学前教育改革发展示范区。全市有各类学校80所，在校学生139497人，专任教师9024人。其中，高校（含开放大学）3所，在校学生12888人，专任教师635人；中等专业学校6所，在校学生13312人，专任教师775人；普通中学37所，在校学生38060人，专任教师3624人；小学33所，在校学生71613人，专任教师3332人。另有幼儿园40所，在园幼儿36582人，专任教师954人。学龄儿童入学率、初中升学率和高中升学率分别为100%、99.68%和97.98%。普通高考、职校对口单招本科达线率继续位居苏州前列。常青藤实验中学、福前小学、江帆幼儿园等9所学校新（改）建工程完成，全市新增国标校车66辆。

卫生　全市有卫生机构405个，其中医院36个；有卫生技术人员7924人，比上年增484人，其中医生3278人；卫生机构床位数7878张。市中医医院急诊综合楼改（扩）建工程、澳洋医院二期住院大楼竣工投用。公立医院综合改革启动，市第一人民医院、市中医医院两个医疗联合体组建，8家社区卫生服务分中心新建。基本公共卫生服务绩效考核名列全省县市第一。

体育　市体育系统有体育场（馆）7个，举办运动会7次。全市“城区5分钟、中心镇区10分钟体育健身圈”基本建成。成功承办国际男子网球巡回赛、环太湖国际公路自行车赛等6项国家级以上赛事。年内增加二级以上裁判员3人，达到二级标准运动员2人。张家港籍运动员在国际比赛中获金牌3枚，在全国比赛中获金牌8枚，在省级比赛中获金牌23枚，在苏州市比赛中获金牌132枚。

【社会管理】 年内，张家港市在全省率先出台县域深化社会管理创新三年行动计划，围绕社会管理、社会稳定重点难点问题，突出民生服务、保障，设置涵盖社会矛盾纠纷调解成功率、新市民入医入学入户人数、社会管理综合信息系统覆盖率等10个大类30项指标，明确到2015年实现公正司法廉洁水平、矛盾纠纷预防化解水平、实有人口服务管理水平等“十大提升”工作目标，制定三年行动计划进度表，明确责任部门、细化阶段目标，推动全市社会管理创新向社会化、专业化、法治化、信息化方向发展。制定《2013~2015年张家港市社会管理创新项目计划书》，推行“8+66”（8个大体系，34个一级项目，32个二级项目）项目化管理，在原有优秀项目基础上，新增民生服务、基础建设、特殊人群管理、治安防控等重点领域创新项目，细化落实任务、责任，强化执行力度。至年末，落实200万元“以奖代补”专项资金对年内评选出的56个社会管理优秀项目和乡镇基层基础建设优秀项目给予配套资金补助。与南京大学建立长效合作机制，培养社会管理创新优秀干部队伍。全市推进“政社互动”

试点，村委会、社区居委会换届选举完成。新增登记社会组织134个，每万人拥有持证社工数9.3人。深化新市民积分管理，新增新市民子女积分入医5000人、入学5942人。开展安全生产大检查，全市化工企业和规模以上非化工企业实现安全标准化运行。推进“天安行动”，实施放心校园食品、放心粮油等六大食品安全惠民项目，首批建成全国餐饮服务食品安全示范市。

【平安建设】 6月，张家港市被列为“平安中国”现场会考察点。年内，全市以平安建设为载体，开展平安交通、平安学校、平安家庭、平安医院等17项平安创建系列活动，基层平安创建覆盖面达到100%。开展第二轮联系点共建活动，强化市综治委成员单位对联系村（社区）的指导帮扶，全市32个村和32个综治成员单位通过结对共建，建立联络会议制度、情况通报制度、捆绑考核制度等，了解、帮助解决影响综治与平安建设的重点问题，筹集共建资金130余万元。组织开展全市村（社区）预防和打击非法集资集中宣传活动。协调公安机关对市级和镇级重点地区及重点问题进行排查分析，确立重点地区和问题16个，并制定工作方案部署整治。落实省、苏州市矛盾纠纷排查调处工作，建立矛盾纠纷排查调处工作协调会议纪要月报告制度。开展全市校园技防设施非正常运行情况排查并落实整改。开展以大宣传、大整治、大走访、大防控、大排查“五大行动”为内容的提升公众安全感专项行动和为期40天的第十一次“万人大巡防”活动，通过综治宣传月、政务微博、手机短信等方式提升市民对综治和平安建设工作的知晓率和满意度，有序推进开展重点地区和重点问题专项整治，深入推进“走千家访万户送安全”活动。全年公安机关抓获刑事作案人员2517人、网上在逃人员383人，破获刑事案件2885起；法院审、执案件16103件，其中刑事案件1344件；检察院审查批捕刑事犯罪案件嫌疑人552人，提起公诉1392件。全市群众安全感为97%，连续三年保持苏州各市、区第一。9个区镇获苏州市平安乡镇称号。

生态建设

【生态文明建设】 年内，张家港市制定出台《张家港市生态文明建设三年行动计划（2013~2015年）》和《生态文明建设绩效考核实施办法（试行）》。启动实施《第三轮环保“三三三”工程行动方案（2013~2015年）》，完成钢铁行业脱硫、电力行业脱硝等污染减排重点工程27项，关停低端落后企业150余家，淘汰高能耗生产设备565台套，淘汰黄标车406辆、过户转出1899辆，报废公交车80辆，更新中小学生专用校车66辆。完成沙洲湖备用水源地建设。钢铁、印染行业中水回用率分别达到90%和30%。全年新增污水管网67千米，新建农村污水处理装置15处，市区、镇区、农村污水集中处理率分别达到98%、70.5%和46%。实施《苏州市生态文明建设“十大工程”》中确定的重大生态修复项目，重点实施黄泗浦生态园、凤凰新城生态公园、双山岛生态园工程，推进常阴沙湿地公园、一干河滨江湿地公园、香山生态建设工程。城市居民公交出行分担率26.3%、镇村公交开通率100%，清洁能源公交车总数180辆，占公交车总数的20%。全市村庄环境整治高标准通过省级全域考核验收，23个三星级“康居乡村”通过省级考核验收，建成苏州市美丽村庄示范点10个。实施生态治理，全市有9个生态循环农业工程被列入太湖流域水环境治理项目，共争取资金740万元，新建畜禽粪便钢架堆棚2000平方米，沼液贮存池4000立方米，田间肥料储罐35个，生态屏障6处，实现农业废弃物有效处理，有效改善农业生产环境。牵头开展农业生态文明建设项目三年规划，明确“福前—南港生态农业示范工程”“双山岛农业示范园区”两项重点工程和“一个区镇一个生态农业示范工程”等12项生态农业工程规划。永联村成为农业部2013年首批美丽乡村之一。落实苏州市农业“四个百万亩”保护建设任务3.59万公顷，其中水稻1.68万公顷、特色水产3266.67公顷、高效园艺8466.67公顷、生态林地7333.33公顷。市稻麦基地创建全国绿色食品稻麦原料标准化生产基地通过验收。加快测土配方施肥、化学农药减量使用技术的推广，全市稻麦测土配方施肥推广应用面积3.66万公顷，推广配方肥11051.6吨，推广率96.2%，种植绿肥面积682公顷，推广商品有机肥8500吨，化肥使用强度控制在每公顷215千克以下。全市发展经工商登记的植保专业化服务组织150个，稻麦专业化统防统治面积占应防治面积的82%，集中配送农药品种150余种300余吨，农药使用强度控制在每公顷2.8千克以下。实施规模畜禽养殖场养殖污染整治工作，推广“三分离一净化”、发酵床生态养殖技术，引导分散型养殖向规模化转移。全年完成畜禽养殖污染治理企业34家，新建发酵床5192平方米，沼气池1370立方米，堆粪棚9249平方米，沉尸井2471立方米，畜禽粪便综合利用率96%。

【节能减排】 年内，《张家港市节能规划（2012~2015）》编制完成。规模企业综合能耗为2052.8万吨标准煤，完成上级控制目标任务。全市173家企业划入淘汰落后类企业，盘活存量土地325.73公顷，减少约15万吨标准煤的能源消耗。确定沙钢集团烧结机余热回收、永钢集团高炉煤气发电、华昌集团原料结构调整等34个节能及循环经济项目，完成投资10.8亿元，形成节能能力42万吨标准煤，节能项目获上级财政奖励2927.6万元。全市工业主要产品单耗稳定下降率达到70.93%；重点用能企业主要工业产品单耗考核共节约能源53.66万吨标准煤，节能创经济效益6.97亿元。全市新增2家年综合能耗3000吨标准煤以上未审计企业完成审计。开展电力行业归并整治，关停小热电企业1家；淘汰电动机、风机、水泵等落后高耗能生产设备750台套。认定省资源综合利用企业19家，3家企业的16台机组被认定为资源综合利用电厂（机组）。

【城乡建设】 全年搬迁户数1.16万户，新开工安置房面积409万平方米、竣工404万平方米。安置过渡户1万户。建设改造临时安置过渡点99个、10779套。全年完成保留村庄布点规划、城区核心区和10个镇辖办事处控制性详规编制。沙洲湖工程竣工。暨阳湖欢乐世界扩建项目竣工开园。金港新城、锦丰·沙洲新城、凤凰新城等片区新城建设稳步推进。镇区三年综合改造工程完成。通洲沙西水道综合整治二期主体工程基本完工。双狮物流至老沙码头百年一遇江堤改造完成。农副产品批发市场、高职园区等39项公共建筑工程有序推进，其中13项竣工并交付使用。老城区防汛能力提升三期工程、谷渎港清淤截污、背街小巷和里弄改造等工程如期竣工。全市城市环境“四大整治、四大提升”任务完成，城市环境综合整治三年规划启动实施。梁丰路街景立面改造完成。南丰镇、凤凰镇创建苏州市美丽城镇示范镇通过阶段性预验收。餐厨废弃物集中收运、无害化处理体系实现市区全覆盖。市民网页综合服务系统、公共基础地理信息系统等9个智慧港城信息化项目上线运行，张家港市首批入选国家信息消费试点城市。“网上村委会”综合信息服务平台建成省重大信息化示范工程。

【城乡绿化】 年内，全市投入2.73亿元，实施绿化项目22项。建成谷渎港、滨江生态景观带等特色景观绿地，完成华昌路、港丰公路、百桥路等11条道路绿化，推进新泾路等重点工程绿化。新建村庄绿化示范点8个，其中苏州市级5个。建设恢复湿地133.33公顷，自然湿地保护率40.4%。新增各类林地绿地478.8公顷，其中成片生态林177.6公顷、城镇绿化161.2公顷、道路绿化52.73公顷、村庄绿化9.13公顷、河道绿化60.93公顷、高效林果经济林17.2公顷。城市建成区绿地面积2705公顷（含金港地区），公园绿地面积558公顷，绿地率达到39.6%，绿化覆盖率43.68%，人均公园绿地13.81平方米，全市林木覆盖率19.2%。

【景观建设】 年内，张家港市列入苏州市政府旅游考核的景观项目有7项，完成投资5.07亿元。双山岛旅游度假区完成南码头改造及老街改造一期工程，岛内进行生态环境的修复提升与道路交通建设。江南农耕文化园三期旅游配套基础设施建设完工，恒温水上游乐项目开始动工建设。恬庄四期工程完成玉带河古桥及两边文化休闲设施，恢复名人故居。凤凰湖工程完成湖体开挖及堆山土方造型，部分旅游基础配套设施完工。香山景区完成入口景观及旅游配套设施建设，入口门禁系统、星级厕所、停车场等完工。蛮好民宿国际连锁常阴沙店装修与小木屋完工。塘桥镇金村文化保护和旅游开发项目有序推进，年末进行基础配套设施建设。城北沙洲湖工程基本完工，步行街东首曼巴特购物广场主体完成。凤凰镇飞翔休闲农业园、锦丰镇的南港生态农庄等一批乡村旅游区稳步推进中。至年末，全市有国家级AAAA景区1个（凤凰山景区）、AAA景区3个（东渡苑景区、香山景区、梁丰生态园）、AA景区1个（张家港公园）。（史　志）

组织机构及其领导人

市级领导机构

中共张家港市第十届委员会

书　记　徐美健（5月免）
　　　　姚林荣（5月任）
副书记　姚林荣（5月免）
　　　　朱立凡（8月任）　王亚方
常　委　徐仲高　杨　芳（女）
　　　　卞东方　周　伟（2月免）
　　　　张　伟　许进华（6月免）
　　　　张　玮　蔡炳锋
　　　　李军强（6月任）
　　　　黄　尧（10月任）
委　员　（按姓氏笔画为序）
　　　　王永康　王松石　石锡贤
　　　　许剑波　应　梓　沈　彬
　　　　张　平　陆颂义　陈世海
　　　　邵军民　邵建华　季洪良
　　　　周　兵　赵志凯　赵金龙
　　　　赵建明　黄　尧　黄　镇
　　　　黄祥亮　常　征　葛晓明
　　　　戴建明
候补委员　（按得票多少为序）
　　　　陈亚光　孙敏彪　朱瑞栋
　　　　蔡彩虹

张家港市第十三届人民代表大会常务委员会

主　任　高建刚
副主任　郭炳荣　顾　放　徐根法
　　　　陆颂义
委　员　（按姓氏笔画为序）
　　　　丁一红（女）　王永康
　　　　王连生　王艳辉（女）
　　　　许京海　孙朝枫　何　剑
　　　　沈学如　宋达华　张　颖
　　　　张满兴　季祖元　周　勇
　　　　周志虎　赵建军　施菊平
　　　　闻桂才　姚金泉　秦　浩
　　　　秦毅峰　格桑曲宗（女）
　　　　徐　敏（女）　徐卫袁
　　　　陶建明　黄清芬（女）
　　　　蔡彩虹（女）　缪维成
　　　　瞿刘华

张家港市人民政府

市　长　姚林荣（8月免）
代理市长　朱立凡（8月任）
副市长　朱立凡（8月任）　徐仲高
　　　　丁学东　黄雪元　黄亚平
　　　　黄　尧（11月免）　石锡贤
　　　　邵军民　赵建明
　　　　华　红（女）　赵金龙
　　　　王松石（9月任）
　　　　朱巧明（挂职，9月免）
　　　　陈　磊（挂职，8月任）
　　　　陈进华（挂职，9月任）

政协张家港市第十一届委员会

主　席　单玉珍（女）
副主席　李汉忠　刘会荪　徐平观
　　　　景惠新
秘书长　陶　平
常务委员　（按姓氏笔画为序）
　　　　马　辉　王正华
　　　　王苏嘉（1月任）　王国楷
　　　　王景才　卢惠兴
　　　　包惠红（女）
　　　　刘　俭（1月任）　朱兴华
　　　　刘品贤（女）　许　峰
　　　　许细访　杜思梅（女）
　　　　李爱平　吴　平
　　　　吴惠英（女）　邹承慧
　　　　陆忠理　陆爱清
　　　　陆翠珍（女）　陈志芳

陈奉德 陈国华 陈鹤忠
范义东 林振球 周卫君
周庆龙 周春峰 周萃阶
周新华 法 禅 孟伟言
赵志刚 侯蔚枫(女)
姜志芳(女) 秦国平
钱 伟 钱建国 钱惠清
徐卫东 徐建龙 徐锦章
高卫平 郭宏杰(女)
唐 锋 唐红英(女)
黄亚平(女) 黄刻松
曹永章 梁一红(女)
蒋丽华(女) 焦 实
蓬 元 褚建新 翟二生
缪建林

保税区、经济技术开发区、冶金工业园工作机构

中共张家港保税区工作委员会

书 记 徐美健(5月免)
姚林荣(5月任)
副书记 姚林荣(5月免)
朱立凡(8月任) 卞东方
许剑波
委 员 王惠忠 张建平 张 雷
季 冬(12月任) 黄 镇
顾秋雁 翁羽人(女)

张家港保税区管理委员会

主 任 姚林荣(5月免)
副主任 朱立凡(8月任) 卞东方
许剑波 王惠忠 张 雷
季 冬(12月任) 黄 镇
顾秋雁 翁羽人(女)
主任助理 童扣林(3月免)
孙济刚(8月免)
季 峰(兼) 支振荣
赵耀新 唐 勇

张家港保税区党工委、管委会办公室(宣传文明办公室)

主 任 潘正云
副主任 奚卫明 孙惠芳(女,兼)
龚锦乾 巫 刚 王俊峰
张惠锋

张家港保税区外事办公室

主 任 奚卫明(3月任)

张家港保税区组织人事局

局 长 虞维君
副局长 马建华 卢向群(女)
仇治君

张家港保税区财政局

局 长 夏 琼(女)
副局长 徐 旻(女) 李春洪
丁 琪(11月任)

张家港保税区规划建设局

局 长 陈 健
副局长 高福勤(12月免)
闻桂才(兼) 沙学胜
陈 剑 吴 强(兼)
徐 群(兼,3月任)

张家港保税区发展改革局(重大项目办公室)

(1月由保税区经济发展局更名,3月任职)

局 长 顾秋雁(兼,11月免)
刘忠华(11月任)
副局长 赵 旭 陆大革 包金华
陆炜炜(女)

张家港保税区招商局

局 长 张卫星
副局长 章海铭 卞 震 卞春生
张奎军

张家港保税区科技人才局

局 长 黄菊芳(女)
副局长 卞春生(兼) 王 刚
吴仲文

张家港保税区安全环保局

局 长 曹 东
副局长 刘锡庆(11月免) 杨忠其
王卫东(兼)

张家港保税区企业服务管理局(张家港保税区投资服务中心)

局长(主任) 沈建荣
副局长(副主任) 王惠忠 邹文彪
瞿 锋

张家港保税区物流贸易局(张家港保税物流园区管委会办公室、服务业办公室)

局 长 彭 烨
副局长 朱宁新 许汉阳 廖祚根
缪 飞

张家港保税区社会事业局

(1月成立,3月任职)

局 长 季 峰(兼)
副局长 季 健(兼)
杨凤娟(女,兼)
周士华(兼)

张家港保税区农村工作局

(1月成立,3月任职)

局 长 支振荣(兼)
副局长 徐锦芬(女,兼)
陆 剑(兼)

张家港保税区政法和社会管理办公室

(1月成立,3月任职)

主 任 陈群燕(女)
副主任 闻玉林(兼) 吴建新

张家港保税区行政服务中心

(1月成立,3月任职)

主 任 刘一平(兼)
副主任 龚锦乾(兼)

张家港保税区纪律检查工作委员会

书 记 张建平
副书记 刘一平

张家港保税区监察室

主 任 陈国平
副主任 蒋中柱(兼)

张家港保税区(金港镇)机关党委

书 记 虞维君(兼)
副书记 卢向群(女,兼)

张家港保税区(金港镇)非公企业党工委

书 记 卢向群(兼)

张家港保税区金港资产经营有限公司

董事长、总经理 徐品云(9月免)
赵耀新(兼,9月任)

市国土资源局张家港保税区分局

局 长 季佩欣

中共张家港经济技术开发区工作委员会

书 记 张 伟
副书记 葛晓明 谢 刚
委 员 陶惠兴 李 良 庞立新
张 跃 常 征

张家港经济技术开发区管理委员会

主 任 葛晓明
副主任 谢 刚 陶惠兴 李 良
季 冬(12月免) 张 跃
常 征 赵志凯(11月任)
主任助理 章福才(9月免) 陈建新
袁驾云 顾卫彬

张家港经济技术开发区党政办公室(宣传文明办公室)

主 任 詹亚军
副主任 黄 明 叶丽娜(女,兼)
徐卫杰(12月免)
石丽华(女,12月免)

张家港经济技术开发区招商局

局 长 庞建阳
副局长 张海军 陈晓娴(女)
徐 宏(兼) 周敏华

张家港经济技术开发区商贸局

局　长　钱晓锋（7月任）

副局长　吴建江　崔立华

张家港经济技术开发区发展改革局

局　长　顾卫彬（兼）

副局长　杨　岷（女，兼，12月免）
　　　　杨立清　施伟民　季军学
　　　　杨浩东　张　浩

张家港经济技术开发区科技人才局

局　长　杨　岷（女，兼，12月任）

副局长　杨　岷（女，兼，12月免）
　　　　庞建东　秦建岳
　　　　汪素娟（女，9月免）

张家港经济技术开发区经济服务局（安全环保局）

局　长　徐伯尧

副局长　汤文军　黄　蓉（女）
　　　　邱树立（兼）

张家港经济技术开发区建设局

局　长　蒋新峰

副局长　顾一峰　陈俊彪　陈　光
　　　　钱　斌

张家港经济技术开发区财政局

局　长　陈耀明

副局长　顾汉平　徐溪椿

张家港经济技术开发区组织人事局

局　长　张建华

副局长　徐建耀　陈国珍（女）

张家港经济技术开发区社会事业局

局　长　褚奕峰

副局长　顾国平（兼）　张耀军
　　　　贾雪珍（女，兼）
　　　　郭广益（兼）

张家港经济技术开发区农村工作局

局　长　苏　江

副局长　石丽华（12月任）　施亚忠
　　　　汪明如（兼）

张家港经济技术开发区政法和社会管理办公室

主　任　陈国庆（12月任）

副主任　张玉琪（兼）　魏　立（兼）

张家港经济技术开发区行政服务中心（招投标中心）

主　任　陈宣东

副主任　吴　敏（女）　柯欣荣

张家港经济技术开发区纪律检查工作委员会

书　记　庞立新

副书记　陈宣东（11月免）
　　　　徐卫杰（11月任）

张家港经济技术开发区（杨舍镇）机关党委

书　记　张建华（兼）

副书记　詹亚军（兼）

张家港经济技术开发区监察室

主　任　庞立新（兼）

副主任　陆卫东（兼）

中共江苏扬子江国际冶金工业园工作委员会

书　记　赵建明

副书记　杜永飞　马春青　宓子平

委　员　夏立新（11月免）

江苏扬子江国际冶金工业园管理委员会

主　任　杜永飞

副主任　夏立新（12月免）

江苏扬子江国际冶金工业园党政办公室

副主任　许海峰（3月任）
　　　　丁正红（兼）　褚　辉

江苏扬子江国际冶金工业园经济发展局

局　长　宓子平（兼）

副局长　王晓春（3月任）　丁亚军
　　　　赵学刚　朱国生　陈　波

江苏扬子江国际冶金工业园规划建设局

局　长　夏立新（12月免）
　　　　张国华（12月任）

副局长　钱秀华（女）　冯　春

江苏扬子江国际冶金工业园综合管理局（安全环保局）

局　长　蒋卫军（3月任）

副局长　王晓春（3月免）　余耀明
　　　　黄冰青（女）

各镇（区）领导机构

杨舍镇

中共杨舍镇委员会

党委书记　张　伟

副书记　葛晓明　谢　刚　苏　江
　　　　张建华　褚奕峰　陈国庆

委　员　徐建耀　陆卫东　张玉琪
　　　　叶丽娜（女）　黄玉琪
　　　　金　鑫（1月任）

纪委书记　张建华（兼）

杨舍镇人民代表大会

主　席　陶惠兴

副主席　李达明　倪炳华

杨舍镇人民政府

镇　长　葛晓明

副镇长　顾国平　邱树立
　　　　贾雪珍（女）　郭广益
　　　　魏　立　汪明如

杨舍镇经济服务中心（招商服务中心）

主　任　谢　刚

市政协杨舍镇工作委员会

主　任　张建华（兼）

副主任　叶丽娜（女，兼）
　　　　范惠琴（女）

塘桥镇

中共塘桥镇委员会

党委书记　王松石（9月免）
　　　　　王文伟（9月任）

副书记　王文伟（9月免）
　　　　徐华东（9月任）　张　毅
　　　　凌　洁（女）
　　　　蒋卫军（3月免）
　　　　唐冬青（兼，9月免）
　　　　沈晓波（11月任）

委　员　朱栋裕　卢建刚　庞卫刚
　　　　陈晓英（女）　薛祖民
　　　　黄治平　曹　健
　　　　潘晓忠（1月任）
　　　　陆　斌（兼，11月任）

纪委书记　凌　洁（女，兼）

塘桥镇人民代表大会

主　席　赵正良

副主席　周建兰

塘桥镇人民政府

镇　长　王文伟（9月免）
　　　　徐华东（9月任）

副镇长　张　毅　朱卫兵　张　溢
　　　　许建东　李　刚

塘桥镇经济服务中心（招商服务中心）

主　任　张　毅

副主任　周爱军　朱　新　朱俊峰

市政协塘桥镇工作委员会

主　任　凌　洁（女，兼）

副主任　朱栋裕

金港镇

中共金港镇委员会

党委书记　卞东方

副书记　季　峰　虞维君　刘一平

徐锦芬(女) 沈建荣
陈群燕(女,兼)
何 萍(女)
委 员 朱建兴 孙惠芳(女)
季 健 蒋中柱 马建华
孙永华 陈 磊(1月任)
纪委书记 刘一平(兼)

金港镇人民代表大会

主 席 闻桂才
副主席 张卫良 赵建平

金港镇人民政府

镇 长 季 峰
副镇长 杨凤娟(女) 周士华
闻玉林 吴 强 王卫东
陆 剑 徐 群(3月任)

市政协金港镇工作委员会

主 任 刘一平(兼)
副主任 孙惠芳(女,兼) 刘金坤

锦丰镇

中共锦丰镇委员会

党委书记 赵建明
副书记 马春青 田文华(3月任)
倪惠芬(女) 谢建华(兼)
周勇敏 许海峰(3月任)
委 员 陈建明 丁正红 孙天明
施正良
陈卫菊(女,6月免)
赵 瑜(1月任)
纪委书记 田文华(兼,3月任)

锦丰镇人民代表大会

主 席 黄清芬(女)
副主席 徐建民 赵友明

锦丰镇人民政府

镇 长 马春青
副镇长 陈卫菊(女,7月任)
刘 平 李卫忠 钱 军
蒋亚东 黄 宏(女)
黄建浩(11月免)

市政协锦丰镇工作委员会

主 任 夏立新(兼,12月免)
倪惠芬(女,兼,12月任)
副主任 陈卫菊(女,兼,7月免)
朱建芬(女,兼)
倪惠芬(女,兼,7月任,12月免)

乐余镇

中共乐余镇委员会

党委书记 陈卫兵
副书记 张 平(11月任)
徐凤琪(11月免) 陆晓平
周 军(9月免) 杨建钟
钱梁斌(9月任) 张耀清
委 员 杜秀萍(女) 苏 滨
高建明(6月任) 徐松林
吴永兵 钱 斌(6月任)
匡雄华(6月免)
赵剑锋(兼)
薛盘芳(1月任)
纪委书记 张耀清(兼)

乐余镇人民代表大会

主 席 吴伟明
副主席 胡建州

乐余镇人民政府

镇 长 徐凤琪(12月免)
张 平(12月任)
副镇长 高建明 陆惠民 沈洪源
许文生 李 彬
王 忠(12月任)

乐余镇经济服务中心(招商服务中心)

主 任 周 军(9月免)
陆晓平(9月任)
副主任 徐松林 匡雄华(6月免)
季 忠(3月任) 仇建华

市政协乐余镇工作委员会

主 任 杨建钟(兼)
副主任 吴永兵(兼)

凤凰镇

中共凤凰镇委员会

党委书记 卢懂平
副书记 季洪良 曹鹰飞
徐婉琴(女) 吴文军
叶 新 赵国锋
委 员 徐敏娟(女,11月免)
李 新 赵文中
邓 敏(女) 黄旭东
刘恒然 匡 勇(8月任)
张连祥(兼)
庞晓畅(1月任)
纪委书记 吴文军(兼)

凤凰镇人民代表大会

主 席 缪维成
副主席 郭其胜 钱国平

凤凰镇人民政府

镇 长 季洪良
副镇长 马宏鹏 朱春秋 何正岳
李剑龙 顾竹江

凤凰镇经济服务中心(招商服务中心)

主 任 曹鹰飞
副主任 周晓成

市政协凤凰镇工作委员会

主 任 徐婉琴(女,兼)
副主任 李 新(兼,10月免)
匡 勇(兼,10月任)

南丰镇

中共南丰镇委员会

党委书记 常 征
副书记 沈 丹(女) 袁政国
王静娟(女)
高 翔(11月任)
委 员 钱兴华(女) 倪玉祥
王卫星(女) 陆明程
谭德宝(9月免)
朱建明(6月任)
顾 博(1月任)
纪委书记 王静娟(女,兼)

南丰镇人民代表大会

主 席 陆一珉
副主席 钱秀玉(女)

南丰镇人民政府

镇 长 沈 丹(女)
副镇长 陆明程 李伟星
徐 锋(7月任) 朱子平
金俊龙 朱建明(7月免)

南丰镇经济服务中心(招商服务中心)

主 任 袁政国
副主任 徐 锋(6月免)
陈 兰(女) 邹 江
陈 立 戴 俭(7月任)

市政协南丰镇工作委员会

主 任 王静娟(女,兼)
副主任 谭德宝(兼,10月免)

大新镇

中共大新镇委员会

党委书记 陆忠理
副书记 严亚明 沙立平(11月任)
刘忠华(11月免) 朱志斌
委 员 周国忠 顾 芳(女)
黄建兴 顾敬贤(11月免)
丁国秋 闵振宇(1月任)
朱浩锋(11月任)
纪委书记 朱志斌(兼)

大新镇人民代表大会

主 席 袁剑秋

副主席　陈云鹤　张小平

大新镇人民政府

镇　长　严亚明
副镇长　董雪明　张　平　丁　军
　　　　张爱华　陈　勇（11月免）
　　　　丁　德（11月任）

大新镇经济服务中心
（招商服务中心）

主　任　刘忠华（11月免）
　　　　沙立平（11月任）
副主任　丁国秋　赵兰芬（女）
　　　　丁　德（11月免）
　　　　陈　勇（11月任）

市政协大新镇工作委员会
（8月更名）

主　任　朱志斌（兼）
副主任　顾　芳（女，兼）

常阴沙现代农业示范园区
（8月由现代农业示范园区更名）

中共常阴沙现代农业
示范园区工作委员会

党工委书记　赵志凯（11月免）
　　　　　　徐凤琪（11月任）
副书记　罗晓骏（9月免）　陈飞健
　　　　史建军
委　员　张惠文　高　明　耿兴忠
　　　　李　刚
纪工委书记　陈飞健（兼）

常阴沙现代农业示范园区管委会

主　任　罗晓骏（9月免）
副主任　史建军　顾彩萍（女）
　　　　马海兵　朱红专

市政协常阴沙现代农业
示范园区工作委员会

主　任　陈飞健（兼）
副主任　李　刚（兼）

市人大常阴沙现代农业
示范园区工作委员会

副主任　耿兴忠（兼）

双山岛旅游度假区

中共双山岛旅游度假区工作委员会

书　记　黄　镇（11月免）
　　　　夏立新（11月任）
副书记　蔡建林（兼）　张　晖
　　　　戴　艳（女）　李新华
委　员　沈安邦　李群慧
纪工委书记　戴　艳（女，兼）
纪工委副书记　沈安邦

双山岛旅游度假区管委会

主　任　黄　镇（12月免）
　　　　夏立新（12月任）
副主任　蔡建林（兼）　张　晖
　　　　戴　艳（女）　李新华

市纪委（监察局）

中共张家港市第十届
纪律检查委员会

书　记　张　玮
副书记　尚文涛　茅哲峰
常　委　徐莉萍（女）　陈春明
　　　　田文华（3月免）
　　　　施忠华（9月任）
委　员　（按姓氏笔画为序）
　　　　田文华　许京海　张建平
　　　　张耀明　陆建中　陈飞健
　　　　庞立新　赵剑锋　赵煜斌
　　　　秦毅峰

市监察局

局　长　尚文涛
副局长　周卫君　张成兵（9月任）
　　　　江建胜（9月任）

市纪委非公有制经济工作委员会

书　记　陈春明（兼）
副书记　张　婷（女，兼）

市人武部、法院、检察院

市人民武装部

部　长　李军强
政　委　许进华（11月免）
副部长　曹永华

市人民法院

党组书记　徐建东
院　长　徐建东（1月任）
副院长　赵剑锋　钱　平
　　　　余爱华（女）　顾海斌
党组副书记　赵剑锋
党组成员　钱　平　赵艳洁（女）
　　　　　赵　晖　张　达　顾海斌
纪检组组长　张　达

市人民检察院

检察长、党组书记　蔡　蔚
副检察长　董启海　李维兵　丁建勤
　　　　　陆鹏程
党组副书记　董启海
党组成员　李维兵　丁建勤　马建新
　　　　　张　勇
纪检组组长　马建新

市人民检察院反贪污贿赂局

局　长　张　勇

市委工作机构

市委办公室

主　任　陆颂义
副主任　陈　刚　黄晓伟
　　　　尹　洁（女，兼）　樊建兵
　　　　陶彦斌　张毓鸿（6月任）
　　　　钱晓锋（6月免）　陶　惠
　　　　糜　正

市委机要局
（在市委办挂牌）

局　长　樊建兵
副局长　程　阳　姜　中

市委保密委员会办公室
（市国家保密局，在市委办挂牌）

主任（局长）　陈　刚
副主任（副局长）　张成兵（8月免）
　　　　　　　　　龙大华

市委研究室

主　任　黄祥亮
副主任　施建彬　李笑梅（女）

市委组织部

部　长　蔡炳锋
副部长　秦毅峰　黄亚红（女，兼）
　　　　刘　俭

市委非公有制经济工作委员会
（与市委组织部合署办公）

书　记　杨志刚
副书记　卢惠兴（兼）　成家武
　　　　臧向前（9月免）
　　　　沙卫军（11月任）

市委党的建设工作领导小组办公室

主　任　刘　俭（兼）

市人才工作领导小组办公室

主　任　于年中（3月任）
常务副主任　于年中（3月免）

市委老干部局

局　长　庞赞平
副局长　袁小明　朱纯敏（女）

市委宣传部

部　长　杨　芳（女）
副部长　陈世海（兼）
　　　　朱兴华（3月免）　袁　勋
　　　　屈荣杰　龙凤清（兼）
　　　　何　俊（9月任）

市精神文明建设委员会办公室
（在市委宣传部挂牌）

主　任　袁　勋（兼，9月免）
　　　　何　俊（9月任）
副主任　何　俊（9月免）　黄卫琼（女）
　　　　谭德宝（9月任）

市委对外宣传办公室
（市政府新闻办公室，
在市委宣传部挂牌）

主　任　屈荣杰（兼）

市委统一战线工作部
部　长　景惠新（兼）
副部长　张卫中（11月任）
　　　　马　辉（9月免）
　　　　卢惠兴（兼）　谢正国
　　　　赵志刚（兼）

市政府侨务办公室
主　任　陆翊农
副主任　姜　嵘（女，11月免）

市民族宗教事务局
局长、党组书记　赵志刚
副局长　吴　一（女）
党组成员　陈国良　吴　一（女）
纪检组组长　陈国良

市委政法委员会
书　记　王亚方（兼）
副书记　蔡　蔚（兼）
　　　　徐建东（兼）
　　　　赵金龙（兼）　周春峰
　　　　郁洪兴

市社会管理综合治理委员会办公室
（在市委政法委员会挂牌）

主　任　周春峰（兼）
副主任　徐昀宇　周文英（女）
　　　　徐　健（8月任）

市委农村工作办公室
（挂市政府农村集体资产管理
办公室牌子）

主　任　孙敏彪
副主任　高　翔（6月免）　顾永福
　　　　张金静（女）

市机构编制委员会办公室
主　任　黄亚红（女，兼）
副主任　许　健

市委610办公室
主　任　陈菊新
副主任　陆志祥　刘　军　王庭槐

市委台湾工作办公室
（市政府台湾事务办公室）

主　任　张　璇（女，9月免）
　　　　周　军（9月任）
副主任　展玉明

市委市级机关工作委员会
书　记　马狄武
副书记　黄浩明　任和平　何正贤
纪工委书记　任和平（兼）

市人大市级机关工委工作委员会
主　任　黄浩明（兼，9月任）
副主任　黄浩明（兼，9月免）

市人大、政协机关

市人大常委会办公室
主　任　周志虎
副主任　许京海　姚金泉　孙朝枫
　　　　孙　海（11月免）

市人大常委会研究室
主　任　许京海（兼）

市人大常委会人事代表联络工作委员会
主　任　徐　敏（女）
副主任　张亚华　王新法

市人大常委会内务司法工作委员会
主　任　陶建明
副主任　许　娟（女）

市人大常委会财政经济工作委员会
主　任　张　颖
副主任　秦　浩

市人大常委会城建环保工作委员会
主　任　周　勇
副主任　朱保明

市人大常委会教科文卫工作委员会
主　任　季祖元
副主任　苏花兰（女）　赵　敢

市人大常委会外事民宗侨台工作委员会
主　任　格桑曲宗（女，藏族）
副主任　蔡　杰

市政协
秘书长　陶　平
副秘书长　周新华　张燕清（10月免）
　　　　刘品贤

市政协办公室
主　任　周新华
副主任　张燕清（10月免）
　　　　陈　丽（女）　周小军

市政协提案委员会
主　任　李爱平
副主任　刘品贤（女）　朱文焰
　　　　毛建锋（兼，12月免）
　　　　黄晓伟（兼）
　　　　马正阳（兼，12月任）

市政协经济科技委员会
主　任　陈奉德
副主任　张燕清（10月任）　陈国平
　　　　张金静（女，兼）
　　　　卢惠兴（兼）　邹利明（兼）
　　　　钱建国（兼）
　　　　马学锋（女，兼）
　　　　潘　琦（兼）

市政协社会事业委员会
主　任　陈志芳
副主任　朱育才　周春峰（兼）
　　　　朱兴华（兼，7月免）
　　　　王建东（兼）
　　　　季春郁（女，兼）
　　　　陈永泽（兼）
　　　　何　俊（兼，12月任）

市政协城乡建设委员会
主　任　王正华
副主任　张永全　张　曲
　　　　秦国平（兼）　王春松（兼）

市政协港澳台侨（民族宗教）委员会
主　任　梁一红（女）
副主任　张亚萍（女）
　　　　黄亚平（女，兼，12月免）
　　　　陆翊农（兼）
　　　　马　辉（兼，10月免）
　　　　张　璇（女，兼，10月免）
　　　　周　军（兼，10月任）
　　　　赵志刚（兼）　刘　俭（兼）
　　　　张卫中（兼，12月任）
　　　　姜　嵘（兼，12月任）

市政协文史委员会
主　任　许　峰
副主任　钱新棣　高卫平（兼）
　　　　汪丽菁（女，兼）

市政府工作部门

市政府办公室
主任、党组书记　应　梓
副主任　曹跃飞　王永良
　　　　陈　刚（兼）　刘东兴
　　　　陆江山（3月免）　陈雪明
　　　　毛建锋　黄晓东
　　　　张毓鸿（7月免）　马正阳
　　　　汤卫华　郭文谦（3月任）
　　　　黄建浩（12月任）
党组成员　曹跃飞　陈　刚　刘东兴
　　　　陆江山（3月免）　陈雪明
　　　　毛建锋　黄晓东

张毓鸿（6月免）　马正阳
汤卫华　郭文谦（3月任）
黄建浩（11月任）
陈剑浩（11月任）
纪检组组长　陈剑浩（11月任）

市政府研究室

主　任　沈　斌　（7月免）
陈剑浩（12月任）
副主任　陈剑浩（12月免）

市政府法制办公室

主　任　范一明
副主任　高　攀　周炳芳

市政府外事办公室

（在市政府办公室挂牌）
主　任　曹跃飞
副主任　徐丽花（女）　吴彦飞

市发展和改革委员会

主任、党组书记　戴建明
副主任　陈亚光　张明国　刘　佾
周国强（12月任）　曹　阳
陈　刚
党组成员　陈亚光　张明国
王振芬（女）　顾　青
周国强　曹　阳　陈　刚
纪检组组长　王振芬（女）

市经济协作办公室

（在市发展和改革委员会挂牌）
主　任　陈亚光（兼）
副主任　周国强（兼）

市企业上市工作办公室

（在市发展和改革委员会挂牌）
主　任　顾　青
副主任　严建忠

市政府金融工作办公室

（在市发展和改革委员会挂牌）
副主任　顾　青（兼）　唐爱云（女）

市服务业发展办公室

（在市发展和改革委员会挂牌）
主　任　戴建明（兼）
副主任　严　忠　宋国华

市重大项目推进办公室

（在市发展和改革委员会挂牌）
主　任　刘　佾（兼）
副主任　朱品香（11月任）

市经济和信息化委员会

主任、党委书记　钱锦东
副主任　邹利明　穆　军　徐　松
夏燕良　丁建华
蒋忠明（兼，9月任）
党委副书记　邹利明　瞿医蕾（女）
党委委员　穆　军　徐　松　夏燕良
丁建华
纪委书记　瞿医蕾（女，兼）

市中小企业局

（在市经济和信息化委员会挂牌）
局　长　邹利明（兼）
副局长　黄正华（3月免）　何启明
袁　俊　侯　忠（11月任）

市教育局

局长、教育工委书记　邵建华
副局长　钱洁雅（女）　王建东
陈国华　马丽忠
教育工委副书记　陈　跃（兼）
王世芳（女）
教育工委委员　章　骏
季进胜（9月免）
钱洁雅（女）
王建东　马丽忠
纪工委书记　王世芳（女，兼）

市科学技术局

（挂市知识产权局牌子）
局长、党组书记　万资平
副局长　吴彦刚　董建刚　赵建华
李秋菊（女）　王国楷
宋国洪（3月免）
党组副书记　吴彦刚
党组成员　董建刚　赵建华
李秋菊（女）
宋国洪（3月免）
纪检组组长　李秋菊（女）

市公安局

局长、党委书记、督察长　赵金龙
政　委　赵煜斌
副局长　王树秋（9月免）　陈菊新
闻振平（9月任）　汤建平
章仁兴　王文良
陈群燕（女）　邬海安
徐向前（兼）
刘　斌（9月任）
党委副书记　赵煜斌　陈菊新
党委委员　王树秋（9月免）　闻振平
汤建平　章仁兴　王文良
陈群燕（女）　张　航
邬海安　徐向前　唐冬青
刘　斌　谢建华　徐晓忠
陈国庆
副政委　闻振平（9月免）　张　航
纪委书记　刘　斌（9月免）
唐冬青（兼，9月任）
政治处主任　张　航（兼）

市民政局

（挂市老龄工作委员会办公室牌子）
局长、党委书记　张小伟
副局长　张建新（9月免）
瞿彩娟（女）　刘振渊
孙　海（12月任）　徐志斌
党委副书记　徐　丹
党委委员　张建新（9月免）
瞿彩娟（女）　刘振渊
孙　海（12月任）
徐志斌
纪委书记　徐　丹（兼）

市司法局

局长、党委书记　李婧娟（女，9月免）
万学刚（9月任）
副局长　孙　晔　龚　俊　陶广成
党委委员　孙　晔　龚　俊　陶广成
陈　丽（女）
纪委书记　陈　丽（女，兼）

市财政局

局长、党组书记　周　兵
党组副书记　瞿永昌
副局长　瞿永昌　许啸文　吉鲁平
李　刚（12月任）
许　佳
党组成员　许啸文　吉鲁平　李　刚

市人力资源和社会保障局

局　长　黄亚红（女）
党委副书记　黄亚红（女）　潘雪平
副局长　张卫中（12月免）　郁　池
丁　峰　周晓宏
张艳丽（女）
陈晓烽（8月任）
党委委员　张卫中（11月免）
郁　池　丁　峰
周晓宏　张艳丽（女）
陈晓烽（8月任）
纪委书记　潘雪平（兼）

市国土资源局

局长、党组书记　季　宗
副局长　黄伟功　季佩欣（兼）
施文军　孙建华
杨惠亚（女）
党组成员　黄伟功　季佩欣（兼）
施　飞　施文军　孙建华
杨惠亚（女）
纪检组组长　施　飞

市住房和城乡建设局

局　长　袁雪祥
党委书记　朱建才（11月免）

袁雪祥(11月任)
党委副书记 袁雪祥(11月免)
彭 炜(11月任)
王春松
副局长 彭 炜(12月任)
朱建才(12月免)
张国华(12月免) 丁一中
曹 峥 许瑞兴 李建华
党委委员 张国华(12月免)
丁一中 曹 峥
许瑞兴 祝风红(女)
纪委书记 王春松(兼)
总工程师 祝风红(女)

市地震局

(在市住房和城乡建设局挂牌)
局 长 张国华(兼,12月免)
副局长 管长兴

市房产管理中心

(为市住房和城乡建设局下属正科级单位)
主 任 朱建才(兼,12月免)
彭 炜(兼,12月任)
副主任 张新红 郁 军
郭宏杰(女)

市规划局

局长、党组书记 王觉方
副局长 蒋新峰(兼) 徐晓立
陈 健(兼) 张宇洲
孟伟言
党组成员 徐晓立 陈 健 张宇洲
顾敬贤(11月任)
纪检组组长 张宇洲(兼,11月免)
顾敬贤(11月任)
总规划师 文清泽

市城市管理局

(挂市城市管理行政执法局牌子)
局长、党委书记 徐向前
党委副书记 钱燕秋
副局长 林志宏 张 辉 陈洪明
党委委员 林志宏 张 辉 陈洪明
纪委书记 钱燕秋(兼)

市交通运输局

局长、党委书记 陈 军
党委副书记 陆新玉(女)
副局长 徐平观(兼) 沈正华
沈竹义 李 星 王晓冬
叶德元
党委委员 沈正华 沈竹义 李 星
王晓冬 叶德元
纪委书记 陆新玉(女,兼)

市水利局

(挂市水务局牌子)
局 长 严栋兴
党委书记 陈 飞
党委副书记 严栋兴 钱德华
张秋亚
副局长 陈 飞 钱德华
沙立平(12月免) 张海峰
翟二生 陈杏明
党委委员 沙立平(11月免)
张海峰 陈杏明
纪委书记 张秋亚(兼)

市农业委员会

主 任 徐 江
党委书记 李 刚
党委副书记 陈永兵(3月任)
副主任 李 刚 陈永兵 陆 军
宋向洪
党委委员 陆 军 顾 新 宋向洪
纪委书记 顾 新
总农艺师 孟凡珍(女)

市商务局

局长、党委书记 薛 平
党委副书记 马学锋(女)
副局长 马学锋(女) 黄 炜
陈 瑞(女) 蒋忠明
陈 龙(兼)
党委委员 黄 炜 陈 瑞(女)
蒋忠明 陈 龙
朱晓敏(女)
纪委书记 朱晓敏(女)

市文化广电新闻出版局

(挂市版权局、市文物局牌子)
局长、党委书记 陈世海
党委副书记 侯一华(3月免)
解志荣 侯寿松
副局长 侯一华(3月免) 解志荣
陈彩芬(女)
周国柱(8月免)
陈永泽(8月免)
孙建忠(3月任) 王韶杰
党委委员 陈彩芬(女)
周国柱(8月免)
陈永泽(8月免) 孙建忠
纪委书记 侯寿松(兼)

市广播电视台

台长、党委书记 陈世海(兼,8月任)
党委副书记 周国柱(兼,8月任)
陈永泽(兼,8月任)
总编辑 陈永泽(兼,8月任)
副台长 侯一华(兼,3月免)
周国柱(兼) 陈永泽(兼)
陈红霞(女,8月任)
党委委员 陈红霞(女,兼,8月任)

市卫生局

局长、党委书记 陈 跃(3月免)
朱兴华(3月任)
党委副书记 徐国兴(兼) 王卫国
季春郁(女)
副局长 徐国兴 王卫国 施剑杰
王建春 曹于中(兼)
於海良 朱 贤 王树生
党委委员 施剑杰 曹于中 於海良
陈新峰 朱 贤 王树生
纪委书记 季春郁(女,兼)

市食品药品监督管理局

(与市卫生局合署办公)
局 长 徐国兴
副局长 曹于中 陈新峰

市城乡环境卫生指导中心

主 任 王卫国(兼)
副主任 钱凤娟(女) 戴建忠

市体育局

局长、党组书记 孟 波
副局长 张 莉(女) 邹 铜
金 涌 李 峰
党组成员 张 莉(女) 邹 铜
金 涌
纪检组组长 张 莉(女,兼)

市环境保护局

局长、党组书记 张 平(11月免)
黄 镇(11月任)
副局长 黄永舫 秦国平 徐建龙
孙 力 杨群伟(10月免)
党组成员 黄永舫 张建平 徐建龙
孙 力 杨群伟(10月免)
纪检组组长 张建平

市旅游局

局长、党组书记 沈 浩
副局长 张 舟 匡 勇(8月免)
党组成员 张 舟 刘国华
匡 勇(8月免)
纪检组组长 刘国华(兼)

市园林绿化管理局

(挂市林业局牌子)
局 长 徐建新(9月免)
侯虎珍(女,9月任)
党组书记 侯虎珍(女)
党组副书记 徐建新(9月免)
副局长 侯虎珍(女,9月免) 陈金发

唐金洪　黄和元　胡　燕
党组成员　陈金发　邹建忠　唐金洪
黄和元　胡　燕
纪检组组长　邹建忠
总工程师　钱　耿

市人口和计划生育委员会

主任、党组书记　秦真智（女）
副主任　查敏智（女）　陈红卫
党组成员　查敏智（女）　曹　平
陈红卫
纪检组组长　曹　平

市审计局

局长、党组书记　张耀明
副局长　崔振华（7月免）
陆小玲（女）　翟爱保
陆　嶙（女，9月任）
党组成员　崔振华（7月免）
陆小玲（女）　丁建平
陆　嶙（女，9月任）
纪检组组长　丁建平

市安全生产监督管理局

局长、党组书记　沈　琳
副局长　王彦文　钟　桐（女）
匡雄华（7月任）　周建江
党组成员　王彦文　钟　桐（女）
金　炯　匡雄华（6月任）
周建江
纪检组组长　金　炯

市统计局

局长、党组书记　徐华东（9月免）
罗晓骏（9月任）
副局长　施向东　陈建康
党组成员　施向东　吴美兰（女，兼）
陈建康　孙浩龙
纪检组组长　孙浩龙

市物价局

局长、党组书记　郑国清（9月免）
张　璇（女，9月任）
党组副书记　万学刚（9月免）
副局长　万学刚（9月免）　沈一平
倪雷兴　沈　斌（7月任）
党组成员　沈一平　倪雷兴　吴永生
沈　斌（6月任）
纪检组组长　吴永生

市粮食局

局长、党组书记　邵建芳
副局长　蔡惠良　徐锦章　陈卫南
葛云芳（女）
党组成员　蔡惠良　陈卫南
葛云芳（女）　杨文杰
纪检组组长　杨文杰

市信访局

局长、党组书记　王永良
副局长　周　钧　邵继东
黄耀平（8月任）
党组成员　周　钧　邵继东
黄耀平（8月任）

市社会调解服务中心

（挂市人民政府接访中心牌子）
主　任　王永良（兼）
副主任　周　钧（兼）　邵继东（兼）
孙　晔（兼）
黄耀平（兼，8月任）

市民防局

（挂市人民防空办公室牌子）
局长、党组书记　毛永林
副局长　陈建法（7月免）
许进华（11月任）　王　强
杨　枫　曹永华（兼）
刘中平
党组成员　陈建法（6月免）　穆利中
王　强　杨　枫
曹永华（兼）　刘中平
纪检组组长　穆利中（兼）

市政府派出机构

市行政服务中心

主　任　彭　炜（12月免）
徐敏娟（女，12月任）
党组书记　刘东兴（兼）
党组副书记　彭　炜（11月免）
徐敏娟（女，11月任）
副主任　徐忠袁　赵继杰　顾一武
党组成员　徐忠袁　赵继杰
徐凤娟（女）　顾一武
纪检组组长　徐凤娟（女）

市政府口岸办公室

（挂市港口管理局牌子）
主　任　姚林荣（兼，8月免）
朱立凡（兼，8月任）
党组书记　陆惠忠
常务副主任（局长）　陆惠忠
副主任　周月明　陆　斌　李立峰
朱鹤鸣（7月任）　张愫阳
党组成员　周月明　陆　斌　李立峰
朱鹤鸣（6月任）　张愫阳
纪检组组长　陆　斌（兼）

市人民政府驻深圳办事处

主　任　郑建业（12月免）
副主任　徐　宏

市人民政府驻南京办事处

主　任　赵　晖

民主党派、社会团体

中国国民党革命委员会
张家港市总支委员会

主　委　焦　实
副主委　张满兴　蔡克荣

中国民主同盟张家港市委员会

主　委　丁学东
副主委　徐卫袁　陈国华　姜　嵘

中国民主建国会
张家港市基层委员会

主　委　刘会荪
副主委　徐建龙

中国农工民主党张家港市委员会

主　委　顾　放
副主委　施菊平　王国楷
刘品贤（女）

九三学社张家港市基层委员会

主　委　徐平观
副主委　秦国平　郭宏杰（女）

市无党派人士联谊会

会　长　蒋新峰
副会长　徐　江　徐锦章　蓬　元

市工商业联合会（总商会）

党组书记　卢惠兴
主席（会长）　徐卫袁
副主席（副会长）　卢惠兴　叶　锋
陈志勇
沈文明（兼）
吴耀芳（兼）
吴少清（兼）
沈学如（兼）
陈玉忠（兼）
施建刚（兼）
杨培兴（兼）
黄庭明（兼）
吴建明（兼）
副会长　李兴华（兼）　严加彬（兼）
邹承慧（兼）　张明良（兼）
陈　松（兼）　金双龙（兼）
钱惠清（兼）　徐卫明（兼）
唐利刚（兼）　黄刻松（兼）
黄和芳（兼）　缪向阳（兼）
党组成员　叶　锋　陈志勇
许海萍（女）
王舒凤（女，兼）

市总工会

主席、党组书记　王永康

副主席、党组成员　李卫星(12月免)
陈建明　景国荣
姜志芳
丁　峰(兼,12月任)
惠　红(兼,12月任)

共青团张家港市委员会

书记、党组书记　何　剑

副书记、党组成员　王苏嘉

市青年联合会

主　席　何　剑(兼)

副主席　钱洁雅(女,兼)
黄　蓉(女,兼)
曹鹰飞(兼)　王苏嘉(兼)

市妇女联合会

主席、党组书记　蔡彩虹(女)

副主席、党组成员　唐红英(女)
陈　霞(女)
曹丽华(女,12月任)

市文学艺术界联合会

主　席　庞　曦

党组副书记　庞　曦

副主席　支坤兴　陈忠海　高卫平
董　红(女)

党组成员　支坤兴　陈忠海
董　红(女)

市科学技术协会

主　席、党组书记　王连生

副主席、党组成员　钱建国
陈　玮(女)
周秋涛

市归国华侨联合会

主　席　黄亚平(女,11月免)

副主席　姜　嵘(女,11月任)
蒋卫忠　唐　宏
陈　刚(兼,5月任)

市残疾人联合会

理事长、党组书记　石国毅

副理事长、党组成员　陈光辉
陆　洲
瞿秋霞(女)

市哲学社会科学界联合会

主　席　朱兴华(兼,3月免)
袁　勋(兼,9月任)

副主席　俞鞠敏　钱梁斌(9月免)
钱晓东

市红十字会

专职副会长　蔡　贤

中国国际贸易促进委员会张家港支会

会　长　薛　平(兼)

直属事业单位

中共张家港市委党校

(挂张家港市行政学校牌子)

校　长　徐美健(兼,6月免)
姚林荣(兼,6月任)

常务副校长　唐晓东

副校长　金善开　周国新
曹丽华(女,12月免)

市行政学校

(在中共张家港市委党校挂牌)

校　长　徐美健(兼,6月免)
姚林荣(兼,6月任)

副校长　唐晓东　黄亚红(女,兼)
金善开　周国新
曹丽华(女,兼,12月免)

市委党校校务委员会

委　员　唐晓东　金善开　周国新
曹丽华(女,12月免)
陈慧瑛(女)

市委党史地方志办公室

主　任　陈　稳

副主任　汪丽菁(女)　卢德兴

市档案局(馆)

局(馆)长、党组书记　黄惠珍

副局(馆)长、党组成员　施亦涛
孙　静(女)

市委接待办公室

主　任　尹　洁(女)

副主任　顾雪峰　邵　浒

张家港日报社

总编、党组书记　龙凤清

副总编　周礼清　郭晓红(女)
魏　欣　钱　萍(女)
陈　红(女)

党组成员　周礼清　郭晓红(女)
魏　欣　张立新
钱　萍(女)
陈　红(女)

纪检组组长　张立新

市文化中心管委会办公室

主　任　解志荣(兼)

副主任　归　俊　蓬　元

市级机关事务管理中心

主任、党委书记　朱丙华

党委副书记　张新建

副主任、党委委员　毛　冀　陈　平
徐一中

纪委书记　张新建(兼)

市土地储备中心

主　任　王卫民

党组副书记　王卫民

副主任　秦洪祥　王云良

党组成员　秦洪祥　王云良　黄利忠

纪检组组长　黄利忠(兼)

市新市民事务中心

主　任　王树秋(9月免)
闻振平(9月任)

副主任　郁　池(兼)　查敏智(兼)
惠　红(女)　徐伟民
徐　伟(女)　张松祥

市便民服务中心

主　任　陈春明(兼,8月免)
江建胜(8月任)

副主任　董和平(女)
孙屹东(12月任)

市城市建设基金管理办公室

主　任　朱瑞栋(兼)

副主任　张满兴　李仲平　宋华东
孙国兵　陈建忠

市国有资产管理办公室

主　任　瞿永昌(兼)

副主任　李　刚　王利刚(8月任)

市供销合作总社

主任、党委书记　唐雷刚

副主任、党委委员　钱　剑　戴德荣
郑建龙　张　建

纪委书记　陈　浩

沙洲职业工学院

党委书记　王亚方

院　长　王亚方(8月免)
钱东东(8月任)

党委副书记　邵建华

副院长、党委委员　伍建国　陈　跃

纪委书记　陈　跃(兼)

张家港开放大学

(11月,由苏州广播电视大学张家港分校、江苏广播电视大学张家港学院更名)

党委书记　章　骏

校　长　季进胜(9月免)
王建东(9月任)

党委副书记　季进胜(9月免)
王建东(9月任)
朱瑞春

副校长　章　骏　沈利民　陆　昱
孙伟宏（8月任）
党委委员　沈利民　陆　昱
孙伟宏（8月任）
纪委书记　朱瑞春（兼）

江苏省梁丰高级中学

校长、党委书记　夏　彤（3月免）
王柳军（3月任）

市属企业

市城市投资发展（集团）有限公司

董事长、总经理、党委书记　朱瑞栋
副总经理　张满兴　李仲平　宋华东
孙国兵　陈建忠
党委副书记、纪委书记　陈维清
监事会主席　瞿永昌（兼）

市金茂投资发展有限公司

董事长　钱锦东（兼）
副董事长　陈建兴
总经理、党委书记　陈建兴
副总经理　王利刚（8月免）　姚　辉
王建平
党委委员　姚　辉　徐德华　王建平
邱月花（3月任）
纪委书记　徐德华
监事会主席　李　刚（兼）

市金港投资担保有限公司

董事长　陈建兴（兼）
监事会主席　周　兵（兼）
总经理　姚　辉（兼）

市金城投资发展有限公司

董事长、总经理、党委书记　蔡建林
副总经理　景建祥　宋一兵
王向军（8月任）
党委委员　杨建华　景建祥　宋一兵
张永华
纪委书记　杨建华
监事会主席　瞿永昌（兼）

市暨阳湖开发发展有限公司

总经理　陆江山（3月任）
副总经理　陈松林（7月免）
张满兴（兼）

江苏沙钢集团有限公司

党委书记　沈　彬
党委副书记　龚　盛　陈晓东
杨石林
党委常委　沈文荣　季永新　刘　俭
何春生　雷学民
纪委书记　季永新

江苏国泰国际集团有限公司

董事长、党委书记　张子燕
总　裁　陈晓东
党委副书记　陈晓东　谭秋斌（女）
才东升（12月任）
常务副总裁　才东升（12月任）
副总裁　杨　革（回族）　邹　云
沈卫彬　才东升　常仁丰
唐朱发　张　斌
纪委书记　谭秋斌（女，兼）
总经济师　韩　伟
工会主席　韩　伟（11月免）
杨　革（回族，11月任）

江苏华昌（集团）有限公司

党委书记　路　江
董事长　胡　波
副董事长、总经理　张光耀
党委副书记　胡　波　张光耀
副总经理　曹凌云　谭　旋
纪委书记　陈饶忠

张家港沙洲电力有限公司

党委书记　眭　斌
总经理　巩家富
党委副书记　巩家富　张铨平
副总经理　鲁玉强　李东辉　赵　祥
朱世春
纪委书记　顾成琪（兼）

条线管理部门、涉外单位

市国家税务局

局　长　徐福友
副局长　陈卫东　肖维贤　俞　羚
纪检组组长　徐　喆（女）

苏州市张家港地方税务局

局长、党组书记　周　健
副局长　陶　枫（11月免）
吴才丰（10月任）　潘　德
周　玲（女）
党组成员　陶　枫（11月免）
吴才丰（10月任）　潘　德
陆宇坤　周　玲（女）
纪检组组长　陆宇坤

苏州市张家港工商行政管理局

局长、党组书记　谷晓晖
党组副书记　刘辉明
副局长　刘辉明　施广建　孙跃忠
徐　平
党组成员　施广建　孙跃忠　徐　平
纪检组组长　刘辉明（兼）

苏州市张家港质量技术监督局

局　长　孔玉林（1月任）
副局长　孔玉林（1月免）　周　枫
陈荷凤（女）　谭　伟
纪检组组长　孔玉林（2月免）
周　枫（2月任）

市邮政局

局长、党委书记　李　岑（4月免）
副局长、党委副书记　郁云桥（4月任，
主持工作）
副局长、纪委书记　王　俊

中国电信股份有限公司张家港分公司

总经理、党委书记　王少波
副总经理、纪委书记　常健栋
副总经理　陆　杰　邓汉清

中国移动通信集团江苏有限公司张家港分公司

总经理　徐若海（2月任）
副总经理　徐若海（主持工作，
2月免）
朱洪斌　潘江峰（2月任）

中国联合网络通信有限公司张家港市分公司

总经理　贺正红
副总经理　练红芬　李　华

市气象局

副局长　施德锋（主持工作，3月免）
王建明（主持工作，3月任）
孟祥飞

市盐务管理局

局　长　章炳保
副局长　侯　军

市烟草专卖局

局　长　石冬萍（女）
副局长　陶惠忠　荆　辉

苏州市住房公积金管理中心张家港分中心

主　任　陈文甬（女）
副主任　张新华　顾　斌

中国人民银行张家港市支行

行长、党组书记　潘　琦
副行长、党组成员　童　琳（女）
周利兴
纪检组组长　周利兴（兼）

中国工商银行股份有限公司张家港支行

行　长　周夏平（12月免）
朱晨辉（12月任）
副行长　邵　健（11月任）
陈　瑛（女）　徐　军
陆群一

纪委书记　许　雷

中国农业银行股份有限公司
张家港分行

行　长　费　兴
副行长　陈向东　陆　锋
　　　　李　颖(女)　张宏岗
　　　　徐　峰(6月任)
　　　　戴建军(10月任)

中国农业发展银行张家港市支行

行　长　陆　林(1月免)
　　　　陈晓宇(1月任)
副行长　孙晓东

江苏张家港农村商业银行股份有限公司

董事长、党委书记　王自忠
行　长　季　颖
党委副书记　季　颖　方建华
　　　　　　张哲清(11月免)
副行长　张哲清(10月免)
　　　　朱建新　高进生
纪委书记　方建华(兼)
董事会秘书　陈步杨

中国建设银行股份有限公司张家港分行

行　长　万海敏
副行长　刘晓戎(女)　刘艳琴(女)
　　　　王　维　任　凯
　　　　张　军(12月调离)

中国建设银行股份有限公司
张家港港城支行

行　长　张轶民

中国银行股份有限公司张家港分行

行　长　马冬青(2月免)
　　　　钱海刚(2月任)
副行长　卢伟明　倪卫红(女)
　　　　吴贤芳(女)　尚秀胜
纪委书记　夏建中(4月免)
　　　　　尚秀胜(4月任)

交通银行股份有限公司张家港分行

行　长　何　敏
副行长　陈小茹(女)　李　仁
　　　　陆东峰

中国邮政储蓄银行张家港市支行

行　长　黄金伟(7月免)
　　　　陈　军(7月任)
副行长　刘　学　汪恃风

江苏银行股份有限公司张家港支行

行　长　刘志强
副行长　何　伟

中信银行股份有限公司张家港支行

行　长　沈　浩(4月免)
　　　　陈　晔(4月任)

中信银行股份有限公司
张家港金港支行

行　长　余　强

中国民生银行股份有限公司
张家港支行

行　长　谢　江

上海浦东发展银行股份有限公司
张家港支行

行　长　戴　超
副行长　吴　忠(7月免)
　　　　张晓红(女)

招商银行股份有限公司张家港支行

行　长　潘　杰

中国光大银行股份有限公司
张家港支行

行　长　倪江峰
副行长　张建岚(女)

江苏张家港渝农商村镇银行
股份有限公司

行　长　王江涛
副行长　张　均(3月免)
　　　　倪　峰(6月任)
　　　　陈　静(女)

华夏银行股份有限公司张家港支行

行　长　黄少杰
副行长　周　红(女)

苏州银行股份有限公司张家港支行

行　长　黄　波
副行长　童　炜

兴业银行股份有限公司张家港支行

行　长　黄　雄

市供电公司

总经理、党委副书记　陆立民
党委书记、副总经理　严政东(2月免)
　　　　　　　　　　管建明(2月任)
副总经理　孙晓辉　顾马荣　钱祖建
　　　　　马灿明(9月免)
　　　　　邱　峰(9月任)
纪委书记　殷人康(9月免)
　　　　　钱建兵(9月任)

中国人民财产保险股份有限公司
张家港中心支公司

总经理　季　力
副总经理　钱　伟　俞晓英(女)
　　　　　吴金虎(1月任)

中国人寿保险股份有限公司
张家港支公司

总经理　张龙卫(6月免)
　　　　杨正清(6月任)
副总经理　徐国强　陈　莹(女)

中国太平洋财产保险股份有限公司
张家港支公司

党组书记　龚　雁
总经理　许兴达
副总经理　赵文敏(女)　张建华(女)

中国太平洋人寿保险股份有限公司
张家港支公司

总经理　何　芬(女)

紫金财产保险股份有限公司张家港支公司

总经理　唐　伟
副总经理　赵　晖　曹志宏

中国石油化工股份有限公司
江苏苏州张家港石油分公司

经　理　朱　林

张家港海关

关　长　王志林(3月免)
　　　　胡克宏(3月任)
副关长　夏汉民　糜国清　钱春森

张家港保税港区海关

关　长　华毅洪
副关长　顾泳洪　郭学文

长江航运公安局苏州分局

局长、党委书记　蒋　健
政委、纪委书记　李永华

张家港出入境检验检疫局

局　长　韦　锋
副局长　樊惠良　倪慎新　杜国兴
　　　　殷厚德
纪检组组长　土旭东(7月免)
　　　　　　孙洪生(7月任)

张家港海事局

局长、党组书记　沈贵平
党组副书记、纪检组组长　王燕辰
　　　　　　　　　　　　(5月任)
副局长　黄　梅(女)　陈俊杰
　　　　苏　健(1月任)
　　　　彭树林(12月任)

张家港引航站

站　长　金继南
党支部书记　费鹤良
副站长　朱建忠

张家港边防检查站

站　长　孙　勤
政　委　吴　千
副站长　高　明　叶林军
副政委　郑大勇

【编辑　黄宏庆　张　洁】

中共张家港市委员会

Zhangjiagang Municipal Committee of the CPC

市委十届六次全体（扩大）会议　（肖　湘　摄）

市委全会
重要决策
重要活动
调查研究
组　织
宣　传
统　战
机构编制管理
市级机关工委
老干部工作
党　校
史　志
档　案
公务接待
保密工作

市委全会

【市委十届六次全体(扩大)会议】 7月15日在市馨苑度假村会议中心召开。会议听取并讨论市委书记、市长姚林荣代表市委常委会所作的《坚持转型升级,奋力争先率先,全面推进港城现代化建设》的报告,审议通过《中国共产党张家港市第十届委员会第六次全体(扩大)会议决议》。明确要深入贯彻落实党的十八大精神,对照《苏南现代化建设示范区规划》以及省委、苏州市委的相关要求,科学谋划张家港市现代化建设的一系列重大问题。强调全市各级各部门要把握为实现全年目标任务尽最大努力、为三年现代化建设打下坚实基础这两个总体要求,重点抓牢六个方面:更加积极主动地服务企业,保运行、稳增长;以更大力度集聚项目人才,快突破、促转型;紧抓城乡一体和生态项目,早谋划、快建设;分门别类推进民生事业,出实招、重实效;高水平开展各类创建工作,增亮点、拓影响;高度重视并抓好社会稳定,保平安、促发展。动员全市上下进一步统一思想,凝聚共识,积极抢抓苏南建设现代化示范区的历史机遇,全力争当苏南现代化示范区建设排头兵。

【市委十届七次全体(扩大)会议】 12月24日在市馨苑度假村会议中心召开。会议听取并讨论市委书记姚林荣代表市委常委会所作的《抢抓改革机遇、突出转型重点,全力推进港城现代化建设》的报告,审议通过《中国共产党张家港市第十届委员会第七次全体(扩大)会议决议》。肯定全市一年中的各项工作,明确2014年全市工作总的思路和主要预期目标,要求贯彻落实党的十八大和十八届三中全会精神,按照中央经济工作会议、省委和苏州市委全会的部署,坚持"稳中求进、好中求快、改革创新、勇于争先"的导向,与时俱进弘扬张家港精神,以"810成效比拼年"为主题,以转型升级为核心,突出项目人才,提升产业品质;突出功能内涵,提升城市品质;突出环境整治,提升生态品质;突出群众满意,提升生活品质,全力推进张家港市现代化建设,争当苏南现代化示范区建设排头兵。强调2014年是全面深化改革的启动之年,也是全面推进张家港市现代化建设的关键一年。号召全市上下紧密团结在以习近平为总书记的党中央周围,与时俱进弘扬张家港精神,开拓创新、锐意进取,为夺取全年目标的新胜利、争当苏南现代化示范区建设排头兵而努力奋斗。 (张 赟)

重要决策

【概况】 2013年,市委常委会创新领导工作机制,建立每月常委会、每季度常委市长联席会议等制度,及时交流工作,会商解决问题;通过"两区一园"和五镇工作推进会议、双月板块书记工作例会和现场办公等多种方式,推进工作落实。全年市委召开常委会议12次,常委、市长联席会议5次,领导干部会议4次,各类专题会议52次。市委、市政府联合发文9份,市委发文17份。重要决策涉及现代化建设、城乡一体化、科技创新、"民生面对面"活动等方面。

【现代化建设三年行动计划出台】 7月18日,市委、市政府联合印发《张家港市现代化建设三年行动计划(2013~2015)》,提出以"810工程"为重中之重,深入实施"六大提升行动",加快建设更具实力、更显美丽、更加幸福的现代化港城。至2015年年末,张家港市基本形成以新兴产业为先导、先进制造业为主体、现代服务业为支撑、现代农业为基础的现代产业格局,人均地区生产总值超过20万元,综合实力继续位居全国同类城市前列;城乡一体化建设水平领先全国,城市功能品质明显提升,国家生态文明建设试点示范区创建工作领先全国同类城市;民生保障水平保持全国最优,城乡居民人均收入分别达到5.6万元和2.8万元,低收入人群收入普遍较快增长;现代化建设初步达到《苏南现代化建设示范区监测评价指标体系》的总体要求,全力争当苏南现代化示范区建设排头兵。

【推动"民生面对面"活动开展】 8月21日,市委下发《关于在全市各区镇开展"民生面对面"活动的实施意见(试行)》,推广经开区(杨舍镇)的做法,在各区镇开展"民生面对面"活动。从10月起,市、镇两级领导及与群众生产生活密切相关的27个职能部门、单位,定期到10个区镇、163个行政村(社区)的菜场、广场等"摆摊"设点,听取群众意见。对活动中收集到的社情民意,各区镇根据问题难度和解决时限分类登记,并明确责任领导及部门归口处理。各区镇将"民生面对面"、民情日记、网上村委会、书记信箱等渠道的民意收集汇总,每周编印成《民生快报》,督促相关部门及时办理。对办理结果回访不满意的,退回经办部门3个工作日内重新办理,对因工作人员主观原因导致的群众"不满意件",在一定范围内通报。

【推进城乡一体化建设】 1月16日,市委下发《关于2013年全市城乡发展一体化工作的实施意见》,提出围绕全面建设更高水平的现代化的新目标,突出城市能级与品位提升,突出保障和改善民生,继续加快"三集中"、强村富民和农业现代化步伐。加速推进农民居住向城镇和社区集中,年末农民集中居住率达到60%以上,提前完成苏州市"十二五"规划目标;促进农民收入持续较快增长,农民人均可支配收入比上年增14%;村级集体经济不断发展壮大,村均可支配收入比上年增12%以上;农业现代化水平显著提升,新增高效农业面积1333.33公顷,其中设施农业面积666.67公顷;城乡社会管理更加科学,城乡公共服务均等化内涵更加丰富,城乡人居环境更加优美,农村基层组织建设全面加强,农村改革取得新的突破,城乡发展一体化的体制机制更加完善,精心打造城乡发展一体化示范区。

【加快科技创新】 2月8日,市委、市政府联合印发《张家港市科技创新

"三个一批"行动方案》,提出实施科技创新"三个一批"行动方案,着力培育一批高成长性创新型企业,引进一批领军型创业创新人才团队,构建一批科技创新载体。经过三年努力,到2015年,科技创新主要指标全社会研发投入占地区生产总值的比重达到3.1%,高新技术产业产值占规模以上工业产值比重达到45%,每1万人发明专利拥有量15件,每1万劳动力研发人员数达到200人,实现省创新型领军企业、新增国家"千人计划"及省"双创"人才、新增省级以上科技项目、省级以上企业研发机构总量、新增创新创业载体面积、新增产学研合作项目"六个领先",加快建设江苏省创新型城市、国家知识产权示范市、国家可持续发展先进示范区。

(张　赟)

重要活动

【干部学习培训活动】 全年先后举办领导干部菜单式讲座12期,参训6300余人次。内容涉及宏观经济形势分析、科技创新与区域经济发展、中国梦与改革开放、宗教理论与宗教政策、党风廉政建设、城镇化进程中土地管理的作用与任务、加强和创新社会管理、中国周边安全环境、领导干部的法治思维与法治方式等。举办主体班33期,6820人次参加。3月,举办全市正局(镇)职以上干部参加的领导干部作风建设专题培训班;4月,举办45名副局(镇)职以上干部参加的第三期中央党校领导干部高端研修班;6月,举办25名正局(镇)职领导干部参加的创新发展(美国)培训班。至此,完成领导干部"高端培训新三年行动计划"。6月17日至7月20日,举办54名年轻干部参加的第三期行政文秘(复旦大学)培训班;8月7日至9日,在市委党校组织开展第三期行政文秘(复旦大学)培训班第二阶段集中培训。　(陶叶萍)

【党政领导考察活动】 3月30日至4月6日,市委书记徐美健率团赴澳大利亚和印度尼西亚考察外经工作。其间,考察张家港市在澳大利亚和印度尼西亚的重点投资项目,拜访丰益国际集团、银河资源公司、澳大利亚羊毛检测中心等多家与张家港市有着合作关系的知名企业和机构,并就双方进一步的投资合作事宜进行商洽。4月10日至11日,市委书记徐美健率相关部门负责人赴海南琼海等地学习考察城市和生态城市建设。7月12日至13日,市委书记、市长姚林荣率团赴江阴、常熟、吴江、太仓、昆山等地学习考察项目建设、转型升级、人才引进、新城开发等方面的先进经验。11月7日,市委书记姚林荣,市委副书记、代市长朱立凡率团赴南通如皋考察商议两地产业合作有关事项。

【项目签约、奠基、竣工、开业等活动】 年内,全市共举办重大项目签约、奠基、竣工、开业等活动近20次。项目签约活动主要有张家港市·宿豫区合作协议签字仪式、百名"千人计划"专家·百家规模企业(张家港)创新创业项目对接会、页岩气新材料综合利用研发生产基地项目签约仪式、中新乐余新型城镇化项目签约仪式、"联东U谷·张家港产业综合体"项目签约仪式等。开工奠基仪式主要有"开门红"集中开工、9个安置房项目集中开工、霍尼韦尔特性材料和技术集团张家港生产基地、张家港吾悦广场、苏州江南农耕文化园三期奠基仪式。项目竣工活动主要有永钢集团联峰重工装备项目投产暨220千伏变电站竣工庆典仪式、康得新2亿平方米光学膜产业集群项目投产仪式。开业活动主要是哈尔滨工业大学张家港智能化装备及新材料技术研究院成立、那智不二越(江苏)精密机械有限公司开业。

【重大文化、教育、科技、体育活动】 2013年,全市共举办重大文化、教育、科技、体育活动20余次。其中,文化活动主要有春节电视文艺晚会、"全民读书月"活动、庆祝五一国际劳动节暨职工艺术团周年汇报演出、"十佳身边好人"颁奖典礼、社区"法治文化节"、网络文化节、市档案馆馆藏名人档案展、社会科学普及宣传周、中国·张家港微电影大赛、长江流域民族民间艺术节、道德模范颁奖典礼、"文明百村欢乐行"大型公益文艺巡演行动等。教育活动主要有全国县域义务教育均衡发展督导评估认定现场会。科技活动主要有科普宣传周、科技节、中国(江苏)国际科技交流与人才智力合作大会等。体育活动主要有中国业余网球公开赛张家港分站赛、世界斯诺克球员巡回赛江苏分赛区张家港赛、环太湖国际公路自行车赛张家港双山岛绕圈赛、迎新年万人健步行等。　(张　赟)

调查研究

【概况】 年内,市委研究室起草市委十届六次、七次全体(扩大)会议、"创新争先突破年"推进大会等各类重要文稿材料68篇,共40余万字。围绕经济、民生、改革等事关全市发展的重大课题,深入走访调研各区镇、机关、村及企事业单位230余人次,形成《"两区一园"与周边开发区的比较分析》《我市镇域经济发展与周边县市的比较分析》《我市加强招商队伍建设的调研与思考》《农民增收面临的主要问题及建议》《周边县市下半年工作要点及相关举措》等8篇调研报告,均得到市委主要领导的充分肯定,为市委科学决策提供参考。

【"两区一园"发展专题调研】 年内,市委研究室组织20余人次开展调研,走访"两区一园"及相关部门,并重点选取周边15个开发区进行研究与分析,客观分析"两区一园"主要经济指标与周边先进开发区相比存在的差距和不足,形成《"两区一园"与周边开发区的比较分析》调研报告。调研报告为市委召开"两区一园"发展工作会议作准备。

【镇域经济发展专题调研】 年内,市委研究室组织30余人次开展调研,走访全市乡镇及相关部门,并选择昆山、江阴、常熟、太仓和吴江的41个镇(不含与开发区合并的镇、城关镇)

进行对比分析，客观分析张家港市5个镇主要经济指标与周边镇相比存在的差距和不足，形成《我市镇域经济发展与周边县市的比较分析》调研报告。调研报告为市委召开五镇发展工作会议作准备。

【招商队伍建设专题调研】 年内，市委研究室把加强招商队伍建设作为调研重点课题，赴各区镇及相关部门调研30余人次，形成《我市加强招商队伍建设的调研与思考》调研报告。报告认为，在不断变化的形势下，全市招商队伍对环境的适应性必须调整。报告以图表形式分析全市招商队伍的分布和管理现状，并列出全市招商队伍中存在的合力少、管理难、思想复杂等三大方面的9个具体问题。就如何进一步加强招商队伍建设，提出四方面建议：改革用人机制，推动管理"企业化"；创新招商激励，确保考核"目的性"；合理定位分工，推动招商"精细化"；强化一线导向，力量倾斜"第一线"。

【农民增收专题调研】 年内，市委研究室把农民增收作为调研重点课题，赴各区镇及相关部门调研30余人次，形成《农民增收面临的主要问题及建议》调研报告。报告从人群结构、收入结构、支出结构、强村富民四个方面分析全市农民的收入支出状况，并从工资性收入、财产性收入、经营性收入等方面分析全市农民增收困难的原因。就如何促进农民增收，提出两方面工作建议：在增收渠道方面，着重制度创新，大幅提升"工资性、财产性、经营性"收入；在责任主体方面，要发挥市、镇（区）、村（社区）三级力量，形成促进增收合力。 （卞新峰）

组 织

【概况】 2013年，全市新成立党委4个（张家港海事局机关党委，市检察院机关党委，杨舍镇包基社区党委、赵庄社区党委）。新成立党总支6个，撤销9个；新成立党支部63个。至年末，共有基层党组织4652个，其中党委119个、党总支268个、党支部4265个，另有党工委36个。新发展党员1092人，转入3222人，减少2744人。至年末，有中共党员67518人。有副主任科员（副镇级）以上干部1545人。其中，女干部230人，占14.89%；非中共党员57人，占3.69%；大专以上学历1489人，占96.38%。年内，市委组织部完成"经济服务型干部成长规律和培养路径""关于加强新形势下党的群众工作的实践与思考"等重点调研课题，深入永钢集团、杨舍镇农联村、南丰镇振兴社区、大新镇新东社区蹲点调研。加强组工信息工作，向上级组织部门和市委办报送组工信息119篇，出刊《张家港组工信息》16期、《远程教育简报》12期、《人才工作信息》29期，在《张家港日报》刊出《今日党建》12期。优化全市引才工作体系，加强与市商务局等8家单位联动引才，借助市科技节、苏州国际精英创业周等活动平台，全年共征集海内外人才项目信息超过600条。

【领导班子和干部队伍建设】 全年市委共召开7次常委会研究干部调配工作，调整干部250人次，其中提拔130人，正科职干部调整36人。在提拔的130人中，有女干部18人、党外干部2人、40岁以下干部45人（其中35岁以下干部13人）。32个政府工作部门领导班子中，有14个部门配备党外干部，23个部门配备女干部。7月，市委组织部出台《关于建立组织部门与领导干部约谈访谈制度的通知》。8月，制定实施《2013年度部领导开展约谈访谈工作实施方案》，由市委组织部领导带队，分组对部分单位开展领导干部约谈访谈活动，年内对6个领导班子、42名领导干部开展约谈访谈。年内，实施面向全市的年轻干部专项竞争性选拔工作，选拔8名30周岁以下镇级领导班子成员；采取"公推差选"办法，面向全市公安系统，公开选拔23名副科级领导干部；面向经开区（杨舍镇），公开选拔8名副科级领导干部。实施年轻干部"365成长计划"，建立"365成长计划"年轻干部信息库，全年新增人员60人。至年末，全市有35周岁以下副科职领导干部31人，村（社区）"两委"副职干部31人；30周岁以下区镇中层干部62人，市级机关中层干部47人，选调生和"985"高校毕业生中层干部25人；35周岁左右及以下事业单位负责人12人。3月至6月，启动实施"公开招聘优秀高校毕业生新三年行动计划"，公开招录第四批49名"985"高校优秀毕业生，4年累计154人。5月，挑选59名中青年中层骨干，在市级机关、涉外垂直单位与区镇、市重点工程一线之间开展为期1年的"双向挂职"。7月至10月，对34个市级机关部门、全市各区镇经济口5个经服中心、12个局室的领导班子和领导干部，开展"三三三"干部专项调研考察。年内，对南丰镇、常阴沙现代农业示范园区、市园林绿化管理局、市总工会、市新市民事务中心等5个单位的原任或在任主要领导实施"三责联审"。对市卫生局、市暨阳湖公司等21个单位主要领导实施离任交接。对塘桥镇、市统计局等15个单位主要领导实施离任经济责任审计。加强对出国（境）人员的监督和管理，全年审查领导干部因公出国（境）124批338人次，审批因私出国（境）108批116人次。

【基层党组织和党员队伍建设】 年内，市委组织部会同苏州基层党建研究所开展"以服务型党组织建设优化基层党建生态——以张家港为例"课题研究，汇编形成全市服务型党组织建设典型案例，部分案例入选"全国基层党建理论与实践案例"。7月1日前夕，市委组织部评选表彰全市"十佳服务型党组织""十佳党员服务之星"。在苏州开展的"十佳基层党建工作品牌""十佳服务型党组织"和"十佳党员服务之星"评比中，张家港市获评数量居苏州各县市之首。8月至9月，市委组织部开展全市服务型党组织建设情况调研工作。10月21日，下发《关于在深化服务型党组织建设中实行项目化推进机制的通知》，提升服务型党组织建设的内涵与成效。年内，中组部、省委、省委组织部、省委研究室先后到张家港市调研服务型党组织建设和党的群众工作，

《人民日报》《党建》《新华日报》等媒体对市服务型党组织建设进行广泛宣传报道。深化区域化大党建。在各区域组织开展“进网格、领项目、定承诺、送服务”专项行动,各共建单位在各区域共实施88个区域性服务项目。构建区域党建“网格+网络+网点”工作体系,推广“支部+协会+志愿者”模式,广泛开展“区域共创先、党员同争优”、区域党建文化PK赛、《七月阳光》进区域巡演等区域党建活动。5月,启动实施第一批区域党建工作站党务工作者招聘、上岗工作,并下发《张家港市区域党建工作站专职党务工作者管理办法(试行)》,年内在工业集中区、商贸区、产业园区分3批试点建立12个区域党建工作站,面向社会公开招聘12名专职党务工作者。夯实农村基层基础。7月,出台《关于加强党代表工作室建设的通知》,推进党代会代表任期制工作,推动实现党代表工作室在区镇、办事处和党建区域全覆盖,党代表开展活动全覆盖。9月至11月,开展优秀村党组织书记成长规律研究。11月,举办全市新任村(社区)党组织书记培训班。年内,选优配强“双强”带头人,村党组织书记普遍达到“双强”带头人标准,村级“四有一责”建设提前通过省定2015年建设标准的验收。完善非公党建工作机制。1月,市委非公经济工委下发《非公经济工委办公室议事规则》。10月,市委组织部出台《关于进一步加强行业系统基层党建工作的通知》。是月,完成市非公经济党建协会换届工作,新设金港、塘桥、凤凰、乐余4个区镇分会。实施能力素质提升工程。6月,从大学生村官中选派53人担任村企业联合支部书记,推动联合党组织规范化建设。8月,举办全市第三期非公业主创新管理(青岛)培训班。开展特色品牌争创活动,巩固完善沙钢集团党建绩效管理模式,总结推广永钢集团维度党建法,打造市住建局“虹筑之家”、张家港工商局“光彩先锋、惠商网格”、张家港检验检疫局“仓储先锋”等一批重点区域非公党建品牌。严格控制党员发展总量,提升发展质量,注重向生产一线工人、农民及非公领域适度倾斜。年内,组织623人参加第三批发展党员履职资格认证考试,开展基层党务工作者业务轮训工作。与苏州市同步推进党员教育管理“一坛四库”(党员教育先锋讲坛、先锋师资库、先锋书库、先锋基地库、先锋课程库)建设,向全市各基层党组织征集和整合各类党员教育资源。实施流动党员“温暖计划”,完善流动党员信息库,办好流动党员“短信党课”,组织“流动党员集中活动月”活动。完善关爱资助制度,推进党员关爱基金会募集发放工作,全年关爱帮扶各类党员10425人次,发放关爱基金1000余万元。加大社区党建工作资助力度,向全市社区党组织、“在职党员进社区”活动、流动党组织资助经费120余万元。

【“百名经济服务型干部培养工程”启动】 针对懂经济、善服务的经济型干部人才紧缺的现实,4月,张家港市启动实施“百名经济服务型干部培养工程”,通过各单位专项推荐,产生112名具有从事经济服务工作经验和工作基础的年轻干部,计划用2年时间,通过大班集中培训、小班分类培训、高校强化培训、双向挂职锻炼、蹲点实践锻炼等方式,提升他们服务经济转型升级的能力水平。4月13日起,利用1个月内4个双休日时间,开展经济实务培训班第一阶段的大班集中培训。5月起,在培养工程学员中选派23名干部在市级机关、垂直单位与区镇之间开展为期1年的双向挂职,选派86名干部利用每周2天时间到企业、村(社区)进行为期1年的实践锻炼。7月起,将整个培养工程学员分为招商引资、企业服务和科技人才3个小班,每月利用双休日集中开展1次小班分类培训,并于9月13日组织企业服务、招商引资班学员赴常熟沿江开发区、太仓德国产业园、昆山经济开发区进行现场教学。12月17日至21日,组织全体培养工程学员赴浙江大学开展为期5天的脱产培训。

【村(社区)党组织换届选举】 7月至8月,全市162个村、93个社区党组织完成换届选举工作。该次村(社区)党组织换届选举全部采取“公推直选”方式,共选出党组织委员1286人。其中,新当选427人,占33.2%;女性448人,占34.84%;大学生村官200人,占15.55%;35岁以下324人,占25.19%;大专以上学历911人,占70.84%。换届后,全市村(社区)党组织班子整体建设实现知识层次提升、综合能力提升、平均年龄下降的“两提升一下降”目标。党员、群众对换届工作的平均满意率达到99.9%。

【基层服务型党组织建设经验得到中组部肯定】 11月20日,新华社《国内动态清样》(第4731期)刊发报道《阵地建在心坎上,深层难题需破解——江苏张家港市创建服务型党组织调查》,得到中组部部长赵乐际、省委书记罗志军等领导的批示。针对基层党组织建设活动半径偏短、工作方式单一、制度保障弱化等问题,张家港市推动服务型党组织建设工作体系从“单位制”到“区域化”转变,服务方式从“软要求”到“硬支撑”转变。构建以区域化联合制为基础的工作体系,在全市划分112个党建区域,覆盖927个党组织,通过建立区域联合党委、区域党总支和区域联席会议,整合区域内党建、行政和社会资源,疏通各类党组织共驻共建、发挥作用的渠道。在村、社区推行“网格化管理”,全市建立一级网络1313个、二级网络6621个,通过设置“社区(干部)——一级网格(居民小组长)—二级网格(楼道长)”管理体系,对网格内群众进行动态管理服务。为党员干部联系服务群众提供“项目支撑”,全市各级党组织梳理出“少儿驿站”“港城车大夫”等重点服务项目,建立年初公开承诺、年中推进落实、年底述职考评的工作机制。创新“团队支撑”,按照“支部+协会+志愿者”模式组建服务团队,全市1275个党员志愿者团队服务在基层,327个党员先锋团队奉献在岗位,1152个党员中心户活跃在前沿。建立“流程支撑”,将联系服务群众设置为诉求听取、受理、督办、问责四步骤。市、镇两级领导组建“民生面对面”工作组,每周一次轮流到各村(社区)听取群众意见;将民意分类登记,明确责任领导、部门和人员；各镇每周编印《民生快报》，督促部门办理，对办理结果回访不满意的，退回经办部门3个工作日内重新办理。完善"考评支撑"，对农村、社区、机关和事业单位、非公企业和社会组织等4种不同类型党组织，分类提出服务型党组织建设考评指标；组织全市各级党组织就服务群众绩效述职，由群众代表以无记名方式进行满意度测评；对社会化考评中群众满意度低于80%的部门跟踪问责，并将考评结果与年度考核及干部任用挂钩。（陶叶萍）

宣　传

【概况】年内，全市宣传思想文化战线学习贯彻全国、省委和苏州市委宣传思想文化工作会议精神，以学习贯彻党的十八大和十八届三中全会精神为主线，以聚焦"810工程"、助推"六大提升行动"为重点，强化理论学习，优化舆论引导，深化文明创建，增进文化民生，提升人文素质，为全面推进张家港市现代化建设提供精神动力、舆论支持和思想保证。

理论武装扎实推进　年内，全面落实党委（党组）中心组学习和述学、评学、考学制度，开展党的十八大和十八届二中、三中全会精神学习活动，推进中国特色社会主义理论体系宣传普及。1月，印发《2012~2013年度全市基层党员干部冬训工作的意见》，召开全市党员干部冬训动员会，评比表彰2011~2012年度全市基层党员干部冬训工作先进单位及个人。5月，制定下发下半年度全市党委（党组）中心组专题学习计划。邀请中共中央党校原副校长李君如到市作《中国梦与改革开放》的专题讲座。7月，向全市印发《习近平同志一系列讲话精神学习专辑》。8月，邀请中国浦东干部学院副院长王金定作《贯彻中央精神，破解发展难题》专题讲座。是月，启动学习型党组织示范点创建工作，全市评出15个学习型党组织建设示范点。12月，开展学习型党组织建设创新案例评选工作，全市共评出12项创新案例。筹建市思想政治工作研究会。年内，组织理论宣讲志愿者巡回宣讲560余场，超过20万人次受教育。组织开展市第八届社会科学普及宣传周活动、第八届"张家港论坛"和"争当苏南现代化示范区建设排头兵"主题征文活动。建立重大课题申报、立项、管理制度。评选确定市级社科研究课题43项，申报2013年江苏省社科研究学会专项课题22项。"e读计划"社科主题阅读活动获选江苏省第八届社科普及周资助项目，市青少年社会实践基地获评苏州市第二批社会科学普及示范基地。《暨阳论丛——2012长江文化艺术节特刊》《暨阳论丛——暨阳论坛特刊》出版。

舆论引导正确有效　年内，坚持团结鼓劲、正面宣传为主的方针，围绕"现代化建设三年行动计划""810工程""六大提升行动"及贯彻落实党的十八大和十八届三中全会精神主题，组织张家港日报社、市广播电视台开设专题专栏18个，共刊（播）发稿件2000余篇，对上对外刊（播）发稿件700余篇。加强新闻协调，完善新闻报道要点送审、重大题材报告制度。组织保税港区汽车口岸通过验收、平安张家港建设经验、人才项目绩效评估体系发布、页岩气研发生产基地落户张家港、张家港国家再制造产业示范基地获批、首批获评全省"书香之县"、新市民百家宴、54万新市民获"意外险"、微电影大赛、长江文化艺术节等新闻发布活动，组织主流媒体集中报道28次，在中央主流媒体头版（头条）刊（播）发稿件100余篇，张家港转型升级"走在前列"、"全国最美基层干部"吴栋材、中国（张家港）长江文化艺术节、张家港新市民积分管理制度等引起全国媒体聚焦。加强网络舆论阵地建设管理，完善"舆情监测、快速处置、应对引导"联动响应机制，有效处置卫生、教育、环保、城管等多起热点突发事件。2月，开通"张家港发布"官方微博，吸纳38个部门加入微博圈，与全市79个部门（单位）建立信息通联渠道，年内拥有活跃粉丝1.1万人，累计发布微博6800余条。4月，邀请苏州日报和南京大学新闻学院专家，为全市新闻发言人、政务信息联络员、网宣志愿者150余人进行网络舆情应对和政务微博运营专题培训。7月，举行第二届网络文化节，开展"网民看港城、走部门""公益骑行""网络微展示"等10余项活动，吸引网民线上线下参与近1万人次。年内，第二届网络文化节获苏州市网络文化节优秀组织奖，"张家港发布"官方微博获评2013年度"苏州市十佳政务微博"。

媒体宣传广泛深入　年内，围绕"实力张家港"主题，先后刊发《基本现代化建设的永联样本》（1月15日《新华日报》）、《打破引才数量崇拜——江苏张家港市在全国首推"人才项目绩效评估"指标体系》（7月24日《光明日报》）、《江苏张家港："海智基地"为企业和人才牵线搭桥》（9月25日《光明日报》）、《张家港"六大提升"打造转型新样本》（10月25日《苏州日报》头版头条）、《张家港以转型升级确保"走在前列"》（11月2日《新华日报》头版）、《张家港崛起千亿级物流园》（11月11日《新华日报》头版）、《挖掘再制造产业"金矿"——探访首批"国家再制造产业示范基地"张家港经开区》（11月14日《经济日报》）。围绕"幸福张家港"主题，先后刊发《新市民，小年喜赴"百家宴"》（2月4日《新华日报》头版）、《以张家港精神凝聚追寻中国梦的正能量》（2013年06期《群众》）、《"三约三会"激活基层民主管理》（7月31日《人民日报》）、《张家港"伙伴计划"引爆志愿服务》（12月13日《新华日报》）、《市民化成本该谁买单——江苏张家港新市民积分管理制度调查》（12月15日《人民日报》）。围绕"文化张家港"主题，先后刊发《"书香城市"升级文明之城——张家港创新制度激发全民"阅读风"》（3月14日《苏州日报》头版）、《政府"导"群众"演"——中国（张家港）长江文化艺术节的启示》（10月28日《光明日报》头版）。人民日报社编纂的《内部参阅》刊发《江苏张家港推出"人才项目绩效评估"指标体系》。

文化事业繁荣发展　2013年，围绕网格化公共文化服务、书香城市建设、中国（张家港）长江文化艺术节等重点，全市文化建设取得一系列成果。1月，张家港市获批“全国版权示范城市”创建市，“书香城市”建设指标体系作为唯一县市级项目被授予全省宣传思想文化工作创新奖。3月，张家港市首批获全省“书香之县”称号。东山村遗址、黄泗浦遗址、杨氏宅第入选第七批全国重点文物保护单位。4月，张家港市作为全国唯一县市代表在全国版权示范工作经验交流会发言。5月，《关于促进张家港市地方特色文化繁荣的实施意见》出台，全面实施地方特色文化繁荣工程，计划在2年至3年内在全市形成有组织、有队伍、有阵地、有活动、有特色的“一镇一品、一镇多品”的地方特色文化品牌。市艺术中心国家一级演员董红凭借领衔主演的大型新编锡剧《一盅缘》，在第26届中国戏剧梅花奖比赛上获“梅花奖”，张家港市成为全省唯一齐获“牡丹奖”和“梅花奖”的县(市)。江苏如意通动漫产业有限公司动漫关键技术研发与应用示范项目被国家新闻出版广电总局批准成为新闻出版改革发展项目库2013年入库项目。6月，如意通公司制作的动漫《中华美德少年》被评为2013年第一季度推荐播出优秀片目。7月，张家港市承办全省全民阅读工作经验交流会，市委主要领导作为唯一地方发言代表在大会作经验交流。张家港被命名为中国曲艺之乡，张家港国家影视网络动漫实验园入选首批江苏省重点文化产业园区。在全国率先开展文化志愿者资格认证，全市首批675名网格文化员、阅读推广人通过资格认证培训和考试持证上岗。软件(动漫)产业园、如意通动漫总部大厦、3D电影金属银幕等3个项目被评为2013年度苏州市文化产业重点项目。8月，东山村遗址入选第二批江苏大遗址名录，张家港市成为全省唯一拥有两处江苏大遗址的县(市、区)。市艺术中心开工建设。11月，第十届中国(张家港)长江文化艺术节举行，国家一级社团——长江文化促进会获批，国内首个以长江文化为主题的博物馆——长江文化博物馆开馆，全国唯一一家以“保护、发展和弘扬长江文化”为宗旨的基金会——张家港长江文化基金会成立。12月，《〈张家港市“书香城市”建设指标体系(试行)〉解析》出版，这是全国首部“书香城市”建设指导用书。

【全国主流媒体聚焦“最美基层干部”吴栋材】 4月11日和12日，新华社发出题为《善用政策铺就致富路——记追逐共富梦的村书记吴栋材》《用公心赢民心——村书记吴栋材的治村之道》的通稿。中央人民广播电台、中央电视台分别在《新闻和报纸摘要》和《新闻联播》节目《最美基层干部》栏目，连续两天播出吴栋材的事迹报道。4月12日和13日，《人民日报》在头版显要位置《最美基层干部》栏目刊登系列报道《追梦农村现代化》《吴栋材的“刚”与“柔”》，同时发表短评《信念的力量》。《光明日报》在头版刊登报道，评论如何让农民生活得更有尊严更幸福。《经济日报》在头版显要位置刊登文章，称共同富裕才是社会主义新农村。《中国青年报》在头版显著位置刊登题为《拔掉穷根的“永久牌”书记》的系列报道。4月13日和14日，《农民日报》在头版头条分别刊登《大家富才是真的富》《35年坚守小村庄强村富民成就大事业》的通讯。地方主流媒体也对吴栋材的先进事迹进行集中宣传，并发表评论。4月11日和12日，《新华日报》在头版显著位置刊登系列报道——《倾心描绘共同富裕的美丽画卷》。《苏州日报》也在头版刊登题为《绘出中国农村“现代画”》的系列报道。中国共产党新闻网、新华网、人民网、央视网、中国广播网等国内知名网站均转载吴栋材先进事迹的报道，许多网友在微博上发表评论。中央新闻媒体对吴栋材先进事迹多层次、大力度的集中宣传，“最美基层干部”吴栋材典型宣传报道得到省委书记罗志军“典型要抓住不放，形成持续的正能量”的批示。

【省人文社科研究生工作站启动】 10月10日，江苏省人文社科研究生工作站启动暨项目开题论证会在市馨苑度假村举行。东南大学研究生院副院长熊宏齐，马克思主义学院常务副院长袁久红、副院长袁健红，市委宣传部部长杨芳等出席。省人文社科研究生工作站由市委宣传部和东南大学马克思主义学院共同筹建。工作站启动首个研究课题“区域文明建设对现代化发展的推动力研究——以张家港为例”。课题落实全市关于“社科服务现代化建设”的工作要求，体现张家港市城市发展的历程、优势与特点，被列为市级机关研究生工作站立项课题。

【公共文化服务网格化项目入选国家文化创新工程重点项目】 网格化公共文化服务实施后，年内张家港市级各类公共文化场所共接待群众180万人次，镇级各类公共文化场所共接待群众82万人次。与实施前相比，平均增长率分别为20%和13%。全市基层群众文化活动达到1万余场，参与群众突破500万人次。全市文化网格新创作文艺节目近500个，累计编排剧(节)目超过3500个。网格文化员发挥文化建设“组织者”作用，引导群众成立文艺团队，实现“自我创造、创我服务”。全市群众文艺团队共480支，与网格化公共文化服务实施前相比，新增335支。4月，“公共文化服务网格化模式创新与示范”项目入选2013年度国家文化创新工程重点项目，《“小网格”助推公共文化“大服务”》案例入选《全国宣传思想文化工作案例选编》一书。7月，张家港市以全优成绩通过国家公共文化服务体系示范区验收。10月，在第十届中国艺术节“群星奖”比赛中，“张家港市网格化公共文化服务模式”以江苏省第一名的成绩入围“群星奖”服务项目奖。 (丁洪斌)

统　战

【概况】 年内，全市统一战线工作围绕全面推进现代化建设目标，把服务“810工程”为重点的“六大提升行动”作为建言献策的重点，着力提高统战工作贡献度。1月25日，全市各界人士迎春茶话会召开，各民主党派、工商联、无党派人士、“三胞”眷属、归侨、民族宗教界代表130余人参加。3月、6月、9月、11月，市委分别就养老事业、现代农业发展、党风廉政建设和反腐败等工作情况召开各民主党派、工商联和无党派人士座谈会4次，参会人员180余人次，征求到意见、建议160余条。至年末，全市有副科级以上党外领导干部56人，其中区镇5人。协助民主党派加强自身建设，年内新发展民革党员6人、民盟盟员17人、民建会员16人、农工党党员16人、九三学社社员7人、无党派人士联谊会会员3人。至年末，全市民主党派和无党派人士联谊会共有成员654人，其中民革62人、民盟197人、民建64人、农工党185人、九三学社88人、无党派人士联谊会58人。

【共建“同心”品牌经验交流会】 5月25日，市委统战部召开民主党派基层组织建设、共建“同心”品牌经验交流暨现场观摩会。市政协副主席、市委统战部部长景惠新，以及各民主党派、无党派人士联谊会主要负责人等40余人参加。民革市总支、农工党市委医卫五支部交流近年基层支部建设经验，九三学社市基层委员会汇报对口联系工作开展情况。与会人员参观民盟市委馨港社区“同心”社会服务工作站、农工党市委医卫五支部党员活动室、民革市总支一支部结对联系的合兴书院社区活动室、无党派人士联谊会会员活动室。观看九三学社市基层委员会组织建设宣传片等。

【民主党派新成员培训班】 7月17日至19日在市委党校举办，市委统战部主办。全市各民主党派、无党派人士联谊会近3年加入的76名新成员参加为期3天的培训。市政协副主席、市委统战部部长景惠新在开班仪式上动员讲话。邀请苏州市委统战部、张家港市委党校有关领导、知名高校专家教授，以及省内民主党派工作先进代表授课。课程设“统一战线基本理论和政策”“回顾中共党史，坚定地跟党走”“人际沟通技巧”等。

【“发展大楼”筹建】 针对近年民主党派中企业家增多、企业发展快、但缺少总部经济的情况，市委统战部联系18家企业，共同出资，在沙洲湖商务区筹建一幢“发展大楼”。大楼占地面积1.33公顷，建筑面积6.58万平方米，建设经费约3.5亿元。共27层（地下2层，地上25层），其中1层至3层为各企业产品展示、员工培训场所和民主党派活动中心，其余22层为入驻企业的办公和科技研发场所。7月，大楼基建办成立。至年末，完成整体设计方案，进入破土动工前施工现场清障阶段。市委统战部带领民主党派人士企业家建设大楼实体的做法得到《中国统一战线》《苏州日报》等媒体关注。 （周卫国）

机构编制管理

【概况】 年内，市机构编制委员会办公室（简称市编办）推进各类机构改革工作。深化经济发达镇行政管理体制改革试点工作，协调有关部门进行第二批权限梳理和下放，加强经济发达镇经济社会管理权限和功能；整体推进“区政合一”管理体制调整；深化公共资源市场化配置改革，成立市公共资源交易服务中心；稳步推进事业单位改革，事业单位分类工作全面启动。加强机构编制管理，根据党的十八届三中全会精神和国务院“约法三章”要求，以“财政供养人员只减不增”为目标，对职能弱化的事业单位，撤销或整合机构，回收编制；对涉及职能调整、任务增加所需的机构及编制，均在已有机构编制资源总额内调剂解决。全年受理各类机构编制申请事项61件，提请市机构编制委员会召开2次编委会，共审议21个事项，同意新设市数字化城市管理监督指挥中心等6家事业单位，整合撤销市国土资源局杨舍分局、经济技术开发区劳动就业管理处等2家事业单位，否决事项14项，回收事业编制189名，编制只减不增。严格用编审核，实名制信息系统数据库实时更新，动态管理。加强机构编制监督检查，5月，会同市委组织部、市审计局开展领导干部“三责联审”工作，对南丰镇、现代农业示范园区、市总工会、市园林局和市新市民事务中心主要领导分别实施机构编制责任审核。规范事业单位登记管理，年内办理事业单位设立登记10家，变更登记315家；年度检验396家，年检率及合格率均为100%。

【冶金工业园与锦丰镇实行“园政合一”体制】 年内，按照市委、市政府对有关区镇管理体制调整的部署，在保税区（金港镇）、经开区（杨舍镇）成功实施“区政合一”体制的基础上，结合冶金工业园与锦丰镇的发展实际，拟订《江苏扬子江国际冶金工业园（锦丰镇）实行“园政合一”管理体制实施方案》《江苏扬子江国际冶金工业园党工委管委会主要职责内设机构和人员编制规定》。明确冶金园（锦丰镇）的管理体制及主要职责，按照“精简、高效、统一”的原则，综合设置党政办公室（宣传文明办公室）、组织人事局、发展改革局、经济服务局（安全环保局、科技人才局）、物流贸易局、规划建设局、财政和资产管理局、社会事业局（农村工作局）、政法和社会管理办公室等9个内设机构，统筹管理园、镇事务。

【事业单位分类改革推进】 4月，根据上级关于分类推进事业单位改革的有关精神，市分类推进事业单位改革工作领导小组成立，领导小组办公室设在市编办。10月，市分类推进事业单位改革工作领导小组印发《张家港市分类推进事业单位改革工作领导小组成员单位主要工作职责的通知》，明确各成员单位职责分工，建立健全密切配合、齐抓共管的工作机制。根据分工，年内启动事业单位分类工作，依据上级文件关于事业单位的分类标准和分类方法，认真梳理事业单位职能，指导各事业单位做好分类上报工作。 （陈 红）

市级机关工委

【概况】 年内，市级机关5个党支部（市体育局、张家港日报社、市统计局、市暨阳湖开发发展有限公司、中国张家港外轮代理有限公司）升格为党总支，1个党总支（市人民检察院）

升格为机关党委，1个系统党委（张家港海事局）变更为机关党委并转隶市级机关工委管辖。全年市级机关新发展党员59人，其中35周岁以下的42人、占71.2%，女性20人、占33.9%；批准预备党员转正78人。至年末，市级机关工委下辖党委9个，党总支25个，党支部202个（其中直属党支部45个），党员3717人（其中在职党员2866人）；下辖工会组织83个，团组织27个，妇女组织73个。评出市级机关先进党组织52个，优秀共产党员158人。年内，市级机关工委被评为2011~2012年度苏州市机关党建工作先进单位、苏州市全民阅读先进单位，机关党建“四位一体”工作机制获评苏州市机关党建创新创优项目一等奖，机关党建信息工作连续三年位居苏州县市首位。全年编印《张家港机关建设》内刊12期。

【机关党建】 年内，市级机关工委建立机关党建“四位一体”工作机制，加强机关党员发展及管理、党务干部能力建设、党组织规范化建设以及党建工作绩效管理。深化“七彩联盟”“五心联盟”等党建服务联盟建设，促进资源互补共享。2月，建立工作目标任务分类等级管理制度。3月至9月，开展“悦读阅精彩·增智增才干”主题读书活动，收到读书体会文章259篇，评出一等奖5篇、二等奖8篇、三等奖10篇。5月，做好市级机关党员关爱基金募捐工作，共募集基金51万元。召开推进服务型党组织建设座谈会，总结推广首批服务型党组织示范单位和先进单位的经验做法，推动市级机关各党组织制定个性化创建方案和服务标准。建立机关与基层互动共进工作机制，组织20余个机关部门和80余名村（社区）书记、主任开展“机关进企业走访送”和“村（社区）进机关看服务”活动。6月，调整和增补工委委员和纪工委委员，增强履职议事能力。加强对基层党组织落实机关党建“8+3”制度的指导督促。6月至8月，先后走进经开区（杨舍镇）企业联盟、市浙江商会和市青商会，对100余位企业家进行政策宣讲，帮助企业解决问题60余个，发放《市民服务手册》《政策汇编》《办事指南》等材料1000余份。7月，建立新任党组织书记三月必访、机关二级党支部书记考察（备案）和新任党务干部上岗前技能测试等3项党建工作新制度。严格党员发展工作，对新发展党员进行党的基础知识测试，对近40个基层党组织发展党员工作进行专项督察。建立科长以上党员直接联系群众制度，8名科长以上在职党员，每人挂钩联系一个村或社区，重点联系该村或社区10类对象。7月18日至20日，分五组召开部分市级机关党建工作座谈会，市级机关58个部门的党组织分管领导参加。11月26日，下发《关于建立市级机关入党对象参加社会志愿服务活动制度（试行）的通知》，自2014年1月1日起实行。12月13日，召开市级机关服务型党组织建设交流暨党建研究会换届工作会议。12月26日，举办“微话我身边共产党员的闪光点”演讲比赛决赛，21名选手参赛，评出一等奖2人、二等奖5人、三等奖6人、优秀奖8人，选出30位优秀共产党员的先进事迹汇编成册。11月至12月，开展各类先进典型服务格言征集、党的群众工作典型案例征集活动。全年全力推动市级机关阅读活动深入开展，在《张家港机关建设》内刊开设《双月荐书》栏目，建立书香干部QQ群。鼓励机关部门和机关干部加入阅读推广行列，推荐申报10个书香机关先进单位、15个机关阅读组织和20名阅读推广员。

【机关人大工作】 年内，市人大市级机关工委引导机关人大代表多途径、多形式履职。5月至9月，开展4次机关人大代表轮流值班接待选民活动，交通、人口计生、政法、金融系统的40名选民代表参加活动，收集意见、建议35条。6月28日，召开机关人大代表座谈会，邀请部分代表就如何履职、如何撰写代表意见建议等进行交流。7月12日，组织机关人大代表二组对全市上半年财政收支执行情况进行调研。7月18日，在国泰集团开展代表述职和接待选民活动，市级机关人大代表一组和市级机关24个单位的25名选民参加活动。9月13日，组织市级机关人大代表一组赴南丰镇永联村开展旅游观光业、现代农业和永联小镇的社会事业发展情况调研。9月27日，市级机关人大代表二组赴市老年公寓对全市养老工作进行专题视察。10月26日，组织部分机关人大代表开展接待选民和向选民述职活动。11月27日，市级机关人大代表一组调研全市人口计生工作。年内，对选民反映比较集中、与机关职能联系密切的问题，组织相关单位和专业代表进行集中答疑、解决，累计帮助选民解决噪音扰民、老旧小区改造、公交线路开通、出租车扩容等问题20余个。机关人大代表4条建议被市人大表彰为优秀代表建议。

【机关群团活动】 2月，市级机关工委组织市级机关青少年走进市人民法院，开展法制教育活动。4月至6月，联合团市委、中国联通张家港市分公司举办“美丽港城沃拍拍”手机摄影大赛，收到摄影作品441幅，结合颁奖仪式组织“青春张家港”电影专场活动。4月至7月，举办市级机关第四届体育运动会，设置竞技项目类、工作技能类和趣味活动类三大类11个比赛项目，全市73个单位的1759人次报名参赛。5月，建立机关妇女代表日常联系工作制度，在全国巾帼文明示范岗——张家港地税局一分局召开巾帼文明岗创建现场推进会。5月29日，召开市级机关关工委工作会议，调整市级机关关工委成员，总结部署市级机关关心下一代工作。5月至7月，与市卫生局、市红十字会、市人口计生委、市总工会等部门开展健康教育、公益性应急救护培训、“生育关怀·服务到家”进机关和机关干部捐书进企业活动。6月28日，在市卫生局举行市级机关志愿服务项目启动仪式暨志愿服务培训，实施“人文关怀”——新老党员代际结对志愿服务和“阳光课堂”——社区未成年人关爱行动两项志愿服务项目，104名机关志愿者参加志愿服务。7月至8月，组织77个机关部门4000人次志愿者参加文明劝导志愿服务活动。8月，联合张家港海关举办青少年游泳比赛，市级机关干部职工家庭的近50名青少年参赛。10月至12月，举办市级机关系列文化活动，开展机关青年汉字听写大赛、机关干部文化作品征集、机关干部硬笔书法培训、机关网络文化素养讲座等活动。年内，组织机关各类先进代表和新发展党员400人次观看张家港保利大剧院文化演出。年末，"人文关怀"——新老党员代际结对志愿服务项目获评市2013年度优秀志愿服务项目。

【机关干部教育培训】 年内，市级机关工委依托气象宣传屏、"勤廉天天问"平台，宣传党的十八大精神和党的基本知识、党建业务技能。在机关党员和入党积极分子中开展十八大精神和新党章知识竞赛活动。全年组织各类培训10期，培训机关干部超过2000人次。3月13日，在张家港出入境检验检疫局会议室召开市级机关党务干部综合培训班，150余名党务干部参训。3月28日至30日，在市委党校举办市级机关第27期入党积极分子培训班，307名入党积极分子参加培训。6月21日，组织市级机关45名新发展党员和30名机关先进党员、服务标兵、劳动模范代表赴南丰镇永联村开展"学吴栋材事迹·看永联村新貌"主题实践活动。7月15日，组织市级机关150余名中层干部，旁听一名机关中层干部利用职务便利贪污受贿案件的现场庭审。9月，在苏州市机关学习党的十八大精神暨党务业务技能竞赛中，选派4名党务干部参赛，3名选手分获一、二、三等奖。10月31日至11月1日，在市委党校举办第二期机关干部行政管理能力主体培训班，64个单位的近140名机关干部参加培训。12月27日，在市委党校举办市级机关新任党支部书记党建业务技能培训班，邀请中央国家机关工委研究室主任王霄汉作《党支部书记的角色认知》专题讲座，300余名机关新任党务干部参加培训。

【第二、三批机关干部下基层实践锻炼】 1月至6月，第二批机关干部下基层活动开展，市级机关93个部门和单位的274名机关干部，分赴145个基层点位参加为期半年的实践锻炼。市级机关工委制定《机关干部下基层实践锻炼活动管理方法》，制定考勤记录和请假、月报告季通报、列席基层会议、分组管理等四项工作制度。3月和5月，通过问卷调查、座谈交流、向行政村（社区）领导了解情况、听取意见建议等方式，深入到有关村和社区，对机关干部下基层活动情况进行调研督察，形成督察报告，并赴凤凰镇、乐余镇、大新镇等就机关干部下基层活动听取主要负责人的意见建议。6月，在《张家港日报》刊登专版展示第二批机关干部下基层工作绩效，组织编印《第二批机关干部下基层优秀调研文章汇编》，以机关干部下基层镇区工作组为单位制作12块绩效展板。8月，市委组织部、市级机关工委在市馨苑度假村会议中心召开机关干部下基层第二批总结表彰暨第三批部署推进会议，对在活动中表现突出的2个工作组和20名优秀下基层干部进行通报表彰，180名机关干部分赴116个基层点位参加第三批实践锻炼活动。两批下基层干部在基层累计走访群众5754户，走访企业2007家，撰写民情日记和心得体会5820篇，帮助基层协调解决实际问题580个，提出意见建议962条。年内，《张家港日报》6次对下基层活动进行宣传报道，《机关干部下基层活动简报》共编发17期。

【市级机关基层党组织换届选举】 7月至10月，市级机关72个一级党组织、119个二级党支部换届选举工作完成，选举产生新一届机关党组织委员331人，其中书记72人、副书记53人。在新当选的72名书记中，女性13人，占18.1%；大专及以上学历72人，占100%；平均年龄47.1岁。331名委员中，女性86人，占26%；大专及以上学历328人，占99.1%；中专及高中学历3人，占0.9%。选举产生新一届二级党支部委员282人，其中书记119人、副书记33人。在新当选的119名书记中，女性28人，占23.5%；大专及以上学历116人，占97.5%。282名委员中，女性84人，占29.8%；大专及以上学历270人，占95.7%。

（钱艳虹）

机关干部下基层活动第二批总结表彰暨第三批部署推进会议

（市委市级机关工委 供稿）

老干部工作

【概况】 年末，全市有老干部工作服务对象1548人，比上年增150人。其中，离休干部166人（含易地安置张家港市的13人和部省属单位的18人），比上年减16人；退休干部1382人，比上年增166人。离休干部（不计易地安置张家港市的13人和部省属单位的18人）中，享受地市级待遇的3人，享受县处级待遇的46人，享受乡科级待遇的86人。退休干部中，享受县处级以上待遇的60人，享受乡科级待遇的1322人。

【落实老干部政治待遇】 年内，市委老干部局打造政治坚定、理想永存、思想常新的老干部队伍。1月，组织市级老领导40余人，列席市政协十一届二次会议和市十三届人大二次会议。3月，组织居住在市区的副局级以上妇女老干部60余人赴苏州香雪海梅园赏梅，庆祝三八国际妇女节。5月，举办全市老干部党支部书记培训班，70余人参加，并赴沙洲县抗日民主政府纪念馆、沙洲新城和沙洲湖等地参观考察。7月，举行老干部情况通报会，县处级以上离退休干部共69人与会，市委书记、市长姚林荣向老干部传达市委十届六次全会精神，通报全市上半年经济社会发展情况。3月、6月、9月、12月，先后组织市级老领导赴塘桥镇、乐余镇、凤凰镇、双山岛旅游度假区参观考察。年内，为全市离休干部和市级老领导订阅《银潮》《中国老年报》，免费赠阅《张家港日报》和《秋韵》内刊，发放学习材料，落实文件阅读、听报告、参加重要会议和重大活动制度。对《秋韵》内刊和“港城金秋”网站进行全面改版。利用网站、内刊及新闻媒体，宣传老干部先进典型，全年刊发老干部宣传信息220篇。

【落实老干部生活待遇】 年内，市委老干部局落实老干部“五必访”制度，在春节、夏季高温和中秋节，分片组走访慰问全市离休干部、市级老领导以及离休干部遗属，送去慰问信和慰问金。先后看望生病住院离退休干部230人次。加大对困难遗属帮困力度，全年发放困难补助8万元。1月，市党政主要领导分别走访慰问原市（县）四套班子老领导和遗属代表。4月，市委老干部局举办老干部保健知识专题讲座，特邀上海中医药大学附属岳阳医院田华主讲，200余位副局（镇）级以上离退休干部参加。5月，组织36名市级老领导赴安徽大别山进行为期一周的保健疗养，参观金寨县革命博物馆和刘邓大军前线指挥部，游览梅山水库和天堂寨等景点。将市级老领导的体检费由每人2000元提高到3000元，邀请上海华山、中山、华东等医院的12名资深专家为市级老领导进行体检报告解读、健康咨询等专场活动。8月，组织全市164名离休干部在市中医医院进行健康体检。11月，举办老年人权益保障专题讲座，邀请远闻（张家港）律师事务所律师包新东主讲，全市80余名副局（镇）以上离退休干部参加。年内，开展服务离退休干部示范社区创建工作，经开区（杨舍镇）西门社区被评为全省服务离退休干部示范社区，经开区（杨舍镇）梁丰社区被评为苏州市服务离退休干部示范社区。

【组织老干部活动】 市委老干部局结合元旦、春节、重阳等节日，全年组织老干部开展文体活动15次。组织13个老干部兴趣团队（协会）开展文体活动65场，对外交流28场，活动人数近6000人次。1月，召开老干部兴趣团队负责人座谈会。2月，举办市老干部元宵欢乐汇，包括歌舞表演、戏曲联唱、趣味游戏、模特走秀、猜灯谜、剪纸表演等12个活动节目，32个单位300余名老干部参加。是月，举办市老干部迎春摄影展，展出摄影作品60余幅。4月，承办苏州市老干部象棋友谊赛，10支队伍参赛。启动“晚霞生辉走基层”活动，年内老干部兴趣团队（协会）开展各类活动30余场。举办贯彻落实党的十八大精神主题摄影展。开展迎五一系列文体活动，组织市老干部乒乓球队、桥牌队、象棋队开展比赛。5月，在全市老干部中开展“学习十八大、共话新港城、同心共筑中国梦”书画摄影作品征集活动，共收到书法、绘画和摄影作品300余幅。6月，开展老干部迎七一文体活动周，包括门球、投篮、桥牌等多个活动项目，200余名老干部参与。9月，举办全市老干部“学习十八大、共话新港城、同心共筑中国梦”文艺汇演，包括舞蹈、独唱、表演唱、合唱、小品、锡剧、越剧、乐器演奏、老年时装表演、健身秧歌等多种形式，全市280名离退休干部观看。10月，举办全市老干部“迎重阳”棋牌比赛，全市33个单位200余名老干部参赛。11月，与太仓老干部举行文艺联欢，包括独唱、小组唱、表演唱、戏曲联唱、小品、乐器演奏、情景歌舞等13个节目，150余名老干部参加。12月，举办迎“元旦”全市老干部棋牌赛，150余名老干部参赛。年内，市老干部活动中心组织老干部兴趣团队（协会）先后与常熟市、丹阳市、太仓市、吴中区老干部兴趣团队（协会）开展棋类、桥牌、书画、乒乓球对口交流。

“学习十八大、共话新港城、同心共筑中国梦”老干部文艺汇演

（市委老干部局 供稿）

【“书香溢晚霞”阅读活动】 3月，市委老干部局为市老干部活动中心图书室添置新书800余册，并联合市委宣传部、市人社局、市文广新局在全市老干部中开展“书香溢晚霞”阅读活动。举办“我读书、我快乐”征文比赛，共征集到读书体会文章82篇，评

出一、二、三等奖和优秀奖11篇。年内，在《秋韵》内刊开设《书香心影》专栏，连续4期刊登老干部读书心得25篇。（施翠萍）

党校

【概况】年内，市委党校共举办百名经济服务型干部培训班、市级机关中层干部轮训班、港城公务员大讲堂、企业家高端培训班等主体班和各类短训班130期，培训1.8万人次；开展党的十八大、十八届三中全会精神，市委十届六次、七次全会精神，党的群众路线教育等主题宣讲130余场，“百企进党校，党课进百企”活动深受企业干部职工欢迎。完成科研成果51项共42万字。其中，《科技创新推动实体经济发展——以沙钢为例》《浅议张家港城乡一体文明的科学发展之路》等5篇论文，分别在《群众》《农村经济与科技》等杂志发表；《泛太湖区域低碳生产性服务业与制造业之间的产业融合分析》等8篇论文在有关理论研讨征文中获奖。上报《市情研究参考》15期，其中论文《张家港市福利社会建设的思考》等被市委主要领导批转。

【基层党校建设】全市有基层党校12家，其中镇党校8家，常阴沙现代农业示范园区党校1家，沙钢集团、华昌集团及沙洲职业工学院党校各1家。年内，各基层党校以“810工程”绩效比拼年为主基调，以党的基本理论、方针政策、法律法规、经济社会发展等为培训内容，开展党员轮训、入党积极分子培训及各类专业技术培训。各基层党校通过集中辅导、讨论交流、举办“十八大报告热点解析”专题报告会、十八大精神学习培训周、“中国梦”基层巡讲等多种方式，组织广大基层党员干部学习十八大精神，把握中国特色社会主义的理论精髓、实践成就和发展要求。全年共举办集中辅导近200场，巡讲、座谈交流1500余场，超过10万人次参加。创新培训途径，通过网络、手机等移动媒介，运用“远程教育”“网上党校”“网上新社区”“张家港市全民学习网”“短信党课”等新型培训方式，将企业党员、流动党员纳入培训范围，扩大受教育人群覆盖面。加强理论宣讲骨干培训，7月，在市委党校举办张家港—昆山党员教育骨干联训暨中国梦主题宣讲骨干培训班，邀请苏州市委宣传部副部长、社科联主席孙艺兵，中国浦东干部学院副院长王金定分别作《加强党的作风建设》《圆中国梦·走中国路》的专题辅导报告。

【两本干部培训读本发行】上半年，市委党校与市环保局联合编写《张家港市生态文明建设干部读本》。该书紧密结合张家港市生态文明建设实际，分别从生态文明概述、生态经济发展、生态环境保护、生态人居优化、生态文化培育、生态科技支撑和生态制度保障等方面，比较系统地介绍生态文明建设的基本理论。该书发行后，成为市委党校干部教育培训的基本教材，并发给全市党政领导干部、环保干部和企业领导等阅读。下半年，市委党校编写完成《现代化进程中的美丽张家港建设研究》，由苏州古吴轩出版社出版发行。该书以“美丽张家港”为主线，分别从生态环境美、城乡协调美、人文素质美等三个角度，展示近年张家港市现代化建设取得的主要成绩及其做法经验，并对部分工作进行一定的理性思考和理论探索。该书被列为苏州市率先基本实现现代化干部读本。

（丁志宏　丁洪斌）

史志

【概况】2013年，市委党史地方志办公室（简称市委史志办）实施“两创四加强”（创新特色、创优品牌；加强三大核心编纂任务的推进，加强资政研究工作，加强乡镇史志工作的均衡发展，加强党史方志文化的宣传）工作思路，以出版《张家港市志（1986~2005）》《中国共产党张家港（沙洲）历史（第二卷）（1949~1978）》（简称党史二卷本）和《张家港年鉴》2013卷3本史志书籍为重点，做好史志编纂、史志宣传、史志研究等工作。完成《中华人民共和国年鉴》《江苏年鉴》《江苏省志·市县概况》《苏州纪事2013》中张家港市相关内容的编写工作。

党史工作　9月，组织开展全市党史工作和红色资源保护开发利用工作情况调研，完成调研报告。10月31日，党史二卷本首发及三卷本启动会议召开，并以市委的名义下发《关于认真做好〈中国共产党历史〉第三卷（1978~2012）资料征集和专题编写工作的意见》。11月，全面启动党史三卷本专题编写工作，赴如皋、无锡学习党史三卷本专题编写经验，建立党史三卷本专题编写人员组织网络体系，确定专题116个。年内，参加新四军研究会会议和活动5次。

地方志工作　10月，《张家港市志（1986~2005）》出版。11月，《兆丰镇志》出版。12月，《包基村志》出版。年内，《妙桥镇志》《德积镇志》《大新镇志》等3部乡镇志完成终审，《杨舍镇志》完成复审修改，《常阴沙农场志》完成初稿。《崇实初中志》完成终审，《张家港市统战志》《张家港宗教志》和《李巷村志》等志书启动编纂。

【“五个依托”亮化史志文化宣传】年内，市委史志办策划“五个依托”宣传特色亮点工作。依托网络传送“史志文化快餐”。从2月1日起，利用张家港政务网站，设置《党史上的今天》专栏，每天宣传历史上这一天发生的中共党史大事，提高党员干部知史爱党意识。平均每天点击率超过400人次。利用政务网邮箱，每周向全市公务人员、党员干部发一份《学党史·知地情》知识小栏目，全年发送35件。利用张家港政务微博，每天通过“张家港发布”上传一条地情微博，展示张家港党史地情文化知识，全年刊登30余条。在机关工委刊物上开辟地情宣传专栏，全年刊登9期。依托志愿者搭建“史志文化讲坛”。组织成立由24名成员组成的“学党史·知地情”志愿者宣讲团，深入乡镇、村（社区）、机关、企业、学校、军营等开展党史、地情文化宣讲。全年分别在大新镇、永联村、南丰镇、保税区、边检站、移动公司、市江帆小学等单位举办8场。组织开展史志成果"六进工程"活动,6月,与江苏银行张家港支行开展结对共建活动。依托展馆树塑"史志阵地品牌"。沙洲县抗日民主政府纪念馆成为苏州市爱国主义教育基地。指导塘桥镇金村村1926年党支部遗址的布馆工作。依托刊物打造"知史用志窗口"。打造《张家港史志》内刊,编纂成一本研究张家港党史、地情文化,具有一定深度的地方文化刊物,免费发送给各级党员干部和群众。创刊号5月28日出版,发放各单位300本,年内出版2期。依托社团弘扬地方史志文化。发挥市新四军暨沙洲革命根据地研究会、暨阳文化研究会、沙上文化研究会、河阳文化研究会、香山文化研究会等社团组织的作用,指导编写、出版革命题材教育和地情书籍。年内,《张家港市第一个共产党员——孙逊群》《农运先烈茅学勤》《沙上革命斗争纪实》《老沙话语汇》《沙上风》《江南香山》等书籍先后出版。

【《张家港市志(1986~2005)》出版】《张家港市志》是《沙洲县志》的续志,上限1986年,下限2005年年末,按卷、章、节、目层次排列,设38卷183章664节,并附设历史文化篇和专记,共239万字,分上、下两册。该书于2006年9月启动编纂,至2008年完成初稿,2010年完成分纂,2012年3月完成总纂。2012年6月,通过苏州市地方志办公室和各县市(区)专家评审。2013年1月14日,通过苏州市地方志办公室验收。5月,省地方志办公室批复同意出版。9月,经张家港市政府审定。经过前后十轮审校,10月,由方志出版社出版。

【党史二卷本出版】 党史二卷本设4编21章67节,共24.8万字。记述从1949年4月沙洲解放到1978年12月党的十一届三中全会召开前这29年中,中国共产党领导张家港(沙洲)人民进行社会主义革命和社会主义建设的历程。该书于2009年5月启动编纂,2013年5月通过苏州市委党史工办审核。在征求江阴、常熟两市党史办和张家港市委及相关老领导、老同志意见的基础上,7月,由中共党史出版社出版。

【《张家港年鉴》获全国和省双项荣誉】 5月和8月,《张家港年鉴》2011卷、2012卷先后获第二届江苏省年鉴特等奖和第七届全国年鉴编校质量特等奖,实现全省年鉴特等奖"二连冠"和全国年鉴编校质量特等奖"七连冠"。8月出版的2013卷年鉴继续突出年度特色、地方特色,突出"率先实现现代化"这一全市工作亮点,在前环设置张家港建县(市)50周年成就展,公共彩页突出"争当苏南现代化建设排头兵"和"实力张家港、美丽张家港、幸福张家港"建设主线,并在装帧设计上改方脊为圆脊,调整印刷纸张,着力打造精品,质量进一步提高。

【苏州市首个乡镇史志馆开馆】 11月16日,苏州市首个乡镇史志馆——张家港史志馆锦丰分馆开馆。该馆是锦丰图书馆的组成部分之一,可容纳藏书8000余册,开馆日藏书3000余册,主要以锦丰片区地方志书、沙上文化书籍、张家港市史志书籍为主,辅以其他地方史志书籍。馆内另设史志电子阅览区,有《锦丰镇志》《三兴镇志》《合兴镇志》等地方历史文化内容。至年末,接待参观和阅览1万余人次。

【《张家港纪事2013》受市两会代表好评】 12月末,由市委史志办编纂的《张家港纪事2013》发行。该书以大事条目形式,收录2013年全市政治、经济、文化、社会等各领域发生的大事、要事150条,全书近4万字,配新闻图片78幅。《张家港纪事2013》作为2014年年初全市两会资料,受到普遍好评。 (史 志)

档 案

【概况】 年末,全市有综合档案馆1个,馆藏档案243242卷、48964件,资料13338册;有城建档案馆1个,馆藏档案92722卷,资料5602册;有区镇级档案馆1个,馆藏档案16904卷、142011件;有村级档案馆1个,馆藏档案80837卷、92676件,底图档案6240套78000张,资料613册;有政务公开信息查阅中心1个,保存94个单位的纸质政务公开信息32106件;有图片中心1个,存贮各类图片档案139095张。全市有574个单位档案工作达到省星级规范标准,其中省五星级18个、省四星级3个、省三星级112个、省二星级219个、省一星级222个。全市有档案研究馆员1人、副研究馆员7人、馆员56人。

【档案宣传】 市档案局全年举办各类档案宣传活动8次,发放宣传资料1.5万份,组织开展档案法制知识竞赛2次。全年向各类媒体和上级业务部门报送档案宣传稿件136篇,其中在省级以上刊物发表20余篇。4月,市档案学会召开第七次会员代表大会暨档案学术论文研讨会,交流学术论文32篇,其中省档案学会录用3篇,苏州市档案学会录用31篇,获苏州市档案学术交流活动优秀组织单位,论文录用量居苏州市各市(区)首位。市档案局、档案学会全年举办各类档案业务培训7期,培训572人次。经苏州市社会组织评估专家组考核,市档案学会被评为AAAA级社会组织。年内,市档案局组织召开档案初级评审会2次,41人通过初级职称评审。市档案局被评为2013年度江苏省档案宣传工作先进集体。

【档案保管利用】 市档案馆全年接收进馆单位到期文书档案1754卷、10835件,照片档案1042张,光盘档案52张、奖牌和证书等实物档案107件,资料234册,接收92个单位形成的政务公开信息纸质文件889件。7月至10月,开展馆藏档案普查,完成字迹褪变档案、组卷不规范档案和破损档案的整改、修复工作,更新馆藏档案资料统计台账和存址记录。按照档案保护"八防"(防火、防潮、防尘、防鼠、防盗、防光、防虫、防水)要求,落实各项安保措施,年内开展消防培训、消防演练各1次,维修保养智能温湿度控制系统2次,加强门禁系统管理,确保档案实体安全。继续推行查档"专家会诊制",开展信函、电话、网上查档、节假日预约查档等多种服务。8月1日,市档案馆取消查档收费。全年为社会各界提供档案利用11321人次、11012卷(件)次,提供资料161册,为市民在办理社保、户口迁移、房屋拆迁等过程中出具各类档案证明2.2万件。

【档案征集编研】 年内,市档案局(馆)完成音视频档案库的筹建工作,收集、整理、上传张家港市1979年后形成的音视频档案4338件,设6个大类38个小类,时长为4.1万分钟。市图片中心全年新增图片2.2万张,提供图片档案服务33次、1836张,获省第二届"档案管理与服务创新"最佳案例。8月至12月,市档案局、文联、张家港日报社、城建档案馆联合开展"港城记忆档案史料和文化作品征集大赛",共征集家谱族谱、古籍、史志、字画、老照片、实物、纪念章等档案资料5185件。经评审,有50名参赛者获奖,其中特等奖2名、一等奖5名、二等奖17名、三等奖26名。市档案局开展长江文化艺术节等全市重大活动档案的征集工作,累计征集档案资料2498件。全年举办展览1期,编写《张家港大事记》12期,编发《张家港报刊文摘》24期,成为《苏州年鉴》优秀撰稿单位。全市有22项档案编研成果在苏州市评选中获奖。

【档案管理督导】 3月,市档案局(馆)完成首批382件援疆档案的指导和接收工作。4月,启动民政系统档案规范化建设工作,重点推进婚姻登记、收养登记、退伍军人安置、城乡低保、社会救助等事关民生的档案管理工作。完成全市60个投资总额1亿元以上重点建设项目的档案登记备份工作,大型及特种材质压力容器生产线技术改造项目等4个重点工程通过档案专项验收。10月至12月,市档案局分批组织开展进馆单位档案工作年度评价。年内,为全市243个单位提供档案业务指导500余次,有111个单位通过省星级测评、28个单位通过省星级复查,其中市公安局、长江防洪工程管理处通过档案工作省五星级规范测评,进馆单位档案工作达省星级标准率98%,全市164个行政村、96个社区档案工作全部达到省星级规范标准,继续在全省保持领先地位。

【档案信息化建设】 全年全市有29个单位新安装档案管理软件,累计722个。市档案局提供档案信息化技术指导服务720次。4月,市档案局、教育局联合启动全市学籍档案数字化试点工作。5月,市档案馆完成第二期馆藏档案数字化的招投标工作,集中开展馆藏村镇建设档案、退伍士兵等专门档案的数字化加工。年内共扫描档案150万页,著录条目30万条,累计扫描档案1340万页,著录条目563万条,建立专题档案信息数据库30个。全年抽检各类档案条目112万条,确保馆藏档案数字化质量。张家港档案信息网增设"知我张家港,爱我张家港"在线答题系统,全年更新内容376条,网站访问量累计236152人次。市电子文件中心共上载电子文件135774件,其中完全公开80761件,局部公开115525件。全年查询电子文件8393人次,累计77238人次,是张家港政务公开信息网《文件库》栏目数据的主要来源。

【民生档案共享服务平台开通】 3月,市档案局启动市民生档案共享服务平台建设,将市档案馆馆藏的民生档案信息资源进行整合,通过网络技术实现馆藏民生档案"就近查询、就地出证、馆室联动、全市通办"的目标。11月28日,市民生档案共享服务平台正式开通。该平台依托张家港市政务网,将市档案馆馆藏的59万条民生档案信息与全市10个区镇档案室进行网上互联,市民可凭身份证等有效证件就近到区镇档案室查阅婚姻档案、独生子女、建房许可证等民生档案信息。这是苏州市首个辐射各区镇的县级民生档案共享服务平台。

【省级中小学档案教育社会实践基地创建】 年内,市档案局、教育局联合印发《关于在全市中小学开展档案教育社会实践活动的通知》,成立领导小组,制订管理制度,编制工作方案。9月至10月,市档案馆开设档案教育实践活动体验馆,与东渡实验学校等单位签署档案教育共建协议,举办馆藏名人档案展,开展"名人档案进校园"活动,开辟网上档案教育专栏。10月至12月,市文明办、教育局、档案局、文化中心联合开展"知我家乡、爱我港城"主题教育系列活动,全市4600余名中小学生参观档案展览、智能档案库房和名人档案特藏库,参加查档体验活动,活动收到征文343篇。市实验小学、第三中学等学校的1万余名学生参观"名人档案流动展"。与市教育局、文化中心等单位共同组织全市小学生参加"点石杯"市情知识竞赛。12月18日,市档案馆中小学档案教育社会实践基地通过省档案局、教育厅的验收,成为全省首批省级中小学档案教育社会实践基地。

【名人档案特藏库建立】 3月,市档案局出台《张家港市名人档案管理暂行细则》,通过走访、信函、电话等形式开展张家港籍名人档案资料的征集工作。陕西省委原常委、陕西省军区政委夏龙祥,东海舰队原副司令员李俊才等5位张家港籍将军和艺术家先后赴市档案馆捐赠档案资料。全年有17位张家港籍院士、省部(军)级老领导、知名艺术家向市档案馆捐赠档案资料3398件。9月,市档案馆完成名人档案特藏库的筹建工作,集中保存30位张家港籍名人的档案资料5614件。 (陶忠华)

公务接待

【概况】 市委接待办全年接待宾客697批27345人次。先后接待中央政治局委员、中央书记处书记、中宣部部长刘奇葆,中央政治局委员、中央政法委书记孟建柱,国务委员兼公安部部长郭声琨,全国政协副主席、民建中央常务副主席马培华,中央政治局原委员、国务院原副总理回良玉,全国人大常委会原副委员长、民革中央原主席、中国国际交流协会会长周铁农,最高人民法院院长周强,最高人民检察院检察长曹建明,教育部部长袁贵仁,工信部部长苗圩,海关总署党组书记、署长于广洲,中组部常务副部长陈希,中宣部副部长孙志军,教育部副部长刘利民,科技部副部长曹健林,公安部副部长黄明,人社部副部长信长星,交通运输部副部长翁孟勇,国家质检总局副局长、国家认监委主任孙大伟,国家新闻出版广电总局副局长邬书林,中国文联副主席杨承志以及罗志军、李学勇、张连珍、石泰峰、李云峰、杨新力、蒋宏坤、李小敏、王燕文、张艳、赵鹏、徐鸣、史和平、曹卫星、傅自应、许津荣、毛伟明、缪瑞林等省(部)级领导带队的考察团59批。接待27个省、市、自治区党政考察团204批,条线调研和会议184批,各地领导干部培训班114批,保障全市性活动40批。为深化平安中国建设工作会议、全国县域义务教育均衡发展督导评估认定现场会、2012年中国十大最有魅力休闲乡村发布活动、中国县域生态文明建设(张家港)高层研讨会、中国(江苏)国际科技交流与人才智力合作大会、全省河道长效管护现场会、全省全民阅读工作座谈会、2013年中国(张家港)长江文化艺术节暨第五届(张家港)长江流域民族民间艺术节、市第七届科技节等会议及重要活动提供接待服务。先后3次配合市委办公室赴宿豫、江阴、常熟、昆山、太仓、吴江等地,为全市重大对外交流政务活动做好前站联络和随团服务工作。全年编发《接待简报》12期,累计156期,为市领导及有关部门提供相关信息。

【公务接待厉行节约】 年内,根据中央"八项规定"、省委"十项规定"、苏州市委"十二项规定"和张家港市"二十二条细则"对接待工作提出的明确要求,市委接待办开展公务接待酒店及区镇接待工作专题调研。4月,向市委、市政府上报《关于规范我市公务接待餐饮标准的建议》,比较分析全市17家公务接待酒店价格情况,就公务接待定点酒店住宿、会务用房、电子屏、文印等价格进行统一规范,做到厉行节约,降低费用。 (李可懿)

保密工作

【概况】 年内,全市保密工作标准化管理、保密宣传教育、保密依法管理、保密技术防范、保密队伍建设等工作取得新的进展。3月,市委保密委员会组织学习贯彻省和苏州市委保密委会议精神,研究和部署全市年度保密工作。市保密局创办双月刊《保密之窗》简报,全年共发简报5期。4月,针对人事变动,对全市85名保密主官进行重新登记和统计,建立保密主官更新备案制。强化对全市保密要害部门部位的规范管理,制定《张家港市保密检查工作暂行办法》。"五一"节假日前,利用手机短信平台,向全市5800余名公务人员群发保密友情提示短信。5月,继续将保密教育列入全市干部、公务员、涉密人员教育培训的计划和内容。6月,与市教育、公安等部门协作,做好高考中的保密监督、指导和服务工作。7月,对全市2012年通报违规单位和重点涉密单位的保密要害部门部位、涉密载体、计算机信息系统保密管理情况进行保密抽查。8月,市保密局全体人员分两批参加全省保密干部全员培训。组织全市保密主官和相关涉密人员进行保密法和保密业务知识培训。9月,做好市级机关部门搬迁过程中的保密工作,专门向搬迁单位下发通知,就杜绝涉密资料(含工作秘密、商业秘密)流入不当渠道造成泄密隐患和搬迁新址办公后产生的办公废旧资料处理提出具体要求,并在全市范围内下发《关于进一步明确集中销毁涉密存储载体的通知》。10月,完成全市保密普查工作,形成全市保密普查汇总数据及书面报告报苏州市保密局。11月,协助苏州市保密局对张家港市党委、政府、人大、政协及所属5个重要涉密会议场所统一升级安装符合《保密会议移动通信干扰器技术要求和测试方法》的会议保密机,安装会议保密机13台。年内,抓好对计算机信息系统的技术防范工作,对全市市镇二级党政机关的计算机安装的管理软件,指导技防设备的应用与维修,对已安装的保密设备进行跟踪服务。继续为相关党政机关部门处理工作秘密计算机安装U盘管理系统,全年上门服务维修65台次。对照保密工作标准化管理要求,依据保密普查确定保密要害部门部位,充实各项管理制度,在党政机关推行计算机"一机一人"的保密管理模式。全年深入重点单位进行保密法宣讲4次。继续做好保密载体的回收销毁工作,全年上交销毁文件绝密8份,机密520份,秘密908份,回收集中销毁各类资料70余吨,废旧计算机硬盘238个,打印机、复印机150台。帮助有关部门进行信息审查,完成《张家港年鉴(2013)》及市人大代表批评意见、市政协委员提案处理意见上网公开前的保密审查工作。继续做好《保密工作》杂志的通联发行工作,发行继续名列全国县级市第一,受到国家保密局的表彰。

【保密普查】 8月初,根据苏州市委保密办、苏州市保密局《关于开展全市保密普查工作的通知》,张家港市保密局制定《张家港市保密普查工作实施方案》,协调市委机要局、江苏国泰新点软件有限公司等单位,成立全市保密普查工作领导机构和工作机构,组建普查队伍。8月下旬,召开保密普查工作动员培训会议,110余人参加。9月,在填表汇总阶段,保密普查工作人员分片负责解决普查单位遇到的问题,确保9项保密普查统计数据填报准确、规范。10月,在分析总结阶段,市保密局对报送的数据实行"联系人初审,普查办公室会审、反馈修改意见、各单位修改后重新报送"的审查模式,完成全市91家单位的保密普查工作,形成全市保密普查汇总数据及书面报告报苏州市委保密办、苏州市保密局。通过开展保密普查工作,摸清和掌握全市保密工作的基本情况,建立保密工作基础数据库,推动各单位的保密工作,解决涉密人员界定、保密要害部门部位确定、专兼职人员明确等问题,提升保密工作标准化管理。 (龙大华)

【编辑 沈立平】

张家港市人民代表大会

Zhangjiagang Municipal People's Congress

张家港市第十三届人大二次会议 （市人大办 供稿）

综　　述

重要会议

审议与任免

依法监督

执法检查

调查视察

综　　述

2013年年初，全市有十三届人大代表334人。年内，调离张家港市行政区域代表4人，补选市人大代表1人。至年末，全市有市十三届人大代表331人。市十三届人大二次会议后，市人大及其常委会围绕市委决策部署、政府着力推进、社会普遍关注、人大职权范围内的事项，大力弘扬张家港精神，依法履行职责，积极发挥地方国家权力机关作用，为推进“实力张家港、美丽张家港、幸福张家港”和民主法制建设做出积极贡献。

着力助推“810工程”建设　重点围绕水环境整治、大气污染整治、长江澄通河段通洲沙西水道河道整治、老有颐养、农副产品保供及安全、青草巷农副产品交易市场建设等6项工程，跟踪督察项目建设的进度、质量，提出25条意见建议，积极督促指导，推动落实。

依法强化监督　进一步加强法律监督和工作监督，全年共召开常委会会议9次，主任会议12次，听取和审议“一府两院”（市政府、法院、检察院）专项工作报告35项，作出决议、决定28项，组织调研、视察、执法检查等活动28次，撰写各类调研报告20篇。

规范人事任免　坚持党管干部和人大依法任免相统一的原则，认真执行对拟任职人员任前法律考试、拟任职发言、任后颁发任命书等制度，依法任免国家机关工作人员49人次，其中任免市政府组成人员18人次，任免“两院”工作人员31人次，接受姚林荣辞去市长职务、黄尧辞去副市长职务，补选苏州市人大代表2人、张家港市人大代表1人。

发挥代表作用　按照“履职培训年”要求，加强代表培训工作，举办代表履职培训班，指导召开履职经验交流会，组织开展“六个一”活动（密切联系选民征求一次意见，反映选民意见提一条合理化建议，向选区内的困难户献一份爱心，结合“六五”普法教育搞一次法制宣传活动，为选民办一件力所能及的实事，在代表小组内交流一次代表履行职责的体会），不断完善代表激励考核机制。先后邀请179人次代表参加有关座谈会、执法检查、视察和调研活动，组织市人大代表小组活动47次，参加代表433人次。

加强自身建设　严格执行民主集中制原则，进一步完善常委会会议、监督工作、代表活动等制度，认真落实中央关于改进工作作风、密切联系群众的各项规定要求。加强宣传工作，年内编发市人大常委会会报2期、《张家港人大信息》10期，利用张家港人大网站以及各类新闻媒体，广泛宣传优秀代表事迹和人大工作成效，全年共被新闻媒体录用各类稿件40余篇。　（孙朝枫）

重 要 会 议

【市十三届人民代表大会第二次会议】　1月3日至6日召开。应到代表334人，因事因病请假11人，实到代表323人。会议听取和审议市人民政府工作报告、市人大常委会工作报告、市人民法院工作报告、市人民检察院工作报告，审议张家港市2012年国民经济和社会发展计划执行情况与2013年国民经济和社会发展计划草案的报告，审议市2012年财政预算执行情况和2013年财政预算草案的报告。选举徐建东为市人民法院院长。通过《关于政府工作报告的决议》《关于张家港市2012年国民经济和社会发展计划执行情况与2013年国民经济和社会发展计划的决议》《关于张家港市2012年财政预算执行情况和2013年财政预算的决议》《关于张家港市人民代表大会常务委员会工作报告的决议》《关于张家港市人民法院工作报告的决议》《关于张家港市人民检察院工作报告的决议》《关于“加快发展养老事业，提增我市民生福祉”议案的决议》，收到代表建议、批评和意见251件。

张家港市十三届人大二次会议重点督办建议一览

表3

建议号	建议内容	承办单位	建议人
15	关于做好拆迁安置小区管理的建议	市房管中心	钱　益
48	关于进一步规范居民小区公共物业管理的建议	市房管中心	王连生
86	关于进一步关爱失独家庭，构建和谐社会的建议	市人口计生委	施凤秀
184	关于加快实施环城河—朝东圩港沿线排污口治理的建议	市环保局	卫　臻
240	关于拆迁后村级经济下滑问题和可持续发展的建议	市委农工办	张满兴

【市十三届人大常委会会议】　年内，市十三届人大共召开常委会会议9次。

第九次会议　1月25日召开。审议通过有关人事任免事项。审议通过市人大常委会2013年度工作要点和工作安排。

第十次会议　3月19日召开。审议通过有关人事任免事项。听取和审议市人民政府关于贯彻实施国务院《宗教事务条例》情况的汇报。

第十一次会议　5月31日召开。听取和审议市人民政府关于贯彻实施《江苏省道路交通安全条例》情况的报告，听取和审议市人民政府关于贯彻实施《中华人民共和国安全生产法》情况的报告，听取和审议市人民政府关于贯彻实施《中华人民共和国电力法》情况的报告。审议通过《张家港市人大常委会2013年工作评议实施方案》。

第十二次会议　7月30日召开。听取和审议市人民政府关于市十三届人大二次会议代表建议办理情况的报告。听取市民防局、食品药品监管局、旅游局、统计局等4个部门工作情况报告，进行工作评议，通过评议意见。听取和审议市人民政府关于2012年度财政决算的报告，听取市人

市十三届人大常委会第十二次会议　　（市人大办　供稿）

民政府关于2013年上半年财政预算执行情况的报告，听取和审议市人民政府关于2012年度财政预算执行及其他财政收支审计情况的报告。审议通过有关人事任免事项。

第十三次会议　8月9日召开。通过关于接受姚林荣辞去市人民政府市长职务请求的决定。任命朱立凡为市人民政府副市长、代理市长，任命陈磊为市人民政府副市长（挂职）。

第十四次会议　9月22日召开。任命王松石为市人民政府副市长，陈进华为市人民政府副市长（挂职）。审议通过有关人事任免事项。

第十五次会议　10月17日召开。听取和审议市人民政府关于全市文化市场监督管理情况的报告。听取市民防局、食品药品监管局、旅游局、统计局等4个部门的整改情况报告，对工作评议进行二次审议。

第十六次会议　11月29日召开。听取和审议市人民政府关于代表建议办结情况的报告，听取和审议市人民政府关于代表议案办理情况的报告。审议通过关于接受黄尧辞去市人民政府副市长职务请求的决定，审议通过有关人事任免事项。对2013年度优秀代表建议和承办代表建议先进单位进行表彰。决定批准张家港市2013年地方政府债券预算安排。决定市十三届人大第三次会议定于2014年1月上旬在市沙洲宾馆召开。

第十七次会议　12月25日召开。补选周广智、姚林荣2人为苏州市十五届人大代表。听取和审议市人民政府关于实事工程实施情况的报告，听取和审议市人民政府关于2013年国民经济和社会发展计划执行情况与2014年国民经济和社会发展计划草案的报告，听取和审议市人民政府关于2013年财政预算执行情况和预算调整及2014年财政预算草案的报告，听取和审议市人大常委会工作报告（草案）、市人民法院工作报告（草案）、市人民检察院工作报告（草案），审议市人民政府工作报告（草案），审议市人民政府关于代表议案办理情况报告。听取市十三届人大三次会议筹备工作情况汇报，审议通过市十三届人大三次会议的有关事项。

【市十三届人大常委会主任会议】年内，市十三届人大共召开常委会主任会议12次。

第十一次主任会议　1月18日召开。讨论市人大常委会2013年度工作要点和工作安排，听取人代联工委关于市十三届人大二次会议代表议案、建议情况的汇报，研究部署市十三届人大常委会第九次会议准备工作，学习省委和苏州市委关于改进工作作风、密切联系群众的有关规定，传达全市领导干部警示教育大会精神。

第十二次主任会议　2月22日召开。听取市人民政府关于市十三届人大二次会议代表建议办理打算的汇报，研究部署市十三届人大常委会第十次会议准备工作，传达全市“创新争先突破年”推进大会精神，研究部署市人大常委会近阶段重点工作。

第十三次主任会议　3月15日召开。听取市人民政府关于全市房产交易市场管理情况的汇报，讨论和确定市人大常委会专题调研课题，听取市十三届人大常委会第十次会议准备工作情况的汇报。

第十四次主任会议　4月26日召开。听取市人民政府关于《加快发展养老事业，提增我市民生福祉》议案办理打算的汇报，研究部署市十三届人大常委会第十一次会议准备工作。

第十五次主任会议　5月9日召开。研究讨论2013年工作评议方案，听取各调研组关于生态文明建设专题调研汇总情况的汇报，听取市十三届人大常委会第十一次会议准备工作情况的汇报。

第十六次主任会议　6月24日召开。听取市人民政府关于2012年度财政决算情况的报告，听取市人民政府关于2012年度财政预算执行及其他财政收支审计情况的报告，研究和部署市十三届人大常委会第十二次会议准备工作。

第十七次主任会议　7月17日召开。研究工作评议调查报告，讨论工作评议意见，听取市十三届人大常委会第十二次会议准备工作情况的汇报。

第十八次主任会议　8月13日召开。听取市人民政府关于全市精神卫生工作情况的报告，研究部署市十三届人大常委会第十四次会议准备工作。

第十九次主任会议　9月10日召开。听取市人民政府关于推进企业上市工作情况的汇报，讨论确定市“810工程”相关项目跟踪督察的分工安排，听取市十三届人大常委会第十四次会议准备工作情况的汇报。

第二十次主任会议　10月24日召开。听取市人民政府关于贯彻实施《张家港市“六五”普法工作规划》情况的报告，研究部署市十三届人大常委会第十六次会议准备工作，

市十三届人大常委会第二十次主任会议（市人大办 供稿）

部署市十三届人大三次会议有关筹备工作。

第二十一次主任会议 11月22日召开。研究讨论2013年度优秀代表建议和先进承办单位评选表彰工作，讨论各工委2014年主要工作安排，部署人代会筹备工作，听取市十三届人大常委会第十六次会议准备工作情况的汇报。

第二十二次主任会议 12月11日召开。听取市人民政府关于2013年国民经济和社会发展计划执行情况与2014年国民经济和社会发展计划草案的报告，听取市人民政府关于2013年财政预算执行情况和预算调整及2014年财政预算草案的报告，讨论市人大常委会工作报告（草案），讨论市十三届人大三次会议有关事项，研究和部署市十三届人大常委会第十七次会议准备工作。（孙朝枫）

审议与任免

【审议工作】 2013年，市人大常委会听取和审议"一府两院"专项工作报告35项，作出决议、决定28项。主要有：5月31日，市十三届人大常委会第十一次会议听取和审议市人民政府关于贯彻实施《江苏省道路交通安全条例》情况的报告，听取和审议市人民政府关于贯彻实施《中华人民共和国安全生产法》情况的报告，听取和审议市人民政府关于贯彻实施《中华人民共和国电力法》情况的报告；7月30日，市十三届人大常委会第十二次会议听取和审议市人民政府关于市十三届人大二次会议代表建议办理情况的报告，听取和审议市人民政府关于2012年度财政决算的报告，并决定批准2012年度财政决算；8月9日，市十三届人大常委会第十三次会议审议通过关于接受姚林荣辞去市人民政府市长职务请求的决定；11月29日，市十三届人大常委会第十六次会议听取和审议市人民政府关于代表议案办理情况的报告，审议通过关于接受黄尧辞去市人民政府副市长职务请求的决定，审议批准张家港市2013年地方政府债券预算安排，作出关于召开市十三届人大三次会议的决定；12月25日，市十三届人大常委会第十七次会议听取和审议市人民政府关于实事工程实施情况的报告，审议通过市十三届人大三次会议的有关事项。

【人事任免】 2013年，市十三届人大常委会依法任免国家机关工作人员49人次，其中任免市人大、市政府工作人员18人次，"两院"工作人员31人次。

2013年张家港市人大常委会任免"一府两院"及人大机关工作人员情况

表4

时 间	会 议	任免情况
1月25日	市十三届人大常委会第九次会议	任命徐笑非为市人民法院审判委员会委员，任命李清泉为市人民法院审判委员会委员、民事审判第三庭庭长，任命邵红为市人民法院凤凰人民法庭庭长，任命刘志东为市人民法院金港人民法庭庭长，任命俞铁城为市人民法院经济开发区人民法庭庭长，任命唐勇为市人民法院经济开发区人民法庭副庭长，任命洪春为市人民法院民事审判第一庭副庭长，任命施沈东为市人民法院民事审判第二庭副庭长，任命肖建峰为市人民法院民事审判第二庭副庭长，任命宋剑为市人民法院凤凰人民法庭副庭长，任命张晓波为市人民法院执行庭副庭长，任命赵春华为市人民法院民事审判第一庭副庭长，任命黄彩霞为市人民法院锦丰人民法庭副庭长，任命蒋晓为市人民法院乐余人民法庭副庭长，任命朱伟为市人民法院塘桥人民法庭副庭长，任命丁中群为市人民法院审判员；免去徐笑非市人民法院经济开发区人民法庭庭长职务，免去李清泉市人民法院金港人民法庭庭长职务，免去邵红市人民法院经济开发区人民法庭副庭长职务，免去刘志东市人民法院塘桥人民法庭副庭长职务，免去俞铁城市人民法院乐余人民法庭庭长职务，免去唐勇市人民法院锦丰人民法庭副庭长职务，免去洪春市人民法院民事审判第二庭副庭长职务，免去施沈东市人民法院民事审判第一庭副庭长职务，免去肖建峰市人民法院锦丰人民法庭副庭长职务，免去宋剑市人民法院少年审判庭副庭长职务，免去陶岳兴市人民法院审判员职务

续表4

时 间	会 议	任免情况
3月19日	市十三届人大常委会第十次会议	任命朱兴华为市卫生局局长，免去陈跃市卫生局局长职务
7月30日	市十三届人大常委会第十二次会议	任命李军、沈坚、黄猛、陈晓东、黄薇、路骊珠等6人为市人民法院审判员，免去唐俊伟市人民法院执行庭庭长职务，免去徐辉、尹明君、张晓波市人民法院执行庭副庭长职务，免去钱杏芳、刘明刚市人民法院审判员职务
8月9日	市十三届人大常委会第十三次会议	任命朱立凡为张家港市人民政府副市长、代理市长，任命陈磊为市人民政府副市长（挂职）
9月22日	市十三届人大常委会第十四次会议	任命王松石为市人民政府副市长，任命陈进华为市人民政府副市长，任命黄浩明为市人大市级机关工委工作委员会主任，任命万学刚为市司法局局长，任命侯虎珍为市园林绿化管理局局长，任命罗晓骏为市统计局局长，任命张璇为市物价局局长；免去李婧娟市司法局局长职务，免去徐建新市园林绿化管理局局长职务，免去徐华东市统计局局长职务，免去郑国清市物价局局长职务
11月29日	市十三届人大常委会第十六次会议	任命黄镇为市环境保护局局长；免去孙海市人大常委会办公室副主任职务，免去张平市环境保护局局长职务，免去王蔚、周李君市人民法院审判员职务

（孙朝枫）

依法监督

【概况】 2013年，市人大常委会继续强化依法监督，保障和促进了全市经济社会平稳持续发展。

监督房产交易市场管理 3月，市十三届人大常委会第十三次主任会议听取市人民政府关于全市房产交易市场管理情况的汇报，针对房产市场培育、市场监管以及物管行业管理等方面存在的问题，要求市政府及有关职能部门要认真贯彻落实国家加强房地产市场调控的决策和部署，严格商品住房用地供应管理，大力引入品牌房产企业，优化市场供应结构，完善住房保障体系，确保真正的需求者受益。要着力规范房产交易秩序，加强商品房预售许可管理，加强房地产经纪机构和人员管理，加强市场监测和研究分析，加大对违法违规行为的查处力度，努力营造主体诚信、行为规范、监管有力、市场有序的房产市场环境。要妥善做好拆迁安置房产权登记，进一步加大拆迁安置房确权发证工作力度，尊重事实、措施灵活、妥善有序处理好房屋权属登记中的历史遗留问题，确保房屋产权登记业务办理的优质、高效、快捷。要全面提升物业管理水平，加强物业企业资质管理，规范企业服务标准，严格市场准入和退出机制，大力推进物业管理市场化、社会化、专业化进程，不断提高物业管理的覆盖面。对拆迁安置小区的管理，市政府及其职能部门要高度重视，专题研究，相关职能部门要形成管理合力，区镇、街道、村、社区要发挥好属地管理作用，要着力破解体制、机制上的障碍问题，积极探索解决拆迁安置小区管理的有效路径。

监督财政工作 7月，市十三届人大常委会第十二次会议听取和审议市人民政府关于2012年度财政决算的报告，听取市人民政府关于2013年上半年财政预算执行情况的报告，听取和审议市人民政府关于2012年度财政预算执行及其他财政收支审计情况的报告。针对预算编制执行少严格，少数部门财务账目处理不够规范，个别专项资金项目管理还需改进等问题，要求市政府及相关职能部门要进一步严格预算编制和执行，真实、完整地反映财政预算收入、支出情况，及时做好财政性结余资金的清理收缴工作，切实加强对各类专项资金（基金）的预算管理和监督，确保做到专款专用。要认真研究加强专项资金管理办法，进一步提高财政资金的使用绩效。要建立健全政府采购专家库评审专家的准入、退出和考核机制，加强评审专家队伍建设，建立政府采购信息系统管理平台，实现政府采购专家库专家、供应商集中管理，扎实推进政府采购工作。针对当前财政收入增长难度加大的实际，既要进一步加强预测分析，拓宽聚财渠道，突出重点行业征管，又要认真落实优惠政策，扶持企业发展，促进企业转型升级，为培植税源打好基础。要进一步重视审计发现问题的整改，举一反三，及时对存在问题进行整改。

监督精神卫生工作 8月，市十三届人大常委会第十八次主任会议听取市人民政府关于全市精神卫生工作情况的报告。针对调研中发现的精神卫生知识宣传教育不到位，医疗收治能力不足，专业人才缺乏，管理体制尚未理顺等问题，要求市政府及相关职能部门要加强精神卫生知识宣传普及，提高全民精神健康意识，消除对精神疾病的偏见和歧视，营造有利于精神疾病防控的良好氛围。要保障精神卫生工作所需经费，加快启动市康乐医院异地新建项目。要探索建立精神卫生防治康复机构，提高精神障碍患者社会适应能力和生活水平。要尽快调整精神卫生防治机构设置，加快制定精神卫生工作规划并组织实施。要全面开展全市精神障碍患者的摸底调查，加强管控工作，不断健全社会救助机制，努力构建和完善精神卫生防治服务网络。要提高精神卫生医务人员业务技术水平，加强精神卫生从业人员职业保护，壮大和稳定精神卫生专业队伍，以满足人民群众精神卫生保健需求。要高度关注重点人群、行业的心理健康服务，重视心理咨询从业队伍和社工、志愿者队伍建设，积极开展心理危机干预，创新干预方式和手段，不断提升全市精神卫生防治服务水平。

监督企业上市工作　9月，市十三届人大常委会第十九次主任会议听取市人民政府关于推进企业上市工作情况的汇报。会议认为，全市上市公司总数和募集资金总量在苏州市处于领先地位，促进了全市经济结构调整和新兴产业的发展，企业上市工作取得明显成效。针对一些企业对上市积极性不高，上市后备资源不足，上市途径狭窄等问题，要求市政府及有关职能部门要加强对资本市场的研究，帮助企业经营者树立资本经营的观念和改制上市的信心，为企业上市营造良好的舆论环境。要进一步加强分类指导，根据企业情况，推进企业分别在境内主板、中小板和创业板、新三板以及境外市场上市。要进一步加强协调服务，完善鼓励企业上市扶持政策和奖励政策，切实解决企业上市中的实际问题，共同做好推进企业上市工作。要进一步加强组织领导，建立健全沟通协调机制，搭建企业上市信息平台，加强争取力度，为推进企业上市搞好服务，并不断提升已上市企业竞争能力和可持续发展能力。

监督文化市场管理　10月，市十三届人大常委会第十五次会议听取和审议市人民政府关于全市文化市场监督管理情况的报告。会议认为，市政府及相关职能部门，坚持“一手抓繁荣，一手抓管理”，加强文化市场监管，推进文化市场综合执法规范化建设，文化市场违法违规现象得到有效遏制，文化市场监管工作取得明显成效，有力促进了全市文化事业的繁荣和文化产业的发展。针对文化市场的经营行为、监督手段和监管机制、执法队伍和执法环境等方面存在的一些问题和薄弱环节，要求市政府及相关职能部门要充分利用好各类文化宣传阵地，加强文化市场监管工作的宣传，增强文化市场经营者的守法经营意识，充分发动社会力量监督文化市场的违法违规行为，努力营造全社会齐抓共管的良好氛围。要进一步整合文化市场的执法资源，建立协调有序的综合执法运行机制，真正做到科学有效管理；要大力推进文化市场监管信息化建设，从注重日常巡查向日常巡查与技术监管相结合转变，不断提高监管工作信息化、智能化水平；要进一步加大文化市场的监管执法力度，综合运用行政、法律、经济、舆论等多种手段，坚决打击文化市场的各类违法违规行为，规范文化市场正常经营秩序，保障文化市场健康发展。要注重监管队伍能力建设，进一步提升依法行政能力和服务水平；要注重加强执法装备建设，不断提升监管队伍的现代化技术装备水平；要加强制度和廉政建设，建立科学的岗位责任制和相关考核制度，努力打造一支专业化、规范化、信息化的文化市场综合执法队伍，不断提升文化市场的监管水平。

市人大常委会在市公安局督办代表建议　　（市人大办　供稿）

【督办代表建议】　1月18日，市十三届人大常委会第十一次主任会议听取人代联工委关于市十三届人大二次会议代表议案、建议情况的汇报。2月22日，十三届人大常委会第十二次主任会议听取市人民政府关于市十三届人大二次会议代表建议办理打算的汇报，会议要求市政府及相关承办部门要提高认识，切实加强办理工作的组织领导；密切配合，努力形成建议办理工作的合力；注重创新，着力提升代表建议的办成率。2月27日，市政府召开市人大代表建议和市政协提案交办工作会议，市委副书记、市长姚林荣要求各承办单位早研究、早分解、早安排、早落实，主动听取人大代表的意见，各相关部门要全力配合，提高办理实效，力争做到“见面率、办结率、满意率”3个100%。6月中旬，市人大常委会组成督察组，对承办市人大常委会重点督办建议的，以及承办代表建议7件以上（含7件）的部分单位和部门组织重点督察，市人大常委会各工作委员会按对口联系分工，对其他单位和部门办理情况进行督察。7月30日，市十三届人大常委会第十二次会议听取和审议市人民政府关于市十三届人大二次会议代表建议办理情况的报告，会议要求市政府及相关承办部门要继续加强与代表的联系沟通，着力推进建议答复的落实工作，努力提升建议办理的实际效果。11月上旬，市人大常委会组成督察组，对代表建议办结情况进行督察。11月29日，市十三届人大常委会第十六次会议听取和审议市人民政府关于代表建议办结情况的报告，并对评选出的15件优秀代表建议、10家承办代表建议先进单位进行表彰。至年末，251件代表建议已全部完成见面、答复、办理工作，代表满意和基本满意率为99.6%；已办成或已采纳正在按计划分步实施办理的有235件，占95.2%。

2013年度张家港市优秀人大代表建议一览

表5

建议号	建议内容	建议人
15	关于做好拆迁安置小区管理的建议	钱 益
17	关于加快城镇生活垃圾资源化处理的建议	黄振华
24	关于进一步加快城市道路拥堵路段治理的建议	周梅花
48	关于进一步规范居民小区公共物业管理的建议	王连生
83	关于在市区主要入口处设置交通路况提示牌的建议	朱长明
98	关于推进全市养老事业发展的建议	曹国才
112	关于进一步加强社区卫生服务中心建设的建议	徐婉琴
148	关于加强学校食堂卫生管理，保障中小学生身体健康的建议	乙小娟
174	关于加强中小学校周边店铺管理的建议	严 勇
182	关于建设中小企业集聚区、保护本地中小企业发展的建议	赵建军
184	关于加快实施环城河—朝东圩港沿线排污口治理的建议	卫 臻
186	关于提高全市污水处理率的建议	徐建民
195	关于增强拆迁安置社区“造血功能”的建议	袁达新
205	关于进一步加大打击赌博“放水”力度的建议	赵正良
240	关于拆迁后村级经济下滑问题和可持续发展的建议	张满兴

2013年度张家港市承办代表建议先进单位一览

表6

序号	单位名称	序号	单位名称
1	市政府办	6	市卫生局
2	市住建局	7	市水利局
3	市民政局	8	市公安局
4	市农委	9	市委农工办
5	市交通运输局	10	市文广新局

（孙朝枫）

执法检查

【概况】 年内，市人大常委会把保障宪法和法律的实施摆在突出位置，强化监督检查，积极推进法治张家港建设。全年组织对《中华人民共和国安全生产法》《中华人民共和国电力法》2项法律和国务院《宗教事务条例》《江苏省道路交通安全条例》2项法规贯彻实施情况进行执法检查。

【宗教事务条例执法检查】 2月至3月，市人大常委会就全市贯彻实施国务院《宗教事务条例》情况进行执法检查。针对贯彻实施宗教事务条例存在的学习宣传、场所建设、基层执法、宗教团体自身建设等方面的问题，要求市政府及相关职能部门要从保护公民宗教信仰自由、维护宗教界合法权益，推进宗教和睦与社会和谐稳定的高度出发，深化教育，提高认识，不断优化宗教执法环境，促进信教群众自觉守法开展宗教活动。要针对推进城乡一体后农民集中居住的情况，科学规划，合理布局，有序推进宗教场所建设，切实解决部分宗教活动场所硬件建设中的实际困难，及时消除安全隐患。要加强组织指导，落实责任，按照宗教工作“属地管理、分级负责”的原则要求，进一步建立健全宗教工作网络，严格执法，妥善处置非法宗教活动。要落实制度，加强规范管理，努力在场所建设标准化、教务管理制度化、宗教活动规范化上下功夫，扎实推进宗教场所管理水平整体提升，促进宗教事务健康发展。要进一步挖掘全市的宗教文化资源，积极发挥宗教文化作用，使宗教文化资源的优势尽快转化为推动经济社会协调发展的现实优势，为建设实力张家港、美丽张家港、幸福张家港发挥积极作用。

【安全生产法执法检查】 3月至5月，市人大常委会就全市贯彻实施《中华人民共和国安全生产法》情况进行执法检查。针对贯彻安全生产法存在的安全生产工作基础不稳固、主体责任意识不强、监管力量有待加强等问题，要求市政府及相关职能部门要把安全生产法宣传教育作为一项长期的重要任务，采取更加有效的方法和形式，大力普及安全生产知识，加强对生产经营单位主要负责人、安全管理人员和特种作业人员的培训，严格落实持证上岗制度，提升生产经营单位和从业人员防范事故的能力。要建立完善科学合理的绩效评价体系，加强对控制指标执行情况的监督考核，全面推进企业安全标准化创建工作，引导企业淘汰落后的生产设备和工艺，提升依托信息化和科技手段落实安全制度的水平，全面提高企业的技术装备和安全管理能力。要树立安全生产工作“一盘棋”思想，强化安监、公安、住建、环保、消防等部门的协作配合，认真制定各类重特大安全生产事故的应急救援预案，依法加强对安全生产工作的监督管理和日常检查，认真做好重大危险源点的监管工作，适时开展重点领域的安全生产专项整治行动，依法淘汰或责令关闭严重不具备安全生产条件的企业，严厉打击违法违规生产经营行为。要切实加强安监队伍建设，确保基层安全生产监管力量能够满足安全生产监管工作任务的需要，促进安全监管人员业务素质的整体提高，不断提高执法质量。

【道路交通安全条例执法检查】 4月至5月，市人大常委会就全市贯彻实施《江苏省道路交通安全条例》情况

市人大常委会检查电力法执法情况　　（市人大办　供稿）

进行执法检查。针对贯彻实施道路交通安全条例存在的交通事故数量居高不下，交通拥堵、停车难以及危化品车辆管理等问题，要求市政府及相关职能部门要进一步深入贯彻执行《江苏省道路交通安全条例》及有关法律法规，建立道路交通安全宣传教育长效机制，提高全社会的道路交通安全意识。要建立协调、统一、有效的交通管理机制，完善城市交通规划，坚持科学管理、依法管理、从严管理的原则，加强交通组织建设；要针对存在的上下班高峰期和中小学校门口拥堵以及停车难问题，采取有效措施，妥善解决，认真回应群众的呼声；要坚持严管原则，认真组织开展各类交通安全专项整治活动，严格查处酒后驾车、闯红灯、逆向行驶等交通违法行为，确保路面交通秩序，努力压降交通事故，力争交通事故总量有所回落；要按照既定的规划和方案，抓紧组织落实，保障危化品运输车辆停放有序、专道行驶，确保危化品运输安全；要加大交通建设和管理力度，努力解决城市道口车辆拥堵和城乡道路不够畅通等问题，并规划预留主要道口立交空间，适时建设，进一步提高全市道路交通安全水平。

【电力法执法检查】 4月至5月，市人大常委会就全市贯彻实施《中华人民共和国电力法》情况进行执法检查。针对贯彻实施电力法存在的全民安全用电意识不够，损害电力设施事件增多，服务水平有待提升等方面的问题，要求市政府及相关职能部门要加强电力法律法规宣传，加强安全用电、节约用电知识教育，取得全社会对电力工作的理解和支持，形成多层面关心电力建设、维护电力设施、遵守电力管理制度的良好局面。要主动对接全市经济社会发展，科学编制电力发展规划和电网建设改造计划，确保电力建设规划与城市总体规划的协调衔接；要加强部门协作，依法做好电力线路走廊规划、建设和维护工作，确保电网安全稳定运行，满足经济社会发展和人民生活用电需求；要着力构建政府统一领导、企业依法保护、群众参与监督、全社会大力支持的市、区镇、村（社区）三级联动的电力设施保护的工作机制，依法加大对窃电和偷盗、破坏电力设施行为的打击力度；要加强与企业用户的交流沟通，努力提高差别化服务能力；要积极帮助用户优化用电方案、切实解决实际难题；要主动倾听意见，接受社会监督，不断改善服务质量，以更加优质的服务和良好的形象赢得社会好评。　（孙朝枫）

调查视察

【概况】 年内，市人大常委会就重大产业项目进展、生态文明建设、防汛排涝工作、实事工程建设等进行调查和视察，撰写调研报告20篇。

【重大产业项目进展视察】 10月25日，市人大常委会领导带领人大常委会部分组成人员，对全市2013年重大产业项目进展情况进行视察。视察组实地视察康得新光学薄膜、扬子江石化聚丙烯、进口整车物流园、玖隆物流园、华灿光电等重大产业项目建设情况，并听取市发改委关于2013年重大产业项目进展情况的汇报。视察组肯定了市政府及相关职能部门以“810工程”为总抓手，扎实推进重大产业项目建设，推动一批重大产业项目的开工建设和竣工投产的做法。针对重大产业项目推进中存在的一些问题，希望市政府及相关职能部门要进一步增强重大产业项目建设的责任感，集中时间、集中精力抓好重大产业项目实施，及时帮助解决项目建设中遇到的困难和问题，高度重视抓好项目储备，为实现全市现代化建设三年行动计划奠定良好基础。

【生态文明建设调研】 市人大常委会将推进全市生态文明建设作为2013年度集体调研课题，4月至5月，组成3个专题调研组，由人大常委会领导带队分赴各区镇，采取听取汇报、明查暗访等形式，就推进生态文明建设的情况进行专题调查和深入的研究分析。针对生态环境质量不容乐观、节能减排任务十分艰巨、局部环境问题亟须解决等问题，提出深化生态文明宣传、加快经济转型升级、抓好专项污染整治、加大环保执法力度、建立完善责任机制等建议，得到市委主要领导的肯定和批示。

【防汛排涝工作视察】 5月29日，市人大常委会领导带领市人大常委会部分组成人员对全市防汛排涝工作进行视察。视察组实地查看一干河拓浚、联丰排涝站、通洲沙西水道整治二期等工程，了解工程建设情况，查看工程质量，听取相关情况汇报。视察组对全市防汛排涝工作给予充分肯定，认为全市防汛排涝工作组织领导有力，工作重点突出，防汛准备充分，为全市安全度汛打下较好基础。针对全市防汛排涝方面存在的问题和薄弱环节，要求市政府及相关职能部门要坚决贯彻落实防汛救灾责任制，认真抓好防汛任务分解落实，将工程管理、引排调度、物资储备、队伍建设、抢险救灾等各个环节的工作责任，都落实到具体单位、落实到具体责任人员，确保人员、物资、责任、措施的落实。要切实做好安全隐患排查和整改，立足防大汛、抢大险、救大灾的要求，对易发的险工险段，进行拉网式排查；对临时影响水系畅通的情况，及时落实好相关措施，确保行洪畅通；对城镇防洪排涝工作，制定针对性措施，确保安全度汛。

1号议案办理情况视察　（市人大办　供稿）

【实事工程视察】 12月5日，市人大常委会领导带领市人大相关工委负责人及部分人大代表，对2013年实事工程建设完成情况进行视察。视察组实地视察景巷幼儿园新建工程、城西拓展区菜场建设工程以及公共租赁住房建设工程等实事工程项目，并听取市政府关于2013年度实事工程建设情况的汇报。2013年全市民生实事工程共分五大类15个项目，计划投资16.6亿元，其中10个项目要在年内完成。至11月末，新增居家养老服务设施、背街小巷及路灯改造等5个项目已经完成，其余5个项目已经进入扫尾阶段。往年结转的4个项目中，沙洲中心粮库建设工程和市中医医院改建工程已经竣工，其余2个正按计划推进。视察组对实事工程整体完成情况表示肯定，并要求市政府及相关职能部门对已经完成的实事工程，要抓紧时间验收、考核，同时强化后续监管，防止出现重建轻管的现象，真正把实事工程项目打造成经得起时间考验、经得起人民考验的优质工程、阳光工程和民心工程。对还在推进中的项目，要在保证质量的基础上，加快工程进度，争取早日完成，使实事工程项目早一天惠及人民群众。

【1号议案办理情况视察】 11月14日下午，市人大常委会领导带领市人大常委会部分组成人员、部分议案发起人对《加快发展养老事业，提增我市民生福祉》议案办理进展情况进行视察。视察组一行先后视察龙潭社区居家养老服务站、人和老年公寓、冶金工业园（锦丰镇）锦虹老年公寓、鹿苑医院（老年护理院）、凤凰镇湖滨社区居家养老服务中心等地。《加快发展养老事业，提增我市民生福祉》议案是经市十三届人大二次会议通过，并交由市政府办理的1号议案，市政府高度重视，成立以市长为组长、分管副市长为副组长、相关部门和各区镇主要领导为成员的议案办理工作领导小组，制定养老事业发展专项政策，编制养老服务设施布局规划，完善养老服务配套政策。2013年，全市新增养老床位1018张，床位总数8450张，千名老人床位数41.2张。视察组对议案办理工作给予肯定，针对议案办理过程中存在的相关问题，提出意见和建议。要求市政府及其相关部门要加强组织领导，进一步提高对人大代表议案办理工作重要性的认识；要始终坚持规划引领，整体推进；要注重培育典型，充分发挥示范导向作用；要加强行业管理，确保养老产业健康发展；要建章立制，保障规划方案认真执行，确保养老议案在当届人大和政府任期内顺利办理完毕，向全体人大代表和全市人民交上一份满意的答卷。　（孙朝枫）

市实事工程之一锦丰镇老住宅小区健康新村改造　（市住建局　供稿）

【编辑　卞永高】

张家港市人民政府

Zhangjiagang Municipal People's Government

市民服务中心　（舒罗兰　摄）

重要会议　　港澳侨台事务

重要施政　　外　　事

政府法制　　对口支援和帮扶

行政服务　　驻外办事处

信　　访　　机关事务管理

重要会议

【概况】 全年市政府召开全体（扩大）会议1次、常务会议10次，召开全市性会议62次，其中市委、市政府联合召开11次。会议主题涉及稳定增长、转型升级、城市建设、城乡一体、社会事业、生态文明等方面。

【市政府全体（扩大）会议】 1月6日下午，市十三届政府召开第二次全体（扩大）会议。会议围绕“争当苏南现代化建设排头兵”的目标，要求以产业转型发展为第一要务、改善民生福祉为第一追求、维护社会稳定为第一责任，推动各项任务落到实处、取得实效。市委副书记、市长姚林荣主持并讲话，市委常委、副市长徐仲高，副市长丁学东、黄尧、石锡贤、邵军民、赵建明、华红、赵金龙、朱巧明等参加会议。

【市政府常务会议】 3月4日，市十三届政府第十次常务会议听取关于信访形势分析及下一步工作建议和传达省、苏州市审计工作会议精神及下一步工作思路和打算的汇报，审议《关于组建公共资源交易平台的建议方案》《关于切实做好耕地占补平衡工作的实施意见（试行）》《张家港市淘汰高排放机动车工作方案》《关于限制高排放机动车通行的通告》《张家港市少年儿童机构康复救助实施办法》《张家港市成人机构康复救助实施办法》《张家港市建筑企业外来务工人员工伤保险办法》。

4月1日，市十三届政府第十一次常务会议听取关于2012年度市政府规范性文件清理情况汇报和2013市政府规范性文件制订工作计划，审议《张家港市2013年价格调控目标责任制实施意见》《张家港市新市民积分管理办法》《张家港市首批“港城英才计划”引进人才资助建议方案》《2013年度第一批市领军型创业人才（团队）项目资助建议方案》《张家港市实施专利跨越三年行动计划（2013~2015）》。

5月11日，市十三届政府第十二次常务会议审议《2013年全市行政监察工作要点》《张家港市行政执法监督实施办法》《关于进一步加快旅游业发展的意见》《张家港市旅游业全面提升三年行动计划（2013~2015年）》《张家港市旅游业发展奖励补助办法》《张家港市国有土地上房屋征收与补偿程序及工作流程》《张家港市国有土地上房屋征收补偿决定报批程序规定》《关于组织实施人民法院裁定准予执行的国有土地上房屋征收补偿决定非诉执行案件的操作办法》《张家港市关于实行最严格水资源管理制度的实施意见》。

6月1日，市十三届政府第十三次常务会议审议《张家港市省级服务业综合改革试点实施方案》《张家港市人民政府工作规则》《关于进一步加强村庄环境长效管理的意见》《加强农村河道日常保洁工作的意见》《张家港市十三届人大二次会议代表议案办理实施方案》《张家港市救助申请家庭经济状况核对办法》《张家港市发展预拌砂浆实施办法》《张家港市城市基础设施配套费征收管理办法》。

7月8日，市十三届政府第十四次常务会议审议《张家港市现代化建设三年行动计划（2013~2015）》《张家港市生态文明建设三年行动计划（2013~2015）》《2013年度第三批市领军型创业人才（团队）项目资助建议方案》《张家港市市级河道岸坡整治建设管理意见》。

10月9日，市十三届政府第十五次常务会议审议《关于进一步加快服务业发展的若干意见》《张家港市服务业发展与改革引导资金管理办法》《关于加强工业经济和信息化专项资金使用管理的意见》《关于强化科技金融工作助推科技型中小企业加快发展的意见》《张家港市版权示范单位、示范园区和优秀版权工作站评审奖励办法（试行）》《张家港市软件正版化示范企业评审奖励办法（试行）》《关于进一步推进殡葬事业可持续发展的意见》《关于扶持村（社区）集体经济组织“一村二楼宇”建设的实施意见》。

12月4日，市十三届政府第十六次常务会议审议《政府工作报告》《关于公布2014年张家港市行政审批事项目录的通知》《2014年度基本建设项目计划及资金安排》《2014年实事工程预选项目》《关于2013年国民经济社会发展计划执行情况和2014年国民经济社会发展计划草案报告》《张家港市第二批下放凤凰镇行政管理权限项目》《张家港市水利现代化暨水生态文明建设三年行动计划》《张家港市环保“三三三”工程实施方案（2013~2015）》《张家港市公立医院综合改革实施方案》《关于进一步完善全市社区卫生服务体系的实施意见》《张家港市建设工程抗震设防要求管理办法》《2013年度海外专场、产业节点专场已落户项目及第五批市领军人才项目资助方案》《关于推进社会养老服务事业发展的若干意见》《张家港市城乡困难群众临时生活救助实施办法》。

重要施政

【概况】 2013年是全市现代化建设三年行动计划的启动之年。全市围绕“全面推进港城现代化建设”的总目标，聚焦“810工程”，实施“六大提升行动”，突出重点抓落实，攻坚克难求实效，经济社会保持平稳健康的发展态势。在经济发展上，注重质量和效益，抓牢重大项目、人才科技、载体平台等关键要素，集聚资源优先保障“810工程”项目，实施淘汰落后、腾笼换凤，产业转型呈现提速提质的良好势头；在城乡建设上，注重内涵和节奏，加快重大基础设施和安置房建设，有序推进中心城区和片区新城开发，优化镇区和办事处功能形象，城市品质得到进一步提升；在民生社会事业上，注重在整体改善群众生活质量的同时，加大对困难群众的帮扶救助力度，坚持可持续的要求办好普惠性民生事业，现代化建设成果加快惠及全体市民。全年实现地区生产总值2145.31亿元，比上年增6.1%；公共财政预算收入154.18亿元，比上年增3.1%；规模以上工业总产值4922.05亿元，比上年增3.5%；新兴产业产值1965亿元,占规模以上工业总产值的40%。完成全社会固定资产投资770.56亿元,比上年增9.6%;工业投资440.19亿元,比上年增6.7%,其中新兴产业投资195亿元,比上年增17%;服务业投资330亿元,比上年增14%。实际利用外资7亿美元。完成口岸货物吞吐量2.6亿吨、集装箱运量170.1万标箱,进出口总额322.4亿美元。城镇居民人均可支配收入4.34万元,农村居民人均纯收入2.17万元,分别比上年增9.4%和11.45%。

【加快全市旅游业发展的文件出台】 5月,市政府下发《关于进一步加快全市旅游业发展的意见》和《张家港市旅游业发展奖励补助办法》,提出"到2020年,全市旅游业总收入突破330亿元,年均增长18%左右,旅游业增加值占GDP比重达到3.5%左右,把张家港打造成为沿江旅游板块中的精品旅游示范区和长三角旅游圈具有重要影响的集观光、休闲、度假为一体的复合型旅游目的地"的主要目标。同时提出12项主要任务,即打响旅游品牌、培育龙头景区、加强宣传推介、推进产业融合、强化城旅一体、强化资源整合、提升旅游服务质量、优化旅游交通条件、完善旅游公共服务设施、加快旅游信息化建设、健全旅游安全机制、推进节能环保,并对9项旅游项目的奖励办法进行阐述说明。

【生态文明建设三年行动计划出台】 7月,市政府下发《关于印发〈张家港市生态文明建设三年行动计划(2013~2015)〉的通知》,围绕生态经济、生态环境、生态人居、生态制度、生态文化等五大类生态文明建设指标,全面开展生态经济发展行动、生态环境提升行动、生态人居优化行动、生态制度完善行动、生态文化培育行动、生态示范创建行动等六大行动20项具体工作。到2015年,初步形成节约资源和保护环境的空间格局、产业结构、生产生活方式,国家生态文明建设试点示范区创建工作领先全国同类城市。

【加快全市服务业发展的文件出台】 10月,市政府下发《关于进一步加快服务业发展的若干意见》,围绕完善服务业发展环境、保障服务业要素供给、促进重点领域加快发展、鼓励服务业企业创新发展、加强服务业载体建设、服务业企业主要经营者贡献奖励等7个方面提出30项具体措施。提出在放宽准入条件、加快服务领域改革、推动政府购买社会服务、鼓励发展行业协会、专业性社会中介组织、鼓励个体工商户转型升级为企业、健全服务业统计制度和主要指标监测评价体系等8个方面提升服务业发展,并提出加快现代物流业和支持专业市场发展的13项具体工作。

【实事工程的实施与确定】 2013年确定的五大类15项实事工程项目顺利实施。其中,老城区天然气配套用户改造、提高劳动者就业率、提高城乡养老人员待遇、增设惠民险种等10个项目全面完成;5个跨年度项目按时序推进。4个往年结转项目中,沙洲中心粮库建设工程、市中医医院改建工程和公共租赁住房建设完成。2014年确定实事工程项目11项,分别是:市农产品质量检验测试站建设工程、完善和提升养老服务设施工程、市第二职业高级中学新建工程、康乐医院易地新建工程、背街小巷及路灯改造、镇(区)集中居住老住宅区天然气配套项目、文化数字化服务工程、新增市民绿色共享活动场所、农村河道综合整治工程、公交车辆清洁能源提升工程、城乡生态气象建设工程。

2013年张家港市实事工程完成情况

表7

类别	项目名称	项目内容	投资额(万元)	完成情况
惠民工程	提高劳动者就业率	实现高校毕业生初次就业率、被征地农民就业率、特困家庭劳动力就业率99%以上,特困家庭毕业生就业率100%;职业技能人才培养	2140	11月末完成。实现高校毕业生初次就业率99%、特困家庭毕业生就业率100%、特困家庭劳动力就业率99.55%、被征地农民就业率99.03%,累计培训各类技能人才20382人次
	提高城乡养老人员待遇	增加农保退休人员及老年农(居)民收入,提高企业退休人员待遇	5672	12月中旬完成。农保退休人员及老年农(居)民收入调整覆盖人数达到11.7万人,发放金额2518万元;企业退休人员养老金调整覆盖人数16.6万人,月人均增发192元
	增设惠民险种	农产品价格指数保险,新市民意外保险,计生特扶人员住院护工补贴保险	364	7月末完成。农产品价格指数保险累计赔付8.5万元;新市民意外保险覆盖面83%,累计赔付57.63万元;住院护工保险累计赔付15.9万元
便民工程	新增居家养老服务设施	建设"亲情"虚拟养老院,新建10个居家养老服务中心(站)	1300	11月末完成
	增设社区卫生服务中心	跨年度工程。增设16家社区卫生服务中心(其中新建13家、改建3家),2013年计划建设8家(新建6家、改建2家)	3985	8家社区卫生服务中心建设工程基本完成

续表7

类别	项目名称	项目内容	投资额（万元）	完成情况
便民工程	气象精细化预报建设	建设2个农业气象观测站、13个乡镇自动气象站、1套微波辐射探空仪、2套道面监测仪、1套霾和温室气体监测仪	860	11月末完成
宜居工程	住宅小区防盗设施建设	跨年度工程，计划分三年推进。对全市179个已建居民住宅小区安全防范设施进行改造	10218	完成35个小区的摄像机、人脸识别访客系统的安装工作
	背街小巷及路灯改造	背街小巷改造，包括改造里弄12条、机动车道1.87万平方米、人行道板1.11万平方米；住宅小区照明改造，对百姓反响较大的20处照明盲区增设路灯507杆	2157	9月末完成
	老城区天然气配套用户改造	完成老城区天然气改造8125户，基本实现二环路以内老城区天然气全覆盖	2268	12月末完成
	镇（区）设施改造	镇（区）老住宅区整治工程，镇（区）街景改造工程，市域交通干道路灯安装工程	44870	12月末全部完成。镇（区）老住宅区整治面积33.48万平方米，镇（区）街景改造工程20个项目全面完成并投入使用，市域交通干道路灯安装工程全面竣工
文化教育事业建设工程	文化育民工程	优化示范文化网格，繁荣地方特色文化，数字图书馆建设工程	1220	12月末全部完成。网格化公共文化服务获2013年度国家文化创新工程重点项目，全市人均公共文化设施面积达到0.38平方米，位列全省前列；长江文化博物馆开馆，全市群众文艺团队总数488支；数字图书馆主体项目完成，率先建成全省2家24小时自助图书馆
	新建3所学校及更新66辆校车	跨年度工程。新建景巷幼儿园，新建南苑幼儿园，新建市二中北校区，更新66辆小学生校车	17440	景巷幼儿园新建工程主体结束，市二中北校区新建工程进入基础施工阶段，南苑幼儿园新建工程进行施工图设计，更新66辆学生校车工程于8月末完成
菜篮子工程	农副产品批发市场易地新建工程	跨年度工程。易地新建农副产品批发市场	62800	市场区域墙体粉刷工作结束，进入装饰施工阶段；办公区域墙体粉刷施工结束，外墙铺设完成60%；商铺、卖场区域主体结构完成；室外市政工程进行雨污水管道铺设
	城西拓展区菜场建设工程	跨年度工程。人民路南侧菜场、梁丰路北侧菜场	4600	人民路南侧菜场建设工程基本完成，梁丰路北侧菜场主体结构完成
	改造老农贸市场、增加优质蔬菜基地直销点	改造老农贸市场8个，增加优质蔬菜基地直销店（摊位）15个	6100	12月末全部完成

【议案、建议、提案办理】 年内，市政府组织实施人大议案1件，办复人大代表建议251件、政协委员提案376件。办理满意率和基本满意率100%。

（朱甲波）

政府法制

【概况】 2013年，全市政府法制工作紧扣法治政府建设目标任务，统筹推进依法行政各项工作。审核政府文件草案93件，审核通过并报市政府印发规范性文件17件，完成规范性文件后评估32件，清理政府规范性文件210件，清理公布2014年全市行政审批事项434项。开展2013~2014年依法行政示范点创建活动和2013年度依法行政考核评议活动，会同苏州大学王健法学院合作编写《法治与文明同行——张家港践行国务院〈全面推进依法行政实施纲要〉十周年巡礼》一书。6月，张家港市被省政府确认为江苏省率先完成法治政府建设阶段性工作目标任务的县（市、区）。

【政府规范性文件管理】 2013年，市政府立项计划制定规范性文件50件，侧重民生福祉、环境保护、产业转型、文化教育、基础设施建设等方面。市政府法制办公室全年审核政府文件草案93件，审核通过并经市政府印发《张家港市建筑企业外来务工人员工伤保险办法》《张家港市城乡困难群众临时生活救助实施办法》《关于推进社会养老服务事业发展的若干意见》等规范性文件17件，规范性文件均按规定向张家港市人大常委会和苏州市政府备案。4月，市政府印发《关于公布2012年度市政府规范性文件清理结果的通知》，审核清理2012年11月30日前市政府制定的规范性文件210件，对《关于建立优抚对象抚恤补助自然增长机制的意见》等161个文件予以保留，对《张家港市城镇计划用水、节约用水管理实施办法》等18个文件予以废止，对《张家港市高新技术创业服务中心暨留学人员创业园建设方案》等7个文件宣布失效，对《张家港市房改售房公共维修基金管理使用暂行办法》等24个文件予以修改。4月，市政府法制办公室将《关于增强自主创新能力建设创新型城市若干政策的通知》《张家港市加快养老服务事业的意见》《张家港市蓝线管理办法》《关于在全市行政职能部门开展"两集中、两到位"工作的实施意见》《张家港市食用农产品安全监督管理办法》《张家港市市民卡管理办法（试行）》《关于加强全市住宅区物业管理工作的意见》《张家港市城市管理相对集中行政处罚权实施办法》等8个重要规范性文件纳入政府重点后评估项目，将23个实施满两周年的规范性文件纳入部门后评估项目，10月末完成所有评估。

【行政执法监督】 3月，市政府法制办公室制定行政执法监督工作计划，从日常监督、专项监督和重点监督三个方面部署安排全市行政执法监督工作。5月，出台《张家港市行政执法监督实施办法》，将法律、法规、规章、规范性文件实施情况，行政执法部门和行政执法人员依法履行职责情况，规范性文件制定和备案审查情况等14项内容纳入执法监督范围，构建全方位行政执法监督体系。6月，市政府法制办公室联合市监察局开展行政执法制度建设"回头看"活动，以健全业务工作、人员管理、激励约束和联动协调为行政执法制度建设重点，督促行政执法部门形成科学管用的行政执法制度体系。是月，市政府公布市行政执法主体，其中法定行政执法主体57个、法律法规授权行政执法主体23个。8月至9月，市政府法制办公室以"交叉点评找不足"与"集中点评推优秀"的形式，评查公安、交通、城管等21个单位63件行政处罚案卷和32件行政许可案卷，评选优秀案卷14卷，查找存在问题212个，并逐一反馈整改意见。10月至11月，市政府法制办公室以自查自评、专项督察和社会评议方式，在全市基层行政执法机构中开展执法情况监督检查活动，对规划监察、船闸管理、药品监督、农业行政、安全生产、地税稽查、公安消防、烟草稽查等重点领域执法活动开展专项督察，并予以通报。加强行政执法人员队伍建设，提升行政执法人员法律素质和执法能力。4月、8月、11月，开展行政执法人员公共法律知识考试；5月、11月，开展全市新任行政执法人员培训；9月，开展市依法行政骨干培训。全年新增行政执法证185件，注销行政执法证215件；新增行政执法监督证5件，注销行政执法监督证15件。平稳运行行政权力网上公开透明运行系统，市行政权力库内录入行政权力事项5707项，其中在用权力5445项、暂停权力262项，全年90875件行政权力办件在系统内运行。审核各区镇、部门报送的43件规范性文件，未发现与上位法相违背情况，均予以备案。

【行政复议】 2012年12月11日至2013年12月10日，市政府法制办公室办理行政复议案件69件（包括上年结转案件13件），其中受理51件，不予受理4件，出具告知函8件，受理前撤回2件，通过案前行政调解方式结案4件。受理行政复议案件中，结案43件，其中维持决定38件、自愿撤回申请5件，尚未审结8件。案件主要集中在工伤认定、房屋拆迁（拆违）、消费维权、交通违章等领域。4月，制定《张家港市行政复议工作规范化建设实施方案》，从行政复议队伍建设、案件受理、审理、决定、指导监督、基础工作等6个方面提出建设标准，部署行政复议规范化建设工作。5月，健全行政复议立案、审理、调解与和解、重大行政复议案件集体讨论和行政复议相对集中审理等工作制度。6月，完善硬件设施，在市社会矛盾调解服务中心设置行政复议接待室、听证室、阅卷室、档案室和办公室，配备符合规范化要求的办公设备及办案车辆，保障行政复议工作高质量开展。8月，在各区镇设立行政复议受理点，作为市政府行政复议案件收案窗口，明确行政复议联络员和工作职责，形成市、镇两级行政复议立体式受理网络，方便人民群众就近申请行政复议。9月，省人大检查市行政复议规范化建设情况，行政复议工作得到省人大和省政府法制办的肯定。12月，第二届行政复议委员会成立，将复议工作人员纳入常任委员管理，同时聘任人大、纪委、政法委、检察院和相关部门人员及律师代表20人为非常任委员。全年所有重大复杂行政复议案件统一由行政复议委员会审理，组织行政复议委员会案审会7次、听证会7次。行政复议案件办理基本做到"定纷止争、案结事了"，无一起案件被人民法院撤销、变更或确认违法。

【行政调解】 2月，市政府法制办公室在2012年建立行政调解与司法调解衔接的基础上，制定《关于建立行政调解与人民调解衔接机制的实施意见》，明确指导思想、工作原则、衔接范围和方式、工作机构、工作制度和要求，理顺行政调解和司法调解、人民调解之间关系。5月中旬，与市司法局组织开展"调解技巧培养及实务训练"培训班，提升全市40余名骨干调解员调解技能。5月下旬至6月上旬，调研全市重点区镇和公安、人社、交通、工商、住建等部门行政调解情况。加强对劳资纠纷、治安管理、交通事故、消费者维权、环保纠纷等重点领域矛盾的分析研判，每季度统计全市调解数据，撰写分析报告。年内，全市各级行政调解主体受理行政调解30170件，达成协议29926件，未达成协议227件，未结案17件，调解成功率99.2%。

【苏州仲裁委员会张家港办事处启动仲裁工作】 8月6日，市政府法制办公室向苏州仲裁委员会请示调整和变更苏州仲裁委员会张家港办事处设置的有关事项。8月12日，苏州仲裁委员会发文《关于同意苏州仲裁委员会张家港办事处有关事项的批复》，同意张家港市政府法制办公室主任任苏州仲裁委员会张家港办事处主任，办事处地址变更至张家港市社会管理服务中心大楼（市人民东路79号）。10月，苏州仲裁委员会张家港办事处启动仲裁工作，受理案件范围为各类民商事争议，包括买卖合同、借款合同、建设工程合同、租赁合同、融资租赁合同、承揽合同、运输合同、技术合同、保管合同、仓储合同、保险合同、房地产合同等。11月，办事处召开启动后首次工作会议，苏州仲裁委员会秘书长李勇、张家港市常务副市长徐仲高和市法院、市住建局、张家港工商局等部门相关负责人以及仲裁员参加会议。

（赵　洁）

行政服务

【概况】 年内，市行政服务中心共办理各类行政服务事项30.17万件，提前办结率99.2%，承诺件按期办结率100%，群众现场评议满意率99.9%。完成工程建设招投标和政府采购项目1311项，成交金额104.34亿元，比预算价（标底价）节减12.27亿元，节减率10.52%。受理"绿色通道"项目50项，完成竣工联合验收项目121项。3月，召开全市行政服务工作暨镇、村两级政务服务体系建设推进会，将镇、村两级政务服务体系建设在全市范围推广。5月31日至6月1日，深化平安中国建设工作会议在苏州召开，市民服务中心作为现场参观点之一。6月1日，中共中央政治局委员、中央政法委书记、中央综治委主任孟建柱以及国务委员兼公安部部长郭声琨、最高人民法院院长周强、最高人民检察院检察长曹建明一行到市民服务中心考察平安建设工作。孟建柱一行观看全市新市民积分制管理视频，视察全市食品安全建设、"12345"便民服务热线等情况。7月，市行政服务中心在苏州范围内成立首家公共资源交易管理委员会办公室和公共资源交易服务中心。12月，由市政府印发《关于公布2014年张家港市行政审批事项目录的通知》，进一步规范全市行政许可审批服务事项。

【"网上政务通"审批平台持续深化】 年内，市行政服务中心继续深化"网上政务通"智慧审批平台建设。8月，该平台升级版上线运行，新的操作系统集成自有短信平台，将注册用户与开通手机绑定，共发送短信7037条。同时，进一步完善权力库、审批、电子监察三大平台，做到"审批有依据、流程全公开、全程受监督"。对全市"政务办公系统、行政审批系统、部门业务系统"进行审批业务统合，实现与卫生（省属系统）、环保及城管（部门局域网系统）的审批业务数据交换。建设网络个人空间和企业空间，申办者通过专属空间，试行远程申报，全年办理网上申报2175件。在服务大厅设立自助服务区，试行个人自助申报。选取试点广告公司，开展户外广告的全流程网上审批。开设"绿色通道一码通"服务，为基本建设项目办理提速增效，"网上政务通"实现了市、镇、村三级政务服务体系的上下联动。

（郭　娜）

信　访

【概况】 2013年，市信访局落实省信访局开展的"基层基础建设年"活动，以镇、村（社、居）两级为重点，推进"四个一"建设，即"一个规范的接访场所，一支有力的工作队伍，一套有效的工作机制，一个坚实的工作基础"，全市各区镇实现信访机构全覆盖。市信访局全年受理信访2481件（其中网上市长信箱793件），比上年减1.7%。其中，城乡建设类1099件，劳动保障类401件，"三农"类212件，涉法涉诉类304件，环保类43件，其他问题类422件。

2013年张家港市信访情况

表8

信访总量（批、件）	信件（件）		上访									
			批数	人次	其中							
					到市集访		赴苏州集访		赴省上访		赴京上访	
	纸质	市长信箱			批数	人次	批数	人次	批数	人次	批数	人次
2481	580	793	1108	4262	160	2735	6	113	59	140	24	41

2013年张家港市群众信访处理情况

表9

上送	上级交办		转办		未结案	信访总结案率（%）	市领导批阅信件（件）	占信件总数比例（%）	市领导接访数		市领导主持会办信访案件（件）
摘报及汇报（件）	信件（件）	到访（批）	信件（件）	到访（批）	信件（件）				批数	人次	
35	286	7	294	17	0	100	198	14.42	110	175	134

【“天天听民声”工作制度化推进】 2月21日，市委办下发《2013年张家港市党政领导“天天听民声”工作实施方案》，市信访局根据方案要求编制调整市党政领导干部接访下访计划表，安排专人和市委办公室、市政府办公室按时对接，保证市党政领导“听民声”工作顺利开展。按照规范有序，方便群众、解决问题的原则，着力解决群众反映强烈的土地征用、房屋拆迁、劳动社保、环境保护等方面的突出问题，重点抓好接访、包案、落实等关键环节，在继续坚持定点接访、重点约访的基础上，推进专题接访、带案下访。年内，市委书记姚林荣、市长朱立凡率先垂范，多次深入基层一线接访、下访，市级党政领导89人次接访、下访，接待群众172批235人次，49次进村入户走访调研。

（李　磊）

港澳侨台事务

【概况】 2013年，全市有归国华侨15人，海外华侨华人、侨眷、归国留学生近6000人，侨资企业300余家。侨界有张家港市人大代表2人，张家港市政协委员18人（其中政协常委1人）。市侨办全年接待华侨华人60余人，接待处理华侨华人、港澳同胞、归侨侨眷信访39件，涉及寻找亲人、侨房拆迁、工作就业、出入境待遇、投资洽谈等方面，结案率100%，无涉侨上访事件发生。在中秋节、春节等传统节日期间，走访慰问华侨华人、困难归侨侨眷、侨界重点人士等家庭66户。年内，通过省侨办、苏州侨办服务平台向海外发布全市2013年126个人才项目的需求信息，搜集海外高层次人才（项目）信息266条，包括海外华侨华人高层次人才江苏行所有嘉宾信息、“2013年相聚长三角”所有出席活动嘉宾名单，世界华商500强广东（广州）圆桌会参会华商名单以及第十二届世界华商大会参会嘉宾名单。1月10日，举办侨界人士代表春节团拜会，归侨侨眷、侨资企业、留学回国人员代表100余人应邀出席。2月23日，市侨办参加西城第二区域联合党委“过大年、闹元宵”广场文艺汇演暨志愿者法律服务活动。4月19日，接待苏州市116名老归侨侨眷到张家港参观。6月29日，联合侨联举办市第二届“城东街道杯”侨界运动会。8月，市侨办开始编制《乡情乡音》市情月报电子期刊，采用月刊的形式向张家港籍海外人士免费发送。9月14日举办“月是故乡明”侨界人士代表庆中秋、迎国庆联谊会。年内，市侨办指导杨舍镇城东街道建设社区侨之家，创建“侨友家园”品牌，被国侨办授予“全国社区侨务工作示范单位”。

年内，全市新批台资企业2家，新增注册台资310万美元。至年末，全市累计建办台资企业858家，注册台资31.34亿美元。全市有48批121人因公赴台考察、交流和培训，其中，3月27日至4月1日，副市长邵军民率市政府考察团赴台考察。1月17日，市台办和台资企业协会举办“2013年台商迎新春联谊会”，市政府分管副市长、各区镇和有关部门领导及300余名台商参加活动。6月28日至29日，海协会前会长陈云林、海基会前董事长江丙坤、省台办主任王荣平和全省台资企业协会会长等80余人到张家港参加江苏台商高尔夫会员大会暨年度大赛活动。9月13日，市台资企业协会换届选举，安固（张家港）橡胶工业有限公司董事长洪宗魁当选为第五届协会会长。10月16日至20日，市13家台资企业赴苏州电子博览会参展。11月8日至10日，2013年海峡两岸（张家港）农业博览会在市体育馆举行。11月，张家港市台资企业苏州金鸿顺汽车部件股份有限公司获2013年“苏州市创新先锋企业”称号。

【“海外华侨华人高层次人才江苏行”苏州站开幕式暨张家港创业环境说明会】 6月24日至25日，江苏省侨办主办的2013年“海外华侨华人高层次人才江苏行”苏州站开幕式暨张家港创业环境说明会在市国贸酒店举行，欧洲和美国、加拿大、澳大利亚的20余位海外华侨华人高层次人才到张家港市考察并进行合作洽谈。24日下午，张家港市政府为海外高层次人才举行“张家港市创业环境说明会”，晚上举行项目对接洽谈。达成初步合作意向7个。25日上午，嘉宾们实地考察张家港市华东国际技术创新园、智能电力研究院、沙洲湖科技创业园、经济技术开发区科技创业园和保税区江苏斯威森生物医药工程研究中心等创新创业载体和企业，及暨阳湖生态园、城西新区、市文化中心综合展示馆等地。

【海外高层次人才交流合作大会张家港站开幕式暨创业环境说明会】 9月12日，2013年“相聚长三角”海外高层次人才交流合作大会张家港站开幕式暨张家港创业环境说明会在市国贸酒店举行。澳大利亚、新加坡和欧洲、美洲等国家和地区的30余名海外华侨华人高层次人才以及微软云计算中国区总监沈寓实等8位微软华人协会高端人才参加说明会。张家港市在会上作创业环境说明，海外留学回国创业人员代表、江苏斯威森生物医药工程研究中心有限公司董事长闫勇义和江苏和昊激光科技有限公司总经理柳岸敏在说明会上介绍在张家港市的创业经历。会后举行项目对接洽谈，区镇及相关职能部门20余名引资引智工作人员参加对接洽谈活动，共达成初步合作意向15个。

【多举措服务台商和台资企业】 年初，市台办向全市各区镇、政府相关职能部门和台资企业发放《江苏省保护和促进台湾同胞投资条例》，并通过走访台资企业、参加市台资企业协会会议等途径向台商进行宣传。年内，市台办、市金融办、市台资企业协会先后邀请两岸专家、市法院、市海关举办4次台资企业经营管理及政策、法律讲座。6月17日至19日，市政协视察南港（张家港保税区）橡胶工业有限公司、顺德工业（江苏）有限公司等9家台资企业运行情况；8月9日，市政协十一届十五次主席（扩大）会议听取市台办关于全市台资企业运行情况的报告。11月6日，市政府成立张家港市台湾同胞投资权益保障协调委员会；12月19日，市台湾同胞投资权益保障协调委员会第一次工作例会在市政府会议室召开。年内,市台办共协调协助有关单位为台资企业解决土地、拆迁、交通、工伤、劳资等矛盾纠纷和实际问题20余件,为台商(含部分外商)协助办理居留许可及居留签注、停留延期、更换台胞证、就业证、驾驶证等160余份。

(张燕红　徐　明)

外　事

【概况】 2013年,张家港市因公出国(境)293人次,赴国际友城交流5批25人次;与加拿大万锦市签署友好交流备忘录。市外事办办理因公出国(境)手续249人次;申办APEC商务旅行卡82张,累计申办283张;代理因私签证82批132人次,代发外籍人员邀请函44批51人次,代理出国认证158批423人次;受理并处置涉外事(案)件3起;组织3批7所学校68名学生分赴韩国、德国、澳大利亚等友城住家交流;接待外宾9批145人次,其中国宾级1批14人、省部级1批5人、使领馆2批15人、友城代表4批106人、其他1批5人。年内,市外事办推荐的佐敦涂料(张家港)有限公司挪威籍营运总监吴海涛获"苏州市荣誉市民"称号,这是自2004年设立"苏州市荣誉市民"称号后,张家港市第三位外籍人士获此殊荣。

【与加拿大万锦市签署友好交流备忘录】 9月11日至14日,加拿大万锦市区域议员李国贤到访。副市长邵军民代表市政府与李国贤签署两市友好交流备忘录。两市继续推进友好交流城市关系缔结,从经贸、科技、文化、教育等领域开展交流合作,并约定张家港市于2014年4月至5月派政府代表团、科技代表团访问万锦市,商定两市建立友好交流城市关系事宜。李国贤还考察参观市城展馆、暨阳湖生态园、购物公园、梁丰高级中学、科创园、智能电力研究院、凤凰镇"千人计划"(张家港)集成光电研究院等地。

【韩国浦项市友城代表参加长江文化艺术节】 11月1日至4日,韩国浦项市北区区长徐镇局率政府、议会、学生代表团和文艺演出团应邀参加2013年中国(张家港)长江文化艺术节暨长江流域民族民间艺术节。其间,政府、议会代表团和文艺演出团参观市城展馆、暨阳湖生态园、杨舍老街、香山风景区、张家港浦项不锈钢有限公司等地;文艺演出团在长江文化艺术节开幕式上表演;学生代表团参观江南农耕文化园、沙洲中学、市青少年实践基地等地,并与沙洲中学、梁丰初级中学、暨阳湖实验学校学生开展住家交流。

(李　杰)

对口支援和帮扶

【概况】 2013年,张家港市继续对口帮扶江苏省宿迁市宿豫区、陕西省子洲县、重庆市云阳县、贵州省沿河土家族自治县,对口支援西藏自治区林周县、新疆维吾尔自治区巩留县,与江苏省丰县、湖北省秭归县、陕西省汉阴县、四川省白玉县和马边彝族自治县保持友好合作关系。全年对上述地区实施对口帮扶项目17项,提供援助资金1978万元(市财政出资1146万元,各区镇、机关、企事业单位和个人对口援助832万元)。其中,援助宿迁市宿豫区1029万元、子洲县168万元、云阳县30万元、林周县129万元、巩留县511万元、白玉县8万元、沿河县10万元,其他地区93万元。捐赠对口地区办公用品、教学设备、体育器材、学习用品、书籍等物资价值441万元。

【交流培训活动】 年内,张家港市与对口地区开展形式多样的交流活动。其中,市领导出访的有:1月30日,市委常委周伟带领市委办、农工办及先进示范村党委书记到宿豫区开展结对帮扶活动;3月21日至22日,市委书记徐美健率党政代表团访问宿豫区,市委副书记、市长姚林荣和宿豫区委副书记、区长张晓伟分别代表双方政府签订《2013年度南北挂钩合作协议》和《2013~2015年共建工业园区合作协议》;6月17日,市委常委、常务副市长徐仲高率团赴林周县考察援建项目,慰问援藏干部;9月23日至25日,市委副书记、代市长朱立凡率团赴巩留县考察对口支援工作,慰问在巩留工作的援疆干部、教师和医务人员;10月20日至21日,市人大常委会副主任郭炳荣率队赴宿豫区考察,检查帮扶项目落实情况;11月27日至29日,副市长邵军民率队赴沿河县考察,确定合作方向和帮扶项目。对口地区领导到访的有:3月1日至2日,宿迁市副市长、宿豫区委书记曹秀明率党政代表团到访;4月18日至23日,巩留县委书记张耀华率党政代表团到市考察,与张家港市共商对口支援、城市建设管理、文明城市创建及经济合作事宜;8月30日至31日、12月11日至12日,宿豫区委书记张晓伟,区委副书记、代区长刘士武两次率党政代表团到市考察开发区和区镇经济社会发展情况,两地政府签订《张家港·宿豫加强南北挂钩合作、加快产业转移备忘录》;10月27日至28日,沿河县委书记张翊皓率考察团到市考察产业园区和城市建设;11月1日至5日,巩留县委副书记、县长托里坤率党政代表团到市进行经贸洽谈,考察社区建设。张家港市全年接待对口地区领导到访40余批、600余人次。年内,张家港市和宿豫区互派干部进行挂职交流:张家港市先后选派陈永祥、孙济刚挂任宿豫区委副书记,陈亚光、赵敢分别挂任宿豫区区长助理、宿豫经济开发区管委会副主任;宿豫区先后选派侯春静、陈磊挂任张家港市副市长,陈敏挂任张家港市经信委主任助理。5月8日至22日,宿豫区组织24名社区党组织书记到市示范社区挂职锻炼,学习社区管理经验。市委组织部、市委党校、市教育局、市卫生局、市农委、市援疆工作组等单位为巩留县、宿豫区举办各类培训班11期,培训干部人才336人次。

【援藏援疆工作】 年内,张家港市派出副市长黄亚平担任林周县委副书记、常务副县长,负责援藏工作。除省财政统筹援藏资金外,市财政支援林周县项目建设资金70万元，塘桥镇支援边角林乡建设资金50万元，市人民检察院支援林周县人民检察院业务经费9万元。根据援疆工作总体要求，张家港市选派21名干部、教师、医生和农林科技人员赴巩留县工作。其中，副市长黄雪元、张家港经济技术开发区管委会副主任季冬分别担任巩留县委副书记和巩留县委常委、副县长，负责援疆工作。年初，由援疆工作组负责实施的总投资2.56亿元的16个援疆项目建设全面开工。至年末，所有项目全部完工。巩留县高级中学、职业技能培训基地等跨年度项目完成收尾工作，投资2100万元的安居富民、定居兴牧等新建项目全部达到"两居"援疆示范工程标准。年内，张家港市出资511万元（市财政安排250万元，各区镇、各部门援助261万元）支援巩留县社会事业发展，市教育局、市人口计生委等单位援助教学设备、应用软件、慰问物资价值420万元。两地共有40余个部门互访交流，巩留县派出8批237名干部、教师、医务人员到张家港市培训。

【宿豫工业园建成省共建园区先进单位】 年内，张家港宿豫工业园区投入建设资金7300万元。其中，污水处理厂完成投资3400万元；张家港大厦完成投资1000万元；百威大道和乐余路、金港路延伸段完成投资2000万元；供电开闭所完成投资900万元。全年完成业务总收入9.5亿元，实现地区生产总值2.69亿元，实现公共财政预算收入2900万元，新增500万元以上固定资产投资4.2亿元。百威英博（宿迁）啤酒有限公司一期工程，完成固定资产投资6亿元，建筑面积6.2万平方米，安装普啤生产线1条，11月18日投料生产。新引进的江苏雅捷生物科技有限公司，总投资5000万元，完成工商注册等前期准备工作。华虹电子工业有限公司、海纳新材料有限公司二期厂房建设竣工，乐乐宠物有限公司二期扩建方案完成规划设计。园区三产项目稳步推进：总投资3亿元的张家港大厦项目，办公楼和住宅楼桩基完成施工；建筑面积10万平方米的悦丰花园商品房开发项目，一期2.6公顷地块完成土地挂摘牌；骏马化纤南侧9公顷地块拟建设汽车生活广场，洽谈引进知名汽车4S店工作进展顺利。2月，共建园区被宿迁市政府评为宿迁市合作共建工业园区二等奖；11月，被省苏北发展协调小组评为江苏省共建园区先进单位；在苏北办对全省37个共建园区的考核评比中名列第8名，并获省政府1000万元奖励资金。

（赵　敢）

驻外办事处

【市政府驻南京办事处】 2013年，市政府驻南京办事处坚持"厉行节约、勤俭办事"原则，为各部门在南京开会、培训、参观、考察、调研、办事的工作人员做好服务保障。全年共接待江苏省、苏州市和张家港市领导302批386人次。配合市交通运输局、国土局等职能部门展开项目报批的对上争取工作。4月，协助市交通运输局通过沪通铁路的初步设计评审会。12月，协助市国土局获省政府批准1100公顷土地新指标。（毛爱维）

【市政府驻深圳办事处】 2013年，市政府驻深圳办事处接待各方赴深圳团队40余批400余人次。全年编印《南风窗》12期。开拓深圳供应产业链、新型金融产业链等潜在客户源，为区镇赴深圳招商引资牵线搭桥。年内，重点关注的深圳招商集团物流、胜记仓、六星汽车产业等项目意向良好，基础准备工作有序进行。为澳洋集团、华尔润集团等企业与深圳前海深港现代服务业合作区项目合作提供即时政策、开发进度等方面的信息。协助市金茂公司与深交所等深圳相关部门就具体业务对接沟通，为张家港企业在深圳股票上市、企业咨询做工作。继续为飞翔化工张家港大厦在深圳的顺利推进沟通深圳有关部门，办好相关手续。继续跟踪2010年引进的华中科技大学国家863计划"双氟磺酰亚胺锂LiFsi"项目，实验室小样已销售至陶氏、巴斯夫、阿克玛、丰田汽车、大众汽车等客户。（承晓茗）

机关事务管理

【概况】 2013年，市级机关事务管理中心履行后勤服务保障职能，为市级机关创造良好的办公条件和工作环境。先后完成第七届科技节、2013年中国（张家港）长江文化艺术节等各类会议、活动的会务和后勤保障。全年提供会议服务1400余场（电视电话会议55场），用车服务安全行驶50万千米。集中组织公开拍租房产9000余平方米，年租金收益近1300万元。府苑楼及所属4个机关食堂统一采购、配送，为机关集中办公区1500余名干部职工提供优质餐饮服务。加大节能宣传，稳步推进市政府大院等机关集中办公区域的节能管理工作，在全市范围内开展节水型单位（机关）和公共机构节能示范单位创建工作。按照规定组织开展党政机关办公用房清理工作，继续配合市纪委开展党政机关公务用车专项治理工作。

【4000余平方米机关办公用房改造】 年内，市级机关事务管理中心重点推进机关办公条件改善工作。统筹做好办公用房的调配改造和机关非自用公有房产的处置工作，调整改造办公用房4000余平方米，先后完成市政府办公室、市委组织部、市便民服务中心、市调解中心和市文化行政综合执法大队等单位办公用房的调配及维修改造工作。配合市建筑工务处，完善港城大厦相关配套服务工作，包括港城汽运集团维修车间的拆迁，厨房设备、标牌标识的设计和采购以及公共区域家具的选型、配套窗帘的招标采购。政府采购物业管理经费281.86万元，窗帘、标识标牌等配套设施经费159万元，办公家具配置经费近300万元。至年末，共有市发改委、经信委、人社局、民政局等22个单位入驻港城大厦。（杨　明）

【编辑　景力颖】

政协张家港市委员会

Zhangjiagang Municipal Committee of the CPPCC

市政协十一届二次会议　（张家港日报社　供稿）

综　　述

重要会议

协商议政

民主监督

综　　述

2013年年初，市十一届政协有委员330人。年内，有12人由于工作变动等原因，不再担任该届政协委员。根据《中国人民政治协商会议章程》规定，经市政协十一届八次常委（扩大）会议、十次常委（扩大）会议审议通过，调整增补政协委员12人。至年末，市十一届政协有委员330人。其中，界别分布为中共18人、民盟12人、农工党12人、工商联17人、无党派人士8人、总工会7人、共青团（青联）6人、妇联9人、科协8人、文艺新闻界7人、科技界16人、经济界45人、农业和农村界15人、教育界20人、体育界5人、医卫界22人、侨联界13人、民族宗教界8人、社会福利和社会保障界13人、社会科学界12人、特邀人士57人。年内，市政协紧紧围绕现代化建设大局，把握团结民主主题，调动全体委员积极性，认真履行政协三大职能，扎实开展各项经常性工作，为巩固和发展新时期爱国统一战线，全面推进现代化建设，做出积极贡献。

开展协商议政活动　市政协全年组织开展各类协商通报活动8次。其中，市政协常委会议分别就中小企业科技创新、发展职业教育、推进污染防治提升生态宜居质量、经济社会发展及提案办理等议题，市政协主席会议分别就商贸服务业发展、科技人才队伍建设、推进依法行政、台资企业运行和农机现代化建设等议题，与市政府及有关部门进行协商，形成专题调研报告3篇，提出各类意见和建议70余条。对市政协报送市委、市政府的调研报告，市主要领导在第一时间作出批示，相关建议得到有关部门的吸收和采纳。

履行民主监督职能　年内，市政协收到提案548件，其中党派集体提案101件，个人提案447件。经审查，立案376件。通过开展主席会议成员督办重点提案、带案调研视察、B类提案专项督察、提案办理“回头看”等活动，提案办理的成效不断提高。组织开展专题视察通报活动11项，提出各类合理化意见建议80余条，对相关部门更好地开展职能工作，起到一定的助推作用。认真开展社情民意收集工作，收集社情民意信息159条，向市政府编报重点社情民意信息18条。年内，组织对市住建局进行民主评议，推进住建部门工作，提升城乡建设工作水平。

弘扬团结民主主题　年内，市政协利用多种活动形式，支持各民主党派、工商联、无党派人士和各人民团体发挥作用。认真督办党派团体提出的集体提案，推荐党派团体成员担任党风政风行风监督员，支持党外人士参加市里有关经济社会发展重大问题的政治协商活动。召开主席会议协商台资企业发展工作，关心少数民族群众生产生活，充分发挥港澳台侨、民族宗教界人士的积极作用。重视发挥文史工作的存史、资政、团结、育人作用，与保税区（金港镇）合编《江南香山》一书，征集文史资料9万余字。

推进政协自身建设　组织160余名委员赴全国政协培训中心参加业务培训，努力提高委员履职能力。加强对各区镇政协工委的工作指导，基本实现区镇“委员之家”建设全覆盖，进一步改善委员联系群众、履职建言的工作环境。认真落实上级相关工作规定，努力改进工作作风，强化政协机关内部管理，不断提升工作效率。指导政协联谊会完成换届，支持政协理论研究会、海外联谊会开展活动，发挥联谊联络和理论研究作用。　（周小军）

重要会议

【市政协十一届二次会议】　1月2日至5日在市馨苑度假村会议中心举行。应出席委员330人，实到325人。会议审议通过市政协主席单玉珍代表常务委员会所作的常委会工作报告和副主席李汉忠代表常务委员会所作的关于十一届一次会议后提案工作情况的报告。与会委员列席市十三届人大二次会议，听取并讨论市政府工作报告和其他报告。增补选举产生政协常委2人。共收到提案548件，立案376件。

市政协组织开展委员集体培训活动

（市政协　供稿）

张家港市政协十一届二次会议优秀提案

表10

提案单位(人)	案 由	承办单位
民盟市委	关于强化农业科技创新金融支撑的建议	市金融办、市农委、市科技局、张家港工商局
农工党市委	关于进一步加强垃圾分类管理的建议	市城管局
民革总支	关于进一步推进“放心早餐”工程建设的建议	市商务局
九三学社基层委员会	关于我市建筑消防设施维护管理的建议	市消防大队
民建基层委员会	关于加快发展远程医疗,切实解决群众看病难、看病贵的建议	市卫生局
无党派人士联谊会	关于全方位打造生态文明,建设美丽张家港的建议	市环保局、市农委、市食品安全办公室、市园林局
工商联	关于加大扶持力度,促进中小企业转型升级的建议	市经信委、市教育局、市人社局、市商务局、市民政局
政协杨舍镇工委	关于在转型升级中做大做强装备制造业的建议	市发改委、市经信委
政协金港镇工委、文广联系组	关于重视保护和传承非遗,建设市非遗博物馆的建议	市文广新局、市规划局
政协锦丰镇工委	关于加快一干河生态廊道建设的建议	市规划局、经开区(杨舍镇)、冶金园(锦丰镇)、大新镇
政协塘桥镇工委	关于加强金村古村落保护,创建省文化生态保护实验区的建议	塘桥镇、市文广新局、市财政局、市环保局
政协凤凰镇工委	关于加快推进凤凰恬庄古镇保护工程的建议	市文广新局、凤凰镇、市财政局
政协大新镇工委	关于加强城乡一体化进程中社区干部培养的建议	市委组织部
政协乐余镇工委	关于加强农作物秸秆综合利用及秸秆焚烧的建议	市农委、市城管局、市环保局
政协常阴沙现代农业示范园区工委	关于整合特色文化资源,发展生态旅游产业的建议	市旅游局
钱建伟	关于镇区联动、整合资源,合力打造“张家港旅游节”的建议	市旅游局
何德方	关于整治村庄以实现“田园式城市”的建议	市城乡环境卫生指导中心
吴惠英	关于为农民及时提供气象预测的建议	市气象局
黄建新	关于加强企业兼并重组的管理,为转型升级和城乡一体化建议服务的建议	市经信委
刘向民	关于深化PM2.5防治的建议	市环保局

【市十一届政协常委会议】 2013年,市十一届政协共举行常委会议6次。

第五次会议 1月3日召开。听取市政协十一届二次会议各讨论组讨论市委书记徐美健在大会开幕式上的讲话和审议市政协常委会两个报告的情况汇报,审议市政协十一届二次会议选举办法(草案),提出增补市政协常务委员候选人建议名单和选举工作人员建议名单,审议《中国人民政治协商会议江苏省张家港市第十一届委员会第二次会议决议(草案)》。

第六次会议 1月4日召开。审议通过《中国人民政治协商会议江苏省张家港市第十一届委员会第二次会议选举办法(草案)》,审议通过市政协常务委员候选人建议名单和选举工作人员建议名单,审议通过《中国人民政治协商会议江苏省张家港市第十一届委员会第二次会议决议(草案)》。

第七次会议 2月20日召开。传达学习全市“创新争先突破年”推进大会精神,表彰市政协十一届一次会议优秀提案和提案承办先进单位,审议通过《政协张家港市第十一届委员会2013年度工作要点》。

第八次会议 7月22日召开。审议通过市政协有关人事任免事项,传达贯彻市委十届六次全体(扩大)会议精神,听取市政府关于全市上半年经济社会发展及政协提案办理工作的情况通报,协商推进污染防治、提升生态宜居质量工作及中小企业科技创新工作。

第九次会议 10月17日召开。审议通过市政协有关人事任免事项,协商全市职业教育工作。

第十次会议 12月25日召开。

市政协表彰优秀提案人和提案承办先进单位（市政协　供稿）

传达学习市委十届七次全体（扩大）会议精神，听取市政府关于全市经济社会发展及政协提案办理的情况通报，审议通过市政协有关人事任免事项，审议通过市政协常委会工作报告（草案）、提案工作报告（草案）和市政协提案工作条例（修订稿），作出关于召开市政协十一届三次会议的决定，审议通过十一届三次会议的有关事项。

【市十一届政协主席会议】2013年，市十一届政协共举行主席会议10次。

第十次会议　2月1日召开。传达学习省政协十一届一次会议精神和苏州市政协十三届二次会议精神，研究讨论《政协张家港市第十一届委员会2013年度工作要点（草案）》，研究讨论主席督办重点提案等事项。

第十一次会议　3月27日召开。协商全市商贸服务业发展工作。

第十二次会议　5月3日召开。协商全市科技人才队伍建设工作，审议通过《关于加强我市“政协委员之家”建设的工作意见》。

第十三次会议　5月27日召开。协商全市依法行政推进工作。

第十四次会议　6月26日召开。协商讨论《关于推进全市污染防治、提升生态宜居质量的调研报告》。

第十五次会议　8月9日召开。协商台资企业运行工作，研究讨论民主评议市住建局工作方案。

第十六次会议　9月9日召开。研究讨论《关于对市住建局的民主评议意见》。

第十七次会议　10月12日召开。协商讨论《关于职业教育情况的调研报告》，研究讨论市政协十一届三次会议筹备工作方案。

第十八次会议　11月29日召开。协商全市农机现代化建设工作，研究讨论市政协提案工作条例（征求意见稿），听取市政协办公室及各专门委员会关于年内主要工作以及2014年工作打算的汇报，讨论“委员风采”宣传建议名单等事项。

第十九次会议　12月17日召开。听取市政协十一届三次会议各筹备工作组关于筹备工作情况的汇报，审议通过市政协常委会工作报告（讨论稿）和提案工作报告（讨论稿），审议通过市政协十一届三次会议议程（草案）、日程（草案）及有关事项，审议通过评选表彰市政协十一届二次会议优秀提案和提案承办先进单位的建议方案，审议通过市政协十一届十次常委（扩大）会议议程（草案）。

2013年张家港市政协重要人事任免情况

表11

时　间	会　议	任免情况
7月22日	市政协十一届八次常委会议	任命倪惠芬兼任市政协锦丰镇工作委员会副主任；免去朱兴华兼任的市政协社会事业委员会副主任职务，免去陈卫菊兼任的市政协锦丰镇工作委员会副主任职务
10月17日	市政协十一届九次常委会议	任命张燕清为市政协经济科技委员会副主任，任命周军兼任市政协港澳台侨（民族宗教）委员会副主任，任命匡勇兼任市政协凤凰镇工作委员会副主任；免去张燕清市政协副秘书长、市政协办公室副主任职务，免去张璇、马辉兼任的市政协港澳台侨（民族宗教）委员会副主任职务，免去李新兼任的市政协凤凰镇工作委员会副主任职务，免去谭德宝兼任的市政协南丰镇工作委员会副主任职务
12月25日	市政协十一届十次常委会议	任命马正阳兼任市政协提案委员会副主任，任命何俊兼任市政协社会事业委员会副主任，任命张卫中、姜嵘兼任市政协港澳台侨（民族宗教）委员会副主任，任命倪惠芬兼任市政协锦丰镇工作委员会主任；免去毛建锋兼任的市政协提案委员会副主任职务，免去黄亚平兼任的市政协港澳台侨（民族宗教）委员会副主任职务，免去夏立新兼任的市政协锦丰镇工作委员会主任职务

（周小军）

协商议政

【概况】 年内，市政协围绕事关全市经济社会发展的重大问题，组织各类专题性协商通报活动8次，专委会对口协商通报活动6次，形成专题调研报告3份，提出各类意见建议70余条。

【污染防治及中小企业科技创新工作协商】 7月，市政协召开常委会议，就推进污染防治、提升生态宜居质量和推进中小企业科技创新工作进行协商。会议针对全市工业污染排放总量大、空气和水环境整治压力居高不下的问题，提出要加快调整能源结构，以节能减排倒逼产业转型，推广资源再利用技术，减少污染排放总量，实施大气污染治理重点工程，强化PM2.5监测预警，严把项目准入关口，加快淘汰落后产能等建议；针对全市中小企业科技创新中存在的问题，提出要增强中小企业科技创新的主体意识，发挥政府科技投入的引导放大效应，加快建立多层次、多渠道的科技创新投入体系，指导企业用好用足科技政策，提升科技创新公共服务平台建设水平等五个方面的建议。会后向市委、市政府报送《关于推进污染防治、提升生态宜居质量的调研报告》和《关于推进中小企业科技创新工作的调研报告》。调研报告得到市领导的高度重视，其中的一些意见建议经相关部门采纳后，成为健全完善有关政策的重要依据。

【市科技人才队伍建设工作协商】 5月，市政协召开主席会议，就全市科技人才队伍建设进行协商。围绕科技人才队伍建设中存在的人才总量偏小、结构和分布不合理、对新兴产业的拉动力不强、部分企业科技人才流失率较高等问题，提出要转变企业用人观念，坚持事业留人、环境留人，完善引才平台，降低企业引才成本，完善人才工作绩效考评机制，不断提高人才引进的社会效益和经济效益等建议。

【市职业教育工作协商】 10月，市政协召开常委会议，就全市职业教育工作进行协商。针对企业一线技能型人才紧缺的实际，提出要加快职业教育资源的优化配置，以全市产业结构调整方向和需求为导向，强化职业学校错位发展、合作办学和特色专业培育，进一步提高技能型人才待遇，促进全社会更加重视职业教育，形成与全市产业转型相匹配的人才队伍等建议。会后向市委、市政府报送《关于我市职业教育情况的调研报告》，得到市委、市政府的采纳。 （周小军）

市政协视察政府实事工程建设情况

（市政协 供稿）

民主监督

【概况】 年内，市政协综合运用提案、民主评议、社情民意、专项视察等多种形式，认真开展民主监督工作，全年办理提案376件，收集社情民意信息159条，筛选编报重要社情民意信息18条。

【376件提案办结】 市政协按照立案抓质量、督办抓重点、“回头看”抓成效的思路，在做好提案筛选整理、跟踪督办、答复落实等环节上下工夫，充分发挥主席会议成员督办重点提案、带案调研视察、B类提案转化督察、提案办理“回头看”等提案办理工作机制作用，推动提案办理实效不断提高。市政协十一届二次会议期间，共收到提案548件，立案376件，其中集体提案100件，个人提案276件。至10月末，376件提案全部办结。

【民主评议住建工作】 8月中旬至9月中旬，市政协组织开展对市住建局的民主评议活动。围绕市住房和城乡建设工作，就城乡一体建设、建筑行业管理、市政公用事业管理以及群众关注的热点难点等问题，认真进行调查评议。先后召开座谈会17个，发放调查问卷200余份，座谈走访群众300余人。实地察看住建局下属窗口服务单位情况，听取社会各界的意见建议，形成专题调查报告6份。市政协主席会议对调查评议情况进行专题协商，建议要按照市委对城乡一体化发展新的目标定位，进一步提升住建工作统筹推进水平，稳妥推进拆迁安置工作，不断提升住房和城乡建设品位等意见。市住建局高度重视政协民主评议意见，逐条深入剖析，制定整改方案，强化整改实效。

【收集社情民意信息159条】 市政协进一步完善社情民意的收集方式、筛选整理和跟踪反馈机制，制定《关于进一步加强收集反映社情民意工作的意见》，促进社情民意收集反映的规范化和制度化。全年收集社情民意信息159条，向市委、市政府报送重要社情民意18条，内容涉及动迁社区管理、民办养老机构规范、小微餐饮企业管理、城乡违章搭建整治、扶持福利企业发展等多个方面。对市政协反映的社情民意，市委领导十分重视，要求市政府和各相关部门逐一研究落实，使群众关注的热点问题得到妥善解决。 （周小军）

【编辑 景力颖】

纪检·监察

Discipline Inspection & Supervision

市党风廉政建设责任制工作推进会　（市纪委　供稿）

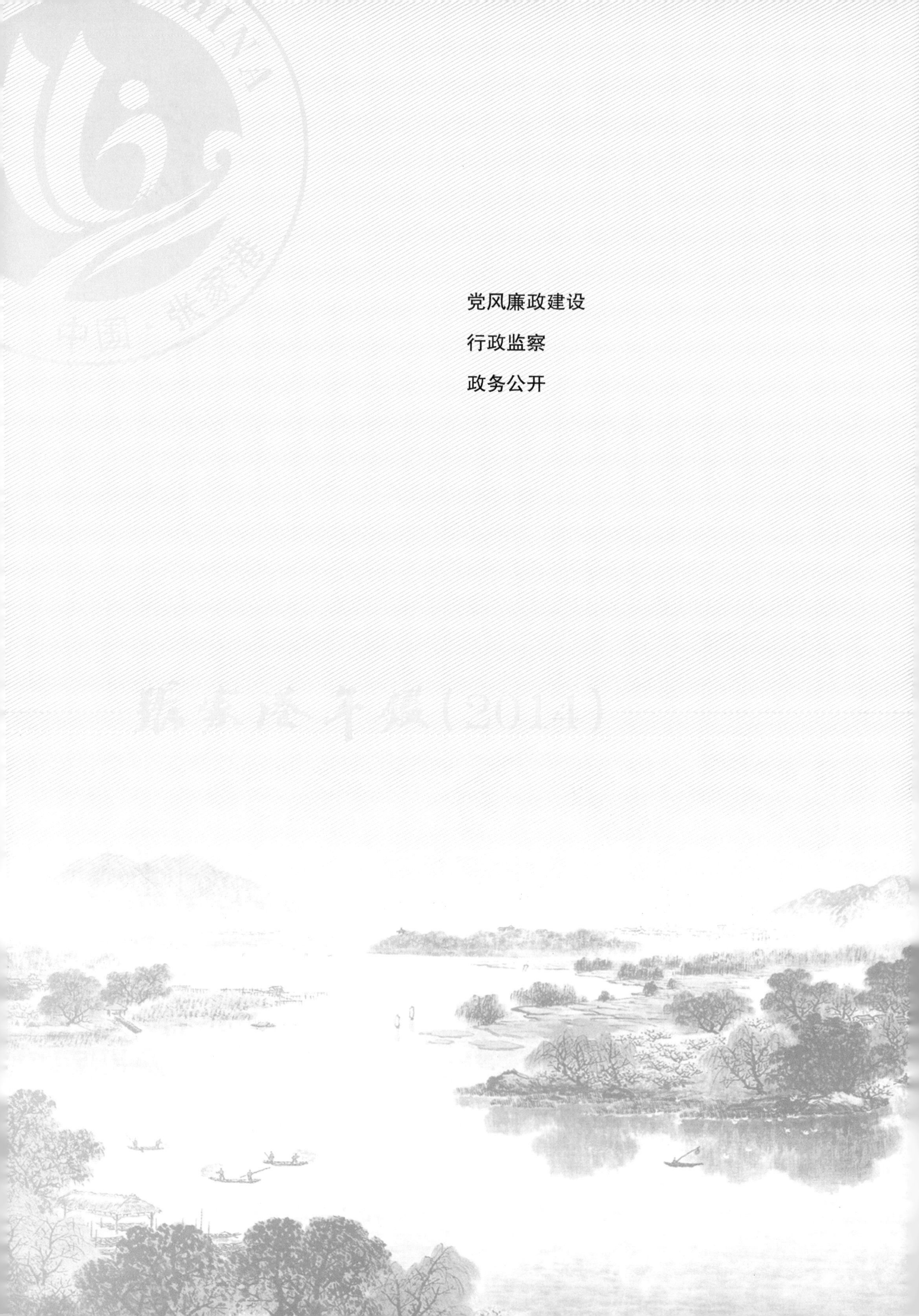

党风廉政建设

行政监察

政务公开

党风廉政建设

【概况】 市纪委与市监察局合署办公，市纪委非公经济工委作为市纪委派出机构，与市纪委合署办公。全市共设区镇纪（工）委10个、系统纪（工）委20个、派驻纪检组（监察室）23个、市直属企业纪委8个、条线管理单位纪委（纪检组）12个和基层纪检监察工作室4个，另设有非公企业纪（监）委43个及纪律监督小组1052个。1月，《关于开展2013年度"一月一品"纪检监察创新工作的通知》下发，积极建设与现代化建设相适应的廉洁政治。11月，结合第十届村委会换届选举工作，各行政村推选产生村务监督委员会。年内，市纪检监察学会组织开展纪检监察理论研究，完成《把纪检工作贯穿于企业经营全过程——江苏德丰建设集团纪检工作的调查与思考》《在市场化改革中促进农村"三资"有序流动——江苏张家港市农村资源公开交易平台建设的调查与思考》等调研论文。对会员上报的93篇调研文章组织评选，遴选编成《张家港市纪检监察工作调研文章汇编》。市纪委、监察局被中央纪委党风廉政建设室评为2012年度党风建设工作先进联系点，被中央纪委第七纪检监察室评为2012年度《华东之窗》信息工作先进单位，被省纪委评为2012年度全省纪检监察信访举报工作先进单位和2012年度全省纪检监察信息工作先进集体，被苏州市纪委评为2012年度苏州市纪检监察信息工作先进单位和2013年度苏州市纪检监察工作目标管理综合考评先进集体。

【十届纪委二次全会】 3月5日在市沙洲宾馆会议中心举行。市纪委委员14人及市监察局副局长，各区镇、各部门、各单位负责纪检监察工作的同志出席，市纪委、监察局全体机关干部列席。市纪委常委会主持。全会落实十八届中央纪委二次全会、十二届省纪委三次全会、十一届苏州市纪委三次全会部署，回顾总结2012年市党风廉政建设和反腐败工作，研究部署2013年工作任务，审议通过张玮代表市纪委常委会所作的题为《以党的十八大精神为指导，深入推进反腐倡廉建设，为全市争当苏南现代化建设排头兵提供有力保障》的工作报告和《中国共产党张家港市第十届纪律检查委员会第二次全体（扩大）会议决议》。

【党风廉政建设责任制落实】 1月，市委、市政府修订完善市领导、市直机关、区镇和市直属公司（企业）等4个版本的党风廉政建设责任书，组织2013年全市党风廉政建设责任书签字仪式，根据市委常委和市政府领导分工，分别与21位个人、10个区镇、89个机关部门和16家公司（企业）签订党风廉政建设责任书。各单位也与其各下属单位签订党风廉政建设责任书。3月，依据党风廉政建设责任逐级分解的原则，将全市2013年党风廉政建设和反腐败各项工作任务细化分解，把六个方面57项反腐倡廉重点任务，分解到28个主办单位和50余个配合单位，明确工作重点，细化工作任务，落实部门责任。市纪委在塘桥镇试点建立党风廉政建设责任制考核平台的基础上，逐步在全市推广建立集目标管理、过程监控、考核评价为一体的党风廉政建设责任制考核平台，通过建立一个平台、一套指标、一套流程，将全市10个区镇、61个市直机关部门和6家市属公司（企业）纳入考核。年末，依托考核平台对全市2013年度落实党风廉政建设责任制、推进惩防体系建设情况组织检查考核。同时，由市委、市政府主要领导分别带队，对1个区镇、3个部门开展重点检查，将检查考核与领导干部述职、述廉、述法、述党建相结合，并邀请人大代表、政协委员、党风廉政监督员列席检查汇报会，听取汇报，参与测评。

【领导干部廉洁自律】 元旦、春节、中秋和国庆期间，市纪委会同相关部门组成联合检查组，对各单位贯彻落实作风建设相关规定情况明察暗访16次，检查机关企事业单位、商场饭店159家；会同公安交警部门开展酒后驾驶专项检查1次，检查车辆1000余辆次。严格落实党政主要领导干部经济责任审计规定，对5名领导干部开展"三责联审"（用人责任审查、编制责任审核、经济责任审计）。抓好领导干部重大事项报告工作，有173名领导干部报告个人购房、购车、婚丧嫁娶等重大事项。严格禁止领导干部违规收受礼金礼券，市廉政办及"520"（我爱廉）廉政账户共收到领导干部主动上缴礼金礼券折合人民币149.8万元。扎实做好廉政公积金管理，全年累计审核办理廉政公积金557人次。

【反腐倡廉宣传教育和廉洁文化建设】 1月，市纪委协助市委召开全市领导干部警示教育大会，拍摄制作警示教育专题片《疯狂的权力寻租》，利用身边的3起典型违纪违法案件教育党员干部；设立分会场收听收看苏州市领导干部警示教育大会，观看警示教育片《贪之祸》。3月，邀请中央纪委、监察部廉政理论研究中心副主任谢光辉和全国党建研究会特邀研究员、浙江省委党校党史党建教研部副主任、党建研究所所长郭亚丁分别作《认真学习贯彻党的十八大精神，深入推进党风廉政建设和反腐败工作》以及《党的作风与党的传统》专题讲座；开通"张家港纪检"政务微博，与苏州"廉政声音""张家港发布"等政务微博实现实时、良性互动。4月，研发启用"勤廉天天问"软件，开展网上在线教育，实现党员干部全天候即时提醒。5月，开展"520"（我爱廉）廉政宣传教育月活动，组织新提拔领导干部集体廉政谈话，征订警示专题片《失德之害——领导干部从政警示录》122部，开展警示教育展板巡展，协调组织相关单位赴宜兴、丁山、扬州等地监狱、警示教育基地开展警示教育活动。7月，组织市级机关近200名党员干部旁听原市人社局办公室副主任张某职务犯罪案件庭审；邀请中国纪检监察报社社长李本刚为市领导干部作《加强党风廉政建设，促进领导干部廉洁从政》专题报告。9月，设立分会场组织收听收看全省领导干部警示教育大会，观看省纪委拍摄的警示教育片《迷失的坐标》。是月26日，市委常委、市纪委书记张玮做客省纪委“清风扬帆网”，展示张家港市党风廉政建设成果。积极培育廉政文化建设示范点，张家港海关、张家港保税区国税局2个单位通过省级廉政文化建设示范点创建验收，张家港保税区规划建设局、市国土资源局、张家港工商行政管理局、大新镇新闸村4个单位通过苏州市廉政文化建设示范点创建验收，市青少年社会教育实践基地建成苏州市廉政教育示范基地，组织考核并命名塘市小学等20个单位为张家港市级廉政文化建设示范点。举办纪检监察干部业务培训班，邀请苏州市纪委有关职能科室负责人及相关专家作专题辅导，内容涉及公文处理、信息写作、信访举报、案件检查、案件审理等业务知识及媒体网络舆论引导与突发事件应对等，组织年轻纪检监察干部开展纪检监察业务知识能力测试。全市纪检监察组织在苏州市级以上主流媒体刊发各类反腐倡廉文章123篇。

【执纪查案】 年内，市纪委、监察局受理并办结纪检监察信访156件，其中信件115件、到访5件、电话举报6件、网络举报30件。深化领导干部接访下访活动，开展信访举报“走进开发区”活动。试运行集网络举报、网上在线接访、手机短信举报等为一体的“数字信访”平台，形成市、区镇、部门纪检组织三级联动的维稳督导体系，实现全国两会期间越级信访“零登记”。查办各类违纪违法案件173件，其中贪污贿赂案件21件，违反社会秩序类案件122件，涉及1万元以上经济案件45件，“三机关一部门”案件16件。查处副镇（局）级以上领导干部10人，移送司法机关处理18人，为国家和集体挽回经济损失5463.54万元。重点查处工程建设领域、物资采购领域以及财税系统、农业系统、环保系统、卫生系统等一批有影响的窝案、串案。3月，苏州市纪委在张家港市召开PDCA纪检监察案件监管信息系统现场推进会，在苏州市范围内全面推广。

【惩防体系建设】 在建立健全惩治腐败工作机制的基础上，市纪委将工作成果拓展到反腐倡廉教育、权力监控、源头治理、纠风治乱等领域。不断夯实勤廉基石，依托“网上村委会”平台，加强“网上新社区”“网络问政平台”等网络载体建设，构建新形势下密切党群干群关系的有效形式，全年“网上村委会”点击量达到640万人次，“网络问政平台”累计发帖3119条。深入贯彻落实《农村基层干部廉洁履行职责若干规定（试行）》，指导完成全市村务监督委员会换届选举，总结推广南丰镇“三约三会”（村组织与村干部、村组织与村民、村民与村民之间，就经济建设、社会事业、社会稳定、基层组织建设四大类内容建立约定，通过民情征询会、民主协商会、监督评议会形式聚民情、凝民心、强监督）基层民主治理新模式。

【“四级联动”强化非公经济纪检工作】 年内，市纪委构建“市纪委非公经济工委—区镇非公经济纪工委—区域非公企业纪检工作站—非公企业纪监组织”四级联动的机构体系，以“融入企业发展、夯实党建基础”为核心理念，在完善组织架构的基础上，深入调研，创新思路，培育亮点，推动非公企业纪律检查工作常态化、制度化、规范化。6月，组织开展“政企共廉促发展”活动，帮助企业完善内控机制，加强文化建设，提升管理水平，推动企业纪检工作与经营发展同频共振、相互促进。加强非公纪检干部队伍建设，挂牌成立“市纪委非公经济纪检干部培训基地”，依托市委党校的教育资源，科学设置课程，形成教育培训长效机制。5月，《人民日报》对张家港市四级联动的机构体系作了专门报道。

【廉政·法治文化作品创作征集活动】 3月下旬，市纪委会同市司法局、市文联和张家港工商局下发《关于开展“红盾杯”港城清韵廉政·法治文化作品创作征集活动的通知》《关于开展“法治·廉洁”书法绘画优秀作品征集评比活动的通知》，向党员干部、专家学者、社会各界群众征集各类书法绘画作品、廉政微小说和微剧本。至8月，共征集微小说302篇、微剧本65篇，评选出微小说和微剧本一等奖各2名、二等奖各5名、三等奖各8名、入围奖各10名。获奖作品汇编成册出版。收到书法、绘画作品385件，其中书法作品219件、绘画作品166件。优秀作品结集出版《法治·廉洁》书画集。走进部分机关、村（社区）、学校、企业开展书画巡展活动45场。选送63幅作品参加苏州市“创元杯·廉政颂”廉政书画摄影大赛，获一等奖1名、二等奖2名、三等奖2名、入围奖8名，市纪委获优秀组织奖。组织制作廉政主题微电影、微视频，9月，选送《我的金港我的梦》《一项特别的预防调查》两部微电影，参

廉洁书画创作笔会

（市纪委 供稿）

加苏州市纪委举办的“廉政之光”微电影比赛，分获最佳女主角提名奖和最佳编剧提名奖。

【“勤廉天天问”软件启用】 4月，市纪委会同市委机要局研发启用“勤廉天天问”软件系统，对党政机关干部实行“每日一测试一提醒”网上在线教育。系统具备勤政廉政即时提醒和知识测试功能，党员领导干部可以随时了解有关反腐倡廉建设的部署、规定和要求。通过“随机测试”，党员领导干部可以随时自我检验党纪政纪学习效果。“勤廉天天问”正式启用后，实现全市6500名党员干部全天候即时提醒。至年末，累计发布廉政问题447题，其中党章党纪185题、市情概况28题、党务知识234题，发布名言警句55条。软件还整合政务网“即时消息”和“即时对话”等实用功能，辅助党员领导干部及时阅览新闻动态、公务邮件和电子公文，实现即时对话交流。

行政监察

【概况】 年内，市各级监察组织围绕市委、市政府“建设苏南现代化示范区”的任务部署，对重大产业项目、科技创新、城乡一体化建设、生态文明建设、市政府重点投资建设项目等实施专题督察。深入推进纠风和专项治理工作，开展政风行风评议和评议“回头看”活动，加强清理和规范庆典、研讨会、论坛等活动。继续开展机关副职领导和职能科室作风效能评议，在2012年度评议的基础上，实现评议“全覆盖”。深化党政机关因公出国（境）专项治理工作，严格执行会审票决制度。全年开展因公出国（境）会审14次，审核出国（境）团组55批146人次，开展出国（境）人员政治审查14批361人。6月，深入开展纪检监察系统会员卡专项清退工作，全市385名纪检监察干部全部向单位纪检组织递交“零持有”报告，作出“零持有”承诺。9月，组织完成全市领导干部会员卡专项清退工作，815名领导干部递交“零持有”报告。认真贯彻落实《党政机关厉行节约反对浪费条例》等规定，协助并督促相关部门做好“停止新建楼堂馆所和清理办公用房”工作，扎实开展“清风行动”，严肃查处公款购买赠送月饼、购买印制寄送贺年卡、购买赠送烟花爆竹等问题。

【执法监察】 年内，市纪委认真贯彻落实十届市纪委二次全会和市廉政工作会议重要精神，把握转型升级主题，加强对重大决策部署的监督检查，加大对重大民生问题的督办力度，先后在食品安全、环境治理、涉农惠农、安全生产、公共资源交易等领域参与各类会办、督办130余次，调处各类举报投诉13起。持续深化纪检监察改革创新，加大从源头预防和治理腐败的力度，按照上级关于加快政府职能转变有关要求，组织开展行政许可（审批）项目专项督察，按照“减少层级，能放则放”的原则，进一步下放行政审批事项，推进区镇、村两级政务服务体系全覆盖，打造“多点受理、集中办理、多点反馈”的政务服务模式；推进公共资源交易平台整合工作，牵头召开市公共资源交易平台建设推进会和农村资源交易平台现场会，初步构建形成统一规范、市镇一体的公共资源交易管理新体系；在各区镇全面推广房屋征收搬迁信息管理系统，通过信息资源整合，强化数据管理，实现征收程序规范化、动态信息实时化、监督考核网络化、档案管理电子化。

【效能监察】 全力打造独具特色的绩效管理新模式。年内，市委、市政府下发《张家港市市级机关（单位）绩效考评工作实施办法》《张家港市2013年度区镇绩效考核工作实施办法》《全市主要经济社会发展主要指标认定标准》《关于区镇年度重大工作绩效考核的实施方案》《关于全市党政机关内部绩效管理工作实施意见》等5个制度性文件，全面形成立体化定标建模绩效管理制度体系，持续优化绩效工作机制。目标管理突出重点，通过对全市主要指标目标的梳理和分解，下发“2013年全市主要指标目标及责任分解表”“2013年区镇主要指标任务分解表”和《关于印发2013年度市级机关（单位）个性指标的通知》。其中，市主要指标45个，区镇主要指标41个、93个部门个性指标380个。为全面明确指标目标、责任主体，推动市委、市政府决策部署快速落实，定期发布监测评估，每月对主要指标推进进度实施监测评估，2013年共发布《绩效评估报告》10期。绩效监察紧跟难点，针对上半年主要指标进度脱幅情况和重点地块房屋搬迁联动不足情况，先后发出《绩效督查建议书》27份，即时跟进督办，并动态汇总整改情况，上报市委、市政府。先后选择产业项目和科技创新载体、城乡一体化工作、生态文明建设等专题，牵头组织开展专题绩效监督检查4次，向市委、市政府提交专题绩效监督检查报告10个。编发《绩效比拼动态》专刊10期，展示绩效比拼动态347条，将每月归集展示的各板块、各部门围绕中心工作采取的创新措施和取得的突破性成效，上报市四套班子领导成员传阅，通报各板块、各部门主要负责人，营造绩效比拼、互学互动的工作氛围。

【纠风和专项治理】 4月初，市政府对2012年参加评议的教育、民政、住建、交通、通信等10个公共服务部门（行业）组织“回头看”，将“回头看”过程中整理出的80个重点整改问题及工作措施、具体成效通过网络向社会公开并接受群众评价。年内，对市发改委、经信委、科技局、财政局、人社局、水利局、农委、商务局、文广新局等9个部门开展政风行风评议。6月末，市政府下发《张家港市2013年纳税人“四位一体”评议政风行风活动实施意见》，对这项工作进行总体部署。7月，组织召开各区镇、各重点评议部门动员会议。10月至11月，全市共组织召开各类座谈会18场，明察暗访19次，收集到群众反映的各类问题、意见和建议，经梳理汇总后共93条。按区镇、市两个层次，自下而上分级开展评议，全市共组织召开13场集中评议会，邀请1391人次参加评议活动，集中评议得分均现场公布。

【机关副职领导和职能科室作风效能再评议】 8月，市委、市政府制定下发《关于印发2013年度市级机关班子副职和职能科室（中层干部）作风效能调查评议的实施方案》，组织2012年154名机关班子副职和224个职能科室中未参加作风效能评议的135名机关班子副职和217个职能科室（中层干部）全面接受社会各界作风效能调查评议。10月至12月，先后采用被调查评议对象公开述职内部评议、《张家港日报》公开评议、网上调查评议、服务对象第三方抽样调查评议和市四套班子领导评议等方式，展开评议。共回收评议表4.15万份。其中，内部评议调查表10621份、《张家港日报》公开评议表341份、基层板块评议表411份、市四套班子领导评议表25份；服务对象第三方电话调查14104次，网络评议网页点击数达到1.6万次。经汇总，市级机关班子副职领导作风效能调查评议整体平均得分为92.87分，职能科室（中层干部）作风效能调查评议整体平均得分为93.83分。通过调查评议，评出年度“市级机关优秀副职领导”10人和年度“市级机关示范科室”15个。

政务公开

【概况】 年内，全市以“依托电子政务平台加强政务公开和政务服务”工作为核心，全力推进“网上政务通”工作。进一步完善市、区镇、村三级行政（便民）服务体系，市政府实现三级行政（便民）服务体系全覆盖。全年市政务公开信息网发布各类政务信息5741条，点击量382万人次。充分发挥市文件查阅中心、档案馆、宣传栏等公开平台的作用，市电子文件中心点击量累计83932人次，张家港档案信息网站点击量累计23.6万人次。

【政务信息公开】 依托政府信息公开目录体系，市政府将群众关注的政府会议、财政预决算、规范性文件、重大建设项目、政府采购等政府信息，及时在网上公开，接受群众监督。建设“重点公开领域”专栏，公开劳动就业、社会保障、民生价格、环境保护等与群众日常生产生活密切相关的信息，以此作为信息公开目录体系的有效补充。进一步规范信息发布，完成与苏州市、江苏省政府门户网站报送接口开发，准确、及时上报数据，全年共上报苏州市各类动态信息1917条，录用990条。强化政府信息公开的时效，通过新闻发布会、集中采访等方式，及时向社会公开重要信息，引导社会舆论。全年召开新闻发布会6次，情况通报会1次，媒体集中采访15次。发布新闻通稿5篇、新闻通告1篇，内容包括群众关心的汽车“油改气”、微电影大赛、人才项目绩效评估等。7月至8月，先后多次组织小型座谈会或组织技术人员上门，对区镇、部门开展“点对点”业务辅导，确保各类信息能及时在相应栏目中公开。9月，召开培训会议，组织全市相关部门工作人员详细解读《中华人民共和国政府信息公开条例》及《国务院办公厅关于做好政府信息依申请公开工作的意见》。

【政风行风热线】 3月，“12345·政风行风热线”增设网络视频直播，实现直播节目音频、视频同步化。全年日常直播75期，其中部门上线直播45期；受理群众咨询、投诉、建议844件，办结835件。市政府明确专人负责管理江苏省政风行风热线网上受理平台，对每件上级转办件均第一时间受理登记，并按不同内容分类，或自行办理，或转办。全年共受理省政风行风热线转办投诉92件，均及时办结并通过系统平台报送上呈。

【依法受理公开政务信息申请】 年内，全市各政务公开单位共受理政务信息公开申请12624件，其中市级5件。其中，当面申请11272件，占98.29%；以网上提交表单和电子邮件形式申请455件，占3.6%；以信函形式申请124件，占0.98%；以其他方式申请773件，占6.12%。内容主要涉及农村建房申请审批材料、公民婚姻登记材料、计划生育审批登记材料、复退军人档案证明材料、工龄工资证明材料等。申请量居前的分别有婚姻登记材料、工龄工资证明材料、计划生育审批材料。政务信息公开申请尚未答复的有1件。已答复的公开申请中，“同意公开”的12389件，占98.15%；“同意部分公开”的24件，占0.19%，“信息不存在”的2件，占0.02%；属于主动公开内容而“免于公开”的208件，占1.65%；无因内容不明确及其他原因未能提供相关信息的申请。

【“网上政务通”建设推进三级联动服务】 3月，全市召开行政服务工作暨镇村两级政务服务体系建设推进会，推进“网上政务通”平台建设并向镇村延伸，实现市、区镇、村三级网上联动服务。6月，根据国务院及省相关要求，开展新一轮行政权力清理，共梳理出行政审批事项434项，经市政府常务会议通过后向社会公布，未经公布的事项一律再审批。6月至8月，对市农委、科技局等10余个部门授权情况组织“回头看”，各行政审批事项原部分流程不完全在窗口，后全部授权窗口办理的新增19项，原由部门办理前移至窗口办理的新增18项，原由分中心办理转为窗口办理的8项，基层办理和服务上门的新增28项。8月，“网上政务通”升级版上线运行，新系统集成自有短信平台，将用户注册信息与指定手机绑定，使操作更具人性化。至年末，全市录入行政权力库的行政权力事项共计5915项，其中在用权力5445项、暂停权力262项、取消权力208项。全年在行政权力网上公开透明运行系统中运行办件92527件，其中行政许可29837件、行政审批38809件、行政处罚及其他权力办件23881件。经开区（杨舍镇）、凤凰镇、南丰镇、常阴沙现代农业示范园区先后建成便民服务中心，保税区（金港镇）、冶金园（锦丰镇）、大新镇、乐余镇开始建设办公场所，村（社区）便民服务室经实现全覆盖。

（汤栋梁　王　辉　柳　燕　黄　岑　倪建鑫　石　磊　刘　丹　殷　石　王修亮）

【编辑　陈友恭】

民主党派·工商联·人民团体

Democratic Parties & Association of Industry and Commerce & People's Groups

职工艺术团汇报演出　（市总工会　供稿）

中国国民党革命委员会张家港市总支委员会
中国民主同盟张家港市委员会
中国民主建国会张家港市基层委员会
中国农工民主党张家港市委员会
九三学社张家港市基层委员会
张家港市工商业联合会（总商会）
张家港市无党派人士联谊会
张家港市总工会
中国共产主义青年团张家港市委员会
张家港市妇女联合会
张家港市归国华侨联合会

中国国民党革命委员会张家港市总支委员会

【概况】 2013年,中国国民党革命委员会张家港市总支委员会(简称民革市总支)下属支部4个,有党员62人,平均年龄40岁,其中在职党员60人,占总数的96.77%。党员中,具有高级职称的15人、中级职级12人,分别占24.19%、19.35%;有苏州市政协委员1人、苏州市人大代表1人、张家港市政协委员17人、张家港市人大代表1人。全年召开主委办公会议6次,总支中心组成员会议4次,各支部组织活动30余次。年内,开展民革党员进社区、进乡村、进区镇"三走进"活动,助推经济社会发展。组织4个支部分别赴大别山革命老区、皖南事变烈士陵园、浙江奉化某海军基地开展"红色之旅"主题教育活动。编印《张家港民革》杂志2期,共20万字。有41条信息被《苏州民革》杂志、《江苏民革》杂志、民革江苏省委网站、《团结报》等录用。其中,在苏州市级录用22条,省级录用7条,《团结报》录用3条。

【参政议政】 在市政协十一届二次会议上,民革市总支提交集体提案12件、个人提案30件。在市十三届人大二次会议上,提交建议1件。其中,集体提案《关于进一步推进"放心早餐"工程建设的建议》被评为优秀提案。年内,组织党员赴凤凰、塘桥、双山岛旅游度假区等区镇开展古村落保护、现代农业、农村"三大合作"、旅游业等情况调研,征集社情信息14条。开展全市8所公立医院第三方调查,历时2个月,回收调查问卷1000余份,完成调研报告《关于推进县级公立医院综合改革的建议》。

【社会服务】 年内,民革市总支以送爱心、送帮扶、送健康、送文化、送法律等为主题,开展一系列社会服务活动。3月,组织律师党员赴市第二职业高级中学开展"法律知识进校园"活动。5月,在冶金园(锦丰镇)书院

民革市总支开展"送医、送药、送健康"活动 (市委统战部 供稿)

社区开展"同心传爱心,学子游港城"暨"送医、送药、送健康"活动。是月,组织部分有艺术特长的党员为市老年公寓献上一台自编自导自演的"戏曲专场"。10月,组织党员赴经开区(杨舍镇)景巷社区开展"评弹敬老"活动。在冶金园(锦丰镇)继续实施"2020"爱心助学工程,捐资4万元,帮助20名贫困学生。通过扶贫帮困、捐资助学、敬老爱老等活动,民革市总支年内共捐资13.2万元,500余人受益。 (蔡克荣)

中国民主同盟张家港市委员会

【概况】 2013年,中国民主同盟张家港市委员会(简称民盟市委)下属支部10个,有盟员197人,平均年龄51.4岁。其中,教育界92人,科技界42人,文化界18人,医卫界23人,法律界5人,非公经济界14人,金融界3人。盟员中,具有高级职称的114人、中级职称的66人,分别占57.87%和33.5%;有苏州市政协委员1人、苏州市人大代表2人、张家港市政协委员30人、张家港市人大代表7人。全年召开民盟市委全会1次、扩大会议4次,各支部组织学习活动40余次。近70人次参加各类培训班、扶贫考察和座谈交流活动。年内,民盟市委开展"争先在岗位,真情在基层"主题实践活动,引导广大盟员,爱岗敬业,深入基层,建言献策。开展"争先在岗位,真情在基层"征文活动,共有13篇文章获奖。年末,通过民主评议,评出10位"争先在岗位,真情在基层"先进盟员。在民盟苏州市委开展的3项征文活动中,民盟张家港市委获优秀组织奖。其中,在"树立同心思想,深入学习中共十八大"征文比赛中,有6篇文章获奖;在"纪念苏州民盟地方组织成立65周年"征文比赛中,有2篇文章获奖;在"我入民盟为什么,我为民盟做什么"征文比赛中,有14篇文章获奖。年内,盟员近40人次获张家港市级以上各类奖项,在各级刊物发表论文20余篇,有80余幅书画、摄影作品分别在国家级、省级、苏州市级等各类展览中展出。全年民盟市委机关编印《张家港盟讯》4期,在各级统战条线媒体和《张家港日报》上发表文章和简讯172篇次。3月,民盟张家港市委被评为民盟江苏省委宣传工作先进集体。年末,在民盟江苏省委"江苏民盟活力基层组织建设年"活动中,文化支部获先进基层组织称号。在民盟苏州市委"纪念苏州民盟地方组织成立65周年"活动中,2个基层支部、10名盟员获得表彰。

【参政议政】 在市政协十一届二次会议上,民盟市委提交集体提案14件、个人提案81件。集体提案《关于强化农业科技创新金融支撑的建议》、

个人提案《关于加强企业兼并重组的管理，为转型升级和城乡一体化建设服务的建议》被评为优秀提案。年内，完成民盟江苏省委、民盟苏州市委合作调研课题“新型农业经营体系建设投融资问题”“张家港传统产业转型升级研究”“小网格大文化，张家港构建公共文化服务新模式探究”，完成中共张家港市委统战部合作调研课题“大力发展物联网战略性新兴产业”。承办民盟苏州市委“城镇化过程中促进居民就业”课题调研活动。民盟市委多次组织调研组，赴市人社局、市民政局、市体育局、市农委、市委农工办、市民服务中心、塘桥镇等单位，就全市城镇化进程中失地农民就业问题、养老问题、体育产业发展、新型农业经营体系建设问题、机关作风建设、老年大学建设等问题进行调研。在民盟苏州市委和张家港市政协征集社情民意活动中，民盟张家港市委分别提交社情民意12条和17条。

【社会服务】 年内，民盟市委打造社会服务品牌，全年组织“书画亲民”“送医利民”“信息惠民”“爱心济民”“法律助民”社会服务活动16次。1月，文教服务队到保税区（金港镇）元丰社区开展“迎新春、送春联、送祝福”活动，送出春联350余幅；文教服务队6名优秀盟员教师，赴市常阴沙学校开展送教下乡活动；科技支部赴冶金园（锦丰镇）协仁村，为3户困难户送去每户500元节日慰问金及大米、花生油等生活用品。5月，民盟市委在经开区（杨舍镇）馨港社区“同心”社会服务工作站举行中学教育咨询会；法律服务队为部分企业作有关解决中小企业融资难解决方案的专题讲座《股权交易系统中的企业上市规则》。5月、10月，医疗服务队送医送药分别进南丰镇振兴社区、经开区（杨舍镇）馨港社区，共义诊近300余人次，开出处方50余张，为200余人免费检测血液，发放宣传资料300余份，发放药品价值2000元。6月，文教服务队联合梁丰高级中学举办高校招生咨询会，吸引数十所高校招生负责人及近3000名家长、考生参加活动。7月，法律服务队为市公证处全体公证人员作《魅力公证人——社会责任的彰显者》专题讲座。9月，民盟市委在市白云学校举行“梦想加油站，点亮微心愿”圆梦公益活动，为该学校47名困难学生送出价值1.5万元学习用品；张高支部到馨港社区慰问困难党员、空巢老人、残疾家庭。10月，文教服务队参加省教育厅组织的“牵手农村教育”行动，为泗洪县教师开设教学观摩课和教育讲座；文教服务队参加支教宿豫活动，开设公开课和教学讲座；法律服务队与经开区（杨舍镇）善港村共同举办法律培训讲座，为村内近100家企业提供法律服务。11月，在全市物业企业经理会议上，法律服务队全面解读和辅导新施行的《江苏省物业管理条例》。

【“同心”社会服务工作站成立】 5月25日，民盟市委在经开区（杨舍镇）馨港社区成立“同心”社会服务工作站，打造多党合作的宣传阵地、沟通民情的交流平台、服务群众的重要渠道。工作站投资3.5万元，总面积30余平方米，墙面展示中国民主同盟章程、先贤格言、民盟市委概况以及在参政议政、社会服务工作上所获成绩等。站内订有《群言》《江苏民盟》《苏州民盟》《张家港日报》等报刊，可供盟员阅览。年内，依托工作站，民盟市委开展中学教育咨询会、送医送药进社区等社会服务活动以及基层支部活动5次。 （周慧敏）

中国民主建国会张家港市基层委员会

【概况】 年末，中国民主建国会张家港市基层委员会（简称民建市基层委员会）有会员64人。其中，女会员22人，占总数的34.38%。会员中，有苏州市人大代表2人，苏州市政协委员1人，张家港市政协副主席1人和政协常委4人、政协委员12人，张家港市人大常委1人。4月，民建全体班子成员及下属各支部主任到对口联系单位市经济和信息化委员会进行调研。5月，组织部分会员参加全市民主党派基层组织建设、共建“同心”品牌经验交流暨现场观摩会。7月，组织13名2010年后新加入的会员参加市委统战部、市委党校联合举办的民主党派成员培训班。10月，组织部分会员参观在常州市武进区举办的第八届中国花卉博览会。10月，组织18名2013年入会的新会员参加民建苏州市委举办的2013年新会员学习班。

【参政议政与社会服务】 在市政协十一届二次会议上，民建市基层委员会提交集体提案9件、个人提案10件。其中，集体提案《关于加快发展远程医疗，切实解决群众看病难、看

民盟市委“同心”社会服务工作站成立　　（市委统战部　供稿）

病贵的建议》、个人提案《关于深化PM2.5防治的建议》被评为优秀提案。年内，完成调研报告《张家港市大气污染防治建议》。5月，与市民政局、市文化中心管委会联合主办张家港市千名空巢老人走进文化中心“感受文化关怀、共享文明成果”主题活动。

（葛庆贤）

中国农工民主党张家港市委员会

【概况】 年末，中国农工民主党张家港市委员会（简称农工党市委）有下属支部11个。其中，医卫界6个，教育界3个，经济、科技界各1个。有农工党员185人，其中医卫界95人、文教界46人、科技界22人、经济界22人，分别占总数的51.3%、24.9%、11.9%和11.9%。在职党员134人，退休党员51人。党员中，具有高级职称的102人、中级职称的76人，分别占55.1%和41.1%；有苏州市政协委员2人、苏州市人大代表2人、张家港市政协委员29人，张家港市人大代表2人。年内，开展“三学两比”创新争先主题活动，即“学理论、学传统、学典型”和“参政议政比质量、促进发展比贡献”，评选先进个人25人。开展“基层组织建设强化年”活动，推动基层组织建设规范化、特色化，评选“基层组织建设强化年”先进支部3个。3月至7月，开展“贯彻十八大，感动在基层”主题征文活动，收到征文14篇，6篇征文分别被评为一、二、三等奖。3月至10月，开展“美丽张家港”摄影比赛，收到作品73件，14件作品分别被评为一、二、三等奖及优秀奖，并有4件作品在农工党苏州市委“美丽苏州”摄影比赛中分获一等奖、三等奖和优秀奖。5月，举办“澳洋杯”趣味运动会，全市100余名农工党员参加托球接力跑、跳绳、乒乓球等7个项目的比赛。9月，召开党内老领导、老党员座谈会。10月，组织40余名退休党员共庆重阳节。年内，发展新党员16人，平均年龄36岁，均为大学及以上学历，选派34名骨干党员参加市委统战部及市政协组织的学习培训活动。全年获各级各类表彰的农工党员近70人次，其中有4人次获国家级荣誉，3人次获省级荣誉，11人次获苏州市级荣誉。党员在苏州市级以上刊物发表论文30余篇。农工党市委机关编印《张家港农工》4期，全年在各级农工党、统战条线媒体和《张家港日报》上发表文章60余篇次。

【参政议政】 在市政协十一届二次会议上，农工党市委作《优化教育资源配置，全面提升我市教育现代化水平》的大会发言，提交《进一步健全完善城区社区卫生服务体系建设》的书面发言材料。提交集体提案12件、个人提案89件。集体提案《关于进一步加强垃圾分类管理的建议》被列为主席督办提案。个人提案《关于加快生活垃圾分类处理步伐的建议》《关于切实关注我市失独家庭生活以及建立“失独老人”社会帮扶制度的建议》被列入市政协调研、视察、通报协商课题。个人提案《关于加强公共设施管理与维护的建议》《关于全面排查市区河道污口并加快治理的建议》被列入市政协民主评议活动。年内，围绕全市民政工作、强镇扩权试点工作、现代农业工作以及党风廉政建设开展调研。完成调研报告《关于进一步强化污水收集处理，提升市区水环境的建议》《关于推进我市退休人员社会化管理服务的建议》。向农工党苏州市委上报社情民意信息47条，其中农工党中央采用1条，农工党省委采用19条，农工党苏州市委采用35条。7月至8月，开展社情民意集中收集活动，收到社情民意22条，向市政协上报7条。

【社会服务】 5月，农工党市委启动“健康讲座进机关”活动。针对机关干部职工一些易发疾病、亚健康现象，组建由党内12名副主任医师以上专家组成的“农工党健康讲座”宣讲团，制定健康讲座菜单。年内，开展《远离腰颈疼痛》《心血管疾病防治》讲座。11月，联合对口联系单位市食品药品监督管理局，到保税区（金港镇）中德社区开展“同心·健康服务行”活动，为近400名村民提供义诊咨询，开展健康知识讲座，展出健康知识展板7块，发放《食品药品安全》宣传手册600余份。是月，医卫二支部联合市凤凰医院到凤凰镇杨家桥村，为村民开展测血压、做心电图等义诊活动。9月，开展“同心·爱心助学”捐赠活动，全市农工党员捐资2.5万元，资助市大新小学50名品学兼优、家庭经济困难的学生。科技支部联合“守望春天”助学网启动“流动花朵”助学项目，为16名新市民子女募集学费4.2万元，并组织参观游览张家港市。

【服务小明沙社区卫生服务站工作完成】 自2012年9月至2013年12月，农工党市委“健康服务行”定点服务保税区（金港镇）小明沙社区卫生服务站。其间，农工党市委共安排医疗专家44人次，开展20次的定点服务工作，有记录的接诊达到833人次。农工党内医疗专家通过面对面讲解、手把手示范，帮助小明沙社区医务人员提高诊疗水平，助推小明沙社区卫生服务站创建成为苏州市示范社区卫生服务站。

（顾鸣旦）

九三学社张家港市基层委员会

【概况】 年末，九三学社张家港市基层委员会下属支社5个，有社员88人。其中，在职社员72人，退休社员16人，分别占社员总数的81.8%和18.2%。社员中，具有高级职称的63人、中级职称的16人，分别占社员总数的71.59%、18.18%；有苏州市政协委员1人，苏州市人大代表1人，张家港市政协常委5人、委员8人，张家港市人大常委1人、代表1人。年内，严红艳、丁浩2名社员撰写的论文被录入《江苏九三论坛》论文集。九三学社张家港市基层委员会被九三学社省委评为宣传工作先进集体，被九三学社苏州市委评为组织工作先进集体和调研（提案）工作先进集体。主委徐平观被九三学社中央评为先进组工干部，社员丁浩、严红艳被九三学社省委评为宣传工作先进个人。社员钱王平被省人民政府授予“有突出贡献的中青年专家”称号，获得省科技进步二等奖。社员张凌云的散文集《高树鸣蝉》由中国文联出版社出版。

【参政议政】 在苏州市十五届人大二次会议上，九三学社张家港市基层委员会提交建议1件；在政协苏州市十三届二次会议上，提交提案3件。在张家港市十三届人大二次会议上，提交建议4件；在政协张家港市十一届二次会议上，提交提案79件，立案56件，其中集体提案6件、个人提案50件。集体提案《关于我市建筑消防设施维护管理的建议》被列为主席督办提案，《关于中小企业自主创新能力提升的对策与建议》被列为市政协调研、视察、通报协商活动提案。年内，完成九三学社省委中标课题“新型农村社区物业管理和公共服务”。先后就基本公共服务、消防、安全、城建、粮食、城乡一体化、环境保护等内容，组织社员赴市民政局、市水利局、市住建局、市公安消防大队、经开区（杨舍镇）、凤凰镇等单位和区镇进行调研。

【社会服务】 5月至9月，九三学社张家港市基层委员会在南丰镇开展捐资助学活动，捐助10名学生共1.7万元。6月，与市卫生局联合举办“市级医疗专家村村行”活动，赴凤凰镇高庄村开展义诊活动。11月，根据九三学社中央关于开展“国际科学与和平周”活动的要求，分别在南丰镇政府举办《科技与文化融合，科技与生活同行》安全知识讲座，在凤凰镇魏庄村举办《提高科学素质，促进全民健康》卫生知识讲座及送医送药活动。

（茹逸樵）

张家港市工商业联合会（总商会）

【概况】 年末，全市共建有商会39个，其中区镇商会9个、街道商会11个、行业商会14个、异地商会5个。有工商联会员单位2625个，其中企业会员2463个、团体会员57个、个人会员105个。年内，基层商会建立以镇商会为点、办事处商会为面的“以面促点”“大区镇—小街道”网络架构。树立以大新商会为典型的“以企办会”模式。各基层商会开展税企沙龙、涉企政策宣讲、通关业务培训、银企对接、项目报批、对外交流合作、投资参展、健康保健等活动及服务。1月，保税区（金港镇）商会完成换届整合。3月，现代农业示范园区商会成立，实现工商联基层组织建设全覆盖。5月、6月、9月，保税区（金港镇）商会、现代农业示范园区商会、南丰商会分别实施民政登记。行业商会自身发展、社会管理的能力不断提升，逐步向承接政府购买服务方向发展。大部分商会实现专人、专管、专服务和定期活动的机制。各行业商会常态化开展对外交流、投资参展、集体招聘、集中采购等活动。市分离机商会、色织商会完成换届工作，市五金商会创建成AAA级社会组织。异地商会建设不断推进，市安徽商会和市莆田商会相继成立。

【参政议政】 年内，市工商联深入开展上规模民营企业调研和民营企业履行社会责任调研，为33家企业申报全国工商联上规模民营企业排名。全市有8家企业入选全国民营企业500强，11家企业入选中国民营企业制造业500强，入围数均居苏州首位。加强重点调研，以严峻的经济下行趋势给全市企业带来的困境及对策为调研方向，确定“我市中小企业法律风险及防范建议——以市法院涉企案件和商会企业司法需求为蓝本”“行业商会产业链建设的现状与对策——以机械行业为例”为重点调研课题，均获市级社科研究课题立项，为市委、市政府提供决策参考。在市政协十一届二次会议上，市工商联提交《关于发挥行业组织在社会管理中作用的建议》等集体提案11件，《关于进一步推进我市高职技校与企业合作的建议》等个人提案49件。

【会员服务】 年内，市工商联深化法企共建平台，联合市人民法院成立商事法律服务调解中心，聘请18位企业家为首批“企业家商事特邀调解员”。联合市人民法院开展法律咨询和援助，服务企业法律需求，引导企业依法治企。深化银企合作平台，与民生银行张家港支行联合成立沿江小微企业互助基金、凤凰塘桥区域小微互助基金，130余家企业参与互助基金，获得贷款支持近2亿元。指导九洲家居装饰城等64家建材类小微企业成立行业合作社，乐余镇88家商会企业成立乡镇合作社，解决小微企业抵押担保难题。深化质企互联平台，联合张家港质监局举办“质企互联座谈会”，组织5个行业商会和25家骨干企业参观质量检测中心和培训中心，并与张家港质监局领导和职能科室交流。市五金商会和张家港质监局联合开展五金行业质量普查，市密封件商会与张家港质监局共同建设质量检测中心。打造校企合作工程，服务企业产学研发展。全年组织行业企业参加江苏科技大学专题招聘会3场，帮助4家企业在江苏科技大学建立实训基地。与江苏科技大学合作举办行业企业中高级管理人员培训，培训人员40人。组织“会员企业走进江科大”深化校企合作研讨会，6个行业近40家骨干企业负责人与江苏科技大学教授交流研讨。坚持张家港市优质产品与政府工程项目对接，组织召开新型建筑材料产品应用对接现场会，促成江苏通全球工程管业有限公司与市住建局、市交通运输局实质对接，合作建设市政示范工程项目。组织江苏德一新型建筑材料科技有限公司与市住建局对接，达成共建示范工程项目合作协议。打造上下游产品对接“铁链工程”，组织分离机行业与化工行业对接，合作研发化工类分离设备。组织市塑饮机协会、五金商会、分离机商会发挥行业聚集、原辅材料需求大优势，开展配套产品集体招标采购，优先采购张家港市产品。组织产品设计、印刷、包装行业的产业链对接研讨会，4个行业7家企业签订框架合作协议。打造人才（项目）超市工程，服务企业人才需求，年内梳理发布企业需求信息570条，部门人才、政策服务信息245条，组织人才（项目）对接活动6次。打造"红色企业联盟"，以党建促发展。分别在区域、行业、工业集中小区建立19个"红色企业联盟"。各联盟不定期组织开展学习培训、考察交流、商贸合作、文化联谊、扶贫济困等活动。组织基层商会企业党建培训4场，培训企业家和企业党员员工300余人。6月、10月，先后组织开展以"经济转型与产业升级""企业转型与核心竞争力"为主题的企业发展论坛，邀请沙钢集团董事局主席沈文荣、澳洋集团董事长沈学如、张家港化工机械股份有限公司董事长陈玉忠、东渡纺织集团董事长徐卫民、攀华集团总裁李兴华、酿酒集团董事长黄庭明等企业家探讨交流经济形势、行业发展趋势和企业发展经验，500余名会员企业代表参与。年内，举办以"构筑财智高地、合作发展共赢"为主题的青年企业家论坛和"上海自贸区政策法规和投资实务"专题研讨会。

【交流合作】 年内，市工商联先后组织会员企业"苏北行"，通过与苏北地区党政领导沟通交流，推动博鹏重工等会员企业在苏北投资项目。组织会员企业赴黑龙江哈尔滨、重庆考察，推进江苏德一新型建筑材料科技有限公司在哈尔滨、攀华集团在重庆钱江项目签约。组织会员企业赴德国劳恩堡市考察，江苏申洲毛纺有限公司、张家港保税区灿勤科技有限公司产品进驻德国市场洽谈初步成功，九洲家居装饰城洽谈代理德国啤酒设备项目。组织行业商会对口交流，市五金商会、密封件商会、色织商会、分离机商会分别赴浙江临安、象山，江苏吴江和浙江杭州等地对口考察交流。

【现代农业示范园区商会成立】 3月29日，市现代农业示范园区商会成立大会在园区管委会召开。至此，全市各区镇实现基层商会组织建设的全面覆盖。现代农业示范园区商会首届会员企业有34家，江苏沙洲电气有限公司董事长高关清当选会长，现代农业示范园区管委会主任罗晓骏担任名誉会长，市中联建设机械有限公司董事长董朱良等5人当选为副会长。2013年年初，现代农业示范园区有工业企业224家，其中新兴产业企业8家、省民营科技企业14家、省科技型中小企业5家、省高新技术企业1家，初步形成具有地方特色的经济构成和发展模式。园区商会的成立，可更好服务园区经济发展，加强企业间交流合作。

【市安徽商会成立】 5月5日，市安徽商会第一届会员大会暨成立庆典在市馨苑度假村会议中心举行。安徽省合肥市政协原主席、安徽国际徽商交流协会常务副会长周富如，江苏省军区原副司令员、江苏省安徽商会高级顾问吕振林，苏州市工商联副主席陈丽新等领导及103个会员单位、各省市安徽友好商会代表等近300人出席。选举江苏国安消防科技有限公司董事长丁焰方为会长，聘请市发改委、经信委等16家单位为商会顾问单位。市安徽商会与市文广新局共同开启2013年徽商慈善公益项目——张家港市"金话筒"志愿队进校园行活动。在张家港发展的安徽籍企业有200余家、个体工商户500余户，主要从事冶金加工、机电、建筑、化工、纺织服装、木材加工、港口贸易等行业，从业人员17万余人，年产值260亿元。

【市莆田商会成立】 6月17日，张家港市莆田商会第一届第一次会员大会暨成立庆典在市馨苑度假村会议中心举行。南京军区原副司令员郑炳清，福建省莆田市委常委、纪委书记陈立华，莆田市工商联党组副书记邹志诚，苏州市工商联副主席陈丽新等领导以及99个会员单位、各省市莆田友好商会代表等近600人出席。选举张家港保税区金蝌蚪国际贸易有限公司董事长高玉明为会长。聘请张家港市委统战部副部长、市工商联党组书记卢惠兴，莆田市工商联党组副书记邹志诚，中华妈祖文化交流协会副会长兼秘书长、湄洲妈祖祖庙董事会董事长林金榜，苏州市福建商会会长郭进林为名誉会长。聘请张家港工商局、张家港地税局、市国税局等16个单位为顾问单位。在张家港发展的莆田籍企业有200余家、个体工商户500余户，涉及木材加工、港口贸易、金融投资、建筑、化工、医疗卫生、餐饮服务、休闲娱乐、教育文化等领域。

【市精英企业家俱乐部开业】 7月8日，市精英企业家俱乐部开业。市工商联、经信委、文化中心、发改委、商务局、财政局、科技局、人社局、人才办等9个单位的领导以及市2013年百强骨干企业及科技成长型企业、2012年度入库税收超1000万元工业企业的代表参加开业仪式。市精英企业家俱乐部定位于集高端性、综合性、公益性于一体的服务性交流机构，为全市百强骨干企业及科技成长型企业、税收超1000万元工业企业的负责人，以及在市投资创业的"千人

市莆田商会成立 （市工商联 供稿）

计划”、省“双创计划”、“姑苏计划”等各类人才提供互动交流平台。俱乐部通过政府购买服务等方式从事非营利性的社会服务活动，通过定期开展一系列的高端培训、专题讲座、商务洽谈、文化交流等活动，搭建企业与政府之间、企业与相关部门之间、企业与企业之间沟通交流的服务平台。通过俱乐部，传授艺术品收藏、摄影、茶道、生活保健等各类知识，引领企业家追求健康、幸福的生活品质。

（彭　嫣）

张家港市无党派人士联谊会

【概况】 年末，张家港市无党派人士联谊会下设办公室和5个专门委员会，有会员58人，设理事11人、会长1人、副会长3人、秘书长1人、副秘书长2人。会员中，具有高级职称的15人，具有硕士学位的13人、博士学位的1人；有苏州市人大代表2人、苏州市政协委员1人、张家港市人大代表4人、张家港市政协委员15人。

【参政议政与社会服务】 在市政协十一届二次会议上，市无党派人士联谊会提交集体提案件6件、个人提案4件。其中，集体提案《关于全方位打造生态文明，建设美丽张家港的建议》被评为优秀提案。年内，市无党派人士联谊会结对帮扶贫困学生8人，资助每人1000元。（朱茂华）

张家港市总工会

【概况】 年末，市总工会下辖9个区镇工会、11个系统工会。全市工会组织覆盖法人单位19567家，其中单独基层工会2805家。累计发展会员53.34万人。年内，市总工会以非公企业、外资企业为重点领域，以梳理排摸出的25人以上未建会企业和行业、楼宇、市场等工会组建为重点推进建会工作，全年共完成建会1059家，其中单独建会258家，覆盖建会801家。年内，建成冶金园（锦丰镇）美容美发行业工会联合会、塘桥镇果蔬行业工会联合会、乐余镇餐饮行业工会联合会等18个行业工会，路易达孚（霸州）饲料蛋白有限公司张家港分公司、拉普利奥食品（张家港）有限公司等外资企业完成建会工作。6月，以市沙洲湖科创园建设项目为试点，推动项目建设与工会组织、会员入会工作同步推进，建立市科创园建设项目工会联合会，这是全市创新工会组织模式成立的首家项目工会。

【职工宣教】 3月，市职工艺术团组建舞蹈队。4月，走进沙钢集团、永钢集团等企业进行慰问演出，全年有5个节目类型选调到各类公益活动中集中展示。4月5日，市总工会举办俄罗斯国家戈登科舞蹈团舞蹈晚会，2012年度获奖的10个学习型组织代表、100名知识型职工、1000名文明示范职工观看演出。4月27日、5月5日，分别举办庆祝“五一”国际劳动节暨职工艺术团周年汇报演出、中华全国总工会文工团“工会与职工心连心慰问文艺晚会”，各级劳模及职工代表千余人参加。年内，组织职工参加“劳动·瞬间——苏州职工摄影大赛”，收到参赛作品70件，其中2件获一等奖、1件获二等奖、3件获纪念奖。开展“图书配载进企业”活动，重点走进常阴沙现代农业示范园区、“虹筑之家”农民工集中居住区等5个配送点，配送图书4000余册。开展“数码放映设备进企业”活动，为职工放映电影189场。开展“阅读、成才——实现体面劳动”主题读书活动，1000人以上企业读书站全部设置阅读角。建成“书香企业”代表10家，“五有”（有场地、有书刊、有制度、有设施、有专人管理）标准“职工书屋”145家。加强与新闻媒体合作，全年在各类媒体发表文章90余篇。张家港电视台《劳动最光荣》栏目《和谐面对面——走进企业》节目专题拍摄江苏东渡纺织集团、张家港浦项不锈钢有限公司、新能（张家港）能源有限公司、张家港保税科技股份有限公司等企业专题片，张家港电台《劳动最光荣》栏目播出节目52期。

【劳动竞赛】 5月至7月，市总工会联合市人社局举办“行行出状元”张家港市第一届职业技能大赛，设置企业职工组11个职业工种、学生组5个职业工种比赛，涵盖数控车床操作、加工中心操作、电焊、动画绘制、护理技术、中式烹调等门类，365名选手参加比赛，215名职工获得相应技能等级晋升，各职业（工种）企业职工组第一名被授予“张家港市职业技能状元”称号，享受市劳动模范一次性待遇，并直接入选市优秀高技能人才队伍。年内，开展职工科技创新、先进操作法等评选活动，收到合理化建议5000余条，创造效益近2亿元，江苏联冠科技发展有限公司的“新型塑料薄膜挤干脱水机的研发及产业化”、永钢集团的“英标B500B直条螺纹钢的开发”、江苏华昌化工股份有限公司的“利用AI来清洗碳化塔，代替用水煮塔”等项目受到苏州市表彰。

【厂务公开民主管理】 年初，市厂务公开协调小组下发《2013年张家港市厂务公开民主管理工作意见》，转发《江苏省非公有制厂务公开暂行办法》，推动全市企业建立健全以职代会为基本形式的厂务公开民主管理制度。8月，联合市塑饮机行业工会举办厂务公开民主管理知识竞赛，20家企业参赛。9月，参加苏州市规范职代会建设暨深化和谐劳动关系创建大会，经开区（杨舍镇）总工会被评为苏州市推进厂务公开民主管理工作先进单位，市易华塑料有限公司、长江润发集团、市逸洋制管有限公司、江苏艾迪尔医疗科技股份有限公司、江苏新芳科技集团等5家企业被评为苏州市厂务公开民主管理先进单位。年内，培育维克罗（中国）搭扣系统有限公司、丰田合成（张家港）塑料制品有限公司、张家港保税科技股份有限公司、新能（张家港）能源有限公司等一批厂务公开民主管理典型单位。评选2012年度张家港市劳动关系和谐企业64家、和谐企业组织奖10家，推荐17家企业申报苏州市劳动关系和谐企业。

【职工维权帮扶】 年内，市总工会推进以工资集体协商为主体的利益维护机制，在全市建立合同预审制度，要求所有集体合同和工资专项合同必须由市总工会民主管理合同部统一审核登记后移交人社部门审批备案，提高合同审批率。全市工资集体协商建制率达到95%以上，覆盖企业1万余家、职工20余万人。张家港市劳动人事争议仲裁委员会市总工会分庭共立案185件，结案182件，涉及标的441万元。加强职工服务中心建设，全年建成冶金园（锦丰镇）、乐余镇等一批区镇职工服务中心和永钢集团、市易华塑料有限公司、江苏新芳科技集团等一批企业职工服务中心。市职工服务中心受理信访案件131起，涉及职工160人次。组织招聘会3次，235家企事业单位进场，提供岗位1253个，达成意向650人次。春节期间，市总工会开展"送温暖"活动，为全市近2700名环卫工人送去帽子、手套、围巾"三件套"和新春年货，为全市1000余名特困外来务工人员及其家人子女发放慰问金150余万元、暖心被600余条。举办"与留守职工同吃年夜饭"活动，全市近500家企业工会同步开展。7月下旬至8月中旬，开展"送清凉"活动，市总工会发放防暑降温物品价值55.6万元，各区镇、系统、企业工会走访企业和工地1260余家，走访慰问一线职工13260人次，发放防暑降温物品价值562.5万元。"关爱职工，快乐心灵"公益行动以单亲女职工、公交女司机、纺织女工等女职工群体为重点，开展"爱在果园，播种希望""爱在母亲节·关爱公交女司机"等特色公益活动。

【市工会第十一次代表大会】 12月30日至31日在市馨苑度假村会议中心召开。全市各行业的349名代表参加，苏州市总工会主席温祥华、张家港市委书记姚林荣等出席。会议审议通过市总工会第十届委员会工作报告《高举伟大旗帜、凝聚职工力量，为苏南现代化示范区建设努力奋斗》、财务工作报告《坚持服务宗旨、深化科学管理，为全市工运事业发展提供坚实保障》、女职工工作报告《抓住机遇、务实创新，团结动员全市女职工为苏南现代化示范区建设再立新功》、经费审查委员会工作报告《求真务实、开拓创新，全面推进工会经审工作再上新台阶》。选举产生市总工会第十一届委员会委员39人、经费审查委员会委员5人，选举王永康为主席，陈建明、景国荣、姜志芳、丁峰、惠红为副主席。

【市厂务公开协调小组获评全国先进】 9月27日，苏州市召开规范职代会建设暨深化和谐劳动关系推进会，张家港市厂务公开协调小组被全国厂务公开协调小组评为"全国推动厂务公开民主管理工作先进单位"。市厂务公开协调小组把厂务公开民主管理作为加强基层民主政治建设的重要部分，推进提高基层建制率和建制质量。至年末，全市已建工会的企业民主管理建制率动态保持在95%以上，共有8000余家企业参与劳动关系和谐企业创建活动，共评选出600余家各级劳动关系和谐企业、2家苏州市劳动关系和谐园区、5家江苏省劳动关系和谐模范企业，江苏张家港酿酒有限公司被评为全国模范劳动关系和谐企业。 （吴 吉）

中国共产主义青年团张家港市委员会

【概况】 年末，全市有团（工）委107个、团总支141个、团支部1165个，团员79902人。新建非公企业团组织387个。有各级少先队组织12906个，少先队员8.4万人，少先队辅导员1928人。全年发展团员5336人，推优入党384人。年内，成立全市非公团建指导员队伍，开展非公经济团组织"百企百公益"活动。在银行系统成立市金融系统团工委。开展"青春邀约走基层·服务青年听转办"活动，探索以项目化机制推进服务型团组织建设。3月，召开全市青年自组织负责人座谈会，20余名青年自组织负责人参会。7月，举办全市优秀青年人才培训班，28名优秀基层团干部、大学生村官代表，赴团中央直属全国青少年井冈山革命传统教育基地，接受理想信念教育。10月，全市首次团干部任职资格考试在市水利局举行，全市10家直属团组织的21名新任职团干部参加考试。11月，开展"十佳精品团课"评比活动，19名直属团组织负责人上台讲授团课。是月，举办全市大学生村官培训班，26名担任村两委班子成员的优秀大学生村官代表，赴苏州市农村干部学院参加学习培训。苏州市张家港地方税务局团委获江苏省"五四红旗团委"称号，经开区（杨舍镇）包基村团总支获江苏省"五四红旗团支部"称号。新增南京证券股份有限公司张家港步行街证券营业部、江苏扬子大桥股份有限公司锡张高速公路张家港东收费站两家省级青年文明号。张家港保税科技股份有限公司长江国际团总支仓储支部码头班获苏州市"十佳青年文明号"称号。团市委成功蝉联苏州市共青团工作先进单位标兵。拓展"青春家园计划"工作阵地和内容，新增晨阳社区"幸福晨阳四点半"、西庄花苑"青春创益客厅"、长欣社区"青春嘉年华"、书院社区"四点半学校"公益托管、合兴社区"小厨大爱"绿益坊、新丰社区"青春手工坊"等项目。"以项目化机制推进服务型团组织建设"获全省共青团工作创新创优成果奖。"24小时团建圈"项目获苏州共青团工作创新奖。

【青少年教育】 2013年，团市委组织开展"我的中国梦"主题团日、"我的中国梦——奋斗的青春最美丽"青春微聚会等"中国梦"主题教育实践活动。评选朱忻、李蕾、陈裕、张秀娟、张斌、唐海娣、袁辉、麻晗、黄绍玮、霍鑫等10人为第十一届张家港市"十大杰出青年"。5月，召开"青春建功中国梦"张家港市青年人才座谈会，全市领军型创新创业科技人才代表、青年企业家代表以及团干部代表参加座谈。6月，团中央书记处第一书记秦宜智考察南丰镇青少年社工站，指导全市预防青少年违法犯罪工作。10月，团市委、市教育局、市少工委在市云盘小学联合举行"红领巾相约中国梦"建队节主题活动暨张家港市少先队新队员入队仪式。是月，承办苏州市共青团组织服务城乡一体化改革发展工作推进会。12月，团市委、市青商会举办市青年企业家座谈会，市委副书记、代市长朱立凡与青年企业家代表座谈交流。年内，全市“模拟法庭志愿宣讲团”成立，在市职教中心校、东渡实验学校进行“模拟法庭”巡演，全年通过十余场演出，在全市学生中营造学法、知法氛围。

【青少年服务】 2013年，团市委继续做大“希望之光”助学品牌，全年累计发放助学金64.44万元，资助贫困学子717人次。3月，与市级机关工委在经开区（杨舍镇）东渡社区联合举办“青年党员志愿者进区域”广场服务活动。市卫生局、市供电公司、市电信局等8家单位30余名青年党员志愿者参与服务。6月，举办“中国梦·我的创业梦”青年企业家创业分享会走进高校暨大学生创业项目推介会，市青商会会长、副会长结合自身创业经历，与大学生分享宝贵的创业经验，并就大学生就业创业问题答疑解惑。是月，举办“上海银行杯”全市青年公益项目创意大赛，全市公益组织负责人及公益人士共170余人参加活动，共有20个项目获得表彰，发放奖金3万余元。8月11日，与市总工会、市妇联联合举办“缘分天空·情定港城”张家港市大型优秀单身青年交友会，600余名青年参加活动。10月，启动“我的青春·我的团”2013年市青年文化艺术节，形成活动集锦《2013年共青团工作巡礼》电子杂志。10月至12月，与市级机关工委举办“听音化字·默写文明”张家港市机关青年汉字听写大赛，经过初赛、复赛、个人赛、团体赛，张家港海事局获得团体冠军。年内，市青商会开展骨干企业发展潜力调研，举办财智对话——青商企业家论坛、对话青商——走进法院等活动。9月，市青商会捐助100万元成立“关爱教师基金”。

【青年志愿者行动】 2013年，团市委继续深化“青年志愿者行动”，开展“向雷锋同志学习”题词发表50周年纪念活动。3月，实施“新邻居、新家园、新风尚”动迁安置小区青年志愿服务计划，通过整合资源，将8支专业志愿者服务队与城乡8个社区结对互助，为市民提供长期的便民服务。暑假期间，实施“圆梦行动——暑期大学生志愿服务”项目，依托城乡25个志愿服务点位，吸引93名家庭贫困的在校（准）大学生参与活动。活动结束后，举办2013年暑期大学生志愿服务总结会暨“圆梦行动”青商助学金发放仪式，73名大学生志愿者获“圆梦行动”青商助学金22.75万元。9月，步行街志愿服务站完成全面修整，配套建立完善的管理制度，拓展服务内容，对人员招募和表彰奖励等作出具体规范，同时设立便民健康义诊点。11月23日，团市委组织“驴行天下群”等青年自组织在常阴沙现代农业示范园区联合开展“情系长江·爱心飞扬”保护母亲河活动。12月5日，与市青年志愿者协会在步行街开展“爱心义卖·点燃希望”青年志愿者暖冬行动。百名志愿者共募集善款4200元，捐献给经开区（杨舍镇）庆丰社区贫困学生。文明创建期间，团市委继续组织交通文明志愿者上路执勤，累计9000余人次参与交通劝导志愿服务。年内，累计选拔优秀青年志愿者102人，选派礼仪志愿者参与大型活动5次。

【微博微电影等新媒体运用】 团市委主动研究新媒体背景下全市青年群众工作规律，努力运用新媒体增强共青团对青少年的吸引和凝聚。4月，举办全市共青团学习运用新媒体引导青年工作推进会。继2011年推出官方微博后，2013年6月推出官方微信“青春张家港”。年内，制作以志愿服务为主题的微电影《爱在三月》和以未成年人保护为主题的微电影《回来》。各级团组织相继推出“青年志愿服务”主题微电影《温馨的港湾》，“青年就业创业”主题微电影《20岁再出发》《守望》《抉择》，“大学生村官”主题微电影《我的金港·我的梦》《我的青春梦》等作品。至年末，全市各级团组织、团干部基本实现“团团开博”，新浪官方微博“青春张家港”粉丝数达到3.1万人，全市“团”字号活跃微博凝聚粉丝7万余人。

（邵　帅）

张家港市妇女联合会

【概况】 年末，全市有区镇妇联8个，常阴沙现代农业示范园区妇工委1个，直属机关妇工委1个，部门机关妇联、妇工委、妇委会23个，行政村妇联、妇代会152个，社区妇联120个，新经济组织中的妇女组织186个，新社会组织中的妇女组织5个。4月，市妇联制定出台《关于建立健全张家港市妇联常委、执委工作制度和妇女代表联系制度的实施意见》，探索建立妇女代表日常工作制度。5月，转发苏州市妇联《关于推进全市城乡社区妇联网格化管理服务工作的意见》。在江苏化工品交易中心成立全市第一家楼宇妇委会。是月，举行推进女性进村（社区）两委专题培训班，对全市500余名基层优秀女性代表进行选前集中培训。出台《关于进一步加强全市妇女社会组织建设的意见》，成立市妇女社会组织服务指导中心，举行全市推进妇女社会组织建设座谈会，交流妇女社会组织建设实践经验。8月，举办2013年全市基层妇女干部骨干培训班，70名基层妇女干部在市委党校参加3天培训。10月，举行市妇女社会组织建设推进会，就妇女社会组织建设作专题培训。11月，召开“妇女儿童之家”“一家一品”工作推进会，展示全市“妇女儿童之家”工作成效。12月，举行2013年度妇女工作实践区项目展示活动。年内，在全市机关妇女干部中开展“争创新之先、争服务之先、争作风之先”“三争先”活动。培育省级“妇女儿童之家”3个、苏州市级7个、张家港市级24个。累计有省级“妇女儿童之家”13个、苏州市级21个、张家港市级50个。

【妇女维权】 2月，市妇联参与女职工劳动保护专项检查，推动女职工特殊保护专项合同签订，落实女职工经期、孕期、产期、哺乳期保护等合法权益。3月，开展市“三八”维权志愿服务广场活动，发放宣传资料650余份，接受群众咨询50余人次。5月，联合张家港市民政局转发苏州市妇联、苏州市民政局《关于进一步规范制定村民自治章程，认真落实男女平等基本国策的意见》，维护农村妇女合法权益。是月，举办庆“六一”“梦想的力量”主题活动，为流动儿童赠送图书。7月，成立市政策文件性别平等咨询评估委员会，推动性别平等主流化。是月，成立市婚姻家庭“幸福驿站”，建立婚姻辅导员、情感疏导员和法律咨询员三支队伍，通过举办讲座、个案辅导和社工参与等方式，加强婚姻家庭指导，年内共辅导375对危机家庭，成功劝和203对，提供情感疏导服务11人次，法律咨询服务65人次。是月，联合市人民法院、团市委、市关工委和张家港农村商业银行出台《未成年人项下资金监管实施办法》，维护未成年人在父母离异情况下的合法权益。7月起，与市公安局共同推进《苏州市家庭暴力告诫办法》，建立每月信息互通制、家暴案件回访制和监督检查制。8月，联合市便民服务中心将“12338”妇女维权热线并入“12345”综合受诉平台。9月，联合市邮政局开展“圆梦2013让爱传递温情”爱心包裹捐赠暨流动儿童“四季平安”关爱活动，向全市留守流动儿童捐赠4030个“四季平安盒”。9月至11月，联合市综治办举行市“携手平安，共筑和谐”家庭法律知识竞赛，102户家庭参与，产生一等奖1个、二等奖2个、三等奖3个、优胜奖6个。10月，与市救助站共同规范市妇女儿童避救中心家暴救助流程。10月至11月，开展“十二五”期间市妇女儿童发展规划中期评估专项督察，完成中期评估报告。11月，举行“拒绝家暴，牵手平安”反家暴广场志愿服务活动，发放宣传资料300份，接受群众咨询50人次。年内，尝试以“微创投”形式将妇女儿童社工项目发包给妇女社会组织实施，实施“心手相牵”关爱单亲困难母亲、“阳光育苗”亲子教育等社工项目。

【妇女发展】 年内，市妇联服务多举措，推动城乡妇女发展。一是举办招聘会推动妇女就业。3月，联合市人社局、市总工会举办市第十四届女性人才专场招聘会，共50个单位进场，提供756个女性岗位，现场达成意向650余人；9月，联合市人社局举办2013年女性毕业生招聘专场，有51个单位入场，提供1033个岗位，初步达成意向369人。二是开展宣传推动巾帼建功。4月，市妇联联合市园林局、市环保局举办“共建美丽新港城，共享幸福新生活”巾帼绿色环保志愿服务行动，为巾帼示范林授牌，举行绿植进千家仪式，进行“美丽的港城——我的家”现场签名，开展家庭社区植绿护绿、植绿护绿知识普及、巾帼环保志愿者系列宣讲等活动。5月，举办市“全国巾帼文明岗”授牌仪式暨“巾帼文明岗”创建培训活动，4家全国“巾帼文明岗”分享创建经验。三是牵线搭桥推动妇女致富。6月，举办“美丽张家港，魅力女企联”2013年市女企业家联谊会走进常阴沙活动。7月，召开妇女小额担保贷款工作座谈会，推进妇女小额担保贷款工作，全年发放妇女小额贴息贷款23笔，总金额340万元。9月，市妇联组织女企业家赴宿迁学习考察。11月，举办“走农业科技道路，圆创业致富梦想”全市农村妇女“双学双比”工作座谈会，帮助农业女能手与金麦穗农业示范基地形成技术指导、农产品销售的对接服务。12月，举办“巾帼建新功，同圆港城梦”2013年市女企业家联谊会年会。

【市妇女第十次代表大会】 3月5日在市馨苑度假村会议中心召开。250名正式代表、105名特邀代表出席。张家港市委书记徐美健、苏州市妇联主席谢建红讲话。会议审议通过市妇联第九届执行委员会的工作报告《认真学习贯彻党的十八大精神，团结动员全市妇女为争当苏南现代化建设排头兵而努力奋斗》，选举产生市妇联第十届执行委员会委员35人，蔡彩虹任主席，唐红英、陈霞任副主席。表彰市三八红旗手10人、市三八红旗集体10个。

【家庭文明女性素质提升活动】 3月，市妇联联合市总工会、市体育局举办第六届女子羽毛球比赛，全市32个单位的142名女性参赛。是月，举行“塑造魅力女性，成就美丽人生”市女性素质提升公益讲座。4月，举行巾帼道德模范先进事迹宣讲，推动学习宣传道德模范常态化。5月，联合市城乡环卫指导中心举办纪念“5·15国际家庭日”“文明港城，幸福家园”幸福家庭文明提升行动启动仪式暨健康家庭趣味运动会，表彰2012年度平安家庭标兵户、健康家庭标兵户，在市巾帼志愿服务总队下成立巾帼健康志愿者队伍，发布“暨阳玫瑰”张家港市巾帼志愿者标识，打造全市巾帼志愿服务品牌。4月至10月，联合市城乡环卫指导中心开展“健康生活进我家”主题活动，开展健康知识宣传、卫生清洁行动、美化净绿活动、文体健身运动、健康家庭选树活动。5月至6月，在全市开展“身边的好邻里”寻访活动，共挖掘寻访37个睦邻友善、团结互助、事迹感人的好邻里典型。7月至8月，继续推进“文明礼仪百家讲坛”，依托市“快乐父母工作坊”，在13个社区进行隔代教育宣讲。8月，市妇联联合市总工会、团市委举办“缘分天空，情定港城”全市大型优秀单身青年交友会。11月，召开2013年市家庭教育协会年会，编印下发《家庭教育资料汇编》，制定出台《家庭教育协会成员与家长学校定点联系制度》，形成家庭、学校、社会共同参与的“三位一体”的教育网络。12月，举行“我爱我家”2013年市家庭厨艺大赛。年内，围绕“欢乐童心，筑梦港城”主题，举办“童眼看港城”摄影大赛、“我爱我家——争做环保小卫士”儿童环保创意大赛、“微梦生活”微博短文征集活动，促进未成年人身心健康成长。

【巾帼公益服务活动】 3月，市妇联组织开展“巾帼牵手进百企，组团服务助发展”公益服务活动。至5月，招募800余名巾帼公益服务者加入“百名巾帼进百企”志愿服务活动，征集50个巾帼公益服务项目，形成“巾帼牵手进百企”公益服务菜单，为企业提供金融、法律、科技等服务及工商、税务、社保等政策咨询，为企业妇女提供家教、文化、健康、心理、养生、礼仪、美容等服务。6月，联合市委组织部召开市“巾帼牵手进百企”公益服务项目菜单发布会,启动公益服务活动,首批9个巾帼公益服务项目签约。年内,组织巾帼公益服务者实施公益服务项目,走进100家企业开展公益服务活动100场,服务群众4000余人次。

【"点亮微心愿,献爱微公益"行动】 6月,市妇联实施"点亮微心愿,献爱微公益""暨阳玫瑰"圆梦公益行动,向全市6周岁至14周岁的特殊困难儿童征集微心愿172条。7月,制作心愿认领专题网页,依托大港城网、市妇联"暨阳玫瑰"官方微博、各类QQ群等网络平台实时发布。至7月末,微心愿全部认领完毕。8月,市妇联举行2013年市爱心助学主题活动暨"点亮微心愿,献爱微公益""暨阳玫瑰"圆梦公益行动大会。会上,观看圆梦公益行动短片,市妇联为优秀贫困女大学生发放助学金2万元,爱心人士现场捐赠圆梦物品。

【主题阅读实践区项目实施】 5月,市妇联在全市实施"阅读提升正能量,书香浸润千万家"主题阅读实践区项目,通过基层妇女组织创设形式多样的阅读平台,在广大妇女和家庭中开展阅读活动。创设"悦读圈"社工项目,通过漂书、读书、说书、写书、画书等小组阅读活动,搭建家庭阅读平台,培育家庭阅读示范。8月至9月,开展家庭主题读书、家庭阅读档案展示、书香故事征集、亲子图文微创作、十佳书香家庭评比等活动。11月,举办"全民阅读进家庭"主题分享会,总结工作成果,分享家庭阅读经验,以女性阅读、家庭阅读推动全民阅读。

(周菊花)

张家港市归国华侨联合会

【概况】 年末,全市有"侨之家"2个、"侨务工作站"1个,有张家港市侨界人大代表2人、张家港市侨界政协委员18人、侨联委员21人、侨联顾问2人、海外顾问7人。市侨联全年先后接待海外侨胞7批19人次到市参观考察。在春节、端午、中秋等传统节日对全市40余户归侨及困难侨眷进行走访慰问,发放慰问金和物资3万余元。推荐沙钢集团员工沈斌、斯威森生物医药研究中心员工闫勇义参与评选江苏侨界之星。在《张家港日报》和侨联系统网站、杂志,对张家港意发功率半导体有限公司总经理、国家"千人计划"人才周炳,江苏和昊激光科技有限公司总经理、意大利留学归国博士柳岸敏等侨界杰出人物以及优秀侨资企业进行宣传报道。1月10日,举办市侨界人士迎新春联谊会,回国创业人才、侨资企业代表、归侨侨眷代表等近百人参加联谊活动。3月21日,举行《苏州市华侨归侨侨眷权益保护办法(送审稿)》征求意见座谈会。3月28日,在市荣昌涤纶有限公司会议室召开市侨联第四届十一次全委会议,部署2013年工作任务,对市侨联第四届委员会委员进行适当调整。6月24日,与市侨办共同举办2013年"海外华侨华人高层次人才江苏行"张家港站活动。8月,参加苏州市侨联学习交流团赴辽宁省开展座谈与交流,并与大石桥市侨联缔结友好侨联协议。9月18日,市侨联与市侨办共同举办"月是故乡明"侨界人士中秋联谊会。10月16日至18日,参加在昆山召开的第五届中国侨商论坛。重阳节,组织老归侨侨眷及侨联退休干部共度佳节,并发放重阳糕。11月30日,接待广西壮族自治区侨商会副会长莫恭玮率领的考察团,重点考察张家港保税区木材交易市场,并形成初步合作意向。年内,张家港市侨联被评为苏州市侨联工作先进单位。

市第五次归侨侨眷代表大会召开 (市侨联 供稿)

【市第五次归侨侨眷代表大会】 5月24日在市沙洲宾馆召开,出席代表150余人。张家港市委书记徐美健,苏州市侨联主席沈晋华出席并讲话。张家港市人大常委会副主任顾放,副市长邵军民,市政协副主席、市委统战部部长景惠新出席。会议审议通过市侨联第四届委员会工作报告《凝聚侨心,发挥侨力,汇集侨智,为张家港争当苏南现代化建设排头兵做出新贡献》,选举产生市侨联第五届委员会委员21人,黄亚平任主席,蒋卫忠、唐宏、陈刚任副主席。表彰新侨创业先进单位5个、侨务工作先进个人2人、侨界先进个人3人、聘请市侨联第五届委员会顾问2人、海外顾问7人。

【市第二届侨界运动会】 6月29日,市侨联在西城体育公园主办市第二届"城东街道杯"侨界运动会。该届运动会以"凝聚侨心、携手共进"为主题,设有乒乓球、羽毛球、定点投篮、跳绳、仰卧起坐和俯卧撑等比赛项目。全市近150名归国创业人才及侨资企业代表组成12个代表队参加。张家港经济技术开发区二队、金蝶软件队、斯威森队,分获团体第一、二、三名。 (李进达)

【编辑 沈立平】

法治·军事

Nomocracy & Military Affairs

市公安局开展"走千家访万户送安全"活动　（庞瑞和　摄）

社会管理综合治理与法治建设

法　　院

检　　察

公　　安

司法行政

人民武装

武　　警

消　　防

民　　防

社会管理综合治理与法治建设

【概况】 年内，市委政法委围绕全市中心，紧扣“创先争优突破年”主基调，加强社会管理综合治理、平安建设、法治建设的日常组织、协调和政法部门的执法督察等工作，充分发挥职能作用，不断推进社会管理创新、平安建设、法治建设、公正司法的深入，为全市争当苏南现代化建设排头兵营造和谐稳定的社会环境。市委政法委被中央综治委、人力资源和社会保障部评为全国社会管理综合治理先进集体，张家港市被省综治委授予平安县（市、区）称号。

社会管理创新 作为中央政法委社会管理创新调研联系点、全省社会管理创新综合试点市，市综治委着力打造社会管理创新“张家港样板”。3月，在全省率先出台县域深化社会管理创新三年行动计划，围绕社会管理、社会稳定重点难点问题，突出民生服务、保障，设置涵盖社会矛盾纠纷调解成功率、新市民入医入学入户人数、社会管理综合信息系统覆盖率等10个大类30项指标，明确到2015年实现公正司法廉洁水平、矛盾纠纷预防化解水平、实有人口服务管理水平等“十大提升”工作目标，制定三年行动计划进度表，明确责任部门、细化阶段目标，推动全市社会管理创新向社会化、专业化、法治化、信息化方向发展。同时制定《2013~2015年张家港市社会管理创新项目计划书》，推行“8+66”（8个大体系，34个一级项目，32个二级项目）项目化管理，在原有优秀项目基础上，新增民生服务、基础建设、特殊人群管理、治安防控等重点领域创新项目，细化落实任务、责任，强化执行力度。年末，落实200万元“以奖代补”专项资金对年内评选出的56个社会管理优秀项目和乡镇基层基础建设优秀项目给予配套资金补助。同时，与南京大学建立长效合作机制，培养社会管理创新优秀干部队伍。9月，市综治办组织全市各区镇、市级机关40名干部赴南京大学社会学院参加张家港市社会管理创新干部研修班。

平安建设 年内，以平安建设为载体，开展包括平安交通、平安学校、平安家庭、平安医院等17项平安创建系列活动，基层平安创建覆盖面达到100%。开展第二轮联系点共建活动，强化市综治委成员单位对联系村（社区）的指导帮扶，全市32个村和32个综治成员单位通过结对共建，建立联络会议制度、情况通报制度、捆绑考核制度等，及时了解、帮助解决影响综治与平安建设的重点问题，筹集共建资金130余万元。1月，组织开展全市村（社区）预防和打击非法集资集中宣传活动。2月，召开全市政法工作会议。3月，组织协调公安机关对市级和镇级重点地区及重点问题进行排查分析，确立重点地区和问题16个，并制订工作方案部署整治。5月，落实省、苏州市矛盾纠纷排查调处工作，建立矛盾纠纷排查调处工作协调会议纪要月报告制度。6月1日上午，中共中央政治局委员、中央政法委书记、中央综治委主任孟建柱带领在苏州参加全国深化平安中国建设工作现场会的部分代表，先后考察了南丰镇政法综治工作中心、永联小镇、市市民服务中心，听取了基层在推进平安、法治建设方面的做法和成效，并对平安、法治建设的做法和成绩给予充分肯定，对下一阶段平安、法治建设和政法综治工作提出要求。6月，市社会管理服务中心一期工程建设完成。9月，开展全市校园技防设施非正常运行情况排查并落实整改。9月至10月，开展以大宣传、大整治、大走访、大防控、大排查“五大行动”为内容的提升公众安全感专项行动和为期40天的第十一次“万人大巡防”活动，通过综治宣传月、政务微博、手机短信等方式提升市民对综治和平安建设工作的知晓率和满意度，有序推进开展重点地区和重点问题专项整治，深入推进“走千家访万户送安全”活动。全市群众安全感为97%，连续三年保持苏州各市、区第一。9个区镇获评苏州市平安乡镇。

法治建设 年初，制订下发全市法治建设工作要点。年内，继续推进法治建设先进机关、镇、村、社区、企业、学校等系列创建活动。以领导干部述法考评等制度为保障，加强机关法治建设，组织对机关法制宣传、法治建设工作的调研考核，明确13个依法行政示范点。调整和加强法制副校长队伍建设，出台中小学法制教育队伍管理办法，开展校园周边环境整治，完善学校、社会、家庭三结合教育机制。3月，张家港市被全国普法办通报表彰为“全国法治县（市、区）创建活动先进单位”。4月，修订《张家港市法治建设满意度测评实施办法》并组织实施测评工作。8月，张家港市在苏州市组织的法治建设满意度测评中排名县（市、区）第一。10月23日，全市法治建设工作推进会召开。年内，市委政法委受理涉法涉诉信访案件11起，接待62人次，化解信访积案5起。组织开展案件评查活动，政法各部门完成自查，市委政法委组织抽查。调研报告有关平安建设与法治建设双轮驱动的做法、经验，受到省委常委、政法委书记李小敏的批示肯定并予以推广。组织完成年度市社科联“法治建设与城市现代化研究”“社会组织参与社会治理的三种模式研究”两个调研课题，《创新社会管理递增基层民主法治建设质效》入选苏州市优秀法学论文。新市民积分管理办法入选苏州市法治建设优秀案例。市法院民一庭、市检察院侦查监督科、市公安局刑警大队、锦丰派出所、杨舍镇司法所被命名为苏州市公正司法示范点；南丰镇、凤凰镇创建成苏州市法治建设先进镇；全市累计创建成省级民主法治示范村（社区）71个，创建率27.4%，创建成苏州市级民主法治村（社区）224个，创建率83.6%；东渡集团等25家企业成为苏州市第二批诚信守法先进企业；南丰镇永联村党委副书记、江苏永钢集团副董事长、总经理吴耀芳入选苏州市首届“十大法治人物”。

【两大平台建设】 年内，强化市、镇、村三级工作平台和启动社会管理综合信息平台建设。在市级层面，2月，投资50余万元对市社会管理服务中心进行改造，建成融矛盾纠纷排查化解、特殊人群服务管理、流动人口服务管理、应急处置等功能于一体的社会管理服务中心，实现社会管理的资源整合、功能聚合和工作融合。在镇级层面，提高标准建设杨舍、南丰、锦丰等区镇级政法综治工作中心，9个区镇均被评为苏州市一级政法综治工作中心。在村（社区）级层面，实施提档升级工程，年内陆续新建七里庙村、旺西社区、善港村等一批村（社区）社会管理服务中心，全市省村（社区）综治办规范化建设达标率100%，248个村（社区）达苏州市“五位一体”一级综治办标准，达标率94.6%。4月，召开社会管理综合信息平台建设协调会，启动社会管理综合信息平台建设项目。6月末，涵盖人口房屋信息库、企业法人信息库、空间地理信息库及基础信息平台、指挥协调平台、综合治理平台、社会服务平台、领导辅助决策平台的“三库五平台”框架搭建完成，全市各区镇1309个地域网格划分及1309名综治网格员配备到位，市级社会管理综合信息平台一期建设完毕。9月，开展大新镇新东社区社会管理综合信息平台运行试点。年内，各部门、各层级、各责任单位进行信息系统对接与业务数据导入工作，建成全面覆盖、联通共享、功能齐全、动态跟踪的社会管理综合信息平台。

【“关爱民生法治行”惠民工程】 年初，市委政法委在全市征集“关爱民生法治行”活动项目，遴选确定与民生水平最相关的食品安全监管、“法治之声”五巡、纳税人学校、行政复议便民服务、村企安全公益培训、电子政务村村通、村居干部民主法治素质提升、新市民子女家长学校、民生面对面、政社互动试点10个市级项目及26个部门项目，市政府印发《2013年“关爱民生法治行”活动实施方案》，分解工作责任，纳入绩效考评范围。邀请人大代表、政协委员关注、督察“关爱民生法治行”实事项目。年内，共评比表彰行政复议便民工程、民生面对面活动、“虹筑之家”农民工普法等市级、部门“关爱民生法治行”活动优秀项目10项。

【博士生工作站调研社会管理创新】 年内，社会管理创新博士生工作站从创新课题入手，探索研究新的社会管理模式。7月，南京大学社会学院教授、博士、硕士研究生分两批次15人，先后对杨舍镇江帆社区、住建局“虹筑之家”、南丰镇永钢集团等社区、企事业单位开展社区建设管理、外来民工融入等专题调研，提出符合实际的构思建议。10月，针对城乡一体化进程中的新型社区管理问题，工作站以大新镇新东社区为研究对象，开展社区组织、公共服务、基础设施配置、社区队伍建设及居民生活保障等方面的专题调研，提出新型农村社区服务管理思路，即通过政府职能转变，推行农村社区公共服务社会化，推动农民就业，培养居民自治意识，探索社区管理信息化之路。 （蔡　健）

法　院

【概况】 年末，全市有法官103人，其中三级高级法官1人、四级高级法官22人、一级法官42人、二级法官12人、三级法官4人、四级法官15人、未定级法官7人。年内，市法院坚持“强基础、提质效、优服务”，先后出台《服务重点企业的实施意见》《关于服务保障全市城乡发展一体化工作十项措施》和《关于服务保障全市生态文明建设的实施意见》。1月28日，凤凰法庭揭牌启用，这是继塘桥、锦丰、金港、乐余、经开区法庭后的第六个基层人民法庭。凤凰法庭负责港口、凤凰、西张3个街道、15个行政村辖区内民商事案件的立案、审判工作，执行法庭自行审理的案件，指导辖区人民调解工作，开展辖区内企事业单位法制宣传工作。市法院全年受理各类案件18101件，审、执结16103件，通过审判、执行解决争议标的金额62.59亿元，分别比上年增14.52%、8.92%和63.42%。年内，抓案件审判质效，在全年受理案件创历史新高的情况下，法定正常审限内结案率、结案均衡度分别比上年增5.07%和11.2%，案件平均审理天数比上年降4.96天，一线法官人均结案数245.84件，当事人服判息诉率95.64%，案件改判发回重审率0.21%，办结案件上网率60%。主要审判质效指标均得到优化，在苏州市中院综合考评工作中，2013年度整体工作在苏州10家基层法院中位列前三甲，获得二等奖。市法院获2010~2012年度江苏省文明单位、张家港市2013年度综合贡献奖等荣誉。

刑事审判　市法院受理刑事案件1399件，审结1344件，判处被告人1684人，其中审结危害公共安全罪533件535人，破坏社会主义市场经济秩序罪61件93人，侵犯公民人身权利、民主权利罪126件157人，侵犯财产罪429件607人，妨害社会管理秩序罪185件280人，贪污贿赂罪9件11人，渎职罪1件1人。生效判决中被判处10年以上有期徒刑的罪犯32人，被判处5年以上10年以下有期徒刑的57人，被判处5年以下有期徒刑的449人，拘役的457人，缓刑的569人，单处附加刑的72人。

民商事审判　市法院受理民商事案件12608件，审结11170件，涉案标的45.67亿元，其中调解、撤诉8144件。全年审结社区邻里、婚姻家庭、财产损害等常见民间纠纷4137件，劳资纠纷2251件，民间借贷纠纷1405件，医患、房屋买卖、物业管理类纠纷721件。化解融资、证券、保险、期货、信托等金融纠纷127件，买卖、担保、加工承揽等合同纠纷1502件，股权确认、股份转让、股东滥用控制权等公司治理纠纷63件，集中审理122件钢贸纠纷。

执行工作　市法院受理执行案件3941件，执结3448件，其中执结刑事案件6件、民事案件3187件、行政非诉审查与执行案件9件、仲裁246件，执结率87.49%，执行标的到位率93.68%，执行标的金额12.92亿元。

立案信访　市法院对刑事、民商事、行政、执行等各类案件立案16930件，受理公示催告案件220件，审结181件。处理人民信函152件，接待到访350余人次。

审判监督和行政审判　受理再审案件9件，审结7件。受理行政案件60件，审结60件，其中原告撤诉23

青年法官论坛举行（市法院 供稿）

件，驳回诉讼请求35件，撤诉1件，确认无效1件。审查行政非诉案件49件，裁定不予受理案件5件。

【首届青年法官论坛】 3月30日，市法院举行首届青年法官论坛，主题是“青年法官司法能力提升”。全院35周岁以下的48名青年干警参加了论坛。青年法官论坛以“一季一课题、一题一论坛”形式，由青年干警预先写好发言稿，每次从中选择6名以上干警作交流发言，并由庭长进行点评。青年法官论坛是市法院党组落实《青年干警培养实施方案》为青年法官搭建的一个交流平台，其目的是为了提高青年干警调查研究能力和解决实际问题能力。

【“雷霆行动”会战清积案】 5月起，市法院集中开展为期三个月的清理执行积案“雷霆行动”，采取执行会战形式，以各执行部门为单位，实行“5+2”“白+黑”工作制，24小时接受线索举报，全力查找被执行人下落，对有履行能力而拒不履行的被执行人依法采取拘传、拘留等强制措施，集中清理2012年旧存未结案、2013年新收案件及当事人反映强烈、易诱发信访的案件1181件。

【法、检“两长”首次联审】 9月13日，市法院院长徐建东担任审判长公开开庭审理一起故意杀人案，市检察院检察长蔡蔚以公诉人身份出庭支持公诉。市人大代表、青年法官、青年检察官和部分群众旁听了案件审理。这是倡导院领导、庭领导亲自参与疑难、复杂、重大和新类型案件审理，将更多时间和精力投入到案件审理中，发挥领导示范引领作用的一个举措。

（何 薇）

检 察

【概况】 年末，全市有检察官89人，其中四级高级检察官10人、一级检察官28人、二级检察官6人、三级检察官7人、四级检察官16人、五级检察官5人、未定级检察官17人。年内，市检察院以深化执法规范化、队伍专业化、管理科学化、保障现代化“四化”示范院建设为目标，各项检察工作扎实推进。市检察院被评为2010~2012年度江苏省文明单位、2011~2012年度全省先进基层检察院，被张家港市委、市政府授予“综合贡献奖”。

反贪污贿赂和反渎职侵权 市检察院全年立案侦查贪污贿赂犯罪案件21件22人，其中受贿案件16件17人、行贿案件4件4人、贪污案件1件1人。立案侦查渎职侵权犯罪案件5件5人。通过办案追缴赃款赃物和挽回其他经济损失1180余万元。

刑事检察 市检察院全年受理公安机关提请批准逮捕各类刑事犯罪案件嫌疑人819人，经审查批准逮捕552人，不批准逮捕265人；受理移送审查起诉1530件2022人，经审查提起公诉1392件1778人，决定不起诉54人，报送苏州市检察院审查起诉7件9人。

民事行政检察 市检察院全年受理民事申诉案件24件，立案审查24件，发出再审检察建议1件，监督纠正民事虚假诉讼案件1件。办理民事执行监督案件15件，支持起诉案件10件。

监所检察 市检察院全年检察收押入所人员2383人次，检察出所人员2465人次。监督留所服刑罪犯减刑49人次。对15名没有继续羁押必要的在押人员依法审查变更强制措施，对13名违反社区矫正管理规定的社区矫正对象建议收监执行。开展精神病强制医疗检察4人次，财产刑执行监督27件。

控告申诉检察 市检察院全年受理群众信访196件，开展检调对接59件，立案复查刑事申诉案件8件，建议法院再审4件，其中3件得到法院采纳并纠正。再次通过全国检察机关“文明接待示范窗口”检查验收。

职务犯罪预防 市检察院全年发出预防检察建议11份，开展预防调查9次，犯罪分析14次，受理行贿犯罪档案查询6572批次，组织党员干部接受警示教育58批11387人次。

【预防职务犯罪“正廉”指数编制】 为将职务犯罪预防工作目标、任务和要求具体化、系统化、标准化，市检察院在全国率先探索编制预防职务犯罪“正廉”指数（以下简称“正廉”指数）。“正廉”指数包含评判指数、基本指数和奖惩指数3个大类14项测评指标、39项测评内容。其中，评判指数设置同级党委、人大及其常委会、政府、政协满意度和人民群众满意度2个测评指标。基本指数分投入指数、过程指数和产出指数，其中投入指数设置组织建设、基础保障等2个测评指标，过程指数设置风险点排查防控、预防文化建设、制度建设、堵漏建制、警示教育、活动参与等6个测评指标，产出指数设置宣传报道、评比表彰等2个测评指标。奖惩指数设置加分项目、惩戒项目等2个测评指标。同时配套研发“正廉”指数信息化监测平台，根据监测结果，建立三色预警机制，并开展分类指导。“正廉”指数的监测运用，为党委、政府掌握全市预防工作总体情况、系统开展指导工作提供定量依据。“正廉”指数被市预防职务犯罪工作领导小组在全市推行，得到省检察院副检察长陈剑虹的批示肯定。年内，全市有54个单位试行“正廉”指数并参与监测评比。

【派驻公安机关检察官办公室建设】市检察院在设立派驻长江航运公安局苏州分局检察官办公室基础上，在市公安局各警署增设6家派驻检察官办公室，实现对公安基层执法活动监督全覆盖。派驻检察官办公室坚持“参与不干预、引导不主导、言论不结论”工作原则，依法对公安机关执法活动进行监督。派驻检察官定期赴公安机关开展工作，通过对公安基层执法部门进行办案场所巡查、查阅卷宗台账、浏览办案系统、观摩办案过程、互通办案数据和办案动态、举行联席会议等，对日常执法活动进行动态监督，对存在稳定风险案件协助做好矛盾化解，对重大突发事件进行共同处置，对执法中遇到的疑难复杂问题进行会商协调，推动监督模式从事后监督、就案监督向动态监督、日常监督转变，开创检警关系协调发展新模式。

【驻巡结合的检察工作模式建立】年内，市检察院探索建立驻巡结合的检察工作模式，分别在保税区(金港镇)、凤凰镇设立派驻检察室，赋予检察室受理控告申诉、诉讼活动监督、行贿犯罪档案查询、职务犯罪预防等职责，采取驻镇与巡回相结合的方式在基层开展工作，打造检察机关服务基层一线平台。推行全员网格化检察服务，深入基层受理群众控告举报、开展预防警示教育、社区矫正检察、社会矛盾化解等。在镇、村布设“一键通”式检察热线，定期开展“检民恳谈”活动，倾听群众呼声，共开展恳谈活动73次，接受法律咨询520余条，妥善处理各类诉求180余件。加强与基层党委政府、司法机关、村居等的工作对接和联络机制，参与辖区平安、法治建设等活动，收集社情民意；加强与辖区人大代表、政协委员等的沟通联系，主动接受外部监督。驻巡结合检察工作模式受到基层组织、群众欢迎和上级领导关注。6月，中央政法委书记孟建柱等领导在市检察院巡回检察南丰联络站考察时对巡回检察工作给予充分肯定。

(陈丹蕾)

公 安

【概况】2013年，全市新增民警94人，年末共有民警1642人，其中见习民警87人、三级警司196人、二级警司320人、一级警司205人、三级警督414人、二级警督386人、一级警督34人。10月，市公安局档案工作以高分通过省五星级测评验收。年内，市公安局被评为省、苏州市两级文明单位，被省公安厅评为苏琼合作工作成绩突出集体、2012年度全省群众工作优秀公安局、2010~2012年度全省公安执法优秀单位、全省公安机关执法规范化建设成绩突出集体，被市委、市政府授予“2013年度突出贡献奖”。6月26日，市公安局作为全国公安机关唯一执法优秀单位代表，被国务院纳入向全国人大汇报工作的专题报告中。

打击犯罪　年内，市公安局建立全国示范刑事科学技术室、DNA实验室和视频侦查中队，持续开展“打盗抢保民安”、“迎亚青保平安”百日打防攻坚战、夏季攻势、缉枪治爆、冬季突出治安问题区域性打击整治等10余项专项行动，严厉打击各类违法犯罪。共抓获刑事作案人员2517人，网上在逃人员383人，破获刑事案件2885起，其中“八类”(放火、爆炸、劫持、杀人、伤害、强奸、绑架、抢劫)案件177起，刑事案件、“八类”案件破案率全省领先。破获经济案件数比上年增14%，挽回经济损失2亿余元。呈报公安部发起集群战役，破获侵犯国泰新点软件有限公司著作权案件，摧毁横跨4省、涉案金额1亿余元的犯罪网络，公安部专门发贺电。

治安管理　年内，市公安局共查破各类治安案件19577起，查获违法人员12157人。会同市文广新局、工商局等单位开展无证电子游戏机房、无证网吧及文化出版市场的清理整顿，依法取缔无证网吧85家次、无证游戏厅13家次，查缴电脑486台、非法音像制品50万余件、非法出版物3500余册。会同有关职能部门开展专项整治，先后取缔“黑作坊”“黑工厂”“黑市场”“黑窝点”236家。为7840条犬办理证照，其中新办1372条、延续6468条。完成对全市105个危险物品从业单位、577家旅馆、212家娱乐场所的治安等级评定工作。开展禁赌专项行动，摧毁地下赌场31个，刑事拘留81人，治安处罚1055人，集中公开销毁赌博机1185台。治爆缉枪专项整治共办理涉枪、涉爆案件73起，抓获违法犯罪嫌疑人员76人，收缴各类枪支68支、弹药6000余发、管制刀具391把、非法储存假冒伪劣烟花爆竹503箱。

交通管理　年内，全市共发生交通事故6334起，其中一般以上交通事故490起，死亡84人，伤441人，经济损失441万元。查处各类交通违法行为76.2万起，暂扣驾驶证348本，行政拘留656人，醉酒驾驶追究刑事责任249人，并对510名记满12分的驾驶员组织理论考试。办理汽车注册登记34792辆，“五小”车辆上牌照809副，考核“五小”车辆驾驶员769人，核发车辆检验合格标志11.3万辆，其中“五小”车辆9390辆。对全市全部1376辆危化品运输车辆实行户籍化管理。安装交通信号灯26套，漆画交通标线4.5万平方米，增设交通标志牌800套、隔离护栏3000米、减速块1.1万米。开展交通安全宣传340余场，累计受教育群众75万余人次。在全市设立16个车驾管服务网点，成立保税港区进口汽车上牌服务中心。

“110”接处警　年内，市公安局指挥中心共受理报警107.52万起。其中，违法犯罪警情1.84万起，火灾警情2039起，交通警情23.17万起，纠纷警情4.99万起，群众求助警情6.71万起，其他警情70.61万起。通过快速指挥调度，直接抓获违法犯罪嫌疑人152人。

【"走千家访万户送安全"三年行动启动】 4月，市公安局制定并部署实施"走千家访万户送安全"三年行动计划，以走访每户家庭不少于30分钟为基本要求，以"联系一次警民感情、采录一次基本信息、开展一次安全评估、宣传一次防范知识、征求一份意见建议"等"五个一"措施为核心要素，以实施"联系群众大落实、突出重点大深入、安全礼包大派送、内外宣传大加强、警务保障大提升、标兵典型大争创"等"六大"工程为基础内容，利用三年时间，对全市群众家庭有质量地再走访一遍。年内，走访各类群众家庭15.3万家，免费发放家庭小技防产品3万余套、安全防范光盘10万余张，解决群众物业管理、噪音扰民、停车堵路、治安防范等问题233个；社区民警知晓率、群众满意度分别比上年提升7.8%、7.02%。活动成功入选人民网和国家行政学院联合主办的"第二届全国加强和创新社会管理优秀案例"。

【服务群众十项措施】 年内，市公安局制定"改进作风服务群众保障现代化示范区建设十项措施"。窗口服务实行周一至周六全日制业务受理、周日受理急办和预约事项，推行一窗式受理、一次性告知等"四个一"服务。办理户口简化迁移申报手续，新生儿出生户口申报不再提供村、社区证明，江苏省内户口迁入张家港市不再提供户籍证明，以购房、投资、经商途径迁移户口不再提供无业证明。身份证受理审核1个工作日内完成，证件发放2个工作日完成，申领临时居民身份证当场完成；对孤寡老人、残疾人等特殊人群，采用电话预约、委托预约等方式上门、集中办证。设立车驾管服务网点16个，建立8个事项告知制度，开通"96122"江苏交巡警服务热线和交巡警微博、微信等平台服务。消防审批实行建筑工程跟踪指导制和重大工程服务专员制，组建消防专业技术服务队伍加强对接。通过网络、窗口、电话等方式向公众公开执法依据、办理程序、收费标准、办理时限、便民措施等事项，向当事人公开警情处理、案件受案情况、办案进度、办理结果等内容。完善重点企业服务保护工作机制，加强重点行业领域经济犯罪形势分析研判，并向重点企业推送风险预警提示。

【张家港市通过省"技防城"验收】 年内，由市委副书记、政法委书记牵头的技防城建设领导小组成立，把以治安监控为重点的防控体系建设纳入全市实事工程。防控体系建设瞄准"全国一流、全省领先"目标，逐一细化社会面监控13个大类58个小类布建覆盖规范和6个大项40个小项技术标准，在原有监控系统基础上，投入3000万元安装高清定焦监控系统1000套、高清抓拍系统56套，利用广电信息网络自建监控系统4016套。在全市所有440个重点单位、157所学校、632辆公交车以及全部商场、网吧、旅馆等公共场所安装监控系统，对全市353个小区监控防盗设施进行维护升级，将废品收购站、游戏厅、网吧监控系统全部接入派出所。城区封闭小区技防入户率为100%，开放式小区全部安装监控设施，城镇、农村技防入户率分别为73%、56%。定期或不定期对全市技防建设情况进行检查，对发现问题发放整改意见书，并跟进开展复查、抽查。6月，张家港市通过省公安厅、科技厅"技防城"建设的检查验收。 （史 雷）

司法行政

【概况】 年末，市司法局有司法行政工作人员47人。全市有律师168人，有公证员5人，有法律工作者89人。年内，市司法局以提升社会管理服务水平为统领，综合融通司法行政各项职能，创新争先求突破，开展"勤廉思"机关文化建设活动，提升机关干部队伍整体素质，为全市现代化建设提供法律服务保障。通过主题教育培训和专题交流，参与各级、各类教育培训24批78人次，机关1人被评为"张家港市十佳党员服务之星"，市司法局获评张家港市纪检监察系统先进集体、苏州市司法行政系统勤廉文化示范单位。

法制宣传 年内，拍摄微电影《普法专家》，获评司法部第十届全国法制微电影征集活动二等奖、最佳编剧奖。市法治文化主题公园、青少年社会实践基地成为第二批省级法治文化建设示范点。打造"一镇一品"法治文化阵地品牌，杨舍老街法治文化街、南丰法治文化广场、大新法治文化广场被评为苏州市第三批法治文化建设示范点。市司法局获苏州市法治文化阵地建设指导奖二等奖、法治文化征文活动优秀组织奖。7月，张家港市通过苏州市"六五"普法中期考核，全市法制宣传满意度97.4%。全年组织法制宣传培训2645场，培训人员71.44万人次，举办各类普法活动1574次，制作展出法制宣传展板2718块，发放法制宣传资料80.52万册。

人民调解 年内，市、镇两级建立价格、环保等人民调解组织，推进300人以下中小型企业人民调解组织建设。实行重大纠纷办结销号和零报告制度，推行"八小时外调解工作室"等个性化品牌。全市81个村（社区）调解委员会被命名为苏州市规范化村（社区）人民调解委员会，锦丰镇司法所被评为苏州市优秀司法所，南丰镇司法所倪永祥被评为全国模范人民调解员，金港镇司法所孙凯被评为江苏省优秀人民调解员，10名调解员被评为"苏州百佳人民调解员"。全年全市各级各类调解组织共受理调解社会矛盾纠纷13343件，调处成功13332件，调处成功率99.9%。

社区矫正和安置帮教 年内，新建成运行的市社区矫正管理教育服务中心实施"精细化分类管理"，强化重点人员管控，完善协作帮教，推进社会化帮扶，获评苏州市社区矫正执法规范化先进集体、苏州市司法行政系统勤廉文化优胜单位。春晓社会服务社获苏州市社区矫正工作先进基层组织，"彩虹桥"系列帮扶项目获张家港市社会管理创新优秀项目奖。全年全市共接受社区服刑人员342人，解矫341人，年末在册590人，完成社会调查和假释评估702件；共接收刑释解教人员542人，五年累计在册刑释解教人员2109人。

法律服务 年内，律师服务深化

"'1+1+X'五年行动计划"和"社区法律服务窗口"创建活动，基层法律服务全面落实"一村一法律顾问"，在苏州率先设立区镇公证联络站。继续开展"万名法律服务人员、万名调解员助万企升级、万村（社区）和谐"的法律服务"四万"工程，市司法局被省司法厅授予江苏省法律服务活动优秀组织奖。规范行业协会管理，律师协会获评AAA级社会组织，公证处通过省公证质量专项检查，司法鉴定实现零投诉。年末，全市法律工作者共担任1521家企业的法律顾问，办理案件8502件，为企业避免和挽回经济损失11.17亿元；市公证处办理各类公证案件16953件；市中医医院司法鉴定所出具司法鉴定文书2147份。市法律援助中心创建"江苏省法律援助机构示范窗口"，建成开放式业务受理室。建立法律援助质量评估体系，全面推行合适成年人制度，组建"合适成年人"库，加强法律援助基层联系点建设。开展"播撒公平正义、共建幸福港城"扶弱助残系列活动。全年接待到访和电话3616次，办理法律援助案件1777件，比上年增33%。

【"法律之声"五巡惠民工程】 年内，市司法局组织开展菜单巡讲、电影巡映、文艺巡演、书画巡展、法律巡援"法律之声"五巡工程，弘扬法治精神，传播法律知识。组建由15名优秀法律人才组成的"法律之声"讲师团，确定15个专题，向各级领导干部、公务员、青少年、企业经营管理人员和村（居）民、新市民进行法制宣讲；在全市100个村、社区、企业、学校巡回播放优秀法制电影；组织创作法制文艺节目，进行"文明百村欢乐行"活动进行巡回演出，各镇结合地域特色创作法制文艺作品深入村、社区演出；向全社会征集"法治·廉洁"书画作品385件并组织巡展45场；通过"法律人在行动""法律早市""法治文化夜市"等活动，举办近200场法律巡援，由法律专业工作者巡回接受群众法律咨询、解答法律疑惑，提供法律援助。"法律之声"五巡工程获评市"关爱民生法治行"活动优秀项目。

【市社区矫正管理教育服务中心建立】 5月，市社区矫正管理教育服务中心建成运行，为市司法局管理的正股级全额拨款事业单位，对全市社区矫正和安置帮教工作进行业务指导和监督管理，承担监督管理、教育服务、心理矫正和帮困扶助等职责，设有入矫（解矫）宣告室、心理矫正室、集中教育室、警务检察室、会议室等多个功能室，有工作人员和专职社工50余人。中心依托香山风景区，建有市阳光就业扶助基地，在市精神卫生中心设立社区矫正心理咨询中心。

（陈新林）

人民武装

【概况】 2013年，市人武部按照"筑牢军魂、聚焦打仗、改进作风、提高能力"的工作思路，抓好民兵整组、民兵训练、兵役和国防教育，人武工作保持平稳发展。落实南京军区"一老一少一基层"即军队离退休老干部、作战部队营（连）主官和基层连队走访慰问活动要求，八一前夕，市人武部主要领导联合民政部门有关负责人专门对金港镇、乐余镇、大新镇的5名基层部队主官连长（指导员）家庭登门慰问，送上慰问金（品）。9月，市人武部财务管理按要求由市财政移交苏州军分区。年内，市人武部新闻宣传工作被苏州军分区表彰为"新闻报道一等奖"。

战备训练　围绕中央军委主席习近平"能打仗、打胜仗"要求，狠抓战备工作落实。上半年，对全市专（兼）职武装干部、民兵干部和民兵信息员进行集训，通过理论授课、经验交流、训练考核、参观见学等形式，提高业务水平和遂行多样化任务能力。集训分4期，每期3天至7天不等，共集训280人次。5月，结合形势和季节特点，组织训练3支抗洪抢险分队共370人，并在抗击台风实战中得到检验。上级下达全年民兵训练任务659人，实训842人，训练合格率98.6%。12月27日，22名专（兼）职武干部参加苏州军分区组织的专武干部资格认证考核，其间进行理论考试、队列汇操、带队指挥、仰卧起坐、5×10米往返跑、实弹射击、轻武装分解结合和3千米徒步越野等项目考核，参考专武干部考核通过率100%。

国防教育　市人武部开展"声讨安倍晋三参拜'靖国神社'险恶用心和坚决捍卫国家领土主权"与"听党话、跟党走"形势教育，并充分利用武装工作例会、民兵整组点验和业务集训等时机抓好民兵思想政治教育。11月18日，邀请南京陆军指挥学院教授张政文在市馨苑度假村会议中心为市四套班子领导、党政干部和驻军官兵500余人作有关东海、南海、台湾等中国周边与国内外安全国防形势报告。全年落实民兵刊授教育经费36万元，为全市10个区镇和20个党政机关、企事业单位、党委（总支）厂及大型企业人武部征订《解放军报》《中国国防报》和《中国民兵》等国防教育报刊，并为当年入伍新兵家庭和部分学校征订《解放军画报》433份。年内，市人武部先后在《解放军报》《中国国防报》《中国民兵》《中国双拥》《东海民兵》《人民前线》《苏州日报》等多家媒体刊发稿件49篇。《中国双拥》第六期以"让最可爱的人成为最幸福的人"为主题，大篇幅报道张家港市37名驻西藏林芝某部战士奉献青春、无怨无悔的感人事迹，并被军地多家媒体转载。6月17日，《中国国防报》在显要位置以"军地一盘棋，应急更有力"为题报道张家

应征青年领取入伍通知书　（陈　航　摄）

港市军地联合处置突发事件应急救援综合演练成果，被《解放军报》《人民前线报》等军报转载。

兵役工作 2013年是国家兵役征集时间调整的第一年，征兵时间由以往每年12月调整为每年8月，针对时间短、标准高，变化大等特点，上半年，市征兵办联合新闻媒体，全方位、多渠道宣传征兵政策，抓好征兵政策法规辅导和宣传。同时，市政府把征兵工作列入区镇年度千分考评指标，对规定任务实行一票否决制。6月，结合征兵、军校和国防生招生，组织走进职教中心、梁丰高中等校园开展征兵咨询活动。同时，在《张家港日报》等新闻媒体开设征兵公益广告，在步行街、购物公园等繁华地段悬挂征兵宣传横幅，电子屏播放征兵公益广告。当年入伍新兵中，高中以上学历的占96.6%，大专以上学历的占51.3%，党、团员占73.2%，兵员质量大幅提升。

【"三个机制"衔接试点任务完成】根据年初苏州军分区党委扩大会议精神，由张家港市承担国防动员机制、军队管理机制和地方应急管理机制"三个机制"衔接试点工作。市人武部受领任务后，先后赴连云港警备区、东海县人武部等单位进行参观考察，并与市政府职能部门联合成立军地应急领导小组。6月4日，组织2013年张家港市"三个机制"衔接试点暨军地联合处置突发事件应急救援综合演练活动。演练假设张家港保税区江苏扬子江国际化学工业园内化学厂发生液体泄漏而引发环境污染事故。根据预案，市应急指挥中心立即调集人武、安监、公安、环保、卫生、消防、交通、气象等联动力量赶赴现场，迅速救出被困人员、扑灭火灾，演练取得预期效果。各部门共200余人参加演习。苏州市委常委、军分区司令员杨晋和军分区政委李再胜，张家港市有关领导，苏州其他各市（区）人民武装部及地方领导观摩演习活动。

【专武干部统一换发"07式"服装】7月，根据省军区《关于组织换发专职人民武装干部服装的通知》精神，市人武部严格按照要求，按时间节点认真抓好服装换发工作，对全市区镇、企事业单位专（兼）职武装干部发放服装102人次，换发"07式"服装4个系列共500余套。（陈 航）

武 警

【概况】市武警中队主要担负市看守所外围看守任务。中队依据《军队基层建设纲要》，以经常性工作为基点，确保以执勤、处突、反恐为中心的各项任务的完成。年内，完成临时性押解勤务157起，出动执勤兵力270人次，押送罪犯1200人，行程5.5万千米。为长江文化艺术节承担安保任务，出动兵力10人次。参加南京亚青会维稳任务，承担暨阳高级中学、沙洲职业工学院、市城管局等单位及民兵预备役的军训任务。中队连续十四年被江苏武警总队评为基层单位建设标兵中队，中队党支部被江苏武警总队党委评为先进党支部。12月，中队被江苏武警总队政治部评为基层文化建设先进单位。年内，中队荣立集体二等功1次，有2名官兵荣立个人三等功、12名战士被评为优秀士兵。

【武警江苏总队副政委到中队检查指导】7月2日，武警江苏总队副政委温冰到中队检查指导工作。温冰一行查看了营区文化环境建设，对把兵圣文化、惜时文化、张家港精神等苏州驻地文化请进警营，以"软实力"催生"内动力"的做法给予高度评价。温冰参观了中队荣誉室，指示中队要利用自身资源搞好崇尚荣誉引导，激励官兵再接再厉，勇于争先。他实地查看官兵宿舍、伙房饭堂、勤务值班室、菜地等场所，勉励官兵将中队的优良传统和过硬作风不断传承下去。

（唐铁山）

消 防

【概况】市公安消防大队坚持"以防为主、防消结合"方针，全年接警出动2714起，扑救各类火灾1849起，其中较大火灾89起，参与抢险救援和社会救助865起，火灾数量比上年降2.79%，造成直接经济损失约912.44万元，比上年降9.49%，未发生重特大恶性火灾事故，无人员伤亡。年内，市公安消防大队党委被中共公安部消防局委员会评为全国公安消防部队先进基层党组织、先进基层党委。市公安消防大队被省文明委评为2010~2012年度江苏省文明单位，被省公安厅评为全省执法示范基层所队，被苏州市公安消防局评为全市消防监督执法先进大队。年末，市公安消防大队党委被省公安消防总队党委评为"十佳基层单位"，连续九年获全省消防系统基层单位年末评比最高荣誉。同时，被苏州市公安消防支队党委评为2013年度大队级"好班子"。在大队下属3个现役中队中，金港中队被省公安消防总队党委评为"基层建设先进中队"，特勤六中队和保税区特勤中队被苏州市公安消防支队党委评为"基层建设先进中队"。大队监督员崔丽超被公安部消防局评为全国优秀消防监督员，马智昊等7名战士受到省公安消防总队党委表彰。

设施建设 年初，市公安消防大队组织对全市各区镇及规划控制区内的市政消火栓情况进行排摸，提出三年补建设想，提请市政府协调并完成2013年度补建计划。推进消防主题宣传广场和城西安全技能培训教育实践基地深入建设。市政府投资推动乐余消防站、南丰消防站、水陆两用消防站建设，优化城市消防站建设布局。

执勤备战 市公安消防大队完善由大队主官、指挥长、行政值班参谋、信息班和指挥中心值班的全勤指挥部工作机制，当遇有两个（含）以上执勤中队参战的火场及重要抢险救援现场时，大队全勤指挥部按照"五个第一时间"要求赶赴现场，负责指挥火灾扑救和抢险救援工作，严格作战规程，各中队进行执勤备战自查。大队通过每周视频拉动或无预案拉动演练、每月执勤备战专项检查等措施，规范执勤秩序和检验部队执勤备战落实情况。

消防宣传 4月，市公安消防大队成立宣传中心，配备2名人员专门负责组织协调全市消防宣传工作。年内，新购置消防宣传车1辆，新增宣传阵地、媒介20余处，登记在册志愿者7000余人，开展各类消防专业培训160余期，联合社会各界举办社会化宣传活动30余场，受惠群众5万余人次。全面建立健全"96119"火灾隐患举报投诉机制，继续完善受理查处、分类移送、跟踪督办、分析研判、集中整治、曝光奖励等工作机制。

执法服务　年内，按照"服务发展、服务民生"工作理念，市公安消防大队对接市发改委、工务处、城投集团及区镇建设部门，收集整理全市当年度重点工程名册，由各片区分管参谋带队进行业务指导，抽查消防设计备案单位164个、竣工单位187个，消防安全检查项目40项，服务指导重点工程项目42项。分别对沙钢集团厂区43幢建筑补办消防手续，对市沙洲湖科创园、欣锦阳化纤有限公司、曼巴特商业中心等63项重点工程提供技术指导，解决设计、施工过程中的消防问题110个。每月定期对发生火灾、实施消防监督执法、申报行政审批单位进行走访，共走访社会单位436个，征集群众意见75条，对580个办理设计备案的单位抽查531个，对602个办理验收备案的单位抽查551个，对114个单位进行开业前安全检查，办理群众举报126起，群众满意率98%。结合地方特点，推出"平安港城"系列消防安全专项行动，开展"九小"场所、"三合一"场所及群租房、非法建筑、"大排查大整治"专项整治行动。年内，共排查出"九小"场所21010个、"三合一"场所292个、群租房2698户、非法建筑2776幢，整改"三合一"场所203个、群租房2125户、"九小"场所火灾隐患13555处、非法建筑实体性隐患1367处，检查人员密集场所、劳动密集型企业、化工企业、大跨度厂房库房、高层地下建筑、施工工地、火灾高危单位20707个，发现隐患15837处，整改隐患15775处，严厉打击各类消防违法行为。

【省消防总队总队长驻点调研】 6月18日至22日，省消防总队总队长、少将马德文到张家港市开展"三融入、三推动"驻点调研活动。其间，马德文以普通士兵的身份在市公安消防大队和下属特勤六中队蹲点体验基层工作和生活，到保税区特勤中队、城西政府专职消防队实地察看营区环境、车辆装备、库室设置和"四个秩序"情况，帮助基层解决难题和困惑，走访经开区（杨舍镇）、凤凰镇恬庄村、南丰镇永联村、塘市派出所及部分社会单位，听取基层单位对消防工作的意见、建议。驻点调研结束时，他向苏州市消防支队和张家港市公安消防大队通报了开展"三融入、三推动"驻点调研活动的情况和收获，对张家港市的消防工作和大队建设给予充分肯定，并提出下一步工作要求。（常　妍）

民　防

【概况】 年内，市民防局紧紧围绕民防融合式发展主旋律，着眼有效履行战时防空、应急支援、平时服务的使命任务，创新举措，防空防灾综合能力不断增强，"保民安·惠民生"服务品牌个性优势进一步凸显。

民防体系建设　市民防局先后召开基层民防建设推进会和现场会，在全省率先迈开基层民防建设步伐。上半年，城区39个社区全部建成民防工作室，提前两年完成"十二五"期间民防工作室建设目标。至10月末，各区镇建立民防办公室，各行政村、社区建成民防工作室，形成覆盖全市的"战时区域防空、灾时联动救援"网格化民防体系。抓好"一镇一馆"民防教育工程，建成经开区（杨舍镇）金塘社区、凤凰镇湖滨社区民防教育馆，并依托场馆，组织居民群众防空防灾知识技能培训。开展以"民防联万家"为主题的第14个民防宣传月活动。在大新镇开办"5·12"防灾减灾日民防服务广场活动，举办民防知识和应急救护技能巡回讲座20余场，在杨舍镇4个街道办事处组织防空防灾知识征文活动。5月至9月，市人大常委会对民防工作开展评议，市民防局被评为群众满意单位。

民防工程建设　年内，全市民防工程新立项20项、开工17项、竣工16项，竣工面积8.1万平方米，累计完成工程养护面积10.2万平方米，各项指标均超额完成年度目标任务。推行民防窗口"一站式"标准化建设，全年办结工程审批、备案事项419项。11月，完成《张家港市人民防空工程专项规划（2013~2030年）》专家评审和申报，推动全市民防工程建设由市场引导向科学布局、规划控制转型。12月，市政重点工程——市直机关疏散基地"1110"工程建成投入使用，全省民防局长培训班全体代表到张家港市专题调研此项工程。至年末，全市民防工程建设总量、人均面积在全省县级市保持领先。

指挥通信建设　年内，市民防局投入20余万元在全市各重要经济目标的多个重点关键部位安装监控系统，加强对防护工作远程、实时监管。3月，修订完善《张家港市警报建设管理规定》，在区镇、社区逐步推开多媒体防空防灾警报系统建设。"4·22"沙洲解放日，全市统一进行防空警报试鸣，同步组织小学师生防空袭疏散演练，警报报知网鸣响率和音响覆盖率保持100%。5月，开展人民防空专业队整组，进一步选优配强各级骨干。6月，组织民防专业队暨民防志愿者集训。

【参加民防系统比武竞赛获佳绩】 从4月起，市民防局在系统内筹备参加全国民防训练比武竞赛。通过采取在岗训与脱产训、分散训与集中训等多种方法，在全局开展专题辅导、评比讲评等多项活动，组织学理论、钻业务、练本领、强素质学习训练。7月5日，22人赴苏州市参加比武竞赛，内容包括民防政策法规、工程管理理论、装备操作技能等，平均成绩获苏州地区第一名。市民防局被省民防局评为竞赛先进单位。11月，2人经逐级竞赛选拔，代表南京军区参加全国民防训练比武竞赛汇报演示。竞赛活动中，有3人分别被国家人民防空办公室通报表彰为国家级"六通"型领导干部、"六会"型机关干部、"六通"型技术骨干。（郭燕波）

【编辑　卢德兴】

政协张家港市委员会

2013年，市政协常委会在市委的正确领导下，紧紧围绕现代化建设总目标，牢牢把握团结和民主主题，广泛调动全体委员积极性，认真履行职能，扎实开展工作，为促进全市经济社会发展做出了新的贡献。一是以加快转型升级为重点，紧紧围绕“六大提升行动”和“810工程”推进实施选择课题，开展了提升中小企业科技创新能力、打造高素质人才队伍和加强环境污染防治等重点调研和协商活动，积极为全市产业转型升级建言献策。二是以增进民生福祉为目标，充分运用政协提案、社情民意、民主评议、视察通报等多种形式，加强民主监督，切实维护群众利益，全力助推幸福港城建设。三是以团结民主为主题，支持各党派团体发挥作用，努力为各党派团体和社会各界人士参政议政营造良好的政治环境，广泛汇聚现代化建设的强大合力。四是以发挥委员主体作用为抓手，组织委员开展集体培训，在各镇区推进“委员之家”建设，优化委员服务联络工作，进一步激发委员在现代化建设中的履职热情。五是以加强自身建设为保障，努力改进工作作风，完善工作制度，不断提升政协工作的规范化、制度化建设水平，为政协常委会履职提供了有力保障。

1 市政协十一届三次会议大会会场

2 市委书记姚林荣在市政协全会上作重要讲话

3 市政协主席单玉珍在市政协全会上作工作报告

4 市政协督察重点提案办理情况

5 市政协视察政府实事工程建设情况

中共张家港市纪律检查委员会、张家港市监察局

2013年，全市纪检监察组织认真贯彻党的十八大精神，紧紧围绕中央反腐倡廉战略部署和全市现代化建设，与时俱进谋发展、惩贪治腐强作风，在破难而上中凝聚突破发展的动力，在创新应变中增强履职尽责的实力，推动党风廉政建设和反腐败工作不断取得新成绩。根据中央纪委要求，切实转职能、转作风、转方式，突出办案强主业，始终保持反腐败高压态势，形成有力震慑；强化作风求实效，以强化作风建设为切入点、维护民生民利为落脚点，以优良的党风促政风带民风，党风廉政建设展示新风貌；着眼全局促发展，围绕市委决策部署，强化绩效管理、注重监督检查、提升行政效能，持续助推经济社会健康发展；依托创新增活力，深入开展“一月一品”纪检监察创新工作，在苏州范围内率先完成公共资源交易市场的深化重组，试点推进“三约三会”工作，运行房屋征收搬迁信息管理系统，通过务实改革，实效创新，纪检监察工作更具活力；坚持以铁的纪律约束干部，严格遵守办案纪律和各级作风建设规定，着力选准配强村级监督力量，有效配优配强委局领导班子和科室中层力量，坚决以硬作风承担反腐倡廉硬任务。2013年，《人民日报》和《中国纪检监察报》等中央级媒体37篇次、《新华日报》和《党的生活》等省级媒体73篇次，对张家港市反腐倡廉相关工作予以报道，市纪委、监察局被苏州市纪委评为先进集体。

1 全市领导干部警示教育大会
2 领导干部作风建设专题培训班
3 农村资源集中交易平台建设现场会
4 全市纪检监察工作座谈会
5 “法治·廉洁”书画巡展开幕式

市人民法院

2013年，市法院紧紧围绕全市中心工作，认真践行“努力让人民群众在每一个司法案件中都感受到公平正义”的要求，坚持“强基础、提质效、优服务”工作主题和“固本强基求突破、一着不让抓队伍、能动司法创佳绩”工作主线，着力提升审判质效、队伍素质和司法公信力，为全市经济发展、民生改善和社会稳定做出了积极贡献。全年共受理各类案件18101件，审、执结16103件，通过审判、执行解决争议标的金额62.59亿元，分别比上年增14.52%、8.92%和63.42%。年内，市法院被评为2010～2012年度江苏省文明单位，连续第二年获张家港市“综合贡献奖”。

1 全国首启未成年人项下资金监管账户媒体通报会
2 “社区法庭现在开庭”审理民生案件
3 企业家商事调解中心成立
4 邀请人大代表、政协委员旁听典型案件庭审
5 知识产权法宣讲
6 走访企业深入开展“三解三促”活动

市人民检察院

2013年，市检察院紧紧围绕全面推进现代化建设工作大局，大力弘扬张家港精神，以争当全国检察机关科学发展排头兵为目标，以加快检察工作转型发展为战略，不断强化法律监督、强化自身监督、强化队伍建设，切实巩固执法规范化、队伍专业化、管理科学化、保障现代化“四化”示范院建设成果，检察工作继续保持稳步扎实发展的良好态势。年内，市检察院被评为江苏省文明单位、全省先进基层检察院，被张家港市委、市政府授予“综合贡献奖”。

1 省委政法委副书记朱华仁等领导指导驻所检察工作
2 省检察院副检察长邵建东调研检察工作
3 市委书记姚林荣等领导调研检察工作
4 苏州市检察院检察长王君悦调研派驻检察室工作
5 检察长蔡蔚出席法庭支持公诉
6 检察长下访巡访倾听民声
7 建设检察为民服务中心
8 “正廉”宣讲团赴中国农业银行张家港分行宣讲
9 赴金港镇开展法制宣传活动
10 “检民恳谈”活动走进齐心村

5

6

7

8

9

10

市委宣传部

2013年，全市宣传思想文化战线围绕市委统一部署，全面加强宣传文化工作和精神文明建设，各项工作取得新成效。**一是**理论武装取得新突破。建立述学评学考学制度，与东南大学共建人文社会科学研究基地，市学习型党组织建设被确定为"全省学习型党组织建设工作示范点"。**二是**舆论引导取得新突破。围绕"现代化建设三年行动计划"主题和"810工程"重点，在市"一报两台"开设专题专栏18个，刊（播）发稿件2000余篇，对上对外刊（播）发稿件700余篇。围绕汽车整车进口口岸、人才绩效评估体系、服务型党组织建设等创新工作，在《人民日报》等中央主流媒体头版（头条）刊（播）发稿件100余篇，多次得到赵乐际、罗志军的批示。**三是**典型培育取得新突破。吴栋材、金小华分获全国、全省道德模范，成为全省唯一当年度同时获评全国、全省道德模范的城市，年度获评6名"中国好人"，数量居全省县（市、区）之首。**四是**长江文化品牌培育取得新突破。精心组织第十届长江文化艺术节，国家一级社团长江文化促进会获国务院批准，成立全国首家长江文化博物馆、全省县（市）首家公益性文化基金会张家港长江文化基金会，为长江文化节创新升级发展开创新平台。**五是**书香城市建设取得新突破。"书香城市建设指标体系"获全省宣传思想文化工作创新奖，全市首批获全省书香之县（市、区）称号，全省全民阅读工作经验交流会在张家港市召开。**六是**志愿服务工作取得新突破。"学雷锋•志愿服务伙伴计划"开创志愿服务新模式，年度推出近百个志愿服务项目，200余家企事业单位资助资金229万元，受益人群近20万人次，得到中央文明办主任王世明批示赞誉，永联村"爱心互助街"得到中央政治局委员、中央书记处书记、中宣部部长刘奇葆的高度肯定。**七是**文化建设取得新突破。"公共文化服务网格化模式"项目入选国家文化创新工程重点项目，"网格化"案例入选《全国宣传思想文化工作案例选编》。东山村遗址、黄泗浦遗址、杨氏宅第入选全国重点文物保护单位，成功创建"中国曲艺之乡"，获批全国版权示范城市创建市。**八是**文艺创作生产取得新突破。"群星奖""文华奖"和"中国戏剧奖"获奖数量名列全国县（市）第一，创作人才入选省宣传文化系统"五个一批"人才。

1 2013年中国（张家港）长江文化艺术节开幕式

2 全国唯一一家以保护、发展和弘扬长江文化为宗旨的基金会
——张家港长江文化基金会成立

3 张家港市被授予"中国曲艺之乡"称号

4 全市首家"江苏省人文社科研究生工作站"挂牌成立

市委市级机关工作委员会

2013年，市委市级机关工委围绕全市“创新争先突破年”的工作主基调，以加强党的执政能力建设和先进性建设为主线，深入推进学习型、服务型、创新型、活力型党组织建设，为张家港市争当苏南现代化示范区建设排头兵提供坚强保障。市级机关工委获评2011～2012年度苏州市机关党建工作先进单位、苏州市全民阅读先进单位。机关党建“四位一体”工作机制获评苏州市机关党建创新创优项目一等奖。机关党建信息工作在苏州实现“三连冠”，继续保持排头兵地位。

1 市级机关工委获评 2011 ～ 2012 年度苏州市机关党建工作先进单位

2 开展机关进企业“走访送”活动

3 举办“微话我身边共产党员的闪光点”演讲比赛

4 召开市级机关服务型党组织建设交流暨机关党建工作研究会换届研讨会

5 组织开展市级机关党组织换届选举工作

6 举办市级机关人大代表履职培训暨座谈交流活动

7 “人文关怀”——新老党员代际结对志愿服务项目获评市 2013 年度优秀志愿服务项目

市总工会

2013年，市总工会以“三个服务”“三个满意”为工作标准，主动作为，比学赶超，在强化建功立业、协调劳动关系、工会组织建设、职工创新创业服务等方面力争上游，以工会组织的生动实践争当现代化建设的主力军，各项工作取得新的进展和突破。

年内，市总工会融入中心，服务大局，大力实施“三大工程”，以建功立业工程驱动发展，以职工素质工程保障发展，以企业文化工程引领发展，在全市不断掀起创业发展的热潮。履职尽责，维权惠民，牢牢把握工作的主动权，努力健全维权机制，筑牢民生保障防线，全面夯实和谐社会基础。打好基础，建好队伍，不断加强工会组织建设，强化工会干部素质提升，进一步增强工作合力，转变工作作风，提升工作实效，加强工会自身建设科学化水平，树立工会组织的良好形象。

1 市总工会主席王永康参加中国工会第十六次代表大会

2 为公交女司机送上爱心大礼包

3 全市工会干部培训班

4 张家港市庆祝五一国际劳动节暨职工艺术团周年汇报演出

5 为环卫工人送“暖心包”

6 “行行出状元”张家港市第一届职业技能大赛现场

7 与留守职工同吃年夜饭

共青团张家港市委

2013年，共青团张家港市委围绕服务大局，凝聚青年，活跃基层，团结带领全市青少年为现代化建设贡献青春力量。举办“青春建功中国梦”青年人才座谈会、“中国梦•我的创业梦”青年企业家创业分享会。进一步拓展“青春家园计划”工作阵地和内容。开展纪念“向雷锋同志学习”题词发表50周年活动。创新暑期大学生志愿服务形式，为93名家庭贫困的在校（准）大学生提供参与志愿服务的机会。新浪微博“青春张家港”、微信公众平台“青春张家港”同步上线。实施《新媒体背景下张家港市青年群众工作探索》专题调研。举办共青团学习运用新媒体引导青年工作推进会，牵头拍摄弘扬志愿精神主题微电影《爱在三月》、预防青少年违法犯罪微电影《回来》，各直属团组织推出《不一样的暑假》等7部不同题材微电影。“希望之光”全年累计发放助学金65.16万元，惠及全市贫困学子707人次。评选第十一届张家港市“十大杰出青年”。举办“我的青春•我的团”2013年张家港市青年文化艺术节，开展“听音化字•默写文明”机关青年汉字听写大赛。组织28名优秀青年代表，赴团中央直属全国青少年井冈山革命传统教育基地进行党性锻炼。按照“分类、分层、分步”的思路，以项目化机制推进服务型团组织建设。

1 全市共青团学习运用新媒体引导青年工作推进会暨微电影《回来》首映仪式

2 “中国梦・我的创业梦”青年企业家创业分享会走进高校暨大学生创业项目推介会

3 第十一届张家港市“十大杰出青年”评审会

4 暑期大学生志愿服务行动总结会暨“圆梦行动”青商助学金发放仪式

5 “希望之光”国泰奖学金发放仪式

6 团市委组织向资助学生寄送春节爱心贺卡，图为市邮政局职工装寄学生凭贺卡领取的慈善礼包

市残疾人联合会

2013年，全市共有持证残疾人20210人，其中视力残疾2278人、听力残疾1587人、言语残疾143人、肢体残疾10914人、智力残疾2610人、精神残疾1898人、多重残疾780人。年内，市残联召开市残联第五次代表大会，以残疾人社会保障体系和服务体系建设为核心，不断提高残疾人生活质量、提升残疾人服务水平。出台《张家港市少年儿童机构康复和成人机构康复救助实施办法》《张家港市无业重度残疾人和精神（智力）三、四级残疾人社会保险补贴办法》新政策，全年救助儿童111人，补助经费127万余元；成人机构康复867人，补助经费101万元。349人享受社会保险补贴32万元。进一步放大残疾人“人人享有康复服务”社会效应，残疾人家庭无障碍改造1063户，安装各类扶手和适配辅具3500余件。举办“一样的梦想•美丽张家港”第23次“全国助残日”残疾人作品展，展出蒋义达、钱毅、周胜宇等20余名残疾人的书法、绘画、摄影、刺绣等作品150余件。市残疾人代表团访问韩国庆山北道残协浦项分会，成功开展两地残联（协）业务交流。康复服务模式在全省得到推广，多次在全国、全省康复工作培训班上进行交流，张家港市被省残工委评为江苏省人人享有康复服务工作先进县市。

1 张家港市残疾人联合会第五次代表大会召开

2 承办中国残联——CBM社区康复项目评估准备会

3 “一样的梦想・美丽张家港”残疾人作品展

4 “我是你的眼”盲人“看”电影活动

5 陈慧姣个人诗歌作品交流会

市委党史地方志办公室

2013 年，市委党史地方志办公室实施“两创四加强”（创新特色，创优品牌；加强三大核心编纂任务的推进，加强资政研究工作，加强乡镇史志工作的均衡发展，加强党史方志文化的宣传）工作思路，以出版《张家港市志（1986 ~ 2005）》《中国共产党张家港（沙洲）历史（第二卷）（1949 ~ 1978）》和《张家港年鉴》2013 卷三部史志书籍为重点，做好史志编纂、史志宣传、史志研究等工作。7 月，党史二卷本由中共党史出版社出版。10 月，《张家港市志（1986 ~ 2005）》由方志出版社出版，党史三卷本编写工作全面启动。11 月，全市首个乡镇史志馆冶金园（锦丰镇）史志馆开馆。12 月，《包基村志》出版，《张家港纪事 2013》发行。年内，《妙桥镇志》《德积镇志》《大新镇志》《崇实初中志》等 4 部乡镇志、专业志完成终审，《常阴沙农场志》完成初稿，《张家港市统战志》《张家港宗教志》和《李巷村志》等志书启动编纂。市委史志办完成《中华人民共和国年鉴》《江苏年鉴》《江苏省志 · 市县概况》《苏州纪事 2013》中张家港市相关内容的编写工作。策划“五个依托”（依托网络传送“史志文化快餐”，依托志愿者搭建“史志文化讲坛”，依托展馆树塑“史志阵地品牌”，依托刊物打造“知史用志窗口”，依托社团弘扬地方史志文化），宣传特色亮点工作，反响良好。

1 中央党史研究室第二研究室巡视员兼副主任、教授齐彪为全市领导干部作讲座

2 《中国共产党张家港（沙洲）历史》第二卷首发暨第三卷启动编写工作会议

3 《张家港市志（1986 ~ 2005）》发行仪式

4 党的群众路线教育实践活动开展

5 海内外张家港籍人才（名人）信息库项目启动会议

6 江苏省社会科学院—张家港市史志文化研究生站启动会议

7 张家港史志馆锦丰分馆开馆仪式

8 《包基村志》发行仪式

9 党支部换届选举

10 与结对帮扶对象一家合影

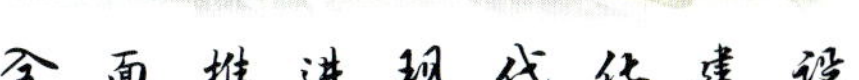

5

6

7

8

9

10

出版的部分史志成果

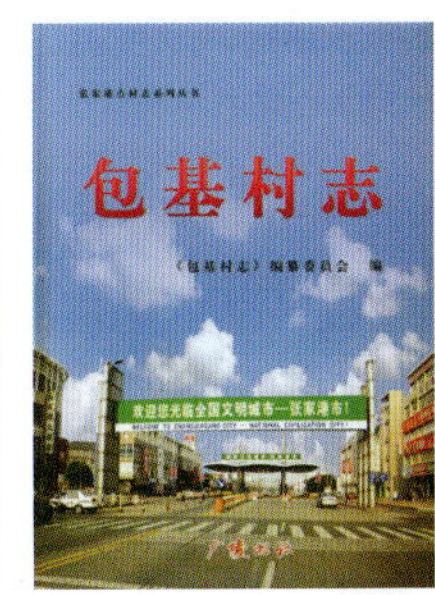

市档案局

1

2

3

4

2013年，市档案局围绕全市现代化建设三年行动计划，把握“创新争先突破年”主题，强势推进档案资源、档案利用、档案安全三大体系建设，进一步提升档案工作服务全市经济文化建设的广度和深度。

不断创新，打造便民服务大平台。为民所需，建成苏州市首个辐射各镇（区）的县级民生档案共享服务平台，59万条民生档案记录实现网上互联。市档案馆档案查阅窗口被评为苏州市青年文明号，全年提供利用1.13万人次，出具档案证明2.2万件。市图片中心存贮图片总量达到14.3万张，累计提供服务4434张，获全省“档案管理与服务创新”最佳案例。

全力突破，构建全方位历史记忆。为史留痕，名人档案征集取得突破性进展，全年征集17位张家港籍名人档案3398件。建立名人档案特藏库，集中保存各类名人档案5614件。全年接收档案1.38万件（卷），征集珍贵档案史料2498件，累计接收政务信息13.58万件。港城记忆工程建设开局良好，冶金园（锦丰镇）基本完成资料采集工作。率先在全省档案系统建成首个“音视频档案库”，存贮各类音影档案4.1万分钟。

勇于争先，打造档案工作新格局。为促发展，全程抓好60个1亿元以上重点项目的档案监管工作，139个单位通过省档案工作星级测评和复查，全市行政村、社区档案星级规范化建设实现“满堂红”，继续在全省保持领先地位。档案文化宣传向纵深发展，成功举办馆藏档案名人展，开展名人档案进校园活动，全市数万名中小学生亲身感受档案文化的独特魅力。市档案馆首批成为全省省级中小学档案教育社会实践基地。

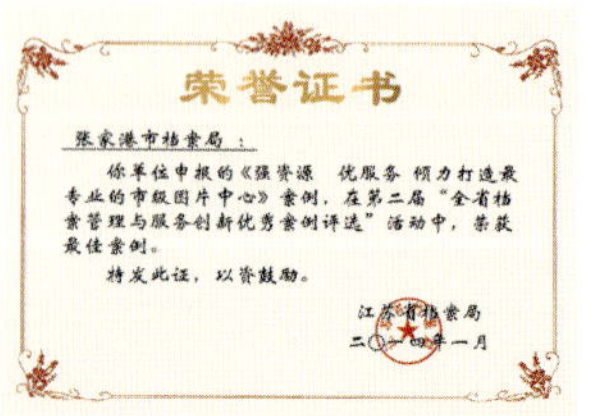
荣誉证书

张家港市档案局：

你单位申报的《强资源　优服务　倾力打造最专业的市级图片中心》案例，在第二届“全省档案管理与服务创新优秀案例评选”活动中，荣获最佳案例。

特发此证，以资鼓励。

江苏省档案局
二〇一四年一月

江苏省中小学
档案教育社会实践基地

江苏省教育厅　江苏省档案局

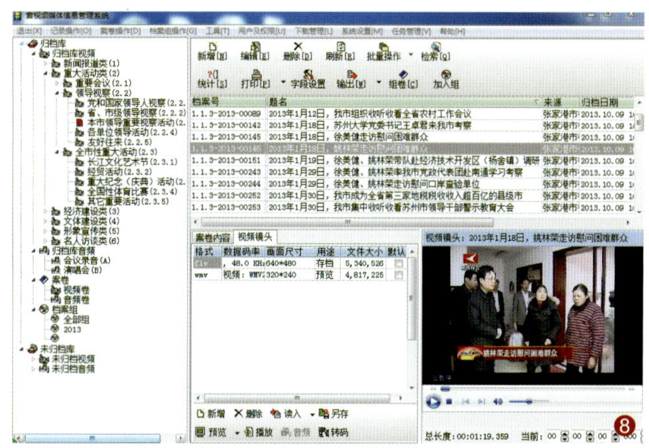

1 市委书记姚林荣考察市档案馆

2 市民生档案共享服务平台正式开通

3 苏州大学——张家港市档案学研究生工作站揭牌

4 全市万名中小学生参观档案馆

5 市档案局局长黄惠珍赴北京征集原国家内贸局副局长丁俊友个人档案

6 局（馆）长接待日咨询现场

7 市长江防洪工程管理处通过档案工作五星级测评

8 市档案馆建成音视频档案库并对外提供服务

9 2013“港城记忆”档案史料征集大赛珍品：近代著名诗人、画家杨无恙写给南社社员金病鹤的手稿

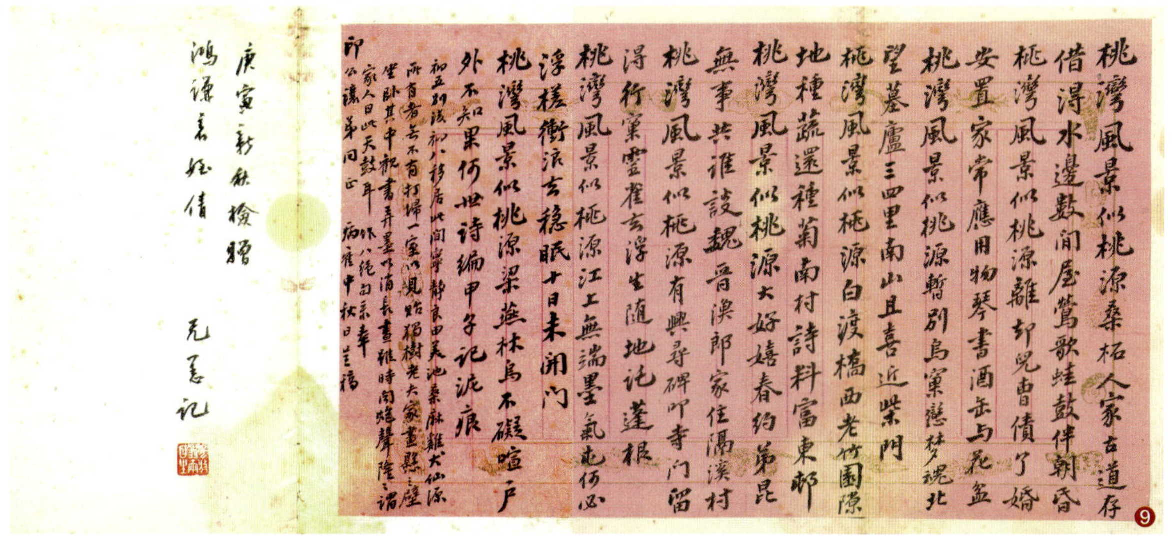

桃灣風景似桃源桑柘人家古道存
借得水邊數間屋鶯歌蛙鼓伴朝昏
桃灣風景似桃源離卻兒曹債了婚
安置家常應用物琴書酒壺與瓦盆
桃灣風景似桃源暫別烏巢戀夢魂北
望墓廬三四里南山且喜近柴門
桃灣風景似桃源白渡橋西老竹園
地種蔬還種菊南村詩料富東郊
桃灣風景似桃源大好嬉春約弟昆
無事共誰談魏晉漁郎家住隔溪村
桃灣風景似桃源有興尋碑叩寺門留
得行窠雪爪去浮生隨地託蓬根
桃灣風景似桃源江上無端墨氣屯何必
浮槎衝浪去穩眠十日未開門
桃灣風景似桃源梁燕林鳥不礙喧戶
外不知果何世詩編甲子記泥痕

庚寅新秋檢贈
鴻謀家姪信
無恙記

市经济和信息化委员会

2013年，市经信委围绕现代化三年行动计划和“810工程”，把握“创新争先突破年”主基调，突出工作重点，优化职能服务，全力以赴推进工业经济稳增长促转型。全年实现规模以上工业产值4922.05亿元，比上年增3.5%；完成新兴产业产值1965亿元，占规模以上工业产值的比重达到39.8%。百家规模企业经济总量占全市工业的比重超过三分之二，入库税收超5000万元工业企业达到44家。8家企业入选中国民营企业500强，沙钢集团连续5年入围世界500强、列第318位。完成工业投资440亿元，比上年增6.7%；新兴产业投资208.11亿元，比上年增24.8%；技改投资326亿元，比上年增13.5%。实施淘汰落后企业三年推进计划，腾笼换凤土地面积325.73公顷，关停落后企业173家。实施万企节能和能效促进行动，规模以上企业能源消耗总量达到控制目标。加快推进智慧港城建设，加速推进市民网页、云计算中心等12个政府信息化重点项目，8个项目上线试运行，其中市民网页综合服务系统功能全国同类城市领先。张家港市首批入围国家“信息消费试点城市”。市经信委对上争取各类专项资金6354万元。培训企业主管3800人次。年内，市经信委获江苏省工业经济运行监测工作先进单位、江苏省纺织服装产业基地建设突出贡献奖、江苏产品万里行活动市场开拓优秀成效奖和优秀组织奖等荣誉。

1 工业与信息化部部长苗圩到张家港市考察
2 “淘汰落后、腾笼换凤”现场推进会举行
3 中国机械工业联合会副会长、特别顾问朱森第作讲座
4 全市节能工作会议暨工业企业能效促进行动启动仪式
5 市民网页综合服务系统上线启动

市公安局

2013年，全市公安机关与时俱进弘扬张家港精神，围绕全市“争当苏南现代化示范区建设排头兵”的发展大局，主动融入“810工程”，突出民意引领、创新作为、实干推动，不断深化平安建设、法治建设、过硬队伍建设，扎实推进情报信息研判预警、打防管控一体运作、新一轮执法规范化建设、“走千家访万户送安全”（简称“走访送”）三年行动以及警队作风建设等系列工作，全面打造社会大局更安定、服务发展更有力、人民群众更满意的“平安张家港升级版”，有效确保全市政治安定、社会安全、人民安宁，为全市经济社会发展奠定坚实的平安法治之基，赢得了市委、市政府的充分肯定和广大人民群众的广泛认可。在公布的全省2013年度群众安全感等现代化相关指标测评结果中，张家港市有6项测评数据均列苏州五市（区）首位。年内，市公安局获评省、苏州市文明单位，被省公安厅评为“苏琼合作工作成绩突出集体”和苏州唯一的“全省群众工作优秀公安局”，连续第二年被张家港市委、市政府授予“突出贡献奖”。

1 市委书记姚林荣调研公安工作

2 副市长、市公安局长赵金龙接受江苏卫视《江苏新时空》栏目专访

3 副市长、市公安局长赵金龙参加大新镇“民生面对面——周六民生早市”活动

4 召开全市公安机关“走访送”三年行动推进大会

5 举办“身边道德模范”巡讲活动

市民政局

2013年，市民政局始终把保障民生与优化社会治理作为工作重心，坚持改革创新，强化政策引领，年内被评为全国民政宣传工作先进单位，获全省民政工作创优奖。

社会救助适度普惠。7月1日起，城乡低保标准调整为每月670元，全年发放低保（含边缘、五保）补助金4939.76万元。落实五保、孤儿、重残人员和特殊残疾人救助标准自然增长机制，实施少儿大病和临时救助制度，累计发放救助金2995.41万元。2012～2013年度民生保险共为842户赔付理赔金595.38万元。**养老服务多元推进。**年末，全市有养老机构39家，床位8450张，千名老人床位数41.2张。年内新（扩）建10家省AA级标准居家养老服务中心（站）、9家老年人日间照料中心、15家老年人助餐服务点。试点开展循环养老，虚拟亲情养老院运行。**社会治理创新优化。**开展第十届村委会和第五届社区居委会换届选举，有150个村和118个社区居委会组织换届选举，选举一次成功率分别为99.3%和100%。全市城乡和谐社区建设达标率达到99%和98.2%。起草精品社区建设方案及标准。社会工作提质，依法登记社会组织570个，持证社工1166人。开展公益项目招投标工作，组织"十佳百优"社区社会组织评选。**慈善品牌稳中有新。**"共享阳光"慈善助学项目全年为2435名贫困学生发放助学金727.2万元。开展"阳光慈善，血脉相连"贫困白血病患者救助项目，接收社会各界爱心捐款43.6万元，市慈善基金会托底救助金1.4万元，为37名白血病患者实施救助。以项目化推进为原则，安排2000余万元福彩公益金用于对全市养老事业、大病救助等方面的资助。**双拥优抚融合发展。**发放抚恤补助优待金4206万元。发放节日慰问金、物价补助420万元。接收退役士兵385人，152人参加职业技能培训；走访慰问16家驻军部队，共赠慰问金200余万元。在远望三号船执行"神舟十号"发射海上测控任务期间，开展"神舟路上军民情，携手共建中国梦"主题双拥宣传活动。为全市军休干部发放171万元住房保障金。**公共服务规范有序。**累计整治搬迁散坟26万穴,整治搬迁率80%。天府苑新建工程于11月投入运行。完善《中华人民共和国政区大典》张家港词条，启动吴文化地名撰写工作。全年办理结婚登记9689对、离婚登记2020对。探索引入婚姻家庭辅导，至年末婚姻家庭辅导介入380对，有效调解205对。

1 省人大常委会副主任赵鹏等领导赴大新镇新东社区考察
2 副市长丁学东赴市老年公寓看望百岁老人
3 张家港市 2013 ~ 2014 年度民生保险签约仪式
4 2013 年张家港退役士兵职业技能培训开班暨 2010 级退役士兵大专班毕业典礼
5 苏州现代民政理论与实践研讨会在张家港市召开
6 “神舟路上军民情，携手共建中国梦”主题双拥活动
7 “爱心后备箱”慈善义卖活动现场
8 “阳光慈善，血脉相连”贫困白血病患者慈善救助活动现场
9 2013 年公益服务中标项目签约仪式
10 张家港市第十届村委会和第五届社区居委会换届选举工作总结会议

慈善透明榜样
2013年度
1000家中国公益慈善组织
信息披露情况抽样调查卓越组织
中民慈善捐助信息中心
2013 · 09

市司法局

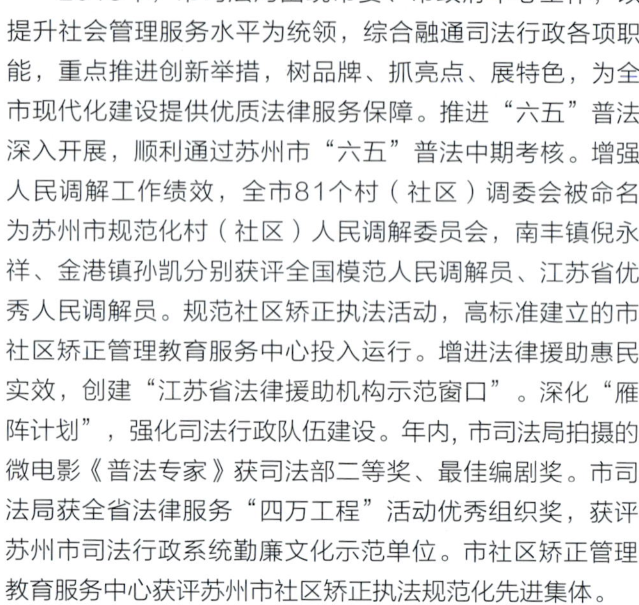

2013年，市司法局围绕市委、市政府中心工作，以提升社会管理服务水平为统领，综合融通司法行政各项职能，重点推进创新举措，树品牌、抓亮点、展特色，为全市现代化建设提供优质法律服务保障。推进“六五”普法深入开展，顺利通过苏州市“六五”普法中期考核。增强人民调解工作绩效，全市81个村（社区）调委会被命名为苏州市规范化村（社区）人民调解委员会，南丰镇倪永祥、金港镇孙凯分别获评全国模范人民调解员、江苏省优秀人民调解员。规范社区矫正执法活动，高标准建立的市社区矫正管理教育服务中心投入运行。增进法律援助惠民实效，创建“江苏省法律援助机构示范窗口”。深化“雁阵计划”，强化司法行政队伍建设。年内，市司法局拍摄的微电影《普法专家》获司法部二等奖、最佳编剧奖。市司法局获全省法律服务“四万工程”活动优秀组织奖，获评苏州市司法行政系统勤廉文化示范单位。市社区矫正管理教育服务中心获评苏州市社区矫正执法规范化先进集体。

1 市委副书记、政法委书记王亚方调研指导市社区矫正管理教育服务中心工作

2 市第三届“法治文化月”启动暨金港镇法治广场启用仪式

3 法律援助助残扶弱活动现场

4 普法志愿者向群众讲解法律法规

5 “八小时外调解工作室”工作人员调解矛盾

市国土资源局

2013年，市国土资源局围绕“创新争先突破年”主基调，以“三年行动计划”为纲要，以保护资源保障发展为核心，紧扣项目主动服务，盘活土地保障有力，严格执法强化监管，各项工作取得突出成效，连续两年获评张家港市突出贡献奖。

科学配置土地资源，局部调整土地利用总体规划，新增1100公顷允许建设区，未来三年的发展空间得到有效满足。

明确耕地保护考核目标，签订耕地保护责任书，逐级分解落实保护责任。全面落实占补平衡制度，立足自身，加大内部挖潜，全年新增耕地超过400公顷。全力应对卫片执法检查工作。加快推进违法用地的整改进度。加大日常土地巡查检查，扎实履行部门职责，土地执法监管共同责任制更加牢固。规范开展征地补偿安置工作，确保征地补偿款足额存入征地补偿专户。促进村级经济发展，经过反复调研，市政府出台《关于扶持村（社区）集体经济组织“一村二楼宇”建设的实施意见》。扎实开展确权登记，共发放农村集体土地所有权证书5304本，发证率达到100%。

1 省国土资源厅厅长李侃桢到张家港市调研城乡一体化建设中土地管理、政策创新等方面情况

2 “城镇化进程中土地管理的作用与任务”专题讲座

3 苏州市委常委、常务副市长周伟强到张家港市调研土地利用总体规划情况

4 市主要领导莅临市国土资源局指导慰问

5 “我们的节日”活动开展

市住房和城乡建设局

2013年，市住房和城乡建设局围绕“全面推进港城现代化建设”的总目标，大力弘扬张家港精神，各项工作取得新成效。全年指导完成全市房屋搬迁11656户，安置房新开工409万平方米、竣工404万平方米，安置在外过渡户10689户；承担39个代建项目，沙洲中心粮库、港城大厦、江帆小学及幼儿园等13个项目竣工交付；抓好小城河二期工程收尾工作，小城河综合改造工程作为省内唯一的县级市项目，获评“江苏省城建示范工程”；梁丰路街景立面改造、12条背街小巷整治、城区防汛能力提升三期、一干河应急水源厂和晨丰公路供水管线等工程完成，提升了基础设施功能。打造“虹筑之家”建筑行业党建服务品牌，深化市场和现场“两场联动”机制，加大行政执法力度，全年立案查处违法建设144起；推行质量安全标准化管理，提升文明施工水平，创省级和苏州市级文明工地117个；加快推进全市绿色建筑发展工作。加大市政设施管护与整治力度，全年维修混凝土路面5200平方米、人行道2.2万平方米，城区防汛指挥管理系统投入运行，提高预警能力和应急指挥水平；完成供水1.63亿立方米，全面推进生活污水收集系统建设，城镇生活污水处理率达到91.2%；完成市区老城区天然气改造三年计划，新增居民配套用户3万余户；节水工作不断拓展，试点推进高职园区中水回用、农副产品批发市场雨水利用工程。年内，市住房和城乡建设局获江苏省文明单位、全省建筑行业管理先进单位、江苏省城市供水工作先进集体等称号。

1 6月，省委副书记石泰峰考察“虹筑之家”党建工作

2 11月，副市长石锡贤督察金城大厦建设

3 市建设监察大队执法人员检查清欠工作台账

4 市住建局代建的沙洲中心粮库

5 美丽城镇建设——凤凰镇凤恬路

6 安置房小区——新东社区

7 市住建局代建的江帆幼儿园

8 背街小巷盘龙路改造

9 市住建局代建的市艺术中心

市城市管理局

2013年，市城管局围绕打造“全省最洁美的品质家园”的目标定位，完善体制机制，优化执法服务，城市管理工作满意度和社会认可度不断提升。开展城乡环境“四大整治、四大提升”、夏季环境卫生全民行动、农贸市场周边环境百日整治、区镇容貌环境百日提升等整治活动；深入推进“931”城市环境综合整治；分级预警创新城市管理，餐厨废弃物集中收运全覆盖；建设“智慧城管”平台，与便民服务“12345”热线高度整合，共享共用公安、防汛、新市民管理等平台，提升城市管理精细化、科技化水平。年内，市城管局获评苏州市城市环境“四大整治、四大提升”行动先进集体，市容管理处职工董元清获评全国优秀环卫工人，市城管行政执法大队被授予2010～2012年度江苏省文明单位称号，城北中队获评苏州市城管行政执法“标兵示范中队”，城东中队、女子中队获评“三星级中队”。

1 市委书记姚林荣慰问城管队员

2 市长朱立凡调研城管工作

3 全市城乡环境综合整治推进会召开

4 苏州大学和市城管局共建教学实习基地

5 副市长黄亚平调研市餐厨垃圾处理工作

6 开展市区大型电瓶三轮车违章整治

市交通运输局

2013年，市交通运输局大力弘扬张家港精神，攻坚克难，全力推进张家港市现代综合交通运输体系建设，完成交通投资17.6 亿元。“三大硬仗”——疏港高速公路、沪通铁路、申张线金港段航道整治工程，取得了阶段性成果。新泾路、晨丰公路、杨锦公路、港华路等道路工程，公交首场站、公交运力更新等实事工程，危化品运输监管信息平台等信息工程建成启用。深入推进交通管理体制改革，实施乡镇交通运输综合执法和内河港航一体化管理机制。“港城车大夫”“阳光e驾”品牌建设持续深化，双双被评为第五届江苏省交通运输行业优质服务品牌。市交通运输局被评为2011~2012年度江苏省交通运输依法行政先进集体和2011~2012年度全省交通运输行业作风建设优秀单位。

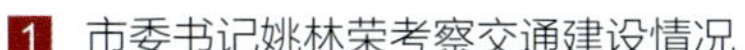

1 市委书记姚林荣考察交通建设情况

2 阳光好运网上线发布会

3 沪通铁路安亭至南通段初步设计审查会

4 乡镇交通运输综合执法人员对危险品运输市场进行执法检查

5 “公交6路”获第二届张家港市道德模范称号

6 杨锦公路改造后通车

1

2

3

4

5

6

市水利局

1

2

2013年，市水利局把握“创新争先突破年”工作主基调，围绕推进水利现代化建设和水生态文明建设总目标，制订完善相关规划方案，组织编制《水生态文明建设实施方案》和《水利现代化暨水生态文明建设三年行动计划》，为以后三年全市水利现代化建设和水生态文明建设提供科学引领。张家港市被水利部列为加快实施全国最严格水资源管理制度试点市，被省水利厅列为全省水生态文明建设试点市。年内，继续加强防洪治涝工程建设和水利工程管理，统筹防汛排涝、农业灌溉、水环境改善、内河航运等多重需求，科学合理调度引排涵闸，充分发挥水利工程综合效益。11月，全省河道长效管护工作推进会议在张家港市召开，张家港市农村河道长效管护的经验做法得到充分肯定。积极打造水利管理特色亮点，环城河风景区升格为国家级水利风景区。协调推进最严格水资源管理制度试点工作，开展水资源管理培训、节水型载体建设和水源地达标建设工作。加强水资源管理规范化建设，严格执行取水许可、水资源论证等制度，建立水资源节约保护长效机制。市水利局始终把系统党建和文明创建作为提升实力、展示形象、推动水利事业健康发展的重要工作来抓，年内获2011～2012年度全省水利系统文明标兵单位称号。

3

1 副省长徐鸣到张家港市考察防汛工作

2 水利系统“十佳”优秀共产党员表彰

3 环城河风景区升级为国家级水利风景区

4 水法宣传广场

5 走马塘江边枢纽

6 “百年一遇”长江江堤

7 “珍爱生命、关爱河道”志愿者活动

8 市水利局与合兴小学结对助学

9 “我心向党”水润港城杯学习中共十八大精神和党章知识竞赛

市文化广电新闻出版局

2013年，全市文广新系统各项工作继续在苏州、江苏乃至全国同级保持领先水平。全市创建成为国家公共文化服务体系示范区、全国版权示范城市创建市、中国曲艺之乡、全省书香之县(市、区)、江苏省创建无“小耳朵”标兵市等。“公共文化服务网格化模式创新与示范”项目入选国家文化创新工程重点项目，“网格化公共文化服务”获第十六届项目类“群星奖”，“‘绽放在港城’文艺演出基层行”项目获评文化部“文化志愿者基层服务年”示范项目，“书香城市”建设指标体系获评全省宣传思想文化工作创新奖。市文广新局被省文化厅记集体二等功，市广播电视台获评江苏省广播电影电视系统先进集体。市文化广电新闻出版局获评省新闻出版（版权）“法治建设推进年”先进单位、省新闻出版（版权）依法行政示范点、省文化系统青少年维权岗、省文明单位、全国文化市场重大案件办案单位、全国青年文明号等。率先在苏州实现基本现代化广电站、星级广电营业厅全覆盖。东山村遗址、黄泗浦遗址、杨氏宅第成功入选第七批全国重点文物保护单位。在第十届中国艺术节、群星奖、文华奖、中国戏剧奖、省首届文华奖等评选中，获奖数均居全国、全省县（市）首位。在全国率先开展文化志愿者资格认证，成立全省首家文化志愿者协会。建成全国第一家长江文化博物馆，成立全国唯一一家“长江文化基金会”。中国剧协在全市设立唯一一个中国戏剧家协会张家港(全国)小戏小品创作基地。市图书馆、少年儿童图书馆双双获评“国家一级馆”。会同公安部门立案查处的侵犯国泰新点软件著作权跨省大案入选2013年“剑网行动”十大案件。如意通公司“动漫关键技术研发与应用示范项目”入选国家新闻出版广电总局2013年新闻出版改革发展项目入库项目。

1

请高云同志注意总结张家港建设书香城市的经验，发挥引导作用。特别是基础设施建设和指标体系方面的做法。

邬书林
8/7

2

3

4

5

6

7

8

9

1 国家新闻出版广电总局副局长邬书林考察全市文化工作

2 邬书林在市文广新局报送的《凝心聚力奏响书香城市新乐章，齐抓共管释放全民阅读正能量》材料上作出批示

3 中国曲协分党组书记、驻会副主席、秘书长董耀鹏带领“中国曲艺之乡”考察组一行到张家港市考察

4 中国剧协艺术发展中心主任薛金岭代表中国剧协为市“中国戏剧家协会张家港（全国）小戏小品创作基地”授牌

5 省广播电影电视局党组书记、局长张建康一行到张家港市调研

6 省民政厅社会组织管理局副局长黄晓晔和市委书记姚林荣为“张家港长江文化基金会”揭牌

7 省文物局局长刘谨胜（时任副局长）和市委副书记、市长朱立凡为长江文化博物馆开馆揭牌

8 中国电影导演协会会长、著名导演李少红，中国电影导演协会副会长张建亚等为2013张家港微电影大赛揭幕

9 江南庙会与非物质文化遗产保护高层论坛

10 第五届（张家港）长江流域民族民间艺术节闭幕式暨第五届“中国戏剧奖·小戏小品奖”颁奖晚会

11 网格文化辅导员技艺大赛

12 全省全民阅读工作经验交流会

13 张家港市“文化志愿基层行”集中服务活动启动仪式

10

11

12

13

市体育局

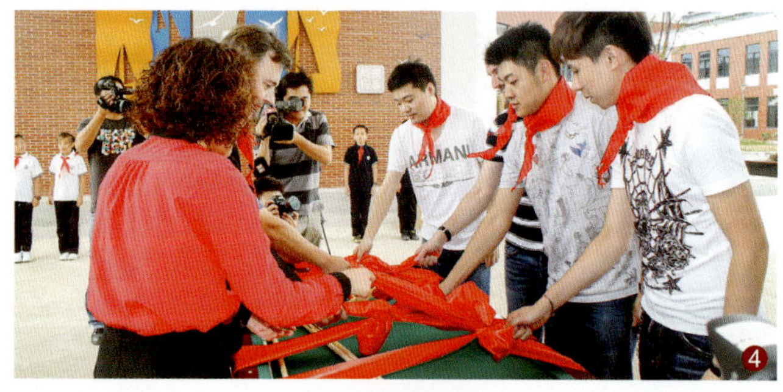

2013年，全市体育工作坚持民生体育主旨，扎实推进体育现代化建设，认真实施全民健身提升跨越行动，加强基本公共体育服务体系建设。

体育管理方面。按照市政府规划，基本建成“城市5分钟、中心镇区10分钟”健身圈。市政府转发《2013市大型全民健身品牌活动实施方案》《关于进一步加强运动员文化教育和运动员保障工作实施细则的意见》等文件。11月，中央媒体到张家港市采访，对全市完善体育设施布局、提高公共服务水平、开展群体活动推进现代化建设的做法作系列报道。市体育局获评全国群众体育先进单位。

群众体育方面。开展第三届全市全民健身大联赛，创新开展“全民健身节”活动，连续3年举办“激情五一”“快乐中秋”“欢度国庆”等假日体育活动。启动为期三年的区镇机关工作人员、骨干企业领导体质测试服务活动，《中国体育报》头版作专题报道。加快活动阵地建设。全年更新健身路径150余套。杨舍镇、金港镇等6个区镇已建成镇级体育中心。加快健身步道建设。凤凰湖、永钢大道、凤恬路、西凤路等多条健身步道建设完工，共计143千米。张家港市级体育社团承办国家级赛事6项、苏州市级比赛3项，张家港市体育总会获评省先进县级体育总会。

竞技体育方面。陆浩杰、管新蕾、姚双艳、周云、袁琦琦入选国家集训队。张家港市培养输送的选手在洲际比赛中获三金，在国家级赛事中获八金。市少体校首批晋升为省“五星级业余体校”，4月被命名为“2013～2016年国家高水平体育后备人才基地”。5月，组队参加2013省青少年田径锦标赛（县组第一赛区）获团体总分第一，连续5年进入赛事团体总分前五阵容。

体育产业方面。承办世界斯诺克巡回赛、环太湖双山岛国际公路自行车赛等7项大型赛事；体育中心打造乒乓球、桌球、网球、五人足球4个项目的积分赛，实行网络化管理，活跃了各项目群体。建立市体育产业名录库，完成2012年度全市体育及相关产业专项统计。2个体育产业项目共获省产业引导资金资助100万元，2个单位被列入苏州市体育产业示范基地。全年体育彩票销售收入突破3亿元。

1 3月，省体育局局长殷宝林到张家港市开展“三解三促”调研

2 6月9日，2013年全民健身节暨第三届全民健身大联赛启动

3 9月19日，“快乐中秋”大型假日体育活动开幕

4 9月25日，斯诺克世界巡回赛张家港公开赛校园公益行

5 12月28日，第三届迎新年万人健步行活动

市民族宗教事务局

2013年，市民宗局围绕市委、市政府“现代化建设三年行动计划”和以“810工程”为重点的工作目标，深入实施“六大提升行动”，结合民宗业务实际，挖掘亮点，不断创新，为维护民族宗教领域和谐稳定，服务全市率先发展做出贡献。

一是网格管理有新进展。落实《关于在全市开展民族宗教事务网格化管理工作的意见》，召开全市民族宗教事务网格化管理工作推进会，开展“优秀网格”“优秀网格员”评选活动，深化网格化管理。以“组织单元最小化、服务管理最优化”为目标，设立市、区镇、村（社区）、村（居）民小组管理网格2300余个，有网格员2500余人。

二是宣传教育有新拓展。在市青少年社会实践基地设立民族团结进步主题教育馆，教育馆被省民委确定为省民族团结进步宣传教育基地。将5月定为“宗教政策法规宣传月”，在《张家港日报》开辟宗教政策法规专版，邀请省民委（宗教局）副主任（副局长）沈祖荣作“宗教理论与宗教政策”专题讲座。

三是依法管理有新加强。开展“星级寺观教堂”创评工作，按照宗教场所主动申报、宗教团体审核推荐、民宗部门评审定星的程序，实行动态跟踪管理。以“教风建设年”为主题，组织宗教界开展“内强素质，外塑形象”教育、学习中共十八大精神专题讲座、征文展示、“宗教慈善周”等活动。引导各佛教场所实施“文明进香”，加强对大型宗教活动的监管，组织开展佛教寺庙、道教宫观被承包、被上市排查，乱建寺庙“回头看”专项治理，排查安全隐患，维护宗教领域的安全稳定。

四是服务基层有新成效。帮助大新毛纺有限公司成为全国民族特需商品定点生产企业。设立每年总金额10万元的“市少数民族救助专项资金”，用于日常帮扶。推动市宗教场所合理布局，辟尘道院得到恢复，依法批准登记西章卿寺纳入管理，双杏寺、韩山寺和盘铭寺由“其他固定宗教活动处所”类晋级为“寺观教堂”类，杨舍天主教堂易地新建主体工程基本竣工，杨舍基督教堂易地新建工程列入日程，多处宗教场所软、硬件设施得到不同程度改善。

1

2

3

4

5

1 副市长丁学东调研宗教场所安全工作

2 市民宗局局领导下基层“三解三促”

3 全市民族宗教事务网格化管理工作推进会召开

4 “宗教理论与政策”专题讲座举行

5 全市少数民族迎中秋联欢

市人口和计划生育委员会

2013年，全市人口计生工作坚持以创建省人口协调发展先进市和“十二五”人口发展规划中期评估为抓手，紧扣“创新争先突破年”工作主基调，在创新中求突破，在服务中惠民生，高标准通过“十二五”中期评估苏州复查，人口和家庭公共服务体系建设实现区域覆盖。市人口计生委获苏州市“生育关怀・服务到家”活动试点工作先进单位称号。全市户籍出生人口7588人，出生率7.89‰，人口自然增长率1.33‰，政策符合率99.84%；流动人口在张家港出生5345人，政策符合率92.81%。

“生育关怀・服务到家”形成新品牌。在门户网站开通网上场景式服务大厅，实施免费避孕药具网上预约服务；开展“生育关怀・服务到家”惠民活动，印制《服务指南》22万册，为22.7万户家庭提供上门宣传服务，服务率达到97.2%。“生育关怀・服务到家”入选市级机关群众路线教育实践活动典型案例。

计生养老帮扶模式实现新突破。计生特扶对象特别扶助金全面提标，计生特扶对象住院护工服务保险全面实施，计生特扶对象纳入全市春节大走访慰问体系、60岁以上的计生特扶老人纳入全市“亲情”虚拟养老B类援助对象等计生养老帮扶措施全面推进。计生特扶家庭“连心家园”关爱行动获市级社会管理创新优秀项目。

计生公共服务体系实现全覆盖。3月，市级人口和家庭公共服务中心启用；7月，9家区镇级人口和家庭公共服务中心挂牌，人口和家庭公共服务体系建设实现区域全覆盖。举行人口形势报告会，委托国家卫计委南京国际培训中心对全市计生干部进行脱产培训。

流动人口均等服务实现新拓展。开展“春风行动”、均等服务“百日行”、流动人口计生专项治理等活动，建立流动人口怀孕、出生、服务等重点信息采集核查制度。为26.5万人次提供常规随访、妇女病普查等免费计划生育技术服务，全年流动人口均等化服务率达到98.7%。

计生综合服务水平实现新提升。《张家港市适度人口规模及其相关政策研究》获省人口计生委2013年度人口发展优秀研究成果一等奖。“宝贝启蒙行动”获2013年苏州市第八届阅读节优秀活动奖；“青苹果之家”获市未成年人思想道德建设创新案例二等奖。

人口形势报告会

1

2

3

4

1 中国人民大学社会与人口学院院长、教授翟振武作人口形势报告

2 省人口计生委主任王元慧、张家港市政府副市长华红为"青苹果之家"揭牌

3 全市适度人口规模及其相关政策研究课题评审会召开

4 市"宝贝启蒙"暨"快乐家庭借阅计划"行动启动

5 "我爱我家"幸福家庭主题摄影展在市文化中心城市展示馆开幕

6 市政协专题调研人口计生工作

7 市人口计生委主任秦真智赴联系点开展"三解三促"

8 全市开展"生育关怀·服务到家"专题活动培训

9 市人口计生委开展"民生面对面"活动

10 市人口计生委组织"创新争先、比学赶超"业务大培训

市房产管理中心

2013年，市房管中心把握“创新争优突破年”主基调，注重突出重点，狠抓关键，进一步树塑“住有所居、居有所安”房管品牌，较好地完成了全年各项工作。保障性住房建设提前超额完成，房屋权属登记服务成效凸显，物业管理水平进一步提升，老住宅区整治不断深入，房地产市场平稳运行，队伍建设全面加强，机关行政效能不断提升。中心先后获全国房地产交易与权属登记规范化管理先进单位、苏州市“四大整治、四大提升”先进集体等多项荣誉，省住房保障体系建设试点通过省级验收，世纪华庭小区成为张家港市老住宅区环境综合整治样板。

1 市政协视察实事工程中的宜居工程
2 2014年房管系统工作会议
3 2013年房产登记从业人员业务培训
4 全市物业企业经理会议
5 保障房小区——南桥花苑主入口透视图
6 志愿服务活动现场
7 老住宅区整治样板小区——世纪华庭

全市物业企业经理会议
4

5

联盟 志愿服务
6

NBWAY
7

市园林绿化管理局

2013年，全市围绕现代化建设和生态文明建设两个三年行动计划，强势推进园林绿化绿化建设，市园林局全年投入2.73亿元实施绿化项目22个，其中年内竣工17个。建成谷渎港、滨江公园等特色景观绿地，完成华昌路、港丰公路、百桥路等11条道路绿化，加速推进新泾路等重点工程，新建村庄绿化示范点8个，其中苏州市级5个。建设恢复湿地133.33公顷，自然湿地保护率40.4%，提前完成苏州市规定“十二五”期末达到40%的指标。全市新增各类林地绿地478.8公顷，其中成片生态林177.6公顷、城镇绿化161.2公顷、道路绿化52.73公顷、村庄绿化9.13公顷、河道绿化60.93公顷、高效林果经济林17.2公顷。城市建成区绿地率达到39.6%，绿化覆盖率43.68%，人均公园绿地13.81平方米，全市林木覆盖率19.2%。年内，市园林局获“绿色苏州”建设、苏州市森林防火先进集体等荣誉。

1 市领导率市直机关干部、市园林局员工在滨江公园义务植树

2 为供电公司、北城第一区域联合党委所属居民举办插花技艺培训

3 聘请扬州大学教授尤伟忠作业务讲座

4 绿化工人除雪抢险

5 改造一新的谷渎港

港口·口岸

Harbor & Port

宏泰码头装运现场 （黄智强 摄）

张家港港

口岸与港口管理

海　　关

检验检疫

海　　事

边防检查

长江引航

长航公安

口岸服务

张家港港

【概况】 张家港港东距上海吴淞口146.5千米，西离南京港219.4千米，南与杭嘉湖地区相连，北通苏北各港。港口面江、傍河、通海，具有水水中转优势，可承接钢材、木材、化工品、粮油、煤炭、集装箱、件杂货等不同货种的中转储运。随着全省大交通格局的形成，港口陆路运输网络不断健全，自港口出发，1小时车程可覆盖苏州、无锡、常州、南通，2小时车程可到达上海、南京、杭州。港口岸线西起长山（与江阴交界），东至东沙（与常熟接界），全长80.4千米，其中主江岸线63.57千米，包括深水岸线35.8千米。岸线顺通，-10米以下深水贴岸，不冻不淤，并有江心福姜沙作天然屏障，是得天独厚的避风良港。口岸年平均气温15.2摄氏度，相对湿度76%，每秒风力3.8米，属亚热带海洋性气候。作为苏州、无锡、常州地区对外开放的重要门户，港口拥有富庶的经济腹地和区港一体的自然条件，是长江内河流域最早对外开放的国家一类口岸。

【港口码头】 年内，港口支持系统（执法基地）工程陆域部分开展施工建设。段山港作业区重型装备制造基地码头工程（长江泊位5个）完成交工，并开展陆域部分建设。东沙作业区盛泰通用码头工程（长江泊位3个及陆域部分）整体完成交工验收。奔辉码头改造工程（2个泊位）开工建设。9月，张家港海力码头有限公司2号码头改建扩建工程经省政府批准正式对外开放。至年末，张家港港有大新专用航道、东沙公用航道，张家港海轮锚地、通沙海轮锚地、危险品锚地、福中锚地4个锚地及临时停泊区5个。张家港口岸有26个码头单位的泊位127个，开放泊位74个；万吨级以上泊位69个，万吨级开放泊位62个。

【货物吞吐】 全年口岸完成货物吞吐量2.6亿吨，比上年增4%，其中煤炭及制品6867.9万吨、钢铁4882.5万吨、金属矿石6713.7万吨、化工原料及制品1228.7万吨、粮食339.7万吨、木材420.9万吨、石油天然气及制品60.7万吨、水泥385.2万吨。外贸运量5091.1万吨，比上年增1.1%，其中外贸进口3463万吨。进口油脂重量列全国同类口岸第一，进口羊毛、棉花、大豆和化工品数量列江苏省口岸第一。集装箱运量170.1万标箱，比上年增13.2%。2月，张家港保税港区汽车整车进口口岸通过国家级验收，全年进出口整车1.44万辆。货物吞吐量连续4年超2亿吨，保持全省领先，居全国县域口岸首位，外贸货运量继续领跑长江沿线港口，集装箱运量连续4年超100万标箱。 （余佳红）

【保税港务启动进出口整车业务】 2月，张家港保税物流园区苏润集装箱码头有限公司股权结构调整为由张家港保税区金港资产有限公司、张家港港务集团有限公司共同控股，分别持有56%和44%的股权。4月，更名为张家港保税港区港务有限公司（简称保税港务）。公司位于张家港保税港区内，有职工约220人，拥有两个万吨级泊位，泊位总长432米，最大可停靠5万吨级的船舶，陆域面积55万平方米，其中堆场面积25万平方米、仓库面积7.5万平方米，有完备的集装箱、散杂货装卸堆存机，2010年2月通过IMS（质量、职业健康安全和环境一体化体系）认证。2012年11月6日，经国务院批准，张家港保税港区成为整车进口口岸，也是江苏省首个以及长江内河唯一一个汽车整车进口口岸。2013年2月22日，张家港保税港区汽车整车进口口岸通过国家级验收，保税港务公司成为集汽车滚装、集装箱、散杂货一体的综合性码头。3月1日，第一辆进口汽车通过集装箱进口至公司。3月2日，第一艘所属中远日邮汽车船运输公司的滚装大轮“中远腾飞”轮装载942辆奇瑞汽车出口南美。至此，公司整车进出口业务全面启动。保税港务全年集装箱吞吐量13.77万标箱，其中外贸集装箱3.2万标箱，散杂货自然吨171.07万吨，散杂货吞吐量181.39万吨。 （蒋晓岚）

【东沙作业区建成码头3座】 东沙作业区由永钢集团永泰码头、宏泰通用码头、盛泰通用码头组成。江苏宏泰物流有限公司（原称张家港市永泰码头有限公司）于2005年投产，拥有2个万吨级以上散货泊位，最大可靠泊能力5万吨级。码头平台长356米，引桥1座，长1163米，宽15米，设计年吞吐能力440万吨。拥有卸船、输送、起重等大型专用装卸设备48余台。堆场面积30万平方米。2013年，完成货物吞吐量629万吨，其中外贸吞吐量38万吨。实现营业收入1.13亿元。完成1号、2号泊位码头结构加固改造。继续保持国家AAA级物流企业称号，被评为2013年度市百强骨干企业。张家港宏泰码头有限公司于2009年投产，拥有2个3.5万吨级（水工兼顾5万吨级）的通用泊位，最大靠泊能力7万吨级。设计年吞吐量为300万吨，其中进口110万吨、出口190万吨。引桥1座，长1124.63米，宽15米，占用岸线464米。拥有装卸、输送、起重等大型专用装卸设备60余台，库场面积10万平方米。2013年，完成货物吞吐量900万吨，其中外贸吞吐量364万吨。实现营业收入1.57亿元。完成1号、2号泊位码头结构加固改造。继续保持国家AAAA级物流企业称号。盛泰通用码头工程于2012年10月完工，总投资13.8亿元，建成5万吨级散货和散杂泊位各1个，4万吨级件杂泊位1个。码头结构兼顾10万吨级散货船，设计年吞吐量884万吨，其中散货705万吨、件杂货179万吨。占用长江岸线808米，由一座长1085米，宽27米的引桥与后方陆域相连。有装卸、输送、起重等大型专用装卸设备52台。库场面积8.5万平方米。2013年，完成陆域交工、航道、安全、档案、职业病专项验收。盛泰通用码头的对外开放提高张家港市东部地区临港产业，特别是临港物流业的发展实力，降低东部地区企业物流成本。 （周成新）

【港务集团获评省文明单位】 张家港港务集团有限公司（简称港务集团）是苏州城市建设投资发展有限公司控股子公司，有员工近3000人。公司经营范围包括进出口货物的装卸、仓储、中转、驳运，保税物流业务，国际配送，国际中转，货物理货，货物配载，船舶、货运代理，船舶拖带服务，木材交易、木材加工，港口机械制造维修、电气设备维修安装，港湾疏浚、船舶供应，港口工程开发建设、混凝土连锁块制造，疏港车辆停放，物业管理以及港口信息业、租赁业务(国家有专业规定的办理审批手续后经营)。集团拥有万吨级泊位16个(含永嘉、保税港务码头)，江心浮筒12个；内河港池1座；起重、输送、航运等大型专用装卸设备470余台；库场面积162.83万平方米，化工储罐48个计14万立方米，可同时停靠万吨级船舶26艘，年吞吐能力6000万吨。2013年，完成货物吞吐量6471万吨，其中外贸吞吐量1356万吨。集装箱完成167.3万标箱。实现营业收入6.45亿元。全年货物装卸自然吨2360万吨。其中，木材自然吨315万立方米，煤炭自然吨1307万吨，金属矿石自然吨481万吨，PTA(对苯二甲酸)自然吨56万吨，水泥自然吨111万吨，钢材自然吨93.5万吨。年内，完成8号、9号泊位码头结构加固改造工程，通过交工验收；开展18号泊位项目前期工作；成功申报省绿色低碳示范港口；获江苏省文明单位、江苏省文明口岸先进单位、张家港市服务业骨干企业等称号；通过中国船级社质量认证公司的质量管理体系外部监督审核，继续保持ISO 9001:2008质量管理体系认证证书。 (许咏梅)

【长江国际1号泊位改造完成】 张家港保税区长江国际港务有限公司(简称长江国际)是张家港保税科技股份有限公司控股子公司，成立于2001年，注册资金3.4亿元，有自营罐容53.87万立方米，主要经营乙二醇、二甘醇等散装液体化工品的码头装卸、保税仓储、分拨转运业务，同时为张家港保税区内仓储、生产企业提供码头中转和管道物流配送服务。2013年，码头全年靠泊国际航行船舶415艘次，接卸货物总量236.76万吨，其中接卸乙二醇169.78万吨、二甘醇25.36万吨，两个品种的接卸量占公司自营总量的98%。完成码头吞吐量255万吨，实现营业收入3.37亿元，比上年增9.4%。8月，长江国际1号泊位改造完成，靠泊等级由原1万吨级提升为3万吨级，缓解靠泊能力不足问题。1号罐区10.1万立方米储罐改扩建工程于2月开工，至年末进入全面收尾阶段。年内，长江国际相继收购中油泰富集团9万立方米储罐资产和扬州国华石化仓储有限公司，受让张家港保税科技股份有限公司持有的扬子江化学品运输公司100%股权。 (包 悦)

2013年年末张家港口岸码头泊位一览

表12

作业区	码头单位	码头泊位名称	泊位个数	主要用途	前沿水深(米)		码头长度(米)	靠泊能力(吨级)	投产时间	对外开放时间
					设计水深	实际水深				
长山作业区	张家港市久盛船业有限公司	久盛码头	2	船修	-8.50	-8.00	300.00	1个30000 1个50000	2008年12月	2009年9月
	上海振华重工(集团)张家港港机有限公司	港机厂码头	1	港机发运	-7.00	-7.50~-9.00	84.00	10000	1997年12月	1998年5月
	张家港锦隆重件码头有限公司	锦隆重件码头	4	件杂货	-6.90~-9.00	-6.90~-9.00	540.00	2个5000 1个1000 1个8000	2011年8月	—
张家港作业区	张家港港务集团有限公司	1号泊位	1	件杂货	-11.00	-11.00	185.00	13000	1994年7月	1983年5月
		2号泊位	1	件杂货	-11.00	-11.00	185.00	13000	1994年7月	1983年5月
		4、5号泊位	2	件杂货	-11.85	-11.85	581.00	1个50000 1个50000	2001年8月	1983年5月
		6号泊位	1	件杂货	-10.50	-10.50	180.00	10000	1985年12月	—
		7号泊位	1	件杂货	-10.50	-10.50	180.00	10000	1985年12月	—
		8号泊位	1	木材	-11.62	-11.62	203.00	25000	1993年8月	1994年12月
		9号泊位	1	散货	-11.62	-11.62	185.00	20000	1993年8月	1994年12月
		10号泊位	1	液体化工	-11.62	-11.62	196.00	25000	1993年8月	1994年12月
		13号泊位	1	件杂货	-11.68	-11.68	180.00	10000	2002年6月	1988年12月
		14号泊位	1	件杂货	-11.62	-11.62	195.00	13000	1992年10月	1992年12月
		15号泊位	1	集装箱	-11.62	-11.62	255.00	25000	1992年10月	1992年12月
		16号泊位	1	集装箱	-11.62	-11.62	250.00	25000	1997年10月	—
		17号泊位	1	件杂货	-11.90	-11.90	217.00	30000	2006年10月	—

续表12-1

作业区	码头单位	码头泊位名称	泊位个数	主要用途	前沿水深（米）		码头长度（米）	靠泊能力（吨级）	投产时间	对外开放时间
					设计水深	实际水深				
张家港作业区	江苏省江海粮油贸易公司张家港储运部	1号泊位	1	粮油	-10.50	-9.80	180.00	10000	1987年10月	1987年12月
		2号泊位	1	粮油	-11.00	-10.00	220.00	10000	1991年11月	1991年11月
		3号泊位	1	粮油	-11.00	-10.00	210.00	35000	1996年9月	1996年9月
		4号泊位	1	件杂货	-11.40	-13.10	200.00	30000	2006年12月	2007年1月
	张家港保税港区港务有限公司	保税港务码头	2	集装箱 件杂货	-13.00	-13.00	432.00	1个30000 1个10000	2007年1月	2007年7月
化学工业园作业区	张家港保税区长江国际港务有限公司	长江国际1号泊位	1	化工	-14.45	-13.00	170.00	10000（30000）	1993年4月	1993年7月
		长江国际2号泊位	1	化工	-14.45	-13.00	280.00	30000（50000）	2002年9月	2002年9月
		长江国际3号泊位	1	化工	-13.45	-13.00	40.40	3000（5000）	2006年2月	2006年8月
	中粮东海粮油工业（张家港）有限公司	东海粮油1号	1	粮油	-11.20	-11.00	284.00	35000	1996年12月	1995年7月
		东海粮油2号	1	粮油	-11.20	-11.00	96.00	5000	1998年	1995年7月
		东海粮油5万吨级扩建码头	1	粮油	-11.20	-11.00	290.00	50000（100000）	2004年2月	2004年9月
		东海粮油3号泊位	1	粮油	-6.50	-7.50	120.00	3000（10000）	2005年1月	—
	陶氏化学（张家港）有限公司	陶氏化学码头	1	化工	-11.50	-14.00	244.25	25000	2002年7月	2002年6月
	张家港孚宝仓储有限公司	孚宝码头	2	液体化工	-12.50	-12.50	461.00	1个10000 1个30000（50000）	2007年6月	2008年1月
		内港池	2	液体化工	-4.00	—	195.40	1000	2010年12月	—
	张家港东华能源有限公司	东华能源码头	1	液化气	-12.35	-11.00~-14.00	280.00	54000	1999年11月	1999年11月
		东华能源码头	1	液化气	-11.00~-14.00	-11.00~-14.00	217.50	20000	2010年12月	2011年11月
	双狮（张家港）物流有限公司	双狮物流液体化工泊位	1	液体化工	-14.80	-14.90	312.00	50000	2005年2月	2005年6月
		双狮物流散货泊位	1	散化	-14.78	-15.20	275.00	50000	2005年2月	2005年6月
		内港池	5	液体化工	-4.05	-4.05	403.60	500	2005年2月	—
段山港作业区	张家港港新重装码头港务有限公司	段山港重件码头	5	件杂货	-9.84	-9.84	898.00	3个8000 2个5000	2013年	—
	张家港华达码头有限公司	华达码头	5	件杂货	-10.50	-10.50	908.00	3个20000 2个10000	2007年11月	2008年7月
	江苏省中油泰富石油集团有限公司	公用油品码头（1号码头）	1	成品油	-9.00	-12.50	195.00	10000	2007年1月	2007年12月
		2号码头	1	成品油	-9.00	-12.50	72.00	20000	1994年10月	1995年2月
	张家港永恒码头有限公司	永恒码头	2	散货	-10.30	-11.50	307.00	1个5000 1个5000	2003年7月	2003年12月
	迁产业重机（江苏）有限公司	迁产业码头	1	件杂货	-10.30	—	115.00	3000	2003年12月	2004年5月
		迁产业2号码头	1	原材料	-7.90	-7.90	46.00	3000	2005年11月	2006年2月
	张家港海螺水泥有限公司	海螺水泥码头	1	散货	-6.30	-6.30	137.00	5000	2002年7月	—
		海螺水泥码头	1	散货	-11.00	-14.50	274.00	5000（20000）	2005年10月	2005年10月

续表12-2

作业区	码头单位	码头泊位名称	泊位个数	主要用途	前沿水深(米)		码头长度(米)	靠泊能力(吨级)	投产时间	对外开放时间
					设计水深	实际水深				
冶金工业园作业区	张家港浦项码头有限公司	浦项码头	3	废钢和成品钢	-14.00	-14.50	546.00	1个35000 2个10000	2006年9月	2006年12月
	沙钢集团(张家港海力码头有限公司)	浦沙码头	1	件杂货	-10.00	-11.50	144.50	5000	1998年7月	1998年7月
		海力0号码头	1	散货	-12.00	-12.50	289.00	50000	2007年	2009年12月
		海力1号码头	1	件杂货	-11.00	-14.20	234.00	50000	2003年4月	2003年12月
		海力2号码头	3	件杂货	-11.00	-11.20	237.00	1个5000 1个30000	1998年1月	1998年11月 2010年10月
							275.00	1个50000	2012年7月	2013年9月
		海力3号码头	1	钢铁辅料	-12.00	-12.00	238.00	30000	2003年	—
		海力4号码头	2	件杂货	-12.10	-12.00	450.00	1个30000 1个50000	1999年 2001年	2000年8月 2001年11月
		海力5号码头	2	钢板原料 散货	-12.10	-12.00	388.00	1个50000 1个5000	2004年10月	2005年6月
		海力6号码头	2	散货	-11.00	-11.00	453.50	1个50000 1个5000	1995年7月	2006年2月
		海力7号码头	2	散货	-12.00	-11.00	313.50	1个5000 1个10000	2003年4月	2004年8月
		海力8号码头	2	煤炭辅料	-12.00	-12.00	398.00	1个5000 1个50000	2005年5月	2009年10月
		海力9号码头	2	散货	-12.00	-13.00	640.00	40000	2006年12月	2007年
		宏源1号浮码头	2	重油	-5.00	-5.50	80.00	3000	1997年3月	—
		宏源2号浮码头	2	钢铁	-5.00	-5.50	96.00	3000	2000年4月	—
		宏源3号浮码头	2	钢铁	-5.00	-5.50	97.00	1000	2001年1月	—
		润忠三线码头	5	件杂货	-3.45	-3.45	258.00	1000	2001年2月	—
		海力九龙港池码头	14	散货	-2.50	-2.70	1600.00	1000	2001年	—
		奔辉码头	1	成品油	-12.50	-22.00	110.00	35000	1997年1月	2000年1月
	张家港沙洲电力有限公司	重件码头	1	件杂货	—	—	97.00	3000	—	—
		煤炭码头	1	煤炭	-13.50	-15.00	275.00	30000 (50000)	2005年12月	—
	张家港中东石化实业有限公司	中东石化码头	1	化工品	-11.20	-11.00	96.00	5000 (20000)	2003年2月	2003年8月
	张家港越洋实业有限公司	越洋A码头	1	石化	-18.00	-18.00	90.00	35000	1999年6月	1999年4月
		越洋B码头	1	石化	-14.00	-14.00	90.00	10000	1999年6月	1999年4月
		越洋C码头	1	石化	-9.00	-9.00	23.00	300	1999年6月	—
东沙作业区	江苏宏泰物流有限公司	永泰码头	2	钢铁	-12.00	-13.00	356.00	1个10000 1个10000	2005年10月	2006年8月
	张家港宏泰码头有限公司	宏泰通用码头	2	散货	-13.10	-13.60	464.00	1个35000 1个35000	2009年1月	2009年9月
	张家港盛泰码头有限公司	盛泰通用码头	3	散杂货	-13.00	-13.00	808.00	1个40000 1个50000 1个50000	2012年10月	—

说明:对外开放时间为对外籍船舶开放时间,投产时间比对外开放时间晚的是重新改建的码头泊位,靠泊吨级带括号的为兼容级别。久盛船业码头建设时按2个泊位报批,开放时按3个泊位计算(3万吨泊位两边靠船)

口岸与港口管理

【概况】2013年，市政府口岸办协同口岸各查验单位优化开放码头规范化管理考核机制。加强与口岸、港口相关执法部门的合作，探索建立水上执法联勤联动合作机制，维护口岸、港口生产经营秩序。港口重大项目推进取得实效，在12.5米深水航道二期工程选汊工作中为张家港市福南深水航道整治争得最优方案，即开通福南12.5米进港航道。推进港口资源整合，服务港口各项重点工程建设。推进"平安港口"创建，提升港口建设管理水平和安全保障能力。1月，市港口管理局被评为2012年度江苏省港口管理工作先进单位。2月，市港口管理局、张家港保税区长江国际港务有限公司首批被评为省级平安交通示范点。3月，张家港水运口岸被评为全国运行管理先进口岸。是月，2013年张家港口岸工作会议召开。5月，市港口管理局被评为2011~2012年度全省交通运输依法行政先进集体。9月，苏州港张家港港区段山港作业区重型装备制造基地码头工程（长江泊位）、东沙作业区盛泰通用码头工程获2013年度苏州市"姑苏杯"优质工程奖。12月，开展2013年度开放码头规范化管理检查考核。越洋码头、长江国际、东海粮油、港务集团、永嘉码头、宏泰物流、保税港务、中油泰富等8家码头单位获2013年度口岸开放码头规范化管理先进单位。

【港口规划】年内，市港口管理局严格规范岸线资源管理，推进港口资源整合和功能调整，提升港口岸线利用效率。根据交通运输部和江苏省人民政府联合下发的《关于苏州港总体规划（2013~2030年）的批复》，张家港港区规划港口岸线为40千米，已开发利用26.7千米，剩余13.3千米。码头结构加固改造工作全面推进，22个泊位交工，9个泊位进行施工，4个泊位进行开工前准备工作。6月，交通运输部在张家港市召开沿海港口码头结构加固改造工作座谈会（北方片），张家港作为先进典型在会上进行经验交流。严格履行港口建设管理程序，加强港口在建工程安全监管和履约考核工作，年内未发生违反港口建设程序的情况及重大港口工程质量安全事故。

【港政管理】年内，市港口管理局落实《港口经营管理规定》，严把港口经营市场准入关，通过巡查、年检等方式加强港口经营活动日常监管，维护港口经营市场秩序。新增港口经营许可证4份，变更港口经营许可证5份，换发港口经营许可证70份。至年末，全市有各类港口经营企业81家。建立动态巡查与远程监控相结合的巡查监管模式，执法人员定期开展港口巡查，同时利用港口视频监控系统，密切关注港口动态，加强源头监管，实现执法监管的全方位、立体化。加强联合执法，与张家港海事局、张家港边检站共同签订水上执法联勤联动合作备忘录，构建水上执法联勤联动合作机制。会同张家港海事局、张家港边检站、长江航运公安局苏州分局、张家港市水上派出所等单位联合开展长江"三无"船舶（无船名船号、无船舶证书、无船籍港的船舶）专项整治，查处"三无"船舶217艘次，完成"三无"船舶总体数量减少20%的目标。

【港口安监】年内，市港口管理局推进"平安港口"建设。承办江苏省交通运输厅港口局第九期港口危险货物从业人员资质培训班，91人参加，提高危险货物从业人员持证率，确保所有危险货物码头四类人员均持证上岗。宣传贯彻《港口危险货物安全管理规定》实施意见，完成15家企业港口危险货物作业认可证注销和港口危险货物作业附证换证工作，规范危险货物作业资质。安全检查、隐患排查工作常态化、制度化，组织开展春节、五一、国庆节等多次安全生产大检查，及夏季高温、防台防汛专项检查、百日安全生产大检查，发现并落实整改安全隐患482条。推进石化码头安全生产标准化考评，4月，越洋码头、长江国际、中油泰富、孚宝仓储、宁兴液化、双狮物流等6家石化码头通过江苏省交通运输厅港口局组织的二级达标考评。完善港口应急管理体系，提高港口应急管理水平，规范港口安全设施配备，开展港口重大危险源和应急预案备案，定期指导港口企业开展应急演练，并开展港口重特大事故应急救援体系研究。规范危险货物作业申报监管，加强申报员资质管理和申报数据统计分析，全年审批危险货物1228.6万吨。推进港口安全生产文化建设，开展"安全生产年""安全生产月"和"安康杯"竞赛等系列活动。全年未发生等级以上的港口安全责任事故和有影响的港口设施保安事件，未发生有重大影响的港口污染事件。

【口岸共建】年内，市政府口岸办与口岸相关单位签订《张家港口岸文明共建工作责任状》，制定下发《张家港市共建"文明口岸"活动计划》，坚持口岸查验单位"一把手"、分管领导和业务科长、口岸系统办公室主任三项例会制度。1月，市政府口岸办组织召开口岸共建工作座谈会。3月，张家港口岸被国家口岸办表彰为全国运行管理先进口岸。5月，在全省文明口岸评比中，市政府口岸办获2012年度省文明口岸先进组织者称号，张家港海关、张家港出入境检验检疫局、张家港海事局、张家港边检站、张家港引航站、港务集团、长江国际、张家港外代等单位获省文明口岸先进单位称号。10月，张家港口岸"共建杯"体育运动会举行，口岸系统36支代表队共580余名运动员参加羽毛球、乒乓球、篮球、拔河、自行车慢骑、扑克等6个项目的比赛。

【张家港口岸获评全国运行管理先进口岸】3月30日，国家口岸管理办公室对运行管理方面表现突出的61个航空、水运、陆路口岸进行通报表扬，张家港水运口岸被评为全国运行管理先进口岸。这是张家港口岸自1993年获全国共建社会主义精神文明先进口岸之后，再次获国家级荣誉。张家港口岸各单位始终以建设"安全、高效、廉洁、和谐"的口岸为目标，以"优化通关环境、优化口岸服务、优化

水上执法联勤联动协议签约（市政府口岸办 供稿）

协作配合、深化廉政共建”为主线，不断提高通关效率，优化口岸服务，提升口岸形象，营造“执法公平公正、管理科学高效、经营健康有序、环境文明良好”的口岸发展氛围，文明口岸形象深入人心。

【水上执法联勤联动合作机制建立】5月13日，市政府口岸办与张家港海事局、张家港边检站共同签订水上执法联勤联动合作备忘录，正式构建水上执法联勤联动合作机制。以打击违法航行、交通肇事逃逸、阻碍执行公务、假证、偷渡、盗窃、非法搭靠、非法交通、非法经营、非法建设等各类扰乱港口口岸秩序的违法犯罪活动为重点，采取定期检查与突击检查相结合的方式开展联合执法行动，坚持齐抓共管，形成监管合力，共同维护张家港口岸和谐稳定。备忘录明确水上执法联勤联动合作的六项机制，即联席会议制度、联合巡查工作制度、紧急响应制度、资源共享制度、联合办案制度、情报研判制度。5月15日，3个单位开展首次联勤联动巡航执法行动，清理3艘非法载客的交通船只。以后每周开展一次联合执法活动，年内查处1艘非法供油的船舶。（余佳红）

海　关

【概况】2013年，张家港海关、张家港保税港区海关共入库税款217.25亿元，比上年减8.99%。其中，关税35.45亿元，比上年减11.44%；代征进口环节税181.79亿元，比上年减8.5%。全年监管进出境货运量5827.5万吨，比上年增1.36%；其中进口4733.59万吨，出口1093.92万吨，分别增0.5%和5.26%；货值292.96亿美元，比上年减4.71%。监管进出境运输工具7442艘次，验放进出境人员14.04万人次；监管进出境集装箱30.62万标箱；审结报关单20.35万份。查处各类走私违规案件100起，其中违规案件94起，走私犯罪案件6起，总案值3.46亿元；入库罚没收入421万元。办理加工贸易合同备案3926份，合同金额19.48亿美元；核销加工贸易合同2941份，核销补税2.16亿元；审批特定减免税356笔，审批金额1.34亿美元，减免税收9041万元。全年稽查企业27家。至年末有注册企业915家。年内，张家港海关被评为江苏省廉政建设文化示范点、2010~2012年度江苏省文明单位。4人立三等功，4人获南京海关先进个人称号，1人受嘉奖。

【海关统计】2013年，围绕地方外贸和口岸经济发展的热点、难点，张家港海关加强统计预警监测，全年共报送统计监测预警信息339篇，其中海关要情录用92篇，省政府录用21篇，省领导批示1篇，中央办公厅、国务院办公厅录用2篇，中央领导批示1篇。开展深度分析研究，采集重点乡镇、园区和企业数据，建好《统计月报》《海关工作专报》《关贸专报》三个载体。全年共报送《统计月报》12期，《海关工作专报》和《关贸专报》共23期，《关于促进外贸增长10条建议》等12篇次得到地方党政主要领导批示。

【“绿篱”专项行动】2013年，根据海关总署统一部署，张家港海关开展加强固体废物监管、打击“洋垃圾”走私的“绿篱”专项行动。1月2日，国际航行船舶“众诚99”轮到达永嘉集装箱码头。1月17日，经张家港海关和张家港出入境检验检疫局共同查验，发现这艘船载有的421个废纸集装箱进口废纸一般夹杂物超标，不符合废纸进口的环境控制标准，属于国家严格禁止进境的“洋垃圾”。张家港出入境检验检疫局根据查验结果出具检验检疫处理通知书，海关依法责令承运人在规定的期限内将相关固体废物原状退运回原出口国。5月3日，查获的首批15个集装箱共341.6吨超标废纸，经张家港海关核对箱号封志、开箱查验无误后，于永嘉集装箱码头装船离港，超标废纸被正式退运回出口国荷兰。至年末，通过与检验检疫部门的联合查验，海关查获18批次超标废纸，共10399.18吨，价值222.8万美元，全部退运。《人民日报》《新华日报》和中央电视台、江苏卫视等对此进行报道。

【通关作业改革】年内，张家港海关推进无纸化通关改革，无纸化比例突破50%。优化查验机制，使海关AA类企业查验率不高于0.5%。对AA类企业全面推行担保验放和属地报关、属地放行，对B类企业实行属地报关、口岸验放。深化分类通关、“两单一审”（将进出海关特殊监管区域内、外收货方和送货方两次申报改为一次申报，将海关两次审核改为一次审核）等改革。帮助全市企业获得通关便利，为东海粮油公司、永钢集团争取到海关AA类资质。推进加工贸易转型升级试点，为重大项目提供全过程通关服务。年末，与张家港出入境检验检疫局共同签署关检合作备忘录，启动“一次申报、一次查验、一次放行”关检合作通关模式试点工作。

【海关服务重点项目】 年内，张家港海关坚持巩固“一线工作法”服务品牌。海关班子成员对辖区重点码头、骨干企业、园区和乡镇等多次调研和现场办公，先后走访调研经开区（杨舍镇）、保税区（金港镇）、塘桥、南丰、凤凰等重点区镇和龙头企业，开展送信息、送服务、送政策上门，为企业开展多元化商品贸易、拓展加工贸易、开展技术改造和升级、加强自主创新和知识产权保护、加强试点优惠政策利用、争取AA类企业资质、高点定位保税物流发展等提供服务。助推化工品、纺织原料、粮油、名贵木材、进口消费品、冶金原料与进口汽车“6+1交易平台”建设。为华芳集团第三方物流争取政策。利用物联网RFID（射频识别）技术，构建完善的进口葡萄酒产品质量溯源体系，打造红酒放心品牌。牵头开展名贵木材市场调研，研究成果及发展建议获市主要领导肯定。配合市政府，在国务院批复文件下发后不到百天的时间内，完成保税港务码头场地改造、监控设施升级、监管方案制订等工作，确保整车进口口岸2月通过国家级验收。围绕“管得住、通得快”的总体目标，优化操作流程，理顺码头间配合机制，向上争取到进口证明书签发权限的下放，解决集装箱进口整车滞箱难题，开发完成整车信息化系统，初步实现利用物联网RFID技术对车辆进出口全过程的信息化监管，确定物流监控、规范申报、验估审核、证明书签发“四位一体”的监管模式。全年共放行进口整车217辆，出口整车14176辆。 （魏 曦）

检验检疫

【概况】 2013年，张家港出入境检验检疫局（简称张家港检验检疫局）共检验检疫出入境货物6.5万批，货值123.5亿美元，分别比上年减22.62%和4.11%。检疫出入境船舶4106艘次、出入境人员7.4万人次，完成传染病监测1998人次，查验出入境集装箱26.8万标箱。截获动物疫情91种1604种次，分别比上年增22.97%和28.42%，其中检疫性疫情3种216种次。截获植物疫情772种37592种次，分别比上年增9.35%和8.91%，其中检疫性疫情64种4573种次，分别比上年增3.22%和1.96%。新截获植物疫情17种，国内首次截获心斑墨天牛等5种；截获医学媒介生物5种2422批。检验进口油脂176.4万吨，比上年减7.2%；检验进口大豆198.9万吨，比上年减17.9%；检验进口木材307.3万立方米，比上年增4.2%；检验进口棉花46.9万吨，比上年减6.94%；检验进口矿产品1044.3万吨，比上年增50.7%；检验进口羊毛15.4万吨，比上年增19.1%；检验进口葡萄酒1493吨，比上年增69%。根据国家对出口商品法检目录的调整，工业制成品法定检验取消，加强对相关出口商品的监管。检验出口羊毛价值5.7亿美元，比上年增67.6%；检验出口竹木草制品价值4724.6万美元，比上年减2.2%；检验出口机电产品价值2.2亿美元，比上年减35.3%；检验出口汽车价值758万美元，比上年减32.6%。签发各类优惠原产地证书2.2万份，货值19.8亿美元，为企业争取进口国关税减免7.3亿元，帮助企业对外索赔1.3亿元。张家港检验检疫局蝉联江苏省文明单位称号，获江苏检验检疫系统第五届岗位技能竞赛总平均分第二成绩。

【深化“检港同行”服务承诺发布会】 2月27日举行，由张家港检验检疫局主办。江苏出入境检验检疫局副局长卢艳光等领导以及相关政府部门、涉外单位、外贸企业等200余名代表出席。张家港检验检疫局发布“八个全力”服务承诺，即全力跟进重大项目建设、全力提升口岸核心能力、全力促进产业转型升级、全力保障食品消费安全、全力优化口岸通关环境、全力推进科技创新驱动、全力加强作风效能建设、全力打造勤政廉政机关。对2012年度张家港十佳诚信出口企业、十佳行风监督员、十佳报检员、十佳产地证申报员、十佳质量监督员进行表彰。局长韦锋对“检港同行”三年活动情况总结回顾。2013年，张家港检验检疫局主动顺应法检目录调整，张家港口岸创成国家质检总局进口肉类指定口岸以及进口食品检验监管等3个全省样板。服务汽车整车进口口岸，建成3条专门用于进口整车的汽车检测线。为东海粮油公司制定从进境粮食靠港实施检验检疫至生产加工的全过程管理模式，从原料追溯、加工过程、检测方法等方面的互联互通机制，并建立进口货物多港分卸机制。帮助沙钢集团获得江苏省人民政府首届出口企业优质奖。帮助江苏梁丰食品集团创成全省唯一的出口农产品（牛奶原料）示范基地。为405家企业提供14期培训。编辑6期《国检视窗》、1期专刊，免费向政府、企业发放，宣传检验检疫法律法规。

【口岸检验检疫核心能力建设课题通过验收】 10月9日，张家港检验检疫局承担的政策理论研究重点课题“口岸检验检疫核心能力理论研究与建设实践”通过江苏出入境检验检疫局验收。构建的口岸检验检疫核心能力模型树基本理论，在全省检验检疫系统发挥示范引领作用。口岸鉴定监管、商品检验、食品安全、动植物检疫、卫生检疫五个基本标准，计划在全省口岸局推广。年内，新建一批口岸查验设施，口岸卫生检疫核心能力首批通过国家质检总局达标验收。全年检出不合格进出口商品2700批，销毁48吨含莱克多巴胺的进境肉类，国家质检总局为此直接暂停美国猪肉、新西兰牛肉进口。退运18批不合格进口废纸，退运多批不合格进口葡萄酒、橄榄油、毛菜油，进境动植物疫病疫情检出率、医学媒介生物截获率和进口食品把关成效列全省系统前列。

【国家材种鉴定与木材检疫重点实验室通过验收】 9月23日，张家港检验检疫局国家材种鉴定与木材检疫重点实验室通过国家质检总局验收，成为全国质检系统唯一的木材鉴定领域专业实验室，也是张家港市第一家国家级重点实验室。全年共检测进口木材7163个项目，新增300余种各国珍贵木材标本。完成江苏省工商行政管理局2013年度第二次流通领域商品质量监测任务，检测任务分布南京、无锡、常州、盐城、宿迁、镇江、苏州7个地级市16个地区。该实验室创成江苏省中小企业星级公共技术服务平台，并发起推动成立中国木材检测联盟。

【国家食用植物油检测重点实验室获批筹建】 8月6日，张家港检验检疫局粮油实验室被国家质检总局批准筹建为国家食用植物油检测重点实验室，该实验室成为全市第二家国家级重点实验室。全年新开验项目59项，通过CNAS（中国合格评定国家认可委员会）扩项认可62项次、标准变更2项，参加国内外能力验证活动13次38项次，助推进口食用植物油贸易。全年检出不合格进口食品75批、不合格项目数181项。国家质检总局发出3个警示通报、2个预警信息。帮助市食品安全委员会检测780余批市场商品，涉及油脂、葡萄酒、大米、饼干、巧克力、罐头等20余种商品，共同维护全市食品安全。

【国内首次在进境集装箱中截获小麦腥黑穗病】 4月5日，张家港检验检疫局在检验一批进口棉花集装箱时，从中截获中国明令禁止入境的重要检疫性有害生物——小麦印度腥黑穗病。在进境集装箱中截获小麦印度腥黑穗病（TIM），在国内属首次。小麦印度腥黑穗病是世界检疫性有害生物，主要危害小麦、小黑麦等。该病菌具有种传、土传和气传等多种传播途径，易于传播扩散且对不同地理气候区域有着广泛适应性，可在土壤中存活多年，抗逆性极强，一旦存活于土壤中极难根治。已有40余个国家将此病列为检疫性有害生物。该病菌一旦传入，对中国小麦产量产生巨大影响。对此，张家港检验检疫局立即启动疫情疫病应急处置方案，对该批20个集装箱及棉花实施熏蒸除害处理，对集装箱中的小麦种子等禁止进境物作灭活处理，对集装箱内的下脚料作无害化处理。及时把发现经过和处理结果等情况向上海港等口岸单位通报，并建议加强对装载进口印度货物的集装箱的检验检疫工作，加大口岸现场查验力度，防止小麦印度腥黑穗病菌等有害生物传入中国。

（施向军）

海　事

【概况】 2013年，张家港海事局共办理船舶签证22.5万艘次，审批6827艘次国际航行船舶进出口岸，审批超大型船舶2165艘次。办理各类船舶登记115艘次、10.48万总吨。征收港口建设费2.5亿元。发放施工作业许可证46份，发布航行通告100期。协助江苏海事局对辖区3个涉水工程建设项目进行通航安全评估论证，对2座码头进行通航水域岸线安全使用许可初审，对8个涉水工程建设项目进行通航安全专项检查。全年开展水域巡航6015次，巡航时间13849.8小时，巡航里程13.5万海里；纠正船舶违法违规行为7828次；接收船舶报告31万艘次，实施船舶跟踪16.4万艘次，船舶交通组织4.7万艘次。全年安全渡运13.1万航次，保障576.9万人次、230.5万车次安全渡江。全年辖区发生一般等级以上水上交通事故1起，死亡1人（靖江市水域1起、1人）。协调辖区9家搜救成员单位的船艇84艘次、人员350余人次，避免水上险情121次，组织水上搜救31起，成功救助船舶36艘、遇险人员489人。办理船载危险货物申报19945份，监管1282万吨散装液体危险货物、7969万吨散装固体危险货物运输安全，保障1.97万吨残油（洗舱水）无害处置、179万吨压载水无害排放。辖区完成废钢船拆解25艘。张家港海事局获江苏省文明口岸先进单位、江苏省水上搜救先进集体和江苏海事局先进单位称号，连续第12届26年蝉联江苏省文明单位（行业）称号。

【水上搜救综合演练】 10月30日，市政府在长江浏海沙水道水域举行2013年市水上搜救综合演练。此次演练是全市历史上最大规模的水上应急演练，由张家港海事局、市安监局承办，市政府、各搜救成员单位分管领导及市广播电视台、《张家港日报》等媒体到场观摩。参演船艇17艘、车辆12辆、人员260余人。全体参演人员克服大风、潮汐、阵雨等不利因素，完成重大水上事故的接报和应急救援预案的启动、落水人员搜救、船舶失控和碰撞的处置、船舶火灾的处置、长江水域油污染应急处置、取水口防污染保护综合处置、码头方安全生产作业的应急处置、事故水域交通组织、搜救成员单位的协调搜救行动等9个演练科目。演练全面检阅全市水上应急力量保障水上公共安全和处置突发事件的能力。

【“绿色通道”服务重装码头建设】 9月4日，张家港海事局开通“绿色通道”，服务重型装备制造基地码头工程，确保全市重点工程建设安全有序推进。重型装备制造基地码头工程一期投资13亿元，总规划面积11.7平方千米，整个工程建设3个8000吨级重件泊位、2个5000吨级泊位，内港池建设5个2000吨级泊位，年吞吐能力400万吨。工程长江沿线码头泊位处于进行门机安装与调试工作。为加快推进码头工程建设，确保门机安装与调试安全，张家港海事局主动服务，及时开通“绿色通道”，推出“零门槛”为门机吊装作业方案实施审批，“零距离”安排执法人员现场监督安全措施落实情况，“零等待”为作业船舶办理进出港签证手续的“三零”举措。

【全市水上安全管理创历史佳绩】 2013年，张家港市长江水域未发生一般等级以上水上交通事故，创历史最好水平。张家港海事局持续深化“安全畅通文明”航区、“平安文明”渡线创建，加强重点船舶、重点时段、重点水域监管，系统部署开展专项整治活动，提高监管效能。把握安全监管规律，全面提升船舶登记、船舶签证、船舶安全检查、公司管理等源头管理工作质量。深化网格化管理工作，提升巡航巡查质量，持续改善辖区通航环境。加大对客汽渡船舶、危化品船舶等重点船舶，福南水道、航路交叉水域、服务区、锚泊区等重点水域，节假日、重要政治时期、极端恶劣天气等重点时段，散装化学品、易流态货物等重点货物，渡线、陆岛之间等重点航线的监管力度。加强执法常态化建设，将“六小船”（非法航行停泊作业

船员在“党建桥·心港湾”活动室内娱乐休闲

（张家港海事局 供稿）

的小渔船、小吸砂船、小住宿电焊船、小废油船、小交通船和小砂石运输船）“三无”船舶整治、治理超载等专项活动纳入长效管理机制。注重对支流河口水域的守口把关。加强船舶定线制规定的宣传和培训，加大对进出南北内河船舶的航路规范力度和超载行为查处力度。坚持违法行为、安全隐患定期通报制度。防治船舶污染水域，深化危化品全过程监控机制，巩固水源地保护。推广危化品码头选船机制，建立海事、货主、码头联合检查制度。实施洗舱水作业专项整治。加大污染物去向管理力度，防止二次污染。开展防污设备使用操作培训和污染事故应急演练。深化与市环保局、港口局及周边海事机构的防污联动机制，形成监管合力。

【国际先进大型设备滚装工艺在张家港港首次运用】 3月28日，在张家港海事局的维护下，苏州海陆重工股份有限公司生产的3件大型常减压塔在重型装备制造基地码头滚装上船，标志国际先进大型设备滚装工艺在张家港港首次运用。此次滚装作业是利用长江潮汐的变化，配合船舶的压载水调节辅助，采用国际上先进的大型平板车将设备由码头装运至大型平板驳船上的装卸方式。此方式的最大特点是环保、高效、安全，并且对设备的损害小，同时不需要调遣大型浮吊船舶，经济、快捷、可移动，适合多地方、复杂条件下作业，极大改善了辖区的通航环境，也为全市大型装备制造企业的产品输出提供保障，改善以往张家港港大型设备无法运输的困境。

【“党建桥·心港湾”创建经验受中组部关注】 5月9日，中组部组织二局调研组到张家港市调研，专门召开座谈会，听取以张家港海事局“党建桥·心港湾”为代表的一批党建服务创新品牌的创建经验介绍。张家港海事局介绍从为船员党员管理串起一个链、为到港船员党员建起一个家、为党员作用发挥搭起一个台三个方面服务船员党员的创新实践和取得的成效。如何加强对船员党员这一特殊群体的管理与服务，张家港海事局走出“自我运行体系”，融入全市“开放融合、服务惠民”核心理念，寻找海事党建与服务经济发展、创新社会管理的契合点，打造专门针对水上流动党员管理的党建特色品牌——“党建桥·心港湾”，搭建起船员党员教育引导、沟通服务、作用发挥的新平台，为新形势下流动党员管理作出有益探索，提供了学习样板。11月12日，《中国交通报》在“海事正能量——‘人民满意海事’好形象推选展示”板块中，以整版版面报道“党建桥·心港湾”党建项目。

（蒋奇立）

边防检查

【概况】 2013年，张家港边防检查站（简称张家港边检站）检查出入境（港）船舶6875艘次，人员128512人次，各类登轮登陆人员40余万人次。办理登轮许可证34926份，临时入境许可8523份，搭靠证1389份。先后开通“绿色通道”15次，为企业批量换证45次，服务求助对象50余次，救助重症船员和遇险群众12人。全年查处违反边防法律法规案件12起13人次，其中持用变造证件出境案和外轮擅自入境案各1起。举办登外轮人员培训班2期，3000余人次参加培训。与18名贫困学生结对助学，与20名空巢老人结对帮扶，义务献血3万毫升。张家港边检站连续六年被公安部表彰为提高边检服务水平成绩突出单位，被公安部边防管理局评为指挥中心建设先进单位。执勤业务一科获全国巾帼文明岗称号，执勤业务二科被省公安厅评为全省公安机关执法示范所队。

【公安边防部队边检长效机制建设工作会议在张家港召开】 5月21日至22日会议举行。公安部边防管理局局长武冬立、副局长朱启明，全国各边防总队领导、边防检查处负责人以及武警学院边防系、广州指挥学校领导，部分边检站站长共110人参加。江苏公安边防总队作《围绕“六化目标”夯实“三大基础”，创新创优江苏边检服务管理长效机制》的发言，介绍边检长效机制“江苏模式”。大连、福州、东兴、杭州、青岛、乌鲁木齐6个边检站分别围绕教育培训、激励维权、监督评价、勤务组织、职业文化、口岸管控等内容作交流发言。与会代表观看《边检长效机制“江苏模式”》电视资料片以及南通边检站《虚拟船舶检查系统》视频演示片。

【海港边检勤务综合指挥系统在全国推广】 年末，由张家港边检站自主研发的海港边检勤务综合指挥系统通过公安部和公安部边防管理局验收，向全国现役海港边检站推广使用。系统结合海（江）港口岸实际和现役边检特点，遵循顶层架构设计、一线应用落地原则，突出边检勤务指挥中心的作用，实现勤务指挥、船舶动态掌控、登轮登陆管理、视频监控、情报分析研判、监督评价等方面的信息化和智能化。系统全面推广后，可实现公安部边防管理局、各边防总队、各边检站及公安信息平台之间的数据共享和互通，形成海（江）港“大边检、大平台”模式，提升边检信息化应用水平，提高边检服务管控能力。 （卢 成）

长江引航

【概况】 2013年，张家港引航站按照交通运输部“阳光引航”的要求，坚持“服务优先，安全第一”的工作方针，抓好引航服务和安全管理工作。全年共引领中外籍船舶11220艘次，引航总吨位14073万吨，引航净吨7480万吨，载重吨23094万吨，引航里程133.2万千米。其中，引领国际航线船舶9774艘次，国内航线船舶1446艘次，夜航船舶3939艘次，特种船舶706艘次。没有发生压船压港，引航申请受理率100%，按时开航率100%。荣获2010~2012年度江苏省文明单位称号。

【“阳光引航”服务品牌推行】 年内，按照党的群众路线教育实践活动和交通运输部、长江航务管理局开展“阳光引航”工作的要求，张家港引航站提高引航服务能力，开展“阳光引航”服务。在航运经济不景气、港航企业效益普遍下滑的情况下，下调引航费率20%，让利于船舶和航运企业。支持码头对外开放和升等改造，开展培训4次，受训93人次，使码头通过引航专项验收，并投入使用。服务港口大船战略，快进船进大船，特别服务永钢集团、沙钢集团和福南水道。克服永钢水道航宽和水深不足的不利条件，采用穿越锚地等非常规办法，全年引领靠泊船舶117艘次，比上年增22%。为沙钢码头引领270米以上好望角型船舶117艘次，比上年增30%。开展24小时不间断引航服务。在长江国际码头改造期间，支持X类、Y类危化品船舶夜航，全年为长江国际码头夜航引领危化品船舶275艘次，长江国际进出口业务基本不受影响。服务整车进口口岸建设，从码头开放、船型选择和非常规靠泊安全论证等环节入手，克服滚装船受风面积大、操纵困难的不利因素，采用顺水倒靠的非常规操作办法，保障保税港务码头滚装船24小时右舷靠泊的特殊引航需要，全年安全进出滚装船7艘，多次刷新长江引航新纪录。（陈玉海）

长航公安

【概况】 长江航运公安局苏州分局下设政治处、纪检监察科（警务督察队）、办公室（指挥中心）、装备财务科、法制科等5个机关职能科室和国内安全保卫支队（出入境管理科）、治安管理支队（水上巡逻警察支队）、刑事侦查支队（经济犯罪侦查支队）、水上消防支队（消防监督科）等4个实战单位及张家港派出所、江阴派出所、常熟派出所、太仓派出所等4个基层派出机构，行使长江苏州、江阴段（上至江阴长山、下至太仓浏河）全长175千米水域公安管理事权，有民警93人。3月，“110”接处警系统建设完成，至年末进入试运行阶段。6月，警备码头项目陆域工程开工建设，至年末主体工程封顶。是月，市水陆两用消防站项目获市政府审批通过。项目占地0.67公顷，建筑面积3300平方米，工程概算1493万元，至年末已开工建设。

打击犯罪　2013年，长江航运公安局苏州分局把案件深挖作为推进刑侦工作的关键措施，相继破获“天使11号”轮、“玫瑰钻石”轮、“舟通58号”轮船员盗卖化工品原料案件70余起，涉案价值600余万元。创新工作机制，将破案关键定位于“发现案件、主动打击”。加强与地方公安机关技侦、刑侦等部门的联系沟通，学习先进的信息化技战术方法。在“严打整治”专项行动中，3月下旬，成功捣毁一个特大盗卖化工品团伙，相继抓获涉案犯罪嫌疑人34人，破获各类案件71起，案值500余万元。系近年长江水域发生的涉案区域最广、涉案人员最多和案值最大的盗卖化工原料案件。在“肃毒害、创平安”禁毒百日攻坚会战行动中，9月4日，通过线索经营和严密布控，成功打掉一个重大吸贩毒团伙，抓获犯罪嫌疑人4人，当场缴获疑似冰毒125.6克、吸毒工具（冰壶）5件、汽车1辆，并缴获大砍刀6把、武士刀1把等违禁品。

公安管理　年内，开展长江干线危化品运输安全监管、“三保一创”“打非治违”、缉枪治爆、安全生产大检查、亚青会安保等多个专项活动，有效强化辖区治安管控。共组织开展各类专项检查125次，督促整改安全隐患115起，查结行政案件2081起，查处违法人员2061人、单位26个，其中治安案件291起、违法人员291人，行政拘留18人。检查船舶545艘次，查处“三无”船舶217艘次。全年扑救、处理水上船舶火灾事故2起，消防专项检查153次，检查陆域重点单位136个、陆域单位68个、各类船舶397艘次，发现各类火灾隐患694起，督促整改到位694起，消防设计工程审核2起，竣工消防验收3起。查处消防违法行为66起，消防培训26次1513人次。

【技侦长江联勤大队成立】 5月21日，长江航运公安局苏州分局技侦长江联勤大队举行揭牌仪式。在长江航运公安局和苏州市公安局的支持下，2011年4月，苏州市公安局批复同意长江航运公安局苏州分局与苏州市公安局技术侦察支队开展联勤工作机制，并以长江航运公安局苏州分局业务用房建设为契机开展建设。试运行近两年，技侦长江联勤大队在苏州市公安局技术侦察支队领导下，按照法律规定和技术手段运用各项规范，与长江航运公安局苏州分局各项基础工作相结合，先后破获“台塑6号”轮船员特大职务侵占案、2011年“11·10”系列煤炭诈骗案、2013年“4·3”特大化工品盗窃案等重特大案件。至2013年年末，技侦长江联勤大队共录入各类基础信息2万余条。

（李　敏）

口岸服务

【概况】 年末，张家港口岸有各类口岸、港口服务企业80余家，包括船舶代理、货运代理企业30余家，理货企业2家，船舶港口服务企业50余家。代理企业主要有中国外运长江有限公司张家港分公司、中国张家港外轮代理有限公司、张家港保税区海捷国际船务代理有限公司、张家港联合国际船舶代理有限公司、张家港保税区中海船务代理有限公司、张家港远东国际船舶代理有限公司、江苏远东物流有限公司张家港分公司等。2家理货企业分别为张家港中理外轮理货有限公司和张家港中联理货有限公司。船舶物料、生活品、淡水供应企业主要有市上源外轮船用物资供应有限公司、江苏省外轮供应公司张家港公司、张家港国际海员俱乐部、张家港保税区鼎胜贸易有限公司等。船舶油料供应企业主要有江苏省中油泰富船舶燃料有限公司、江苏中燃油品储运有限公司张家港分公司等。围油栏供应企业主要有江苏海宇航务工程有限公司张家港分公司等。提供船舶污染物接收服务的企业主要有张家港沿江港务服务有限公司、市通江船舶服务有限公司等。经营港口拖轮业务的企业主要有张家港港务集团有限公司船务分公司、张家港保税区港鑫船务有限公司等。船舶航修企业主要有江阴澄西船舶航修有限公司张家港分公司、市龙鑫达船舶维修有限公司等。

（余佳红）

【电子口岸推进电子通关服务】 张家港电子口岸有限公司以实现大通关"一站式"服务为目标，依托大物贸、大数据、大通关三大平台实施张家港电子口岸建设。按照国务院办公厅《电子口岸发展"十二五"规划》指导意见，推进多部门间联网核查和业务协作。2013年，升级物流门户系统（"物流通365"），整合货代、仓储、订单、运输等管理系统功能，建设完成一站式货代管理系统、公共仓储管理系统、订单管理系统、运输管理系统，逐步形成分行业协同作业、"按需所取"的云服务模式，为中小物流企业提供公共技术服务。全面升级船舶管理系统，先后联通引航、海关运输工具、边防检查、省电子口岸系统接口。研发危化品道路运输系统，完成信息资源整合、动态综合监管、指挥调度及应急救援于一体的综合管理平台。建设进口红酒品质溯源平台、通关协作平台，后续计划整合化工品交易结算平台，建设大宗商品交易平台。升级汽车整车进口系统，利用RFID技术，实现通关申报、物流监控、进口证明书三大核心智能管理，证明书办理时间从4分钟缩短到45秒，登录时间每辆4分钟缩短到5秒钟。完成镇江电子口岸、南通电子口岸、江阴电子口岸咨询规划工作，与镇江、南通、常熟、江阴等电子口岸进行通关业务合作，拓展与钦州港、泸州港、泰州港等业务合作。设立"张家港电子口岸"官方微博以及"微新闻365"微信管理体系，以"口岸聚焦""新政速递""通关百科""IT视野"等为主题，利用"微新闻+微主题"模式向用户推送政策、资讯，全年发布微博506条，推送微信100条。至年末，公司在线运行项目30余项，其中18项获得软件产品著作权登记证书，9项通过软件产品认定。公司会员单位3510个，比上年增114%，门户日访问量突破5500次，累计申报数据310万条，客服中心累计呼叫量7000余次。11月，公司推出服务品牌"口岸企业家大讲堂"，首次讲座邀请复旦大学国际金融研究中心副主任朱强，为50余位企业家解读宏观经济。年内，公司被评为江苏省AAA级重合同守信用企业。

（张春雨）

【张家港中外运通过AAAA级物流企业认证】 中国外运长江有限公司张家港分公司（简称张家港中外运）是中国外运长航集团在张家港的分支机构。前身是1980年成立的中国对外贸易运输总公司江苏省分公司张家港办事处，总部设在金港镇。下辖张家港船务代理有限公司、张家港保税物流园区中外运物流有限公司、常熟中外运船务代理有限公司3家子公司，拥有营销中心、操作中心、物流中心、船务代理部、物流快运部、物流项目部、保税区业务部等17个部门，并在张家港市区、保税区等地设有办事处和报关行。公司有员工293人，其中报关员36人、报检员30人、物流师50人。拥有先进的海运、仓储、物流信息、GPS车辆调度系统、OA办公管理系统；拥有卡尔玛大型设备、多台集装箱拖车和各种吨位的叉车、吊车；拥有1万平方米仓库和1.5万平方米集装箱堆场。公司保税区仓库被张家港保税港区海关评为"五星级保税仓储"，是张家港地区唯一一家获得海关AA类企业管理资质的代理企业。连续多年被市政府口岸办评为口岸系统先进集体、年度口岸规范化管理工作先进单位。8月，通过全国AAAA级综合服务型物流企业认证。公司全年主营业务收入3.7亿元。海运进出口业务完成海运集装箱86933标箱，报关3056票，报检8892票；海运散杂货代理178.11万吨；仓储业务完成装拆箱8652标箱，完成吞吐量36.38万吨；运输业务完成货运量10.43万吨，行驶里程42.11万千米，周转量601.34万吨千米；空运业务代理空运快件84662票，代理普货423.66吨；船代业务自揽船艘次669条，自揽船净吨500.4万吨，自揽船货吨257.9万吨。

（孙威峰）

【张家港外代拓展物流业务】 中国张家港外轮代理有限公司（简称张家港外代）隶属于中国远洋物流有限公司，是中国远洋运输（集团）总公司的下属企业。经营范围包括代理从事国际客、货运输和科学考察、水上工程各类船舶在中国港口及有关水域的服务业务（含对船、货、集装箱、船员的服务），承揽进出口货物，办理订舱、租船、储运、代运、报关、旅游（专指船员）、海陆空国际多式联运和门到门运输业务，与180余个国家和地区的5000余家航运、商贸、金融、保险企业建有业务联系。公司还从事产品物流、工程物流、质押监管、化工仓储及灌装等业务。下属张家港外代报关行有限公司从事接收进出口货物经营单位和运输工具负责人以及其代理人的委托，办理进出口货物和进出境运输工具的报关、纳税等事宜。张家港外代下设9个部门，有员工180余人，拥有3400平方米办公大楼、3300平方米海关监管仓库、8000平方米集装箱堆场及配套的机械设备等硬件设施。7月，公司通过英国标准认证学会"质量管理、环境管理、职业健康安全管理"的三标一体化认证审核。2013年，公司各项传统业务稳步推进，全年共代理船舶2794艘次，代理散杂货货运量888万吨，代理集装箱2.34万标箱，代理进出口报关报检2.56万票。公司进行转型升级，拓展现代物流业务。苏州中远化工物流基地在核心客户陶氏化学公司总体业务量不变的情况下，通过保税库、TDI（甲苯二异氰酸酯）剧毒品仓库等资质，新增一批优质客户。并在原有的灌装服务基础上，扩增为报关、运输、灌装和成品配送的一条龙服务。10月，第三条食品级灌装线投产使用。全年完成货物吞吐量10.5万吨，灌装量3.5万吨，装拆箱量1872标箱，分别比上年增37%、64%和56%。（吴 坚）

【中理理货做好保税港区汽车理货滚装船配套服务工作】 张家港中理外轮理货有限公司（简称中理理货）主要经营国际、国内航线船舶货物及集装箱的理货、理箱，集装箱装、拆箱理货，货物计量、丈量，船舶水尺计量，监装、监卸，货损、箱损检验与鉴定，出具理货单证及理货报告，理货信息咨询等相关业务。公司下设8个部门、1个分公司及6个办事处，有员工180余人，办公大楼2200余平方米，有较先进的件杂货和集装箱业务管理信息系统，并与张家港电子口岸、南京海关物流监管平台联网。严格执行ISO 9001:2008质量体系标准。2013年，公司服务张家港保税港区，做好保税港区整车进出口滚装船汽车理货配套服务工作。共受理船舶3614艘次，理货总量1416.35万吨。（黄春华）

【中联理货完成理货信息系统升级】 张家港中联理货有限公司（简称中联理货）由中联理货有限公司控股、张家港港务集团参股组建成立。公司推动口岸服务环境改善，全力支持地方经济发展，努力提升理货科技含量。2013年，公司完成理货信息系统升级，于7月正式投入使用，实现无纸化理货，现场确认的理货信息数据通过无线网络即时传到公司理货信息系统，做到现场理货数据与海关物流监控系统的无缝对接。年内，南京海关选择张家港口岸进行无纸化通关、电子放行试点，海关电子放行信息即时发送理货，出口集装箱由理货确认能否配载装船，理货成为海关物流监控系统中的重要一环。公司全年受理船舶11268艘次，受理集装箱91万标箱。（卢锦锋）

【海员俱乐部年接待海员超1万人次】 张家港国际海员俱乐部（简称海员俱乐部）为涉外福利事业单位，隶属于省总工会。单位下设酒吧、商店、桑拿和宾馆等娱乐服务设施，有在职职工和退休职工19人，设有接待科、办公室、财务科3个部门。全体员工贯彻执行《国际海员俱乐部工作条例》，为广大海员服务，把海员俱乐部办成“海员之家”。接待科实行每轮必登、每轮必访制度，组织海员参观、游览和座谈，免费赠送《中国日报》《中国海员》等中英文杂志，让海员及时了解中国的方针和政策。2013年全年登轮1200余次，共接待中外海员1万余人次，免费为海员邮寄汇款150余次，送医送药80余次，购物娱乐用车200余次，为外轮供应伙食物料88艘次，编写《国际海员活动简报》12期。（苏 静）

【上源外供年营业额超4000万元】 张家港市上源外轮船用物资供应有限公司（简称上源外供）成立于2000年，位于金港镇长江中路146号。公司大楼6层，占地面积2500余平方米，办公面积300平方米。仓库1000平方米，有冷藏柜2台，其中修理场所面积300平方米。公司有车辆6辆，其中食品专用车1辆。公司有在职人员20人，设有总经理室、办公室、财务室、接待室、会议室5个部门。公司专业从事中、外籍国际航行船舶的航次修理及海洋工程相关的维修安装、船用物料、伙食、船舶配件的供应及劳务等工程，拥有一支专业航修队伍。多年为到港的中、外籍国际航行船舶提供物料、伙食供应及航修作业，每年承修国轮及中外国际航行船舶近百艘次，为张家港港创建成国际卫生港口做出贡献。公司通过ISO 9001:2000质量管理体系认证，获得国家质检总局颁发的出入境口岸食品生产经营单位分级管理A级单位证书。2013年，公司送船680余次，其中伙食供应397次，物料供应186次，航修97次，营业额4100余万元。（周 婷）

【海宇航务参与防污染演习】 江苏海宇航务工程有限公司张家港分公司（简称海宇航务）成立于2012年3月31日，隶属于江苏海宇航务工程有限公司，位于金港镇长江中路，有在职职工47人，设有综合部、财务部、商务部、工程部、测量队5个部门。主要开展船舶污染物、防止处置（围油栏）、测绘服务等业务。6月，参与孚宝码头“6·5”世界环境日防污染演习；10月，参与市水上搜救综合演练。全年共进行围油栏作业2118艘次。（陈 磊）

【沿江港务提供船舶污染物接收服务】 张家港沿江港务服务有限公司（简称沿江港务）成立于2008年，是专业从事船舶物料供应、废旧物料回收、残油、油污水接收的防污染公司，位于金港镇中港北路41号。有员工22人，设有业务一部、业务二部、办公室、财务室4个部门。公司拥有污油水接收船舶2艘，配备专业的操作人员。沿江港务为船舶拥有人，特别是船东或船舶管理公司提供全方位服务。2013年，共接收船舶残油305立方米、油泥650立方米、油污水200立方米，船舶垃圾460立方米。为200余艘船舶供应价值100余万元的船舶物料备件。（孙 斌）

【港鑫船务提供拖轮服务】 张家港保税区港鑫船务有限公司（简称港鑫船务）成立于2009年12月，是从事长江流域外轮拖带经营的专业企业。公司位于张家港保税区保税科技大厦3楼。单位有在职职工40余人，设有商务部、业务部、船务部、财务部4个部门。公司拥有3艘日本进口大功率“消拖两用”拖轮。张家港保税区长江国际港务有限公司与公司签订长期的拖轮使用协议，以确保化学品码头船舶的安全、准时靠离泊。全年为长江流域码头船舶提供靠离泊1000余艘次，参与抢险救援活动2次，进行水上救援演习2次，组织船员再学习4次。（许冠云）

【编辑 沈立平】

生态环境建设

Ecological Environmental Construction

双山岛景观　（双山岛旅游度假区　供稿）

生态文明建设

环境保护

城乡绿化

景观建设

生态文明建设

【概况】 年内，张家港市制定出台《张家港市生态文明建设三年行动计划（2013~2015年）》和《生态文明建设绩效考核实施办法（试行）》。启动实施《第三轮环保“三三三”工程行动方案（2013~2015年）》，完成钢铁行业脱硫、电力行业脱硝等污染减排重点工程27项，关停低端落后企业150余家，淘汰高能耗生产设备565台套，淘汰黄标车406辆、过户转出1899辆，报废公交车80辆，更新中小学生专用校车66辆。完成沙洲湖备用水源地建设。钢铁、印染行业中水回用率分别达到90%和30%。全年新增污水管网67千米，新建农村污水处理装置15处，市区、镇区、农村污水集中处理率分别达到98%、70.5%和46%。实施《苏州市生态文明建设“十大工程”》中确定的重大生态修复项目，重点实施黄泗浦生态园、凤凰新城生态公园、双山岛生态园工程，稳步推进常阴沙湿地公园、一干河滨江湿地公园、香山生态建设工程。城市居民公交出行分担率26.3%、镇村公交开通率100%，清洁能源公交车180辆，占总数的20%。全市村庄环境整治高标准通过省级全域考核验收，23个三星级“康居乡村”通过省级考核验收，建成苏州市美丽村庄示范点10个。全力实施生态治理项目，全市有9个生态循环农业工程被列入太湖流域水环境治理项目，共争取资金740万元，新建畜禽粪便钢架堆棚2000平方米、沼液贮存池4000立方米、田间肥料储罐35个、生态屏障6处，实现农业废弃物有效处理，改善农业生产环境。牵头开展农业生态文明建设项目三年规划，明确了“福前—南港生态农业示范工程”“双山岛农业示范园区”两项重点工程和“一个区镇一个生态农业示范工程”等12项生态农业工程规划。永联村成为农业部2013年首批美丽乡村之一。根据苏州市委、市政府统一部署，张家港市落实苏州市农业“四个百万亩”保护建设任务3.59万公顷，其中水稻1.68万公顷、特色水产3266.67公顷、高效园艺8466.67公顷、生态林地7333.33公顷。至8月末，所有建设保护任务都分解落实到各镇、村，落实到具体田块。加快测土配方施肥、化学农药减量使用技术的推广，全市稻麦测土配方施肥推广应用面积3.66万公顷，推广配方肥11051.6吨，推广率96.2%，种植绿肥面积682公顷，推广商品有机肥8500吨，化肥使用强度控制在每公顷215千克以下。全市发展经工商登记的植保专业化服务组织150个，稻麦专业化统防统治面积占应防治面积的82%，集中配送农药品种150余种300余吨，农药使用强度控制在每公顷2.8千克以下。10月23日，市25万亩（1.67万公顷）稻麦基地创建全国绿色食品稻麦原料标准化生产基地通过省绿色食品办公室和省农产品质量监督管理局联合验收组验收。大力实施规模畜禽养殖场养殖污染整治工作，推广“三分离一净化”、发酵床生态养殖技术，引导分散型养殖向规模化转移。全年治理畜禽养殖污染企业34家，新建发酵床5192平方米、沼气池1370立方米、堆粪棚9249平方米、沉尸井2471立方米，畜禽粪便综合利用率96%。

【长江渔业资源增殖放流活动】 3月12日，以“保护渔业资源，建设长江生态”为主题的2013年张家港市长江渔业资源增殖放流活动在朝东圩港举行。省海洋与渔业局副巡视员林建华、苏州市农委副主任朱伟新、张家港市政府副市长丁学东以及各新闻媒体记者、渔民等150余人参加。此次放流活动是2002年长江实施禁渔制度实施起，张家港市举行的第11次长江渔业资源增殖放流活动，共放流四大家鱼（青鱼、草鱼、鲢鱼、鳙鱼）鱼苗12.2吨。考虑到受水温因素等影响，计划同时投放的500千克暗纹东方鲀推迟至5月单独投放。

【中国县域生态文明建设（张家港）高层研讨会】 10月27日召开。中国生态文明研究与促进会常务副会长、国家环保总局原副局长祝光耀，环保部自然生态保护司司长庄国泰，省环保厅副厅长赵挺以及张家港市领导姚林荣、朱立凡、邵军民等出席。会议围绕城镇化进程中的生态文明建设与“五位一体”，剖析城镇化进程中生态文明建设存在的突出问题，探讨城镇化进程中生态文明建设的路径、目标和方法。市委副书记、代市长朱立凡作题为《统筹城乡一体发展深化生态文明建设——张家港深化城乡生态文明建设的路径与成效》的主旨发言，向与会人员简要介绍张家港市在推进城镇化进程中的生态文明建设经验，参会专家点评，地区（市、县）代表交流发言。

【工业循环经济新增效益5000余万元】 年初，市政府与各区镇签订《节能工作年度目标责任书》，对各区镇在清洁生产、循环经济等方面制订详细的量化指标。全市循环经济项目建设持续推进。年内，沙钢集团的热闷渣、永钢集团的新钢渣处理工程、恒昌新型建筑材料有限公司的矿渣制粉、七洲化工公司的废水无害化处理及能量回收项目等4个项目全部开工建设，完成投入4.14亿元。全市通过清洁生产审核企业50家，涉及纺织、化工、热电、机械、电镀等多个行业，累计投入资金8759.5万元，实施无、低费项目455项，中、高费项目117项。通过开展清洁生产，实现年可节燃料15411吨标煤、节电1627万千瓦小时、节油475吨、节水41.5万立方米，减少污水排放19.6万吨，减少化学需氧量排放590吨，减少二氧化硫排放38.4吨，减少烟尘排放6.7吨，年新增经济效益5005.3万元。

【生态文明建设绩效考核实施】 5月，市环保局联合市绩效办出台《生态文明建设绩效考核实施办法（试行）》。实施办法明确考核内容分为实绩考核和特色亮点两方面。实绩考核主要围绕生态经济、生态环境、生态人居、生态制度、生态文化五个方面，依据市政府与各区镇、市级机关签订的《生态文明建设目标责任书》所列工作内容，将生态文明绩效纳入各区镇、相关部门年度绩效综合考评体系一并考核，生态环境指标权重达到32%。特色亮点主要是对在生态文明建设中培育新亮点、反映新特色的相关工程项目，采取加分方式记入考核分值。根据各区镇、相关部门最终考核得分，将考核结果与党政干部工作实绩挂钩，并作为评先创优、奖励惩戒、选拔任用的重要参考。至年末，根据考核办法，总分在90分以上的区镇有5个：双山岛旅游度假区、常阴沙现代农业示范园区、经开区(杨舍镇)、南丰镇、冶金园(锦丰镇)；总分在90分以上的22个部门中，市发改委、经信委、财政局等19个部门为满分。

(钱秋松　邵　玲　毛　慧)

环境保护

【概况】 2013年，市环境保护局围绕生态文明建设、污染减排、环境专项整治等年度重点工作，严厉打击环境违法行为，着力服务全市经济社会发展，切实解决人民群众反映强烈的环境热点难点问题。全年完成7个省控断面、10个基本现代化考核断面、13个小康考核断面、6个城市考核断面、3个重点流域水质断面及10余条市域主要河流共计47个监测断面的例行监测。完成7个点位的功能区环境噪声、164个点位的区域环境噪声和36个点位的道路交通噪声监测工作。做好全市9个水质自动站和8个空气自动子站运行维持工作。获得手工监测数据5.63万个、自动监测数据53.33万个。

【环境质量】 按《环境空气质量标准》评价考核二氧化硫、二氧化氮、可吸入颗粒物、细颗粒物、一氧化碳、臭氧共6项指标，环境空气质量良好以上天数占70.7%。饮用水源地、备用水源地110项指标年均值均达到《地表水环境质量标准》相应要求，7条主要河流水质综合污染指数为3.99，4条城区河道水质综合污染指数为3.16。

【环保执法】 环保部门全年共预审和审批工业建设项目1565项，劝退及拒批宝田新材料废塑料再生利用项目、苏化信达化工联苯烷基化等总投资超过1.5亿元的项目10项。完成审批危险废物年度申报登记466项，完成危险固废转移审批事项793厂次。完成321个建设项目的“三同时”(建设项目中防治污染和其他公害的设施，必须与主体工程同时设计、同时施工、同时投产使用)验收。持续组织开展“春雷行动”“环安行动”“突出环境问题整治月”和“环境信访面对面活动”，全年组织污染源现场监察10908厂次，其中夜间检查2500余厂次，发出整改通知书837份，实施环保行政处罚95件，实施企业停产整改40家，限产限排53家。全面开展化工区内企业废气治理工作，对43家挥发性有机气体(VOC)污染企业实施限期治理；开展电镀行业专项整治，关停电镀企业23家。加强“三产”行业噪声、油烟扰民问题督察，配合张家港工商局取缔云盘小学附近3家无证无照经营餐饮单位。全年共受理环境信访3211件，调处率100%，办结率95.1%。妥善解决苏州市级4件和张家港市级20件重点环境信访问题的领导挂牌督办任务。11件人大建设和19件政协提案全部办结，人大代表、政协委员满意、基本满意率100%。　(钱秋松)

【节能减排】 2013年，全市工业节能减排工作以进一步提高资源能源效率为目标，形成以政府为主导、企业为主体、市场有效驱动、全社会共同参与的工作格局。为确保“十二五”期间节能工作各项任务的顺利完成，市经信委联合省节能中心编制《张家港市节能规划(2012~2015)》。年内，规模企业综合能耗为2052.8万吨标准煤，完成上级控制目标任务。全市173家企业划入淘汰落后类企业，年内盘活存量土地325.73公顷，可减少约15万吨标准煤的能源消耗，提升资源集约发展水平。全年确定沙钢集团烧结机余热回收、永钢集团高炉煤气发电、华昌集团原料结构调整等34个节能及循环经济项目，计划总投资20.46亿元，2013年计划完成投资10亿元。34个项目实际完成投资10.8亿元，形成节能能力42万吨标准煤；节能项目获上级财政奖励2927.6万元。全市工业主要产品单耗稳定下降率达到70.93%；重点用能企业主要工业产品单耗考核共节约能源53.66万吨标准煤，节能创经济效益6.97亿元。年内，新增2家年综合能耗3000吨标准煤以上未审计企业完成审计。落后产能、高能耗设备淘汰加快，从源头上提高能源利用效率和削减污染物的排放量。开展电力行业归并整治，关停小热电企业1家；淘汰电动机、风机、水泵等落后高耗能生产设备750台套。认定省资源综合利用企业19家，3家企业的16台机组被认定为资源综合利用电厂(机组)。攀华集团有限公司被评为苏州市“能效之星”四星级企业；长江润发集团有限公司、张家港永兴热电有限公司、张家港逸臣钢管有限公司、张家港浦项不锈钢有限公司、张家港海锅重型锻件有限公司、液化空气(张家港)工业有限公司、索尔维(张家港)精细化工有限公司、江苏申州毛纺有限公司、江苏宏宝集团有限公司、澳洋集团有限公司等10家企业被评为苏州市“能效之星”三星级企业。

(刘　瑾)

【固废与辐射源管理】 年内，市环保局对全市危险废物产生及经营单位、进口废物(含进口废汽车压件)单位进行执法检查，共检查企业280家次，组织开展全市20家进口固体废物进口利用企业及1家危险废物焚烧经营单位的专项整治。联合市公安、卫生、安监部门开展3次全市放射源使用单位执法检查活动，共检查放射源使用单位117个次；会同环保部华东辐射站、省环保厅对15个国管、省管、苏州市管放射源使用单位进行检查；妥善处理不明放射性物质，全年未发生放射源被盗、遗失等安全事故。

【“环安行动”强化监管】 7月至10月，市环保局在全市开展为期100天的保障环境安全促生态文明“环安行动”，强化对大气污染、废水污染、危废产生处理企业的监督管理，深入开展化工园区及区内化工企业集中整治、限期治理项目“回头看”行动和重点污染源驻场式监管。检查电力企业、钢铁企业、水泥企业及燃煤锅炉废气治理设施运行，重点检查除尘、脱硫、脱硝设施运行情况，严查擅自停运闲置治污设施和超标排放等违法行为；开展化工、涉重、城镇污水处理厂等重点水污染企业专项检查；深入调查企业危险废物产生转移、处置情况，重点解决群众反响强烈的突出环境问题等。整个行动共完成污染源现场监察2605厂次，发出整改通知书241份，对21件环境违法行为立案查处，罚款327.3万元，取缔污染企业9家，实施停产整改13家，有效打击环境违法行为，保障群众环境权益。

【“80后”生态文明智能人才库建成】3月，环保系统“80后”生态文明智能人才库建成。该人才库是一支以环保系统“80后”青年为主体，为全市生态建设和环境保护工作献智出力的人才队伍，有成员82人，通过搭建QQ交流平台，利用空余时间，交流岗位工作心得，分享业务工作经验。全年编印4期《活力“80后”——美丽张家港》智库内部期刊，刊载成员调研论文、工作心得、散文、摄影作品、书法等内容。6月，由人才库成员组成的张家港河调研小组成立，着重对张家港河开展为期3个月的专题调研活动，通过收集水文水系图文资料，开展沿岸3千米范围及主要支流沿线现场情况摸底调研，对河流及主要支流现场采样监测分析等，形成专题调研报告。（钱秋松）

城 乡 绿 化

【概况】2013年，全市围绕现代化建设和生态文明建设三年行动计划，积极推进园林绿化建设。全年投入2.73亿元，实施绿化项目22项。其中，年内竣工17项，完成投资约2亿元。建成谷渎港、滨江生态景观带等特色景观绿地，完成华昌路、港丰公路、百桥路等11条道路绿化，加速推进新泾路等重点工程绿化。新建村庄绿化示范点8个，其中苏州市级5个。建设恢复湿地133.33公顷，自然湿地保护率40.4%。新增各类林地绿地478.8公顷，其中成片生态林177.6公顷、城镇绿化161.2公顷、道路绿化52.73公顷、村庄绿化9.13公顷、河道绿化60.93公顷、高效林果经济林17.2公顷。城市建成区绿地面积2690公顷（含金港地区），公园绿地面积558公顷，绿地率达到39.6%，绿化覆盖率43.68%，人均公园绿地13.81平方米，全市林木覆盖率19.2%。

【城区绿化】年内，谷渎港两侧景观提升、华昌路绿化改造、庄河桥公园、西二环湿地、文化中心东侧绿地等绿化工程完成，沙洲湖景观区基本建成，沙洲湖振兴路大桥成为城北新城的标志性景观。城区居住区绿化有明显改善。建成翡翠东方、阳光里程一期、华芳国际大厦等16个居住区和单位绿化工程，新增居住绿地19.54公顷。市园林局联合市物业管理处、杨舍镇及各街道对老居住区绿化进行整治，市物业管理处对17个老小区绿化进行补缺、对万红一村绿化进行修复，杨舍镇投入60万元对3750个小区停车位进行绿化恢复。沙钢房产开发的暨阳湖一号别墅获评省级园林式居住区。城市四季草花在品种选择、种植密度、图案搭配、花期管理等方面更趋科学，国泰路、港城大道、人民路、长安路等主要干道呈现四季花香的优美景观。国庆期间在步行街摆放国庆菊、矮牵牛等植物，春节前在世纪广场、步行街、张家港公园设置摆花景点。

【区镇绿化】锦丰镇高标准建设沙洲新城绿化，以华昌路为核心，建成中央公园、滨河公园、华昌路景观带、市第三污水处理厂、合兴幼儿园等亮点工程，建成大南花园、悦来花园东西区、书院五村、锦都名邸等居住绿化。杨舍镇建成旺西花苑、福中苑、新乘花苑、彩虹蓝领、彩虹苑四期、悦华苑等居住区绿化，建成塘市中学、塘市小学、塘市幼儿园等公共绿化。凤凰镇以凤凰新城建设为契机，投入1.1亿元实施镇区绿化，重点建设凤恬路、西凤路、凤凰湖“两路一湖”，将恬庄古街、凤凰山、河阳山歌馆、百亩桃园串联，建成具有江南水乡、田园风光、古镇特色的凤凰山景观区，增绿43.33公顷。金港镇投入4000万元完成香山风景区入口处提升改造，增绿4.4公顷；建成崇真中学、南沙幼儿园、金港公共卫生中心、阳光绿城、金城小区一期、金都花苑一期等绿化工程。双山岛旅游度假区建成西滩公园和北滩公园。南丰镇建成新联花苑一期、二期，聚成苑一期居住绿化，建成永联游客中心、垂钓中心三期绿化。大新镇建成新南社区一期、二期、新东社区、富华佳园居住绿化，增绿43公顷；投入250万元完成休闲广场改造。乐余镇新建乐江花苑二期、斯坦福德小镇二期居住绿化。常阴沙现代农业示范园区建成禾丰佳苑小区和便民服务中心绿化。至年末，各区镇建成区的绿化覆盖面积分别为：金港镇450公顷、杨舍镇2240公顷（含城东新区）、锦丰镇829公顷、塘桥镇65公顷、凤凰镇281公顷、乐余镇385公顷、南丰镇251公顷、大新镇200公顷、常阴沙现代农业示范园区60公顷、双山岛旅游度假区573公顷。

【农村绿化】在2012年建成38个村庄绿化示范点的基础上，2013年全市继续加快村庄绿化建设步伐，重点建设村庄绿化示范村。先后建成8个村庄绿化示范点，涌现出锦丰镇鼎盛村北片、金港镇永兴村吴家埭等绿量充足、各具特色的村庄绿化示范点。各区镇推进多种生态片林建设。金港镇永兴村与该镇港区苗圃投入220万元建设永兴生态园苗圃，种植高杆金桂、香橼、日本早樱、黄山栾树、无患子、榉树、广玉兰等适销苗木，增绿6.67公顷；建成朱家宕村果树苗圃、北荫村片林，增绿14.33公顷。杨舍镇在农鹿路、河北村、港城大道南段西侧、民丰村、沿江高速收费站北侧、晨中河南侧扩建苗圃片林，增绿104公顷。大新镇在中山村、新凯村种植大规格香樟、桂花等1万余株，增绿20公顷。凤凰镇由飞翔化工公司在厂区周围建生态防护林，将厂区与居民区隔开，增绿13.33公顷；该镇在双龙村、金谷村、西参村、程墩村、金凤凰生态园等地建设生态林，增绿60.47公顷。乐余镇在联丰、乐西、登全、红闸等村建设优质苗木生态片林26.93公顷，其中联丰村种植紫薇、海棠、香樟片林16公顷。常阴沙现代农业示范园区在常北社区种植垂丝海棠、榉树、金桂、香樟、广玉兰、大叶女贞，建成片林16.33公顷。塘桥镇建成花园村苗圃，增绿6.67公顷。

【道路河道绿化】 年内，全市推进新泾路、走马塘道路河道绿化，建成晨丰公路、华昌路改造绿化工程，实施港城大道、港丰公路大新段的绿化提升。镇村道路绿化得到大力推进，建成道路河道绿化20余条，增绿66.67公顷。总长20.6千米的走马塘河道横跨凤凰镇、塘桥镇、乐余镇、常阴沙现代农业示范园区四镇（区），是苏州市绿色水廊重点示范工程，两侧绿化是以种植杉类为主的生态片林，年内完成可绿化地段的植绿，增绿60公顷。金港镇实施严字港河道绿化，一期占地2公顷，种植垂柳、女贞、枫香等，着力打造生态河道；建设渤海路（北京路到华昌路段）防护林20.67公顷。杨舍镇投入360万元建成金塘路（金港大道—港城大道）绿化。锦丰镇完成华昌路北段、一干河风景路、兴业路、书院路、华山路绿化改造，油车港、悦来横套河道绿化。南丰镇完成晨丰公路（南丰段）、金陵东路改造绿化。大新镇投入1350万元建成新湖南路、新湖北路、海坝路南延、平北路改造绿化。塘桥镇建成兑华路道路绿化，增绿7.33公顷。

【绿化管理】 年内，市园林局完成张家港市生态文明建设三年行动计划、张家港市城市综合环境整治三年行动计划及2014年市政府实事工程、“810工程”中的涉绿项目编制；制定《张家港市园林绿化管理局绿化工程保养期管理考核办法》等规范性文件。通过优化绿化招投标专家评审库、严格投标企业资质管理、实行项目招投标备案制度等措施规范绿化工程招投标工作。全年对监理、营养土、肥料采购等30个项目以及新泾路、晨丰路、梁丰河等5个绿化工程的设计方案实行公开招投标，中标金额约1.7亿元。办理12家绿化施工企业资质的审核上报，其中新办4家、晋升3家；收到绿化工程项目负责人备案申请296人，通过备案审核267人，并分3批进行公示。办理市人大建议8件、政协提案12件。办理绿地率审核20件，绿化方案审核备案4件，协调建设项目选址意见46个，土地出让会办33起。办理行政许可106起，办理数字化城管移交事项738件、“12345”便民服务热线移交事项380件，市民满意度均为100%，两项工作均列全市各部门前列。开展绿化业务知识培训，聘请扬州大学教授尤伟忠作园林绿地养护与管理专题讲座，举办施工企业培训100人次、镇级培训300人次。投入120万元对梁丰生态园、张家港公园、沙洲公园设施进行更新维护。

【绿化养护】 年内，市园林局直接负责管护的绿地有2424.1公顷，其中市区587.3公顷、农村1836.8公顷，管护四季草花2.41公顷，管理考核10个区镇、20余家养护企业。实施新的绿地养护考核办法，配足城乡绿化养护人员，统一规范养护人员的着装。严格实行绿地养护考核通报例会制度，每月公布考核结果并对考核情况进行讲评，对养护单位进行年度综合排名。全市实行城乡主要绿地养护现场会管理措施，全年组织绿化现场会19次，补植树木2.55万棵、灌木8.75万株，补缺植被7.41公顷，绿化档次得到有效提升。强化在建工程养护，将在建工程移交规划建设科实施专项管理，使养护与工程款、招投标挂钩，安排专人负责日常巡查，共有81个在建工程纳入考核范围，养护面积167公顷。强化苗木检验检疫工作，全市工程用苗90%以上出自外地，对外地进苗的品种、规格、数量、地点通过全国森林植物检疫管理信息系统进行检索，开出16家施工企业的检疫要求书30份，对调苗所在地进行产地检疫，开出检疫证书150余份，占外来苗木的60%。对在建工程进行现场排查，发现外来有害生物8种并进行灭杀。做好有害生物预测预报，建立省和苏州市级监测点2个、张家港市级监测点10个，对美国白蛾、刺蛾、樟巢螟、蚧壳虫、夜蛾等主要害虫的发生期、发生量进行有效监测并提出防治意见，下发病虫情报16期，推广新农药12吨。加强护林防火工作，重点做好清明前后的森林防火，坚持日巡日报制度，投入16.5万元建成市区、香山、凤凰山3个森林防火通信基站，该项目纳入江苏省环太湖区域森林防火通信系统。市园林局加强野生动物保护，建成2个野生动物监测点，做好日常巡查监测，配合公安、工商执法，查处案件2起，收缴捕鸟网具10余张。举办第五届园林绿化优质建设工程、优质养护项目“双优”评比活动。江苏吉达道路绿化有限公司的文化中心城展馆外围绿化配套工程、市亨通花木有限公司的一干河东路、西路行道树及绿化隔离带一标、市华新园艺有限公司文化中心景观提升A标3个项目获2012年度市园林绿化优质工程。苏州工业园区景观绿化工程有限公司的长安广场绿地、市亨通花木有限公司的梁丰河景观绿地、市园林苗圃的湿地公园南延、苏州菁园景观有限公司的湿地公园2标4个项目获2013年度市园林绿化优质养护项目。

【抗旱保绿】 年内，全市遭遇自1966年有气象记录起最严重的高温干旱天气，持续35摄氏度以上高温天气达到40余天，最高气温达到41.2摄氏度，城区连续高温干旱53天。极端天气对园林植物的生长带来严重影响，部分区段树木出现枯死现象。市园林局紧急启动应急预案，从8月13日开始抗旱保绿，对绿化进行日夜浇灌，至24日，市区应急浇水出动洒水车854车次，人员2572人次，浇水总量达到1.1万立方米，有效缓解绿地旱情。灾后，市园林局及时实施灾情调查、恢复重建工作，较好地恢复了绿地景观。

【湿地保护率超40%】 年内，全市建设、恢复湿地133.33公顷，完成长江湿地保护区的边界确定、标桩立界和设置，明确保护措施和禁止行为，建立湿地保护的长效管理机制。完成苏州市级重要湿地的认定工作，长江水域湿地、暨阳湖湿地公园两处湿地被评为苏州市级湿地。至年末，全市共有各类湿地117块18943.02公顷，其中长江湿地保护小区6967.34公顷，主要类型为草本沼泽湿地、永久性河流、水产养殖场，湿地保护率40.4%，提前完成苏州市要求"十二五"期末达到40%的任务。

景观建设

【概况】 年内，张家港市列入苏州市政府旅游考核的景观项目有7项，分别为双山岛旅游度假区旅游项目及基础设施建设、江南农耕文化园三期、恬庄四期工程、香山风景区入口景观及旅游配套设施、蛮好民宿国际连锁常阴沙店、长江湿地公园、凤凰湖工程。计划投资4.93亿元，实际投资5.07亿元。双山岛旅游度假区完成南码头改造及老街改造一期工程，岛内进行生态环境的修复提升与道路交通建设，完成投资1.3亿元。江南农耕文化园三期旅游配套基础设施建设完工，恒温水上游乐项目开始动工建设，完成投资8000万元。恬庄四期工程完成玉带河古桥及两边文化休闲设施，恢复名人故居，完成投资5000万元。凤凰湖工程完成湖体开挖及堆山土方造型，部分旅游基础配套设施完工，完成投资1.5亿元。香山景区完成入口景观及旅游配套设施建设，入口门禁系统、星级厕所、停车场等完工，完成投资3500万元。蛮好民宿国际连锁常阴沙店装修与小木屋完工，完成投资1200万元。塘桥镇金村文化保护和旅游开发项目有序推进，年末进行基础配套设施建设，完成投资超5000万元。城北沙洲湖工程基本完工，步行街东首曼巴特购物广场主体完成。凤凰镇飞翔休闲农业园、锦丰镇的南港生态农庄等一批乡村旅游区稳步推进中。梁丰生态园、张家港公园分别通过国家级AAA、AA景区复查验收。全市有国家级AAAA景区1个（凤凰山景区）、AAA景区3个（东渡苑景区、香山景区、梁丰生态园）、AA景区1个（张家港公园）。市暨阳湖公司4月承接常阴沙湿地公园项目建设任务。进行考察调研、选定设计单位后，启动方案规划设计工作，由国内5家知名的设计单位进行方案设计，12月完成方案的初步评审。

【双山岛景观】 年内，双山岛旅游度假区管委会投入1亿余元启动以"做美环境、提升形象"为重点的基础建设工作。主要围绕做美环境进行生态环境修复提升，包括以"西滩观耕、北滩观江、林地观果、湿地观鸟、码头观港、西港观渔"为主要旅游要素的洲堤生态提升工程，核心湖区及南横港、西港、东港等主干河道生态建设工程，核心环道、西区生态游道等主干交通网络建设工程。同时围绕完善配套进行旅游集散功能提升，包括重建南码头航运大楼，增添渡轮，进一步提升水运交通承载能力，包装改造双山老街，初步建成一个具有新江南水乡风格、"吃、住、行、游、购、娱"一站式旅游集散区。

【凤凰山风景区】 年内，凤凰镇围绕"四季河阳，美丽凤凰"旅游品牌，强化景区标准化建设，推进国家级AAAA景区复核工作，加大资金投入力度，加大宣传推介力度。年内，恬庄古街碑刻馆布馆完工并对外开放。杨氏宅第成功入选全国重点文物保护单位。恬庄古街四期工程玉带河开挖土方2000立方米，石驳岸工程完成20%，建拱桥1座。奚浦塘东侧驳岸全长300米，铺石板路，建设石栏、廊、亭、亲水平台等，年内完工。飞翔农业园建成优质蔬菜基地10公顷，休闲垂钓基地6.67公顷，苗木基地16公顷，蜜梨基地66.67公顷，百果园20公顷、渔业水产基地28公顷，农田标准化133.33公顷及路桥等基础设施，投入资金近1.5亿元。凤凰湖生态湿地公园全面建成，凤凰知名度日趋放大。

【香山风景区】 年内，香山风景区整体开发稳步进行。年初投入3500万元的香山入口景观提升改造全部完工，新建景区检票口、星级旅游厕所、生态停车场。国家级AAAA旅游景区创建于10月成功通过省级验收。年内，重点推进"一湖两路三园"工程、香山大街街景改造及东山村遗址规划等工作。承办由金港镇组织的"欢乐登香山，健康伴我行""重阳节万名老人登高赏菊"等大型登山活动8次，并成功举办第十一届香山文化旅游艺术节。

【暨阳湖生态园】 年内，市暨阳湖公司建成并运营欢乐世界扩建部分和暨阳湖茶楼，启动暨阳湖休闲街和常阴沙湿地公园建设。欢乐世界扩

香山湖之晨　（孙凤贤　摄）

建工程于6月1日儿童节前建成开园，占地5.33公顷，有6个主题空间、7个项目，大部分项目针对学龄前儿童，与一期乐园形成互补，基本满足不同年龄段游客的娱乐需求。欢乐世界全年接待游客23万人次，实现营业收入1230万元。暨阳湖茶楼于10月28日对外试营业，该茶楼是暨阳湖园区重要配套项目，位于暨阳湖北入口处，建筑面积2000平方米。7月，配合市政府、土地储备中心完成暨阳湖三角洲土地的拍卖工作，该地块64.73公顷。夏季，全市经历历史罕见的持续高温天气，夜晚湖区消夏、游泳的市民很多，存在极大的安全隐患。为维护湖区秩序，保护市民安全，市暨阳湖公司连续3个月每晚坚持安排值班人员在湖区维持秩序，确保安全度夏。年内，暨阳湖园区首批获得全国中小学生教育实践基地称号。

【梁丰生态园】 年内，梁丰生态园通过国家级AAA景区的复查验收。投入80余万元进行设施更新改造，主要项目包括青少年活动中心、南门木桥、南门廊架、东码头木栈道、雾森林木栈道等翻新改造，对钢结构连接件、拦网、部分木地板、不锈钢滑梯等进行修补更换，对木制设施进行油漆。其中，青少年活动中心芬兰乐普森游乐设施更新修缮15万元，海盗船游乐设施大修3万元。公园指示牌、警示标志、标识导游图等完成更新；配合相关单位推进生态园接待中心、国家气象观测站、中国移动4G发射塔的建设和施工管理。开放时间延长，实行每天17小时的免费开放。强化绿化、保安、保洁的管理，对绿化管护、卫生保洁、公共设施实行全天候监管，重点加强节假日安全和服务工作。在游客服务中心增加开水、雨伞、老花镜、轮椅、拐杖借用和小件物品寄存等服务。会同有关单位举办“江苏润泰杯”10公里跑步爱好者交流赛，三八、六一爱心义卖，学雷锋志愿服务等活动。

【滨江生态景观带】 2月启动建设，7月建成，是原滨江公园（一干河水闸）的扩充版，位于长江大新段堤岸外，西起海螺水泥厂，东至一干河，全长2.3千米，占地13.6公顷。投资1700万元。景观带设计以生态性、人文性、功能性为理念，突出现代简约风格。绿化以耐水的杉类植物为主，布置有小型广场。景观带把人作为环境、水体、景观的主角，通过各种自然活动空间的营造，绿化、驳岸、水上栈道、观景挑台、河道护栏等元素的合理组合，增强人的空间体验性，形成独特的景观效果。它与城区沙洲湖、冶金工业园亲水走廊、核心区公园相互串联，构造出城区连接长江的绿色通廊——一干河沿线风光带，成为城市的“带状绿肺”。开放后，成为众多市民亲近长江、体验郊外田野情趣、享受城市慢生活的理想场所。

暨阳湖生态园　　（暨阳湖公司　供稿）

【暨阳湖休闲街建设启动】 暨阳湖休闲街是暨阳湖生态园区重要配套项目，位于暨阳湖三角洲南部，紧邻三角洲湿地公园，占地6.73公顷，全长680米，共有12幢建筑，地面以上建筑面积约4.1万平方米，地下建筑面积约1.9万平方米。总体采用新中式风格，在现代建筑形式上，融入坡屋顶、外廊、披檐、拱门、灰瓦、白墙等江南元素，既富现代感又有江南韵味，并具有明显标识性。暨阳湖休闲街在优美的建筑和景观中，充分融合商业与休闲功能，形成景商共荣。在规划设计中，体现生态性、亲水性。将休闲街充分融入湿地公园的生态系统，挖掘湿地的水景资源，体现休闲街优质的生态环境和独特的水景特色。该休闲街是集休闲、娱乐、餐饮、文化旅游、商务活动于一体的综合性商业街区，将成为张家港时尚休闲消费的新领地。年内，土建施工和招商工作启动。

【谷渎港景观提升工程完成】 谷渎港（暨阳中路—青龙桥段）景观提升工程全长800米，面积1.6公顷，总投资2300万元，工程结合交通人车分流及驳岸改造，建设与城市环境相协调的滨水休闲景观带。沿线驳岸高低错落，设置亲水平台、景墙、人行景观桥等设施，夜景灯光及灯柱装饰优美，保留原有的沿路大规格香樟，增设绿化隔离带，通过垂直绿化弱化硬质驳岸，突出乡土植物、特色植物及草本地被的配置，形成“樱花谷”“樱花港”，沿路还散植丛生朴树、乌桕等乔木，在重要地段布置罗汉松、羽毛枫等景观造型树，形成雅致的景观空间。改造后的谷渎港极具现代感，与2012年建成的小城河二期融为一体，共同构成了一幅城在林中、水在城中、人在绿中的生态美景图，成为全市的“城市客厅”，为广大市民提供一个集生态、人文、娱乐、交通等多功能的滨河景观场所。

（周文超　黄伟华　朱亚玲）

【编辑　张　洁】

城乡建设

Urban and Rural Construction

沙洲新城中央公园　（王庭槐　摄）

综　　述

城乡规划

中心城区建设

镇村建设

公用事业

城乡管理

综　　述

2013年，城乡一体化建设持续推进，重大基础设施和安置房建设加快，中心城区和片区新城开发有序推进，镇区和办事处功能形象优化，城乡发展规划、产业布局、基础建设、公共服务和就业社保"五个一体化"全面展开，城市功能得到提升。全年完成城市建设总投资207.78亿元。市镇建成区面积170.66平方千米，城市化率63%，农民集中居住率61%。

规划布局超前　完善城乡规划布局，全年完成24项规划编制。按照"统筹兼顾、合理布局、便利操作"的原则，编制完成《张家港市保留村庄布点规划》和《张家港市村庄规划建设实施意见》。按照"科学定位，控制规模，完善设施，提升形象，营造特色"的原则，完成杨舍核心区和10个办事处的控制性详细规划。

拆迁安置加快　全年计划实施房屋征收搬迁11393户，完成协议签订11656户，占计划的102.3%；全市安置房计划新开工361.73万平方米、竣工360.44万平方米，实际完成安置房新开工408.91万平方米、竣工403.9万平方米，分别占计划的113.4%和112.06%。至年末，全市在建安置房总面积687.89万平方米、42594套。各区镇共建设临时安置点99个、10779套，解决1.1万老年过渡户的临时安置问题。全年安置过渡户10689户。

工程推进顺利　沪通铁路张家港枢纽站区规划方案基本确定，增设张家港北站获得批准。疏港高速公路清障工作全面完成。新泾路、晨丰公路、杨锦公路、港华路等道路新建、改造工程竣工。沙洲湖工程、农副产品批发市场、高职园区等39项公共建筑工程有序推进，其中暨阳湖欢乐世界扩建项目等13项竣工并交付使用。老城区防汛能力提升三期工程、谷渎港清淤截污、背街小巷和里弄改造等工程如期竣工。金港滨江新城、锦丰·沙洲新城、凤凰新城、大新滨江新镇等镇区新城建设稳步推进，城镇资源配置不断优化。投资3.07亿元的20项街景改造工程完成。投资1.2亿元的部分区镇工业废水集中处理改道走马塘排放工程完成。

管理水平提升　完成城市环境"四大整治、四大提升"（开展整治"乱停乱放、非法营运、小区环境、违法建设"为内容的"四大整治"，实现"交通秩序、运管服务、人居环境、市容市貌"四大提升）各项任务，启动实施城市环境综合整治三年规划。推进"931"城市环境综合整治，分级预警创新城市管理。升级"智慧城管"综合信息系统，"城市e管家"系统顺利运行。南丰镇、凤凰镇创建苏州市美丽城镇示范镇通过阶段性预验收。高标准推进10个苏州市美丽村庄示范点建设，建成18个省级"康居乡村"，村庄环境整治通过省级全域考核验收。餐厨废弃物集中收运、无害化处理体系实现市区全覆盖。

（龚健飞　黄　庆）

城 乡 规 划

【概况】2013年，市规划局按照生态文明建设的总体部署，围绕"天更蓝、水更清、地更绿"的建设方向，编制完成《张家港生态建设规划》和《张家港市生态建设行动计划（2013~2015）》。强化城市空间特色塑造，编制完成《张家港市城市空间特色规划》。加强重点地块研究，有序开展旧城更新，完成官厅新村地块、弯背塘地块、西门路两侧地块、康乐医院地块的四项城市设计。深化中心城区慢行系统规划，完成东横河、谷渎港沿线绿道修建性详细规划。按照城市总体规划和综合交通规划，组织编制《杨舍东南地区道路系统研究》和《杨舍城区停车场规划》。按照"整体城市，一城四区"发展理念，结合4个片区的发展定位和特色分工，完成金港片区、冶金工业园区、大新镇、乐余镇、凤凰镇总体规划。

【规划管理】年内，市规划局贯彻落实《中华人民共和国城乡规划法》和《江苏省城乡规划条例》，严格执行"一书两证"制度、规划委员会制度、规划公示制度、技术论证制度等。全年共核发规划选址意见书480件、建设用地规划许可证299件、建设工程规划许可证242件。做好规划批中批后管理，完成规划验线120个、规划核实54个。坚持日常巡查和集中检查相结合，有效掌握规划实施动态，全年发现和处理违法违章建设案件61起，规范全市开发建设行为。

【规划服务】年内，市规划局深入基层一线，服务民生，深化"智绘港城、塑造未来"服务品牌建设。定期深入重点骨干企业了解发展需求，研究确定对策建议。围绕产业转型升级的要求，为企业发展提供一流的规划服务和技术指导，制订重点项目选址方案。联合市经信委组织移动、联通、电信3家通信商对杨舍城区通信基站布点进行重新梳理，完成通信基站规划。开展第三届市民规划师、七彩党建服务联盟以及规划惠民生活动。走进"12345"政风行风直播室倾听市民声音，服务群众需求。及时办理群众信件、电话咨询，答复"12345"热线咨询199件、信件3件、市长信箱30件，回复网站咨询503条。全年主办人大建议和政协提案13件，满意率100%。

【城市测量】年内，城市测量队按照"学习先进，精测精量绘蓝图；优质服务，技术争先创一流"的要求开展测量。完成市暨阳湖公司长江湿地、沙洲湖地块等282个地形图修测项目，世贸九溪墅、观唐逸墅等楼盘213个坐标放样项目，港城大厦、香蜜湖小区等283个竣工测量项目，港华燃气、供电公司等82个地下管线监督测量项目。

【公共基础地理信息系统建设】公共基础地理信息系统是全市完善基础地理空间框架，加强地理信息共享运用，保证地理信息数据安全，推进"智慧城市"建设的一项重要工程。系统建设一期项目于2012年4月启动，

晨阳办事处控规效果图　　　　（市规划局　供稿）

2013年10月完成试运行和验收。先后完成标准规范制定、数据整合入库、电子地图汇编入库、地名地址数据入库、地下管线更新普查、系统开发和支撑硬件建设7项工作。2013年4月，市规划局展开二期项目建设，计划完成全市域数字正射影像图更新及入库、主干道约100千米街景影像数据的采集、160平方千米三维模型采集、160平方千米2.5维电子地图制作、三维地理信息系统建设、控规成果入库管理系统开发建设以及3个政府部门GIS（地理信息系统）应用示范系统建设。

【保留村庄布点规划完成】 年内，市规划局按照统筹兼顾、合理布局、便利操作的原则，完成《张家港市保留村庄布点规划》，优化并确定长期保留、阶段性保留和撤并村庄的点位和数量。全市规划保留村庄213个，涉及农户68266户。其中，长期保留村庄154个，涉及农户51116户；阶段性保留村庄59个，涉及农户17150户。开展相关配套政策研究，起草制定《张家港市村庄规划建设实施意见》，对保留村庄的规划建设、环境整治、土地利用、农房建设条件和标准等政策性内容做出具体规定，保证农业基础设施和公共设施配置得到完善，优化农民的生产生活条件，提升乡村环境品质，实现“生态宜居、兴业富民”的美好乡村建设目标。

【核心城区和10个办事处控制性详细规划完成】 年内，市规划局控规全覆盖工作稳步推进，控制性详细规划编制实行标准化管理。编制完成《杨舍城区核心区控规》，规划范围为：东至华昌路，南至南苑路，西至港城大道，北至东横河，面积为6.4平方千米；围绕复兴旧城活力、保护旧城风貌、凸显旧城特色、构建信息管理4个方面，按照分级配置、统筹兼顾和优化布局的原则将杨舍核心区规划定位为“高品质核心区”。规划结构为“一核一环两轴三圈”。规划控制内容包括：城市功能提升、道路交通疏解、空间特色塑造、市政设施升级、经济性分析以及更新时序。完成老凤凰、港口、妙桥、鹿苑、东莱、兆丰、三兴、晨阳、德积、后塍等10个办事处的控制性规划。清晰界定办事处小集镇的边界线，用地规模由规划前的18.81平方千米调整为17.73平方千米，人口规模由13.3万人调整为22.7万人，实现小集镇增长；优化办事处小集镇的功能布局，形成集镇中心商业、居住和生产之间的相对分离，中心区和外围农村地区进行生态隔离，构架城乡清晰的功能分工；完善“十个一”（张家港市规划村级社区普遍实现基础设施“十个一”标准，即建有一所市民学校、一个藏书2000册以上的图书阅览室、一个特色文化展示室、一个老年人活动室、一个文艺活动室、一个健身活动室、一个村务公开栏和文化宣传画廊、一个小型广场、一个包含有一站式服务受理大厅的社区服务中心、一个爱心便民服务超市）工程建设，强化养老、卫生服务等特色配套内容；因地制宜，根据各个办事处的发展实际，对其商业配套、旧城更新、强度控制制定规划指引的内容；按照“一办一特色”的理念，对不同办事处在水系整治、立面改造、历史文化传承等方面强化特色营造；用生态的理念规划小集镇，强调绿色环保，用经营的角度建设办事处，强调集约紧凑。

（黄　庆）

中心城区建设

【概况】 2013年，中心城区建设共完成投资102.1亿元，其中市城投集团完成城建项目投资64.9亿元。城北科教新城、城西新区北延西拓、城南中央商务新城建设加快推进，沙洲湖、中丹生态城初具形态。城区实施房屋搬迁1637户（含非住宅108户），搬迁面积56.25万平方米。全年新开工仓基花苑、百家桥小区一期和二期、中港花苑三期、锦绣花苑四期、新航花苑一期、丽新花苑一期7个住宅项目，6232套房，总建筑面积99.2万平方米，总投资41.28亿元；竣工锦绣花苑三期东区、港新花苑一期、七里庙小区一期和二期、湖东花苑、小莱巷、航杨新村7个住宅项目，6354套房，总建筑面积108.8万平方米。市建筑工务处代建的政府投资的公共建筑项目28项，建筑面积66万平方米，总投资37.1亿元。年内竣工交付港城大厦、江帆小学及幼儿园等工程项目9项，建筑面积14.15万平方米。人民医院妇儿大楼、农副产品批发市场、景巷幼儿园等实事工程顺利推进。小城河综合改造工程作为省内唯一的县级市项目，获评江苏省城建示范工程。

2013年张家港中心城区部分重点工程建设情况

表13

项目名称	工程概况	进展情况
港城大厦新建工程	占地1.33公顷，投资概算4.03亿元，建筑面积7.07万平方米	8月竣工
金茂大厦新建工程	占地1.33公顷，投资概算5亿元。建筑面积8.8万平方米，建筑高度148.2米，地上33层，地下2层	主楼幕墙完成80%，室外市政雨污水管道完成35%
金城大厦新建工程	占地1公顷，投资概算4.3亿元，建筑面积6万平方米	主楼幕墙完成至12层
教育服务中心易地新建工程	占地0.77公顷，投资概算6252万元，建筑面积11675平方米	12月竣工
江帆幼儿园新建工程	占地1.07公顷，投资概算2244万元，建筑面积5680平方米	8月竣工
江帆小学新建工程	占地3.33公顷，投资概算6000万元，建筑面积16318平方米	8月竣工
常青藤实验中学改造工程	占地2.47公顷，投资概算1亿元。新建宿舍7200平方米（不含国际部3646.5平方米）及400米塑胶田径场	8月竣工
市职业技能实训基地（市高等职业教育园区）新建工程	占地26.67公顷，投资概算11.7亿元，建筑面积23.61万平方米	土建完成95%，市政雨污水管道完成30%
第一人民医院妇儿大楼扩建工程	投资概算1.96亿元。建筑面积4.04万平方米，建筑高度74.2米，地上17层，地下1层	土建和幕墙基本结束，装饰完成40%

【城东新区建设】 城东新区完成黄泗浦生态园现状普查和影像录制，以及黄泗浦生态园景观概念性方案和塘桥西环路、南苑路等市政道路的方案设计。启动生态园湖心景观区及市政基础设施（塘桥西环路、南苑路东延）项目拆迁工作，共需拆迁民宅920户、26.05万平方米，企业83家、12.4万平方米。年内完成民宅丈量评估892户，签约702户，签约率76.3%；企业丈量评估79家，签约39家，签约率46.99%。

【城西新区西拓北延建设】 城西新区全面实施基础设施和公共服务设施建设。七里庙菜场和泗港菜场两个实事工程开工，其中泗港菜场主体工程完工并交付装潢。按期竣工港新花苑一期、七里庙小区一期和二期工程，七里庙小区完成分房。暨阳路西延、梁丰路西延竣工通车，区域内交通系统不断完善。环城河沿线景观绿化提升工程和梁丰河景观绿化工程等市政配套设施建设同步启动。

【城北科教新城建设】 年内，城北科教新城沙洲湖项目完成市政配套、夜景灯光、绿化景观等工程的收尾工作，长兴路及振兴路两座景观大桥实现通车。沙洲湖科创园项目15幢多层完工并交付，完成投资额6.5亿元。沙洲湖大酒店室外工程及部分室内装修完工，完成投资额2.7亿元。沙洲湖湖西商业配套项目启动，年内完成投资额约2000万元。一干河生态廊道北二环—南横套段建设工程基本完工。（龚健飞　黄　庆　韩　露）

镇 村 建 设

【概况】 年内，各区镇共投入镇村建设资金137.51亿元，比上年增20.43%，新建各类建筑面积181.76万平方米，新建沥青道路82.97万平方米，铺设供水管道84.8千米，铺设排水管道27.2千米，新安装路灯2287盏，整治桥梁85座。全市完成拆（搬）迁农户协议签订7661户计208万平方米，建设安置房309.7万平方米，竣工295.1万平方米，安置农户8912户，农民集中居住度61%。

【金港镇建设】 金港镇有集镇5个，建成区面积21.97平方千米，其中中心镇区面积7.2平方千米。年内，全镇共投入镇村建设资金69.36亿元，其中镇区投入建设资金40.72亿元，拆迁房屋3580户120.88万平方米。安置房建设工程有：投资8.3亿元的金都花苑一期二、三、四标段工程，投资7.1亿元的金成小区一期三、四标段工程，投资6.48亿元的德丰南扩二期工程，投资7.4亿元的金都花苑二期工程，投资9.4亿元的金成小区二期一、二、三标段工程，共建设安置房7220套108.57万平方米；投资1200万元，建造过渡安置房287间。商品房建设工程主要有：投资6000万元、建筑面积1.54万平方米的金港湾三期工程，投资4.5亿元、建筑面积5万平方米的伊顿公馆工程，投资1.54亿元、建筑面积6.53万平方米的阳光绿城三期工程，投资22亿元、建筑面积25.2万平方米的廊桥雅苑工程。老住宅小区改造工程有：投资1050万元的中兴新村6幢、中圩新村6幢、安定新村6幢改造工程，投资490万元的安利二村12幢改造工程，投资450万元的学前小区12幢改造工程，投资950万元的府院新村24幢改造工程，投资300万元的海港社区15幢改造工程。城镇基础设施建设工程主要有：投资2500万元的景新路工程，投资2000万元的东新路改造工程，投资2600万元的金港路、上海路路面黑色化、管线及绿化改造工程，投资1500万元的中港路拓宽改造工程，投资1200万元的长宏路改造工程，投资3000万元的长江西路改造工程，投资380万元的双龙南路南延及黄泗浦大桥西延工程，中港路、黄泗浦大桥西延、长江西路、长宏路、蟠港北路、邱家港路北段等新建柏油道路15.5万平方米；投资2.5亿元的五节桥闸改建等五大水利排涝工程，拆坝9条，建机耕桥5座，修桥8座，建涵洞4个；投资6849万元的金港雨污分流改造、污水纳管工程，投资5584万元的生活污水支管网建设工程，新增污水管网59千米；投资3700万元的供水管道工程，改造供水管道12千米，新建供水管道31.2千米。集镇区街景改造建设工程有：投资750万元的黄泗浦路街景改造工程，投资350万元的中华路街景改造工程，投资2000万元的蟠港北路街景改造工程，新装路灯555盏。同时，拆除违建面积1.66万平方米；投资1000万元，更新改造环卫及路政设施；新增公交线路1条，新增公共停车位1000个；投资4000万元，建成长江村汤家埭美丽村庄示范点；疏浚河道56条。至年末，全镇完成公共建筑面积2.41万平方米，累计62.29万平方米；完成生产性建筑面积11.65万平方米，累计396.75万平方米。天然气接管入户3300余户，自来水普及率100%，有线电视入户率98.55%。排水管道覆盖率100%，污水处理率85%，垃圾无害化处理率100%。

【锦丰镇建设】 锦丰镇有集镇7个，建成区总面积28.64平方千米，其中中心镇区面积15平方千米。新城区规划建设面积12.46平方千米，建成区总面积4.2平方千米。年内，全镇投入镇村建设资金17.21亿元。全年共有新城区建设、冶金工业园载体建设等动迁项目17项，完成农户拆迁1119户，建筑面积23.72万平方米，完成企业拆迁29家，建筑面积3.47万平方米。竣工并交付使用安置房36.5万平方米，即建筑面积17.6万平方米的悦来花苑西区、建筑面积18.9万平方米的大南二村，分别于2月、12月竣工，共2179套，新安置农户1080户。结转及新开工安置房约90万平方米。投资13.5亿元、总建筑面积35.1万平方米的大南三村、五村安置房，投资3.3亿元、建筑面积12.2万平方米的书院六村安置房正在建设中。建筑面积10.93万平方米的锦都名邸商品房、建筑面积7.38万平方米锦都中央广场商业用房分别于7月、12月竣工。总投资10亿元，占地面积8.13公顷，建筑面积18万平方米的湖滨水岸别墅和高层商业住房项目，至年末17栋别墅竣工。总投资约3500万元的锦丰镇文体中心，投资3000万元的邻里中心菜场、投资1100万元的观光塔、一干河西拓工程竣工。建筑面积1.94万平方米的锦丰公共租赁房工程，市政府投资6.28亿元、占地面积20.47公顷、总建筑面积14万平方米的青草巷农副产品批发市场易地新建及配套项目主体工程完工。投资2200万元，建筑面积1.1万平方米的书院五村商业用房，投资5200万元、占地面积4.58公顷、建筑面积2.5万平方米的合兴小学扩建工程，投资2500万元的锦丰中心小学扩建工程，投资6750万元、建筑面积1.5万平方米的社会福利中心，投资300万元、建筑面积600平方米的一干河客运站，总投资4亿元、占地1.33公顷、建筑面积52264平方米的商务中心大楼，投资3亿元、占地面积1.78公顷、建筑面积1.6万平方米的合兴医院等工程按时序推进。投资500万元的锦阳河东路通车，创业路、锦店路、南港路完成半幅路面施工，水厂路完成沥青路面铺设，清源路北段、雁鸿北路完成水稳摊铺，悦来路、沙洲河大桥正在施工。投资6300余万元，对交通村路、锦其线、创业路、红光路、民丰路等5条乡村道路进行大、中修，合计里程13.5千米，建设候车亭6座。投入501万元添置设置户外灭蚊灯、控烟点各20个，新建公厕3座、中转站1座、爱卫工作站3处，更换垃圾收集桶220个、果壳箱94个，添置垃圾转运车3辆、压缩机2台。争取中央财政小型农业水利专项补贴2072万元，完成南港、光明等12个村级河塘清淤整治试点项目实施，清淤河道41条43.2千米，建设生态护岸3处3.5千米，桥（涵）10座、闸站2座及配套管理设施1项。除小农水专项外，投资44.61万元，疏浚村组河道20条，土方6.37万立方米；投资221万元，拆坝12条，建桥（涵）12座，改建农桥5座；投资38万元，整治二干河坍塌岸坡305米。治理黑臭河道7条，建设生态河道3条、示范河道6条、达标圩堤8.9千米。处理违章建筑252户，拆除面积6297平方米。至年末，全镇有公共建筑面积46.33万平方米，生产性建筑面积447.47万平方米。自来水普及率100%，生活用燃气普及率100%，有线电视入户率100%。镇区道路铺设总面积202.8万平方米，排水管道覆盖率100%，污水处理率75%，垃圾无害化处理率100%。

【塘桥镇建设】 塘桥镇有集镇7个，建成区面积21平方千米，其中中心镇区面积10平方千米。年内，全镇投入镇村建设资金3.78亿元。完成新城区、中央景观区、安置房建设区、城乡一体复垦区拆（搬）迁农户1140户，建成韩山小区一期、花园小区二期、黄金湾小区二期等15.18万平方米安置房。全年分房近1000套，安置农户600户。规划建设临时过渡房687间，解决老年人租房困难。开工建设沁园一村、韩山小区二期、胡同小区六期等25.36万平方米多层、小高层安置房。高标准完成镇中路、美食街、美容街、永进路、北京路等7条道路的街景立面改造和南胡同老区改造。新建妙景公交首末站和8个公交候车亭。维修农村公路14.5千米，全镇乡村公路良好率84.61%。投资270万元实现妙丰公路塘桥段的路灯亮化工程，新装路灯1043盏。投资2500万元完成塘桥初中综合楼、妙桥幼儿园、妙桥文化中心、妙桥小学综合楼等一批重点工程的建设。继续推进镇区生活污水纳管工程，铺设妙桥集镇区域污水支管网2.4千米，完成金村古街两处动力地埋式生活污水处理工程。完成联宏、盛尔达等企业集中供热管网设计，完成华程、逸臣等企业天然气清洁能源替代工程。投入500万元完善环卫基础设施建设，新增各型环卫保洁车39辆，新建、改建公厕25座，新建垃圾收集房14座，新添果壳箱200个。完成3个星级村庄点位整治，金村村建成苏州市美丽乡村建设示范点。启动三干河、新泾路、西环路水系调整工程，建成防洪排涝信息化管理系统，新建、改建电管站、排涝站5座，完成西旸桥等3座危桥改造。投入800万元整治张家河、臭泾河等31条镇村河道，总长10.74千米，完成土方7.28万立方米。至年末，全镇新增公共建筑面积8000平方米，累计113.47万平方米；完成生产性建筑8.99万平方米，累计549.24万平方米；新铺道路23.18万平方米，累计328.48万平方米。自来水普及率100%，生活燃气普及率100%，有线电视入户率100%，排水管道覆盖率100%，污水处理率86%，垃圾无害化处理率100%。

【乐余镇建设】 乐余镇有集镇2个，建成区总面积8平方千米，其中中心镇区建成区面积5.8平方千米。年内，全镇共投入镇村建设资金12亿元，完成建筑面积14.9万平方米。其中，乐余集镇建设投入资金10亿元，拆迁民房453户，总面积113250平方米。主要建设工程有：完成乐江花苑二期、市场新村共计11.93万平方米安置房建设任务，新开工建设扶海花苑、乐江花苑三期，总计15.25万平方米；办理安置房登记发证557套，总计面积7.26万平方米。投资4000万元实施乐兴路、乐红路以及兆丰育才路街景改造工程，对乐余老街进行整体翻新；投入350万元完成13幢老住宅楼改造修复；投入5500万元启动乐坤路新建工程；投入1.54亿元启动五棵松路新建工程，路宽30米，长3.1千米。投入800万元启动乐园路北延等新建工程；投入1936万元完成62.3千米农路改造；投入450万元完成区域水系治理，共疏浚镇村河道38条，总长度28.45千米；投入300万元完成拆坝建桥30座，整治黑臭河道10条、9.56千米；完成乐江花苑二期、常丰花苑污水管网建设1.65千米；投入147万元实施农村生活污水处理设施项目，涉及农村居民350户；实施绿化美化工程，新增各类生态林地38.67公顷；投入1551万元建设扶海村美丽村庄示范点，完成1个三星级、1个二星级、1个一星级村庄整治任务。投入250万元在北区建造垃圾中转站，新增封闭式垃圾运输车1辆，改造公厕6座，成功创建爱卫工作站2个；投资147万元在红联、红星、扶海3个村建设分散式农村生活污水处理设施，涉及农村居民350户。至年末，全镇新增公共建筑面积1.2万平方米，累计17.8万平方米；完成生产性建筑10万平方米，累计139.58万平方米；新铺道路10万平方米，累计238.17万平方米。新铺排水管道1.5千米、供水管道2千米，新装路灯200盏；自来水普及率100%，生活燃气普及率99%，有线电视入户率100%，镇区排水管道覆盖率95%，垃圾无害化处理100%。

【凤凰镇建设】 凤凰镇有集镇6个，建成区总面积16.6平方千米。其中中心镇区面积7.37平方千米。年内，全镇共投入建设资金8.1亿元。完成居民户拆迁170户，拆迁面积4.46万平方米。完成协大机电、鑫隆工艺等14家企业拆迁，拆迁面积2.8万平方米。安置拆迁户600户，802套。竣工安置房小高层24幢、1008套、16.7万平方米，多层住宅38幢、840套、14.6万平方米。在建安置房小高层33幢、1332套、23.5万平方米，多层住宅22幢、456套、8.3万平方米。双龙花园社区服务用房交付使用，双龙花园西区服务用房建成，凤凰花园社区配套及商业配套用房建设有序推进，恬庄社区服务用房建设启动。凤凰湖旅游配套服务用房竣工。港口派出所建设工程完工并交付使用。先后完成凤凰、西张、港口3个集镇的农贸市场维修改造。新建恬庄商住楼6幢8000平方米。恬庄兴隆路南侧古建筑风貌恢复工程、凤凰科文中心开工，镇广电大楼落成。“二路一湖”（凤恬路、凤凰大道、凤凰湖）工程结尾。凤恬路东段建成通车，凤凰湖小湖区开挖完工，蓄水到2.8米标高，湖区所有景观点建成，开挖湖滨路西侧河道。凤凰大道、凤凰湖大桥建成通车，映山路、望湖西路、汉江北路3座桥梁完工。完善凤恬路交通设施，新增候车亭6个。凤恬路安装路灯296杆，凤码路路灯改造70杆，凤凰湖区各景点亮化工程全面完工。完成程墩花园、港口街道污水接管网二期，黄泥塘、恬庄集镇、凤凰湖污水接管网工程，铺设污水管网4千米。恬庄集镇提升泵站、安庆花园生活污水处理设备建成投用。港口龙潭南区改造，刷新立面1万平方米，维修道路5.2千米，铺设污水支管网5.8千米。投入200余万元新建垃圾收集房40座、公厕13座，新增垃圾桶1500个、吸粪车1辆、快速保洁车8辆。恬庄古街四期工程玉带河开挖土方2000立方米，石驳岸工程完成20%，建拱桥1座。奚浦塘东侧驳岸建设年内竣工，全长300米。古街周边民房综合整治、西街南侧立面改造完工。环境整治向凤恬路5千米沿线10个重点区域纵深推进，西凤

苏州市美丽村庄示范点——凤凰镇恬庄村陆家宕 （凤凰镇 供稿）

路、凤恬路两侧居民住宅统一进行苏式风格的改造全部结束。全镇全年新增公共建筑面积1.5万平方米，新增生产性建筑面积20万平方米。自来水普及率100%，生活燃气普及率96%，有线电视入户率99%，镇区排水管道覆盖率100%，垃圾无害化处理率100%。

【南丰镇建设】 南丰镇有集镇6个，建成区总面积9.95平方千米，其中中心镇区面积7.8平方千米。年内，全镇投入镇村建设资金15.7亿元，其中中心镇区投入11.3亿元。拆迁居民房524户，建筑面积10.49万平方米。其中，南丰集镇拆迁居民246户，建筑面积4.56万平方米；东沙物流园拆迁275户，建筑面积5.83万平方米；原永联集镇拆迁居民3户，建筑面积1100平方米。拆迁企业4家，建筑面积7700平方米。全年开竣工建房88.74万平方米。包括安置房6970套，建筑面积88.08万平方米；临时过渡房110套，建筑面积6600平方米，其中南丰集镇区建临时过渡房3000平方米。主要建设工程有：新联花园建房1563套，建筑面积23万平方米；聚成苑建房26幢1188套，建筑面积17万平方米；民丰小区一期工程建房15幢540套，建筑面积8.13万平方米；泗兴佳苑一期工程建房5幢364套，建筑面积6万平方米；年丰新村开工建房32幢1714套，建筑面积26.73万平方米；永钢新村新建高层20层3幢，建筑面积3.68万平方米；永联小镇西扩二期工程建房7幢，建筑面积3.54万平方米。南丰幼儿园永联园区易地新建，建筑面积1.1万平方米；南丰小学永联校区易地新建建筑面积4.4万平方米，其中包括永联体育馆（村校共享）。投资2500万元开展美丽村庄建设，对农房进行立面改造刷新，建设1.33公顷的河上公园，改造双丰路等。投资5000万元新建南丰大道（兴南路）、丰园路等道路，铺设路面总面积12.34万平方米。在南丰大道、丰园路、振兴路、永联小镇等安装路灯368盏，在聚成苑、新联花园、泗兴佳苑、金陵小区等安装景观灯386盏。全镇投资150万元安装2000千伏安变压器9台。投资14万元对线路及82台变压器进行改造。投资1550万元疏浚镇村河道46条，总长27.61千米，完成土方19.35万立方米。拆坝建桥（涵洞）15座，加高加固圩堤600米，新建排涝站5座，改造升级圩口闸5座，建设小型管理用房并配套监控设备。投资260万元铺设排污水管道2705米，惠及农户86户和阳光小区6幢住宅楼住户。铺设供水管道14671米，改造供水管道24千米。在东港村新建地埋式微动力污水处理设施10套，惠及农户150户。全年完成公共建筑面积6.15万平方米，累计62.22万平方米；新增生产性建筑面积1.53万平方米，累计54.32万平方米。永联小镇居民全部用上天然气。全镇自来水普及率100%，生活燃气普及率99%，镇区排水管道覆盖率100%，垃圾无害化处理率100%。永联村被评为全国最美乡村。

南丰镇南丰西路街景改造　　（市住建局　供稿）

【大新镇建设】 大新镇有集镇3个，建成区总面积7.2平方千米，其中中心镇区建成区面积6.7平方千米。年内，全镇投入镇村建设资金8.06亿元。全镇拆迁民房620户，拆迁企业6家。新开工新南三期B区安置房11万平方米，完成年度目标的110%；竣工安置房面积45.61万平方米，其中新南一期15.81万平方米、新南二期26万平方米、阳光家园五期3.8万平方米，完成年度目标的113.91%。投资2200万元的新湖南路及投资892.6万元的新湖北路建设加快，新湖东路建设启动；邻里中心和菜场超市的装饰工程和周边的配套设施建设启动。大新中学新建工程于10月25日开工建设。大新中心小学教学楼、办公楼扩建工程及校园综合改造工程于8月31日竣工并投入使用。投资2200万元，完成平北路综合改造，12月竣工；6月，投资1200万元的海坝路综合改造开工建设，12月竣工；6月至9月，投资430万元实施港丰公路（大新段）6千米路灯亮化安装工程，安装路灯278杆；投资80万元完成锦江花园、宏宝新村污水纳管工程，9月竣工。疏浚三级河道17条，新增桥涵6座，新增垃圾箱320个。全年全镇新增公共建筑面积1.6万平方米，累计53.2万平方米。新增生产性建筑面积2.85万平方米，累计134.2万平方米。自来水普及率100%，生活用燃气普及率100%，排水管道普及率100%，污水处理率88%，垃圾无害化处理率100%。

【常阴沙现代农业示范园区建设】 常阴沙现代农业示范园区有集镇1个，建成区总面积2.2平方千米。年内共投入建设资金1.3亿元。拆迁房屋55户、12365平方米，新建房屋31套、6944平方米。集镇建设完成建筑面积6.27万平方米。主要工程有：投资3000余万元对工业集中区和学校区

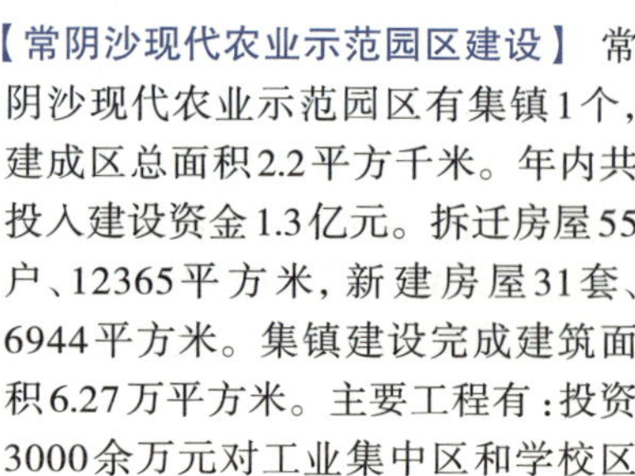

域的环境进行综合治理，自来水管网改造全面完成；投资1500万元对相关社区进行美丽村庄建设，其中常兴社区创建的省级美丽村庄示范点通过苏州市验收；常沙社区创建的“康居乡村”通过张家港市验收。投资522万元，对油菜花主题公园进行规划设计和景观改造，并完成土坡造型及景观湖开挖工程；投资2000万元建设油菜花主题公园游客中心二期工程，年内竣工并投入使用，工程总建筑面积2500平方米，占地9900平方米，建有独立小木屋12栋；投入328万元，建成占地6000平方米，集冷藏、保鲜、检测、加工于一体的农产品配送中心；投资1300余万元建设文化体育中心，7月末交付使用，工程占地面积3640平方米，建筑面积3200平方米，建有剧场、图书阅览、特色文化展示、艺术培训、运动健身及多功能活动场所。禾丰佳苑3期共24套3600平方米安置房于7月末竣工并交付使用。全区全年新增生产性建筑面积3.21万平方米，累计40.12万平方米。新增公共建筑面积5000平方米，累计7.23万平方米。新增供水管道0.6千米，总长度48千米，新增排水管道6.6千米，总长度35.57千米。新建柏油路6500平方米，新建水泥路2.1万平方米，镇区道路铺设总面积22.65万平方米。新装路灯114杆。年度污水处理总量72吨，生活垃圾处理总量6063吨。自来水普及率100%，生活用燃气普及率99%，有线电视入户率98%。

【双山岛旅游度假区建设】 双山岛旅游度假区有集镇1个，建成区面积0.3平方千米。年内，共投入建设资金2亿元。主要建设工程有：投入资金4000万元，完成双山老镇区民俗商业街区改造工程；投资2900万元对南码头航运大楼、高尔夫接待中心及停车场等辅助设施进行整体改造；投资6000万元，完成环形道路建设工程；投资2390万元，启动双山环岛洲堤生态再造工程；投资650万元，启动西滩公园、北滩公园项目建设，总面积14万平方米；投资600万元，完成4千米污水管网建设。全区自来水普及率100%，生活燃气普及率100%，有线电视入户率100%，排水管道覆盖率100%，垃圾无害化处理率100%。

【美丽镇村建设】 6月，金港镇长江村，塘桥镇金村村，锦丰镇南港村，凤凰镇恬庄村、金谷村，南丰镇永联村、建农村，乐余镇扶海村，大新镇新海坝村，常阴沙现代农业示范园区常兴社区等10个村（社区）被列为苏州市美丽村庄示范点；8月，凤凰镇、南丰镇被列入苏州市美丽城镇建设示范点。是月，为推进美丽城镇和美丽村庄建设，市委、市政府专题召开全市美丽镇村建设推进会，对美丽镇村建设进行全面部署，并与各区镇主要负责人签订美丽镇村建设目标责任书。美丽城镇建设计划从2013年8月到2015年12月，分两个阶段实施。第一阶段完成镇容镇貌整治，主要包括：整治街头巷尾、整治镇郊结合部、整治老旧小区、整治城中村、整治危旧住房、整治低洼积水地段、整治河道水系、整治建筑工地、整治农贸市场和规范占道经营、规范车辆停放、规范广告店招。第二阶段综合提升完善，按照总体规划、控制性详细规划、土地利用总体规划等要求，全面开展实施建设、产业发展、特色塑造、内涵提升等各项工作，达到“城镇活力内涵显著提升”的预期目标。至年末，凤凰镇和南丰镇的第一阶段镇容镇貌整治任务全面完成。美丽村庄建设按照《2013年度张家港市美丽村庄建设实施意见》实施，结合村庄实际按古村保护型、自然生态型、乡村旅游型、现代居住型等进行分类打造，做到“一村一策”。12月，在苏州市公布的2013年美丽村庄示范点评奖中，塘桥镇金村村、凤凰镇恬庄村、南丰镇建农村、大新镇新海坝村获一等奖。张家港市获苏州市美丽村庄示范点建设以奖代补资金1190万元。

【一干河生态廊道建设完成】 一干河生态廊道是以一干河沿线水绿景观为依托，绿道为主干，连接重要自然和人文景观资源，承载休闲、健身等活动为主的生态绿廊，其规划定位为“滨河活力轴，通江生态廊”，是苏州市生态文明建设的十大工程之一。年内，相关区镇、部门相互协作，做好一干河生态廊道拆迁、道路（含桥梁）建设、景观绿化建设、村庄整治、河道拓浚以及相关配套设施建设6个方面工作。完成拆迁409户，完成一干河东路、一干河西路、沿江公路滨江公园段黑色化改造和3条城市道路及沿一干河布置的4米宽绿道建设，完成滨江公园江堤外总面积13.8万平方米的绿化工程和一干河拓宽后河岸边的绿化。河道拓浚和相关配套设施建设同步跟进，大部分工程已进入收尾阶段。

【镇区改造三年计划完成】 年内，由市住建局牵头，各区镇组织实施的镇区改造工程三年计划完成。2011年年初，镇区改造三年计划启动实施，对全市各区镇的镇容镇貌、市政基础设施、老住宅小区等进行改造整治，主要包括建筑立面、市政道路、夜景照明、景观绿化、主干道路灯以及各类管道管线等改造内容。该项工程三年累计投资11.4亿元，实施镇区街景改造工程59项、市域主干道路灯安装工程12项、老住宅小区改造49项。

【首个“水上乐园”开建】 11月12日上午，总投资近8000万元、占地4.2万平方米的全市首个“水上乐园”项目在江南农耕文化园三期工地奠基开工。该项目由江苏永钢集团投资兴建，秉承“江南水乡”的主题构思，共分接待区、水上游乐区、休闲区三部分。计划引进12种大型设备，包括荣获国际旅游行业“最佳新项目金票奖”的大喇叭滑梯，荣获“全球最佳水上游乐设备金票奖”的巨兽碗，总长近300米、宽6米的探险漂流河，惊险刺激的竞赛滑梯、冲天回旋，卡通智能儿童嬉水池、儿童嬉水城堡，以及占地6100平方米的造浪池等。休闲区设置10种全方位SPA水疗，并配套建设小型游泳池。该项目计划于2014年7月1日建成开业。建成后，将是苏锡常地区水上游乐设备种类最齐全、最先进的水上游乐中心，单日最大容客量可达到1.2万人。

（龚健飞　李芳芳）

公用事业

【概况】 2013年，全市继续推进以供电、供水、供气、污水处理、市政道路建设等为重点的基础设施建设。张家港电网完成220千伏鹿民变电站新建工程，220千伏欣隆、110千伏永河等输变电工程顺利开工，新增35千伏及以上变电容量48万千伏安、35千伏及以上输电线路45.5千米。全年完成各类电网项目投资6.8亿元；完成新建自来水管网130千米，改造管网110千米；新增天然气管道100余千米。

【供电】 年内，全市全社会用电量278.38亿千瓦小时，比上年增长4.81%；日最高网供电量7576.45万千瓦小时（7月24日），比上年日最高网供电量增加683.7万千瓦小时；最高用电负荷407.03万千瓦（7月26日13时45分），比上年最高用电负荷增加8.18万千瓦。年平均负荷率91.45%，比上年上升0.26个百分点；线损率3%，比上年降低0.26个百分点，城网、农网电压合格率分别为99.99%、99.98%，城市、农村供电可靠率分别为99.99%、99.98%。全市平均电价为每千千瓦小时727.25元，比上年下降8.3元，回收各类电费161.83亿元。全年完成业扩报装户数39578户，增加容量105.47万千伏安。至年末，全市拥有220千伏变电站14座，主变33台，容量648万千伏安；110千伏变电站36座，主变63台，容量342.3万千伏安；35千伏变电站14座，主变28台，容量51万千伏安。35千伏及以上线路212条，长度计1525千米。其中，220千伏线路50条，回路长度534.8千米，电缆长度0.77千米；110千伏线路86条，回路长度558.84千米，电缆长度38.32千米；35千伏线路76条，回路长度348.27千米，电缆长度44.62千米。有10千伏变压器7472台，变电容量240.95万千伏安，线路606条，回路长度4381.34千米，电缆长度1134.87千米；20千伏线路11条，回路长度40.96千米，电缆长度14.96千米；380伏线路4144.25千米，电缆1359.74千米；220伏线路35.27千米，电缆5.58千米。

【供水】 市给排水公司全年完成供水量1.63亿立方米，最高日供水量为53.76万立方米，供水水质综合合格率达100%，水费回收率达99.5%，自来水漏耗率为6.09%。全年完成新建和改造管网240千米，完成一干河应急水源厂建设工程、一干河浑水管线移位工程、二次供水调度中心建设，对45个居民住宅小区二次供水泵房和供水设施实现实时监控。

【供气】 全市有大型液化石油气中转站1家，管道燃气公司1家，民用液化石油气储罐场8家，工业液化石油气储罐场5家，工业和民用液化石油气瓶组站1家，汽车液化石油气加气站1家，LNG汽车加气站3家，工业用液化天然气站4家，瓶装液化石油气供应站点27家。全年新增天然气管道100余千米，新增投资1.38亿元，累计天然气管网长度900千米；新增工商用户125户，居民配套用户3万余户，全市累计配套用户13万余户。全年天然气供应总量3.75亿立方米，比上年增2800万立方米。全市天然气日均用气量105.9万立方米，日高峰用气量达到123.7万立方米。

【污水处理】 全市有生活污水处理厂10家，日污水处理能力22.7万吨。其中，市区4座，日污水处理能力为13.5万吨，分别为第一污水处理厂、第二污水处理厂、第三污水处理厂和城南污水处理厂；镇区6座，日污水处理能力为9.2万吨，分别为锦丰片区污水处理厂、金港片区污水处理厂、塘桥片区污水处理厂、乐余片区污水处理厂、常阴沙污水处理厂和双山岛污水处理厂。全年新增污水管道60余千米，处理生活污水3869万吨，城镇生活污水集中处理率为91.2%。

【市容保洁】 市市容管理处有各类清扫、清运、洒水、冲洗车195辆，打捞船9艘，快艇2艘，压缩式垃圾中转站9座，职工733人。年内，市城管局落实城市道路快速保洁要求，城区道路机械化清扫率达到70%以上，实现“步行街15分钟、城区20分钟、外围30分钟”快速保洁。进一步延伸“户分类、组保洁、村收集、镇转运、市处理”五级网络，建成运行餐厨废弃物处理厂、锦丰污泥处置中心等环卫重点项目，生活垃圾清运及时率、无害化处理率均达到100%。按照“源头分类、专项处置”的原则，扎实推进生活垃圾分类扩面，全年处理生活垃圾31.21万吨，其中无害化填埋5.81万吨、焚烧发电25.4万吨。创新试点生活垃圾分类“绿色账户”积分制管理，在全省同类城市中覆盖面最广。探索研究城区“环卫一体化保洁”管理模式，在步行街、沙洲湖等窗口区域试点城市管理服务项目外包。加快环卫保洁市场化步伐，一体化保洁范围拓展至新204国道、338省道等市域干道。

【市政道路建设】 全市全年实施市政道路建设项目23项，建造面积为97.4万平方米，总里程29.5千米，投资额10.1亿元。其中，年内新开工道路项目16项，面积74万平方米，总里程22千米；结转道路项目7项，建造面积23.4万平方米，总里程7.5千米。年内，暨阳路西延、梁丰路西延、东苑路南延、百桥路北延、河东路—河西路—梁丰路改造、南门路改造、老沙锡路改造等7个工程项目竣工通车，总里程7.3千米，完成投资额2.6亿元。

【路灯管理】 年内，市路灯管理所对市区2.7万盏路灯实施有效管理，对西门南村、云盘新村、明日家园、胜利新村等20处照明盲区进行路灯增设。配合属地镇完成港丰公路（大新、锦丰）、204国道（乐余）、妙丰公路（塘桥）等4条市域主干道的路灯安装，新增路灯设施1026杆、1619盏，完成施工产值1722万元。完成市区王府名邸、博物馆、暨阳高中等18幢沿街建筑景观亮化增补工程、梁丰路街景改造工程及谷渎港景观改造工程，安装各类景观灯1万余盏，完成施工产值1966万元。路灯工程实行公司化管理，高标准完成景观照明工程建

灯光维护靓港城 （市城管局 供稿）

设，延伸乡镇服务范围，道路亮灯率、路灯设施完好率和事故及时处理率分别达到99%、90%和100%。

【市政养护和管理】 年内，市公用事业管理处共修复混凝土路面5200平方米，沥青路面5000平方米，人行道板2.2万平方米，大理石人行道板7000平方米，砌筑及加高窨井260座。城市道路完好率达到99%。办结占道挖掘申请208件、道口开设41件、管道接入128件、城市顶管22件。加强城市排水管理，全年共发放排水许可证46份。全年养护工程资金投入2200万元，组织实施一商场东弄、一商场西弄、钟鼓弄、营房弄、广中弄、长乐弄、向阳弄、茶亭弄、一中弄、龙须弄、金厦西弄、世纪大厦西弄共12条背街小巷改造工程、城区防汛能力提升三期工程。

【220千伏鹿民输变电工程通过验收】 220千伏鹿民变电站是市供电公司第十四座220千伏公用变电站，于2011年9月开工建设，2013年12月末完成全部竣工验收。根据电网启动统筹安排，2014年1月9日投运。该变电站位于塘桥镇韩山村，总投资25954万元。220千伏鹿民输变电工程共投运240兆伏安主变二台，220千伏线路四回，110千伏出线间隔十二回，10千伏出线间隔二十四回。

【35个村建成新农村电气化村】 年内，杨舍镇闸上村、老宅村、民丰村、汤联村、棋杆村、旺西村，金港镇长山村、山北村、高桥村、封庄村、三角滩村、朝南村、晨阳村、双中村，锦丰镇联兴村、向阳村、协仁村、厚生村、登瀛村、光明村、永盛村，塘桥镇周巷村、顾家村、欧桥村、巨桥村、滩里村、刘村，南丰镇南丰村、永丰村，乐余镇永利村、向群村、登全村、红联村、东林村、双桥村，共35个村通过张家港市新农村电气化建设领导小组及苏州供电公司专家组的检查验收，达到电气化标准，于12月24日被命名为2013年度新农村电气化村。闸上村等35个村严格按照国家电网公司、江苏省电力公司新农村电气化建设“统一规范、可靠适用、节能环保、维护方便”等要求，运用非晶合金型节能变压器节能型供电方式，遵循中压近户，小容量、密布点的原则，低压采用三相和单相混合供电模式。通过新农村电气化村创建，这些村供电网络更趋完善，电压质量及供电可靠性提高，居民户通电率100%。

【一干河（沙洲湖）应急水源厂建成】 一干河（沙洲湖）应急水源厂建设项目位于杨舍镇一干河以东、南横套河以南，工程占地总面积6308平方米，总规模为日取水能力30万立方米，投资概算3647万元，由市给排水公司组织实施，2013年4月开工，12月完成。工程配备取水泵房、加药间、变配电房、吸水井等相关配套设施。该工程是城市供水安全与应急保障体系的重要组成部分，工程的建成提高了城市安全供水的保障水平。

【餐厨废弃物处理实现市区全覆盖】 2012年，全市餐厨垃圾处理场项目投入运行，餐厨废弃物开始集中收运。餐厨垃圾处理厂采用BOO（建设—拥有—经营）方式运作，由江苏晨洁再生资源科技有限公司投资建设运行，工程总投资约7500万元，采用“微生物处理+高温干燥”处理工艺。2013年，为加强监管，市城管局制定《张家港市餐厨废弃物处理厂监管考核办法》，通过现场监管、远程在线监管以及查阅台账相结合的方式履行监管职责。联合公安、食药监等部门，在城区范围内通过“设卡堵截、定人定岗”方式开展餐厨废弃物联合整治行动。至年末，餐厨废弃物处理厂已与全市范围内餐饮单位签订收运合同621份，处置餐厨废弃物约9700吨，废弃食用油脂148吨，收运范围实现市区范围内全覆盖。

（龚健飞 李培青 徐 霜）

城乡管理

【概况】 2013年，市城管局围绕打造“全省最洁美的品质家园”的目标定位，完善体制机制，优化执法服务，推进城市环境综合整治、区镇容貌提升、生活垃圾无害处理等重点工作，城市管理的工作满意度和社会认可度不断提升。城市总体印象很好率达到98.4%，居住区所在地的市容环境满意率达到95.4%。年内，市城管局获评苏州市城市环境“四大整治、四大提升”行动先进集体；市容管理处职工董元清获评全国优秀环卫工人，市城管行政执法大队被授予2010~2012年度江苏省文明单位称号；城北中队获评苏州市城管行政执法“标兵示范中队”，城东、女子中队获评“三星级中队”。

【城镇管理】 年内，市城管局充分发挥市城管委“高位协调、统筹管理、指导督促”功能，通过召开季度例会、暗访督察、督导提示等形式，综合推动城镇管理工作。健全镇级城管委机制，深化城管进社区工作，发挥属地政府作用，建立区镇城市管理督察考核长效机制，开展城乡环境“四大整治、四大提升”、夏季环境卫生全民行动、农贸市场周边环境百日整治、区镇容貌环境百日提升等整治活动，城乡环境薄弱地段脏乱差问题得到解决。河东路、河西路等7条城乡道路创建成为苏州市"天堂杯"市容管理示范路。扩大公共自行车服务系统覆盖面，年内，全市公共自行车借出量450.1万次，南丰镇永联村建成全国县级市首个村级公共自行车服务项目。科学编制《杨舍城区停车规划》，实施停车设施改造和扩容，全年城区新、改建停车泊位656个。推行行政许可集中办理、许可事项网上公开、广告许可权限下放中队等便民举措，累计办理各类设置许可1755件，按期办结率和群众现场评议满意率均达到100%。

【城管执法】 年内，市城管局规范执法行为，按照"严格、规范、文明、理性"的要求，推进人性化管理和执法，配发"科技四小件"（执法记录仪、热敏打印机、城管通、对讲机），升级违章停车管理系统，实施执法案件网上审批。全年处理一般程序案件3744起，简易程序案件10552起，查处违章停车案件139681起，执法正确率继续保持100%。对基础设施、卫生管理、环境保护以及执法管理等四大类11项城市管理疑难问题，逐一明确处置责任及规范流程；探索实践违法建设执法操作及没收处置办法，健全责任区三级管控网络，全年共制止、拆除违章建筑313处；出台餐厨废弃物、建筑渣土管理办法，整治活动向区镇延伸，累计查处建筑渣土违规处置案件1343起、餐厨废弃物违规收运案件93起。城市管理志愿者协会开展各类同创共建活动，凝聚城市管理合力。在金港热线、广播电台和《张家港日报》设置专版专栏，借助微博、微信等网络资源，搭建群众交流平台，拉近城管与市民距离；建设青少年培训基地城管主题馆，邀请媒体记者走进城管，宣传城管正面典型；开设"城管论坛""创意城管""道德讲堂"，与苏州大学共建"教学实习实训基地"，提升城管队员素质。

【"931"城市环境综合整治】 年内，市城管局牵头推进省政府统一部署的"九整治、三规范、一提升"（简称"931"）城市环境综合整治行动，"九整治"为整治城郊结合部、城中村、棚户区、老旧小区、背街小巷、城市河道环境、低洼易淹易涝片区、建设工地、农贸市场，"三规范"为规范占道经营、车辆停放、户外广告设置，"一提升"为提升城市长效管理水平。全市围绕全国文明城市"四连冠"、江苏省优秀管理城市创建等活动载体，排查和梳理卫生死角、河道保洁等城市环境管理疑难问题，制定应对措施，提高处置效率，优化城乡环境质量。全年受理、解决设施缺损、卫生死角、违法建设等各类城市管理案件80647件，结案率98.7%。科学排定投资88亿元的10个大类108项整治三年整治规划，高标准完成53个整治项目，其中6个入选苏州市第一批城市环境综合整治示范工程名录，杨舍镇馨港社区首批获评苏州市城市管理示范社区。

开展西门路夜间市容环境整治 （市城管局　供稿）

【"城市e管家"系统运行】 市城管局创新升级"智慧城管"综合信息系统，与便民服务"12345"热线高度整合，共享共用公安、防汛、新市民管理等平台，采取统一受理、分类派遣、统一反馈的办理流程，研究"城市e管家"系统，开发"城市e管家"手机端城市管理应用软件，搭建与市民加强沟通、听取民声、解决民意的综合性互联网平台，完善数字化城管区镇全覆盖。市民可通过免费下载手机端软件或经由彩信方式，将身边的城市问题发送至统一的公众交互平台，经由平台交办相关部门，快速回复市民。既便于市民向政府进行投诉建议，主动参与城市管理工作，也利于政府了解民生导向，集中高效地处理市民关心的难点热点问题，形成政府与市民间的良性互动，提升城市管理精细化、科技化水平。

【三级预警系统创新城市管理】 年内，市城管局按照主次干道、背街小巷、河道环境、建设工地、居民小区、集贸市场以及其他区域卫生死角等七方面问题，对全市环境现状进行全面调查，科学制定"重点整治、加强整治、长效管理"的三级预警测评标准，实行分级管理，全面提升城市管理水平。至年末，已上线运行的停车管理三色预警系统，将居民小区、集贸市场、医院、商业中心、学校等停车矛盾突出的区域，按高峰期停车矛盾的不同程度分为蓝色、橙色、红色三级预警，蓝色表示车位充足，橙色表示车位接近饱和，红色则表示超出停车承受范围，停车矛盾突出。系统既方便停车管理，又可针对红色区域因地制宜，采取相应措施。预警信息即时更新，上网公布，不仅为停车管理人员指挥调度提供依据，也为市民提供出行参考。 （徐　霜）

【编辑　钱永浩】

交通·水利

Traffic & Water Conservancy

沿江高速公路　（范品才　摄）

交通建设

交通运输

交通管理

水利建设

水利管理

交 通 建 设

【概况】 年内，全市完成交通基础设施建设投资17.6亿元。疏港高速、沪通铁路、沿江城际铁路、申张线航道整治等重大项目前期工作进展顺利，港华路改造、晨丰公路、杨锦公路改造等重点工程按计划推进。市交通运输局配合上级交通主管部门，会同市规划部门实施市域内综合交通发展规划，完成《张家港、常熟地区铁路规划》《张家港市内河水运发展战略研究》，细化沪通铁路张家港站站区规划，研究不同交通方式以实现无缝对接。启动城市外三环道路、沪通铁路张家港北站现代物流基地、内河港口发展规划，开展东沙等区域交通研究，努力构建综合交通运输体系。

公路建设 年内，疏港高速公路项目完成供地手续办理、拆迁清表和土方落实任务，动迁居民589户、企业58家、苗圃鱼塘12处，工程备土180万立方米。路基土方填筑、桥梁下部结构施工稳步推进。港华路改造工程、晨丰公路工程（港城大道至双鹿路）、新泾路东延（苏虞张至塘桥北环路）、振兴路新建工程、兴南路新建工程、杨锦公路改造工程分别于年末建成通车。张皋路新建工程、港丰公路快速化疏港高速互通节点改造工程、五棵松路新建工程开工建设。一干河东路、北二环桥梁改造主体工程基本完成。全年新开工二级路网项目2项共计8.7千米，全部建成通车。全年完成道路养护资金投入3.2亿元，其中国省干线公路400万元，完成县道养护性投资1200万元、乡村道大中修投资3.04亿元。国省干线公路MQI（路况综合指数）为95.7，优良路率达100%。县道MQI为94.1，优良路率98.3%。乡村道平均好路率84.3%，比上年提高1.8个百分点。经开区（杨舍镇）等4个区镇创建为苏州市级农路管养示范镇。全年完成15个农村公路安全隐患项目整改。至年末，境内公路总里程1539.2千米，公路密度每平方千米1.99千米。其中，国省干线公路里程122.37千米，县级公路里程259.05千米，乡镇公路里程636.45千米，村级公路里程521.33千米；按技术等级分，高速公路里程36.14千米，一级公路里程226.75千米，二级公路里程625.85千米，三级公路里程137.31千米，四级公路里程513.14千米。另有村组道路3732.3千米。

申张线航道金港段整治工程建设现场 （市交通局 供稿）

铁路建设 4月，沪通铁路项目初步设计审查会议召开，确定“站区高架，咽喉区相交道路框架，其余为路基”的半高架建设方案，并将货运北站由规划预留并为同步建设。沿江城际铁路“先行先试”工作进展顺利，完成预可行性研究初稿。

航道建设 年内，申张线航道（金港段）整治工程完成工程设计、招标等工作，征地拆迁工作同步推进。实施航道岸坡维护240米，疏浚土方6.4万立方米，完成船闸中修工程2项。全市57条航道总里程425.61千米，其中等级航道7条111.1千米，含五级航道2条（申张线、锡十一圩线）、六级航道3条（东横河、老锡十一圩线、六干河）、七级航道2条（虞十一圩线、四干河），其余50条均为等外级航道。有通航船闸1座（张家港复线船闸）。

场站枢纽建设 年内，新建农村公交候车亭156个、市区公交候车亭18个，新建登瀛、妙景2座公交首末站。年末，全市有高速公路枢纽1处、互通立交5处，国省干线公路桥梁58座，农村公路桥梁631座，其中跨规划的六横六纵航道桥梁127座。有一级客运站1家（张家港汽车站），二级客运站1家（港城汽车站），公交场站49个（含租借用场站28个），公交候车亭1179个、公交站牌2312个。

【申张线航道金港段整治】 申张线航道金港段起于江阴周庄与张家港交界处，止于张家港长江口，总里程8.81千米。整治项目包括按照内河三级通航标准整治航道6千米，改建南沙大桥、江海大桥、袁家桥、三省大桥4座桥梁。其中，三省大桥已于2010年改建完成，张家港复线船闸及其引航道2012年已按内河三级通航条件建成启用。项目总投资7.52亿元，计划于2015年年末建成启用。2013年12月4日，航道标正式开工建设，标志着整治项目全面进入施工阶段。申张线是江苏省航道规划网中“二纵四横”第二纵“连申线”的苏南段，现状等级为五级，规划等级为三级，建成后对促进苏南腹地经济的增长，推动沿江产业的发展，加强内河和沿江港口的联系都具有重要意义。

【杨锦公路改造】 杨锦公路南起张杨公路，北至江苏沙钢集团南门，总长12.6千米，是连接市区和冶金工业园（锦丰镇）的主干通道。因车流量大，原水泥混凝土路面破损严重。2012

年12月,改造工程启动。改造工程按照一级公路兼城市道路功能标准实施,原有水泥路面破碎后加铺沥青。减少部分路口,将直停式公交站台改为港湾式候车亭,既有利于主线车辆行车顺畅,也保证非机动车和行人的安全,减少安全隐患。2013年12月,改造完成,总投资1.88亿元。

(吴孙华)

交通运输

【概况】 年内,全市营业性交通运输共完成公路、水路客运量7779.38万人次、客运周转量348026.59万人千米,分别比上年下降2.8%、2.5%;完成公路、水路货运量3327.7万吨,货运周转量351539.8万吨千米,分别比上年增6.6%、14%。张家港船闸全年开放闸次21745次,放行各类船舶79109艘,通过量5700.48万吨,其中货运量3082.97万吨,通过量比上年增36.3%。

客运 年内,全市新增、更新客运车辆80辆。更新标准学生专用校车66辆,实现学生公交专用车全部标准化。至年末,有客运车辆1770辆,其中公交车746辆(含学生公交专线车106辆),出租车557辆,长途班车185辆,旅游客车172辆。有客运船舶7艘。有客运企业16家,其中公交企业1家、长途客运企业2家、出租客运企业5家、水路客运企业2家。开通长途客运省际班线81条,市际班线84条,县际班线14条。开通公交线路59条(均为无人售票线路),日发班次4936班,日接送旅客17.5万人次。

货运 年内,全市新增、更新货运车辆1036辆。至年末,有各类货运车辆13766辆,其中集装箱车32辆、危险品运输车辆590辆。有船舶43艘,载重吨位26579吨,其中液货运输船舶14艘,载重吨位15284吨。有道路货物运输业户7765户(家),其中个体运输户5847户、专业运输企业206家(含集装箱运输企业99家、道路危险品运输企业47家)。有道路运输服务(含代理、装卸、仓储等服务)业户298户。有水路货物运输企业8家、水路运输服务业户68户、内河港口码头企业116家。

维修培训 年末,全市有机动车维修企业789家,其中一类维修企业36家(含品牌4S店24家、客车维修企业3家,危险品车辆维修企业4家)、二类维修企业127家(其中品牌4S店9家)、三类维修企业626家,其中连锁维修经营企业24家。全行业年维修86万辆次,实现年产值31亿元。全市有驾校3家,有教练车382辆、教练员421人,全年培训机动车驾驶员34852人。

2013年张家港市全行业营业性客货运输量一览

表14

项　目	单　位	实　绩
客运量	万人次	7779.38
其中:水运	万人次	24.18
公路	万人次	7755.20
旅客周转量	万人千米	348026.59
其中:水运	万人千米	253.89
公路	万人千米	347772.70
货运量	万吨	3327.70
其中:水运	万吨	243.70
公路	万吨	3084.00
货运周转量	万吨千米	351539.80
其中:水运	万吨千米	97743.90
公路	万吨千米	253795.90

【阳光好运网建成】 7月18日,由江苏港城汽车运输集团公司自主开发的,集公交查询、车站订票、驾培业务、包车租车、出租预约、旅游服务、车辆维修等出行信息为一体的一站式交通运输综合服务平台——阳光好运网正式上线运行。该系统同步开发安卓、苹果系统两套移动终端服务平台,建有"阳光e驾""阳光e旅""阳光e的""阳光e修""阳光e购""阳光公益"六大功能模块。用户只要手指轻点鼠标、手机,就能享受到阳光好运网带来的及时、全面、方便、实用的交通出行综合服务,真正实现"一网在手,出行无忧"。特别是手机终端一平方厘米的阳光好运标志,轻松成就"指尖上的交通,阳光下的服务"。系统上线后,日访问量超3000人次。

【"车大夫"服务品牌在全省推广】 2013年,"港城车大夫"服务品牌在加强日常汽修咨询、车辆故障诊断、维修纠纷调解等服务的同时,先后举办现场服务活动9次,免费受理汽修方面的咨询、普及汽修常识2.1万人次,检测诊断故障车辆1.3万辆次,调解汽修纠纷10起,取得良好的社会效益。市交通运输局以服务品牌为平台,实施"港城车大夫党建服务联盟",实现品牌创建和行业党建的融合并进。年内,"港城车大夫"被评为江苏省交通运输行业优质服务品牌、"苏州交通运输行业十大服务品牌"。"港城车大夫党建服务联盟"被评为"苏州市十佳基层服务型党组织",成为张家港市唯一获评的基层党组织。"港城车大夫"以其公益性、创新性、公正权威性,不仅得到广大车主的认同,也得到上级主管部门的认可。江苏省交通运输厅在全省推广"车大夫"服务品牌。

(吴孙华)

交通管理

【概况】 年内,经市机构编制委员会同意,市铁路建设办公室由市交通运输管理处挂牌调整为市交通运输局下属事业单位,单独设置,正股级建制。市交通运输局机关设科室8

个，下辖公路管理处等事业单位18个。市交通管理部门全年共办理各类交通行政许可1522件，比上年减7.8%。办理道路运输经营许可证和道路运输证年审8710件。继续实行交通行政执法网上公开透明运行，共查处和纠正各类交通运输违法违章行为近5万起。全年对70项重点项目实施行政指导，试点开展交通行政调解工作，“汽修调解暖民心”工程被评为“关爱民生法制行”活动优秀项目。全面推进说理式执法文书工作，张家港市交通运输局被苏州市建设法治政府工作领导小组评为2013~2014年度苏州市依法行政示范单位。对8个重点工程和区镇65个项目开展质量安全监管，全年共开展质量专题检查5次，工地实验室和工地施工检查6次，发出通报53份，其中要求整改的16份。实施安全督察12次，下发督察通报12份，发现并当场指出各类安全隐患251条。对晨丰公路（永钢大道段）改建工程等8个项目进行交（竣）工验收，对区镇实施的20个完工项目进行交工验收。继续深化“港城车大夫”“阳光e驾”服务品牌建设，实施“阳光e旅”“绿色港航、安全走廊”品牌建设，丰富“筑心畅行”品牌链。

运政管理　市交通运输管理部门全年办理道路运输许可1342件、机动车维修许可72件。全年查处各类违法运输行为2887起，其中客运违法行为352起，非法运营车辆（黑车）315起，城市客运（出租车）违规行为20起，货运违法行为2200起。查处一、二类维修企业违法经营案件23起，查处三类维修业户无证、超范围经营案件90起，营运车辆二级维护检测超期案件302起，检测营运车辆36903辆次，安全性能检测5.2万辆次。继续推进市场主体结构调整，新增1家农村物流示范点，发展甩挂运输，专业化车辆载重吨位比上年提高2%，占运营车辆总吨位的45%。发展“机动车绿色维修”、培育机动车维修连锁经营，连锁维修经营业户达到24家。深化运输市场诚信体系建设，机动车维修“规范服务竞赛”优胜企业12家。至年末，全市信誉维修企业占企业总数的33%。

路政管理　市公路管理部门全年办理国省道路行政许可5件，县乡道路行政许可63件。全年共开展专项检查21次，下发整改通知书62份，清除障碍物650立方米，清除非标悬挂物761块，清除摊点865处；查处超限运输车辆851辆，卸载货物1.07万吨。全面加强市域公路路域环境综合治理，完成国省干线公路管理养护工作，实施绿色通道和安保工程，深化和巩固文明样板路创建工作，其中国省干线公路全部建成部省级文明样板路，县道全部建成市级文明样板路。强化农村公路养护管理考核，有序推进省级农村公路管养示范镇创建，其中保税区（金港镇）、经开区（杨舍镇）、冶金园（锦丰镇）、塘桥镇创建为苏州市级农村公路管养示范镇。

内河航政管理　市航道管理部门完成基层站所“四统一”（执法证件统一、执法标志标识统一、执法服饰统一、执法场所外观统一）外观形象建设，全年办理航道类许可27件，巡航里程1.68万千米，现场维护航标65座次，查处破坏航道、船舶违章15起，组织整治坍塌岸坡240米，开展干线航道清障扫床，疏浚土方6.4万立方米，干线航道通航保证率100%。船闸管理处开展船舶计费基数丈量复核活动，重点治理船证不符或大船小证等现象，过闸船舶入网准确率100%。

内河港政管理　市内河港口管理部门全年办理内河岸线使用许可11件，经营许可45件；召开内河港口岸线评估审查会4次，内河码头工程设计审查会6次；颁发内河港口经营许可证96份，颁发港口工程竣工验收证书1份；组织港口专项整治3次，开展港口码头安全检测51家；征收内河港口货物港务费528万元；实施内河码头规范化管理，内河码头持证率84.69%。落实安全监管责任，全年未发生责任安全事故，内河码头管理规范有序。

内河水上交通安全管理　年内，市地方海事管理部门出台《辖区超限船舶控制和审批规定》，实施管理创新，与公安等部门开展联合执法，重点治理辖区“三无”船舶（无船名船号、无船舶证书、无船籍港）。全市共实施交通管制24起，发布航行通告24次。实行“365全天候”服务制和“白加黑”工作制，全年上航2957艇次、9148人次，巡航时间6629.5小时，巡航里程3.9万千米，共检查船舶5.81万艘次，查处各类船舶违章运输行为4.67万起，办理船舶签证6.4万艘次。实施“110”处警及船舶报警106次，救助船舶19艘，救助船员5名，挽回各类经济损失400余万元。

【乡镇交通执法改革】　年内，市交通运输局制定并印发《张家港市乡镇

乡镇交通运输综合执法中队　（市交通局　供稿）

交通运输综合执法和行业管理实施方案》,推进乡镇交通运输综合执法改革,规范乡镇交通运输综合执法行为,理顺乡镇交通运输综合管理所(简称交管所)与运管、公路、维管、航道、地方海事等行业管理机构的分工与合作,实现交通运输行业管理全覆盖,建立起权责明确、行为规范、监督有效、保障有力的乡镇交通运输综合执法体制和运行机制。全市划分为3个综合执法区域,设立3个综合执法中队。一中队执法区域为经开区(杨舍镇)、塘桥镇、凤凰镇,办公地点设在塘桥交管所;二中队执法区域为保税区(金港镇)、大新镇,办公地点设在金港交管所;三中队执法区域为冶金园(锦丰镇)、乐余镇、南丰镇、常阴沙现代农业示范园区,办公地点设在锦丰交管所。每个执法中队由2名运政执法人员、2名路政执法人员及4名辖区交管所执法人员组成。每个执法中队分别组成运政、路政执法小组,在所属辖区内开展除国道和省道外的运政、路政等行政执法工作。11月18日,3个执法中队正式成立。至年末,3个执法中队共查处违章163起,其中移交综合管理所处罚48起,移送运政稽查大队处理57起,移交路政大队处理58起。

【港航行政管理“8+2”联动执法】 3月18日,为进一步整合执法资源,加大港航行政执法力度,市交通运输局印发《港航行政管理“8+2”联动执法工作方案》,积极创新航道行政管理。“8+2”中的“8”是指整合交通运输系统内部各职能部门,对保税区(金港镇)、经开区(杨舍镇)、冶金园(锦丰镇)、塘桥镇、凤凰镇、乐余镇、南丰镇、大新镇等8个区镇加强源头管理;“2”是指对内建立健全系统联动执法工作机制,对外建立起与公安、水利、城管、工商等部门互通信息、共享案源工作机制。通过联动执法,既有利于部门之间的相互协调和配合,形成执法合力,也有利于扫除监管盲区,促进港航行业规范化管理。至年末,共计联合执法15次,制止源头违法案件22起。

(吴孙华)

水利建设

【概况】 2013年,市水利局以防洪除涝保安全为重点,组织实施长江江堤除险加固和圩区综合整治,全力抓好通洲沙西水道综合整治等重大水利工程建设项目,加快推进水利现代化和水生态文明建设。

防洪除涝工程　年内,先后组织实施双狮物流至老沙码头段1.4千米江堤改造,老海坝节点2013年度应急整治,双山大伯墩1899米易坍塌地段滩地岸线防护,东沙九五圩、大寨圩2280米滩地岸线的抛护加固等水下冲刷应急整治工程,完成段山港闸、六干河闸改建扩建等一批防洪工程建设项目。加强圩区综合治理,新建改建排涝站12座、圩口闸19座,绿化圩堤28.6千米,设置管理标牌设施477处。针对沿江引排口门封闭施工数量多、区域引排难度增大的现状,通过优化引排调度、制订专项方案、分区控制内河水位等措施,有效兼顾防汛安全、农业灌溉、水环境改善等多方面用水需求。年内,一干河至海螺公司段江堤改造缩短70米,新增西水道、新九五圩江堤涵洞各1座,段山港涵洞改建为节制闸。年末,全市长江堤防总长103.99千米,其中双山洲堤16.11千米,港堤16.17千米;有沿江节制闸23座、出江(港)涵洞24座;有内河水闸33座,其中内河套闸11座、节制闸14座、泵站8座;有圩内涵洞412座,圩口闸235座。全市有小型泵站1333座,其中电灌站1079座,排涝站250座、灌排结合站4座,排涝能力每秒497立方米。

农村水利建设　年末,全市有各类河道9002条,其中市级及以上河道27条、镇级河道263条,村组河道8712条,总长4569.51千米,水面面积6692.1万平方米。全年共疏浚市镇村组四级河道437条251千米,完成土方222万立方米,拆除农村河道阻水坝头111条,建桥(涵)106座,治理黑臭污染河道60条,建设生态河道22条33千米,建生态护岸42千米。各区镇因地制宜,将水利建设与城镇规划建设、美丽镇村建设、村庄环境整治相结合,加大资金投入,集中连片整治,有效改善农村水环境。锦丰镇和常阴沙现代农业示范园区被苏州市作为生态河道建设试点镇,率先完成建设生态河道6条11千米,建生态护岸14千米。2013年是中央财政小型农田水利重点县建设三年之期的收官之年,全年完成标准化农田建设620公顷,建设达标圩区11个,并以全省第二名的成绩被省水利厅评定等级为优秀,获奖励资金200万元。

城市水利建设　2013年,朝东圩港—环城河工程完成港洋节点段河道开挖、桥梁接线和沿线自动化控制设施,投入正常运行。走马塘拓浚、七干河整治扫尾工程顺利实施。通洲沙西水道二期、三干河南延、一干河拓浚等重点水利工程全速推进。通洲沙西水道二期南岸边滩综合整治工程新建高标准堤防11.5千米,圈围滩地714.54公顷。三干河是东部水循环体系的主干引清河道,16千米河道、沿线口门控制及跨河桥梁工程陆续开工建设,完成土方开挖150万立方米,江边枢纽主体结构完成80%。一干河拓浚工程南起北二环,北至杨舍、锦丰交界处,全长2.25千米,8月下旬正式开工,至年末完成河道土方55万立方米。年初,走马塘江边枢纽投入试运行。全年累计安全运行3339闸次,通过船舶24090艘次,排水3.65亿立方米,在促进内河航运发展的同时,有效改善东部水环境质量。

【中央财政小型农田水利重点县工程完成】 2010年8月,张家港市被列为2010~2012年中央财政小型农田水利重点县。按照项目计划,全市分三年实施,项目遍及各区镇。至2013年,共投资1.56亿元,建设标准化农田1830.47公顷,更新改造电灌站114座,新建防渗渠道141.56千米、低压管道3.05千米、配套建筑物1021座,整治沟渠16.19千米,治理圩区41个,改善排涝面积26095.67公顷,更新改造排涝站64座、圩口闸19座,建设达标圩堤8.99千米。工程累计改善灌溉面积1830.47公顷,改善圩

通洲沙西水道整治现场 （市水利局 供稿）

区面积2.61万公顷，年新增粮食产量1870吨，年增产效益469万元。项目区农民人均收入增加310元，综合效益显著。

【通洲沙西水道二期南岸边滩综合整治】 整治工程西起五干河，东至农场河，包括围区Ⅲ和围区Ⅳ两部分。围区Ⅲ西起五干河，东至六干河，岸线长3730米，围堤长5856米，围区面积为337.2公顷，吹填高程1米。围区Ⅳ西起六干河，东至农场河，岸线长2839米，围堤长5699米，围区面积为377.27公顷，吹填高程1米。工程于2012年12月末开工，2013年年末基本完成，新建高标准堤防11.5千米，圈围滩地714.54公顷，总投资9.97亿元。 （朱琴芳）

水利管理

【概况】 年内，市水利系统继续强化长江堤防管理，加强长江水文勘测，深化水资源管理，严格水行政执法，落实河道和圩区长效管理措施，不断推动各项水利管理工作更上新台阶。张家港市被水利部列为加快实施全国最严格水资源管理制度试点市，被省水利厅列为全省水生态文明建设试点市，市水利局获“2011~2012年全省水利系统文明标兵单位”称号。

设施管理 年内，市水利部门制止长江江堤违章行为11起，下发限期整改（停工）通知书6份，铲除违章种植700平方米，清理违章建筑124平方米。对十一圩套闸、一干河水利枢纽、朝东圩港水利枢纽等9座沿江水闸实施水下探摸摄像工程，完成沿江19座水闸的变形观测及河床断面观测。加强对长江险工段以及35家沿江企业码头的水下地形监测，共计测线5383条，测量面积110余平方千米，开展双山及西水道三期区域外侧禁止采砂区水下地形测量61平方千米，提交各类测图40余套。对沙钢海力码头及煤筒仓、中油泰富码头及其防汛墙、长江国际码头及其储罐、17个沿江水闸、一干河至海螺水泥段新建江堤、孚宝仓储等进行变形监测，提交变形监测报告19份。其中，长江国际、孚宝仓储为首次变形观测，新布设11个基准点、20个工作基点、102个变形观测点。全市累计投入河道管理经费1600余万元，其中市财政补助400万元，各区镇按照不低于1∶2比例配套，聘用河道保洁员1000余人。市级河道长效管理推行“三个一”管理制度，即每日一巡查、每周一会议、每月一考核，实行“清防结合、狠抓成效”。首次在走马塘、朝东圩港—环城河沿线建3个保洁员工作站。发现和制止涉河违章行为27起，制止乱倒垃圾行为18起，送达警示书14份。在一干河、三干河、四干河、五干河、六干河、永南河等主干河道开展网具集中清理活动6次，累计清除地笼77口，清理垦种面积近1万平方米。对往年未纳入管理的跨河、穿河的移动、电信线路、燃气管道占用情况统一规范，全年验审河道工程占用证340家，其中沿江29家、内河311家。

水资源管理 5月21日，市政府印发《张家港市关于实行最严格水资源管理制度实施意见的通知》，全市最严格水资源管理制度国家级试点各项工作按计划分步推进。5月至8月，全市开展入河排污口的核查工作，完善入河排污口数据库资料。8月，市水利局编制完成《张家港市水资源管理现代化建设方案》，并通过省水利厅专家审查，全省首批水资源管理现代化试点工作有序开展。年内组织张家港浦项不锈钢有限公司等6家企业开展水平衡测试，市第一中学等11所学校创建成苏州市节水型学校，合兴小学创建为江苏省节水型学校。全市按照“水量保障、水质达标、管理规范、运行可靠、监控到位、信息共享、应急保障”的安全保障体系要求，明确职责，加快实施集中式饮用水源地达标建设工作，12月通过省水利厅、住建厅、环保厅的联合验收。年内，市水利部门办结地表水取水许可申请5件，审验取水许可证172份，其中地表水98份、浅层地下水59份，吊销15份。全年实际用水量地表水84918万立方米，地下水245万立方米。2013年，全市万元GDP（地区生产总值）用水量52立方米，比上年下降4.3%；工业万元增加值用水量14.5立方米，比上年下降0.3%。6月21日，张家港市取水在线监测系统通过省水利厅验收并投入使用。

水政执法 3月，市水利局举办水法宣传周活动。其间，围绕“节约保护水资源，大力建设生态文明”主题，组织“我邀市民看水利”参观活动、“水润港城”摄影和征文比赛、“水环境水生态建设”讲座、环城河集中清垦整治行动、“保护水资源”志愿服务活动、水法宣传广场和用水大户座谈会等活动10余项，分发宣传单800份，宣传用品8000余份。将水利审批事项由6项归并为4项，年内办理行政许可审批28件，提供审批事项咨询40余次。修订完善《市级河道岸坡整治建设管理意见》和《张家港市河道管理实施办法》。设立专门的行政调解办公室，明确职责，加强信息沟通和矛盾防范。全年征收河道占用工程补偿费488.29万元，水资源费2844.8万元，水利工程水费1336.5万元，南水北调基金1298.3万元。依法查处各类水事案件11起，结案率100%，其中查处非法采砂案件8起，其他涉水案件3起。出动执法车巡查761车次、执法人员2232人次、水政执法艇40艇次，抓获非法采砂船12艘，现场拆除非法采砂船6艘，拆除采砂管道13条，捣毁采砂设备9台套，上缴罚没款160余万元。

【防汛防旱】 2013年，全市成立防汛抢险队伍200支5250人，其中河道堤防抢险队伍65支1595人，全线堤防、沿江节制闸、出江涵洞及排涝站都落实责任单位和责任人员。5月1日至9月30日，各级防汛部门实施24小时防汛值班制度。全市35个防汛物资储备点共储备土工布袋56.2万个、土工布14万平方米、块石2.7万吨以及木材、柴油、救生设备、移动发电设备、电缆等防汛抢险物资，落实挖掘机、装载机78台套，运输车辆166辆，确保随时投入防汛抢险工作。市水利部门开发建设城区防汛指挥和管理信息系统，对138个地下室易涝点位安装监控设备。起草《张家港市长江坍江应急抢险预案》，重点对易坍江地段制定应对预案。修订完善《张家港市防台风应急预案》《张家港市重大水旱灾害应急预案》和《张家港市城市防洪应急预案》。汛期降水总量487.9毫米，比2012年减少143.2毫米，雨量低于往年平均水平。全年台风影响较少，仅10月上旬受到23号强台风“菲特”的外围影响。由于各项防范措施及时到位，没有发生大涝灾。汛期张家港闸外最高潮位为5.9米，发生在9月9日（农历五月初二）3点35分；最低潮位1.89米，发生在5月1日（农历三月廿一）3点40分；汛期中超过5.3米警戒潮位的天数共16天。汛期沿江各节制闸向长江排水8.31亿立方米，引水4.81亿立方米。第23号台风“菲特”于10月4日发展为强台风，受其外围影响，张家港市10月6日至8日普降大到暴雨，累计降雨164毫米，并伴有6级东北大风。市长江防洪工程管理处加强出江口门引排调度，各区镇提前预降圩区水位。10月5日至8日上午9时，累计排水4246万立方米。全市共修复和加固门头广告66处、楼顶广告33处、高炮广告7处、围墙广告35处，拆除横幅84处，清理倒伏树木143处，疏通积水路段40余处，撤离江心沙岛上人员20余人。

【水利站标准化建设】 5月，根据《江苏省乡镇水利（务）站现代化建设标准（试行）》精神，市水利局出台《张家港市区（镇）水利站标准化建设实施意见》，启动基层水利服务站（简称水利站）标准化建设，推动全市基层水利管理工作的规范化、标准化、现代化建设步伐。按照“机构健全、职能明确、政策落实、队伍精干、能力提升、服务到位”的总体要求，从硬件建设、队伍建设、制度建设三方面对建设标准作出具体规定，并对应设置不同的星级。市水利局组成评定小组通过实地察看、查阅台账等方式对水利站进行等级评定。得分在90分以上的评为五星级水利站，得分在80分至90分的评为四星级水利站，得分在70分至80分的评为三星级水利站，得分在70分以下的不参与星级评定。至年末，全市9个水利站中有7个申报星级水利站，其中有5个通过五星级标准评审、2个通过四星级标准评审。

【环城河水利风景区晋升国家级水利风景区】 市环城河水利风景区是以市区水循环体系中的骨干引排控制枢纽朝东圩港水利枢纽和骨干清水廊道环城河、东横河等为依托，由暨阳湖水生态景区、谷渎港水文化景区、东横河与沙洲公园人文历史景区串联起的以“一湖、一港、一园”为核心、既各具特色又浑然一体的城市河湖型水利风景区。通过多年的精心打造，2012年成功申报为江苏省级水利风景区。2013年7月，通过水利部景区办专家现场评审，10月被水利部授予国家级水利风景区称号。

（朱琴芳）

美丽的乡村河道 （市水利局 供稿）

【编辑 陆正芳】

邮电·信息化

Post and Telecommunications & Informatization

新点软件公司　（市科技局　供稿）

邮　　政

电　　信

信息基础设施建设

信息产品生产

信息技术应用

信息化管理

張家港年鑑(2014)

邮　　政

【概况】 市邮政局下设5个部室，6个专业公司，39个邮政支局（所）、营业处，从业人员554人。设有信筒（信箱）125处，其中城区36处、农村89处，信报箱48530个，报刊亭48个。有邮运汽车11辆，邮路12条，日均行驶里程1018千米，投递段道139条，投递总里程6327千米，其中农村里程5710千米。年内，市邮政局发挥邮政“物流、资金流、信息流”的“三流合一”优势，完成邮政业务总收入1.41亿元，服务地方经济。全年累计组织开展各类以服务为主题的教育、培训活动23次。开展“四好投递员”“星级营业员（柜员）”评定，提升邮政金融规范化服务，组织实施“服务满意度工程”，持续改善窗口服务形象。6月，《张家港市邮政局管理流程规范化操作办法》出台，管理流程进一步程序化、规范化。坚持质量创建工作。年内获中国质量协会授予的全国实施卓越绩效模式先进企业暨特别奖和全国用户满意企业称号。苏州市质协用户评价中心对张家港邮政局开展用户满意度调查，满意度指数89.7分。加强邮政网点能力建设，新建乐余新街邮储网点。投入510万元对万红、乘航、塘桥青龙、凤凰、中兴、乐余新街6个营业网点进行全面改造；投入40万元对妙桥、鹿苑、农场、南沙、东莱、塘市6个投递网点和城区投递部职工小家进行改造，改善员工生产生活环境，提升网点服务能力。抓好企业党建和精神文明工作，组织2次道德讲堂，提升员工道德素养。开展建党92周年系列活动，邀请专家上专题大党课。开展党风廉政宣传教育月活动，组织支部书记参加发展党员履职资格考试。开展支部换届，提升基层组织活力。在“百岗助百人”活动基础上开展“亲情邮路”创建工作，发动投递员立足岗位、帮扶社会弱势群体。加大“爱心包裹”项目宣传，保持捐赠额列苏州地区第一，全省前茅。

【集邮协会】 市集邮协会有分会29个，注册会员2524人。全年出版会刊《张家港邮苑》6期，为双月刊，至年末共出版150期。协会全年刻制纪念、宣传邮戳8枚。1月5日，组织会员参加苏州市生肖文化节，观摩生肖集邮展览，听取集邮讲座。5月10日至13日，组织会员编组邮集送苏州市第十届集邮展览。校园集邮活动蓬勃开展。4月2日至25日、10月10日至25日，市集邮协会在全市15所学校举办“美丽中国”校园集邮巡展，开办集邮讲座。邮展遴选邮集9部20个标准框，有学雷锋、建党、革命领袖、长城、生肖等适合青少年兴趣的内容。6月9日，市实验小学青少年集邮分会成立。7月16日和8月12日，在市区长安社区和龙潭社区开办青少年集邮讲座，由常务理事沈耐贤主讲并赠送邮品。年内，王俊、顾建刚当选为苏州市集邮协会八届理事。曹企新被评为江苏省集邮先进个人，其编组的专题邮集《帆船》获江苏省第九届邮展银奖。

【高端客户珍邮品鉴会】 6月18日，市邮政局在馨苑度假村召开2013年“美丽中国”张家港邮政高端客户珍邮品鉴会。此次品鉴会以贵金属制品、老纪特生肖邮票、钱币为主，吸引70余名集藏爱好者参加。活动特邀北京汉金公司讲师就收藏领域的热点和共同关心的投资问题进行细致深入的讲解，以提升集邮爱好者的收藏品位。品鉴会丰富张家港市集邮品市场，给广大集藏爱好者提供更多收藏渠道。

【“中国梦·我的梦”书信文化活动】 6月由市邮政局联合团市委、市教育局、市少工委举办。活动以“中国梦·我的梦”为主题，引导青少年通过书信形式描绘自己的梦想及未来的蓝图，促进青少年健康成长。从6月10日起，全市70所幼儿园、中小学校5万名中小学生陆续收到活动专用邮资信封及邮资明信片。中小学生可以在专用邮资封及明信片上书写或绘上对未来的所感所想。活动评选出优秀作品奖和优秀组织奖。城北小学包雨萌、白鹿小学席敏旦等学生制作的5幅作品获一等奖，实验小学、白鹿小学等7所学校获组织奖。

【“四季平安盒”捐赠仪式】 9月29日，市邮政局与市妇联联合在市旭东学校北校区举行“让心不再留守，让爱传递温情”暨“四季平安盒”捐赠仪式，标志着“四季平安盒”投递工作正式启动。活动中，旭东学校等7所受赠学校负责人上台接受捐赠，与会领导及捐赠单位代表为旭东学校受赠学生代表现场发放“四季平安盒”。“四季平安盒”由1套爱心主题纪念封、1枚四季关爱保险卡、1本儿童安全童话读本、1套品牌文具套

“四季平安盒”发放　　（市邮政局　供稿）

装组成。投递对象为全市留守儿童，当日，市邮政局完成投递“四季平安盒”4030个，体现了政府部门对留守儿童的关爱。

【支局长“能力提升”周末培训班】 7月27日，市邮政局启动支局长“能力提升”周末培训班。支局长、支局长助理、营业处主任、市区班组长等41人参加培训。培训班历时一月余，全部利用周末时间，培训内容涉及支局投递、营业、代理金融、两岗履职管理等方面，提高了支局长整体素质和经营管理水平。

【“自邮一族”会刊推出】 为进一步完善邮政“自邮一族”会员服务，增强会员凝聚力，提高邮政“自邮一族”品牌形象，9月29日，市邮政局通过前期招商引资和合作洽谈，成功推出《2013年张家港邮政“自邮一族”会刊(秋季版)》。此会刊内容丰富，画面精美，涵盖了会员优惠服务功能介绍、邮政文化礼仪产品展示、46家加盟商户优惠政策等。同时，会刊还为喜爱自驾游的车主精心推荐十大秋季旅游景点以及爱车体检常识，发行量3000份。“自邮一族”是http://baike.baidu.com/view/550333.htm依托邮政电子商务信息平台，利用邮政多渠道资源，采用会员制形式，为广大车主等中高端客户群体提供的涵盖车辆代办、商旅、机票、礼仪服务等在内的一站式综合服务品牌。 （陆彬彬）

电　信

【概况】 年内，各通信运营商完成业务总量18.96亿元。主要经营范围包括移动通信业务、固话业务、宽带业务、互联网专线、数据通信等综合电信业务。至年末，全市有固定电话用户38.89万户，移动电话用户158.68万户，宽带用户35.1万户。

中国电信股份有限公司张家港分公司　公司下设办公室、市场部、政企客户部、渠道运营中心、维护安装部及6个电信分局，员工总数404人，自办营业网点2个。2013年，公司把握住移动互联网蓬勃发展和行业信息化需求日趋旺盛的市场机遇，积极创新发展模式，实施差异化经营策略，不断优化业务结构，实现有效益规模发展，并着力提升创新、服务、集约、运营四大能力。至年末，公司拥有固定电话用户32.49万户(含小灵通)，移动电话用户39.78万户，宽带上网用户24.5万户，年运营收入7.06亿元，比上年增8%。公司先后获2009~2011年度苏州市文明行业、2010~2012年度江苏省文明单位、全国用户满意服务单位等称号。

中国移动通信集团江苏有限公司张家港分公司　公司下设综合部、销售服务部、重要客户部和技术业务支撑中心4个部门及城北、金港、塘桥、锦丰、城南、乐余6个分局，共有员工333人，营业网点超100个，缴费网点超过500个。至年末有固定电话用户4.4万户，移动电话用户90.9万户，有线宽带上网用户9.3万户，年运营收入超10亿元，实现用户数和运营收入稳定增长。公司秉承“正德厚生、臻于至善”的企业文化，推出5个大类20条服务举措，严格执行“八项服务承诺”，通过“一线流程穿越”“阳光走访”“总经理接待日”等活动，优化服务流程。公司为企业提供语音专线、集团移动网、企业一卡通等信息化业务，推进公安治安监控项目，研发“无线血压监护”“养老信息化平台”等物联网应用，提升相关单位信息化水平。2013年，公司获全国现场管理星级评价五星级现场、江苏省文明单位、江苏省用户满意服务班组、苏州市文明行业、苏州市消费维权标杆企业、张家港市文明单位等荣誉称号。

中国联合网络通信有限公司张家港市分公司　公司下设综合部、市场部、集团客户部、客户服务部、建设与维护中心5个部门和市区分局、金港分局、锦丰分局和塘桥分局4个分局，共有员工180人，营业服务网点99个。至年末有联通固定电话用户2万户、移动电话用户28万户，其中“沃·3G”用户17万户，宽带用户1.3万户。公司全年实现综合业务收入1.9亿元。年内，公司获苏州市文明行业、苏州市零投诉企业和张家港市文明单位标兵等称号。

【移动公司“张闻明”精神再弘扬】 张家港移动公司将文明创建工作与企业文化建设相结合，号召全体员工弘扬“互助、奉献、责任、进取”的张闻明精神，爱岗敬业讲奉献、人人争当张闻明。公司内部通过讲座、短信、邮件、海报等多渠道开展卓越班组建设，大力开展“卓越班组建设”；公司组织EAP辅导、三八节女员工活动、“亲情日”、员工互助小组丰富职工文化生活，把思想教育和文化建设寓教于乐，让员工在潜移默化中提升

张家港移动公司定期举办总经理接待日活动　（市移动公司　供稿）

文明素养。公司还定期向广大员工发送“张闻明彩信”，每月在各部门、各班组内开展“张闻明班组”“张闻明之星”评选，形成比学赶超的良好氛围，通过标杆模范促进公司整体文明水平的提升。公司建立“道德讲堂”和“员工讲坛”，让广大职工乐于参与、便于参与，广泛开展“修身律己”活动。活动采用“请进来、走出去”的方式，“请进来”即请名人名师进企业，对热点的问题培训讲授，“走出去”即积极开展“员工讲坛”，让员工对自己感兴趣的领域进行讲解，引导员工自觉践行社会公德、家庭美德、职业道德和个人品德，在活动中省心修身、自省自律、知荣明耻，提高全体员工的道德自觉和道德水平。

（陈　曦　唐力媛　夏　彬）

信息基础设施建设

【概况】 2013年，全市投入信息化基础设施建设资金3.94亿元，新增光缆7286皮长千米，累计3.95万皮长千米。新建各类基站216个，其中GSM、3G、4G基站191个，CDMA基站25个。

电信网建设　中国电信股份有限公司张家港分公司全年完成基础通信建设投资9000万元，敷设光缆线路4600皮长千米，累计2.81万皮长千米。新铺管道140千米，累计1542千米。新建CDMA基站25个，WLAN热点86处，有效保障天翼手机、宽带、固话通信需求，支撑新兴业务的推广，惠及广大用户。至年末，全市固定电话交换机总容量52.6万门，宽带端口46.7万个，互联网出口带宽760兆。

移动网建设　年内，中国移动通信集团江苏有限公司张家港分公司投资2.1亿元，加速高新技术应用，全力推进张家港市“无线智慧城市”建设。全年新建GSM、TD-SCDMA（3G）、TD-LTE（4G）基站共101个，累计519个；新建管道110沟千米，累计960沟千米；新敷设光缆1300皮长千米，累计5200皮长千米；新建PTN站点50个，新建WLAN无线热点165个，有效提升网络容量。2013年共建成4G基站150个，理论下载速率能达到每秒100兆。预计到2014年6月末，将实现市区、镇区的4G覆盖。

联通网建设　年内，中国联通张家港市分公司投资5000万元，新建基站站点80个，累计482个；开通2G（GSM）基站10个，累计367个；新开通3G（WCDMA）基站80个，累计482个。宽带小区累计覆盖10万户；新建光缆500皮长千米，累计5400皮长千米，新建管道100千米，累计800千米。

广电网建设　年内，中波台整体搬迁项目有序推进，完成用房建设和发射塔安装，进行技术装备招标采购。新建户外信息屏80余块，全市累计近200块。全面完成28个农村治安监控系统机房设备和4000余个监控点位的安装调试工作，并全部通过市公安局的竣工验收。加快推进家庭信息化（智慧社区）项目，年末上线运营。总投资约300余万元、总建筑面积近1300平方米的金港广电站（后塍综合业务大楼）投入运行，投资约400余万元、建筑面积3200平方米的凤凰广电站进入内部装饰阶段。年内，投入3770余万元加快实施城乡一体有线网络双向化改造和优化工程。新增光缆886缆千米、29515芯千米，新建地埋管道163千米、684孔千米，新建自立杆路85千米、2323根。全市共新增移动广电宽带用户1.71万户，新增广电有线宽带8000户。新增数字电视个人用户2.16万户，集团用户280户、终端4244个，发展高清互动电视用户2.63万户。

【“新张家港人数字电视全覆盖”工程】 针对数字电视在新张家港人群中覆盖率低的实际情况，3月起，张家港广电信息网络有限公司实施“新张家港人数字电视全覆盖”工程，开展“服务无止境·情暖新市民”数字电视免费装系列服务活动。针对新张家港人的优惠政策包括简化业务手续同时取消初装入网费，在一定条件下免收新张家港人机顶盒押金，并供其免费使用基本型机顶盒一台。该工程由公司业务发展部门负责牵头，组建由业务办理、宣传和安装等人员组成的工作小组，利用周末和下班时间，为新张家港人即时提供上门服务。在新张家港人集中居住地设立临时业务代办点，受理安装、缴费等业务，并免费提供有线电视布线服务。通过这项工程，全年发展新张家港人用户近1万户，占个人用户发展总量的37%左右。

【家庭信息化项目上线运营】 3月，市文广部门开始实施家庭信息化（智慧社区）项目。年内完成项目的前端机房和主要业务平台建设、终端高清互动机顶盒的功能集成，初步实现规划的核心服务功能。“本地互动点播平台”的“视频回看、时移”功能，可以实现直播高标清节目的收看，江苏互动、上海文广等频道的电视节目点播，中央台、当地台等65套节目的4小时时移和7天的回看，可以实现当地智慧社区的内容上载、审核和发布等功能的应用。“本地信息发布平台”可初步实现当地政务信息、文化教育信息、道路交通信息、便民服务信息等发布功能。“机顶盒支付平台”可实现水、电、电话和有线电视费等电视在线查询缴费。该项目于年末在全市上线运营。（陈　曦　唐力媛　夏　彬　钱　凯）

信息产品生产

【概况】 年末，全市有信息产品生产企业41家。全市信息产品生产企业从业人员7932人，固定资产原值37.75亿元，比上年减14.83%，其中固定资产原值超10亿元的1家、超5亿元的3家、超1亿元的5家、超3000万元的13家；实现产品销售收入64.01亿元，比上年减16.23%，其中销售收入超10亿元的1家、超1亿元的14家、超1000万元的28家；实现利税总额4.66亿元，比上年减9.44%，其中利税总额超1亿元的1家、超1000万元的7家；出口创汇3.47亿美元，其中出口创汇超1000万美元的6家。

产品产量　全市年产电脑机箱858654台，比上年增7.29%；数字卫星接收机4650488台，比上年增7.5%；银幕43.3万幅，比上年减

5.5%；太阳能电池70.49兆瓦，太阳能组件114.38兆瓦，太阳能硅片切割300万片，二极管2000KK，镀锡铜包钢线1000吨，超声波清洗机360台，镀铜生产21329吨，电线、电缆1946万米，板式蒸发器35套；数据电缆、地热电缆生产719909千米；圆柱锂离子电池1552.93万个；SRDT（UL62）不可拆电源插头连接线300万套。

产品开发 苏州南洋电缆有限公司使用高新技术提升橡套电缆护套胶料性能，并研发同向绞和软导体，改进软导体的生产。其研发的束线机进线防跳线装置，获中国国家强制性产品认证证书。该企业凯豹牌商标被评为苏州市知名商标和江苏省著名商标。"凯豹"牌电线电缆被评为苏州名牌产品及中国优质产品。张家港保税区国信通信有限公司主要生产基站天线（包括CDMA、GSM、TD-SCDMA、WCDMA、CDMA2000等）、直放站、干线放大器、无源器件、美化天线和工程、室内分布系统、通用电源等，已成为国内三大移动通信运营商的主要配套厂家，并在军用微波器件、卫星通信等领域有较大发展。公司为TD产业联盟成员、江苏省高新技术企业、AAA级信用企业。

科技进步 年内，江苏永能光伏科技有限公司顺利通过省工程技术研究中心和光伏制造行业规范条件的评定，并且不断加大研究和工艺改进的力度，提升产品质量和转换效率，公司SunLinkpv品牌的光伏产品获苏州市名牌产品称号，同时SunLinkpv品牌被评为苏州市知名商标和江苏省著名商标，公司获省级工程技术研究中心称号并成功申报成为首批109家光伏行业规范标准入选企业，是张家港市唯一一家入选企业。企业同时完成了江苏省名牌产品、江苏省两化融合示范单位的申报工作。在技术方面，公司共申报各项专利47项，成功获得授权的有22项，其中发明专利4项、实用新型17项、外观1项。市超声电气有限公司通过省级高新技术企业复审，并有两种产品获省高新产品认证，12种产品获得实用新型专利，1种产品获得发明专利，"全自动高洁净蓝宝石清洗机及产业化"项目列入国家火炬计划项目。

【国信通信两种产品被认定为高新技术产品】 张家港保税区国信通信有限公司（简称国信通信）成立于2006年3月，是由中国电子科技集团公司第十四研究所投资控股，专业从事移动通信及相关配套产品研发、生产、销售和服务的高科技企业。公司有职工500余人，其中博士4人、硕士6人、高级工程师22人。公司累计投入2亿余元，在南京市、靖江市都设有研发或生产基地，总生产场地4万余平方米。拥有通信信息网络系统集成资质，通过ISO 9001质量管理体系认证、ISO 14001环境管理体系认证及职业健康安全管理体系认证；主要产品通过泰尔试验室产品认证；TD干放、CDMA直放站获得工信部颁发的产品型号核准证及入网许可证。公司多项产品被认定为"高新技术产品"，其中TD-SCDMA智能天线获"2010年度TD联盟创新新秀奖"。2011年10月，公司被评选为"国家火炬计划重点高新技术企业"。2013年，公司有两种产品被认定为高新技术产品，并申请多项专利。

【特恩驰电缆产学研合作出成果】 张家港特恩驰电缆有限公司（ZTC）（简称特恩驰电缆）成立于1997年7月，是荷兰特恩驰集团的独资企业。专业生产通信用数据电缆及电脑周边组件，可生产300对以下的各种类型数据电缆。公司自2008年开始每年均投入高新技术产品的研发，并取得江苏省科技厅的认证，在2012年度成功申报为高新技术企业。公司采用全面的信息化管理、使用ERP系统管理平台，企业各项数据信息全面共享管理。2013年，成立苏州市外资研发机构以及江苏省外资研发机构，凭借可靠的质量和稳定的体系控制以及国际化的OEM（Original Equipment Manufacturer原始设备制造商）服务经验，在综合布线领域与多个全球著名品牌建立了稳定发展的合作关系。公司还与哈尔滨理工大学产学研合作，研发高频数据电缆。

【红叶视听4种产品被认定为高新技术产品】 江苏红叶视听器材股份有限公司（简称红叶视听）成立于1981年，是国家教育委员会确定的教学仪器设备定点生产企业和江苏省高新技术企业。公司旗下有"红叶""红叶一宝视特""红叶一奥维嘉""绿叶"等品牌，专业开发、生产和销售银幕系列产品、电子白板系列产品、投影器、视频演示仪系列产品、办公用品系列产品、影院系列产品。年生产银幕80万幅，红外互动式、光学触摸式电子白板1万套，投影器8万台，视频演示仪1万台，影院座椅10万张，办公用品及相关配件10万套。公司有完整的质量控制和产品检测体系，通过ISO 9001国际质量体系认证，ISO 14001环境管理体系认证和环保RoHs认证，多款产品通过UL、ULC、CE产品认证。"红叶"牌系列产品获"江苏省著名商标""江苏省名牌产品"等多项荣誉，2003年至2012年连续被评为中国教学仪器设备行业协会推荐产品。2008年，公司实行ERP管理制度，促进企业深入推行信息技术管理后效果显著，一些问题和漏洞得到及时解决，减少了企业的损失，使企业能够更健康发展。2013年7月，建立江苏省工程技术研究中心；10月，通过国家火炬计划重点高新技术企业的认证。研发的低反光红外交互式多媒体数码交互系统、低反射型光学面板超薄型激光数码屏幕、高清膜层灰栅正投可移动互动式触控电子白板、智能全自动多维成像激光数码屏幕4种产品被认定为高新技术产品。

（陈 玲）

信息技术应用

【概况】 张家港政务网注册人数3878人次，点击率442万次，公务邮件收发63万份，公文交换收发22721份，发布新闻信息14379条，视频新闻1706期，政务内刊135期。会议分票系统发送会议票65场。"中国·张家港"门户网站进一步优化栏目设置和整合现有政府网络资源，完成与江苏省、苏州市政府门户网站数据报送接口对接，做到准确、及时上报数据。全年向“中国苏州”报送1909条信息，获“中国苏州”政府网站内容保障工作先进单位三等奖。年内，政府信息主动公开范围扩大到全市178个公共服务事业单位，政府信息公开共发布信息5741条。全年发布新闻信息29599条、视频新闻365期，市长信箱共处理信件981件，部门信箱共处理信件1824件，政风行风热线举办49期，政风行风热线办结公众提问600余条，便民服务中心受理求助、咨询、投诉等事件共4810件，“张家港发布”政务微博共发布信息微博7000余条。张家港人才网为千余家企业发布招聘岗位65506个，网上人才市场访问量3254.5万人次，新增网上会员单位2531个，累计3274个。全市金融系统新增自动存款机与存取款一体机143台，累计1082台；新增自助终端18家，累计254家。各商业银行累计发放银行卡107.46万张。市便民服务网点击率203万次，网上咨询、求助5865人次。2月，张家港港城汽车站购票服务在“翼支付”客户端成功上线，这是张家港电信在省内率先对“翼支付”进行的应用创新，同时张家港也成为全国首个开通此项功能的县级市。9月，张家港电信公司为市地方海事处量身定制综合信息化方案，通过天翼对讲机进行航道巡逻人员的调度指挥，车管专家进行内部公车日常管理，“平安云”平台用于各乡镇海事所的规范监督，“高清全球眼”用于航道过往船舶的监察巡视及应急处理。12月，张家港电信公司为市检察院开发“巡回检察热线系统”，通过在全市各个区域布放巡回检察热线亭体，基于电信3G网络传输，实现检察机关宣传视频的实时播放，同时在亭体上设有“巡回检察热线”一键拨号按钮，群众只需轻轻一按即可与检察机关实时通话，实现24小时受理群众电话咨询、预约及举报服务。

【智慧防汛信息系统启用】 年内，为降低汛期自然灾害对城市产生的影响，加快推进城区防汛的规范化和信息化建设，张家港电信助力市防汛办建立“智慧防汛信息系统”，为城区上千个易涝点的防汛抢险救灾工作提供信息化支撑。通过应用移动通信、卫星遥测、自动化控制、物联网等先进技术，以网络和信息系统为基础，以有线和无线通信系统为纽带，针对市区主要城市道路、建筑物地下车库、重点低洼崎岖等易涝点的水位监控及监测，打造集远程视频监控、水位远程监测等数据采集、整合、处理、反馈、报警、预警和指挥等功能为一体的智能防汛信息系统。一旦城区的易涝点被淹，地点和预警信息将自动发送到平台，防汛人员能第一时间进行调度指挥和抢险处理，处理效率远高于传统“人工巡查”。

【社会治安动态监控系统建设启动】 年内，张家港移动公司承建张家港市公安局社会治安动态监控系统，该系统通过在重要路口设立视频监控点，使各级公安机关和其他相关部门直观地了解和掌握监控区域的治安动态，有效提高社会治安管理水平。拟建设成为在全省范围内技术领先、意识超前、经济实用的覆盖全市社会面的治安动态监控系统，高密度覆盖全市主要道路和街道、重点目标部位、村（居）民小区以及案件多发地段等区域，涉及监控点位400个，通过实行“实时监控、空中巡逻、空中接力”的“人机互动、人机互补”工作模式，搭建起立体复合型治安防控体系，全力打造科技设防城市，提高社会面治安防控能力，为建设更高水平的“平安张家港”提供坚实保障。年内，共在市区二环范围内建成点位196个。

【移动4G进公交】 年内，张家港移动公司与市港城公共交通有限公司签订“移动4G进公交”的合作协议，在20条公交线路、6辆公交车上安装移动4G设备，为张家港市民提供极速的4G网络体验。乘客通过随身携带的手机或者PAD等移动终端，就可以自动搜索到车内“CMCC–4G”热点，实现无线高速上网。还能够通过移动“无线智慧城市”等信息化应用客户端，感受移动信息化为生活带来的便利，全方位满足市民出行时信息需求，畅享4G新生活。

【无线血压监护实现高血压远程检测】 年内，张家港移动公司与大新镇人民政府合作启动高血压居家管理远程监测项目，对大新镇高血压人群进行远程健康管理，让居民足不出户即可享受专业血压监护，服务对象为部分高血压患者、大新镇商会部分会员等。该项目列入大新镇2013年政府实事工程，项目的实施得到苏州市疾病预防控制中心、张家港市卫生局、张家港市疾病预防控制中心以及有关心血管内科专家的认可和高度评价，深受广大居民的认可和欢迎。至年末，有420户居民安装了无线血压监护系统，测量准确性与稳定性得到使用居民与临床专家的认可。

【如意通公司一项目入选国家新闻出版改革发展项目库】 5月13日，江苏如意通动漫产业有限公司的动漫关键技术研发与应用示范项目，被国家新闻出版广电总局批准成为新闻出版改革发展项目库2013年入库项目，是江苏省14个入选项目之一。动漫关键技术研发与应用示范项目是该公司针对中国动漫行业缺乏自主核心技术和支撑软件的现状，自主研发成功的核心技术。该公司已研发成功转面自动生成、骨骼保形内插、软骨骼编辑、2.5维透视、变速内插等动漫核心技术。该5项技术是动漫数字化生产过程中的关键技术，处于世界领先地位。依托这些拥有自主知识产权的核心技术开发的“基于专家知识的二维动画制作系统”是国内唯一一套自主开发的动漫生产软件，填补国内空白。

【苏州市首个圩区管理信息化系统建成】 塘桥镇共有14个排涝站。在防汛期或突发强降雨时，开启全部泵站排涝须出动20余人，耗时1小时以上。年初，镇政府投入100余万元，建设排涝站管理信息系统，实施科学管理。至5月，苏州市首个圩区管理信息化系统建成，实现圩区远程监测和自动控制。控制中心设在水利站办公

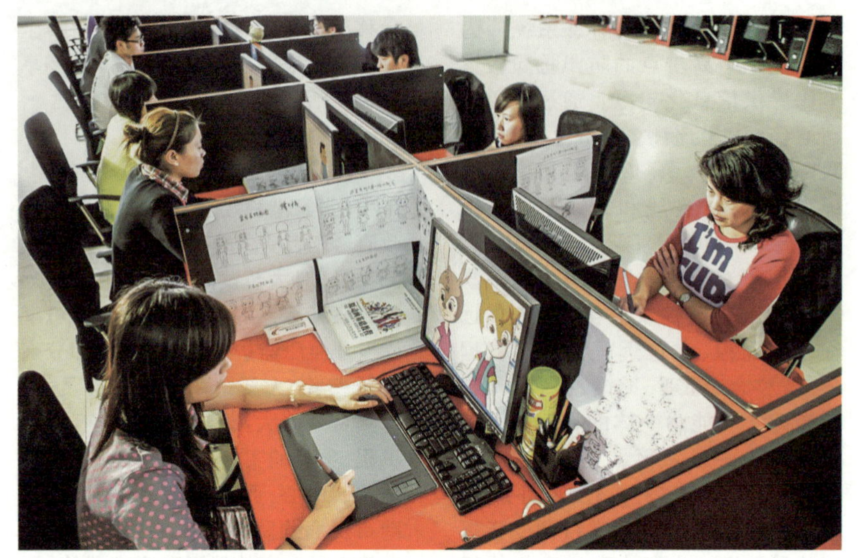

如意通公司项目设计　（市委宣传部　供稿）

室，工作人员通过监测摄像头，就可在大屏幕上清晰地看到全镇排涝站水泵运行情况和上、下游实时水位情况。根据监测情况，工作人员轻点鼠标就可在第一时间内采取措施。这套系统还可实时采集和传输水情数据，为防汛、排涝提供决策依据。

（陈　曦　唐力媛）

信息化管理

【概况】 年内，张家港市充分发挥信息技术在转变生产生活方式、创新城市管理模式、提高资源利用效率等方面的重要支撑带动作用，扎实推进经济社会各方面信息化。1月，云计算中心项目正式启动建设。4月，下发《关于印发2013年度政府信息化重点项目建设计划的通知》，明确12个信息化项目的建设计划及资金安排。9月，组织全市党政机关信息安全大检查，全年快速处理信息安全事件20件，保障全市信息安全。全市大力推进企业“两化”（信息化和工业化）融合工作，经开区成为省“两化”融合示范区，新增省“两化”融合示范企业3家，省“两化”融合试点企业14家，苏州市“两化”融合示范企业2家、试点企业7家。累计创建国家“两化”融合示范企业1家，省“两化”融合示范区1个，省“两化”融合示范企业4家、研发设计类示范企业1家、试点企业32家，苏州市“两化”融合示范企业5家、试点企业25家。网上村委会——张家港市农村综合信息服务平台、智慧永联农村信息化项目被评为2013年度省信息化重大示范工程，凤凰镇恬庄村被评为2013年度省农村信息化应用示范基地。张家港保税区国信通信有限公司获国家科技重大专项经费资助1448万元，市保丽洁环保科技有限公司获省级工业经济和转型升级软件产业发展专项资金100万元。

【张家港市成为国家信息消费试点市】 12月，张家港市成功入选首批“国家信息消费试点市（区、县）”。此次全省仅有南京等4个城市（区）入选，张家港市是唯一一家县级市。年内，全市重点围绕完善基础设施建设、培育信息消费需求、深化基础平台建设等开展试点示范建设工作，通过扎实推进市民融合服务平台、电子商务示范应用平台、家庭信息化（云媒体）平台、“智慧城管”综合信息平台、北斗示范应用及产业化平台等多项特色试点工程。张家港市在信息消费规模总量、应用环境、基础设施、服务平台等方面达到了国内同类城市一流水平。

【“诚信张家港”网开通】 8月，“诚信张家港”网以文明城市考核测评为契机，正式开通运行。“诚信张家港”网站作为服务平台的重要组成部分，是信用信息面向公众公布的重要渠道，也是城市文明程度评测的重要指标项。市文明办、市经信委会同市环保局、张家港工商局、张家港质监局、市国税局、张家港地税局、市人社局等15个部门对各部门涉及的信用数据相关指标进行梳理和归集。至开通之日，公共信用信息服务平台已汇总16个部门、50余类共计4.4万条数据。开通至年末，点击率平均每月480次。“诚信张家港”网开通，促进了各部门条线对信用体系建设工作的重视，推动全市信用工作较快发展。

【市民网页综合服务系统上线启用】 10月18日，张家港市民网页综合服务系统正式上线启用。该系统通过汇聚信息服务资源，为每个市民量身打造专属的网页页面，使市民可以通过服务网点、个人电脑、智能手机、平板电脑、自助终端、互动电视等各种渠道随时随地获得与政务服务、公共服务、商业、娱乐及生活等相关服务，构建全方位、个性化、主动型、一站式市民综合服务平台，使之成为服务信息的总汇、民生服务的阵地、民意表达的通道。平台整合全市31个部门486项服务，通过“我的服务”功能模块让市民可以随时随地办理社会事务、享受公共服务、处理商务活动，为百姓生活带来更多的快捷和便利。市民可通过“我的声音”功能模块，向政府部门进行政策咨询、提出建议和投诉，办理结果也会在第一时间内发送到市民网页，并以短信或邮件等方式通知个人。系统引导群众广泛参与，受理群众求助投诉，千方百计问策于民、不拘一格关注民生，着力打造既有言论参与又有行动反馈、既有自由式空间又有专业化评论、既体现民主监督又包含群众自助式服务的交互式平台。同时，它还利用“我的空间”功能模块，完善市民个人信息数据，构建网络实名认证体系，做到办事服务网上留痕、资源共享、全程简捷。

（陈　玲）

【编辑　张　洁】

开放型经济

Open Economy

张家港保税区　（张惠芬　摄）

综　　述
对外及对港澳台贸易
利用外资及港澳台资
对外及对港澳台经济技术合作
江苏国泰国际集团

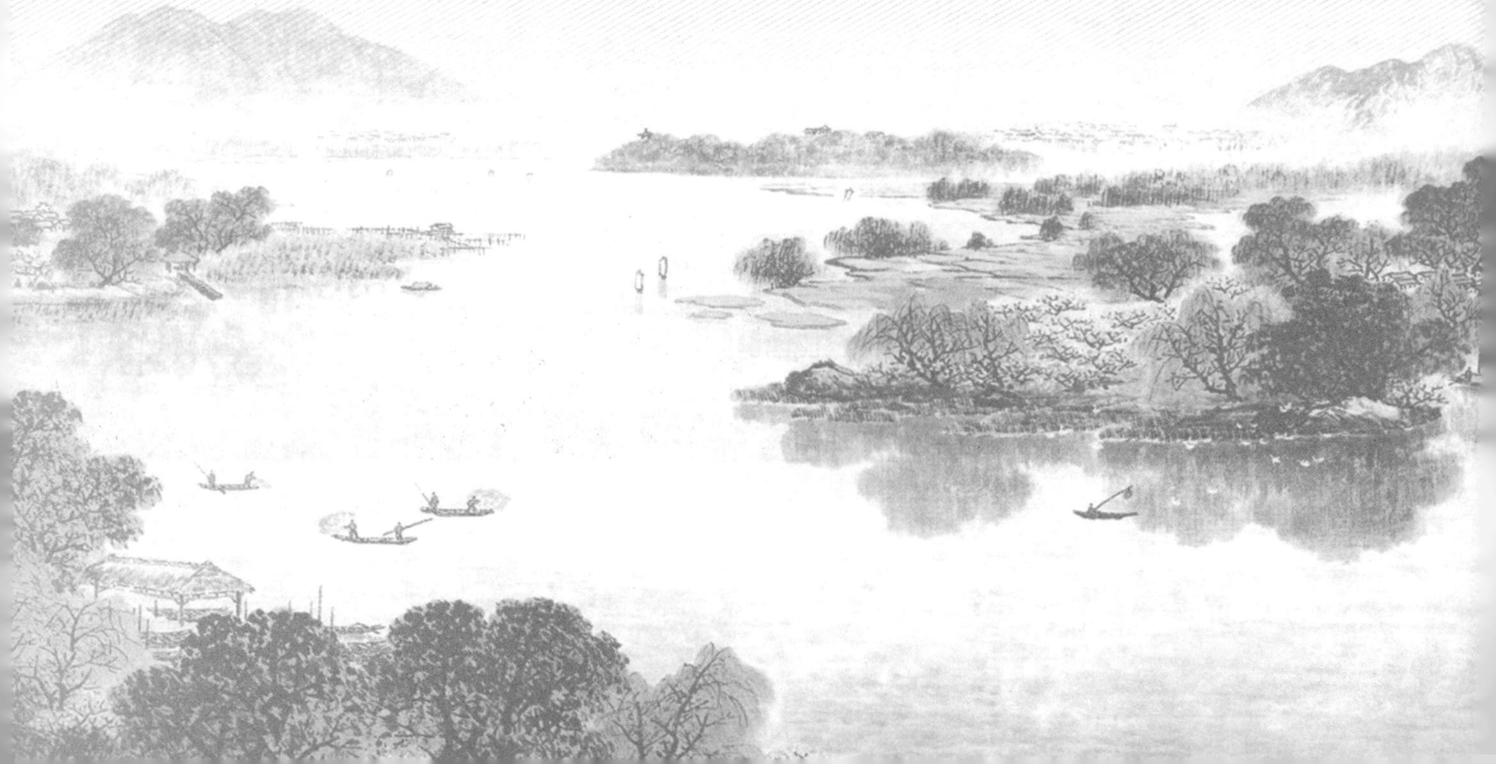

综　述

2013年，面对全球经济增速放缓、国际市场需求下滑、国内经济下行压力加大等多种不利因素的严峻挑战，全市开放型经济扎实举措，全力拼抢，在总量规模保持平稳增长的同时，质量水平进一步得到提升。全年完成进出口总额322.19亿美元，比上年增0.8%；新增注册外资及港澳台资17.05亿美元，实际利用外资及港澳台资7亿美元；新签对外及对港澳台工程劳务合同额2亿美元，完成营业额2.56亿美元；新批对外及对港澳台投资项目19项，张家港投资方协议投资额2.79亿美元；完成服务外包接包合同额3.05亿美元，离岸执行额1.42亿美元。

对外及对港澳台贸易实现增长　全年完成进口总额193.95亿美元，比上年增1.28%；完成出口总额128.24亿美元，比上年增0.1%；贸易逆差65.71亿美元。一般贸易进出口仍占主导地位，为208.08亿美元，占全年进出口总额的64.57%，其中出口97.04亿美元，比上年增4.11%，占全市出口总额的75.67%。新兴市场开拓有力，全年累计对东盟出口20.92亿美元，比上年增2.34%，东盟取代欧盟成为全市最大的出口目的地区。规模企业和园区带动效应明显，国泰集团出口额26.97亿美元，比上年增22.9%；张家港保税区、张家港经济技术开发区、冶金工业园出口额分别为24.45亿美元、53.52亿美元和18.21亿美元。

利用外资及港澳台资克难奋进　全年到账外资及港澳台资7亿美元（经商务部确认数）。招商引资结构进一步优化，新兴产业项目成为引资重点，全年新批新能源、新材料、新装备等新兴产业项目29项，新增注册外资及港澳台资6.9亿美元（含增资），占全市制造业新增注册外资及港澳台资的64.4%。精心策划组织赴美国、澳大利亚、印度尼西亚等地的招商和经贸交流活动。积极创新服务外企形式，策划举办外商走进保利大剧院、日商种樱花、欧美外商学做中国菜、外企优秀单身青年联谊会、外资企业圣诞晚会等一系列外商沙龙活动，增强外资企业的归属感和融入感，推动企业做大做强。

对外及对港澳台经济技术合作势头良好　年内，全市新批境外投资500万美元以上项目13项，投资总额3.56亿美元，分别占项目总数和投资总额的68%和97.27%。其中，3000万美元以上项目3项，投资总额2.61亿美元；增资项目4项，投资总额1.6亿美元。埃塞俄比亚东方工业园建设进展顺利。对外及对港澳台承包工程、劳务合作发展势头持续走强，新签境外工程劳务合同额2亿美元，完成营业额2.56亿美元，外派劳务242人，境外投资总额3.66亿美元，其中张家港投资方协议投资额2.79亿美元。

开发区龙头作用明显　张家港保税区、张家港经济技术开发区、冶金工业园“两区一园”加快整合载体资源，强化产业和功能载体，提升承载能力，在全市开放型经济发展的中坚力量和主力军地位进一步凸显。2月，保税港区汽车整车进口口岸通过验收，成为全省首个汽车整车进口口岸。6月，张家港经济技术开发区被认定为“国家知识产权试点园区”。9月，全国首家以区镇为单位的海外人才引智基地保税区（金港镇）海智基地挂牌成立，张家港经济技术开发区“张家港机器人产业园”获工信部批准认定。10月，国家发改委发文确定张家港经济技术开发区为国家再制造产业示范基地建设地区。11月，张家港经济技术开发区入选科技部“2013年度示范型国际科技合作基地”。全年“两区一园”（含3个镇）实际利用外资6.11亿美元，占全市实际利用外资总额的87.29%；进出口总额269.88亿美元，其中出口总额96.22亿美元，分别占全市总量的83.76%和75.03%。

口岸开发转型提升　年内，张家港口岸共完成货物吞吐量2.6亿吨、外贸进出口运量5091.1万吨、集装箱运量170.1万标箱，分别比上年增4%、1.1%和13.2%。货物吞吐量继续位居全国县域口岸之首，外贸运量继续领跑长江沿线各口岸。口岸集装箱运量连续4年超百万标箱，货物吞吐量连续4年超2亿吨，成为全国最大内河口岸。全年口岸开发开放累计完成投资15.6亿元。

【汪洋考察埃塞俄比亚东方工业园】
5月24日，中共中央政治局委员、国务院副总理汪洋在商务部副部长李金早和中国驻埃塞俄比亚大使解晓岩等陪同下考察埃塞俄比亚东方工业园。汪洋听取了工业园的整体发展及规划情况介绍，包括基础设施建设、优惠政策、招商引资等情况，仔细询问了商务部境外经贸合作区确认考核的情况以及工业园在发展中遇到的困难和问题。汪洋高度赞誉东

欧美外商学做中国菜　　（市商务局　供稿）

方工业园所取得的成绩并寄予厚望，他希望工业园能够带头扩大中非投资合作，将更多中国具有比较优势的产业链向非洲转移，使得园区尽快成为埃塞俄比亚经济发展的支柱。同时，他也表示会给予尽可能的帮助来推动工业园的发展。（袁瑜婷）

对外及对港澳台贸易

【概况】 2013年，全市有出口实绩企业2335家。其中，自营出口企业1958家，合计出口65.43亿美元(海关统计数，下同)，比上年增0.4%，占全市出口总额的51.03%；三资企业377家，合计出口35.83亿美元，比上年降7.3%，占全市出口总额的27.94%；江苏国泰国际集团出口26.97亿美元，比上年增22.9%，占全市出口总额的21.03%。

【异地出具首份机电产品进口许可证】 年内，市商务局向省商务厅申请实施“机电产品进口自动许可证”省审批、张家港异地出证的便利化措施。经商务部同意，省商务厅将许可证出证权限下放至张家港市商务局，张家港市成为全国首个获此权限的县级市，并成为全省继苏州、无锡、常州之后第四个获此权限的地区。10月22日，市商务局向市和和机械（张家港）有限公司发放首份“机电产品进口自动许可证”，进口商品为数控弯管机，货值30余万美元。

【商务局为企业争取扶持资金6209万元】 年内，市商务局积极组织企业申报各级各类外经贸扶持资金，至年末，共争取各类扶持资金6209万元。主要用于：兑现2012年外贸公共服务平台资金500万元，拨付2012年出口信保扶持资金1405.57万元，拨付中小企业国际市场开拓资金344.63万元，拨付省级开拓市场资金162.86万元，拨付省级和国家级进口贴息资金1551.6万元，拨付2013年外贸公共服务平台建设资金860万元，拨付省级商务发展资金1234.62万元。

2013年张家港市十大出口企业出口情况

表15

企业名称	主要出口产品	出口总额（万美元）	比上年增减率（%）
江苏国泰国际集团有限公司	纺织、机电、化工产品等	269701	22.90
江苏沙钢集团有限公司	钢材	131197	-27.08
永钢集团有限公司	钢材	93875	36.32
南港（张家港保税区）橡胶工业有限公司	橡胶轮胎	22481	2.43
罗地亚飞翔精细化工有限公司	化工	19935	-3.60
骏马集团有限公司	化纤	17815	2.17
澳洋集团有限公司	纺织、化纤、金属、医药	17812	-18.32
丰立集团有限公司	钢材	14485	-25.68
张家港新东旭纺织印染有限公司	纺织	13874	13.75
江苏省中油泰富船舶燃料有限公司	成品油	13765	-42.77

（袁瑜婷）

利用外资及港澳台资

【概况】 年内，全市新批外商及港澳台商投资项目108项，新增注册外资及港澳台资17.05亿美元，到账外资及港澳台资7亿美元。全年批办增资项目41项，新增注册外资及港澳台资3.71亿美元，占全市总额的21.7%；新批服务业项目52项，新增服务业注册外资及港澳台资6.39亿美元，到账外资及港澳台资1.64亿美元；新批投资总额超1000万美元项目51项，注册外资及港澳台资16.93亿美元，占全市注册外资及港澳台资总额的99.3%。至年末，全市共有开业三资企业1152家，其中世界500强投资企业58家。

【开发区招商引资】 年内，张家港保税区（含工业配套区江苏扬子江国际化学工业园）、张家港经济技术开发区、冶金工业园共完成注册外资和港澳台资13.57亿美元，到账外资及港澳台资6.11亿美元。张家港保税区全年新批外资及港澳台资项目30项，完成注册外资及港澳台资6.14亿美元，到账外资及港澳台资2.76亿美元，分别占全市的36%和39.4%。其中，新批投资总额超1000万美元项目14项，新增注册外资及港澳台资6.2亿美元。全年增资项目16项，新增注册外资及港澳台资2.02亿美元，银河锂业、日触化工、PPG涂料、旭化成等世界知名企业纷纷增资扩股，爱姆希、润英联等重大项目落户。张家港经济技术开发区全年新批外资及港澳台资项目33项，完成注册外资及港澳台资4.57亿美元，到账外资及港澳台资1.69亿美元。其中，新批投资总额超1000万美元项目15项，新增注册外资及港澳台资4.51亿美元。全年增资项目12项，新增注册外资及港澳台资5305万美元，恒嘉晶体材料、鼎盛房地产等一批项目落户。冶金工业园全年新批外资及港澳台资项目21项，完成注册外资及港澳台资2.86亿美元，到账外资及港澳台资1.66亿美元。其中，新批投资总额超1000

张家港国际消费品中心营运中心大楼在张家港保税区开工奠基
（国泰集团 供稿）

万美元项目11项，新增注册外资及港澳台资2.65亿美元。全年增资项目3项，新增注册外资及港澳台资686.3万美元，建华管桩、伟恒贸易等一批项目落户。

【镇（区）招商引资】 年内，塘桥镇、乐余镇、凤凰镇、南丰镇、大新镇、常阴沙现代农业示范园区共完成注册外资及港澳台资3.48亿美元，到账外资及港澳台资8870万美元。其中，塘桥镇新批外资及港澳台资企业5家，注册外资及港澳台资8450万美元，到账外资及港澳台资2536万美元；乐余镇新批外资及港澳台资企业4家，注册外资及港澳台资3130万美元，实际利用外资及港澳台资480万美元；凤凰镇新批外资及港澳台资企业2家，注册外资及港澳台资1.2亿美元，到账外资及港澳台资2472万美元；南丰镇新批外资及港澳台资企业6家，注册外资及港澳台资8071万美元，到账外资及港澳台资2504万美元；大新镇新批外资及港澳台资企业5家，注册外资及港澳台资3051万美元，到账外资及港澳台资781万美元；常阴沙现代农业示范园区新批外资及港澳台资企业2家，注册外资及港澳台资243万美元，到账外资及港澳台资97万美元。

【招商引资实务研修班】 6月23日至28日，市人社局和市商务局联合组织各区镇和有关部门的24名招商一线干部赴哈尔滨进行高端装备产业招商引资培训。培训紧扣制造技术热点，针对海洋工程装备技术、环保专用设备制造、工业机器人应用等核心制造环节进行解读，对于全市招商一线骨干了解和把握高端装备产业现状及发展方向，完善自己的产业知识结构、熟悉高端装备产业招商实务和流程，提高理论水平与实战能力具有积极有效的作用。

【世界500强霍尼韦尔牵手张家港】 10月29日，霍尼韦尔特性材料和技术集团张家港生产基地在江苏扬子江国际化学工业园培土奠基。霍尼韦尔是一家多元化、高科技先进制造企业，霍尼韦尔特性材料和技术集团是其四大业务集团之一，作为全球领先的高性能特性材料供应商，该集团提供的产品和技术被广泛应用于各行各业，包括石油炼制、环保型制冷剂、防爆背心、电脑芯片、医药包装及各类尼龙制品等。张家港生产基地是霍尼韦尔特性材料和技术集团在华设立的首家独资生产基地，总体规划用地面积48.53公顷，其中一期用地面积约10公顷，投资总额9999万美元，注册资本4999万美元。
（袁瑜婷）

2013年张家港市主要新批（含增资）外资及港澳台资项目情况

表16 单位：万美元

行业	项目（企业）名称	投资总额	注册资本	注册外资及港澳台资	外资及港澳台资比例	批准时间
服务业	张家港鼎盛房地产有限公司	24000.00	12000.00	12000.00	100%	11月
化工	索尔维（张家港）精细化工有限公司（股权转让溢价）	—	—	8587.75	100%	5月
化工	润英联（中国）有限公司	11000.00	3666.90	3666.90	100%	11月
化工	霍尼韦尔特性材料和技术（中国）有限公司	9999.00	4999.00	4999.00	100%	6月
机电	爱姆希（中国）机械制造有限公司	9750.00	3250.00	3250.00	100%	2月
服务业	张家港东沙物流园开发有限公司	9659.00	4830.00	2415.00	50%	6月
建材	张家港建华管桩有限公司	7500.00	2500.00	2500.00	100%	12月
化工	日触化工（张家港）有限公司（增资）	6930.00	2310.00	2310.00	100%	1月
新材料	苏州恒嘉晶体材料有限公司	6822.60	2600.00	2600.00	100%	11月
服务业	张家港碧桂园商贸有限公司	6000.00	3000.00	3000.00	100%	12月
服务业	江苏万盈融资租赁有限公司	5000.00	5000.00	5000.00	100%	1月

续表16

行　业	项目（企业）名称	投资总额	注册资本	注册外资及港澳台资	外资及港澳台资比例	批准时间
冶　金	联峰钢铁（张家港）有限公司（增资）	5000.00	5000.00	1250.00	25%	6月
新能源	东华能源股份有限公司（增资）	4719.76	4719.76	1837.92	34.4%	6月
化　工	PPG涂料（张家港）有限公司（增资）	4500.00	1500.00	1500.00	100%	6月
冶　金	江苏永恒钢铁实业有限公司（增资）	4000.00	4000.00	4000.00	47.6%	1月
新材料	江苏鋐隆金属科技有限公司	4000.00	1500.00	1500.00	100%	12月
研　发	江苏智多芯电子科技有限公司	2861.91	1264.87	469.90	22.4%	1月
服务业	江苏鲁卡斯汽车物流有限公司	2800.00	1200.00	1200.00	100%	6月
化　工	银河锂业（江苏）有限公司（增资）	2500.00	6730.00	6730.00	100%	12月
光　伏	张家港国龙光伏科技有限公司	2500.00	1000.00	1000.00	100%	9月

对外及对港澳台经济技术合作

【概况】 全年新签对外及对港澳台工程劳务合同额2亿美元，完成营业额2.56亿美元，外派劳务242人。新批对外及对港澳台投资企业（项目）19家，对外及对港澳台投资总额3.66亿美元，其中张家港投资方协议投资额2.79亿美元。埃塞俄比亚东方工业园规划总面积5平方千米，其中一期2.33平方千米，总投资9.9亿元，共投入5亿余元。至年末，东方工业园共完成基础设施投资5300万美元，入园企业19家，其中投产12家，协议投资1.6亿美元，实际完成1.3亿美元，累计销售额1.6亿美元，上缴埃塞政府各项税收1300万美元，为当地创造就业岗位4930个。2月，经省商务厅确认，市华建房地产开发有限公司投资9500万美元在澳大利亚设立杰克和朱蒂房地产有限公司，经营房地产开发业务。

2013年张家港市批设对外及对港澳台投资企业（项目）情况

表17　　单位：万美元

投资企业（项目）	投资目的地	投资总额	张家港投资方出资	投资行业	投资主体
东渡纺织（柬埔寨）有限公司	柬埔寨	800.00	800.00	纺织	江苏东渡纺织集团有限公司
辰佳有限公司增资680万美元项目	美国	680.00	680.00	报废汽车拆解、废金属回收	张家港保税区辰龙锦绣国际贸易有限公司
易阳新能源控股有限公司	卢森堡	66.00	66.00	光伏电站建设	江苏易阳新能源科技有限公司
豪泰电子（香港）有限公司	中国香港	100.00	100.00	电子、通信产品	江苏亿新电子有限公司
亚派建材展示中心有限公司	菲律宾	800.00	800.00	建材、家具、厨具	张家港市华美家具有限公司
弗臣传动设备有限公司	英国	810.00	40.50	电机、伺服控制器	张家港杰森精工科技有限公司
中美国际控股有限公司	美国	1100.00	330.00	纺织、服装	江苏国泰力天实业有限公司
申港国际公司	美国	392.00	235.20	电力市场解决方案	江苏申港锅炉有限公司
诺米亚（香港）发展有限公司	中国香港	900.00	900.00	化工原材料	张家港保税区诺米亚国际贸易有限公司
马拉纳沙铬铁合金有限公司	津巴布韦	3316.00	756.00	铬铁合金	张家港浦项不锈钢有限公司
辰佳有限公司增资820万美元项目	美国	820.00	820.00	报废汽车拆解、废金属回收	张家港保税区辰龙锦绣国际贸易有限公司
舒可太阳能光伏系统工程公司增资9310万美元项目	德国	13300.00	9310.00	光伏系统	江苏永能光伏科技有限公司
港林加蓬发展有限公司	加蓬	250.00	127.50	森林开发、木材加工	张家港保税区港林国际贸易有限公司
香港兴岳集团有限公司	中国香港	998.00	998.00	铝型材	江苏协铝铝业有限公司

续表17

投资企业（项目）	投资目的地	投资总额	张家港投资方出资	投资行业	投资主体
埃塞俄比亚东方钢铁有限公司增资1248万美元项目	埃塞俄比亚	1248.00	1248.00	棒线材	江苏华金元投资有限公司
中油泰富蓝海有限公司	毛里求斯	1330.00	997.50	固、液、气体燃油	中油泰富船舶燃料有限公司
杰克和朱蒂房地产有限公司	澳大利亚	9500.00	9500.00	酒店式公寓	市华建房地产开发有限公司
至伟有限公司	中国香港	100.00	100.00	混纺纱线、毛条	江苏国泰国际集团华泰进出口有限公司
骏马化纤（香港）有限公司	中国香港	100.00	100.00	己内酰胺、帘子布	骏马化纤股份有限公司

【泰中（张家港）贸易投资机遇洽谈会】 5月21日在市国贸酒店举行，由泰国投资促进委员会、江苏省贸易促进会、张家港市政府联合主办，张家港市86家外贸企业的100余位代表参加。泰国投资促进委员会上海办事处主任批塔雅·乐玛哈利就泰国投资环境、优惠政策与程序以及机械、电子、替代能源等鼓励的行业向全市外贸企业进行详细介绍，泰国官方代表介绍外国企业在泰国经商的成功案例。

【埃塞俄比亚投资说明会】 10月4日由市商务局举办，为全市有意在埃塞俄比亚拓展业务、投资发展的企业介绍埃塞俄比亚的营商环境和投资优势。江苏斯威森生物医药工程研究中心有限公司、江苏天霸集团、丰立集团等20余家企业参加投资说明会。埃塞俄比亚方面向与会企业做了关于埃塞俄比亚经济概况、投资环境和投资机遇的主题演讲。各类企业就相关产业政策，如制药业标准、棉花资源品质、建筑管线状况、合金钢板产业政策以及工资标准等方面进行咨询。与会企业表示，通过投资说明会，对埃塞俄比亚的政策环境、资源禀赋和市场前景有了更好认识，下一步将赴该国进行深入考察并开展相关谋划。

【首个林业类对外投资项目获批】 1月，投资缅甸的邦德农林科技有限公司获批，这是全市首家林业类对外投资项目。该项目的国内投资主体是市邦德苏杨快育专业合作社，专业研发长江流域滩涂地美国竹柳快育技术，并自主改良培育出苏州独有的民族新品种——苏杨竹柳，总种植面积761.4公顷，总资产1000万元。邦德农林科技有限公司项目获批，表明全市“走出去”战略成效显著，多元化投资的趋势得到加强。同时，投资国外原生资源，既可以帮助当地发展经济，也能有效利用当地资源进行经济互补、优化资源配置。 （袁瑜婷）

江苏国泰国际集团

【概况】 2013年，江苏国泰国际集团有限公司（又称江苏国泰国际集团，简称国泰集团）实现销售收入371亿元，比上年增22.5%；上缴各项税款4.4亿元，海关关税和增值税6.3亿元，总计10.7亿元。在2013年公布的中国企业500强中，位列338位；在中国服务业企业500强中，位列108位。年内，集团获江苏省服务业创新示范企业、苏州市国有企业创建“四好”领导班子先进集体等荣誉。

【外贸主业】 国泰集团下辖专业进出口公司全年完成进出口总额33.8亿美元，比上年增23.6%，其中出口27亿美元，比上年增22.9%，进口6.8亿美元，比上年增26.7%。据中国纺织品进出口商会统计，集团下属国贸股份公司、华盛公司、国华公司、力天公司、亿达公司、汉帛公司等6家公司进入2013年中国纺织品服装出口企业百强，分别列第7、23、33、49、68、98位。

2013年江苏国泰国际集团主要下属专业外贸子公司经营情况

表18

公司名称	法人代表	出口额（万美元）	进口额（万美元）
江苏国泰国际集团国贸股份有限公司	谭秋斌	64552	5823
江苏国泰力天实业有限公司	沈卫彬	46175	20195
江苏国泰国际集团华盛进出口有限公司	常仁丰	41318	4156
江苏国泰亿达实业有限公司	才东升	23922	1996
江苏国泰国际集团华泰进出口有限公司	杨　革	19467	11954
江苏国泰国际集团汉帛贸易有限公司	唐朱发	32652	1852
江苏国泰国华实业有限公司	张子燕	32576	3943
江苏国泰国际集团东方进出口有限公司	邹　云	148	946
江苏国泰国际集团华诚进出口有限公司	张子燕	7663	1074
江苏国泰华博进出口有限公司	才东升	0	16215
江苏国泰国际集团上海进出口有限公司	陈晓东	1650	0

【投资产业】 房地产方面，国泰润园项目总建筑面积16万平方米，项目总投资约16亿元，至年末共投入11亿元，累计销售额13.2亿元，预计2014年6月交付使用。常熟江南府项目，分16号和17号两个地段开发，至年末两地段工程进度完成合同的80%，销售工作展开。国泰集团与南京朗诗地产联合开发的朗诗国泰城位于张家港市华昌路西、市公共卫生中心东侧，总规划面积8.33万平方米，首期开发面积5.73万平方米，根据项目开发计划，首期楼盘2014年5月前后向市场公开发售。新兴产业方面，集团下属国泰华荣化工公司继续围绕“成为锂电池材料优质综合供应商”目标，积极实施大客户战略，在确保锂电池电解液产能、规模增长的同时，积极在产业链上下游培育开发新的增长点，全年利润比上年增30%。集团下属新点软件公司全年销售额、合同额、利润等主要指标均保持40%以上增长，电子招投标业务和电子政务业务全年合同额双双超过1亿元，继续处于行业领先地位。酒店宾馆业方面，国贸酒店全年营业收入1.23亿元，其中客房收入5117万元、餐饮收入6602万元，实现综合效益2300万元。南园宾馆全年实现营业收入7731万元，其中餐饮收入3518万元、客房收入3486万元。投融资方面，江苏国泰财务有限公司顺利试营业，12月23日发放第一笔贷款。国泰小贷公司全年累计发放贷款243笔，共6.8亿元，预计利息净收入5100万元。盛泰投资、国泰投资和华鼎投资三家投资公司也在防控风险的前提下，积极稳妥为集团探寻新的增长点。此外，国泰集团投资参股的朗诗集团、张家港农村商业银行、苏州银行、江苏银行、中科长江创投公司、紫金财产保险、东吴人寿保险等企业在不同领域都取得了良好的经济效益。

国泰奖学金发放　　（国泰集团　供稿）

【集团首家NEWLOCKER品牌体验店开业】 8月8日上午，位于国泰大厦一楼的首家NEWLOCKER品牌体验店开业。NEWLOCKER品牌是国泰绿尚服饰公司重要的经营项目之一，也是国泰集团品牌体系的核心组成部分，旨在为崇尚简约、舒适，追求自然、健康的中国新型中产阶级，提供优质、时尚、平价、环保的穿着体验。同日，苏州新区绿宝广场、南京水游城的两家品牌店同步开张营业，天猫商城的网店也正式上线，进入线上、线下同步发展阶段。2013年，NEWLOCKER品牌第一阶段国泰大厦一楼NEWLOCKER品牌体验店、苏州绿宝店、南京水游城店、苏州时代广场店、苏州观前街1号店等5家实体店完成铺设。近年来，国泰集团大力推动以进口带动内贸，把集团多年来形成的“出口为主、进口为辅”转型升级为“做整个供应链组织者”的全新格局，把“渠道”建设向零售终端和品牌高端形态推进。

【60万平方米平台项目在建】 2月17日，张家港国际消费品中心营运中心大楼举行开工奠基仪式，国泰集团与张家港保税区管委会共同出资1亿元成立江苏进口商品集采分销中心有限公司，并共同投资6亿元打造集展示、交易、商务办公为一体的营运中心大楼，项目一期占地4.67万平方米，总建筑面积8万平方米，预计2015年5月竣工。8月5日，国泰智慧软件园举行奠基仪式，软件园占地面积2.22万平方米，总建筑面积5.39万平方米，项目总投资1.3亿元，项目分两期建设，预计2016年年末建设完成。9月20日，由集团下属力天公司、华盛公司、华泰公司和东方公司合资开发的国泰新天地广场举行开工奠基典礼，该项目位于人民东路与华昌路交叉处西南方向，大楼共26层，总建筑面积17万平方米，预计2016年9月投入使用。12月10日，国泰金融广场举行封顶仪式，该项目是由集团和下属公司共同投资兴建的五星级商业写字楼，包括两幢25层、一幢10层的主楼及4层裙房，建成投运后集团下属汉帛公司、国华公司、绿尚服饰公司等公司将入驻，可供2000人左右办公。此外，集团在建的项目还有苏州金鸡湖国泰国际贸易中心大厦等。国泰集团上述平台项目建设，预计投入资金50亿元左右，总建筑面积超过60万平方米。

【国泰财务公司发放首笔贷款】 9月3日，江苏国泰财务有限公司得到中国银监会的开业批准，9月16日在省银监局办理金融许可证，9月27日领取工商营业执照。11月29日，国泰财务公司获得中国人民银行南京分行关于同意加入金融管理与服务体系的批复，首批共连接8家银行，加入26个成员单位142户银行账户。12月5日，国泰财务公司举办面向成员单位的业务推介会，顺利进入试营业阶段。12月23日，国泰财务公司向江苏国泰紫金科技发展有限公司发放了一笔1亿元短期流动资金贷款，这是对成员单位开展的首笔贷款业务。此笔贷款的成功发放，实现了国泰财务公司信贷业务的良好开局，标志着国泰财务公司在“立足国泰、服务国泰”方面迈出了第一步。

【19万元“希望之光”国泰奖学金发放】 9月28日，2013年度“希望之光”国泰奖学金发放仪式在国泰新世纪广场30楼会议室举行。集团向全市19所大中小学的114名家境贫寒、学习优秀的学生发放了总额为19万元的奖学金。“希望之光”专项奖学金作为国泰助学工程的项目之一，自2008年与团市委共同创立起，连续6年累计发放奖学金108.2万元，捐助优秀学子654人，资金全部出自国泰员工的自愿捐款。　（戴丽兰）

【编辑　朱永平】

民营经济

Private Economy

长江润发集团　（长江润发集团　供稿）

综　　述

私营企业

个体工商户

外地资本利用

上市公司

管理与服务

综　述

2013年，全市民营经济紧紧围绕《苏州市人民政府关于促进民营企业创新发展的工作意见》及《2013年苏州市中小微企业（民营经济）工作要点的通知》，以创新争先突破年为主线，积极应对国际、国内严峻复杂的经济环境，全力以赴破解发展瓶颈，民营经济保持平稳增长的发展态势。10月，市政府出台《关于加强工业经济和信息化专项资金使用管理的意见》。全年组织50余家企业参加国内外各种展销会9次，帮助民营企业拓市场争订单。

规模总量壮大　年内，全市规模以上民营企业完成工业总产值3557.89亿元，比上年增7.2%。5家企业入围中国企业500强榜单，其中民营企业江苏沙钢集团有限公司排名第45位，华芳集团有限公司排名第373位，丰立集团有限公司排名第475位，澳洋集团有限公司排名第492位。8家企业入围中国民营企业500强，11家企业入围中国民营企业制造业500强。沙钢集团实现营业收入2180亿元，连续五年入围世界500强，列第318位。

发展活力增强　新增私营企业3452家、个体工商户9256户，新增注册资本分别为102.22亿元和9亿元，私营个体企业注册资本累计突破900亿元。现代服务业中民营企业发展提速，入选全国服务业500强企业11家，总数位居全省县市前列。全市累计上市企业19家，总数继续保持苏州领先，再融资募集资金171.26亿元。

社会贡献提高　民营企业完成入库税收175亿元，占全市总量的67.8%，比上年增6%。其中个体私营经济完成入库税收67.68亿元，比上年增3%，占全市入库税收的26.23%。全市新增省高新技术企业55家、省民营科技企业231家。新增省管理创新示范企业1家、省信用管理示范企业2家、苏州市信用管理示范企业10家。全年申报专利15735件，其中发明专利3338件。新增江苏省著名商标14件，全市自主品牌经济增加值占GDP的比重达到26.3%。节能减排效益明显，新增清洁生产验收企业50家，新增苏州市“三星级”以上“能效之星”企业11家，累计43家。省级以上循环经济试点企业6家、省级循环经济试点园区2个。

【8家企业入围中国民营企业500强】 8月29日，全国工商联在北京召开“2013中国民营企业500强”发布会，发布“2013中国民营企业500强”名单。500强名单以2012年度企业年营业收入总额为排名依据，入选门槛再创新高，要求营业收入77.72亿元，比上年增10.03亿元。张家港市共有8家企业进入全国500强排名，入围家数继续居苏州市首位。江苏沙钢集团有限公司以2180.37亿元的营业收入总额位居2013中国民企500强第四位。另外7家分别是：江苏永钢集团有限公司排名第51位，华芳集团有限公司排名第91位，丰立集团有限公司排名第146位，澳洋集团有限公司排名第154位，攀华集团有限公司排名第378位，江苏骏马集团有限公司排名第457位，江苏东渡纺织集团有限公司排名第476位。

【11家企业入围中国民营企业制造业500强】 8月29日，全国工商联在北京发布“2013中国民营企业制造业500强”名单。张家港市共有11家企业进入全国500强排名，入围数居苏州市首位。分别是江苏沙钢集团有限公司排名第3位，江苏永钢集团有限公司排名第34位，华芳集团有限公司排名第61位，丰立集团有限公司排名第98位，澳洋集团有限公司排名第103位，攀华集团有限公司排名第233位，江苏骏马集团有限公司排名第280位，江苏东渡纺织集团有限公司排名第289位，长江润发集团有限公司排名第335位，江苏华尔润集团有限公司排名第369位，江苏华机集团排名第371位。　（糜岚岚）

私 营 企 业

【概况】 年内全市新注册登记私营企业3452家，比上年增15%，新增注册资本102.22亿元，比上年减10.3%，户均注册资本296.1万元。原有私营企业新增注册资本43.45亿元，合计新增注册资本145.67亿元，比上年减6.1%。逐年累计注册私营企业28257家，逐年累计注册资本901.52亿元。

【澳洋集团多产业开花】 2月17日，澳洋集团房地产板块“澳洋优居100”养老公寓举行奠基仪式。项目总投资4.2亿元，占地1.87公顷，总建筑面积约5万平方米，建筑套间300个，护理床位60个，可容纳600

江苏澳洋实业（集团）有限公司车间　（澳洋集团　供稿）

余位老人入住，安享晚年。6月，由淮安澳洋顺昌光电技术有限公司投资8.08亿元实施的LED外延片及芯片产业化项目（一期）土建以及配套设施全面完工，5台MOCVD设备（全部为进口69片机）完成调试实现量产，LED外延片生产线全线贯通，至年末实现销售收入3496万元，实现利润477.68万元，取得项目当年投产当年盈利的超预期成果。9月20日，澳洋集团广场项目“澳洋·幸福里”开盘，总建筑面积约5.6万平方米。年内，从事粘胶短纤和棉浆粕生产经营的澳洋科技公司完成年销售32.8亿元，从事金属配送与LED生产的澳洋顺昌公司完成年销售15亿元，从事医疗服务的澳洋健投公司完成年销售16.45亿元，从事园林建筑和生态种植的绿地养生公司完成年销售12亿元，如意通动漫公司在精品动漫的打造和发行渠道的发掘发面取得突破，开始盈利。澳洋集团全年完成销售208亿元，比上年增3.48%，集团六大核心产业全年实现销售收入135亿元，比上年增1.98%。

【多维科技公司项目入选国家级计划】7月，国家外国专家局下发《关于下达2013年度引进外国专家项目（经济技术类）计划、经费预算的通知》，位于张家港保税区的江苏多维科技有限公司“采用TMR线性传感器芯片的高灵敏度、低功耗电流传感器的研发和产业化”项目列入2013年度国家高端外国专家项目（经济技术类）计划，并获得国家专项经费资助。江苏多维科技有限公司成立于2010年5月，是一家创新型的高科技公司，由博士薛松生带领10名欧美留学归国博士创办，专业提供基于第四代磁传感技术——隧道磁电阻（TMR）的磁传感器及其应用解决方案。该高端磁传感器可用于医疗、物联网、新能源、消费电子、工业控制、汽车电子、航空航天等领域。公司在美国加州、中国上海等地设有分公司，注册资本3亿元，项目总投资5亿元。公司第一代研发的TMR磁传感器产品有4个系列，共16款型号，包括开关、线性、角度和齿轮。针对客户实际需求，产品应用团队还设计了10余种TMR磁传感器应用方案。

【长江润发集团转型升级】2013年，长江润发集团不断加快产业转型升级，导轨制造、薄板镀层、铝型材、船舶制造、房产开发、物流仓储等产业齐头并进。3月，长江润发机械股份有限公司二期工程投产运行，新增4条生产线，预计增加产能5万吨。5月，公司天津工厂竣工投产，新增导轨支架、层门装置生产线，预计年产分别达到5000吨、6万台套。7月，实心导轨车间实现精整—金加工—清洗的自动连线改造，龙刨技改、拉床、自动毛坯整形机改造提升，自动堆高机设计、制作、安装效果优良，空心导轨连接板工艺得到改进。集团公司新品开发稳步开展，通过国内外知名品牌客户的样品认证，上海OTIS高速支架、底坑样品制作完成，ADS层门装置总装已形成工艺。集团全年实现销售31.26亿元，利税1.1亿元，分别比上年增6%、19%。

【宏宝五金公司被认定为省工业设计示范企业】12月，2013年江苏省工业设计中心、工业设计示范园和示范企业名单公布，江苏宏宝五金股份有限公司被认定为江苏省工业设计示范企业。省工业设计示范企业要求企业在工业设计创新体系和机制、创新成果转化能力、整体设计水平必须居同行业先进地位。江苏宏宝五金股份有限公司拥有国内最先进的工具检测设备及研发中心，“宏宝”牌刀剪、钳子、扳手被中国五金制品协会分别授予中国刀剪、钳子、扳手“十大知名品牌”，“宏宝”牌商标被评为江苏省著名商标、中国驰名商标。

【巨元科技公司推广“智慧安防”】年内，巨元科技有限公司“城市智能物联网安防系统”在全市推广。巨元科技有限公司是一家生产常规电子产品的民营企业，2012年，公司董事长孙浩元敏锐地意识到，全市现代化指标体系中对于公众安全感和满意度要求的实现，必须在现代化的智能安防上取得重大突破。孙浩元带领他的团队，与苏州大学城市智能物联网研究所合作，成功研发出“城市智能物联网安防系统”，即物联网人脸识别系统、车辆轨迹预警出入管理系统、防攀爬盗窃系统。该套物联网安全防范系统在市区安装试运行后，经专家评审，可减少偷窃等案发率90%以上，公众安全感提高到95%以上。市公安局、住建局、综治办等职能部门联合发文，在全市推广实施“智慧安防”工程。省公安厅专门现场测试总结，向全省推广经验。

【攀华集团重庆公司二期汽车板项目投产】4月7日，攀华重庆万达薄板公司汽车板无锌花镀锌生产线投产，生产规格为（0.47毫米~1.8毫米）×（1000毫米~1250毫米）的成品卷3800余吨，其中彩基板1800吨、家电板2000吨。产品板面质量优良，其中2000吨家电板性能完全达标。汽车板镀锌线选用国内外技术先进自动化的设备。入口段选用武汉凯奇新型自动化焊机，脱脂段选用立式喷淋碱液箱和立式电解箱，使带钢清洗效果更好。工艺段选用先进的自动化三点式锌层测厚仪，可随时监测。出口卷取收卷采用一键操作，操作快捷方便，生产机组速度达到每分钟150米可实现不用减速在线收卷，有效提高出口收卷速度。全线选用进口纠偏控制系统，控制精确度高，能够有效解决带钢跑偏问题。

【个私协会助私企融资67亿元】3月15日，市个私协会组织全市中小企业金融服务对接会“银企融资对接走乡镇进园区”活动。7月16日，联合人行张家港支行和苏州银行张家港支行在张家港国贸酒店举行“诚信贷”联合启动仪式。苏州银行张家港支行与江苏联冠科技、江苏浩波集团等6家民营企业签订总值5800万元“诚信贷”融资协议。经开区（杨舍镇）、冶金园（锦丰镇）、塘桥镇等基层个私协分会也分别组织开展“诚信贷”融资现场对接会。年内，市个私协会通过深化联贷联保、商贷通、阳光信贷、诚信贷、债转股等融资模式，先后为全市会员企业融资67亿余元，其中，协助会员企业抵押融资30亿余元，商标权质押1.25亿元，有力助推全市私营企业的发展。

（糜岚岚　何建平　邱亚峰
秦　香　王　林）

个体工商户

【概况】 年内，全市新注册个体工商户9256户，比上年增4%；新增注册资本9亿元，比上年增17.9%。至年末，逐年累计注册个体工商户53678户，累计注册资本36.75亿元。

【个体工商户转型为企业登记操作规范出台】 9月，张家港工商局制定出台《个体工商户转型为企业登记操作规范》，从制度上为个体转型升级登记提供支持。该规范对转型为企业的个体工商户的要求、转型后企业的类型、个转企程序要求、转企后名称使用问题、转企后住所证明问题、涉及前置许可的经营范围的登记问题、个体工商户注销问题、企业设立时应提交的材料、转企后的登记档案管理等方面做了明确的规定。规范的出台，不仅规范了工商部门内部的操作要求和流程，同时为个体转企业提供便利，为个体经济的进一步健康发展提供政策上的支持，有助于促进全市个体私营经济健康发展。

【两个体经营者当选市第二届道德模范】 12月27日，“道德的力量”第二届张家港市道德模范颁奖典礼在市电视台演播大厅举行。经开区（杨舍镇）个体户李志强、冶金园（锦丰镇）华尔润理发厅负责人吴卫中分别当选市第二届见义勇为类和助人为乐类道德模范。9月11日上午9时，市徐丰小区19幢底楼的一间车库发生液化气爆炸，李志强不顾个人安危，冲进屋救出老人顾毛兴后，再次冲进屋子关掉液化气阀门，防止二次事故的发生。吴卫中是锦丰镇一名普通的美发个体户，他坚持10余年到社区、街头学雷锋做好事，义务为老人们理发。2008年，锦丰镇建起居家养老服务中心，在他的建议下，镇民政部门专设老年人“义务理发室”，从此每月的15日和30日，吴卫中都关店暂停营业，专心为老人服务。在他的影响下，几个徒弟也加入志愿理发队伍。吴卫中还资助锦丰镇一位孤儿。2011年，吴卫中获“苏州市优秀青年志愿者”称号。

（糜岚岚）

外地资本利用

【概况】 年内，全市新建利用外地资本项目2047项，比上年增194项；总投资243亿元，其中外地资本投资额为172亿元。注册外地资本121.48亿元，比上年增17%，是全年目标115亿元的1.06倍；到账外地资本152亿元，比上年增25亿元。完成投入工作量161亿元，是全年目标115亿元的1.4倍，其中一产项目3项、二产项目484项、三产项目1560项。注册外地资本5000万元以上项目有19项，注册外地资本达到42.7亿元，占总额的35%。至年末，外地资本逐年累计完成投入工作量达到830亿元。

2013年张家港市引进外地资本注册超1亿元以上项目情况

表19

项目名称	企业名称	来源地	主营业务	注册资本（亿元）
年产8000吨铜杆冷拉项目	张家港杰拉德金属有限公司	上海	铜杆冷拉	1
房地产开发项目	张家港世茂房地产开发有限公司	广东珠海	房地产开发、销售	15
纺织品及原料、机械设备等购销项目	张家港保税区中百汇国际贸易有限公司	江苏无锡	各类纺织品及原料、机械设备、五金交电、建材等购销	3
纺织品及原料、机械设备等购销项目	张家港保税区恒瑞和毛纺有限公司	江苏无锡	各类纺织品及原料、机械设备、五金交电、建材等购销	3
物流仓储项目	苏州港口张家港保税区现代物流有限公司	江苏苏州	货物装卸、仓储；国际货运代理；国内水路货物运输代理及船舶代理等业务	3

【世茂房产公司投资全市最大房产项目】 7月5日，广东珠海世茂集团以60亿元底价取得张家港暨阳湖板块14幅住宅用地，地块位于市暨阳湖生态园版块，楼面价为每公顷9300万元，容积率1.3，地块占地64公顷，总占地面积72万平方米，总建筑面积85万平方米，为全市历年最大房产项目。项目前期以别墅为主，计划打造建设成高端住宅社区。（季琳芬）

上市公司

【概况】 2013年，全市新增上报首发申请材料企业1家，累计达到3家；新增拟上市企业1家，累计达到27家；省金融办累计备案26家；18家科技型上市后备企业完成申报；3家上市公司完成再融资，募集资金14.04亿元，另有4家上市公司上报再融资申请材料。至年末，全市上市企业19家，募集资金总额171.26亿元。其中，经开区（杨舍镇）6家，分别是骏马化纤、江苏国泰、澳洋科技、澳洋顺昌、海陆重工、富瑞特装；保税区（金港镇）5家，分别是保税科技、东华能源、华昌化工、长江润发、张化机；塘桥镇3家，分别是华芳纺织、银河电子、鹿港科技；冶金园（锦丰镇）2

家，分别是沙钢股份、格兰奇；凤凰镇1家，即盛隆光电；乐余镇1家，即牡丹汽车；大新镇1家，即江苏宏宝。年内，市政府以抄告单形式出台《“新三板”挂牌企业扶持政策》。至年末，全市“新三板”拟挂牌企业5家。其中，保税区（金港镇）1家，即神农灭菌；乐余镇1家，即玉成精机；凤凰镇2家，分别是瑞腾科技、和乔电子；南丰镇1家，即中孚达纺织。

【市上市办推动企业上市】 年内，市上市办对全市百强企业和高新技术企业进行上市可行性分析，筛选出具有上市可行性的优质企业，科学调整上市后备库。4月，举办“张家港市领军人才企业暨上市后备企业投融资对接洽谈会”，45家领军型创业人才企业、10家上市后备企业的代表出席会议。6月，举办新三板专题对接会和新三板业务专题讲座，对全市50家后备企业的负责人和各区镇企业上市工作负责人进行系统培训。在出台《“新三板”挂牌企业扶持政策》的同时，12月，出台全市企业“新三板”挂牌三年行动计划（2014~2016年），计划至2016年年末，力争全市“新三板”挂牌企业达到25家。突破寻找企业境外上市机会，利用全市首家台资企业张家港金鸿顺机械工业有限公司启动赴中国台湾上市工作之际，会同市台办邀请台湾上市中介机构举办赴台上市专题讲座，对全市25家优质台资企业负责人进行专业辅导；同时邀请中国香港证券交易所有关人员走访市相关企业，宣讲香港上市政策，深度挖掘境外上市后备企业。推动企业债券发行，完成“张保二期”11亿元企业债发行工作，联峰实业15亿元和金城二期12亿元企业债发行申请材料和专项核查自查报告上报国家发改委，正在审核之中；直属二期20亿元公司债申请材料报省发改委，正在补充资料。及时兑现各项财政补贴，会同市财政兑现补贴资金合计7711万元，有效降低企业上市成本与风险；会同市财政办理7个批次上市公司限售股减持所得税奖励22119万元（其中当地股东1532万元、外地股东20587万元），相应增加地方税收60559万元（其中当地上市公司贡献6382万元、外地上市公司贡献54177万元）。配合市人大开展推进企业上市调研活动，集中走访6家拟上市企业，分别召开拟上市企业座谈会、区镇和上市公司座谈会、政府职能部门分管领导座谈会，赴福建晋江市学习考察，起草关于全市企业上市工作情况报告，并受市人民政府委托向人大常委会第十九次主任会议作专题汇报。协助保税区做好对上争取工作，将“支持发展张家港化工品交易场所”列入国务院《苏南现代化建设示范区规划》中，同时，按照证监会关于全国交易场所清理整顿的要求，协助省、苏州市切实加强对华东化工品交易市场的监督管理，督促江苏化工品交易中心进行升级改造及申报工作，防范金融风险。另外，协助做好苏州南方金银交易市场的停业整顿及江苏南方贵金属合约交易中心有限公司设立申报工作。

2013年张家港市企业在国内上市情况

表20

上市公司	主行业归属	主营构成	上市时间	募资总额（亿元）	总股本（万股）	流通股（万股）	12月30日股价（元/股）
保税科技	交通运输、仓储业	码头仓储、化工品贸易、运输	1997年3月	7.39	47435.19	42783.20	7.61
华芳纺织	纺织业	棉纱、新型纺织面料	2003年6月	7.42	31500.00	31500.00	6.84
江苏宏宝	工具制造业	工具五金、锻件五金	2006年1月	1.94	18402.00	18016.13	20.70
江苏国泰	商业经纪与代理业	贸易行业、化工行业	2006年12月	2.56	36000.00	34653.86	11.62
澳洋科技	合成纤维制造业	粘胶短纤、蒸气	2007年9月	9.30	56582.10	53529.97	4.22
东华能源	能源批发业	液化石油气销售、再生能源贸易	2008年3月	9.99	58634.62	44737.04	10.43
海陆重工	通用设备制造业	余热锅炉及相关、容器产品	2008年6月	7.60	25820.00	19472.28	14.66
澳洋顺昌	社会服务业	电镀锌钢板、热镀锌钢板、冷轧钢板、铝合金板物流	2008年6月	2.49	36480.00	33546.45	7.17
华昌化工	化学肥料制造业	纯碱、肥料系列产品、精甲醇	2008年9月	9.71	33327.32	25528.85	7.02
长江润发	专用设备制造业	扶梯导轨、实心导轨、配件及汽车型材、导轨毛坯	2010年6月	5.12	19800.00	17897.34	8.15
银河电子	广播电视设备制造业	数字机顶盒、信息电子设备结构件	2010年12月	6.48	21282.84	5442.84	13.34
张化机	石化及其他工业专用设备制造业	换热器、蒸发器、过滤器等	2011年3月	27.10	36985.60	13915.22	12.73
沙钢股份	黑色金属冶炼及压延加工业	黑色金属产品的开发、冶炼、加工及销售	2011年4月	24.84	157626.56	157626.56	3.09

续表20

上市公司	主行业归属	主营构成	上市时间	募资总额（亿元）	总股本（万股）	流通股（万股）	12月30日股价（元/股）
鹿港科技	毛纺织业	精纺纱线、半精纺纱以及呢绒面料	2011年5月	9.30	31800.00	16491.45	6.82
富瑞特装	专用设备制造业	金属压力容器的设计、生产和销售	2011年6月	4.25	13524.80	7392.52	79.00

【“新三板”挂牌工作推进会】 12月23日，全市“新三板”挂牌工作推进会在市沙洲宾馆召开。市相关部门、110家企业和40家中介机构代表共200余人参加会议。会上，各相关部门对推动企业“新三板”挂牌作交流发言，市金融办对全市扶持政策进行详细解读，10家企业和中介机构现场签订挂牌服务协议。市委常委、副市长徐仲高出席会议并讲话。“新三板”即全国中小企业股份转让系统，是专门面向高成长的科技型、创新型非上市股份公司进行股权转让和定向增发融资的交易平台，具有门槛低、成本小、规范化等特点，也是中小板和创业板市场的蓄水池。针对“新三板”，市政府出台多项扶持政策，在项目立项、用地指标、能源供应等方面均给予优先支持，同时在税收和挂牌成本上给予补贴。至2016年年末，全市力争“新三板”挂牌企业达到25家。其中，2014年挂牌6家，2015年挂牌8家，2016年挂牌11家。

全市“新三板”挂牌工作推进会　　（市上市办　供稿）

【张化机、保税科技、华昌化工三公司实施再融资】 张化机于2011年3月10日在深交所挂牌上市，首次公开发行4800万股（每股29.5元），募集资金14.2亿元。2013年6月，该公司以每股9元的价格成功实施定向增发6600万股，募集资金5.94亿元，所募资金主要用于张化机伊犁年产6万吨重型非标压力容器制造项目。保税科技前身大理造纸于1997年3月在上交所挂牌上市。1999年，大理造纸向张家港保税区金港资产经营公司等定向增发1156.6万股（每股13.8元），募集资金1.6亿元，并更名为保税科技，成为张家港市上市公司。2013年5月，该公司成功实施再融资，通过发行公司债募集资金3.5亿元，所募资金主要用于补充流动资金及偿还银行贷款。华昌化工于2008年9月在深交所挂牌上市，首次公开发行5100万股（每股10.01元），募集资金5.11亿元。2013年6月，该公司以每股6.4元的价格成功实施定向增发7180万股，募集资金4.6亿元，所募资金主要用于扩建年产15万吨浓硝酸项目和原料结构调整技术改造项目。

（陈珊珊）

管理与服务

【概况】 2013年，全市落实苏州市委、市政府《关于加快民营经济转型升级的若干意见》，推动张家港市民营企业的快速健康发展，市四套班子领导和市经信委、市中小企业局、市个私协会实施定点联系制度，加强调查研究，及时发现经济运行过程中出现的新情况、新问题，第一时间帮助企业解决问题。支持中小企业开拓国内外市场，主动组织民营企业参加国内外各种展会，开拓国内其他省市市场，为全市中小企业提供有效帮助，协助参加其他省市的政府采购招标。线上线下融资对接活动同步进行，“金融顾问团队”服务民营企业。政策性担保公司，为民营企业提供低成本的融资服务。

【企业培训服务】 市中小企业局组织开展“张家港市企业家队伍专题培训”“千名经理人培训工程”等共12类27期培训班，完成培训2977人次。利用行业协会等多种途径，组织开展企业与沙工等院校合作，为解决企业高技能人才瓶颈拓新路。组织开展“中小企业成长故事”系列宣传，通过典型引路，提振企业家创业创新的信心和激情。市中小企业服务中心联合苏州市中小企业服务中心举办经济形势分析与企业应对暨首场扶持政策巡回讲座。整合社会资源，组织师资力量为中小企业提供信息化、税务知识、专利申请与保护等各类培训，培训人数250余人次。

【融资担保服务】 年内，市中小企业局组织融资性担保公司参加经营许可证年检，除3家钢贸类企业外，其他6家担保公司全部通过，注册资本累计10.51亿元。根据《张家港市融资性担保公司风险补偿办法》，经自愿申报，市中小企业局及市财政局联合审核并经报市政府批准，金港担保、农业担保、信源诚泰、金茂担保4家担保公司获得市风险补偿金689万元。组织推荐担保公司申报国家级、省级担保专项扶持资金，金茂机械、金港担保、农业担保3家公司获884万元扶持资金，金港担保、农业担保、信源诚泰3家公司获331万元涉农担保扶持资金，金港担保、农业担保、金茂机械3家公司获科技金融扶持资金282万元。指导组织符合条件的商业银行申报省级小企业贷款风险补偿资金项目，有6家银行向省经信委提交申报材料，获得141万元的奖励扶持资金。

【对上争取服务】 年内，市中小企业局研究国家、省、市相关产业政策，及时捕捉各类资金信息，准确把握中央、省资金投向，谋划筛选上报项目，积极寻找争取支持的切入点。新港星、广大机械等3家企业获得省级工业和信息产业转型升级专项引导资金210万元，兰航机械公司获工信部90万元的专项资金扶持，6家银行获得省级小企业贷款风险补偿资金140万元。海锅重型锻件、新港星科技及新美星3家企业获省高成长型中小企业（重点培育企业）称号；万富安机械、天达工具、欧邦塑胶3家企业获省创新能力建设示范企业称号；市海宇金属材料测试有限公司获江苏省中小企业公共技术服务示范平台称号，金典软件、海宇金属公司获省四星级公共服务平台称号；创基机械公司获省中小企业管理创新示范企业称号；新港星公司的食品包装用高品质镀锡薄板获省“专精特新”产品称号。

【政策咨询服务】 年内，市中小企业局门户网站改版，重点突出融资申请、招聘求职、产品推荐、优秀企业推荐等板块。及时、快捷、全面地为中小企业提供政策咨询服务，引导企业了解政策，为中小企业提供多种有效信息，实现资源共享，搭建中小企业与政府部门、中小企业与中介服务机构、中小企业与中小企业之间的信息沟通平台。至年末，网站点击率突破2万次。

【产业集聚服务】 年内，市中小企业局根据各区镇的产业特色，推动关联中小企业向特色产业基地集中。定期跟踪锦丰冶金产业集群、塘桥毛纺织产业集群和乐余洗涤设备产业集群3个省重点产业集群的运行情况。凤凰科技创业园获省小企业创业示范基地称号，南丰镇小企业创业基地、张家港科技创业园获省小企业创业基地重点培育单位称号。做好对经济一般村的厂房建设帮扶工作，严格规范市集体标准型厂房建设。全市区镇、村二级集体建造的标准型厂房总面积449万平方米，出租率72.84%，有效地提高村级经济收入和财力，为中小企业发展提供良好的载体平台。

举办全市企业信用管理培训讲座 （市经信委 供稿）

【惠商系列活动】 市个私协会惠商服务贴近基层。1月，市个私协会下发会员企业用工意向调查表，收集会员用工需求。2月，组织会员参加2013年春季大型人才招聘交流会，提供岗位1.1万个，涉及数十个工种，有4322人次与企业达成就业意向。8月28日至29日，组织6家会员赴连云港参加“加强区域合作，推进民营经济发展”为主题的投资恳谈会。年内，走访慰问100余名身患重病或遭遇火灾等重大事故的特殊困难个体工商户。“惠商险”服务会员。年内有31家会员因意外伤害及时得到理赔，落实理赔款20.3万元。惠商课堂提升会员能力。1月，开展党的十八大报告热点解析。3月7日，举办“庆三八、话发展”座谈会，让与会女企业家相互借鉴，提升企业发展转型理念。同时举行女性职业形象塑造讲座。6月22日，举办大易知慧大型演讲会。7月13日，举办企业老板财务管控系统论坛。年内，组织开展以食品卫生安全、诚信经营等为主题的道德巡回讲堂，印发《促进民营经济发展惠企政策文件摘编》2万册。惠商资讯加强沟通。“点对点”发送手机惠商短信300条，创建《张家港商道》杂志和张家港民营经济服务网站，与《张家港日报》合办《聚焦光彩》专版。免费为会员提供最新政策、法律法规、市场信息、年检验照提醒和各类讲座论坛、培训服务等。

（糜岚岚 何建平）

【编辑 黄宏庆】

农业和农村工作

Agriculture and Rural Work

丰收　（张惠芬　摄）

综　述

种植业

养殖业

农业服务业

农业产业化

农村经营管理

村级集体经济

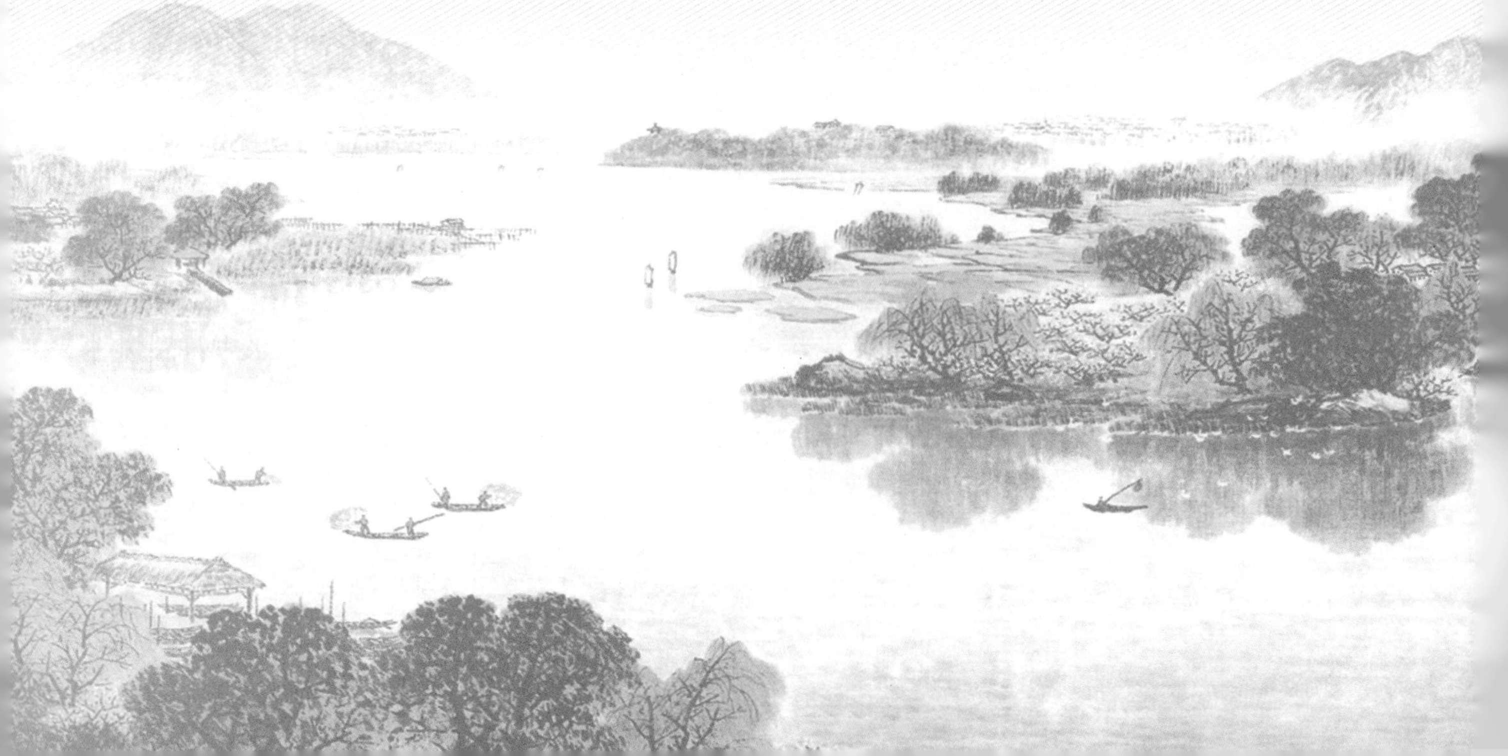

综 述

2013年，全市紧紧围绕“高效、优质、生态、安全”的总体思路，加快农业结构调整，夯实农业基础根基，强化农产品质量监管，优化农业人才队伍建设，现代农业工作取得显著成效。全年完成农业总产值53.63亿元，比上年增10.06%；实现农业增加值30.41亿元，占地区生产总值的1.42%。

农业基础设施进一步夯实 年内，全市投入7771万元新建高标准农田2320公顷，其中市级标准化农田1320公顷、农业综合开发治理中低产田1000公顷。全市高标准农田面积达到2.16万公顷，占耕地面积的66.7%。全年农机总投入9046万元，其中私人投入1815万元，占20.06%。新增各类农机具1500余台套。标准化农机场库建设工作有序推进，新建标准化农机场库13个，建成农机综合维修服务中心3家。设施农业建设档次逐步提升，新建高效设施农业806.67公顷，其中新建连片1.33公顷（20亩）以上的连栋钢架大棚18公顷、连片6.67公顷（100亩）以上单体钢架大棚近80公顷，钢架大棚的搭建标准和水平均有较大提升。

园艺产业产销活力增加 年内，市农委以保障蔬菜供应、促进农民增收为指导，编制完成《张家港市“菜篮子”工程蔬菜生产基地规划（2013~2017）》，计划用五年时间建成沿江和城郊2个共计1066.67公顷的相对连片的优质蔬菜生产基地。全市新（改、扩）建优质蔬菜基地100公顷，蔬菜播种面积1.02万公顷，总产量27.05万吨。新建果品面积153.33公顷，果品种植面积986.53公顷，总产量3.66万吨。为促进园艺产业的产销衔接，重点建设常阴沙、金麦穗、金南港3个市级农产品配送中心，并新建6家直销店和10个直销摊位。支持蔬菜生产基地、合作社等各类主体开展专业批发、订单购销、超市销售，发展农超对接、农企对接、农校对接，鼓励常阴沙配菜网、怡情农庄等发展“网上订购+物流配送”的新流通模式，提高“菜篮子”产品现代流通业态销售率。全市优质蔬菜基地配送和专卖专销比例达到40%。

农产品质量安全水平提升 年内，明确镇级农产品质量安全监管规范化建设任务，镇级监管站内部管理、岗位人员、装备设施全部到位。全市各区镇和16个重点蔬菜基地均建立农产品快速定性检测室，主要蔬菜基地实行产地准出制度，形成市、镇、基地、市场四级检测网络，实现对规模基地监管的全覆盖。全年完成各类农产品检测71.1万批次，合格率99.8%。扩大监管范围，将全市0.2公顷以上蔬果、6.67公顷以上粮油、0.33公顷以上水产和市级规模以上畜禽基地，以及全部农业企业、专业合作社、农资经营单位、生鲜乳收购站等纳入监管，监管总数从上年的2404家增加到3448家。针对面广量大的监管任务，全市推行网格化监管，形成分区划片、包干负责、全面覆盖的工作责任网。对0.2公顷以上蔬菜基地落实产地准出制度，探索建立产地准出与市场准入的联动机制。全市新认证无公害农产品、绿色食品37种，“三品”（无公害农产品、绿色食品、有机食品）有效数为226种。1.67万公顷连片优质稻麦基地建成全国绿色稻麦原料标准化基地。

“三大合作”改革持续深化 全年新增工商登记农产品专业合作社55家，其中杨舍镇8家、金港镇2家、塘桥镇7家、锦丰镇8家、乐余镇9家、凤凰镇10家、南丰镇3家、大新镇5家、常阴沙现代农业示范园区3家。年末，全市有农村专业合作经济组织785家。其中，专业合作社439家；以村为经营主体的土地股份合作社158家，入股土地面积1.53万公顷；社区股份合作社188家，入社农户21.21万户。全市有经工商登记的农民专业合作经济组织602家，在苏州市名列前茅。农村社区股份合作社分红面进一步扩大，122家合作社分红，实现各类分红15989万元，其中股金分红4816万元、福利分配11173万元。市顺峰种植农民专业合作社等13家合作社被评为省“五好”（服务成员好、经营效益好、利益分配好、民主管理好、示范带动好）示范合作社，市乐口蜜农业专业合作社等5家合作社被评为苏州市“五好”示范合作社。

蔬菜大棚 （市农委 供稿）

【“四个百万亩”工程】 1月，苏州市十五届人大二次会议通过《关于有效保护“四个百万亩”，进一步提升苏州生态文明建设水平的决定》，为生态安全划定“红线”。“四个百万亩”工程（百万亩优质粮油工程、百万亩高效园艺工程、百万亩特种水产工程、百万亩生态林地工程）是保障生态发展空间、彰显鱼米之乡特色、促进经济社会可持续发展的重大战略举措。根据要求，张家港市迅速落实任务指标，召开“落地上图”（通过实地勘察与地图记录对比的方式，摸清实际情况）培训会议，并按分工及时完成底图制作、现场核实、数据核查、汇总分析等工作。全市共落实“四个百万亩”总面积3.59万公顷，其中优质水稻面积1.68万公顷、特色水产面积3267公顷、高效园艺面积8467公顷（包括蔬菜面积4733公顷，其中季节性蔬菜面积3733公顷）、生态林地面积7333公顷。至年末，“落地上图”工作基本完成。

【海峡两岸农业博览会】 11月8日，为期三天的2013海峡两岸（张家港）农业博览会在市体育场开幕。农博会有包括当地、周边县市，对口联系的新疆巩留县、宿迁宿豫区，以及台湾在内的近200家企业参展，展销的农产品达到1000余种。展区中有台湾的乌龙茶、鱼松、金门高粱酒，有区镇的压榨菜籽油、江滩鸭蛋、金村大米，有种类丰富、香味浓郁的特色美食。在大新镇展区，“红绣球”品种的红心火龙果成为展销热点。该火龙果为新引进品种，种植有3万株，盛产期每公顷产量可达到22.5吨。张家港人民广播电台直播车也首次开进农博会，一档全新的栏目《跟着美食跑》以轻松、幽默的主持风格与现场观众互动，并让收音机前的听众朋友真实感受农博会盛况。

（毛　慧　朱伟新）

种植业

【概况】 2013年，全市实现种植业产值29.99亿元，比上年增加3.68亿元，占农业总产值的55.92%，比上年提高1.93个百分点。

粮食作物　全年粮食作物播种面积3.86万公顷，比上年减少1822.4公顷，减4.51%；总产量27.23万吨，比上年减少8220吨，减2.93%。水稻播种面积1.81万公顷，比上年减少806.13公顷，减4.26%；总产量16.32万吨，比上年减少1.14万吨，减6.53%；每公顷产量9004.5千克，比上年增加46.5千克，增0.52%。小麦播种面积1.9万公顷，比上年减少929.47公顷，减4.66%；总产量10.39万吨，比上年减少1574吨，减1.49%；每公顷产量5464.5千克，比上年增加177千克，增3.35%。至年末，全市新增无公害粮油基地4个，面积9000公顷；新增无公害粮油产品9种。全市累计有无公害粮油基地15个，面积21368公顷，无公害粮食产品20种。

经济作物　全年棉花播种面积48.33公顷，比上年减少13.94公顷，减22.39%；总产量48吨，比上年减少5吨，减9.43%；每公顷产量993千克，比上年增加153千克，增18.21%。油菜播种面积1578.93公顷，比上年增加193.73公顷，增13.99%；总产量4125吨，比上年增482吨，增13.23%；每公顷产量2613千克，比上年减少16.5千克，减0.63%。蔬菜种植面积1.02万公顷，比上年增加147.06公顷，增1.46%；总产量27.05万吨，比上年增加5729吨，增2.16%。果园面积986.53公顷，全年水果总产量3.66万吨；花木面积322.5公顷。年内，新增无公害蔬菜基地1个，新增无公害蔬菜品种25种，面积347公顷。至年末，全市累计有无公害蔬菜基地9个，有无公害蔬菜品种71种，面积778公顷；有无公害茶叶基地3个，有无公害茶叶品种3种，面积113公顷。

【夏季保淡绿叶菜价格指数保险推行】 年内，市政府制定《张家港市夏季保淡绿叶菜价格指数保险试行意见》，在全省率先推行夏季保淡绿叶菜价格指数保险，以防范和减轻蔬菜产品市场风险、保护农民生产积极性、更好地服务全市社会经济发展。夏季保淡期为6月15日至9月15日，参加保险的绿叶菜品种为鸡毛菜、杭白菜和青菜。在保险责任期间，当保险品种的市场日平均零售价低于保险责任期间保险日平均零售价（上年同期日平均零售价）时，视为保险事故发生，保险人按保险合同约定负责赔偿。保险公司和7个蔬菜基地签约鸡毛菜、杭白菜、青菜种植保险面积44.2公顷，保险总金额215.6万元。6月15日至9月15日，7个参保基地共生产9个批次，其中出险面积11.77公顷，赔偿总额为8.5万元。（毛　慧）

养殖业

【概况】 2013年，全市实现养殖业总产值9.7亿元，比上年减少613万元，占农业总产值的18.09%，比上年下降1.69个百分点。其中，畜牧业产值4.61亿元，比上年减少2095万元，占农业总产值的8.59%，比上年下降1.3个百分点；渔业产值5.09亿元，比上年增加2708万元，占农业总产值的9.49%，比上年下降0.4个百分点。12月9日至12日，全国动物检疫暨屠宰环节“瘦肉精”监管工作现场经验交流会在张家港市召开。

畜牧业　全年生猪出栏11.51万头，年末存栏9.44万头；羊出栏1.35万只，年末存栏1.57万只；家禽上市152.42万羽，年末存栏79.08万羽；年末奶牛存栏3888头。新增无公害畜禽基地1个，认证产品1种，数量5000羽。至年末，全市累计有无公害畜禽基地18个，产品22种。

渔业　全年水产养殖面积2933公顷，比上年减少107公顷，减3.52%；水产品总产量1.75万吨，比上年减少100吨；水产品每公顷产量5.97吨，比上年增加0.18吨，增3.11%。至年末，全市累计有无公害水产基地11个，有无公害水产品品种24种，总面积1045公顷。

【内塘螃蟹养殖政策性农业保险出台】 6月，市推进农业保险工作委员会办公室根据《江苏省农业保险内塘螃蟹养殖保险条款》精神，下发《张家港市内塘螃蟹养殖保险试行意见》，在苏州市率先推出内塘螃蟹养殖保险新险种，标志着全市政策性农业保险在水产养殖业方面取得新突破。内塘螃蟹养殖保险由政府和保险公司按1∶1比例实行联办共保，保险责任范围为因大暴雨、特大暴雨和连续干旱所造成的保险标的损失，因病害、药害、水质污染以及管理不善等原因所造成的保险标的损失不在保险责任范围之内。保额为每公顷2万元，费率为5.5%。年内，市农委与人保公司大力配合，将1.33公顷（20亩）以上的螃蟹养殖大户统一参保内塘螃蟹养殖保险，保险面积共101.6公顷，保险金额304.81万元，保费16.76万元，其中政府承担90%的保费补贴。

【永联实现人工繁育鲥鱼苗】 鲥鱼是“长江三鲜”之一，味道鲜美。由于野生长江鲥鱼濒临灭绝，而人工养殖又因鲥鱼对生存条件要求高、性急受惊扰易绝食和离水即死亡的特点，没有实现大规模养殖。鲥鱼成为稀罕之物，市场上每500克甚至卖到了上千元。永联特种水产养殖基地根据市场行情，积极调整产品种类，把售价高、效益好的鲥鱼作为重点养殖种类，通过对鲥鱼繁育注射催产激素、人工授精、流水孵化等技术措施的摸索和尝试，终于成功掌握人工繁殖、饲养鲥鱼的技术要点，实现鲥鱼苗繁育的新突破。4月15日，孵化首批2万尾鲥鱼苗。养殖基地采用工厂化连栋温室大棚养殖方式，通过蒸汽加热，遮阳网控制温度，并配备微孔增氧设施。至年末，鲥鱼平均长至250克，成活率达到90%。（毛 慧）

农业服务业

【概况】 2013年，全市实现农业服务业总产值7.19亿元，比上年增加5635万元，占农业总产值的13.41%，比上年下降0.19个百分点。

农资供应 年内，全市水稻统一供种面积1.75万公顷，供种总量1035.4吨，其中常规粳稻1.71万公顷，供种1026.4吨；杂交粳稻400公顷，供种总量9吨。全市小麦统一供种面积17360公顷，供种总量2604吨。落实水稻直补面积1.8万公顷，粮油良种补贴面积40107公顷，农资综合补贴28260公顷，累计核实发放各类涉农补贴资金1.5亿元，组织参加农业保险面积18767公顷，保费总额达到2990.7万元。1月，向社会公布经省、市专家审核的159个主推农药品种。全市零差价集中配送农药品种150余种300余吨，价值4000万余元，为农民节省农药成本900万余元。鼓励和引导农户利用秧田、果园等秋冬季休闲期种植黄花苜蓿、蚕豆、紫云英绿肥。通过公开招标，统一购买黄花苜蓿种子21759千克、蚕豆种子8000千克、紫云英种子300千克，由各区镇免费提供给农民种植。

农技专家到田间现场指导 （市农委 供稿）

农机服务 全年农机总投入9046万元。其中，市级以上财政投入2688万元，镇级和村级财政投入分别为2051万元和2492万元，私人投入1815万元，私人投入占20.06%。年末，农机总动力31.7万千瓦，农机原值5.88亿元，农机净值3.98亿元。全年新增各类农机具1400余台套。其中，大中型拖拉机46台，高速插秧机72台，粮食烘干机60台，高档粮食加工流水线4套，育秧播种机组6套，秸秆还田机130台，旋耕机74台，开沟机24台，联合收割机66台，包括半喂入式收割机13台，增氧机和投饲机111台，高效设施农业机械86台，植保机555台，其他机具200余台套。年末，全市累计有大中型拖拉机904台，大中型拖拉机配套机具3170台，配套比为1∶3.5；水稻播种机械1142台，其中插秧机950台；有各类联合收割机607台，谷物烘干机147台，手扶拖拉机285台；有植保机5438台，静电微型喷雾机14251台，鱼塘增氧机和投饵机各1000余台。全市水稻机插秧面积1.64万公顷，机插比例为91.4%，夏季秸秆机械化还田1.82万公顷，还田率95.8%。农业综合机械化水平达到92.5%，主要作物农机化水平达到97%，高效设施农业机械化水平达到80%。新建标准化农机场库13家、农机综合维修服务中心3家。全市有经工商部门登记的农机专业合作社89家。全年有362台次农机开展跨区作业，总作业面积4.15万公顷，其中收割小麦1.7万公顷、水稻2.08万公顷。

【农业技术推广】 年内，引进5个优质高产水稻品种，分别为“武运粳29号”“武0175”“宁9108”“武29154”“苏10-100”。引进省农科院农业生物技术研究所3个小麦品种，分别为“宁麦19”“宁06127”“宁12-0726”，与“苏麦188”“扬麦22”“镇08178”共6个品种，开展试验，以期筛选出1至2个比“扬麦16”早熟的优质、高产、多抗品种，逐步替代“扬麦16”作为新的小麦当家品种。建立4个科技示范基地，分别为园艺场水稻基地、常青优质蔬菜基地、小明沙生猪养殖基地、杨舍镇河头村丁正岐水产养殖基地，开展新品种、新技术、新机具的引进、试验、示范工作。建立5个规模不等的工厂化集中育秧示范点，改露地育秧为工厂化育秧，硬盘代替软盘，专用基质代替营养土，机械流水线播种代替人工播种。开通“12316”

农业服务热线平台，实现24小时在线语音服务，有效解决农业信息服务“最后一公里”难题。遴选出具一定规模、生产技能较好、有一定特色的科技示范户2100户，168名技术指导员与示范户结对挂钩，开展上门技术指导。建立11个“统一名称、统一标识、统一服务规范、统一评价标准、统一运作模式”的村级规范化农业科技服务站。筛选出水稻、蔬菜、生猪、水产4个主导产业的主导品种和主推技术，将推广任务明确到各实施单位和农技人员。遴选有一定文化程度、有较高种养水平、有群众基础、有牵头带动作用的1000个“四有”农户，其中水稻种植500户（含农机农艺结合示范户50户）、蔬菜种植200户、生猪养殖200户、水产养殖100户。公开招聘72名有较高专业技术水平、有较强工作责任心、有奉献精神、有丰富农村工作实践经验的农业技术人员担任技术指导员。技术指导员实行上门服务，主导品种和主推技术入户率达到95%以上。实施农业科技“百人千户惠万农”工程，重点培养100名骨干农技员，培育1000个农业科技示范户和培训1万名职业农民。年内，全市共完成农民培训7968人次，其中农业专项技术培训37期6498人次、农业职业技能培训5期600人、农业信息技能培训16期500人、农业创业培训1期150人，阳光工程农业职业技能培训1期100人、阳光工程农业专项技术培训1期120人，发放教材2500余份，农业实用技术明白纸8000余张。

【农业行政执法】 年内，全市大力开展农药、肥料、种子、食用菌、转基因生物标识以及渔业生产等专项整治活动，确保不发生重大农产品质量安全事件，确保不发生区域性重大动植物疫情。开展农资打假护农活动，全年出动执法人员605人次，检查生产、经营场所1230家次，开展各类专项整治活动7次，与工商、质监、公安等开展联合执法行动2次，抽检农药样品42批次、肥料样品54批次、农产品50批次，立案处理各类违法、违规案件13起，调解农民各类投诉案件11起，罚款及没收违法所得合计8.01万元。9月23日起，在全市范围内启动为期7天的第二个植物检疫宣传周活动，与种子生产单位、种子经销单位签订植物检疫承诺书。设立塘桥、大新、杨舍、金港、常阴沙5个外来有害生物监测点，对外来有害生物进行阻截。年内，监测点对黄瓜绿斑驳花叶病毒病、橘小实蝇、稻水象甲等6种外来有害生物进行16期次的调查，未发现监测对象。开展春季清剿加拿大一枝黄花，成立专业防治队120个，免费提供药剂1吨，价值5万元，药剂防治面积达到126.67公顷，投入清剿经费40万余元。严厉打击违法捕捞行为，全年共签发渔业捕捞生产许可证171本，开展各项检查活动130天，出动车船182车次、61船次，查处各类违规案件181起，其中立案查处18起，处罚金额4.53万元，没收电捕器具59件套，调处渔业水域污染事故39起。开展兽医技术人员采样监测技术大比武、科学防疫知识普及提高等活动，不断提高动物防疫检疫人员的业务能力和水平。强化动物防疫检疫，重点对生猪屠宰场、集贸交易市场、畜禽规模养殖场（户）等开展定点监测。在全国部分地区出现H7N9禽流感的情况下，按照“防疫消毒到位、应急处置到位、宣传引导到位、生产指导到位、经费保障到位、组织领导到位”的要求，排查规模养殖户173户、农户25414户，家禽92.75万羽，为38.4万羽散养家禽注射禽流感疫苗，发放消毒药品3吨，累计消毒面积123.2万平方米，采集样品2100份次，开展血清学检测样品1050份，监测结果均为阴性。

【发展烘干机缓解晒粮难】 年内，市农委按照农业现代化建设要求，积极落实农机政策，发展烘干设备，有效应对收获期间连续阴雨天气，解决粮食翻晒难问题。全市落实农机财政补贴340.8万元，其中省级补贴156万元、市级补贴184.8万元。全市新增粮食烘干机60台，其中15吨级烘干机9台、12吨级烘干机51台。年末，累计有烘干机147台，每批次烘干量1500吨，基本满足全市2万公顷粮食在一周内收获的时间要求。塘桥镇新增烘干机33台，新设烘干基地4个，累计有谷物烘干机36台，烘干基地5个，日烘干能力460吨，每天可解决约60公顷的粮食烘干问题。

【乐余镇引进韭菜收割机】 韭菜属于葱科多年生宿根蔬菜，适应性强，抗寒耐热，全国各地都有栽培，南方不少地区常年生产。张家港市沙洲片规模化生产约200公顷，收割主要依靠人工，劳动强度大，生产成本高。为解决这一难题，11月，市农机技术推广站引进1台韩国产韭菜收割机并投放到乐余镇红闸村蔬菜基地进行试验示范。该机品牌型号为璟田MT-200，长2.1米，高0.9米，宽0.63米。收割宽度0.25米，轮间宽度0.35米，采用24伏电源供电，单行收割，每小时工作效率为33平方米。韭菜收割机具有体积小、重量轻、安静、无污染的特性。其刀片可以根据收割要求进行高度的调整，对韭菜的根不会造成伤害，黏附海绵传输带使韭菜在机器传送过程中保持整齐且不受损伤，保证了韭菜收割质量，同时韭菜存放装置可将割下的韭菜整齐地摆放成行，便于打捆。 （毛 慧 秦 香）

农业产业化

【概况】 年内，全市按照“一核三区五园十基地”的现代农业园区建设规划，以项目扶持和财政补贴为抓手，将农业新品种、新技术和技术指导服务向园区集中，常阴沙现代农业产业化示范园、凤凰水蜜桃科技示范园、杨舍镇沿晨丰公路都市农业产业带、南丰镇沿长安路高效农业产业带等一批现代农业示范园区实现提档升级，常阴沙现代农业示范园区获批国家农业产业化示范基地。全市共申报下达各类农业项目90项，总投资44395.8万元，争取各级财政资金5587万元；引进示范推广农业新品种200种、新技术60项，农业科技贡献率逐步提升。全市新增苏州市级农业龙头企业3家、省级农业龙头企业1家，30家年销售额2000万元以上的农业龙头企业全年销售收入300.5亿元，农产品出口创汇10529万美元，在全省继续保持领先地位。全市共新建规模以上农业项目25项，新增外资项目2项，增资项目30项，新增规模以上“三资”（工商资本、民间资本和外来资本）农业投资5.5亿元。新建家庭农场18个，其中种植业11个、渔业1个、种养结合6个，经营土地面积191.47公顷。

【首个家庭农场开业】 5月18日，全市第一个集种植、养殖、休闲餐饮等于一体的家庭农场——张家港市庆桂家庭农场正式开业。庆桂家庭农场占地面积18余公顷，总投资560万元，位于凤凰镇程墩西路北侧，主要从事葡萄、油桃、水蜜桃及西瓜等果品的栽培和青虾、螃蟹、四大家鱼等的养殖。农场采用桃树田套种西瓜和甜瓜、葡萄田套养草鸡等立体种养模式，生产优质新鲜的果品及鲜活农产品。农场生产的葡萄、中华绒螯蟹及青虾等农产品均通过无公害农产品认证。7月8日，休闲餐饮建成营业。至年末，葡萄等果品每公顷平均收入30万元，水产养殖每公顷平均收入30万元，休闲餐饮收入达到100余万元，总收入655万元。农场全年纯收入95万元。

【农产品年出口额突破1亿美元】 2013年，全市农产品出口总额1.05亿美元，比上年增长4.6%，占苏州市农产品出口总额的20.6%，在苏州各县市排名中列第二位。全市出口农产品主要以乳制品、植物油、淀粉、羊毛等为主，主要销往亚洲、欧洲、北美洲等地区的多个国家。全市农产品出口额在1万美元以上的企业有38家，其中100万美元以上的有15家、1000万美元以上的1家。农产品出口第一大户为张家港保税区麦福联泰生物制品有限公司，出口总额为3356.1万美元。该公司是一家主营食品添加剂甘草酸铵的加工企业。在2013年苏州市农林产品出口总值前200名排名中，张家港市有4家农业产业化龙头企业上榜，分别是东海粮油工业（张家港）有限公司、江苏梁丰食品集团进出口有限公司、江苏骏马农林科技股份有限公司、张家港市永仁药业有限公司。东海粮油工业（张家港）有限公司2013年度农产品出口额993.9万美元，进出口总额达到16.49亿美元。

（毛　慧）

农村经营管理

【概况】 2013年，全市农民人均纯收入21689元，比上年增11.45%。村级集体可支配收入130405万元，比上年增加15799万元，增13.79%；村均集体可支配收入724万元，比上年增15.65%。保税区（金港镇）长山村、经开区（杨舍镇）田垛里村、塘桥镇周巷村、凤凰镇恬庄村被省委农村工作领导小组授予江苏省社会主义新农村建设示范村称号。

农村集体资产管理　年末，全市农村集体资产总额224.17亿元，比上年增加29.94亿元，增15.41%；负债总计95.24亿元，比上年增加14.79亿元，增18.38%；净资产总计131.93亿元，比上年增加15.15亿元，增12.97%。其中，镇级集体资产总额102.51亿元，净资产58.75亿元；村级集体资产总额121.66亿元，净资产73.18亿元。村级阳光综合审计工作实现常态化，共完成审计项目351项，完成审计金额29亿元，提出审计建议392条，均被采纳，发出整改意见书126份，被审计单位制定整改措施317项。加强村级“四有一责”（有持续稳定的集体收入、有功能齐全的活动阵地、有先进适用的信息网络、有群众拥护的“双强”带头人，强化村党组织领导责任）建设，张家港市被评为全省“四有一责”示范市。

农村财务管理　年内，市委农工办进一步完善村组财务公开内容和版面设计，网上公开不断深化，全市村组财务公开率达到100%。全年开展村组财务公开情况检查4次，共抽查78个村。各村的村组财务管理均能做到公布及时、程序规范、内容真实、资料完整。举办全市农经人员培训班，各区镇农经站负责人、农经人员，街道办事处农经人员，村（涉农社区）会计，以及省、苏州市“五好”示范合作社会计等320人参加培训。

农村土地承包管理　年内，全市加大财政扶持力度，加强土地适度规模经营管理。市、镇两级财政共补贴资金7937.37万元，累计40190.06万元。全市土地适度规模经营面积累计约26520公顷，占全市耕地面积的92.5%。为加快推进土地流转，提升规模经营水平，南丰镇利用三维数据库技术，建立集信息采集、管理、应用和服务为一体的农村土地管理三维信息系统，对农村土地经营状况、农业基础设施、农村环境面貌等进行可视化表现，实现农业生产管理与服务的创新。

农民增收工作　2013年，全市大力发展村级集体经济，不断提高村集体对村民福利性补贴的范围和总量。村集体支出各类惠民补贴2.41亿元，直接惠民比例达到19%。完

张家港市农村资源集中交易平台建设现场会　（市委农工办　供稿）

善“三大合作组织”分配机制，提升新型专业合作组织与农民的利益联结程度。扎实开展农村社区股份合作示范社创建活动，制定农村社区股份合作社示范社标准，明确合作社每股年现金分红300元以上或合作社可支配收入的30%要用于按股分红。全市188家农村社区股份合作社年内分红增幅10%以上，145家土地股份合作社分红总额超2.3亿元，8家富民合作社实现年收益8%以上，40家劳务合作社年人均劳务工资8600元。注重创新实践，优化资源配置，农村资源交易平台扩面推开。9月，在锦丰镇和南丰镇召开全市农村资源交易所现场观摩会。年内，锦丰、大新、塘桥、凤凰、乐余镇及常阴沙现代农业示范园区等6个区镇组建农村资源交易所。全市全年共进行土地招拍租167起，交易土地4210.21公顷，每公顷租金提高34.6%，达到12120元。落实各项强农惠农富农政策，加大土地流转、当地农民经营大户等各种补贴力度。申报省、苏州农民专业合作社示范社项目扶持资金250万元、省土地规模经营流转补贴资金190万元、村级公益事业“一事一议”建设资金748万元，对69个土地规模经营示范户补贴资金297万元，对87家新型土地股份合作社补贴财政资金3949万元，对村集体经济组织经营性收入纳税补助2250.04万元，对68个可支配收入上台阶的村奖励1360万元。政策性收入成为农民收入的重要组成部分。

【保税区（金港镇）村均可支配收入突破1000万元】 2013年，张家港保税区（金港镇）村均可支配收入达到1100万元，首次突破1000万元大关，比上年增20%，位居全市各区镇首位。近年，保税区（金港镇）各村依托标准型厂房等传统载体，实现长期稳定的资产收益，成长型村迅速壮大。2013年，各村土地厂房租赁收益达到1.3亿元。同时，区镇“三农”创新步伐加快，一批带动力强、增收潜力大的现代服务业载体，成为区域村级经济增长新的引擎。其中，华东规模最大的大润发卖场落户滩上村，配套华东最大港口木材市场的巫山综合服务大楼坐落巫山村，投资5000万元、总面积1.6万平方米的长山商业广场在长山村竣工，占地1万平方米的新塍农贸市场落地新塍村。

【惠民台账信息管理系统创建】 2012年，市政府在全省率先决定建立“张家港市惠民收入台账信息管理系统”，并建立市、镇、村三级终端子系统，实现覆盖全市所有村（涉农社区）的每个农户。是年8月15日，系统开始创建。2013年4月，系统初步建成。系统显示，2013年全市总计发放惠民保障资金14.61亿元，惠及76.78万人，人均收入1903.01元。其中，土地流转费、土地流转政府补贴和二次分配等土地收益不断增加，各项土地惠民资金人均629.08元，占33%。居民医疗保险、农转城补贴惠及面扩大，标准提高，社保类项目发放惠民资金人均482.87元，占25%。村级发放福利资金人均538.3元，占28%。慈善助学等民生工程收益群体增加，低保补助、困难补助标准提高，民政项目发放惠民资金人均137.05元，占7%。通过建立平台，将每一项惠民资金发放到每个居民以及农户家庭，全面反映各条线、各区镇惠民政策的落实情况，展示“民生提升”政策落实成果，提高财政支农、惠农资金使用的监管力度和使用透明度，实现惠民信息台账常态化管理。惠民收入台账信息系统成为考核和督促“民生提升”的重要阵地。（朱伟新 邱亚峰）

村级集体经济

【概况】 年内，全市以新增经营性项目为抓手，广泛搭建联合发展平台，农村集体经济实现快速健康发展。全市村级可支配收入总额达到13.04亿元，比上年增13.79%。村级集体项目投入和上年保持平稳，经营效益持续产生，投资结构体现了发展三产服务业的主导方向。全年全市村集体建设经营性项目共147项，总投资21.34亿元。其中，三产服务业项目总投资17.41亿元，占全市总投资的81.58%；超1000万元项目41项，总投资18.53亿元。加快转变发展方式，更加广泛实施联合发展，建立大新、锦丰、乐余、塘桥、凤凰、南丰等6个以镇或办事处为单位、并经工商登记的农村集体经济联合发展公司11家，总注册资金4.6亿元，涉及97个村，占全市村总数的57%。其中，在建项目6项，总投资2.19亿元；完工项目3项，总投资8865万元，产生年稳定收益325万元。为解决村级集体经济发展融资困难，联合张家港农村商业银行推出“强村富民贷款”系列产品，计划在三年内为全市村集体、农村专业合作组织等授信30亿元。年内授信总额达到10.2亿元。

【“一村二楼宇”优惠政策出台】 10月，市政府印发《关于扶持村（社区）集体经济组织“一村二楼宇”建设的实施意见》，鼓励农村集体存量建设用地高效利用，增加农村集体资产，壮大集体经济实力。“二楼宇”是指村（社区）集体经济组织拥有的社区服务用房和增加集体经济组织财产性收入的营业性物业。意见提出，对于存量建设用地人均不足5平方米的村（社区），市政府按照50%的比例从年度计划用地指标中予以配套；对低效利用、零星分散的村（社区）集体经济组织拥有的存量建设用地，鼓励通过增减挂钩和工矿废弃地盘活政策化零为整，将存量建设用地复垦后置换到区镇内合适的允许建设区域，由原合法持有存量建设用地的村（社区）集体经济组织按规划用途开发建设。意见同时明确，对存量建设用地未达标的村（社区）集体经济组织，如果属于市级经济一般的村（社区），土地协议出让价格可按照用途基准地价的70%确定；其他村（社区）集体经济组织建设四层及以上标准厂房的，土地协议出让价格可按照工业用地出让最低价的70%执行，另外30%作为保证金交市国土局，项目竣工验收合格后返还受让单位。为提高各区镇的积极性，市财政还将“二楼宇”用地出让收益全额补助区镇财政。

（朱伟新）

【编辑 陆正芳】

工 业

Industry

沙钢集团厂区　（沙钢集团　供稿）

综　　述

冶金工业

纺织工业

粮油食品工业

机电工业

化学工业

建材工业

电力工业

其他工业

新兴产业

江苏沙钢集团

综 述

2013年，全市工业以培育优质企业、增加有效投入、发展新兴产业、实施腾笼换凤、推进节能减排、加速“两化融合”（信息化与工业化进程融合）为主要抓手，全力以赴稳增长、促转型，工业经济稳中有进。全年完成工业总产值5630.35亿元，比上年增2%。按轻重工业分，轻工业产值1341.22亿元，重工业产值4289.13亿元；按企业规模分，大型企业产值3514.14亿元，中型企业产值802.63亿元，小型企业产值1294.19亿元，微型企业产值19.4亿元。规模以上企业1300家完成工业产值4922.05亿元，比上年增3.5%，主营业务收入5071.75亿元，完成利税218.92亿元。规模以上工业企业按轻重工业分，轻工业企业582家，产值1172.49亿元；重工业企业718家，产值3749.56亿元。按企业规模分，大型企业37家，产值3072.06亿元；中型企业136家，产值701.66亿元；小型企业1085家，产值1131.38亿元；微型企业42家，产值16.96亿元。按登记注册类型分，国有企业1家，完成产值3.91亿元；集体企业3家，完成产值3.45亿元；股份合作制企业2家，完成产值0.62亿元；有限责任公司116家，完成产值2679.24亿元；股份有限公司28家，完成产值161.46亿元；私营企业857家，完成产值904.72亿元；港澳台投资企业90家，完成产值282.72亿元；外商投资企业201家，完成产值885.21亿元；其他企业2家，完成产值7227万元。全市工业用电量256.85亿千瓦小时，比上年增4.1%。工业经济总量居苏州市前列。张家港市列第十三届县域经济基本竞争力百强县（市）第三名。

工业投入量质并举 年内，工业投入总量继续保持苏州各市（区）第一，完成工业投入工作量440.2亿元，比上年增6.7%。其中：传统产业完成投入工作量232.1亿元，占全市工业投入总量的52.7%；新兴产业完成投入工作量208.1亿元，占全市工业投入总量的47.3%。在建1亿元以上项目105项，完成投入工作量297.6亿元，占全市工业投入总量的67.6%；5亿元以上项目37项，完成投入工作量210.4亿元，占全市工业投入总量的47.8%。内资项目689项，完成投入工作量379.5亿元，占全市工业投入总量的86.2%；外资项目71项，完成投入工作量60.7亿元，占全市工业投入总量的13.8%。张家港保税区、张家港经济技术开发区和江苏扬子江国际冶金工业园在建项目381项，完成投入工作量324.7亿元，占全市工业投入总量的73.8%；镇在建项目379项，完成投入工作量115.5亿元，占全市工业投入总量的26.2%。全年竣工项目662项，累计完成投入工作量423.3亿元，其中当年完成投入工作量301.5亿元。投资趋向不断优化，全市工业实施技术改造680项，完成投入工作量326亿元，占全市工业投入总量的74.1%。

科技创新驱动有力 全市新增省高新技术产品305种，累计1657种；新增国家火炬计划重点高新技术企业6家，累计23家；新增省级高新技术企业55家，累计244家；新增民营科技企业231家，累计997家；新增苏州市创新先锋企业8家，累计17家；首次评审认定张家港市创新型标兵企业10家。新增产学研合作项目269项；累计有584家企业与236家高校、科研院所建立科技合作关系。新增省企业院士工作站1家，累计12家；新增苏州市企业院士工作站1家，累计8家；新增省企业研究生工作站14家，累计118家。新增省工程技术研究中心23家，累计72家；新增苏州市工程技术研究中心31家，累计197家；新增张家港市工程技术研究中心30家，累计153家。全市企业申请专利15735件，其中申请发明专利3338件；专利授权8011件，其中发明专利授权500件；申请国外专利（PCT专利）44件。新增中国专利优秀奖2项，新增省专利优秀奖3项，新增苏州市优秀专利奖5项。25家企业新列入省企业知识产权标准化示范创建备案单位，累计49家。新增苏州市重大专利技术推广应用指导性项目3项，累计10项。新增中国驰名商标5件，累计11件；新增江苏著名商标14件，累计123件；新增江苏名牌产品8种，在有效期内的有89种；新增苏州市知名商标19件，累计95件；新增苏州市名牌产品85种，在有效期内的有148种。自主品牌增加值占GDP的比重为26.2%。

转型升级持续加快 年内，市政府出台《关于加强工业经济和信息化专项资金使用管理的意见》，全市加快发展新兴产业，新材料、现代装备、新能源等新兴产业投入占全市工业投入的47.3%。充分发挥规模企业支撑作用，全市百家骨干企业中的78家工业企业销售收入占全市规模以上工业销售收入的69.6%，8家重点骨干工业企业销售收入占78家骨干工业企业销售收入的71.7%。预认定苏州市总部企业4家，累计6家，总数位居苏州市前列。加快“两化融合”步伐，张家港经济技术开发区升级为省“两化融合”示范区，全年新增江苏省“两化融合”示范企业3家、江苏省“两化融合”试点企业14家。江苏省“双软”（软件企业和软件产品）认定企业10家。推进淘汰落后产能，实施沙钢集团烧结机余热回收、永钢集团高炉煤气发电、华昌集团原料结构调整等34个节能及循环经济项目，完成节能投入10.8亿元；淘汰电动机、风机、水泵等落后高耗能生产设备750台套；新增清洁生产审核企业50家。推进腾笼换凤，累计关停落后企业173家，盘活利用存量土地325.73公顷，其中68.1公顷用于发展新兴产业。新批新装备、新能源、新材料等现代制造业项目29项，新增注册外资6.9亿美元，占全市制造业新增注册外资额的64.4%。 （邵 玲）

冶金工业

【概况】 2013年，全市规模以上（全部国有及年主营业务收入500万元以上非国有工业企业，下同）冶金工业企业完成销售收入2459.39亿元，比上年增4.8%，占全市规模以上工业销售收入的48.49%。其中，有规模以上黑色金属冶炼及压延加工企业57家，完成销售收入2285.44亿元；有色金属冶炼及压延加工企业29家，完成销售收入173.95亿元。有4家企业（含张家港浦项不锈钢有限公司）年销售收入超100亿元。沙钢集团（本部）完成销售收入1572.66亿元，比上年增5.49%；实现利税37.71亿元，比上年增46.45%。永钢集团完成销售收入355.36亿元，实现利税14.73亿元，分别比上年减6.58%、23.26%。张家港浦项不锈钢有限公司完成销售收入160.22亿元，比上年增6.03%；实现利税3.96亿元，比上年增99.6%。张家港联合铜业有限公司完成销售收入135.46亿元，实现利税1800万元，分别比上年减3.98%、63.15%。全行业累计完成投资80.9亿元。投入3000万元、500万美元以上的项目有30项，总投资745亿元；其中竣工项目15项，总投资98.2亿元，当年完成工作量31.9亿元。

2013年张家港市规模以上冶金企业主要产品产量情况

表21

产品名称	年产量（万吨）	比上年增减率（%）
成品钢材	3662.14	6.40
其中：线材	828.33	11.30
精炼铜	18.57	-11.90
铜材	5.17	7.40
铝材	6.70	22.60

2013年张家港市冶金企业投入1亿元以上竣工项目情况

表22

企业名称	项目内容	项目类别	总投资（万元）	竣工月份
江苏沙钢集团有限公司	宏发炼钢二车间新增3号RH改造项目	内资	15000	5月
江苏沙钢集团有限公司	6号、7号烧结脱硫项目	内资	13500	6月
江苏联峰能源装备有限公司	大型锻件项目	内资	200000	6月
江苏永钢集团有限公司	综合料场扩建项目	内资	40000	9月
江苏永钢集团有限公司	综合技改项目	内资	490000	11月
江苏沙钢集团有限公司	C型料场改造项目	内资	10000	11月

【沙钢、永钢集团成为全国钢铁行业规范企业】 4月2日，工业和信息化部公布第一批符合《钢铁行业生产经营规范条件》的45家企业，该45家钢铁企业2012年合计粗钢产量3亿吨，占当年全国粗钢产量的41.4%。其中，沙钢集团、永钢集团成为第一批符合《钢铁行业生产经营规范条件》的钢铁企业。江苏沙钢集团有限公司、江苏沙钢集团淮钢特钢股份有限公司、江苏永钢集团有限公司2012年粗钢年产量分别为1980.4万吨、296万吨、723.4万吨。工业和信息化部2010年6月公布规范条件，2012年进行修订，对钢铁企业在产品质量、环境保护、能源消耗和资源综合利用、工艺与装备、生产规模、安全、卫生和社会责任等方面作了严格的规定。

【联合铜业公司废杂铜综合利用工程技术研究中心获认定】 3月，张家港联合铜业有限公司被苏州市认定为“废杂铜综合利用工程技术研究中心”。江苏省在“十二五”期间确定一批资源综合利用“双百工程”示范基地和骨干企业，联合铜业公司作为苏州市唯一一家从事废杂铜综合利用工程研究的骨干企业入选首批废杂铜资源综合利用示范企业。公司依托废杂铜综合利用工程技术研究中心，进一步加强与科研院校的合作，通过对新工艺的应用研究和实践，使铜电解制造技术更加完善，成为长三角地区电解阴极铜工程科研、中试、市场化推广、规模化生产的工程技术平台和技术创新基地。全年公司生产电解阴极铜18.56万吨、阳极铜17.96万吨，实现销售收入135.46亿元。

【永钢集团联峰重工装备项目投产】 5月，永钢集团举行联峰重工装备项目投产暨220千伏变电站竣工庆典仪式。永钢联峰重工装备项目是永钢集团“百亿项目、千亿企业”（计划投资110亿元，打造钢铁、物流、重工等三大主业板块，实现营业收入1200亿元，利税50亿元）战略中的重点工程之一，总投资21亿元，一期项目于5月16日投产，主要生产大型铸造钢锭、大断面圆坯；二期项目于7月末投产，主要生产以轧代锻模块、模具钢、高端石油钻杆、超临界锅炉管钢及机械、汽车用钢等高端精品棒材。为增强项目用电保障，永钢集团投资2亿元配套建设1座220千伏变电站，于5月9日竣工。

（丁卫刚　黄伟城　何增丁）

纺织工业

【概况】 2013年，全市规模以上纺织工业企业完成销售收入760.61亿元，比上年减3.77%，占全市规模以上工业销售收入的15%。其中，有规模以上棉纺织、毛纺织、丝织、印染等纺织企业283家，完成销售收入435.5亿元；纺织服装、鞋、帽制造企业81家，完成销售收入67.61亿元；化学纤维制造企业48家，完成销售收入257.5亿元。全年有10家企业销售收入超10亿元，其中华芳集团超100亿元，全年完成销售收入147.86亿元。其次为澳洋集团81.49亿元，骏马集团85.66亿元，张家港欣欣高纤股份有限公司38.86亿元，沙印集团22.55亿元，江苏东渡纺织集团20.32亿元，江苏鹿港科技股份有限公司16.48亿元，市龙杰特种化纤有限公司15.14亿元，张家港保税区天宇毛纺有限公司14.99亿元，张家港新东旭纺织印染有限公司12.45亿元。全年纺织工业完成投资41.7亿元。投资3000万元、500万美元以上的项目有29项，总投资46.5亿元，当年完成工作量31.2亿元；其中竣工项目25项，当年完成工作量21亿元。

2013年张家港市规模以上纺织企业主要产品产量情况

表23

产品名称	单位	年产量	比上年增减率（%）
化学纤维	吨	766483	-5.30
合成纤维	吨	602760	-6.50
布	万米	22291	-4.50
印染布	万米	35115	-0.30
帘子布	吨	119997	-16.80
呢绒	万米	8814	-1.10
服装	万件	16447	8.70

2013年张家港市纺织企业投入1亿元以上竣工项目情况

表24

企业名称	项目内容	项目类别	总投资（万元）	竣工月份
江苏鹿港科技股份有限公司	高档服装、服饰研发生产项目	内资	16200	6月
江苏联宏纺织有限公司	多品种纤维混纺纱项目	内资	10000	9月
市浩然纺织有限公司	年产2.5万吨高品质纱线技术改造项目	内资	15000	12月
江苏骏马集团有限公司	骏马涤纶改造项目	内资	15000	12月
江苏骏马集团有限公司	钢帘线四期，年产子午轮胎用钢帘线15万吨	内资	158000	12月
华芳集团金田纺织有限公司	自络筒技改项目	内资	12220	12月

【华芳集团获全国纺织工业先进集体称号】 3月15日，华芳集团在安徽省五河县重点投资的华芳五河纺织有限公司投产、华芳小额贷款有限公司开业、华芳五河国际假日花园开工庆典仪式在该县城南工业园区举行。其中，华芳五河纺织有限公司总投资25亿元，装备能力41万棉纺纱锭，一号车间仅用8个月时间开始试运行，开创项目建设的“华芳速度”；项目全部采用行业一流乃至首创的纺织装备，开创纺织业以产业转移带动产业升级的“华芳模式”。6月24日，华芳集团总投资20亿元、装备能力50万棉纺纱锭的修武棉纺项目一期工程1号车间在河南省修武县产业集聚区举行开工典礼。主要开发生产各类高档精梳棉纱系列产品。一期投资15亿元，规模为30万纱锭。2号车间7.6万锭项目11月投产。项目投产后，年可实现销售收入25亿元、利税3亿元，提供就业岗位3000个。11月20日，华芳集团投资3.5亿元、历时3年建设的华芳国际大厦落成启用，华芳集团总部由塘桥镇迁入。年内，公司投入1.4亿元资金，对金田纺织有限公司五、六车间实施技改，配备精梳联、粗细联、紧密纺集落1008锭细纱车、全自动络筒机等先进装备，提高生产自动化水平。集团下属的毛纺织染有限公司参与制订精梳色毛条FZ/T21008—2013行业标准并经工业和信息化部发布。公司还调整产业结构，设立苏州华富典当有限公司、张家港华晟融资租赁有限公司、夏津县华芳民间资本管理有限公司和韩国济州岛香格里拉株式会社等三产服务企业。华芳集团全年完成营业收入147.86亿元，利税3.5亿元，自营出口额2.9亿美元。集团列中国企业500强第373位、中国制造业企业500强第193位、中国民营企业500强第91位，获苏州市信用管理示范企业荣誉称号，被中国纺织工业联合会授予全国纺织工业先进集体称号。在2013年中国棉纺织行业主要经济效益指标排名中，华芳集团棉纺有限公司主营业务收入居第2位、出口交货值居第6位。

【骏马集团1.5万吨帘子布扩产项目启动】 4月，骏马集团投资1.5亿元，启动年产1.5万吨高模低缩涤纶帘子布扩产项目，引进德国巴玛格公司的先进生产设备，前道工序于8月28日实现试生产，计划2014年3月整条生产线投入生产。年内，骏马集团投资1635万元建设11个节能项目，累计节约标准煤4996吨。公司科技创新持续推进，全年申报各项专利49个，其中发明专利15个、实用新型34个；当年获得授权专利12个，其中发明专利8个、实用新型4个。全年骏马集团生产锦纶丝9.5万吨、钢帘线8.5万吨，实现销售收入85.66亿元，利税2.5亿元，外贸出口1.89亿美元。公司位居中国民营企业500强第457位，江苏省百强民营企业第88位。

【大唐纺织公司新创品牌“波音·卡蓝”】 6月，大唐纺织制品有限公司更名为江苏大唐纺织科技有限公司，并新创服装品牌“波音·卡蓝”，企业走品牌发展、高端发展之路。大唐纺织公司在打造“大唐公主”家纺品牌的同时，坚持走多元化扩张之路，不断延伸“大唐”品牌产业链。公司的服装品牌“雅格·诗曼”“波音·卡蓝”吸取国际品牌的先进设计理念，走高端市场，以白领为目标群体，与江南大学、北京服装学院等院校的产、学、研合作，把抗菌、防螨、抗紫外线、负氧离子、远红外等材料和功能性技术应用到家纺、职业服装、羊绒衫、丝绸等产品系列中，为大唐纺织打造现代科技纺织企业和产品提档升级及快速转型提供更好的支撑。公司的职业服装已走进机关、企业、学校等诸多领域，年内为近10万名学生配套校服。

【东渡纺织公司研发中心被认定为省级设计中心】 1月26日，苏州大学·江苏东渡纺织集团"生态纺织服装研发检测中心"揭牌仪式在东渡集团文化中心举行。11月，东渡纺织研发中心因其较强的工业设计创新能力和丰富的工业设计创新成果被认定为"江苏省工业设计中心"。江苏东渡纺织集团创建于1956年，1999年转制为股份制企业。经过50余年发展，公司已建成集棉花基地、织造、染整、绣花、印花、制衣、水洗为一体的大型纺织科、工、贸企业集团，拥有全资企业5家、中外合资企业3家。"伊思贝得""东渡风""蒙斯艾"是公司的内贸服装品牌。作为中国生态童装第一品牌，"伊思贝得"坚持使用无污染、无毒素的染料，同时结合童装消费者的特点，专门引进拉力测试仪、颈拉量测试仪，从服装的一粒纽扣、颈围的尺寸等每一个细节，都用专用设备进行测量，并全部通过检测，以确保产品安全性，获得"国家免检产品""江苏省名牌产品""中国生态纤维制品"等多项荣誉。东渡纺织公司形成总部、研发、品牌机构和高科技面料制造业在张家港，外贸中心在新加坡，制造基地分布在国内外，销售市场在美国、欧盟、日本的国际化格局。

（丁卫刚　黄伟城　何增丁）

粮油食品工业

【概况】 2013年，全市规模以上粮油食品工业企业完成销售收入258.37亿元，比上年增6.32%，占全市规模以上工业销售收入的5.09%；实现利税13.46亿元，利润9.52亿元，比上年分别增116.05%和214.19%。其中，有规模以上农副食品加工企业8家，完成销售收入236.03亿元；食品制造企业4家，完成销售收入16.93亿元；饮料制造企业2家，完成销售收入5.41亿元。全市食品行业中，销售收入超1亿元企业8家，其中4家企业的销售收入超过10亿元，中粮东海粮油工业（张家港）有限公司销售收入190亿元，益江（张家港）粮油工业公司销售收入19.45亿元，路易达孚（霸州）饲料蛋白有限公司张家港分公司销售收入18.36亿元，梁丰食品集团有限公司销售收入11.96亿元。年内，中粮东海粮油工业（张家港）有限公司、江苏张家港酿酒有限公司、市面粉食品有限公司获2012~2013年度全国食品工业优秀龙头食品企业称号。

2013年张家港市规模以上粮油食品企业主要产品产量情况

表25

产品名称	产量	单位	比上年增减率（%）
食用植物油	99.35	万吨	27.20
小麦粉	30.69	万吨	-14.90
饲料	16.68	万吨	-30.80
乳制品	43435.00	吨	1.10
巧克力	4177.00	吨	-12.30
黄酒	55410.00	立方米	3.80

2013年张家港市粮油食品企业投入1亿元以上竣工项目情况

表26

企业名称	项目内容	项目类别	总投资（万元）	竣工月份
张家港福临门大家庭食品有限公司	烘烤类糕点、月饼生产扩建项目	外资	13500	12月

【"梁丰"商标被认定为中国驰名商标】 1993年，江苏梁丰食品集团有限公司由上海外贸申港食品厂（张家港市乳品一厂）为核心层组建成立，是国家学生饮用奶定点生产企业、农业产业化经营国家重点龙头企业。该公司拥有自有资产4.1亿元，具有全国一流的千头奶牛规模的机械化奶牛场，初步形成"种养加一条龙、贸工牧一体化"的经济格局。公司先后从德国、西班牙、瑞士、日本等国家引进当今世界一流水平的巧克力生产线、乳制品生产线，并积极开展ISO 9001质量体系和HACCP食品安全管理体系认证活动。生产的梁丰牌巧克力、乳制品饮料、糖果产品畅销全国各地，远销日本、新加坡等国家和地区。"梁丰"牌系列产品先后获得"中国名牌产品""中国免检食品"等称号。2013年5月，"梁丰"商标被认定为中国驰名商标；6月，集团公司被中国焙烤食品糖制品工业协会授予"中国焙烤食品糖制品产业突出贡献企业"称号。

【市面粉食品公司获全国食品工业优秀龙头食品企业称号】 市面粉食品有限公司位于杨舍镇乘航工业集中区，注册资金2088.8万元，有职工130人。占地面积4.2公顷，建筑面积3万余平方米。主要生产各种食品专用粉，拥有稳固原料基地，日加工小麦能力550吨。2013年，公司生产面粉5.8万吨，销售额1.94亿元。公司连续10年被国家粮食局指定为小麦粉标准样品定点制作单位，"梁丰"品牌面粉获得中国驰名商标、江苏名牌产品称号，新开发的"乘航"牌小麦粉获中国绿色食品发展中心A级绿色食品标志。公司计划在营养强化面粉、饲料营养添加剂等方面取得突破。年内，市面粉食品有限公司被中国食品行业协会评为全国食品工业优秀龙头食品企业。（赵晓菲）

机 电 工 业

【概况】 2013年，全市规模以上机电工业企业完成销售收入666.63亿元，比上年增16.04%，占全市规模以上工业销售收入的13.14%。行业中主要涉及化工压力容器制造、锅炉及锅炉附件制造、汽车及零部件、输变电设备、机床及精密机械制造、建筑机械、吊装机械、环保机械、洗涤及分离机械制造、纺织机械、医疗机械、电子类等众多门类。全市机电行业已形成明显的集群特色，主要有以保税区（金港镇）和经开区（杨舍镇）为中心的高端机械制造工业园，以乐余镇为中心的汽车及汽车零配件生产集群地，以冶金园（锦丰镇）三兴办事处为主的塑机、饮机生产集群地，以大新镇为中心的五金工具生产集群地和以塘桥镇为中心的纺机生产集群地等特色较为明显的产品和企业集群。全年有10家企业销售收入超10亿元，其中江苏长江润发集团有限公司31.26亿元、张家港富瑞特种装备股份有限公司23.12亿元、张家港化工机械股份有限公司20.08亿元、威亚汽车配件（张家港）有限公司19.01亿元、张家港中集圣达因低温装备有限公司17.43亿元、江苏爱康实业集团有限公司16.6亿元、苏州海陆重工股份有限公司14.95亿元、江苏华机集团有限公司13.58亿元、东熙汽配（张家港）有限公司12.56亿元、江苏银河电子股份有限公司11.79亿元。全行业累计完成投资180.5亿元。投入3000万元、500万美元以上的项目有110项，总投资203.3亿元；其中竣工项目89项，总投资85.7亿元，当年完成工作量75.6亿元。

2013年张家港市规模以上机电企业主要产品产量情况

表27

产品名称	单位	产量	比上年增减率（%）	产品名称	单位	产量	比上年增减率（%）
改装汽车	辆	5257	–2.90	塑料机械	台	448.00	–11.30
电力电缆	千米	27639	–39.70	起重机	吨	38946.00	40.00
滚动轴承	万套	13536	10.20	互感器	万台	6.51	28.10

2013年张家港市改装车生产企业产量情况

表28　单位：辆

企业名称	年产量	企业名称	年产量
江苏友谊汽车有限公司	2456	市沙洲车辆有限公司	157
市中集圣达因低温装备有限公司	301	苏州益茂电动客车有限公司	129
市江南汽车制造有限公司	300	中船圣汇装备有限公司	40

2013年张家港市机电企业投入1亿元以上竣工项目情况

表29

企业名称	项目内容	项目类别	总投资（万元）	竣工月份
江苏科瑞医疗科技有限公司	骨科器械材料项目	内资	28000	1月
江苏珍迎机电有限公司	年产1亿个汽车精密电子元件项目	外资	13000	3月
那智不二越（江苏）精密机械有限公司	生产汽车用液压泵、液压阀、液压马达及机器人项目	外资	60000	5月
市隆旌汽车零部件有限公司	汽车零部件制造项目	外资	10000	7月
苏州双象光学材料有限公司	年产8万吨有机玻璃高性能光学级液晶材料项目	内资	120000	8月
苏州现代海斯克钢材有限公司	汽车及电子行业用材料加工、汽车用轻量化材料项目	内资	40000	8月
张家港保税区卓尔诺新材料科技有限公司	年产1万吨光缆用钢、铝塑复合带等项目	内资	11644	8月
张家港环宇制药设备有限公司	日产500台水、粉一体预混项目	内资	40000	12月
张家港圣汇气体化工装备有限公司	液化天然气船用液罐二期扩建项目	内资	30000	12月
江苏新美星包装机械有限公司	高速灌装成套设备50套项目	内资	20000	12月
江苏欣诚机电科技有限公司	新能源电动汽车充电桩项目	内资	15000	12月
江苏金陵体育器材股份有限公司	舞台机械项目	内资	15000	12月
苏州爱瓦特发电机有限公司	发电机项目	内资	11000	12月
张家港富瑞特种装备股份有限公司	液化天然气产业园三期项目	内资	50000	12月
群欣光电科技控股有限公司	图形化蓝宝石衬底项目	外资	25000	12月
市华机环保新能源科技有限公司	新型能源设备、天然气设备、特种压力容器项目	内资	25000	12月
江苏红叶视听器材股份有限公司	高品质电影银幕及3D巨幕技术改造项目	内资	15000	12月

【富瑞特装公司项目入选国家示范工程】 11月，张家港富瑞特种装备股份有限公司的“内燃机高效清洁升级再制造”项目，被列为工信部发布的《内燃机再制造推进计划》中的五大重点示范工程之一。富瑞特装公司是一家从事LNG新能源装备产业的科技型企业，专业提供LNG全产业链装备解决方案和海水淡化、气体分离液化设备等产品的设计、制造、销售和技术服务，是业内屈指可数的具备提供LNG储存、运输、应用一站式解决方案和配套能力的设备制造商。作为张家港再制造产业示范基地的核心企业之一，已有多个系列的再制造发动机投放市场。该项目由其控股公司张家港首创清洁能源汽车应用有限公司负责汽车油改气的市场推广，在当地和内蒙古地区开展了几十辆水泥搅拌车和物流货运车辆的油改气示范，并同步在新疆、安徽、山西、辽宁、贵州、四川、河南等地与相关企业达成合作意向。

【新美星公司吹瓶机项目获行业最高荣誉】 1月，江苏新美星包装机械股份有限公司申报的“轻量瓶高速节能型旋转式全自动吹瓶机”项目被授予中国轻工业联合会科技进步奖二等奖，这是旋转式吹瓶机获得的中国行业最高荣誉。公司液体包装工程技术研究中心拥有180余名专业技术人员，涵盖机械、工艺、自控三大领域，每年投入企业销售收入的5%用于科研技改费用，并与上海交通大学、中国食品发酵工业研究院等众多科研院校建立长期的合作关系。相继开发了中国第一条PET（涤纶树脂）瓶三合一瓶装水生产线、第一条PET瓶无菌冷灌装生产线、第一条PET瓶超洁净热灌装生产线、第一条每小时3.6万PET瓶热灌装生产线，第一条含颗粒饮料灌装生产线、第一台PET瓶啤酒灌装机、第一台每小时4.8万PET瓶吹灌旋一体机、第一台每小时6000PET瓶食用油称重式灌装机等30余项“中国第一”。产品销往全球70余个国家和地区。

【海陆重工公司两项目获突破】 7月，苏州海陆重工股份有限公司的大型及特种材质压力容器生产线技术改造项目，被评为省级技术创新引领型示范项目。该项目推进了国产大型石化装备自主化的步伐。公司生产的余热锅炉、核承压设备、大型及特种材质压力容器产品，广泛运用于钢铁、石油、化工、有色金属、电力等行业，在国内工业余热锅炉领域保持市场占有率第一。11月27日，公司研制成功的“基夫赛特法有色冶炼余热锅炉技术”获省级新产品新技术认定，产品获省优秀新产品奖。由于铅冶炼过程中所产生的高温烟气具有含尘量大且黏结性强、腐蚀性强、烟气量随冶炼周期波动性大等特点，对余热锅炉适应性的要求异常苛刻。基夫赛特法有色冶炼余热锅炉设计并基本成功运行的例子在国外仅两例。该项技术和产品打破国外垄断，有效解决制约中国有色金属行业发展的关键设备难题。

【海陆环锻公司超大型环件轧制技术填补国内空白】 2009年，张家港海陆环形锻件有限公司尝试开发当时国内还少见的异形环锻件新产品，与武汉理工大学、江苏大学、上海交通大学在热处理、数字模拟等方面开展产学研合作。2013年4月22日，由张家港海陆环形锻件有限公司与武汉理工大学共同承担的省科技支撑计划项目“超大型复杂环件轧制关键技术研究”通过验收。这标志着内径5米以上超大型环件从此可以在国内实现自主制造。公司轧制出内径5米的超大型环形锻件批量生产为企业每年增加销售收入8000万元以上，扭转国内市场依赖进口的局面。

【张化机公司费托反应器刷新世界纪录】 6月30日，神华宁夏煤业集团有限公司举行煤炭液化项目费托反应器出厂庆典仪式，表彰张家港化工机械股份有限公司。神华宁夏煤业集团年产400万吨煤炭间接液化项目是国家“十二五”规划煤炭深加工示范项目，也是全球一次性建设规模最大的煤制油项目，备受业界高度关注。张家港化工机械股份公司凭借过硬的竞争实力，于2012年6月首笔签订近6亿元的合同——神华宁煤年产400万吨煤炭间接液化项目超限设备供货合同，并于是年8月成立张化机宁煤项目部，进驻项目现场。项目最为关键的核心设备是费托反应器，经过10个月工作，公司提前4个月完成制造任务。费托反应器净重2032吨，直径9.8米，高62米。该结构形式在全国首次使用，其外形及技术含量都位居世界同类产品之首，刷新国内大型炼油装置成套塔器设备制造纪录。

（丁卫刚　黄伟城　何增丁）

化学工业

【概况】 2013年，全市规模以上化工工业企业完成销售收入554.63亿元，比上年增10.44%，占全市规模以上工业销售收入的10.94%。其中，有规模以上石油加工、炼焦企业2家，完成销售收入1.31亿元；化学原料及化学制品制造企业118家，完成销售收入455.64亿元；医学制造企业6家，完成销售收入2.86亿元；橡胶和塑料制造企业70家，完成销售收入94.82亿元。全年有14家企业销售收入超10亿元，其中华昌集团68.19亿元、东华能源股份有限公司27.89亿元、斯泰隆丁苯胶乳（张家港）有限公司25.72亿元、索尔维（张家港）精细化工有限公司22.86亿元、道康宁（张家港）有限公司21.47亿元、佐敦涂料（张家港）有限公司21.11亿元、江苏长顺集团有限公司16.35亿元、南港（张家港保税区）橡胶工业有限公司15.13亿元、道康宁（张家港）有机硅有限公司12.51亿元、瓦克化学（张家港）有限公司12.28亿元、陶氏化学（张家港）有限公司11.2亿元、双狮（张家港）精细化工有限公司10.19亿元、江苏丽天新材料有限公司10.9亿元、江苏苏化集团张家港有限公司10.02亿元。全行业累计完成投资82.6亿元。投入3000万元、500万美元以上的项目有31项，总投资170.9亿元；其中竣工项目14项，总投资64.9亿元，当年完成工作量44.7亿元。

2013年张家港市规模以上化工企业主要产品产量情况

表30

产品名称	单位	年产量	比上年增减率（%）
碳酸钠（纯碱）	吨	548819.00	-14.30
合成氨（无水氨）	吨	477533.00	-0.40
氮肥（折纯）	吨	299765.00	6.70
化学农药原药	吨	7529.18	-25.60
硫酸	万吨	184.99	-0.50

2013年张家港市化工企业投入1亿元以上竣工项目情况

表31

企业名称	项目内容	项目类别	总投资（万元）	竣工月份
安逸达电解液技术（张家港）有限公司	锂电池电解液项目	外资	25320	3月
梅塞尔气体产品（张家港）有限公司	29万吨高纯及特种气体产品扩建项目	外资	33558	4月
江苏华昌化工股份有限公司	扩建年产15万吨浓硝酸项目	内资	19597	6月
凯凌化工（张家港）有限公司	年产14万吨加氢化学品项目	外资	66000	8月
张家港瑞泰美弹性材料科技有限公司	新型共聚物弹性新材料项目	外资	60000	9月
张家港康得新光学材料有限公司	年产2亿平方米光学薄膜一期项目	内资	460000	11月

【华昌集团获省管理创新示范企业称号】 6月，江苏华昌（集团）有限公司获江苏省管理创新示范企业称号。年内，华昌集团转型升级重大项目建设提速。8月18日，核心企业华昌化工公司投资12亿元的原料结构调整技术改造项目开工建设；9月12日，华昌化工公司投资8亿元的年产25万吨多元醇项目开工建设。9月27日，下属恒盛药业公司总投资3.5亿元年产300吨多功能医药活性成分生产装置项目开工建设。10月17日，核心企业华昌化工公司在淮安市涟水薛行工业集中区投资5亿元建设的年产100万吨新型生态肥料项目竣工投产。10月31日，华昌化工公司投资2亿元年产15万吨硝酸项目建成，生产出合格的稀硝酸和浓硝酸，为扬子江国际化学工业园及周边地区的产业链提供原料。华昌化工公司的原料结构调整项目和恒盛药业公司的生物医药技改项目，入选江苏省2013年第四批《重点技术改造项目导向性计划》名单。（陈饶忠）

【苏化集团获港口危险货物作业证】 2月，新修订的《港口危险货物安全管理规定》取消港口危险货物作业认可证制度，明确危险货物港口经营人在领取港口经营许可证的同时，须配发港口危险货物港口作业附证，作为港口经营许可证的配套文件。港口危险货物作业附证中明确危险货物作业的具体区域范围、作业方式、允许作业的危险货物品名及其他相关事项。11月，江苏苏化集团张家港有限公司以其设备、技术和安全生产管理优势，获得苏州市港口管理局颁发的港口危险货物作业附证，成为张家港市首家获得该证的危化品企业。江苏苏化集团张家港有限公司是一家集科、工、贸、物流为一体的综合性大型企业。拥有全资子公司12家、中外合资企业4家，总资产21亿元，是国家重点农药骨干企业。主要生产经营基础化工、精细化工和农用化工三大类50余种产品。先后通过ISO 9001质量管理体系、ISO 14001环境管理体系和英国UKAS皇冠认证，OHSAS 18001职业健康与安全管理体系认证，是国内化工行业首家通过三合一体系论证的企业。

【七洲绿色化工公司通过国际禁化武组织核查】 4月9日至12日，国际禁止化学武器组织考察组一行2人，对江苏七洲绿色化工股份有限公司民用化工设施进行现场核查。经过严格细致的工作，考察组认定该公司严格履行《禁止化学武器公约》，各项生产经营活动均符合公约的有关规定和要求。这是2013年国际禁化武组织对江苏省民用化工设施进行的首次现场核查。

（丁卫刚　黄伟城　何增丁）

建材工业

【概况】 2013年，全市规模以上建材工业企业完成工销售收入78.77亿元，比上年增13.57%，占全市规模以上工业销售收入的1.55%。江苏华尔润集团年产玻璃3012.38万重箱，比上年减0.8%；实现销售收入34.08亿元，比上年增4.01%。海螺水泥年产水泥316.51万吨，比上年增5.1%；实现销售收入8.35亿元，比上年增9.19%。全行业投入3000万元、500万美元以上的项目有8项，总投资11亿元，当年完成工作量8.3亿元；其中竣工项目4项，总投资3.2亿元，当年完成工作量3亿元。

2013年张家港市规模以上建材企业主要产品产量情况

表32

产品名称	单位	年产量	比上年增减率（%）
平板玻璃	万重箱	3012.38	-0.80
普通硅酸盐水泥	万吨	316.51	5.10
新墙材（非黏土质）	亿标块	4.62	1.72
其他墙材	亿标块	0.59	-6.60

2013年张家港市建材企业投入1亿元以上竣工项目情况

表33

企业名称	项目内容	项目类别	总投资（万元）	竣工月份
市华晶新材料有限公司	PVSC高档地板生产项目	内资	20000	4月
江苏富祥新材料科技有限公司	煤灰粉、冶炼废渣等废物制无机矿纤维及制品项目	内资	26700	12月

【新型墙材生产节约土地57.3公顷】 2013年，全市有新型墙体材料生产企业28家，主要企业有：市华诚新型建筑材料有限公司、张家港恒乐新型建材有限公司、江苏亿大新型墙体材料有限公司、张家港恒安轻质墙体材料厂、市富丽康建材科技有限公司、市新乘建材制造有限公司等。墙体材料年设计生产能力17.57亿标准块，实际产量5.21亿标准块，其中新型墙体材料产量4.62亿标准块，占墙材总量的88.7%。生产新型墙体材料与传统的生产烧结黏土砖相比，相当于节约土地57.3公顷，节约能源3.23万吨标准煤，减少二氧化硫排放726.75吨，减少二氧化碳排放8.4万吨。全年生产新型墙体材料利用工业固体废渣30.64万吨。全年城镇房屋使用新型墙体材料建筑竣工面积349.78万平方米，新墙材建筑比例为93.2%。

（施洪清）

【华尔润集团与东昊石油公司战略合作】 12月，华尔润集团与东昊石油公司在工业油品方面达成战略合作协议。江苏华尔润集团是国内大型浮法玻璃企业，总资产90余亿元，拥有18条浮法生产线，年产7200万重箱的产能，主要分布在：江苏张家港总部10条生产线、山东巨野4条生产线、广东江门3条生产线、辽宁大连1条生产线。集团公司玻璃产销总量连续10余年列国内同行业之首，产品品种以高级超白、高档高透优质浮法玻璃为主，具备2毫米至22毫米浮法玻璃的生产能力，浮法玻璃先后获"国家免检产品""中国名牌产品"称号，企业先后通过ISO 9001质量管理体系、ISO 14001环境管理体系、OHSAS 18001职业健康安全管理体系认证。公司坚持"一业为主、产业整合、相关经营、介入多元、持续发展"的理念，在张家港总部有玻璃深加工中心、社会化大物流公司和社会化经营公司，在江苏淮安有年产40万吨联碱法纯碱生产厂和120万吨延迟焦化厂，在江苏镇江有年产20万吨焦油精炼厂，在浙江长兴有年产100万吨石英砂矿，是一个以玻璃为主业的产业链和相关产品配套的集团型企业。

【新港星公司产品获"专精特"新产品认定】 1月，市新港星科技有限公司冷轧卷板、彩涂板、镀锡薄板的"港星"品牌被国家工商总局商标局认定为中国驰名商标，"港星"商标在全球35个国家注册。7月，公司的食品包装用高品质镀锡薄板被省经信委确认为2013年度省中小企业"专精特"新产品。此次公布的"专精特"新产品具有高市场占有率、高技术含量、高端制造领域、高附加值的鲜明特征。市新港星科技有限公司成立于1980年，拥有固定资产1.5亿元，员工400余人。公司主要生产镀锌钢板、彩涂钢板、镀锡薄板、轻钢龙骨、型钢等系列产品，是国内建材行业轻钢龙骨标准的参与制订者。拥有6条涂镀生产线、2个龙骨加工中心、1家贸易公司、1个工程技术研究中心。公司专业生产热镀锌钢板（卷）、镀锌钢带，可生产0.14毫米至1毫米的镀锌板，产品广泛应用于家电、汽车、办公机器、钢制品家具、建筑等领域。

（丁卫刚　黄伟城　何增丁）

电力工业

【概况】 2013年，在运行的2家省调电力生产企业中，张家港沙洲电力有限公司两台630兆瓦机组完成发电量78.54亿千瓦小时，上网电量74.86亿千瓦小时，供电标煤耗为每千瓦小时310.84克，实现售电收入26.88亿元，利润4.5亿元，入库税金3.53亿元。张家港华兴电力有限公司两台390兆瓦燃气蒸汽联合循环发电机组年耗用天然气4.59亿立方米，完成发电量23.94亿千瓦小时，上网电量23.44亿千瓦小时，实现售电收入13.43亿元，利润0.88亿元，入库税金1.14亿元。地方（热）电力生产企业完成年度发电量56.46亿千瓦小时，比上年减2.86%。其中，上网电量7.47亿千瓦小时，比上年减19.94%；自发自用电量42.73亿千瓦小时，比上年增1.54%；厂用电量6.26亿千瓦小时，比上年减6.71%。

2013年张家港市（热）电力企业基本情况

表34

（热）电厂名称	发电机组			锅炉		
	单机功率（兆瓦）	台数	合计（兆瓦）	额定蒸发量（吨/时）	台数	合计（吨/时）
张家港沙洲电力有限公司	630.00	2	1260.00	1913.00	2	3826.00
张家港华兴电力有限公司	390.00	2	780.00	280.00	2	560.00
张家港保税区长源热电有限公司	12.00 35.00	2 2	94.00	130.00 220.00	3 2	830.00
江苏金柳江南热电有限公司	6.00 3.00	2 1	15.00	35.00 45.00	2 2	160.00
张家港永兴热电有限公司	15.00	2	30.00	100.00	3	300.00
市印染厂（合兴热电厂）	6.00	2	12.00	35.00 65.00	1 2	165.00
江苏沙钢集团有限公司	50.00 16.20	8 2	432.40	78.00 220.00 65.00	4 4 2	1322.00
锦丰轧花剥绒有限公司	1.50 3.00	1 1	4.50	20.00 35.00	1 1	55.00
江苏中鼎化学有限公司	0.75	1	0.75	20.00	1	20.00
张家港大裕橡胶制品有限公司	1.50	1	1.50	10.00	2	20.00
华芳张家港热电有限公司	6.00	1	6.00	35.00 75.00	2 1	145.00
江苏飞翔化工股份有限公司	4.50	1	4.50	75.00	2	150.00
张家港浩波热电有限公司	6.00	1	6.00	35.00	2	70.00
张家港骏马涤纶制品有限公司热电厂	15.00	2	30.00	130.00 150.00	2 1	410.00
双狮（张家港）精细化工有限公司	50.00 3.00	2 1	103.00	165.00 26.00	2 1	356.00
市华兴纸业有限公司	3.00	1	3.00	35.00 75.00	2 1	145.00
市大新热电有限公司	6.00	1	6.00	35.00	2	70.00
江苏苏化集团张家港有限公司热电厂	6.00 12.00	1 3	42.00	75.00	4	300.00
江苏华昌化工股份有限公司热电厂	12.00 25.00	2 1	49.00	75.00 130.00	3 2	485.00
华尔润玻璃产业股份有限公司余热电站	3.00 7.50	1 1	10.50	12.30 8.90 13.60 10.00	2 1 1 1	57.10
张家港金州再生能源有限公司	6.00	2	12.00	24.00	2	48.00
江苏宏宝光伏系统有限公司	1.03 1.51	1 1	2.54	—	—	—
苏州中康电力开发公司	2.23	1	2.23	—	—	—

【恒东热电公司整厂关停】 张家港恒东热电有限公司位于塘桥镇滩里村，为公用热电厂，装机规模为2台25兆瓦高温高压抽凝式发电机组，配套2台每小时产130吨高温高压煤粉锅炉，占地面积9.13万平方米，两台机炉分别于2005年8月、2006年1月建成投产。2013年6月25日，张家港恒东热电有限公司整厂停止发电供热生产，7月8日完成富余员工安置，12月20日完成生产、生活设施的拆除并全部复垦成农田。该公司原有的78家热用户改由张家港永兴热电有限公司集中供热。

【沙洲电力公司锅炉脱硝改造工程建成投运】 年内，张家港沙洲电力有限公司一期工程2台锅炉的脱硝改造工程通过省环保厅现场核查验收，建成投运。该公司2台630兆瓦机组锅炉脱硝改造工程投资6131.67万元，采用选择性催化还原脱硝技术（SCR），在锅炉省煤器出口与空预器入口之间布置SCR反应器，在燃料楼东侧布置氨区。烟气从省煤器出口进入SCR反应器的入口烟道，同时氨气也注入入口烟道，两者在烟道内充分混合后进入反应器。在催化剂的作用下，氮氧化物与氨反应生成氮气，从而降低氮氧化物浓度。该工程设计脱硝投用率高于98%，SCR反应器出口氮氧化物浓度控制在每标准立方米100毫克以下。其中，2号锅炉于2012年9月16日脱硝改造工程动工，2013年3月26日完成各项安装和调试工作。5月13日，进入168小时运行。5月14日，由省监测中心进行2号机组脱硝CEMS（烟气自动监控系统）比对试验。5月20日，通过168小时运行。6月19日，通过由省环保厅组织的2号机组脱硝设施及CEMS系统现场核查验收。1号机组脱硝装置桩基于1月19日开始施工。7月2日，由省监测中心进行脱硝CEMS比对试验。7月3日，1号机组脱硝装置通过168小时整套试运验收，移交生产。7月23日，通过由省环保厅组织的1号机组脱硝设施及CEMS系统现场核查验收。8月29日，通过市环保局组织的烟气脱硝改造、脱硫扩容、除尘器技术改造项目竣工验收现场核查。

【中康电力公司2.23兆瓦屋顶光伏发电并网项目投运】 12月29日，苏州中康电力有限公司2.23兆瓦屋顶光伏发电并网项目正式并网发电，该项目经苏州市发改委备案，利用苏州盛康光伏科技有限公司和苏州爱康金属科技有限公司的既有屋顶面积37040平方米，建设光伏并网电站，安装光伏组件9300块，建设容量2.23兆瓦。项目总投资1810.4万元，其中建设投资1788.7万元，于9月10日开工建设，采用多晶硅电池组件及5台500千瓦并网型逆变器，电站升压至10千伏后接入124顺康线。项目建成后，年平均发电量214.1万千瓦小时、平均供电量213.1万千瓦小时、平均收入182.1万元。 （李培青）

其他工业

【概况】 2013年，除上述行业外，全市还有其他行业类别的规模型企业93家，全年完成工业销售收入293.34亿元，比上年减6.02%，占全市规模以上工业销售收入的5.78%。实现利税36.6亿元，比上年增85.6%。其中，有造纸及纸制品企业14家，完成销售收入13.06亿元；皮革、毛皮、羽毛及其制品企业5家，完成销售收入2.11亿元；木材加工及竹、藤、棕、草制品企业3家，完成销售收入1.4亿元；家具制造企业4家，完成销售收入2.71亿元；文教体育用品制造企业30家，完成销售收入52.62亿元；印刷业和记录媒介的复制企业16家，完成销售收入11.7亿元；废弃资源综合利用企业9家，完成销售收入116.75亿元；电热生产和供应企业7家，完成销售收入51.06亿元；燃气生产和供应企业2家，完成销售收入39.02亿元；水生产和供应企业2家，完成销售收入2.68亿元；其他制造企业1家，完成销售收入0.23亿元。全年投入3000万元、500万美元以上项目83项，总投资212.3亿元，当年完成工作量80亿元；其中竣工项目63项，总投资90.6亿元，当年完成工作量73.6亿元。

2013年张家港市其他工业企业投入1亿元以上竣工项目情况

表35

企业名称	项目内容	项目类别	总投资（万元）	竣工月份
江苏中意包装有限公司	年产500万个钢桶及2.5亿个塑料包装桶项目	内资	32000	9月
贝内克—长顺汽车内饰材料有限公司	新建TPO树脂项目	外资	28000	10月
欧璧医药包装科技（中国）有限公司	年产医药包装新材料4.5亿套项目	外资	40000	12月
市华天药业有限公司	迁建年产300吨果糖二磷酸钠项目	内资	15000	12月

【欧邦塑胶公司"膜"力无限】 2006年，江苏欧邦塑胶有限公司成立，产品主要应用于家电彩钢板VCM、厨具面膜、玻璃贴膜及特殊用途膜类领域。2013年，欧邦塑胶公司年产能力达到6000万平方米，其中20%产品出口。在引进吸收欧洲、日本、韩国等先进涂装工艺技术的基础上，欧邦塑胶与中科院及大专院校研究所、家电研究所合作，率先自主研发专利产品"家电级高光彩膜"，在家电领域完成进口材料的国产化，降低家电行业的制造成本。公司搭建完成覆膜彩色钢板、覆膜彩晶玻璃、覆膜工程塑料、覆膜家居橱柜材料等系列高新技术产品应用模块工厂，实现新材料核心技术的多元化应用，产品覆盖38个各类家电产品和高端装饰材料应用领域。依托"欧邦模块139"网络平台，与德国、美国、日本、韩国的多家国际供应商及研究机构建立战略合作关系，拥

有150余项自主开发知识产权专利项目，技术能力达到国际先进水平。

（丁卫刚　黄伟城　何增丁）

新兴产业

【概况】 2013年，全市规模以上新兴产业企业实现工业产值1965亿元，比上年增7.7%，占全市规模以上工业总产值的39.8%，比上年提高1个百分点。其中，有规模以上新材料企业130家，实现工业产值1297.78亿元，比上年增8.1%；新能源企业42家，实现工业产值163.9亿元，比上年增9.2%；新装备企业145家，实现工业产值318.43亿元，比上年增11%；智能电网及再生利用企业44家，实现工业产值169.19亿元，比上年减1.2%；新医药及其他企业13家，实现工业产值15.7亿元，比上年减8.2%。全市178个在建新兴产业项目总投资415.6亿元，全年完成投资208.11亿元，比上年增24.8%，占工业总投资的47.3%，比上年提高6.9个百分点；占全社会投资的27%，比上年提高3.3个百分点，拉动全社会投资增长5.9个百分点。

【张家港机器人产业园获工信部确认】 8月29日，张家港机器人产业园获工业和信息化部批准认定。机器人产业园是市"810工程"重点工程之一，位于张家港经济技术开发区（杨舍镇），已有日本那智不二越、英国伊萨焊接、先锋自动化机械、港星方能超声科技等多家国内外知名机器人及部件生产企业入驻，并建有哈尔滨工业大学（张家港）智能装备及新材料技术产业化研究院、南京理工大学（张家港）工程技术研究院等多个产学研平台。根据经开区（杨舍镇）编制的《张家港机器人产业园发展规划》，该园将充分发挥装备制造基础优势、平台研发配套优势以及驻外事务所的招商职能，加快推进机器人产业发展，加强产业核心技术引进与研发，以工业机器人为主体，延伸发展工业机器人深度研发、设计等生产性服务业产业，力争到2016年，形成60亿元的机器人产业规模，到2020年，机器人产业规模达到200亿元。

【霍尼韦尔公司张家港生产基地奠基】 参见第179页〖世界500强霍尼韦尔牵手张家港〗。

【康得新公司打造世界级光学膜产业基地】 11月19日，张家港康得新光电材料有限公司2亿平方米光学膜产业集群项目投产暨《世界级光学膜产业基地项目战略合作框架协议》签约仪式在保税区（金港镇）举行。康得新2亿平方米光学膜产业集群项目总投资45亿元，建设年产2亿平方米光学膜、5万吨PET基材、1万吨保护膜和6100吨UV固化黏合剂生产装置。项目自2012年4月26日开工，仅一年多时间，就完成24万平方米厂房的建设、200套具有国际先进水平设备的调试安装、包括国际国内精英人才在内的2000人团队的组建。该项目全面建成后将成为全球唯一全产业链、全系列、高集中度且规模最大的光学膜生产基地，在成本、技术、品种、规模上，拥有全球绝对竞争优势，彻底打破国外垄断，实现进口替代，全面提升中国显示行业的全球竞争力。

【华盛化学公司项目获国家技术发明奖】 年末，江苏华盛精化工股份有限公司承担的"高性能二次电池新型电极、电解质材料与相关技术"项目获评2013年度国家技术发明奖二等奖，成为苏州地区三项获奖成果之一和苏州县市中唯一获奖项目。该项目针对氟代碳酸乙烯酯制备工艺中存在的安全性差、工艺路线复杂、生产成本高等问题，创新性地开发出以碳酸乙烯酯为原料，经过氯化、氟代得到具有高安全性的氟代碳酸乙烯酯的制备新工艺，具有反应条件温和、安全易控、无毒、不需要复杂尾气处理系统等优点，并实现规模化生产，突破国外的技术和产品垄断。经中国轻工业联合会组织召开的技术鉴定会鉴定，该技术成果达到国际领先水平。（朱力夫）

江苏沙钢集团

【概况】 江苏沙钢集团拥有总资产1463亿元，职工3万余人，年生产能力炼铁3050万吨、炼钢3780万吨、轧材3660万吨，为江苏省重点企业集团、国家特大型工业企业、国家创新型企业、全国最大的民营钢铁企业。主导产品有宽厚板、热轧卷板、不锈钢热轧和冷轧板、高速线材、大盘卷线材、带肋钢筋、特钢大棒材等60余个系列和700余种品种近2000个规格，其中高速线材、带肋钢筋等产品获"实物质量达到国际先进水平金杯奖"，被评为全国用户满意产品。带肋钢筋具有CARES认证，热轧板卷通过

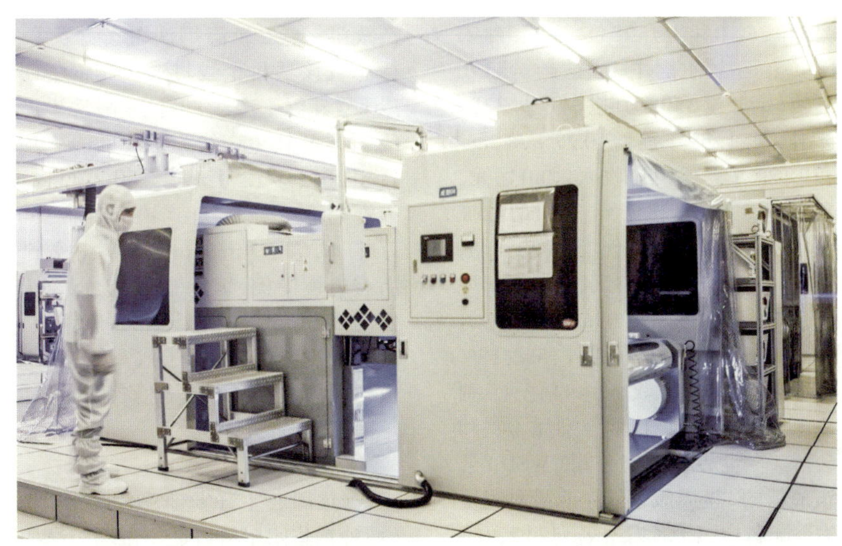

康得新光电材料有限公司生产车间　　（康得新公司　供稿）

沙钢集团1号硅钢生产线第一卷下线
（沙钢集团　供稿）

欧盟CE认证，船板钢通过9个国家级船级社认证。优质高速线材是“中国名牌”产品和“出口免验”商品，生产总量和出口量名列全国第一。集团拥有江苏沙钢集团有限公司、江苏沙钢集团淮钢特钢股份有限公司、沙钢集团安阳永兴钢铁有限公司、江苏沙钢集团鑫瑞特钢有限公司、江苏沙钢集团锡兴特钢有限公司、沙钢国际贸易有限公司、沙钢物资贸易有限公司、沙钢集团玖隆钢铁物流有限公司、沙钢财务有限公司、沙钢农村小额贷款公司等10家子公司。1月18日，在2012年度国家科学技术奖励大会上，沙钢集团与东北大学、鞍钢、宝钢等共同完成的“现代轧制技术、装备和产品研发创新平台”项目获国家科技进步奖二等奖。7月8日，美国《财富》杂志公布2013年世界500强企业排名，沙钢集团位居世界500强企业第318位，较上年上升28位，连续5年入围。全年沙钢集团完成铁产量3170万吨、钢产量3508万吨、材产量3385万吨，比上年分别增10.27%、8.58%和7.18%；实现销售收入2280亿元、利税57.8亿元，比上年分别增4.6%和16.5%；实现出口创汇15亿美元。其中，江苏沙钢集团有限公司全年炼铁1876万吨、炼钢2096万吨、轧材2076万吨，比上年分别增15%、13%和6%；实现销售收入1494亿元、利税48.36亿元，比上年分别增44%和67%。在世界钢动态公司（WSD）公布最新的“世界级钢铁企业最具竞争力”排名中，沙钢集团名列第22位，位居入围中国钢铁企业第2位。在2013年中国制造业500强以及中国民营企业500强排名中，沙钢集团分别名列第14位和第4位。在中国企业500强排名中，沙钢集团列第45位。在2012年中国对外贸易民营500强企业排名中，沙钢国际贸易有限公司位居第2位。2013年（第十届）“中国500最具价值品牌”评价结果中，沙钢集团公司在入围的29家江苏企业中位列第3位，这是继2008年起连续第6次入围。

【沙钢集团节能减排】 年内，沙钢集团投资1.95亿元，完成3座烧结机烟气脱硫减排工程，年减排粉尘2100吨，减排二氧化硫1.2万吨。投资1.2亿元，建设C型料场，控制物料扬尘，年减少物料损失2万吨。投资1650万元，铺设向张家港浦项不锈钢有限公司外供蒸汽管道。至年末，铺设蒸汽管道40余千米，外供余热蒸汽企事业单位55个，年减少社会用煤6万余吨，年分别减排二氧化硫1440吨、二氧化碳10.7万吨。

【沙钢集团冷轧产品实现零的突破】 3月28日，1420毫米冷轧1号硅钢生产线第一卷在玖隆钢铁物流园下线，标志着该项目全线贯通。沙钢集团以1号硅钢生产线、推拉式酸洗生产线、2号酸轧生产线为核心的冷轧项目于2011年12月开工建设，项目总投资71亿元，设计年产冷轧产品200万吨、热卷酸洗产品60万吨。主要产品有电镀锡板、镀锡基板、碳钢退火板、热镀（铝）锌板、无取向硅钢板、热轧酸洗卷，广泛用于汽车板、家电板、食品包装等领域。达产后可增加年销售收入150亿元。

【沙钢集团自主开发新品38种】 年内，沙钢集团坚持以适应市场为结构调整的方向，持续自主创新开发新品，共开发新型环保易切削钢1215、600兆帕级焊丝钢H08D、铬钼焊丝钢SJ-1CM、Q345级钛强化钢SM490A-Ti、控轧加回火型模具钢P20S、耐磨钢NM400、冷成型用屈服强度550兆帕级热轧带钢S550MC、无取向硅钢（50W1300、50W800、50W600）、冷轧硬卷（SPCC、SPCD、SPCE）、酸洗板（SPHC-P、SG-SPHC）等新品38种。其中，一种能够替代进口的大线能量焊接钢板成为国内首个通过焊接性能测试的钢板；与东南大学合作研发的“南海海防工程用高耐腐蚀与长寿命高强钢筋制备及应用技术”项目被列为江苏省2013年度“重大战略产品产学研联合攻关项目”立项目录；大壁厚海洋工程用超高强度钢板被科技部列入“2013年国家重点新产品计划”项目。沙钢集团新产品销售量占全年销售总量的11%，新产品销售收入占全年销售总额的18%，对效益的贡献率为7%，进一步增强市场竞争力。

【沙钢集团钢管和管线钢抢滩海外】 5月，沙钢金洲管道公司成功竞标坦桑尼亚天然气处理厂及输送管线项目中约1.7万余吨钢管的生产任务。这是继沙钢金洲管道公司出口委内瑞拉超万吨大单后的又一重量级国际订单，标志着沙钢集团产品结构调整迈出新步伐。该项目承揽的产品是直缝埋弧焊接钢管，共4个规格，总长52.3千米，要求产品具有95%的屈服强度，相当于达到海底管线的标准要求。8月，沙钢集团生产的2万吨管线钢发往伊朗，标志着沙钢集团在轧制宽薄规格管线钢上取得新突破。宽薄管线钢用全新的轧制工艺方案，经过轧辊凸度、轧制规程和冷却工艺“三重”优化，并细化明确司炉、轧制、冷却等各道工序的工艺过程控制点，不断缩小工艺控制范围，保证大板厚度控制均匀、板型平整，其抗拉强度、屈服强度等性能精度区间远高于一般管线钢的标准。年内，沙钢集团为俄罗斯、伊朗等国生产石油输送用管线钢超20万吨。（施建兵）

【编辑　黄宏庆】

建筑业·房地产业

Architecture & Real Estate

苏州园林式楼盘——苏园　（严子洋　摄）

建筑 装潢 房地产

建 筑

【概况】 年内，全市建筑业加快转型升级，全行业保持生产经营平稳增长、整体效益不断提高、质量安全水平持续提升的良好态势。产业规模继续扩张，企业实力逐步壮大，全市建筑企业共完成建筑业总产值256.27亿元，竣工产值185.56亿元，比上年分别增27.55%、39.31%；房屋施工面积累计1725.65万平方米，其中新开工房屋建筑面积722.57万平方米，比上年分别增13.8%、13.79%；实现利税总额33.38亿元。行业企业实力持续增长，施工能力不断提升，江苏兴港建设集团有限公司、江苏金厦建设集团有限公司、江苏德丰建设集团有限公司施工产值均超18亿元，其中江苏德丰建设集团有限公司完成施工产值23.2亿元；江苏永联精筑建设集团有限公司、市后塍建筑安装工程有限公司超10亿元；江苏兴安建设集团有限公司、市双山建筑工程有限公司、市鹿苑建筑工程有限公司超5亿元，江苏兴安建设集团有限公司位列全省安装行业前十名。产值超1亿元的企业达到47家。有7家企业获评省建筑业竞争力百强企业、优秀企业。

【建筑资质】 年内，市建业建筑安装工程有限公司获房屋总承包一级资质，江苏金厦建设集团有限公司升级获得机电安装工程施工总承包一级资质。至年末，全市具有资质的建筑企业总数达到350家。其中，设计与施工一体化资质企业60家，施工总承包企业69家、专业承包企业170家、劳务分包企业51家，企业主、兼营（增项）涉及专业资质40个。全市拥有建设工程勘察甲级资质企业1家；拥有建筑设计资质企业3家，其中甲级2家、乙级1家；拥有工程监理企业9家，其中甲级5家、乙级2家、丙级2家；拥有工程造价咨询企业9家，其中甲级2家、乙级7家；拥有招标代理企业6家，其中甲级1家、乙级4家、暂定级1家。全市建筑业企业从业人员5.56万人，其中技术经济人员7569人，有国家一级注册建造师354人、国家二级注册建造师1815人，有国家注册监理工程师172人、省注册监理工程师278人，有国家注册造价工程师162人、造价员835人，有国家一级注册结构师18人、一级注册建筑师9人、注册岩土工程师4人、注册设备工程师12人，具备招标代理上岗证的有65人。

【建筑市场管理】 市建设主管部门优化办事环节，整合审批服务流程，审批服务项目新转并联审批、网上审批各1项，方便群众办事。全年共受理各类行政服务事项1916项，办结率和满意率均为100%；累计核发施工许可证366项，涉及建筑面积731万平方米，合同造价129亿元。加强招投标监管，推进与省信用信息管理平台数据库的互联互通，最大限度遏制串、围标行为。强化过程监督和标后监管，对现场检查中发现的项目经理及所在企业的不良行为在诚信数据库中予以记录，直接与招投标活动挂钩，情节严重的，列入“黑名单”，在一定时限内屏蔽不良投标企业和个人，遏制违法违规行为。全年共记录23家企业不良行为，共有18家企业的32名项目经理、总监列入黑名单（含省内通报）。严抓评委和招标代理机构管理，开展建设工程招投标特邀社会义务监督员活动，增强招投标透明度与公信力。全年共完成发包530个标段，建筑面积543.2万平方米，合同金额111.3亿元。工程造价管理进一步强化，咨询成果质量不断提高，咨询机构全年共编制清单、标底及结算审核项目520项、投资额190亿元，其中结算审核项目270项，造价约53亿元，送审核减额约6亿元，核减率约11%。有50个国有投资项目实行全过程造价跟踪管理，建筑面积360万平方米，总造价约105亿元。开展工程造价咨询服务，及时发布建材价格信息，组织编印2013年度造价估算指标，为各级提供决策参考，防范价格风险。强化现场检查抽查，严查挂靠、违法分包等违法建设行为，督促落实企业主体责任。年内共抽查施工企业项目355项，对年度扣分达到20分的86名项目经理进行培训考核。加强执法巡查，注重部门联动，着力遏制违法违规建设行为的发生，全年开具停工（检查）通知书70份，立案查处违法违规行为135起。狠抓工资清欠工作，及早布置和开展清欠专项排查，召开清欠工作会议，督促企业落实主体责任。

【工程建设管理】 加强行业专业人才建设，市建筑教育培训中心全年开

“行行出状元”——市第一届职业技能大赛镶贴工比赛“虹筑之家”赛场

（市住建局　供稿）

办各类培训班61期，培训各类人员10145人次，培训人数创历史新高。组织开展“安全月”“工程创优”等活动，5月、6月承办“行行出状元”——张家港市第一届职业技能大赛钢筋工、装饰装修工（镶贴工）职业技能竞赛，营造浓厚的质量安全氛围。加强勘察设计管理，全年受理施工图审查项目400余项，面积900余万平方米，累计查纠违反强制性标准4705条、查纠违反强制性条文1379条。加强对影响结构安全的原材料、构配件质量等的抽测，实施隐蔽工程短信通知检查，坚持停建点监督随机抽查，强化对建设各方的动态监管，促进施工、监理单位质量保证体系的建立与有效运转。全年完成原材料检测161238组，合格数量159982组，合格率99.22%。累计分户验收住宅工程457幢，建筑面积271万平方米，住宅分户验收率100%。开展工程创优活动，全年共创张家港市优质结构工程184项，推荐苏州市优质结构工程85项；创苏州市“姑苏杯”工程19项，推荐申报江苏省“扬子杯”工程4项。全年质量监督2054项、面积1258万平方米；共办理竣工验收备案465项，建筑面积281万平方米。全年获省QC（质量管理）小组三等奖2个、优秀奖4个，获苏州市二等奖1个、三等奖5个、成果奖46个。推进墙改、散装工作，先后举办新墙材砌体砌筑技能、粉刷技能、贴面砖技能比赛。制定《张家港市发展预拌砂浆实施意见》，推进绿色施工，为进一步“禁现”（禁止使用现场搅拌混凝土），促进预拌砂浆产业的发展打下基础。积极发展绿色建筑，《可再生能源建筑应用示范县实施方案》和《国家可再生能源建筑应用示范县中央财政资金使用管理办法》出台，张家港市被列为省高强钢筋推广应用试点城市。推进安全监管模式创新，实行“辖区分片、人员分组”负责制，在施工企业、施工现场推行标准化管理，促进企业建立管理规范、运转有效的安全生产自我保障体系。实行差异化监管，对危险性较大的工程及薄弱部位、关键环节等实施重点监管，提高监管效能。共办理建筑起重机械使用登记949台次，产权登记284台，强制报废塔吊104台。累计检查工程项目569项，发现安全隐患306条，提出整改意见852条，签发建设工程施工安全隐患整改通知书95份、局部停工整改通知书45份。加强安全防护、文明施工措施费用考核，全年申报省级文明工地27个、苏州市级文明工地90个，文明工地申报数量再创新高。

【推进绿色建筑发展的实施意见出台】为进一步深入推进建筑节能，加快发展绿色建筑，促进城乡建设模式转型升级，结合《张家港市生态文明建设三年行动计划（2012~2015）》，8月2日，市住建局、市发改委、市财政局、市规划局联合印发《关于大力推进全市绿色建筑发展的实施意见》。根据实施意见，9月1日起，全市新建保障性住房、省级建筑节能与绿色建筑示范区（中丹科技生态城）中的新建项目、各类政府投资的公益性建筑、大型公共建筑全面按绿色建筑标准设计建造。2015年起，全市新建建筑全面按一星及以上绿色建筑标准设计建造。“十二五”期间，全市新开工建设绿色建筑项目总面积超过500万平方米。实施意见还明确推进绿色建筑发展的八大重点任务，分别为制订绿色建筑发展规划、在城乡规划中落实绿色建筑要求、推进绿色建筑区域示范、扩大可再生能源建筑应用规模、加强公共建筑节能运行管理、加快既有建筑节能改造、大力发展绿色建材和加快开展绿色施工、推进住宅全装修。年内，市职业技能实训基地项目和朗诗·国泰城项目作为绿色建筑试点项目建设。

【建筑企业转型升级加快】 市建设主管部门把转型升级作为推动行业发展的重要途径，积极鼓励引导企业优化产业结构，深化内部管理，加快转型升级。4月，组织一、二级资质企业负责人赴浙江、苏中地区建筑业强市专题学习企业转型升级经验。年内，全市有13家建筑企业资质实现升级，48家企业新增各类专业资质。江苏德丰建设集团有限公司多元化经营覆盖建材生产、码头运输、房地产等行业，全年企业产值突破31亿元，入库税金1亿元，首次跻身全市企业30强。原张家港市政工程有限公司整合永联建筑、永固水电等永钢集团的7家子公司成立江苏精筑建设集团，涵盖市政、房建、装潢、水电安装、混凝土、园林等业务，拓展经营空间。江苏兴安建设集团有限公司拓展信息化领域业务，新承接智能化、软件业务3200万元，推动了企业良性发展。

【“虹筑之家”成为行业从业人员新家园】 市建设主管部门积极探索从业人员教育管理新思路，6月，在城北科创园建设工地一线建设行业党员服务中心、从业人员培训中心——“虹

“虹筑之家”（市住建局 供稿）

筑之家”。“虹筑之家”占地面积1300余平方米，设置咨询接待室、多功能培训室、展示室、阅览室、篮球场、羽毛球场地等活动场所。集教育培训、文体娱乐、志愿服务等功能于一体，涵盖上网视频、看书读报、教育培训、文体娱乐等一系列免费服务，全年先后开展象棋、乒乓球、拔河、桌球等文体、技能竞赛20余场，放映电影60场，组织医疗志愿者活动10次，组织开展党的政策、法律法规学习和技能培训20余次，累计接待行业从业人员2万余人次。省委副书记石泰峰和苏州市委组织部领导先后考察“虹筑之家”，给予肯定。

2013年张家港市建筑工程获奖情况

表36

奖　项	工程名称	承建（参建、监理）单位	项目经理
江苏省“扬子杯”优质工程奖（申报已复评）	张家港边防检查站机关综合大楼	市鹿苑建筑工程有限公司 江苏金厦建设集团有限公司 南京金陵建筑装饰有限责任公司 江苏众信工程投资项目管理咨询有限公司	范正刚
	市人民检察院业务用房	江苏德丰建设集团有限公司 江苏华通工程管理有限公司	陆　军
	市行政服务中心大楼	江苏金厦建设集团有限公司 深圳市嘉信装饰设计工程有限公司	许晓峰
	江苏兴港建设集团有限公司办公楼	江苏兴港建设集团有限公司	刘　路
江苏省安装工程“苏安杯”优质奖	市行政服务中心大楼安装工程	江苏兴安建设集团有限公司 江苏华通工程管理有限公司	顾海荣 徐兴龙
苏州市“姑苏杯”优质工程奖	阳光绿城37B号房	江苏德丰建设集团有限公司 苏州巨业建设监理有限公司	周桂华
	阳光绿城38号房	江苏德丰建设集团有限公司 苏州巨业建设监理有限公司	周桂华
	张家港边防检查站机关综合大楼	市鹿苑建筑工程有限公司 江苏金厦建设集团有限公司 南京金陵建筑装饰有限责任公司 江苏众信工程投资项目管理咨询有限公司	范正刚
	市城市管理局扩建业务及辅助用房	市建业建筑安装工程有限公司 江苏七彩虹建筑装饰工程有限公司 江苏华通工程管理有限公司	朱麒敏
	城北经济适用住房农联花园一期2号房	江苏兴港建设集团有限公司 江苏众信工程投资项目管理咨询有限公司	黄国友
	兆丰学校4号行政楼、5号实验楼	市兆丰城建有限公司	黄建忠
	市行政服务中心大楼（含安装工程）	江苏金厦建设集团有限公司 江苏兴安建设集团有限公司 深圳市嘉信装饰设计工程有限公司 江苏华通工程管理有限公司	许晓峰
	金陵纺织有限公司织造准备车间工程	市兴华建筑安装工程有限公司 江苏华通工程管理有限公司	陈　云
	江苏兴港建设集团有限公司办公楼	江苏兴港建设集团有限公司	刘　路
	江苏国泰国际集团商业写字楼用房（国泰新世纪广场）	江苏通州四建集团有限公司 江苏金厦建设集团有限公司 江苏众信工程投资项目管理咨询有限公司	潘建华
	中港花苑二期16号房	市双山建筑工程有限公司 江苏顺力工业设备安装有限公司 江苏众信工程投资项目管理咨询有限公司	何建林

续表36

奖　项	工程名称	承建(参建、监理)单位	项目经理
苏州市“姑苏杯”优质工程奖	中港花苑二期18号房	市双山建筑工程有限公司 江苏顺力工业设备安装有限公司 江苏众信工程投资项目管理咨询有限公司	何建林
	玲珑湾小区1号房	市双山建筑工程有限公司 江苏众信工程投资项目管理咨询有限公司	姜云峰
	城北经济适用住房农联花园一期9号房	江苏兴港建设集团有限公司 江苏众信工程投资项目管理咨询有限公司	黄国友
	兆丰小学1号至3号教学楼	市兆丰城建有限公司	黄建忠
	福德庄园36号房	市兆丰城建有限公司 江苏众信工程投资项目管理咨询有限公司	施朝德
	旺西小区8号房	市后塍建筑安装工程有限公司 江苏众信工程投资项目管理咨询有限公司	黄永长
	玲珑湾小区2号房	市双山建筑工程有限公司 江苏众信工程投资项目管理咨询有限公司	姜云峰
	西庄花苑拆迁安置房26号	江苏顺力工业设备安装有限公司 苏州巨业建设监理有限公司	赵振宇

(徐荣华)

装　潢

【概况】 2013年年末，全市在工商部门登记注册的装潢企业264家。其中，建筑装饰企业60家，全年完成施工产值16亿元。市装修装饰行业协会(商会)共有会员131个，其中企业会员117家、个人会员14人。企业会员中，装饰企业84家(公装49家、家装35家)、装饰材料生产与经销商19家、室内环境检测单位2个、媒体及有关管理部门8家。会员施工企业中具有国家施工资质的50家，其中具有一级施工资质的18家、二级施工资质的18家、三级施工资质的14家。据不完全统计，全年会员施工企业共完成装饰装修产值9.5亿元，装饰材料生产、经销会员企业全年开票销售额约10亿元。4月，协会组织张家港市第八届“梁丰杯”装饰优质工程评比活动。18家企业申报31个项目，24个项目获得2012年度张家港市“梁丰杯”装饰优质工程奖(其中公装10个、幕墙1个、家装13个)。协会将9家企业的11个项目(公装6个、家装5个)推荐苏州“天堂杯”评选。5个项目获“天堂杯”优质工程奖。同济装饰公司、大拇指装饰公司、鲁班装饰公司、蚂蚁之家装饰公司申报的5个项目获苏州市家庭装饰示范工程。3个项目被评为江苏省“紫金杯”建筑装饰优质工程奖，同济装饰公司首次填补当地装饰企业获得省“紫金杯”建筑装饰优质工程奖的空白。同济装饰、大拇指装饰、鲁班装饰、蚂蚁之家装饰4家企业承建的5项家装工程被评为2013年江苏省家庭装饰优质工程奖。同济装饰公司季建华、大拇指装饰公司周剑分别被江苏省装饰装修行业协会授予江苏省装饰行业优秀企业家称号。

2013年在张家港市经营的装潢企业工程获奖情况

表37

奖　项	承建单位	项目名称
苏州市“天堂杯”优质工程奖	市同济建筑装饰工程有限公司	江阴华西村龙希国际酒店大楼
	苏州市金螳螂建筑装饰股份有限公司	张家港中联粤海国际酒店一标段
	苏州市建筑装饰股份有限公司	张家港华芳国际大酒店
	苏州市创天装饰公司	张家港化工机械股份有限公司办公楼
	攀杰特装饰工程有限公司	张家港杨舍东城柒发海鲜餐厅
苏州市家庭装饰示范工程	市同济建筑装饰工程有限公司	帝景豪苑49-7别墅
	市大拇指装饰装潢有限公司	皇家首座8幢702室 帝景豪苑23幢2204室
	市鲁班装饰工程有限公司	汇景豪苑16幢1101室
	江苏蚂蚁之家装饰设计工程有限公司	皇家首座2幢702室

续表37

奖　项	承建单位	项目名称
江苏省“紫金杯”建筑装饰优质工程奖	市同济建筑装饰工程有限公司	江阴华西村龙希国际酒店大楼
	苏州金螳螂建筑装饰股份有限公司	张家港中联粤海国际酒店一标段
	苏州市建筑装饰股份有限公司	张家港华芳国际大酒店
江苏省家庭装饰优质工程奖	市同济建筑装饰工程有限公司	帝景豪苑49–7别墅
	市大拇指装饰装潢有限公司	皇家首座8幢702室
		帝景豪苑23幢2204室
	市鲁班装饰工程公司	汇景豪苑16幢1101室
	江苏蚂蚁之家装饰设计工程有限公司	皇家首座2幢702室

【大拇指装饰公司连续两年被评为苏州市家庭装饰优秀企业】 市大拇指装饰装潢有限公司成立于2001年1月，注册资本500万元，是一家专业从事住宅、公寓、别墅、商业空间展示等装饰装潢设计和施工的企业。公司分为家装模块、公装模块、高端别墅模块等多个业务模块，有员工150余人，其中二级以上注册建造师6人，拥有装饰装修二级资质，是张家港市第一批具有装修资质的企业之一，是中国装饰行业协会会员单位、江苏省装饰行业协会会员单位、苏州市装饰行业协会会员单位、张家港市家装协会副会长单位、张家港市“重合同、守信用”单位。公司以“诚信”加“责任”为经营理念，树立以人为本的设计理念，采用简约的风格、精湛的工艺、富有创意的环保选材，演绎出精雅脱俗的功能空间。设有1500平米的家装体验馆，有完善的辅材系统、木作系统、软装系统。在材料方面，拥有500余平方米的材料仓库，直接从材料工厂进行批量采购，确保材料的环保性、质量及价格优势。在施工质量方面，始终以国家装饰施工标准为依据，拥有20名具备多年施工经验的资深项目经理和稳定的施工队伍，所有工人均经过严格的技能培训而且定期接受新工艺培训；设有专业监理人员，每天对所有开工工地进行巡查遇到问题及时进行跟踪处理。在服务方面，公司的“千里眼”业务可以让忙碌的业主即使在出差情况下只要上网就可以关注到自己家的全方位装修情况，免去了业主的顾虑和担心。自成立起公司先后承接并完成大宗装修数百起，如：大新镇派出所办公大楼、大新新纺招待所、苏州银河办公大楼、杨舍镇社保所办公大厅、新港尖端时代电气有限公司办公楼装修。近年，公司每年均有工程被评为江苏省优质工程，多次在张家港市家装比赛中获奖。2008年、2010年，公司被评为江苏省装饰行业年度优秀企业；2012年，被评为张家港市装饰行业优秀企业；2012年、2013年，连续两年被苏州市装修装饰行业协会评为苏州市家庭装饰优秀企业。

【装饰协会被授予AAAAA级社会组织称号】 市装修装饰行业协会自2011年6月江苏省、苏州市、张家港市下达对社会组织全面等级评估工作后，按照民政部对全国社团组织千分考评办法以及评估考核的133条考核标准，将协会成立后的工作和开展的各项活动分成基础条件、组织建设、工作绩效、社会评价4个方面，整理成8册申报资料，分别上报张家港市民政局、苏州市民政局和省民政厅。经过长达两年的各级社会组织评估专家组实地考核、评分，张家港市装修装饰行业协会以高分入选。6月28日，江苏省民政厅正式授予协会AAAAA级社会组织称号，成为全省县市级唯一一家AAAAA级社团组织。年末，协会被中国建筑装饰协会评为2013年度中国建筑装饰行业文化宣传先进集体、被省建筑装饰协会评为江苏省装饰装修行业优秀装饰协会，被苏州市消保委评为苏州市消费创建常态化管理工作先进（示范）单位。 （邹永高）

房地产

【概况】 2013年，市房管中心进一步塑树“住有所居、居有所安”房管品牌。保障性住房建设提前超额完成，房屋权属登记服务成效凸显，物业管理水平进一步提升，老住宅区整治不断深入，房地产市场平稳运行，队伍建设全面加强，机关行政效能不断提升。中心先后荣获江苏省住房保障先进单位、苏州市“四大整治、四大提升”先进集体等多项荣誉。至年末，全市共有房地产开发企业78家，其中一级资质企业2家、二级资质企业11家、三级资质企业13家、暂定资质企业52家。全市完成房地产开发投资98.18亿元，比上年增17.2%。房屋施工面积529.47万平方米，其中新开工面积165.8万平方米。竣工面积114.8万平方米。商品房销售面积110.44万平方米，其中现房销售面积36.43万平方米、期房销售面积74万平方米。实现销售额111.62亿元，其中现房销售额36.11亿元、期房销售额75.51亿元。新核准预售商品房1.2万套、216.94万平方米，面积比上年增43.71%。市区预销售面积82.64平方米，比上年增29.9%。全市新建商品房成交均价为每平方米8656元，比上年增3.86%。其中，市区成交均价为每平方米11430元，比上年增2.21%。

2013年张家港市主要竣工楼盘情况

表38

楼盘名	所在镇	开发面积（平方米）	开发公司	竣工日期
东方新天地二期(6幢至10幢)	杨舍镇	123789.00	张家港绿园置业有限公司	1月12日
沙洲西路11号商业用房	杨舍镇	60868.00	市华盛置业有限公司	1月15日
金凤凰·温泉逸墅(40幢、47幢)	凤凰镇	2573.00	苏州金宾士房地产开发有限公司	1月21日
香江商住楼	金港镇	11402.00	市金港房地产开发有限公司	1月25日
翡翠东方花园(1幢至5幢)	杨舍镇	35722.00	张家港鑫达房地产有限公司	2月1日
阳光里程花园一期(15幢至24幢)	杨舍镇	103738.00	市金厦房地产开发公司	2月5日
置地广场	杨舍镇	54953.00	市骏马房地产开发有限公司	3月14日
迎新家园三期	金港镇	6392.00	张家港保税区翔禾房地产开发有限公司	3月22日
金厦商务楼	杨舍镇	7264.00	市金厦房地产开发公司	4月2日
东电大道371号	杨舍镇	14840.77	张家港保税区龙港房地产综合开发公司	5月7日
锦绣江南二期(39幢至68幢)	杨舍镇	45179.00	市骏马房地产开发有限公司	5月7日
富华佳园	大新镇	82374.00	苏州润佳置业有限公司	5月26日
紫金花苑(2幢、6幢至8幢)	金港镇	38729.25	市中科置业发展有限公司	6月6日
华芳国际大厦	杨舍镇	27711.56	市华芳房地产开发有限公司	6月6日
国泰东方广场	杨舍镇	80608.00	江苏华昌东方置业有限公司	6月14日
金凤凰·温泉逸墅(1幢至33幢)	凤凰镇	27863.00	苏州金宾士房地产开发有限公司	6月26日
乐余商贸花苑(22幢)	乐余镇	10652.00	张家港豪达房地产开发有限公司	7月4日
阳光绿城(7幢至35幢)	金港镇	76508.00	市金厦房地产开发公司	7月5日
金凤凰·温泉逸墅(61幢至63幢)	凤凰镇	5963.00	苏州金宾士房地产开发有限公司	7月18日
小莱巷新村	杨舍镇	46471.26	市城市投资发展集团有限公司	7月23日
江帆花苑(112幢至117幢)	杨舍镇	48730.56	张家港城投置业有限公司	7月23日
锦都名邸(23幢至29幢)	锦丰镇	69835.77	江苏恒德置业有限公司	7月26日
东盛家园	杨舍镇	34414.77	张家港东盛房地产开发有限公司	7月27日
金塘东路38号至70号商业用房	杨舍镇	16625.00	市悦丰投资开发建设有限公司	8月7日
香蜜湖公馆(111幢至118幢)	杨舍镇	83968.31	江苏澳洋置业有限公司	8月7日
锦绣江南二期(52幢、57幢、64幢、69幢)	杨舍镇	2521.80	市骏马房地产开发有限公司	8月27日
航杨新村(1幢至7幢)	杨舍镇	50481.00	市城市投资发展集团有限公司	9月16日
蝶湖湾	杨舍镇	16700.00	张家港兴港房地产开发有限公司	9月17日
紫金花苑(2幢、6幢、8幢)	金港镇	54039.33	市中科置业发展有限公司	9月27日
阳光绿城(24幢至26幢、30幢、32幢)	金港镇	28502.00	市金厦房地产开发公司	9月30日
钻石广场1号	塘桥镇	8802.53	市新世界置业有限公司	10月14日
锦都名邸(1幢至22幢)	锦丰镇	28552.47	江苏恒德置业有限公司	10月16日
紫金花苑(1幢、3幢、5幢、7幢)	金港镇	40505.79	市中科置业发展有限公司	10月31日
江南福花园一期	杨舍镇	80495.71	张家港中新置地置业有限公司	11月22日
阳光里程(3幢、4幢、6幢、8幢、10幢至12幢)	杨舍镇	37796.94	市金厦房地产开发公司	12月11日
尚城花园(1幢至3幢、5幢至9幢)	杨舍镇	71258.04	张家港中锐置业有限公司	12月11日
湖东花苑(1幢至22幢)	杨舍镇	179657.34	市城市投资发展集团有限公司	12月16日
锦绣花苑(87幢至123幢)	杨舍镇	213757.71	张家港城投置业有限公司	12月16日
永钢小区(2幢、3幢、5幢)	南丰镇	28479.72	市联峰房地产开发有限公司	12月25日
锦都中央广场	锦丰镇	61889.12	市金燕房地产开发有限公司	12月26日

续表38

楼盘名	所在镇	开发面积（平方米）	开发公司	竣工日期
福德庄园（28幢及商业A幢）	乐余镇	4268.28	张家港福运置业有限公司	12月30日
苏园	杨舍镇	78710.95	张家港东方保利置业有限公司	12月30日

【房政管理】 年内，市房管部门立足于“全国房地产交易与登记规范化管理先进单位”这一高起点，以信息化技术支撑服务转型，实现了全年办证、发证“零差错”。同时拓展“业务链”，创新开展商品房预告登记、预告抵押登记、异议登记等新业务。全年共完成各类房产权属登记发证37680处、面积1504.49万平方米，分别比上年增65.76%、45.5%。办理增量房交易登记19705处、建筑面积245.88万平方米、成交金额100.7亿元，分别比上年增58.41%、47.86%、13.06%。其中，商品房住宅交易登记4484套、建筑面积62.42万平方米、成交金额57.69亿元，比上年套数增6.38%、面积减3.62%、成交金额增3.73%；动迁安置房登记10709套、建筑面积123.9万平方米、成交金额16.61亿元，分别比上年增105.55%、117.73%、83.14%；经济适用房登记474套、建筑面积5.65万平方米、成交金额2.42亿元，分别比上年增100.85%、86.68%、81.32%。办理存量房交易登记10272处、建筑面积156.18万平方米、成交金额73.39亿元，分别比上年增113.82%、42.9%、39.77%。其中，二手房住宅交易8256套、建筑面积93.87万平方米、成交金额53.8亿元，分别比上年增112.51%、112.7%、111.39%。办理各类新建房屋初始登记3501处、建筑面积662.99万平方米，分别比上年增78.44%、99.4%。完成各类贷款房产抵押登记20044处、建筑面积1735.18万平方米、担保金额383.85亿元，抵押数量比上年增34.45%。办理房屋租赁登记备案4517户、出租房屋面积38.53万平方米、房屋租金10490.97万元，比上年户数增22.91%、面积减14.43%。

【物业管理】 市房管部门创新物业管理，努力提升百姓幸福指数。年内，新核准14家物业服务企业，至年末，全市共有物业服务企业89家，其中三级资质以上的74家。新增物业服务项目24项，面积211.23万平方米。指导新成立及换届业主委员会20个。归集房屋专项维修资金2.21亿元，受理178起各类房屋维修申报，共核准使用维修资金466.14万元。明晰新建住宅区物业用产权25个，面积14177平方米，均达到7‰的规定以上。实施白蚁防治面积220万平方米，灭治2600平方米，全市新建房屋白蚁防治率100%。坚持从最基本制度做起，严格落实“错时上下班、立岗、登记查询、公示”等四项基本制度。继续加大物业监管力度，源头管控、强制维保，严格承接查验，严格把关准入和退出机制。联合公安、消防等部门对48个物业小区多次开展小区安全联合执法，重点突出消防安全检查，紧盯整改落实。重点突出消防、安全、应急等技术岗位的培训，全年累计培训800余人次，全面确保小区安全、卫生、有序、规范。同时根据市委、市政府“四大整治、四大提升”的工作部署和要求，组织实施小区环境整治公共设施设备完好率、安全通道畅通、绿化修剪补种、车位改造到位、封闭小区服务质量“五个回头看”工作，被苏州市政府评为整治活动先进集体，世纪华庭小区被评为“样板小区”。市房管部门继续牵头组织实施2013年镇区老住宅区整治工程，整治小区14个、房屋278幢、建筑面积33.48万平方米，总投资5640万元。落实老住宅区综合整治长效管理机制，城北新村成功实施封闭物业管理。1个小区创省优秀物业项目（中联皇冠）、4个小区创苏州市优秀物业项目（暨阳湖一号、皇家首座、开发区大厦、东方新天地）。

苏州市优秀物业项目——暨阳湖一号 （徐威摄）

经开区(杨舍镇)金塘社区保障性住房　　　　(经开区　供稿)

【保障性住房收入审查联动机制试点通过省级验收】 年内,市房管中心以低收入审核中心为依托,利用公安、人社、金融、工商、税务、住房公积金管理等部门和机构的数据,构建科学、高效的低收入家庭收入审核信息平台。通过动态监测保障性住房使用情况和保障对象家庭人口、住房及经济状况变化,有效实现信息共享,为核定申请保障房对象准入提供了重要依据。6月,市政府出台《张家港市救助申请家庭经济状况核对办法》,明确救助申请家庭核对条件、核对方式、核对途径以及相关的责任和义务。9月,市房管中心联合民政、财政部门制定《张家港市保障性住房申请家庭经济状况核对实施细则》,完善保障房申请对象经济核查,构建了包含社保、房地产、银行、工商、税务、住房公积金等反映家庭经济状况的核查网络。同时建立住房保障申请对象档案管理系统,全部申请数据输入微机实现数字化,实现受理、申请、查询等办公一体化。全年经核对中心信息比对核查,2013年度廉租住房受理申请的95户初审合格的家庭中,8户家庭因经济超标不符合救助条件,检出率为8.4%,确保廉租住房分配公开、公平、公正。11月,该平台顺利通过省保障性住房收入审查联动机制试点。

【房屋权属登记工作进入数字时代】 年内,市房管中心房屋权属登记工作以信息化建设促服务转型,全面升级数字房产管理平台。创新建立"办证进度短信提醒系统",在全国行业推广。依托"自助查询系统",在窗口服务区增设个人信息自助查询服务,通过办件查询帮助申请人及时了解申请办理情况,短信发送平台自动发送信息提醒及时领证。这项工作在苏州地区属首创,受到苏州房管系统考核组高度赞扬,在苏州地区行业推广。同时依托"虚拟库房管理系统",继续完善图形库建设,由20平方千米扩展至50平方千米,对13万份房产档案彩色扫描,实现纸质档案数字化,在以库位号管理的基础上准确定位每份档案的位置,确保建城区范围全覆盖,实现"测量先行,以图管房,以房管证,以证管档"的权属管理新模式,市房屋权属登记工作全面进入"数字时代"。

【市房地产市场继续保持平稳态势】 为保持房地产市场走势,年内房管中心着重加强市场监管。在严格执行房地产开发项目货币资本金制度的基础上,全面实行商品房预售款三方(房管中心、银行、开发企业)共管制度,实现预售款全程监管,有效规避了市场风险,此项工作在苏州地区属领先。在全市推行售楼处标准化建设,开发企业在项目预售前,需将房管中心审核通过的商品房预售方案(包括:楼盘户室幢号、开竣工日期、抵押登记、许可证号、施工进度和后期物业等信息)在售楼处公示,实现楼盘信息透明化。各楼盘售楼处需在醒目位置一次性公开一个方案(楼盘预售方案)、两份合同样本(商品房买卖合同及物业服务合同)、五证(商品房预售许可证、国有土地使用证、建设用地规划许可证、建设工程规划许可证、建筑工程施工许可证)和所有预售房源,以此构建公平透明的市场交易秩序。同时,全面整合房屋产权登记系统与商品房信息管理系统,实现两个系统数据并轨运行,实时交换房屋买卖、房产抵押、预告登记等信息,以此加快市场信息发布速度,进一步提升数据安全性与可靠性。

【世纪华庭小区建成老住宅区环境综合整治样板】 世纪华庭小区建成于2002年,由新城物业(金新城集团子公司)负责该小区的物业服务工作。该公司是张家港市唯一一家具备物业管理一级资质的公司。十余年中,为小区业主提供最优质的服务,解决物业费收缴、涨价、小区停车三大社会性难题。小区物业服务费收缴率、业主满意率始终保持100%,小区在安全、服务和管理上都得到业主的高度评价和认可。服务期间,小区物业服务费进行4次上调,从刚开始的每平方米每月0.35元调至每平方米每月1元。公用设施设备维护到位,投入使用十年中,各项配套设施运行正常,小区保持案件零发生,没有一户业主安装防盗窗等设施。5月,金新城集团再次投入150万元,对世纪华庭路面、中心广场、绿化、河边护栏、智能化系统、汽车坡道、小区门头等进行大面积翻新、改造,使世纪华庭小区生活环境更宜居,更优美。世纪华庭小区作为张家港市老住宅区整治的样板小区,受到苏州市环境综合整治工作组的高度评价,为全市老住宅区提供了一套"物业反哺房企、房企回报社会"的环境综合整治后续管理新模式。　(周幸金)

【编辑　张　洁】

商贸服务业·旅游业

Commerce and Service Trade & Tourism

步行街夜景　（市委宣传部　供稿）

服务业综述

商　　业

供　　销

粮　　食

专营专卖

旅　　游

服务业综述

2013年，全市服务业工作按照市委、市政府现代化建设的战略部署，落实省、苏州市加快发展服务业的总体要求，突出改革创新，抢抓有效投入，加大政策扶持，服务业实现较快健康发展。全市实现服务业增加值922.56亿元，比上年增9.8%，高于地区生产总值增速3.7个百分点。服务业增加值占全市地区生产总值的比重为43%，比上年提高1.7个百分点，服务业对地区生产总值增长的贡献率为79%。服务业入库税收突破100亿元，服务业公共财政预算收入63.21亿元，均占全市总量的41%。年营业收入超10亿元服务业企业有51家，其中江苏沙钢物资贸易有限公司、张家港玖隆钢铁贸易有限公司、江苏沙钢国际贸易有限公司等7家公司超100亿元。

行业发展健康 年内，各种服务业分行业发展状况良好，继续呈现健康、规范、有序的发展态势。其中：交通运输、仓储、邮政业年末有在册企业（含个体工商户）4772家，比上年增19.45%；注册资金122.62亿元，比上年增17.96%；从业人员20864人，实现利税6.41亿元。信息传输、计算机服务业年末有在册企业（含个体工商户）561家，比上年减57.56%；注册资金4.72亿元，比上年减88.29%；从业人员3022人，实现利税8782万元。批发和零售业年末有在册企业（含个体工商户）39932家，比上年增6.58%；注册资金335.96亿元，比上年减11.68%；从业人员124434人，实现利税33.28亿元。住宿和餐饮业年末有在册企业（含个体工商户）4764家，比上年增31.13%；注册资金11.05亿元，比上年增119.25%；从业人员14782人，实现利税1.33亿元。金融保险业年末有在册企业（含个体工商户）449家，比上年增11.97%；注册资金103.55亿元，比上年增12.26%；从业人员1956人，实现利税12.08亿元。房地产业年末有在册企业（含个体工商户）381家，比上年增180.15%；注册资金108.6亿元，比上年增51.06%；从业人员5455人，实现利税33.09亿元。租赁和商务服务业年末有在册企业（含个体工商户）1922家，比上年增32.92%；注册资金323.3亿元，比上年增17.67%；从业人员14828人，实现利税5.74亿元。其他服务业年末有企业（含个体工商户）7181家，比上年增21.5%；注册资金115.36亿元，比上年增329%；从业人员38369人，实现利税8.83亿元。

投资总量增加 年内，全市服务业投入330亿元，比上年增14%，分别超过全社会固定资产投资和工业投资4.4个百分点和7.3个百分点。服务业投资占全社会固定资产投资的比重为43%，比上年提高2.2个百分点。其中生产经营性投入为130.12亿元，比上年增21.8%。新批外资及港澳台资服务业企业52家，新增服务业注册外资及港澳台资6.39亿美元，到账外资及港澳台资1.64亿美元，分别占全市总额的37.48%和23.43%。

物流态势良好 年内，全市有11家企业入选2013年中国服务业企业500强。现代物流增长迅速，实现物流业增加值125亿元，比上年增19.57%，占服务业总量的13.56%。新增全国AAA级以上物流企业5家，累计30家，居江苏省县级市前列。张家港口岸完成货物吞吐量2.6亿吨，比上年增4%；集装箱吞吐量170.1万标箱，比上年增13.2%。专业市场成交稳定，全市商品市场成交额2561.9亿元，其中生产资料市场成交额2433.85亿元，市商务局重点监测的15家市场成交额2417.5亿元。张家港保税区专业市场全年实现成交额1212亿元，税收7.4亿元，其中江苏化工品交易中心成交额659.58亿元。

新兴产业发展 文化产业、服务外包、金融保险、软件动漫、科技服务等新兴服务业总量不断扩大，逐渐成为服务业发展新的增长点。2013年，全市文化产业实现增加值150亿元，比上年增20%。服务外包接包合同额3.05亿美元，离岸执行额1.42亿美元，分别比上年增50.99%和36.54%。金融业实现增加值100亿元，比上年增12%，上海银行张家港支行、南京银行张家港支行挂牌营业，全市银行机构共有23家。原创动画片产量6500分钟，居苏州县市前列，如意通动漫公司制作的动画片《中华美德少年》被评为国家优秀动画片。

消费市场繁荣 年内，全市实现社会消费品零售总额413.8亿元，增长11.62%。其中，城镇零售总额356.21亿元，农村零售总额57.59亿元，分别比上年增12.17%和8.33%。社会消费品零售总额按行业分：批发业29.05亿元，比上年增13.56%；零售业329.75亿元，比上年增11.71%；住宿业7.07亿元，比上年增29.49%；餐饮业47.94亿元，比上年增13.66%。

改造一新的购物公园克拉水岸 （市商务局 供稿）

【市电子商务产业发展交流会】 11月1日在市国贸酒店举行。中国社会科学院和中国国际电子商务中心的专家、学者，以及中国知名电子商务企业代表们集聚，共同研商电子商务产业未来发展趋势，加快电子商务在市企业的运用，从而节约商务成本，提升竞争力。市委副书记、代市长朱立凡出席。副市长邵军民发布市电子商务产业发展规划，沙钢玖隆物流、保税区博恩大宗在线、市第一人民商场、建设银行张家港分行、华夏银行张家港支行、中国电信张家港分公司、华芳集团等10家企业与中国网库签署相关合作协议。会上，"江苏电商谷"首批4个单品网举行上线仪式。"江苏电商谷"是2012年10月经开区与中国网库签署的战略合作协议。根据协议，双方以"江苏电商谷"为载体，大力发展面向规模以上品牌企业的单品电子交易平台，形成以张家港市为核心原动力，发展以江苏特色单品为主导的产业化电子商务集群，推动全省行业标杆企业的电子商务应用洼地，促进全市经济发展。同时，中国PVC地板交易网、中国废钢交易网、中国铝管交易网、中国葡萄交易网计划陆续"开门迎客"。

【11家企业入选中国服务业企业500强】 9月，由中国企业联合会、中国企业家协会按国际通行方式，经专家委员会审定后排出的2013年中国服务业企业500强公布，全市有11家服务业企业入选。分别为：江苏国泰国际集团有限公司（第108位）、丰立集团有限公司（第143位）、张家港保税区兴恒得贸易有限公司（第166位）、玖隆钢铁物流有限公司（第192位）、东华能源股份有限公司（第320位）、张家港保税区荣德贸易有限公司（第347位）、张家港保税区锦德贸易有限公司（第390位）、江苏张家港农村商业银行股份有限公司（第394位）、张家港福洛瑞物贸有限公司（第421位）、张家港保税区荣润贸易有限公司（第456位）、张家港市第一人民商场有限责任公司（第481位）。

【高端餐饮服务走亲民路线】 自上年12月全国各地刮起厉行节约、反对浪费的简朴之风起，高端餐饮企业面临一大挑战。据市旅游局统计数据显示，2013年1月至9月，全市13家星级酒店营业收入下降3.46%，其中客房收入下降8.44%，餐饮收入与上年基本持平，总接待人数下降11.14%。面对持续低迷的消费市场，全市各星级酒店及时调整经营思路，走"回归大众，回归百姓，回归理性消费"的亲民路线，成为不少企业的选择。高档酒店开始采用低价推行会员卡加盟会员、降低酒席价格、走进社区布点、发布微信套餐、推出节日外带礼包的方式推广业务。其中，国贸酒店率先开设外卖窗口。每天下午4点多钟，在酒店东首出售国贸大包、拖炉饼、葱油饼和西式糕点；下班时分，在清水湾、湖滨国际等小区开设卤菜区开卖卤菜。酒店营销战略的调整也影响了酒店厨师的工作重点，随着外聘厨师进场承包，一批本帮厨师也面临转型，开始研发适合当地市民市场的产品。无论形式如何变化，对于高端星级酒店来说，唯一不变的是走"市民化道路"。

【美容业发展迅猛】 10月，随着一家引入异国风情SPA项目和国际五星级礼仪服务，媲美五星级酒店配置的美容会所——纯美湾皇家美容会所的开张，美容业竞争开始进入如火如荼之境。从第一家美容会所开业之后，经过近30年的发展，美容行业已得到大多数女士的认可。但同时也对其提出了更高的要求，美容美体店的软硬件设施都在逐步改善。就纯美湾美容会所来说，其配有六星总统套房、五星至二星不同档次的套房以及夫妻房，以满足不同人群的需要。由于竞争激烈，为拉拢客户，各美容院都会在情人节、三八妇女节、母亲节等许多节日开展活动，也会选择开业纪念日等合适时机搞大型庆典活动或"美容节"优惠活动，以扩大影响，增加客源。据统计，至年末，全市美容院达到1000余家，其中上规模的有上百家，许多开有连锁店，在市社会服务行业其他服务业数量中仅次于美发业。 （魏春兵 袁瑜婷）

商 业

【概况】 2013年，各级政府积极落实扩大内需、促进消费增长各项政策，全市城乡消费继续保持快速增长。南丰镇永合社区和常阴沙现代农业示范园区集镇社区成功创建为苏州市商业示范社区。9月，在首届江苏厨师节暨第七届全国烹饪技能竞赛上，市沙洲宾馆获评省餐饮业诚信经营先进企业，保意电器公司获评省餐饮业优秀合作企业。11月，紫京城美食汇馆被评为江苏餐饮名店，餐饮从业人员曹建林被授予"中华烹饪大师"称号，李洪发、徐彬彬被授予"江苏烹饪大师"称号，全市"江苏餐饮名店"累计10家，累计有"中华烹饪大师"1人，"江苏烹饪大师"6人。商贸市场购销两旺，流通经济活跃繁荣。年内，全市14家重点宾馆、饭店完成营业额5.3亿元，比上年减1.75%；15家重点监测市场成交额2417.5亿元，比上年增30.9%。新增5家优质蔬菜基地直销店和10个集贸市场优质蔬菜直销区，优质蔬菜基地直销店和集贸市场优质蔬菜直销区数量超过50家。市第一人民商场有限责任公司（包括市新百信超市连锁经营有限公司）、市凯丽百货有限公司、市国际购物中心有限责任公司、市商业大厦有限责任公司四大骨干商场及青岛润泰事业有限公司张家港分公司（大润发卖场）等10家重点零售企业实现销售40.1亿元，比上年增11.8%。其中，市第一人民商场有限责任公司、保意电器公司和市区大润发大卖场全年销售均突破5亿元。11月27日，福布斯中文版发布"2013年中国内地最佳商业城市排行榜"，张家港市位列第58位。12月18日，长江三角洲城市市场信息协作网第十三次联席会议暨2013年长三角城市商业发展论坛在浙江省义乌市召开，会上张家港市入选"2013年长三角县域商业十强县市"，这是张家港市连续第五次获得该项荣誉。

【生猪定点屠宰监管强化】 2013年，市商务局围绕"确保全市人民吃上放心肉”目标，狠抓制度建设和肉品整治，严格执行生猪进场验收制度、屠宰同步检疫检验制度、出场审核制度、无害化处理制度等生猪屠宰操作规程，会同市农委、公安、工商等部门开展严厉打击食品非法添加和滥用食品添加剂专项整治行动，确保猪肉产品质量安全。年内，与9家生猪屠宰场签订责任书，每月召开屠宰工作例会，组织外出参观学习，开展“两高”司法解释学习，开展专项培训5场次，培训60人次，张贴公告、标语40份。加强生猪屠宰执法检查，会同有关部门组织执法检查101次，出动执法人员395人次，检查单位61户次，检查产品数83批，全市生猪屠宰经营行为和肉品流通秩序得到进一步规范。狠抓猪肉储备，提升市场保供能力，共落实冻肉储备150吨和活体储备8000头，确保全市猪肉供应不断档、不脱销。全市全年各生猪定点屠宰场屠宰生猪49.87万头，较上年增18%。

【2013年张家港长江鲜美食节开幕】 4月5日，2013年张家港长江鲜美食节在南丰镇永联村开幕。近年，永联村凭借自身有利资源，发展特色美食服务业，将农耕文化、长江美食文化和江南水乡文化有机结合，打响了独具特色的美食品牌。美食节为期一个月，系列活动持续到5月5日，其间举办外商学做江鲜菜、“永联杯”厨王争霸赛、千人骑游环保行、美食微博达人游、“天下杯”永联环保垂钓公益赛等多项活动。4月9日，“永联杯”江鲜烹饪厨王争霸赛举行，32名烹饪高手分成6组进行比赛，评出“江鲜烹饪名师”8人、“江鲜特色菜奖”8个、“江鲜烹调特色店奖”8个和“江鲜烹饪能手”24人。

【肉菜流通追溯体系建设启动】 年内，市肉菜流通追溯体系建设正式启动，目标是在张家港市范围建设与苏州市互联互通的市（县）级追溯管理平台，包含生猪屠宰环节、肉菜批发环节、肉菜零售环节、消费环节和“产销对接”核心企业的5个流通节点追溯子系统和1个政府肉菜追溯联合监管辅助子系统，范围覆盖9家生猪屠宰厂（场）、1家猪肉交易场、32家农贸市场、5家大卖场（超市）、3家“产销对接”核心企业和500家团体消费单位（包括大型餐饮企业、机关院校和大型企业食堂、猪肉加工企业等）。至年末，已完成包括2家屠宰场、4家农贸市场、1家产销对接企业、2家超市、3家团体消费单位在内的试点单位建设，肉菜流通追溯体系流程已初步贯通。肉菜流通追溯体系建设计划于2014年全面铺开。

【大成广场掘金老商圈】 12月18日，地标级城市综合体——大成广场项目推介会暨招商签约仪式在市馨苑度假村举行。中影国际影城、台北纯K、棒约翰、麦当劳等与大成广场签订合同，成为首批入驻的商户。大成广场位居长安南路，毗邻步行街，占地1.58万平方米，总建筑面积7.5万平方米，总投资8亿元，于2011年5月末开始项目施工，由时尚休闲购物中心、五星级高端写字楼、精装酒店式公寓三大部分组成，打破传统百货商场的模式，是集购物、餐饮、休闲、娱乐、文化、办公于一体的一站式城市综合体。

【百信生活广场开业】 12月20日，全市首家综合性概念城市广场——百信生活广场开业。百信生活广场位于市区南二环路麦德龙超市西侧，建筑面积2.3万平方米，营业面积1万余平方米，由市第一人民商场有限责任公司旗下的市新百信超市连锁经营有限公司创办。2012年，百信超市创办全市首家概念性“城市精品超市”——百信生活超市（皇家首座店）。百信生活广场的开业是百信超市又一全新的商业业态，整个生活广场提供工作、生活、购物等一站式都市生活服务，开设了儿童馆、美妆区、时尚家居、家电集合馆、生鲜熟食等多个功能区域。（袁瑜婷）

长江鲜美食节开幕 （市商务局 供稿）

供 销

【概况】 市供销合作总社下辖18个基层单位，其中公司7家、工厂2家、学校1所、基层供销社8个，有在职职工341人（包括已转制企业的职工）。2013年，完成工商企业销售收入78.62亿元，消费品零售额23.21亿元，工商企业入库税费1441.79万元，市场成交额50.18亿元。年内，市供销合作总社被省供销社评为2013年度“新网工程建设”优胜单位，在苏州市供销社2013年度目标考核中荣获综合奖先进单位，被张家港市委、市政府评为文明机关，下属青草巷农副产品批发市场被评为先进文明单位，3个基层单位被评为文明单位。

供销经济 加强资源整合、改造和开发，最大程度提高资产管理收益，在集体资产拆迁增多的情况下，

市人大常委会调研农药配送工作　　（市供销总社　供稿）

全系统仍实现资产租赁收入489.01万元。青草巷农副产品批发市场以易地新建为契机，突出“规范管理促发展、改革创新出效益”理念，提升经营区域创效能力，年内实现市场成交额50.18亿元，比上年增24.24%，其中当地农副产品销售额10.39亿元、销售量12.62万吨，分别比上年增11.12%和5.34%。

为农服务　市供销社坚持服务“三农”宗旨，不断完善为农服务网络建设，创新服务途径，提升服务能力。全年创建为农服务社10家，其中省级三星社6家，累计建办为农服务社160家，其中省级三星社87家；建办专业合作社10家，其中省级1家、苏州市级4家、张家港市级5家，累计建办专业合作社43家，其中省级11家、苏州市级13家。4月，市供销合作总社举办农产品经纪人培训班，全市从事农产品经营、种养殖和农业工作的54名相关人员参加培训，均通过考试考核。农业生产资料供应上，重点做好农药集中配送工作，完成农药集中配送4190万元，其中粮食作物农药3137万元、果蔬农药1053万元，稻麦用药配送率95%，果蔬用药配送率85%。

【4000余万元农药集中配送】 2013年，全市农药配送工作有效推进，管理工作日臻完善，成效明显提高，农药配送总额达到4190万元。市政府继续把农药集中配送工作列入各区镇农业先进镇考核，并列入年度目标任务绩效考核内容。3月，市供销合作总社与市农委、张家港工商局、张家港质监局等职能部门组成联合执法小组，对全市主要农资生产企业、经营单位开展联合执法大检查，严厉打击生产经营假冒伪劣和禁限用农资产品的违法违规行为，规范农药集中配送经营秩序。在做好种植信息采集、软件开发、设备安装、人员培训等前期准备工作的基础上，6月1日起，全面启用电子信息化管理操作系统，形成以31个农药配送站点为依托，市惠农物资有限公司为总平台，各农药配送站为网络的电子信息化管理体系，以此解决配送农药监管难问题。12月，市农业生产资料流通协会成立，以加强农业生产资料流通企业协调管理服务工作，有效管控农业生产资料的组织供应，进一步推进农药集中配送工作。

【青草巷市场加强农产品质量检测】 年内，市青草巷市场作为全市农业产业化龙头企业和农副产品的重要流通平台，加大农产品质量检测监管力度，为市民消费安全保驾护航。全年检测农副产品样品57087批，检测合格率99.88%；速测22840批，检测合格率99.99%；销毁处置不合格农产品3839.5千克。在做好日常检测的同时，市场加大春节、端午、中秋、国庆等节日期间的检测力度，坚决杜绝有毒有害农产品流入市场。4月禽流感疫情紧张，协助工商部门宰杀活禽4000余羽。5月山东发生毒生姜事件后，立即把生姜检测列入每日必检项目。年内发放《中华人民共和国食品安全法》《中华人民共和国农产品质量安全法》《江苏省农产品质量安全条例》等食品、农产品安全知识宣传册1500余份，加强宣传教育。4月23日至28日，与欧尚超市联合开展“迎五一，保障农产品质量安全”知识宣传活动。5月21日至23日，在市场蔬菜交易区开展农产品质量安全集中普及活动，免费检测果蔬1000余批，得到社会各界好评。

【青草巷市场易地新建】 2013年，市青草巷农副产品批发市场易地新建项目被列为全市年度实事工程，并成为“810工程”十大专业市场建设项目之一。该项目2012年12月28日启动桩基工程，2013年完成项目土建工程总量的70%，完成投资约4.8亿元，蔬菜、家禽、水产、粮油、南北货、水果、副食等交易区主体土建施工基本完成，装潢工程开始跟进，综合楼、办公楼、商业街完成封顶，冷库、市政道路等配套设施已开工建设，计划于2014年6月竣工，2014年第三季度完成整体搬迁。新市场建成运营后，预计年成交额突破60亿元，成交量突破70万吨，建设成“布局合理、设施先进、功能齐全、管理有序、服务优良”的区域性农副产品物流中心，成为农产品高效流通和满足城乡居民农产品需求的重要集散平台、服务平台。

（吴　永）

粮　食

【概况】 年末，全市粮食系统有独立核算单位17个，在岗职工205人，其中市粮食局机关有干部职工25人。9月，在不增加人员编制的情况下，将原有办公室、行业管理科（监督检查科）、人事监察科、财务审计科等4个内设机构调整为办公室、购销调控科、监察审计科、监督检查科，监督检查科另挂行政许可服务科、市粮食行政执法大队牌子。市粮食部门以“率先基本实现粮食流通现代化”为目标定位，围绕粮食工作“安全保供、农民增收、企业增效、政府放心”四大核心，积极构建“供应稳定、储备充足、调控有力、运转高效”的粮食安全保障体系，认真抓好两季收购、地方储备、设施建设、产业发展和国企改革工作，不断完善“心系粮食，情牵百姓”服务品牌。年内，张家港市粮食局在苏州市粮食系统目标管理考核中名列第一，被评为苏州市粮食安全保供工作先进集体、苏州市粮食流通产业转型升级“五个一工程”先进单位、张家港市文明机关。市粮食购销总公司被评为第三届中国粮油榜“2013年中国十佳粮油成长型企业”及“2013年中国百佳粮油企业”、江苏省农民满意粮食收购企业。市粮食购销总公司润众粮油配送中心荣获“全国放心粮油进农村进社区示范工程”示范销售店称号；公司员工方治在全国粮食行业职业技能竞赛中获保管组一等奖。系统内6个单位被评为市文明单位。

粮食收购　2013年，全市首次开展小麦收购价外补贴工作，市粮食局与市委农工办、市财政局联合下发《小麦收购价外补贴实施办法》，并通过实施由市粮食购销总公司扎口收购，开展与东海粮油、梁丰面粉等大中型粮食加工企业的订单收购措施，提高对粮食的掌控能力，夯实了粮食安全保供基础。全年收购粮食14.74万吨，其中小麦7万吨、粳稻7.74万吨，列苏州各县市（区）首位。

粮食储备　年内，按上级规定，市粮食局切实组织实施好地方储备粮吸储和轮换任务，保证储备库存数量真实、质量良好。全市地方粮食储备规模扩大到4.65万吨。同时，不断完善储备管理规章制度，确保实现正常情况下“不坏一粒粮”的目标，充分发挥好地方储备粮在调节供求平衡、稳定粮食价格、保护农民利益、保障粮食安全等方面的重要作用。

粮油工业　全市粮油工业列入统计的企业共13家，其中省级龙头企业2家、苏州市级龙头企业5家、外商投资企业1家，主要为东海粮油工业（张家港）有限公司、市恒丰淀粉制品有限公司、路易达孚（霸州）饲料蛋白有限公司张家港分公司等。年内，全市粮油加工企业完成工业总产值205.42亿元，完成产品销售收入236.5亿元，实现利税总额5.58亿元。全年完成食用植物油总产量138.5万吨、小麦粉总产量29.5万吨、大米总产量4万吨、饲料总产量14.3万吨。

沙洲中心粮库　（市粮食局　供稿）

【沙洲中心粮库竣工投产】 6月，市政府实事工程之一的沙洲中心粮库项目竣工交付使用。沙洲中心粮库于2011年6月28日开工，占地7.87公顷，投资1.8亿元，拥有粮食仓库7幢，仓容4万吨，粮食物流中转仓1处，仓容1万吨，配备机械通风、环流熏蒸、检测系统、烘干设施、粮食专用码头，以及配套生产生活服务等设施。沙洲中心粮库的投入使用，有效缓解了全市粮食仓容紧张的矛盾。粮库装备有每批360吨装机容量的烘干机，增强了收购高水分粮、应对灾害性天气的能力，2013年烘干粮食2.1万吨。

【国有粮食企业改革稳步推进】 2013年，市粮食局被省粮食局确定为江苏省国企改革联系点。根据上级国有粮食企业改革的文件精神，市粮食局组织市粮食购销总公司对晨阳粮油购销有限责任公司进行了兼并重组，力争实现企业壮大带动产业发展。10月末，市政府出台《市政府办公室关于印发张家港市深化国有粮食企业改革发展实施方案》，深入推进新一轮全市深化国有粮食企业改革。通过深入推进国有粮食企业资产整合、创新拓展经营范围、完善企业内部管理等措施，不断优化企业资产质量，提高企业运营效率，推进企业转型升级，进一步做大做强做优国有粮企。

（严景阳　孙　颖）

专营专卖

【烟草经营】 2013年，市烟草专卖局（分公司）围绕“卷烟上水平”战略，深入实践“与客户共创成功”服务理念，在营销服务、市场监管、内部管理等方面取得优异成绩。全年实现销售收入16.9亿元，比上年增12.59%；实现税利3.9亿元，比上年增9.1%；国家烟草专卖局全国重点骨干品牌销量比上年增17.81%，销量比重达到89.8%。继续严厉打击卷烟贩假售假行为，强化与市公安局、检察院、法院的联合打假力度，全年查获5万元以上案件28起，50万元以上案件3起，100万元以上案件1起。其中，移送公安机关案件8起，拘留12人，逮捕5人，判刑1人，市场净化率始终保持在98%以上。全年新办卷烟零售许可证准予许可479份、延续832份、变更197份、注销832份，专卖正常供货5136家。围绕“注重自律、提高效率”

两大课题,对月销卷烟1000条以上的大户、员工亲属店、高价位卷烟销售情况加强检查,杜绝虚拟客户、一户多证、内部人员参与拆单分摊、卖大户、套购卷烟等不规范行为发生,始终保证卷烟100%入网销售、100%落地销售、100%入户销售。年内,市烟草专卖局(分公司)获苏州市文明行业、苏州市放心消费创建活动先进单位、张家港市廉洁文化建设示范点等称号。

【盐业经营】 2013年,江苏省苏盐连锁有限公司张家港分公司(市盐务管理局)以食盐安全为首要责任,切实做好市场营销、食盐流通现代化建设等各项工作,被评为市文明单位。全年实现盐销量25509吨,实现销售收入1.17亿元。年内,市盐务管理局以维持市场秩序稳定为根本出发点,坚持依法行政,组织开展"春雷""烈火""天安"等盐政执法专项行动,先后联合市公安、工商、食药监、卫生等部门开展14次联合执法行动,出动执法人员1340人次,查获盐业违法案件87件,查获违法盐产品17.37吨,没收违法盐产品13.06吨。监管凤凰镇天普化工厂、乐余镇清源污水处理厂和新盛新材料厂等3家工业副产盐企业生产、运输、销售再生盐7533吨,并对3家企业周边工厂、工地食堂、食品加工企业进行排查,严防工业副产盐流入食盐市场。加强食品加工用盐管理,严格管控市场准入制。加强部门协调,对全市82个食品加工用盐单位开展专项执法行动。全年查处大包装盐违法案件42件,没收外地大包装散盐10.94吨,罚款5.39万元。

【石油经营】 2013年,中国石油化工股份有限公司江苏苏州张家港石油分公司实现成品油销售26.64万吨,比上年增5.55%,其中加油站零售量22.26万吨(自管站32261吨、统管站64687吨、合资站125698吨),比上年增5.3%;直分销4.14万吨(汽油5109吨、柴油36261吨),比上年增7.53%;润滑油销售2400吨,比上年减5.59%。践行环保理念,为保障省"蓝天工程"的实现,推进大气污染防治、减少油气污染物排放,公司先后完成国Ⅳ汽油推广、车柴油置换、普通柴油升级及苏Ⅴ汽油置换,原90号、93号、97号汽油分别调整为89号、92号和95号。年内完成8座加油站的油气回收改造计划,累计完成改造13座。为民服务提升新形象,公司利用"易捷"便利店等网点为居民提供方便、快捷的非油商品销售服务,实现非油品销售2647万元,比上年增9.3%。

【中油泰富集团又添酒店新成员】 江苏省中油泰富石油集团(简称中油泰富集团)是张家港市专业从事石油产品销售、仓储及码头装卸、船舶保税供油、水陆运输、油品、化工保税仓储、水陆加油站、房产开发等综合性集团型企业。公司始终坚持努力拓展石油产业链,作为华东地区同行业中最具规模的民营石油企业,中油泰富经过25年的发展,已拥有江苏省中油泰富石油集团有限公司、新加坡中油泰富私人有限公司、江苏中油泰富(香港)贸易有限公司、中油泰富船舶燃料有限公司、张家港中油泰富运输有限公司、张家港泰富石油仓储有限公司、张家港中油泰富房地产开发有限公司、张家港中油泰富国际酒店有限公司等8家控股企业。公司有员工1000余人,其中专业技术人员占总人数的50%;固定资产20亿元,包括水陆路加油站21座、油库2座、油罐车18辆、运输船11艘(约8000吨位)。在长江边拥有35万立方米库容的成品油、燃料油、化工综合性油库和配套的3万吨级及5万吨级码头各一座,有13万立方米保税仓库,是张家港市库容规模大、吞吐能力强、设施先进、配套完善的石油化工储运基地。年内,公司在市华昌南路9号长途车站西首建成泰富国际大厦,作为总部所在地,并把该大厦打造成集五星级酒店、办公、商业为一体的综合性商务楼,成为张家港市区东南地块的标志性建筑。其中,中油泰富国际酒店注册资本998万元,营业范围包括以休闲、游乐、会议、商旅接待为主的客房、餐饮、会议、特色康乐项目等,配有客房320间(套),其中涉外客房130间(套)。

【全民减盐行动部署开展】 7月29日下午,省政府召开新闻发布会,宣传和部署在全省开展全民减盐行动。8月8日,江苏省苏盐连锁有限公司张家港分公司联合市疾控中心,邀请张家港电视台《第一视线》栏目制作《港城应全民减盐》的专题报道,并在《张家港日报》刊登宣传减盐教育的专版,呼吁市民主动、自觉减少食盐的摄入量,培养良好的健康饮食习惯。8月12日起,在全市所有苏盐连锁门店、大中型超市、食盐放心店普及供应低钠盐,逐步实现每个食盐销售网点都有低钠盐销售,并鼓励食品加工企业使用低钠食盐加工生产食品,把减盐行动落到实处。

(封晓庆　张　磊　陆思睿)

旅　游

【概况】 2013年,全市旅游业接待游客602.15万人次,比上年增10.9%,旅游总收入110.96亿元,比上年增16.95%。暨阳湖欢乐世界、江南农耕文化园、凤凰山风景区3个收费景区实现门票收入2430万元,比上年增102%。全市贯彻落实新颁布的《中华人民共和国旅游法》,依法规范旅游行政管理,推进文明旅游,旅游服务体系进一步健全。香山风景区申报创建国家AAAA级景区,全面优化软、硬件设施及周边环境,已通过省旅游局验收,全年接待游客55.03万人次,比上年增19%。震宇生态园获评省四星级乡村旅游示范点,凤凰山风景区创建为全市首个省级自驾游基地,年接待游客83.4万人次。梁丰生态园、张家港公园、沙洲公园3个市区公园年接待游客200万人次,双山岛年接待游客92.39万人次。江苏永钢集团有限公司、大唐纺织公司成功创建成省工业旅游点,沙洲抗日民主纪念馆收录进省红色旅游点目录。旅行社品牌培育进一步推进,创建2家省四星级旅行社、5家省三星级旅行社。春季"张家港旅游节"和秋季"长江文化旅游系列活动"成功举办,放大节庆品牌效应。

【星级饭店建设】 年末，全市有旅游星级饭店13家，其中五星级3家、四星级3家、三星级6家、二星级1家。全年星级饭店累计接待人数33.95万人次，比上年减7.51%，其中境外游客2.95万人次，比上年减4.95%；营业收入总额53051.83万元，客房平均出租率53.04%。年内，市旅游局先后组织开展饭店消防安全培训班、《中华人民共和国旅游法》培训班，260余人次参加培训；开展旅游饭店英语等级考试，68人通过考试。联合市人社局、市总工会举办"行行出状元"全市旅游饭店中式烹饪技能大赛，21家饭店、68名厨师参加比赛，馨苑度假村、沙洲宾馆、兴塍苑宾馆获团体赛金奖，黄培忠获个人赛一等奖。

2013年张家港市星级旅游饭店一览

表39

单位名称	类　别	总经理	地　　址	邮　编	电　话
国贸酒店	五星级	孙岩纹	杨舍镇人民中路42号	215600	58817788
馨苑度假村		金建亚	杨舍镇长安南路279号	215600	58818888
华芳金陵国际酒店		张　燕	杨舍镇长安路388号	215600	58811888
沙洲宾馆	四星级	王小平	杨舍镇暨阳中路170号	215600	58810888
江南花园酒店		毛惠成	金港镇长江中路132号	215633	58709999
长江大酒店		沈君利	金港镇长江西路99号	215633	56908588
兴塍苑宾馆	三星级	顾建忠	金港镇后塍文星路2号	215631	58771688
华芳园大酒店		顾永明	塘桥镇人民南路1号	215611	58438186
景海宾馆		李建忠	杨舍镇海关路2号	215600	58695777
凯悦大酒店		李　新	金港镇江海北路5号	215633	58336688
锦港宾馆		范青生	杨舍镇长安中路218-1号	215600	56968788
机关宾馆		张瞻鹰	杨舍镇杨舍西街165号	215600	58233877
西城假日宾馆	二星级	陶和平	杨舍镇西门路168号	215600	58150999

【旅行社建设】 年内，全市新开3家旅行社，分别是国贸旅行社、万豪旅行社、海天旅行社。至年末，共有旅行社34家，其中国际社2家、国内社32家，全市在册导游156人。全年累计组团人数18.45万人次，比上年增13.16%；地接人数61140人次，比上年增101.42%；营业总收入2.44亿元，比上年减13.22%。年内，省旅游局评定首批星级旅行社，市旅游局全面推进旅行社创星工作，市华泰旅行社、国泰国际旅行社被评为省四星级旅行社，市园林旅行社、山水假日旅行社、康辉旅行社、华夏旅行社、环宇旅行社被评为省三星级旅行社，高星级旅行社总数和质量均排在苏州县级市前列。2月，市旅游局举办导游员年审培训班，组织开展2012年度全市金银牌导游评选活动，评选出金牌导游5人、银牌导游5人。

2013年张家港市旅行社一览

表40

旅行社名称	法定代表人	地　　址	电　话
张家港国泰国际旅行社有限公司	邱　敏	杨舍镇人民中路国泰时代广场	58796855
张家港华泰旅行社有限公司	张德华	杨舍镇人民中路恒隆大厦	58683999
市金港旅行社有限公司	郑　熙	金港镇黄泗浦东路158号	58339850
张家港观光世界旅行社有限公司	钱　胜	杨舍镇龙潭路259号	58234062
市山水假日国内旅行社有限公司	袁志军	杨舍镇城北路178号华芳大厦7楼	58181820
张家港永安旅游有限公司	季德元	杨舍镇长安路382号（新世汇酒店内）	58231100
市风光国内旅行社有限公司	陈浩荣	杨舍镇龙潭路241号	58225613
市亚博国内旅行社有限公司	卢亚娟	杨舍镇湾士岸一村1幢4号门面	58283665
市汇友国内旅行社有限公司	施建新	杨舍镇人民中路国贸酒店内	58152260
市新华国内旅行社有限公司	刘亚芹	杨舍镇暨阳东路131号	58156720

续表40

旅行社名称	法定代表人	地　址	电　话
市东方国内旅行社有限公司	陆彩芹	杨舍镇通运新村59幢4号	58911186
市康辉国内旅行社有限公司	朱敏华	杨舍镇南环路115号	58159511
市康泰旅行社有限公司	余　健	杨舍镇暨阳中路13号	58156366
张家港中青旅旅行社有限公司	许梦华	杨舍镇长安中路290号	58177581
张家港华夏旅行社有限公司	陈叶华	杨舍镇环城南路18号	58179960
市沙洲旅行社有限公司	蔡丽娜	杨舍镇暨阳东路205号	58791622
市梁丰旅行社有限公司	王　娜	杨舍镇东环路与沙洲东路交叉处百信超市内	58231111
张家港中航假日旅行社有限公司	徐　伟	杨舍镇步行街36号	56303060
市江南旅行社有限责任公司	张　炜	杨舍镇新农路131号	58792558
市阳光假日会务旅行社有限公司	邱洁萍	杨舍镇玉兰路186号	56356801
长江润发(张家港)旅行社有限公司	陈秋霞	金港镇长江西路	58318515
市永联旅行社有限公司	张广密	南丰镇永联小镇	58906586
市园林旅行社有限公司	陈建红	杨舍镇公园路160号	58177200
张家港天之缘旅行社有限公司	杜海军	杨舍镇通运路10-12号门面	58698303
张家港东渡旅行社有限公司	黄建强	杨舍镇华昌南路3号	56901668
市港城旅行社有限公司	徐　刚	杨舍镇河西南路18号	58261950
张家港光大旅行社有限公司	陆　锋	杨舍镇沙工新村70-71门面108号	58118680
张家港环宇旅行社有限公司	刘碧云	杨舍镇东环路59、61号(皇家首座)	35007577
市春秋旅行社有限公司	赵　丽	保税区国际金融中心1204室	35005288
张家港港中旅旅行社有限公司	李　君	杨舍镇人民路市游泳馆底楼东侧	58233133
张家港国贸旅行社有限公司	孙岩纹	杨舍镇人民路国贸酒店2幢	58817788
张家港万豪旅行社有限公司	姚娟芬	杨舍镇暨阳中路328号	58911853
张家港海天旅行社有限公司	柳新江	杨舍镇锦绣阳光公寓3幢、4幢商铺	58125885
张家港天天旅游集散旅行社有限公司	张德华	杨舍镇人民中路50号恒隆大厦	58683999

【"第二故乡行"新市民公益一日游活动】 5月19日,由市政府主办,市旅游局、市新市民事务中心、市总工会联合承办的"第二故乡行"新市民公益一日游活动在步行街王府广场启动。参加启动仪式的首发团约250人,对象是获得有关荣誉的新市民,主要游览凤凰山景区、永联农耕文化园、东渡苑景区、香山风景区、暨阳湖景区、常阴沙现代农业示范园区等景区、景点以及文化中心、城西新区、步行街、杨舍老街、小城河等经济社会发展的亮点工程。此次活动先后组织8个批次,有996位新市民参游,得到社会的广泛赞誉。参与活动的旅行社(华泰、东渡、观光、永安、国泰、亚博、华夏、山水假日等8家旅行社)和国贸酒店,以高标准实现此次公益旅游服务零距离、零利润、零事故。

【乡村旅游节活动精彩纷呈】 年内,南丰镇永联村以春、秋两季旅游高峰期为重点,着力打造"2013年张家港长江鲜美食节""2013年永联乡村游乐节",并依据时令分别推出"20元吃河豚""30元吃双蟹"优惠活动,受到周边城市游客的热烈追捧。紧抓夏天"夜游"热潮,举办永联夏夜狂欢节,啤酒烧烤和大量的娱乐活动,为游客带来别样的夏夜生活。常阴沙现代农业示范园区举办首届常阴沙油菜花节和第二届金秋乡村欢乐游,为游客展现"滨江风光、乡村风情、生态农业、知青文化"四大旅游亮点。凤凰镇以"桃"为主题,举办"2013年张家港凤凰桃花节",推出"春到桃花源,万人游凤凰"系列主题游活动,包括千人自驾游、市民赏桃一日游、"幸福凤凰桃花缘"千人相亲大会系列内容。6月至8月,凤凰镇举办凤凰水蜜桃采摘节,开展凤凰水蜜桃采摘文化节启动仪式暨旅行社推介会、"甜蜜巴士,欢乐采摘"桃园直通车天天开活动、"看幸福永联,游美丽凤凰"张家港旅游便捷化班车启动活动、凤凰水蜜桃网络团购会、"游凤凰古镇,品凤凰蜜桃"——百团游凤凰优惠活动、2013年海峡两岸农产品交易会、凤凰水蜜桃千人自驾采摘游系列活动、"凤凰水蜜桃亲子休闲采摘游"活动、爱心采摘行公益活动、凤凰水蜜桃采摘节颁奖大会等10个主题活动。 (周文超)

【编辑　朱永平
张　洁】

市场·物流

Markets & Logistics

保税区汽车物流园进出口汽车堆场　（保税港务　供稿）

市　场
物　流

市场

【概况】2013年年末，全市有经张家港工商局核准登记的各类市场85家，其中消费品市场67家、生产资料市场14家、生产要素市场4家。各类市场中，有国家级农村文明集市（市场）1家，为市塘桥综合市场；有省级文明诚信集市（市场）4家，分别为塘桥综合市场、江南建材商贸城有限公司、市人才市场、市市场服务中心有限公司城北菜场；有苏州市级文明诚信集市（市场）20家。年内，张家港工商局举办市场负责人培训4场；培育发展经纪人1297人，其中农民经纪人850人、一般经纪人447人；开展市场专项整治7次。

消费品市场　全市消费品市场占地总面积43.2万平方米，建筑总面积40.5万平方米，有经营户6003户，全年成交额128.05亿元，其中农副产品综合市场成交额115.09亿元、工业品市场成交额12.96亿元。成交额超1亿元的有20家，比上年增2家。

生产资料市场　全市生产资料市场主要经营化工、钢材、建材、汽车、木材、纺织原料、粮油、五金、家具、小商品及国际消费品等。全年累计成交额2433.85亿元，其中在张家港工商局登记的14家市场成交额723.83亿元。

生产要素市场　生产要素市场分别为市人才市场、市技术市场、市人力资源市场和市房地产市场。其中，市人才市场全年举办固定人才集市79期，进场设摊单位4414个，提供就业岗位87188个，平均每场提供就业岗位1103个。进场求职55400人次，达成应聘意向103345人次（含1人达成多个意向），平均每场1308人次。全年接收人事档案7602份，新增人事代理单位286个，新增人事代理3113人，为255人提供学历认证服务。为105家企业派遣各类专业技术人才2545人，为12个单位提供人才猎头服务，引进各类紧缺、高层次人才23人，为5家企业培训各类人才500人。“张家港人才网”新增网上会员单位2531个，累计3274个，发布招聘岗位65506个，平均每天流量8.9万人次，网站年流量3254.5万人次。市技术市场全年新批办企业技贸机构30家，累计213家，签订技术贸易合同122个，技术贸易合同额2.69亿元，比上年增22.44%。市人力资源市场全年登记用人单位1050个，提供岗位76399个，求职登记23978人，推荐介绍23882人次，成功就业23267人次。年内举办“劳动力交流洽谈会”87期，组织1222个单位进场招聘，为求职者提供岗位41975个，进场求职11218人，达成意向6567人。张家港公共就业服务网站有单位会员4149个，访问量突破42.3万人次，多媒体自助求职系统点击率34.9万人次，自助求职2987人，通过网络发布各类招聘信息9270条。市房地产市场全年完成各类房产权属登记发证37680处、面积1504.49万平方米，分别比上年增65.76%、45.5%。办理增量房交易登记19705处、建筑面积245.88万平方米、成交金额100.7亿元，分别比上年增58.41%、47.86%、13.06%；办理存量房交易登记10272处、建筑面积156.18万平方米、成交金额73.39亿元，分别比上年增113.82%、42.9%、39.77%；完成各类贷款房产抵押登记20044处，建筑面积1735.18万平方米，担保金额383.85亿元，登记数比上年增34.45%。办理房屋租赁登记备案4517户、出租房屋面积38.53万平方米、房屋租金10490.97万元，户数比上年增22.91%、面积少14.43%。

2013年张家港市成交额超1亿元消费品市场一览

表41

市场名称	主办者	营业地址	建办年份（年）	投资额（万元）	固定经营户（户）	年成交额（亿元）
市第一集贸市场	市第一集贸市场有限公司	杨舍镇梁丰路270号	1979	3600	334	19.30
江苏绿丰现代农业投资有限公司金港农贸市场	葛顶峰	金港镇双龙南路	1983	480	217	3.03
后塍综合市场有限公司	季叶清、周清	金港镇后塍西墩路	1985	800	160	1.26
塘桥综合市场	塘桥镇资产经营公司	塘桥镇镇中路5号至7号	1985	480	385	4.81
市青草巷农副产品批发市场	市土产果品总公司	杨舍镇农联村	1995	3000	289	45.70
塘桥镇妙桥综合市场	塘桥镇资产经营公司	塘桥镇妙桥市场街	2005	380	110	1.93
西张农副产品综合市场	凤凰镇资产经营公司	凤凰镇西张金谷小区	2005	500	65	1.78
凤凰农副产品综合市场	凤凰镇资产经营公司	凤凰镇凤凰办事处	2005	420	45	1.42
元丰菜场	黄劲松	金港镇德积元丰小区	2005	3000	169	2.46
东莱农贸市场	杨舍镇农贸市场有限公司	杨舍镇电厂路	2005	180	98	1.35
乐余农贸商城	乐余镇资产经营公司	乐余镇乐富路	2005	1300	130	1.13
塘市农贸市场	杨舍镇资产经营公司	杨舍镇塘市镇中路	2005	300	118	1.01
三兴农贸市场	锦丰镇资产经营公司	锦丰镇三兴办事处	2005	138	65	1.40
南丰集贸市场	南丰镇资产经营公司	南丰镇南丰街	2005	110	150	1.41

续表41

市场名称	主办者	营业地址	建办年份（年）	投资额（万元）	固定经营户（户）	年成交额（亿元）
南丰永联农贸市场	南丰镇资产经营公司	南丰镇永联村	2005	100	139	1.39
合兴集贸市场	锦丰镇资产经营公司	锦丰镇合兴办事处	2005	500	105	1.09
中兴农贸市场	金港镇资产经营公司	金港镇中兴办事处	2005	300	78	1.01
鹿苑综合市场	塘桥镇资产经营公司	塘桥镇鹿苑人民北路	2005	800	58	1.97
港口农副产品综合市场	凤凰镇资产经营公司	凤凰镇港口办事处	2006	360	64	1.43
市新天地市场	华建房地产开发有限公司	锦丰镇锦店路新天地2幢	2007	3000	308	3.92

2013年在张家港工商局登记的张家港市生产资料市场一览

表42

市场名称	主办者	营业地址	建办年份（年）	投资额（万元）	年成交额（亿元）
市木材市场	金沙村经济合作社	杨舍镇晨阳新村	1997	19.00	0.70
市化工原料交易市场	保税区金港资产经营有限公司	金港镇香山北侧	2001	598.90	659.58
市盐铁塘钢材交易市场	市恒泰港务有限责任公司	杨舍镇东二环路	2002	541.20	3.19
市新世纪建筑装饰材料批发市场	市金泰建筑装饰材料贸易有限公司	凤凰镇港口恬庄村	2002	1280.00	0.94
张家港九洲家居装饰城市场	九洲家居装饰城（市场）有限公司	杨舍镇金港大道	2003	2030.00	4.22
市江南建材商贸城	滩上村工贸实业总公司、滩上村村民委员会	金港镇后塍袁家桥村	2005	8500.00	8.17
鑫香山金属材料市场	江苏丰立集团有限公司、江苏鑫香山金属材料有限公司	金港镇南沙办事处	2006	5000.00	21.78
市安吉旧机动车交易市场	袁卫民、袁卫华、袁向华	杨舍镇范港村交警大队内	2007	200.00	2.97
市金源世纪家居市场	陈礼水、林光贤、顾瑜洁、陈超	杨舍镇金港大道633号	2008	500.00	1.23
梁丰五金机电城	江苏梁丰集团置业发展有限公司	杨舍镇南二环路西路口	2008	7000.00	3.51
绿园置业有限公司新红星家具建材市场	云南东成投资发展有限公司、江苏澳洋置业有限公司、市新城置业有限公司、上海红星美凯龙企业管理有限公司、张家港宝利威金属材料有限公司	杨舍镇南二环路南侧	2010	50000.00	7.60
张家港隆胜宏钢材市场	陈基垒、何传强	锦丰镇锦绣路3号	2010	2000.00	1.37
地方义乌小商品市场（香港城）	—	杨舍镇乘航西路北侧	2010	1000.00	8.53
市富城小商品市场	周轶、周立新	锦丰镇锦中路	2010	65.00	0.04

说明：保税区与金港镇实施区镇合一体制后，市化工原料交易市场已成为江苏化工品交易中心的分区，表格中的年成交额为中心总成交额

【**保税区专业市场成交超1000亿元**】张家港口岸的繁荣带动保税区市场的发展，已形成化工、纺织、粮油、木材、国际消费品、进口葡萄酒、钻石等专业市场格局。2013年实现成交额1212亿元，税收7.4亿元。配套建设同步推进，投资2亿元的长江国际10万立方米液体化工储罐、投资1.5亿美元的普洛斯物流园项目、投资6亿元的进口消费品营运中心大楼先后开工建设。粮油市场引进国内最大棕榈油进口商云南惠嘉集团、国内第二大棕榈油进口商山东昌华集团和江苏方泽粮油食品有限公司等粮油大户，入驻客户46家，累计注册资本3.2亿元，成交额116亿元，比上年增183%，税收1.45亿元。名贵木材市场入驻客户119家，成交额14.6亿元，比上年增198%，税收4489万元。进口葡萄酒市场与食品商务网开展合作，拓展进口葡萄酒网上交易。江苏博恩大宗商品电子交易平台与各专业市场实现对接。

【**化工品交易中心蝉联全国诚信示范市场称号**】 12月，江苏化工品交易中心被评为2012~2013年度全国诚

信示范市场，这是该中心两次蝉联这一市场创建最高殊荣。全国诚信示范市场创建由国家工商行政管理总局牵头组织，江苏省仅有8家市场成功获评。全国诚信示范市场再次创建成功，进一步提升了该市场的诚信品牌形象。江苏化工品交易中心是全国最大的液体化工集散基地，入驻有企业1000余家，涉及乙二醇、甲醇、苯乙烯、甲苯等五大类15个品种的交易，客户辐射长三角、珠三角、西南、东北等地区的1万余家企业，年现货成交量占全国散化市场交易量的60%以上。8月，中心投资3亿元的江苏石化大厦落成启用，大厦高25层，建筑面积5.2万平方米。至年末，入驻客户391家，出租率75%；新增注册客户133家，注册资本6.08亿元。中心全年成交额659.58亿元，比上年增52%，完成税收2.5亿元。年内，中心先后获江苏省企业信息化与工业化融合电子商务示范企业、五星文明诚信市场等称号，其品牌成为“江苏名牌”。

江苏化工品交易中心 （严子洋 摄）

【保税区纺织原料市场和国际消费品中心两市场进入全省先进行列】 8月，保税区纺织原料市场、国际消费品中心获2011~2012年度省级文明诚信市场称号。年内，纺织原料市场面对大宗商品价格持续低迷的大环境，借助保税货物抵押的政策优势，积极协调海关、商检优化通关通检流程，协调银行提供金融配套服务，吸引全国棉花交易市场、中国国投等棉花大户入驻。全年引进入驻企业122家，注册资本3.85亿元，成交额317.67亿元，比上年增25%，税收达到1.68亿元。国际消费品中心作为商务部“全球采购季”首发站，突出“张家港国外进口、泰州国内分销”理念，5月在泰州举行项目启动仪式，业内影响力进一步加强。9月，通过省进口食品监管样板区验收。年内新入驻客户187家，成交额220.6亿元，比上年增40%，税收2.75亿元。有法国第二大红酒出口商拉古杰酒业集团等龙头企业成功落户，红酒客户集聚，实现年红酒进口217万升。

【农贸市场停活禽交易防控禽流感】 4月7日，张家港工商局在接到《苏州市人民政府关于暂时停止活禽交易、暂时封闭所有活禽交易市场的通告》后，于当晚召开紧急会议，研究部署H7N9禽流感防控工作，制订防控工作方案。4月8日凌晨，基层分局全员出动，按照统一部署，对辖区市场及周边各类活禽交易点开展全面检查，并采取宣传、规劝、张贴公告等手段，做好关停活禽交易点相关工作，暂时关闭定点活禽交易点（农贸市场）48个，对10488羽活禽全部宰杀。6月，随着H7N9禽流感应急响应的终止，张家港工商局会同市农委积极向市政府请示，开放活禽交易。同时指导48个农贸市场按照“四分开”标准对活禽交易区进行改造。6月9日，全市首批21家农贸市场开放活禽交易。至7月末，48个农贸市场全部开放活禽交易。之后，张家港工商局积极做好禽类经营户后期的补偿工作，通过向市政府请示，对市场关闭活禽交易的经营户补贴46万元。

（柳一虹 朱海婷 周幸全 夏观亮 邱亚峰）

物　流

【概况】 2013年年末，全市共有A级以上物流企业33家。其中，有张家港港务集团有限公司1家AAAAA级物流企业，有江苏高兴达物流有限公司、张家港保税区金港物流中心有限公司、江苏欧宇物流仓储有限公司、江苏澳洋医药物流有限公司、市金港物流中心有限公司、市众益物流有限公司、张家港沿江国际物流有限公司等21家AAAA级物流企业，有大正信（张家港）物流有限公司、张家港保税区沿江运输有限公司、张家港捷通中石化工物流有限公司、张家港沿江国际物流有限公司、张家港保税区安平运输有限公司、市虎翼车业服务有限公司等11家AAA级企业。有省级企业物流技术中心3家，分别为江苏澳洋医药物流有限公司技术中心、江苏正大富通汽配连锁有限公司技术中心、张家港港务集团有限公司技术中心；有苏州市级企业物流技术中心3家，分别为市虎翼车业服务有限公司技术中心、苏州市特种守押保安服务有限公司张家港分公司技术中心、张家港电子口岸有限公司技术中心；有省重点物流企业11家。有在苏州市邮政管理局登记备案的快递企业20家，其中登记法人企业15家、备案分支机构5个。其中，江苏省邮政速递物流有限公司张家港市分公司（EMS）和苏州工业园区顺丰速运有限公司（顺丰速运）业务量最大，两者快递业务总额约占全市总量的50%。其中，EMS有从业人员236人，一线员工187人，大专以上学历120人，具备公司职业技能鉴定初级以上的190人,持证上岗率80%,一线员工持证上岗率100%;有运营车辆119辆,其中汽车84辆、邮政速递专用电瓶车35辆;全年揽收邮件188万件、投递邮件175万件,实现业务收入6298万元。仅次于EMS和顺丰速运的是市申通快递有限公司,有从业人员165人、车辆96辆、计算机65台、手持终端135个,全年业务量228.9万件,营业额2289.02万元。全年市物流业增加值约120亿元,物流业各项指标位列苏州市前茅。有6家物流企业年销售超过10亿元,其中有2家超100亿元。6家企业为张家港玖隆钢铁贸易有限公司、张家港保税物流园区华芳物流有限公司和东华能源股份有限公司、江苏澳洋医药物流有限公司、江苏澳洋顺昌股份有限公司、张家港港务集团有限公司,年销售分别达到530.35亿元、128.1亿元和27.89亿元、11.32亿元、11.16亿元、10.87亿元。

2013年张家港市重点物流企业一览

表43

企业名称	营业地址	建办年份(年)	营业收入(万元)	比上年增减率(%)
张家港港务集团有限公司	金港镇长江中路252号	1968	108764	1.41
江苏省江海粮油港务有限公司	金港镇宝岛路1号	1990	2646	–40.23
张家港保税区长江国际港务有限公司	保税物流园区西区南京路	2001	32842	6.72
市金港物流中心	杨舍镇东二环路1号	2002	626	–71.60
江苏澳洋顺昌股份有限公司	杨舍镇新泾中路10号	2002	139852	–15.80
苏州市特种守押保安服务有限公司张家港分公司	张家港经济技术开发区	2004	3887	7.20
市百信超市物流配送有限公司	张家港经济技术开发区东区大道东侧	2005	62363	24.50
江苏正大富通汽配连锁有限公司	张家港经济技术开发区长兴西路2号	2006	29364	–0.06
张家港电子口岸有限公司	张家港保税区长乐大厦	2007	1164	27.90
江苏澳洋医药物流有限公司	凤凰镇凤凰大道19号	2008	113217	11.69
张家港保税区森源国际贸易有限公司	金港镇江海中路森源大厦	2008	51413	101.99
沙钢虹达物流有限公司	锦丰镇	2001	55040	–50.45
中国外运长江有限公司张家港分公司	金港镇长江中路45号	2002	45122	13.64
丰立集团有限公司(物流部分)	大新镇沿江公路	2004	6585	–16.39
张家港孚宝仓储有限公司	保税物流园区深圳路8号	2004	22723	3.91
江苏高兴达物流有限公司	锦丰镇创业路8号	2007	83208	5.41

说明:表中前11家企业为江苏省重点物流企业

2013年在苏州市邮政管理局登记备案的张家港市快递企业一览

表44

类别	企业名称	经营品牌	通信地址
持证企业	苏州工业园区顺丰速运有限公司	顺丰	苏州工业园区星港街283号中园大厦七楼
持证企业	市申通快递有限公司	申通	杨舍镇长泾东路城东工业小区二区
持证企业	张家港圆通速递有限公司	圆通	张家港经济技术开发区中兴路18号
持证企业	市永成速递服务有限公司	百世汇通	张家港经济技术开发区中兴路3号
持证企业	市好韵达快件有限公司	韵达	杨舍镇范港村
持证企业	市希伊艾斯贸易有限公司	国通	杨舍镇福前开发区
持证企业	市宇通航空货运代理有限公司	速尔	张家港经济技术开发区中兴路19–2号
持证企业	市天天快递服务有限公司	天天	杨舍镇人民东路18号
持证企业	张家港优速货运有限公司	优速物流	张家港经济技术开发区中兴路1号
持证企业	市快捷快速递有限公司	快捷	杨舍镇西门新村59号
持证企业	市宏峰速递有限公司	港中能达	张家港经济技术开发区长兴路17号B座
持证企业	张家港全运通快递有限公司	全一	杨舍镇长泾路261号至263号

续表44

类别	企业名称	经营品牌	通信地址
持证企业	市鑫飞鸿速递服务有限公司	其他	杨舍镇明日嘉园1幢A6至A8室
持证企业	苏州霞丰国际货运代理有限公司	ZCE	杨舍镇港城大道168号
持证企业	张家港顺捷国际货运代理有限公司	其他	杨舍镇华昌路148号
备案分支机构	江苏省邮政速递物流有限公司张家港市分公司	EMS	杨舍镇人民西路
备案分支机构	中外运—敦豪国际航空快件有限公司张家港分公司	DHL Express	杨舍镇新泾西路5号
备案分支机构	嘉里大通物流有限公司张家港分公司	嘉里大通	金港镇中华路88号
备案分支机构	上海宅急送物流有限公司张家港分公司	宅急送	杨舍镇沙钢立交桥旁
备案分支机构	中国外运长江有限公司张家港分公司	其他	金港镇长江中路45号

说明：顺丰速运在张家港无独立分支机构，业务归属苏州工业园区顺丰速运有限公司统一管理

【玖隆物流园打造钢铁物流公共平台】玖隆物流园是冶金工业园联合沙钢集团打造的钢铁物流公共平台。项目一期占地200公顷。2012年启动华昌路以东、锦绣路以南地块开发，占地41.33公顷，总建筑面积24.4万平方米的4个仓库投入运行，仓储能力105万吨。2013年2月，位于华昌路以东、港丰公路以北的商务区项目开工，占地面积23.33公顷，总投资20亿元，项目主要包括商贸大楼、冶金博物馆、金属超市等，为钢贸、物流企业提供电子商务、现期贸易、仓储配送、保税业务、会展、融资和生活娱乐等配套服务。年内，占地26.67公顷的260万吨1420毫米冷轧延伸加工项目建成投产，在线融资、冷轧和热轧剪切加工线、电子商务、物流网点等平台建设进展迅速，玖隆保税物流中心的申报加速推进，保税物流保税库和出口加工监管库8月获南京海关批复。玖隆物流园新增入驻企业220家，其中有总投资5亿元的建华管桩采购中心、注册资本2亿元的山西潞安矿业（集团）张家港国际贸易有限公司等。累计入驻企业1130家，实现开票销售1128亿元，入库税金1.78亿元。有6家企业入选2013年度全国服务业500强，5家企业入选2013年度全省服务业100强。玖隆物流园获全省特色产业园中物流产业园第一名。至年末，玖隆物流园累计开发、在开发土地93.33公顷，总投资70亿元，其中完成投资65亿元。建成高标准室内仓库21万平方米、室内加工中心30万平方米、室外堆场21万平方米，商务办公楼7.6万平方米。拥有12千米长江深水岸线，已开发7.8千米，建成20万吨级码头2座、3万吨至10万吨级码头9座、1000吨至3000吨级码头7座，年吞吐能力达到1亿吨。物流园全年实现成交额1187.62亿元。

【众益物流入选省重点物流基地】3月，第七批江苏省重点物流基地出炉，市众益物流有限公司（简称众益物流）位列其中，成为全市继张家港保税物流园区、江苏扬子江冶金物流中心之后又一个省重点物流基地。众益物流成立于2006年12月，总投资1.8亿元，主营危化品运输、危化品停车场、危化品箱罐清洗、仓储、加油、危化品车辆维修等业务。公司成立后，基地建设质量、管理服务品质以及各项自有业务得到迅速提升，先后通过中国AAAA级综合性物流服务企业、省交通行业"四项示范"验收，被授予"省五十佳质量信誉企业""苏州市十强货运企业"等称号。2011年起，众益物流以转型升级和节能减排为突破口，在全省率先使用LNG清洁能源车辆，推动了全省天然气车辆的推广应用。

【澳洋医药物流公司技术中心成为省物流企业技术中心】9月，江苏澳洋医药物流有限公司（简称澳洋医药物流公司）技术中心通过认定，成为第六批省认定物流企业技术中心之一、张家港第三家物流企业技术中心。这是澳洋医药物流公司被授予江苏省重点物流企业称号后获得的又一物流行业资质认证，标志着澳洋医药在软硬件配置、物流运营、技术创新、供应链管理方面又上了一个新台阶。澳洋医药物流公司成立于2008年，注册资本2亿元，至2013年投资超过5亿元，物流中心占地16.87公顷，仓储中心面积1.5万平方米，运输车辆38辆，药品库存1.3亿元，年销售突破14亿元，年物流配送总量4.4万吨，配送客户达到8000余家，覆盖苏南80%药店及全省商业客户，年平均增长率远高于行业平均水平，是华东地区规模最大的现代医药物流企业之一。公司依托先进信息系统加强经营管理，采用先进的仓库管理系统（WMS）、电子标签辅助拣选（DPS）、自动分拣（AUTO-SORTOR）、信息管理系统（CCERP），推行ISO 9001质量管理体系、ISO 14001环境管理体系和OHSA 18001职业安全管理体系的"三标"认证。同时，在自身技术推陈出新的基础上，公司实现技术输出，为合作的医院单位设计开发医院自动补货系统、医院信息系统、自动化药房管理系统等，为物流业技术创新起到示范带动作用。

【特种守押公司获省重点物流企业称号】10月，苏州市特种守押保安服务有限公司张家港分公司（简称特种守押公司）通过认定，成为第八批省级重点物流企业之一。公司于2003年6月经张家港市政府、苏州市公安局批准注册成立，为全民所有制企业，注册资本300万元，2004年6月正式投入运营。公司占地面积3.2万

平方米，建有1.2万平方米大型凭证仓储楼、大型金库、办公生活楼，年平均营业收入3600余万元，年上缴税收400余万元，银行信用等级A级。拥有制式运钞车41辆、护卫车等3辆。运钞车全部配备国内先进的GPS卫星定位系统和现代化通讯设备，达到公安部规定的安全防范技术标准。公司首创全国同行业“守、押一体化”运作模式，专业从事货币、有价证券、金银珠宝、文物、艺术品及其他贵重物资的武装押运、守护等服务。主要开展的业务有大额现金调拨调运，网点款包的早送晚接，非金融机构重点单位的现金外门收款，ATM自助设备清机加钞和大型金库的守护。2013年年末，公司有员工168人，运营网点8个，配送客户点509个，业务辐射江苏、上海、山东、安徽等省市。

【虎翼车业轮胎贸易配送体系建成】12月，张家港虎翼车业服务有限公司（简称虎翼车业）集现代化办公和仓储功能为一体的二期1.3万平方米配送中心楼竣工并投入使用。加之前期MT3物流信息管理系统的建成和完善，公司形成完备的仓储管理、物流配送、客户服务、信息处理等功能的流通贸易体系，基本实现轮胎贸易配送的专业化、节约化、规模化、信息化，具备年配送卡车和客车轮胎20万条以上、轿车轮胎40万条以上的服务能力。2013年，公司实现营业收入18826万元，上缴税收158万元。企业发展成为与汽车支柱产业相配套的现代化专业后服务企业。

【高兴达钢贸中心商务楼竣工】江苏高兴达物流有限公司是江苏扬子江国际冶金工业园内的核心板材加工配套企业，也是华东地区最大的板材加工、仓储、配送企业之一。公司热轧卷板加工中心占地13.33公顷，建有3.3万平方米室内加工仓储中心及5万平方米室外堆场，配备开平、分条机组8条，年加工配送能力近200万吨。2012年2月开工建设的高兴达钢贸中心商务大楼，为2栋9层商务大楼，位于锦丰镇太平港以东、锦绣路以南。工程占地面积2公顷，建筑总面积约1.5万平方米，总投资1.5亿元。2013年12月全面竣工。两栋商贸楼主要为江苏扬子江国际冶金工业园区内的客户提供配套服务，为上海、无锡、南京等地的大型商贸物流企业提供相适应的办公设施。该工程的竣工使冶金工业园的配套设施得到完善，园区综合服务水平进一步提高。

【邮政速递开创网商创（产）业园】江苏省邮政速递物流有限公司张家港市分公司内设综合办公室、财务部、市场经营部、网络运行质量监控部4个职能部门。其中，市场经营部下设5个营业部、10个揽投分部、6个业务部（政企客户部、电子商务业务部、代收货款业务部、国际业务部、物流业务部、客服中心）；网络运行质量监控部下设邮件处理中心。10月1日起，中国邮政速递物流推出73个重点城市互寄标准特快次日递服务，张家港作为73个城市之一，发至北京、上海、广州、深圳等国内大中城市的EMS快件实现今寄明达。“双11”期间（11月11日至17日），市邮政速递发件业务量达到11.43万件，派件业务量达到5.17万件。针对电子商务企业起点低、发展快的特点，年内公司推行网商“仓储+理货+配送”的运营模式，通过盘活重组，专门划出楼层区域，引进业务量较大的优质客户，开设“网商创（产）业园”。通过组织召开电商客户座谈会，提升与网商客户交流合作紧密度，吸引电子商务企业进驻，助推张家港电子商务规模化发展，实现双赢创益。“双11”期间有61家电商客户产生用邮，电商发件业务量8.61万件，是上年同期的21倍多。

江苏省邮政速递物流有限公司张家港市分公司开展技能大赛（邮政速递　供稿）

【电子口岸危化品道路运输实现平台化管理】11月，张家港电子口岸有限公司（简称电子口岸）联合市交通局、市公安交巡警大队、市城管局、市安监局、张家港保税区安全环保局、市政府港口局、张家港工商局、张家港质监局、市公安消防大队通过顶层设计、科学架构，以全面的定位监控管理功能为核心，整合监管卡口、货主单位、仓储单位、生产单位、停车场、洗车场、维修厂、驾驶员、车辆等信息，从源头进行控制，以现代网络技术、GPS和GIS技术、海量数据处理技术为基础，以信息网络和资源共享为载体，建立基于物联网的危化品道路运输综合服务平台。至年末，平台注册备案运输企业130余家、仓储及生产型单位130余个、运输车辆1060余辆、各类作业人员1355人，共完成作业登记1900余笔。该平台的实施应用将提高危化物品生产、运输与销售全过程的安全监管，实现危化物品生产、运输与销售的精准管理，减少危化物品黑车运营、非法倒卖等犯罪行为，为保障危化物品生产、运输安全与社会安全秩序等方面带来效益。年内，电子口岸还参与大宗商品结算、棉花交易市场、汽车整车口岸等战略性工程，参与南京海关视频监控整合、苏州市交通局视频监控网等项目建设，全年其“一达通”全程外贸服务平台共服务客户855家，服务额度近7000万美元。

（许文涛　魏春兵　徐　璐　徐　健　徐　平　曹　芳）

【编辑　汪丽菁】

财政·税务

Public Finance & Taxation

专业化语音提醒服务　（张家港地税局　供稿）

财政

国税

地税

财　政

【概况】 2013年，市财政局继续深化完善财政职能，全力支持和促进全市经济社会各项事业发展。全市完成全口径财政收入450.7亿元、一般预算收入154.18亿元，分别比上年增9%和3.1%，税收占比81.1%。发挥财政监管功能，围绕政府重点项目建设，强化投资评审工作。全年通过对市级财政投资新建项目及“三算”的审核，共核减资金3.62亿元。会同相关部门完成全省联动文化产业引导金、新增公交线路运营补贴、2012年度土地股份合作社土地流转补贴资金等33个资金项目的使用情况检查，促进相关职能部门提高资金管理精细化水平。年内，市财政局先后被评为江苏省文明单位标兵、全省法治财政建设示范点。在市级机关年度绩效考评中，获“突出贡献奖”。

2013年张家港市公共财政预算收入情况

表45

项　目	实绩（万元）	比上年增减额（万元）	增减率（%）	项　目	实绩（万元）	比上年增减额（万元）	增减率（%）
国　税	464153	22417	5.07	财　政	291647	17511	6.39
其中：保税区	118478	7694	6.95	其中：保税区	25285	4688	22.76
地　税	786028	5769	0.74	合　计	1541828	45697	3.05
其中：保税区	82849	-4408	-5.05	其中：保税区	226612	7974	3.65

2013年张家港市公共财政预算支出情况

表46

项　目	实绩（万元）	比上年增减额（万元）	增减率（%）	项　目	实绩（万元）	比上年增减额（万元）	增减率（%）
一、一般公共服务	158519	-4530	-2.78	八、环境保护	50581	-4686	-8.48
二、公共安全	79464	5279	7.12	九、城乡社区事务	331120	12800	4.02
三、教育	228732	5130	2.29	十、农林水事务	152376	5693	3.88
四、科学技术	77870	6070	8.45	十一、交通运输	71372	25056	54.10
五、文化体育与传媒	25572	1248	5.13	十二、工业商业金融等事务	93453	-20043	-17.66
六、社会保障和就业	100000	-13457	-11.86	十三、其他支出	4464	-3106	-41.03
七、医疗卫生	76717	5624	7.91	合　计	1450240	21078	1.47

【会计管理】 市财政部门加强会计从业资格管理和对会计中介机构的监督，全年办理会计从业证2520张。全面推行网络化会计继续教育，全市参加继续教育2万余人。拓展会计培训模式，先后开办会计岗位实务操作培训班和市建设系统特色培训班，参训人员138人。鼓励全市会计人员参加专业技术资格考试，不断提升全市会计队伍的整体素质，每年参加从业资格考试通过人员稳定在2000余人。至年末，全市登记拥有会计从业证的人员共28767人。

【政府采购】 市政府采购办推进绿色采购，要求必须选购国家“节能产品政府采购清单”的产品，建设由240名专家组成的专家评委人才库，推进政府采购公共服务项目。开展政府采购专项检查，完善政府采购相关制度，改进电脑采购模式，由传统采购模式转变为规模化采购和“零星采购”相结合，规范电脑售后服务年限，降低采购成本，提高采购效率。继续实施机关事业单位公务车辆定点维修制度及全市民生保险采购。全年全市政府采购总额93.38亿元，其中货物和服务类采购金额4.53亿元、工程类88.85亿元。

【财政惠民政策】 进一步保障征地农民基本生活，市财政安排失地农民基本生活保障资金4.38亿元，安排居民医疗保险救助资金5849万元。落实公共卫生服务项目，安排2200万元基本公共卫生服务经费和1575万元重大公共卫生服务经费。全面落实惠农强农政策，发放各项涉农补贴1.3亿元，受益农户11.9万户。支持民生实事工程，补贴3800万元支持各区镇文化基础设施建设，安排2000万元专项资金推进文化育民实施项目和文化共享工程。落实扶持企业发展各项政策，全年兑现市级各项扶持企业资金8.73亿元；对上争取各类扶持资金9.32亿元，帮助企业用足用好各项政策；规范行政事业收费管理，减轻企业负担，全年涉企类收费比上年减少1.26亿元。

【财政政策清理整合】 年内，市财政局成立财政扶持政策清理整合工作领导小组，对市级财政扶持政策进行全面梳理，将其中的126项专项资金政策优化整合为93项，减少33项；完善出台工业经济和信息化、服务业发展、生态补偿等意见，修订外贸稳增长促发展财政扶持办法，调整动漫产业发展扶持意见。整合前专项资金数额为22.27亿元，占2013年项目经费预算总额的50.3%，经过整合，减少为20.47亿元，占2013年实际支出总额的48.7%，净减1.8亿元，比上年下降9%。

【财政专项资金全过程绩效管理体系构建】 年内，全市积极构建“预算编制有目标、预算执行有跟踪、执行结果有评价、评价结果有反馈、反馈结果有应用”的绩效管理体系，共有38项政策性强、影响力大的财政资金纳入管理范围。38项资金的绩效目标与预算同步编制、同步审核、同步下达。在预算执行过程中，组织预算部门对照与预算同步下达的绩效目标，对38项资金使用情况以及绩效实现程度进行跟踪分析，跟踪结果作为财政资金拨付的参考依据。预算执行结束后，在预算部门绩效自评价的基础上，以产业发展、转型升级等相关扶持政策为重点，开展绩效重点评价，根据绩效评价结果“优、良、中、差”不同等级，提出进一步提高财政资金使用绩效的对策，以及完善相关政策、优化下年预算的建议。 （黄　超）

国　税

【概况】 2013年，市国税部门共组织国税收入161.91亿元，比上年增1.35%；完成公共财政预算收入46.42亿元，比上年增5.07%。全年共为2万余户纳税人直接办理各类减免退税73.18亿元，比上年增6.68%。年内，市国税局获江苏省文明单位、市预防职务犯罪先进单位等称号，国税系统共109人次获各级各类表彰和荣誉。

2013年张家港市国税入库税收情况

表47

税　种	金额（万元）	比上年增减率（%）
增值税	1224991	3.09
消费税	3213	6.21
企业所得税	337335	-5.38
个人所得税（利息税）	41	-42.25
车辆购置税	53477	7.63
合　计	1619057	1.35

【国税征管】 年内，市国税部门严格管理日常申报征收，准期申报率99.68%，成为苏州市国税系统唯一实现欠税减少的单位。编写《税收基础管理征管类业务手册》，规范各项征管业务。加强国、地税协作，启用国、地税个体联合征管软件，全面推行个体税务登记联合办证。完善税源专业化管理工作机制，修改制订税源专业化运作方案、管理制度和绩效考核等规定。重点围绕“虚开专用发票”和“骗取出口退税”，提高第三方信息运用水平，加强税源专业化绩效管理。建立外部风险防控指标体系。建立行业风险识别模型，提高税源管理针对性，其中“手工具制造行业（钳类）纳税评估模型”获评国家税务总局“百佳”。

【国税稽查】 全年累计对376家次企业开展各类检查，立案查结102件，查补税款、滞纳金及罚款2674万元。其中，查处市华韵服饰有限公司特大骗取出口退税案件，涉案金额1.38亿元、税款2000余万元。开展行业性、区域税收专项整治和发票使用情况及重点税源企业等3个项目的检查，查补税款、滞纳金及罚款1277万元。查处税款100万元以上案件4件。打击虚开发票行为，查处虚开发票案件30件，查补入库648万元。推行限时办结稽查制度，明确案源分配、检查、审理、执行四环节的具体期限。通过定期召开稽查、征管情况通报会，双方案源信息传递，强化成果运用转化。联合征管部门开展检查，加强稽查选案与税源专业化管理的协调配合，建立征管、稽查联席会议机制。建立税警联合办案机制，发挥税警优势，合力办案，年内共移送公安经侦部门案件16件。

【国税征收服务】 年内，市国税部门完善纳税服务管理规范，落实“窗口受理、窗口出件”、预约服务、延时服务、服务承诺等制度，全年依申请事项按期办结率100%。推广网上办税、自助办税，网上办税厅业务量占办税业务总量比重超过15%，网上认证发票率超过85%，自助报税率超过93%。减轻纳税人办税负担，3500余户小规模纳税人由按月申报改为按季

市国税干部为桃农提供涉税服务 （市国税局　供稿）

申报。委托第三方开展服务质量调查，征集服务需求，改进办税服务质量，首次实现全年纳税服务零投诉，纳税人整体满意度98.75%。

【出口退税超68亿元】 年内，市国税部门加大征、退税衔接力度，确保出口退税政策及时落实到位，同时强化预警分析，防范和打击出口骗税违法行为。拓展服务举措，将集中授课和平时咨询相结合，按月辅导新办企业，全年组织培训12场，培训800人次。编写《张家港市国家税务局出口货物退（免）税培训资料》，发放给全市3000余家出口企业。开展风险警示专题培训，召开警示大会10场。定期召开退税审核人员学习交流会，提高退税管理人员业务和服务水平。全年共为2057家出口企业办理出口退税68.77亿元，比上年增9.62%。

【"营改增"降低行业税负】 年内，市国税部门继续推进营业税改增值税试点改革，依托国税网站、"税法百度"和"12366"等网络载体，整合、规范税收宣传和涉税信息发布渠道；定期开展"营改增"政策辅导培训会；开展个性化服务，针对企业实际情况制订方案，帮助解决具体问题；上门辅导"营改增"集团企业和重点企业，帮助企业用好用足政策。全市试点纳税人全年申报增值税22946万元，与原营业税相比减少11.22%。有3588户试点纳税人实现税负下降，占"营改增"试点纳税人总户数的97.16%，其中2859户小规模纳税人税负最大降幅40%。

【税源专业化管理总成效3.72亿元】 年内，市国税系统出台税源专业化管理运作方案、团队运作管理制度、集体审议管理办法、征管保障平台数据使用管理办法，保障税源专业化管理工作顺利开展。梳理专业化任务管理过程，抽取各环节数据，进行定性、定量和纵横分析。拓宽税收情报来源，强化情报使用质效。成立情报管理团队，编写相关管理办法，建立日常性税收情报采集指南。加强对税源专业化管理工作的动态展示和成效分析，完成小企业风险监控项目，并在苏州范围内推广运用。全年累计对2016家次纳税人进行风险应对，直接入库各类税款、滞纳金2.45亿元，总成效3.72亿元，比上年增8.8%；任务类应对户均入库税款24.9万元，比上年增37.2%。 （闵晓蕾）

地　　税

【概况】 2013年，市地税系统按照"积聚发展新优势，推进管理现代化"的工作主题，紧扣"三个一流"（一流的服务水平、一流的工作业绩、一流的干部队伍）工程各项指标，全力保障"六大提升行动"和"810工程"建设。全市地税系统累计组织各项收入155.93亿元，比上年增4.92%，其中税收收入110.38亿元，比上年增1.97%；非税收入45.55亿元，比上年增12.83%。实现公共财政预算收入78.6亿元，比上年增0.74%，占全市公共财政预算收入的50.98%（数据含保税区地税局）。12月27日，全国税务系统表彰奖励研讨会在市召开。国家公务员局、国家税务总局和内蒙古自治区、福建省、河南省、江苏省、青岛市、福州市、南京市等地国税局及湖北省、江苏省两地地税局等单位参会，与会人员对张家港地税文化建设成绩给予充分肯定。年内，张家港地税局获评"全国五一劳动奖状"，第六次蝉联"江苏省文明行业"称号。第二税务分局（7月，因机构改革更名为第八税务分局）获评"全国巾帼文明岗"。

2013年张家港市地方税（费）收入情况

表48

项　目	金额（万元）	比上年增减率（%）
合　计	1559248	4.92
一、地方税收收入	1103788	1.97
1.省级	80733	–0.50
2.市（县）级	1023055	2.16
其中：营业税	243840	–5.14
企业所得税	144042	–3.61
个人所得税	250651	14.58
城市维护建设税	82814	2.64
契税	79539	–7.09
耕地占用税	16703	-30.55
其他各税	205466	10.59
二、非税收入	455460	12.83
1.社会保险费	341174	16.97
2.教育费附加	45617	2.65
3.地方教育费附加	30453	2.88
4.文化事业建设费	205	–65.66
5.其他基金（费）	38011	1.69

说明：以上数据均含保税区地税局

【地税基础管理】 市地税系统深化征管改革，整合税源管理分局职能，8月起单独设立基础管理局，命名为第二税务分局，主要负责特定事项的核实管理、注销税务登记核查、催报催缴的后续管理、个体税收管理等职能，实现基础管理事项集约化处置。6月起，成立档案管理中心，建立档案管理协作机制，全面上线应用省局一户式电子档案管理系统，业务档案实现集中管理。建立税源及征管状况监控月度考核通报制度，及时查漏补缺、固强补弱，对征管指标、数据质量等进行动态跟踪监控，全年征管状况监控排名在苏州地税系统名列前茅。深化国、地税合作机制，建立国、地税联席会议制度，完善国、地税联合注销模式，加强个体户国、地税联合征管，推行个体户联合税务登记服务，提升征管效能。规范土地增值税清算工作程序，组建专业化清算团队，引进中介机构协助开展清算复审工作，全年土地增值税清算入库2.07亿元，比上年增66.94%。突出重点税源、重点税种管理，加大挖潜增收力度，确保组织收入的增量。年内，企业所得税地税管户4436户，汇算清缴补报税款4.8亿元，比上年增15%，其中房地产开发企业汇缴补报企业所得税1.85亿元，比上年增325%。

【地税风险管理】 市地税系统以月度税收风险管理联席会议为龙头，全面统筹风险应对任务，强化风险应对规范化管理，明确高、中、低风险应对的范围、方法和程序，着重抓好风险识别和风险应对考核两个关口，切实提高风险应对质效。创新风险分析员制度，组建风险分析员队伍，依托数据仓库和税源管理两大信息化平台，通过人机结合，加强数据比对筛选，构建上下联动、全方位的风险识别体系，提高风险识别的准确性。强化应对考核，对风险评定案卷实行股长、分局长和风险监控部门三级审核、全流程管控，并组织开展优秀案卷的评比活动。探索完善风险应对的绩效评价体系，重点关注分析员自选风险和风险应对产生的收入增量，按月对风险应对实施考核评价。通过案卷审核和绩效考核“双管齐下”，切实提升风险应对质量。年内，全系统自主创建11个风险指标，建立中介和五金机电2个行业的风险识别模型，全年累计消除低度风险点4612个，应对户数2953户，补报税款4.2亿元。消除中度风险点13064个，约谈评估纳税人2632户，应对入库税款及滞纳金2.8亿元，问题率99.9%，应对面11.32%，贡献率3.14%。

【地税纳税服务】 市地税系统委托第三方对纳税人开展征管改革需求服务调查，提升办税服务、咨询辅导服务的针对性和有效性，显现集约化纳税服务优势。成立纳税服务领导小组，建立纳税服务联络员制度，健全纳税服务投诉快速响应机制，加强纳税服务部门与税源管理部门的沟通协作，畅通纳税服务与风险管理、基础管理的衔接、配合。完善“窗口受理、内部流转、限时办结、窗口出件”的“一站式”服务格局，简化纳税资料的附报要求。推广网上办税、网购发票业务，全面使用新版影印系统，引导、辅导纳税人向自助办税区和自助办税机转移，提升纳税人自主办税能力。办税服务大厅全年累计办理纳税人申请事项61726件，纳税人非常满意率99.9%。建立多渠道的宣传辅导途径，通过办税服务厅3个咨询辅导窗口、远程QQ、“12366”远程座席、“12345”热线联动等方式接受纳税人的咨询。依托“纳税人学校”，举办培训25场次，受益纳税人1212人次。举办“纳税人之家”活动4期，受益258人次。“声讯中心”月均呼出语音提醒电话3500个，受理投诉建议34件，全部处置完毕。全年直接为1567家次减免地方各税3.51亿元，其中54家企业享受高新技术企业所得税税收优惠，减免企业所得税9188.57万元。

全市地税系统深化税收征管改革动员会

（张家港地税局 供稿）

【地税稽查】 市地税系统深化稽查专业化改革，加强重点行业和征管薄弱环节的专项检查，强化大、要案查处，完善稽查行业带头人制度，提升稽查工作质量和稽查成果增值利用，有效遏制同类案件发生，维护税收征管秩序。全年稽查部门累计应对高风险企业100家，查补税款及滞纳金3061.47万元，罚款1286.78万元。重点对建筑房地产、营利性医疗、驾培、中介、旅游、机械、化工等行业进行专项检查，查补税款、滞纳金及罚款547.46万元。全年接收举报案件16件，立案查处5件，查补税款、滞纳金及罚款138.32万元，案件回复率100%。继续加大发票“买方市场”专项整治，直接查处或协查发票违法案件6件，查补税款、滞纳金及罚款合计261.27万元。

【3.5%高收入者贡献65%个税】 全年所得12万元以上个人所得税自行申报中，张家港地税局共受理自行申报11986人，申报人数占目标总量的3.5%，申报应纳税额12.27亿元，占上年个人所得税入库总量的65.59%。此次申报所得增长幅度大，累计申报所得68.67亿元，比上年增51.59%；非劳动所得占比高，申报股息红利和财产转让等非劳动所得43.61亿元，占申报所得总量的63.5%；重点行业申报人数多，申报10人以上的企业纳税人有137家，主要分布于钢铁、电力、金融、外贸、化工等行业，申报人数8216人，占目标总人数的68.55%。

【“个体税收一体化应用平台”上线】 4月，由张家港地税局牵头，在市国税局、各镇个体私营经济管理办公室等单位共同协作下，国、地税“个体税收一体化应用平台”成功上线。平台上线后，个体工商户申请代开国税发票或者申领国税定额发票，在缴纳增值税时，可同步扣缴地税应征税费，纳税人无须在国、地税设立的代征窗口之间来回办理相关税款缴纳手续，避免了地税部门对部分个体户的地税税（费）款事后追缴的现象，实现征纳“双减负”。至年末，通过该平台已代征代扣纳税人14973户，同步扣缴地方各税464.4万元。 （范永刚）

【编辑 陆文琰】

金融

Finance

市农行一对多营销电子渠道产品　（市农行　供稿）

金融监管

银　　行

保　　险

证券·期货

其他金融机构

金融监管

【概况】 全市有市政府金融工作办公室（简称市金融办）、中国人民银行张家港市支行（简称市人民银行）、中国银行业监督管理委员会苏州监管分局张家港监管办事处（简称市银监办）、国家外汇管理局张家港市支局（简称市外汇管理局）4家金融监管机构，共有从业人员55人，其中市金融办11人、市人民银行39人（含市外汇管理局）、市银监办5人。

市金融办　2013年，在推进信贷投放方面，市金融办会同市人民银行、市银监办完善全市金融系统绩效考核机制，出台《2013年度张家港市金融系统绩效考核办法》，年初向各金融机构下达考核指标，每月对其完成情况进行跟踪，督促投放滞后的银行加大对上争取力度，发掘信贷潜力。至年末，全市银行业金融机构本外币贷款余额1980.88亿元，比上年增192亿元，全市银行业总融资规模3313.49亿元，比上年增377.42亿元。组织举办2013年张家港（苏州）融资项目汇报会，签约项目16项，签约总金额139.5亿元。在金融机构发展方面，引进银行业金融机构5家，其中银行4家、财务公司1家，全市银行业金融机构累计27家，其中银行25家、财务公司2家。引进证券公司营业部2家，期货公司营业部2家。在金融创新方面，11月，指导张家港农商行成立江苏省银行系统首家县域科技支行。《张家港市临时性困难企业帮扶措施》《张家港市金融机构重大事项报告制度》相继出台，金融风险预警防范和处置机制逐步健全。科技金融推动力度加大，《关于强化科技金融工作助推科技型中小企业加快发展的意见》出台，营造有利于科技型中小企业发展的金融环境，缓解中小型科技企业融资困难。保险深入参与社会管理创新，新市民意外险、农产品价格指数险、计生特扶人员住院护工补贴险等险种列入实事工程并实施，在全省率先出台夏季保淡绿叶菜价格指数保险。在小额贷款公司（简称小贷公司）监管方面，对全市已开业的小贷公司进行现场检查，针对问题要求整改。全年11家小贷公司累计发放贷款121.51亿元，年末余额43.3亿元。配合省、苏州市金融办客观公正地开展小贷评级工作，在省金融办评级结果中，昌盛小贷公司、锦泰小贷公司被评为AA级单位，国泰小贷公司、亚泰小贷公司被评为A级单位。

市人民银行　市人民银行创新服务手段，开展金融顾问实地走访企业活动、开通金桥中心“在线融资”服务、创新“诚信贷”金融产品，拓宽中小企业融资渠道，有效解决中小企业融资难问题。完成江苏国库会计数据集中系统（TCBS）和苏州全辖国库信息处理系统（TIPS）上线运行。做好国库、会计核算工作，全年办理会计业务1960笔，处理票据业务212万笔、资金流量7354亿元，办理国库业务281万笔，完成三级预算收入597.76亿元，办理财政支拨业务303.89亿元，办理退库业务107.74亿元。部署各银行机构继续开展人民币账户年检与清理核对，新开立基本存款账户7076户、开立预算单位专用存款账户1642户、开立临时存款账户43户。至年末，全市有基本存款账户52254户、一般存款账户35109户、专用存款账户9926户、临时存款账户83户。全年办理贷款卡1050张，为6026家企业办理贷款卡年审手续。查询个人信用报告11218份、企业信用报告434份。全年受理并处置金融消费投诉73起，客户满意率100%。完成上海银行、南京银行、泰隆银行、宁波银行、国泰财务公司等机构开业的受理审批工作。维护金融稳定发展，推进金融生态建设，年内，市人民银行在江苏省69个县（市）金融生态环境评估中名列第九。与市检察院联合出台《关于建立银行信贷环节行贿行为档案查询处置制度的实施办法》，为银行放贷增加新的防控措施。与市公安局建立反假货币合作机制，为公安部门进行假币鉴定业务26笔，计38705元；特殊残损币鉴定业务10笔，计1.79万元。举办反假货币培训班17期，培训、考试391人次。全年向中国人民银行苏州市中心支行上缴假人民币7153张，计66万元。

市银监办　市银监办全面推进不规范经营专项整治工作，改善和加强金融服务，进一步加大推行“三个办法、一个指引”的执行力度，有效支持中小企业融资需求，支持三农，支持实体经济发展。督促银行业金融机构坚守风险管控底线，关注政府投融资平台、房地产、钢贸和光伏等行业的贷款风险，深入推进政府融资平台贷款的清理规范工作。加强窗口指导，增加有效信贷投放，年内各类金融机构新增本外币贷款182亿元，支持实体经济发展。履行监管职责，完善银行业金融机构体系，提高辖内银行业服务水平。年内新设立股份制银行1家、城商行4家、财务公司1家，增设国有银行、邮政储蓄银行、股份制银行和城商行二级支行共9家。妥善处理群众投诉10余起，切实维护消费者权益和银行声誉。对辖内银行业金融机构贯彻落实银监会“七不准”和“四公开”的情况进行督察和暗访，开展不规范经营专项整治，改善和提高金融服务水平。配合政府和相关部门做好房地产、钢贸和光伏等行业的维稳工作，稳妥处置金融风险事件。协调各家银行业金融机构达成共识，在增加风险可控和有效担保的基础上解决企业资金缺口，帮助企业渡过难关，切实保障银行信贷资金的安全。继续做好案件防控工作，防范民间借贷风险向银行蔓延，督促银行始终保持案件防控的高压态势。全年辖内银行业未发生案件风险及职务犯罪。组织银行业金融机构开展预防和打击非法集资集中宣传教育活动，开展“金融知识进万家”宣传月活动，普及金融知识。做好银行业金融机构民主评议政风、行风工作，查找金融服务中的不足，采取有效措施整改。做好辖内银行业金融机构网点的安全评估现场检查工作。

市外汇管理局　市外汇管理局全年办理企业收付汇名录新增500笔、修改177笔、注销231笔，为205家两年内未发生进出口业务、17家工商注销和吊销的企业办理名录注销。

办理贸易信贷报告新增9665笔、修改4120笔、删除493笔,办理差额报告新增670笔、修改1笔、删除16笔。办理转口贸易先收后支时间差报告2笔,办理登记业务54笔。全年审核445家企业的辅导期报告。持续推进跨境人民币业务,及时复核商业银行报送的激活企业信息,全年办理企业激活141家。指导企业办理跨境人民币资本项目业务,办理跨境人民币结算业务204亿元,其中经常项下结算业务80.63亿元、资本项下结算业务123.35亿元。完成外商投资企业年检942家,境外投资企业年检71家。办理外汇登记60笔、外汇登记变更115笔、外汇登记注销16笔、前期费用登记1笔、外债登记75笔5.67亿美元、外债变更登记74笔、外债结汇78笔9218万美元、外债提款36笔、外债还本付息117笔15225.77万美元、债转股登记3笔2230万美元、对外担保费支付核准27笔67.38万美元、外债开关户核准14笔、境外投资外汇登记8笔和变更登记5笔。夯实国际收支统计申报基础工作,核查国际收支申报数据2583笔,单位基本情况表667笔。每月对上月辖内国际收支申报数据进行人工核查,将申报数据中错误与疑问信息下发相应银行进行核实修改。按季度抽样调查辖内贸易信贷情况,针对每期新增的样本企业,由工作人员全程跟踪辅导,确保数据上报准确及时。调研文章《海关特殊监管区域发展"总部经济式"离岸金融实证研究》在2013年苏皖两省第七届外汇管理理论与实践研讨会上获一等奖,并发表于《中国外汇》期刊。简化外债登记管理,促进中资企业外保内贷业务发展,有针对性地向辖区企业开展政策宣传,同时向上级争取外保内贷额度指标,为张家港华建房地产有限公司争取外保内贷额度6600万美元。为江苏永钢集团有限公司、东华能源股份有限公司两家公司境外投资申请贷款时办理对外担保业务,总金额9000万美元。

【金融风险预警防范和处置机制逐步健全】 年内,全市先后出台系列措施和制度,逐步健全金融风险预警防范和处置机制。9月,市政府金融办制定《张家港市金融机构重大事项报告制度》,要求全市银行、财务公司、小额贷款公司、保险、证券、创投、担保、典当、融资租赁等所有金融机构及时报送各类金融信息,包括重大常态信息和动态信息,以及可能对全市金融稳定和金融生态环境造成重大影响的金融突发事件等,以便监管部门及时了解金融机构的风险因素并早作处置。10月,市政府出台《张家港市临时性困难企业帮扶措施》,共制定6项措施,强化对临时性困难企业的帮扶,避免企业因资金链断裂引发区域性金融风险,有利于金融风险处置。

(赵宇光 戴鑫琰
赵 静 徐 伟)

银 行

【概况】 全市累计有银行25家(不含市人民银行),银行分支机构中,有二级分行4家;一级支行83家,比上年增29家;二级支行109家,比上年减15家;分理处81家,与上年持平;储蓄机构21家,比上年增1家。新增从业人员423人,累计4438人。全市银行业金融机构实现利润63.83亿元,比上年增1.54%。

存贷业务 全市银行业金融机构对公存款、储蓄存款继续稳步增长。至年末,全市银行业金融机构本外币各项存款余额2383.43亿元,比上年增10.24%。其中,人民币存款余额2290.14亿元,比上年增10.85%;外币存款余额15.3亿美元,比上年增0.13%。在存款余额中,城乡居民人民币储蓄余额837.45亿元,比上年增11.52%,占全年人民币存款的36.57%;外币储蓄存款7211万美元,比上年增8.03%。全市银行业金融机构本外币贷款余额1980.88亿元,比上年增10.73%。其中,人民币贷款余额1685.15亿元,比上年增12.3%;外币贷款余额48.5亿美元,比上年增5.69%。

货币投放 全市现金收支轧差112.55亿元,呈净投放态势,货币投放保持正常状态。全市现金投放208.34亿元,比上年增4.95%;回笼现金95.79亿元,比上年增6.53%。

2013年张家港市银行机构网点一览

表49

类别 单位	二级分行(家)	一级支行(家)	二级支行(家)	分理处(家)	储蓄机构(家)	合计(家)	从业人员(人)
农业发展银行	—	1	—	—	—	—	19
工商银行	—	1	26	—	—	27	316
农业银行	1	—	28	13	—	42	469
中国银行	1	26	—	—	—	27	518
建设银行	1	—	17	11	2	31	496
交通银行	1	—	9	—	—	10	152
农村商业银行	—	37	—	56	—	93	1466
江苏银行	—	1	3	—	—	4	53
中信银行	—	2	—	—	—	2	62

续表49

类别 单位	二级分行(家)	一级支行(家)	二级支行(家)	分理处(家)	储蓄机构(家)	合计(家)	从业人员(人)
民生银行	—	1	1	—	—	2	74
浦发银行	—	1	1	—	—	2	51
邮储银行	—	1	19	—	19	39	313
招商银行	—	1	—	—	—	1	42
光大银行	—	1	—	—	—	1	44
渝农商村镇银行	—	—	—	—	—	1	34
华夏银行	—	1	1	—	—	2	43
苏州银行	—	1	4	—	—	5	84
兴业银行	—	1	—	—	—	1	30
友利银行	—	1	—	—	—	1	15
汇丰银行	—	1	—	—	—	1	7
恒丰银行	—	1	—	—	—	1	38
上海银行	—	1	—	—	—	1	24
南京银行	—	1	—	1	—	1	25
泰隆银行	—	1	—	—	—	1	33
宁波银行	—	1	—	—	—	1	30
小　计	4	83	109	81	21	298	4438

2013年年末张家港市银行机构本外币存贷款和经营利润情况(一)

表50

项目	单位	农发行市支行	工行市支行	农行市分行	中行市分行	建行张家港分行	建行港城支行	交行市分行	张家港农商行	江苏银行市支行	中信银行张家港支行	中信金港支行	民生银行市支行
人民币业务(万元)	各项存款余额	22560.00	2152319.82	5609257.00	2480716.00	1297784.39	843045.72	1323951.00	4945364.51	73335.08	379481.00	96442.00	452701.00
	比上年增减率(%)	28.00	4.76	6.03	11.93	7.42	-10.79	9.13	15.92	21.55	4.84	26.78	12.72
	其中:储蓄存款	–	716392.71	2501305.00	936643.00	551987.30	273095.74	319433.00	2338805.92	16111.17	72973.00	24058.00	37919.00
	比上年增减率(%)	–	1.35	8.39	14.34	7.77	8.23	8.82	24.97	55.57	51.14	77.79	25.00
	各项贷款余额	108530.00	2073623.03	3885388.00	2307945.00	852596.72	723902.82	883818.00	3430564.01	31679.07	396976.00	92726.00	319136.00
	比上年增减率(%)	23.50	16.61	7.35	10.54	18.72	14.15	-5.15	14.98	10.12	-0.31	66.48	24.83
	其中:短期贷款	75530.00	1113073.90	1822442.00	1340467.00	276421.89	482910.82	665062.00	2469375.39	306700.00	266525.00	67759.00	272005.00
	中长期贷款	33000.00	960549.13	1614054.00	967478.00	576174.83	240992.00	322362.00	699810.48	111500.00	101645.00	24967.00	46200.00
外币业务(万美元)	各项存款余额	–	6044.45	40866.00	40376.00	10919.87	10784.97	6759.00	5831.41	2535.94	5419.00	232.00	237.00
	比上年增减率(%)	–	-53.37	24.44	0.31	-49.16	-53.75	43.69	-18.73	216.00	227.37	201.30	-51.73
	其中:储蓄存款余额	–	703.36	855.00	4534.00	364.70	60.58	472.00	333.71	-34.32	60.00	17.00	32.00
	比上年增减率(%)	–	3.03	-4.58	11.07	10.04	1.58	3.73	28.76	-65.00	-37.50	21.43	10.34.00
	各项贷款余额	–	37212.98	141491.00	139039.00	20487.22	40150.78	23048.00	8684.16	10710.13	21902.00	–	–
	比上年增减率(%)	–	-39.98	8.17	–	-9.50	-4.29	4.20	83.02	729.00	365.09	–	–
总计(万元)	各项本外币存款余额	–	2188960.09	5858414.00	2726881.00	1363259.11	908273.00	1364861.00	4980918.04	88687.43	412518.00	97854.00	45138.00
	比上年增减率(%)	–	2.52	6.58	10.43	1.72	-16.69	9.85	15.53	25.00	10.79	22.07	12.21
	其中:储蓄存款余额	–	720656.37	2506517.00	964285.00	553662.11	273462.00	322290.00	2330840.53	15894.16	73341.00	24160.00	38113.00
	比上年增减率(%)	–	1.35	8.35	14.14	7.76	8.21	8.74	24.43	15.00	50.03	77.37.00	24.89
	各项本外币贷款余额	–	2299200.64	4748046.00	3155653.00	976503.40	966734.00	1023329.00	3483510.46	96517.15	530510.00	92726.00	319136.00
	比上年增减率(%)	–	6.22	6.90	6.55	13.66	7.96	-4.32	15.60	29.99	24.00	66.48	24.83
全年经营利润		2089.00	89423.00	173097.00	57450.00	36220.37	28765.00	35341.00	114328.72	14900.00	16259.00	3018.00	9004.00

说明:因人民银行统计口径与各条线统计口径不一,故表中数据与文中数据有所不同

2013年年末张家港市银行机构本外币存贷款和经营利润情况(二)

表51

项目	单位	浦发银行市支行	招商银行市支行	邮储银行市支行	光大银行市支行	华夏银行市支行	苏州银行市支行	兴业银行市支行	张家港渝农商村镇银行	友利银行市支行	汇丰银行市支行	恒丰银行市支行
人民币业务(万元)	各项存款余额	528540.00	363671.00	659924.00	269519.74	254746.00	360443.00	224774.00	42855.00	20,312.84	18991.00	204728.00
	比上年增减率(%)	13.48	25.00	9.00	23.53	17.39	58.68	23.44	13.74	22.59	853.84	312.00
	其中:储蓄存款	47148.00	38651.00	596874.00	72378.83	31722.00	31124.00	39074.00	6476.00	4,385.54	—	—
	比上年增减率(%)	-4.33	55.00	9.60	54.29	23.75	96.13	44.65	271.76	2.02	—	—
	各项贷款余额	409480.00	392055.00	54325.00	156317.80	177232.00	251582.00	63265.00	104467.00	6,086.67	88124.00	96331.00
	比上年增减率(%)	12.06	41.00	56.28	30.58	24.04	57.52	-61.61	103.56	-20.45	7.24	221.00
	其中:短期贷款	285570.00	378855.00	11687.00	94818.00	131024.00	215273.00	23505.00	98100.00	1,675.00	46000.00	—
	中长期贷款	116856.00	13200.00	42637.00	10000.00	102713.00	36309.00	39760.00	8100.00	—	—	—
外币业务(万美元)	各项存款余额	10209.00	6579.00	742.53	236.08	4306.00	—	—	—	23.05	355.00	—
	比上年增减率(%)	371.77	365.00	—	256.02	38.06	—	—	—	-98.39	1.43	—
	其中:储蓄存款余额	—	54.00	741.53	47.60	10.00	—	—	—	0.11	—	—
	比上年增减率(%)	-100.00	-5.00	—	27.78	400.00	—	—	—	-32.31	—	—
	各项贷款余额	15645.00	8224.00	4000.00	5074.49	9334.00	—	—	—	166.94	3523.00	—
	比上年增减率(%)	15.60.00	-42.00	—	—	610.89	—	—	—	0.13	318.91	—
总计(万元)	各项本外币存款余额	590783.00	403483.00	664379.18	270922.00	280813.00	360443.00	224774.00	42855.00	20,453.35	21157.00	—
	比上年增减率(%)	23.13.00	35.00	9.70	23.95	18.74	58.68	23.44	13.74	21.82	111.49	—
	其中:储蓄存款余额	47148.00	38977.00	601323.18	72640.00	31780.00	31124.00	39074.00	6476.00	4,386.19	—	—
	比上年增减率(%)	-4.33	54.00	10.60	54.15	23.93	96.13	44.65	271.76	2.07	—	—
	各项本外币贷款余额	504866.00	441817.00	78325.00	187044.00	233737.00	251582.00	63265.00	104467.00	8,762.72	109604.00	—
	比上年增减率(%)	12.08	21.00	116.00	56.25	54.67	57.52	-61.61	103.56	-18.06	25.26	—
	全年经营利润	13943.00	14000.00	2690.00	5322.00	7519.00	6390.00	3095.00	4041.00	-7.11	1613.00	—

说明:因人民银行统计口径与各条线统计口径不一,故表中数据与文中数据有所不同

【中国农业发展银行张家港市支行】 2013年,中国农业发展银行张家港市支行(简称市农发行)履行农业政策性银行职责,全力保障粮棉油购销、地储粮计划实施,保障农业产业化龙头企业经营发展,支持全市提高粮食生产能力综合配套项目建设,强化资金管理,防范信贷风险。至年末,该行本外币各项存款余额22560万元,比上年减28%。本外币各项贷款余额108530万元,比上年减23%。年度投放支农贷款13.7亿元,其中新增农业流通项目贷款8000万元,贷款总额10.85亿元。全年国际结算量22195万美元,比上年增121%。实现中间业务收入57.5万元,比上年增1%。全年实现利润2089万元,比上年减35%。年内,市农发行在省农发行国际业务考评中获第一名。

(侯新亚)

【中国工商银行股份有限公司张家港支行】 2013年,中国工商银行股份有限公司张家港支行(简称市工行)发挥资金实力及渠道优势,围绕区域特色经济创新运用特色产品,较好地履行了助推地方经济的职能作用。年内,全口径融资余额378.9亿元,其中本外币各项贷款余额为229.92亿元,比上年增13.45亿元,增量在四大国有银行中名列第一;资金池委托贷款等直接融资余额39.58亿元,银团贷款等其他融资余额19.2亿元,信用证、保函等表外融资余额90.2亿元,有效解决了实体企业融资需求。至年末,该行本外币各项存款余额218.9亿元,比上年增2.52%。本外币各项贷款余额229.92亿元,比上年增6.21%。全年国际结算量120.29亿美元,比上年减19.67%。外汇交易量31.29亿美元,比上年减13.61%。年内新增存取款机9台,累计81台;新增ATM取款机5台,累计50台;新增自助终端4台,累计56台。发放各类银行卡99654张。代理保险销售19564万元,基金销售9.5亿元。全年实现中间业务收入31305万元,比上年减11.96%。全年实现利润89423万元,比上年增3.49%。年内,市工行被评为江苏省消费放心示范单位、江苏省分行优质服务先进单位。

(庞玉娟)

【中国农业银行股份有限公司张家港分行】 2013年,中国农业银行股份有限公司张家港分行(简称市农行)主动对接全市重大项目,年内获批项目18项、批准金额48亿元,全年累放项目贷款50.63亿元。强化对城镇化和城乡一体化项目的支持,为9个城乡一体化项目投放贷款27.48亿元;通过组建内部银团,向沙洲湖科技创新园(西区)和通洲沙西水道综合整治两大重点工程项目发放贷款13.6亿元。主动"下沉"服务中小企业客户,中小企业贷款户数652户、贷款余额278.05亿元,比上年增35亿元,分别占全行贷款总量和增量的58.86%和114.12%。结合企业新需求创新产品,成功办理全国农行首笔信用证项下电子交单业务,苏州地区首笔外币保付通业务、首笔外币参融

通业务、首笔收汇通业务、首笔NRA福费廷业务等新业务。至年末，该行本外币各项存款余额585.84亿元，比上年增6.58%。本外币各项贷款余额474.8亿元，比上年增6.9%。全年国际结算量204亿美元，比上年增15%。外汇交易量46.44亿美元，比上年增16.22%。年内新增存取款机37台，累计161台；新增ATM取款机12台，累计93台；新增自助终端3台，累计79台。发放各类银行卡13.16万张，累计发放138.67万张。代理保险销售2.41亿元、基金销售6.1亿元。实现中间业务收入5.74亿元，比上年减1.88%。全年实现利润17.31亿元，比上年增16.96%。年内，市农行被评为中国农业银行先进基层党组织、合规文化建设先进单位、2012年度运营基础管理先进单位和2010~2012年度江苏省文明单位、江苏省分行先进工会组织。（汪少波）

【中国银行股份有限公司张家港分行】 2013年，中国银行股份有限公司张家港分行（简称市中行）发挥全球化业务优势，围绕创新发展、转型发展和跨境发展的思路，在信贷资源十分严峻的形势下，突出"三外（表外、海外、域外）并进"的信贷投放战略，实现资源有序投放。全年实现表内外投放超300亿元。至年末，该行本外币各项存款余额272.68亿元，比上年减15.04%。本外币各项贷款余额315.57亿元，比上年增6.55%。全年国际业务结算量135.38亿美元，比上年减8.14%。有存取款机53台；有ATM取款机67台，比上年减1台；有自助终端43台，比上年减2台。发放各类银行卡89069张，累计发放205115张。代理保险、基金销售7.58亿元。实现中间业务收入4.19亿元，比上年增6.89%。全年实现利润8.87亿元，比上年增17.99%。年内，市中行获江苏省文明单位、中国银行总行级文明单位等多项荣誉称号。（朱　敏）

【中国建设银行股份有限公司张家港分行】 2013年，中国建设银行股份有限公司张家港分行（简称建行张家港分行）结合全市经济发展情况和区域特点，创新金融服务模式，积极探索新思路，满足客户多样性的融资需求。充分拓宽渠道，通过银团、资产收益权融资、基本建设贷款等多种途径，支持全市各大企业集团客户经营周转等信贷投放超50亿元，支持企业产业转型升级、扩大产能和新建项目等固定资产贷款投放较年初新增11.87亿元。在通洲沙西水道、沙洲电厂、沙钢集团、扬子石化等全市重点企业债务融资方面投入资金超40亿元。履行"服务社会、服务地方经济"的职责，加快金融产品创新，提升金融服务质量，全力支持全市教育、卫生、水利、生态环境、道路等重点民生项目，城市生活污水处理、城区道路改造、环城河改造和学校搬迁等市政重点项目建设，当年新增投入超30亿元。不断延伸服务深度，为中小企业提供全面金融服务。创新推出小企业信用贷、善融贷等小企业金融服务系列产品，小企业贷款投放和小企业融资客户均实现双增。至年末，该行本外币一般性存款余额137.92亿元，本外币各项贷款余额97.65亿元。年内，立足服务百姓、便利民生，新增东莱网点，同时设立杨舍老街、银丰、东莱等多家自助银行服务渠道，至年末，在全市共设立网点20家，自助设备渠道72台，全面覆盖市区及区镇居住中心。（丁　凡）

建行张家港分行开展职工运动会　（建行张家港分行　供稿）

【中国建设银行股份有限公司张家港港城支行】 2013年，中国建设银行股份有限公司张家港港城支行（简称建行港城支行）深化银企关系，承接张家港化工机械股份有限公司增发募集资金5.7亿元、张家港康得新光电材料有限公司增资款1.5亿元，获得张家港环球分子筛有限公司、霍尼韦尔特性材料和技术（中国）有限公司、山西潞安矿业（集团）张家港国际贸易有限公司、润英联（中国）有限公司、苏州恒嘉晶体材料有限公司等企业新增开户。发展投行业务，年内先后完成保税区金港资产经营有限公司5亿元中期票据、沙钢集团30亿元中期票据、张家港化工机械股份有限公司8亿元短期融资券等债券承销业务的发行申报工作，完成华尔润玻璃、长源热电、锦丰城投三家企业合计2.9亿元资产收益权产品入池工作。至年末，该行本外币各项存款余额90.83亿元，比上年减16.69%。本外币各项贷款余额96.67亿元，比上年增7.96%。全年国际业务结算量42.12亿美元，比上年增3.12%。外汇交易量11.06亿美元，比上年减30.77%。年内新增存取款机4台，累计20台；新增ATM取款机3台，累计23台；新增自助终端3台，累计16台。发放各类银行卡28907张。代理销售保险6138.47万元、基金23481.48万元、凭证式国债1397万元、实物贵金属85.36千克。实现中间业务收入

12881万元,比上年减33.09%。全年实现利润26886.12万元,比上年减1.31%。 (丁 芬)

【交通银行股份有限公司张家港分行】 2013年,交通银行股份有限公司张家港分行(简称市交行)推出投行业务,联合交银金融租赁有限公司为张家港沙洲电力有限公司脱硫脱硝技改项目投放1.5亿元,为市港城公共交通有限公司投放1亿元。通过资产池业务为市政公司发放1亿元贷款,为市第一人民商场有限责任公司发放4000万元贷款。联合中信银行完成沙钢集团30亿元短期融资第一期发行。为张家港浩波生化有限公司年产6000吨乙酰磺胺酸钾项目授信2亿元项目贷款。至年末,该行本外币各项存款余额136.45亿元,比上年增9.9%。本外币各项贷款余额95.91亿元,比上年减9.9%。全年国际结算量43.64亿美元,比上年增4.2%。外汇交易量12.08亿美元,比上年增32.89%。新增ATM取款机4台,累计40台;新增CRS存取款机5台,累计21台;新增自助终端6台,累计19台。发放各类银行卡1.2万张,累计发放25.78万张。代理销售贵金属、理财产品、国债、保险、基金25.8亿元。实现中间业务收入9644万元,比上年减7.3%。全年实现利润3.54亿元,比上年减17.29%。年内,该行获全国热爱儿童爱心单位荣誉称号。 (陆红燕)

【江苏张家港农村商业银行股份有限公司】 2013年,江苏张家港农村商业银行股份有限公司(简称张家港农商行)下辖1家营业部、36家支行(其中在省内和山东开设8家异地支行)、56家分理处,机构网点总数93家,员工1466人。年内,组建成立社区金融部和科技金融部,成立全省首家县域科技支行;开发强村富民系列贷款,年内授信总额131687万元,授信余额89787万元,覆盖全市119个行政村。至年末,该行本外币各项存款余额498.09亿元,比上年增15.53%。本外币各项贷款余额348.35亿元,比上年增15.6%,其中小微型企业贷款余额177.32亿元,比上年增14.84%。全年国际结算量19.46亿美元,比上年增0.93%。外汇交易量11.96亿美元,比上年增82.04%。新增ATM设备51台,累计209台,其中取款机110台(含离行式54台)、存取款机99台(含离行式14台)。发放各类银行卡13.9万张,累计发放74.15万张。代理人寿保险、基金销售2.2亿元。年末资产总额709.54亿元,五级分类不良贷款率1.07%,拨备覆盖率301.51%,资本充足率、核心资本充足率分别为13.3%和13.17%。在英国《银行家》杂志发布的全球商业银行1000强中,排名第697位,较上年提升12位。全年实现利润11.43亿元,税后利润9.87亿元,比上年增4.7%。 (沈 阳)

张家港农商行热情为客户服务 (张家港农商行 供稿)

【江苏银行股份有限公司张家港支行】 2013年,江苏银行股份有限公司张家港支行大力扶持全市城乡一体化建设,拥有政府平台类授信客户10家,授信总额7.65亿元,累计发放贷款5.65亿元。转变合作模式,成功发行该行首款非标准债权融资理财项目并热销,收到良好的社会效益。防控信贷风险,对不良资产进行清收,全年累计清收不良贷款2400万元,不良贷款率下降至0.81%。至年末,该行本外币各项存款余额43.59亿元,比上年增25.5%。本外币各项贷款余额41.82亿元,比上年增30%。全年国际结算量8.55亿美元,比上年增39.93%。外汇交易量2.25亿美元,比上年增42.41%。拥有存取款机5台、ATM取款机4台、自助终端3台。发放各类银行卡2248张,累计发放2.48万张。代理保险、基金销售965万元。实现中间业务收入1960.15万元,比上年增41.83%。全年实现利润1.49亿元,比上年减1.32%。 (姜 辉)

【中信银行股份有限公司张家港支行】 2013年,中信银行股份有限公司张家港支行致力于地方经济发展和企业金融服务,对全市已上市、准上市公司开展募投账户开户和募集资金营销,建立良好的合作关系。进一步拓宽融资渠道,累计发行企业短期融资券8亿元,中期票据36亿元,新增政府平台融资22亿元,其中20亿元债权融资业务是全国首单保险资金投向县级政府平台的债权融资项目。开展跨境人民币出口订单融资业务活动,为多家出口企业引进低成本资金1.5亿元。办理该行首笔为企业续作信保融资业务,为企业节约融资成本。至年末,该行本外币各项存款余额41.25亿元,比上年增15.23%。本外币各项贷款余额53.05亿元,比上年增24%。全年国际结算量5.83亿美元,比上年减8.8%。外汇交易量3.47亿美元,比上年增14.14%。年内新增CRS存取款机2台,累计4台;新增ATM取款机2台,累计8台;拥有自助终端2台。发放各类银行卡2300张。代理保险、基金销售7120万元，比上年增40.29%。实现中间业务收入3900万元，比上年增14.84%。全年实现利润16259万元，比上年增7.21%。（王　斐）

【中信银行股份有限公司张家港金港支行】 2013年，中信银行股份有限公司张家港金港支行围绕“重营销、调结构、抓管理”的工作思路，加大国际业务、投行业务、小企业等业务的开发力度和覆盖面。至年末，该行本外币各项存款余额93895万元，比上年增20.35%。本外币各项贷款余额92725万元，比上年增66.48%。全年国际业务结算量13686.15万美元，比上年减44.55%，外汇交易量19816.66万美元，比上年增12.41%。全行拥有存取款一体机2台、ATM取款机1台、自助终端1台。发放各类银行卡1466张，累计发放4636张。代理保险销售123万元、基金销售104万元。实现中间业务收入415万元，比上年增39.26%。全年实现利润3018万元，比上年增25.23%。（吴少娜）

【中国民生银行股份有限公司张家港支行】 2013年，中国民生银行股份有限公司张家港支行对民营企业加大信贷投放，为永钢集团、骏马集团、澳洋集团、华昌集团、中油泰富等企业授信16.2亿元。为地方政府筹集资金，获批发行市金城投资发展有限公司8亿元理财项目、市直属公有资产经营有限公司3亿元信托理财项目和张保实业有限公司1亿元信托理财项目。为解决中小企业融资难问题，创新推出贸易结构性融资（TSF）撮合融资业务，成功为市西林贸易有限公司和骏马化纤股份有限公司融资7700万元。推出信用挂钩总收益互换（TRS）产品，成功为江苏永联精筑建设集团有限公司放款4000万元。至年末，该行本外币各项存款余额45.13亿元，比上年增11.51%。本外币各项贷款余额31.93亿元，比上年增24.87%。全年国际结算量20601.3万美元，比上年增59%。外汇交易量30214.27万美元，比上年增67.7%。年内新增存取款机14台，累计14台；新增ATM取款机1台，累计5台；拥有自助终端3台。发放各类银行卡14351张，累计发放48006张。代理保险、基金销售5081万元。实现中间业务收入1092万元，比上年增11.66%。实现利润9004万元，比上年减29.39%。（戚飞燕）

【上海浦东发展银行股份有限公司张家港支行】 2013年，上海浦东发展银行股份有限公司张家港支行创新政府平台融资业务，4月，成功办理首笔理财信托业务，为市直属公有资产管理有限公司直接融资20亿元，此项业务成为全行首单SOT模式投资非上市企业股权收益权业务。至年末，该行本外币各项存款余额60.76亿元，比上年增20.27%。本外币各项贷款余额50.42亿元，比上年增12.12%。全年国际结算量11.61亿美元，比上年减29.89%。年内新增存取款机1台，累计9台；新增ATM取款机1台，累计6台。发放各类银行卡2078张、累计发放15579张。代理保险、基金、信托、黄金销售1.48亿元。实现中间业务收入3132元，比上年增27.47%。实现利润1.39亿元，比上年减6.24%。（齐　静）

浦发银行张家港支行开展爱心义卖活动　　（浦发银行　供稿）

【招商银行股份有限公司张家港支行】 2013年，招商银行股份有限公司张家港支行做大负债业务、中间业务和“两小”（小企业、小微企业）业务；拓展金葵花、钻石、私人银行等高价值客户，提升价值客户综合贡献度；发展代发业务，拓展基础客户群；夯实内部管理基础，保障业务发展；开展合规教育，防范各类风险。至年末，该行本外币各项存款余额40.34亿元，比上年增35%。本外币各项贷款余额44.18亿元，比上年增21%。全年国际结算量12亿美元，比上年增38%，外汇交易量33275.06美元，比上年增46.58%。年内新增存取款机1台，累计8台；拥有自动取款机4台、自助终端1台。零售业务方面，全年发放各类银行卡9800张、累计发放4.8万张，代理保险销售2500万元、基金销售3000万元，实现零售中间业务收入1647万元，比上年增45%。支行全年实现利润1.4亿元，比上年增28%。（周　华）

【中国邮政储蓄银行张家港市支行】 2013年，中国邮政储蓄银行张家港市支行现金管理项目“供电资金归集”在全市范围全面上线，为全市企事业单位及个人提供供电资金的代收，全年归集供电资金70亿元。新增融资渠道，成功开发供应链融资8000万元、美元流动资金贷款4000万美元、农贷通5000万元。与全市7家楼盘合作，投放一手房贷款；与市农业担保公司等单位合作，加大开发票据业务，多渠道投放信贷资金，全年本外

中国邮政储蓄银行总行领导考察沙钢集团　　　　（邮储银行　供稿）

币放贷款总量48.48亿元，贴现44亿元，受惠人数约3.1万人，其中总行投放信贷资金40.3亿元。至年末，该行本外币各项存款余额66.44亿元，比上年增9.7%。本外币各项贷款余额7.83亿元，比上年增116%。全年国际结算量7859.66万美元，比上年增522%。外汇交易量415.28万美元，比上年增110%。年内新增存取款机6台，累计22台；新增ATM取款机4台，累计40台；新增自助终端2台，累计3台。发放各类银行卡59922张，累计发放549388张。代理保险、基金销售40506.35万元。实现中间业务收入1664万元，比上年增12%。全年实现利润2690万元，比上年减13.2%。（夏　云）

【中国光大银行股份有限公司张家港支行】 2013年，中国光大银行股份有限公司张家港支行实施与江苏澳洋医药物流有限公司经销商模式业务，新增授信户4户，基本建成澳洋集团供应链金融网络。针对全市各镇农业产业特点、集群整体经营状况，与凤凰镇12户、乐余镇18户、塘桥镇10户经济合作社合作，带动时点存款增长1.8亿元。至年末，该行本外币各项存款余额26.95亿元，比上年增23.53%。本外币各项贷款余额15.63亿元，比上年增30.58%。全年国际结算量5.32亿美元，比上年增66%。外汇交易量3.98亿美元。年内新增存取款机4台，累计7台；拥有ATM取款机3台。发放各类银行卡5313张，累计发放23409张。代理保险销售158.6万元、基金销售1647.78万元。实现中间业务收入1665万元，比上年减少9.8%。全年实现利润5322万元，比上年增50.8%。（郭震威）

【华夏银行股份有限公司张家港支行】 2013年，华夏银行股份有限公司张家港支行继续推进资金支付管理系统建设，张家港保税区大宗商品交易结算中心资金支付管理系统顺利上线，江苏化工品交易市场资金支付管理系统上线业务完成洽谈。至年末，该行本外币各项存款余额28.08亿元，比上年增18.74%。本外币各项贷款余额23.37亿元，比上年增54.67%。全年国际结算量10.98亿美元，比上年增31.18%。结售汇2.84亿美元，比上年增20.85%。年内新增NCR存取款机2台，累计4台；新增ATM取款机1台，累计4台。发放各类银行卡4937张，累计发放13433张。实现中间业务收入2410万元，比上年增11.83%。全年实现利润7519万元，比上年增33.43%。年内，该行获华夏银行总行2012年度安全防范示范单位、工会基层先进集体、模范职工之家等荣誉称号，在2012年度总行级国际业务营销竞赛中获明星经营单位三等奖。（赵晓娟）

【苏州银行股份有限公司张家港支行】 2013年，苏州银行股份有限公司张家港支行专注于打造中小企业银行、零售银行的品牌理念，启动小企业伙伴成长计划，与部分优质小企业签署合作协议，对伙伴企业进行资源倾斜，推动伙伴企业发展。与张家港工商局合作，开办商标权质押业务6笔，投放信贷资金1亿元；开立应收账款质押业务3笔，发放贷款4400万元；开展商票保贴业务，为客户提供商票贴现7.4亿元。与惠农公司合作，发行苏州银行新苏惠农IC卡2000余张；与张家港市第三人民医院合作，上线苏州银行银医一卡通系统，成为苏州银行县域直属机构中首个与公立医院合作上线的银医一卡通项目。9月10日、12月24日，凤凰支行、塘桥支行两个二级支行分别开业。至年末，该行本外币各项存款余额36.05亿元，比上年增58.67%。本外币各项贷款余额25.16亿元，比上年增57.55%。全年国际结算量10.27亿美元，比上年增105.4%。年内新增存取款机6台，累计9台；新增ATM取款机12台，累计17台。发放各类银行卡14480张，累计发放21992张。代理保险、基金销售1155万元。实现中间业务收入2682万元，比上年增260.63%。全年实现利润6390万元，比上年增44.13%。（王　坤）

【兴业银行股份有限公司张家港支行】 2013年，兴业银行股份有限公司张家港支行借助总行银银平台、银信平台优势，为地方国有企业及地区优质民营企业开展非信贷类融资，为市重点企业、重大项目建设提供有力的资金保障。年内，为市土地储备中心发放10亿元结构性融资，该项目的成功标志着该行的投行业务在拓宽融资渠道、降低融资成本方面实现新突破。至年末，该行本外币各项存款余额22.48亿元，比上年增23.44%。本外币各项贷款余额6.33亿元，比上年减61.61%。全年国际结算量1277万美元，比上年减3.11%。年内新增ATM取款机2台，累计4台；拥有CDS存取款机3台。发放各类银行卡2151张，累计发放6507张。实现中间业

务收入757万元，比上年增16.28%。全年实现利润3095万元，比上年减14.88%。（徐　岑）

【江苏张家港渝农商村镇银行股份有限公司】 2013年，张家港渝农商村镇银行股份有限公司业务经营各项指标在当地同业中排名前列，其中日均存款增幅、农户及小微企业贷款占比、资产利润率等指标在苏州市村镇银行中排名第一。至年末，该行本外币各项存款余额43226万元，比上年增14.7%。本外币各项贷款余额104467万元，比上年增107.7%。年内正式发行江渝借记卡2143张，添设存取款机1台。实现中间业务收入105万元，比上年增1.94%。全年实现利润4041万元，比上年增67.8%。（刘禹娟）

【友利银行（中国）有限公司张家港支行】 友利银行（中国）有限公司张家港支行对公客户主要以韩资企业为主，行业分类涵盖钢铁制造、汽车零部件生产、造纸、化学原料和化学品制造，主要客户有张家港浦项不锈钢有限公司、江苏现代威亚有限公司、国一制纸（张家港）有限公司等。对私客户以在华韩国个人及中国居民为主。2013年，该行本外币各项存款余额20453.35万元，比上年增45.85%。本外币各项贷款余额8762.72万元，比上年减43.94%。全年国际结算量2180.09万美元，比上年增5.75%。外汇交易量2116.1万美元，比上年增38.09%。新开办超级网银业务、网上银行对账服务及网上银行境外汇款业务。拥有存取款一体机2台。发放各类银行卡545张，累计发放2263张。实现中间业务收入54.63万元，比上年增70.02%。（郭伟倩）

【汇丰银行（中国）有限公司张家港支行】 2013年，汇丰银行（中国）有限公司张家港支行侧重对公业务，为中、外资企业提供国际化的金融解决方案，包括企业存贷款、商业融资、贸易及融资业务管理服务等人民币和外币服务。至年末，该行本外币各项存款余额2.12亿元，比上年增112%。本外币各项贷款余额10.96亿元，比上年增25.26%。全年国际结算量超1.2亿美元。全年实现利润1600万元，比上年增45%。（史辰可）

【恒丰银行（中国）有限公司张家港支行】 3月21日，恒丰银行（中国）有限公司张家港支行正式开业，营业地址设在市人民中路125号国泰新世纪广场。张家港支行是恒丰银行苏州分行开设的首家县域分支机构。至年末，该行本外币各项存款余额20.47亿元，比上年增312%。本外币各项贷款余额9.63亿元，比上年增221%。拥有存取款机1台、ATM取款机1台、自助终端1台。年内发放各类银行卡1718张。全年实现中间业务收入80万元。（杨　阳）

全省首家县域科技支行成立　（张家港农商行　供稿）

【4家银行业分支机构开业】 年内，全市新增4家银行业分支机构。3月22日，上海银行张家港支行开业，位于市区人民东路9号，是上海银行苏州分行辖内第三家支行。5月16日，南京银行张家港支行开业，位于市区人民中路119号，是南京银行苏州分行辖内第二家支行。11月24日，泰隆银行苏州张家港支行开业，位于市区东环路78号，是泰隆银行在苏州地区设立的第三家支行。12月20日，宁波银行张家港支行开业，位于市区人民东路9号国泰东方广场，是宁波银行在苏州地区开设的第九家支行。

【张家港农商行南通支行开业】 1月28日，张家港农村商业银行南通支行开业。南通支行是张家港农商行继通州支行之后在南通地区设立的第二家支行，也是该行设立的第八家异地支行。年内，南通支行创新担保方式，开办林权抵押和股权质押业务，分别为江苏成名钢构重工有限公司和南通兴华公路养护工程有限公司发放贷款5000万元和3000万元。至年末，南通支行本外币各项存款余额10.24亿元，本外币各项贷款余额8.55亿元，其中涉农贷款余额2.83亿元。

【全省金融系统首家县域科技支行成立】 11月18日，张家港农商行开发区科技支行开业，成为江苏省金融系统首家县域科技支行。张家港经济技术开发区的科技创业型企业比较集中，科技支行专门从事科技金融营销和服务，为科技型中小企业解决融资难问题。针对不同发展阶段的科技型企业，张家港农商行推出“创业助力”“成长助力”“卓越助力”“政策助力”四类27项“金智方”科技金融产品，并在审批政策、财务资源和信贷资源上向科技支行倾斜，满足科技型中小企业的信贷需求。至年末，张家港农商行共授信科技型企业37家，累计投放贷款2.42亿元。

【张家港农商行推出“强村富民”贷款】 年内，张家港农商行针对村级经济发展的新情况，开发出富村贷、富农贷、富民贷等“强村富民”系列贷款产品，分别为行政村、农业项目和农村居民及农户提供融资支持。5月30日，张家港农商行与市委农工办、市农委分别签订20亿元和10亿元的“强村富民贷款”授信合作框架协议，与全市10个行政村签订授信协议。至年末，该行“强村富民贷款”授信总额13.17亿元，覆盖全市119个行政村，其中村级经济贷款和农业企业贷款授信总额分别为10.2亿元和2.61亿元。

【苏州银行张家港支行开办“诚信贷”业务】 7月16日，由苏州银行张家港支行与市人民银行、张家港工商局联合开展的小微企业“诚信贷”业务启动。该业务根据工商局推荐的“重合同守信用企业”等级及年限，由苏州银行张家港支行提供100万元至1000万元不等的授信额度。审核流程在5个工作日内完成，高效满足小微企业“短、频、快”的信贷资金需求。至年末，银行共收到工商局“诚信贷”推荐函26家，审批通过23家，总授信额5亿元，发放贷款1.63亿元。

（沈阳 王坤）

保　险

【概况】 2013年，全市有保险公司40家，保险经纪公司1家、保险代理公司1家。全年完成保费收入30.62亿元，其中财险收入13.17亿元、寿险收入17.45亿元。全年理赔支出9.67亿元，其中财险支出7.56亿元、寿险支出2.11亿元。

2013年张家港市主要保险机构经营情况

表52

公司＼项目	保费收入（万元）	比上年增减率（%）	理赔支出（万元）	比上年增减率（%）
中国人民保险公司张家港中心支公司	55148.00	17.86	32994.00	33.42
太平洋财产保险公司张家港支公司	35200.00	23.08	19219.78	19.44
平安财产保险公司张家港支公司	24165.00	6.68	14929.50	12.84
太平财产保险公司张家港支公司	1116.02	70.80	434.55	—
紫金财产保险公司张家港支公司	4663.00	10.65	1208.42	-28.28
中华联合保险公司张家港支公司	2547.20	16.69	1380.48	—
永安财产保险公司张家港支公司	2134.60	144.03	735.46	—
中银保险有限公司张家港支公司	1010.27	0.18	94.62	—
中国人寿保险公司张家港支公司	69906.71	6.63	1869.33	111.68
太平洋人寿保险公司张家港支公司	42284.00	38.20	854.20	-7.95
平安人寿保险公司张家港支公司	43244.85	27.71	5800.23	—
太平人寿保险公司张家港支公司	10789.33	48.00	665.51	—
中国人民人寿保险公司张家港营销服务部	5698.74	16.64	82.24	—
新华人寿保险公司张家港营销服务部	1961.50	-61.53	44.24	—
美国友邦保险公司张家港营销服务部	1218.60	12.53	102.01	—
华泰人寿保险公司张家港营销服务部	859.77	3.43	53.11	—
泰康人寿保险公司张家港营销服务部	791.25	88.62	35.36	—

（吴晓阳）

【中国人民财产保险股份有限公司张家港中心支公司】 中国人民财产保险股份有限公司张家港中心支公司下设乐余、锦丰、塘桥等7个营业部和26个营销服务部。有从业人员530人，比上年增4人。新增燃气保险、农产品价格指数保险、小区物业管理责任险等数个全省首创险种，累计共设险种10个大类200余种。全年完成保费收入55148万元，比上年增17.86%。其中，车险收入40294万元，非车险收入13345万元，农险收入1509万元。保费收入中，车险占比最大，为73%。全年累计处理赔案66092件，理赔支出32994万元，赔付率64.8%，其中车险理赔支出24589万元，非车险理赔支出8016万元，农险理赔支出389万元。理赔支出中，车险占比最大，为74.5%。全年实现利润4884万元，比上年增23.7%。

（陈科）

【中国人寿保险股份有限公司张家港支公司】 2013年，中国人寿保险股份有限公司张家港支公司下设综合部、客户服务中心、个险销售部、团体业务部及银行保险部，下辖塘桥、乐余、金港、杨舍等4个营业部和7个营销服务部。有从业人员398人，比上年增9人。年内新增险种1个，为国寿鑫丰新两全保险（A款）。累计设险种2个大类320种。全年完成保费收入69906.71万元，比上年增6.63%。处理赔案5879件，比上年增11.37%。理赔支出1869.33万元，比上年增111.68%，综合赔付率50.23%。理赔支出中，长险支出688万元，短险支出1181.33万元，短险中健康险支出占比较大，为56.53%。（聂民荣）

【中国太平洋财产保险股份有限公司张家港支公司】 2013年，中国太平洋财产保险股份有限公司张家港支公司下设总经理室、综管部、销管部、客服部、业务部等部门，下辖5个营销服务部。有从业人员262人，比上年新增33人。年内推出车险人伤全程通、理赔材料上门收取等服务新举措。全年完成保费收入3.52亿元，比上年增23.08%。其中，非水险收入6644.05万元，机动车辆险收入25593.71万元，水险收入938.68万元，意外健康险收入1987.60万元。保费收入中，机动车辆险占比较大，为72.73%。累计处理赔案51050件，比上年增33.84%；理赔支出19219.78万元，比上年增19.44%，赔付率54.66%。理赔支出中，非水险支出2148.31万元，机动车辆险支出15376.82万元，水险支出362.48万元，意外健康险支出1332.17万元。机动车辆险占比较大，为80.01%。实现利润3459万元，

比上年增7.52%。公司市场占有率25.89%。（许　静）

【中国太平洋人寿保险股份有限公司张家港支公司】 2013年，中国太平洋人寿保险股份有限公司张家港支公司升格为中心支公司，成为全市首家寿险中心支公司。公司下设市区营业部和金港、塘桥、凤凰、乐余、锦丰等5个营销服务部。有从业人员613人，比上年增43人。年内新增险种12个，分别为长顺保两全保险、全顺保两全保险、金佑人生终身寿险（分红型）AB款、鸿发年年全能年金保险（分红型）AB款、鸿享年年年金保险（分红型）AB款、保得盈A款两全保险、守护安康防癌疾病保险、东方红·少年智年金保险（分红型）、东方红·老来福年金保险（分红型），累计共设险种5个大类106种。全年完成保费收入42284万元，比上年增38.2%。其中个险期缴6570万元、意外险1562万元、银邮期缴744万元、银邮趸缴10971万元、续期18612万元。保费收入中，续期占比最大，为44%。全年累计处理赔案3529件，理赔支出854.2万元，赔付率32%。其中，意外险理赔支出201万元，健康险理赔支出448万元，传统寿险理赔支出205万元。理赔支出中，健康险理赔占比最大，为52%。年内，公司设计报批"张家港新市民意外保险"险种，该项目被列入政府实事工程并被推广至全国。（魏　娟）

【中国平安财产保险股份有限公司张家港支公司】 2013年，中国平安财产保险股份有限公司张家港支公司下设总经理室、人事行政部、企划财务部、业务管理部、客服理赔部等部门，有从业人员126人，比上年增1人。公司夯实平台基础、落实经营目标、细化过程管理、关注服务品质、提升风险筛选、注重风险控制，全年完成保费收入24165万元，比上年增6.68%，其中车险收入21133万元、财产险收入2761万元、意健险（意外险、健康险）收入464万元。公司严格执行"快、易、免"承诺服务，先赔付，再修车；1万元以下赔案从报案到赔付3天到账，并上门代收索赔资料；人伤案件在线服务、省心调解服务；免费提供24小时百公里道路救援服务。全年理赔支出14929.5万元，比上年增12.84%，其中车险支出13396.26万元、财产险支出1345万元、意健险支出188.24万元。（陆凯萍）

紫金财产保险股份有限公司张家港支公司营业厅　（紫金财保　供稿）

【紫金财产保险股份有限公司张家港支公司】 2013年，紫金财产保险股份有限公司张家港支公司设总经理室、综合管理部、业管部、客服部、5个业务部以及车行业务部。有从业人员49人，比上年增3人。全年完成保费收入4663万元，其中车险收入2370.9万元，财产险收入1719.4万元，意健险（意外险、健康险）收入572.9万元。保费收入中，车险占比最大，为50.8%。全年累计处理赔案2788件，理赔支出1208.42万元。其中，作为江苏省道路交通事故社会救助基金管理人，公司全年道路救助基金共垫付费用67笔，垫付金额214.37万元。（邵丽君）

证券·期货

【概况】 2013年，全市新增2家证券公司营业部、2家期货公司营业部。7月5日，中原证券张家港人民中路证券营业部开业，营业地址位于国泰时代广场9楼。12月16日，中信建设证券张家港营业部开业，位于人民中路145号。8月18日，道通期货经纪有限公司张家港营业部开业，营业地址位于暨阳中路158号东方银座大厦5楼。9月26日，弘业期货股份有限公司张家港营业部开业，营业地址位于城北路178号华芳国际大厦13楼。至年末，全市累计有东吴证券、华泰证券、南京证券、中原证券、中信证券等证券公司营业部8家，有东吴期货、东华期货、中粮期货、道通期货、弘业期货等期货公司营业部5家。

【东吴证券股份有限公司张家港分公司】 2013年，东吴证券股份有限公司张家港分公司下设总经理室、综合部、财务部、信息技术部、业务管理部、财富管理中心等6个部门，下辖杨舍、金港、锦丰、塘桥、杨舍长安中路5个证券营业部。分公司及营业部共有从业人员62人。分公司提供公开募股、中小企业私募债、财务顾问、新三板等综合金融业务。各营业部开设沪深A股、B股、权证、期货、国债、企业债券、国债回购、封闭式基金等交易品种，提供现场交易、电话委托交易、网上交易、手机炒股等交易方式，并与中国银行、农业银行、工商银行、建设银行、交通银行等13家银行建立客户保证金三方存管业务。营业部客服中心实行客户经理制，为客户提供一对一服务，并提供电话咨询、在线咨询、短信、盘中提醒等多种咨询服务，帮助投资者把握投资方向。全年共完成交易额513.48亿元，实现利润4166.64万元。（肖　贝）

【华泰证券股份有限公司张家港杨舍东街证券营业部】 2013年,华泰证券股份有限公司张家港杨舍东街证券营业部有员工31人。开设A股、B股、债券、基金、权证、三板、H股、融资融券、IB业务等交易品种,提供网上交易、电话委托、磁卡委托、手机炒股、网上页面委托等交易方式,与工商银行、农业银行、中国银行、建设银行、交通银行、浦发银行、招商银行、中信银行、农商行等多家银行建立三方存管业务。营业部在张家港地区率先实现网上自助开户,并逐渐开发升级手机自助开户远程办理业务功能。年内,股基证券开户2045户,其中有效户1156户,融资融券开户725户,其中有效户183户。全年实现交易额303.16亿元,累计实现开放式基金销售2142.5万元。全年实现利润2893.5万元,比上年减10.45%。 (夏良亮)

【南京证券股份有限公司张家港步行街证券营业部】 2013年,南京证券股份有限公司张家港步行街证券营业部设有散户区、中户区、大户区及贵宾区,从业人员9人。营业部开设沪深A股、B股、债券、基金、权证、三板、IB业务、债券回购、融资融券等交易品种。营业部提供现场交易、电话委托交易、网上交易,手机委托交易等交易方式,设有期货交易专区,与工商银行、农业银行、中国银行、建设银行、交通银行、招商银行、民生银行、浦发银行、光大银行、华夏银行等先后建立三方存管转账业务。营业部依托公司"快乐阳光"客户服务平台提供优质服务。全年完成交易额173.29亿元,比上年减14%,其中手续费收入1163.98万元。实现利润754.42万元,比上年增33%。 (钱文娟)

【江苏东华期货有限公司张家港营业部】 2013年,江苏东华期货有限公司张家港营业部设有经理室、技术信息部、业务部、交易部、财务部等部门,有从业人员8人,均持有期货从业资格证书。公司配备文华、澎博、富远、天狼、汇点五套行情系统,金仕达、易盛两套交易系统,交易方式采用网上交易、电话报单、临柜书面委托、手机下单等多种形式。至年末,拥有固定客户805人。成交额758亿元,实现客户保证金收入1.5亿元。

(陆丽华)

其他金融机构

【概况】 全市有农村小额贷款公司10家、科技小额贷款公司1家,全市小额贷款公司全年累计发放贷款121.51亿元,年末贷款余额43.3亿元。有融资性担保机构9家(含3家分公司),注册资本累计10.51亿元,全年为1128户企业提供1305笔担保业务,担保金额65.03亿元,年末在保余额59.07亿元,担保放大倍数4.9倍,高于全省平均放大倍数。有典当机构9家,分别为张家港市锦泰典当有限公司、苏州广聚源典当有限公司、张家港市鸿笙典当有限公司、张家港市金生典当有限公司、张家港保税区宝盛典当有限公司、张家港市盈祥典当行有限公司、苏州鼎丰典当有限公司、苏州东鑫典当有限公司、张家港市永盛典当有限公司,年末累计典当余额14494万元,净资产20356.7万元。有主要拍卖机构7家,分别为苏州天润拍卖有限公司、江苏广聚源拍卖有限公司、苏州富城拍卖有限公司、苏州宏泰拍卖有限公司、江苏康力拍卖有限公司、苏州正泰拍卖有限公司、江苏爱涛拍卖有限公司张家港分公司,年内共举办拍卖会164场,成交额98322万元。另有融资租赁公司1家、财务公司2家、创业(风险)投资公司21家。

【市金港投资担保有限公司】 市金港投资担保有限公司成立于2002年7月,注册资本4.5亿元。公司是由市政府组建的国有全资融资性担保机构,以服务为主、盈利为辅,把拓宽融资渠道、帮助中小企业解困、确保经济平稳发展作为首要任务,建立了一整套简捷、高效的组织运行体系,并按规范的现代企业管理理念实施运作。2013年年初,成立科创分公司,重点为全市科技创新型中小企业提供专项融资担保服务,全年实现科创专项担保5亿元。公司设办公室、业务部、风控部3个部门和1个担保审查委员会,有员工18人、兼职法律顾问2人,与15家银行开展业务合作,为中小企业提供流动资金贷款、银行票据、银行保函、贸易融资等业务的融资担保,同时开办现代农业和个人创业两个特色融资担保项目。至年末,公司在保客户412家,担保余额30亿元,累计担保金额187亿元。 (赵继兵)

【江苏广聚源典当有限公司】 江苏广聚源典当有限公司是商务部批准设立的特殊工商企业,是中国典当协会委员单位,江苏省典当协会委员单位,江苏省典当协会常务理事单位,苏州市典当拍卖投资常务理事单位,江苏省典当协会评定的十家"江苏省典当诚信经营示范企业"之一。2013年,公司拥有员工15人。其中,有中国贵金属首饰鉴定师、中国宝玉石鉴定师、中国钻石鉴定师各2人,中国注册旧机动车高级鉴定估价师2人,中国注册房地产估价师3人,经济师2人,会计师1人。公司主要经营质押典当业务、房地产抵押典当业务、限额内绝当物品的变卖、鉴定评估及咨询服务、商务部依法批准的其他业务。全年共办理典当业务8407笔,典当总额17997.95万元,比上年增64.47%。营业收入298.93万元,比上年增19.69%。 (王国星)

【苏州市富城拍卖有限公司】 苏州市富城拍卖有限公司是中国拍卖行业协会会员单位、中国拍卖AA级企业、江苏省拍卖行业协会会员单位、江苏省拍卖行业诚信经营示范单位、苏州市工商联典当投资与拍卖业商会理事单位、张家港市青商会会员单位。2013年,公司有员工10人,其中国家注册拍卖师4人、注册土地评估师2人(兼职)、中级职称8人。公司提供法律咨询、营销策划、信息发布、对外招商等系列服务,主要经营国家法律法规和政策允许的物品拍卖、拍租业务,全年举办拍卖会28场,成交额1.93亿元。 (徐 芳)

【编辑 陆文琰】

综合管理

Comprehensive Administration

深入企业开展报警装置计量检定 （张家港质监局 供稿）

宏观经济管理	审　计
国有资产经营管理	统　计
国土资源管理	质量技术监督
工商行政管理	安全生产监督管理
物价管理	住房公积金管理

宏观经济管理

【概况】 2013年，市发展和改革委员会牢牢把握市委、市政府“创新争先突破年”工作基调，突出以提高经济增长质量和效益为中心，落实“重大项目优结构、重点研究促发展、重要实事惠民生”任务，协调创新驱动，助推转型升级，全市发展改革工作取得较为明显成效。全市全年实现地区生产总值2145.31亿元。全社会固定资产投资770.56亿元，其中工业投资440.19亿元，继续位居苏州县市前列。累计新批外地资本项目2047项，注册资本121.5亿元，完成外地资本投入工作量161.1亿元，至年末，外地资本逐年累计完成投入工作量830.1亿元。完成服务业增加值922.56亿元，占地区生产总值比重达到43%，较上年提高1.4个百分点。全市全社会用电量278.4亿千瓦小时，其中工业用电256.9亿千瓦小时。年内，市发改委获评为全省发改系统先进单位，继续跻身全市机关“综合贡献奖”行列。

政策研究　年内，市发改委根据职能要求，积极开展综合经济、重点产业、重大项目、民生实事、要素保障等多方面的专题研究，致力于将研究成果转化为工作思路、政策措施，撰写各类调研材料70余篇，发布各类工作简报50余期。为加大对服务业综合改革试点工作的扶持力度，集中对2010年后出台的三个服务业方面的政策文件进行梳理整合，出台《关于进一步加快服务业发展的若干意见的通知》，主要针对现代物流、专业市场及新兴服务业等全市改革试点的重点领域，以及服务业重点载体、重点企业等方面强化具体扶持措施，进一步完善服务业体制机制。对原有的《服务业引导资金管理办法》进行修订，出台《张家港市服务业发展与改革引导资金管理办法的通知》，把原来的“服务业发展引导资金”更名为“服务业发展与改革引导资金”，并将该项资金总额由1000万元扩大到2000万元，其中新增加的1000万元专项用于服务业改革试点工作，重点扶持承担服务业改革试点工作任务的重点载体、重点企业和重点项目。2013年，全市服务业对地区生产总值增长的贡献率为79%，服务业税收突破100亿元，服务业公共财政预算收入60亿元，均占全市总量的41%以上。出台《张家港市中小企业统贷平台管理办法》，在苏州市首开中小企业统贷业务，年内共帮助企业获贷3000万元；办理领军人才申请5件，解决融资3500万元；办理信贷风险补偿贷款申请6件，获贷1000万元。出台《“新三板”挂牌企业扶持政策》，制订全市企业“新三板”挂牌三年行动计划。年内有5家企业被确认为拟挂牌企业，力争到2016年全市“新三板”挂牌企业达到25家。加大《张家港市保险业参与社会管理创新实施意见》落实力度，农产品价格指数险、新市民意外险、计生特扶人员住院护工补贴险3个险种列入全市实事工程并全部实施，其中夏季保淡绿叶菜成本价格险为全省首创，年内共为7个市级重点蔬菜保供基地9个批次的蔬菜提供价格保险，总保额215.6万元，理赔8.5万元。通过政府全额购买等形式实施自然灾害民生险、居民管道燃气险等惠民险种，其中自然灾害民生险连续实施三年，累计为1495户居民提供了430.58万元赔付。率先开办政策性科技保险，为科技型企业购买研发、产品等六大类科技保险提供财政补贴，制定《张家港市政策性科技保险保费补贴资金管理办法（试行）》，共为76家科技型企业补贴保费325万元，涉及总保额190亿元。年内兑现上市财政补助、现代服务业扶持资金1.3亿元，惠及176家企业。紧扣政策规划项目，扎实推进重大产业项目建设，有效发挥项目引领作用。年内，“810工程”的十大制造业和十大服务业项目全部开工，十大制造业基地和十大专业市场建设扎实推进。5项省重点项目年内完成投入131亿元，21项苏州市级重点项目完成投入240亿元，50项张家港市级重大产业项目完成投资300亿元。“810工程”的十大科技载体建设全面加快，新增创新载体34万平方米。五大类15项实事工程项目顺利实施。老城区天然气配套用户改造、老农贸市场改造、增设惠民险种等10个项目全面完成，5个跨年度项目按时序推进。

资金与指标争取　年内，市发改委集中力量抓好各级扶持资金、专项资金的争取落实，对上争取项目数、资金量均名列全省前茅。全年共争取各级各类资金扶持16078万元，其中太湖流域水环境治理第七期（第一批）省级专项资金2451万元，2013年各项中央预算内投资5009万元。海陆重工第三代核电核级容器研发和产业化项目列入国家战略性新兴产业（能源）项目2013年第一批中央预算内投资计划，联峰实业钢渣处理及综合利用项目、富瑞特装汽车发动机再制造产业化项目列入节能重点工程、循环经济和资源节约重大示范项目及重点工业污染治理工程2013年中央预算内投资计划（第三批），市粮食物流中心、金麦穗农副产品冷链物流配送项目获批经贸领域中央预算内投资（国债项目），妙桥顾家、骏马生猪养殖场列入2013年生猪标准化规模养殖场（小区）建设项目中央预算内投资计划，“双低”油菜生产基地建设项目列入苏州市“双低”油菜生产基地建设项目第一批投资计划。张家港老海坝节点整治工程、朝东圩港治理工程列入省水利重点工程2013年第二批投资计划，获得1204万元资金扶持。争取落实省级以上服务业扶持资金项目4项，其中保税区名贵木材国际交易中心获国家服务业引导资金200万元，沙洲湖科技创新园、保税区名贵木材国际交易中心、保税区长江国际10万立方米储罐项目获省服务业引导资金（金融业）687万元。另外，争取东航热电替代发电量、恒东热电替代发电量，获得资金扶持4162万元。年内，先后3批31家企业获农产品进口配额12.88万吨。

【发展规划编制】 年内，市发改委突出“现代化”主题主线，积极做好规划研究、编制工作。年初，紧跟《苏南现代化建设示范区规划》，牵头研究制订《张家港市现代化建设三年行动计划》，提出“六大提升”行动和“810

工程”，经市委十届六次全体（扩大）会议上审议通过，并以市委名义下发，为以后三年全面推进港城现代化建设、争当苏南现代化示范区建设排头兵提供了规划支撑。3月，经省政府批准，张家港市被确定为首批6家省级服务业综合改革试点单位之一，也是全省唯一以县市整体为单位开展试点的地区。为此，市发改委从构建产业特色鲜明、产业链较为完整的县（市）域现代服务业体系出发，组织编订《省级服务业综合改革试点方案》，明确并系统推进“一个中心”“两大重点”“三大体系”和“四大抓手”试点任务，以及五大类28项具体工作。认真完成“十二五”规划中期评估报告，系统分析全市“十二五”规划实施情况，有针对地对相关规划指标，以及2013年的目标任务提出调整意见和措施建议。进入三季度后，提前启动2014年度主要经济指标、重大产业项目、民生实事项目以及改革要点思路等的规划设计工作，《关于张家港市2013年国民经济和社会发展计划执行情况与2014年国民经济和社会发展计划草案的报告》获人代会通过，若干可行建议意见在市委全委会和市政府年度工作报告中得到充分采纳。年内还编制完成《张家港市2013~2020年资源综合利用项目规划》《张家港市电子商务产业发展规划》，《张家港市热电联产规划（2011~2015）》通过省级评审。有效指导编制玖隆物流园、进口整车物流园等服务业重大载体发展规划，并通过省发改委组织的专家评审。

【项目审核报批】 年内，张家港市成功获批国家再制造产业示范基地，张家港经济技术开发区、冶金工业园获批省级循环化改造示范试点园区。产业项目方面，华灿光电（苏州）LED外延片芯片、大一汽配（张家港）汽车变速箱零部件等2个点供项目获省发改委核备。联峰实业钢渣处理及综合利用项目获批2013年第五批资源节约和环境保护项目专项，富瑞特装汽车发动机再制造产业化项目获批2013年第六批资源节约和环境保护项目专项，新美星包装机械高效节能型PET瓶液态奶无菌包装数字化车间制造项目获批2013年智能制造装备发展专项。华盛精化工省级锂电池电解液添加剂工程中心项目获省发改委审批同意建设。飞驰机械制造水域环境修复治理成套技术及设备的研究与产业化开发、康得新光电材料年产2亿平方米光学薄膜、多维科技基于隧道磁电阻效应的高性能磁敏传感器的研发及产业化、苏州大学张家港工业技术研究院公共服务平台等4个项目，申报省级战略性新兴产业重点专项。同时，向国家发改委申请进口设备免税6批，包括虹雨针织、欣锦阳高新纤维材料、康得新光电材料、浩然纺织、华灿光电等5家企业，涉及用汇2.08亿美元。能源电力项目方面，江苏永钢集团煤气综合利用发电、市第一人民医院天然气分布式能源站、鼎晟新能源利用建筑屋顶建设20兆瓦光伏电站、华兴电力二期扩建两台F级（400兆瓦）燃机热电联产工程等4个项目获省级批复开展前期工作，张家港—江阴城市天然气高压管网联络线项目获省级核准，港华燃气凤凰门站液化天然气应急储备调峰、苏州中康电力2.23兆瓦屋顶光伏发电并网、凤凰分布式光伏发电示范、神舟铝业1.5兆瓦屋顶分布式光伏发电、富瑞特装6兆瓦屋顶分布式光伏发电等5个项目获得苏州核准备案。基础设施项目方面，双山过江通道项目列入省长江过江通道规划，并积极争取列入国家过江通道大规划；沙钢海力码头公司6号泊位（哈德码头）改造为20万吨级开展前期报批准备工作；孚宝仓储化工码头二期工程完成核准；东沙成品油码头、汽车集装箱码头、护漕港化工码头等4项码头项目报批顺利。注重转型导向，优化审批流程，全年发改委窗口受理项目1684项，均在市行政服务中心平台上运行，提前率、办结率均为100%。

【省级服务业综合改革试点工作全面启动】 3月，经省政府批准，张家港市被确定为首批6家省级服务业综合改革试点单位之一，也是唯一以县市整体为单位开展试点的地区。年内，在省发改委等部门支持下，全市从构建组织架构和工作机制、制订实施方案、出台政策意见、设立专项资金、加强科学规划等层面，重点突出保税港区、现代物流、专业市场集群建设，着力在打造产业生态系统健康、产业链相对完整的县（市）域现代服务业产业体系方面进行试点。2013年，全市服务业产业规模不断扩大，服务业占GDP比重较上年提高1.7个百分点。服务业特色优势更加鲜明，现代物流总量占苏州全市的25%，张家港口岸完成货物吞吐量位居全国县域口岸第一，全市专业市场成交额总量超100亿元大市场数量居全省县市前列。

（邓立新）

国有资产经营管理

【概况】 2013年，市国有资产管理办公室继续深化国有资产管理改革，利用资源整合、股份改革等多种手段，帮扶企业转型升级，助推经济发展。规范市属国资的基础工作，结合市属国资公司“十二五”规划，细化市属国资公司年度重点工作目标任务，明确工作措施，落实工作责任。重新修订市属国资公司薪酬管理及考核办法，扩大考核范围，细化考核指标，严肃薪酬执行纪律，完善激励考核机制。出台《关于规范市属国资公司借款管理若干问题的通知》，要求各国资公司按照规定修订完善借款管理办法，规范相关投资、担保事项，进一步落实风险防控措施，促进国有资产保值增值。强化行政事业单位国资监管，提升运营效益。下发《张家港市市级行政事业单位国有资产处置操作规程》，构建和完善市级行政事业单位国有资产管理制度体系。组织开展市级行政事业单位国有资产清查工作，对全市256个行政事业单位开展资产清查，梳理全市国有资产占有、使用、管理状况，汇总分析清查数据，形成汇报材料，为优化公共资源配置、节约行政成本，提供有力支撑。探索实践国资发展新模式，做好直属公司发行企业债工作，充分发挥国有融资平台的积极作用。

（黄　超）

【城投集团全力推进城市建设】 2013年,市城市投资发展集团有限公司(简称市城投集团)进一步发挥城建事业主力军作用,落实国有资产保值增值和资产经营责任,融资金额增加43.1亿元,还款12.3亿元,累计剩余66.2亿元。全年完成城建项目总投资额64.9亿元,其中新城区建设12亿元、克拉水岸改造工程6000万元、前期费用12.5亿元、安置房建设36.8亿元、市政道路基础设施建设3亿元。新城区建设中,集团在城北沙洲湖工程项目完成投资额1.5亿元,沙洲湖科创园项目15幢多层完成投资额6.5亿元,沙洲湖大酒店完成投资额2.7亿元,沙洲湖湖西商业配套项目完成投资额2000万元。在城西开工七里庙菜场和泗港菜场两个实事工程,泗港菜场主体工程完工并交付装潢;暨阳路西延、梁丰路西延竣工通车;购物公园克拉水岸完成改造,并重新营业。在城东完成黄泗浦生态园景观概念性方案设计和塘桥西环路、南苑路等市政道路的方案设计;启动湖心景观区及塘桥西环路、南苑路东延项目的拆迁工作。安置房建设中,仓基花苑、百家桥小区一期和二期、中港花苑三期、锦绣花苑四期、新航花苑一期、丽新花苑一期7个项目开工,总建筑面积99.2万平方米,总投资41.3亿元;锦绣花苑三期东区、港新花苑一期、七里庙小区一期和二期、湖东花苑、小莱巷、航杨新村等7个项目竣工,总建筑面积108.8万平方米。

(韩 露)

【金茂公司融资平台见成效】 年内,市金茂投资发展有限公司(简称市金茂公司)围绕"确保公有资产保值增值"目标,全面加快构建区域性重点金融平台,全力推进项目管理、楼宇经济、担保投资、融资租赁等四项建设,全年实现经营收入6098万元。至年末,公司总资产33.6亿元,净资产12.77亿元。融资平台建设成效明显。公司本部年内实现银行融资3.95亿元,完成全年任务的197%。融资租赁业务蓬勃发展。大力推广供应商租赁"蓝海"战略,积极拓展厂商租赁业务,与富瑞特装、海陆锅炉、圣汇气体、浮山机械、海狮机械、中捷机电、星A包装机械、江南汽车等企业开展厂商租赁合作,全年投放项目106项,共13亿元。创投、风投管理扎实有效。下属创投、风投公司年内投资项目4项,总金额6650万元,分别为江苏德一新型建筑材料科技有限公司3000万元、江苏多维科技有限公司二期2000万元、苏州益茂电动客车有限公司三期900万元、江苏智慧港城投资发展有限公司二期750万元。公司创投、风投累计在投项目18项,投资总金额3.72亿元,2013年实现投资收益约7000万元。同时,全力拓展项目资源收集渠道,挖掘优质企业储备项目,年内考察项目81项,其中人才项目47项,形成项目概况表81份。做好项目管理工作,实施张化机公司股票减持、苏闽金属、彩虹光伏、汉风电气、圣汇装备等5个项目退出,其中苏闽金属、彩虹光伏项目全面完成退出,共收回资金9600万元。担保投资额持续增长。下属3家担保公司始终把风险控制作为首要任务,努力实现在稳健经营中求发展,共发生业务1040余笔,新增担保总额57亿元,在保余额51.6亿元,累计实现对外担保总额278亿元。不断创新拓展业务。新设金茂创源国际贸易有限公司,设立张家港市首家保理公司,年内获省商务厅批复,并列入苏州市试点单位。楼宇经济建设加速推进。金茂创业大厦5月25日实现主体结构封顶,10月28日举行开盘仪式。4月,沙洲湖大楼项目启动,年内基建管理项目部组建,并完成了项目概念设计图、勘察设计招标和项目选址工作。此外,认真稳妥地推进盛隆光电公司破产重整、牡丹集团破产清算等相关事宜,全力确保平稳。 (邱月花)

【金城公司新增股权投资1.88亿元】 年内,市金城投资发展有限公司(简称市金城公司)围绕"做大做强"工作总目标,积极融入"810工程",扎实推进创新举措,新增股权投资1.88亿元,全年实现投资收益6695.76万元,上缴国有资本收益645.9万元。至年末,公司总资产114亿元,比上年增31.79%,净资产44亿元,比上年增58.27%。股权投资优势持续放大。出资6584万元参与常熟电厂二期项目增资;出资1亿元组建张家港金城融创投资管理有限公司,为创新投资渠道搭建新平台;出资300万元组建市金城物业管理有限公司,为投建的商务楼盘实施市场化管理积聚力量。积极推进沙洲电力有限公司二期项目增资扩股和江苏三吉利沙洲煤炭贸易公司30%股权收购工作,预计投资额3.52亿元。双山岛开发投资稳步推进。全力推进双山岛高尔夫球场"做大做强"工程,实施D场9洞扩建工程,高尔夫配套设施修缮与增设、增建工程,发展品位、服务品质显著改善。重点推进双山岛基础设施改造工程,完成南北码头改造,实施老镇区改造,全面铺开道路畅通、水系修复、绿化提升工程,双山岛面貌发生显著变化。积极推进过江通道建设规划报批工作,建设方案列入《江苏省长江干流桥梁(隧道)建设规划》,并获省政府批准报国家发改委审批。重点工程加快建设。商务楼宇建设取得阶段性成果,金城中银大厦、金城地税大厦顺利封顶,沙洲湖金城大厦项目前期工作积极启动,人民路沿线地块规划研究不断深化。天然气应用工程加速发展,新建天然气管道约200千米,累计总长1057千米,新增民用配套用户约3.6万户,累计13.8万户。全面完成老城区天然气改造三年计划,年内完成8125户,累计约2.5万户。启动并推进各镇天然气配套工程三年行动计划,年内完成城乡一体化及乡镇集中居住老住宅小区天然气配套2.5万余户;新增民用点火客户1.58万户,累计7.67万户;新增工商业用户126户,累计534户;全年实现供气3.86亿立方米,累计实现供气18.8亿立方米。天然气供应链布局基本形成,上游气源突破单一供应,争取通过江阴接驳天然气,立项获批投资建设江阴顾山—张家港凤凰门站的第二气源线;中游供应环节注重储备调峰,实施推进天然气液化(储备)项目建设;下游市场拓宽应用渠道,开工建设LNG加气站2座,启动市第一人民医院分布式能源项目并取得实质性进展,启动船舶加气站建设规划研究。融资工作取得重大突破。金

金城公司投资建设的港华燃气凤凰门站　　（金城公司　供稿）

城二期7年期12亿元企业债券发行的前期工作全面完成。实现金城中银大厦项目贷款3亿元；完成双山岛基础设施建设项目等贷款6.17亿元，完成财政委托贷款、市重点项目融资担保31.7亿元。至年末，公司贷款余额38.3亿元，担保余额84.74亿元。

（吴瑕瑕）

【全市最高建筑封顶】 5月25日，位于市区人民中路与港城大道交界处的金茂大厦主体工程顺利封顶。金茂大厦是为适应全市经济进一步发展和产业结构转型升级需要而建设的超5A甲级高端标杆写字楼，总建筑面积8.8万平方米，地下2层、面积2.5万平方米，地上33层、面积6.3万平方米，主楼高度148.2米，是全市批准建设的最高建筑。该项目由市建筑工务处实施代建，2011年10月8日开工。年内，市金茂公司与市赛博物业管理服务有限公司签订了合作意向，同时积极拉开媒体宣传攻势，10月28日举行开盘仪式。金茂大厦计划于2014年10月竣工交付，届时它将成为全市新的地标性建筑。　（邱月花）

国土资源管理

【概况】 2013年，市国土管理部门切实履行职能，积极对上争取，保障科学发展，坚守耕地红线，提升民生水平。年内，市国土资源局8个分局（所）全部创建成为市级文明单位，其中大新国土资源所实现文明单位标兵“三连冠”。市国土资源局连续两年被市委、市政府授予突出贡献奖。

土地利用管理　年内，全力做好全市实事工程、重点工程和重大工业项目用地保障工作。对急需动工建设的重点工程，通过争取点供和独立选址用地指标等办法，办理农用地转用征收和供地手续。全年经批准农用地转征用地995.11公顷，其中新增建设用地611.17公顷。完成各类项目供地720.13公顷，其中工业用地261.67公顷，商品房用地188.27公顷，拆迁安置房用地132.27公顷，商业用地76.87公顷，基础设施用地61.07公顷，分别占36%、26%、18%、11%和9%。全年盘活存量建设用地235宗，总面积368.11公顷，完成年度计划的110%。为突破村级经济发展过程中的制约因素，壮大集体经济实力，促进农村集体存量建设用地高效利用，制定出台《关于扶持村（社区）集体经济组织“一村二楼宇”建设的实施意见》。意见提出，全力以赴保障村（社区）集体经济组织因经济发展所需要的建设用地，对于存量建设用地不足每人5平方米的村（社区），市政府按照50%的比例从年度计划用地指标中予以配套。

土地规划管理　2013年，根据全市各项用地项目的轻重缓急，对各区镇的允许建设区进行调整，并通过省国土资源厅批准，调整面积480.53公顷。5月，市土地利用规划实施评估成果顺利通过专家评审并报省国土资源厅备案。实际划定基本农田31924.27公顷。为进一步提高耕地保护积极性，将耕地开垦费缴纳标准提高至每公顷45万元，创新探索市内基本农田有偿代保制度，全市共有800公顷基本农田实现有偿代保。全年完成农业用地复垦141.47公顷，搬迁农户2879户。编制并获批两批增减挂钩实施规划，用地面积257.07公顷，新增建设用地182.93公顷。完成耕地占补平衡项目库复垦414.47公顷，基本实现耕地占补平衡的自给自足。做好建设项目用地预审工作，全年办理各类建设项目用地预审52件，其中市预审43件、报省预审9件，预审总面积476.27公顷。积极争取省建设用地增减挂钩土地整理项目预算指标，争取到2013年度预算资金445万元。

地政地籍管理　开展集体土地所有权发证工作，共发放集体土地所有权证5304本，确权率100%。积极开展变更城镇地籍调查工作，对城镇地籍信息系统内的宗地进行整合，对废宗地进行梳理、删除，共复核图斑766个，总面积957.99公顷。进一步规范土地登记发证工作，全年发放土地使用证35456本，办理房产开发商分割宗地822宗，分割转让许可证书42164本，比上年增105%；抵押登记1418份，抵押总面积2960.73公顷，抵押总金额192亿元。“四个百万亩”工程实际上图总面积3.59万公顷。

土地执法监察　根据土地执法工作的形势和特点，依托共同责任机制，进一步健全市、镇、村、组、农户土地执法监管五级响应机制，形成全天候、全方位的土地执法巡查体系，将违法违规用地坚决遏制在萌芽状态。不断细化违法用地追责方式，注重从责任落实上强化土地执法监察，按辖区内的新增违法用地的宗地数与面积进行考核，对履职不到位的一把手分局（所）长，分别规定了检讨与约谈、年终考评基本称职、职务调整倒逼三种追责方式，达到一定数额的停止所在区镇涉土审批，取消所在地分局（所）一切先进集体评比，同时扣除一定比例的考核奖金。对卫片认定违法用地全部立案查处，共处罚款1.85万元，没收建构筑物面积125万平方米，拆除违法建构筑物3500平方米。

2013年张家港市一级类土地利用构成情况

表53 单位：公顷

土地类别	年初面积	年末面积	变化情况	
			净增面积	净减面积
耕地	31471.05	30526.08	—	944.97
园地	3156.01	3558.99	402.98	—
林地	206.77	206.27	—	0.50
草地	0	0	—	—
城镇村及工矿用地	28544.13	28903.43	359.30	—
交通运输用地	5488.02	5682.96	194.94	—
水域及水利设施用地	29410.77	29391.47	—	19.30
其他土地	395.79	403.34	7.55	—
总面积	98672.54	98672.54	—	—

说明：全市一级类土地利用构成情况为隔年确认数据

【土地储备交易】 市土地储备中心紧扣经营城市主线，科学推进土地储备、拆迁安置、土地交易等各项工作的开展，成效明显，获评2013年度市综合贡献奖。全年储备经营性用地152宗，总面积291.53公顷，按收储区域划分：市区54宗，面积79.87公顷；镇区98宗，面积211.73公顷。全年出让经营性用地83宗，总面积260.53公顷，比上年增24.82%，成交总价136.24亿元，比上年增33.24%，规划总建筑面积505万平方米。其中，市区出让32宗，面积103.03公顷，成交价92.5亿元，规划总建筑面积163万平方米；镇区出让51宗，面积157.49公顷，成交价43.74亿元，规划总建筑面积342万平方米。另通过公开挂牌、拍卖的方式出让工业用地104宗，面积256.4公顷，成交总价8.95亿元。全年共委托代建范庄花苑、前溪锦苑等7个安置房项目，建筑总面积118.84万平方米，其中，湖东花苑、航杨新村、小菜巷新村3个项目实现竣工，建筑面积30.94万平方米。湖东花苑、航杨新村、通运新村、小菜巷新村4个项目1478套安置房顺利分房到户，702户涉拆群众得到妥善安置。

【农村集体土地确权登记发证率100%】 年内，全市积极开展农村集体土地所有权确权发证工作。市国土资源局作为牵头部门，对业务人员进行了专业培训，严格发证质量和时间要求。工作方法上，采取内、外业交织进行。时序进度上，利用土地登记网络平台，将发证平台前移到基层土地所，缩短办证时间，降低了成本。同时，按照公开、公正的要求，将发证公告贴到每个行政村的村务公开栏中，保障群众知情权。对有疑问的点位，反复核对界址，确保准确无误。全市共完成调查农村集体土地所有权面积55781.6公顷，农村集体土地所有权宗地26280宗，颁发农村集体土地所有权证5304本，登记发证完成率达到100%，实现了全市集体土地所有权发证全覆盖。10月，张家港市农村集体土地所有权确权发证工作高标准通过国土资源部抽查。

【土地集约利用居全省前列】 11月，省国土资源厅对2008~2012年全省建设用地批后供地情况进行通报，张家港市供地率为88.3%，名列苏州市第一、全省第三，超出全省平均供地率15.8个百分点。近年来，全市把提高供地率作为一项重要工作任务。加强征地报批前置审查，对1年以上已征土地供地率不足90%、当年已征土地6个月内供地率不足70%的区镇，从严控制新征用地。月月清理批而未供地块，理清未供地块的现状、原因等，督促相关单位明确措施，限期进入供地程序。对于确有客观情况暂时无法供地的，要利用复垦置换等其他形式进行盘活，杜绝土地的闲置。3月18日，张家港市被省国土资源厅授予江苏省国土资源节约集约模范县（市）称号。

【基本农田有偿代保制度实行】 受地理位置、历史因素等影响，部分区镇优质耕地数量较大，而经济发展相对较快的区镇耕地后备资源有限，落实划定任务难度较大。鉴于此种情形，全市在基本农田划定过程中，积极探索县域范围内基本农田有偿代保制度。对通洲沙西水道整治工程的新增耕地以及部分区镇的富足耕地，可以调剂给“两区一园”等用地需求较大的区镇，但调出的板块必须支付给代保地区每公顷135万元的费用。全市共有800公顷的基本农田实现有偿代保，基本农田代保资金超过10.8亿元。有偿代保工作的顺利开展，既有效保障经济高速发展的用地需求，缩小地区之间差距，又提高了耕地保护的积极性，促进耕地质量的持续提高，有利于从源头上遏止违法违规用地。

【多家品牌房企进驻张家港市】 年内，市土地储备中心通过举办张家港市经营性用地推介会、开展点对点推介等多种方式，大力度开展经营性用地推介，提升张家港城市影响力和市场辐射度。7月，位列中国房地产综合实力前十强的世茂地产竞得暨阳湖三角洲地块，地块总面积64.73公顷，土地出让金总额60.42亿元，这是全市土地出让历史上规模最大地块，将依托暨阳湖区域丰富的生态资源，打造港城城市建设升级版。8月，朗诗地产竞得市区公共卫生中心东侧地块，标志着全市首个国家三星级绿色建筑、全精装修住宅项目落户。张家港经济技术开发区与位列省房地产业综合实力首位的新城控股集团签订新城吾悦国际广场项目合作协议，该广场成为全市第一个全外资及港澳台资房地产开发项目。（黄 喆 王翠翠）

工商行政管理

【概况】2013年，张家港工商局紧扣“创新发展年”工作主题，牢牢把握“创新争先突破年”主基调，进一步强监管、优服务、广维权、夯基础，各项工作稳步推进。年内，张家港工商局被苏州市工商局评为先进县级局，列综合考评第一，获得苏州市工商局岗位能力提升竞赛集体第一名，被命名表彰为2010~2012年度省文明单位，并被市委、市政府授予“服务地方奖”。

企业登记管理 年内，全市登记各类新设内资市场主体12293户。其中，新登记内资企业144户，注册资本47.15亿元；新登记私营企业2791户，注册资本70.64亿元；新登记个体工商户9296户，资金数额9.63亿元；新登记农民专业合作社62户，资金数额4900万元。至年末，全市有内资企业2083家，注册资本580.84亿元；私营企业20414家，注册资本654.04亿元；个体工商户50991户，资金数额34.58亿元；农民专业合作社612家，资金总额11.2亿元。新登记外资投资企业57户，投资总额98359万美元，注册资本60560万美元，其中外方认缴51946万美元。有21家外资企业办理增资手续，共增加投资26770万美元，注册资本18566万美元，其中外方认缴3575万美元；有25家外商投资企业办理注销登记手续。至年末，全市共有外商投资企业876家，投资总额112.71亿美元，注册资本57.68亿美元，其中外方认缴40.15亿美元。服务重点项目和重点产业落地，参与指导组建7家集团，有17家注册资本超1亿元企业顺利落户。出台《家庭农场登记注册指导意见》，共完成23户家庭农场登记。出台《张家港工商局个体工商户转型为企业登记操作规范》，推动97户个体户升级为企业。执行个体、企业免收登记费政策，全年免收登记注册费726.87万元。

合同管理 年内，张家港工商局共办理动产抵押登记380件，帮助企业融资47.86亿元。累计建立农村合同帮农指导站148个。组织各类合同培训9场，培训企业1114家。解决合同争议16件，解决争议金额13.27万元。监管拍卖企业行为39场。办理合同案件88件。落实合同格式条款行业6个，备案合同文本49份，新发展苏州市级重合同、守信用企业25家，新发展张家港市级重合同、守信用企业559家。

商标和广告管理 年内，全市新增商标申请量2611件，核准注册商标1690件；新增国际注册19件。至年末，全市累计有效注册商标18210件，国际（境外）注册商标103件。新增中国驰名商标3件、省著名商标14件、苏州市知名商标19件，全市累计拥有中国驰名商标11件、省著名商标132件、苏州市知名商标111件，位居全省前列。全市自主品牌企业增加值占国内生产总值比重为27.4%，连续三年高于全省基本实现现代化指标体系确定的15%的标准，居全省首位。加大对媒体广告的监测和后续监管力度，全年监测媒体广告172245条次，发现涉嫌违法广告3411条次，监测违法率1.98%，查处虚假违法广告案件81件，检查网络广告4911条次，发放行政指导书36份。以规范指导为出发点，全方位提升违法广告整治力度，先后开展虚假违法食品广告、虚假违法医药广告、房地产广告等专项整治行动，全市广告市场环境得到有效净化。

执法和维权 深化三方执法联动机制，与市公安局、市检察院联合执法20余起，最大限度实现优势互补、资源共享、合作共赢效果。年内，共查办各类违法案件335件。深入开展“双打”行动，查处一起重大假冒伪劣化肥案，全力协助有关部门做好安抚受损农户和协调农户理赔的工作。查处两起涉外商标侵权案件。围绕“疏堵结合、以疏为主”的工作思路，对无证经营、车库非正常使用、超范围经营、黑网吧及噪声扰民等疑难问题积极开展无证无照经营分类治理工作，疏导办照1600余户，限期自行关闭80余户，依法取缔90余户。加强流通领域食品监管，开展专项治理和清理工作22项，办理食品案件114件。“三检联动”模式进一步深化，实施快检食品2500余批次，法检食品383批次。进一步完善临近保质期食品管理相关规范和制度，为临期食品的界定统一标准，明确范畴，做到有制度可依、有标准可循，该项目被市政法委列入社会管理创新项目。加强网络监管，完成网络经营者主体身份审查公示2020个，查处网络案件21起。全年受理消费者申诉、举报275件，办结率100%，为消费者挽回经济损失44.48万元。

张家港工商局开展食品检查 （张家港工商局 供稿）

【商标质押融资扶持政策出台】 2013年，经张家港工商局积极建议，张家港市在全省率先出台商标质押贷款扶持政策，进一步推动商标无形资产真正实现资本化运作，帮助企业缓解融资难题。政策明确，对开展商标质押融资业务的银行当年新增商标质押贷款1000万元以上的，由市财政按当年新增商标质押贷款的1%进行奖励，单个银行最高奖励金额不超过100万元；对通过商标质押成功融资的企业，按每项1万元的标准补助商标评估费用。该政策的出台，能促使企业更加积极主动地参与到商标知识产权创立、运用、保护和管理的活动中，也有利于品牌企业实现商标质押融资。年内，张家港工商局共办理7件商标质押贷款，实现融资1.4亿元。

【直销企业行政指导加强】 年内，张家港工商局广辟思路，大胆实践，成功探索出直销行业行政指导新模式，逐步形成手段多元化、操作规范化、管理长效化的行政指导新局面，有效净化了直销行业市场环境。该项目突破传统监管手段的局限性，充分利用行政指导的特点和优势，通过有效措施将其运用到直销监管工作中，能有效破解监管难题。2013年，张家港工商局共开展直销企业行政指导150余次，举办直销企业从业人员培训7场453人次，走访直销企业及网点89家，对每一家都进行行政指导，发放各类行政指导文书160余份。该项目被苏州市工商局评为2013年创新项目一等奖，并在苏州市工商系统予以推广。 （柳一虹）

物价管理

【概况】 2013年，按照年初市政府下达的3.5%左右的消费价格涨幅调控目标，全市成立以市长为组长、各价格调控责任部门及区镇主要负责人为组员的价格调控领导小组。新建13家农产品平价商店，发放一次性补贴23万元，完成了平价商店建设规模指标要求。年内31家农产品平价商店销售平价蔬菜366.39万千克，销售金额1519.07万元，为市民节约开支254.91万元。完善价格调节基金制度，在生猪冻肉储备等方面使用价格调节基金342万元。严格落实价格补贴机制，为困难群众发放价格补贴407.44万元、节日红包213.26万元。全年居民消费价格指数累计比为101.9，完成价格调控任务。年内，市物价局被评为2013年度全省价格工作先进单位。

价格管理 年内，召开居民管道天然气价格调整听证会，2014年1月1日起实行阶梯式气价管理。及时公布调整7批次1856个品种2572个剂型规格药品价格。在药店推行明码实价，逐步推进中药材价格明码实价。商品房价格继续执行涨幅目标管理、销售“一价清”、价格备案、明码标价管理，科学制定经济适用住房价格水平和公共租赁住房租金标准。全年商品房（不包括别墅）价格备案22批次，备案面积77.35万平方米，比上年降4%。据市房管部门数据，销售均价为每平方米8656元，比上年增3.86%。

全市居民生活用管道天然气价格调整听证会举行 （市物价局 供稿）

收费管理 对全市354家持有收费许可证的行政事业单位开展年审工作，年审率100%，变更收费许可证53本，注销9本。落实国家、省清费减负政策，取消、降低、免收行政事业性收费29项，全年减轻企业和群众负担1.05亿元。落实市政府的涉企收费减免政策，暂缓、降低25项基金、收费标准，减轻企业负担2150万余元。对21项行政事业性收费按最低标准执收。开展规范收费示范单位创建活动，354家实行收费许可证管理的单位申报创建，参与率100%。加强行政事业性收费公示管理，公示率100%。拟定公立医院医疗服务价格改革方案，推进改革进程。

成本监审 坚持逢调必审原则，共开展成本监审、调查15项，其中成本监审11项，企业上报成本28.25亿元，审核成本26.39亿元，核减1.87亿元，核减率6.6%。开展农户种植意向、存售粮、购买农资等专项调查和常规调查，开展新疆哈密瓜“结果”红光合作社特色农产品调查活动，为农产品价格管理提供了基础数据。

价格检查 年内，开展教育、旅游、涉农、明码实价、商业银行等专项价格检查，立案查处违法行为5件，实行经济制裁272.04万元。“12358”举报热线连接“12345”便民服务热线，24小时受理投诉举报，全年办理各类价格咨询举报案件174件、办结率100%，为消费者挽回损失15.6万元。

价格服务 年内，“相知价格”服务品牌为全省首推的“农产品价格指数保险”提供价格依据，对接“市民网页综合服务系统”，全年公布各类价格信息20余万条。完成各类价格鉴证、价格认证2667件，鉴证金额15.73亿元，无一例差错和诉讼。其中,刑事涉案1382件、鉴证金额3262万元(其中涉纪财物案件10件、鉴证金额25.79万元),民事涉案37件、鉴证金额5629万元,涉税存量房价格认证357件、认证金额9.58亿元,道路交通事故车物损失价值认证793件、认证金额794万元,社会资产评估29件、评估金额1.4亿元,征收评估48件、评估金额3.71亿元,其他评估21件、评估金额805万元。

2013年张家港市居民消费价格指数一览

表54

月份	居民消费价格指数	月份	居民消费价格指数
1月	101.5	8月	102.1
2月	101.8	9月	102.3
3月	101.2	10月	102.5
4月	101.6	11月	102.3
5月	101.2	12月	102.2
6月	102.2	全年累计比	101.9
7月	102.2		

【居民阶梯式天然气价格管理实行】 年内,在成本监审、履行听证程序基础上,报市政府同意,省物价局审批,确定全市从2014年1月1日起调整居民生活用天然气价格。主要内容是:居民生活用管道天然气销售价格从每立方米2.2元调整至2.48元;实行阶梯式气价,居民每户年用气量600立方米以内(含600立方米)为第一档,销售价格执行每立方米2.48元。年用气量超过600立方米的销售价格为每立方米3.1元。对户籍人口4人(含4人)以上的居民用户,每增加1人,第一档相应增加60立方米年用气量基数;对享受城乡居民最低生活保障待遇的管道天然气用户每年补贴60立方米用气量;建立价格联动机制,当天然气门站价格变动(包括上调和下调,下同)累计幅度达到5%时,居民生活用管道天然气销售价格同向、同幅度调整,价格联动调整周期不低于一年。在同一年度内如遇有两次以上上游价格变动,未联动调整的金额累积到下一年度联动调整。

【价格诚信城市创建提升年活动开展】 年内,建立区镇、行业创建挂钩联系制度,印发《2013年创建目标任务责任分解表》《2013年度全市价格诚信城市创建工作计划表》《创建价格诚信镇(区)考评手册》,建立《张家港市价格信用信息收集、运用、披露、奖惩制度》,构建覆盖各区镇、各重要行业的三级创建工作服务网络,发展形成一支由物价员、信息员、采报价员、价格监督员构成的创建队伍。制作《创建价格诚信城市(2012)》专题片,编发《创建价格诚信城市简报》25期,各区镇以"一镇一品"的要求推进创建工作。餐饮旅游、交通运输等九大行业积极申报价格诚信行业,各自形成亮点服务品牌。全市建成73个省级价格诚信单位、315个市级价格诚信单位。全市331个持有收费许可证的行政事业性收费单位基本建成"规范收费示范单位"。建立省、市级价格诚信信用档案,并通过"相知价格"平台对外公布。(彭 梅)

审 计

【概况】 2013年,市审计局完成部门、区镇财政审计14项,专项审计调查3项,领导干部经济责任审计15项,其中"三责联审"(由组织部门、编制部门、审计部门联合对党政领导干部开展"用人责任审查、编制责任审核、经济责任审计")5项。基建工程项目造价审核定案318个,送审造价236760.34万元,净核减14248.59万元,核减率6.02%。跟踪审计送审金额130288.93万元,核减工程进度款22211.73万元,核减率17.05%。审计发现问题98个,出具审计决定书8份,查出管理不规范资金93177万元,查补税金1037.19万元、违规金额489万元,提出审计建议71条,审计报告及相关专题汇报得到市领导批示15篇次。

财政审计 年内,市审计部门跟进政府采购情况,提出的专家库管理、信息系统平台建设等建议得到落实。跟进非税收入管理,在非税收入业务管理、信息系统管理、电子数据异地备份等方面督促财政部门全部整改到位。跟进地税征管,实施信息系统审计,通过行业数据比对,查补22家企业土地使用税155万元、滞纳金8万元。重点解剖一家中介公司,查补所得税25.39万元,促使地税部门清查30家中介公司补交税款600余万元。跟进民生热点问题,对全市养老事业进行专项调查,梳理出10余个问题,民政部门全面采纳审计建议,市政府专门出台《关于推进社会养老服务事业发展的若干意见》。完成张家港保税区、张家港经济技术开发区、冶金工业园等3个开发区审计,3个镇年度财政决算审计和3个国有资产经营企业审计。市委、市政府主要领导先后对张家港经济技术开发区、国泰集团、华昌集团的审计报告作出批示。

经济责任审计 年内,市审计部门优化审计模式,使经济责任审计与财政审计、专项资金审计相结合;细化审计内容,把贯彻中央"八项规定"及各级党委相关要求与履行审计监督职能相结合,促进被审计单位严格执行。以写实方式准确完整反映被审计单位的"三公经费",相关做法得到苏州市审计局充分肯定。实化审计方法,对5个"三责联审"形成总结性综合报告,指出共性与个性问题,相关建议得到较好落实。

工程审计 致力优化跟踪审计,对通洲沙西水道二期、援疆项目等实施重要节点的跟踪审计,成效明显。通洲沙西水道河道二期整治工程跟踪审计中累计减少进度款拨付

审计人员在江苏国泰国际集团帝翼服饰有限公司了解生产运营情况
（市审计局 供稿）

18361.63万元，在抛石质量和节点控制等方面提出书面审计建议21条，减少工程投资232万元。对2011~2012年援疆任务完成、援疆规划执行、已完工项目的决算和资金使用及2013年度援疆任务实施情况进行现场审计，送审造价3658.34万元，审定造价3014.23万元，核减644.11万元。牢牢把握审核重点，继续对市文化中心、环城河、小城河综合改造等市级重点工程项目实施审计。

专项审计　先后高标准完成政府保障性住房、村庄整治、农业综合开发专项资金和全国政府性债务等方面审计，进度和质量均得到上级条线的充分肯定，多份专报材料得到市委主要领导长篇批示，相关审计建议得到被审单位的有效落实。其中，《村庄环境整治成效明显，长效管理资金投入增大》专报得到市委书记姚林荣批示，要求在对以后村庄整治长效管理机制的商讨研究中，科学确定村庄布点规划，统筹考虑资金总量与分担，注重农村河道整治与管理。此后市政府就细化村庄规划、强化村庄（及河道）长效管理等方面开展针对性调研，年内村庄规划初步形成优化方案。

【工程审计引入外部复审机制】 2013年，市审计局在工程结算审计三级复核的基础上，首次聘请社会中介机构对基建审核中心人员的工程结算审计进行背对背质量抽查，进一步强化政府工程结算审计的内部质量控制和监督，规避审计风险。按定案书汇总表从2012年审结的项目中随机抽取朝东圩港涵闸七标、公共卫生中心幕墙、梁丰初级中学体育场地设施等11个项目，送审金额4299.07万元。复审结果总体令人满意：11个项目原审定造价4065.68万元，复审审定造价4070.9万元，总差异率为0.13%。市审计局专题召开复核结果情况分析会，对无差错项目审核人员予以表扬，对复审发现的个别技术差错进行通报，并将外聘中介审核人员复审中存在的差错反馈给他们，促进双方的质量管理。该举措在工程审核人员中产生了很大的震动。

（朱建中　陆　维）

统　计

【概况】 2013年，市统计部门围绕中心、服务大局，在统计服务、监测分析、第三次全国经济普查、基层基础建设、数据质量管理等方面迈出新步伐，以高满意度通过市人大常委会的工作评议。年内，张家港市统计局获苏州市统计系统综合考评第二名，被市委、市政府授予优胜贡献奖和金融合作先进集体、2011~2013年“平安张家港”建设先进集体等称号。

统计调查　贯彻国家年度报表、定期报表等统计报表制度，加强对基本单位名录、三次产业主要经济指标及社会科技进步等方面的资料收集、审核和质量控制，按时上报、如期公布各项统计资料。依据党委、政府决策需求和百姓关注热点，组织开展法制财政满意度、企业用工、土地流转和农业规模经营、务工人员享受城镇基本服务状况、作风效能大家评等十余项专项调查。各专业统计着力改进统计调查方法，服务业统计方面，推进服务业企业名录核实和重点服务业网上直报及网上直报扩面工作。工业统计方面，每月深入重点企业调查研究，了解各板块、各行业经济运行情况，对经济运行态势作出分析研究。能源统计方面，加强与市经信委协调沟通，做好重点耗能企业的预警、预测和分析。科技统计方面，加强与市科技局工作对接，对全市高新技术企业进行重点跟踪监测。全年完成重点研究课题6个，撰写各类统计分析报告52篇，统计信息、动态310条，为社会各界提供直接统计咨询和论证1100余次。

统计宣传和执法　重编3500份《统计法律、法规汇编》和《统计法学习问答》宣传手册，发放给各区镇、相关企业领导和统计人员。在338省道沙钢立交桥处投放130平方米大型户外宣传广告牌。在《张家港日报》开辟专栏，刊出系列统计法和统计宣传文章。9月、10月，每天在市电视台播出宣传标语、流动字幕及宣传短片。结合第三次经济普查，市统计局联合市委宣传部印发《张家港市第三次全国经济普查宣传工作实施方案》，利用区镇有线电视、短信、宣传画、公开信、横幅、部门网站等媒介形成统计法宣传声势。4月，组织全市执法检查员参加苏州市行政执法和“六五普法”培训。5月，邀请有关专家为市、区镇二级统计人员进行统计法律法规和分析技能培训。5月至8月，分13期对2071名统计人员开展分门别类的继续教育。8月至9月，组织797名

市统计局送法下乡　　（市统计局　供稿）

新任统计人员参加统计从业资格考前培训和考试，其中532人考试合格取得从业资格。年内，开展800余例统计行政指导，3月至5月，市统计局联合各区镇统计站及部分行业主管部门，对全市2346家联网直报企业开展一套表联网直报数据质量大检查专项行动；7月至9月，有针对性地重点检查68家企业，立案查处11起统计违法案件，违法事实和查处结果在《张家港日报》曝光。

统计规范化　年初，制定《2013年统计规范化建设提升计划》《张家港市村（社区）统计规范化创建活动实施方案》《张家港市部门统计工作规范化建设标准》，提出“面对面对接，实打实创建”的工作思路，坚持“典型引路、以点带面”的工作模式，明确“保达标、争示范”的要求，通过市、区镇、部门、行业各级样板示范点的设立，组织召开各级现场观摩会、部门联席会和工作推进会，采取分级负责、工作组督察、条块联动、依法强制的工作机制，达到联合、联动、联建，整体提升区镇、部门、基层企业统计规范化水平的要求，使全市所有区镇统计站、“三上”企业（指规模以上工业、限额以上批发零售业和住宿餐饮业、资质内建筑业和房地产开发业企业），50%的村（社区）和有行业管理职能的部门年内均达到统计规范化工作目标。市统计局“推动统计信息化进程，切实减轻基层统计负担”和“坚持依法统计，推进规范建设”两项成果分获省统计局县级统计局规范化建设创新举措奖和基层统计优秀宣传奖。

【第三次全国经济普查进入前期准备】3月，市政府下发《关于做好全国第三次经济普查工作的通知》。7月，市第三次全国经济普查领导小组成立，《张家港市第三次全国经济普查有关部门工作职责》印发，对全市经济普查工作提出总体要求，落实相关责任。随后，在全市范围内分步开展经济普查前期调研、普查区划分、地图绘制、普查员和普查指导员选聘培训、宣传动员和基本单位核查摸底工作。全市共划分普查小区263个，选调普查员和普查指导员2000余人，单位核查阶段核查到2.7万个法人单位和5.3万户个体经营户，为经济普查正式登记工作奠定了良好基础。

【投入产出调查开展】根据国务院统一部署，1月，市统计局成立投入产出调查领导小组，投入产出调查工作全面铺开。2月，专业人员通过电话询问、走访等方式对抽中的工业、批发零售、卫生、软件、教育等多个行业的30个样本单位一一核实，并开展填报试点。3月，对相关企业进行集中和个别相结合的培训与辅导。4月至5月，督察指导企业做好近千个指标的填报和上报，利用ACCES程序对企业上报数据进行核查，发出查询，纠正差错，按时上报了相关调查资料。

（孙浩龙）

质量技术监督

【概况】2013年，苏州市张家港质量技术监督局（简称张家港质监局）坚持“抓质量，保安全，促发展，强质检”的工作方针，全力打造“质企互联”服务品牌，全面提升现代化建设水平，各项工作取得新成绩。

质量监督　年内，国家化工设备质检中心加快筹建，市特种设备作业人员培训基地投入运行。市质检所承担了“亚硒酸钠”国家食品安全标准制定工作，成为承担该项国家标准制定工作的首家县级技术机构。该所还通过了保健食品资质认定，成为省内质检系统首家具有五大类保健食品违禁添加物检测能力的检验机构，金属材料实验室被认定为省塑料（饮料）机械出口公共技术服务平台。食品质量安全得到新保障。在全省率先推行食品生产企业从业人员学时管理制度，实施中小食品生产企业“提档升级”活动和放心桶装饮用水安全惠民实事项目，关闭2家桶装水生产企业，糕点、纯净水两次省级监督抽查，合格率均为100%，为历年最好，全年没有发生生产环节食品质量安全事故。完成产品质量检验2.3万批，对食品、钢化玻璃、低压成套开关设备、汽车内饰材料等产品生产企业的各级监督抽查情况进行通报。开展精纺呢绒产品、精品钢材、印染产品、纱线产品质量专项监督检查，召开钢化玻璃生产企业质量分析会，帮助企业提升管理和质量水平。在《张家港日报》发布4期通告，对8家质量违法行为企业实施通告整改，企业安全隐患整改率100%。全年立案查处案件75起，查获假冒伪劣商品货值620万元，端掉制假售假窝点5个。承办的徐某为生产、销售假冒伪劣商品提供便利案获评全省稽查执法优秀案件，查获的某电线电缆公司生产销售不合格电力电缆案获评国家质检总局2013年"质检利剑"十大典型案件之一。

质量管理 年内，张家港市被苏州市政府授予苏州市质量强市工作先进地区称号。12月12日，市质量强市工作推进会召开，永钢集团获首届张家港市市长质量奖。沙钢集团荣获第二届苏州市市长质量奖和省质量管理优秀奖。冶金工业园"精品钢材"获评省区域品牌，塘桥精纺呢绒通过全国知名品牌示范区材料审查。对2012年度开展质量强市活动成绩突出的企业奖励386万元。开展质量诚信体系建设，新增73家质量信用A级企业，7家企业通过质量信用AA级网上公示。深入开展品牌质量提升和名牌培育行动，25家企业的31种产品获得省名牌产品，60家企业64种产品申报苏州市名牌。

标准化工作 市政府对2012年度实施技术标准战略的108家优秀企业奖励911万元。全年共为企业办理代码证1.43万份、IC卡1.2万张，代码年检10420家。全市企业主导或参与制修订国家、行业和地方标准50项，采标55项。新增全国水泥制品标准化技术委员会和玻镁平板标准等2家制订工作组，沙钢集团通过省级循环经济标准化试点验收，12家企业获批省标准化良好行为企业，精纺呢绒获批地方联盟标准省级试点。永联等农业示范区创建省和国家级现代农业标准化示范区创建顺利推进。

计量工作 年内，完成了20个重点用能单位能源计量审查工作。以七洲绿色化工股份有限公司等企业为重点，积极开展工业企业计量确认工作，有30家企业获计量合格确认，10家企业获计量保证确认，七洲绿色化工股份有限公司计量体系（国家级）确认工作按计划进行。全年检定计量器具18万台件，"两免费"（集贸市场计量器具免费检定和农村医疗机构医用计量器具免费检定）共检定血压计、计价秤等4000余台件，67家农贸市场3760台计量器具"四统一"（统一配置、统一管理、统一检定、统一轮换）工作长效机制进一步完善。市计量所参与起草的国家规范《纺织品胀破强度仪校准规范》发布实施，率先在全省范围对LNG加气机开展计量校准，为企业产品出厂检验把关。

特种设备安全监察 10月12日，组织举办市特种设备新产品推介会，加快全市装备制造业发展。开展电梯运行监控平台试点和全市电梯维保单位星级评定。对全市177台小锅炉集中整治和定期检验，对全市4113台特种设备实行分类分级管理，477家企业完成特种设备使用单位标准化管理，完成24.47万只气瓶一瓶一码工作。开展特种设备安全大检查，共检查单位350个，发现和排除安全隐患699处，对违法行为和安全隐患均进行了有效查处。定期检验特种设备16975台，压力管道安装监检237.7千米，培训特种设备作业人员9713人。年内，全市未发生重特大特种设备安全事故。

2013年张家港市企业创江苏省名牌产品情况

表55

企业名称	产品名称	品牌	行业
江苏东渡纺织集团有限公司	休闲运动装	东渡风牌	纺织
张家港新东旭纺织印染有限公司	针织内衣	唐·立特牌	纺织
江苏联宏纺织有限公司	羊绒衫	雪兰牌	纺织
张家港欣欣高纤股份有限公司	涤纶牵伸丝	天欣牌	纺织
华芳集团有限公司	精纺呢绒、精梳纱线、色织布、普梳纱线	H·FANG牌、华芳牌	纺织
江苏天霸集团有限公司	棉氨纶包芯纱	天霸牌	纺织
骏马化纤股份有限公司	锦纶6轮胎浸胶帘子布	骏马Junma牌	化工
江苏七洲绿色化工股份有限公司	丙环唑、三唑杀菌剂农药	七洲牌	化工
佐敦涂料（张家港）有限公司	船舶漆、工业漆、装饰漆	佐敦牌	化工
索尔维（张家港）精细化工有限公司	阳离子表面活性剂	FLYING牌	化工
江苏赛富隆重工有限公司	起重机	赛富隆牌	机械
张家港富瑞特种装备股份有限公司	液化天然气汽车供气系统	富瑞特装FURUISE牌	机械
长江润发机械股份有限公司	电梯空心导轨	捷星牌	机械
华尔润玻璃产业股份有限公司	平板玻璃	华尔润牌	建材
市易华塑料有限公司	PVC塑料地板	金鼠牌	轻工
顺德工业（江苏）有限公司	文具	SDI牌	轻工
江苏金陵体育器材股份有限公司	体育场馆公共座椅	金陵牌	轻工
江苏亚青钢管制造有限公司	螺旋缝埋弧焊接钢管	亚青牌	冶金
江苏华程工业制管股份有限公司	钢管	华程牌	冶金

续表55

企业名称	产品名称	品牌	行业
市新港星科技有限公司	连续热镀锌钢板及钢带、建筑用轻钢龙骨	港星牌	冶金
张家港幸运金属工艺品有限公司	刻花镀银(金)餐具	幸运牌	传统特色手工艺
市面粉食品有限公司	小麦粉	梁丰牌	食品、农产品
江苏梁丰食品集团有限公司	巧克力及巧克力制品	金莎牌	食品、农产品
江苏国泰国际集团有限公司	—	—	服务业
江苏扬子江国际冶金工业园管理委员会	精品钢材	—	区域名牌

【质监服务十举措出台】 年内,《张家港质监局服务“810工程”十条举措》出台并实施,主要包括推行网格化挂钩服务、实施名牌带动战略、实施技术标准战略等十项内容。张家港质监部门创新服务举措,充分发挥职能和技术优势,全力服务企业转型升级和地方经济发展,在振华港机等骨干企业推行“质企互联”服务模式,全年拓展到30家企业。实施“双挂钩双服务”活动,对接全市新开工重大项目。全力做好疏港高速公路特种设备检验工作,保障高速公路工程有序进行。对玖隆物流延伸加工区冷轧板项目氧气管道安装进行整体验收,保障沙钢钢铁物流园安全运行。对张家港浦项不锈钢有限公司起重机提前进行安全检验,发现安全隐患10余处,有效保障企业安全生产。队伍和作风效能建设有新强化。认真执行中央“八项规定”,严格履行“工作零差错,服务零拒绝”服务承诺,实施机关工作廉洁标准化工作,完善纪检交叉办案制度,倡导“莲心立质监,节己生质量”的廉洁文化理念,促进了制度标准化、工作正规化、运作高效化。2013年3月,张家港质监局被评为省质监系统先进集体。

【永钢集团获首届市长质量奖】 12月12日,市质量强市工作推进会召开,江苏永钢集团获得首届张家港市市长质量奖。市长质量奖代表全市质量最高荣誉,获奖企业是开展管理创新、追求卓越经营绩效的质量标杆企业。永钢集团在建设发展过程中,一贯重视质量管理,视质量为企业生命。公司积极树立“大质量”理念,导入卓越绩效管理模式,培育卓越的企业文化。每年开展质量月、质量技术攻关、质量知识竞赛等活动,营造人人崇尚质量、人人关心质量的浓厚氛围。近年,永钢集团在钢铁行业不景气的大环境下,有效保持平稳的发展势头。2013年实现销售收入355亿元、利税总额18.7亿元。张家港质监局通过引导和激励各行各业加强质量管理,改进和提高全市的质量工作水平,不断提升企业核心竞争力和城市综合竞争力。

【市特种作业人员培训基地投入运行】 3月,市特种作业人员培训基地投入运行。该基地被列为市政府2012年政府实事工程之一。基地位于张家港经济技术开发区长兴路北侧,占地8100平方米,总投入资金约2500万元。年内,基地成功举办首届全省气瓶检验员培训班,并成为全省唯一定点培训基地。基地完全建成后,每年会为企业培养2万名技术熟练、技术能力强的特种设备作业人员和产业技术工人,为企业安全生产保驾护航,成为省内一流的特种设备作业人员培训平台。

【在全省率先推行食品生产企业从业人员培训考核制度】 张家港质监部门在全省率先推出视频生产企业从业人员培训考核制度,提升食品生产企业质量管理水平,保障食品质量安全。依托市食品质量监督平台,及时更新食品法律法规、食品标准及技术要求等相关资料,引导企业人员上网自学。定期组织开展业务知识集中培训、行业座谈会,督促食品生产从业人员加强学习交流。实施培训学时管理制度,建立个人培训档案,规定每人每年累计学习时间不得低于40学时。实施培训考核制度,将从业人员通过考核纳入食品生产企业市场准入基本条件。全年张家港质监局培训考核食品生产企业从业人员800余人次。 (李 旻)

安全生产监督管理

【概况】 2013年,市安全生产监督管理部门围绕全市“争当苏南现代化建设排头兵”总目标,不断强化安全发展理念,扎实开展安全生产各项工作,全力压降和控制各类安全生产事故,全市安全生产形势持续稳定向好。年内,市安监局被评为省冶金等工贸行业安全生产先进集体、省2013年安全生产月活动优秀单位,成为第二批全市廉洁文化建设示范点之一,获市综合贡献奖。

安全监察 年初,市安监局开展安全生产告知承诺专项行动,发放告知书7410份,企业承诺书签订率100%,对384家不符合安全生产条件的企业暂缓工商年检,关停企业19家。强化日常安全执法检查。扎实开展夜查、抽查、明察暗访等,共监察企业7649家次,排查和督促整改隐患9218条,实施行政处罚176起,采取行政强制措施38起,查处群众举报178起。逐一排查涉及“两重点一重大”(安监部门重点监管的危险化工工艺、重点监管的危险化学品和重大危险源)的88个危化品从业单位的安全隐患;深入全市94个涉氯涉氨从业单位督促检查,责令限期整改隐患325条。全面推进危化品企业“五项公示制度”,现场规范化管理实现全覆盖，全市危化品企业安全责任险投保率100%。强化冶金企业煤气系统、高温液态金属、热轧工段等危险性较大作业场所的重点监控，进一步规范安全生产秩序，提升本质安全度。实施木制家具制造企业职业卫生安全许可证制度，落实建设项目职业卫生“三同时”的部门合力监管机制，严格职业危害建设项目“三同时”审查，进一步加强源头预防和控制。会同公安、工商等部门，检查烟花爆竹经营单位161个次，查处非法销售烟花爆竹摊点27个，收缴非法烟花爆竹制品551件。

宣传教育　进一步完善高处作业、煤气作业、班组长等培训，新增危化品高危工艺聚合、加氢、烷基化培训，全年组织安全生产专业培训班230期，完成法定培训17253人。通过组织宣讲服务、送教下乡、免费发放教育光盘和专题教材等形式，推动基层开展安全辅导近350班次，9.4万余人接受安全警示教育。构建全市宣传网络，每月在《张家港日报》刊发专版；与市电视台《新闻报道》《第一视线》等栏目建立有效联系机制，根据阶段性监管重点，围绕常见生产事故防范、安全常识普及、安全社区建设、应急管理等主题制作12期专题节目，新增《大龙说安全》系列电视节目。联合市总工会制作动漫宣传片，不断拓展警示教育新渠道，强化主动安全意识，惠及市民群众。以“安全生产月”为抓手，坚持贴近基层，继续优化安全文艺演出、安全文化下基层、安全咨询日、安全生产专题讲座等传统活动，在社区、企业组织安全文艺巡回演出16场，电影巡回放映70场。同时，组织了多层次的“安全在我心中”演讲比赛、公益广告语征集等特色鲜明的社会化宣传活动，取得了良好的社会效益。

应急救援　做好危化品、生产安全、职业危害和烟花爆竹等四项应急救援预案的修订、评审，并提交市应急办编入全市总体预案体系。在此基础上，深化部门间的协作联动，积极协调市人武、公安、海事、交通、环保、卫生、气象、消防、交警等部门，成功举行2013年张家港市“三个机制”衔接试点暨军地联合处置突发事件、水上交通、人员密集场所突发事件等大型演练活动。全年督促指导各区镇、企业开展应急演练776家次。整合优化全市重点企业应急队伍，完善人员、物资、救援专业等信息库，充实现代化装备，加强联合演练，全市55支专业应急队伍初步形成多位一体、统一调度、专业突出、分工明确、快速响应的应急救援网络。

【安全生产标准化建设】　年内，市安全生产监督管理部门将企业安全生产标准化建设作为年度工作重点，通过加强内审员培训、“一对一”辅导、互查互评等工作，建立全市标准化考评专家库、提升考评员综合素质、实施专家库“黑名单”制度，组织对达标企业开展“回头看”检查活动等多种途径，在确保标准化总体工作进度的同时，更加注重创建质量、推优升级。2013年，张家港市1289家企业通过三级以上安全标准化评审，超额完成苏州市下达的创建任务，其中一级企业5家、二级企业26家。一级标准化企业数居苏州市之首，提前实现了化工企业、规模以上冶金等工贸企业、加油站的标准化运行全覆盖。12月，全国安全生产标准化会议组织与会代表专程到市观摩、考察企业标准化建设工作。

【安全生产大检查】　根据国务院、省、苏州市关于安全生产大检查一系列决策部署，6月至9月，依托市安全生产委员会工作平台，协调组织各区镇、各相关部门开展了全领域的安全生产大检查，并重点突出交通运输、危险化学品、冶金机械、城市燃气等八大重点行业。大检查期间，给每一家企业发放“致全市企业法人代表的公开信”，督促指导企业自查发现隐患3.7万余条，完成整改率95%以上。市委、市政府主要领导带头深入一线，组织现场办公、现场督察，解决重大疑难问题。市委常委、市政府分管市长密集带队督察。各区镇、各条线主要负责人分赴一线，查隐患、摆问题、促整改，检查督察覆盖了所有板块、条线和重点单位。12个牵头部门及各区镇积极组织开展监督检查，累计检查企业（场所）19968家次，发现并督促整改隐患18981条，责令停产停业、停止施工26家，关闭企业（娱乐场所）70家。

【安全隐患排查治理】　2013年，全市三级政府挂牌督办重大隐患60个，其中苏州市级挂牌5个、张家港市级挂牌26个、区镇级挂牌29个。在保证质量和安全的前提下，本着“能快则快、能早则早”的原则，加强组织领导，坚持重大情况、重大问题会商制度，严格整改进程，60个三级政府

“诊断式”服务深入基层　　（市安监局　供稿）

挂牌督办重大隐患提前一个月全部完成整改，累计投入整改资金1.32亿元。加快安全生产隐患排查信息系统建设，组织开展信息系统应用培训班17期，累计培训各类基层管理员1000余人。新增5371家企业注册、登录信息系统，及时上报自查自纠各类隐患9845条。同时，结合日常检查，对网上登记的各类隐患，实现动态管理，重点加强“零上报”企业的安全监管。安全生产隐患排查信息系统建设工作在省、苏州市调研中获得好评。

【“安全到家”服务品牌建设】 年内，市安监局深化“安全到家”服务品牌建设，将“以人为本，贴心服务，安全关怀”服务理念融入日常各项工作中。继续深化挂钩联系、诊断式检查等服务活动，倡导服务上门、现场办公、深入调研，更有针对性地指导工作，进一步树立安监服务为民的良好形象，有效提高企业本质安全水平。不断创新工作流程和模式，实施建设项目职业卫生“三同时”前期预报工作机制，在市行政服务窗口配备专人宣传指导，为职业病源头防治工作增添新方法、新措施。同时，注重清廉服务，经常性开展廉政教育，着力打造“廉驻心中，安行天下”安监廉洁文化建设特色品牌，成功创建成市级廉洁文化建设示范点，引导全体安监干部勤廉双优，全面提升安监队伍服务发展、服务基层、服务群众的综合能力。（丁　玲）

住房公积金管理

【概况】 2013年，苏州市住房公积金管理中心张家港分中心紧扣市委、市政府“创新争先突破年”决策部署，着力在扩面增人增资、民生服务增效上下功夫，服务品牌建设不断深入，资金运行安全高效，实现了住房公积金的社会效应最大化。积极拓展公积金网上功能应用，建立具有查询、办事等多项功能的网上服务大厅，在保持与重点企业快线服务的基础上，全面建成集文件传送、在线培训、即时沟通、业务查询于一体的缴存单位网上“云服务”平台。与苏州“12329”公积金热线全面对接，提供更专业、更优质的咨询服务，倾力搭建网站留言咨询、“12329”热线、“12345”热线、云服务平台四位一体的亲民服务通道。建立新缴存企业单位开户、签约托收、账户设立、账户关联四位一体同步机制，企业汇缴公积金电子委托收款，职工提取公积金实时安全转账，与银行间实现电子化、自动化、无纸化交接。强化“服务贯标”长效管理，对服务大厅改造升级。在6个区镇业务网点和服务大厅深入开展服务绩效比拼活动，在苏州同系统服务检查评比中取得综合成绩第一名，同时建立完善建章立制、教育培训、检查表彰三位一体的常态化管理模式，使国际化的服务礼仪标准成为柜面工作人员的工作定式。分中心连续第二年获得市委、市政府颁发的“服务地方奖”；服务大厅相继被评为市“三八红旗集体”和“工人先锋号”。

公积金归集　全市新增缴存公积金职工34206人，月正常在缴人数21.4万人。全年实现归集公积金19.45亿元，比上年增2.15亿元，增幅12.43%。历年累计归集108.1亿元，归集余额50.3亿元。月归集额1.65亿元。

公积金发放　年内，发放公积金贷款5026户、13.3亿元，分别比上年增52.58%和34.89%，户均26万元。全市累计发放公积金贷款3.36万户、68.45亿元，贷款余额40.8亿元。全年职工提取公积金13.51亿元，比上年增41.06%，其中为患重大疾病职工办理提取699万元。历年累计提取57.73亿元。全年为全市职工家庭住房消费注入资金24.8亿元，比上年增40.91%。同时，注重资金风险防范，公积金贷款两个月及以上逾期户始终为“0”（央行规定为六个月），当月逾期户控制在1%以内。历年上缴廉租房建设资金7911万元，有力支持了住房保障制度建设。

【住房公积金政策调整】 年内，根据国家房地产调控政策要求，公积金相关政策随之进行了调整，并突出了民生保障功能。为进一步提高单位和职工办事效率，加强住房公积金缴存和提取安全管理，3月1日起，单位汇缴住房公积金全部实行委托收款方式，承办银行网点柜面不再受理单位汇缴业务；职工提取住房公积金全部实行转账方式，取消现金支付方式，职工可自行选择建行、工行、农行、中行、交行和苏州银行发行的任意一张有效借记卡与本人公积金账户关联，所提取的公积金实时转账到关联的银行借记卡中。为保持公积金均衡持续运行，4月15日起对公积金住房贷款政策进行调整，借款申请人在申请之月前连续按期足额缴存公积金的期限，由之前的6个月调整为12个月以上；住房公积金贷款额度计算公式调整为：借款申请人（含共同借款申请人）住房公积金账户余额×10（倍）；贷款年限按照月还款额度不应超过月缴存基数的50%确定，借款申请人（含共同借款申请人）住房公积金账户余额不足1万元的，按1万元计算。同时规定从5月2日起，取消借款申请人的借款期限可在法定退休年龄上延长5年的规定，调整为借款申请人的借款期限加实际年龄不得超出法定退休年龄。7月上旬，全市住房公积金缴存基数调整和单位年检工作全面启动，2013年度缴存基数从7月起执行。缴存基数的调整按职工本人2012年度月平均工资收入（工资总额）按实核定，最低不得低于张家港市社保最低缴费基数；最高不得超过苏州市2012年度职工月平均工资的3倍，即1.54万元，职工本人缴存的月工资基数超过最高限额的按最高限额计算，不到最高限额的按实计算。企业缴存比例仍为单位和职工各8%~12%，不到各12%的可继续上调。对7月至调整当月之间少缴部分的住房公积金，单位在调整汇缴时应做一次性补缴。凡2012年12月31日前已办理住房公积金缴存登记（开户）的单位，在调整工作中办理年检手续。（贺　斌）

【编辑　朱永平】

苏州市住房公积金管理中心张家港分中心

2013年，苏州市住房公积金管理中心张家港分中心紧扣市委、市政府“创新争先突破年”决策部署，对照“810工程”主动作为。全市新增缴存职工3.4万人，全年归集公积金19.5亿元，发放公积金贷款13.3亿元、各类提取公积金13.5亿元，为职工家庭住房消费注入资金24.7亿元。公积金贷款两个月及以上逾期户始终为“0”，当月逾期率控制在1%以内，实现了“公积金•惠万家”经济效益和社会效益的双赢。

年内，中心依托信息技术，拓展公积金网上功能应用，建立具有查询、办事等多项功能的网上服务大厅，在保持与重点企业快线服务的基础上，全面建成集文件传送、在线培训、即时沟通、业务查询于一体的缴存单位网上“云服务”平台。与苏州“12329”公积金热线全面对接，提供更专业、更优质的咨询服务，倾力搭建网站留言咨询、“12329”热线、“12345”热线、云服务平台四位一体的亲民服务通道。建立新缴存企业“单位开户一签约托收—账户设立—账户关联”同步机制，企业汇缴公积金电子委托收款，职工提取公积金实时安全转账，与银行间实现电子化、自动化、无纸化交接。强化“服务贯标”长效管理，对服务大厅改造升级，使服务大厅环境美观、服务高效、设施便民。在6个区镇业务网点和服务大厅深入开展服务绩效比拼活动，建立完善“建章立制、教育培训、检查表彰”三位一体的常态化管理模式。通过硬环境的改善、软实力的提升展现优质的政府服务窗口形象。连续两年获市委、市政府颁发的“服务地方奖”，服务大厅获市三八红旗集体和工人先锋号等称号。

1 给张家港市域内的苏州市缴存公积金先进单位授牌

2 深入社区广场开展政策宣传

3 对缴存人数在50人以上的企业经办人进行住房公积金基数调整和年检专题培训

4 举办“迎国庆，优服务，惠万家”专场文艺晚会

5 重阳节到敬老院看望孤寡老人

1

2

3

4

5

市新市民事务中心

2013年，市新市民事务中心主动融入全市发展大局，找准定位、务实创新、开拓进取，取得突出成绩。全市有登记流动人口（新市民）65.67万人，发放居住证90746张，新增登记22.22 万人，年审35.64 万人。8162名新市民子女成功续保（继续加入居民基本医疗保险），5000名新市民子女凭积分就医并享受医保待遇，5942名新市民子女凭积分成功入读公办学校，115名新市民获得积分入户准入卡。市委书记姚林荣专门作出批示“新市民事务工作做得很好，工作扎实，创新意识强，收效明显，走在全国前列，在保障社会稳定、构建和谐、提升新市民文明素质、扩大我市对外影响等多方面发挥重要的积极作用”。5月，中央政治局委员、中央政法委书记、中央综治委主任孟建柱考察市新市民积分管理工作，评价“新市民积分管理切实解决了新市民普遍关心的同城待遇问题，成为维护社会公平和社会治安的好方法，值得其他地区学习借鉴”。年末，市新市民事务中心被市委、市政府评为2013年度文明机关、爱卫工作先进集体、计划生育工作先进集体、法治建设先进单位、社会管理先进单位、法制宣传教育工作先进集体，被苏州市委、市政府授予2011～2013年度平安苏州建设先进集体称号。

1 苏州市委常委、政法委书记曹福龙调研新市民事务工作
2 市委书记姚林荣调研新市民事务工作
3 市新市民事务中心主任闻振平慰问特困新市民
4 向“4·20”雅安地震受灾新市民发放救助金
5 “你我携手，健康同行”新市民健康知识竞赛
6 全市新市民意外保险启动仪式
7 “我的城市·我的梦”新市民子女演讲比赛
8 “我与父母共读书”新市民阅读讲堂启动仪式
9 第五届新市民法律法规知识竞赛
10 经开区（杨舍镇）住房出租管理能手汇报表演

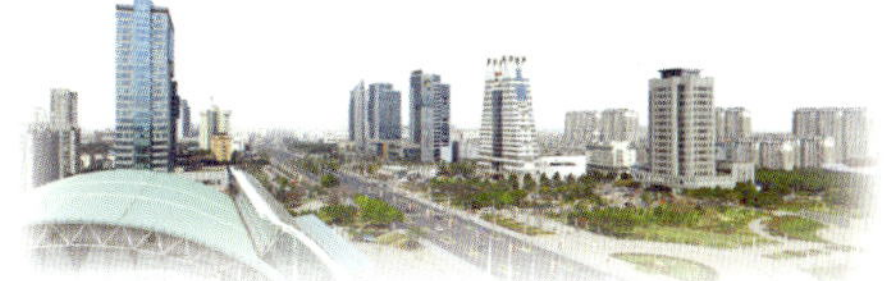

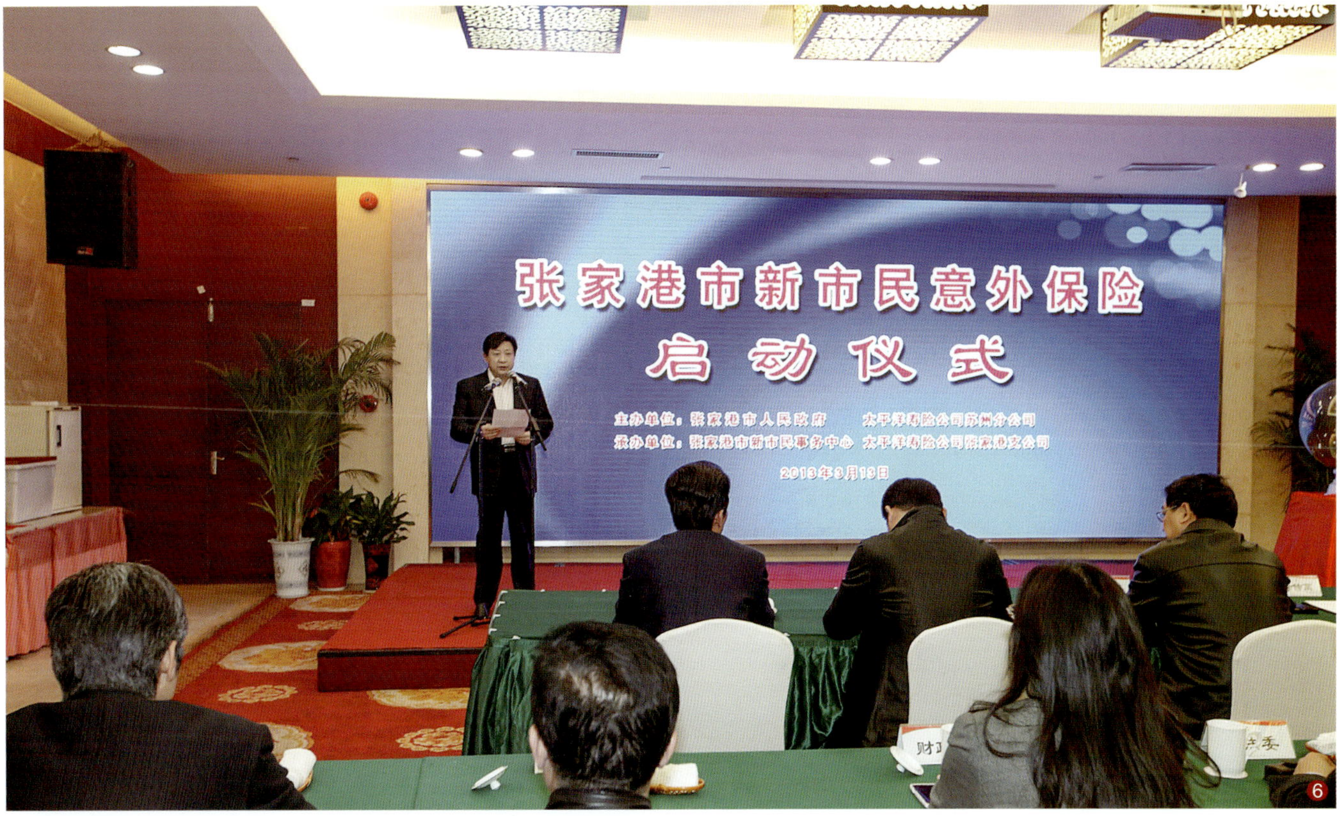

张家港市新市民意外保险
启动仪式
主办单位：张家港市人民政府　太平洋寿险公司苏州分公司
承办单位：张家港市新市民事务中心　太平洋寿险公司张家港支公司
2013年3月13日

6

我的城市·我的梦

7

“我与父母共读书

8

张家港市第五届
新市民法律法规知识竞赛

9

经开区（杨舍镇）住房出租管理能手汇报表演

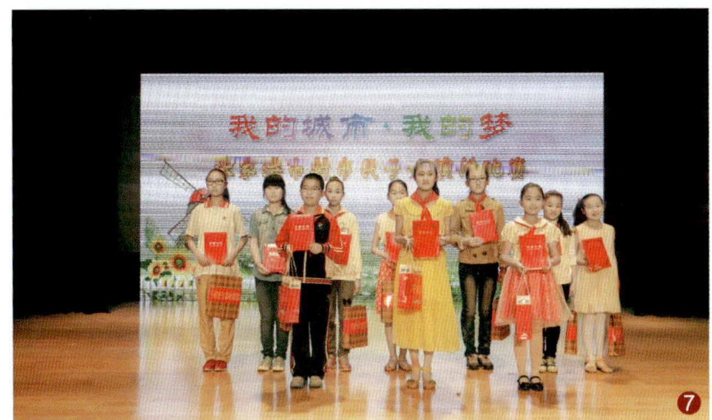

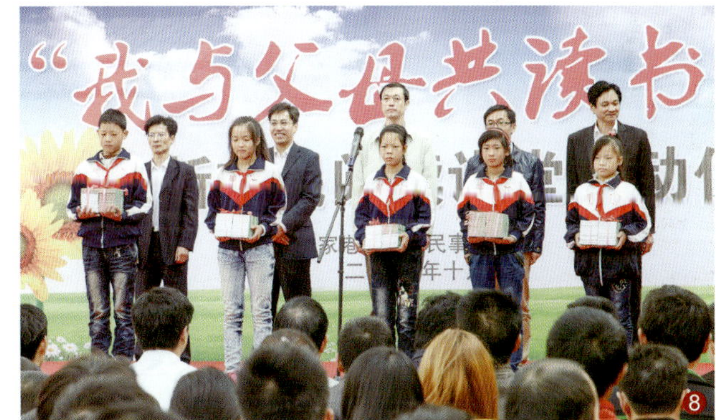

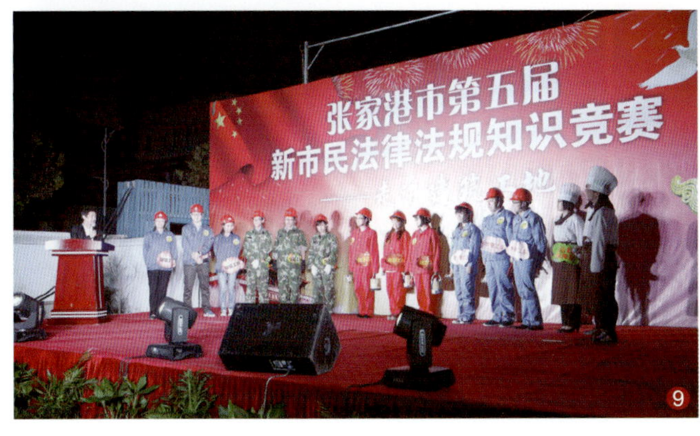

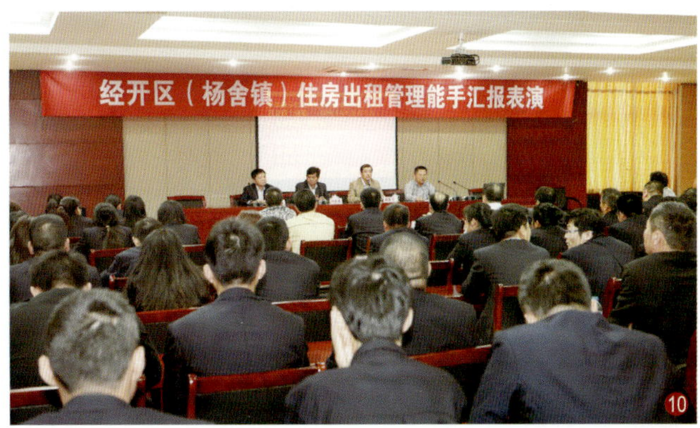

10

市城市投资发展集团有限公司（市城市建设基金管理办公室）

2013年，市城投集团紧扣现代化建设总目标和“创新争先突破年”工作主基调，积极投身城建事业，各项工作在攻坚克难中取得了新进步。

新城区开发高效实施。沙洲湖工程项目建设基本结束，振兴路及长兴路两座景观大桥实现通车，音乐喷泉、夜景亮化、景观绿化等提升扫尾工作完工。沙洲湖科创园项目15幢多层完工并交付经开区（杨舍镇），4幢高层稳步推进。沙洲湖大酒店室外工程及部分室内装修完工。启动沙洲湖湖西商业配套项目，方案设计、施工图设计及桩基工程结束，土建进场施工。年内，一干河生态廊道北二环一南横套段建设工程基本完工。全面实施城西新区基础设施和公共服务设施建设。开工七里庙菜场和泗港菜场两个实事工程，泗港菜场年末交付装潢。环城河沿线景观绿化提升工程和梁丰河景观绿化工程等市政配套设施建设启动。完成购物公园克拉水岸改造工程。按照一次规划、分期实施的原则，对东城37.6平方千米区域进行规划设计。年内完成黄泗浦生态园现状普查和影像录制，以及黄泗浦生态园景观概念性方案设计和塘桥西环路、南苑路等市政道路的方案设计。启动湖心景观区等项目的拆迁工作。

安置房工程优质完成。年内新开工仓基花苑、百家桥小区一期二期等7个项目，总建筑面积99.2万平方米；竣工锦绣花苑三期东区、港新花苑一期等7个项目，总建筑面积108.8万平方米。范庄花苑总计32幢房屋中的8幢房屋年末具备分房条件，提前超额完成全年目标。

市政道路建设全力推进。全年实施市政道路建设项目23项，建造面积97.4万平方米，总里程29.5千米。其中，年内新开工道路项目16项，结转道路项目7项。年内竣工通车暨阳路西延、梁丰路西延、东苑路南延等7个工程项目，总里程7.3千米。

1

2

3

4

5

6

1 市委书记姚林荣督察范庄花苑工程

2 市委书记姚林荣在购物公园为万人健步行开跑鸣枪发令

3 城投集团党委组织参观扬州市预防腐败警示教育基地

4 城投集团召开廉政建设座谈会

5 沙洲湖夜景

6 湖东花苑安置房

7 百桥路北延工程

7

市国家税务局

2013年，市国税部门围绕“为国聚财、为民收税”工作宗旨，充分发挥税收职能作用，为加快全市率先实现基本现代化进程做出了积极贡献。全年组织国税收入161.91亿元，比上年增2.15亿元，增长1.35%；完成公共财政预算收入46.42亿元，比上年增2.24亿元，增长5.07%。为2万余户纳税人直接办理各类减免退税73.18亿元，比上年增4.58亿元，增长6.68%。坚持依法行政，税收法治环境持续改善。全年立案查处112件，查补税款2674万元，净化税收法治环境。完善风险管理，信息管税能力有效提升。累计对2016户次纳税人进行风险应对，直接入库各类税款滞纳金2.45亿元，总成效3.72亿元，比上年增8.8%；任务类应对户均入库税款24.9万元，比上年增37.2%。强化服务理念，纳税服务质量不断优化。首次实现纳税服务零投诉，纳税人整体满意度98.75%。加强教育培训，干部队伍素质稳步提升。组织各类涉税培训，参训干部840人次。深化文明创建，509人次主动参与社会公益活动和志愿服务。年内，市国税局获江苏省文明单位、市服务地方奖、市预防职务犯罪先进单位等荣誉，109人次获各级各类表彰。

1 为纳税人进行国际税收专题指导

2 为A级纳税信用企业上门授牌

3 全市国税工作会议

4 联合国家京剧院举办“国税之春”京剧晚会

5 国税干部对执法行为进行集体审议

6 国税干部深入企业实地了解情况

7 国税干部为小学生讲解税收知识

8 国税局干部走进“政风行风热线”作税收宣传

9 国税干部在道德讲堂活动中捐款

10 税法宣传进社区

苏州市张家港地方税务局

2013年，全市地税系统按照“积聚发展新优势，推进管理现代化”的工作主题，把创先争优、率先发展贯穿于地税各项工作中，全力保障“六大提升行动”和“810工程”建设。

组织收入再创新高。全市地税系统累计组织各项收入155.93亿元，比上年增4.92%。其中，税收收入110.38亿元，比上年增1.97%；非税收入45.55亿元，比上年增12.83%；实现公共财政预算收入78.6亿元，比上年增0.74%，占全市公共财政预算收入的50.98%（以上数据均含保税区地税局）。

征管改革不断深化。实行基础管理和档案管理集中，巩固提升风险管理质效，全年累计消除中度风险点13064个，约谈评估纳税人2632户，入库税款及滞纳金 2.8亿元，问题率 99.9%，贡献率3.14%。地税稽查部门应对高风险100户，查补税款及滞纳金3061.47万元，罚款1286.78万元。全年直接为1567家次减免地方各税3.51亿元，其中54家企业享受高新技术企业所得税税收优惠，减免企业所得税9188.57万元。

队伍形象不断提升。张家港地税系统获两个国家级荣誉，其中市局获评全国五一劳动奖状、第二税务分局（7月，因机构改革更名为第八税务分局）获评全国巾帼文明岗。张家港地税局在连续5次被省文明委评为江苏省文明行业的基础上，又获江苏省文明单位称号，并蝉联市委、市政府表彰的“服务地方奖”。

1 4月24日，省委常委、苏州市委书记蒋宏坤为张家港地税局颁发“全国五一劳动奖状”

2 12月27日，国家公务员局考核奖励司考核奖励处处长栾勇、国家税务总局人事司基层工作处处长项有义等领导考察张家港地税工作

3 12月31日，市委书记姚林荣，市委副书记、市长朱立凡慰问地税干部职工

4 地税局领导参加“政风行风热线”

5 办税服务厅每日晨会

6 地税干部到高新技术企业辅导税收政策

7 地税干部到人才交流会辅导创业政策

8 网上推送低风险提醒函，帮助纳税人消除涉税风险

9 青年志愿者与巨桥小学开展“心手相约伴你成长”主题活动

10 地税局与企业签订《税企廉政共建公约》

11 开展“纳税人的需求，地税人的追求”大走访活动

12 地税系统“税月留声”合唱团参加经开区成立20周年活动

自助办税区

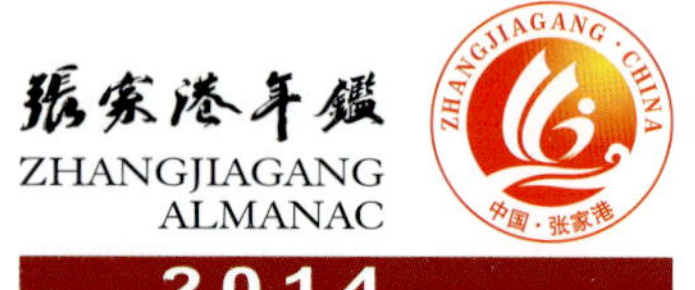

市人民政府口岸办公室、市港口管理局

2013年，张家港市人民政府口岸办公室（港口管理局）紧紧围绕全市“全面推进现代化建设”的总目标，认真贯彻现代化建设三年行动计划，全面落实“港城联动”发展战略，各项工作稳步推进。张家港港全年完成货物吞吐量2.6亿吨，连续四年超2亿吨，保持全省领先，居全国县域口岸首位；外贸进出口量5091.1万吨，继续领跑长江沿线港口；集装箱运量170.1万标箱，连续4年超百万标箱。港口资源整合力度进一步加强，“两型”港口建设有序推进。口岸开放规模进一步扩大，对外开放水平进一步提升。港口基础设施建设扎实推进，码头结构加固改造工作进展顺利。港政管理机制不断完善，安全保障能力持续提升。港口信息化建设成效显著；文明共建内涵进一步深化，协作服务水平进一步提升。2013年，张家港口岸获全国运行管理先进口岸称号；市政府口岸办被评为2012年度省文明口岸先进组织者；市港口管理局被评为2012年度江苏省港口管理工作先进单位、2011～2012年度全省交通运输依法行政先进集体，首批成为“省级平安交通示范点”。

1 市委书记姚林荣在2013年张家港口岸工作会议上讲话

2 市委副书记、市长朱立凡调研口岸工作

3 副市长邵军民调研港口资源整合情况

4 沿海港口码头结构加固改造工作座谈会（北方片）在张家港市召开

5 2013年张家港口岸“共建杯”体育运动会开幕式

张家港出入境检验检疫局

2013年，张家港出入境检验检疫局围绕“810工程”，大力开展“检港同行”活动，力促外贸转型升级，为全市争当苏南现代化示范区建设排头兵做贡献。全年检验检疫出入境货物123.5亿美元，签发各类优惠原产地证书2.2万份，为企业争取进口国关税减免7.3亿元，帮助企业对外索赔近1.3亿元。为企业减免费用9900万元。蝉联江苏省文明单位，获市服务地方奖。在全省系统第五届岗位技能竞赛中，总平均分列第二，继续保持领先优势。

突出通关便利化。瞄准汽车口岸等全市重点项目、重点产业，向国家质检总局争取小批量车的进口资质，同时高标准建成进口汽车检测线。建成省级多港分卸港口鉴定公共技术服务平台，为企业节时增效1600万元。与海关试点开展“三个一”工作模式，提高通关效率、降低通关成本，为推进“三互”做好准备。优化进境重点商品业务流程，全局11项重点业务平均流程时限缩短一半。帮助沙钢集团获得江苏省人民政府首届出口企业优质奖，帮助江苏梁丰食品集团创成全省唯一的出口农产品示范基地。

突出口岸能力建设。在全国质检系统率先开展口岸检验检疫核心能力建设，把住进出口商品质量关，维护“张家港制造”品牌。口岸卫生检验核心能力首批通过国家质检总局达标验收，国内首次检出心斑墨天牛等5种检疫性有害生物。首次开展中美大豆联合查验，开展试验性进口澳大利亚油菜籽研究，为中国对外贸易提供话语权，也保障了东海粮油、江海粮油等一大批企业的发展。

突出检测能力提升。围绕江苏进口商品集采分销中心、保税区六大市场等载体，精心打造木材、粮油2个国家级重点实验室，以及纺织、化矿、葡萄酒3个省级特色实验室。国家材种鉴定与木材检疫重点实验室高分通过验收，成为全国质检系统唯一的木材鉴定领域专业实验室。获批筹建国家食用植物油检测重点实验室，为张家港市企业产品快速走向国际市场提供通行证。全年新开验检测项目120余项，完成商品检测1.4万批、项目检测6.9万个。

1 国家质检总局副局长孙大伟考察进口汽车检测线

2 查验进口红酒

3 查验进口油脂

4 监管进口肉类

5 鉴定进口木材

张家港海事局

中华人民共和国张家港海事局隶属于中华人民共和国江苏海事局，实行垂直管理体制，负责行使辖区水上安全监督、防止船舶污染、口岸开放监管和行政执法等职能。自1981年的张家港航政站，到1988年的港航监督局，再到2000年更名为海事局，张家港海事局已走过33年的风雨历程。

33年中，张家港海事局紧跟国家改革开放的步伐，与长江黄金水道安全畅通休戚与共，和沿江航运经济加速发展共生共荣。监管岸线从5.5千米扩展到98.07千米，监管水域从17.7千米的福南水道扩展到包含6条水道、总通航里程104.3千米的长江水域。进入21世纪，张家港海事局在江苏海事局的领导下，紧紧依靠地方党委、政府，切实履行“保障水上安全、保护水域环境、保护船员权益、维护国家主权”的职能，着力推动软硬实力共同提高，基本建设、执法装备和信息化得到较大改善，初步实现“监管立体化、反应快速化、执法规范化、管理信息化”发展目标。1988年至2013年连续26年获江苏省文明单位称号，在全国海事系统最早获全国创建文明行业工作先进单位称号，社会满意度年均在95%以上，先后被评为江苏海事局创建“安全畅通文明”航区先进单位、苏州市文明单位标兵和张家港市优秀机关、标兵机关、预防职务犯罪先进单位，其党委被评为江苏海事局先进党委。各窗口先后获得全国青年文明号、省级机关青年文明号、苏州市青年文明号、张家港市青年文明号等称号。2011年张家港海事局被评为全国海事系统先进集体、直属海事系统先进职工之家、苏州市模范职工之家。2012年，张家港海事局党委获全国直属海事系统创先争优活动先进基层党组织称号，张家港海事局获全国交通运输行业文明单位、全国海事系统先进集体称号。

2013年,张家港海事局在市委、市政府和江苏海事局的领导支持下，贯彻落实市委、市政府决策部署，大力弘扬张家港精神，加强海事队伍革命化、正规化、现代化建设，全面履行监管和服务职能，一手抓安全监管，注重科学分析与规律研判，注重事故预防预控，注重现场管理，动静结合、标本兼治，坚决维护张家港口岸安全形势持续稳定。一手抓服务保障，深化改革创新、提升服务能力，优质服务通洲沙西水道综合整治三期工程、沪通铁路桥、深水航道、码头升等改造、双山岛旅游度假区开发、护漕港边滩整治、整车进口等市“810工程”项目建设，切实服务张家港经济社会发展大局。全年张家港辖区船舶进出港22.5万艘次，其中超大型船舶2165艘次、国际航行船舶6827艘次，港口货物吞吐量2.6亿吨，集装箱吞吐量170万标箱，外贸货物吞吐量5091万吨，散装液体危险货物运量1282万吨。

1 2013年度水上搜救综合应急演练

2 海巡艇维护客汽渡运

3 海事服务保税港区整车进口，维护大型滚装船安全靠泊

4 海事人员开展危化品码头安全检查

5 海事人员参加迎国庆升旗仪式

6 海事人员与船员共庆第九个航海日

7 海事人员为雅安地震灾区捐款

8 海事人员义务献血

长江引航中心张家港引航站

2013年，张家港引航站按照“服务优先，安全第一”的总体工作思路，突出抓好引航服务和安全管理工作。以“引航规范操作深化年”为安全管理抓手，强化提高遵章守纪意识和安全操作技能，实现引航“零事故”。以开展党的群众路线教育实践活动为契机，全力推行“阳光引航”工作，全面提高引航服务能力，让利于港航企业，与航运企业共渡难关。同时，加强单位建设和文明创建，再次获江苏省文明单位称号。

2013年，克服台风、大雾等不良天气影响，全年共引领中外籍船舶11220艘次，引航总吨14073万吨，引航净吨7480万吨，载重吨23094万吨，引航里程133.2万千米。克服种种技术瓶颈和实际困难，15日内两破永钢水道船舶最长纪录，使船长290米、吃水10.7米的新加坡籍“帕拉”轮顺利进靠盛泰码头；采用特殊靠泊方法，为保税港务码头引领滚装船7艘，进出口整车1.44万辆，多次刷新长江引航新纪录。

1 交通运输部副部长翁孟勇调研

2 交通运输部长江航务管理局局长唐冠军检查慰问

3 副市长邵军民慰问战高温一线引航员

4 引航站领导登轮征求船方服务需求

5 船长290米的“帕拉”轮进靠永泰码头

6 “中远腾飞”轮创造保税港务码头最大滚装船纪录

张家港开放大学

2013年11月，江苏广播电视大学张家港学院更名为张家港开放大学，同时挂江苏城市职业学院张家港办学点、张家港市社区培训学院校牌，设有奥鹏学习中心等远程教育机构。学校已形成以现代化信息技术为支撑，学历教育和非学历教育协调发展、职业教育和远程开放教育相互沟通、职前教育和职后教育有效衔接的办学格局。学校招生分三类：本专科学历继续教育、全民非学历教育、全日制高职教育。本专科学历继续教育颁发江苏开放大学学历证书，非学历教育颁发相应的非学历教育证书，高职教育颁发江苏城市职业学院学历证书。学校开设35个专业，有各类学历教育班211个，其中全日制专科班62个。年内招生2039人，其中全日制新生611人。毕业学生1669人，其中全日制毕业生600人。年末有在籍学生8824人。有教职员工202人，其中专任教师157人。

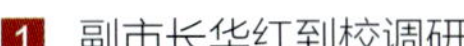
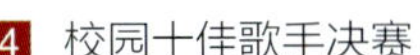

1 副市长华红到校调研
2 新生军训
3 第六届校运会
4 校园十佳歌手决赛
5 第五届校技能比赛

市崇实初级中学

市崇实初级中学创建于1948年，位于乐余镇乐江路2号，是一所有着深厚文化积淀和优良办学传统的学校。学校有20个教学班，896名学生，占地面积34668平方米，建筑面积13970平方米。有教职员工87人，其中中高级教师64人、市级以上骨干教师18人。学校以“忠勇勤朴”为校训，以“团结进取、求实创新”为校风，以“严谨务实、敬业奉献”为教风，以“尊师守纪、勤奋好学”为学风，秉承“让每一位学生怀着希望走进来，使每一位学生带着成功走出去”的办学理念，努力打造品牌学校。

学校拥有4000平方米的实验大楼，设有6个理化生实验室和音乐、美术、地理等专用教室。实验室及专用教室均按一类标准配备器材。学校图书馆有图书38368册，为二级图书馆。有网络教室3个，学生用电脑120台。每个班级都配备一套多媒体设备。学校大力推进课堂教学改革，持之以恒学习洋思中学教改方法，探索了一条符合农村学生实际的教学模式。结合当地传统特色，编撰《风筝制作》校本教材，有效探索“风筝”文化，产生较大影响。

学校于1999年被首批评为省示范初中，2003年被评为省德育先进学校，2007年被评为苏州市教育现代化初中。连续18年被评为张家港市文明单位，每学年均在教学质量综合评估中获奖。

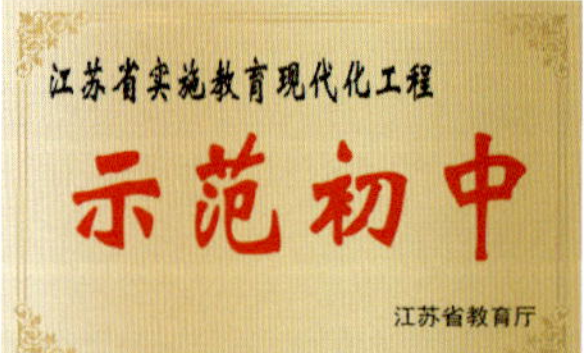

1 校长任方

2 2012年12月21日中科院院士薛永祺为母校题词

3 崇实初级中学外景

4 校长任方在全国“学洋思”典型经验交流会上发言

5 2013年6月3日，加拿大籍华人、加拿大国会原议员梁陈明任回母校参观

市塘桥中心幼儿园

市塘桥中心幼儿园坐落于“围棋之乡”——塘桥镇，有新、老两个园区，31个教学班，在园幼儿1122人。园内四季绿草茵茵、花果飘香。秉着优秀的文化传统和浓郁的地方特色，塘桥中心幼儿园以围棋启蒙教育为载体，积极传承和发展围棋文化。以“走好每一步”为核心文化，确立“勇于博弈，独立善思，细致淡定，智慧生活”的围棋文化价值观，树立“让棋枰开启孩子智慧人生”的育人观，将“以棋激趣、以棋养性、以棋育德、以棋启智、以棋健体”作为围棋文化教育的目标和内容，将“黑白方圆真善美，舍取输赢平常心”作为围棋文化精神，让孩子树立大局意识、合作意识、竞争意识。高质量的办园水平和鲜明的办园特色在幼教同行中赢得良好反响，幼儿园多次接待省内外幼教同行参观学习。独树一帜的园本特色课程18次在全市公开展示，办园经验也多次在市级以上交流推广。幼儿园先后获得江苏省绿色幼儿园、江苏省平安校园、苏州市0周岁至3周岁科学育儿示范基地、苏州市模范教工之家、苏州市语言文字规范学校、张家港市教育信息化示范园、张家港市校园文化先进学校、张家港市文明安全校园等多项荣誉。

1 园长胡芳
2 阅读圆梦——做美丽的书香教师
3 师幼围棋擂台赛
4 亲子制作
5 “十二五”课题中期汇报

江苏银行股份有限公司张家港支行

2013年，江苏银行股份有限公司张家港支行大力扶持全市城乡一体化建设，拥有政府平台类授信客户10家，授信总额7.65亿元，累计发放贷款5.65亿元。转变合作模式，成功发行该行首款非标准债权融资理财项目并热销，收到良好的社会效益。防控信贷风险，对不良资产进行清收，全年累计清收不良贷款2400万元，不良贷款率下降至0.81%。至年末，该行本外币各项存款余额43.59亿元，比上年增25.5%。本外币各项贷款余额41.82亿元，比上年增30%。全年国际结算量8.55亿美元，比上年增39.93%。外汇交易量2.25亿美元，比上年增42.41%。拥有存取款机5台、ATM取款机4台、自助终端3台。发放各类银行卡2248张，累计发放2.48万张。代理保险、基金销售965万元。实现中间业务收入1960.15万元，比上年增41.83%。全年实现利润1.49亿元，比上年减1.32%。

1 银行外景
2 营业大厅
3 工作会议
4 参加分行运动会
5 进社区普及金融知识

紫金财产保险股份有限公司张家港支公司

紫金财产保险公司是由江苏省国信资产管理集团有限公司、江苏国泰国际集团等13家公司共同发起成立的，是全国首家总部设在江苏省的全国性财产保险公司，是江苏人自己的保险公司，与江苏银行、华泰证券共同构成江苏地方金融法人机构的“三驾马车”。公司注册资本金25亿元，股东总资产超过1000亿元，所有股东连续3年实现赢利。紫金财产保险张家港支公司成立于2010年8月，2013年实现保费收入4663万元，非车险占50%，连续3年市场份额排名第四。作为江苏省道路救助基金的唯一管理人，紫金财产保险张家港支公司成立后至2013年年末累计发放救助款138笔共389万元，解决了许多困难家庭的燃眉之急。公司始终遵循“始于责任，成于精细”的核心价值观，在稳步拓展业务的同时坚持科学发展，不断提高和增强公司的核心竞争力。

1 公司外景
2 公司业务座谈会
3 团队活动
4 职工工会活动

紫金财产保险股份有限公司
ZKING PROPERTY & CASUALTY INSURANCE CO.,LTD.
张家港道路救助基金服务受理点

平安金融(单位)

张家港市平安金融创建活动领导小组

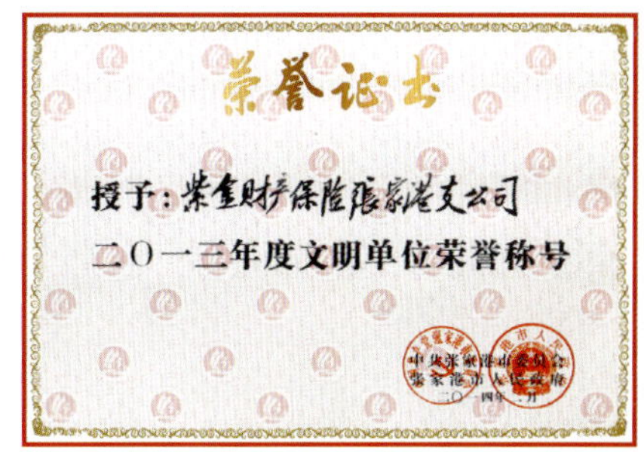

荣誉证书

授予：紫金财产保险张家港支公司

二〇一三年度文明单位荣誉称号

张家港中联理货有限公司

中联理货有限公司（CHINA TALLY）是按国务院关于深化港口体制改革的要求，经交通运输部批准，于2003年3月，由中国远洋(集团)总公司、中国对外贸易运输(集团)总公司、中国海运(集团)总公司合资组建成立的全国性理货机构，总部设立于北京。中联理货的成立遵循世界贸易组织国际贸易规则，理顺理货业务关系，破除垄断格局，引入竞争机制，促进理货行业的健康发展，推动了港口服务质量的持续提升。中联理货已在全国29个口岸设立分支机构。

张家港中联理货有限公司是由中联理货有限公司控股、张家港港务集团参股，于2004年5月组建成立。经营范围包括国际、国内航线船舶的理货业务，国际、国内集装箱理箱业务，集装箱装、拆箱理货业务，货物的计量、丈量业务，监装、监卸业务，货损、箱损检定等业务。公司下设4个部门，外设办事处6个。公司拥有一支专业、敬业的理货员队伍，拥有技术先进的理货业务信息系统和操作设备。

张家港中联理货遵循“客户为根、以人为本、技术为基、创新为础”的经营宗旨，秉承“精诚服务、客户满意”的服务理念，公司以现代科技为手段，积极参与张家港电子口岸的建设，全面主导理货需求的设计，引领集装箱理货信息系统规则的制订；以提升理货服务水准、优化口岸服务功能为己任，致力于为船方、码头、货主各方客户提供精准、高效、周到的高品位理货服务，为张家港口岸地区外贸运输业的发展做出了积极贡献。2013年，公司共理船舶11595艘次，受理集装箱102万标箱。

1 总公司领导关怀
2 2013年度股东会暨三届四次董事会议
3 公司领导班子考核
4 参加总公司成立十周年庆祝活动
5 喜获荣誉
6 谋划转型升级新思路
7 业务课题研讨
8 与海关开展信息技术交流
9 结对共建活动
10 口岸单位共建活动
11 关爱基金募捐活动

ChinaTally
10

4

China Tally
中联理货系统2013年工作会议

5

责任在肩 不辱使命
大力开展以商品检验为主的新业务

6

学习贯彻

7

8

崇明岛国家地质公园
Chongming National Geopark
弘扬民族精神 努力实现中国梦 暨庆祝建党92周年

9

“金岸服务党建联盟”
走进宏泰公司交流会
2014年5月16日

10

张家港中联理货党员
关爱基金募捐活动
捐款箱

11

市金厦房地产开发公司

张家港市金厦房地产开发公司是国有全资企业，具备国家房地产开发一级资质。始建于 1983 年，累计开发房产面积超 400 万平方米。30 年中，市金厦房地产开发公司始终肩负国企的企业使命感和社会责任感，积极参与老城改造，专注于房地产开发。尤其是近年，市金厦房地产开发公司打造阳光系列精品楼盘，先后成功开发阳光水岸、阳光里程、阳光绿城、阳光怡庭、阳光锦程、阳光半岛酒店、阳光生活广场和金厦商务楼等精品项目。公司先后屡次荣获“江苏省房地产综合实力五十强企业”“苏州市房地产综合实力 20 强企业”“张家港市年纳税超 5000 万元企业”“第三产业 200 强”“特级资信 AAA 企业”“江苏省住宅商品房综合质量信得过单位”等称号。

2014 年，市金厦房地产开发公司以梁丰生态园为核心，恢弘巨制再绘生活蓝图，带着超越的阳光锦程打造梁丰生态园南国际人居城邦。阳光锦程，85 万平方米欧系 Art-deco 建筑，尊享 80 公顷梁丰生态园、7.6 万平方米绿化水景，领先全市 CLD 中心居住权。阳光锦程以“锦绣全城”之姿傲然挺立。

未来，市金厦房地产开发公司将继续精益求精，自强不息，追求卓越，以打造文化地产为目标，以奉献给全市人民“阳光下，好生活”为愿景，与全市人民共同构筑美好家园。

1 金厦•阳光里程
2 金厦•阳光怡庭
3 金厦•阳光绿城
4 金厦•阳光锦程
5 金厦•阳光半岛
6 金厦商务楼

1

2

江苏栋国进出口有限公司

江苏栋国进出口有限公司成立于2003年6月,注册资本2000万元，总部位于张家港保税区，是一家以经营进口棉花为主，同时经营进口汽车、名贵木材、化工、化纤业务的综合性贸易公司。公司与多家棉花商、进出口代理商及全国各大纺织厂建立长期稳定的合作关系，年棉花经营量达到15万吨，年销售额近25亿元，在业内享有较高的声誉。公司有员工65人，其中本科以上学历占20%、大专以上学历占70%、英语八级以上4人、业务员占50%。公司建立起一套质量检验、购销和服务网络，销售网络遍及国内主要棉纺织大省，并在全国各主要地区设立多个棉花配送指定仓库。公司秉承一切以客户为中心的原则，经营理念是现场看货、自挑自选、随订随提，服务理念是倾听顾客的声音、关注顾客需求的细节、尽心尽力、完美服务。

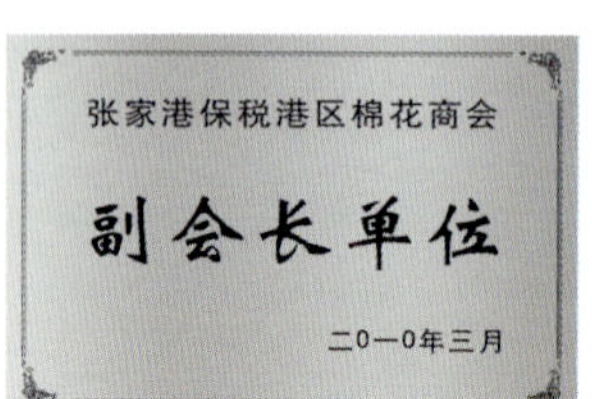

2

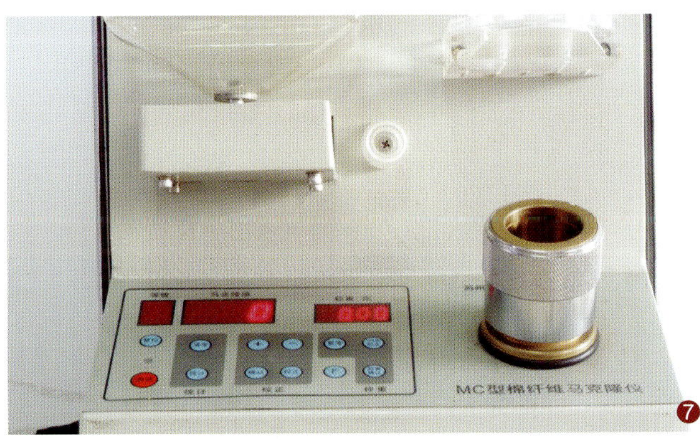

1 棉花仓储企业座谈会
2 江苏栋国进出口有限公司商务楼
3 入库清点
4 入库抽查
5 棉花运输
6 7 8 检测设备
9 拓展训练

市天腾氨纶纱有限公司

市天腾氨纶纱有限公司成立于2002年，位于金港镇德积福民路。公司宗旨是“以质量求生存，以质量求发展，向质量要效益”，理念是“质量为先，信誉为重，管理为本，服务为诚”，愿景是“您的满意”，目标是“您的选择”。公司主要生产各种规格氨纶包芯纱、氨纶包覆丝、涤纶空包、锦纶空包。有固定资产1.2亿元，生产厂房2.8万平方米，占地面积3.33公顷，企业员工500余人，其中技术管理人员50余人。拥有两条国内最先进的10万锭前纺生产线，日产自动络筒机22台套，细纱车218台套，空包车18台套，加弹车5台套。日产量50余吨，年产值5亿元。2013年6月，公司投资41万美元从国外引进两台QPRO型自动络筒机设备。该设备节能环保，促进高速纺纱，提高纱线品质，代表了纺纱业机械设备国际化、科学化的发展方向。

4

5

6

7

1 2 空包生产车间
3 公司外景
4 自络筒
5 6 细纱车间
7 8 前纺车间
9 职工颁奖年会
10 产品

8

9

10

市国裕酒业有限公司

张家港市国裕酒业有限公司是上市公司世界 500 强江苏苏酒实业（洋河·双沟）股份有限公司张家港总代理，是一家具备酒类营销专门资质的公司。旗下销售的主力白酒品牌有：苏酒系列、双沟珍宝坊系列、洋河蓝色经典 5A 系列、洋河蓝色经典梦之蓝系列、四川绵竹剑南春酒厂有限公司剑南老窖系列、洛阳杜康控股有限公司杜康典藏系列等知名品牌。销售的主力红酒品牌有：正牌法国 CASTEL（家族牌）葡萄酒系列、意大利恺撒葡萄酒系列。同时代理福建武夷山国家自然保护区正山茶叶有限公司"正山小种""金骏眉"等名优茶产品。公司位于张家港经济技术开发区内，办公仓储面积近 5000 平方米，一楼大厅设有直销门市部，环境安逸休闲，所有产品均批发价供应，系列产品促销奖品多。门市休闲区配有专业茶艺师为客人品茗献艺；二楼设有"港城壹号"生态餐厅，饮食理念独特，为顾客提供真正的健康美食。公司在全市各区镇均设有直销网点和专业客服人员，提供送货上门服务。公司秉持勤奋、合作、竞争、诚信、共赢的经营理念，科学创新的销售管理方法，与客户建立友好共赢的长期合作关系，信誉良好，一直深得客户好评。

1 总经理徐建国
2 公司外景
3 公司展厅
4 5 餐厅包厢
6 餐厅走廊
7 代理的系列白酒
8 仓库一角

江苏华程工业制管股份有限公司

江苏华程工业制管股份有限公司成立于1997年，是一家集钢管科研、制造、贸易、物流于一体的现代化科技型企业。拥有先进的制管技术和齐全的制管设备、检测仪器，是国内知名的钢管生产企业之一。产品以轴承钢管、高合金钢管、精密缸套管、电阻焊管、特种异型钢管五大系列为主，广泛用于国防军工和民用等各个领域，内销到全国各地，外销到欧美、澳洲、东南亚、非洲等地区。公司具备20万吨的年生产能力，连续数年产值超过10亿元。公司重视技术创新能力的提升，与上海发电设备成套设计研究院、安徽工业大学、江苏科技大学、南京航空航天大学等建立友好的科研合作关系，解决一系列管加工技术难题，主持和参与多项行业标准的制定，形成数项发明专利，多项填补国内空白，并达到国际先进水平。经营以诚信为先、以技术为本，提出“创中国名牌，做精品钢管”的名牌发展战略，先后获国家高新技术企业、江苏省质量诚信会员企业称号，产品获江苏省名牌产品、江苏省著名商标等多项荣誉。

1 公司总裁严加彬
2 厂房外景
3 生产设备
4 检测中心
5 主要产品

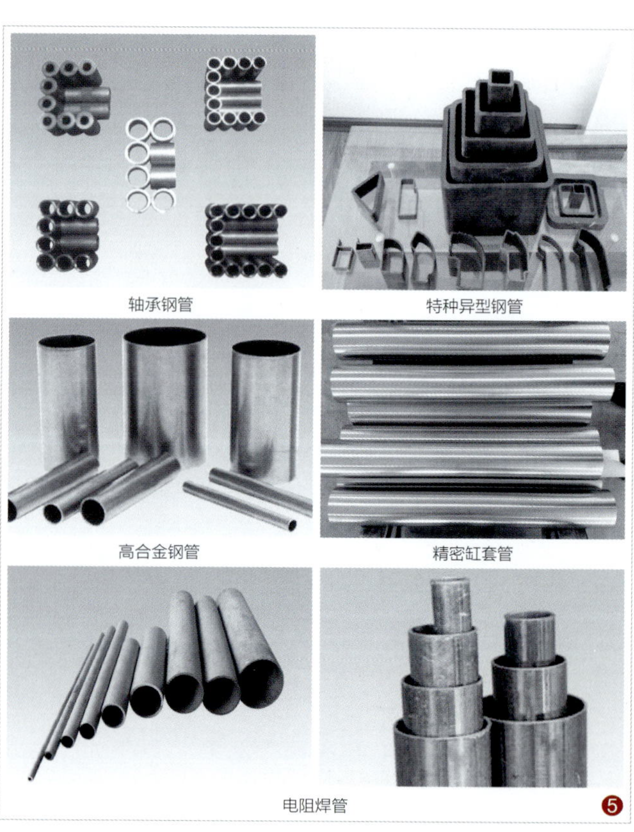

市港红印制有限公司

市港红印制有限公司始建于1986年，集设计、研发、制作、生产、销售为一体，专业生产各类中、高档玻璃的高温和低温贴花纸。公司主要产品有：酒瓶标贴系列、奶瓶标贴系列、广告花纸系列、普通花纸系列等。

公司占地8000余平方米，拥有1万平方米的生产车间、600平方米的研发部。设有设计部、制版部、烫金部、质检部、售后部等部门。拥有11条高精度全自动平面丝网印刷生产线，年生产能力达到500万张以上。有5台烫金设备、3套制版设备、3台全自动激光照排机，并拥有2条配套的烤花加工生产线。有员工150人，其中大专以上学历人员28人、研发人员12人、技术人员62人，生产技术和生产规模在全国同行业中均处于领先地位。至年末，公司拥有外观设计专利391件。公司产品获苏州市名牌产品、江苏省质量信用产品称号。

1

2

3

4

5

1 电脑设计部
2 车间一角
3 样品展示室一角
4 5 系列印刷产品
6 企业外景

6

华芳集团有限公司

华芳集团有限公司始建于1975年，是一家纺织为主、多元拓展的大型股份制企业，拥有总资产超100亿元，员工近2万人，属国家大型企业、江苏省重点企业集团。公司以纺织为主业，下辖棉纺、色织、织染、毛纺织染等四大业务单元，纺织园区散布江苏张家港、山东夏津、新疆石河子、河南修武和安徽五河。其棉纺产业规模世界领先，毛纺织染产业建成全球最大的精纺呢绒生产基地之一。“华芳”商标为中国驰名商标，公司拥有中国名牌产品2种、国家免检产品3种。公司大力发展新兴产业和三产服务业，组建进出口、棉业、现代物流、小额贷款、典当、融资租赁、创业投资、房地产和酒店等三产公司。公司已发展成为在纺织行业竞争优势明显、在多个领域快速拓展的大型企业集团。2013年，公司列中国企业500强第373位、中国制造业企业500强第193位、中国民营企业500强第91位，获苏州市信用管理示范企业称号。在2013年中国棉纺织行业主要经济效益指标排名中，华芳集团棉纺有限公司主营业务收入居第2位、出口交货值居第6位。

1 公司采用细络联世界一流装备

2 华芳金陵国际酒店

3 华芳园

4 企业理念：我们总在超越

5 华芳国际大厦

科学技术

Science and Technology

张家港科技创业园　（经开区　供稿）

综　　述

科技载体

科技人才

高新技术产业

科技项目

科技成果

知识产权保护

科普工作

气象科技

防震减灾

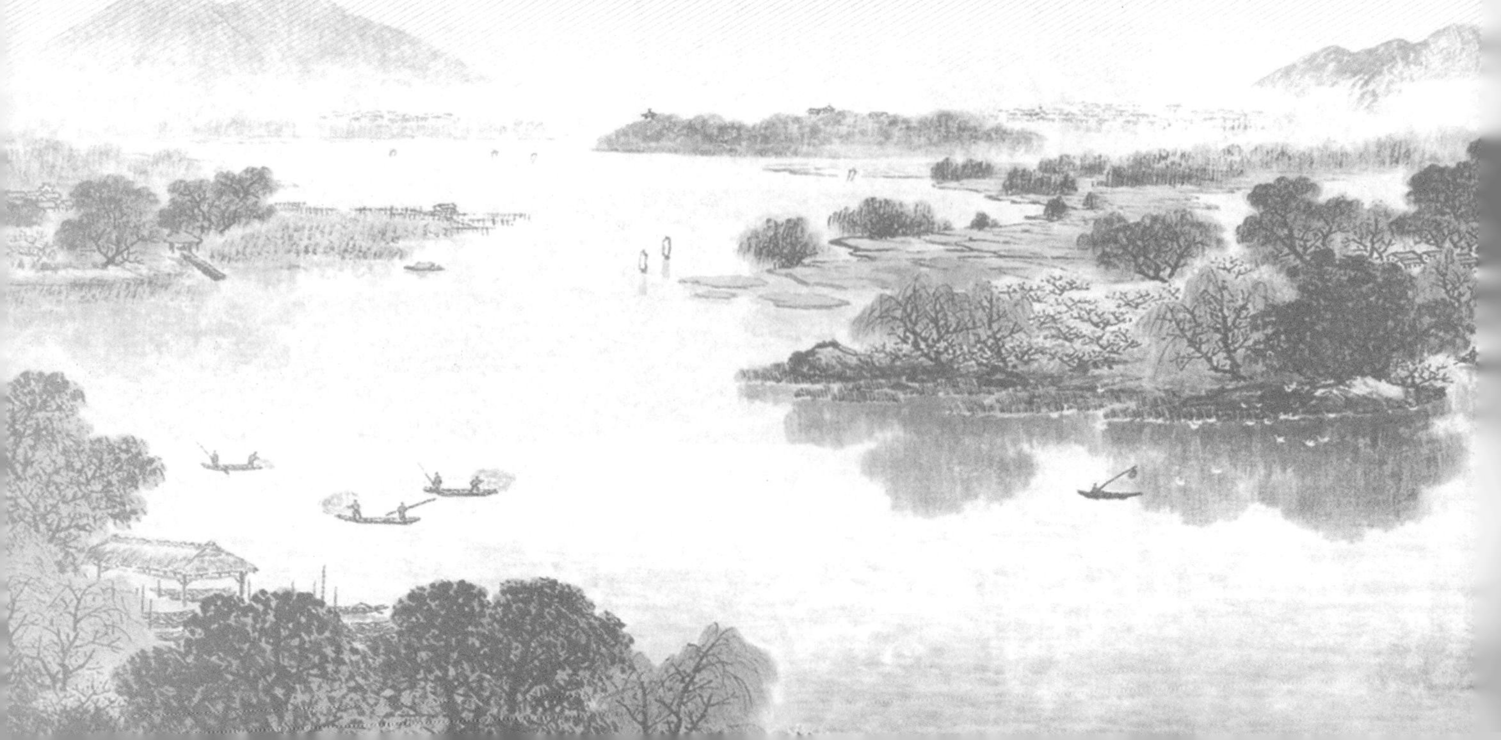

综 述

2013年，全市财政科技投入4.7亿元，比上年增加0.47亿元，增11.11%，占本级财政一般预算支出的5.9%。全市新增高新技术产品305种，新增高新技术企业55家，新增苏州市级以上企业研发机构87家，获苏州市级以上科学技术奖励22项，评定张家港市科技奖励62项，万人发明专利拥有量达到12.5件。年内，市政府制定《关于强化科技金融工作助推科技型中小企业加快发展的意见》《市科技创新“三个一批”行动方案》《市实施专利跨越三年行动计划（2013~2015）》，张家港市连续7次获评全国科技进步先进市。

科技合作纵深发展　年内，张家港经济技术开发区成为国家示范型国际科技合作基地、中国产学研合作创新示范基地。全市新建产学研合作办公室4家，累计28家；新增省国际科技合作计划2项，累计12项，苏州市国际科技合作项目累计31项；新增产学研合作项目269项，累计有584家企业与236家高校院所建立科技合作关系。7月，第五批“科技镇长团”结束挂职。8月，第六批“科技镇长团”10名成员到张家港市挂职。“科技镇长团”促成市与校、镇与校合作5项，签订校企合作协议112项，合同金额18507.5万元。

人才引进量质并举　年内，全市组织六批市领军型创新创业人才项目评审，确定引进人才项目95项，累计290项。新增国家“千人计划”人才4人，新增省高层次创新创业人才引进计划18人，新增姑苏创新创业领军人才计划20人。新增“千人计划”专家产业化项目38项，引进领军型创业人才（团队）95个。集成光电研究院建成苏州首家省级“千人计划”研究院。评审领军人才创业示范企业5家，评审“千人计划”研究院2家、“千人计划”专家工作站21家。组织教授、博士柔性进企业，45家企业与99名教授、博士成功对接。

创新载体建设加快　年内，张家港市获批国家火炬计划节能环保装备特色产业基地，金港镇、乐余镇被确定为省创新型试点乡镇。深入实施创新载体建设三年行动计划，启动筹建省级高新区、江苏锂电谷。加快“十大科技载体”建设，沙洲湖科技创业园、新大新科技创业园成为省级科技企业孵化器。新增省企业研究生工作站14家；新增省工程技术研究中心23家、省外资研发机构7家，大中型企业研发机构建有率100%；新增创新创业载体面积34万平方米。

科技企业培育增效　年内，新增省科技型上市培育计划入库企业42家、高新技术企业55家、民营科技企业231家、苏州市创新先锋（培育）企业13家；首次评审认定张家港市创新型标兵企业10家。建立重点培育年销售超1亿元科技型企业培育库、苏州雏鹰计划小微企业培育库，形成责任层层落实、市镇齐力推进的工作责任体系和推进机制，新增销售超10亿元企业5家、超1亿元企业22家。出台《关于强化科技金融工作助推科技型中小企业加快发展的意见》，建成网上科技金融综合服务平台——张家港市科技金融推介院。招商银行张家港支行与市科技局签订科技金融战略合作框架协议，张家港农村商业银行成立省内首家县域科技支行，为中小型科技企业量身提供四大类20余种新产品。

【第七届科技节】 7月6日至10日，张家港市举办第七届科技节。科技部副部长曹健林等近200位嘉宾出席，其中苏州市级以上领导18人、高校校级领导9人、院士专家5人、“千人计划”专家20人、高校副教授以上专家120人。其间，共举办港城创新院士专家论坛、重点高校（院所）科技成果对接洽谈会、科技合作项目签约仪式暨市级科技政策发布会、区镇科技人才项目对接洽谈活动等主要活动6场，900余家企业参加活动，达成合作项目120项，计划总投资19.8亿元。合作项目中，校与市（镇）建立全面合作关系9项，科技人才引进项目29项，研发平台共建项目10项，合作研发与产业化项目72项。

【首场科技成果网上对接会举办】 11月21日，由苏州市科技局主办，张家港市科技局、苏州市生产力促进中心承办，以光机电一体化、装备制造、新材料为技术领域的“苏州市科技成果转化网上对接会——张家港企业专场”举行。这是张家港市首次使用网上对接会的模式，依托网络会展中心，搭建企业不出公司门、专家不出实验室，创投、技术经纪人等第三方线上服务的便捷高效对接平台，加快科技成果在张家港市的转化和产业化，助推企业转型升级。此次网上对接会共征集到科技成果项目184项、技术需求43项。在两个半小时的对接过程中，实现技术对接56次，产生意向15次，达成意向3次。对接会还吸引5640名访客在线观摩，产生强烈反响。（夏观亮）

科技载体

【概况】 年内，张家港市获批国家火炬计划节能环保装备特色产业基地，金港镇、乐余镇被确定为省创新型试点乡镇。沙洲湖科技创业园、新大新科技创业园获批省级科技企业孵化器。全市省级科技企业孵化器累计8家。启动筹建省级高新区、江苏锂电谷等重大科技载体建设。全市新增省重点实验室1家，累计2家；新增省企业院士工作站1家，累计12家；省科技公共服务平台累计4家；苏州市公共技术服务平台累计11家；新增省工程技术研究中心23家，累计72家；新增苏州市工程技术研究中心31家，累计197家；新增张家港市工程技术研究中心30家，累计153家。新增省级外资研发机构7家，累计19家；新增苏州市内外资研发机构7家，累计73家。新增苏州市企业院士工作站1家，累计8家；新增省企业研究生工作站14家，累计118家。

【高新技术创业服务中心】 2013年，张家港国家高新技术创业服务中心引进高新技术企业29家，注册资金8900万元，孵化面积5190平方米，行业领域涵盖电子信息、智能装备及精密仪器、节能环保、新材料及新能源和生物医药类，其中市领军型人才创办企业15家。新入驻企业创造就业岗位195个，吸纳本科以上科技人员178人，其中硕士12人、博士20人。有3个项目列入省级以上科技计划，其中获评省科技支撑计划（工业）项目2项，省国际科技合作计划项目1项。新增省高新技术企业4家，申请专利446件。新增国家"千人计划"2人，省高层次创新创业人才1人，省"六大人才高峰"1人，姑苏创新创业领军人才1人，张家港市领军型创新创业人才16人。中心累计孵化企业205家，毕业企业91家，孵化大楼实现入驻率90%，年末有在孵企业105家，其中留学生企业46家，在孵企业实现技工贸总收入3.5亿元。2013年，中心荣获江苏省小企业创业基地称号。

【"十大科技载体"建设】 7月，市委、市政府出台《张家港市现代化建设三年行动计划（2013~2015）》，明确提出在全市规划建设"十大科技载体"，全面推进科技创新载体建设，不断提升区域创新能力。"十大科技载体"分别是沙洲湖科技创业园、保税区科技创业园、张家港高新技术创业园、海外高层次人才创新创业园、锦丰科技创业园、东城科技创业园、凤凰科技创业园、南丰科技创业园、新大新科技创业园和乐余科技创业园，规划总建筑面积136万平方米。年内，"十大科技载体"规划建设全面启动，累计完成投入15.5亿元，新增面积27.2万平方米，引进硕士以上高层次创新创业人才342人，其中国家"千人计划"人才27人、省高层次创新创业人才32人、姑苏创新创业领军人才31人，共实施产业化项目259项，拥有授权发明专利195件，获批省级以上科技企业孵化器8家，其中国家级1家。

【"十大企业研发平台"建设】 年内，市政府启动"十大企业研发平台"建设，鼓励一批行业龙头企业和领军型企业加快转型升级步伐，进一步提升企业自主创新能力。首批入围的有富瑞特装研发中心、飞翔新材料研究院、海陆重工研发中心、华程总部研发中心、爱康低碳技术研究院、长顺高分子材料研究院、华盛能源材料研究院、骏马橡胶骨架材料研发中心、沙钢钢铁研究院、永钢钢铁研究院等。十大企业新增投入4.3亿元，新增面积9.8万平方米，引进高层次人才191人，申请发明专利94件，承担省级以上科技项目13项。市科技局在加大相关科技创新政策宣传力度的同时，为"十大企业研发平台"在研发机构项目申报方面提供专项辅导和跟踪服务。至年末，富瑞特装研发中心完成国家级研发机构申报，飞翔新材料研究院获批省企业重点实验室，骏马橡胶骨架材料研发中心建成省企业院士工作站。

（夏观亮　葛彩琴）

科技人才

【概况】 年内，全市组织六批市领军型创新创业人才项目评审，确定引进人才项目95项，累计290项；成立全国首个海创智库科技服务中心工作站，成为千人计划联谊会海创智库在地方推进千人计划产业化典型工作站点。新增国家"千人计划"人才4人，累计9人；新增省高层次创新创业人才引进计划18人，累计52人；新增姑苏创新创业领军人才计划20人，累计57人；新增省博士计划3人，累计22人；评选表彰"张家港市领军人才创新创业示范企业"5家；组织教授博士柔性进企业，45家企业与99名教授博士成功对接；入选省科技型企业家3人，累计5人；新增"千人计划"专家产业化项目38项，评审张家港集成光电研究院和张家港电力电子集成技术研究院2家"千人计划"研究院和21家"千人计划"专家工作站，集成光电研究院建成苏州首家省级"千人计划"研究院。

2013年张家港市新增苏州市级以上高层次人才一览

表56

类　别	姓　名	引才（或创办）企业
"千人计划"	张贵新	张家港智电电工高技术研究所有限公司
	胡　军	张家港智能电力研究院有限公司
	张　炜	苏州迈泰生物技术有限公司
	王小良	苏州良辰生物医药科技有限公司
省高层次创新创业人才计划	魏星光	江苏富森科技股份有限公司（创业类）
	黄　驰	张家港楚人新材料科技有限公司（创业类）
	尚建库	张家港格林台科环保设备有限公司（创业类）
	唐海娣	张家港耐维思通电子科技有限公司（创业类）
	江　晨	苏州五希通信科技有限公司（创业类）
	刘文华	张家港智电西威变流技术有限公司（创业类）
	陶建平	江苏宏云技术有限公司（创业类）
	关士友	张家港保税区超威电化技术服务有限公司（创业类）

续表56

类　别	姓　名	引才（或创办）企业
省高层次创新创业人才计划	柳岸敏	江苏和昊激光科技有限公司（创业类）
	刘建政	张家港智电柔性输配电技术研究所有限公司（创业类）
	韩竞科	江苏博强新能源科技有限公司（创业类）
	王连东	张家港合瑞车桥有限公司（创业类）
	曹军威	苏州无极时空网络科技有限公司（创业类）
	张　炜	苏州汉酶生物技术有限公司（创新类）
	胡　军	张家港智能电力研究院有限公司（创新类）
	孙　林	江苏沙钢集团有限公司（创新类）
	胡　波	江苏银河电子股份有限公司（创新类）
	付敏跃	江苏海狮机械集团有限公司（创新类）
姑苏创新创业领军人才计划	周建斌	江苏浦士达环保科技有限公司（创业类）
	尚建库	张家港格林台科环保设备有限公司（创业类）
	索来春	张家港安泽光电科技有限公司（创业类）
	张立勋	张家港市永发机器人科技有限公司（创业类）
	王浪平	苏州格科特真空设备有限公司（创业类）
	张贵新	张家港智电电工高技术研究所有限公司（创业类）
	姜齐荣	张家港智电电力电子研究所有限公司（创业类）
	黄继颇	张家港凯思半导体有限公司（创业类）
	江　晨	苏州五希通信科技有限公司（创业类）
	孙公权	江苏中科天霸新能源科技有限公司（创业类）
	韩　捷	苏州百康生物科技有限公司（创业类）
	郭　毅	江苏奥斯佳材料科技有限公司（创业类）
	刘文华	张家港智电西威变流技术有限公司（创业类）
	朱　忻	苏州矩阵光电有限公司（创业类）
	胡　军	张家港智能电力研究院有限公司（创新类）
	张　珏	张家港市阿尔特空调科技有限公司（创业类）
	陶建平	江苏宏云技术有限公司（创业类）
	陈　奇	苏州优讯达信息咨询服务有限公司（创业类）
	汤雪飞	苏州瑞尚节能科技有限公司（创业类）
	毛桂林	苏州紫光伟业激光科技有限公司（创业类）
企业博士集聚计划	郭德福	江苏沙钢集团有限公司（创新类）
	周建新	张家港中集圣达因低温装备有限公司（博士后类）
	余　宏	江苏禾昌生物科技有限公司（创业类）
省“千人计划”研究院	叶继春团队	“千人计划”（张家港）集成光电研究院

【集成光电研究院获评省级“千人计划”研究院】 张家港集成光电研究院位于凤凰镇科技创业园，成立于2012年12月，是江苏省首家企业出资注册和主导的“千人计划”研究院。研究院以集成光电领域为发展方向，下设11个相关节点公司，采用“公司化运作”经营管理模式，每位“千人计划”人才既是研究院股东又是节点公司负责人，共聚集6位“千人计划”专家、5位海外高层次人才。通过发展，已经建成太阳跟踪系统、聚光模组、砷化镓聚光电池、光伏电站系统等上下游完整的配套产业链，形成集研发、制造、总部销售、培训、标准制定、公共服务平台为一体的“集成光电谷”。2013年10月，研究院获评省“千人计划”研究院，成为苏州地区首家且唯一的“千人计划”研究院。

（夏观亮）

高新技术产业

【概况】 年内，全市新增高新技术产品305种，累计1657种；新增国家火炬计划重点高新技术企业6家，累计23家；新增高新技术企业55家，复评取消资质4家，累计244家；42家企业入库省科技企业上市培育计划；新增省民营科技企业231家，累计997家；新增苏州市创新先锋企业8家，累计17家。首次评审认定张家港市创新型标兵企业10家，分别为张家港富瑞特种装备股份有限公司、张家港中集圣达因低温装备有限公司、江苏七洲绿色化工股份有限公司、江苏新美星包装机械股份有限公司、江苏华大离心机股份有限公司、张家港市广大机械锻造有限公司、江苏海狮机械集团有限公司、江苏新芳科技集团股份有限公司、苏州金鸿顺汽车部件股份有限公司、张家港市创基机械设备制造有限公司。建立重点培育年销售超1亿元科技型企业培育库、苏州雏鹰计划小微企业培育库，新增销售超10亿元科技企业5家、超1亿元科技人才类企业22家。江苏沙钢集团被科技部批准为“区域创新示范企业”，成为苏州地区唯一的入围企业。

2013年张家港市新增高新技术企业一览

表57

序号	企业名称	序号	企业名称
1	苏州吉美瑞医疗器械有限公司	29	江苏金舍建材科技有限公司
2	江苏通全球工程管业有限公司	30	张家港宏基铝业有限公司
3	德朗能（张家港）动力电池有限公司	31	张家港沙洲船用阀门制造有限公司
4	市华尔东环形锻件有限公司	32	苏州汉酶生物技术有限公司
5	张家港朗信电气有限公司	33	江苏新羽信息技术有限公司
6	市宏兴环保设备有限公司	34	张家港华东锅炉有限公司
7	张家港联冠环保科技有限公司	35	市沙工医疗器械科技发展有限公司
8	江苏方圣机械有限公司	36	市泰克软件有限公司
9	市华鹿毛纺有限公司	37	苏州凯新分离科技有限公司
10	市俊锋玻璃制品有限公司	38	张家港德顺机械有限责任公司
11	江苏力天新能源科技有限公司	39	张家港中天精密模塑有限公司
12	市金腾化工机械制造有限公司	40	张家港先锋自动化机械设备有限公司
13	市盛天金属线有限公司	41	张家港润山针织机械有限公司
14	市华程异型钢管有限公司	42	江苏富淼科技股份有限公司
15	江苏索尔光电科技有限公司	43	张家港倍恩特磁塑科技有限公司
16	江苏赛康医疗设备有限公司	44	江苏普格机械有限公司
17	苏州海欧斯医疗器械有限公司	45	苏州克利亚环保科技有限公司
18	市中孚达纺织科技有限公司	46	张家港保税区天翔电气有限公司
19	市振方化工有限公司	47	张家港康得新光电材料有限公司
20	苏州宇洋环保设备制造有限公司	48	江苏龙源金属科技有限公司
21	市贝利化学品有限公司	49	江苏亿成光电科技有限公司
22	张家港名阳精密机械制造有限公司	50	市弘扬金属制品制造有限公司
23	苏州优合科技有限公司	51	江苏长华聚氨酯科技有限公司
24	市隆旌汽车零部件有限公司	52	张家港保税区纳莱凯斯汽车配件有限公司
25	市胜宇石油化工制品有限公司	53	张家港瀚康化工有限公司
26	市华为电子有限公司	54	江苏丽天新材料有限公司
27	张家港新特变科技有限公司	55	市润禾橡塑制品有限公司
28	市威孚热能科技有限公司		

【沙钢集团成为国家"区域创新示范企业"】 8月，经科技部批准，江苏沙钢集团申报的"区域创新示范企业"项目正式立项。沙钢集团是苏州地区唯一一家入选企业。沙钢集团以"科技领航，科技是取之不尽的资源"的创新理念，实施"打造精品基地，建设绿色钢城"发展战略，引进各类钢铁冶金研发人员375人，其中博士25人、硕士94人，具有中高级技术职称72人，外聘专家7人，为推进企业创新提供新的高端人才支撑。先后建设国家企业技术中心、江苏省（沙钢）钢铁研究院、江苏省先进金属材料实验室、企业院士工作站等高水平研发机构，并与苏州大学联手创办苏州大学沙钢钢铁学院，开创了优秀民营企业与百年高校合办钢铁专业院校之先河。累计完成新品开发、工艺改善和质量改进研发项目立项125项，拥有授权专利89件，其中发明专利31件。2013年，沙钢集团实现营业收入1494亿元、利润48.36亿元。

（夏观亮）

科技项目

【概况】 年内，全市有76个项目列入省级以上科技计划。其中，国家重点新产品计划项目6项，累计108项；国家科技型中小企业技术创新基金项目5项，累计62项；国家火炬计划20项，累计181项；省重大科技成果转化项目2项，累计16项；省科技型中小企业技术创新资金项目7项，累计26项；省科技支撑计划（工业）项目7项，累计31项。组织实施市科技计划项目132项，下达经费1678万元。在国家科技型中小企业技术创新基金项目中，市飞驰机械制造有限公司的"水电站库区漂浮物资源化利用清洁船"、江苏华青流体科技有限公司的"百万千瓦级压水堆核电机组关键机械密封装置"2个项目被列入重点创新项目，获国家科技经费资助280万元，实现重点创新项目零的突破。

2013年张家港市新增国家级科技计划项目一览

表58

项目类别	项目名称	承担单位
国家星火计划	利用组合亲本的杂交作物机械化制种技术应用与开发	市农业试验站
	长春鳊繁育与池塘主养高效技术研究与推广	金港镇双山玉清特种水产养殖场
	低洼地浅水菱早熟高产高效栽培技术集成	市西开沙养殖专业合作社
	药用或保健蔬菜的立体化种植及开发	塘桥镇刘村草本蔬菜专业合作社
	万亩池塘生态、低碳、高效循环农业产业化开发	市金洲农业科技发展有限公司
	有机水稻田原生态养蟹技术产业化推广	金港镇三角滩村土地股份专业合作社
	克服设施下切花生产连作障碍关键技术研究及推广	江苏骏马农林科技股份有限公司
	年产8000吨"金鲤"压榨浓香菜籽油生产加工示范	张家港金仓粮油经贸有限公司
	"瘦肉型"生猪规模养殖技术改进示范推广	市港鸣猪业有限公司
	农产品智能直销终端的研发与应用	塘桥生态农产品专业合作社
	早熟、优质、抗病葡萄新品种推广应用与产业化	市神园葡萄科技有限公司
国家科技重大专项项目	TD-LTE基站小型化智能天线研发	张家港保税区国信通信有限公司
	3D MIMO技术研究与验证	张家港保税区国信通信有限公司
国家火炬计划	应变强化低温容器产业化	张家港中集圣达因低温装备有限公司
	长春西汀生物制备关键技术研发和产业化	江苏斯威森生物医药工程研究中心有限公司
	AP1000余热排出泵用机械密封装置	江苏华青流体科技有限公司
	基于CFD的高性能石油化工流程泵	江苏金鹰流体机械有限公司
	六层油箱型高速吹塑机的研发及产业化	苏州同大机械有限公司
	低合金高强度钢药芯焊丝产业化前景分析报告	市亨昌焊材有限公司
	CH型全自动硅片清洗制绒设备	苏州赤诚洗净科技有限公司
	ART-ZN智能型无醛环保客车空调	江苏阿尔特空调实业有限责任公司
	亚光色带增粘涂层的锡青铜胎圈钢丝及产业化	市胜达钢绳有限公司
	他汀类中间体酮基还原酶产业化	苏州汉酶生物技术有限公司
	木塑复合宽幅门板生产装备	市贝尔机械有限公司
	SG2Y40-10全自动高洁净蓝宝石清机	市超声电气有限公司
	LWFX420AN密闭防爆卧螺沉降离心机	江苏华大离心机股份有限公司
	水葫芦分段采收及资源化利用清洁船	市飞驰机械制造有限公司
	DW28CNC全自动伺服左右弯管机产业化	江苏合丰机械制造有限公司

续表58

项目类别	项目名称	承担单位
国家火炬计划	液压机械用高精度、高性能镜面无缝钢管	江苏华程工业制管股份有限公司
	模压近终成型非球面光学玻璃透镜	市光学仪器有限公司
	中高压增强超高分子量聚乙烯复合管道	江苏联冠高新技术有限公司
	激光数码屏幕	江苏红叶视听器材股份有限公司
	高性能仿金属复合膜及其延伸产品的产业化	江苏欧邦塑胶有限公司
国家重点新产品计划	隧道式连续大型洗涤机组	江苏海狮机械集团有限公司
	数字集成化轻量瓶吹灌旋一体化高端智能装备	江苏新美星包装机械股份有限公司
	CRH6城际动车组锻钢制动盘	市广大机械锻造有限公司
	脱酮型乙烯基三异丙烯氧基硅烷偶联剂	江苏华盛精化工股份有限公司
	语音导盲机顶盒	江苏银河电子股份有限公司
	大壁厚海洋工程用超高强度钢板	江苏沙钢集团有限公司
国家科技型中小企业技术创新基金项目	高性能超级电容器电解质材料研究开发与产业化	张家港保税区超威电化技术服务有限公司
	大流量有机废气及恶臭气体高效净化装置	苏州克利亚环保科技有限公司
	近零排放新型纱线连续涂料染色技术开发	张家港三得利染整科技有限公司
	百万千瓦级压水堆核电机组关键机械密封装置	江苏华青流体科技有限公司
	水电站库区漂浮物资源化利用清洁船	市飞驰机械制造有限公司

2013年张家港市新增省级科技计划项目一览

表59

项目类别	项目名称	承担单位
省科技支撑计划(社会发展与农业类)	张家港市低碳生态生活科技社区建设	金港镇人民政府
	功能性甜味剂——双果糖酐III的生物加工关键技术及产业化	江苏梁丰食品集团有限公司
	利用稻麦秸秆生产可降解材料的关键技术应用研究	张家港柴能生物科技有限公司
	载银抗菌敷料关键技术及其产业化研究	张家港耐尔纳米科技有限公司
	江苏省农村科技服务超市张家港葡萄专业分店建设	市神园葡萄科技有限公司
基础研究计划(省自然科学基金)	基于元素分析的进口植物油地域信息因子筛选与验证研究	张家港出入境检验检疫局综合技术中心
	热焓平衡条件下强制对流过程中游离晶粒的形成机制	张家港江苏科技大学产业技术研究院
省软科学研究项目	本地产业与科技人才融合发展问题研究——以张家港为例	市科技局
省重大科技成果转化项目	非常规天然气深冷液化技术及成套装备研发与产业化	张家港富瑞特种装备股份有限公司
	高效节能型烧碱蒸发浓缩成套装备关键技术研发及产业化	张家港化工机械股份有限公司
省科技支撑计划(工业类)	新型5伏锂离子电池电解液研究开发	市国泰华荣化工新材料有限公司
	TDB 2000-5000L系列超大型中空成型机生产线的研发	苏州同大机械有限公司
	基于商务智能的药品综合监管平台研发	江苏国泰智慧软件股份有限公司
	带主动散热功能的高频恒流控制的LED光电模组的研发	宝电电子(张家港)有限公司
	大容量长寿命动力型锂电池含氟有机新材料的研究与开发	江苏华盛精化工股份有限公司
	重大装备关键环类零件控形控性精密轧制技术与应用研究	张家港海陆环形锻件有限公司
	面向深井油田专用线缆制备的押出机生产线研发	江苏佳成机械有限公司
省科技型中小企业技术创新资金项目	复合吸附式水下船体清刷机器人的研发	张家港同宇智能机电科技有限公司
	用于脊柱外科技的新型超声手术设备的研发	江苏水木天蓬科技有限公司
	针对移动终端高并发访问的云端融合中间件系统	苏州飞讯动力信息科技有限公司
	防水密封型大功率锂电池系统	江苏索尔新能源科技有限公司
	基于磷化铟异质结双极晶体管的射频及微波芯片的研发	苏州矩阵光电有限公司
	经济型零部件表面修整机器人系统研发与应用	张家港诺信自动化设备有限公司
	经外辐射纳米节能涂层及其在燃气热水器上的应用	苏州赛格瑞新材料有限公司

续表59

项目类别	项目名称	承担单位
省国际科技合作项目	造纸污泥焚烧系统关键设备国际合作研发与产业化	苏州海陆重工股份有限公司
	新型MO源对氮化镓高功率器件性能提升的应用研究	江苏能华微电子科技发展有限公司
产学研联合创新资金项目	南海海防工程用高耐腐蚀与长寿命高强钢筋制备及应用技术	江苏沙钢集团有限公司
省级科技基础设施建设计划	产业技术研究院能力提升项目	张家港智能电力研究院有限公司
	江苏省环保型多元胺醇重点实验室	江苏飞翔化工股份有限公司
	江苏省企业院士工作站	市骏马钢帘线有限公司
省企业知识产权战略推进计划项目	—	张家港固耐特围栏系统有限公司
	—	江苏金陵体育器材股份有限公司

【两项目获省科技扶持最高奖】 9月，张家港富瑞特种装备股份有限公司的“非常规天然气深冷液化技术及成套装备研发与产业化”项目和张家港化工机械股份有限公司的“高效节能型烧碱蒸发浓缩成套装备关键技术研发及产业化”项目同时被列入2013年省重大科技成果转化项目，共获省科技专项资金2500万元，创下全市在该类项目上年度入选数量最多、单项支持金额最大的纪录。省重大科技成果转化项目，是江苏省扶持科技类项目力度最大、金额最多、技术含量最高的项目。“非常规天然气深冷液化技术及成套装备研发与产业化”项目，总投资1.73亿元，是用于将非常规天然气（页岩气、煤层气、焦炉煤气、致密气等），通过模块化净化处理、深冷液化等工艺使之变成液化天然气（LNG）的成套装备。与传统的天然气液化工厂相比，具有生产能耗低、占地少、投资小、建设周期短、可整体搬迁等优点，对于优化能源结构、实现节能减排和增强国内供气安全保障能力具有重要意义。“高效节能型烧碱蒸发浓缩成套装备研发与产业化”项目，总投资7500万元，用于制备不同浓度的烧碱，满足包括冶金、氧化铝、印染、水处理、纺织、医药和轻工等领域的需求，并可逐步推广到海水淡化、污水处理等行业。该项目产品是国内首套具有自主知识产权的烧碱蒸发浓缩装备，全部技术指标达到国际先进水平，可完全替代进口产品。项目的产业化，改变了国内烧碱蒸发浓缩成套技术装备长期依赖进口的情况，实现了烧碱行业蒸发浓缩技术革命性的突破。

【省级产学研联合项目获重大突破】 9月，江苏省（沙钢）钢铁研究院“南海海防工程用高耐腐蚀与长寿命高强钢筋制备及应用技术”项目，被省科技厅列入“产学研联合创新资金——重大战略产品产学研联合攻关项目”，获省级经费500万元。这是苏州地区唯一获得列项的项目，全省共立4项。该项目由钢铁研究院与东南大学教授、中国科学院院士孙伟团队联合研发，针对南海地区及盐渍地区环境特点，根据钢筋使用环境的侵蚀性和耐腐蚀等级要求，通过合金成分设计和耐蚀性评价、使用寿命预测、实际环境验证等，开展高耐腐蚀与长寿命高强钢筋制备及应用技术研究，实现400兆帕级以上高强度耐蚀钢筋的批量化生产和工程应用，其耐蚀性提高3至5倍，大幅降低生产成本。该项目提交高强度耐腐蚀钢筋在混凝土中的腐蚀特性等相关研究报告3份，申请国家发明专利6项，在国际著名刊物、国内核心期刊和重要国际会议上发表论文30余篇。 （夏观亮）

科技成果

【概况】 2013年，全市新增省科技进步奖3项，累计95项；新增苏州市科学技术奖励19项，其中苏州市科技创新创业市长奖1项、科技进步奖18项。全年评定张家港市科学技术奖励62项，其中科技创新创业市长奖6项、科技合作贡献奖2项、技术发明奖2项、科技进步奖52项。张家港市科技进步奖评比中，一等奖8项、二等奖16项、三等奖28项。以江苏华盛精化工股份有限公司张先林为主要完成人的项目“高性能二次电池新型电极、电解质材料与相关技术”，获得2013年度国家技术发明二等奖，实现张家港市在国家技术发明奖上零的突破。

2013年张家港市获苏州市级以上科学技术奖励一览

表60

获奖项目名称（获奖人）	申报（参与）单位	获奖类别	等级	授奖部门
高性能二次电池新型电极、电解质材料与相关技术	江苏华盛精化工股份有限公司	技术发明奖	二等奖	国务院
5800立方米高炉关键技术自主集成及应用	江苏沙钢集团有限公司、中冶南方工程技术有限公司	科技进步奖	二等奖	江苏省政府
隧道式连续大型洗涤机组关键技术研究及应用	江苏海狮机械集团有限公司、江苏科技大学	科技进步奖	三等奖	江苏省政府

续表60

获奖项目名称(获奖人)	申报(参与)单位	获奖类别	等级	授奖部门
高效环保杀菌剂粉唑醇关键技术及环保剂型产业化	江苏七洲绿色化工股份有限公司	科技进步奖	三等奖	江苏省政府
高效节能集成化洗涤成套装备研究及应用	江苏海狮机械集团有限公司、江苏科技大学	科技进步奖	一等奖	苏州市政府
环保轻量化瓶装饮用水吹灌旋一体化关键技术及应用	江苏新美星包装机械股份有限公司	科技进步奖	一等奖	苏州市政府
高精密液压油缸用镜面无缝钢管	江苏华程工业制管股份有限公司	科技进步奖	二等奖	苏州市政府
早熟、优质、抗病葡萄新品种选育	市神园葡萄科技有限公司、南京农业大学	科技进步奖	二等奖	苏州市政府
涤纶高强度工业母丝	苏州龙杰特种纤维股份有限公司	科技进步奖	二等奖	苏州市政府
DP-9992特软多功能吸湿排汗舒适整理剂的开发及产业化	市德宝化工有限公司	科技进步奖	二等奖	苏州市政府
新型导电聚合物单体EDT开发	贝利化学(张家港)有限公司	科技进步奖	三等奖	苏州市政府
小型天然气深冷液化成套装置	张家港富瑞特种装备股份有限公司	科技进步奖	三等奖	苏州市政府
切花菊品种选育与产业化推广应用	江苏骏马农林科技股份有限公司、南京农业大学	科技进步奖	三等奖	苏州市政府
大容量高安全磷酸铁锂动力锂离子电池组及能量管理系统	江苏索尔新能源科技有限公司	科技进步奖	三等奖	苏州市政府
JHBZ-95节能环保型步进式钢瓶正火炉	市嘉华炉业有限公司	科技进步奖	三等奖	苏州市政府
长距离煤浆输送用耐磨焊管生产技术的开发及产业化	江苏沙钢集团有限公司、张家港沙钢金洲管道有限公司	科技进步奖	三等奖	苏州市政府
600兆帕级抗震钢筋关键技术研究和产业化应用	江苏省(沙钢)钢铁研究院有限公司	科技进步奖	三等奖	苏州市政府
基于美标4330M形性协同控制关键技术的大型超重(34吨)精轧矿机齿圈的研发	张家港海陆环形锻件有限公司	科技进步奖	三等奖	苏州市政府
汽车发动机胀断连杆总成研究与产业化	江苏宏宝锻造有限公司	科技进步奖	三等奖	苏州市政府
乘用车发动机数字化冷却系统的研发与应用	张家港朗信电气有限公司、沙洲职业工学院	科技进步奖	三等奖	苏州市政府
基于机器人智能控制的高节水型多功能清洗机的研发	江苏港星方能超声洗净科技有限公司	科技进步奖	三等奖	苏州市政府
降膜结晶蒸发器	江苏华机环保设备有限责任公司	科技进步奖	三等奖	苏州市政府
邬品芳	张家港富瑞特种装备股份有限公司	创新创业市长奖	—	苏州市政府

【经开区入选示范型国际科技合作基地】 11月,张家港经济技术开发区被科技部认定为2013年度示范型国际科技合作基地。经开区与美国、德国、俄罗斯、日本、印度、丹麦、芬兰、荷兰、韩国、瑞士等国家和地区开展国际技术交流与合作,建有国家级科技企业孵化器1家,获批省级科技企业孵化器1家,引进智能电力研究院、华东锂电技术研究院、南京理工大学张家港工程技术研究院、北京大学张家港技术转移中心等重大产学研创新载体。至年末,累计获批省、苏州市国际合作项目15项,获批国家级科技项目48项。 (夏观亮)

知识产权保护

【概况】 2013年,张家港保税区、张家港经济技术开发区被认定为国家知识产权试点园区。市科技局、市知识产权局积极推进国家知识产权示范城市创建工作,出台《张家港市实施专利跨越三年行动计划(2013~2015)》,发明专利授权创历年新高,每1万人授权发明专利拥有量提升至12.5件。全市企业申请专利15735件,其中申请发明专利3338件;专利授权8011件,其中发明专利授权500件;申请国外专利(PCT专利)44件,其中17件向国外申请专利获国家和省级专项资助64.3万元。张家港固耐特围栏系统有限公司、江苏金陵体育器材股份有限公司被列入省知识产权战略推进计划。新增中国专利优秀奖2项,新增省专利优秀奖3项,新增苏州市优秀专利奖5项。25家企业新列入省企业知识产权标准化示范创建备案单位,累计49家;张家港固耐特围栏系统有限公司、江苏金陵体育器材股份有限公司、江苏合丰机械制造有限公司3家企业被评为省知识产权贯标先进单位。市国泰华荣化工新材料有限公司、江苏海狮机械集团有限公司等5家公司被列入苏州市知识产权密集型企业培育计划。新增苏州市重大专利技术推广应用指导性项目3项，累计10项；实施张家港市企业知识产权战略推进计划6项，累计38项；新培育张家港市专利实施计划9项；开展“4·26”世界知识产权日系列活动，新建企业专利数据库13家，组织知识产权培训及讲座9期，培训1120人次。6月，张家港市高分通过国家知识产权示范城市创建和省实施知识产权战略区域示范市考核验收。12月，在市科技局下属市生产力促进中心设立中国（苏州）知识产权维权援助中心张家港分中心。

2013年张家港市各区镇企业专利申请、授权情况

表61 单位：件

区镇名	申请情况		授权情况	
	专利申请	发明申请	专利授权	发明授权
张家港保税区（金港镇）	3816	706	1816	86
张家港经济技术开发区（杨舍镇）	4956	1227	2832	165
冶金工业园（锦丰镇）	2053	403	823	66
塘桥镇	1341	290	643	32
乐余镇	828	159	617	48
凤凰镇	1060	206	537	45
南丰镇	1024	220	265	32
大新镇	535	110	364	15
常阴沙现代农业示范园区	122	17	114	11
合　计	15735	3338	8011	500

【保税区、经开区成为国家知识产权试点园区】 6月20日，国家知识产权局正式发文，评定张家港保税区、张家港经济技术开发区为国家知识产权试点园区。2013年，保税区研发投入15亿元，占地区生产总值的2.6%；新增有效专利1816件，其中发明专利86件；拥有企业研发机构及创新载体35家，省级以上高新技术产品63种，并累计有1人入选国家“千人计划”。张家港经济开发区研发投入16.9亿元，占地区生产总值的2.73%；新增有效专利2832件，其中发明专利165件；拥有企业研发机构及创新载体44家，省级以上高新技术产品116种，并累计有7人入选国家“千人计划”。

【专利三年行动计划出台】 4月，市政府印发《张家港市实施专利跨越三年行动计划（2013~2015）》。计划提出，要以提高企业自主创新能力为核心，以专利工作为抓手，深入实施知识产权战略，着力培育一批知识产权优势企业，着力打造一批知识产权服务平台，着力实施一批专利产业化项目，全力推进知识产权与经济社会发展深度融合，为巩固提升全市科技创新综合实力、加快建成创新型城市和国家知识产权示范市提供强大的创新驱动力。三年行动的重点任务是建设国家知识产权示范园区，提高企业专利工作水平，完善知识产权服务体系。计划同时明确了市专利资助配套政策。单位申请发明专利，每件资助3000元；个人申请发明专利，每件资助1500元；申请国外专利，每件资助2万元；新引进专利事务所，当年专利授权量超1000件，且发明专利申请超200件的，资助10万元；获苏州市级以上专利奖的，每件奖励2万元；实施市级知识产权战略计划项目、市专利产业化项目的，每项资助10万元。计划同时规定，对授权实用新型和外观设计专利，市财政下拨经费后由各区镇实施资助。 （夏观亮）

科 普 工 作

【概况】 年末，全市有区镇科协9个、街道科协21个、村（社区）科协83个、企业科协32个，有市级学会27个，有科普活动场所102处，有科普小组83个，科普志愿者队伍4123人。有科普教育基地46个，其中国家级1个、苏州市级9个。有科学教育特色学校29所，其中省级1所、苏州市级6所。年内新建基层科协组织6个。

科学普及　年内，市科协先后组织科普宣传周、全国科普日等主题科普宣传活动。在全国率先启动“全民科学素质建设管理指标体系”研究。加快“社区科普智慧墙”“科普电子屏”“流动科技馆”等社区科普项目建设，新建金塘社区民生安全科普馆、长江村天文馆等科普场馆。联合市教育局、市科技馆举办“科技馆活动进校园”活动。市青少年社会实践基地成为“全国科技馆活动进校园”试点单位。完善以市科协、镇科协、村（社区）科普小组三级联动的科普惠民服务体系。完成21家科普惠民服务站科普图书室建设。南湖苑社区、常南社区被评为江苏省科普惠民示范社区。开展“科普新干线”百场巡回展示活动，在全市16所学校巡展60场，在社区、园区、街区、营区巡展80余场，受众60余万人次。会同市委组织部等开展领导干部素质教育，量身制定12项讲座与37项培训。市科协被省科协评为“全国科普日”活动优秀组织单位，市科技馆被省科协评为科普教育基地。大新镇文化中心、张家港气象科普体验馆、三兴初级中学、张家港民生安全科普馆、乐余镇乐余村被命名为市第七批科普教育基地。11月30日，张家港市第五届青少年科技创新市长奖表彰会在市梁丰初级中学大礼堂举行。汪晶晶、祁一文、孙小肖获“第五届青少年科技创新市长奖”，张真玮、徐敬尧、王志豪获“市长奖提名奖”，赵云风、王俊新、朱成获“市长奖优秀辅导员”称号，卢锋、陆瑛获“市长奖优秀组织者”称号。

学术交流　年内，全市举办各类学术交流活动170余场，参与交流2.5万人次。市医学会共举办学术活动126场，邀请全国各地知名专家学者157人次讲学授课，开展国家级继续医学教育项目2场、高层次学术会议2次、江苏省级学术活动2次，苏州市级学术活动21次。在H7N9禽流感发生期间，组织医务人员到街头、社区开展咨询、发放宣传资料，张家港市成为苏州地区唯一没有发现人感染H7N9禽流感病例的城市。市电气技师协会举办培训班6期，为银河电子等企业培训750余人。市科协发动所属团体进行版权作品登记，共收集自然科学优秀论文100余篇，报送市版权局80余篇。邀请吴培亨、薛永祺两位张家港籍中国科学院院士到张家港市开展“院士家乡行”活动，与数十家创新创业人才企业代表进行座谈。

科技服务　年内，科技文献信息服务平台用户增至210家，新增综合性情报咨询、项目研究报告等定题服务。科技查新服务范围持续扩增，完成项目400余项。市科协举办全市领军人才企业知识产权培训，全市60余位企业负责人及知识产权工作者参训；举办科技企业知识产权数据库及标准化培训，组织全市30余家知识产权建库企业到常州佰腾实地考察。为市国泰华荣化工新材料有限公司、张家港富瑞特种装备股份有限公司等8家企业提供科技专利数据库应用服务。会同市文广新局等组织科普讲师团，深入基层，开展送科技、送卫生、送文化“三下乡”活动。会同市农委、市人社局等举办农业实用技术培训班27期，培训农民3万人次，向全市176个村和83个社区赠送2013年《江苏科技报》，向各区镇科普惠民服务站发放科普书籍2万余册。禽流感发生期间，共向全市农民发放宣传资料5000余份。朱廷刚、李季获“苏州十佳魅力科技人物”称号。

海智基地　年内，会同市人才办、市科技局等单位联合举办2013年张家港市人才工作海外合作组织联谊会。征集到10余个国家和地区的个人项目215项，涵盖新能源新材料、电子信息、生物医药、现代装备制造等新兴产业领域。邀请102名海外高层次创新创业人才到张家港市参加“2013年度领军人才项目（海外专场）评审会”。发挥网络平台优势，完善“江苏海智网”之张家港海智信息，更新市人才超市项目信息需求。支持海外专家回国服务，先后接待中国科协海智专家张少先、高继明、汤斌等到访洽谈，其中张少先与江苏永钢集团达成“基于无人机测绘的大型散料堆场智能管理系统”项目合作协议。加强与中国留学生创业协会、国际华人科技协会、全欧华人专业联合会、在日华人汽车工程师协会等海外科技组织联系，在决策咨询、科技教育、科研和技术项目合作等领域开展合作，中国留学生创业协会、国际华人科技协会等海外科技组织与张家港市签约长期合作。

【市科协第七次代表大会】 11月21日，市科学技术协会第七次代表大会在市馨苑度假村召开。省科协副主席冯少东、苏州市科协主席纪顺俊以及张家港市领导姚林荣、朱立凡、王亚方、蔡炳锋、郭炳荣、陈进华、徐平观等出席开幕式。全市258名科技工作者代表，市总工会、团市委、市妇联等人民团体，各区镇、各部门有关负责人参加会议。会议听取并审议通过张家港市科学技术协会第六届委员会工作报告，选举产生张家港市科学技术协会第七届委员会，王连生当选为第七届委员会主席，钱建国、陈玮、周秋涛当选为副主席。庞建东等25人当选为第七届委员会常委。

【第25届科普宣传周】 5月11日，张家港市第25届科普宣传周开幕式暨张家港市“民生安全科普馆”开馆仪式在杨舍镇金塘社区举行。张家港籍中国科学院院士吴培亨、薛永祺参加活动。宣传周以“科技创新，美好生活”为主题，紧扣“节约能源资源、保护生态环境、保障安全健康、促进创新创造”等科普内容，突出与市民生产、生活密切相关的防震减灾、低碳节能、公共安全、科学生活等社会热点，通过科技展览、科普文艺演出、科普作品推介、科普广场服务等形式，向全市居民普及科学知识。据不完全统计，市科协、市科技局、市卫生局等22个单位共举办科普活动198项，制作图板500余块，编印发放科普宣传资料、科普挂图7万余份，受众40余万人次。

【中国海智大会在张家港市举行】 9月12日，由市科协牵头，中国科协海智办、江苏省科协、中国旅美科技协会主办，张家港市政府、中国旅美科技协会华盛顿分会承办的“中国（江苏）国际科技交流与人才智力合作大会”在张家港市举行。出席大会的正式代表共300人，其中外国驻华使领馆官员、海外科技团体、美国大学校长团、华盛顿商贸团以及科技界、企业界海外嘉宾220余人。115名海外高层次科技人才携项目参会。大会成立江苏省海外智力服务协会，开通“中国（江苏）国际科技资源转移网”，为南京市江宁区海智基地、张家港保税区（金港镇）海智基地等18家省级海智工作基地授牌。30余位国内外知名专家学者进行了学术演讲。大会期间，举办中美大学校长圆桌会议、华盛顿商贸团交流活动、海智项目洽谈对接会、海外科技团体张家港联谊会等活动，海外科技人才到各对接区镇、企业进行实地考察和洽谈。大会共征集到海外项目528项，下发产业匹配度较高的项目近300项，并与论坛演讲嘉宾额外成功对接项目9项。实际参与洽谈的项目共124项，达成合作意向项目41项，其中14项进入落户谈判阶段。加拿大“高科技之都”万锦市与张家港市达成互结友好城市的意向。　（王汝忠）

气象科技

【概况】 年内，市气象局全面推进气象观测业务改革，精心开展气象服务，稳步推进气象现代化建设，不断提升气象综合服务能力。编制气象灾害风险区划和防御规划，修订完成《张家港市气象灾害应急预案》，完成暴雨洪涝灾害风险普查和气象灾害普查数据采集上报工作。依托气象科普体验馆、市青少年社会实践基地、社区气象科普馆，组织开展各项气象科普宣传活动。8月，气象科普体验馆被命名为全市第七批科普教育基地。年末，市气象局被评为2010~2012年度江苏省文明单位。

气象监测 1月，完成全市13个自动气象站的新建、升级改造。其中，新建梁丰高级中学、大新中心小学、锦丰中心小学东校区和南丰小学4个自动气象站，易地升级改造港区小学、常青藤实验中学、凤凰镇农村工作局和市青少年社会实践基地4个自动气象站，原地升级改造晨阳学校、市长江防汛处、乐余四干河闸、鹿苑农机站和妙桥小学5个自动气象站。根据上级业务部门要求，7月1日起取消20时人工对比观测，11月1日起试运行新测报软件（ISOS）。10月，气象观测双套站运行，同时完成能见度自动观测数据的接入。11月22日，市气象局在张杨公路城北立交桥建成全市首个城市交通气象站。交通气象站采用先进遥感及3G无线传输技术，可实现气温、相对湿度、风向、风速、雨量气象常规五要素及能见度、天气现象、路基温度、路面状况和路面温度的自动观测，并通过视频监控系统实现对路面的实景监控。12月11日，在苏虞张一级公路与锡通高速公路（S19）交界处再建一个城市交通气象站，组成全市公路气象灾害监测系统。至年末，相继完成了一套微波辐射计、一套霾和温室气体监测仪、两套雨滴谱仪的建设。年内，地面气象测报错情率小于0.1‰，报表无错情。市气象局获2013年度苏州市地面气象测报业务技能竞赛团体第一名。年末，有2人次“250班无错情”、10人次“百班无错情”通过验收。

预报服务 全年24小时电视天气降水预报正确率97%，比上年提高3%；预报评分TS为93.3%，SS1为90.3%，SS2为81%。年内共为地方政府发布天气信息36份，重要天气公报6份，气象专题服务100份，发布气象灾害预警信号65次，其中蓝色预警信号11次、黄色预警信号20次、橙色预警信号28次、红色预警信号6次。利用气象短信平台，为全市各级党政领导、农村气象信息员、各类种植大户及森林防火、地质灾害责任人等提供及时准确的气象信息服务，总人数达到3447人，发送各类气象预报、预警短信322次，气象预警短信的受众达到50万余人次。年内，市气象局承办的市政协第184号提案《关于为农民及时提供农业气象预测的建议》，被列为主席督办提案。市气象局以提案办理为契机，通过深入调研、多方协调和加强合作，联合市农委成立气象为农服务专家联盟，建立永联气象为农服务工作站，以南丰镇永联村为试点，建立“专家会商、三级响应”的工作机制，把气象为农服务工作推向深入。年末，市气象局被评为提案办理先进单位。

防雷减灾 对全市易燃易爆场所、危险化学品企业、加油加气站、棉纺织企业等重点行业、企业以及危险品场所和人员密集场所进行防雷设施的安全检测。年内共检测各类企业532家，发出整改通知书91份，整改关闭率100%。对于新建项目，市气象局从图纸审核、隐蔽工程监督到竣工检测把关，提高新建项目的防雷安全性能。全年受理防雷设计审核325件，竣工验收353件；气球施放审核148件；完成雷电风险评估项目40项。

城北立交桥上的气象监测仪 （市气象局 供稿）

【自动土壤水分观测站建成】 1月，根据中国气象局的要求，市气象局在凤凰镇水蜜桃生产基地建成自动土壤水分观测站，测定深度为1米，分0.1米、0.2米、0.3米、0.4米、0.5米、0.6米、0..8米和1米8个层次。年内，按照《农业气象观测规范》中有关土壤水文、物理特性测定方法，对观测站场地土壤水文特性进行测定，包括8个层次的土壤容重、田间持水量和凋萎湿度等。2月至7月，开展试运行，完成对比观测。10月，开展业务验收对比观测。12月，顺利通过省气象局的考核验收，计划于2014年1月1日起正式投入业务运行。土壤水分观测站每分钟自动观测8个层次土壤的重量含水率、相对湿度、体积含水率和水分贮存量，每十分钟通过无线传输将各项数据上传到省气象局中心站，供下载使用。

【人工影响天气作业获得成功】 7月至8月，由于副热带高压异常强盛，全市气温异常偏高，且持续时间长、强度大，降水偏少。高温日数达到48天，其中8月9日最高气温41.2摄氏度，突破历史最高值。异常的高温干旱给城市绿化及农业生产带来极大的压力和考验。为此，市气象局向市政府汇报申请开展人工影响天气作业，同时积极借调作业设备，从东台市气象局借调火箭发射装置，从苏州市气象局调配到4枚火箭弹。8月24日傍晚，市气象局抓住有利天气条件，在凤凰镇鹜山成功实施全市首次人工影响天气作业。17时32分发射第一枚火箭弹，共发4枚。18时05分起，全境普降中到大雨，局部暴雨。至20时，市区降雨量达到31.5毫米，各区镇均有明显降水。人工增雨作业，缓解了高温旱情，取得良好的效果和社会影响。

【新气象观测场建成】 因气象探测环境受到西侧的拆迁安置建筑影响，经市政府及上级业务部门同意，市气象局对位于沙洲东路的气象观测场实施东迁工程。2012年10月末，工程正式启动。2013年，陆续完成土建主体工程、内庭院景观工程、场地路面工程及装修、弱电安装工程。11月末完成观测场仪器设备安装及调试，12月2日开始上传观测数据至省气象局测试目录，12月中旬完成中心机房网络切换，为正式启用做好了充分的准备。新观测场位于梁丰生态园内，占地3197平方米，观测场面积900平方米，业务、办公用房建筑面积418.2平方米，总投资490万元，其中市土地储备中心出资300万元、市气象局自筹190万元。 （丁和平）

防震减灾

【概况】 年末，市域有地震微观监测站3个，宏观监测站10个，数字地震台1个，强震台4个，其中省属强震台1个。2013年，市地震局获全省防震减灾先进单位称号和全省强震运行维护奖。

地震监测 年内，投资3万元，对台站设备进行更新、升级和改造。积极进行地震监测科学技术研究，与敏巅传感技术（上海）有限公司合作，引进微电子MNS氢气传感器用于地震监测研究。该传感器可探测百万分之一（1ppm）的氢气浓度，在氢气传感器领域属最高的灵敏度。做好地震监测日常工作，全年各台站监测资料报送连续、准确、及时、可靠。4月20日8时2分，四川省雅安市芦山县发生M7.0级地震，张家港市没有震感，基本不影响全市正常的生产、生活秩序。全年张家港市及周边无有感以上地震发生。

地震应急 年内，根据国家相关法律法规的规定和全国应急管理试点城市建设的要求，加强地震应急救援体系建设，全面提高地震应急水平。12月，修订《张家港市地震应急预案》。新的预案增加了基层提前应对灾害的内容，调整了应急队伍设置和职能分工等。加强地震应急志愿者队伍建设，通过技能培训、体能锻炼、模拟演练等形式，提升志愿者队伍综合服务能力。8月，张家港市救灾物资储备库建成，总价168.6万元的帐篷、发电机、担架、棉被等35大类5718件救灾应急物资入库。芦山地震发生后，市地震局及时启动部门应急预案，加强应急值守和地震监测，密切关注震情灾情，做好舆论引导和对公众的解释工作，有效维护了社会稳定。

震害防御 年内，对华兴电力、金新城置业等单位的重大项目开展安全性评价工作，帮助企业解决风洞实验、振动台实验等技术困难。12月，市政府印发《张家港市建设工程抗震设防管理办法》修订稿，进一步加强工程性震害防御。继续做好城市抗震防灾规划编制工作，经过多轮资料的收集和整理，并召开3次论证会，年内完成初步文稿。8月，市政府专题会议原则通过《张家港市城市抗震防灾规划》。指导金港镇新塍社区、杨舍镇金塘社区创建省级地震安全示范社区，完善制度和队伍建设，强化物资准备，建设避难场地，全面提升震害防御能力，充分发挥示范效应。组织地震科普进校园活动，通过应急演练、科普讲座、观看科普视频等，提升学生防震减灾意识和能力。借助三兴中学地震科普馆开展地震科普系统培训，全年有2万余名中小学生参加。组织防震减灾知识竞赛活动，1万余人参加竞赛。全年共制作地震科普电视节目2期，组织各类培训、讲座8次，开展应急演练140场，其中现场指导演练8场，发放资料2万余份。

【建设工程抗震设防管理办法修订出台】 12月，市政府印发《张家港市建设工程抗震设防管理办法》修订稿。办法规定，抗震设防要求管理纳入基本建设管理程序，抗震设防要求审核意见必须作为建设工程项目可行性研究、工程选址、项目申请的必备内容，将抗震设防要求管理贯穿城市的规划、建设和改造的全过程，从而提升城市地震灾害预防水平。办法要求，新建、扩建、改建的建设工程，必须达到抗震设防要求。重大建设工程和可能发生严重次生灾害的建设工程，必须按照国家和省、市有关规定进行地震安全性评价。一般建设工程抗震设防要求，按照国家地震动参数区划图确定。学校、幼儿园、医院等人员密集场所的建设工程，应当在地震小区划结果或国家颁布的地震动参数区划图提高一档确定抗震设防要求。办法还对建设工程的抗震加固、农村抗震设防以及抗震设防日常监管主体、责任主体等作出明确规定。

【金塘社区地震科普馆建成】 12月，杨舍镇金塘社区地震科普馆正式竣工投运。该馆由市地震局投资30万元建设，是张家港市首个社区地震科普馆。馆舍建筑面积约50平方米，馆内有全球地震带分布模型、地震地质模型、地震应急救援用品等，结合地震过程体验、防震避险多媒体、建筑结构抗震体验等内容。展馆采用实物及模型、互动装置、多媒体声光电等寓教于乐的形式，全面介绍地震成因及分布特征、监测预报、震灾防御、地震应急等知识，让枯燥的知识变得直观而有趣，便于公众更好地了解地震知识。 （向家林）

【编辑 陆正芳】

教育

Education

实验小学南校区　（市教育局　供稿）

综　　述

基础教育

职业教育

高等教育

社会教育

教师队伍

综　述

2013年，全市教育经费总支出29.96亿元，其中预算内教育经费支出22.87亿元。年末，全市有各级各类学校121所，其中幼儿园40所、小学33所、初中28所、高中9所（含完中2所）、职业院校6所、高等院校3所、特殊教育学校1所、国际学校1所。另有民办新市民子女学校9所。招收新生38769人，毕业学生40881人，吸纳新市民子女6.89万人。年末，在校学生17.1万人，比上年增4766人。年内，张家港市被首批评为全国义务教育发展基本均衡县、江苏省学前教育改革发展示范区。市教育局被评为江苏省文明单位、江苏省中小学校舍安全工程先进集体、江苏省教育宣传工作先进单位、江苏省社会考试先进集体，被省教育厅授予集体二等功，被张家港市委、市政府授予“突出贡献奖”。

教育资源进一步优化　市教育局以开展“美丽学校”建设为主线，制定《学校布局调整三年规划》，将中小学布局调整纳入全市城乡建设总体规划。福前实验幼儿园、江帆幼儿园、福前实验小学、江帆小学4所园校建成并投入使用。构建幼儿园、小学、初中特色建设共同体，梁丰小学的戏曲、合兴小学的乒乓球、乐余小学的国际象棋等特色建设卓有成效，累计有10%以上学校实现“一校一品”的特色品牌。梁丰高中“电子技术与高中物理拓展创新”项目建成省级课程基地，张家港高中“影像与写作”项目申报成为苏州市课程基地。

均衡优势进一步放大　硬件方面，校舍安全工程规划新建项目实施率100%，加固项目实施率90%，居苏州市之首；多媒体网络课堂班级覆盖率100%，累计有20所学校创建为苏州市教育信息化示范学校，23所小学图书馆创建为苏州市小学一级图书馆。管理方面，组建梁丰教育集团，集团内学校共享招生、师资等资源。同城化方面，全年共向新市民子女提供起始年级公办学位数8904个，新市民子女义务教育就读公办学校比例75%。帮扶方面，累计资助各学段家庭经济困难学生16151人次，资助金额2482.33万元；中等职业学校有442人获国家助学金，资助金额66.3万元。推进残疾学生15年免费教育，普通学校对随班就读残疾学生做到全接纳，全市残疾儿童少年义务教育入学率98.97%。

国际合作进一步扩展　梁丰高中与美国纳维教育集团、美国加州大学和密歇根大学等合作，启动国际班招生；沙洲中学、暨阳高中、张家港高中均与国外高中建立合作关系；张家港中等专业学校（职教中心）与德国BBW教育集团合作，正式引进中德职业教育合作项目；苏州理工学院制定中外合作办学三年规划，10项中外合作办学建设与研究项目与加拿大温莎大学、加拿大布兰登大学、德国“中国之窗”国际信息技术合作公司等国外高校、企业进行洽谈。

人才队伍进一步壮大　全市出台《张家港市教育系统师资队伍建设与发展规划（2013~2020）》，全面规划至2020年全市教师队伍发展方案。加大高层次骨干教师培养力度，利用市“港城英才”政策，成功引进5名省级特级教师，为相对薄弱的初中学校充实2名学科领军人才。着力培养本土名师，改进市级骨干教师评选办法，建立名师成长梯队计划，完善优秀教师奖励机制，调整和拓展“特级教师工作室”职能。年内，全市新增省“333工程”培养对象1人，累计3人；新增苏州市“姑苏教育领军人才”4人、“姑苏教育紧缺人才”2人、“姑苏教育名家”提名奖1人；新增苏州市名教师9人，累计25人；新增苏州市名校长1人，累计6人。

服务能力进一步增强　市教育局促进职校专业结构与市产业结构吻合，新增1个省品牌特色专业，获批3个省高水平示范实训基地，与市科技局合作申报国家级产业基地合作项目。依托“百名专家讲师进社区巡讲”“千名教师进社区支教”和“张家港全民终身学习网”三大平台，推进社区教育全覆盖。先后有5项社区教育实验项目成功申报教育部国家级社区教育实验项目，顺利通过“国家级农村职业教育与成人教育示范县”和“全国社区教育示范区”的省级验收。依托“在职党员进社区”“千名教师进社区”两大载体，引导全市学校在区域党建框架下积极推进服务型党组织建设。

【张家港市获评全国义务教育发展基本均衡县】　5月15日至17日，国家教育督导检查组对张家港市义务教育均衡发展情况进行督导检查。督导组随机抽查18所义务教育学校，代表义务教育学校办学基本标准的20项指标均达到省级评估标准；小学、初中义务教育校际间均衡状况综合差异系数分别为0.29和0.28，低于评估标准0.65和0.55，反映出全市校际发展比较均衡。张家港市在县级人民政府推进义务教育均衡发展情况评估中以99分的成绩获第一名。全市公众对县域义务教育均衡发展的满意度与江苏省调查结果95.66%基本相符。18日，全国县域义务教育均衡发展督导评估认定现场会在张家港市召开，督导组确认张家港市通过教育部验收，成为全国首批义务教育基本均衡县市之一。

【张家港市获评江苏省学前教育改革发展示范区】　6月19日至21日，江苏省学前教育改革发展示范区督导评估组对张家港市学前教育进行专项督导评估。督导组根据江苏省学前教育改革发展示范区建设政府管理、事业发展、优质资源、政府主导办园等10个主要指标，查阅佐证材料，抽样考察、定点剖析全市8个区镇和32所不同类型的幼儿园，召开有关部门负责人及幼儿园园长、教师、家长代表座谈会，全面检查全市学前教育事业的发展情况。最终，张家港市以高分通过评审，经省政府批准，被首批命名为江苏省学前教育改革发展示范区。

（汤　鹏）

基础教育

【概况】　全市有基础教育类学校111所，含特殊教育学校1所。累计创建成国家级绿色学校(幼儿园)1所,江苏省绿色学校42所,江苏省和谐校园5所,江苏省平安学校41所,江苏省语言文字规范化示范学校1所,江苏省中华经典诵读基地学校1所,江苏省规范汉字书写教育特色学校1所,江苏省优质幼儿园34所,江苏省科技教育特色学校3所,江苏省体育传统项目学校3所,江苏省艺术特色学校1所,江苏省健康促进学校银奖学校11所、铜奖学校59所,苏州市艺术特色学校3所,苏州市体育传统项目学校16所,苏州市科技教育特色学校5所,苏州市德育先进学校63所,苏州市合格心理咨询室72所,苏州市优质幼儿园40所,苏州市农村合格幼儿园12所,苏州市绿色学校102所,苏州市语言文字规范化示范学校20所,苏州市中华经典诵读基地学校1所,苏州市规范汉字书写教育特色学校3所。

学前教育　全市有市、镇幼儿园40所,在园幼儿36582人,比上年增670人。其中,0周岁至3周岁婴幼儿入园(所)人数833人,入托率30%以上;3周岁至5周岁儿童入园率100%。年内,创建成苏州市优质幼儿园3所。省优质园和苏州市优质园的比例分别为92%和100%。

小学教育　全市有小学33所,其中中心小学、市镇小学32所,村校1所。在校学生71613人(含新市民子女37261人),比上年增1470人。小学适龄儿童入学率、巩固率、跟踪毕业率、升学率均为100%。年内,创建成江苏省科技教育特色学校1所,苏州市德育先进学校4所、苏州市规范汉字书写特色学校2所。

中学教育　全市有中学37所,其中初中28所、普通高中9所(含完中2所)。在校学生38060人,其中初中生27350人、高中生10710人。初中生年度巩固率、毕业率、升学率分别为100%、99%和99%以上,残疾儿童入学率99%,新市民子女进入义务教育阶段公办学校就读比例超75%,适龄人口高等教育毛入学率71.58%。年内,创建成苏州市规范汉字书写特色学校1所。

【"美丽港城我的家"社会实践活动】 年内,市教育局组织全市各小学开展"美丽港城我的家"社会实践活动。市教育局下发《关于开展"美丽港城我的家"社会实践活动的实施意见》;组织编写适合低、中、高三个年级的学习教材《我爱张家港》,作为各校校本课程教材;统一下发亲子实践活动记载卡,用以记录学生社会实践的历程;倡议家长利用节假日带领孩子走访全市各德育基地、名胜古迹,开展亲子文化活动。活动期间,全市家长参与率88%。学校以寻访日记、游记、摄影、演讲等不同形式展示评比,评选出的1065份优秀日记、游记等推荐给市、局网站等媒体,市教育局制作专题网页展示成果。此项活动获2013年度张家港市未成年人思想道德建设工作创新案例一等奖。

【梁丰教育集团成立】 5月11日,由梁丰高级中学、崇真中学、乐余高级中学组建的校际合作共同体——梁丰教育集团成立。集团组织领导机构为校务委员会,由梁丰高级中学校长担任总校长,其他成员校校长任副校长。校务委员会下设办公室,负责集团日常事务管理和对外协调宣传。集团各学校按《梁丰教育集团章程》和相关协议,开展管理模式、师生互助、教研合作、教育资源等方面的共享和共建,实现优质教育资源的再扩大。

【高考获佳绩】 2013年,全市高考普通类实考人数3840人,本一达线人数948人,达线率24.69%;本二以上达线人数2290人,达线率59.64%。含体艺类实考人数3960人,本二以上达线人数2326人,达线率58.74%。梁丰高中学生高佳焕列苏州市理科前三名,获李政道奖,另有17名学生通过全国中学生学科竞赛保送清华大学、北京大学、中国科技大学等高校。常青藤实验中学有52名学生、张家港新加坡外国语学校有28名学生、梁丰高中有15名学生分别被英国剑桥大学、美国加州大学伯克利分校、英国帝国理工大学等国外大学录取。

(汤　鹏)

教学改革给课堂带来活力　　(市教育局　供稿)

职业教育

【概况】 全市有公办职业院校5所、民办职业院校1所。年内,职业院校招收新生102个班3427人,普职比1∶1。其中,招收五年一贯制高职新生889人,占招生总量的25.9%;招收中高职衔接("3+3""3+4")学生373人,占招生总量的10.9%。全市职业院校在校生13312人,其中五年一贯制高职在校生5032人、技工(中级、高级、技师)在校生1646人、中职在校生5822人、普通专科在校生537人。中职毕业生3187人,五年一贯制高职毕业生1026人，普通专科毕业生230人。另有800名中职学生参加2013年省普通高校对口单招考试，本科达线人数453人，达线率为56.6%。本科达线人数、本科达线人数占比、专科达线人数等主要指标均名列苏州市第一，其中本科达线人数占苏州市的42.1%。

【张家港开放大学】 11月27日，江苏广播电视大学张家港学院正式更名为张家港开放大学。更名后，学校的性质、体制不变，仍由市政府举办、市教育局主管，同时接受江苏开放大学和苏州开放大学的业务指导与管理。开放大学以现代信息技术为支撑，实现非学历教育和学历教育、职业教育和远程开放教育、职前教育和职后教育的衔接。学校招生分三类：本专科学历继续教育、全民非学历教育、全日制高职教育。本专科学历继续教育颁发江苏开放大学学历证书，非学历教育颁发相应的非学历教育证书，高职教育颁发江苏城市职业学院学历证书。学校开设35个专业，比上年增4个。有各类学历教育班211个，比上年增18个，其中全日制专科班62个，比上年增2个。年内招生2039人，比上年减2554人，其中全日制新生611人，比上年增283人。毕业学生1669人，比上年减365人，其中全日制毕业生600人，比上年减121人。年末有在籍生8824人，比上年减330人。有学生社团22个，比上年增1个。有教职员工202人，其中专任教师157人，135人具有中高级职称。年内，学校开展学习型党组织建设专题学习教育月活动。开展百名专家讲师团送教下乡活动，举办讲座60余场。举办“百姓讲堂——名师送教进社区”、微课程比赛等，获张家港全民学习活动周优秀组织奖。举办社区教育工作通讯员培训班1期、社区专职教师培训班2期，培训300余人次，全年社会培训受众4040人次。有5个实验项目获教育部立项。3月，市爱心义工协会城职院（电大）分会成立。5月，组织专家检查校级精品课程建设项目，“商务现场口译”“外贸英语实训”申报2013年苏州市精品课程。举办“让生命充满爱”主题活动。举办校第五届大学生技能竞赛。6月，与市文广新局“金话筒”志愿服务队联合举行“放飞梦想”主题宣传活动。10月，举办第六届大学生田径运动会。11月，开展青年教师公开课比赛，探索“项目引导、强化技能、任务驱动、导学交替”的课堂教学改革模式。12月，在市“永钢杯”技能大赛中承办4个项目的比赛，有39名师生获奖。举办校园十佳歌手比赛。开展第二届宿舍文化节系列活动。举行2013届“专接本”学生毕业典礼暨学位授予仪式，有39人顺利毕业，21人被授予学士学位。全年组织231名学生参加中、高级工考试，通过率超97%。年内统考课程及格率、平均分均名列全省城市职业学院前列。举行班主任论坛，评选校首届十佳班主任。组织学生参加市人才中心毕业生双向洽谈会，不定期公布企业就业岗位信息，毕业生就业率保持99%以上。全年发放国家励志奖学金21万元，国家助学金31.65万元，中职助学金2.1万元，中职免学费58.69万元，阳光午餐和关爱基金2.28万元，勤工俭学补助10.9万元。年内，学校被评为江苏城市职业学院就业工作先进集体、苏州市教育局先进青蓝文明岗，学生在市“国泰杯”国际商务单证大赛中获团体二等奖，在第二届POCIB全国大学生外贸从业能力大赛中获团体一等奖。

【开放大学5个项目获教育部立项】 年内，开放大学有5个社区教育实验项目获教育部立项。分别为“社区教育兼职教师队伍建设的实验”“社区市民学校建设的实验”“张家港市南丰镇数字化学习社区建设的实验”“乐余镇培育‘社区学习共同体’的实验”“锦丰镇老年大学网格化办学模式的实验”。至年末，学校有国家级课题5个，省级课题4个，市级课题4个，校级课题7个，参与人数35人。

【5家企业成为职校首批教师实践基地】 7月8日，全市职业院校首批教师实践基地授牌仪式在市中等专业学校举行，江苏沙钢集团、江苏新美星包装机械有限公司、舞之数码动画制作有限公司、百得医疗器械有限公司、天威五洲变压器有限公司等5家企业成为职校首批专业教师实践基地。暑期，市中等专业学校、市第二职业高级中学、市工贸职业高级中学、市第三职业高级中学、市舞蹈学校等5所职校的65名机电、机械、计算机、电子等专业教师进入实践基地进行为期一个月的顶岗实习，学校与企业共同制定实践计划，实践效果较好。市财政局对接纳教师实践的企业按每人每月2000元的标准给予经费补贴。

【职业学校开展国际合作】 年内，市中等专业学校与日本不二越工业高等学校合作，向该校机械专业派送2名交流生；与德国BBW职业教育集团合作，引进机械、机电专业职业资格证书及课程体系。市第二职中和新加坡博伟教育集团签约，开办国际酒店专业。至年末，全市职业学校与澳大利亚、印度、德国、韩国、日本、新加坡等6个国家的7个高等院校或职业教育集团建立合作关系，引进国外优质课程体系、课程标准、国际通用职业资格证书，学习国外先进的职业教育理念和职业教育模式。

【在全国职业院校技能大赛中获奖】 6月，职业院校学生参加全国职业院校职业技能大赛，在女士春夏时尚成衣款式设计立体造型与纸样修正、服装CAD板型制作放码与女式时尚合体样衣（夹里）缝制、机电一体化设备组装与调试、单片机控制装置安装与调试、电气安装与维修、制冷与空调设备组装与调试等6个项目中获7块金牌、1块银牌。在省技能竞赛中，获一等奖9个、二等奖15个、三等奖17个。在苏州市职业教育创新大赛中，获一等奖6个、二等奖8个、三等奖13个、优秀奖9个。市中等专业学校、市工贸职中、市第三职中3所学校获苏州市职业教育创新大赛团体优胜奖。

（汤　鹏　叶　虹）

高等教育

【概况】2013年，全市有沙洲职业工学院、江苏科技大学张家港校区、江苏科技大学苏州理工学院3所高等学校。其中，江苏科技大学张家港校区和江苏科技大学苏州理工学院实行统筹管理，即两块牌子、一套班子。年内，3所高校在校学生12888人，毕业学生3761人。

沙洲职业工学院　沙洲职业工学院（简称沙工）设有建筑工程、纺织工程、电子信息工程、机电工程、机械动力工程、经济管理、基础科学7个系24个专业。有教职工321人，其中专任教师216人。专任教师中，拥有高级职称的88人，具有博士、硕士学位的占58.33%，具有“双师”素质的占51.9%。有江苏省“333工程”高层次人才培养对象3人，江苏省“青蓝工程”培养对象12人，院专业带头人17人，院优秀青年骨干教师24人。有在校生4233人，比上年增361人。2013年统招计划学生1580人，其中包括首次省外招生40人。录取1566人，实际报到1473人，报到率94%；中高职对接“3+3”录取314人。年内毕业学生1050人，毕业生就业率99.14%。累计毕业学生19685人。9月，与美国荷晶大学亚特兰大分校合作的“国际贸易与经济”专业招生开班。年内，申报专利22件，其中登记授权发明专利5件、实用新型专利7件、外观专利2件、软件著作权3件。获省教学成果奖二等奖2项、重点建设教材1部、二类优秀多媒体课件3项、教改一般课题3项、优秀毕业论文二等奖及团队奖等4项，获省教育厅组织的教师教学比赛一等奖3项、学生竞赛奖7项；2个中央财政支持的重点建设专业通过验收，3个省级重点专业通过中期考核，省教改重点和一般课题各结题1例。

江苏科技大学张家港校区/江苏科技大学苏州理工学院　江苏科技大学张家港校区（简称张家港校区）、江苏科技大学苏州理工学院（简称苏州理工学院）共6个二级学院，其中张家港校区12个本科专业，苏州理工学院22个本科专业。2013年，张家港校区实际录取新生495人，另录取冶金工程专业硕士研究生8人。苏州理工学院实际录取新生1469人，文理科各批次投档分数线均高于省控线。年末两校共有在校学生8655人，其中张家港校区学生2807人、苏州理工学院学生5848人。年内，张家港校区引进教师10人，其中博士6人、硕士4人。年末，两校共有教职员工204人，其中专任教师174人。年内，推进专业建设和实践教学环节的教育教学改革，加强重点专业建设。苏州理工学院确定7个重点专业建设项目立项，基本涵盖全市经济发展重点行业，并建立12个专业实习或实训基地。启动课程建设规划，苏州理工学院有13个重点课程建设项目立项，基本涵盖各专业的公共基础课程和专业学科基础课程。启动教学改革与课题研究工作，立项60项，其中张家港校区9项、苏州理工学院51项。确定10项中外合作办学项目建设。推进实验室建设，两校共投入625万元用于实验室教学设备购置，其中张家港校区投入200万元、苏州理工学院投入425万元。年内，张家港校区科研水平、科研项目承接及科研经费到款额同比明显提高。张家港校区共获得国家自然基金立项1项，省自然基金青年项目立项2项、面上项目1项，省教育厅基金（面上）立项1项，省高校哲学基金立项1项，省产学研前瞻性项目立项1项，张家港市软科学项目立项1项；项目资助经费96万元。签订产学研合作项目20余项，为企业解决技术难题10余项。申请专利16件，授权发明专利3件、实用新型专利2件。年内，张家港校区与张家港企业联合申报15家企业研究生工作站，与江苏永钢集团、江苏城宇建设集团、泰兴市黄桥工业园区和江苏华兴特钢铸造有限公司等签订战略合作协议，与市科技局合作申报国家火炬计划——精密机电产品及智能装备产业基地。5月，苏州理工学院与张家港保税区启动共建香山廉政教育基地，重点在廉政文化、廉政教育、基层组织、党员队伍、干部人才、非公企业、困难学生、科学发展八个方面进行合作。10月，与市总商会合作举办“港城企业家走进江科大”对接交流活动，总商会各行业协会及25家民营企业与学校相关院系洽谈对接，分离机械行业商会、五金行业商会、密封件行业商会、防火板行业商会以及江苏华机集团有限公司与江苏科技大学签署战略合作协议。年内，开展“学风建设月活动”“学风督察活动”“学业预警制度”“学业生涯规划”等学风建设活动，举办第七届“科港之星”科技文化节、第八届校园文化艺术节、庆祝建校80周年文艺晚会等系列科技文化活动。张家港校区2013届毕业生毕业率93.1%、学位率93%、年终总就业率97.7%；有126人考取或保送研究生，考研录取率占毕业生人数的13.75%，其中考取985高校的有25人，考取211高校的有32人。

【沙工提供服务企业“330”菜单】9月，在张家港市加强校企合作培养技工人才工作推进会上，沙工提供了服务企业的“330”菜单。菜单开列了该校为企业和社会服务的30个技能培训和鉴定项目、30个继续教育学历进修项目、30个生产技术改造和服务项目，每一个项目都有项目负责人、教师团队介绍等信息。菜单出台后，沙工与市装备行业协会、市建筑行业协会、江苏国泰集团、江苏华机集团、那智不二越、CTR株式会社等单位进一步洽谈合作事宜，并在订单培养、课程开发、基地共建、员工培训等方面达成共识。

【沙工慈善会成立】4月2日，沙洲职业工学院慈善会成立。慈善会聘请市委副书记、政法委书记、学院党委书记王亚方任名誉会长，选举学院党委委员、副院长、纪委书记陈跃为会长。至年末，慈善会先后向江苏沙钢集团、江苏华机集团等30个企业和个人募集资金和实物，折合人民币689.07万元。募集的资金和实物主要用于补助和慰问困难学生。2013年，慈善会共向困难学生发放节日慰问、学费补助等93万元，累计资助困难学生899人次。

【江科大产业技术研究院成立】 1月，张家港江苏科技大学（简称江科大）产业技术研究院在市民政局注册成立。研究院是江科大出资在张家港市成立的非营利性组织，主要为市冶金新材料、现代装备制造业、新能源等产业和第三产业提供公共技术服务。按照苏州理工学院、张家港校区及研究院三位一体的原则，依托学校科研公司和相关学院，在张家港市成立分公司、研究所等实体机构，启动相关政策制定、组织架构及人员分工、实施目标规划、工商税务登记、财务体系建立等实质性工作。年内，组建成立5个研发中心、9个研究所、3家产业分公司，形成服务功能完善、研究特色鲜明、与地方企业联系密切的12个50人的研发团队及服务机构。

【苏州理工学院与永钢集团签订战略合作协议】 10月21日，江苏科技大学苏州理工学院与江苏永钢集团有限公司签订校企战略合作框架协议，就人才培养、技术培训、创新平台、成果转化等方面开展合作，并设立"永钢奖学金"。江苏永钢集团向苏州理工学院教授金云学、徐玉松，博士季凯、孙健颁发永钢集团技术顾问聘书，并向江苏科技大学捐赠"永钢奖学金"400万元。苏州理工学院向江苏永钢集团董事长吴栋材颁发兼职教授聘书。 （陈　琛　孙　杰）

永钢集团向江苏科技大学捐赠400万元"永钢奖学金"

（江科大　供稿）

社会教育

【概况】 2013年，全市社会教育以构建完善的终身教育体系、建设学习型社会为目标，以创建"全国社区教育示范区"为重点，坚持城乡统筹、因地制宜，社会教育事业呈现蓬勃发展的良好态势。

社区教育　年内，社区教育"四大工程"（职工技能培训"1338"工程、农村"125富民"工程、市民素质提升工程、"新张家港人"教育工程）专项培训稳步推进，全年社区教育培训95万人次，城区居民社区教育活动年参与率30.2%，老年人年参与率17.9%，网络教育覆盖率23.9%。继续开设"学历+技能"成人中专培训班，共有10311名在职职工接受教育培训。全年财政补贴成人中专班教育经费382万元。市财政按常住人口年人均2元的社区教育培训经费落实到位，全年以奖代补经费245万元；各镇财政相应配套人均不低于1元的社区教育专项经费，专款专用，社区教育经费得到保障。健全完善市社教办、社区培训学院、老年大学，区镇社区教育中心，社区（村）市民学校三级社区教育网络阵地建设。年内，南丰镇创建成全国创建学习型社区示范镇（街），大新镇社区教育中心创建成江苏省标准化社区教育中心。全市创建成江苏省标准化居民学校7个、苏州市教育现代化市民学校12个、张家港市学习型试点社区20个。

老年教育　市老年大学开设书画摄影、舞蹈体操、音乐戏曲、医学保健、文学语言、综合运用等六大类30个专业57个班级，在校学员学习超过2100人次。年内，市老年大学先后获市巾帼文明号、市首届老年教育艺术节优秀组织奖。全市各区镇、单位建有13所老年大学，其中保税区（金港镇）老年大学、乐余镇老年大学创建成苏州市教育现代化镇（街）老年大学。

成人高考　全市有3795人报名参加全国成人高校招生考试，其中免试121人，占报名总人数的3.19%；推荐考核人数116人，占报名总人数的3.06%；专科起点升本科2141人，占56.42%；高中起点升本科17人，占0.45%；高中起点升专科1637人，占43.14%。全市共设122个考场。实际参加考试3119人，参考率87.66%。录取3090人，录取率81.42%，其中专科起点升本科录取1717人，高中起点升本科录取9人，高中起点升专科录取1364人。

自学考试　全年有7145人报名参加江苏省自学考试，全年毕业151人，其中专科毕业77人、本科毕业74人。全市有6103人参加计算机、英语、书法、教育学、心理学等各类证书考试，其中4956人考试合格取得证书。

校外教育　年内，市教育部门审批民办非学历教育机构75家，其中市区45家，培训涉及英语、作文、舞蹈、书画等10余个项目。11月，组织开展全市第四批民办非学历教育机构星级评估，评选出四星级4个（市英之辅语言培训中心、市慧众教育培训中心、市图书馆教育培训中心、市经贸学校）、三星级3个（市菁华教育培训中心、市锦艺阳光教育培训中心、市星期7教育学校）、二星级4个（市韦博教育培训中心、市阳光教育培训中心、市文化艺术教育培训中心、市青少年舞蹈教育培训中心），全年培训总量7万人次。市少年宫全年开展器乐、舞蹈、语言表演、声乐、美术、科技、运动等40余个项目的培训，年培训2.74万人次。组织学员参加中央音乐学院音乐考级949人，通过876人；参加中央音乐学院基础知识考级905人，通过630人；参加中国舞蹈家协会舞蹈考级621人，全部通过。

【全民终身学习活动周】 9月至10月，全市举办首届全民终身学习活动周。活动以"为实现中国梦——终身学习，人人成才"为主题，由市社区教育工作领导小组办公室协调，各镇政府（社区教育中心）、市社区培训学院、市老年大学等相关部门组织，市、镇（街）、社区（村）三级联动参与。活动周期间，面向全市居民开展"健康生活、你我共享·百姓讲堂"社区巡讲、市老年教育艺术节、"我的梦·中国梦"社区居民书画才艺展示、"金港杯"社区居民家庭盆景展示、"沙洲新城杯"社区居民厨艺大赛、"美丽家园·金凤凰杯"社区居民摄影比赛、"乐余杯"渔友学习共同体钓鱼比赛、"美丽少儿·塘桥杯"少儿环保知识竞赛、"智惠港城·南丰杯"社区教育微课程网上展播、"美丽家庭·和孝杯"社区家庭才艺大赛、"常阴沙杯"社区居民手工毛线编织品展示等11项主题活动。参与居民超20万人次。 （汤　鹏）

教师队伍

【概况】 年内，招收新教师166人，其中硕士研究生28人，"211"高校毕业生13人，"985"高校毕业生10人。年末，全市教育系统有教职员工9233人，其中专任教师9024人。专任教师中，张家港开放大学137人，普通高中1382人，职业类学校775人，初中2242人，小学3332人，幼儿园954人，特殊教育学校30人，教研室等直属单位172人。全市幼儿园、小学教师大专及以上学历比例分别为98.2%和93.5%，初中、高中教师本科及以上学历比例分别为92%和97%，高中教师中具有研究生学历、教育硕士学位（含在读）的比例超过21%。拥有省级名教师1人、正高级职称教师7人、江苏省人民教育家培养工程培养对象3人、省特级教师20人、苏州市学科教改带头人82人。全市累计有学科教改带头人、教学能手、教坛新秀等骨干教师2299人，占专任教师总数的25.4%。中职学校、高职学校"双师型"教师占专业专任教师的比例分别为70%和78%。

【首届"美丽教师"评选活动】 6月，市教育局颁发《关于开展"寻找美丽教师"新闻行动的通知》，面向全市中小学、幼儿园在职教师，着重从"扎根农村、乐于奉献""业务精湛、成绩突出""管理细致、德育高效""理念先进、教学有方""道德高尚、热心公益"和"笑对挫折、躬耕教坛"等方面寻找先进典型。7月，评审委员会对推荐人选进行审查，初选候选人20人。8月，《张家港日报》、市广播电视台、张家港教育信息网等媒体对候选人事迹进行展示，并依托网站接受群众网络投票。经评选，市第二中学李秀兰、港区小学张婉琴、凤凰中学周喜悦、实验小学庞燕、梁丰高级中学崔绪造、乐余高级中学潘山、旭东学校庞冰心、锦丰中心小学顾雪梅、职业中心校李兴莲和塘桥中心幼儿园缪文华等10名教师被评为"美丽教师"，确定朱秋琴、尹娜、童先锋等10名教师为"美丽教师"提名奖。9月7日，在庆祝第二十九个教师节暨"美丽教师"表彰大会上，为获奖者颁奖。

【校长队伍建设创新】 年内，市教育局创新校长队伍建设，试行校长组阁制。2月，新建的江帆小学实行校长公开选聘和校长组阁制。根据选聘条件，全市同类学校有15名教师报名参加竞选。通过竞聘者人岗相适度评审、"无领导小组讨论"等步骤进行公开选拔，市实验小学教师徐芳被选聘为校长。校长产生后，由其按规定职数在全市同类学校遴选、组阁校级领导。创新校长后备干部培养方式。市教育局制订《张家港市教育系统年轻干部"365成长计划"实施方案》，加强年轻干部的培养、推荐工作，组织第16期青年干部培训班，注重发现、培养、使用年轻优秀的后备干部。通过培训，有6人经考察成为校级领导，另有20余人列为培养对象。创新校长培训方式。选取16名校（园）长、8名副校长到全国重点名校跟岗学习办学思路和管理经验；组织45名义务教育学校教学副校长专题培训，提高教学管理业务能力；分两批组织全市教育系统中小学、幼儿园和直属单位的主要领导赴上海华东师范大学公共管理学院研修。 （汤　鹏）

市教育局公开招聘江帆小学校长 （市教育局　供稿）

【编辑　沈国民】

文化·新闻

Culture & News

长江流域民族民间艺术节踩街展演　（市文广新局　供稿）

文化事业

文物博物·图书

文化市场

文学艺术

社科工作

文化中心

广播·电视·电影

张家港日报

中国（张家港）长江文化艺术节

張家港年鑑(2014)

文化事业

【概况】 年内,市文广新系统围绕提升公共文化服务水平、打造地方文化特色品牌、开展文化志愿服务、完善文化设施网络体系、丰富文化民生品牌活动、促进艺术生产繁荣发展、加强文化遗产保护传承等工作,全面推进各项文化事业建设。

公共文化服务 在全国率先开展文化志愿者资格认证,全市首批675名网格文化员、阅读推广人通过资格认证培训和考试持证上岗。《关于促进张家港市地方特色文化繁荣的实施意见》出台,群众文艺团队总数480个。全年开展文明欢乐行"村村演"256场、广场文艺"周周演"117场、千场电影"月月映"4000场、文明书场"天天说"2400场。3月,张家港市成立国家一级社团——长江文化促进会。11月,全国唯一一家以保护、发展和弘扬长江文化为宗旨的基金会,江苏省县市首家公益性文化基金会——张家港长江文化基金会成立。年内,张家港市首批成功创建成为国家公共文化服务体系示范区。"公共文化服务网格化模式创新与示范"项目入选2013年度国家文化创新工程重点项目。网格化公共文化服务模式获中国社会文化艺术政府最高奖项目类"群星奖"。张家港市成功创建成为"中国曲艺之乡"、江苏省"书香城市","书香城市"建设指标体系被授予全省宣传思想文化工作创新奖,是全省县(市、区)中唯一获奖项目。12月,苏州市召开国家公共文化服务体系示范区长效管理工作会议,张家港市文广新局等6个单位获苏州市国家公共文化服务体系示范区创建工作先进集体称号,李忠影等10人获先进个人称号,市文化馆文化志愿服务团、市图书馆文化志愿服务团获优秀基层文化志愿队伍称号,网格化公共文化服务获创新服务举措称号。

文化设施 年内,市艺术中心、市少儿图书馆、长春园书场及评弹艺术馆等新建改造工程有序推进。启动新一轮区镇街道办事处文化设施建设标准化工程,全市近30个镇、镇办事处、村级公共文化设施建设列入2013年规划。大新镇、锦丰镇、常阴沙现代农业示范园区文化中心正式启用。年内,对大新镇、常阴沙现代农业示范园区、锦丰镇等3个镇级文化中心和金港镇德积、后塍、南沙办事处,凤凰镇港口办事处等5个镇办事处级文化中心进行督察验收。全市新增公共文化设施面积近2万平方米,人均公共文化设施面积超过0.38平方米。

文艺生产 年内,市文化馆、市艺术中心创作文艺作品210件,涵盖戏剧、曲艺、音乐、舞蹈、美术等门类。年末,全市拥有艺术中心艺术团、文化馆东方艺术团2个专业艺术团体,有成员140余人,其中国家一级演员5人、国家二级演(奏)员6人、二级编剧1人、二级作曲1人,具有中级以上职称38人,全年演出2725场,观众300余万人次。

群众文化 年内,全市举办各类群众文化活动超过1万场,参与群众500万人次。2月5日,市委宣传部、市文广新局联合出台《"幸福港城"2013年张家港市网格文化活动实施方案》,组织策划20项文化活动,活动对象包括各个年龄层,活动内容涵盖舞蹈、歌唱、戏曲、摄影摄像、非遗技艺比拼等多种艺术类别,20项活动贯穿全年,覆盖城乡。金港镇的"舞林大会"、凤凰镇的"寻找赵圣关"千人山歌唱起来、大新镇的沙上秧歌PK赛等活动不断强化地方文化特色。市文化馆举办各类演出活动300场,市艺术中心举办各类演出活动245场,市巨星影演文化有限公司承办各类专场演出307场次,各区镇举办各类群众性文化活动近3000场。至年末,全市有专职工作人员150余人、业务创作骨干183人、业余演出骨干300余人。

文化志愿服务 2013年是文化部、中央文明办确定的"文化志愿者基层服务年"。7月,张家港市成立全省首家登记注册的文化志愿者协会,下设21个文化志愿服务团。至年末,协会登记注册的文化志愿者850余人,其中业余文艺人才250余人,并成立"和你在一起"文艺演出队、"金话筒"宣传讲解队等6个专业服务队伍。年内,重点开展"文化志愿服务基层行"活动,开展文艺演出、阅读推广、教育咨询、公益培训、文艺辅导、家电维修、电影下乡、义务讲解、高雅艺术共享和关爱特殊群体等138项文化志愿服务活动,为全市近10万市民提供近8000小时的各类文化志愿服务。12月,市"'绽放在港城'文艺演出基层行"项目获评文化部2013年"文化志愿者基层服务年"示范项目。

【张家港市创成"中国曲艺之乡"】 市委、市政府将繁荣发展地方曲艺特色文化纳入文化事业建设整体规划,先后建设文化中心、长春园书场及16家基层书场等一批曲艺阵地,每年用于曲艺创作生产、基层书场扶持等方面的资金超过200余万元。2012年年末,市文广新局全面启动"中国曲艺之乡"创建工作,在地方曲种、曲艺人才、曲艺活动等方面进行梳理和规范,并围绕"中国曲艺之乡"评定标准开展工作,做到曲艺政策机制、曲艺保护措施、曲艺阵地建设"三个到位",曲艺人才建设、曲艺精品生产、曲艺文化活动"三个突出"。2013年6月25日至26日,中国曲艺家协会专家考察组对张家港市创建"中国曲艺之乡"工作进行实地考察和科学评估。7月22日,中国曲艺家协会下发《关于授予江苏省张家港市"中国曲艺之乡"称号的决定》,张家港市正式被命名为"中国曲艺之乡"。

【斩获全国文化"四大奖"】 5月20日,市艺术中心演员董红以"一度梅"第一名的成绩获梅花奖。10月,由市文广新局选送的评弹表演唱《送果篮》、锡剧小戏《丫丫考零分》获文化部第十届中国艺术节第十六届作品类"群星奖","网格化公共文化服务"获项目类"群星奖",获奖数量位列全国县(市、区)首位。是月,大型新编锡剧《一盅缘》获文化部第十四届文华奖"文化剧目奖""文化导演奖",该剧还以第一名的成绩获江苏省首届文华奖最高奖"文华大奖"以及"文华表演奖""文华编剧奖""文华导演奖""文华音乐奖"等五项大奖。至此，张家港市在2013年获牡丹奖的基础上，成为全省乃至全国唯一齐获牡丹、梅花、群星、文华奖的县(市)。

【第三届文艺招贤赛举行】 2月至4月，由市政府主办，市委宣传部、市文广新局、市人社局、市编办、各区镇政府共同承办的张家港市第三届文艺招贤赛举行。此次赛事为期3个月，在南京、上海、沈阳、长春、济南、成都、武汉、张家港等8个城市进行初选，全国上千名选手报名参加，涵盖作曲、编剧、器乐、舞美设计、摄影、舞蹈、声乐、活动策划等8个专业，共选拔出27名优秀选手入围决赛。其中硕士研究生5人、博士研究生1人，最终择优录用17人。

（杨方勇）

2013年张家港市文化产品获奖情况

表62

获奖项目	主创部门(人员)	获奖情况	颁发机构
《送果篮》	市艺术中心	第十届中国艺术节第十六届“群星奖”	文化部
《丫丫考零分》	市艺术中心	第十届中国艺术节第十六届“群星奖”	文化部
		第五届“中国戏剧奖·小戏小品奖”优秀剧目奖	中国文联、中国戏剧家协会
《一盅缘》	市艺术中心	第十四届文华奖“文华剧目奖”“文华导演奖”	文化部
		第十三届中国戏剧节优秀剧目奖、优秀编剧奖	中国文联、中国戏剧家协会
		江苏省首届文华奖大赛“文华大奖”“文华表演奖”“文华编剧奖”“文华导演奖”“文华音乐奖”	江苏省文化厅
《幸福指数》	市文化馆	第五届“中国戏剧奖·小戏小品奖”优秀剧目奖	中国文联、中国戏剧家协会
《开心天堂路》	市艺术中心	第五届“中国戏剧奖·小戏小品奖”剧目奖	中国戏剧奖·小戏小品奖组织委员会
《笑话篓娶亲》	市艺术中心	第五届“中国戏剧奖·小戏小品奖”剧目奖	中国戏剧奖·小戏小品奖组织委员会
《好人难当》	市文化馆	第五届“中国戏剧奖·小戏小品奖”剧目奖	中国戏剧奖·小戏小品奖组织委员会
《如此协议》	市文化馆	第五届“中国戏剧奖·小戏小品奖”剧目奖	中国戏剧奖·小戏小品奖组织委员会
《摸秋》	吴建辉	全国新农村文艺创作理论研究论文和新农村题材小戏小品剧本大赛优秀剧本奖	中国文联、四川省人民政府
《茉莉花》	市文化馆	“喜迎十艺节·全民共欢乐”全国群众文化优秀节目惠民展演优秀节目奖	第十届中国艺术节组织委员会
《莳秧歌》	市文化馆	“喜迎十艺节·全民共欢乐”全国群众文化优秀节目惠民展演活动展演奖	第十届中国艺术节组织委员会
《山歌代代唱不完》	市文化馆	“喜迎十艺节·全民共欢乐”全国群众文化优秀节目惠民展演活动展演奖	第十届中国艺术节组织委员会
《一枚戒指》	倪夏宇	首届全国曲艺小剧场优秀展演节目	中国曲艺家协会
《沙洲神话》	支坤兴 徐新元	2013年全国群众创作歌曲展评金奖	中国社会音乐研究会
		发表在《歌曲》杂志	中国文联
《烧饼王告状》	任忠国	发表在《曲艺》杂志	中国文联
《心中有个路标》	徐新元	2013年全国群众创作歌曲展评银奖	中国社会音乐研究会
《知青奶奶》	徐新元	2013年全国群众创作歌曲展评银奖	中国社会音乐研究会
《南京》	徐新元	发表在《神州歌海》杂志	中国广电出版社
《桃花园里观桃花》	徐新元	发表在《神州歌海》杂志	中国广电出版社
未成年人阅读阶梯计划	市少年儿童图书馆	2013年社区乡镇阅读推广活动优秀案例征集“最佳案例奖”	中国图书馆学会
《城镇化进程中公共文化建设的作用与对策》	冯文燕	“城镇化进程中的文化建设”全国群众文化2013年度论文三等奖	国家公共文化发展中心、中国群文学会
《具象“指标”定义“书香”蓝图——张家港市创设“书香城市”建设指标体系》	市文化广电新闻出版局	2012年度全省宣传思想文化工作创新奖	中共江苏省委宣传部

续表62

获奖项目	主创部门（人员）	获奖情况	颁发机构
《基本功》	吴建辉	第五届江苏曲艺芦花奖·文学奖	江苏省文联、江苏省曲艺家协会
《苦谏》	王智雄	第五届江苏曲艺芦花奖·文学奖	江苏省文联、江苏省曲艺家协会
《张家港市网格化公共文化服务研究报告》	陈世海	2012年度江苏省文化科研项目良好课题	江苏省文化科技和艺术科学规划领导小组办公室
《文化强国谱华章》	倪夏宇	“宣传十八大文艺作品征稿”二等奖	江苏省文化馆
《浅谈打造群众文化品牌活动的作用》	李立群 刘　琨	江苏省“文化馆（站）创新服务，提高效能”群众文化理论研究成果三等奖	江苏省群众文化学会、江苏省文化馆

文物博物·图书

【博物馆】 年内，张家港博物馆整体改造布馆工程及长江文化博物馆建设工程完成。改造后的张家港博物馆设有张家港历史文化陈列展厅、张家港民俗文化展陈列展厅、书画艺术展厅和碑刻陈列展区等五大基本陈列，全年共接待观众10万人次。配合市文物局全面开展可移动文物普查，做好境内文物保护工作，完成凤凰镇杨家桥村明代墓葬群抢救性考古挖掘，配合三干河南延工程实施考古调查、勘探，发现小山村遗址，并开展抢救性考古发掘，清理汉墓2座、唐墓4座。引进和举办“崧泽之光——东山村遗址考古成果展”、黄泗浦遗址考古成果展、“美丽港城——书画影优秀作品展”等3个临时展览。深入开展历史文化进校园、进社区服务，“小小历史讲解员”培训，国际博物馆日、文化遗产日宣传等主题活动18次。推进队伍建设，引进文物研究及讲解人才14人。编印《张家港文博》2期。

【图书馆】 2013年年末，全市有市公共图书馆1个、市少年儿童图书馆1个、镇分馆19个、村（社区）图书馆（室）246个。全市基层公共图书馆（室）均可与市图书馆实现“一卡通”通借通还。市、镇、村（社区）三级公共图书馆业务用房4.85万平方米。全市公共图书馆藏书总量188.7万册，人均（按常住人口计算）藏书量1.52册。其中，市公共图书馆、市少年儿童图书馆和镇分馆有藏书164.7万册（含报刊合订本）、电子读物2.89万盘，订阅报刊2500种，有持证读者9.8万人，年内新增1.6万人，设有服务窗口35个，其中少儿馆窗口12个。全年接待各类读者178万余人次，征集地方文献74种166册。张家港市公共图书馆、市少年儿童图书馆开展各类读书活动420余项次，举办公益性讲座、报告会52场次，举办展览28个，举办各类培训班380余个，编辑出刊《决策参考》24期、《港城读书》6期。新增图书流动车一辆，开展图书流动车进村（社区）、学校巡回服务200余次，送书20.5万册。市图书馆大新镇分馆、锦丰镇分馆、后塍办事处分馆相继建成开放，全省首家社区24小时自助图书馆建成启用。2013年张家港市数字图书馆工程列入市政府实事工程。年内，利用科技文献信息服务平台在线检索8000余次，文献下载量约3万页，配合完成科技创新项目443项。6月17日，市公共图书馆首次承办全国中小型公共图书馆年会，接待与会专家270余人；“全民阅读，让张家港更文明——张家港市‘书香城市’建设展”参展2013年中国图书馆年会——中国图书馆学会年会·中国图书馆展览会，是全国唯一一家被邀参加集中展示的县级图书馆。年内，市公共图书馆、市少年儿童图书馆双双被评为国家“一级图书馆”，市图书馆再次被中国图书馆学会评为全民阅读推广先进单位，市少年儿童图书馆“未成年人阅读阶梯计划”案例获2013年社区乡镇阅读推广活动优秀案例征集“最佳案例奖”，有4个镇、社区的阅读案例获优秀案例奖、推广奖，市公共图书馆获案例征集优秀组织奖，市少年儿童图书馆获全国少年儿童经典读物情景剧大赛优秀组织奖，另图书馆被评为2010~2012年度江苏省文明单位。

【新华书店】 2013年，完成图书销售10906.39万元，比上年增1.5%；完成图书销售册数1112.69万册，比上年降4%；实现利润565.52万元，比上年增14.8%。年内，市新华书店完成《理性看，齐心办——理论热点面对面2013》《领导干部从政道德启示录》《党的十八大反腐倡廉精神学习辅导》等一批重点政治理论读物的发行工作，全年发行各类政治读物1.4万余册，销售金额53.9万余元。做好全市中小学生免费教材、免费作业本、免费《新华字典》等的发行工作，连续36年实现“课前到书，人手一册”。加快图书发行网络渠道建设，新增2家新华书店门店，联合创办2家校园书店，捐建7家农家书店，其中南丰镇永联农家书店被评为全国农家书店示范店。配合书香城市创建，开展家庭亲子阅读推广，全年组织周末读书沙龙25次，举办节日亲子活动6次，接受家庭教育咨询1200余例，举办家庭教育进社区活动3场，深入全市20余个社区，举行隔代教育知识讲座20余场次。继续发挥“校园人文行”对于青少年学生阅读的引导作用，先后邀请曹文轩、杨红樱、沈石溪、周锐等4名作家深入全市中小学校举办9场阅读知名讲座及签名售书活动，听众超过5000人次。年内，市新华书店被评为2010~2012年度江苏省文明单位、2011~2012年度第四届江苏省“双优诚信”书店。

【非物质文化遗产保护】 年内，做好河阳宝卷、金村庙会申报第四批国家级非物质文化遗产代表性项目工作。公布张家港市第四批非物质文化遗产代表作名录，“施耐庵传说”入选苏州市第六批非遗代表项目名单，“锡剧”“沙上宝卷”入选前五批扩展名单，后塍竹编传承人陶永飞入选江苏省第四批传承人名单。举办江南庙会与非物质文化遗产保护高层论坛、“港城绝技”张家港市非物质文化遗产技艺传承大赛等活动。做好沙上文化生态保护区、欧桥（西旸）传统村落等规划建设。编纂出版张家港市非物质文化遗产保护文献《河阳山传说施耐庵》。

【国保单位实现零的突破】 3月，国务院印发《关于核定并公布第七批全国重点文物保护单位的通知》，张家港市申报的东山村遗址、黄泗浦遗址、杨氏宅第等3处遗址全部入选第七批全国重点文物保护单位，实现国保单位零的突破。东山村遗址位于金港镇南沙办事处，总发掘面积2300余平方米，出土大量马家浜文化和崧泽文化时期的珍贵文物，并首次在长江下游发现马家浜文化晚期的高等级墓葬及崧泽文化早中期高等级大墓群，对中华文明起源研究具有重大意义。黄泗浦遗址位于杨舍镇庆安村与塘桥镇滩里村交界处，总发掘面积5000余平方米。作为唐宋时期的港口型遗址，该遗址范围之大、时间跨度之长，在全国同时期遗址中是仅有的，见证了唐代鉴真第六次成功东渡日本的历史。杨氏宅第位于凤凰镇恬庄村，由榜眼府、杨氏南宅和杨孝子祠组成，始建于清朝中期，总占地面积3680平方米。杨氏宅第历史悠久，体系完整，具有浓郁的张家港地方特色。

【东山村遗址被收入江苏大遗址名录】 8月20日，省文物局发布公示第二批江苏大遗址名录，此次收录6处遗址，张家港市东山村遗址“榜上有名”。这是继2011年黄泗浦遗址成为首批江苏大遗址后，张家港市遗址第二次入选。至此，全省共有14处遗址入选第一批、第二批江苏大遗址，张家港市是全省唯一拥有两处江苏大遗址的县（市、区），也是苏州市唯一拥有江苏大遗址的县（市、区）。

【长江文化博物馆开馆】 11月1日，长江文化博物馆开馆，这是全国首个以长江文化为主题，集对长江流域文化进行收藏、保护、研究、展示和教育等功能为一身的全国性博物馆。展馆面积2200平方米，分为“文明摇篮、艺术之河”“精神追溯、源远流长”“造型造物、智慧之光”“表演艺术、莺歌燕舞”“携手长江、共创繁荣”5个展厅，从不同侧面展示长江流域各民族的历史、宗教、民俗、文学、工艺美术、表演艺术等内容。至年末，接待3万人次。 （杨方勇 田亚明）

长江文化博物馆开馆 （市委宣传部 供稿）

文化市场

【概况】 年内，全市新增文化经营单位35个。其中，音像、书报刊等出版物经营单位17个，歌舞娱乐场所5个，影演单位2个，印刷复制等其他经营单位11个。至年末，经市文广新局许可或备案登记的文化（新闻出版）经营单位1035个。其中，音像、书报刊经营单位299个，印刷企业（含打字复印）404家，歌舞娱乐经营单位123个，网吧95家，游戏厅59家，影演单位54个，出版社1家。市文化市场行业协会下辖印刷、出版物、网吧、歌舞娱乐、电影演艺、版权6个分会，团体会员超过900个，经营单位入会率超过90%。

【文化产业】 年内，全市新办歌舞娱乐经营单位5个，总投资420万元；新办印刷复制经营单位11个，总投资450万元。市文化馆东方礼仪演艺中心完成各类大中型演出活动300场，礼仪活动80余次，营业收入448.41万元。张家港博物馆拓展会展业务，创收50万元。市艺术中心开展大戏演出和各类服务性演出245场，演出收入264.6万元。市巨星影演文化有限公司承办各类演出218场，演出收入584万元。巨星、环球电影城放映14025场，实现票房收入2277万元。全市原创动画片7部4784分钟，江苏如意通动漫产业有限公司出品的《如意酷宝之弥勒猴》《如意酷宝之山寨鸡》《如意酷宝之奇异狗》《如意酷宝之怪粒鼠》，苏州市磐石卡通制作有限公司出品的《快乐椭魔塔之小镇乐翻天》《快乐椭魔塔之爆笑成语汇（上、下）》等动漫片取得发行许可证。《中华美德少年》《快乐椭魔塔之小镇乐翻天》获2013年度全国优秀动漫奖。江苏如意通动漫产业有限公司“动漫关键技术研发与应用示范项目”入选国家新闻出版广电总局2013年新闻出版改革发展项目入库项目，张家港软件（动漫）产业园、如意通动漫总部大厦、3D电影金属银幕等3个项目入选2013年度苏州市文化产业重点项目。张家港国家影视网络动漫实验园首批被江苏省文化改革发展领导小组评为省重点文化产业园区。苏州红叶视听器材股份有限公司、江苏银河电子股份有限公司被首批评为江苏省重点文化科技企业。

【市场管理】 年内，市文化部门开展打击侵权盗版、"扫黄打非"（"清源""秋风""剑网"）等行动，严厉打击网上、网下侵权盗版行为。联合公安部门成功破获涉案金额6.5亿元的江苏国泰新点软件被侵权盗版案，获国家版权局和公安部表彰，该案件入选国家版权局、国家互联网信息办公室、工业和信息化部、公安部评定的2013年"剑网行动"十大案件。张家港市成功创建成为2013年度江苏省创建无"小耳朵"标兵市，拆除非法"小耳朵"6.5万只，查处非法销售网点近400个。全年立案查处127起行政处罚案件，取缔黑网吧52家，收缴电脑286台；取缔无证游戏厅95家，集中销毁赌博游戏机2085台；收缴非法出版物37050件，其中盗版音像制品34490件，盗版图书2560件。

【版权工作】 1月9日，国家版权局下发《关于同意张家港市创建全国版权示范城市的批复》，正式批准张家港市创建"全国版权示范城市"。是月，由45个相关部门组成的全市创建工作领导小组成立，市委办、市府办联合印发《张家港市创建"全国版权示范城市"实施方案》《张家港市2013~2014年创建"全国版权示范城市"推进计划表》《张家港市版权示范单位、示范园区和优秀版权工作站评审奖励办法（试行）》和《张家港市软件正版化示范企业评审奖励办法（试行）》。制定《张家港市版权工作站管理办法》。在区镇和动漫、纺织、传媒等重点版权行业建成9个版权工作站，成立版权行业协会，编发创建工作简报13期。4月14日至16日，张家港市作为全国唯一县（市）代表，在全国版权示范工作经验交流会上作交流发言。全市全年受理版权登记作品6500余件。15件作品入围市优秀版权作品，累计奖励10.21万元。2件作品获2013年度苏州首届优秀版权政府奖一等奖，获奖数量居苏州县（市、区）首位。江苏国泰新点软件有限公司获评"江苏版权产业最具影响力企业"。4月，2013年苏州市（张家港）侵权盗版及非法出版物集中销毁活动在张家港市举行，现场共销毁非法出版物32.3万件。

【2013年江苏影视动漫年会在张家港举行】 12月12日，2013年江苏影视动漫年会在市举行，"2013优漫杯江苏十佳电视动画片"和"2013年度江苏最具影响力的影视动漫十大新闻事件"获奖名单揭晓。张家港动漫企业——江苏如意通动漫产业有限公司创作的《如意酷宝之小神羊》及其与江苏优漫卡通联合制作的《中华美德少年》成功入选"2013优漫杯江苏十佳电视动画片"。"如意通动漫大厦成功封顶'动漫公共服务平台'助推动漫产业升级"项目入选"2013年度江苏最具影响力的影视动漫十大新闻事件"。 （杨方勇）

文学艺术

【概况】 市文学艺术界联合会（简称市文联）下设作家协会、书法家协会、摄影家协会、美术家协会、戏剧家协会、音乐家协会、舞蹈家协会、影视家协会、曲艺家协会、民间文艺家协会、国标舞工作者协会11个专业协会，1个艺术指导委员会，1个事业单位（市书画院）和塘桥、金港、锦丰、南丰、永联5个镇（村）文联。5月，民间文艺家协会举行第六次会员代表大会，缪自强当选主席。6月，国标舞工作者协会召开第二次会员代表大会，缪建林当选会长。7月，永联村文联成立，徐晓华当选主席，下设舞蹈、书画影、音乐、文学、民俗表演、曲艺6个协会，有会员102人，为全省首家村级文联。至年末，市文联共有市级会员891人，比上年增18人。其中，国家级会员73人，比上年增15人。年内，市文联被评为苏州市文联系统"四项工程建设"先进集体，市作家协会被评为苏州市文联基层协会建设先进集体。

【文艺活动】 年内，市文联组织开展各类大赛、展览、展示等文艺活动80余项。

书画类 2月，与市书画院、市书法家协会、美术家协会联合开展3次送春联活动，送出900余对春联；举行书画院新春书画小品展，展出60件书画小品。3月，召开"家在苏州·美丽乡村"创作会议，对当选"江苏最美乡村"的永联村、苏州市"十大幸福乡村"的长江村进行书画影主题创作；与大新镇人民政府联办"和美大新"书画小品展，展出25件书画作品。3月至5月，与市纪委、宣传部等部门联办"法治·廉洁"书法绘画优秀作品征集活动，收到参赛作品365件，陆华、胡海云获书法类一等奖，章玲、钱凤莲获美术类一等奖。4月，"和风同春"书画作品展在山东曹州书画院展出，展出作品60件。4月至8月，与市人力资源和社会保障局联办第二届"社保杯"书法、美术、摄影、文学创作活动，收到参赛作品500余件，钱昌贤草书中堂、杨兴仁《高山流水图》、蔡春林《雾锁意杨林》、缪克《塑造港城文化亮点的人们》分获书法、美术、摄影、文学一等奖。4月至10月，与市委宣传部、市文广新局联办"美丽港城"张家港市美术书法摄影大赛，收到参赛作品570件，刘开华书法、苏洁美术《美丽港城——港》、王苗苗摄影组照《洋厨PK中国菜》分获专业组一等奖；张剑石书法、王劲岩美术《港城新市民》、陆建军摄影《假日时光》分获业余组一等奖，150余件优秀作品在市博物馆展出。5月，"家在苏州·美丽乡村"美术、书法、摄影"三进城"展览在苏州图书馆开幕，展出作品数为180余件，张家港市有25件作品入展；市书法家协会"文艺进万家"活动走进暨阳实验小学。6月，与市书画院、市御墨工坊联合举办"映日荷花别样红"叶烂花鸟画展，展出作品30余件。6月至12月，"法治·廉洁"书画作品展相继在全市巡展，累计展出45场，展出作品70余件。7月，组织14名书画家走进市人武部，开展"翰墨飘香迎八一"书画拥军活动，现场创作50余件书画作品；组织开展书画走进驻军某部，向部队赠送市书画院集体创作的一幅八尺整张山水画《山水相连·鱼水情深》，现场创作40余件书画作品。11月，徐华翔水墨艺术展在合肥亚明艺术馆展出，展出作品近70件。12月，与市委宣传部、凤凰镇人民政府联办"问道沙洲"曹元伟书法艺术展，展出作品40余件。

摄影类　1月，市摄影家协会承办"靓丽保税区·幸福大金港"摄影大展、新疆巩留"天山最美的绿谷·雪岭云杉的故乡"2项全国赛事。2月，举办"河阳鸟影"陈洪标摄影展，108件作品在市城展馆展出。6月至8月，与江苏沙钢集团宏润房地产开发有限公司联合举办"壹号光影"大赛，收到参赛作品1125件，72件作品获奖，谢卫东《一号日出》获一等奖。

文学类　3月，徐玲入选全省宣传文化系统第六期"五个一批"人才名单。3月至8月，与市纪委、市监察局、市司法局等部门联合举办"红盾杯"港城清韵廉政·法治文化作品创作征集活动，姜铁军《换位》、徐学鸿《预测》获微小说一等奖，吴建辉、张伟《桶匠箍家》，周荣耀《蹊跷窃案》获微剧本一等奖。4月，组织3位作协会员走进实验小学，开展"有效阅读，大胆写作"公益讲座；组织8位作协会员在文化中心开展签名赠书。6月，南京大学文学院教授、博士生导师张光芒受邀在江苏科技大学张家港校区报告厅开展"爱与美与自由——徐志摩的诗与人"讲座，200余人聆听讲座。10月，市作协组织会员在暨阳湖生态园欢乐世界开展当地作者文集签名义卖募捐助学活动，筹书款1200元。11月，在市广电中心演播大厅举行2013扬子江诗学奖发布暨"诗歌里的城"朗诵会。

其他类　1月，市文联五届六次全委（扩大）会议暨全市文艺界新春联谊会召开。3月，市曲艺家协会协办当代评弹名家走进善港村惠民专场演出。3月至5月，与市残联联办"爱与梦同行"优秀残疾人才培育活动，参与承办在市美术馆展出的"一样的梦想——美丽张家港"残疾人作品展。5月，召开文学艺术类作品版权培训工作会议；市戏剧家协会到合兴老年公寓举行"孝心曲·慈母情"母亲节公益演出。10月，在保利大剧院举行"随歌而行"杨敏独唱音乐会。11月，中国文联副主席杨承志出席2013年中国（张家港）长江文化艺术节，参观考察南丰镇永联村、市文化馆、图书馆、综合展示馆等。11月至12月，连续举办"筝舞玥扬"朱辰玥古筝独奏音乐会、"古韵芬芳"古琴专场音乐会、"金厦·阳光杯"全市中小学生民乐演奏大赛、瑞典著名汉学家林西莉与中国古琴名家琴友雅集等4项音乐活动。

【文艺创作与交流】　年内，各协会会员出版、编纂各类文艺图书20部，累计近390万字，在市级以上各类报刊发表文艺作品1300余篇（件），76件作品在省级以上条线中获奖、入展（选）、演出。3月，市文联主管的纯文学季刊《东渡》取代《沧江文学》首期出刊，全年发行4期。编纂出版6卷本、80万字的历史文化丛书《金村文存》。董红获第26届中国戏剧梅花奖。徐玲、季静娟和锡剧小戏《喜搬家》获第六届苏州市文学艺术奖，获奖数量列苏州县（市、区）第一。季雪忠、刘山林、杜卫军、张亚彬4人10次入展全国性书法大展。苏险峰、陆华入展2013年"中国书法名家写苏州'得意之作'邀请展"，作品被苏州市文联永久收藏。季中获第三届杭州青年美术新秀选拔赛二等奖。《前哨》《休·诉》两件舞蹈作品获省"莲花奖"第三届青年舞蹈演员大赛表演奖。原创歌曲《亮亮高，板板桥》获江苏省"首届紫金合唱节"比赛少儿组金奖。歌曲《和谐中国花最美》入围第八届中国花博会20强。录制完成公益歌曲《爱的光芒》《非凡声音——张家港本土歌手势力首张专辑》。钱丹娜、叶振宏、张伟东、邵银凤4人进入"王洛宾音乐奖"总决赛并获等级奖。全年开展培训、讲座、采风、交流等活动30余次。3月，市书画院组织部分专兼职画师赴南通个簃艺术馆交流学习；国家一级导演范继信到市开展戏曲讲座培训。4月，上海松江、浙江临安和张家港三地作协40多名文学爱好者相聚塘桥金村，举行创作笔会。8月，市书画院及美协组织30人采风团，赴浙江临安、安吉进行采风创作；市书法家协会组织书画创作骨干走进张家港市易华塑料有限公司，开展"文艺进万家"系列活动。10月，市作协组织20位会员到镇江和丹阳两地采风交流；邀请江苏省文联副主席、省摄影家协会主席沈遥开展"风光摄影"讲座。

2013年张家港市文学、书法、美术、摄影创作主要成果一览

表63

类别	作品名称	形式	主创人员	出版、入选、展出、获奖情况
文学	《二道杠》	小说	徐　玲	发表在《儿童文学》第5期
	《忘记未来》	小说	徐　玲	发表在《儿童文学》第6期
	《闯大祸》	小说	徐　玲	发表在《儿童文学》第7期
	《天生的敌人》	小说	徐　玲	发表在《儿童文学》第8期
	《回家的路》	诗歌	徐　玲	发表在《儿童文学》第12期
	《我会好好爱你》	小说	徐　玲	2013年度苏州市优秀版权奖一等奖
	《我和老爸的战争》	长篇小说	徐　玲	中国少年儿童新闻出版总社5月出版
	《桑桃的村庄》	长篇小说	徐　玲	希望出版总社12月出版

续表63-1

类别	作品名称	形式	主创人员	出版、入选、展出、获奖情况
文学	《手语》	组诗	中　海	8月发表在《诗刊》
	《终剧场》	诗歌集	中　海	中国文联出版社7月出版
	《情归恬庄》	散文	程向东	发表在《人民文学》2013增刊
	《遇见》	童话	孙丽萍	11月发表在《儿童文学》
	《胜水桥畔》	散文	许国华	发表在《人民文学》2013年增刊
	《虞山》	诗歌	徐小华	5月发表在《诗刊》
	《现实主义与中国当代绘画人文精神的复兴》	论文	安昌礼	第六届当代文艺论坛优秀奖
	《娃娃鱼捕鸟》	寓言集	谢金良	敦煌文艺出版社2012年11月出版
	《忏悔的代价》	长篇小说	周　清	现代出版社1月出版
	《梅殇》	长篇小说	陈勤生	中国言实出版社2月出版
	《春秋颂》	诗歌集	但国庆	中国文联出版社2月出版
	《急性子兄弟》	寓言集	钱欣葆	新加坡玲子传媒4月出版
	《365夜寓言故事》	寓言集	钱欣葆	江苏科学技术出版社10月出版
	《武林高手》	寓言集	钱欣葆	天津人民出版社11月出版
	《人烟》	诗歌集	任文浩	古吴轩出版社7月出版
	《剩下》	散文集	任文浩	古吴轩出版社11月出版
	《高树鸣蝉》	散文集	张凌云	中国文联出版社12月出版
	《十年一梦》	散文集	周成新	团结出版社12月出版
	《金村文存》	历史文化	市文联 塘桥镇党委 金村村委	方志出版社5月出版
书法	《陶元亮诗抄》	行草	刘山林	入展全国第二届平复帖碑书法篆刻
	《人间词话》	行草	刘山林	入展全国首届小品展
	《初月楼论书》	行草	刘山林	入展全国魏晋风度新锐书法作品展
	《归去来兮辞》	行草	刘山林	入展全国第四届扇面展
	《杜甫诗》	行草	刘山林	入展全国孙过庭奖行草书展
	《毛泽东词》	行草	刘山林	入展纪念毛泽东诞辰120周年书法展
	《王国维论词》	行草	刘山林	入展乾元杯全国书法篆刻作品展
	诗词一首	草书	季雪忠	入展全国第三届草书展
	《黄庭坚书论》	小楷	杜卫军	入展全国第二届平复帖碑书法篆刻
	诗词一首	隶书条幅	张亚彬	入展全国王安石奖书法大赛
美术	《绿满山乡》	国画	徐华翔	发表在第四期《美术》杂志
	山水	国画	徐华翔	入展“生态山水与美丽家园”中国（苏州）画家画苏州写生作品展
	《浴火·我们的青春岁月》	人物	陈三石	入展2013年全国中国画作品展
	《冬日的阳光》	油画	蒋　勇	第二届“和美西藏”美术作品大赛优秀奖
摄影	《瓮安小九寨》	摄影	李汉忠	“和美瓮安，生态家园”全国摄影大赛优秀奖
	《追忆》	摄影	张和琴	“和美瓮安，生态家园”全国摄影大赛优秀奖
	《黔南松韵》	摄影	瞿良斌	“和美瓮安，生态家园”全国摄影大赛优秀奖
	《老茶观》	摄影	陈晔华	中国太仓摄影大展优秀奖

续表63-2

类别	作品名称	形式	主创人员	出版、入选、展出、获奖情况
摄影	《幸福之歌》	摄影	张和琴	"幸福像花儿一样"全国摄影大展优秀奖
	《洋厨PK中国菜》	摄影	王苗苗	"家在苏州"国际摄影大赛优秀奖
	《整装待发》	摄影	徐　宇	"家在苏州"国际摄影大赛优秀奖
	《公仆就在您身边》	摄影	许海斌	"家在苏州"国际摄影大赛优秀奖
	《抢救》	摄影	惠　涛	入选"东方花都,文化青州"全国旅游摄影大展
	《太湖夕照》	摄影	惠　涛	"太湖明珠,魅力无锡"全国旅游摄影大赛优秀奖
	《春到陶都》	摄影	陆建军	"陶都风华,水域传奇"中国宜兴全国摄影大展优秀奖
	《老外聚古镇》	摄影	肖顺清	中国苏州"记忆江南,相约甪直"全国摄影大展优秀奖
	《红霞映胜景》	摄影	肖顺清	"陶都风华,水域传奇"中国宜兴全国摄影大展优秀奖

【2013年扬子江诗学奖发布暨"诗歌里的城"朗诵会】 11月22日,由江苏省作家协会和张家港市人民政府联合主办的2013年扬子江诗学奖发布暨"诗歌里的城"朗诵会在市广电中心演播大厅举行。毛子获"扬子江年度诗人奖",于坚、寒烟、叶丽隽、伊路、田禾获"扬子江诗作奖",叶橹、唐晓渡、霍俊明获"扬子江诗歌理论奖"。7月,张家港市开展"诗歌里的城"作品征集活动,通过近5个月对数百件作品的评选,最终评选出一等奖3个、二等奖5个、三等奖10个和优秀奖若干,《我的城》《香山深处》《香樟之城》等作品获一等奖。省内外知名表演家对获奖作品进行朗诵和演绎。

【徐玲入选全省宣传文化系统"五个一批"人才名单】 3月18日,江苏省委宣传部公布全省宣传文化系统第六期"五个一批"人才名单,市作协副主席徐玲作为文学艺术界优秀人才入选。"五个一批"是江苏省委宣传部在全省范围内开展的宣传文化系统人才培养工程。徐玲是中国作协会员,曾出版《我会好好爱你》《我的狼妈妈》等40余部图书。其中,长篇代表作《流动的花朵》获中宣部精神文明建设"五个一工程"奖。

【《金村文存》编纂出版】 5月,《金村文存》由方志出版社出版。《金村文存》是苏州大市范围内首部公开出版的村级历史文献,由市文联与塘桥镇党委、塘桥镇金村村委联合编纂,吕大安、杨子才、缪克、徐自强、黄志刚、王兴亮6人担任执行编辑,含《金氏文苑》(上、下集)和《自娱吟草》《病鹤遗稿》《金鹤翀文集》《金村三种》6个分册,80万字。

【季雪忠书法展在京展出】 6月18日至22日,市书法家协会副主席季雪忠个人书法作品展在北京国艺美术馆展出。展览由中国国家画院胡抗美、曾翔工作室,中国汉字艺术中心,中共张家港市委宣传部联合主办。展出作品150余件,包括真书、草书、篆书、隶书、行书等字体,特别是最大尺幅近百平方米的巨幅作品成为此次展览的亮点。央视网、新华网、央视书画频道等十余家专业主流媒体进行报道。"季雪忠书法习作展"研讨会同时举行。季雪忠,中国书法家协会会员,张家港市书法家协会副主席,擅大草,精篆隶,工篆刻,是一位颇具实力的创作型会员,其作品先后入展全国第二届草书艺术大展、第二届全国隶书艺术展、全国第二届青年展、全国首届篆书作品展、全国第十届书法篆刻展、全国第三届行草书展等国家级展赛。 (刘玉梅)

社科工作

【概况】 市哲学社会科学界联合会(简称市社科联)下辖社科群众学术团体37个,涵盖政治、经济、教育、文化、哲学、法律、金融、工商、财税等各个领域。2013年,全市确立哲学社会科学研究课题43项,其中立项课题32项,重点立项课题11项。"现代化进程中的心理健康问题剖析""构建县域高端技能型人才培养体系的研究"两项课题被确定为2013年江苏省社科研究学会专项课题。"《张家港市"书香城市"建设指标体系》研究"获苏州市首届"社科应用研究精品工程"优秀成果二等奖,"网格化公共文化服务——公共文化服务体系建设'张家港经验'""城市转型背景下的慢行交通系统规划编制探索——以《张家港市杨舍城区慢行交通系统规划》为例"两项成果获苏州市首届"社科应用研究精品工程"优秀成果三等奖。《强化农业科技创新的金融支持——农业现代化进程中的科技与金融对接结合问题探讨》获苏州市哲学社会科学界第六届学术大会优秀论文二等奖。联合中国社会科学院企业社会责任研究中心,启动年度重点研究课题"诚信张家港与企业社会责任建设研究"。联合东南大学马克思主义学院,成功申报江苏省人文社会科学研究生工作站,首个规划课题"区域文明建设对现代化发展的推动力研究——以张家港为例"被市人才办立项。全市先后举办第八届社科普及周、第八届张家港论坛。编印内部刊物《暨阳论丛》3期,印数5000余册。组织开展的"e读计划"社科主题阅读活动获选江苏省2013社科普及资助项目,青少年社会实践基地获评苏州市社会科学普及示范基地。

【第八届张家港论坛】 12月，第八届张家港论坛举办。活动期间，共组织市委中心组专题学习报告会10余场，市、镇两级宣讲团深入机关、区镇、企业、村（社区）、学校、企业开展主题讲座560场。结合中共十八大会议精神宣传活动，组织编纂《习近平同志一系列重要讲话精神学习专辑》一书，免费发放给全市各级党组织以及党员干部。组织“争当苏南现代化建设排头兵”主题征文活动，收到征文200余篇，选出一等奖5篇、二等奖10篇、三等奖15篇。一等奖分别是市委党校雷莹的《在现代化进程中推进张家港市社会养老事业发展》，乐余镇陈卫兵的《确立发展新坐标打造“现代化新乐余”》，市级机关工委马狄武的《机关服务型党组织建设的实践与发展研究》，张家港经济技术开发区张建华、秦建忠、赵婷婷的《农村动迁社区建设与管理研究——以七里庙村属地管理的三个动迁社区为例》，市文广新局陈世海的《现代化建设中的“文化效应”——张家港市争当“苏南现代化建设排头兵”的文化层面考量》。

【承办第五届中国智慧学学术研讨会】 11月28日至30日，第五届中国智慧学暨第三届思维学学术研讨会在张家港市召开。中国智慧工程研究会、张家港市社科联主办，中国自然辩证法研究会、江苏省教育学会、江苏省发展与教育心理专业委员会、中国思维科学研究会筹备组、美国中华智慧研究会、张家港市智慧学研究会协办，张家港市教育学会、张家港市思维研究所承办，中国智慧工程研究会副会长杨克强、中国教育学会名誉会长顾明远、江苏省教育学会原会长周德藩、美国中华智慧研究会张劲松以及全国各地研究智慧教育的专家学者180余人参加。会议就优化思维培育和智慧教学进行研讨。顾明远的《大众智慧与教育》学术报告就智慧的理论研究和构建智慧教育作解读。市教育局副局长陈国华作《让学校教育闪耀智慧的光芒——张家港市教育研究的思考与实践》的主题报告。香港《文汇报》、人民网等媒体作新闻报道。

（余亦维 盛新生）

文化中心

【概况】 2013年，市文化中心紧扣全市“创新争先突破年”主基调，以“优服务、育品牌、强队伍、促产业”为主要目标，着力提升公共文化服务水平，创新举办文化品牌活动，积极鼓励文艺创作，加快推进文化事业发展，各项工作成效显著。年内，市文化中心获评苏州市巾帼文明岗、苏州市时代精神教育基地。

接待服务 年内，先后接待全国政协副主席、民建中央常务副主席马培华，中央政法委秘书长、中央综治办主任陈训秋等中央、省、市各级党政领导和考察团1158批4.3万人次。全力配合保障全市领导干部警示教育大会、庆祝“五一”国际劳动节暨职工艺术团周年汇报演出、张家港市庆祝第29个教师节暨“美丽教师”表彰大会、第五届（张家港）长江流域民族民间艺术节闭幕式等重大活动的顺利举行。市文化中心（含图书馆、文化馆）全年接待读者、观众、游客、参观团队100.37万人次。

特色活动 组织策划“移动的文化中心”、万名学生走进文化中心、千名空巢老人走进文化中心、第二届市民音乐会、第三届科普剧汇演、第四届脑力风暴比赛、市民主题日、保利文化月票、少儿钢琴大赛等品牌活动。其中，科普剧汇演活动获江苏省优秀组织奖，组织选送的10部剧目全部获奖。实施居民素质提升工程，完善区域共建工作机制，为社区居民送节日祝福、送社会温暖、送文化活动。与梁丰高级中学、常青藤实验学校签订共建协议，累计有17所学校加入文化中心馆校共建阵营。

展览展示 策划“春起——苏州市美术馆协会2013年度邀请展”“土生土长苏州本土现象系列展”等17场美术展，举办大型蝴蝶标本展、变形金刚机器人艺术展、美丽巩留摄影图片展等7个精品主题展。公示展出张家港市2013年实事工程、杨舍核心区及塘桥老城区控制性规划。大剧院全年完成演出活动106场，其中包括李云迪中国钢琴梦2013年全国巡演、罗大佑保利巡回音乐会、明星版话剧《暗恋桃花源》等自营演出59场，平均票价103元，平均上座率89%。

美术创作 年内，美术馆有211件美术作品和论文在全国、省、市级展览和刊物上展出、发表。美术馆馆长徐华翔在合肥亚明艺术馆举办“归来——徐华翔水墨艺术展”，并出版个人画册《归来——徐华翔水墨作品集》，185件作品分别在北京军事博物馆、北京炎黄艺术馆等地展出和国内多家媒体上发表。陈三石等7名创作人员的《浴火·我们的青春岁月》《孩趣图》《江南农耕图》等16件美术作品分别在国家级、省级、地市级展览中展出、发表、获奖。

【“移动的文化中心”品牌打造】 年内，市文化中心整合场馆资源，打造“移动的文化中心”品牌活动。其中，“科技馆活动进校园”先后走进16所中小学校，参与学生2.1万人次；移动美术馆在共建村及4所学校成功开展，惠及学生、居民超5000人次，并被评为2013年张家港市未成年人思想道德建设工作创新案例三等奖；移动城市展示馆“六进”活动深入大新镇、南丰镇、保税区（金港镇）的社区、企业、军营、学校开展活动8次。

【千名空巢老人走进文化中心】 参见第353页〖空巢失能老人关爱行动〗。

（刘 丽）

广播·电视·电影

【概况】 年内，市文广新局完成广播电视节目传送业务经营许可证（无线）和播出机构许可证换发工作。加强监听监测工作，提高无线播出自检自控能力，确保辖区内无非法电台的设立、发射行为。继续推动农村电影放映工作，通过省农村电影放映监管平台做好当地农村公益电影的放映和监管。推进城乡数字影院建设，完成电影发行和放映经营许可证的换证审批工作。全年编印节目评议内刊《监评互通》6期，汇总评议意见、建议753条，约7万字。组织开展2013年度广播电视“首席记者、主持人和工程师”评选活动，16名广播电视一线新闻工作者和工程技术人员被评为“首席记者、主持人和工程师”。对涉嫌低俗的节目和不良广告继续进行清理和整改，净化荧屏声频环境。开展“贴心服务，满意100——真情365”优质服务品牌创建工作，落实数字电视维修十项服务承诺和十项便民措施。“96296”客服热线年内接听报修电话5.1万个，及时处理率99.9%以上。实施“同城通办”项目，全市任何一个数字电视营业厅均可受理全市范围内的业务。深入开展苏州市广电星级营业厅创建全覆盖工作，全市所有营业厅均通过考核验收。

【广播】 年内，市广播传媒中心策划推出大型主题报道《创新争先勇突破·凝心聚力续辉煌》之“实力张家港”“美丽张家港”和“幸福张家港”篇章。系列报道《现代化进行曲》、专题报道《身边好人“张闻明”》等主题报道贯穿全年。推出《与“千人计划”专家面对面》《创新发展看沙钢》《打造江苏“外高桥”保税区(金港镇)正发力》等一批经济报道和《踏访非遗技艺传承人》等文化报道。2013年，广播传媒中心先后策划承办“永钢集团·温暖回家路”——爱心大巴免费送新市民回家过年公益行动”“‘我是你的眼’——盲人‘看’电影”志愿服务活动、2013年张家港市第二届“七夕”婚庆文化节、2013年“关爱职工·快乐心灵”大型公益行动、“我们的节日——重阳”2013年张家港市第二届“重阳”健康养生节等20个主题活动。广播传媒中心新闻板块节目《张广新闻纵横》每天早上直播1小时，全天设立8个新闻整点资讯——《新闻快报》，实现新闻全天滚动播出。广播作品被中央级录用48篇，省级录用180篇。广播传媒中心技术播出管理部获2012年度江苏省广播电视安全播出奖。广播剧《中国兔子德国草》获中国广播影视大奖提名奖，9件作品获江苏省优秀广播电视节目政府奖，51件作品获苏州市优秀广播电视节目政府奖。

【电视】 年内，市电视中心开设新闻综合、民生、电视剧、电影、MYTV、城市等6个自办专业频道和13档自办栏目，每周播出电视节目时间728小时，其中自办节目580分钟。各自办频道全年组织播出电视剧56部2068集，少儿片365集、电影800余部。全年策划举办“沙洲新城美·网格群英会”文化展示、2013张家港市住博会暨大型秋季车展、“声动港城”电视歌手大赛、“真心英雄”年度新闻人物评选、方言主持人大赛等10余项大型活动。制作市政府招商片《走在时间前面的城市——张家港》等影视片24部390分钟。首次采用多机位、多直播点、多画面、多媒体技术，对长江文化艺术节巡街展演活动进行现场直播，开创该台独立完成全市大型直播活动的先河；连续第五年对市人大、政协两会开幕式等进行现场直播；对2013年“文明百村欢乐行”大型公益文艺巡演等41场活动进行实况录播，为全市重要会议和大型活动提供技术保障41场，出动电视转播车100余次、技术维护人员900余人次。年内，电视传媒中心创新举办“三地记者走基层”“六地记者走进苏州地区11家国家级开发区”等大型新闻活动，开启长三角区域新闻媒体合作新模式。电视作品被中央台录用新闻29条(其中新闻联播10条)，省台录用新闻452条次，被黄河台、美国斯科拉中文电视网等海外台录用专题23部次。电视新闻栏目《新闻连连看》获2013年“苏州市十大名优栏目”。电视传媒中心连续22年蝉联江苏电视新闻荧屏繁荣奖。电视台被评为2013年度全省广播电视新闻报道先进单位。

【电影】 市巨星影演文化有限公司是全市从事电影放映、大型演出、演出经纪、演艺策划、婚庆礼仪、广告制作的专业公司。年初，公司投资200万元在大新镇建立张家港市第一家镇级全数字电影城——大新巨星电影城。至年末，下设步行街巨星电影城、购物公园环球电影城、张家港Atmos巨幕影城和大新巨星电影城4家电影城。巨星电影城和环球电影城是北京世纪环球电影院线加盟影院，Atmos巨幕影城和大新巨星电影城是北京华夏联合院线加盟影院。巨星公司全年实现院线电影票房收入2277万元，放映14025场次，电影观众622361人次。除巨星公司下属的几家影城外，另有一家金港镇百星国际影城，坐落于金港镇中央广场，是北京华夏联合院线加盟影院，共设4个电影厅、243个座位，全年实现院线电影票房收入104万元，放映3450场次，电影观众29579人次。

【网络媒体】 年内，“张家港在线”对首页进行版块调整，网站采集发布各类信息资讯、音视频6000余条，成功进行58场网络视频直播。年内，策划线上、线下活动百余次，参与人数近5000人。举办以“传播婚姻新风尚，弘扬和谐审美观”为主题的“未来城杯”2013年张家港首届完美新娘大

巨幕影城 (市文广新局 供稿)

赛，承办“美丽港城·文明同行大型公益行动”“‘穿越城市，传递正能量’公益骑行活动”等公益活动；针对“张家港全面推进现代化建设”“2013年张家港两会”“最美基层干部——吴栋材”“2013年中国（张家港）长江文化艺术节”、2013年第二届张家港市网络文化节等主题宣传活动，制作专题网页42个，点击量超过20万人次。“无线张家港”手机客户端初具规模，基本框架包括热点、港城要闻、视频、广播电视直播等新闻资讯类内容，以及公共自行车、便民信息、天气等互动服务类内容，苹果系统和安卓客户端的下载量总计超过1.25万人次。

【巨幕电影城建成】下半年，市巨星影演文化有限公司投入近1000万元对原张家港大戏院进行功能性改造，建成张家港市首个Atmos巨幕影城，于2014年3月营业。电影城配备全省最大的超豪华全景声巨幕，该幕高12米、宽23米，采用国际电影工业技术中最为先进的Atmos（全景声）技术。电影城设有5个标准高清全数字影厅，包括4个豪华厅和1个超豪华全景声巨幕厅（IMAX与DOLBY全景声），近1000个符合人体力学和最佳观赏角度的高级坐席，是张家港可容纳观众最多的一家影城。

2013年张家港市主要广播电视作品获奖情况

表64

作品名称	主创人员	获奖情况	颁发机构
《中国兔子德国草》	钱　俭　陈永泽 吕　卉　王　玮 董　平　吴潇芳	中国广播影视大奖广播剧提名奖	国家新闻出版广电总局
《积分管理：帮新市民摘掉“新”帽子》	刘　征　杨　溢	2012年度全国县级广播电视节目创优评析一等奖	中国广播电视协会
《走进孩子的心灵》	王宇春　岳晓东 李　祥	2012年度全国县级广播电视节目创优评析三等奖	中国广播电视协会
《我想要的生活》	虞东平　徐　慧 夏宏伟	“2013年中国镇江西津渡国际纪录片盛典”评选活动提名作品奖	中国影视艺术协会、中国文化信息协会、半岛国际纪录片电影节
《节约纸张，保护森林》	张敬刘　尹　伟 张志刚　吴春林 姜　坤	2013年中国国际广告节黄河奖优秀作品奖 2013年中国创意传播国际大奖铜奖作品奖	中国广告协会、江苏省广告协会
		2013年江苏省广告节优秀作品奖	江苏省广告协会
《节约从身边做起》	张敬刘　尹　伟 张志刚　吴春林 姜　坤	2013年中国国际广告节黄河奖优秀作品奖	中国广告协会、江苏省广告协会
		2013年江苏省广告节优秀作品奖	江苏省广告协会
《“积分管理”托举张家港新市民城市梦》	陈　玮　陈　惠	2012年度江苏省优秀广播电视节目奖广播新闻奖二等奖	江苏省广播电影电视局
《志愿服务伙伴计划——张家港的城市文明力量》	庞　玲	2012年度江苏省优秀广播电视节目奖广播新闻奖三等奖	江苏省广播电影电视局
《“瘾君子”重生记》	董　平　单炜炜	2012年度江苏省优秀广播电视节目奖广播社教节目奖二等奖	江苏省广播电影电视局
《沙上号子》	周丽芳　陈永泽 非　凡	2012年度江苏省优秀广播电视节目奖广播电视彩虹奖三等奖	江苏省广播电影电视局
《诗性江南——〈长江以南诗丛〉欣赏》	吴潇芳　陈永泽	2012年度江苏省优秀广播电视节目奖广播文艺奖三等奖	江苏省广播电影电视局
《拆迁安置小区管理之困》	常　健　刘　征 杨　溢　陆伟栋	2012年度江苏省优秀广播电视节目奖电视新闻奖三等奖	江苏省广播电影电视局
《丫丫考零分》	曹　嵘　陈　静 张　贤　庞晓丹 张　璇　杜冬松	2012年度江苏省优秀广播电视节目奖电视文艺奖一等奖	江苏省广播电影电视局
《红蜻蜓》之“小手拉大手文明向前走”	张彧波	2012年度江苏省优秀广播电视节目奖播音与主持作品奖二等奖	江苏省广播电影电视局
《江南凤凰》	庞　玲	2012年度江苏省优秀广播电视节目奖播音与主持作品奖三等奖	江苏省广播电影电视局

续表64

作品名称	主创人员	获奖情况	颁发机构
《诗性江南》	刘　玲　陶利国　费向阳	江苏省广播节目技术质量奖（金鹿奖）二等奖	江苏省广播电影电视局
《清水湾》	费向阳	江苏省广播节目技术质量奖（金鹿奖）二等奖	江苏省广播电影电视局
《张家港新闻》	宋亚平　任重远　史　静　黄　颖	江苏省电视节目技术质量奖（金帆奖）二等奖	江苏省广播电影电视局
《2012中国（张家港）长江文化艺术节开幕式》	宋亚平　任重远　张　平　邵晓春　施晓棠　张　贤	江苏省电视节目技术质量奖（金帆奖）二等奖	江苏省广播电影电视局
《与车共舞》	罗　涛　沈立力　张志刚	江苏省电视节目技术质量奖（金帆奖）三等奖	江苏省广播电影电视局
《红蜻蜓——环保小卫士》	张彧波	江苏省优秀原创少儿广播节目三等奖	江苏省文明办、江苏省广播电影电视局
张家港电视台播出机房智能监控系统	张永佳　张　晟　沈立力　季海新　秦志强　罗　涛　张　达　徐　瑶	江苏省广播电视科技创新奖二等奖	江苏省广播电影电视局
有线电视新系统在张家港市网络建设和运维管理工作中的成功运用	陈建国　黄忠伟	江苏省广播电视科技创新奖二等奖	江苏省广播电影电视局
张家港广电NGB骨干波分城域网项目建设应用	汪伟斌　王伟峰　穆志强　唐　浩　樊颖浩　张兴安	江苏省广播电视科技创新奖三等奖	江苏省广播电影电视局

张家港日报

【概况】 2013年，《张家港日报》把握正确的舆论导向，以市委、市政府中心工作及各阶段重大战略部署为宣传主线，部署、策划各类主旋律宣传报道活动，为全市争当苏南现代化建设排头兵提供坚强有力的舆论保障。《张家港日报》每周出报6期，为对开彩报，其中周一至周五12版，周六4版，报纸日发行4万份。年内，以主流媒体的社会担当和责任意识做好民生服务工作，新闻“110”栏目组、张家港新闻网记者在线栏目全年累计为民众答复、解决各类民生问题1万余条；依托新媒体开展“万人看港城”活动，通过张家港新闻网站、微博、微信等平台邀请网民、博友、读者现场体察民生工作，全年累计开展“农副产品检测员体验活动”“农药集中配送体验活动”“参观张家港市给排水公司”等11项活动，参与市民100余人次。关心未成年人成长，免费组织28批500余名日报社驻校小记者参加夏令营活动。

【舆论宣传】 年内，围绕中共十八大、创新争先突破年、中国梦、市委十届六次全会等主题，开设“学习十八大，创新争先突破年特别报道”“中国梦·港城实践”“贯彻市领导班子（扩大）会议特别报道”“弘扬张家港精神，推进现代化建设”“贯彻市委十届六次特别报道”“攻坚四季度，确保夺首胜”“镜走810”等9个主题专栏，刊发稿件（图片）600余篇（幅）。在全市重大活动、重要纪念日、节假日等宣传节点，以专版、特刊的形式开展宣传报道，推出《雷锋》《现代化印迹》《小城大爱》《绽放》等特刊及“我们的节日”春节、清明、端午、中秋、国庆、重阳等主题特刊。积极引导社会舆论热点，开设“身边好人张闻明”“讲述大学生的创业故事”“最美民政人”“学雷锋，我行动”“寻找身边的雷锋”“小餐桌大文明”等专栏，刊发稿件（图片）800余篇（幅），在报纸、新闻网、手机报上制作刊发“讲文明树新风”等各类公益广告80个整版500余条次。在2013年国家、省、苏州市等各类报纸新闻作品评比中，共有40篇作品获奖，其中2篇作品获省报纸优秀作品二等奖、1篇作品获江苏省县市报新闻奖荣誉奖、3篇作品获中国县市区域报新闻奖一等奖。

【凤凰文化出版10种21本图书】 2013年，张家港凤凰文化发展有限公司共出版10种21本图书。4月，出版《谷渎潮声》上、下册，计56万字；6月，出版《中小学实践活动》一套3册，计50万字；8月，出版《凤凰商学院管理丛书》一套2册，计46万字；10月，出版《兆丰镇志》，计50万字；10月，出版《随性的时光》丛书一套2册，计57万字；11月，出版《河阳传说施耐庵》，计30万字；11月，出版《书香城市指标体系》，计28万字；12月，出版《2013年思维丛书》一套4本，计60万字；12月，出版《武进日报优秀作品集》一套2本，68万字；12月，出版《沙上文化丛书》一套3本，计155万字。

2013年《张家港日报》新闻作品获奖情况

表65

作品名称	作 者	体裁	获奖情况
《64万新市民挣够积分有望落户》	徐卫峰 李 燕	消息	江苏省报纸优秀作品奖二等奖 中国县市区域报新闻奖一等奖 江苏省县市报新闻奖荣誉奖
《"小论坛"催生大和谐》	钱志阳	通讯	江苏省报纸优秀作品奖二等奖 中国县市区域报新闻奖三等奖
《我市在全省首家基本实现农业机械化》	王会信 李 敏	消息	江苏省报纸优秀作品奖三等奖 中国县市区域报新闻奖三等奖 江苏省县市报新闻奖三等奖
《球场表情》	庞瑞和	摄影	中国县市区域报新闻奖一等奖 江苏省县市报新闻奖二等奖
《"袖珍母亲"演绎人间大爱》	高 燕 朱建国 陈 忠 黄亚芳	通讯	中国县市区域报新闻奖一等奖
《5位港城医生的400天援疆路》	顾珊珊 钱超新	通讯	中国县市区域报新闻奖二等奖 江苏省县市报新闻奖二等奖
《永钢集团:何以逆势上扬傲"寒冬"》	钱 萍 余继峰 井维娥	通讯	中国县市区域报新闻奖二等奖 江苏省县市报新闻奖一等奖
《有朋自远方来》	庞瑞和	摄影	中国县市区域报新闻奖二等奖
《欢聚一堂迎新春》	严子洋	摄影	中国县市区域报新闻奖二等奖
《守望亲情》	钱超新 顾珊珊	通讯	中国县市区域报新闻奖三等奖
《90后"大力王"陆浩杰:"黑马"是如何炼成的》	钱超新 顾珊珊	通讯	中国县市区域报新闻奖三等奖
《党群教育"新课堂"》	肖 湘	摄影	中国县市区域报新闻奖三等奖
《港城巩留一家亲》	严子洋	摄影	中国县市区域报新闻奖三等奖
《全省首家"全地下"污水处理厂运行》	严子洋	摄影	中国县市区域报新闻奖三等奖
《我与企业共成长》	严子洋	摄影	中国县市区域报新闻奖三等奖
《"网格化"激活文化服务》	钱 萍 余继峰	消息	中国县市区域报新闻奖三等奖 江苏省县市报新闻奖二等奖
《1.5亿元"民生大礼包"惠及港城11万户次群众》	蒋 恒	消息	中国县市区域报新闻奖三等奖
《变废为宝》	肖 湘	摄影	中国县市区域报新闻奖三等奖 江苏省县市报新闻奖二等奖
《33年,他替牺牲战友尽孝》	高 燕	通讯	江苏省县市报新闻奖三等奖
《他把一生交给党》	赵一蓉	通讯	江苏省县市报新闻奖三等奖
《康得新:捅破国外垄断的一层"膜"》	魏新阳 肖艳艳	标题	江苏省县市报新闻奖三等奖
《张家港日报》3月27日要闻版	杨亚权	版面	江苏省县市报新闻奖三等奖
《张家港日报》9月8日要闻版	蒋晓敏	版面	江苏省县市报新闻奖三等奖
《网格的力量》	顾珊珊 杨宇飞 任星海 方嘉伟 许志平	版面	江苏省第23届报纸副刊好作品二等奖
《"技能状元"港城造》	顾珊珊	通讯	江苏省第23届报纸副刊好作品三等奖

（杨 洁）

中国(张家港)长江文化艺术节

【概　况】 10月30日　至11月23日，2013年中国(张家港)长江文化艺术节举行。艺术节由文化部公共文化司、中国文联、中国作家协会、中国戏剧家协会、中国群众文化学会、江苏省委宣传部、江苏省文化厅、江苏省作协、江苏省剧协、张家港市人民政府等共同主办，主要活动包括"寻找长江文化的十个符号"——中国·张家港首届微电影大赛颁奖典礼、2013年中国(张家港)长江文化艺术节开幕式暨第五届(张家港)长江流域民族民间艺术节踩街展演、长江流域民族民间文艺进社区巡演、中国戏剧奖·小戏小品奖暨第五届(张家港)全国小戏小品大赛、第五届(张家港)长江流域民族民间艺术节闭幕式暨第五届中国戏剧奖·小戏小品奖颁奖晚会、长江文化博物馆开馆仪式、长江流域群众文化学会座谈会、长江流域戏剧家协会座谈会、2013年"扬子江"诗学奖颁奖典礼暨"诗歌里的城"朗诵会以及第13届中国戏剧节。《中国文化报》、人民网、光明网、新华网等多家媒体对活动进行报道。中国文联副主席、党组成员杨承志出席长江文化艺术节开幕式。

【长江文化艺术节开幕式暨民族民间艺术节踩街展演】 2013年的长江文化艺术节开幕式以节俭办节为原则，将简短的开幕仪式与长江流域民族民间艺术节踩街展演合并举行。11月2日，上海、湖南、云南、重庆等长江流域12省市区的优秀民间文艺表演团队及张家港市各区镇地方特色文艺团队近1000人组成27个方阵参加展演。展演在市体育馆世纪广场开演，持续近2个小时，千余名群众参与。展演节目为长江流域最具民族风情的表演，包括湖北的土家摆手舞、重庆的铜梁龙舞、湖南的瑶族长鼓舞、贵州的苗族锦鸡舞等。张家港市的唱春、香山武术、斫竹歌舞、沙上秧歌等特色项目参加展演。11月3日至5日，长江流域民族民间文艺进社区巡演分赴锦丰镇、金港镇、乐余镇和凤凰镇。

【"中国戏剧奖·小戏小品奖"暨第五届(张家港)全国小戏小品大赛】 10月30日晚，由中国文联、中国戏剧家协会、张家港市人民政府共同主办的"中国戏剧奖·小戏小品奖"暨第五届(张家港)全国小戏小品大赛在大新镇文化中心剧场开幕。大赛有黑龙江省、山东省、江苏省、上海市、重庆市等22个省、市(自治区)及解放军代表团的22个剧种54件作品参加。11月6日晚，举行"长江水·山花情"第五届(张家港)长江流域民族民间艺术节闭幕式暨第五届"中国戏剧奖·小戏小品奖"颁奖晚会。比赛评选出优秀剧目奖小品类作品13件，小戏类作品13件；剧目奖小品类作品12件，小戏类作品16件。张家港市有6件作品获奖。其中，由市文化馆选送的小品《幸福指数》、市艺术中心选送的小戏《丫丫考零分》分获小品类、小戏类优秀剧目奖，由市文化馆选送的小品《好人难当》《如此协议》和市艺术中心选送的小戏《开心天堂路》《笑话篓娶亲》分获小品类、小戏类剧目奖，获奖数量居全国同级县(市)之首。

【中国·张家港首届微电影大赛】 7月，由中国电影导演协会、张家港市人民政府主办，中共张家港市委宣传部、张家港市文化广电新闻出版局、张家港在线网及新浪网共同承办的"寻找长江文化的十个符号"中国·张家港首届微电影大赛正式启动。大赛历时3个月，收到包括专业微电影机构、高等院校及广大网友投稿作品逾百部。作品拍摄覆盖青海、重庆、湖北、湖南、江苏、上海等长江沿岸代表性地区，重点表现长江流域的文化符号和人文精神。中国电影导演协会知名导演组成专家评审团，评选出最佳影片、优秀影片、最佳导演等10个专业奖。同时，业余组作品参加网络奖评选，根据投票，选出网友最喜爱的10部微电影。11月1日，2013年中国(张家港)长江文化艺术节系列活动——中国·张家港首届微电影大赛颁奖典礼举行。《琴》获最佳影片奖，《逆光》《双城记》《田园之光》获优秀影片奖。

(杨方勇)

长江流域民族民间艺术节踩街展演　　(严子洋　摄)

【编辑　景力颖】

卫生
Health

市第一人民医院　（市委宣传部　供稿）

综　述

医　疗

预防保健

卫生监督

食品药品监管

环境卫生

红十字救护

張家港年鑑(2014)

综　述

2013年，市卫生系统紧紧围绕“方便看病、便宜看病，调动办医积极性和调动医务人员积极性”的总目标，深化改革，创新突破。张家港市基本公共卫生服务绩效考核结果名列全省各县市第一，市卫生局蝉联江苏省文明单位，被评为苏州市医药卫生系统文明行业。

“科教兴卫”战略成效明显　年内，市卫生局出台《张家港市“科教兴卫”三年行动计划（2013~2015）》及其配套文件。全市启动实施“十大”重点科研项目，获省卫生厅科研课题立项6项、省卫生厅新技术二等奖1项，入选苏州市临床重点病种诊疗技术专项2项、新技术项目6项，获张家港市级科学技术奖6项。申报“姑苏人才”重点人才、“港城英才”重点人才各3人，招聘硕士研究生51人、本科生189人。评选新一轮临床技术骨干7人、临床新秀16人、社区技术骨干31人。市第一人民医院骨科在苏州县级综合医院中率先成为省级临床重点专科建设单位，普外科、心内科分别成为苏州市临床重点专科和临床重点专科建设单位。4月，苏州大学—张家港市妇幼保健所研究生工作站建立。

医疗综合实力全面提升　全年，市卫生基本建设总投入1.5亿元。市第一人民医院、广和医院、妇幼保健所分别通过省三级乙等综合医院、二级甲等中西医结合医院和甲等妇幼保健所复核评估，市第三人民医院通过省二级甲等综合医院现场评审。全市组织开展抗菌药物临床应用专项整治活动。“全国农村中医药工作先进单位”创建全面启动，市第一人民医院中医科入选省综合医院示范中医科建设项目，南丰医院中医科建成省乡镇卫生院示范中医科，市卫生局在市中医医院设立全市中医药适宜技术推广基地。20家一级医院全面启动优质护理服务示范病区创建，二级以上医院病区优质护理服务覆盖率达到99%。二级以上医院规范设置医患谈话室，医疗纠纷比上年下降5.8%，处置率为100%。市预约挂号系统投入运行，分时段预约、实时预约、“12345”热线电话预约等功能相继开通，二级以上公立医院全面实现预约诊疗服务，心电和影像会诊中心投入试运行。全市8家社区卫生服务中心、221家社区卫生服务站启用基层医疗信息系统。公立医院全面使用电子病历系统，启动无线医护和移动查房等高端应用。城区社区卫生服务机构全部纳入杨舍镇统一管理。启用社区药品调配热线，增补群众个性化基本药物32种。市卫生局会同人社部门商量提高社区卫生服务中心门诊处方结报比例和单次门诊处方限额，中医药适宜技术服务项目纳入医保结算范围。全市社区门急诊290.2万人次，比上年增10.6%。

公共卫生服务均衡发展　年内，在全省率先推行的市食品安全信息化监管平台被列为“深化平安中国建设工作会议”现场考察点，基本公共卫生服务项目扩展到11个大类43项，人均基本公共卫生服务经费提升至44元，基本公共卫生服务、精神病防治康复工作考核结果分列全省和苏州各市（区）第一。国内首个免疫规划智能冷库建成启用。规范开展重大妇幼卫生项目，2011~2013年妇女乳腺癌、宫颈癌第一周期的检查任务圆满完成。深入推进儿童健康保障工程，引进儿童超早期脑瘫筛查GMS技术。在苏州市率先开展公共场所卫生监督示范区（店）创建。免费体检70周岁及以上、非社会化管理的老年人66617人次，规范化管理高血压病人13.8万人、糖尿病病人3.1万人。

环境整治成果不断巩固　年内，市政府出台《关于进一步加强村庄环境长效管理的意见》，明确村庄环境长效管理的标准和要求。全市实施环境卫生基础设施提优工程，开展农村大环境“百日提升”、清洁河道突击月等城乡环境专项整治，不断提高环境卫生管理水平。村庄环境整治工作高标准通过省级全域考核验收。结合实际按古村保护型、自然生态型、乡村旅游型、现代居住型等进行分类打造，因地制宜建设10个苏州市美丽村庄示范点。加强病媒生物密度监测，拓展区镇监测点54个。健康城市建设取得新突破，5个单位被世界卫生组织健康城市合作中心评为健康场所，3家企业创建成江苏省健康促进示范企业。

卫生行业形象持续优化　年内，市卫生系统集中推出预约诊疗、一站式服务、先诊疗后付费、免费办理无偿献血者意外保障险、精神卫生关爱、儿童健齿行动等十大便民惠民服务举措。深化“市级医疗专家村村行”活动，启动老年过渡房、拆迁临时安置区健康关爱活动，全力保障老弱病残等重点人群的健康需求。组织市级医疗专家在全市10家养老机构、2个老年过渡安居房小区及12个社区开展健康知识大讲堂12场，共为2814人提供义诊和咨询等服务，免费发放药品价值1.4万元，上门服务12

苏州市美丽村庄示范点——凤凰镇金谷村朱家弄

（市城乡环境卫生指导中心　供稿）

户。全市评比表彰12名“感动港城健康卫士”,28名医务人员进入张家港“身边好人榜”。据市统计局城调队入户调查,全市一级以上医院出院病人综合满意率达到90.55%。

【公立医院改革】 12月,市政府出台《张家港市公立医院综合改革实施方案》,围绕“方便看医、便宜看医、调动社会办医积极性、调动医务人员积极性”的要求,以破除“以药补医”机制为关键环节,以改革补偿机制和提升医院运行活力为切入点,统筹推进补偿机制、服务体系、管理体系、价格机制、医保支付制度、采购机制、人事分配和监管机制等综合改革。市第一人民医院、市中医医院、市康乐医院、市第三人民医院、乐余人民医院、锦丰人民医院、金港人民医院均开展取消药品加成、调整医疗服务价格、落实医保支付方式等改革,并于2014年1月1日起实施。全市启动医用耗材“量价挂钩、集中招标”工作。组建医疗联合体,建立上下联动合作帮扶机制,公立医院“前奏改革”成效凸显。

【医疗联合帮扶启动】 年内,市卫生局按照“责权对等、统筹协调”的原则,组建以市第一人民医院、市中医医院为核心的两大医疗联合体,进一步深化公立医院改革,建立市级医院与基层医疗卫生机构之间协作帮扶机制,提升基层医疗卫生机构的医疗服务能力。市第一人民医院联合体由市第一人民医院、市第三人民医院、锦丰人民医院、乐余人民医院和塘桥、锦丰、乐余、大新、常阴沙社区卫生服务中心组成,市中医医院联合体由市中医医院、金港人民医院和杨舍、金港、凤凰、南丰社区卫生服务中心组成。11月28日,市卫生局组织召开全市组建医疗联合体开展卫生帮扶签约仪式,正式启动医疗联合体卫生帮扶工作。市第一人民医院帮扶市第三人民医院脑外科、乐余人民医院骨科、锦丰人民医院妇产科创建市级重点专科;市中医医院帮扶金港人民医院消化内科创建市级重点专科。市第一人民医院分别开设市第三人民医院心内科协作病房、乐余人民医院ICU协作病房、锦丰人民医院妇产科协作病房、大新社区生服务中心康复科协作病房;市中医医院分别开设金港人民医院消化内科协作病房、凤凰人民医院妇产科协作病房、南丰人民医院肛肠科协作病房。 (张丽君)

医 疗

【概况】 年末,全市有医疗卫生机构405个,其中卫生单位5个,医院36个(其中公立医院7个、民营医院29个,三级医院2个、二级医院6个、二级创建医院1个),社区卫生服务中心9个,社区卫生服务站及村卫生室220个,企事业单位卫生所(室)63个,个体诊所69个,门诊部2个,护理院1个。全市医院全年门急诊总诊疗数621.7万人次,比上年增10%;出院病人25.1万人次,比上年增17.8%;床位使用率102.26%;平均门诊人次费用160.36元,平均住院人次费用7512.29元。“120”急救体系全年接警出车27520车次,接诊各类患者19564人次,其中危重病人1472人次。继续开展“市级医疗专家医疗服务村村行”活动,全年举行63场,义诊、健康咨询12745人次,上门服务131人次,血糖测试7071人次,心电图检测3690人次,举办健康讲座52场次,接受医学健康知识培训6366人次,发放健康知识宣传画册21810份,免费发放药品价值8.54万元。

医疗设施 2013年,全市卫生基本建设总投入1.5亿元。5月,市第一人民医院妇儿大楼动工,占地面积3512平方米,建筑面积40430平方米,投资估算2.12亿元,至年末累计完成投资1.5亿元。9月,市中医医院急诊综合楼完工并投入使用,总建筑面积19542.5平方米,投资13540万元;锦丰人民医院二期工程完工并投入使用,建筑面积3340平方米,总投资1600万元。澳洋医院二期工程、大新医院改造工程、金港和锦丰社区卫生服务中心等一批卫生基本建设项目建成使用。年末,全市405个医疗卫生机构开放床位7878张,每千人拥有床位数6.3张。全年审批采购10万元以上医疗设备117台,其中乙类以上大型医疗设备5台。

医疗技术 市第一人民医院血液科引进的1项新技术获省卫生厅新技术二等奖;香山医院1项技术获苏州市医学新技术项目一等奖,市疾病预防中心、市妇幼保健所、市红十字血站、市第一人民医院、市中医医院等5个单位各有1项技术获苏州市医学新技术项目二等奖;18项技术获张家港市新技术引进奖;市第一人民医院、市中医医院、市第三人民医院、市疾病预防控制中心和香山医院等5个单位的6个项目获评张家港市科技进步奖。市第一人民医院、市中医医院、市妇幼保健所获省卫生厅科研课题立

冶金园(锦丰镇)滨江社区全科医生工作室 (严子洋 摄)

项6项；市第一人民医院2个技术项目获苏州市临床重点病种诊疗技术专项。至年末，全市累计建成苏州市级以上重点专科8个。启动市级医学重点学科申报评审活动，市第一人民医院骨科、肿瘤治疗学、普外科等3个学科被评定为首批市级医学重点学科，市第一人民医院血液病学、神经外科、心血管病学和市疾控中心传染病防治学、市中医医院骨伤科、市妇幼保健所儿童保健学等6个学科被纳入市级医学重点学科建设单位管理。乘航医院老年康复科、杨舍医院糖尿病科、澳洋医院中西医结合康复科、广和医院中医脾胃科、澳洋医院三兴分院腰椎间盘突出症专科等5个民营医院专科晋升张家港市A级特色专科。

医疗队伍　年末，全市卫生系统共有职工9419人，其中卫生技术人员7924人。卫生技术人员中，医疗人员3278人、护理人员2963人、药剂人员432人、医技人员373人。有高级职称522人、中级职称1855人，有社区医生800人、个体从业人员98人。全年引进实用型技术人员510人，其中研究生以上学历和副高以上职称46人。卫技人员继续医学教育覆盖率100%。7名社区卫生服务机构的医生参加省级全科医师转岗培训，6名乡镇卫生院医生参加务实进修，642名社区医生参加市级全科医学知识培训，130名院前急救医务人员进行市级急救知识和技能培训。

【一院骨科成为省级临床重点专科建设单位】 12月，市第一人民医院（简称一院）骨科被省卫生厅确认为省级临床重点专科建设单位，成为苏州县级综合性公立医院中首个省级临床重点专科建设单位。该科成立于1988年，2006年被苏州市卫生局确认为第一批苏州市重点专科。2013年年末，有3个独立病区共120张床位，有主任医师8人、副主任医师7人、硕士生导师3人，有张家港市级名医2人、学科带头人1人、技术骨干3人，本科以上学历达到100%，其中博士1人、硕士14人。该科拥有先进的设备，如骨科手术牵引床、C臂透视机、椎间盘镜、神经监护仪、关节镜、手术显微镜等，为顺利开展高风险手术提供了有力保障。能熟练开展上颈椎后路椎弓根螺钉内固定技术、颈椎病前后路减压内固定术、腰椎间盘突出症的TILF和PILF手术、腰椎滑脱症和椎管狭窄症后路减压内固定融合术，颈椎、胸腰椎骨折脱位前后路切开复位内固定术、脊柱结核、肿瘤的前后路联合手术、胸腰椎骨质疏松性椎体骨折经皮椎体成形术、椎间盘镜下髓核摘除等微创手术、复杂髋臼骨折的前后路联合手术。关节外科能开展髋关节置换翻修手术，全髋、膝关节、肱骨头和桡骨小头置换，能治疗股骨头坏死和髋膝关节骨性关节炎，能开展膝关节镜下微创治疗膝关节内疾病，如半月板损伤、关节内韧带重建术、关节内骨折以及肩关节镜下的肩袖修复术、四肢骨折闭合复位钢板和髓内钉内固定等微创手术。手足外科能开展断肢指再植及重建、带血管蒂的皮瓣移植和腓骨移植术，能治疗臂丛神经损伤等。2013年，骨科门诊达到55780人次，住院病人5417人次，手术3371人次。（张丽君）

预防保健

【概况】 2013年，全市人均期望寿命为82.01岁，比上年增加0.37岁，全市未发生重大传染病疫情，未有不明原因肺炎病例报告。张家港市在全省率先试点启动第二轮疾病预防控制工作绩效考核，高质量完成118项绩效评估指标的资料收集、信息采集和数据递交。市疾病预防控制中心应邀参加国家卫生和计划生育委员会召开的“疾控工作十年评价报告框架”研讨会及疾病预防控制绩效考核信息管理系统测试会议。

疾病预防控制　全市全年报告甲、乙、丙类传染病3650例，因病死亡9例，传染病总发病率每10万人232.6例。发现活动性肺结核451例。市疾病预防控制中心利用卫生信息化手段提高疾病监测效率，全年死亡报告6755例，死因不明比例为2.7%，报告伤害监测病例28653人、慢性病23658例、肿瘤4672例。至年末，累计建立居民电子健康档案121万份，开展老年人健康管理（体检、评估、指导）17.8万人，高血压规范化管理13.8万人、糖尿病规范化管理3.1万人。稳步推进儿童预防接种信息化建设，全市预防接种门诊规范化率100%，完成扩大免疫规划疫苗免费接种36.55万人次，一类疫苗接种率均在95%以上。开展职业病危害企业作业场所危害因素监测415家次、医疗机构放射防护检测34家次，职业健康监护29126人次，开展医用放射工作人员个人剂量监测1168人次。加大投入拓展技术服务，在苏州县级疾控机构中率先开展医疗机构放射卫生评价和放射诊疗设备性能检测，全年完成放射卫生评价项目4项、放射诊疗设备性能检测18台。继续做好食品安全风险监测，重点加强对农贸市场、超市等流通领域的监测力度，完成食品污染物监测11个大类1392批次，合格1384批次，合格率为99.43%。规范开展区域供水采样监测工作，共监测各类水样162份，合格146份，合格率90.12%。全面完成江苏省农村饮用水监测点项目工作，通过上级督导。开展大中型餐饮单位消毒质量监测，共监测各类餐饮具2820份，合格2614份，合格率为92.7%。开展医院消毒与感染控制监测，完成35家医疗机构、48家幼托机构的消毒效果监测，合格率分别为91.41%、94.56%。加强学生防病工作，督促全市77所中小学校规范开展因病缺课监测网络直报，监测学生总数为138863人，覆盖率100%。完成学生常规健康体检97620人，在苏州各县市率先启用新版学生健康体检管理系统，与居民电子健康档案系统无缝对接，大幅提高健康监测数据的有效利用率。启动省级试点儿童口腔疾病干预项目，为5所小学1018名适龄儿童免费提供口腔检查和窝沟封闭。

妇幼保健　2013年，全市主要妇幼卫生指标继续保持苏州市领先水平，常住人口孕产妇死亡率每10万人0例，婴儿死亡率3.1‰，5周岁以下儿童死亡率4.65‰，围产儿死亡率4.4‰。推进人口出生缺陷社会化干预工程，全市婚前医学检查率继续稳定在98.8%以上，产前筛查率98.17%，新生儿疾病筛查率98.84%，新生儿听力筛查率98.17%，出生缺陷率3.55‰。全市0周岁至6周岁儿童系统管理率98.58%，视力筛查率86%，集体儿童氟离子导入防龋率96.25%。孕产妇系统管理率97.81%，产后访视率98.95%，住院分娩率100%。全市全年免费发放叶酸5328人，孕产妇住院分娩补助6399人。完成妇女乳腺癌、宫颈癌检查1794人，2011~2013年第一周期的检查任务圆满完成，共检查14万余人，确诊宫颈癌58例、乳腺癌30例、宫颈癌前病变350例。开展预防艾滋病、梅毒、乙肝母婴传播工作，全年免费检测14249人，实施艾滋病母婴阻断4人，梅毒母婴阻断11人，新生儿免费注射乙肝免疫球蛋白486人。继续实施妇儿健康工程，全年发放《妇儿健康服务手册》7809份，提供妇幼保健服务54.46万人次，累计投入资金3174.69万元。引进儿童超早期脑瘫筛查GMS技术，为全市0至6周岁儿童免费提供脑发育初步与进一步筛查分别为8009人和1223人，视力筛查2.33万人，听力筛查3.52万人，髋关节筛查6258人，发现脑发育落后或异常111人、视觉功能异常的2030人、听力异常10人、髋关节严重发育不良16人。脑发育落后或异常的111名儿童，经过张家港儿童康复基地康复训练治疗，有33人达到脑发育正常水平。

精神病防治 年内，市康乐医院易地新建工程被列入2014年度市政府实事工程，市精神病防治康复工作领导小组办公室调整至市卫生局。完善市、镇、村三级管理治疗技术网络，建立双向转诊、点对点技术支持、社区关爱帮扶机制，社区精神病防治覆盖率100%。至年末，全市登记在册重性精神病人5235人，管理4808人，随访33930人次，检出率4.15‰，管理率94.28%。下乡技术指导153次，复核诊断3867人，危险性评估2615次。开展重性精神病人免费体检，全年免费体检3577人，体检率74.4%。精神病防治和保障力度加大，取消精神病人住院起付线，六类重性精神病（精神分裂症、分裂情感性障碍、偏执性精神障碍、双相情感障碍、癫痫所致精神障碍、严重精神发育迟滞）全部纳入医保特定病种。患者免费服药和服药后安全检测年度标准每人由1200元提高至1500元。市心理卫生协会成立，"心语桥"公益服务品牌持续放大，走进机关、企业、学校、广播电台、综合医院、便民服务中心为市民进行免费心理干预和心理援助185次，直接受益6700余人次。

【中小学生健康体检实现数据化管理】 2009年起，全市每年组织一次中小学生免费健康体检，以了解和掌握学生健康状况，科学评估学生身体发育情况，有针对性地制订干预措施，促进学生健康成长。9月，2013年度中小学生健康体检正式启动。此次体检统一在9月至12月举行，每所学校安排对应的体检机构，并将新市民子女学校一并列入体检范围。学生体检结果全部进入全市信息系统，学校负责学生信息的维护更新，体检机构负责体检结果的录入分析，实现信息化管理。至12月末，共完成77所学校97620名中小学生的健康体检工作。体检结果显示，全市小学、初中、高中学生视力不良率分别为37.6%、76.8%、94.1%，龋齿率分别为43.7%、10.4%、5.6%，超重率分别为12.3%、11.6%、11.4%，肥胖率分别为8.2%、5.9%、4.4%，营养不良率分别为6.7%、7.6%、5.7%。

国内首台智能冷库通过专家现场验收 （市卫生局 供稿）

【免疫规划智能冷库建成】 年内，张家港市疾病预防控制中心与苏州优点优唯科技有限公司合作研发的国内首个免疫规划智能冷库建成，免疫规划管理水平和疫苗存储效率不断提高，疫苗存储条件得到改善。该冷库于2011年开始设计与构思，2012年10月动工建设，2013年5月正式启用，8月通过专家组的评审验收。这是由免疫规划冷链系统软件和疫苗存储管理库相结合的一款新型智能化管理冷库，长9.3米，宽2.5米，高2.5米，配备扫描枪、智能控制系统。内设26个库位，每个库位分5层，疫苗入库时，系统录入的批号信息与其入库位置对应。全部库位整体呈"椭圆形"排列，在水平回转系统的控制下沿着轨道匀速行驶，取疫苗时，系统通过连接批号信息的指令"锁定"库位，将其移至库门位置。系统不仅能够自动记录每次疫苗出入库信息及库存信息，并与省疫苗管理信息平台数据实现共享和同步，还设计近效期疫苗优先出库、过期疫苗自动报废等功能，提高疫苗管理的安全性。免疫规划智能冷库的建成，是中国免疫规划冷链管理工作中的一次重大创新，极大地提高了疫苗存储和接种的安全性，具有重大示范作用和推广价值。

（张丽君 俞晓红 查建梅）

卫生监督

【概况】 2013年，全市共发放各类许可证3288张，办理从业人员健康体检、培训合格证明54317人次。市卫生监督所组织开展各类执法检查或督察38次，实施健康相关产品卫生监督抽检18次，共采集样品1316份；出动卫生监督执法人员14595人次，监督26759户次；实施各类卫生行政处罚344户次，罚没款136.96万元。年内全面完成全国城市文明程度指数测评所涉卫生监督条线的迎检任务。

餐饮服务监管　年内，张家港市高标准创建成首批国家餐饮服务食品安全示范市。餐饮服务食品安全百千万示范工程建设进一步深化，18个单位建成张家港市级示范店。餐饮服务行业诚信体系建设全面推行，36个大中型餐饮单位和134个学校食堂实施"五常法"（常组织、常整顿、常清洁、常规范、常自律）等管理模式，市卫生监督所在购物公园和永联小镇举办餐饮业道德讲堂4期。4667个餐饮单位建立食品安全监管信用档案。餐饮服务食品安全信用"黑名单"制度建立，10个单位被纳入"黑名单"。全市餐饮单位100%实施量化分级管理，城区和乡镇餐饮单位各完成两次公示。市卫生监督所深化餐饮服务环节食品安全集中治理整顿"天安行动"，加强对校园食品、小餐饮等重点区域，食用油脂、乳制品、肉制品、卤菜等重点品种的监管，共出动卫生监督执法人员11152人次，出动车辆3780台次，检查单位18185个次，查处违法案件110起。完成餐饮服务食品安全快速检测6062份，确定6份不合格食品原料并依法予以查处。抽检食品添加剂474批次，查处9个存在违法行为的餐饮单位，向公安部门移交1起使用罂粟加工食品的案件。

医疗服务市场监督　年内，全市开展人感染H7N9禽流感防控工作，市卫生监督所对一级以上医疗机构开展督察3次，出具行政指导文书228份。深化感染控制标准操作规程（SOP）工作，开展口腔器械消毒用小型压力蒸汽灭菌设备使用现况调查。深化非法行医监测哨点建设工作，明确缓刑期间非法行医人员的查处流程，加大打击非法行医力度。全年取缔无证行医点89个，没收药品257箱、器械118件，价值14.5万元，立案查处无证行医68起，抄告公安机关顽固非法行医者信息18人次，移送涉嫌非法行医罪人员3人，13名顽固非法行医人员被追究刑事责任，5人被立案侦查，向非法行医者居住地司法机关抄告缓刑期间非法行医人员信息5人次。

餐饮服务食品现场快速检测　　（市卫生局　供稿）

公共场所卫生监督　年内，市卫生监督所根据省卫生厅《关于公布江苏省公共场所卫生监督具体范围的通知》精神，对营业面积100平方米以上、安装有空调设施的就餐场所全面启动公共场所卫生行政许可。启动"公共场所卫生监督示范区（店）"建设工作，城区沙洲西路、锦丰镇锦店路及其延伸段、南丰永联小镇等3个片区以及11个单位达到示范区（店）标准。试点推行游泳场所池水在线监测工作，继续开展公共场所集中空调通风系统卫生监管工作，完成清洗12个单位。推进实施学校卫生"护蕾行动"，对13家学校的卫生教学环境开展现场监测。在快捷酒店、美容美发场所、游泳场所、沐浴场所等重点公共场所，采集公共用品和空气质量样品484份，并完成现场快速检测61份。

【打击非法行医】 根据国家卫生和计划生育委员会、公安部、国家食品药品监督管理总局等六部委联合印发的《进一步整顿医疗秩序打击非法行医专项行动方案》要求，10月，市卫生监督所在全市范围内开展为期一个月的"打击非法行医专项整治月"活动。整治的对象是全市范围内未取得医疗机构执业许可证从事诊疗活动的单位或个人。以"城中村"、开发区以及城乡结合部等流动人口聚集地为重点，严厉打击未取得医疗机构执业许可证擅自开展诊疗活动的"黑诊所"；以农贸市场、集市、大型建筑工地等人员密集场所为重点，严厉打击坑害群众利益的游医、假医；以城市生活美容机构为重点，查处未取得医疗机构执业许可证擅自从事医疗美容诊疗活动的单位和个人；以零售药店为重点，查处未取得医疗机构执业许可证擅自聘用医师或非医师坐堂行医的行为；查处以养生保健为名或以疾病研究院（所）为幌子，非法开展诊疗活动的行为；严厉打击单位和个人假冒军队医疗机构、医务人员开展诊疗活动的行为。活动中，各区镇卫生、公安、计生等职能部门密切配合，取缔、捣毁一批顽固非法行医场所，严厉打击非法行医行为，规范医疗服务市场，切实维护人民群众健康权益。行动期间，共出动检查人员74人次，车辆19辆次；突击检查无证非法行医场所45个，查实并取缔11个；没收B超机等药械78箱（件），价值近4.5万元，立案查处10起。2名经两次行政处罚后再次非法行医的顽固人员被公安机关立案侦查。

（张丽君　范卫东）

食品药品监管

【概况】 2013年，市食品药品监管局以确保人民群众饮食用药安全为中心，扎实履行餐饮食品、保健食品、化妆品、药品和医疗器械安全监管职责，有效规范食品药品市场秩序，全市全年未发生重大食品药品安全事故。

餐饮食品、保健食品、化妆品安全监管　年内，全市在餐饮环节开展学校食堂及周边餐饮单位、大中型餐饮单位、集体用餐配送单位、无证餐饮单位治理等专项整治9次，出动执法人员13023人次，检查单位20873个次，实施行政处罚132起，罚没款62.63万元，没收销毁不合格食品267千克，移送公安机关案件1起。对餐饮服务食品安全的重点品种进行监督抽检800余批；利用食品安全快速检测仪器开展餐饮环节快速检测，累计快检4513份，初筛阳性45份，法检阳性6份。开展保健食品、化妆品打"四非"（非法生产、非法经营、非法添加和非法宣传）等专项整治5次，出动执法人员500余人次，发放行政提示书和宣传材料500份，发出协查函12份，确认假冒保健食品7批，保健食品与规格不符2批，立案查处违法经营的保健食品案件8起，查扣非法保健食品1581盒（瓶）。

药品、医疗器械安全监管　年内，全市在药品、医疗器械环节开展齿科诊所用药专项检查、药品"两打两建"（严厉打击药品违法生产、严厉打击药品违法经营、加强药品生产经营规范建设和加强药品监管机制建设）等专项整治6次，全年累计出动稽查人员1450余人次，检查单位440个次，立案48起，其中移送公安部门3起，移送工商部门涉药械违法广告10起，处理群众投诉举报54起，罚没款230余万元。破获2起影响较大的涉药案件。完成药品监督抽样160批次，药品快检550批，医疗器械10个品种，抽样覆盖药品生产、经营、使用的各个环节。基本药物质量监督抽验工作得到加强，全年抽验基本药物350批次，合格率100%。办理零售药店药品经营许可证变更235家次，换证32家，补证6家，注销2家；办理药师注册433件；受理零售药店GSP到期认证申请资料37份，完成零售药店GSP到期认证检查37家，GSP变更119家；完成新开办医疗器械零售企业资料受理和现场检查12家，变更4家，换证2家，注销2家；完成新开办医疗器械批发企业资料受理10家，现场检查10家，变更6家，换证2家，注销3家，核发医疗器械一类登记表7家；受上级委托完成医疗器械生产许可证现场检查6家，体系考核8家，GMP认证检查18家，一类医疗器械注册证现场核查6家。

药品执法检查　（市食品药品监管局　供稿）

【国家餐饮服务食品安全示范市创建】2012年6月，张家港市被省食品药品监督管理局作为全省3个创建国家餐饮服务食品安全示范市之一上报国家食品药品监督管理总局。2013年，市食品药品监督管理局在全市餐饮服务食品单位推行先进的"五常法"管理，完善餐饮行业诚信管理机制，加强新农村会所监管指导工作，加强餐饮服务食品风险监测及预警体系建设，开展农村家宴上门指导服务，各业态餐饮服务食品安全水平持续提升。经地方推荐、专家审评、网站公示、举报核查等程序，4月，国家食品药品监督管理总局公布首批国家餐饮服务食品安全示范县（市、区）名单，张家港市与泰州市海陵区、南京市建邺区一起成为江苏省3个首批国家餐饮服务食品安全示范市（区）。

（盛　熙）

环境卫生

【概况】 2013年，市城乡环境卫生指导中心围绕"城乡环境优化、群众素养提升、环卫体制创新"三大重点，不断提升卫生创建和村庄整治成果，扎实推进健康城市建设。村庄环境整治工作高标准通过省级全域考核验收，23个三星级"康居乡村"全面通过省级考核验收。村庄环境长效管理工作在苏州市组织的每月暗访、每季明察中位列前茅，年度考核名列第一。全市建成苏州市美丽村庄示范点10个，三星级"康居乡村"1个、二星级9个、一星级8个。

城乡环境综合整治　年内，结合全市城乡环境"四大整治、四大提升"（乱停乱放、非法营运、小区环境、违法建设"四大整治"，交通秩序、运管服务、人居环境、市容市貌"四大提升”）活动和农村实际，开展专项整治，推动村庄环境整治质量的提升和细节完善。1月至4月，开展镇区“六项”（主干道及沿线、区镇和办事处所在集镇区、城郊结合部及背街小巷、集贸市场、建筑工地、居民小区）、农村“四项”（三星级点位、卫生基础设施、乱堆乱放、农村“四户”）大环境专项整治。各区镇共进行专项整治38次，出动人员2500余人次，清理卫生死角280余处、乱堆乱放730余处。3月至4月，集中开展农村垃圾收集房、农村户厕专项整治活动，共取缔水泥箱体式垃圾收集房360余座，修缮粉刷垃圾收集房2100余座，新设垃圾桶200余个。4月，全市统一开展以“美丽港城、健康生活”为主题的全国第25个爱国卫生月暨江苏省第17个健康教育宣传月活动。5月，开展重点环境卫生问题“自查自纠”活动，全市城乡共排查环境卫生死角、薄弱环节近100处。6月，开展农村清洁河道“突击月”活动。年末，开展农村大环境“百日提升”行动，着重提升河道沟塘、主干道及沿线、卫生基础设施、星级村庄、村级集贸市场、农村“四户”（废品废物收集户、家禽家畜养殖户、农村房屋出租户、专业种植大户）等重点区域的环境卫生管理水平，农村环境卫生长效管理水平进一步提升。

病媒生物防制　年内，全市坚持以环境综合治理为主、药械控制为辅的综合防制原则，加大宣传培训力度，推进陶瓷毒饵站、灭蚊灯等基础设施标准化建设，强化考核评估、密度监测和服务指导。举办专题巡回讲座，邀请省市病媒生物防制专家等对全市720余名专兼职消杀员进行系统培训。开展系列科普咨询活动，累计发放各类药械500余千克，受益群众800余人。全市城乡共布放捕蝇笼1万余个，捕鼠笼（夹）5000余个，粘鼠板2万余张，投放第二代慢性抗凝血灭鼠药物约15吨，各类灭蚊灭蝇消杀药物3吨，新建、补建陶瓷毒饵站5000余座、户外灭蚊灯88个。强化密度监测机制，创新实施密度监测拓面，拓展乡镇监测点54个，新增涉外环境2.7万米，

“你我携手，健康同行”新市民健康知识竞赛

（市城乡环境卫生指导中心　供稿）

全市城乡主要病媒生物密度得到有效控制。

【健康城市建设】　年内，市健康办定期通过报纸、电台、电视、网络、短信等传媒，普及健康知识。制作“健康10秒”公益短片在《张家港新闻》中播放，在张家港电台播出《爱卫与健康》专栏12期，在《张家港日报》刊出《爱卫与健康》专刊12期，与中国移动张家港分公司合作发送健康短信10万条，通过出租车LED字幕广告播放建设健康城市宣传口号及标语。与太平洋寿险合作建办“健康大讲堂基地”，定期开展知识讲座，为“健康家庭”等量身开发保险产品。举办“美丽港城、健康生活”爱国卫生月、“健康生活进我家”、健康家庭趣味运动会等活动，加大健康知识宣教普及力度。会同市新市民事务中心出台新市民环境卫生“十不”（不随地吐痰、随地便溺，不乱堆乱放、乱扔杂物，不乱倒垃圾、滋生“四害”，不乱搭乱建、散养畜禽，不乱涂乱贴、私设广告，不粗言秽语、吸烟酗酒，不乱停车辆、挤占道路，不乱设摊点、无证经营，不损坏绿化、侵占绿地，不损坏公物、破坏设施）行为规范，举办“你我携手，健康同行”新市民健康知识竞赛。结合世界无烟日活动，制作禁烟、控烟标志2万份，禁烟台卡5000个，在各机关、企事业单位办公室、公共场所发放。在购物公园欧陆风情街打造健康饮食一条街，通过外部健康硬件设施建设和餐饮单位内部氛围的营造，引导市民合理膳食、健康消费。在南丰广场、凤凰湖配建健康路径、膳食宝塔、健康指数大转盘等健康设施，高标准建设室外主题公园。年内，市粮食局（健康机关）、市第三人民医院（健康医院）、市易华塑料有限公司（健康企业）、市万红小学（健康学校）、南丰镇（健康社区）被世界卫生组织健康城市合作中心评为健康场所，威亚汽车配件（张家港）有限公司、中粮东海粮油工业（张家港）有限公司、张家港浦项不锈钢有限公司等3家企业创建成江苏省健康促进示范企业，凤凰镇创建成苏州市“全民健康生活方式行动”示范镇，杨舍镇善港村等15个村建设成苏州市健康城市先进村，南丰镇南丰村等10个村创建成苏州市“亿万农民健康促进行动”先进村。完成“中国/世界卫生组织2012~2013年度东西部地区健康城市科学管理规范化”合作项目，进一步规范“基础资料收集—城市健康诊断—行动计划—评估改进”工作程序。

【环境卫生设施提优工程】　年内，市政府将公厕、垃圾收集点、爱卫工作站、灭蚊灯等环境卫生设施建设列入年度基本建设项目，开展环境卫生基

础设施提优工程建设，进一步加强镇区、办事处、村（社区）环境卫生基础设施建设，不断完善农村生活垃圾清运体系，改善群众生产生活条件。全市总投资1140万元，新建爱卫工作站12个，新建或改建公厕61座、垃圾收集点50个，新建灭蚊灯88个、控烟点504个。各区镇结合城乡一体化的推进实际，添置垃圾清运车、清扫车、洒水车、电瓶保洁车等环卫车辆56辆，提升环卫机械化作业水平和效率，健全完善垃圾清运体系，确保卫生保洁经常化、规范化、制度化。

【农村环卫保洁市场化运作】 全市绝大部分村（社区）的环境卫生由村（社区）干部直接管理。受经济条件的限制，保洁人员岁数偏大，工资待遇不高，队伍不稳定，保洁效果不理想。为改变这一状况，2012年5月，南丰镇建农村、凤凰镇凤凰村等4个村率先试点市场化运作，由保洁公司负责农村环卫保洁。8月，市政府下发《关于推进农村大环境卫生长效管理机制改革的指导意见》，提出逐步推行农村环卫保洁市场化运作，探索建立统一开放、竞争有序、监管有力、富有张家港特色的农村环卫保洁作业新机制。2013年，市城乡环境卫生指导中心积极贯彻落实市政府文件精神，开展农村环卫保洁状况调研，多次召开保洁服务企业、村和基层爱卫工作人员座谈会，逐步推进农村环卫保洁市场化运作。统一农村环境卫生作业承包合同参考文本，制定农村环境卫生保洁服务质量标准，明确市场化运作主体、质量标准、资金补助范围等要求，建立健全市场化准入机制，规范操作流程。至年末，全市共有35个行政村实现环卫保洁市场化运作，保洁质量、保洁标准都有不同程度的提升。

【农村河道保洁纳入环境卫生考核】 3月26日起，市城乡环境卫生指导中心负责牵头协调农村河道日常保洁工作。6月，市政府出台《关于加强农村河道日常保洁工作的意见》，按照日常保洁全覆盖的要求，全面建立农村河道日常保洁机制，制订农村河道日常保洁考核办法和考核细则，将农村河道日常保洁纳入农村环境卫生考核体系，实行农村环境一体化联查联考工作机制。农村河道日常保洁实行属地管理，市城乡环境卫生指导中心每季度会同市水利局组织开展农村河道日常保洁管理工作考核。镇、村两级按照每米不低于3.8元的标准落实农村河道管护经费，市财政每年安排400万元作为农村河道长效保洁经费实行以奖代补，并视情逐年增加。全市共配备农村河道管理员885人，人员配备更趋于合理，管理模式逐步向一体化、市场化推进。

（李芳芳　孙学鲁）

红十字救护

【概况】 2013年，全市新增塘桥、大新、万红小学3个基层红十字组织，累计117个，有红十字会会员29998人。4月25日，市红十字会四届三次理事会召开，调整红十字会专职副会长，健全红十字会理事。节日期间，红十字会组织志愿者走访慰问贫困家庭503户次、911人次，发放慰问物资价值11.46万元；救助白血病、肿瘤等大病患者18人，发放救助款5.7万元；资助张家港市及四川威远县贫困学生共135人，发放助学款20.04万元。全年发放各类救助金和慰问物资价值79.49万元，募集各类捐款和物资价值101.23万元。实施公益性应急救护百万培训项目，向社区居民、中学学生、企业职工、机关干部、公交司机等群体组织应急救护知识培训，培训初级救护员2282人，完成省培训计划的154%，普及培训13934人，完成省培训计划的110%。在张家港广播电台新闻频道开办“世界急救日”特别节目——“应急救护百万培训项目”专题访谈，扩大项目影响力。在市卫生进修学校设立红十字救护培训基地，将每月的首个星期日定为救护培训基地公众培训日，方便市民参加培训。在梁丰高级中学成立红十字救护培训社团，每周组织社团活动，培训形式更加丰富。与张家港广播电台交通频道联办一期“关爱驾驶人”公益性应急救护培训活动，2场培训共有82名听众参加。选派12人参加省应急救护师资培训，组织22名红十字救护培训师开展教学观摩活动，切实提升授课技能。全年无偿献血17494人次，采集造血干细胞血样111份，累计采样1611份。有27名入库志愿者与患者初配相合，高分辨检测7例，高分辨相合体检1例。全年遗体捐献登记14人，累计70人；实现捐献3人，累计7人。角膜捐献登记13人，累计47人；实现捐献3人，累计6人。器官捐献登记9人，累计15人；实现捐献1人，捐肾脏2个。全市器官捐献实现零的突破。

【“红十字博爱月”活动】 4月25日至5月25日，市红十字会组织开展“红十字博爱月”活动，弘扬“人道、博爱、奉献”的红十字精神，广泛传播红十字文化。活动主题为“红十字志愿者在行动”，包括红十字文化宣传、“人道一元捐”筹资、志愿者服务、受困人员救助等活动。5月4日上午，市红十字会在市区步行街王府广场举行志愿者服务活动，纪念第66个“世界红十字日”。通过展板、现场咨询等形式开展红十字知识宣传、无偿献血和捐献造血干细胞动员登记、健康义诊、自救互救培训等活动，发放红十字运动手册400余份、宣传小扇子500余把。全市各机关、企业、学校等纷纷响应市红十字会的倡议，组织开展“博爱在港城，人道一元捐”活动。全市共筹集捐款24.6万元。5月21日，市红十字志愿服务总队成立，除无偿献血志愿服务队外，增设人道救助、应急救援、捐献造血干细胞、健康关怀4个专业队，共有志愿者181人。志愿者在红十字社区、医院、血站等志愿服务基地向社区居民普及捐献遗体、捐献造血干细胞、避险逃生知识，开展应急救护知识培训、救护技能演示，提供义诊服务，发放各种宣传资料5000余份。活动期间，市红十字会对6名大病特困群众实施救助，发放救助金1.8万元。

（张丽君）

【编辑　陆正芳】

体育

Sports

环太湖国际公路自行车赛双山岛绕圈赛 （市体育局 供稿）

综　　述

青少年体育

群众体育

竞技体育

体育产业

综　述

2013年，市政府出台《2013市大型全民健身品牌活动实施方案》《关于进一步加强运动员文化教育和运动员保障工作实施细则的意见》等文件，加强体育管理。3月，全市体育工作会议召开，重点布置全市“城区5分钟、中心镇区10分钟体育健身圈”和城乡健身步道建设等任务。11月28日，由《人民日报》、新华社、中央电视台等10家中央媒体和江苏卫视、《新华日报》等省级媒体组成的专访团到张家港，对省第一批体育现代化试点城市进行采访，了解张家港市完善体育设施布局、开展群体活动、提高公共服务水平、推进体育现代化建设等方面情况。《中国体育报》12月3日、26日、30日分别报道张家港市体育工作情况。年内，杨舍镇全民健身中心、大新镇全民健身中心、金港镇文体活动中心被国家体育总局评为全国乡镇体育健身示范工程。市体育局、西城体育公园、南沙中学被国家体育总局评为2009~2012年度全国群众体育先进单位，市体育局刘欣石被评为2009~2012年度全国群众体育先进个人。

体育设施　全年更新全民健身路径140套、新增10套。至年末，全市建有公共体育健身场地设施1963个，其中以健身路径为主的健身工程596个、全民健身活动站点801个、社区体育健身俱乐部273家，所有社区和行政村都拥有一套以上的健身路径，全民健身场地设施覆盖镇、村和城镇社区，覆盖率100%。体育设施万人拥有量21.6个，人均占有体育场地面积3.47平方米。年内，杨舍镇、金港镇等6个镇（区）建成镇级体育中心并对外开放。加快健身步道建设，凤凰湖、永钢大道、凤恬路、西凤路等多条健身步道建设完工，共计143千米。全市基本建成“城市5分钟、中心镇区10分钟”健身圈。

训练工作　全市体育业余训练格局由少年业余体校、体育特色项目学校、传统项目学校、训练基地学校组成。1月，市少年业余体校经江苏省体育局批准晋升为首批“省五星级业余体校”，4月被国家体育总局命名为“2013~2016年国家高水平体育后备人才基地”。至年末，全市共有市少年业余体校1所、苏州市级传统体育项目学校16所、张家港市级体育传统项目学校23所，特色体育项目学校4所，单项业余训练基地8个，有苏州市手球学校5所、苏州市足球学校5所。全市业余训练项目为田径、篮球、足球、排球、乒乓球、棋类、举重、游泳、武术、航模、羽毛球、自行车、跆拳道、网球。市少年业余体校在训学生254人，教练员12人。

队伍建设　年内，市少年业余体校招生90人，涉及田径、游泳、武术、羽毛球、乒乓球、跆拳道、网球等项目。年内，举办4期三级裁判员培训班，有70人通过考核。选派人员参加主管部门组织的等级裁判员培训班，有2人被批准为国家一级裁判员，涉及拔河、篮球2个项目。同时，推荐2人参加国家级裁判员学习班。至年末，全市有国家级裁判员2人、一级裁判员57人、二级裁判员378人。有4人获评国家二级运动员，涉及乒乓球、中国象棋2个项目。

人才输出　年内，全市向国家集训队输送运动员5人，分别为谢伟（举重）、姚双艳（足球）、周云（足球）、袁琦琦（田径）、夏振坤（田径）。其中，9月13日，姚双艳入选女足国家队，成为全市首位成人女足国字号球员。向江苏省级训练单位输送6人，其中省体工队1人：潘观阳（举重），省体校5人：赵燕阳（篮球）、高阳（篮球）、路琪（田径）、张晓龙（田径）、张睿梁（田径）。向苏州市级体校输送32人，涉及足球、武术、游泳等项目。

青少年体育

【概况】 2013年，全市中小学继续围绕两个“百分之百”的目标（百分之百的中小学生实施国家学生体质健康标准，百分之百的中小学生每天锻炼一小时）开展体育活动。所有中小学均施行《国家学生体质健康标准》。各校充分利用课间操（跑）时间，结合大课间活动和课外文体活动时间开展阳光体育活动。全市报考高中学段学校（普高和中等职业类学校）的应、往届初中毕业生共7183人参加升学体育考试，其中6373人得到满分（30分），占总人数的88.72%。年内，承办4项苏州市级比赛，分别是4月承办的苏州市第十三届运动会中小学生国际象棋比赛，6月承办的苏州市中小学生组举重比赛，7月承办的苏州市小学生足球比赛，10月承办的苏州市手球学校主场比赛。另外，5月承办第十二届省少儿象棋定（升）级赛，7月承办第十八届全国青少年车辆模型教育竞赛（张家港赛区）。9月25日，参加2013年CBSA世界斯诺克巡回赛张家港公开赛的选手丁俊晖、梁文博、肖国栋、马修·塞尔特以及世界职业台球和斯诺克联合会主席弗格森赴江帆小学开展公益校园活动。嘉宾们参观江帆小学台球室，向学生传授基本台球技艺。12月23日，参加2013~2014中国女子篮球甲级联赛的江苏永联女篮队员赴南丰小学永联校区与学生互动。

【在苏州市级、省级比赛中获佳绩】 年内，张家港代表队参加苏州市中小学生各类体育比赛，获金牌110枚、银牌113枚。5月，参加苏州市中小学武术（套路）赛获11金12银，连续5年蝉联冠军；参加苏州市中小学游泳比赛，以总分677分获团体第二名；参加苏州市中小学击剑比赛获11金10银8铜；参加苏州市中小学自行车比赛获2金3银。6月，参加苏州市小学生田径赛以总分672分获团体第二名；参加苏州市中小学生举重比赛获16金11银10铜。另外，4月，首次代表苏州参加省少儿游泳冠军比赛，获两个第七名。5月，参加省青少年田径锦标赛（县组第一赛区），以8金3银3铜、总分226分获团体总分第一名，袁琦琦（田径）、王若菲（击剑）、王雅洁（赛艇）3人入选省“奥运未来之星”名单。

【承办第十二届省少儿象棋定（升）级赛】 5月25日至26日，由江苏省棋类运动协会主办，市体育局、教育局承办的第十二届省“荣成杯”少儿象棋定（升）级赛暨第四届省业余棋协大师精英赛在暨阳湖实验学校举行。比赛有常熟、江阴、南通、泰州、扬州、盐城、张家港等12支代表队、228名运动员参加。设业余棋协大师组、升级组、定级组，其中升级组共设五组，无级别者参加定级组，各组均只进行个人赛。张家港21名棋手获得晋级，其中3人升候补大师、2人升一级、2人升二级、2人升三级、3人升四级、2人升五级、7人升六级。

【承办第十八届全国青少年车辆模型教育竞赛】 7月7日至10日，由教育部、国家体育总局、共青团中央、中国科协、全国妇联、全国关工委联合主办，张家港市体育局、教育局、科协、航模协会等单位联合承办的第十八届“驾驭未来”全国青少年车辆模型教育竞赛（张家港赛区）暨全国模型运动公开赛（张家港分站赛）在市青少年社会实践基地举行。比赛设子弹头飙车竞技赛等13个竞赛项目，设个人单项、单项团体、小学男子组、小学女子组、中学组、综合团体等6个竞赛组别。河北、上海、四川、浙江等地的292名运动员参加。市德积小学、东莱小学、沙洲小学、东渡实验学校、金港中心小学、塘市初中、第八中学、沙洲中学等校在比赛中获团体奖项。

群众体育

【概况】 全年举办三级社会体育指导员培训班10期，审批三级社会体育指导员435人，送训二级社会体育指导员334人、一级42人、国家级14人。全市累计有社会体育指导员4680人，其中二级以上1482人、国家级43人。万人拥有量51人。4月至10月，举办“经开区（杨舍镇）杯”张家港市第三届全民健身大联赛，活动借鉴职业联赛的准入制度、竞赛管理、市场开发等方法，设置足球、篮球、网球、羽毛球、乒乓球5个项目，共进行1125场比赛，全市131支俱乐部的2000余名运动员参赛。6月至8月，开展“全民健身节”活动，举办健身科普讲座、健身技能展示、体育文化交流等各类活动400余次，参与市民超过60万人次。年内，举办“激情五一”“快乐中秋”“欢度国庆”“迎新年万人健步行”等假日体育活动。启动为期三年的镇（区）机关工作人员、骨干企业领导和职工代表体质测试服务活动，9月17日，《中国体育报》头版对此专题报道。5月23日，国家体育总局组织专家到市调研群众体育组织建设情况。

凤凰镇西凤路健身步道　　（市体育局　供稿）

【城乡健身步道建设启动】 年初下发的《2013年市群众体育工作意见》对全市健身步道建设进行重点部署，要求各区镇年内建成不少于5千米的健身步道，促进全民健身及生态环境的改善。年内，沙洲湖、沙洲新城两大健身户外基地基本建成，永钢大道5千米步道、凤凰湖4千米步道、凤恬路12千米步道及西凤路5千米步道等健身步道建设完工。至年末，全市共有健身步道143千米。

【承办江苏省城市体育舞蹈公开赛】 6月2日，2013年江苏省城市体育舞蹈公开赛暨张家港第二届体育舞蹈锦标赛在大学城体育馆举行。江阴市体育舞蹈运动协会、常州市清潭第三幼儿园、南通市蓝天舞蹈学校以及张家港市少年宫、杨舍镇体育舞蹈培训中心等26支代表队的1000余名运动员参赛。比赛设置少儿、成人组标准舞与拉丁舞等项目。市老年大学、市少年宫、市体育舞蹈培训中心、市青少年舞蹈艺术培训中心及杨舍镇、大新镇、金港镇、南丰镇、塘桥镇、乐余镇体育舞蹈培训中心等单位的学员在比赛中获个人奖项。

【承办江苏武术文化交流赛】 7月26日至28日，江苏“长江明珠”杯武术文化交流大赛在大学城体育馆举行。江苏、北京、上海、天津、重庆、吉林、陕西、河南、河北、山东、浙江、安徽等省市逾千名选手参赛，年龄最长者83岁、最小的3岁。其中，张家港市有后塍小学、天道武馆、中国银行张家港分行、后塍中心社区、后塍新塍社区等代表队参赛。比赛期间，选手们展示杨氏太极、吴式太极、形意拳、少林拳及各类器械表演，共产生金牌100余枚。27日，太极名家张东武和世界冠军邱慧芳到场交流互动。

【承办全国桥牌公开赛】 11月9日至11日，2013年张家港“中联粤海杯”全国桥牌公开赛在中联粤海酒店举行，比赛由中国桥牌协会、张家港市体育总会、市电视台主办，市桥牌协会承办，全国48支代表队的300余名选手参赛，其中国家男队施豪军和女队王文霏分别代表吴江康泰队和中国建设银行队参赛。比赛为公开团体赛，分3个阶段进行。经过16轮128副牌的较量，吴江康泰队、苏州友通队、浙江浦友队、重庆金建队、温州队、杭州锦江队分获比赛前六名。

竞技体育

【概况】 2013年，全市承办国际级比赛3项、国家级比赛8项、省级比赛2项、苏州市级比赛5项。谢伟、姚双艳、周云、袁琦琦、夏振坤入选国家集训队，是张家港市籍入选国家队人数最多的一年。张家港市培养输送的运动员在东亚运动会、亚青赛等洲际比赛中获金牌3枚、银牌1枚。其中，3月2日至11日，在泰国曼谷举行的2013年亚洲青少年击剑锦标赛中，杨汝杰所在的中国击剑队获女子重剑团体第一名；8月20日，在南京举行的第二届亚洲青年运动会男子100米决赛中，夏振坤以10.71秒的成绩获金牌。在辽宁全运会、全国锦标赛等国家级赛事中获金牌8枚。其中，9月10日，在辽宁举行的第十二届全运会成年女足决赛中，张家港籍队员姚双艳作为江苏队主力，随队获得冠军，成为张家港历史上首位连续参加两届全运会获金牌的运动员。

【袁琦琦在东亚运动会上摘金夺银】 袁琦琦是乐余镇东兴村人，1995年出生，2006年进入市少年业余体校训练，2010年入选苏州市体校田径队。在9月11日举行的第十二届全国运动会女子4×100米接力决赛中，她和队友以43.44秒的成绩夺得该项目金牌，实现张家港籍选手在全运会田径项目金牌零的突破。10月7日，在第六届东亚运动会女子200米决赛中，袁琦琦以24.15秒的成绩获得银牌；10月9日，在东亚运动会女子4×100米接力比赛中，袁琦琦和队友陶宇佳、韦永丽、林慧君组成的中国队，以43.66秒的成绩夺冠，打破了该项目44.08秒的赛会纪录。

2013年张家港市承办体育赛事一览

表66

比赛时间	比　赛　名　称	地点	级别
8月3日至11日	2013年国际网联男子巡回赛“中联君悦·棠樾杯”（张家港站）	体育中心网球场	国际级
9月23日至27日	2013年CBSA世界斯诺克巡回赛“国泰·润园杯”张家港公开赛	市体育馆	国际级
11月3日	2013年第四届环太湖国际公路自行车赛“双山岛旅游度假区”张家港双山岛绕圈赛	双山岛	国际级
7月9日至10日	第十八届“驾驭未来”全国青少年车辆模型教育竞赛（张家港赛区）暨全国模型运动公开赛（张家港分站赛）	青少年社会实践基地	国家级
7月26日至28日	中国江苏“长江明珠杯”武术文化交流大赛	大学城体育馆	国家级
7月27日至28日	中国业余网球公开赛（CTA-OPEN）“港华燃气杯”张家港分站赛	体育中心网球场	国家级
8月22日至23日	2013年“长山杯”第十二届全运会乒乓球热身赛	体育馆	国家级
8月31日至9月2日	2013年CBSA世界斯诺克巡回赛张家港公开赛伊蒂丝·来力杯分区赛“保意杯”张家港站	东城体育公园	国家级
10月13日	2013年“肯德基”全国青少年三人篮球冠军挑战赛（张家港赛区）	市体育中心	国家级
11月9日至11日	2013年张家港“中联粤海杯”全国桥牌公开赛	中联粤海酒店	国家级
11月19日至12月24日	2013~2014中国女子篮球甲级联赛（张家港永联赛区）江苏女篮主场	市体育馆	国家级
5月25日至26日	2013年第十二届省少儿象棋定（升）级赛	暨阳湖学校	省级
6月2日	2013年江苏省城市体育舞蹈公开赛暨张家港第二届体育舞蹈锦标赛	大学城体育馆	省级
4月19日	“经开区（杨舍镇）杯”苏州市第四届社区门球赛	东城体育公园门球场	苏州市级
4月29日至30日	苏州市第十三届运动会中小学生国际象棋比赛	乐余小学	苏州市级
6月8日	苏州市中小学生组举重比赛	南沙中学	苏州市级
7月23日至25日	苏州市小学生足球比赛	体育中心	苏州市级
10月至12月	苏州市手球学校主场比赛	万红小学	苏州市级

【承办国际网联男子巡回赛】 8月3日至11日，2013年国际网联男子巡回赛“中联君悦·棠樾杯”张家港站比赛在市体育中心举行。活动由国际网球联合会、中国网球协会、省体育局、张家港市人民政府主办，市体育局承办。此赛事是国际网联旗下的正式积分赛，参赛选手须年满14周岁以上、并在国际网联或中国网球协会注册。中国、英国、韩国、日本、新加坡、泰国等国家和地区的近百名职业选手参赛。赛事设男单、男双两个项目，3日至5日进行预选赛，6日至11日进行正赛，其中预选赛设48位、单打正选设32位、双打正选设16位，选手成绩直接计入职业网球联合会排名积分。9日下午，印度选手N.Sriram BALAJI与 Ranjeet VIRALI-MURUGESAN获双打冠军。11日上午，中华台北选手黄亮琦获单打冠军。

【承办世界斯诺克巡回赛张家港公开赛】 9月23日至27日，2013年CBSA世界斯诺克巡回赛“国泰·润园杯”张家港公开赛在市体育馆举行。活动由世界斯诺克协会、中国台球协会、省体育局、张家港市人民政府主办，市体育局承办。丁俊晖、梁文博、马修·史蒂文斯、斯科特·唐纳森等国内外110余名运动员参赛。比赛采用7局4胜、单败淘汰制。27日下午，中国选手居热提在决赛中夺冠。居热提是CBSA世界斯诺克巡回赛在中国开办以来首位夺冠的中国选手、少数民族选手及非职业选手。

【承办环太湖国际公路自行车赛双山岛绕圈赛】 2013年开展的第四届环太湖国际公路自行车赛赛程共1800余千米，五大洲的20支车队参与。11月3日上午，此项赛事的第二站在张家港双山岛开幕，这也是2013年中国（张家港）长江文化艺术节系列活动之一。双山岛绕圈赛全程129千米，需绕环岛堤岸骑行8圈。经过近3小时骑行，土耳其TRK车队选手Yuriy以2小时43分43秒的成绩夺冠，获“冲刺积分第一”绿衫、“个人总成绩第一”橙衫。捷克ASC布拉格洲际队选手Alois获第二名，法国马赛苹果洲际队选手Yannick获第三名。此外，中国万胜洲际队选手姜治慧获“大中华赛区个人成绩第一名”红衫，澳大利亚BFL洲际队选手杰西获“青年最佳”蓝衫。

体育产业

【概况】 全市共有体育彩票销售网点235家，其中传统销售网点203家、竞彩专营店32家。至12月31日，全市体育彩票销售收入3.15亿元，其中电脑型彩票销售收入8134万元、竞彩型彩票销售收入6380万元、即开型彩票销售收入3765万元、“11选5”销售收入13221万元。年内，市体育局与工商、统计部门联合，建立市体育产业名录库，完成2012年度全市体育及相关产业专项统计。组织76名游泳救生员、39名游泳教员参加上岗培训及年审，全市累计有249名救生员和136名游泳教员取得国家职业技术资格，全市各游泳场所按国家标准配备救生员。另有3名健身教练和2名攀岩教练取得国家职业技术资格。江苏金陵体育器材股份有限公司的“高端体育器材产能提升”和张家港市静湖驿休闲农庄有限公司的“青少年马术培训和学校推广”两个项目共获省产业引导资金资助100万元。市体育中心、江苏金陵体育器材有限公司2个单位被列入苏州市体育产业示范基地。

【市体育中心锦丰分中心建成】 11月18日，市体育中心锦丰分中心建成并正式对外开放。体育分中心设在新建的锦丰文体中心内，文体中心总投资约3500万元，占地面积1.52万平方米，建筑面积6500平方米。体育分中心开设篮球、羽毛球、乒乓球等项目，拥有羽毛球馆、室内篮球馆、室外门球场、室外篮球场、健身步道等健身设施，分中心健身区域由市体育中心统一管理。

【“江苏永钢女篮”主场移至张家港市】 江苏女篮自2011年起由江苏永钢集团冠名，年内继续合作。10月31日，江苏永钢集团有限公司冠名江苏女篮暨张家港主场签约仪式举行，江苏省篮管中心、江苏永钢集团有限公司、张家港市体育局三方代表分别签署协议。签约后，永钢集团对女篮提供资金和团队管理等帮助，“江苏永钢女篮”将2013~2014中国女子篮球甲级联赛江苏队比赛主场移至张家港市，每月进行3场比赛。11月19日，首场比赛在市体育馆举行。

（倪志国）

2013~2014中国女子篮球甲级联赛现场

（市体育局　供稿）

【编辑　陆文琰】

人力资源和社会保障

Human Resources and Social Security

人力资源市场　（市委史志办　供稿）

人才开发

人事管理

劳动就业

劳动维权

社会保险

人才开发

【概况】 年内，市人才部门优化全市引才工作体系，与市商务局等8个单位联动引才，借助科技节、苏州国际精英创业周等活动平台，全年共征集海内外人才项目信息600余条，组织举办6次市领军人才项目评审专场，新增市领军型创新创业人才（团队）95个。搭建社会化招才引智网络，与13个海外合作组织建立紧密合作关系，聘请6名招才引智顾问。广泛摸排当地企业和各区镇人才项目需求，定向发布张家港市人才项目需求目录。面向海外招觅高端人才，先后在美国纽约、芝加哥、旧金山硅谷举办3场海外招才引智推介会及人才项目对接洽谈活动，组团参加“赢在苏州”海外创业大赛，吸引近300名海外高层次人才参加项目对接。10月，美国硅谷招才引智办事处建立。优化人才发展配套服务，2月，城东花苑356套人才公寓投入使用；8月，在市行政服务中心成立领军人才“一站式”服务窗口。年内，引进领军型创业创新人才（团队）95个，引进紧缺高层次人才300余人。

领军人才 4月，出台《张家港市领军人才项目管理暂行办法》，建立涵盖人才项目发展全过程的管理制度。5月，发布《张家港市高层次创新创业人才购房安家补贴发放实施细则（试行）》，对于引进的领军人才给予最高300万元的安家补贴资助。6月，举办领军人才创新创业示范企业专家论证会暨“人才项目绩效评估”成果发布会，富淼科技、汉酶生物、斯威森、多维科技、启能新能源等5家人才企业入选首批领军人才创新创业示范企业。立足教育、卫生、文化、体育、旅游、社会工作等六大领域，进一步拓展“港城英才计划”的覆盖领域。推进市级机关“研究生工作站”建设，累计建成市级机关“研究生工作站”25家。统筹推进企业经营管理人才、党政人才、高技能人才、农村实用人才等队伍建设，南丰镇永联村获评“江苏省引智示范村”，“千人计划”专家陶军华博士创办的苏州汉酶生物技术有限公司入选2013年度全国“最具成长潜力的留学人员创业企业”。获批2013年“国家高端外国专家项目”2项、获批苏州市“优秀外国专家”2人、苏州市“优秀外教”2人，6位专家入选苏州“海鸥计划”。江苏沙钢集团、海陆重工、富瑞特装等企业共引进8名博士后进站开题运作；永钢集团成功获批国家级企业博士后科研工作站；张家港保税区和扬子江冶金工业园管委会获批省博士后创新实践基地总站。

职业水平 年内，有382人通过全国社工职业水平考试，累计达到1166人，通过总人数居全国各（县）市前茅。全年共评定各级各类职称资格6147人。其中，初定初级职称资格3564人，评审建设、医药、档案、新闻等系列初级职称资格人员401人；推荐评审工程类、新闻类、卫生类、高校教师等高级资格676人（正高级32人）、中级资格1506人。全市人才总量达到23万人，其中高层次人才1.46万人。

【“千人计划”取得显著成果】 参见第280页“科技人才”分目。

【创新创业项目对接会】 3月23日至24日，张家港市举办“百名千人计划专家·百家规模企业（张家港）创新创业项目对接会”。该对接会是2013年度全国“千人计划”专家创新创业项目对接系列活动的首站，也是首次围绕“千人计划”专家项目产业化而举办的综合性对接活动。此次对接会聚集100名左右国家“千人计划”专家、150家有创新项目需求的规模企业以及20家风（创）投机构代表，开展了项目对接和合作洽谈，为创新创业寻求进一步发展空间。参加此次对接会的“千人计划”专家，均是国内外行业前沿的权威人士，既有清华大学、复旦大学等高校研究机构的带头人，也有生物医药、信息网络等高新技术产业有实力的企业家。通过前期对接，已有25家当地企业与“千人计划”专家达成合作意向，19个项目签署合约，并在开幕式期间举行签约仪式，双方的合作加速技术与资本的全面对接。其间，“千人计划”专家考察了张家港市的居住和投资环境，并赴各区镇与企业对接洽谈，张家港市优美的生态环境及优良的投资创业环境给专家留下深刻印象。

【张家港市在全国率先启用“人才项目绩效评估”体系】 6月25日，张家港市“领军人才创新创业示范企业”专家论证会暨“人才项目绩效评估”成果发布会举办，张家港市在全国率先推出“人才项目绩效评估”指标体系，通过参照“人才项目绩效评估”指标体系，江苏富淼科技股份有限公司等5家人才企业入选首批“领军人才创新创业示范企业”，《经济日报》《光明日报》《中国人才》《组织人事报》等10余家国家级媒体到会采访报道。9月28日至29日，中组部在张家港市召开“人才项目绩效评价”座谈会，专题研讨并高度肯定该项工作。“人才项目绩效评估”指标体系由张家港市会同武汉工程大学教授桂昭明团队用一年的时间探索研究，通过对张家港188个人才项目的梳理分析，设计出“人才项目绩效评估”指标体系。该指标体系以“经济、社会和科技效益”为一级指标，分别对创业类和创新类人才项目设定13个和10个二级指标，通过“人才项目总产值及人均产值”“人才项目销售利税及人均销售利税”“产业节点对产业链形成的贡献”“专利申请及授权量”等多个量化的二级指标，量化考评人才项目发展绩效。人才项目绩效评价结果运用到“政策兑现、中期评估、优质项目再支持和清理退出”等人才工作的各个环节，破解“人才项目后续管理难规范、项目资助一审定终身、能进不能出”等难题。

【2013苏州国际精英创业周张家港分会场活动】 7月11日至13日，苏州国际精英创业周张家港分会场举办系列活动，包括创新创业特装展暨人才项目对接洽谈会、2013苏州国际精英创业周张家港分会场活动开幕仪式、创新创业项目合作洽谈会、张家港市

领军人才(产业节点需求专场)评审会、"985"高校优秀研究生暑期项目实践启动仪式等。活动累计邀请200余名海内外高层次人才到张家港市洽谈对接,项目主要集中在生物医药及医疗器械、电子信息与通信、智能电网、新能源及新材料、现代装备制造、现代服务业及现代农业等新兴产业。至年末,共落户项目74项,列苏州各区、县第一。

【汉酶生物入选全国最具成长潜力的留学人员创业企业】 10月,由国家"千人计划"专家陶军华博士创办的苏州汉酶生物技术有限公司(简称汉酶生物)入选2013年度全国最具成长潜力的留学人员创业企业。全国共25家留学人员创业企业入选,其中江苏有4家,苏州市仅此1家。汉酶生物致力于合成酶及绿色化学技术的开发,并在医药、化工、材料、环保领域的产业化应用,有员工90人,其中研究生以上学历41人;核心团队具有美国辉瑞、杜邦、礼来等著名医药和化学公司多年的科研和管理经验。公司累计申请专利48件,获得专利授权17件,建成国际一流的合成酶生产基地,已累计实现17个酶产品的产业化、36个酶产品进入中试阶段,2013年销售近1亿元。

(周明明　沙　建　朱海婷)

人事管理

【概况】 2013年,市人社局不断完善公务员管理制度,稳步推进人事制度改革,各项工作取得新成绩。精细抓好公务员招录,共为市镇两级补充年轻公务员147人。推动培训资源优化整合,依托网络平台、港城讲堂、集中轮训、高校助学打造公务员培训品牌,全年举办各类培训班8期,培训公务员7000余人次。严格公务员日常管理,完成2012年公务员年度考核奖励工作,办理中层职位确认380人,确定正副股级科员218人,干部调动280人。修订完善事业单位绩效工资实施方案、实施细则和总量管理办法,完成事业单位退休人员的补贴调整。推进事业单位岗位设置管理工作,在全市289家事业单位设置岗位数17989个,聘用工作人员14470人。继续开展事业单位公开招聘,全年招聘336名事业单位人员。

【公务员大讲堂】 "港城公务员大讲堂"是张家港市在落实公务员四类法定培训和组织市级机关中层干部分类、分期集中轮训的基础上,全面贯彻省、苏州市"十二五"公务员培训规划,配合"创新争先突破年"活动,改进创新公务员培训工作的一次有益尝试,也是满足和适应干部教育培训工作新要求的有效途径,旨在进一步提升广大基层公务员抓学习增本领的自觉性,为全面打造实力港城、美丽港城、幸福港城提供有力支持。大讲堂每季度邀请国内知名专家学者到张家港市进行一次授课讲学,课程紧紧围绕市委、市政府重点工作,紧贴公务员岗位需求,兼顾当前社会热点问题进行选题,内容涉及政治理论、公共管理、国防教育、党性修养、文化艺术、现代技能等领域。4月3日,首场讲座由国家行政学院教授、博士生导师,行政文化委员会副会长许耀桐就2013年全国两会精神和当前热点话题展开。年内,先后开展两会精神解读、党的群众路线教育、公务员心理调适、国学智慧与情商管理4次专题讲座,全市共有1300余名干部参加。

【市级机关中层干部集中轮训】 5月及10月,市委组织部、市人社局联合组织市级机关155名中层干部在市委党校进行集中轮训。此次培训根据中层干部职业性质和岗位特点,分综合管理类和行政执法类2个班,采取集中辅导与分班授课、公共课程与专业课目相结合的形式进行。组织方精选师资、精心筹划,共开设社会管理创新、宏观经济形势分析、领导能力提升、公共危机管理等8门课程,授课老师为复旦大学、浙江大学、苏州大学资深教授和张家港市政府机关相关部门领导。培训采取"7+2+1"模式,即公共课程占70%,专业课目占20%,参观见学占10%;课程涉及宏观经济、创新思维、突发事件应对、执行力、预防职务犯罪、群众工作等内容,既有理论上的"零距离"辅导,又有工作方法的面对面传授。

【公务员考录工作"警示教育周"活动】 12月9日至13日,市人事部门紧紧围绕"夯实基础、预防为主"的主题,在全市公务员考录工作人员中认真开展"警示教育周"活动。活动分动员部署、开展活动、总结整改3个阶段。12月13日,公务员考录工作警示教育大会召开,传达贯彻全国公务员考试录用工作会议精神,观看广西泄题事件和长治体检事件警示教育片。2012年通过江苏省三级面试考官培训的人员,各考点学校分管领导和考务负责人,以及市人社局的相关工作人员参加会议,市人社局负责公务员考试和人事考试的部门负责人向局主要领导递交安全考录目标责任状。通过集中教育、专题培训和自查整改,全体从事公务员考录工作的人员清醒认识考录工作面临的严峻挑战,表示在以后的考录工作中,坚持原则、认真履责、恪尽职守,切实维护公务员考录工作的严肃性和公信力,确保张家港市考录工作安全圆满和平稳有序。

劳动就业

【概况】 2013年,围绕全市富民增收工程,市人社局不断提升公共就业服务水平,实现城乡劳动力更高质量就业。全市提供就业岗位8.51万个,当地户籍新增就业1.93万人,开发就业援助岗位12610个,帮助就业困难人员实现就业7197人,城镇登记失业率为2.09%,社会登记失业率为2.12%。

【张家港市籍高校毕业生初次就业率达到99.6%】 年内,市人社局通过拓宽就业渠道,优化就业服务,多渠道、多形式推进高校毕业生就业。在各区镇举办8场高校毕业生就业指导讲座,参会毕业生800余人。开展毕业生岗位信息采集，通过“张家港人才网”和《张家港人才市场报》免费发布，共582个单位参与，提供岗位5848个。成功举办春、夏季高校毕业生公益性就业双选会和各区镇专场、机械电气类专场等大小型毕业生专场12场，共有1144个单位参加，提供毕业生需求23758个，为毕业生顺利就业创造了良好机会。对于特困家庭毕业生，开展一对一帮扶，就业援助志愿单位托底安置。年末，张家港市户籍高校毕业生初次就业率达到99.6%，特困家庭高校毕业生就业率达到100%。

【首届“行行出状元”职业技能大赛】 5月25日至6月5日举办。大赛共设企业职工组11个职业（工种）、学生组5个职业（工种），涵盖数控车床操作、加工中心操作、可编程序控制系统设计、电焊、动画绘制、家政服务、护理技术、中式烹调、汽车维修与检测、扎钢筋、装饰装修、财会技术等门类。参赛人员为全市企业、学校的职业技术人员，沙钢集团、永钢集团、华尔润集团等重点企业均组队参赛。通过层层选拔，365名选手进入决赛阶段，最终张继高、施亚平、施秋冬等66人分获企业职工组一、二、三等奖，沈见鹏、钱鹏、虞鹤亭等40人分获学生组一、二、三等奖。获奖选手以及指导教师获得市政府相关奖励。永钢集团、市职业教育中心学校等11家企业、学校被授予“高技能人才培养先进单位”荣誉称号，杨舍镇政府、凤凰镇政府、南丰镇政府被授予“优秀组织奖”。

【政府购买职业中介服务的补贴政策出台】 3月11日，市就业创业促进工作领导小组办公室、市人社局、市财政局联合下发《张家港市职业介绍补贴实施办法》，明确自2013年3月1日起，凡符合条件的民营人力资源服务机构成功推荐登记失业满6个月以上张家港市户籍失业人员就业的，可按每人800元标准给予职业介绍补贴。其中属审核认定为“就业困难人员”的，按每人1000元标准给予职业介绍补贴。

【支持小微企业吸收高校毕业生就业政策出台】 6月24日，市人社局、市财政局、市经信委联合下发《关于落实小型微型企业招用高校毕业生就业扶持政策有关问题的通知》，明确小型微型企业当年新招用毕业年度的全日制普通高等学校毕业生，将享受有关就业扶持。企业组织新录用高校毕业生参加岗前技能提升培训，并获得国家职业资格证书（中级）的，可享受岗前培训补贴。补贴按照张家港市确定的职业培训补贴标准的50%执行，最高不超过每人500元。对符合条件的小型微型企业招用高校毕业生缴纳社会保险费给予不超过一年的（自劳动合同签订之日起计算）全额社会保险补贴（不包括个人应缴纳的社会保险费）。企业与个人在一年内解除劳动合同的，按其劳动合同实际履行时间及缴费时间计算补贴时间。岗前培训补贴、社会保险补贴政策自2012年5月起执行，社会保险补贴政策执行至2014年年末。至年末，共有3家小微型企业吸纳8名高校毕业生，享受7.76万元社会保险补贴。

【就业援助“一对一”工作制度实施】 5月，市人社局出台就业援助“一对一”工作制度。制度要求社区（村）劳动保障专管员对辖区内就业援助对象开展“一对一”的专人帮扶，根据援助对象的自身特点和就业意愿，研究制订个性化的援助方案，设计安排专门的服务路径和援助措施，以援助协议的方式实施“一人一策”的重点帮扶，实现援助对象稳定就业。通过建立就业援助“一对一”工作制度，致力打造一个“精细化、个性化”的就业援助服务品牌，建立一支“理民情、贴民心”的就业援助专管员队伍，使劳动保障专管员成为名副其实的“就业援助贴心人”。市人社局与民政部门沟通，组织人员对全市低保户及低保边缘户开展摸底调查，确定全市1334名特困家庭帮扶对象，年内成功实现就业1327人，特困家庭劳动力就业率达到99.6%。通过劳动力资源库与“征土工”信息库的信息共享，对全市已产生的被征地劳动力就业状况进行动态跟踪，确定全市被征地劳动力83971人，年内实现就业83311人，被征地农民就业率达到99.21%。

劳动维权

【概况】 年内，围绕创新社会管理和推进“和谐人社”建设，市人社局坚持保障企业和劳动者合法权益并重，全力维护劳动关系和谐稳定。组织开展6次劳动保障专项执法检查，主动监察用人单位1792个次，调解劳资纠纷1412件，查处违法用工120起。推进企业劳动争议调解组织建设，全力化解各类劳动争议，劳动争议案前调解率达到50.08%，总调解率在80%以上，连续两年保持在75%以上。

【建筑工程领域打击恶意欠薪工作规程建立】 针对建筑施工领域多发的“包工头”恶意欠薪行为，3月，张家港市建立防范、打击“包工头”恶意欠薪的工作规程。该规程明确市住建局对建筑工程领域的农民工工资进行监管，“包工头”恶意欠薪、欠薪逃逸、携款逃逸等投诉，由市住建局扎口受理，并做好初步调查工作；若判定涉嫌刑责，将调查资料移交市人社局。市人社局接受移交后，对案件资料进行审查，并进行补充取证。经调查确认存在拒不支付劳动报酬情形的，由市人社局向欠薪“包工头”发出劳动保障监察限期改正指令书，若当事人在指定期限内仍拒不支付农民工工资的，市人社局将案件及时移送公安部门，由公安部门审核后立案侦查。4月，张家港市首起“包工头”携工资款逃逸案移送公安机关处理。

【“十字一线”工作法化解劳资纠纷】 年内，市人社局创新管理举措，采取常查、预警、服务、执法、化解“十字一线”工作法，努力从源头减少和化解劳资纠纷。常查立足于日常巡查、信访专查、书面审查，保持监察经常性、连贯性；预警依托于基层网格管理平台，建立以专管员、村（社区）干部为骨干的预警队伍，实施走访排摸、重点指导和跟踪监测；服务着眼于中小企业，建立人力资源管理助理，规范企业内部用工行为；执法着重于欠薪逃逸事件；化解着力于群体劳资纠纷，按照属地管理原则，通过联动法院快速查封资产、联系客户购买设备资产、联动公安网上负案通缉等举措，妥善处理群体劳资纠纷。

【"51维权——劳动仲裁"助手软件上线运行】6月，张家港市"51维权——劳动仲裁"助手正式上线运行。用人单位和劳动者通过手机下载一个APP软件，就可以了解仲裁常识、案例参考，还有专家解读调处劳动争议常见问题所适用的劳动保障政策法规。该款软件不但设有仲裁应知、法规指引、案例参考、模拟申请等常规普法栏目，还设置维权动态、咨询窗口、仲裁沙龙、调查问卷等具有动态性和互动性的栏目。"51维权"手机软件的运行使用，使得普及调解仲裁常识的形式更加活泼，有利于长期普法和劳动者及时维权。

社 会 保 险

【概况】年内，全市继续健全社会保障体系，推进社保惠民工程，城镇职工养老、医疗、工伤、生育、失业五大社会保险及居民医疗保险参保覆盖率均保持在99.3%以上。调整全市居民社会养老保险待遇。调整覆盖人数达到11.7万人，发放金额2518万元。全市老年农（居）民社会养老补贴水平为人均每月140元至170元，农保养老金平均水平为人均每月218元，第四年龄段被征地农民的综合待遇不低于人均每月480元。调整全市企业退休人员养老金待遇，涉及16.6万名企业退休人员，人均每月增发192元，增幅17.5%。调整退休人员免费体检政策。体检周期由2年1次改为1年1次，体检标准由每人110元提高为每人140元。全市共安排纳入社会化管理的11.8万名退休人员参加免费体检。市儿童统筹医疗参加单位有173个，参加人数5423人。全年发生医疗费用423.63万元，个人自付104.35万元，统筹基金支付319.28万元。财政补贴儿童统筹医疗费用200万元。

2013年张家港市社会保险参保情况

表67

项目		参保单位数	比上年增长率（%）	参保人数（人）	比上年增长率（%）	人员参保率（%）	比上年增长率（%）	基金收缴率（%）	比上年增长率（%）	支付情况（万元）	比上年增长率（%）
城镇养老保险	机关事业	343	8.54	11305	2.20	100.00	_	100.00	_	7673	2.78
	城镇企业	24165	16.32	633303	7.49	99.61	_	99.01	_	297279	32.70
医疗保险		24225	16.30	673268	6.76	100.00	_	100.00	_	147996	15.24
失业保险		24176	16.33	554506	8.22	100.00	_	100.00	_	17913	3.50
生育保险		24202	16.32	677218	7.13	100.00	_	100.00	_	6916	3.65
工伤保险		24207	16.31	560850	7.89	100.00	_	100.00	_	23305	33.44

【首届退休人员文体艺术节】4月至10月举行，陆续举办太极拳、广场舞、书画影文等系列比赛以及"最美不过夕阳红"退休人员文艺晚会。艺术节得到退休人员的积极响应和踊跃参与，是近年张家港市规格最高、规模最大、时间最长、参与人数最多的老年人盛会。直接参加比赛的退休人员达到2000余人，年龄最高者85岁。文体艺术节为老同志提供一个施展才华、交流情感、增进友谊的平台，充分展现老同志"老有所学、老有所为、老有所乐"的精神风貌。

【基本医疗保险政策调整】7月1日起，全市基本医疗保险政策进行调整，主要包括重症精神病患者门诊使用的医疗费用在3000元限额内，结付比例提高至100%，取消居民医疗保险重症精神类疾病的住院起付线标准。提高居民医保社区门诊单次处方限额至50元；个人账户往年结余金额在定点运动健身场馆进行刷卡健身的起付标准调整至3000元，每年限额调整至2000元；个人账户往年结余金额在3000元以上、6000元以下的，往年结余金额在6000元以上的，可分别将1000元和2000元限额购买商业补充医疗保险；个人账户往年结余金额在3000元以上的部分，可直接用于结算在定点医疗机构就医时发生的医疗保险药品目录及诊疗目录范围内的个人自付费用。

【建筑企业外来务工人员工伤保险办法出台】3月15日，市政府印发《张家港市建筑企业外来务工人员工伤保险办法》，对原《张家港市建筑企业农民工工伤保险暂行办法》进行修订。有两个方面的变化：一是在全省范围内率先实施建筑工伤保险浮动费率，根据以支定收、收支平衡的原则，调整费率构成，提高基准费率，对工伤基金支缴率超过一定范围的单位加征浮动费率，按浮动费率征收的工伤保险费由建筑企业承担；二是在全省率先建立1级至4级工伤农民工单一工伤保险与其他社会保险的衔接机制，由建筑企业为其一次性足额缴纳基本养老保险费和单位部分的基本医疗保险费，职工到达退休年龄时，基本养老金按办理退休时伤残津贴的80%计发，低于部分由工伤保险基金补足。

（朱海婷）

【编辑　张　洁】

社会民生

People's Livelihood

"12345"便民服务热线服务团队　（市便民服务中心　供稿）

便民服务

新市民服务

社会调解

民政事务

基层民主自治与社区建设

人口和计划生育

民族宗教事务

老龄工作

关心下一代工作

残疾人事业

便民服务

【概况】 市便民服务中心暨“12345”便民服务热线全年帮助市民解决各类咨询、生活求助1869905件，协调各部门、各单位处理群众投诉建议40004件，综合回访满意率99.9%。编辑《12345便民服务热线简报》12期、《12345便民服务热线工作周报》52期，有4期简报和5期周报被市委主要领导批示，推动热点、难点问题的解决。6月1日，中共中央政治局委员、中央政法委书记、中央综治委主任孟建柱考察，对中心“一个中心受理、一条热线统管、一个平台发布、一起联动办理、一个标准衡量、一天24小时畅通”的工作模式表示肯定。年内，中心被市委、市政府评为文明机关、计划生育工作先进集体、社会管理先进单位、城管工作先进集体、平安张家港建设先进集体，被授予综合贡献奖。中心党支部被评为“十佳服务型党组织”。中心呼叫大厅网络处理员付烨被表彰为2013年度机关服务标兵，实现中心员工对此项荣誉的“五连冠”。

【“12345”热线年受理电话190余万个】 年内，“12345”便民服务热线收到电话(含网络邮件)求助1976614个，平均每天5415个，正式受理1909909个，占总量的96.6%，其余为重复和骚扰电话。受理电话中，咨询类768649个，占40.25%，主要为住房公积金政策、新市民积分、公共服务信息、行政许可办理、出租车寻物和其他相关政策的咨询；生活求助类1101256个，占57.66%，主要是家庭生活服务、出租车电召、预约挂号、居家养老、订餐订票的求助；监督投诉类37474个，占1.96%，主要是拆迁、征地补偿、环境污染、物业管理、劳资纠纷、公共设施维修、违章搭建的意见和投诉；其他建议类2530个，占0.13%，主要是一些个人纠纷及对公共服务单位提出的相关建议。至年末，求助事项办结1909909件，办结率100%。

【亲情虚拟养老院全面启用】 1月，亲情虚拟养老院正式在城区4个街道试运行。市便民服务中心依托“12345”热线24小时全天候运行以及加盟服务商多样化资源优势，为居家老年人提供标准化、专业化、亲情化、全方位、全天候养老服务。同时，不断扩展居家养老服务边界，丰富服务内容和形式，壮大专业服务人员和志愿者相结合的养老服务队伍，并将精神慰藉作为特色服务贯穿居家养老服务中，满足老年人多层次和多样化养老需求，打造全市服务民生的“金字招牌”。年内，虚拟养老院接待服务对象528人，其中政府援助对象238人、自费对象290人，完成5263人次养老服务，服务内容涉及居家保洁、上门理发、家电维修、送餐、翻身擦身等，老人满意率100%。家住南苑新村的67岁老人周某，患帕金森综合征，卧病在床多年，加入虚拟养老院后，被列为A类服务对象，服务员每天上门服务，为老人翻身擦身。其家人对市虚拟养老院提供的专业居家养老服务非常满意。1月29日，周某家属专门赠送“便民服务进家庭，虚拟养老暖人心”的锦旗给虚拟养老院。

【市家协提供高水平服务4.47万件次】 年内，市家庭服务业协会(简称市家协)按照“凝聚力量，规范发展，打造平台，树立品牌”的工作思路，推动全市家庭服务行业整体服务水平的再提高。以“强化培训，提高素质，增强本领，改善服务”为主题，向市人社局争取到月嫂、家电、制冷3个培训项目的定点培训资格，全年开设培训班5期，免费培训275人，合格率100%，行业内实际解决就业85人。10月，选派6名选手参加市“行行出状元”第一届职业技能大赛，6名选手包揽市家政员一、二、三等奖，其中卓尚物业有限公司李红娟被市政府授予张家港职业技能状元称号。卓尚物业有限公司被市政府授予高技能人才培养先进单位称号。有15人取得高级工等级证书。协会继续承接中保财险公司的“家电意外保险鉴定”项目，全年鉴定家电意外保险300余起，无一起鉴定纠纷。市家协全年解决“12345”热线家庭服务类求助44756件，平均每月3729.6件，得到电话表扬25次，收到锦旗1面，较好完成了“12345”热线的派单任务。

【“12345”志愿服务专业委员会成立】 4月，市家庭服务业协会充分整合家政服务资源，发挥自身优势，成立“12345”志愿服务专业委员会，在文明办注册78名志愿者，积极参与公益、志愿服务等活动，为市民免费提供家电维修、精神慰藉、法律咨询、家政保洁等生活方面的服务。至年末，“12345”志愿服务专业委员会组织学雷锋、进社区结对帮困、关爱空巢老人等志愿服务活动13次，其中志愿者沈海卫被城西街道评为“优秀阳光志愿者”。

【预约挂号服务开通】 2012年10月，“12345”便民服务热线与市卫生局启动合作，推出电话预约挂号服务，充分运用信息技术，合理利用医疗服务资源，节省患者在医院无效停留时间，提高医院工作效率与服务质量，缓解挂号难问题，减少患者候诊时间。2013年起，市第一人民医院、中医医院、澳洋医院、第三人民医院和广和中西医结合医院相继开通电话预约挂号服务。至年末，“12345”热线共计受理市民预约挂号求助9491件，受到市民好评。 (肖 敏)

新市民服务

【概况】 至年末，全市登记流动人口(新市民)65.67万人。其中，就业人数51.98万人，流动党员925人。发放居住证90746张，新增登记22.22万人，年审35.64万人。查验婚育证明14.52万人，协助处理计划外怀孕1288起。协管员提供线索并协助抓获行政处罚人员388人，协助抓获刑事拘留以上处罚对象230人，提供线索破获治安案件200起、刑事案件133起。通过移动采集器精确比对抓获网上逃犯66人，提供线索取缔黑网吧17家、黑诊所32家、“四黑”场所(黑作坊、黑工厂、黑市场、黑窝点)10家,现场调解矛盾纠纷927起。1月13日上午,协管员在塘桥镇蒋家村发现并协助破获省公安厅挂牌督办的浙江籍施某生产、销售假冒伪劣烟酒案,在其租住的仓库内当场收缴假烟40余箱、假酒8箱,涉及金额130万元。3月16日,协管员提供重要线索协助破获德积"1·27"三人合伙杀害精神病亲属并抛尸的恶性凶杀案件。1月至3月,市新市民事务中心联合人社部门开展"春风行动",组织571个单位提供工作岗位1.64万个,报名人数8356人,达成就业意向2857人;调处侵害农民工劳动权益事件36起。4月17日,市新市民事务中心联合市教育局、市关工委、团市委、市妇联共同举办市第三届"十佳(优秀)新市民好少年"评比活动。张元元、孟小琴、张芙蓉、姜静静、陈雨杰、吴佳怡、房夏秋、李佳翰、费思思、朱泺伊被评为"十佳新市民好少年",王杰、简珏、方凯、谢笑笑、何娟、唐颖、张留帅、张翠枫、张少同、孙颖被评为"优秀新市民好少年",另有40人获提名奖。全年救助特困新市民94人,救助金额27.35万元。"4·20"雅安地震发生后,向82户雅安籍受灾新市民家庭发放救助金16.4万元。8162名新市民子女继续加入居民基本医疗保险,5000人凭积分就医并享受医保待遇;5942名新市民子女凭积分入读公办学校;115名新市民获得积分入户准入卡。6月1日,孟建柱考察市新市民积分管理工作,评价"新市民积分管理切实解决了新市民普遍关心的同城待遇问题,成为维护社会公平和社会治安的好方法,值得其他地区学习借鉴"。年内,中心被市委、市政府授予2013年度文明机关、爱卫工作先进集体、计划生育工作先进集体、法治建设先进单位、社会管理先进单位、法制宣传教育工作先进集体,被苏州市委、市政府授予2011~2013年度平安苏州建设先进集体称号。市委书记姚林荣作出批示"新市民事务工作做得很好,工作扎实,创新意识强,收效明显,走在全国前列,在保障社会稳定、构建和谐、提升新市民文明素质、扩大我市对外影响等多方面发挥重要的积极作用"。

2013年张家港市流动人口分布情况

表68　　　　单位:人

镇(区)名	流动人口登记数	16周岁以上男性登记数	16周岁以上女性登记数	未满16周岁人数	就业总人数	第一产业人数	第二产业人数	第三产业人数	投资经商人数	无业人员数
杨舍镇	255854	127517	95634	32703	197582	1078	131587	55290	9627	1668
金港镇	124013	63796	45108	15109	102934	589	76185	20970	5190	1166
塘桥镇	91229	39494	39014	12721	73049	1006	59705	10693	1645	1085
锦丰镇	54893	30239	17040	7614	43178	899	34600	5355	2324	203
凤凰镇	52704	25417	20695	6592	42931	546	37715	3300	1370	457
大新镇	31528	15783	10918	4827	24218	274	21157	1705	1082	171
乐余镇	17057	8793	5521	2743	13298	399	10194	2322	383	26
南丰镇	25680	14747	7128	3805	19327	459	16016	2402	450	31
常阴沙现代农业示范园区	3763	1997	1256	510	3253	243	2529	384	97	0
合计	656721	327783	242314	86624	519770	5493	389688	102421	22168	4807

【新市民法律法规知识竞赛】 9月22日开始,市新市民事务中心联合市司法局举办第五届新市民法律法规知识竞赛。竞赛分为预赛和决赛两个阶段,内容涉及宪法、劳动法、婚姻法、道路交通安全法、治安管理处罚法等法律法规及安全生产、新市民管理和服务等相关知识。预赛以闭卷答题的形式开展,由各区镇组成的9个新市民代表队参赛,每队3人,以团体总分为依据进行排名,成绩前5名的代表队参加决赛。经过选拔,9月29日下午,5支代表队在"虹筑之家"外来建筑工人集居点举行决赛。杨舍镇水电工队获一等奖,锦丰镇油漆工队、塘桥镇砌筑工队获二等奖,凤凰镇钢筋工队、南丰镇后勤保障队获三等奖。决赛中穿插农民工志愿服务、法治文艺节目及法治谜语竞猜等趣味活动,调动了新市民学法用法的主动性和积极性,扩大普法覆盖面。

【"你我携手,健康同行"新市民健康素养知识竞赛】 4月上旬,市新市民事务中心联合市健康城市建设领导小组办公室、市城乡环境卫生指导中心在新市民中开展"你我携手,健康同行"新市民健康素养知识竞赛活动。活动由报纸答题和现场竞答两部分组成,4月3日《张家港日报》刊登新市民健康知识竞赛试题,收到答题卡2万余份,通过随机抽取,产生一、二、三等奖共10名,参与奖300名。4月27日,八镇一区的9支代表队参加在市文化中心星海剧场举办的现场竞答决赛。杨舍镇代表队获一等奖、大新镇代表队获二等奖、锦丰镇代表队获三等奖。

【"家在港城"新市民阅读行动】 年内,市新市民事务中心开展"家在港城"新市民子女阅读行动。市新市民事务中心网站增设“便民阅读”网上阅览室版块，方便新市民网上阅读。5月31日，在市文化中心星海剧场举办“我的城市，我的梦”新市民子女演讲比赛，经过八镇一区初赛推荐的10名新市民学生参加角逐，最终评出一等奖1人、二等奖1人、三等奖1人、鼓励奖7人。10月16日，“我与父母共读书”新市民阅读讲堂活动启动，邀请专家学者走进新市民子女学校，举办国学经典、儿童心理调适、文明礼仪等8场专题讲座，吸引6000余名新市民子女和1000余名新市民家长现场聆听。年末，“我与父母共读书”新市民阅读讲堂活动被市文明办评为“2013年度未成年人思想道德建设工作创新案例”三等奖。

【新市民意外保险项目启动】 3月13日，新市民意外保险项目启动仪式在张家港国贸酒店举行。市财政出资218万元，为在张家港市工作且办理居住证、年龄在18周岁至60周岁的新市民投保一份意外保险。由太平洋人寿保险股份有限公司张家港支公司承保，提供每人3万元的意外身故和意外伤残、3万元的意外烧伤、1000元的意外伤害医疗保障，保险费为每人4元，保险期限为一年。至年末，接到新市民报案70件，成功理赔26件，赔付金额57.63万元。

【两协会中介作用发挥明显】 年内，新市民共进协会和住房出租管理协会（又称房东协会）创新活动形式，充分发挥协会中介作用，在全市营造会员积极、新老市民欢迎的良好氛围。新市民共进协会配合市卫生局、市疾病预防控制中心，开展重大传染病抽样调查活动，为全市300余名新市民提供免费体检；联合市澳洋医院启动红色爱“心”行动，免费为新市民子女筛查先天性心脏病，并为2名贫困新市民家庭的病患儿童免费进行心脏介入治疗手术，手术取得成功；配合市人口计生委开展“青春健康教育”公益服务项目，15家企业的400余位未婚青年参加生殖健康、紧急避孕、艾滋病防范等免费培训。先后开展为农民工排忧解难志愿服务、技能培训、健康教育咨询服务等特色活动，取得良好反响。年末，市新市民共进协会顺利通过社会组织张家港市AAA级评审，并通过苏州市评估委员会审核晋级AAAA级。年内，房东协会会员主动提供线索、协助破获各类刑事治安案件22起，协助抓获各类违法犯罪嫌疑人24人，提供线索取缔非法行医2所、黑网吧3家、收销赃黑窝点3处，排除用电、用气、用水安全隐患21起，排除治安隐患17起，调处各类矛盾纠纷552件，涌现出好人好事63件，主动提供信息新增、变更、注销45540人次，协助处理拖欠工资105人次，帮助追讨工资53.6万元。年末，有200名房东被评为优秀房东。

（王　依）

“我与父母共读书”活动中，新市民子女踊跃回答作家徐玲的提问

（市新市民服务中心　供稿）

社会调解

【概况】 2013年，市社会调解服务中心以践行“社会大调解”、构筑“和谐张家港”为目标，以“社会化调解、人性化服务”为宗旨，调解矛盾纠纷，维护社会稳定。年内接待群众到访416批1014人次，登记受理183批595人次。其中，个访163批316人次，集体上访20批279人次。当面回复89批163人次，司法调处81起391人次，涉及金额1492.77万元；自办77批376人次，交办10批28人次，转办7批28人次。矛盾纠纷调处率100%，调处成功率88.9%。“市领导接访”活动持之以恒，全年市级党政领导到中心接访群众25批78人次。

【“3·31”火灾事故善后工作了结】 3月31日，青草巷批发市场水果交易区发生火灾，火场面积1300平方米，火灾造成水果交易区16家商户房屋、财产损失近110万元。4月末，市社会调解服务中心调处科受指派前往青草巷协助市供销总社处理该事故的善后赔付工作。5月3日成立火灾事故善后处理协调小组，在安抚受损商户情绪的同时，协调相关部门及时开展受损情况调查，并与商户协调达成协议。根据市公安消防大队火灾事故认定书，由于第560号摊位电气故障引发火灾，按照法律规定，该财产所有人摊主张某应对该起火灾事故承担主要赔偿责任。而张某在火灾事故认定书送达书上签名后，不知要承担赔偿责任，其亲属也固执己见，不愿赔偿。此后3个月中，中心人员通过多次耐心释法，使张某及亲属接受了赔偿意见。7月16日，16家商户均得到赔偿和补助，各商户对结果表示满意。考虑到张某经济困难，市场给予其2万元的补助，责任者张某于8月5日签订调解协议书。

【医患纠纷调解办公室年化解医患矛盾79批】 自2007年探索建立市医患纠纷调解办公室起，全市通过医患矛盾调解解决了一批隐患，维护了社会安定。2013年，市医患纠纷调解办公室共调处医患纠纷79批1145人次，涉及金额649.91万元。6月24日，有患者俞某因“上腹部不适一小时”至张家港广和中西医结合医院就诊，经诊断为“急性胃肠炎”并给予解痉止痛抗感染等治疗。治疗过程中患者出现腹痛加剧、腹泻等症状。6月25日，患者出现心跳呼吸停止，经抢救无效死亡。患者家属对医院的诊疗过程产生质疑，在医院诊疗过程未存在明显错误的情况下，要求医院给予种种不合理补偿。在得不到应允的情况下，患者家属组织大批人员哄抢医院食堂饭菜并对公共设施进行破坏，严重影响医院正常医疗秩序，对社会造成负面影响。医患纠纷调解办公室工作人员第一时间赶赴现场，一方面稳定患方情绪，防止态势扩大，另一方面及时了解医患双方的情况。之后，积极与家属沟通，宣传法律、法规，寻求解决纠纷的正确途径。经过长时间的调解，患方终于同意通过尸体解剖确定死亡原因，通过鉴定明确责任。纠纷的成功化解，避免了可能引发的重大信访事件。 （张　丽）

民政事务

【概况】 年内，市民政局秉持“以民为本，为民解困，为民服务”宗旨，民生保障、公共服务水平稳步提升。全年处理信访函57件，答复率100%，信访件数比上年下降19.72%。市救助管理站全年救助553人次。3月1日起，将原“低保边缘对象”更名为“低保边缘重病困难对象”，将原10类低保边缘重病病种拓展到14类。自7月1日起，市城乡低保标准由原来的每月600元调整为670元（连续两年列全省首位），2013年有在册低保对象3792户、6608人，低保边缘重病困难对象1055户、1082人，五保对象582户、583人，全年发放低保（含低保边缘、五保）补助金4939.76万元，发放水费补贴86.66万元。市民政局配合市委组织部对5382户低保（低保边缘、孤儿）对象发放党员关爱基金740.95万元。为落实困难群众补贴机制，为全市困难群众和优抚对象发放物价补贴407.44万元；在五一、十一节前对低保、低保边缘、孤儿等困难对象2.14万人按每人100元发放“节日红包”，共计发放金额213.26万元；落实孤儿、重残人员和特殊残疾人救助标准自然增长机制，实施少儿大病和临时救助制度，累计发放各类救助金2995.41万元。开展“困难家庭儿童托管、贫困生生涯发展”项目，委托专业社工机构创新实施“左手有爱——寄养孤儿青春期成长援助”服务项目。实施困难群众安居工程，为71户困难家庭补助安居资金203.9万元（市、镇各出资50%），其中帮建（修）房户53户、拆迁（预拆迁）安置户18户。继续实施大病年度救助工作，对3342户申报2012年度大病医疗救助的家庭收入情况进行审核，有231户大病对象通过审批。完成2013~2014年度自然灾害民生保险签约，引入招投标机制，保费总额降至714万元，在加大保障的同时减少保险费用，提高政府资金的使用效率。全年理赔842起，842户因雷击、龙卷风等自然灾害和溺水、火灾造成的人身和房屋损毁事件获赔付595.38万元。多领域、深层面完成2013年春节向困难群众“送温暖”慰问活动，惠及19类困难群体近12万户困难群众，慰问总金额超1.5亿元。市民政局被省民政厅授予2013年度民政宣传工作先进集体称号，获“全省民政工作创优奖”，并被评为全国民政宣传工作先进单位。

【双拥活动】 3月，市政府制定《2013年张家港市双拥工作要点》，确定争创全国双拥模范城“六连冠”。春节、八一建军节期间，市委、市政府走访慰问结对的16个驻地部队，赠送慰问金200余万元；慰问市军队离退休老干部等部分优抚对象167人，赠送慰问金66.5万元。在“远望三号”船执行“神舟十号”发射海上测控任务期间，开展“神州路上军民情，携手共建中国梦”主题双拥宣传活动，受到部队首长的肯定。张家港边防检查站、市公安消防大队等驻军勇于承担抢险救灾等各种急、难、险、重任务，妥善处置突发事件，开展军、警、民联防联治活动；积极开展植树造林、义务献血、爱心捐赠等活动，以拥政爱民的实际行动回报驻地。年内，张家港边防检查站被苏州市政府评为拥政爱民先进单位，监护二中队被评为江苏省军民共建精神文明活动示范点。11月，张家港市通过江苏省第十届双拥模范城考核评比。

【优抚安置】 全市有享受抚恤补助的优抚对象2647人、在乡复员军人遗属633人。发放优抚对象及遗属优待、抚恤、补助等经费4206万元，发放物价补助、节日慰问金420万元。年内接收安置2012年冬季退役士兵385人、转业士官3人，发放安置补偿金2443.4万元。3月2日，2013年退役士兵职业技能培训开学典礼在市职业教育中心校举行，152名退役士兵自愿参加为期3个月至6个月的技能培训。军休文化建设有序推进，老年大学7个兴趣班顺利开班。军休服务水平增强，组织16名新中国成立时期入伍老复员军人赴省荣军医院开展短期疗养和医疗巡诊；完成全市军休干部171万元住房保障金发放工作；为第一批14名军休干部安装一键通话机，提供“一键通”应急呼叫服务。

【慈善事业】 年内，市慈善总会、慈善基金会募集款物985.7万元（其中衣服2810件，折合人民币39.86万元），捐出款物1510.68万元。“共享阳光”慈善助学项目为2435名贫困学生发放慈善助学资金727.2万元。“阳光慈善，血脉相连”贫困白血病患者慈善救助项目接收社会各界爱心捐款43.6万元，加上市慈善基金会托底资金1.4万元，为37名白血病患者实施救助。9月21日至23日，张家港市作为最具代表性的七星级慈善城市受邀参加第二届中国公益慈善项目交流展示会，并在慈善之城展区布展，展示张家港市慈善文化、慈善资源、慈善组织和慈善项目等慈善事业发展的主要成就。9月22日，中民慈善捐助信息中心在该届中国慈展会上发布《2013年度中国慈善透明报告》，张家港市慈善基金会获“慈善透明榜样”称号。11月2日，以“阳光慈善、爱满港城”为主题的2013年“江苏慈善周”张家港宣传活动在市区步行街王府广场举行。

【社会福利】 全市有养老机构39家，床位8450张。有五保对象583人（集中供养564人，分散供养19人），孤儿88人（机构供养孤儿76人，散居孤儿12人）。年内实行五保对象、孤儿供养标准自然增长机制，五保对象供养标准由每月840元调整为938元，儿童福利机构集中供养孤儿供养标准由每月1400元调整为1600元，社会散居孤儿供养标准由每月850元调整为1000元。8月30日，位于市泗杨路的福彩“快3”自助式销售厅开业。全年全市销售福利彩票36195万元，筹集市级福利彩票公益金3300余万元，位列苏州市第二、江苏省第三。以项目化推进为原则，安排2000余万元福彩公益金，主要用于对养老事业、大病救助等方面的资助。其中105万元以“福彩添彩，共享发展”为主题，由市福彩中心单独实施，推出“福彩和你在一起”“福彩造血计划”“福彩知冷暖，与你共添彩”“关爱园丁”“福彩图书室”“福彩爱心敬老”6个公益项目。10月，《关于进一步扶持福利企业发展促进残疾人就业的实施意见》出台，在税费优惠、社保补贴、超比例安置等5个方面扶持福利企业健康有序发展，推动残疾人就业。年末，全市有福利企业90家，实现销售额68.74亿元，职工总人数12185人，其中安置残疾职工4017人，安置比例32.97%。

【婚姻和儿童收养登记】 从1月1日起，市民在市民政局婚姻登记处可享受免费办理婚姻登记。按照国家AAA级婚姻登记机关标准推进登记处标准化建设，市民政局婚姻登记处投资27万元更新电脑7台、证件打印机4台、扫描仪1台，安装排队叫号系统、电子滚动显示屏、电子宣传屏、候登大厅的电视机等服务设施，完成婚姻档案室储藏、查档、阅档功能区的升级改造，购置密集架（纸质历史档案存放）、电子档案统一存储系统等设施设备，政务公开栏、标识、指示牌等完善一新，优化了登记环境和登记程序。市民政局婚姻登记处全年办理结婚登记9689对、离婚登记2020对，补发婚姻证1641对（其中补结婚证1564份、离婚证77份），撤销婚姻登记1对，累计办理登记13351对。出具婚姻登记记录证明4256份，婚姻档案利用1850人次，整理婚姻档案13351卷。开展历史婚姻档案的电子扫描和手工补录工作，充实婚姻登记数据信息库，逐步建立起全面覆盖的婚姻登记信息网络，完成历史档案扫描38134份，补录信息48948对（条）。4月起，市民政局婚姻登记处引入专业婚姻家庭辅导员，通过“心理按摩”的方式降低因冲动而引发的离婚，至年末，婚姻家庭辅导介入380对，有效调解205对。全年全市办理儿童收养登记113例，其中收养儿童福利院抚养的弃婴112人、继子女1人。无违法登记事件发生，无有效投诉，登记合格率100%。

【殡葬管理】 清明节期间，全市殡葬服务场所累计接待祭扫市民73.1万人次，车流21.6万辆，祭扫管理继续保持零事故。10月，市民政局出台《张家港市公益性骨灰堂及遗骨埋葬地规范化管理标准》，对各区镇公益性骨灰堂、遗骨埋葬地进行考评。是月，市政府出台《关于进一步推进殡葬事业可持续发展的意见》，推进殡仪服务中心建设，倡导骨灰处理多样化，对建设殡仪服务中心及落实生态葬的进行补偿。11月，调整市殡葬改革领导小组成员。年内，顺利完成经营性公墓年检工作。全年境内累计整治散坟26万穴，整治搬迁率80%，经财政核定下发殡葬设施建设及散坟搬迁以奖代补资金491.08万元。免除6250具遗体基本殡葬费用840余万元。

【烈士陵园管理】 年内，市烈士陵园新搜集、整理、陈列烈士生前有关史料2份。至年末，纪念馆内陈列展示461名革命烈士英雄事迹，其中大革命和土地革命战争中牺牲42人、抗日战争中牺牲115人、解放战争中牺牲96人、社会主义建设时期牺牲208人。全年接待瞻仰团队86个7908人次、烈士生前亲属及战友130批1000人次及观光游客共计1.2万人次。

【地名勘界】 全年全市完成道路命名33条，调整31条；小区命名46个，调整归属3个；商务楼、广场、大厦命名11个；桥梁命名2座；公园命名1个。完成《中华人民共和国政区大典》江苏分卷张家港篇的编纂工作。完成市行政区域界线界桩集中巡查工作。8月30日，在凤凰镇夏市村开展2013年度平安边界建设（常熟—张家港段）联席会议；10月24日，在江阴市周庄镇政府开展2013年度平安边界建设（江阴—张家港段）联席会议。12月17日，市地名办组织召开全市地名采编小组成员会议，启动吴文化地名编纂和道路、住宅区、桥梁地名储备库工作。

【社工队伍建设】 年内，全市共有1371人报名并通过全国社会工作者职业水平考试资格审核，最终通过考试382人，居苏州各县（市）第一。至年末，全市社会工作者总数有1166人，其中社会工作师325人、助理社会工作师841人，超额实现“每万人拥有社会工作者7人”的现代化建设指标，达到每1万人拥有社会工作者9.3人。4月10日起，启动“社工督导养成计划”。通过人才选荐、审核面试，从全市持证社工中择优选拔25名社工督导培养对象，采取境内外培训与实务相结合的方式进行培养。7月，组织赴深圳、香港研修。是月，复旦大学专家学者兴办专业社工机构——张家港复惠社会工作事务中心，为全市社会工作开展提供评估、培训、调研等服务，提升社工专业能力和水平。在全国率先尝试企业社会工作，8月，江苏永钢集团有限公司被民政部首批命名为“企业社会工作试点单位”。10月，与复旦大学共建的社会工作研究生工作站经过一年的运行，实施的“拆迁安置小区融合中的社会工作介入”项目课题顺利结题。

【社会组织管理】 年内，全市新增登记社会组织134个，与上年比增幅达到173.5%。注销社会组织1个。至年末，全市共有各类登记和备案的社会组织2453个。其中，有登记社会组织570个，包括社会团体300个（行业性社团57个、专业性社团178个、学术性社团46个、联合性社团19个）、民办非企业单位256个（教育类91个、卫生类8个、文化类1个、科技类7个、体育类26个、劳动类18个、社区服务类79个、其他类23个、社区社会组织3个）、基金会14个（公募基金会4个、非公募基金会10个）；有备案社区社会组织1883个（社区服务类402个、文体活动类603个、社会事务类383个、公益慈善类311个、社区维权类184个）。万人（常住）拥有社会组织数达到19.5个。3月，对全市203个社会团体和192个民办非企业单位进行年检，年检合格率分别为92.4%和91.7%。举办“上海银行杯”全市青年公益项目创意大赛，6月29日在市老年公寓举行决赛，共有正漂流——中学生成长问题疏导程序、“家在港城”新市民家庭教育项目、“乡邻里”全攻略、单亲家庭幸福成长计划、东渡亲子讲坛等20个项目获奖。8月，开展“十佳百优”社区社会组织评选活动，评出“十佳”社区社会组织10个（杨舍镇“快乐小书房”、杨舍镇西门社区剪纸队、塘桥镇东渡亲子讲坛、金港镇香山社区舞蹈队、锦丰镇滨江社区“幸福邻里”志愿者之家、锦丰镇联兴村新联兴艺术团、凤凰镇凤凰村“3899”乐园、乐余镇齐心社区篮球队、南丰镇永合社区居家养老服务中心、大新镇朝东圩文体特色表演团队）、“百优”社区社会组织100个。10月，启动社会组织评估工作，共有51个社会组织获评等级。其中，AAAA等级社会组织3个（由苏州市社会组织评估委员会审核，分别是张家港市公益组织培育中心、张家港市档案学会、张家港市新市民共进协会）、AAA等级社会组织12个、AA等级社会组织15个、A等级社会组织11个。是月，在全市开展2013年公益服务项目招投标，市暨阳青少年发展事务所等12个社会组织成功中标17个公益服务项目。

2013年张家港市核准登记社会团体一览

表69

社会团体名称	法定代表人	业务主管部门	登记日期
市戏剧家协会	夏敏莹	市文联	1月1日
市沙上文化研究会	倪惠芬	市社科联	1月15日
市工运研究会	朱瑞祥	市总工会	2月25日
市爱心义工协会	刘建荣	市民政局	3月3日
张家港保税区（金港镇）慈善会	杨凤娟	市民政局	3月22日
锦丰镇慈善会	黄建浩	市民政局	3月26日
大新镇慈善会	张爱华	市民政局	3月27日
凤凰镇慈善会	李剑龙	市民政局	3月28日
南丰镇慈善会	徐　锋	市民政局	3月29日
市现代农业示范园区慈善会	朱红专	市民政局	3月29日
市现代农业示范园区商会	高关清	市工商联	3月29日
沙洲职业工学院慈善会	陈　跃	市民政局	4月2日
张家港经济技术开发区（杨舍镇）慈善会	贾雪珍	市民政局	4月8日
塘桥镇慈善会	周建兰	市民政局	4月12日
市暖通空调协会	杨忠华	市科协	4月12日
大新镇老年协会	黄国兴	市民政局	4月13日
乐余镇慈善会	李　彬	市民政局	4月16日
市计算机学会	韩　斌	市科协	4月25日
张家港保税区（金港镇）老年协会	徐玉兴	市民政局	4月27日
南丰镇商会	陆　萍	市工商联	5月4日
南丰镇新德村老年协会	季永才	南丰镇政府	5月16日
张家港保税区（金港镇）商会	陈玉忠	市工商联	5月18日
锦丰镇老年协会	袁玉良	市民政局	5月24日
凤凰镇老年协会	亢正兴	市民政局	5月24日

续表69-1

社会团体名称	法定代表人	业务主管部门	登记日期
市常阴沙现代农业示范园区老年协会	顾惠德	市民政局	5月25日
南丰镇老年协会	顾德法	市民政局	5月28日
张家港旅馆业协会	张　燕	市公安局	5月30日
市心理卫生协会	邢国良	市卫生局	6月4日
市澳洋志工协会	朱宝元	市民政局	7月2日
市文化志愿者协会	孙建忠	市文广新局	7月3日
南丰镇永合社区老年协会	张翠英	南丰镇政府	7月18日
市古琴学会	孙海滨	市文广新局	7月20日
锦丰镇联兴村老年协会	沙兴发	锦丰镇政府	8月7日
市职业教育联合会	伍建国	市教育局	8月23日
锦丰镇合兴社区老年协会	孙相虎	锦丰镇政府	8月30日
锦丰镇海沙社区老年协会	袁国民	锦丰镇政府	8月30日
锦丰镇书院社区老年协会	王亚军	锦丰镇政府	8月31日
锦丰镇滨江社区老年协会	陈玉芬	锦丰镇政府	8月31日
锦丰镇乐杨村老年协会	秦裕才	锦丰镇政府	9月6日
锦丰镇锦艺阳光志愿者协会	陈　磊	市民政局	9月9日
张家港保税区（金港镇）长山村老年协会	秦若乔	金港镇政府	9月10日
张家港保税区（金港镇）晨阳村老年协会	倪进才	金港镇政府	9月12日
市户外瑜伽协会	孙科峰	市妇联	9月14日
南丰镇振兴社区老年协会	吴晋铭	南丰镇政府	9月18日
张家港保税区（金港镇）张家港村老年协会	丁秀琴	金港镇政府	9月18日
张家港保税区（金港镇）占文村老年协会	严菊良	金港镇政府	9月18日
南丰镇民联村老年协会	马美芬	南丰镇政府	9月18日
南丰镇南丰村老年协会	耿正祥	南丰镇政府	9月18日
南丰镇建农村老年协会	赵正兴	南丰镇政府	9月18日
南丰镇东联村老年协会	张志明	南丰镇政府	9月18日
张家港保税区（金港镇）小明沙村老年协会	陈九斤	金港镇政府	9月20日
张家港保税区（金港镇）新塍村老年协会	李永娟	金港镇政府	9月20日
张家港保税区（金港镇）福民村老年协会	朱静加	金港镇政府	9月22日
南丰镇海坝村老年协会	孙桂清	南丰镇政府	9月24日
张家港保税区（金港镇）山北村老年协会	徐建良	金港镇政府	9月25日
张家港保税区（金港镇）巫山村老年协会	李跃进	金港镇政府	9月25日
张家港保税区（金港镇）滩上村老年协会	郁　兴	金港镇政府	9月25日
张家港保税区（金港镇）袁家桥村老年协会	张　海	金港镇政府	9月25日
张家港保税区（金港镇）高桥村老年协会	徐兴林	金港镇政府	9月30日
张家港保税区（金港镇）柏林村老年协会	徐甫才	金港镇政府	9月30日
张家港保税区（金港镇）长江村老年协会	卢振英	金港镇政府	9月30日
锦丰镇沙上循环养老志愿者联盟	张亚芳	市民政局	10月12日
大新镇新海坝村老年协会	王志明	大新镇政府	10月13日
南丰镇东风村老年协会	曹志祥	南丰镇政府	10月14日
大新镇大新村老年协会	王晓勇	大新镇政府	10月15日
南丰镇民乐村老年协会	谢志清	南丰镇政府	10月17日

续表69-2

社会团体名称	法定代表人	业务主管部门	登记日期
张家港保税区发展研究会	徐元华	保税区管委会	10月26日
市农业生产资料流通协会	郑建龙	市供销总社	10月26日
张家港经济技术开发区(杨舍镇)商会	陈力克	市工商联	11月5日
张家港经济技术开发区(杨舍镇)民丰村老年协会	张永祥	杨舍镇政府	11月20日
张家港经济技术开发区(杨舍镇)农联村老年协会	杭祖林	杨舍镇政府	11月23日
张家港经济技术开发区(杨舍镇)东莱村老年协会	薛凤清	杨舍镇政府	11月24日
张家港经济技术开发区(杨舍镇)晨新村老年协会	沈林华	杨舍镇政府	11月25日
张家港经济技术开发区(杨舍镇)城西社区老年协会	赵玉芳	杨舍镇政府	11月25日
张家港经济技术开发区(杨舍镇)赵庄社区老年协会	缪林芬	杨舍镇政府	11月26日
张家港经济技术开发区(杨舍镇)李巷村老年协会	徐建英	杨舍镇政府	11月27日
张家港经济技术开发区(杨舍镇)城东社区老年协会	钱雪峰	杨舍镇政府	11月27日
张家港经济技术开发区(杨舍镇)蒋桥村老年协会	朱伟廉	杨舍镇政府	11月28日
张家港经济技术开发区(杨舍镇)旺西村老年协会	徐红艳	杨舍镇政府	11月28日
张家港经济技术开发区(杨舍镇)七里庙社区老年协会	钱士兴	杨舍镇政府	11月28日
张家港经济技术开发区(杨舍镇)田垛里社区老年协会	胡金良	杨舍镇政府	11月28日
张家港经济技术开发区(杨舍镇)包基社区老年协会	惠秀琴	杨舍镇政府	11月28日
张家港经济技术开发区(杨舍镇)庆安村老年协会	缪荷琴	杨舍镇政府	11月28日
张家港经济技术开发区(杨舍镇)城南社区老年协会	缪雪花	杨舍镇政府	11月28日
张家港经济技术开发区(杨舍镇)闸上村老年协会	曹正华	杨舍镇政府	11月28日
张家港经济技术开发区(杨舍镇)斜桥村老年协会	戴德祥	杨舍镇政府	11月29日
南丰镇永联爱心互助志愿者联合会	吴惠芳	市民政局	12月5日
锦丰镇社会工作者协会	严卫军	市民政局	12月5日
张家港保税区(金港镇)社会工作者协会	李秋香	市民政局	12月6日
大新镇社会工作者协会	钱　兴	市民政局	12月13日
市冶金行业协会	包仲若	市经信委	12月26日
塘桥镇金村村老年协会	高卫明	塘桥镇政府	12月31日
塘桥镇青龙村老年协会	顾惠明	塘桥镇政府	12月31日
塘桥镇韩山村老年协会	陆美菊	塘桥镇政府	12月31日
塘桥镇花园村老年协会	王永法	塘桥镇政府	12月31日
塘桥镇巨桥村老年协会	朱士忠	塘桥镇政府	12月31日
塘桥镇周巷村老年协会	王伟芳	塘桥镇政府	12月31日
塘桥镇欧桥村老年协会	田建林	塘桥镇政府	12月31日

2013年张家港市核准登记民办非企业单位一览

表70

单位名称	法定代表人	业务主管部门	登记日期
张家港江苏科技大学产业技术研究院	葛世伦	市科技局	1月18日
市童心幼儿园	余一心	市教育局	1月23日
杨舍镇闸上老年公寓	李　华	市民政局	2月4日
市两岸早教中心	陆韦豪	市教育局	2月5日
市博睿明教育培训中心	陈　洁	市教育局	3月7日
市红梅雅柏美容职业培训学校	丁红梅	市人社局	3月18日

续表70

单位名称	法定代表人	业务主管部门	登记日期
市好学园教育培训中心	呼玉兰	市教育局	3月20日
市春光空竹俱乐部	钱福兴	市体育局	4月18日
市北极星教育培训中心	薛　敏	市教育局	5月8日
市学大教育培训中心	李如彬	市教育局	5月23日
市金宝宝早教中心	葛新霞	市教育局	6月6日
金港镇封庄老年公寓	沈网良	市民政局	6月15日
市华通足球俱乐部	葛兴才	市体育局	6月18日
市英华教育培训中心	邬菊红	市教育局	6月25日
市丽华教育培训中心	李　华	市教育局	6月28日
市妙桥足球俱乐部	徐利峰	市体育局	7月22日
市勤业财经培训学校	孙卫权	市人社局	7月30日
市港城爱心社	蒋静芳	市民政局	8月22日
市万东永健篮球俱乐部	游　泳	市体育局	8月28日
市七彩城堡亲子园	唐羽娜	市教育局	9月16日
张家港新纽顿幼儿园	杨中华	市教育局	9月16日
大新镇祥和老年公寓	刘向华	市民政局	9月29日
市耆彩社会工作服务社	李　栋	市民政局	9月29日
市暨阳中西医结合诊所	薛　琼	市卫生局	11月5日
凤凰镇金谷村居家养老服务站	徐　卫	凤凰镇政府	11月28日
凤凰镇程墩村居家养老服务站	张志刚	凤凰镇政府	11月28日
凤凰镇夏市村居家养老服务站	陈晓东	凤凰镇政府	11月28日
凤凰镇安庆村居家养老服务站	肖弟良	凤凰镇政府	11月28日
凤凰镇双龙村居家养老服务站	郭永康	凤凰镇政府	11月28日
凤凰镇清水村居家养老服务站	张志强	凤凰镇政府	11月28日
凤凰镇湖滨社区居家养老服务中心	郁　敏	凤凰镇政府	11月28日
凤凰镇恬庄村居家养老服务站	陈海荣	凤凰镇政府	11月28日
凤凰镇魏庄村居家养老服务站	周　忠	凤凰镇政府	11月28日
凤凰镇居家养老服务中心	蔡卫明	市民政局	11月28日
市少年乒乓球俱乐部	殷达雅	市体育局	12月19日
大新镇居家养老服务中心	谢　玲	市民政局	12月31日
大新镇大新社区居家养老服务站	张红娟	大新镇政府	12月31日
大新镇长丰社区居家养老服务站	王国平	大新镇政府	12月31日
锦丰镇郁桥社区居家养老服务站	魏广杰	市民政局	12月31日
锦丰镇海沙社区居家养老服务站	陶小贤	市民政局	12月31日
锦丰镇店岸社区居家养老服务站	朱才明	市民政局	12月31日
锦丰镇厚生社区居家养老服务站	倪玉琴	市民政局	12月31日
锦丰镇交通社区居家养老服务站	蔡正平	市民政局	12月31日
锦丰镇西界港社区居家养老服务站	杜建林	市民政局	12月31日

【救助申请家庭经济状况核对办法出台】 年内，张家港市在江苏省率先建立市居民家庭经济状况核对中心，建成居民家庭经济状况核对系统，通过信息化手段科学核查救助申请家庭经济状况，有效遏制投机取巧现象的发生。6月8日，《张家港市救助申请家庭经济状况核对办法》出台。规定自8月1日起，凡申请生活救助、医疗救助、教育救助、住房保障的城乡居民，均须市居民家庭经济状况核对中心对其家庭的收入、财产、支

出等经济状况进行核查。核对中心自8月1日启用至年末，对低保、低保边缘重病困难对象、重度残疾人和特殊残疾人4类救助对象及其家庭成员5438户1.6万人的经济状况进行复核，检出率3.1%。低保、低保边缘重病困难新申请救助对象检出率19.5%；申请2013年度廉租住房对象检出率4.17%；2012年度医疗救助申请家庭经济状况核查检出率11.26%。

【市救灾物资储备库建成】 根据全市每年因季风气候会遭受不同程度自然灾害的特性，结合民政部对各级救灾应急物资储备库建设、物资储备、物资管理等要求和全市“十二五”规划中关于“统筹规划全市应急物资储备，加快形成政府储备与社会储备、实物储备与协议储备、集中储备与分散储备相结合的多层次储备体系”的要求，为提高市政府灾害救助水平、提高突发性自然灾害救助的应急保障能力，年内，依托已建成的梁丰生态园城市应急避难场所和市救助管理站顶层阁楼，建立市救灾物资储备库。8月5日，通过公开招投标，总价168.6万元的帐篷、发电机、担架、棉被等35个大类5718件救灾应急物资入库，标志着市级救灾物资储备库正式建成。之后，全市还将探索建立实物储备与社会储备相结合的救灾应急物资储备新机制，拓宽应急期间救灾物资供应渠道，全面提高救灾物资应急保障能力。（民政局）

基层民主自治与社区建设

【概况】 年末，全市有村委会152个，比上年少13个；有社区居委会118个，比上年增26个。1月21日，锦丰镇店岸村、红光村合并为店岸村，星火村、永盛村合并为星火村，新增书院社区。1月26日，大新镇新增长新社区、新东社区。2月6日，乐余镇东沙社区、东沙村、东风村、东联村划归南丰镇。3月18日，金港镇新增滕丰社区、金润社区。6月17日，南丰镇东沙村并入东风村。9月14日，锦丰镇新增大南社区、悦来社区，乐余镇新增乐江社区。9月17日，杨舍镇对城东村、小城市村、万红村、范庄村、包基村、城北村、仓基村、城南村、赵庄村、城西村10个城中村实行撤村建居，成立城东社区、小城市社区、范庄社区、包基社区、城北社区、仓基社区、城南社区、赵庄社区、城西社区9个社区。11月8日，杨舍镇新增七里庙社区。在第十届村委会和第五届社区居委会换届选举中，金港镇新滕社区、长江社区、巫山社区、安利社区、滩上社区、香山社区，塘桥镇周巷社区、青龙社区8个村居合一社区均单列选举，成为单独的社区居委会。3月，全市开展对《关于进一步加强城乡社区建设管理的意见》文件贯彻落实情况调研，市民政局撰写《张家港市动迁安置社区管理和社区建设情况汇报》《张家港市2012年度社区干部待遇情况调研报告》。4月开始，实行社区信息报送制度，更全面掌握全市社区整体情况。6月，实施社区服务需求调研，初步探索拟订社区服务需求目录。7月，制订《杨舍镇老城区社区居委办公用房解决方案》。8月，市民政局举办2013年度首期社区主任培训班，市、镇社区办工作人员，城市社区、动迁安置社区主任100余人参加培训。是月，全市召开动迁社区现代化管理服务模式专题研讨会。8月30日，南丰镇永联村在中国社区发展协会成立大会上当选为协会常务理事单位。9月，创新实施和谐社区建设申报预评审机制，为进一步加强和谐社区建设，构建互比互促的机制，营造良性竞争氛围。10月，大新镇新东社区开展动迁社区现代化管理服务试点，就动迁社区组织架构、网格化管理、信息化建设、考评机制等热点难点问题进行深入探讨，形成动迁社区管理服务工作模板，成熟后在全市推广。11月，对城区社区用房情况进行清查，摸清社区用房情况。年内“一委一居一站一办”覆盖率达到90%，新增14个省级和谐社区建设示范社区（村）。12月，网格化公共文化服务获第三届苏州市和谐社区建设创新奖。

【基层民主实践形式创新】 年内，全市创新农村管理模式，推行“三约三会”制度，被《人民日报》（2013年7月31日17版）称为“激活基层民主管理，实现了基层组织建设、民主政治建设、群众自治的有机融合”，有力推进了基层民主政治建设。全市结合实际推进“政社互动”。1月，市政府办印发《基层群众自治协助政府工作事项》和《基层群众自治组织依法履行职责事项》文件。3月，对凤凰镇、南丰镇开展“政社互动”试点工作调研，理顺政府与基层自治组织关系，组织签订协议，开展委托管理和多元评估。5月，苏州市民政局会同苏州市发改委、财政局、政府法制办在南丰镇召开“政社互动”试点工作推进会。9月，锦丰镇、大新镇纳入“政社互动”试点范围，全市“政社互动”试点单位达到4个。

【基层换届选举】 9月至11月，全市开展第十届村委会和第五届社区居委会换届选举工作。有150个村和118个社区居委会组织换届，村、社区选举一次成功率分别达到99.3%和100%，依法选出1321名新一届村（居）委会班子成员。11月15日，省人大、省民政厅领导考察张家港市换届选举工作开展情况，并观摩杨舍镇农联村换届选举现场，对张家港市基层民主建设给予肯定。在换届选举中，全市创新实践，推进村（居）委会职数改革，根据居住人口多少提出村（居）委会职数改革建议，由村（居）民代表会议讨论决定，节约选举成本、优化干部结构。根据村（居）类型多样的现状，将村（居）分为6种类型进行选民登记，实行分类选举，使换届选举更有针对性和可操作性。同时通过原村居合一的村和社区分开选举、撤村建居、引导动迁居民参加社区居委会选举等方式，促进村居关系的理顺，推进动迁社区等过渡型社区向城市社区转型。由于南丰镇永联村、杨舍镇七里庙村村民已基本居住在永合社区及七里庙社区中，村级资产明晰并有专门组织监管，永联村、七里庙村试点实行不举行村民委员会的选举，永联村、七里庙村村民以“居民”

身份参加永合社区居委会、七里庙社区居委会的选举，这是全市城乡一体化进程中民主选举形式的一大尝试。此次换届还进一步完善了村委监督委员会的直接选举。11月，《关于进一步规范村级监督机构建设的实施意见》印发，丰富民主选举、民主决策、民主管理、民主监督形式。12月3日，全市召开第十届村委会和第五届社区居委会换届选举总结会议，市政府分管副市长，市换届选举工作指导小组成员单位领导，各区镇分管领导、民政办和社区办主任参加了会议。

【永联村村民议事会开创民主管理新途径】 1月28日，总投资4000余万元的永联村村民议事厅启用。议事大厅设有16人的圆形主席台、285个席位及可视参观通道。村民代表开会议事时，非参会对象可通过二层的有机玻璃和音频系统了解会议进程，议事厅外墙的LED大屏幕可同步对外直播。村民议事厅使村民自治、基层民主变得看得见、摸得着。7月20日，永联村就一村民的原有房屋产权归属问题在议事厅召开首次村民议事会。镇信访办、永联村党委、村民议事会等相关部门成员共60余人参加。会议分别设有当事村民、永联村委委托人、议事成员三方代表。当事村民通过提出诉求、指出问题，与村委委托人进行讨论辩证。议事会成员在听取发言及查看相关佐证资料后进行讨论，建言献策，寻求最佳解决方案。永联村村民议事会是永联村村民委员会自治事务的常设议事机构，根据村民代表大会授权，负责议事会召集、议题审核等，行使村民委员会事务建议权。通过议事会，很多问题在激烈讨论的过程中变得更加明朗，充分保障村民的民主权利，这是实现村民自治的一种体现。 （民政局）

人口和计划生育

【概 况】 2013年，全市以“关注人口、服务家庭”为主线，以深入推进出生缺陷社会化干预、孕前优生健康检查、0周岁至3周岁科学育儿、青少年健康人格塑造、计划生育家庭养老帮扶等项目为重点，通过开展“生育关怀、服务到家”活动，构建围绕家庭生命周期的计划生育按需服务新模式。8月，张家港市顺利通过“十二五”期间人口计生中期评估。苏州市评估组作出“三大九有”（一是大融入，有理念、有举措、有成效；二是大服务，有体系、有重点、有载体；三是大联动，有项目、有办法、有激励）的高度评价。冶金园（锦丰镇）代表区镇接受苏州市的考核验收，赢得“底子清、路径明、覆盖广、措施实、品牌多”15个字的高度概括。继续坚持计划生育“一票否决制度”，全年经市人口计生部门审核把关的先进评比达到9批次，审核单位52个、个人94人。全市户籍出生人口7588人，出生率7.89‰，人口自然增长率1.33‰，政策符合率99.84%；流动人口在张家港市出生5345人，政策符合率92.81%。户籍人口和流动人口的出生男女性别比分别为105.75∶100和115.96∶100。建立稳定增长的人口和计划生育投入保障机制，全年市、镇两级财政共投入人口计生事业经费6431.83万元，人均计生经费51.79元。完成孕前优生健康检查8332人次；计生特扶家庭住院护工保险和60周岁至69周岁计生特扶对象人身意外伤害保险覆盖面100%；0周岁至3周岁科学育儿指导服务率92%，依法行政规范落实率100%，信息化网上应用率100%。依托人口家庭研究生工作站，开展《张家港市适度人口规模及其相关政策研究》，入选2013年市级社会科学研究重点课题。11月，课题获省人口计生委2013年度人口发展优秀研究成果一等奖。

【“生育关怀、服务到家”主业品牌活动】 5月，市委办、市政府办下发《关于开展“生育关怀、服务到家”活动的实施意见》，市人口计生委开展“生育关怀、服务到家”主业品牌活动，在苏州市“试点先行，三年完成”要求的基础上，结合实际，提出“一年全覆盖、两年抓深化”的推进方案，精心打造人口计生转型发展主业品牌。实施“五个一”标准流程，即一封公开信、一张联系卡、一份服务指南、一张预约单、一次服务回访，围绕计划生育家庭成员新婚、怀孕、生育、节育、育儿、成长、养老全过程，为各类家庭提供优生促进、科学育儿、避孕节育、计生政策等按需服务。通过全市计生干部“走访送”，为22.7万户家庭提供上门宣传服务，服务率达到97.2%。“生育关怀、服务到家”入选市级机关群众路线教育实践活动典型案例，市人口计生委获评苏州市“生育关怀、服务到家”活动试点工作先进单位。

【计生养老帮扶行动】 年内，在继续深化“五个一”（设立基金、提供补贴、加大优惠、减免收费、形成帮扶机制）

市人口计生委组织“生育关怀、服务到家”现场咨询服务活动

（市人口计生委 供稿）

政策的同时，计生特扶对象特别扶助金由原来的每人每月200元提高到独生子女伤残的每人每月400元、独生子女死亡的每人每月500元，并按月发放，全市共发放特扶金644.96万元，惠及1182人次。继续做好持证企业退休人员一次性奖励金年度发放工作，全市审核通过奖励对象13336人，发放奖励金4800.96万元；发放农村部分计划生育家庭奖励13379人次，发放1276.49万元。计生特扶对象全部纳入全市春节大走访慰问体系，走访慰问434户。60周岁以上的计生特扶老人纳入全市亲情虚拟养老B类援助对象，享受每月200元的家政便民、物业维修、生活配送、人文关怀等养老服务。对985名计划生育特别扶助对象提供住院护工服务保险，住院护工保险理赔71人，理赔金额15.9万元。为全市486名60周岁至69周岁计生特别扶助对象投保团体人身意外伤害保险。组建一支800人的养老服务志愿者队伍，开发建成养老帮扶软件系统，至年末形成帮扶记录2300余条，走访慰问记录1100余人次，爱心关怀实现常态化。

【阳光诚信计生建设】 年内，市人口计生委深入推进阳光诚信计生建设，制定出台《市人口计生委工作规则》和《依法行政工作制度》，建立市人口计生委重点工作督察制度和信访突出问题月汇总分析、领导包案下访系列工作制度，规范执法、监督和评议考核。全市再生育审批2957例，社会抚养费征收立案133例，结案89例，征收金额248.4万元，各类信访结案率达到100%。市人口计生委开展“三访三促”调研走访和“听民声、访民情、解民忧”为主题的“民生面对面”活动，收集群众意见建议51条，有47条得到改进落实。邀请中国人民大学社会与人口学院院长、人口学专家翟振武为全市500余名计生系统干部作“人口形势报告会”，这在市人口计生工作史上尚属首次；委托国家卫计委南京国际培训中心，对全市300余名镇村计生干部进行为期4天的全员脱产培训；发布《张家港市人口计生统计年度公报》，提升全市人口计生系统服务基层、服务群众的能力水平。

【人口和家庭公共服务体系实现全覆盖】 3月，市人口和家庭公共服务中心启用；7月，9家区镇人口和家庭公共服务中心挂牌，人口和家庭公共服务体系建设实现全覆盖。年内，市人口计生委开展“助您好孕”知识巡回讲座，加强目标人群面对面宣传引导。全年为8380人次育龄夫妇提供免费孕前优生健康检查，目标人群覆盖率达到100%，完成数量和质量控制位列苏州县（市）前茅。4月，启动市“宝贝启蒙”行动暨“快乐家庭借阅计划”，至年末全市建成“宝贝启蒙”小书房14个，亲子阅读角27个。全年开展“宝贝启蒙，科学育儿”公益讲座233场，6065人次参加，提供“宝贝启蒙”免费借阅994人次，0周岁至3周岁科学育儿指导服务率达到92%。投入180余万元在市青少年社会实践基地建成“青苹果之家”。4月，举办苏州市青少年健康人格工程建设观摩会。开展“生育关怀、青春健康”校企行和“同伴教育”活动85场，参与学生6359人；开通药具网上预约服务平台，完成网上预约发放204笔。“宝贝启蒙”行动暨“快乐家庭借阅计划”项目获2013年苏州市第八届阅读节优秀活动奖、2013年张家港市未成年人思想道德创新案例，“青苹果之家”项目获市未成年人思想道德建设工作创新二等奖。

【流动人口计生服务升级】 为推进流动人口社会融合工作，市人口计生委开展2013年流动人口动态监测调查摸底和流动人口出生及计生率的数据分析，建立流动人口怀孕、出生、服务等重点信息采集核查制度。落实信息互通、管理互补、服务互动的区域协作机制，累计与111个县（市）签订双向协作协议；继续开展流动人口均等服务“百日行”活动，为26.5万人次提供常规随访、妇女病普查等免费计划生育技术服务；做好新市民积分审核工作，累计出具计划生育审核评分意见表22764份。全年流动人口均等化服务率达到98.7%。

（李卫军）

民族宗教事务

【概况】 年末，全市有常住少数民族人口3084人，比上年增197人，含少数民族成分36个，比上年少1个；有暂住少数民族人口9698人，比上年少168人，含少数民族成分41个，与上年持平。有宗教活动场所25处，其中佛教14处、道教1处、天主教3处、基督教7处，有宗教教职人员90人，比上年少1人。6月，经江苏省宗教事务局行政许可，双杏寺、韩山寺和盘铭寺由“其他固定宗教活动处所”升格为“寺观教堂”。7月，经苏州市民族宗教事务局行政许可，将西章卿寺依法批准登记为“其他固定宗教活动处所”。

【民族事务】 市民宗局全年共为77名参加中、高考和对口单招少数民族考生审核民族成分，为15名少数民族群众子女办理变更民族成分初审手续，协调解决38名暂住少数民族群众子女入托、入学问题。走访慰问少数民族困难群众78户，发放资金7.9万元。协调全国民族特需商品定点生产企业市大新毛纺有限公司落实国家贷款贴息282.4万元、技改资金补贴35万元。市民族团结进步促进会（简称市民促会）充分发挥桥梁和纽带作用，成功创建为AAA级社团。3月，市民宗局指导市民促会走进外来民工子弟学校塘桥镇青龙小学，开展“雷锋精神哺新苗·民族团结花正艳”活动，向少数民族学生赠送学习用品和民族知识书籍。理事单位市大新毛纺有限公司向学校捐款5000元，设立“民族之花”奖励基金。5月，市民宗局联合市体育局、市民促会、杨舍镇东城第三区域联合党委在市东城体育公园举办第八届少数民族体育比赛，比赛设乒乓球、跳绳、象棋、台球和踢毽子5个项目，各区镇、相关单位和外来少数民族流动经商人员派出16支代表队、70名少数民族运动员参加比赛。7月，市民宗局指导市民促会组织少数民族新市民代表40余人参加“少数民族新市民港城公益游”活动。9月，市民宗局主办、市民促会承办“少数民族迎中秋联欢会”，各区镇及新市民事务中心、青海省化隆县驻张家港办事处等单位选送15个节目参加演出，市少数民族代表150余人观看演出。是月，国家民委监督检查司司长陈乐齐一行到市大新毛纺有限公司、青少年教育实践基地民族团结进步主题教育馆等地调研。10月，在市民宗局指导下，市民促会编纂《民族团结在港城》专刊，内容包括民族工作、民族政策、民族知识、理事风采、联谊活动等；与常熟市少数民族联谊会开展联谊活动。11月，选送节目歌伴舞《苏州好风光》参加江苏省第二届少数民族文艺汇演获一等奖。12月，市大新毛纺有限公司被首批评为江苏省民族工作示范企业。

【宗教事务】 春节前，市政府办牵头组织召开全市宗教场所春节期间安全工作协调会，建立春节期间佛教场所安全工作网络，提出安全工作要求。市民族宗教工作领导小组办公室、市民宗局联合向各区镇下发《关于做好春节期间宗教活动场所安全工作的通知》，重点强调做好私设烧香点、非法小庙等非法活动场所的清查取缔工作，并组织节前安全检查。引导全市佛教场所推行“文明进香”，以香山寺、永庆寺、河南禅寺、东渡寺、韩山寺5所寺庙为试点，实行敬烧“三支清香”规定，市民宗局、市公安局联合发出通告，在《张家港日报》刊登文明进香倡议书，并利用广播、电视流动字幕滚动宣传。除夕夜，各相关区镇、单位组织人员分赴现场指导，确保13个佛教场所、约8万信众烧香活动安全有序。3月，市人大、市政协分别就全市贯彻落实《宗教事务条例》情况和宗教场所建设情况进行视察调研。市民宗局深化“星级宗教活动场所”创建工作，结合《张家港市星级宗教活动场所考评细则(试行)》，对创建工作进行阶段性检查。开展“教风建设年”活动，组织宗教界开展“内强素质，外塑形象”主题教育，推动市宗教教职人员队伍素质全面提升。其间，举办全市宗教界学习中共十八大精神专题讲座，邀请市委党校讲师为宗教界人士100余人作中共十八大精神解读。组织全市宗教教职人员开展“学法守法强素质·同心共筑中国梦”主题征文活动、学习中共十八大精神交流会等活动；将5月定为“宗教政策法规学习月”，向各区镇、宗教团体、宗教活动场所下发《关于开展“宗教政策法规学习月”活动的通知》，在《张家港日报》刊发宗教政策法规知识专版。邀请省民委副主任、省宗教事务局副局长沈祖荣为市四套班子领导，各部委办局主要领导，各区镇主要领导、分管领导、民宗助理及市民族宗教工作领导小组成员近200人作《宗教理论与宗教政策》专题讲座。6月，根据中央、江苏省、苏州市有关会议精神，做好宗教场所消防安全宣传教育、安全隐患排查整治工作，组织各宗教场所负责人召开专题会议，成立由局长担任组长的宗教场所安全检查工作领导小组。组织相关区镇、市安监局、消防大队、供电公司相关人员组成3个安全工作检查组，对24处宗教场所进行安全检查，发放现场检查意见书24份，发现一般安全隐患43处，当场整改14处，责令限期整改29处。除后塍基督教堂、南沙基督教堂由于场所房屋老化和所处地理位置的限制无消防通道、无应急通道、建筑物耐火等级低等隐患还不能整改到位外，其余安全隐患于8月末前全部整改到位，并将无法整改的安全隐患报市安全委员会办公室。各场所安全设施建设和教职人员的安全意识得到提高。9月，组织开展以“让残疾人生活的更加幸福”为主题的“宗教慈善周”活动，共募得善款87290元，其中53290元捐给市残联，为特困残疾人家庭赠送彩色电视机、洗衣机，余下部分用于扶贫济困、助学支教、社会公益等慈善活动。国庆节前，下发《关于做好“十一”旅游黄金周期间安全稳定工作的通知》，加强对重点部位的检查，坚决杜绝踩踏、倒塌、火灾、盗窃等安全事故发生；圣诞节期间，市民宗局、公安局等部门及相关区镇合力指导、监管，保障10个宗教活动场所1.64万人次信教群众的宗教活动健康、安全、有序。年内，组织开展佛教寺庙、道教宫观被承包、被上市排查及乱建寺庙“回头看”专项治理工作，维护宗教领域的安全稳定。

【市佛教协会第三次代表会议】 12月20日，市佛教协会第三次代表会议在市金水源酒店召开，59名佛教界代表参会。江苏省佛教协会副会长、苏州市佛教协会会长普仁大和尚，江苏省佛教协会副会长兼秘书长、苏州市佛教协会副会长秋爽大和尚，苏州市民族宗教事务局副局长蒋行顺，张家港市有关领导出席。张家港市第二届佛教协会副会长、市永庆寺秋林大和尚代表市佛教协会第二届理事会作工作报告。会议重点回顾继2000年上届会议召开后所做的学习教育提素质、以戒为师推道风、弘法宣传传文化、活动规范提形象、寺院建设创和谐、服务社会重慈善等六方面工作。通过佛协的推动，四众弟子坚定了爱国爱教信念，佛教教职人员认定备案工作全面开展，经审核认定备案的佛教教职人员有59人，审核登记的沙弥有22人，有13个寺院成为“和谐寺观教堂”，13年中全市佛教界累计用于慈善事业资金达到350余万元。会议就后五年工作作了强学修持戒、重档案达标等六方面的部署。审议通过了《张家港市佛教协会第二届理事会工作报告》《张家港市佛教协会第三次代表会议决议》及《张家港市佛教协会章程》。选举产生第三届理事会理事23人，常务理事11人，选举法禅为会长，有慧、寂慧为副会长，戴春荣为秘书长，昌贵、法源、樊林为副秘书长，礼请秋林、弘如为名誉会长。

【民族宗教事务网格化管理】 市民宗局认真落实2012年下发的《关于在全市开展民族宗教事务网格化管理工作的意见》，年初与各区镇签订《2013年度民族宗教工作目标管理责任书》，下发《民族宗教工作目标考核细则》，并做好指导督察工作。各区镇分别以指导员、联络员、信息员明确各级网格员职责，并层层签订目标责任书。建立工作例会制度、日志总结制度、信息报告制度、情况通报制度、目标考核制度、评比表彰制度等长效机制。杨舍镇城北街道、金港镇及其德丰社区、锦丰镇书院社区、南丰镇及其振兴社区、塘桥镇青龙社区等地都成立民族宗教工作站(室)。市大新毛纺有限公司设立民族事务办公室,聘请市民宗局民族工作分管领导为名誉主任,认真做好企业民族工作。企业还设立民品展示厅,展示各族民族服装特色,弘扬民族文化。7月,市民宗局组织各区镇民宗工作分管领导、民宗助理召开全市民族宗教事务网格化管理工作推进会暨半年度民族宗教工作会议。12月,对杨舍镇东渡社区等9个单位、杨舍镇东莱村顾浩等9人予以表彰,并授予民族宗教工作优秀网格、民族宗教工作优秀网格员称号,通过弘扬先进,树立典型,以点带面,全面深化民族宗教事务网格化管理工作。

【民族团结进步主题教育馆竣工开放】2012年年初,市民宗局开始在市青少年社会实践基地筹备设立民族团结进步主题教育馆。该馆建筑面积132平方米,软件投资50余万元,主要通过声、光、电、图片、实物展示等形式,集中展示国家的民族政策法规、民族知识、少数民族文化风俗、英雄人物、民族历史事件及民族发展变迁等内容,用于对全市中小学生进行民族团结进步宣传教育。教育馆于2013年10月竣工开放,为江苏省县级市首创,被省民族事务委员会确定为全省民族团结进步宣传教育基地。(马为军)

老龄工作

【概况】2013年年初,全市有百岁老人122人(虚百岁),比上年增3人,为历史最多。至年末,有60周岁以上老年人21.35万人,比上年增8276人,占全市户籍总人口的23.34%。其中,60周岁至69周岁老年人121595人,比上年增6066人,占市老年人口的56.96%;70周岁及以上老年人91892人,比上年增2210人,占市老年人口的43.04%。有80周岁及以上老年人30606人,比上年增1336人,占全市老年人口的14.34%。有90周岁及以上老年人3766人,比上年增325人,占全市老年人口的1.76%。1月6日,市十三届人大二次会议上通过《关于〈加快发展养老事业,提增我市民生福祉〉议案的决定》,全市养老事业迎来新的发展机遇。12月23日,《关于推进我市社会养老服务事业发展的若干意见》出台,对发展养老服务事业的重点任务、扶持办法、经费投入、援助标准、特岗补贴、队伍建设等方面作了明确规定。年内,市老龄办先后举办全市初级养老护理员专业培训班,组织参加苏州市、江苏省举办的中、高级养老护理员培训,新增230名专业养老护理员,全市养老护理员持证上岗率达到83%。开展《中华人民共和国老年人权益保障法》(简称“老年法”)宣传“六个一”(印发一本读本,举办一次培训班,开展一次知识阅读活动,举办一次知识竞赛,组织一次咨询活动,举办一次宣传摄影赛)活动,其中印发“老年法”1万册。市社会福利服务中心、市离退休教育工作者协会获首届江苏省敬老文明号称号,市社会福利服务中心被授予全国敬老文明号称号。市老龄办被授予2013年度省老龄宣传工作先进单位称号。

【养老服务体系建设】2013年,各区镇推进敬老院拓展社会寄养、日托照料等功能,由单一的五保对象供养机构向区域性养老服务中心转型。市财政加大对各区镇敬老院收住社会寄养对象的考核奖补力度,对收住张家港市户籍老人超过床位数70%的区镇,每年每张床位奖励2000元;对入住率达不到70%的,考核为不达标。年内,全市敬老院入住率接近70%。全年新增养老床位1018张,床位总数8450张,平均千名老人床位数41.2张。新建省AAA标准居家养老服务中心2家,省AA标准居家养老服务中心(站)16家,老年人日间照料中心9家、老年人助餐服务点15家、老年咨询室1个。8月起,在杨舍镇福前村、塘桥镇花园村动迁过渡小区开展“老年关爱之家”建设试点工作。10月8日,锦丰镇投资6000万元、设计床位350张的综合性养老服务机构锦丰镇社会福利中心开工建设。民办养老机构建设加快,锦丰镇民办养老机构亚兰老年公寓和锦虹老年公寓分别于10月13日、10月26日试运营。其中,亚兰老年公寓投入建设资金150万元,设床位68张;锦虹老年公寓总投资400余万元,设床位150张。杨舍镇民办养老机构宏景苑老年公寓年内完工。澳洋集团投资3.6亿元,开工建设集养老养生、健康保健、娱乐休闲于一体的综合性高端养老机构澳洋老年公寓,设计床位800张。市亲情虚拟养老院服务正式开展,为城区二环路以内的居家老人提供人文关怀、生活照料、家政物业等三大类43项的居家养老服务,全年服务5263人次,老人满意率100%。10月,锦丰、凤凰、南丰3个镇也相继开展乡镇试点,启动亲情虚拟养老服务工作。

【养老服务保障】全年财政发放80周岁及以上老人尊老金2487.21万元。其中,发放百岁老人敬老金8.6万元,尊老金59.7万元;发放90周岁及以上不满虚百岁老人尊老金838.92万元;发放80周岁至89周岁老人尊老金1579.99万元。由政府买单的“三项惠老”保险年内共赔付73.72万元。其中,全市70周岁及以上老年人意外伤害险接报案210件,结案179件,赔付63.13万元;养老机构综合责任险接报案16件,结案14件,赔付10.59万元;居家养老服务组织险未接到报案。市老龄办在对全市百岁老人居住方式、生活自理情况、健康状况、经济来源、经济状况、生活用品需求、养老服务需求七大类摸底调查基础上,开展个性服务需求慰问,根据需求在老年节分别向百岁老人赠送折叠轮椅、四角拐杖、坐便器、成人护垫等不同老年慰问品80余件。将“七彩银龄”助老服务、老龄护理员能力培训、文艺演出进养老机构、“轮椅上的阳光”4个为老服务项目纳入政府购买服务范围,以满足老年人多层次、专业性养老服务需求。11月1日通过招投标,分别由市耆彩社会工作服务社、市老年协会、市爱心义工协会3个社会组织中标。

【敬老月活动】10月,全市开展以“贯彻老年法、造福老年人”为主题的敬老月活动。各区镇均走访慰问百岁老人和敬老院老人。市法院选取典型案例开展“社区法庭现在开庭”活动，弘扬敬老、养老美德；锦丰镇开展“快乐其实很简单”志愿服务感悟征文活动；凤凰镇居家养老服务中心举办居家养老志愿者沟通技巧培训班，46名志愿者参加，并举办“爱心助老”义卖等活动；南丰镇组织“关爱空巢老人”志愿者服务活动；大新镇开展银发幸福工程，为70周岁以上老人实行发卡式免费理发服务。社会各界积极开展重阳慰问活动，如：市百信早餐有限公司职工专程到市老年公寓，为老人们送去精心制作的8类600块糕点。据不完全统计，全市慰问老年人84639人，慰问金额416.2万元，为老志愿者参与人数1496人，惠及老人11756人。为百岁老人赠送轮椅、拐杖、坐便器等生活物品价值2万余元。市人社局对年内逢70周岁、80周岁、90周岁及100周岁的退休人员发放慰问金。市老龄办举办庆祝市第二十六个老年节文艺演出、欢度“敬老月”千名老人广场舞交流展示大会、“我们的节日——重阳”2013张家港市第二届“重阳”健康养生节系列活动、市“敬老月”老年人乒乓球比赛、市第二届“军休杯”门球邀请赛及全市老年人书法、绘画、摄影、剪纸作品展等活动，为老年人在市保利大剧院精心安排2场“关爱老人，构建和谐”大型传统锡剧《玉蜻蜓》演出。市退管中心举办退管人员庆祝老年节文艺晚会；市退教协会举办“红枫金菊，秋色胜似春光，翰墨丹青，湖颖传递友情——2013年张家港、常熟退教协会书画联谊活动”和市老园丁健身运动会；市老年公寓举办“向幸福出发”系列活动；杨舍镇举办“网格聚精彩、最美重阳情”广场健身操比赛等庆祝活动。

【空巢失能老人关爱行动】 10月17日，全市启动空巢失能老人关爱行动，对年满60周岁、子女不住在同一村（社区）、日常生活需要全护理或半护理的老年人，各镇、村（社区）居家养老服务中心（站）采取一对一的方式，组织帮扶者与老人结对，提供生活、精神、法律服务关爱行动，至年末已结对空巢失能老人2451人。配合活动开展，5月30日至10月19日，市老龄办与民建张家港市基层委员会、市文化中心管委会办公室联合举办千名空巢老人走进文化中心“感受文化关怀、共享文明成果”主题活动，活动分8期组织各区镇空巢老人代表近800人参观保利大剧院、图书馆、建县（市）50周年成就展馆、城市展示馆，观看专场戏曲慰问演出，开通市民卡图书馆免费借阅功能，让空巢老人感受张家港市浓郁文化气息和深切人文关怀。

【“夕阳红”阅读活动】 3月5日，结合市“书香城市”建设，市老龄办与市委宣传部、市文化广电新闻出版局联合下发《关于开展“夕阳红”阅读活动的实施意见》，并制订实施方案和活动计划。各涉老单位、各级老年大学（学校）和各村（社区）老年活动中心（室）组织开展“书香溢晚霞”和“我读书、我快乐”读书辅导、读书心得交流及“快乐和谐、健康常伴”老年健康知识讲座、老年读书征文等活动。10月10日，市老干部活动中心阅读小组、市老年大学阅读小组等10个阅读小组被表彰为优秀“夕阳红阅读小组”，张祖功、侯景祥等10人被表彰为“老年阅读之星”。

【循环养老试点】 以锦丰镇为试点镇，张家港市在全省率先探索循环养老新模式，通过时间储蓄、积分化管理等方式，利用社会富余人力资源，按照运行管理市场化、服务价值公益化原则，为老年人提供公益性志愿服务。10月12日，锦丰镇成立沙上循环养老志愿者联盟，由镇取得资格证书的养老护理员，低龄“六老一好”对象（老党员、老模范、老干部、老教师、老医生、老军人和好市民），以及热心老龄事业的社会爱心人士、企事业单位和有关团体自愿组成。养老服务中心将志愿者提供的服务记录下来，储存公益积分。志愿者可持此积分进行兑换，享受政府公共资源服务，达到一定的积分量可免费听评书、去乒乓球馆、看电影，获得公交卡打折、优惠的生活用品以及享受志愿者服务等。至年末，累计发展志愿者会员300人，其中社工督导9人，为空巢、高龄、独居、孤寡、病残及留守老人提供助餐、助洁、助行、助医、助洗、助浴、助购、助修以及相谈、日间照料等服务活动近千人次。

【老年协会组织实现全覆盖】 年内，各区镇先后完成老年协会建立及村（社区）老年协会成立和换届选举工作，实现市、区镇、村（社区）老年协会全覆盖。其中有市级老年协会1家、区镇级9家、村（社区）级269家。市老年协会完善机构建设，组建办公室、编辑部、维权部、文艺部，开展失智失能及空巢老人的生活状况、养老需求调研，撰写《张家港市失智失能老人现状分析研究》材料，承办庆祝市第二十六个老年节文艺演出，举办全市老年协会会长暨“老年法”学习培训班。10月，创办《张家港老年》刊物，并试发第一期。（白　玲）

关心下一代工作

【概况】 2013年，全市有关工委组织1077个，有从事关心下一代工作的人员和志愿者7000余人。按照学习型、服务型、创新型、调研型“四型”的要求，各级组织不断加强。市非公经济关工委组织有新进展，年内新增30家民营企业关工委。各级关工委重视“五老”队伍建设，有7631名“五老”加入到关心下一代工作队伍中。市关工委办好每月1期《关工简讯》，建立健全了一支由23名通讯员组成的宣传报导队伍。2月，市关工委对20个2012年度创建“五有五好”先进村（社区）关工委进行表彰。7月3日，市关工委、杨舍镇关工委、市图书馆、少儿图书馆联合举办“七彩夏日”2013年青少年阅读夏令营启动仪式，市关工委主任作《认真学习中国梦，争做美德好少年》的报告。8月9日，苏州市关工委、苏州市福彩发行中心、苏州市少年活动中心联合举办“七彩夏日”与“我的中国梦”演讲比赛，张家港市白云学校学生孟小琴参加比赛并获优秀奖。

【“中国梦”主题教育活动】 年内，市关工委组织驻关工委人员和各区镇关工委常务副主任、市关工委指导员学习习近平关于“中国梦”的重要讲话，围绕“中国梦”的基本内涵、本质要求、实现途径进行讨论。在寒、暑假期间，部署开展“中国梦”的学习教育活动。活动要求弄清什么是“中国梦”、为什么要实现“中国梦”、如何实现“中国梦”，引导青少年积极投身“中国梦”的实践。为配合教育，市教育局关工委组织编写“学习中国梦，青少年勇担当”、锦丰镇关工委编写“共筑中国梦，放飞我心中的梦”“梦在心中，路在脚下”等宣讲资料。据统计，全市各级关工委共撰写关于“中国梦”的学习教育宣讲材料186篇，直接参与演讲报告的有2246人，各级关工委组织宣讲报告团进社区、学校、民营企业、校外教育辅导站、道德讲堂等青少年活动阵地，开展老少共同参与的座谈讨论、书法绘画、画信、征文竞赛、演讲、经典诵读、歌咏、朗读比赛、文艺演出等各具特色的活动，吸引广大青少年参加。参与活动受教育的青少年学生累计达到20万人次。

【“五有五好”示范校外教育辅导站建成】 年内，市关工委深入基层，调研创建“五有五好”(有健全的领导班子、有报告员辅导员队伍、有工作制度、有青少年教育活动阵地、有帮困帮教致富对象，思想道德教育好、配合有关部门开展活动好、“三帮”工作好、家长学校办得好、发挥老同志作用好)示范辅导站的现状和需要解决的问题，到16个辅导站实地察看辅导站阵地设施、规章制度和活动现场，查阅台账资料，召开座谈会，听取辅导站负责人汇报情况，共商问题，提出改进建议。5月24日，市关工委、市文明办、市教育局联合举办全市第三期校外教育辅导站工作培训班，市关工委副主任作《树立示范典型，全面推进校外教育辅导站建设》的报告，详细说明创建“五有五好”示范校外教育辅导站的具体要求和考核办法。锦丰镇关工委、杨舍镇向阳社区关工委、市法院少年庭庭长等作交流发言。各区镇文明办、文体教卫办、关工委、退教协会和各办事处关工委、退教协分会负责人及受到省、苏州市、张家港市表彰的优秀校外教育辅导站站长130人参加培训。之后，各辅导站精心安排学生暑期活动，充分准备活动课程内容，发挥在职教师、大学生村官和志愿者的专业特长，提高辅导站开展活动的质量，学生踊跃参与。同时，提升设施水平，增建电子阅览室。市财政拨付50万元专项资金，用于校外教育辅导站电子阅览室装备，按照市关工委对计划扶持的40个村(社区)辅导站电子阅览室每个扶持1万元的要求，资金全部到位，240台电脑列人政府采购计划。省关工委赠送给张家港市的36台电脑，由市关工委选定6个辅导站及时安装使用。电子阅览室配备专兼职管理人员，制订电子阅览室管理制度。6月13日，杨舍镇少儿驿站等7个优秀校外教育辅导站和杨舍镇朱荣明等17个优秀校外教育辅导员受到苏州市文明办、苏州市关工委表彰。10月23日，省文明办、省关工委召开全省城乡社区校外教育辅导站工作经验交流会，杨舍镇向阳社区被评为省级示范校外教育辅导站，锦丰镇书院社区被评为省优秀校外教育辅导站，塘桥镇陈建丰、杨舍镇徐建耀被评为校外教育辅导站工作先进个人，锦丰镇关工委获校外教育辅导站优秀视频案例二等奖。市关工委在全市评定了24个市级示范校外教育辅导站，评选出60名优秀校外教育辅导员，由市文明办和市关工委予以联合表彰。

【未成年人零犯罪社区(村)创建】 年内，市关工委召开各区镇关工委常务副主任会议，总结推广杨舍镇城北街道办事处党工委、关工委对外来未成年人和当地未成年人实行同预防、同教育、同管理、同服务的“四同”关爱措施，落实到各村(社区)创建零犯罪活动中。各级关工委、“五老”主动配合市综治委、预防办积极参与创建未成年人零犯罪村(社区)工作。强化结对帮教措施，提高失足青少年的转化率。全市有189个帮扶小组，参加帮教活动的“五老”有789人，结对帮教失足青少年211人，得到转化的有197人，转化率90%。5月16日，市关工委驻委人员同市法院、检察院一起到句容市江苏省未成年人管教所看望少年犯，并与他们座谈，鼓励他们认真改造，争取早日回归社会。市司法局、市教育局联合组建一支由36人参加的学校法制教育志愿服务团，市公安局选配派出所负责人、优秀民警92人任兼职法制副校长，开展法制宣传教育和学校安全管理活动。市关爱工作团成员、市法院少年庭、市检察院的法律工作者为未成年人上法制课，积极开展“法制阳光行”，市法院少年庭与团市委联合拍摄微电影《回来》，以案说法。全市59个法制教育报告团490名宣讲人员，先后作报告587场，受教育青少年9.9万人次。各级关工委组织和动员义务监督员积极配合市文化市场办公室对城乡网吧、文化市场不定期地进行义务监督工作，发现“黑网吧”或营业性网吧中的存在问题，立即填写巡查记录反馈表寄送市关工委、市文化市场办公室。塘桥镇、凤凰镇、金港镇、锦丰镇的关工委先后调整充实义务监督员队伍，全市121名义务监督员在暑假期间冒高温坚持巡查。据统计，在未成年人零犯罪创建工作(简称“创零”工作)中，全市263个村(社区)有253个实现零犯罪，达到96%，较上年下降40%。在11月1日省综治委、关工委联合召开的表彰会上，杨舍镇城北街道办事处关工委被评为省“创零”工作先进集体，金港镇德丰社区被评为省“创零”工作先进社区，乐余镇兆丰办事处常丰村张文华被评为省“创零”工作先进个人。12月7日，市关工委、市文广新局联合召开优秀“网吧义务监督员”表彰会议，岳崇梅、茹逸樵、汤炜烈、朱庆生等15名义务监督员受到表彰。

【2275名贫困生获得资助】 年内，各级关工委、“五老”积极配合有关部门以真诚和善意为贫困青少年排忧解难，各级党政机关单位及民营企业把扶贫济困当作自己的社会责任。国泰集团“希望之光”爱心助学工程捐款19万元，解决了19所学校114名家境贫困、品学兼优学生的困难。民营企业家江苏培达塑料有限公司董事长缪培峰夫妇，作为公司关工委的主任和常务副主任，关爱公司外地职工子女，

暑假期间把40余名“小候鸟”接到公司参加为期40天的暑期校外教育辅导站活动，专门聘请教师开设“国学经典诵读”、作业辅导、快乐阅读、书法课，观看励志电影、组织英语游戏等活动。辅导班结束时，评选学习之星，赠送书籍、学习用品5万余元。公司还为新市民子弟学校绿丰学校赠订150份《关心下一代周报》供学生阅读。沙洲职业工学院关工委为200余名贫困学生资助30余万元学费，并为400名大学生在学院内部提供勤工俭学岗位，主动为应届毕业生推荐相关实习单位、就业岗位。据各镇统计，年内全市为2275名贫困学生捐助资金873万元，同时帮助351名孤残儿童解决学习和生活问题。（许永怀）

残疾人事业

【概况】2013年年末，全市有持证残疾人20210人，其中视力残疾2278人、听力残疾1587人、言语残疾143人、肢体残疾10914人、智力残疾2610人、精神残疾1898人、多重残疾780人。年内，市残联以残疾人社会保障体系和服务体系建设为核心，以提高残疾人生活质量、提升残疾人服务水平为重点，康复工作继续突出残疾预防、注重机构康复、规范康复流程，使残疾人“人人享有康复服务”的社会效应进一步放大。市康复服务模式在全省得到推广，多次在全国、全省康复工作培训班上交流，张家港市被省残工委评为江苏省人人享有康复服务工作先进县市。3月24日至25日，市残联第五次代表大会召开。会议总结前五年残疾人事业的发展成就，明确后五年全市残疾人事业“七个更加注重”（更加注重工作理念的先进性建设、更加注重保障制度的公平性建设、更加注重服务模式的规范性建设、更加注重文体生活的融合性建设、更加注重教育培训的实效性建设、更加注重社会环境的权益性建设、更加注重人才队伍的专业性建设）的发展目标和工作任务。选举产生市残联第五届主席团、主席团主席和副主席，执行理事会理事长、副理事长。

【残疾人活动】2月14日，市残联组织50余名盲人及其家属在保利大剧院欣赏音乐会。3月31日，市公交系统特邀张家港聋协的20名聋人一起坐226路旅游示范线路车到凤凰镇游览。4月12日，市残疾人门球队组建。有10名运动员参加为期两个月的训练。4月13日，由市残联主办、市艺术中心承办的“爱与梦同行”优秀残疾人才培训班开班，有10余名残疾人参加。5月17日，市残联在美术馆举办“一样的梦想·美丽张家港”第二十三次“全国助残日”残疾人作品展，展出蒋义达、钱毅、周胜宇等20余名残疾人的书法、绘画、摄影、刺绣等作品150余件，展览时间1个月。5月28日，全省残疾人职业技能部分项目选拔赛举行。张家港市12名选手参加刺绣、水彩画、美发、美甲等8个项目的比赛。选手钱毅和郭扣才分别在水彩绘画和盲人保健按摩比赛中获第一名，李卫忠、虞春峰等4人分获各自参赛项目的第二、第三名。6月28日，市残联与市肢体康复中心联合在市肢体康复中心开展趣味运动会，运动会按照住院患者功能障碍情况设置耸肩、搭桥、传球等7个项目。7月4日，市残联、市图书馆在市图书馆视障阅览室举办陈慧姣个人诗歌作品交流会，市盲人协会的20名盲人和亲友参加活动。7月7日，由市残联主办、市锡剧团举办的残疾人歌舞培训班开班，有10余人参加。7月27日，市残疾人代表团访问韩国庆山北道残协浦项分会，参观庆山北道残协浦项分会女子缝纫制作场、回收加工制作场，与当地残疾人组织共同体验草地高尔夫球等体育项目，开展两地残联（协）业务交流。8月19日，市残联会同市肢残人协会、盲人协会组织部分肢残人及盲人，在市爱心义工协会志愿者的帮助下，体验部分城市无障碍环境建设。8月20日，市残联、市民政局、市人力资源和社会保障局联合举办市残疾人家政服务培训班，培训一周，涉及养老护理、家政保洁、清洁护理、睡眠饮食护理、安全护理等技术。9月23日，市残疾人计算机培训班开班，有18人参加。10月15日第三十个国际盲人节，张家港微电影大赛的参赛作品、由陈慧姣出演拍摄的微电影《逆光》播放，引起众多网友关注。10月26日，市肢残人协会组织近20名肢残人参观沙洲湖大桥、沙洲县抗日民主政府纪念馆、永联村。

【“阳光驿站”盲人阅读系列活动】年内，市残联开展形式多样的盲人阅读活动，使广大盲人朋友开拓“眼”界，提升知识层面，丰富精神文化生活。为确保盲人阅读系列活动的顺利开展，市委宣传部、市文明办、市文广新局、市残联等部门出台《关于开展“阳光驿站”盲人阅读活动的实施意见》，成立盲人阅读活动领导小组，确定活动计划，明确各部门、各区镇残联、盲人协会的职责分工。4月21日，专门举办“爱在你身边”9项公益助残项目启动仪式，使“阳光驿站”盲人读书系列活动得到进一步深化。市文化中心专门开辟视障阅览室，市残联在爱心沙龙开辟盲人读书角。市残联先后投入3万余元购买800余册盲文读物，采购12套盲人上网软件分发至区镇。各区镇在科文中心、图书室、中心社区等区域建立盲人阅读书架，配备盲人上网专用电脑，满足盲人读书需求。针对盲人读书困难、上网困难的实际情况，市残联组织盲文培训班、盲人上网培训班，由市盲人协会负责人进行讲解，32名盲人参加培训。为使盲人能够走出家门，融入社会，3月29日起，组织6期“我是你的眼”——盲人“看”电影活动，由市金话筒志愿者负责讲解，100余名盲人“观看”《北京遇上西雅图》等电影，让盲人朋友耳目一新。与此同时，定期组织盲人卡拉OK演唱，盲人乒乓球活动，盲人听新闻、听广播、谈感想活动，盲人月读会、盲人网上交流会等活动，丰富盲人精神文化生活。4月22日起，先后举办5期盲人定向行走培训班。盲人、盲人亲友、村（社区）协调员共280余人参加培训。培训内容有导盲行走、独立行走、盲杖的使用技巧、正常人导盲、盲杖使用、避开盲道上障碍物、过人行横道、上下楼梯电梯、独行中自我保护、过狭窄通道等。培训班上，给盲人配发盲表、鸣壶、收音机等辅助用具。通过培训，盲人独立行走、安全行走能力得到加强。同时，在市盲人协会的组织下，在爱心义工团队的帮助下，盲人游览河阳山歌馆、恬庄古镇、永联小镇等景区。盲人阅读系列活动开展后，得到新闻媒体的广泛关注，《张家港日报》专门报道《让盲人的世界也精神》。盲人"看"电影活动先后得到《扬子晚报》《张家港日报》和中国文明网等媒体的宣传报道。12月4日，在市第二届"志愿服务伙伴日"活动会上，"我是你的眼"盲人看电影等3项助残活动获市优秀志愿者服务项目奖。

【惠残新政出台】 3月，市政府出台《张家港市少年儿童机构康复和成人机构康复救助实施办法》。其中，少年儿童机构康复，是指对具有张家港市户籍，年龄在18周岁以下（含18周岁），参加居民基本医疗保险的少年儿童，存在视力、听力言语、肢体、智力、精神功能障碍的，可以申请相应的康复项目救助。全年少年儿童申请救助111人，补助经费127万元。成人机构康复，包括白内障复明手术、角膜移植手术、肢体康复等项目。全年成人机构康复867人，补助经费101万元。6月，市政府出台《张家港市无业重度残疾人和精神（智力）三、四级残疾人社会保险补贴办法》，对具有张家港市户籍，年满18周岁、未达到法定退休年龄，未在用人单位就业，以灵活就业人员缴费形式参加社会保险的1级至2级肢体残疾、智力残疾、精神残疾、盲视力残疾以及登记为3级至4级精神（智力）残疾人进行社会保险补贴。标准为当年市灵活就业人员参加城镇职工社会保险的月缴费基数最低标准的50%，享受低保或低保边缘救助的，补贴标准为75%。全市全年共为349人补贴32万元。

【中残联两个会议在张家港召开】 11月20日，残疾人同步小康、健康服务业发展专题研讨会（第三轮）在市馨苑度假村召开，中国残联康复部、有关康复专家和浙江、江苏等部分省残联领导出席。会议就残疾人康复与同步小康、健康服务业发展进行专题研讨。江苏省、浙江省等地分别交流各自在残疾人康复服务业上的成功做法及经验，同时提出残疾人康复服务在顶层制度设计、专业人才等方面的问题。会议提出要科学合理做好残疾人康复工作的顶层设计，在服务标准、市场准入机制、康复评估手段方面制定标准，建立评估机制，规范推进残疾人康复服务业的发展。会后，全体与会人员参观了市儿童功能障碍检测中心、市肢体康复中心、馨声言语听力康复技术指导中心等地。参观结束后，市残联负责人向与会人员作了关于《整合资源构建残疾人康复模式的实践探索》的专题汇报。中残联康复部主任尤红表示，张家港市残疾人康复工作理念先进、工作扎实、成效明显，具有很强的参考价值。是月19日至20日，中国残联—CBM（国际助残发展机构）社区康复项目评估准备会在市馨苑度假村会议中心召开。中国残联康复部一处处长韩纪斌、CBM中国办公室项目助理王胜男、CBM项目地区代表以及社区康复专家等17人参加会议。会上，CBM社区康复项目负责人汇报项目情况。中残联、云南省残联和泸州市残联的项目负责人分别介绍各自开展CBM项目的基本情况和成功经验，同时指出CBM项目存在的问题，如协调员、康复员队伍不稳定和需求服务缺口大等问题。其次，与会专家、地区项目负责人就确定中期评估会议目标及结果、评估的目的、范围和目标、评估人员职责及评估方法展开了讨论。

【残疾人家庭居家无障碍改造项目启动】 年内，市政府决定利用三年时间，安排300万元配套资金，对集中居住小区有需求的3000户残疾人家庭进行个性化的居家无障碍改造，以提高残疾人居家生活质量。4月8日，市残疾人居家无障碍改造评估小组开始对全市1000户残疾人家庭进行居家无障碍改造评估，这标志着市残疾人家庭居家无障碍改造项目正式启动。项目由市残联实施，分为评估、实施、验收三个阶段，旨在为残疾人提供"量体裁衣"式个性化服务，解决其在家庭生活方面的障碍，增强自主生活能力。经过需求筛查、入户评估、辅具采购，9月3日，市残疾人居家无障碍改造施工小组开始对残疾人家庭进行居家无障碍改造施工和辅具配发。据统计，2013年第一次改造惠及残疾人家庭1068户，安装各类扶手和适配辅具3500余件，涉及资金90万元。改造小组采用分组直接上门、志愿者服务上门等多种形式为残疾人家庭提供居家无障碍改造服务，历时1个半月。

【市肢体残疾康复中心揭牌】 5月18日，市肢体残疾康复中心暨市中医医院康复医学科举行揭牌仪式。市残联理事长、副理事长和中医医院院长、副院长等出席仪式。市肢体残疾康复中心由市残联与中医医院合作建立，总面积4000余平方米，设立康复床位50张，有功能测评室、运动治疗室、作业治疗室、针灸理疗室等康复室，配备现代康复医疗的先进设备与器材。中心以康复主任医师、康复治疗师、康复护师等10余名康复专业人员组成的队伍作为技术支持和保障，为肢体康复对象提供康复医疗与训练服务。在康复中心接受康复治疗与训练的康复对象从5月起享受市成人机构康复救助政策以及辅具适配及辅具借用服务。

【市爱心义工协会开展送关爱行动】 2013年夏天35摄氏度以上高温天气持续时间较长，市爱心义工协会从7月开始开展了为22户特困残疾人家庭送清凉、送关爱专项活动，为他们送去防暑用品、时令水果、生活用品、营养品。22户特困家庭名单由市残联提供，是义工协会爱心助残长年服务对象，分布在各区镇，分别由17个义工服务小组进行结对专项服务。活动开始前，市爱心义工协会进行走访，初步了解每个家庭的基本情况。义工们不但给予物质上的帮助，同时带去精神上的关爱。义工服务小组针对这些家庭不同情况，分别制订家政服务、信息传递等不同帮扶方式。有添置生活日用品的；有向市、镇和街道社区反映情况，从政策层面给以解决实质性问题的。　（程　吴）

【编辑　汪丽菁】

区镇概况

Survey of Zones and Towns

经开区（杨舍镇）西区一角　（蔡春林　摄）

保税区（金港镇）

经开区（杨舍镇）

冶金园（锦丰镇）

塘 桥 镇

凤 凰 镇

乐 余 镇

南 丰 镇

大 新 镇

常阴沙现代农业示范园区

双山岛旅游度假区

保税区（金港镇）

【概况】 张家港保税区（金港镇）位于市域西部，有长江江堤岸线31千米，是张家港港和张家港保税港区所在地。区域总面积111.62平方千米，耕地面积4130公顷。年末，辖3个办事处、26个行政村、22个社区居委会（其中8个为"村居合一"体制）。有户籍69496户、人口177513人（含双山岛旅游度假区），另有外来暂住人口124013人。全年实现地区生产总值578.03亿元（以下经济指标均含双山岛旅游度假区），比上年增4.37%。一、二、三产业增加值分别为3.73亿元、307.66亿元、266.64亿元。完成全口径财政收入74.59亿元，比上年增4.48%，其中公共财政预算收入33.68亿元，比上年增5.18%。入库税收71.12亿元，比上年增3.52%。完成全社会固定资产投资171.13亿元，比上年增13.06%。年内，张家港保税港区入围江苏省省级以上开发区前十强。保税区（金港镇）获江苏省开发区文明单位、2010~2012年度江苏省文明镇、江苏省创新型试点乡镇、江苏省博士后创新实践基地等称号。

经济建设与发展　年末，有企业8523家，其中工业企业2178家。393家规模以上企业全年实现工业总产值1187.84亿元，主营业务收入1249.41亿元，工业利税62.14亿元。43家"3333"重点培育企业开票销售收入888.23亿元，入库税金26.55亿元，利税总额45.85亿元。开票销售收入超10亿元的企业有26家，其中超30亿元的企业7家。新认定总部企业3家，累计5家。长顺集团、瓦克化学、泰柯棕化3家企业税收超5000万元。3家上市公司融资超16亿元，5家企业启动"新三板"挂牌准备工作。社会商品销售总额4703.26亿元，比上年增24.92%；外贸进出口总额137.12亿美元，其中进口总额112.63亿元、出口总额24.49亿元。在原金港镇商会基础上重新整合成立保税区（金港镇）商会。汽车物流园在全国新批口岸中首家通过验收并投入运行，开始接卸滚装船进口汽车，年内进出口汽车1.44万辆，60家汽车经销商注册营业。汽车物流园被列为省重点项目，总投资26亿元的中美仕家、哈曼改装车、宝马4S店等10个项目启动，完成投入10亿元。安逸达电解液项目、康得新2亿平方米光学膜产业集群项目等相继投产。总投资3500万元的香山主入口工程完成改造，樱花园、梅花园、运动公园等重点项目开工，香山风景区通过AAAA级省级验收。段山重装园5个内港池码头及52万平方米的场地全部完工。10家规模型经济村的开票销售收入131.87亿元，长山村、长江村、福民村、高桥村、山北村、新塍村、柏林村7个村的产品销售收入超5亿元，其中长山村、长江村、福民村3个村的产品销售收入超20亿元。全区（镇）工业投入121.64亿元，比上年增14.74%，其中新兴产业投入71.82亿元，占工业投资总量的59.04%；服务业投入53.3亿元，其中经营性服务业投入25.3亿元；基础设施投入32.92亿元，比上年增24.8%。获批点供项目及独立选址项目指标113.33公顷，完成宅基地、工矿废弃地复垦20.13公顷，实现"腾笼换凤"土地79.53公顷，列全市第一。年内，引进"千人计划"人才5人，累计11人；获评省"双创"人才3人，累计12人；获评姑苏人才6人，累计15人；获评张家港市"双创"人才23人，累计60人。列入国家"863"计划项目5项。新兴产业产值581.68亿元，比上年增4.2%，新兴产业产值占工业产值的48.97%，新增技改项目89项，新增国家级科技项目15项，新增省级科技项目19项，新增省高新技术企业11家，累计58家。完成技改投入40亿元，有销售超1亿元的新兴科技型企业17家。有"千人计划"专家工作站5家，入围国家创新基金重点创新项目、国家重大专项等省级以上科技项目19项，引进融资租赁等科技金融服务公司3家，保税区获评"国家知识产权试点园区"。新增私营企业1149家，新增注册资金35.92亿元。新增外地资本企业632家，注册外地资本42.24亿元，比上年增24.23%。新增个体工商户1351户，累计9628户；新增注册资金1.4亿元，累计7.77亿元。新批外资及港澳台资企业30家，累计520家；注册外资及港澳台资6.14亿美元，累计57.11亿美元；到账外资及港澳台资2.76亿美元，累计49.31亿美元。实现农业总产值6.72亿元，粮食、蔬菜和水产品产量分别为33759吨、23666吨和2478吨。完成112.67公顷标准化农田建设。新增高效农业174.93公顷，新增设施农业98.13公顷。土地规模经营面积1936.67公顷。村均可用财力1000万元。年末，有无公害农产品10种，绿色食品19种，苏州市级以上名牌农产品6种。农业基地认定总面积2850.1公顷。

社会事业发展　年末，有中小学校13所，教师总数880人，在校学生16720人，其中有新市民子女学校2所（蓝天学校、白云学校）。妥善解决新市民子女就学问题，公办学校吸纳新市民子女1286人。依托"名师成长工作室"，新增、晋级市级以上骨干教师62人。有效运作"青苹果之家""徐玲公益书屋""爱心氧吧"等品牌资源。先后投入38.93亿元，用于改造老住宅小区和集镇区街景建设及教育、民政公益事业等政府实事工程。投资2亿元的崇真中学落

崇真中学　（严子洋　摄）

成启用，南沙幼儿园、公共卫生服务中心等教育卫生设施启用。建筑面积39.9万平方米的新塍二村和建筑面积14.23万平方米的文昌小区两个安置房项目开工，全年新开工安置房105万平方米、6767套，竣工107万平方米、7150套。投入1200万元，在山北村、柏林村、学田村、占文村等新建过渡安置房287间。妥善处理“12345”便民服务热线3490件，办结率100%。郁家埭、陆家巷、肖家庄3个自然村通过三星级村庄省级验收，巫山村、滩上村等4个村通过苏州市级以上生态村验收，长江村被列入苏州市美丽村庄示范点。村、社区有篮球场43个，合计2.71万平方米，有健身房31个。有38个村和社区通过市级社区文化设施建设和社区功能建设考核验收。整体转换数字电视66473户，整转率99.9%，发放机顶盒92576台。年内保税区（金港镇）举办清明大型诗歌朗诵会、端午邻里节、第十届香山文化旅游节等活动。有医院5家，社区卫生服务站37个。所有社区卫生服务站都创建成市慢性病防治社区卫生服务站，其中18家社区卫生服务站创建成苏州市示范社区卫生服务站。

福民工程实施　农民人均纯收入24950元，比上年增10%。落实上级惠农补贴360万元，发放禽流感期间生产维持补贴55.7万元。发放低保（含低保边缘重病困难对象、一户多残）补助金、临时救济金1708.7万元，保障943户、1715名低保人员及282名低保边缘重病困难对象等困难群众基本生活。督促用工单位补签劳动合同1万余份，妥善处理劳资纠纷52件。帮助1654个失地农民、剩余劳动力、农村富余劳动力、城镇失业人员就业。组织岗位技能免费培训1200人，扶持创业202人，提供就业岗位1.5万个，开发公益岗位295个，特困家庭劳动力和应届特困毕业生就业率100%。发放老年农（居）补贴16175人，住房公积金扩面6783人。年末参加基本医疗保险人数77094人（其中新市民入医1300人），全年个人基金缴纳1156.41万元，市、镇两级财政补贴3469.23万元。就医门诊结报人数48.88万人次，合计报销977.21万元；住院结报10454人次，合计报销4790.06万元；救助27542人次，救助金额378.58万元。为60周岁及以上老年人进行体检，并建立个人健康档案。成立区（镇）慈善会，扩建“爱心接力站”6家，建立校园“爱心屋”5个。新增AA级居家养老服务中心2家，养老床位650张。后塍殡仪服务中心竣工。全年为3户贫困户新建和修理房屋8间，市、镇补贴金额8万元；“安居工程”拆迁户3户，补贴金额12.02万元。市、镇两级慈善助学450人，发放助学补助金150.9万元；“共享阳光”慈善助学活动发放助学补助金139万元；“阳光午餐”补助11.75万元。

2013年张家港保税区（金港镇）办事处基本情况

表71

名　称	所在集镇面积（平方千米）	党工委书记	主　任	党工委副书记	副主任
南沙办事处	2.05	何　萍（女）	何　萍（女，1月免） 陈　磊（1月任）	姚金荣	柳志兵
后塍办事处	3.80	孙永华	孙永华	李杏珍（女）	孟　伟　卢玉秀（女） 许永华（3月任）
德积办事处	1.98	朱建兴	朱建兴	施芬琴（女）	王　漪（女）　丁向阳

2013年张家港保税区（金港镇）各村（社区）基本情况

表72

村（社区）名	面　积（平方千米）	户数（户）	人口数（人）	集体经济总收入（万元）	可用财力（万元）	总资产（万元）	村（社区）党委（总支、支部）书记	村（社区）主　任
长江村	5.20	2739	7286	4502	2611	15457	郁全和（9月免） 郁霞秋（女，9月任）	黄忠和
巫山村	2.62	1879	4915	2950	2950	27894	李跃进	张建芬（女，11月免） 杨惠忠（11月任）
张家港村	1.53	1761	4548	1014	1014	4378	向　一（9月免） 施忠法（9月主持工作）	施忠法（11月免） 丁秀琴（女，11月任）
滩上村	4.15	2461	6247	4183	4004	15064	戴丽君	郁　兴
晨阳村	8.54	3544	8657	1057	820	10574	袁达新	顾东良
长山村	6.90	2792	7523	3862	3694	13856	郁江清	陈　强
山北村	4.20	2152	5800	1624	1454	3214	庞建华	冯建明
柏林村	4.70	2941	7679	1339	1149	9142	殷品龙	谢建兴

续表72

村(社区)名	面　积（平方千米）	户数（户）	人口数（人）	集体经济总收入（万元）	可用财力（万元）	总资产（万元）	村(社区)党委（总支、支部）书记	村(社区)主　任
东山村	3.21	1236	3184	690	626	12722	刘荣华(9月免) 向　一(9月任)	邬剑锋(11月免) 蒋建新(11月任)
港西村	2.60	1166	3446	749	404	1104	顾永仁	许国平
占文村	2.41	1430	4119	1478	1192	4355	顾建民	何国富
朱家宕村	2.36	1139	3176	1190	601	2483	刘荷英(女)	缪海平(11月任)
高桥村	4.80	2255	5997	1295	778	3453	李杏珍(女)	张阿堂
新塍村	3.01	1654	4431	1508	846	8754	陆建新	李永娟(女)
袁家桥村	3.50	1800	4950	1245	632	1343	孙跃进	赵品泉(11月免) 张　海(11月任)
封庄村	4.30	1707	4469	441	269	1267	朱启彦	朱国兴
三角滩村	4.50	1600	3971	687	436	1323	尤正良(3月任)	唐献忠
学田村	3.57	1920	4766	419	312	3069	黄耀才(7月免) 唐向阳(7月任)	茅仁元(11月免) 严金华(11月任)
福民村	5.24	1953	4881	1181	1079	10581	陈兰清	张亚华
小明沙村	4.50	2077	5215	855	810	3267	朱兴荣	蔡松清(11月免) 姚金全(11月任)
朝南村	5.64	2298	5909	797	735	2571	樊少峰(7月免) 陈国平(7月任)	黄剑锋
新套村	3.06	903	3145	733	601	3516	朱松山	李云才
德积村	3.24	1290	3244	781	403	4517	陈春芬(女)	李兴华(11月免) 陆晓峰(11月任)
永兴村	2.90	1342	3472	596	336	2568	黄学贤	王照平
双丰村	2.92	1586	4082	694	430	1286	陈永法	王巧芬(女)
北荫村	2.18	1588	5968	710	412	5139	陈　娟(女)	朱卫国
中港社区	0.42	1290	3330	286	260	1649	李国柱	顾国平
中南社区	0.15	1725	5255	341	179	1806	李增宝	李增宝
中苑社区	2.55	1528	4158	332	264	1852	王正龙(4月免) 朱建刚(4月任)	陈校丰
中兴社区	0.05	632	1975	224	153	1009	顾永建	卢友良(11月免) 周金良(11月任)
安定社区	0.08	1059	3818	205	162	985	凌国良	高燕晓
中圩社区	0.09	1085	4710	331	221	1844	朱建良	孙　清(11月免) 朱建良(11月任)
海港社区	0.06	1184	3300	—	—	—	徐相兰(女)	徐相兰(女)
金润社区	0.41	1727	762	—	—	—	陈　勇(9月任)	陈　勇(11月任)
中德社区	0.18	1670	4813	299	168	2413	孙品元(7月免) 黄秀娟(女,7月任)	黄秀娟(女,11月免) 李　兰(女,11月任)
元丰社区	0.13	586	1854	346	194	2121	陈勤才	陈勤才
德丰社区	0.33	4033	12100	—	—	—	丁萍芬(女)	丁萍芬(女)
后塍中心社区	4.00	962	19373	441	263	1591	唐忠平	唐忠平(11月免) 陶　慧(女,11月任)
塍丰社区	0.79	3160	4922	—	—	—	孙　清(9月任)	陈　玲(女,11月任)
南沙社区	0.80	1306	4370	—	—	—	张丽琴(女)	张丽琴(女)

说明：表格中数据为农村调查数

2013年张家港保税区（金港镇）主要开工项目情况

表73

投资企业名称	项目名称	主要产品	投资金额（万元）
张家港浩波生化有限公司	年产1万吨双乙烯酮项目	双乙烯酮、AK糖、氯代三乙、左旋肉碱	126067
张家港欣锦阳高新纤维材料有限公司	直纺长丝项目	涤纶长丝	108000
张家港扬子江石化有限公司	40万吨聚丙烯项目	聚丙烯	107519
江苏华昌化工股份有限公司	原料结构调整技术改造项目	—	77887
江苏华昌化工股份有限公司	扩建年产25万吨丁辛醇项目	正丁醇、辛醇、正丁醛、异丁醛、异丁醇、混合丁辛醇、丁酸钠溶液	77708
张家港保税区智慧创业投资有限公司	建设磁传感产业基地一期芯片厂房项目	芯片	68000
爱姆希（中国）机械制造有限公司	年产2000台各类型精密机械机床项目	精密机械机床	49343
凯凌化工（张家港）有限公司	年产30万吨醋酸异丙酯氢化、17.6万吨异丙醇、13.5万吨乙醇生产扩建项目	醋酸异丙醇、乙醇	48367
张家港富瑞重型装备有限公司	海水淡化装备项目	—	46300
霍尼韦尔一体化综合生产基地	年产2000吨一期催化剂项目	脱氢催化剂、重整催化剂	43250
江苏华盛精化工股份有限公司	年产2800吨锂电池电解液添加剂扩建项目	碳酸亚乙烯酯、氟代碳酸乙烯酯	32817
张家港天铭纺织印染有限公司	扩建织造、染整车间二期项目	色织面料	30000
江苏恒盛药业有限公司	扩建年产300吨生物医药活性成分及10吨生物医药研发中试项目	医药活性成分	28566

【55个项目集中开、竣工】 2月17日，保税区（金港镇）55个项目集中开、竣工，其中开工项目35个，总投资87.1亿元，该期计划投资41.9亿元。在开工项目中，有爱姆希精密机械机床项目、华昌化工丁辛醇及原料结构调整技术改造项目、富瑞特海水淡化装备项目等制造业项目16项，总投资55.56亿元，该期计划投资27.25亿元；有国际消费品运销中心项目、汽车码头改造项目、长江国际储罐改造项目等服务业项目4项，总投资10.4亿元，该期计划投资7.43亿元；有江苏多维科技磁传感产业基地项目、江苏维世亚采用稀土技术加工的高新传感器芯片项目、江苏启能先进相变储能材料和应用项目等科技类项目12项，总投资9.14亿元，该期计划投资3.32亿元；有新塍小区南侧地块安置房、德丰小区北侧地块安置房、文昌三期东侧地块安置房等民生实事工程项目3项，总投资12亿元，该期计划投资3.9亿元。另有梅塞尔高纯及特种气体产品扩建项目、安逸达锂电池电解液项目、张家港中意包装钢桶及塑料包装桶项目等竣工项目20项，总投资38.6亿元。

【院士领衔建超级电源研究院】 2月23日，张家港保税区管委会与中国人民解放军防化研究院举行签约仪式，合作建立江苏（张家港）超级电源研究院。该研究院建于保税区育成中心，一期建设面积1000平方米，总投入2500万元。研究院由解放军防化研究院研究员、中国工程院院士杨裕生领衔，主要从事超级电源及材料的应用研究及产业化。通过持续创新的技术成果转化和技术服务以支持研究院的长期可持续发展，计划3年内引进6名以上领军人才及团队，服务和孵化包括解放军防化研究院第一研究所技术在内的企业2家至3家，争取5年内累计实现产值超过5亿元，形成销售超过2亿元的大型高科技公司。

【保税区滨江大厦封顶】 1月18日，由中铁建设集团华东公司承建的张家港保税区滨江大厦工程主体结构顺利封顶。滨江大厦工程总投资7.5亿元，总建筑面积150766.6平方米，由两栋办公塔楼和三栋裙房组成，西侧塔楼和东侧塔楼均为31层，建筑高度139.5米。三栋裙房均为三层，建筑高度19.6米。地下一层为停车库和设备用房。该工程是中铁建设集团首个BT（building-transfer，即建设—转让）工程，工程工地荣获江苏省安全文明工地称号。

【保税港区汽车整车进口口岸通过验收】 2月22日，张家港保税港区汽车整车进口口岸顺利通过由中国海关总署、国家发改委、工信部、商务部、质检总局组成的国家联合验收小组的验收。该口岸是江苏省及长江内河首个汽车整车进口口岸，是国内第七个港口型汽车整车进口口岸。根据规划，张家港保税港区将建设一套完整的装卸和堆放、检测、展示交易、整车和零部件分拨分销、改装、金融服务等汽车整车进口产业体系，有望成为华东地区最大的进口汽车物流产业园和国际汽车城，形成进口汽车产业的集聚。2月27日，第一艘滚装船“民铎”轮靠泊码头卸车。3月1日，集装箱进口的一台福特E350开始拆箱，标志着集装箱进口整车业务正式启动。是月2日，中远日邮汽车船运输公司的第一艘滚装大轮“中远腾飞”轮靠泊码头，装载942辆奇瑞车出口至南美。5月30日，外贸集装箱内支线洋山航线第一艘驳船“中外运003”首航。12月3日，日本东车船运输公司的第一艘进口汽车滚装大轮“利固敖”靠泊码头，装卸50辆徐工集团采购的五十铃底盘车。全年共进口整车217辆、出口整车14176辆。

【进口汽车物流中心通过规划评审】 8月，张家港保税港区进口汽车物流中心在南京通过规划评审。该中心规划用地179公顷，分码头作业和物流商贸两大功能区，重点建设汽车物流、展示交易和综合服务三大平台，能够满足码头装卸、整车分拨、零部件分拨、汽车改装、展示交易、4S服务、二手车交易等七大基本功能。拟建设的保税港区进口汽车物流中心将立足江苏、辐射周边省市和长江流域，为国内外汽车生产商、经销商以及广大客户提供全面专业的汽车物流服务，到2020年有望达到整车进口20万辆、出口及内贸中转50万辆的规模，成为国内一流、国际先进的现代化汽车物流枢纽。年内，有60家汽车经销商注册营业，总投资26亿元的中美仕家、哈曼改装车、宝马4S店等10个项目启动，完成投入10亿元。

【全国首家区（镇）海智基地成立】 9月12日，在2013年中国（江苏）国际科技交流与人才智力合作大会上，张家港保税区（金港镇）海智基地挂牌成立，标志着全国首家以区（镇）为单位的海外人才引智基地成立。近年来，保税区（金港镇）相继出台《张家港保税区领军型创新创业项目科技资金管理规程》等政策文件，初步形成技术研发、产业促进、人才服务、知识产权等四大政策体系，基本形成龙头骨干企业、高新技术企业和领军人才企业组成的创新梯队。至年末，拥有国家火炬计划重点高新技术企业6家、省高新技术企业58家，拥有市级以上科技领军人才98名，1个团队获评省“创新团队”。张家港保税区（金港镇）海智基地的成立，为海外专家学者、留学人才回国创业搭建了全新的服务平台。

【页岩气研发生产基地落户张家港保税区】 8月25日，张家港市政府、张家港保税区管委会与东华能源公司签订页岩气新材料综合利用研发生产基地项目合作协议，打造新材料产业基地。该项目是《苏南现代化建设示范区规划》的重大项目，也是张家港市“810”重点工程之一。东华能源公司拟联合国内外优秀企业，总投入360亿元，用3至5年完成页岩气新材料综合利用研发生产基地的规划和建设，形成210万吨丙烯、140万吨乙烯、100万吨丁烯的原料生产能力，并向下延伸发展新材料产业，形成1000亿元级的新材料产业研发生产基地。

（邱亚峰）

经开区（杨舍镇）

【概况】 张家港经济技术开发区（杨舍镇）位于市域西南部，是市委、市政府所在地，全市政治、经济、文化、交通中心。区域总面积153.09平方千米，其中城区面积34平方千米，耕地面积3741公顷。7月至9月，经开区（杨舍镇）实施基层党组织换届选举工作。9月17日，市政府批复同意城东、小城市、万红、范庄、包基、城北、仓基、城南、赵庄、城西等10个行政村撤村建社区。同时，经市委批准，建立赵庄和包基两个社区党委。11月8日，新增设七里庙社区居委会。9月至11月，实施第十届村民委员会和第五届社区居民委员会换届选举工作。年末，全区（镇）辖城郊5个办事处、城区4个街道办事处、29个行政村、66个社区居委会（其中1个为“村居合一”体制）。有户籍98806户、人口278521人，另有外来暂住人口254896人。全年实现地区生产总值618.7亿元，比上年增6.69%。一、二、三产业增加值分别为4.9亿元、223.56亿元和390.24亿元。按户籍人口计算，人均生产总值22.21万元。完成全口径财政收入81.19亿元，比上年增10.33%。其中公共财政预算收入48.08亿元。入库税收79.93亿元，比上年增10.4%。完成全社会固定资产投资197.57亿元，比上年增11.57%。年内获江苏省文明镇、江苏省人口和计划生育依法行政示范乡镇和“中国十大魅力乡镇”等称号。

经济建设与发展　年末，有企业7726家，其中工业企业3419家。354家规模以上企业全年实现工业总产值634.54亿元，主营业务收入618.69亿元，工业利税31.77亿元。25家规模型、成长型企业完成工业产品销售收入363.92亿元、利税24.26亿元、利润16.62亿元。全区（镇）有83家工业企业销售收入超1亿元，18家超5亿元，11家超10亿元，4家超20亿元，2家超85亿元。年内新增1家世界500强企业投资落户。澳洋集团、骏马集团、东渡集团入围中国民营企业500强。江苏东渡纺织集团有限公司生产的“伊思贝得”童装获评苏州市首届“十大自主品牌”，张家港富瑞特种装备股份有限公司成长为全市市值最高的上市企业。苏州汉酶生物技术有限公司获评2013年度全国最具成长潜力的留学人员创业企业。“国家火炬张家港节能环保装备特色产业基地”被科技部认定为国家火炬特色产业基地。张家港现代装备制造产业园获全省特色产业园评比第二名。全区（镇）工业技改投入107.46亿元，比上年增7.3%，其中超1亿元项目21项、超10亿元项目4项。海陆重工大型压力容器生产线技改项目列入全省“十大技改示范项目”，华灿光电等一批重大项目建成投产。张家港软件（动漫）产业园首批获批为全省首批文化产业重点园区，沙洲湖科技创业园获批省级科技企业孵化器称号。区（镇）新增高新技术企业13家，累计66家。张家港智能电力研究院引进的两名博士张贵新、胡军，苏州迈泰生物有限公司引进的博士张炜，苏州良辰生物医药科技有限公司总经理、博士王小良，先后入选国家“千人计划”，其中，张贵新、胡军、张炜为第九批入选，王小良为第十批入选。累计入选国家“千人计划”人才7人。年内入选省“双创”人才5人，累计19人；姑苏领军人才5人，累计17人；张家港市领军型创新创业团队27个，累计92个。新增产学研合作项目59项。经开区入选科技部“2013年度示范型国际科技合作基地”，成为全国57家入选基地之一。在第七届中国产学研合作创新大会上，中国产学研合作促进会为张家港经济技术开发区管委会颁发“中国产学研合作促进奖”。经开区（杨舍镇）全年获专利授权3035件，其中发明专利165件。新增省级“两化”融合试点企业6家，经开区获批省级“两化”融合示范园区。江苏新美星包装机械有限公司生产的轻量瓶吹瓶机获中国轻工业联合会科技进步二等奖。市易华塑料有限公司、苏州龙杰特种纤维股份有限公司等9家企业列入“国家万家企业节能低碳行动”行列。30家落后企业被淘汰。经开区通过省环保厅、商务厅专家组“省级生态工业园区”的考核验收。区（镇）全年进出口总额66.83亿美元，其中出口总额53.52亿美元。新批办外资及港澳台资企业33家，累计386家。新增注册外资及港澳台资45699万美元，到账外资及港澳台资16897万美元。新批办私营个体企业1022家，新增注册资本34.36亿元。新批办外地资本项目552项，注册外地资本36.5亿元，完成投入工作量57.83亿元。全年完成三产投入90.1亿元，比上年增17.12%。服务业占GDP的比重为63.1%。城南国际商务新城加快推进，城北科教新城全面启动。实施“百村千亩增百万”工程，大力发展“都市农业”。新增标准化农田221.6公顷，高效农业230.27公顷，设施面积109.07公顷。1种农产品获全省金奖、3种获苏州市金奖。新建富民股份合作社4家、专业合作社10家，累计有合作社61家。开工“一村二楼宇”（二楼宇指社区服务用房和经营性物业用房）项目48项，总投资11.72亿元。村均可用财力915万元，比上年增75万元，高于全市平均额220余万元。全年实现农业总产值8.31亿元，粮食、蔬菜和水产品总产量分别为25529吨、53610吨和1700吨。

社会事业发展 年末，有学校52所，教师总数4992人，在校学生74381人。有医院14家，社区卫生服务站82家。年内，拆迁房屋3352户，其中民宅3165户，清场交地37个重点地块。新开工安置房建设74万平方米，竣工53万平方米，3624户群众喜迁新居。编制城乡建设规划8个，点供土地3个项目53公顷。新建道路25条20千米，铺设污水管网16千米，整治河道102条，拆坝建桥34座，新增绿地81.6公顷。整治“两违”用地59宗83.87公顷。开展“四大整治、四大提升”行动，对废品回收点、废旧塑料加工厂进行集中整治。年度教育支出4.3亿元，比上年增12.7%。福前实验小学和福前实验幼儿园交付使用。对8所学校进行加固、扩建和改造，27所学校更新教学装备。新建社区卫生服务中心（站）6家。新增居家养老服务站8个，床位160张。福前村建成区（镇）首家居家养老服务中心。全年实施实事工程6个大类29项，总投资8.2亿元。建筑面积2370平方米的东莱文化中心竣工，晨阳集镇完成街景改造，福前泵站建成运行，14个社区解决办公服务用房，10个小区改造便民餐厅，21个小区实施雨污分流和公共基础设施维护改造。开展“六五”普法教育，深化“平安杨舍”创建，对西门路、香港城等重点地区开展专项整治。开展“幸福网格乐翻天”才艺PK赛、暨阳群众文化艺术团巡演、第三届全民健身运动会和红红火火过大年、激情“五一”、快乐中秋等文化体育活动，高标准承办苏州市第四届社区门球赛。5月，河北村建成全市首家社区网格思想文化交流平台——“张家港金塘论坛”，论坛的党员驿站、政务公开、新市民乐园等版块涉及群众吃穿住用行等基本需求。10月29日，《经开区（杨舍镇）农村资源交易中心运行机制实施意见》出台，区（镇）农村资源交易中心建立，农村集体资产交易采用公开招标方式交易。全年区（镇）在参加全国健身秧歌大赛、全省新编广场操（舞）展示、苏州市千村篮球比赛、苏州市全民欢乐大比拼等活动中均取得较高荣誉。花和平、侯静叶被评为“中国好人”。

福民工程实施 农民人均纯收入26103元，比上年增15.93%。年内，区（镇）发放各类涉农补贴713万元。企业社保扩面4755人，新增住房公积金缴存8378人，医疗参保93348人，参加合作医疗4224人。居民门诊结报1100余万元，大病风险补偿3600余万元。组织开展春节“慰问、走访、结对”活动，慰问困难群众4万余人，发放慰问金4230万元。按时足额发放各类民政优抚对象851人抚恤金763.84万元，发放现役士兵优待金423.36万元、退役士兵一次性补助619.24万元、优秀士兵奖金5.7万元。为857户1426名低保和低保边缘对象发放救助金815.07万元，为7名孤儿发放救助金7.22万元，为771名重残人员发放救助金463.33万元，为19名特殊残废人员发放救助金16.52万元，为65户受灾户发放民生险112.44万元，为466名贫困学生发放助学金142.25万元；临时救助665人，发放救助金85万元，对大病少年儿童、患病优抚对象及其他医疗支付型困难家庭发放一次性救助金30万元。为80岁及以上老年人发放尊老金542.52万元，70岁及以上老年人享受免费体检。为11户危房户帮修（建）房屋，发放补助28.6万元。深化“新市民积分管理办法”，累计新市民子女入公办学校13548人，常态化开展“4050”人员就业援助，开发就业岗位17685个，其中就业援助岗位5550个、公益性岗位383个，帮助特困家庭人员就业254人，“零就业”家庭“动态清零”。建立“三欠一赌”（欠薪、欠利息、欠规费、业主赌博）企业预警机制，调处各类矛盾纠纷3377起，化解信访积案、老户4件6人，信访总量比上年降22%。全年共举办“民生面对面”活动46场，受理各类诉求1850件，办结率96.6%，群众满意率95.2%，中央电视台、人民网等各大主流媒体跟踪关注。

2013年张家港经济技术开发区（杨舍镇）办事处（街道办事处）基本情况

表74

名　称	所在集镇（街道）面积（平方千米）	党工委书记	主　任	党工委副书记	副主任
泗港办事处	2.10	徐建军（6月任）	徐建军（6月任）	徐　波（女，6月任）	徐建军（主持全面工作，6月免） 惠海宁（7月免）　吕　浪 宋海忠（副镇级，8月任）
塘市办事处	2.50	黄玉琪	黄玉琪	徐　波（女，6月免） 王丽春（女，6月任）	王丽春（女，6月免） 缪永高　蒋　炜 金　忠（7月免） 薛　平（副镇级，8月任）
乘航办事处	1.50	杜永健	杜永健	沈　敏（女）	徐　一　孙金方（7月免） 刘　忠 葛卫荣（副镇级，8月任）
东莱办事处	2.00	张莉莎（女）	徐文达（副主任科员，主持全面工作）	邹丽萍（女）	丁同兴　张浩科
晨阳办事处	0.80	孙秀珍（女，主任科员，主持工作）	孙秀珍（女，主任科员，主持工作）	葛敏卫	倪小品 赵琦萍（女，6月免） 金　忠（7月任）
城东街道办事处	6.68	蔡　勇（主任科员，主持全面工作）	金　鑫（1月任）	—	许利刚（副镇级，8月任） 耿永红（女）　曹　峰（女） 陈　静（女）
城南街道办事处	7.00	陶建刚（副镇级干部，主持工作至5月） 赵琦萍（女，6月任）	陶建刚（副镇级干部，主持工作至5月） 赵琦萍（女，6月任）	陶士高（8月免） 丁伟民（副镇级，8月任）	王　献（副镇级，8月任） 陶士高（8月免） 徐燕萍（女） 钱海峰（兼，5月免）
城西街道办事处	6.30	石　勇	石　勇	薛　燕（女，副镇级，8月任） 王翠娥（女，5月免） 蔡　健	梅丽玉（女）　葛　苏（女）
城北街道办事处	13.17	樊忠良	樊忠良	孙惠英（女） 郭建峰（副镇级）	周　军（副镇级，8月任） 钱志杰（8月免）　钱得栋 朱忠莲（女）

2013年张家港经济技术开发区（杨舍镇）各村（社区）基本情况

表75

村（社区）名	面　积（平方千米）	户数（户）	人口数（人）	集体经济总收入（万元）	可用财力（万元）	总资产（万元）	村（社区）党委（总支、支部）书记	村（社区）主　任
斜桥村	3.91	1854	4838	945	81976	11436	蒋培兴	许立东
田垛里村	5.96	1941	6518	3820	2539	22465	郭建锋	陈希超
闸上村	2.41	873	2467	2153	136173	5200	赵阿盘	李　华
章卿村	5.08	1609	5398	1720	102294	6945	赵善荣	赵兴华
善港村	7.17	2308	7616	4154	206306	11548	葛剑锋	宋海忠
百家桥村	4.71	1596	4850	1901	68436	8452	唐建东	唐建东
七里庙村（社区）	4.41	1940	4902	3780	138449	11293	张建春	瞿　芳（女）
李巷村	7.01	2083	6380	2712	138679	8084	孟雪春	李　成
旺西村	1.82	519	2045	12942	40988	9680	顾建平	徐国华
河北村	5.23	1616	5124	1107	59001	6131	钱　旻（女）	陆惠良
南庄村	2.30	526	2009	979	29697	5964	徐海栋	徐海栋
棋杆村	2.96	730	2900	923	565	5390	薛　平（兼）	缪雪芳（女）

续表75-1

村(社区)名	面积(平方千米)	户数(户)	人口数(人)	集体经济总收入(万元)	可用财力(万元)	总资产(万元)	村(社区)党委(总支、支部)书记	村(社区)主任
河南村	2.22	560	1948	1349	48802	6558	缪永高	徐建春
汤联村	1.92	615	2207	926	36152	4338	蒋 炜	李金成
蒋桥村	3.09	821	2593	1667	105930	15735	钱建飞	支益明
庆安村	6.23	1617	5247	1453	112791	8885	钱 强	钱建明
农义村	2.41	562	1732	529	36181	1731	周正星	虞建石
双鹿村	3.29	873	2449	409	25489	3753	季建飞	陈海江
新民村	3.44	978	3194	712	62606	3216	徐建达	沈金文
民丰村	5.24	1649	5572	2231	141973	16234	孟建东	陈卫佳
农联村	6.02	2198	6174	5164	346549	42512	赵建军	李雪东
东莱村	6.89	2582	6943	960	64935	6013	徐文达	张震亚
福前村	6.37	2270	6067	4096	114465	13998	奚介荣	赵国忠
徐丰村	1.46	669	1623	747	74674	5355	唐永德	季安平
西闸村	3.55	1291	3561	695	39417	3781	姚军明	徐显法
黎明村	4.90	1442	4477	399	39464	3559	季祖德	徐 益
晨新村	4.37	1446	3728	564	52662	6750	陈 强	陈洪元
晨南村	3.94	1354	3540	519	45337	3604	丁耀平	黄向红(女)
南新村	6.14	2011	5272	665	57235	4931	东国平	朱永安
城东社区	1.63	987	2552	1847	173869	21987	郭冠平	郭新贤
城南社区	3.65	1987	5321	5145	203769	22776	王 献	缪雪花(女)
城西社区	1.93	1027	2489	6492	600525	21885	蔡兴华	顾国兴
城北社区	1.88	715	2440	1083	573.54	6979	许国兴	任建刚
横河社区	2.25	639	1790	580	579	3328	樊忠良(兼)	钱志杰
赵庄社区	3.85	608	1747	4311	92569	11969	汗明如(兼)	钱凤娟(女)
包基社区	2.06	558	2134	679	55137	4588	陶振祥	叶 文
小城市社区	2.25	680	2388	1264	95756	9758	陶建刚	胡兰英(女)
仓基社区	2.50	611	2459	3063	35501	4865	郭 浩	孙 斌
范庄社区	1.64	676	2075	775	68988	7058	缪德兴	缪立新
万红社区	1.39	776	2149	368	31961	4032	宋祖德	潘永华
前溪社区	1.50	412	1304	1162	988	6698	缪德兴(兼)	唐建新
勤丰社区	0.05	756	2152	—	—	—	郭冠平(兼)	钱雪峰
向阳社区	1.20	1575	4408	—	—	—	陆晓[illegible](女)	陈媛媛(女)
园林社区	1.00	1692	4486	—	—	—	曹 峰(女)	周 艳(女)
新城社区	0.86	1424	4000	—	—	—	张彩英(女)	张彩英(女)
花园社区	1.50	1633	4220	—	—	—	顾菊萍(女)	许品洁(女)
梁丰社区	1.30	2102	5636	—	—	—	丁凤英(女)	丁凤英(女)
东苑社区	1.40	1293	3574	—	—	—	赵 英(女)	赵 英(女)
振丰社区	0.56	1091	2882	—	—	—	许小萍(女)	许小萍(女)
明珠社区	0.62	1856	5201	—	—	—	王晓英(女)	王晓英(女)
中昊社区	0.30	552	1515	—	—	—	陈宇红(女)	陈宇红(女)
帝景社区	0.80	134	336	—	—	—	潘艳丽(女)	潘艳丽(女)
聚龙社区	0.40	1475	4232	—	—	—	陈红静(女)	陈红静(女)
沙工社区	0.60	1566	4248	—	—	—	徐 炜(女)	徐 炜(女)

续表75-2

村（社区）名	面　积（平方千米）	户数（户）	人口数（人）	集体经济总收入（万元）	可用财力（万元）	总资产（万元）	村（社区）党委（总支、支部）书记	村（社区）主　任
南苑社区	0.80	3236	9470	—	—	—	徐　强	徐　强
东湖苑社区	0.82	—	—	—	—	—	张晓红（女）	张晓红（女）
西湖苑社区	0.20	888	2743	—	—	—	许　娟（女）	许　娟（女）
惠丰社区	0.30	1113	2868	—	—	—	陆彩萍（女）	陆彩萍（女）
暨阳湖社区	0.65	806	2100	—	—	—	徐　敏（女）	徐　敏（女）
绿洲社区	0.34	413	1077	—	—	—	樊　莉（女）	樊　莉（女）
清水湾社区	0.52	965	2645	—	—	—	钱玉芳（女）	钱玉芳（女）
江联社区	0.41	308	788	—	—	—	苏　洁（女）	殷红燕（女）
馨港社区	0.22	54	149	—	—	—	陆美红（女）	陆美红（女）
云盘社区	0.32	2164	6146	—	—	—	汪秀琴（女）	汪秀琴（女）
邵巷社区	0.22	1289	3664	—	—	—	宋祖德	刘　卫（女）
暨阳社区	0.45	1544	4266	—	—	—	张玉妹（女）	张玉妹（女）
龙潭社区	0.18	1362	3822	—	—	—	葛　新（女）	葛　新（女）
庆丰社区	0.35	1399	4188	—	—	—	王雅芳（女）	王雅芳（女）
西门社区	0.25	1796	4916	—	—	—	夏军芬（女）	夏军芬（女）
长安社区	0.12	963	2716	—	—	—	路　敏（女）	路　敏（女）
金城社区	0.32	518	1268	—	—	—	沈丽红（女）	沈丽红（女）
汇景社区	0.32	856	2245	—	—	—	王佩华（女）	王佩华（女）
四季社区	0.31	532	1389	—	—	—	石扣萍（女）	石扣萍（女）
悦盛社区	0.28	145	558	—	—	—	陈　亮	王季芳（女）
扬帆社区	1.38	1518	6009	—	—	—	陈　洁（女）	陈　洁（女）
东渡社区	1.50	1389	3744	—	—	—	徐　虹（女）	徐　虹（女）
通运社区	1.20	1094	2848	—	—	—	庄丽萍（女）	庄丽萍（女）
锦绣社区	1.50	435	1254	—	—	—	袁晓东	袁晓东
悦丰社区	0.90	733	2259	—	—	—	黄　芳（女）	黄　芳（女）
体育社区	0.53	407	1360	—	—	—	虞　华（女）	虞　华（女）
泗港社区	1.20	321	846	—	—	—	徐桂贤（女）	徐桂贤（女）
白鹿社区	0.11	349	943	—	—	—	胡胜良	胡胜良
景巷社区	0.17	156	442	—	—	—	徐　浩	徐　浩
塘市社区	1.50	551	1464	—	—	—	徐立峰	徐立峰
北海社区	0.13	163	615	—	—	—	孙　滟（女）	徐　惠
南湖苑社区	0.23	381	1387	—	—	—	徐海栋	徐海栋
东兴苑社区	0.34	507	1915	—	—	—	张栋良	陈　云
金塘社区	0.24	88	361	—	—	—	程　亚（女）	高丽萍（女）
乘航社区	1.50	1159	2951	—	—	—	楼小英（女）	楼小英（女）
老宅社区	1.70	1088	3124	—	—	—	钱晓红	钱晓红
江南社区	0.41	43	117	—	—	—	潘德贤	潘德贤
东莱社区	1.60	297	598	—	—	—	王正兴	王正兴
江帆社区	0.29	465	1121	—	—	—	季利本	季利本
晨阳社区	0.80	341	736	—	—	—	丁耀平	丁　静（女）

说明：表格中数据为农村调查数

2013年张家港经济技术开发区(杨舍镇)主要开工项目情况

表76

投资企业名称	项目名称	计划总投资(万元)	当年投资(万元)
华灿光电(苏州)有限公司	LED芯片、外延片项目	180000	194800
张家港富瑞特种装备股份有限公司	汽车发动机再制造项目暨LNG产业园三期项目	180000	26500
江苏骏马集团有限责任公司	钢帘线四期项目	158000	80000
苏州同冠电子有限公司	4英寸、6英寸集成电路生产线项目	100000	25800
澳洋集团有限公司	总部大楼研发中心项目	80000	3000
欧璧医药包装(中国)科技有限公司	年产10亿元医药保存容器项目	80000	40680
苏州龙杰特种纤维股份有限公司	募投项目	73000	19200
苏州爱康科技有限公司	总部大楼研发中心项目	70000	65000
那智不二越(江苏)精密机械有限公司	液压泵、液压阀及机器人项目	65000	32000
苏州现代海斯克钢材有限公司	汽车用轻量化材料项目	65000	45800
苏州金鸿顺汽车部件有限公司	30万套汽车冲压件项目	50000	13540
市万豪园林工程有限公司	标准型厂房项目	30000	30000
市华机环保新能源科技有限公司	年产3万只LNG气瓶项目	25000	26000
群欣光电科技(张家港)有限公司	圆形化蓝宝石衬底项目	25000	7000
市浩然纺织有限公司	氨纶纱扩能项目	25000	14000
沙洲湖科技创业园	科创项目	25000	25000
江苏新美星包装机械有限公司	50套高速灌装成套设备项目	20000	20500
市凯沙电器有限公司	有源滤波器、SVC、SVG、电抗器等生产项目	18000	17900
江苏骏马化纤股份有限公司	年产1万吨涤纶帘子布改造项目	15000	16000
市江南锻造有限公司	8000吨压机项目	15000	6350

【88个项目集中开、竣工和签约】 11月8日上午，经开区(杨舍镇)举行2013年秋季项目集中开、竣工和签约仪式，总投资215.95亿元的88个项目集中开、竣工和签约。其中，开、竣工项目65项，总投资164.65亿元；签约项目23项，总投资51.3亿元。开、竣工项目中，新兴产业项目11项，总投资65.45亿元；现代服务业项目16项，总投资68.1亿元；民生实事项目13项，总投资26.6亿元；科技创新项目25项，总投资4.5亿元。

经开区2013年秋季项目集中开、竣工和签约仪式　　(严子洋　摄)

【杨舍镇获全国社会主义新农村示范镇称号】 1月，中央农办全国新农村建设中心公布首批“全国社会主义新农村建设示范镇”名单，杨舍镇成功入选，成为苏州地区唯一获此殊荣的乡镇。近年，杨舍镇始终坚持以新农村建设统揽农村工作全局，以工业化致富农民，以城市化带动农村，以产业化提升农业，按照中央提出的“生产发展、生活宽裕、乡风文明、村容整洁、管理民主”要求，创新思路，积极探索，狠抓机制创新、转型升级、富民惠民、文明创建等重点，新农村建设取得明显成效。在具体实施中，全镇以农民向城镇集中居住和村庄整治作为内容和抓手，提高建设标准，410个自然村庄全部达到省级“康居乡村”星级标准；坚持发展为第一要务，大力发展强村经济，2013年村均可用财力达到915万元；大力发展现代农业，深化农村“三大合作”改革，土地股份合作社、社区股份合作社实现全覆盖。

【"神园葡萄"新品推广项目被列为国家星火计划重点项目】 3月，市神园葡萄科技有限公司承担的"早熟、优质、抗病葡萄新品种推广应用与产业化"项目被列为国家星火计划重点项目，获得无偿补助经费30万元。这是全市首次申报成功的国家星火计划重点项目。市神园葡萄科技有限公司是经开区（杨舍镇）农业科技重点企业。"早熟、优质、抗病葡萄新品种推广应用与产业化"项目是具有自主知识产权的高品质抗病葡萄新品种项目。通过项目推广应用，可改变当地和附近地区主栽品种单一或仅依赖从外国引进优良品种的局面，提高葡萄产品品质与结构，摆脱栽培技术落后困境，更好适应本土葡萄生产的自然条件与栽培方式，缩短生产周期。

【全省首个24小时自助图书馆启用】 5月8日，位于杨舍东街的24小时自助借阅图书馆——梁丰社区图书馆建成投用，这是江苏省首个24个小时自助图书馆。该馆由市图书馆、经开区（杨舍镇）联合建办，面积100平方米，一次性投放图书5000册，设备投资25万元。自助图书馆安装有市民卡门禁系统和图书自助借还设备，无人值守智能化管理，使用无线射频技术实行图书自助借还，采用全自助服务，从进门、取阅、借、还图书到出门，均由读者自行操作完成。实现了图书馆服务时间、空间、地域、资源、网络等功能的延伸。凡持有市民卡的读者，都可进入自助图书馆免费看书；市民卡开通借书功能的，还可以自助借、还书。该自助图书馆有12个座位的读者阅读区和两组10个双面书架，每月定期更换新书200至300册，馆藏可满足附近2万余名居民的读书需求。

【中国产学研合作创新示范基地获批】 7月9日，经开区（杨舍镇）申报的"中国产学研合作创新示范基地"通过中国产学研合作促进会专家组评审，12月10日成功获批。自2010年起，经开区（杨舍镇）依托中国科学院和清华大学、北京大学、哈尔滨工业大学、南京大学、南京理工大学、东南大学、苏州大学等科研机构和大学，先后与全国百余家科研机构、高等院校建立长期技术依托与合作关系，达成产学研合作项目190余项，建立各级各类科技载体平台120余个，其中江苏省企业院士工作站7个、江苏省企业研究生工作站33个、江苏省工程技术研究中心19个。先后获得国家科技进步奖3项、国家科技创新基金28项，承担国家"863"项目3项。同时，与清华大学合作共建智能电力研究院、华东锂电技术研究院，与其他有关高校合作成立苏州大学工程技术研究院、南京理工大学工程技术研究院、哈尔滨工业大学张家港智能装备及新材料技术产业化研究院、北京大学张家港技术转移中心等创新载体10余个。

【张家港再制造产业示范基地获批为国家示范基地】 10月24日，张家港再制造产业示范基地被国家发展和改革委员会批准为全国首批、华东首家"国家再制造产业示范基地"，并于11月8日揭牌开建。从2011年起，经开区（杨舍镇）全面推进再制造业基地建设前期工作。基地东至港城大道，北至科技路，西至国泰北路，南至老张杨公路，规划面积4.3平方千米，其中启动区1.1平方千米，规划新建38万平方米的再制造业厂房和公共服务平台，计划总投资超100亿元。至2013年已培育富瑞特装、德国西马克、日本那智不二越等从事再制造的骨干企业，初步形成以汽车发动机再制造为主，冶金设备、精密切削工具再制造为辅的产品体系，并成立独立运作的再制造产业投资有限公司，在全国同行业中具有一定的引领性和示范性。基地获批后，将构建逆向物流和旧件回收体系、拆解加工再制造体系、公共服务保障体系等"三大体系"，重点发展汽车零部件、冶金设备、机床模具及切削工具、电子办公设备再制造和再制造设备生产等"五大主导产品门类"，建立创业孵化、技术研发、质量检测、电子商务、物流配送、拆解清洗、固废收集等七大中心。

【节能环保装备特色产业基地跻身"国家队"】 12月，由经开区（杨舍镇）申报的"国际火炬节能环保装备特色产业基地"被科技部火炬高技术产业开发中心认定为国家火炬特色产业基地。近年，经开区（杨舍镇）大力发展节能环保产业，形成了余热锅炉、LNG（液化天然气）成套设备、脱硫脱硝设备为主要领域的节能环保装备产业，集聚了海陆重工、富瑞特装、新中环保等一批在全国节能环保装备产业领域具有较强影响力的科技型企业，研发能力和技术水平走在全国前列。经开区（杨舍镇）将继续加强对特色产业基地发展的引导，全力扶持龙头骨干企业做大做强，打造节能环保产业集群和创新集群，力争到2015年实现节能环保产业销售收入超100亿元目标，建成国内一流的节能环保装备特色产业基地。

【花和平、侯静叶登上"中国好人榜"】 7月、8月，杨舍镇居民花和平与侯静叶先后荣登"中国好人榜"，其中花和平为"见义勇为"好人、侯静叶为"诚实守信"好人。花和平65岁，家住杨舍镇通运社区，曾在部队当过兵。他热心公益，退休后一直从事社区志愿服务。2012年4月4日清晨4时50分许，花和平听到跨东横河的龙潭桥上有两名年轻女子正在拼命呼救，他迅速从家中冲到龙潭桥堍，见河中有一名落水女子在挣扎。他毅然从约4米高的石驳岸上跃入河中，将落水女子救上岸。此时，被救者双眼紧闭，嘴唇铁青，脸无血色，已经昏厥。花和平立即凭借在部队里学得的救生技能，将该女子救醒后，担心她还有危险，随即叫她的同伴报了警，自己则没留姓名，带着腰部、胸口、膝盖等部位的多处擦伤默默地回家。侯静叶是泗港环卫所一名普通女工，家住杨舍镇七里庙村。2012年11月8日上午9时许，侯静叶在振兴路清扫时，捡到一张面额10万元的到期承兑汇票。侯静叶自己年收入不足3万元，丈夫收入也不多，儿子还在读大学。面对这笔可抵自己3年收入的巨款，而且已知该汇票已经"背书"，可直接去领现金的情况下，她非但没有动心，反而为失主着急。她毫不犹豫地将该汇票交给单位并委托单位多方联系，寻找失主，终于在11月10日将该汇票交还失主手中。

【全市首现居民屋顶光伏发电】 11月，杨舍镇塘市办事处香蜜湖小区居民骆通投资5万元在自家住宅屋顶安装光伏发电设备，并与市供电公司签订并网协议。12月16日，全市首个居民分布式屋顶光伏电站顺利并网试运行。该站装机容量5千瓦，电压等级220伏，通过太阳能照射光伏板发出直流电流，经逆变器，将直流电变成标准的220伏交流电，每月发电量400余千瓦小时。至年末，骆通使用光伏发电设备146千瓦小时，按每千瓦小时0.42元电价补贴标准，市国税局为其开具苏州市首份个人销售电力发票，面值61.32元。骆通成为苏州市个人卖电第一人。

（戴玉兴　缪时政）

冶金园（锦丰镇）

【概况】 冶金工业园（锦丰镇）位于市域北部，与南通如皋市、通州市隔江相望，有沿江岸线13.8千米，是国内首家省级特色工业产业园区，也是以钢铁冶炼为核心，加工、贸易、仓储、物流等全面发展的新型工业基地。区域总面积114.32平方千米，耕地面积4782公顷。1月，红光村并入店岸村，永盛村并入星火村，新建书院社区；9月，新建大南社区、悦来社区。年末，冶金园（锦丰镇）辖办事处2个，行政村23个、社区居委会9个。有户籍44370户、人口114265人，另有外来暂住人口6.13万人。全年实现地区生产总值513.45亿元，比上年增2.7%。一、二、三产业增加值分别为4.06亿元、394.56亿元、114.83亿元。按户籍人口计算，人均生产总值44.93万元。完成全口径财政收入41.6亿元，其中公共财政预算收入19.25亿元。入库税金39.53亿元。全社会固定资产投资147.91亿元，比上年增3%。年内，沙洲县抗日民主政府纪念馆被命名为苏州市爱国主义教育基地，列入江苏省廉政文化旅游专线；锦丰文体中心投入使用，党建廉政展示馆建成开馆。冶金园（锦丰镇）获2011~2013年度平安苏州建设先进集体、苏州市村庄环境整治先进集体、江苏省2010~2012年度文明镇等称号。

经济建设与发展　年末，有企业2610家，其中工业企业1450家。107家规模以上企业全年实现工业总产值1993.26亿元，主营业务收入2097.48亿元，工业利税71.54亿元。有销售收入超10亿元的工业企业4家。冶金、玻璃建材、五金机械、轻工纺织成为四大产业。年内投资超1亿元的项目有30项，其中1420毫米冷轧、盈鼎气体、高兴达钢贸楼、沙钢宾馆扩建、锦都中央商业广场等12个重点项目如期竣工，玖隆物流商务区、沙钢综合技改、联合铜业废杂铜再生综合利用等项目顺利推进。园（镇）全年完成技改投入99.51亿元，其中总投资超3000万元（合资项目超500万美元）的技改项目54项。总投资35亿元的联东U谷·张家港产业综合体产业园、总投资38亿元的六星（张家港）汽车后市场产业园、北斗卫星应用产业化试点等项目先后签约，新兴产业产值590亿元，比上年增13.9%。全年新批外资及港澳台资企业21家，累计115家。新增注册外资及港澳台资2.86亿美元，累计11.5亿美元。到账外资及港澳台资1.66亿美元，累计11.85亿美元。外贸进出口总额65.93亿美元，其中出口总额18.21亿美元。新批办私营企业380家，累计2543家，新增注册资本9.53亿元，比上年减少51.3%。新批个体工商户703家，累计4661家，新增注册资本6734万元，比上年增45.6%。新批外地资本项目285项，注册资本21.39亿元，比上年增11.8%。服务业投入48.41亿元，总投资5亿元的建华管桩采购中心、注册资本2亿元的山西潞安矿业（集团）张家港国际贸易有限公司等入驻玖隆物流园。玖隆物流园新增入驻企业230家，实现开票销售1128亿元，入库税金1.78亿元，获全省特色产业园中物流产业园第一名。8月，玖隆保税物流保税库和出口加工监管库获南京海关批复。园（镇）全年新增省民营科技企业12家，累计59家。新增省级以上企业创新平台15个、省级以上科技项目10项、国家火炬计划重点高新技术企业2家。新增省高新技术企业8家，累计35家。新增产学研合作项目37项。获批省科技企业上市培育计划入库企业7家、新增授权专利1180件，其中授权发明专利62件。有院士工作站2家，新增研究生工作站3家，累计14家。新增省级工程技术研究中心4家，累计12家；新增苏州市级工程技术研究中心4家，累计22家。累计有中国驰名商标5件；新增江苏省著名商标1件（红叶视听），累计15件。签约国家“千人计划”工作站2家，累计4家；签约“千人计划”专家产业化项目4项。新增省“双创”人才3人，累计5人；新增姑苏领军人才2人，累计4人；新增张家港市领军型创业人才（团队）10人，累计28人。实现农业总产值7.94亿元，粮食、、蔬菜、水产品总产量分别为37791吨、51899吨、1716吨。机插秧面积2140公顷，占水稻总面积的86%。秸秆还田综合利用率98.68%。园（镇）投入2375.61万元，清淤河道61条56.1千米，建设生态护岸3处3.5千米，新建闸站2座，新（改）建桥（涵）27座，整治二干河坍塌岸坡305米。投入5226万元，用于书院五村、悦来花园等地段绿化建设，完成中央公园、滨河公园、书院路、华山路、华昌路等区域绿化、景观工程，新增绿化面积63.73公顷，累计3141公顷。南港村建成苏州市美丽村庄示范点。联兴村投资1.5亿元参与联合建设的锦都中央广场竣工。投入879万元在西界港、乐杨、鼎盛3个村实施高标准农田配套工程，面积153.33公顷。新增高效农业面积274.67公顷，其中设施面积93.07公顷。投资150万元，建设0.67公顷工厂化育秧基地。西港村投入100万元开挖鱼池15公顷。园（镇）投入近529万元，添置大型收割机8台、高速插秧机10台、高效设施农业机械38台，其他农业机械

德美幼儿园　　（严子洋　摄）

60台，累计有各类农业机械3529台套，农机总动力3.34万千瓦。建设村农机合作社获评苏州市首家全国农机合作示范社。全年园（镇）企业投入5.6亿元，实施沙钢7号和8号烧结机烟所余热回收、浦项供气管网、沙电外供蒸汽管网等8个重大节能项目。沙钢、沙洲电力、华尔润等重点企业除尘改造、脱硫脱硝工程推进，园（镇）每年减排大气污染物粉尘4770吨、二氧化硫1.34万吨、氮氧化物7600吨。冶金工业园首批获省园区循环化改造示范试点园区称号。

社会事业发展　年末，有学校11所，其中公办学校9所、民办幼儿园1所（德美幼儿园）、新市民子女学校1所（锦秀学校）。教师总数798人，在校学生总数13570人，其中新市民子女4736人。投入2亿元高标准改、扩建合兴小学、锦丰中心小学，投入近800万元用于学校硬件设备提档升级和校园文化建设。新市民子女入学率100%。中小学入学率、巩固率均保持100%，毕业率100%。全园（镇）有大型休闲广场5个、体育场馆3座，包括健身路径、室内健身房、乒乓室等各种健身场所在内的晨、晚练健身点123个。推广普及《沙上婚俗》等一批特色文艺节目，组织地方特色文化活动180场次。开展"十佳"优秀职工、"十佳"和谐家庭、"十佳"社区医生、"首届道德模范"评选和宣传活动，助推文明程度提升。推进"义工在行动"工程，成立义工队伍48支，有义工1630人，开展各类活动累计389次，参加活动义工达到2840人次，有16个社区社会组织获评市"十佳百优"社区社会组织称号。全市首家镇级社会工作者协会成立，全年共推出志愿服务项目26项，其中"小厨大爱"绿益坊获2013年度张家港市志愿服务项目，"文千工作室"入选"2013年度张家港市未成年人思想道德建设工作创新案例"，市志愿者工作现场会在冶金园（锦丰镇）召开。新发展有线电视用户2608家，累计4.04万户。新发展宽带用户2453户、互动用户258户，累计7555户。有医院4家，床位606个。计划免疫门诊接种40451人次。528个餐饮单位持有效卫生许可证的有518个，持证率98.1%。220个公共场所单位持有效卫生许可证的有214个，持证率97.27%。为118名民间厨师实施免费体检，持证上岗率100%。全年刑事发案数799起，比上年下降16.86%。10月，城乡大环境监控中心和冶金园（锦丰镇）综合执法办公室成立，在全市率先实现城市管理由单一管理向综合治理转变。综合执法办公室全年开展专项整治4次，处理违法违规行为500余次。9月，市农村资源（锦丰）交易所在镇农服中心挂牌成立。年内交易所对悦来花苑商业门面房等农村集体资产、资源进行公开招拍。

福民工程实施　农民人均纯收入25052元，比上年增15.71%；村土地股份合作社做到全覆盖，累计24家，土地入股面积2772.8公顷，入社农户29487户，注册资金6597万元。以村集体经济为经营主体或控股的土地股份合作社有24家。其中有3家土地股份合作社实现效益分红。投资1200万元的温室蔬菜科普园加紧建设。联兴村、星火村、镇北社区新组建5家劳务合作社，累计8家。新增适度规模流转土地118.53公顷，累计3760.8公顷，占耕地面积的98%。有三星级为农综合服务社28家。有休闲农庄3个、农业企业24家。村级可用资金7140万元，比上年增18%。全年发放粮食直补、农资增支补贴、土地规模经营补贴等涉农补贴2425.21万元，受益农民2.2万户。新增城镇职工养老保险参保人数3978人，累计59825人，参保率99.72%；参加居民基本医疗保险50308人；住房公积金扩面完成4769人，累计32465人。累计农保转城保15469人，占农保总人数的99.63%；新增享受老年补贴4人，累计9893人，享受率100%。为9323名70周岁及以上老年人实施免费健康体检。组织沙钢集团、华尔润集团等企业进行岗前培训5478人，职业技能培训3612人；举办创业培训2期，培训181人，扶持创业97人。新建创业孵化基地3个，累计10个；见习基地累计19个。新建农村劳务合作社4家，累计8家。全年排查、调处各类矛盾纠纷1874起，调处成功率99.5%。处理劳资纠纷22件，涉及金额280万元；处理工伤纠纷48起，涉及金额420.39万元。处理工亡纠纷9起，涉及金额579.6万元。累计举办招聘会24场，提供就业岗位9308个，新增就业岗位11362个，新增就业援助单位20个并结转2012年的26个援助单位，开发就业援助岗位3415个，其中公益性岗位508个，吸纳就业困难人员700余人，帮助1144名就业困难人员申领政策性补贴、167名特困劳动力实现就业。为13441名企业退休人员免费健康体检，37830名企业退休人员、农保和被征地退休人员纳入全镇社会化管理范围。着力打造“生育关怀、服务到家”品牌，流动人口管理工作得到国家卫计委肯定。全年园(镇)发放抚恤金988万元。发放低保、伤残救助、助学金等1478万元。为541名残疾人提供重残生活救助金327.8万元。“爱满港城”慈善募捐1000余万元。园(镇)投入32.9万元，为12户困难户帮建、帮修房屋25间。新建镇级社会福利服务中心1家，累计2家。创建“苏馨家园”残疾人庇护工场。锦丰亚兰老年公寓、锦虹老年公寓一期投入运行。园(镇)累计有居家养老服务站19家。发放各类计划生育奖励、补助金1069.96万元，16698人受益。

2013年江苏扬子江国际冶金工业园(锦丰镇)办事处基本情况

表77

名　称	所在集镇面积(平方千米)	党工委书记	主　任	党工委副书记	副主任
三兴办事处	2.20	陈建明	陈建明	吴亚芳(女)	惠正刚
合兴办事处	2.80	周勇敏	周勇敏(2月免) 赵　瑜(女,2月任)	李晓平	陈　英(女)

2013年江苏扬子江国际冶金工业园(锦丰镇)各村(社区)基本情况

表78

村(社区)名	面积(平方千米)	户数(户)	人口数(人)	集体经济总收入(万元)	可用财力(万元)	总资产(万元)	村(社区)党委(总支、支部)书记	村(社区)主　任
店岸村	8.23	2255	6733	761.88	792.20	5167.10	毛桂法	朱才明
联兴村	9.96	2239	5005	1326.77	1241.80	15875.73	茅　斌	杨德芳
向阳村	4.21	1101	3077	681.69	371.80	4357.01	郭　健	丁　浩
郁桥村	2.31	676	1935	311.26	188.70	1837.27	张正清	魏广杰
建设村	5.01	1874	4854	575.36	415.90	3396.33	黄建浩	蒋卫良
协仁村	4.32	1375	4015	415.00	249.00	2506.47	张小平	苏惠成
西港村	3.97	1339	3699	341.00	189.70	1576.76	巩谆贤	邵燕军
福利村	5.72	1686	4689	668.00	264.50	3201.50	肖正才	蒋正华
交通村	4.94	1437	4029	394.00	249.00	2359.38	叶海平	蔡正平
厚生村	4.29	1937	4893	634.99	366.40	4629.77	陆　杰	倪玉琴(女)
新港村	4.00	1452	4126	435.48	244.60	1446.33	黄卫平	陈　键
西界港村	3.63	1317	3699	399.89	280.50	1816.73	朱嘉喜	杜建林
登瀛村	4.36	1564	4128	340.42	240.80	1808.83	姚恒峰	陈发根
耕余村	3.24	1194	3029	420.00	192.90	1590.95	孙晓平	刘晓华(女)
鼎盛村	4.97	1682	4556	492.00	237.50	1550.58	倪建华	朱建华
乐杨村	4.74	1793	4802	416.93	195.10	1788.04	吴建清	陈建华
星火村	6.01	1676	5286	836.00	481.00	5707.15	杨志高	朱惠英(女)
洪桥村	4.00	1098	3427	318.00	131.10	1592.34	毛　虎	李卫京(女)
洪福村	5.19	1645	4231	371.00	228.60	1916.10	殷亚华	奚　健
悦来村	3.34	1089	2876	919.22	173.10	2875.72	陶嘉祥	高成龙
光明村	3.63	1224	3082	519.52	181.60	2045.42	聂恩峰	倪春军
南港村	4.02	1309	3533	448.89	249.30	1874.00	许天明	赵　锋
常家村	4.14	1295	3800	931.00	259.60	4896.78	张　涛	张剑平
镇北社区	1.59	716	1680	426.74	231.00	1800.35	倪　军	费　红(女)
海沙社区	4.50	1270	3689	430.95	283.00	2001.31	金　荣	陶小贤(女)
滨江社区	—	2161	4241	—	—	—	陈晓怡(女)	陈晓怡(女)
三兴社区	—	1085	2249	—	—	—	朱　毅	朱　毅
合兴社区	—	2423	5302	—	—	—	沈晓燕(女)	沈晓燕(女)

续表78

村（社区）名	面积（平方千米）	户数（户）	人口数（人）	集体经济总收入（万元）	可用财力（万元）	总资产（万元）	村（社区）党委（总支、支部）书记	村（社区）主任
永新社区	—	397	1096	—	—	—	沈连明	沈连明
书院社区	—	66	167	—	—	—	徐萍（女）	徐萍（女）
大南社区	—	—	—	—	—	—	—	张涛
悦来社区	—	—	—	—	—	—	—	陶嘉祥

说明：表格中数据为农村调查数

2013年江苏扬子江国际冶金工业园（锦丰镇）主要开工项目情况

表79

投资企业名称	项目名称	主要产品	投资金额（万元）
张家港联合铜业有限公司	再生综合利用废杂铜年产24万吨阳极铜及延伸加工10万吨阴极铜项目	阳极铜、阴极铜	151000
江苏沙钢集团有限公司	玖隆物流精品钢材加工项目	精品钢材	150000
江苏富祥新材料科技有限公司	煤灰粉、冶炼废渣等废物制无机矿纤维及制品项目	无机矿纤维及制品	26700
盛安新材料（江苏）有限公司	超微硅粉项目（一期）	超微硅粉	26000
江苏绿伟锂能有限公司	年产945万套新型储能动力锂电池模组项目	新型储能动力锂电池模组	23000
江苏省电力公司建设分公司	220千伏欣隆输变电工程项目	电力	21573
江苏富澜特环保科技公司	年产30万台套空气净化机制造项目	空气净化机	18200
江苏红叶视听器材股份有限公司	高品质电影银幕及3D巨幕技术改造项目	电影银幕及3D巨幕	15000
江苏日新医疗设备有限公司	年产新型医疗急救用品及理疗、康复用品等11万台项目	医疗急救用品及理疗、康复用品	9500
市双佳重工有限公司	年产自动化成套机械设备1000台套技术改造项目	化工机械和冶金设备	8500
张家港方圣机械有限公司	节能环保再生设备生产项目	环保设备	8000

【八个民生项目集中开工】 8月20日，冶金园（锦丰镇）8个民生建设项目举行集中开工仪式。8个项目涉及公共设施、医疗卫生、社会保障和教育等方面，总投资12.25亿元。其中，总投资1.1亿元的沙洲河大桥、步行桥建设项目是利用一干河清水资源，打造生态建设示范区的重要工程，也是全市一干河风景廊道建设的重要内容。南京师范大学附属合兴小学扩建项目总投资1.25亿元，建成后将形成10轨（每个年级10个班）共60个班级，可容纳学生3000余人。另有金南港农业科普园、沙洲河生态廊道体育公园、合兴医院易地新建、龙庭华府居民住宅区、镇社会福利中心、锦丰中心小学扩建等民生工程。

【“沙洲新城美·网格群英会”文化活动】 年内，冶金园（锦丰镇）与市文广新局联合举办“沙洲新城美·网格群英会”文化品牌活动项目。该活动分为每周展示、月度展演、年度荟萃3个阶段，打造惠民文化。每周展示通过精选各网格推荐的优秀文艺节目，现场表演并拍摄视频进行展示，大众可通过登陆“张家港在线”网站对“我最喜欢的节目”进行投票。此后，从每周展示节目中遴选优秀作品，参与月度展演活动。月月展演活动结合节日庆典进行策划编排，让大众在了解网格文化的同时欣赏到精彩纷呈的晚会盛况。年度荟萃不仅可以欣赏到年度最出类拔萃的网格节目，更可以与张家港电视台、广播电台的“名嘴”近距离接触，了解乡土人情，品味沙洲文化。全年各网格共精心创作编排各类作品300余件。此外，冶金园（锦丰镇）还开展“沙洲新城·祝福永恒”郁金香之约暨冶金工业园（锦丰镇）书香城市全民阅读宝贝启蒙行动、幼儿启智行动、关爱新市民阅读、老年阅读等八大系列活动，得到居民的普遍欢迎。

【钢铁产业基地获批省新型工业化产业示范基地】 3月，省经信委公布2012年度“江苏省新型工业化产业示范基地”名单，冶金园（锦丰镇）申报的“钢铁（精品钢材）产业示范基地”榜上有名，这是全市继张家港经济技术开发区石化装备产业示范基地、张家港保税区新材料产业示范基地后的第三个省级新型工业化产业示范基地。精品钢材新型工业化示范基地成功创建后，将以产业转型升级为目标，围绕精品钢材主题，将生产、仓储、物流、电子交易、金融等功能融于一体，加快集聚国内外冶金人才、成果及产业等资源要素。同时，随着国家、省相关扶持政策的出台，冶金工业园区未来招商引资、项目建设等各项工作也将加速推进，引领产业的集聚发展和集约发展。

【国内首个镇级职业能力测评工作室开张】 10月，冶金园（锦丰镇）在创新开展公共就业服务中，与中国劳动保障科学研究院合作，建立全国首家镇级职业能力测评工作室。工作室投资30余万元，共有7套技能操作测试设备，可以对求职者的动手能力进行初步判断，并通过电脑做题，对求职者的心理特质和心智技能进行测试。工作室引进行业内知名的职业能力测评软件，根据国外先进的职业能力测评理论和方法，再结合国内典型案例，通过构建求职者特别是技能型求职者职业能力测评的“三维结构模型”，即将心理特质、心智技能和操作技能三个测评有机结合起来进行综合评估。工作室面向全市免费为求职者服务。

【南师大附属合兴初级中学、合兴小学揭牌】 5月22日，南京师范大学与冶金园（锦丰镇）联合办学签约揭牌仪式在市馨苑度假村举行。南京师范大学党委书记、校长宋永忠，张家港市委副书记、市长姚林荣共同为“南京师范大学附属合兴初级中学”“南京师范大学附属合兴小学”揭牌。根据协议，合兴初中、合兴小学与南京师范大学实施联合办学。南师大利用自身优势，以指派教育专家到校培训、设立教育研究生工作站等方式，开展教育指导、科研培训，培育和彰显两校办学特色，提高学校在省内外的知名度。并通过2年至3年的学校文化项目研究和建设，帮助学校形成在苏州有一定影响力的特色文化。南师大还将加强附属学校教师队伍建设，结合实际建构和完善校本课程体系，逐步开发、完善具有特色的5门至6门校本课程，力争把学校创建成为特色鲜明、优势明显的苏州市一流、江苏省知名的品牌窗口学校。

【沙上文化研究会成立】 1月15日，市沙上文化研究会在冶金园（锦丰镇）成立。研究会注重做好沙上文化搜集、整理、研究工作。沙上地区约占全市总面积的60%，人口约占50%。“沙上人”的先辈大多是各地移民，他们在构建家园的同时，也带来原住地的传统风俗、人生礼俗和信仰习俗。经过长期的传递与交流、碰撞与融合，形成了独具特色、绚丽多姿的沙上民间文化。10月，第一套四册沙上文化丛书编辑出版，包括53万字的《沙上革命斗争纪实》、64万字的《老沙话语汇》、37万字的《优柔的新沙话》和520余张照片的《沙上风——沙上摄影图片集锦》。11月18日，锦丰文体中心正式启用之日，沙上文化丛书首发。丛书的编辑出版，对于拓展历史文化内涵、彰显沙上区域形象，将起到十分重要的推动作用。

【中央财政小农水补助锦丰专项工程竣工】 市农村河塘清淤整治试点项目，是2013年苏州市唯一的中央财政小农水补助专项工程。工程于2012年12月7日开工建设，2013年11月5日竣工，总投资2072万元，实施面积49.8平方千米，清淤河道41条43.2千米，建设生态护岸3处3.5千米，建设板涵10座、闸站2座及其配套管理设施1项。工程完成后，合兴片区有393.33公顷农田灌排环境得到改善。

【与中国科学院合作研发能源环境材料与装备】 4月19日，冶金园（锦丰镇）与中国科学院过程工程研究所在中国科学院过程工程研究所过程大厦签订张家港能源环境材料与装备研发中心合作协议。中国科学院过程工程研究所是一家集基础研究、应用研究、产业化研究以及产品开发为一体、面向国家战略需求的综合性研究机构，特别是在化工、冶金、能源、材料等过程开发方面技术实力雄厚。张家港能源环境材料与装备研发中心合作协议的签订为冶金园（锦丰镇）借助过程工程所的技术研发能力，依托长江三角洲地区在化工、能源、环境产业领域的优势，拓展园（镇）产业发展具有重要作用。

（徐　平）

塘桥镇

【概况】 塘桥镇位于市域东南部，是全国环境优美镇、中国棉纺织毛衫名镇。区域总面积94.26平方千米，耕地面积4000公顷。年末，辖2个办事处、14个行政村、6个社区居委会（其中3个为“村居合一”体制）。有户籍29630户、人口91468人，另有外来暂住人口70350人。全年实现地区生产总值155.25亿元，比上年增4.24%。一、二、三产业增加值分别为3.32亿元、89.97亿元和61.96亿元。按户籍人口计算，人均生产总值16.97万元。全年完成全口径财政收入12.84亿元，其中公共财政预算收入5.58亿元。入库税收12.6亿元。完成全社会固定资产投资41.92亿元，比上年增15.35%。年内，塘桥镇获江苏省文明镇、苏州市农村圩区达标建设管理先进镇、苏州市防震减灾工作先进集体和苏州市科学育儿工作先进集体等称号。

经济建设与发展　年末，有企业1810家，其中工业企业1440家。128家规模以上企业全年实现工业总产值292.89亿元，主营业务收入296.76亿元，工业利税13.51亿元。年销售收入超1亿元的企业有23家。其中，华芳集团产品销售收入147.8亿元，比上年增26.54%，列市十大企业集团第5位；银河集团、鹿港科技、新东旭纺织等企业销售收入超10亿元。中科晶元、华程光电等项目进入试生产阶段。全年全镇完成工业技改投入22.81亿元，华芳细络联等82个工业技改项目完成。科技创业园二期工程启动，环科新材料、爱玛特生物科技、福安电子等9家科技企业入驻东城科技园。年内塘桥镇成功引进国家“千人计划”人才3人，省“双创”人才1人，张家港市领军型人才7人。新成立“千人计划”专家工作站4家，列入国家火炬计划2项。新增省科技支撑项目8项，新成立民营科技企业9家、省高新技术企业7家，开发省高新技术产品12种。新批办外资及港澳台资企业5家，新增注册外资及港澳台资8450万美元，到账外资及港澳台资2536万美元。完成外贸进出口总额9.59亿美元，其中出口总额7.52亿美元。新批办外地资本企业182家，新增外地注册资本5.82亿元，分别比上年增35.82%和19.2%，投入工作量7.1亿元。新批办私营企业303家，新增注册资本7.05亿元，分别比上年增33.48%和32.77%。完成服务业投入19.11亿元，实现服务业增加值61.96亿元，分别比上年增17.1%和8.04%。新批办个体工商户1351户，新增注册资本1.61亿元，分别比上年增16.47%和11.81%。批发零售和住宿餐饮限额以上单位销售收入62.61亿元，零售额8.39亿元，分别比上年增26.32%和18.67%。完成服务业税收1.55亿元，服务业产值占GDP的比重为39.91%。新增注册商标160件、江苏省著名商标3件、苏州市知名商标2件。全年村（社区）可用财力超1亿元，比上年增8%。3家村级经济联合体创新发展，金桥投资公司商用综合楼主体工程竣工，鹿苑农产品种植合作社引进的晚秋黄梨和日本甜柿长势良好。新成立维良、老沙洲等3家家庭农场，全镇土地规模经营面积达到2486.67公顷。新建“五有”农技推广中心和金村、顾家2个农机库。投入600余万元添置36台烘干设备，日烘干能力400余吨；建成日加工能力30吨的现代化稻米加工中心。7个农业项目列入市级项目库。全年新增高效农业面积172.27公顷、设施农业面积86.33公顷。实现农业总产值6亿元，粮食、蔬菜、水产品产量分别为39267吨、20260吨和1496吨。

社会事业发展　年末，有公办学校10所（不含塘桥高中），教师675人，在校学生10458人。另有新市民子女学校3所，在校学生3941人。年内，投入1200万元继续实施初中、小学教学配套设施升级改造，新建、扩建塘桥初级中学综合楼、妙桥文化中心、妙桥幼儿园和妙桥小学综合楼。教学质量创佳绩，塘桥高中本二以上达线率52.61%，3所初中中考成绩名列农村中学前列。有医院4家，医护人员468人，核定床位425张。新成立胡同社区卫生服务站，全镇社区卫生服务站累计23家。实施老年人分年龄段体检常态化和妇幼保健常态管理。计生工作稳定在低生育水平，在籍人口计划生育率99.8%，流动人口计划生育率94%。开展村村文艺巡演、全民健身月、送戏下乡、书画联展、读书节等系列活动。举办第七届围棋节，承办2013年中国围棋甲级联赛、江南庙会与非物质文化遗产保护高层论坛。完成塘桥老镇区和两个办事处控规编制工作，黄泗浦生态园东区改造控规调整获得批准并启动。完成新城区、中央景观区、安置小区、城乡一体复垦区等区域拆（搬）迁农户1140户，复垦土地27.67公顷，办理安置房“两证”1200套。完成韩山小区一期、花园小区二期、黄金湾小区二期等15.18万平方米安置房建设，开工建设沁园一村、韩山小区二期、胡同小区六期等25.36万平方米的多层和小高层安置房。全年分房近1000套，安置农户600余户；建设687间临时安置过渡房，安置过渡户老年人。制定动迁小区物业管理考核制度，韩山花苑、妙景小区分别引进物业公司；巨桥、滩里社区通过省和谐社区评审。刘村村、妙桥社区、胡同社区五位一体平安创建工作完成，实现全镇基层规范化创建“满堂红”。馨苑小区一期、何桥小区、妙景小区技防基础建设工程完成。城管数字化分中心建设有序推进，全年处理各类违反城镇管理案件2176起。3个星级村庄点位的整治完成，金村村建成苏州市美丽村庄建设示范点。全年塘桥镇新增各类绿地56.67公顷。启动三干河、新泾路、西环路水系调整工程，建成防洪排涝信息化管理系统。拆坝建桥（涵）5座，整治危桥3座，新建、改建电灌站、排涝站5座，疏浚镇村河道31条、10.74千米，完成土方9.28万立方米。推进镇区生活污水纳管工程，铺设2.4千米妙桥集镇区域污水支管网，启动鹿苑集镇区域雨、污水分流工程，完成金村古街两处动力地埋式生活污水处理工程。完成联宏、盛而达等企业集中供热管网设计、铺设，实施华程、逸臣等企业天然气清洁能源替代工程，关停恒东热电厂。开展“万人大巡防”“三整一优”“四项排查”等专项行动，刑事案件比上年减8.5%；开展安全生产大检查，加强安全专项整治，检查各类企业、场所1974家次。开展H7N9人感染高致病性禽流感防控，加强药品安全监管和种养殖、生产加工、市场流通、餐饮消费环节的食品安全监管。

福民工程实施　农民人均纯收入25517元，比上年增15.09%。居民基本医疗保险参保率100%。新增住房公积金扩面人数3000余人。推进新市民同城化待遇，有1158名新市民参加医疗保险，有898名新市民拿到入学准入卡。完成高技能人员培训1000余人，帮助125名就业困难人员实现就业。开展“春风行动”，举办各类招聘洽谈会18场次，提供就业岗位1648个，其中公益岗位282个。开展领导干部“天天听民声”“民生面对面”等活动，群众信访、市长信箱、“12345”便民服务热线调处率100%。开展企业工资支付、用工情况专项检查，调处劳动纠纷458起。为631户低保对象及低保边缘重病困难户发放最低生活保障金572.18万元。支付新型农村合作医疗保险补助经费1033.79万元。发放城镇居民最低生活保障补助金84.13万元。为92名优抚、奖励人员发放优抚、奖励金267.46万元。为363名残疾人员发放救助金266.23万元，为268名贫困生发放助学金74.55万元，为49名退休工人发放定补款56.3万元，为144名重病人员发放补助金18.95万元，为697名临时救助者发放救助金101.97万元。为3393名80周岁及以上长寿老人发放尊老金300.8万元。年末，走访慰问残疾人、特困家庭、特困党员、特困职工、拆迁户等，共发放慰问金（品）713.59万元。市、镇两级发放土地规模经营补贴1120万元，农民购买农机补贴373.3万元，农资综合补贴464.73万元，小麦、水稻良种补贴93.66万元，秸秆还田补贴112.4万元，动物防疫补贴39.19万元，家电下乡补贴38.82万元，其他涉农补贴100余万元。

2013年塘桥镇办事处基本情况

表80

名　称	所在集镇面积（平方千米）	党工委书记	主　任	党工委副书记	副主任
鹿苑办事处	4.00	薛祖民	薛祖民（2月免） 潘晓军（2月任）	邹海兵	孙剑敏 钱　益
妙桥办事处	5.00	卢建刚	卢建刚	徐惠芳（女）	张萍华（女）

2013年塘桥镇各村（社区）基本情况

表81

村（社区）名	面　积（平方千米）	户数（户）	人口数（人）	集体经济总收入（万元）	可用财力（万元）	总资产（万元）	村（社区）党委（总支、支部）书记	村（社区）主　任
周巷村	7.03	2934	8952	1430	1228	4741	曹　健	庞正峰（11月免） 李　刚（11月任）
何桥村	7.31	2110	6844	932	647	5075	钱腾冰	蒋卫新
青龙村	3.88	1487	4608	949	814	4659	顾惠明	马卫峰
韩山村	5.22	1503	4691	1300	1036	9883	刘建刚（7月免） 徐颂英（女，7月任）	陈建秋（11月免） 黄　伟（11月任）
顾家村	4.46	1130	3756	554	431	706	陈仲伯（7月免） 言建国（7月任）	言建国（11月免） 顾永标（11月任）
横泾村	7.60	2110	7001	805	587	7829	陆学军	谈建江（11月免） 姜卫义（11月任）
金村村	10.32	2270	7899	1037	832	18132	张正球（7月免） 殷建刚（7月任）	卞晓平
欧桥村	7.01	1767	6066	1159	924	6171	张小飞	田建林
蒋家村	5.58	1331	4574	575	386	919	吴金元（7月免） 章晓东（7月任）	曹晓明
花园村	5.59	1526	5041	1361	731	11149	钱　益	钱伟东
滩里村	6.79	1961	6042	1587	1155	6905	秦朝华（女）	钱再飞
牛桥村	6.20	1591	4717	960	512	1208	王爱国	郑卫兵
巨桥村	5.84	1801	5408	876	620	2414	钱国忠	李志新
刘村村	4.88	1216	3619	1154	473	3306	孙剑敏	陈正江
镇中社区	1.70	850	2719	656	464	5864	庞利新	朱颂伟
妙桥社区	3.76	678	1958	658	543	2634	吴正东（7月免） 张国平（7月任）	朱建江
鹿苑社区	1.25	683	1683	482	336	964	钱惠新	钱震杰

说明：表格中数据为农村调查数

2013年塘桥镇主要开工项目情况

表82

投资企业名称	项目名称	主要产品	投资金额（万元）
江苏晶元光电科技有限公司	蓝宝石晶片项目	蓝宝石晶片	128000
张家港南源光电科技有限公司	太阳能光伏电缆项目	太阳能光伏电缆	103648
张家港瑞泰美塑胶制品有限公司	新型共聚物弹性新材料项目	新型共聚物弹性新材料	60000
市欣诚机电科技有限公司	新能源汽车充电桩项目	新能源汽车充电桩	20000
张家港乐嘉新能源科技有限公司	太阳能电池边框项目	太阳能电池边框	20000
市远大纺织有限公司	针纺项目	针纺织品	10000
市盛亿马针织制品有限公司	针纺项目	针纺织品	10000

【金村庙会】 5月17日，农历四月初八（每年固定日），以公祭抗倭英雄金七为主题的一年一度的金村庙会在金村广场上举行。9时15分，奏乐鸣炮，金七圣像出场仪式开始，近600名村民参加巡街活动。金村农民艺术团表演金七率众抗倭的壮举，同时击鼓七通、鸣金七响，以表达对金七的缅怀。各界人士向金七圣像鞠躬致礼，敬献高香和鲜花。随后，约20支民俗文艺表演队先后出场巡演，有舞龙狮、荡湖船、扭秧歌、踩高跷、打莲湘、挑花担，以及彩旗队、龙船队、元宝队、威风锣鼓队等。庙会期间，特请各类戏曲剧团登台演出，各地商贩在街旁路边设摊叫卖。金村街各家各户挂花灯，准备菜肴招待赴庙会的亲朋好友。四方宾客到金村走亲戚、看戏、经商、购物。金村庙会始于宋代，明代后期增加纪念抗倭英雄金七的内容，2011年被列入江苏省非物质文化遗产代表作名录。这次庙会由中国民俗学会、江苏省民俗学会、塘桥镇等共同主办，是金村历史上规模最大的一次庙会。省内外50余位民俗专家和全体村民共同见证这一盛会，中国民俗学会荣誉会长刘魁立出席开幕仪式。

【妙桥小学两年为患癌学生捐助近11万元】 陈某是妙桥小学六年级学生，一年前患恶性骨肿瘤，父母带其辗转就医，后在上海进行肿瘤切除手术。手术后不久，癌细胞迅速转移到软组织，陈某被要求接受高位截肢，家庭经济拮据的陈某父母一筹莫展。妙桥小学随即组织师生募捐。继上年募集6万元爱心捐款后，2013年9月18日，开展第二次募捐。短短时间，筹集善款4.94万元。

【省梅花奖文艺家献艺塘桥】 11月4日下午，作为长江文化艺术节的重要组成部分——江苏省梅花奖文艺家惠民演出在塘桥高级中学举行。报告厅内台下戏迷满座，台上6位中国戏剧“梅花奖”得主陈云霞、董红、石小梅、范乐新等献演。中国戏剧梅花奖得主、享有“太湖一枝梅”声誉的陈云霞首先出场演唱锡剧名段《红花曲》，随后其他演员先后登台演出锡剧、昆曲、淮剧等。演出最后以国粹京剧《霓裳流韵》圆满结束。

【2013年中国围棋甲级联赛在塘桥举行】 6月15日，塘桥镇第七届围棋节暨2013年中国围棋甲级联赛“国新金属专场”在金村村文化广场举行。上午9时30分，国新金属杯百户家庭围棋赛开赛。全镇选出的108户家庭分成七个组对弈，至下午4时，决出42户家庭分获一、二、三等奖及优胜奖。在金村古街园茂里，第二届“双塘桥杯”苏沪两地围棋友谊赛同时进行。塘桥围棋队代表苏州市队与上海市浦东塘桥街道围棋队对弈，双方各出8位棋手，经过两轮比赛，塘桥围棋队以净胜局数多于对方而获得优胜杯，浦东塘桥街道围棋队获得纪念杯。是日，在金村园茂里，进行中国围棋甲级联赛，由曹大元领衔的山东景芝酒业围棋队对阵由马晓春领衔的浙江古井贡酒围棋队。经过1盘慢棋、3盘快棋较量，山东景芝酒业围棋队战胜浙江古井贡酒围棋队，取得围甲首轮胜利。棋圣聂卫平等向获奖家庭和团体颁奖，并给108户家庭颁发围棋家庭证书。

【江苏新能源产业园获中华环境友好园称号】 6月29日，根据科技含量高、经济效益好、资源消耗低、环境污染少等评选标准，塘桥江苏新能源产业园被中华环保联合会授予中华环境友好园称号。江苏新能源产业园倡导、实践绿色循环经济，注重环境的和谐和保护。年内，该园加大投入，重视项目控制，引进的盛弘光电、环科新材料、友诚科技、光学仪器等企业，均为绿色环保、科技含量高的新光源、新能源、新材料、新装备企业。其中，苏州环科新材料项目，主营异相吸附和催化新材料项目，其核心技术是通过产品物理和化学改性，能吸附10PPM（微克每毫升）以下浓度的金、银、铑等46种金属离子，属世界先进的吸附、催化技术，拥有一项国际专利。盛弘光电项目主打新型LED灯具研发、制造、销售等，其主要产品、技术水平、绿色环保、经济效益均处于国内同类项目领先地位。

【“腾笼换凤”推进产业转型升级】 近年，塘桥镇围绕市“城东组团”发展定位，不断完善老镇区、高铁枢纽区、新能源产业园等专项规划，实施“腾笼换凤”推进产业转型升级。至2013年年末，在塘桥镇3个老镇区、高铁枢纽区先后淘汰落后企业12家，盘活土地37公顷，引进商贸商住、高端物流项目7项，总投资23.45亿元。其中，腾出原鸿鑫帽业公司1.67公顷、弘林金属公司0.47公顷土地，引进总投资10亿元的中科晶元信息材

江苏博腾新材料股份有限公司 （陈 东 摄）

料项目；腾出原兄华服饰公司2.67公顷土地，引进博腾新材料项目；腾出华芳集团杨园1.87公顷土地，引进总投资20亿元的御景天成城市综合体项目；腾出原升隆精毛纺公司2.24公顷土地，供上市公司“鹿港科技”上西服项目；整合花园村零星土地，引进总投资2.8亿元的江苏科瑞医疗骨科器械项目。预计7个项目全部达产后，可实现年销售收入约50亿元。7月18日，市“淘汰落后、腾笼换凤”现场推进会在塘桥镇举行，与会人员参观了科瑞医疗骨器械、富民路综合开发地块、博腾新材料和中科晶元等4个项目现场。

【三大利好助推塘桥发展】 张家港市区东扩、铁路枢纽站确立、新老城镇加速建设是助推塘桥镇发展的三大利好。市区东扩，塘桥未来将成为中心城区的城市副中心。汇集沪通、通苏嘉城际、沿江城际3条铁路线的张家港枢纽站将建于塘桥镇。沿江城际铁路，将塘桥镇纳入长三角1至2小时交通圈；沪通铁路，由塘桥前往上海仅需半个小时；通苏嘉城际铁路直接对接苏州园区，实现与苏州同城待遇。改造老城区，建设新城区，大润发、苏宁易购、百信超市等先后入驻；沿江高速、锡通高速对接周边城市；有22.8平方千米的黄泗浦文化生态园，是集遗址保护、生态休闲、文化旅游、体育健身、商业居住于一体的全市生态文明地标。据统计，在选择置业塘桥的人群中，有60%出自塘桥周边地区及外地。 （唐林康）

凤凰镇

【概况】 凤凰镇位于市域南部。区域总面积78.79平方千米，耕地面积2785公顷。年末，辖2个办事处、15个行政村、4个社区居委会。有户籍37025户、人口66281人。另有外来暂住人口52770人。全年实现地区生产总值91.94亿元，比上年增4.5%。一、二、三产业增加值分别为3.58亿元、55.88亿元、32.48亿元。按户籍人口计算，人均生产总值13.87万元。完成全口径财政收入14.3亿元，公共财政预算收入5.7亿元，入库税金14.03亿元。全社会固定资产投入52.7亿元，比上年增13%。年内，凤凰镇被评为江苏省文明镇、苏州市平安镇、张家港市文明镇。

经济建设与发展 年末，有企业1828家，其中工业企业1365家。147家规模以上企业全年实现工业总产值227.96亿元，主营业务收入224.8亿元，工业利税13.4亿元。有销售收入超1亿元的企业50家，规模经济占全镇总量的62.1%，其中超20亿元的企业2家。全镇形成以表面活性剂、PA合金树脂、生物医药中间体、CMC为主导的化工新材料，以太阳能光伏、LED、锂电为主导的新能源，以汽车配件、数控机床为主导的新装备等三大产业体系。凯比（张家港）制动、张家港国龙光伏科技等一批优质项目成功引进。全年有98个新、改、扩建项目开工建设，完成工业投入38亿元，比上年增16.5%。协昌电子科技、珍迎电机等一批重点项目竣工投产，索尔维、永兴热电等企业扩产增量。15个村完成工业开票销售135.37亿元，村级技改投入7.56亿元。年内全镇完成工业技改投入36.1亿元，比上年增10.8%。新批三资企业2家，累计104家。注册外资及港澳台资11873万美元，到账外资及港澳台资2472万美元。全年完成进出口总额12.37亿美元，其中出口总额9.24亿美元。新批外地资本项目129项，注册外地民资6.19亿元，增长19%。新批私营企业154家，注册资本38660万元。新批个体工商户787户，注册资本8088万元。全年完成服务业投资16.6亿元，比上年增18.2%。恬庄古街1200平方米闲置房招商成功，建办成集餐饮、休闲、购物为一体的“恬庄人家”，6月开张营业；金凤凰温泉度假村年接待宾客11.8万人次。6月28日，海基会前董事长江丙坤、海协会前会长陈云林赴温泉度假村考察。飞翔休闲农业园二期、金凤凰农业生态项目等重点服务业建设项目顺利推进。全年引进国家“千人计划”人才5人，苏州姑苏人才4人，张家港市领军人才11人，累计拥有博士及张家港市级以上领军人才57人，引才实绩连续三年在全市保持领先。新增省级外资研发机构2家，省级工程技术中心2家，省级高新技术企业5家，集成光电研究院成为苏州首家省级“千人计划”研究院，飞翔多元胺醇实验室成为全省首批企业重点实验室之一。全年实现农业总产值6.73亿元，粮食、蔬菜、水产品总产量分别为24517吨、8069吨、3100吨。新增各类高效农业面积180公顷，累计1609公顷。新增设施农业面积93.8公顷，累计557公顷。完成高标准农田建设133公顷，高效农业保险覆盖率64%，农业综合机械化水平92%。有1667公顷农田通过农业部农产品质量安全中心无公害农产品产地整体认证。水蜜桃合作联社生产的凤凰水蜜桃、飞翔农业园生产的优质蜜梨和七彩明珠合作社生产的3种葡萄产品通过农业部绿色食品发展中心绿色食品认证。凤凰水蜜桃、庆桂葡萄、凤珠水蜜桃品牌农产品获苏州市名牌称号，凤凰水蜜桃（湖景）、七彩明珠夏黑葡萄、巨玫瑰葡萄获苏州市第七届地产优质果品金奖。“凤凰水蜜桃”商标被评为苏州市知名商标。凤凰水蜜桃产业园被江苏省农业委员会认定为省现代农业技术培训基地，凤凰水蜜桃科技馆被第十五批命名为苏州市科普教育基地。凤凰镇获得市农业系统、农业信息工作先进集体，镇农产品质量安全规范化建设获市考核优秀。

社会事业发展 年末，有中小学校7所，教师379人，在校学生6135人。有幼儿园3所，公办幼儿教师73人、合同幼儿教师58人，在校幼儿2027人。有新市民子女学校1所，在校学生905人。公办学校接纳新市民子女2323人就读。全镇中小学经费总投入446万元，在新区启动新建凤凰中心小学、凤凰中心幼儿园、科文中心，规划总投资2.3亿元。凤凰中学被评为全国综合实践活动特色学校。5月，全国义务教育发展基本均衡县考核验收期间，凤凰中学作为农村初中代表通过验收。飞翔幼儿园创建成“江苏省平安学校”。动迁安置小区湖滨社区卫生服务中心启用。凤凰徐氏宗谱16册、栏杆宋氏宗谱

12册进镇机关档案室收藏。全镇组织开展“红红火火过大年”春节系列活动、“我们的节日”文体系列活动、“我快乐、我运动、我健康”全民健身系列活动和地方特色文化品牌系列活动。举办凤凰水蜜桃采摘文化节，组织“游凤凰古镇，品凤凰蜜桃”百团凤凰游、凤凰水蜜桃千人自驾游、凤凰水蜜桃亲子休闲采摘游、2013年海峡两岸农产品交易会、凤凰水蜜桃网络团购会等系列活动。恬庄古街碑刻馆布馆完工并对外开放，凤凰镇和恬庄村、金谷村列入苏州市美丽城镇、美丽村庄示范点。凤凰镇实现城镇管理数字化、综合执法智能化，建立全域防控体系，与公安、交通40个监控摄像头实现资源共享。凤凰路、港口商业街创建成苏州市市容管理示范路。新增协管员17人，管理人员总数64人。6月，综合执法二大队运行，与市环保局、安监局、人社局、卫生局、文广新局等单位执法工作相对接。11月，凤凰镇创建苏州市“全民健康生活方式行动示范镇”工作通过专家组评估验收；安庆村通过苏州市健康村验收；安庆村中陆家自然村通过省三星级“康居乡村”验收。至年末，全镇建成省三星级“康居乡村”1个（双塘村夏家坊自然村），二星级“康居乡村”2个（金谷村陆家高头自然村、双塘村西塘岸自然村），一星级“康居乡村”2个（恬庄村汤家墩自然村、蟹篓里自然村）。实行卫生保洁一体化管理，凤凰风景区和凤凰村、安庆村、恬庄村、杏市村卫生保洁通过公开招标，实行市场化运作。有公立医院1家，民营医院2家，医务工作者280人，床位210张。有社区卫生服务中心1家，分中心2家，社区卫生服务站14家，医务人员84人。建立居民健康档案92151份，其中新市民健康档案6462份。实施智能化免疫门诊，西张、凤凰接种点完成数字化计划免疫门诊建设，常规门诊疫苗接种24091人次，强化免疫3060人次。在幼儿园及小学一年级学生中开展预防接种证条码标贴和预防接种证查验，实现入学前基本完成全程计划免疫。为儿童体检6908人次，建卡儿童1395人，建卡率100%。为孕妇产前产后检查，孕妇建卡率、住院分娩率、42天检查率、早孕建卡率100%。开展食品安全集中整治“天安行动”，整治无证餐饮业，取缔食品无照经营户23户，为115名民间厨师免费体检、培训。打击无证非法行医，取缔无证非法行医场所3处。投资2000余万元治理生活污水，对恬庄花园、凤凰花园、双龙花园实施雨污分流，港口办事处区域的400余户居民生活污水接入市政管网，新增生活污水接管量每天1500吨。港新科技等6家污水排放企业接入污水管网。投资500万元，完成程墩村黄莲塘、莺山村新横塘等12条黑臭河道整治，“云之兰”奶业、苏太猪扩繁场等6家养殖场建设雨污分流、干湿分离、修建沼气池。投资3000万元对有害气体排放企业进行尾气吸收装置改造，对飞翔热电、永兴热电锅炉进行脱硫脱硝治理，督促17家燃煤锅炉限期整治，用清洁能源替代。整治废旧塑料回收加工点38家。新增绿化面积147公顷，绿化管护面积420公顷。投入900余万元，维修村级道路6.7千米，面积3.7万平方米，涉及7条乡村道路。投资2334万元实施高标准农田建设291公顷。新建排涝闸站8座，达标堤防1400米，新建圩区信息化管理系统。飞翔园区河、西塘河创建成生态示范河。境内全长6.2千米的三干河南延工程动工，完成土方110万立方米。凤凰法庭、凤凰检察室启动运行，新增农村治安监控500个，新增动迁小区摄录一体仪1000台。7月，港口片区实行网格化巡防机制，巡防队员24小时不间断巡防，案发数比上年降30%。

福民工程实施　农民人均纯收入2.53万元，比上年增16%。农村资源交易平台启用，全年新增超千亩（66.67公顷）土地股份合作社2家、家庭农场3家、村级联合发展投资公司3家，土地规模经营比例95%，村级资产性收入9080万元，村均可用财力600万元，比上年增14%。全年发放各类涉农补贴1621万元、农业保险115万元。新增就业岗位8711个，开发就业援助岗位950个、公益性岗位293个、新创业孵化基地3家，开展岗位培训2400人次、就业指导培训1200人，组织高技能人才培训120人、创业人才培训144人。镇领导“天天听民声”活动与蹲点包村下访期间受理各类诉求250件，举办“民生面对面”活动3次。受理各类到信32件，受理市长信箱信件38件，接待电话及到访144起、482人次，调处138起。调解劳资纠纷118起，调处企业欠薪老板外逃事件13件，涉及职工698人、金额505万元。便民服务实现与“12345”热线对接，完善镇网格化平台QQ群。受理热线诉求405件，受理各类行政审批服务项目8396件。全年组织8425名城镇退休人员免费体检。免费为70周岁及以上的5337名老年人体检，为14620名老年人进行健康评估与指导。对70周岁及以上的437名老人进行节日慰问，发放慰问金7.15万元。为450人办理农保转城保补缴手续。新增住房公积金开户单位23个、缴存人数1473人。居民医保参保人数31659人，共筹集居民医保基金474.89万元，有667人享受镇合作医疗事后报销11.63万元，158人住院报销补偿金额283.58万元，56人次特殊费用报销10.2万元。开展春节慰问送温暖活动，慰问2078户5780人，发放慰问金1545万元。慰问90岁以上老人及敬老院老人416人，发放慰问金（品）4.35万元。发放尊老金2524人170万元。成立凤凰镇慈善会，首批吸纳会员40人。开展对贫困大学生圆梦行动、低保女孩专项救助、残疾儿童生活救助、换肾家庭医疗救助、白血病医疗救助5个项目的慈善救助，救助260户共35万元。开展“共享阳光”慈善助学活动，对184名贫困学生分类救助57.4万元。298名无固定收入的重度残疾人获生活补助194万元，对59户低保和低保边缘重病困难户、残疾人子女发放助学金3.79万元。31户家庭获民生保险理赔金31万元。新办残疾人证69份，老年优待证970份。推进政社互动试点工作，增加老年优待证办理、一孩生育证明等7个服务项目，与6个试点村签订“基层群众自治组织协助政府管理协议书”，与6个动迁安置小区的接管村签订动迁安置小区委托管理服务协议，对小区管理、服务产生的经费由镇财政保障。新增镇慈善会、老年协会等10个社会组织，全镇有持证上岗社工72人。湖滨社区居家养老服务中心启用，建筑面积800平方米，配有茶吧（聊天室）、说吧（维权室）、乐吧（棋牌室）、文化孝廊、爱心义卖坊等“十吧一廊一坊”。新增双龙村、清水村居家养老服务站2个，全镇居家养老服务中心（站）总数达到10个，有养老床位近500张。

2013年凤凰镇办事处基本情况

表83

名　称	所在集镇面积（平方千米）	党工委书记	主　任	党工委副书记	副主任
凤凰办事处	4.48	赵文中（8月免） 郭其胜（8月兼任）	赵文中（8月免） 郭其胜（8月兼任）	徐丹芸（3月免） 罗金翠（3月任）	罗金翠（女，3月免） 张　平　阚建华（3月任）
港口办事处	4.48	徐敏娟（女，12月免）	徐敏娟（女，2月免） 庞晓畅（2月任）	徐国平	顾春明 顾建新

2013年凤凰镇各村（社区）基本情况

表84

村（社区）名	面　积（平方千米）	户数（户）	人口数（人）	集体经济总收入（万元）	可用财力（万元）	总资产（万元）	村（社区）党委（总支、支部）书记	村（社区）主　任
金谷村	6.30	1624	5072	1216	860	4551	陆惠东	徐　卫
双龙村	8.36	1564	5088	2665	1720	14598	章建新	郭永康
西参村	3.28	814	2741	954	559	1796	许栋贤	钱仲刚
魏庄村	4.30	1018	3313	693	611	2098	陈耀良	程建华（11月免） 周　忠（11月任）
安庆村	4.42	1223	4287	1274	800	2268	钱妙琴（女）	肖弟良
凤凰村	5.42	1135	3640	2240	1393	3731	徐登峰（11月免） 陆建东（11月任）	陆建东（11月免） 周文进（11月任）
鸷山村	6.12	1253	4020	587	435	2409	徐云飞	徐　清（11月免） 徐卫龙（11月任）
夏市村	2.95	665	2078	688	377	3102	钱丽芬（女）	陈晓东（11月免） 钱敏刚（11月任）
高庄村	7.33	1530	4901	636	190	2244	阚建华	肖　安
杨家桥村	5.83	970	2948	502	342	2364	钱惠艺	张　弛（11月免） 卢月萍（女，11月任）
程墩村	5.10	1208	3628	1198	950	6515	徐国平	张志刚（11月任，1月至11月为负责人）
清水村	6.60	1550	4734	687	453	2971	杨正元	张志强
杏市村	2.13	541	1678	503	237	1795	狄建忠（11月免） 陈利新（11月任）	陈利新
恬庄村	5.16	1494	4202	1076	801	2405	杨正新	戴卫良（11月免） 陈海荣（11月任）
双塘村	5.51	1432	4069	1208	799	4383	顾建峰（3月任）	陆志斌（11月免） 夏卫东（11月任）
凤凰社区	4.48	819	2253	—	—	—	杨月明	杨月明
港口社区	4.48	1974	5588	—	—	—	徐新华	徐新华
西张社区	7.37	1656	4632	—	—	—	贡林福	贡林福
湖滨社区	—	—	—	—	—	—	郁　敏	郁　敏

说明：表格中数据为农村调查数

2013年凤凰镇主要开工项目情况

表85

投资企业名称	项目名称	主要产品	投资金额（万元）
江苏富淼科技股份有限公司	固体聚合物项目	固体聚丙烯酰胺	30000
张家港国龙光伏科技有限公司	太阳能电池项目	太阳能电池组件	20000
江苏协昌电子科技有限公司	半导体芯片项目	各类半导体功率器件芯片	20000
凯比（张家港）制动系统有限公司	汽车制动装置及材料项目	汽车制动装置	15000
张家港永兴热电有限公司	机组管网改造项目	蒸汽	15000
索尔维（张家港）精细化工有限公司	表面活性剂项目	表面活性剂	13000
江苏珍迎机电有限公司	电子元件项目	汽车精密电子元件	13000

【凤凰湖生态建设工程】 年内，市“810工程”的十大生态工程之一凤凰湖生态系统建设工程全面启动。依托凤凰山北原有河道水系，通过河道水系疏浚整理、低洼地开挖湖面、湖区取土与道路建设结合、山体林地植林恢复、湖区山体景点建设等方法，建成集观光旅游休闲、生态湿地保护、山体林地保护、镇区应急水源储备、城市防洪排涝等功能为一体的生态公园。工程总投资6亿元，包括开挖凤凰湖，建设道路9.5千米，桥梁8座，各类景观节点36处，计划2015年全面竣工。工程东起凤星路、南至凤凰山南侧道路、西至湖滨路、北至环湖景观大道，总面积90.67公顷，其中凤凰湖33.33公顷、凤凰山景区57.33公顷。年内，湖区道路湖滨路、望湖路和2.5千米长的慢行系统贯通，生态公园景观点部分基础配套工程完成。景区设有一座18米高主体雕塑凤凰。湖区偃月桥、相思桥、朝凤桥、状元桥4座桥等标志性建筑物串联成景。北侧建有鸟岛、生态保护湿地，在春夏之交引来白鹭等鸟类繁延栖息，鸟岛边建有观鹭亭。景区两处商业配套设施项目接近尾声。

【发现明代墓葬】 5月13日，凤凰镇杨家桥村土地平整人员在凤南路附近的施工中，挖掘出一块石板，下面有墓室。根据墓葬特点、碑文和墓志铭等，市文物保护专业部门认定为明代（1514年）当地望族徐氏家族墓葬，并对其进行抢救性挖掘。在两个墓室中，有棺木4具，均为浇浆石板墓，为两对夫妻合葬墓。墓中共发现文物54件，主要有3面铜镜、2个梳妆盒及女性佩带的发簪、金器等物，其中大部分保存完好，金器等物品雕刻工艺精细。墓葬的挖掘，对研究凤凰（徐市）历史和徐氏家族史具有重要的参考价值。

【贝贝足球队载誉青海多巴】 7月28日至8月3日，在青海省西宁市多巴镇国家高原体育训练基地举办的全国青少年校园夏令营活动中，西张小学贝贝足球队以比赛第二名（01~02年龄组）的成绩获小学男子甲组一等奖。队员杨天明入选“最佳阵营”，薛必寒、杨天明、孙劲被评为全国希望之星，张家乐、崔天豪、薛必寒被评为优秀小裁判，孙劲获守门员银手套奖，徐宏顺、蒋珂玮被评为优秀指导员。西张小学贝贝足球队组队不到两年，两次参加此类全国比赛。此前，贝贝足球队在2013年苏州市“市长杯”校园足球总决赛、苏州市小学生足球比赛中也连获冠军，并在全省最高水平的青少年足球锦标赛中获第四名。10月，西张小学贝贝足球队代表苏州市荣获“2013年全国青少年校园足球东亚国际邀请赛”第四名。

【全市首个韩资企业党建联盟成立】 11月22日，凤凰镇国税、地税、工商等13个窗口服务单位与江苏现代威亚有限公司等5家单独建立党支部的韩资企业组建成立全市首个韩资企业党建联盟。韩国工业园是凤凰镇的重要工业载体，也是全市唯一以外企所在国家名称命名的特色工业园，集聚有59家外资企业，其中国一造纸、可隆科技特、威亚汽配、大一汽配等18家韩资企业集聚成一个经济板块，形成了一个为韩国现代汽车提供排

江苏现代威亚有限公司数控机床车间　　　　（张家港日报社　供稿）

气管、连杆、变速箱等配件的产业基地，也成为凤凰镇工业经济的重要增长极。韩企党建联盟将围绕“加强非公经济党建、促进非公经济发展”的主旨和“共建共融、资源共享、携手共进、共同发展”为目标，组织开展一系列党建活动，使各成员单位在参与中互看互学，共同成长。

【陈利芳成为“中国好人”】 1月，陈利芳成为由中宣部、中央文明办联合主办的“中国好人榜”孝老爱亲“中国好人”，是凤凰镇首位“中国好人”、张家港市第20位“身边好人”。陈利芳1967年生，是凤凰镇金谷村一名普通村民，1994年因患视网膜色素变性并发青光眼失明，在黑暗中生活了近20年。2005年6月，丈夫遭遇车祸成为植物人。为照顾丈夫，双目失明的她跟医生学会了鼻饲喂养术、推拿按摩。她克服常人难以想象的困难照顾丈夫，7年后丈夫慢慢学会微笑和倾听，并有好转迹象。网民纷纷在网上发贴赞扬她是“乡村原野上一盏微弱的烛火，照亮了丈夫和全家”，她是“一个坚强的女性，让人感动”。

（王正元）

乐余镇

【概况】 乐余镇位于市域东北部，与南通市隔江相望，有全市唯一保存完好的民国老街。2月6日，东沙社区居委会和东沙、东联、东风3个行政村划属南丰镇。9月14日，新增乐江社区居委会。年末，区域总面积78.58平方千米，耕地面积3900公顷，辖1个办事处、21个行政村（场）、3个社区居委会。有户籍26651户、人口71591人，另有外来暂住人口1.25万人。全年完成地区生产总值38.14亿元。一、二、三产业增加值分别为2.92亿元、21.38亿元、13.84亿元。按户籍人口计算，人均生产总值5.33万元。完成全口径财政收入5.58亿元，公共财政预算收入2.68亿元。入库税金5.5亿元。完成全社会固定资产投资14.69亿元。年内，乐余镇获江苏省文明乡镇、江苏省创新型试点乡镇、苏州市流动人口计划生育工作示范镇等称号。

经济建设与发展　年末，有企业1650家，其中工业企业1102家。69家规模以上企业全年实现工业产值65.92亿元，主营业务收入71.93亿元，工业利税3.51亿元。有销售收入超1亿元的工业企业13家，超1亿元的村13个。17家新兴产业企业产值36.3亿元，比上年增14.7%。完成工业技改投入10.15亿元。完成新兴产业投资1.2亿元。完成外贸进出口总额3.18亿美元，其中出口总额3.12亿美元。新增注册外资及港澳台资3130万美元，到账外资及港澳台资480万美元。新批办私营企业167家，新增注册资本3.64亿元。引进外地注册资本2.1亿元；新批办个体工商户433户，新增注册资本4323万元。新批办三产私营企业62家，注册资本1.48亿元。投资5亿元的海狮集团扩建项目，规划总面积8公顷，已办理4.07公顷征地手续。总投资7.8亿元的长力机械有限公司高端装备制造基地项目、总投资3亿元的江苏鸿昌特种车辆项目、总投资4500万元的友谊汽车总装车间改造等在建项目进展顺利。实施“腾笼换凤”地块4宗，盘活土地资源12.98公顷。根据全市“淘汰落后企业三年行动计划”，实施兆丰铝氧化厂和乐余玻搪材料、宏润涂料、宝利化工等7家产能落后企业的关、停，常余化工、永利纺织关停企业进入设备拆除和职工安置阶段。建立“千人计划”专家工作站1个，新增“千人计划”产业化项目2项，引进市领军型创业人才团队4个。海狮集团付敏跃、耐维思通公司唐海娣2人入选省“双创”人才计划，海狮集团陆亚林1人入选省“333高层次人才培育工程”培育对象，永发公司机器人项目入选苏州姑苏人才计划。全镇获评各级各类科技奖项17项。其中省级以上科技项目4项，获各级各类上级扶持资金共500万元；新增苏州市级以上创新型企业4家、高新技术企业2家，省科技型上市培育计划入库企业5家；新建省级企业创新平台5家，新增产学研合作项目20项，国家火炬计划1项、国家重点新产品1种、国家中小企业创新基金项目2项；新增授权专利617件，其中发明专利48件。投入531.3万元用于添置25台水稻插秧机、1台大型植保机、2台收割机、4台大（中）型拖拉机收割机、12台烘干机、2台手扶式撒肥机等115台（套）农机具。疏浚各类河道38条、28.45千米，完成土方9.95万立方米，拆坝建桥30座；建设生态河道2条、3.76千米；整治黑臭河道10条、9.56千米，创建5个苏州市级以上生态村。围绕绿色稻米、放心蔬菜、优质果品、长江水产和特色苗木五大产业基地建设，全年新增高效农业面积220.98公顷。其中设施农业面积110.37公顷，新建100公顷镇级综合性农业示范园区1个，投入1050万余元完成核心园区（红星村）一期建设，建设面积55公顷。全面完成总投资880万元的国家农业开发项目，为6个村改造中低产农田533.33公顷。全镇各类高效农业基地总数12个，总面积346.67公顷，“三品”（无公害农产品、绿色食品、有机食品）农产品种植覆盖率91.2%。新增成片生态（经济）林28.4公顷，新建城镇绿化4.67公顷，新建村庄绿化4个，完成中幼林抚育26.67公顷。全年实现农业总产值5.47亿元，粮食、蔬菜、水产品总产量分别为41728吨、36474吨、2310吨，多种经营人均收入1.88万元。全年共规划实施经营性项目19项，经营性投入6738万元。

社会事业发展　年末，有学校4所，教师470人，在校学生5364人。另有幼儿园3所。有医院3家，社区卫生服务分中心1家，社区卫生服务站19家。投入400万元新建建筑面积2500平方米的崇实初中行政楼，新市民子女100%进入公办学校就读。10月，乐余中心小学成功承办第十三届江苏省国际象棋锦标赛。社区教育中心开设烹饪、编织、十字绣、健身舞、钓鱼、门球、乒乓球、风筝、舞龙、养殖、广场舞等19个学习共同体。建设老年大学，设课程14门，有本部特色班18个、村级延伸班19个，全镇共有学员2273人，老年人参加各级各类教育培训活动1.35万人次，受教育人次占区域老年人口比例69.92%。11月20日，镇老年大学顺利通过苏州市教育现代化乡镇老年大学创建验收。启动科创园、扶海花苑、乐江花苑、城市客厅等7个拆迁项目，签订拆迁协议540户。完成乐江花苑二期、市场新村11.93万平方米安置房建设任务，按计划开工建设扶海花苑、乐江花苑三期15.25万平方米安置房建设。全年累计新开工安置房15.25万平方米，竣工11.97万平方米，办理安置房登记发证557套，总计面积7.26万平方米。依据《乐余镇农村住宅建设暂行管理办法》，全年会办各类建房154户，审批农户翻修、翻建87户。全面推进农村违章建筑整治工作，共处理各类违章建筑185处，总建筑面积4650平方米，其中强制拆除72处。投入620万元完成农贸市场5000平方米改造工程，投入400万元成立乐江社区卫生服务中心，投入350万元完成13栋老住宅小区改造修复。投入800万元设立红星埋葬地扩建工程项目，新建联丰公墓工程项目，完成齐心公墓1.3万个墓穴扩建。投入1936万元完成62.3千米农路改造。新增各类林地绿地38.67公顷，建成市级以上绿化示范村庄4个。投入1551万元建设扶海村美丽村庄示范点，完成1个三星级、1个二星级、1个一星级村庄整治。投入250万元建造垃圾中转站1个，新增封闭式垃圾运输车1辆，改造公厕6座。全镇出生人口570人，免费为450对夫妇孕前健康检查，免费为10218名已婚育龄妇女进行孕检工作；为0周岁至3周岁婴幼儿科学育儿体验976人次。投入106万元在乐兴南路的乐红路口、乐富路口及公园新村、小学新村安装电子围栏、视频监控等安全防控系统。集中开展安全生产大检查，检查企业（单位）1069家次，发现隐患2138条，实施经济处罚24.6万元。举办第二十五届全民运动会、“阅读，让乡风更文明”第七届阅读节活动、第十一届社区文体艺术节、道德讲堂走村企、“感动乐余”微电影进村企、“新婚夫妇走进道德讲堂”“农民读书沙龙”“三关爱志愿服务”等系列活动。非物质文化遗产作品《摸壁鬼》通过整理编排，再次登上舞台，并参加苏州市群众文化优秀作品大会演和2013中国（张家港）长江文化艺术节开幕式展演。65名网格文化员划分为84个服务网格，成功申报8个示范文化网格，组织54名网格文化员参加市网格文化员资格认证培训班，全部取得网格文化员资格证书。开展“幸福聚元宵”“幸福欢乐度重阳”等活动。投入40余万元资金集风筝展示、扎制、教学等为一体的多功能型风筝馆完成布馆并对外开放。

福民工程实施　农民人均纯收入24515元，比上年增15.81%。发放粮食直补87.3万元、农资综合补贴679.5万元、土地规模经营补贴等涉农补贴1072.65万元，受益农户22576户。为5803名70岁及以上老年人免费体检。为60岁及以上老年人健康评估18110人、体格检查16903人、健康指导16648人。建立居民健康档案78078份，居民参加基本医疗保险30705人。为623户低保户1057人、111户低保边缘重病困难户以及489名重残人员，发放低保金650.97万元；发放水电费和各类人员定补333.97万元，发放临时救济金895户次37.71万元；救济贫困学生374人102.3万元，发放读书成才奖励资助金3.21万元。年内举办各类招聘会20场，提供就业岗位5762个，开发公益性岗位287个，为953人发放就业失业登记证，帮助570名就业困难人员申报灵活就业人员社会保险补贴；介绍就职登记2612人次，成功推荐就业2473人。先后举办6期“民生面对面”活动，收集各类社情民意300余条，民生诉求办结率和满意率均为100%。受理市级信访65件次，镇级信访218件次，处理重大纠纷16件。调处各类劳资、工伤纠纷87起，涉及金额782.91万元；为44名职工追讨工资50.75万元，帮助51名职工向市仲裁委申请经济补偿金仲裁，总计追讨经济补偿金36.55万元。

2013年乐余镇办事处基本情况

表86

名　称	所在集镇面积（平方千米）	党工委书记、主任	党工委副书记	副主任
兆丰办事处	1.80	钱　斌（7月免） 薛盘芳（7月任）	陈利民	王　忠（12月免）

2013年乐余镇各村（社区）基本情况

表87

村（社区）名	面　积（平方千米）	户数（户）	人口数（人）	集体经济总收入（万元）	可用财力（万元）	总资产（万元）	村（社区）党委（总支、支部）书记	村（社区）主　任
乐余村	4.25	1825	4345	426	303	4146.86	李红芳（女）	张兴祥
乐西村	2.19	825	2784	460	196	907.17	张　健	吴玉平
永利村	2.99	1024	2887	1200	665	8351.53	许文生	许文生
永乐村	2.20	776	2195	544	302	2120.79	陆志平	姚逸平
庙港村	2.25	929	2584	304	202	683.24	印忠良	樊金春
扶海村	3.47	1142	3592	530	183	1482.83	杨冠华（副书记，主持工作）	茅福祥

续表 87

村(社区)名	面积(平方千米)	户数(户)	人口数(人)	集体经济总收入(万元)	可用财力(万元)	总资产(万元)	村(社区)党委(总支、支部)书记	村(社区)主任
向群村	2.66	952	2780	361	212	878.83	周建兴	余　刚
双桥村	5.55	1988	5748	372	261	945.59	丰云飞	沙小康
闸西村	3.29	1059	3342	341	248	1409.94	张永清	陈忠明
登全村	2.15	724	2309	374	228	1224.14	陈向东	王　征
东兴村	5.20	1597	4732	622	367	1999.65	周晓洪	茅惠萍(女)
齐心村	9.13	2282	5782	586	299	2203.21	周　峰	司　健
常丰村	4.36	1639	4413	544	518	3314.16	展　高	张　涛
庆丰村	3.62	1280	3856	518	223	942.36	钱耀华	龚利平
联丰村	3.97	1238	3613	414	189	710.16	黄冠发	樊益东
红闸村	3.35	1125	2950	568	169	1455.46	黄利民	蒋　彬
红星村	4.60	1384	3680	361	166	465.93	胡志明	闻　彬
红联村	4.78	1652	4258	368	202	780.72	李　民	石林虎
东林村	4.81	1543	4803	502	269	1199.24	朱裕忠	朱永祥
稻麦良种场	1.26	240	788	366	212	934.46	陈　峰	—
畜禽良种场	0.49	48	158	380	322	544.54	周品才	—
乐余社区	5.80	1969	4526	—	—	—	朱永林	朱永林
兆丰社区	1.80	619	1207	—	—	—	刘亚忠	刘亚忠
乐江社区	1.10	958	2873	—	—	—	周建兴	朱卫祥

说明:表格中数据为农村调查数

2013年乐余镇主要开工项目情况

表88

投资企业名称	项目名称	主要产品	投资金额
张家港长力机械有限公司	大容积捣固焦炉成套机械装备制造一期项目	冶金、焦化设备	28000万元
江苏新宏基纺织科技有限公司	高档织物面料织造项目	高档织物面料织造	2400万美元
江苏友谊汽车有限公司	客车车身生产流水线改造项目	客车制造	4500万元
江苏友邦精工有限公司	汽车座椅、底盘防侧翻系统项目	汽车座椅、底盘防侧翻系统	2400万元

【长力机械高端装备制造基地项目开工】 2月17日,张家港长力机械有限公司高端装备制造基地项目开工仪式举行。长力机械公司是国家重机协会的常务理事单位,以冷床为核心的冶金成套设备市场占有率名列国际前茅,是国际性冶金冷床制造基地,以6米捣固焦炉成套机械为代表的焦化系列产品是国家重点新产品。此项目集设计研发、装备制造、项目管理、检测检验为一体,总投资7.8亿元,年产20台套大容积捣固焦炉成套机械装备。规划建筑总面积4.62万平方米,主要包括生产车间3.27万平方米,工程技术研究中心1.35万平方米。项目分二期建设,一期投资2.8亿元,其中设备投资1.3亿元,土地及厂房投资1.5亿元。至年末,一期项目4.2万平方米厂房封顶。首期项目达产后,预计将新增年销售收入约5亿元,新增利税约800万元,成为国内规模最大的大容积捣固焦炉成套装备专业生产基地。

【省青少年科技模型赛在兆丰学校举行】 5月11日,由省教育厅、省科协主办,张家港市教育局、张家港市科协承办,兆丰学校协办的第二十届青少年科技模型——3D创意模型竞赛在兆丰学校举行。南通市、苏州市、昆山市、太仓市及张家港市的中、小学生近600人参加竞赛活动。活动分小学低年级组、小学高年级组和初中组3个级别,学生在规定时间内对不同风格“中国民居”模型进行拼装及创作。活动中，学生一方面了解中国民居知识和各地民居特点，领略中国民居文化的博大精深和古人的聪明才智，感悟人与人之间和睦共处、亲密无隙的关系；另一方面培养动手能力，特别是主题上色、制作方面，激发学生的设计思维能力，帮助学生在色彩、绘画、创作等方面得到提高。兆丰学校连续第十一次被省青少年科技教育协会评为江苏省科技活动五星级先进集体。

【全市首家小微企业乡镇合作社成立】 5月28日，乐余镇小微企业乡镇合作社成立。这是全市首家小微企业乡镇合作组织，也是乐余镇为破解中小企业融资难题推出的一项新举措。乐余镇与民生银行苏州分行深度合作，成立小微企业乡镇合作社，以全镇21个村（场）88家企业为主体，把松散的小微企业整合起来，共同搭建新型融资服务平台，旨在有效解决担保抵押难题，促使小微企业联合发展、抵御风险，同时享受民生银行全方位的金融及非金融服务，实现抱团发展、合作多赢。年内，共计发放贷款800万元。

【乐余老街改造】 9月20日，乐余老街改造工程竣工。乐余老街位于镇人民路北侧，是张家港境内唯一保存较完整的民国老街，也是市重点文物保护单位。由于年代久远，房屋损坏严重，部分住宅屋面结构件损坏塌陷，墙体倾斜开裂，部分廊柱蛀毁严重。为更好地保护和利用老街，从2012年开始，财政投入资金1000余万元，用两年时间，对其进行保护性修缮。乐余老街全长260米，改造采用传统的砖木结构，按照民国风格修旧如旧。同时对店招、管线、夜景灯光等进行整体设计。经过修缮的乐余老街，白墙黑瓦，民国风格，仿古招牌遍布，绿叶花香点缀，沙上风情浓郁。

【金小华当选“中国好人”和省道德模范】 9月27日，省委、省政府举行“江苏省第四届道德模范”颁奖活动，乐余镇稻麦良种场退休职工金小华获第四届江苏省道德模范。金小华，女，1953年生，患有侏儒症，身高不足1.2米。30年前，她收养了1名被弃女婴，从此选择终身不嫁。因身体缺陷，她经历了一般单身母亲难以想像的艰难历程，含辛茹苦将女儿培养成人、考上大学、组建起幸福家庭。2009年，金小华突然得知养女的亲生父母一直在苦寻女儿，虽心中难舍，但还是以阔大的胸襟动员女儿去认亲。她的事迹感人，此前，她还荣获2012年度“苏州市第二十一届道德模范·精神文明建设十佳新人”，登上2013年2月“中国好人榜”。

乐余老街 （严子洋 摄）

【中新乐余新型城镇化项目签约】 9月17日，中新乐余新型城镇化项目签约仪式举行。该项目旨在借鉴苏州工业园区开发建设的成功经验，引进先进的开发理念和管理机制，对乐余镇规划、招商体系进行整体提升，科创园依托二产为抓手，重塑城市客厅形象，强化公共设施配套，美化扶海新农村，推进城乡一体化，打造一、二、三产协调发展的新型城镇化示范区。合作方中新苏州工业园区开发集团股份有限公司是中国、新加坡合作苏州工业园区的开发主体，也是国内一流的城市综合发展商，在“产城一体”开发建设方面积累有丰富经验，并致力于探索新型城镇化发展。

【《兆丰镇志》出版】 11月15日，历时8年余编纂的《兆丰镇志》由江苏凤凰出版社出版。全书47.1万字，设15编，共46章174节，103张图片，附《东沙史略》。《兆丰镇志》是兆丰地区建制后较为完整的地方志书，全面反映1925年成陆后至2003年8月与乐余镇合并前兆丰地区自然、政治、经济、社会发展的情况，兆丰地区各业发展轨迹、成功业绩、历史经验及民俗风情以及改革开放后兆丰经济、社会、文化等各个领域发生的深刻变化，较好呈现了兆丰“文化之乡”“绿化之乡”“棉花之乡”的特色和亮点。尤其是“社会”卷，充分反映出兆丰独特的人情风貌，具有鲜明地方特色。

【全市首台高效率水田植保机落户永乐村】 7月30日，全市首台井关JKB17高效率水田植保机在乐余镇永乐村安装调试完毕，并于当日下午下田作业。井关JKB17高效率水田植保机是从日本引进的全进口植保机，该机装备先进，有效喷晒宽幅为10.2米，装上随机配件最大喷晒宽幅可达到12米，配有可调节喷洒量的500升大容量药箱，药箱配有吸引式水泵，在短时间内可轻松地进行药液补充，药液补充一次可进行2公顷农田的植保作业，转向操作可前、后、四轮同时三种转向，最大限度减少压苗，喷药杆的上下升降和开关都在驾驶座靠近手边的地方，操作简单方便，作业效率最大可达到每小时3.33公顷，适合大面积作业。水田植保机由市永乐土地股份专业合作社出资购买，该合作社是当年全市水稻全承包统防统治项目的成员单位之一，服务面积120.73公顷。高效率水田植保机参与作业后，省时、省力、省工，大大提高了工作效率。（秦　香）

南丰镇

【概况】 南丰镇位于市域东北部。3月，乐余镇东沙办事处划入，区域总面积达到62.47平方千米，耕地面积2883公顷。年末，辖1个办事处、12个行政村、4个社区居委会。有户籍22467户、人口57048人，另有外来暂住人口25680人。全年实现地区生产总值109.05亿元。一、二、三产业增加值分别为3.66亿元、76.5亿元、28.89亿元。按户籍人口计算，人均生产总值19.12万元。全口径财政收入15.59亿元，其中公共财政预算收入6.6亿元。入库税金15.25亿元。完成全社会固定资产投资55.15亿元，比上年增45.5%。年内，南丰镇获张家港市文明区镇标兵、苏州市现代化新农村建设示范镇、2010~2012年度江苏省文明镇、江苏省人居环境范例奖、全国学习型社区示范镇等称号，成为苏州市美丽城镇建设示范点。

经济建设与发展　年末，有企业647家，其中工业企业528家。47家规模以上企业全年实现工业总产值461.36亿元，主营业务收入454.7亿元，工业利税19.6亿元。有销售收入超1亿元的工业企业15家。全社会固定资产投资中，新兴产业投入12.85亿元。年内，南丰镇启动总投资20亿元的东沙物流园项目，成立宏泰物流及物流园开发公司，出台入园企业优惠政策。启动东沙化工区整治三年行动计划，确定化工区关、停、转型相关政策。加速推进永钢“百亿项目、千亿企业”综合技改工程，完成料场、450平方米烧结、1080高炉、140万吨高速线材、棒材五厂等重大项目11项。新增金陵体育、盈达气体、海锅锻件超3亿元企业3家。完成外贸进出口总额25.54亿美元，其中出口总额10.63亿美元。新批办外资企业3家，注册资本2956万美元，到账外资1301万美元。新批办港澳台资企业2家，注册资本2629万美元，到账资金853万美元。新批办私营企业140家，注册资本5.22亿元。全年引进人才（团队）项目9项，获批市领军人才计划6个，新建“千人计划”工作站2个，获评省“双创”人才计划1个、省“六大人才”高峰计划1个，省“333高层次人才培养工程”培养对象1人。新增苏州市以上创新型企业2家、高新技术企业7家、产学研合作项目25项、省以上企业创新平台6个。申请专利989件，其中发明专利32件。永钢集团设立国家级博士后科研工作站，获评张家港市市长质量奖，永联村获江苏省引进国外智力示范村称号。全镇实现农业总产值5.56亿元，粮食、蔬菜和水产品总产量分别为26361吨、14083吨、1114吨。新增高效农业面积162公顷，其中设施农业面积66公顷，新建标准化农田面积279.3公顷。新建爱心蔬菜基地、蓝莓种植基地及休闲观光农庄各1个。“天天鲜”农副产品配送点被评为市2013年农业产业化龙头企业。新增“港城”牌大米等绿色食品7种，累计21种，无公害标准种植面积1838.7公顷。实施稻鸭共作面积33.3公顷，大棚温室蛋鸡养殖累计6万羽。申报重点农业项目7项。新增各类农业机械364台套，累计3905台套。“港诚爱宕梨”获评苏州市优质名牌产品。新增农民专业合作社1家。新增流转农民承包地68公顷，累计1587公顷，土地适度规模占比例为94%。

社会事业发展　年末，有中小学校2所，教师239人，在校学生3513人。另有幼儿园2所，教师26人，幼儿1500人。新市民子女入学率100%。镇教育系统新建名师工作室3个，新增张家港市骨干教师9人、苏州市名师1人。建立数字化学习网站。投入171.2万元，为学校更新教育教学设备设施，投资1.5亿元易地新建的南丰小学永联校区和南丰幼儿园永联园区工程进展顺利。全镇有医院3所，社区卫生服务站16个，职业医师70人。成功承办苏州市餐饮服务示范现场会，镇社区卫生服务中心获评江苏省示范中医科室和江苏省基层医疗监督先进哨点。永联村成功举办第四届长江鲜美食节、乡村游乐节，首创河豚垂钓大赛。全镇新增绿化面积26.2公顷，镇区绿化覆盖率41%。整治黑臭河道8条，疏浚镇村河道46条、27.61千米，完成土方19.35万立方米。拆坝建桥15座。投资1200万元加高加固圩堤600米；新建排涝站5座，增加排涝流量每秒19立方米，改造圩口闸5座。建设东港微动力污水处理设施10套，惠及150户农户。新建柏油路面12.34万平方米，铺设排水管道2705米，供水管道14671米。开展美丽村庄建设，建农村获苏州市美丽村庄建设一等奖。综合型政务刊物《南丰之窗》年发行11期，累计38期。《南丰之声》自办广播节目年播出新闻节目103期。镇举办第二十七届全民运动会和第三届全民健身节，承办第五届全国小戏小品大赛，组织开展全面健身活动、全民阅读系列活动、“村村演”、志愿文化等群众性文体活动60余项。深化“党员干部连万家”活动，推行“民生早市”“民生夜班岗”，发放“党群连心卡”1.9万张。“三约三会”经验在《人民日报》报道并向全市推广，志愿服务指导中心建成，“大爱南丰”“礼仪南丰”建设启动，“爱心驿站”全覆盖。东沙办事处举办首届趣味运动会。“芦苇编织技艺”申报苏州市非物质文化遗产代表性项目，特色民俗文化、农副产品、文明成果“三进城”活动率先在苏州城区亮相。永联村成立苏州首家村级“文联”，出资582万元奖励村民学电脑，并建设公共自行车服务系统，一期工程开设17个租借点，投放公共自行车400辆。成立南丰镇便民服务中心，各村（社区）建立便民服务站。

福民工程实施　农民人均纯收入26638元，比上年增15.7%。成立村级经济联合发展公司等4个村级经济发展新平台，各村财力均突破250万元。促进城乡劳动力就业，举办招聘系列活动24场，开展职业培训7084人次，各类就业培训1154人次，培训职业农民1070人次，培养企业高技术人才916人，举办镇第四届职工技能大赛。提供就业岗位5182个，成功转移就业人员1703人，就业率95.6%。建立就业援助单位21个，开发就业援助岗位2280个、公益性岗位480个，安置就业困难人员205人，为557名就业困难人员办理社保补贴。农保退休25人，享受老年农民补助4430人，为643名老人办理老年优待证，发放尊老金172.92万元。新增住房公积金扩面3736人，累计18880人。参加农村新型合作医疗保险24980人，参保率99.9%，镇财政补贴108万元，全年补助合作医疗经费679.83万元，为7500名社会化退休人员进行健康体检，建立居民电子健康档案7500份。为417户低保及低保边缘重病困难户发放低保金、临时救助金434万元。组织走访慰问16次，发放慰问金（慰问品）981万元。为重残人员发放救助金182万元。为157名贫困学生发放助学金46.85万元。成立镇慈善会，救助困难家庭约950户。成立镇老年协会，新建海坝村、新丰社区2家居民养老服务站。受理“政风行风热线”及“12345”便民服务热线求助653件，接待群众到访480批次，受理信件234件，办结率100%。调处劳资纠纷及企业工伤事故57起，涉及金额163.6万元。

2013年南丰镇办事处基本情况

表89

名　称	所在集镇面积（平方千米）	党工委书记、主任	党工委副书记	副主任
东沙办事处	0.7	王卫星（女，3月任）	沈裕斌（7月任）	曹志忠（3月任） 陈洪斌（7月任）

2013年南丰镇各村（社区）基本情况

表90

村（社区）名	面　积（平方千米）	户数（户）	人口数（人）	集体经济总收入（万元）	可用财力（万元）	总资产（万元）	村（社区）党委（总支、支部）书记	村（社区）主　任
民乐村	3.01	1123	3011	481	279.00	2256	匡亚军	匡亚军
南丰村	4.96	1883	4906	989	356.03	2918	徐　晋	陆　琴（女）
民联村	3.02	1113	3118	565	259.09	1870	马亚萍（女）	陈　健
东港村	3.38	1803	4544	562	333.80	2147	施勇袭	曹　红（女）
海坝村	3.75	1562	4061	526	316.20	2304	方荣胜	李学琴（女）
建农村	2.76	889	2473	694	625.69	3586	施建章	施建章
和平村	5.08	2143	6016	584	390.94	2326	耿晓斌	展　军
永丰村	5.08	1683	4303	634	316.10	2004	金卫芳（女）	金卫芳（女，11月免） 徐美芳（女，11月任）
新德村	3.71	1556	3910	593	273.78	1857	赵　君	王亦达（11月免） 陆　军（11月任）
永联村	10.50	4152	10931	10975	10737.00	77256	吴栋材	刘雪祥（11月免）
东风村	7.06	1555	4762	424	288.50	2639	王春华（女，3月任）	孙秀成（11月免） 周　华（11月任）
东联村	2.63	778	2174	324	232.90	1344	张　琪	徐宝良（11月免） 张　琪（11月任）
振兴社区	2.20	1206	2255	—	—	—	杨　芹（女）	杨　芹（女）
新丰社区	—	32	75	—	—	—	龚伟娟（女）	龚伟娟（女）
永合社区	—	637	1790	—	—	—	蔡晓峰	茅　萍（女）
东沙社区	0.70	180	363	—	—	—	陈　燕（女）	陈　燕（女）

说明：表格中数据为农村调查数

2013年南丰镇主要开工项目情况

表91

投资企业名称	项目名称	主要产品	投资金额(万元)
江苏永钢集团有限公司	200万吨精品棒材	弹簧钢、冷镦钢、轴承钢等中高端精品工业棒,并具备大盘卷、超长定尺螺纹钢生产能力	总投资100000 当年投入50000
江苏永钢集团有限公司	能源结构调整项目	年产能260万吨的干熄焦生产线	总投资270000 当年投入50000
江苏永钢集团有限公司	综合料场扩建项目	建设矿粉受卸设施及堆场、混匀设施及吨场、配料机运输系统	40000
江苏永钢集团有限公司	高炉煤气发电项目	建3座高炉煤气发电组	25000
江苏金陵体育器材股份有限公司	舞台机械项目	专业化舞台设备制造	15000
江苏麦得斯重工科技有限公司	精密机械项目	机械零部件、钣金件	15000
张家港海钢重型锻件有限公司	采油设备产品锻件深加工项目	深海采油设备产品	8000
苏州艾美得新能源材料有限公司	磷酸铁锂正极材料及锂离子电池产业化项目	锂电池	6500
张家港朗格重工机械有限公司	矿区及海洋油气采集装备项目	采矿及采油装备	6500
张家港创基机械设备有限公司	年产100万台电动工具装备改造升级项目	电动工具	2000

【67个项目分两次集中开、竣工】 2月27日,南丰镇举行33个项目集中开、竣工活动,总投资94.14亿元,涉及经济类项目13项、社会事业类项目20项。经济类开工的4个项目总投资38.15亿元,其中永钢集团能源结构调整配套焦化项目投资总额27亿元,主要建设一套国内一流、年产260万吨干熄焦的生产线,计划2014年6月建成投产,预计可实现年销售收入70亿元,利税5亿元。社会事业类开工的8个项目总投资11亿余元,其中超1亿元项目3项,分别是江南·汇丰城商业综合体、民丰小区五期及苏州江南农耕文化园三期工程。7月20日,镇再次举行34个项目集中开、竣工活动,总投资116.3亿元。经济类项目有19项,总投资85.7亿元。其中,新装备、新材料、新能源、新医药类和三产服务业项目15项,占经济类项目总数的78.9%;投资额82.2亿元,占经济类项目总投资额的95.9%。

【永钢集团能源管理中心建设示范项目通过工信部验收】 3月,省经信委受国家工业和信息化部委托,对永钢集团能源管理中心建设示范项目进行审核验收,并一致同意通过竣工验收。永钢集团成为全国首家通过能源管理中心示范项目验收的企业。2011年年初,永钢集团投资7667万元建设能源管理中心,并作为工业和信息化部钢铁企业能源管理中心示范项目,获得国家财政补助资金770余万元。永钢集团能源管理中心可实现全厂水、电、气等能源介质数据的自动采集、动态显示和报表自动生成等一系列功能。经统计测算,该项目建设投运可实现年节能6.47万吨标准煤,按每吨标准煤价格800元计算,每年直接经济效益5176万元。

【"美丽南丰"展示进苏州观前街】 4月13日,特色民俗文化、特色农副产品、特色文明成果"三进城"暨"家在苏州·美丽南丰"现场展示活动在苏州观前街玄妙观广场拉开帷幕。南丰镇的传统舞狮、祭神灵、闹新婚等特色民俗,红烧河豚、永联米酒、草头饼等江南风味的特色美食,芦花鞋、虎头鞋、剪纸、木雕等非物质文化遗产在现场进行展示。张家港市非物质文化遗产项目芦花鞋的传承人之一、69岁的老人施洪德现场展示制作芦花鞋

"家在苏州·美丽南丰"活动 (王志向 摄)

技艺。施文英拿出一盘红烧河豚进行现场介绍。此外，还通过视频和展板等形式展示南丰镇文明建设成果，包括永联小镇的独特气魄与魅力。此次活动由苏州市委宣传部、苏州市农委、苏州市旅游局、苏州日报报业集团等10个单位联合主办，主要挑选苏州市3个“江苏最美乡村”和10个“幸福乡村”所在镇（街道），通过乡村特色民俗风情展、特色农副产品展和文明成果展三种形式，演绎富有浓郁苏州乡村特色的民俗风情，展示乡村旅游的新景点、新项目，打造“家在苏州·美丽乡村”主题活动品牌。

【永联村获中国最美乡村称号】 11月30日，“CCTV2013中国最美乡村颁奖典礼”在永联村文化中心举行。永联村等全国10个行政村获“中国十大最美乡村”称号。永联村不仅追求经济富裕、环境优美，更追求文明友爱、幸福和谐，制定有“产业发展美、群众生活美、心灵素质美、生态环境美”4个总体目标和26个具体指标，如近期农民年人均纯收入超3.8万元，人均预期寿命达到80岁，互联网普及率达到90%，村务公开率100%，每万人注册志愿者人数超1000人，年人均志愿服务时间超24小时等。中央电视台农业频道主办的“2013寻找最美乡村”评选活动，由农业部、住建部、环保部、水利部、国家旅游局和国家新闻出版广电总局6个单位指导，从9月24日启动，历时2个多月。著名歌唱家李谷一、奥运会跳水冠军高敏、全国道德模范吴栋材等分别为获奖单位颁奖。此前的3月2日，永联村还被农业部命名为2012年中国最有魅力休闲乡村。

【报告文学《江边中国》首发】 7月6日，报告文学《江边中国》首发式在永联村举行。《江边中国》被誉为“邓小平‘小康’梦想的实践蓝本”“一个中国乡村发展的史诗报告”，通过生动事例和发自作者内心的真实感悟，反映改革开放后永联村及苏南地区从贫穷到小康，向实现基本现代化迈进的沧桑巨变，从一个侧面展示了张家港、苏州、江苏改革开放和现代化建设取得的巨大成就。文章以纪实风格描绘了永联村党委书记吴栋材35年如一日，团结带领全村干部群众勇于争先、自强不息、拼搏奉献、艰苦创业，把一个在长江滩涂上围垦出来的贫困村，建设成社会主义现代化的新农村，托起了当代农民“中国梦”的感人事迹，展示一名基层优秀共产党员的不懈追求、发展智慧和为民情怀。《江边中国》作者、中国作家协会副主席何建明在首发式上向有关代表赠送书籍。首发式结束后，在永联村召开“一个村的中国梦”永联实践理论研讨会和“一个村的中国梦”报告文学《江边中国》创作研讨会。

【南丰镇被世界卫生组织评为健康社区】 11月14日，在上海市金山区人民政府会议中心，南丰镇被世界卫生组织健康城市合作中心主任、上海市爱卫办主任李忠阳授予“健康社区”奖牌。这是全市首个获此殊荣的区镇。近年，南丰镇投入上亿元建造集健身、运动、健康教育于一体的南丰广场室外健康主题公园，融运动健身、文化休闲、科技娱乐于一体的科技文化中心。建有25处文化体育运动场地，设置30个健康网点、42处健身路径。同时，培育了280余名健康健身指导员，91支单项体育健身团队。组建4个全科医生团队，分16个工作小组进入社区，向居民提供十一大类41项基本公共卫生服务项目等免费服务。向居民家庭免费发放含健康指导手册、控盐勺、控油壶的“健康礼包”。创建成苏州市健康生活方式示范镇，建成健康单位、健康社区、健康食堂（餐厅）13个。（张爱华）

大新镇

【概况】 大新镇位于市域北部，与南通如皋市隔江相望，有长江岸线7.9千米。港城大道、杨新公路贯穿南北，港丰公路、沿江公路横穿东西。区域总面积40.48平方千米，耕地面积1734公顷。年末，辖10个行政村、3个社区居民委员会。有户籍14578户、人口37836人，另有外来暂住人口31002人。全年实现地区生产总值32.13亿元，比上年增4.6%。一、二、三产业增加值分别为1.94亿元、18.78亿元和11.41亿元。按户籍人口计算，人均生产总值8.49万元。完成全口径财政收入15.59亿元，其中公共财政预算收入2.14亿元。入库税金4.13亿元。完成全社会固定资产投资14.84亿元，比上年增11.8%。

经济建设与发展　年末，有企业693家，其中工业企业590家。37家规模以上企业全年实现工业产值47.86亿元，主营业务收入47.68亿元，工业利税2.95亿元。有销售收入超1亿元的企业9家，创利税2.78亿元。全镇完成工业技改投入8.28亿元。注册外资及港澳台资3051万美元，到账外资及港澳台资781万美元。新批私营企业88家，累计766家，新增注册资本1.28亿元。全年完成外贸进出口总额1.46亿美元，其中自营出口总额1.34亿美元。10个行政村工业开票总销售22.34亿元，完成入库税金1亿元。新增省级以上高新技术产品12种，省高新技术企业1家，省工程技术中心2家。新增产学研合作项目13项，申请专利535件，其中申请发明专利110件，授权发明专利15件。新增高效农业面积136.67公顷、设施农业面积43.33公顷，添置各类农机具49台套，免费培训置业农民812人。秸秆综合利用率99.82%。发放涉农补贴和奖农资金2304.5万元，惠及农户7908户。大新镇创建苏州市率先基本实现农业机械化示范镇，农机化率达到99.7%。实现农业总产值3.51亿元。粮食、蔬菜、水产总产分别为13879吨、8177吨和1750吨。全镇建成农业示范基地4个，绿色食品生产基地15公顷，江苏省无害化蔬菜基地8公顷，农业基地认定总面积500公顷。拥有绿色产品1种、无公害农产品11种，绿色产品和无公害农产品占全镇农产品的98%，新组建以村为经营主体的土地股份合作社2家，入股土地66公顷，总数3家。组建农民专业合作社5家。累计土地规模经营总面积1193公顷。

社会事业发展　年末，有学校2所，教师231人，在校学生3685人。另有幼儿园2所。年内投资1200万元完善教育设施，中学、小学、中心幼儿园在市教育质量综合评估中均获奖。群众性文化活动扎实开展，在全市文艺演出、书法、美术竞赛中多次获奖。有医院1家，医务人员154人，病床160张。建立家庭健康档案53198份。户籍人口合法生育率、计划生育奖励政策兑现率均为100%。全镇有线电视实现数字化，入户率100%。新增垃圾箱（桶）320个，疏浚三级河道17条，新增桥涵6座，新增林地绿化面积39.33公顷。开展企业安全生产检查，排查隐患356条，发出意见书253份，整改意见1009条，发责令整改书138份，排查隐患356条。

福民工程实施　全镇农民人均纯收入23772元，比上年增15.5%。城镇职工养老保险参保累计18558人，参保率99.8%。居民大病实际补偿率53.5%，全镇18444人参加基本医疗保险，覆盖率100%。实施农村富余劳动力免费培训、创业培训、技能培训2732人次，新增就业岗位4997个。特困家庭高校毕业生就业率100%。为全镇197户低保、66户低保边缘户家庭发放低保补助188.8万元，为11户大重病、1户儿童大重病、1名散居孤儿、222名重残、19名特殊残疾对象，发放补助金122万元。走访慰问优抚、低保户、残疾人、特困党员、特困职工、拆迁户、大重病对象等4000余户，发放慰问金（品）842.59万元，为88户贫困家庭发放困难补助10.88万元，为88名贫困学生发放助学金17.9万元。为1253名80周岁至89周岁老人、157名90周岁至98周岁老人、3名百岁老人发放尊老金92.72万元。为160名优抚对象发放抚恤补助99.3万元，为9名三属（烈士遗属、因公牺牲军人遗属、病故军人遗属）、2名伤残军人和36名现役军人发放优待补助86万元，为3名现役军人发放立功奖9000元，为17名退役士兵发放自谋职业和自主就业补助金109万元。

2013年大新镇各村（社区）基本情况

表92

村（社区）名	面积（平方千米）	户数（户）	人口数（人）	集体经济总收入（万元）	可用财力（万元）	总资产（万元）	村（社区）党委（总支、支部）书记	村（社区）主　任
新凯村	3.84	1043	3609	163	101.20	3084	钱正初	秦燕军（3月免） 钱正初（11月任）
长丰村	4.88	1695	5031	264	248.30	2854	陆　军	王国平
桥头村	3.41	1158	3430	302	182.00	2112	朱杏春	滕惠平（11月免） 孙浩明（11月任）
段山村	4.15	916	3318	284	171.40	5209	张小平	严亚新
朝东圩港村	4.10	1011	3305	334	226.20	3858	肖　斌（12月免） 丁　德（12月任）	陈　建
新闸村	2.54	525	2094	195	181.00	2528	康卫峰	张国强
大新村	3.53	1021	3287	815	767.40	8769	孙爱民	王晓勇
新海坝村	3.77	856	2830	591	501.90	3210	顾官兴	蒋　军
中山村	4.91	1481	4285	294	261.50	3988	刘　钧	刘　钧（11月任）
龙潭村	4.78	1315	4225	357	203.60	3084	丁进华（3月免） 秦燕军（3月任）	钱中华
大新社区	1.30	1334	3310	—	—	—	张红娟	张红娟
新东社区	0.18	16	27	—	—	—	孙　娟	闵振宇
新南社区	—	—	—	—	—	—	钱正初（12月任）	李　萍（12月任）

说明：表格中数据为农村调查数

2013年大新镇主要开工项目情况

表93

投资企业名称	项目名称	主要产品	投资金额（万元）
江苏吉鑫光缆科技有限公司	光缆项目	光缆	15600
江苏宏宝集团有限公司	新品开发、技改项目	五金工具	10000
市新凯带钢有限公司	技术改造项目	—	8850
市富井润滑油有限公司	新建分装项目	润滑油	7000
苏州大邦纺织有限公司	引进生产线项目	纺织品	6320
市欧思瑞科技有限公司	技术改造项目	—	5000
苏州青牛医疗器械有限公司	医疗器械项目	医疗器械	5000

续表93

投资企业名称	项目名称	主要产品	投资金额(万元)
张家港易化设备科技有限公司	技术改造项目	—	4900
张家港天达工具有限公司	技术改造项目	—	4585

【十大重点民生和十大科技产业项目集中开、竣工】 10月25日,大新镇在大新中学新址举行10大民生项目、10大科产业项目集中开、竣工仪式。20个项目总投资22亿元,其中开工项目12项,总投资8亿元,包括大新中学异地新建、新南社区三期B区11万平方米安置房、新丰港生态廊道建设、美丽村庄建设、大新镇圩区管理中心等5个民生工程项目,大新镇科创园、苏州微影光电科技有限公司光电项目、苏州桓润环境科技有限公司羊毛脂富集设备、苏州广视诚信息技术有限公司第四代智能视频监控系统及在物联网和智慧城市中的应用、苏州优讯达信息咨询服务有限公司的信息咨询与服务、苏州紫光伟业激光科技有限公司的激光加工设备、张家港能瓷材料科技有限公司高性能纳米陶瓷材料等7个科技工程项目。集中竣工的民生工程项目5项,包括新南社区一期、二期53万平方米安置房,新南集贸商城,邻里中心,港丰公路亮化和大新小学综合改造工程项目,另有江苏和昊激光科技、江苏恒优机电和张家港易化设备等3个科技项目全面投产。仪式上,省级科技企业孵化器基地——新大新科技创业园揭牌。此次集中开、竣工的20个项目,具有投资体量大、产业质态好、科技含量高等特点。

【大新镇获评省农村劳动力充分转移就业乡镇】 1月,大新镇成功创建为江苏省农村劳动力充分转移就业乡镇。近年来,大新镇坚持把促进就业作为改善民生、构建和谐社会的重要内容,创新思路,扎实举措,劳动力转移做到“有平台、有氛围、有通道、有成效”。全镇10个村、1个社区均被评为苏州市充分就业社区(村),促进了农民增收和城乡一体化建设。据统计,2013年,全镇共登记失业人员454人,实现就业444人,就业率为97.8%。

【大新镇文化中心启用】 4月15日,2013年全市“文明百村欢乐行”大型公益文艺巡演行动启动暨大新镇文化中心启用仪式举行。大新镇文化中心建设历经两年,总投资6500万元,建筑面积8000平方米,融宣传、展览、文化艺术交流、培训、休闲等多种功能于一体,分综合展馆、图书室、篮球场和大剧院等10余个区域,是一个为居民群众提供“一站式”综合文化服务的场所。中心引进的全市第一家镇级数字影院,让群众在家门口就可以看到最新的电影大片。

大新镇文化中心　　(张家港日报社　供稿)

【3项非物质文化遗产项目进入市第四批非物质文化遗产代表作名录】 4月,在市政府公布的《张家港市第四批非物质文化遗产代表作名录》中,大新镇的传统技艺“沙上豆瓣酱制作技艺”“沙上蟛蜞豆腐制作技艺”和传统音乐“沙上号子”3项非物质文化遗产项目成功入选。自2012年12月起,全市组织开展第四批非物质文化遗产代表作名录申报和评定工作。经过专家组调查、评审、论证并向社会公示,大新镇的3项非遗项目申报成功。这3项传统技艺世代相承,与群众生活密切相关,是大新镇沙上文化的内容。

【江源生态养殖农民专业合作社成立】 8月,大新镇新海坝、龙潭、桥头、新闸四个村联合出资350万元,成立江源生态养殖合作社,主要养殖黑羊、长江三角洲白山羊。该社是大新镇首个经济强村带动经济一般村共同致富的联合发展实体,也是大新镇探索村级集体经济提质增效新路径的大胆实践。合作社采取滚动发展模式,一期工程投资880万元,新建羊舍5000平方米,兽医室、兽药房、监控室、办公室等900平方米,道路、场地等1.04万平方米,同时建有粪污无害化处理、动物防疫、监控等设施设备,长期规划实现肉羊养殖规模1万只。

【新大新科技创业园获批省级科技企业孵化器】 10月,省科技厅公布新一批15个省级科技企业孵化器名单,张家港新大新科技创业园榜上有名。由此,新大新科技创业园及众多园内企业可享受省级科技企业孵化器的相关优惠政策。新大新科技创业园实行两期规划,一期孵化面积1.1万平方米，有在孵企业23家，其中科技人才企业7家。二期规划建筑总面积7.4万平方米，总投资2亿元。园内及周边公共配套设施齐全，办公区分隔，包括七层综合楼1幢、六层专家公寓楼2幢及四层标准化配置车间5幢。建园两年，科创园以培育地方特色产业和打造专业化科创园为目标，主要引进和培育高端装备、电子装备、激光应用、新型金属材料、高性能纤维复合材料、纳米材料等领域的科技型企业和国内外高层次创新创业人才。园内拟筹建绿色高端装备产业公共技术服务平台，为绿色制造产业、绿色工具产业、3D打印产业提供优质的资源和服务，形成高新产业的集聚效应，促使高端装备产业项目在技术上互相支持、产品上互相配套。

【林士坤被评为“中国好人”】 林士坤，1942年出生，腿部残疾，单身，大新镇龙潭村19组村民。1990年10月18日深夜，林士坤在送货路上，捡到一名才出生8天的婴儿，他没有丝毫犹豫，许下承诺，倾家荡产也要把她抚养成人。但老林腿有残疾，走路不灵便，自己独自生活尚且可以，可是要带大一个襁褓中的婴儿困难可想而知。再加上自己又没有育儿经验，老林显得力不从心。虽然艰辛，但老林从来没有放弃，也没有放松对女儿的教育。经过23年的辛苦养育，2012年，女儿大学毕业。刚刚参加工作，适逢超龄人员“农转城”，为解决父亲生活的后顾之忧，她拿出自己在学校省吃俭用积攒下来的1万元奖学金，再加上向同学借的钱，为老林办理了张家港市超龄人员的“农保转城保”。2013年7月，林士坤被中央文明办等单位评为“中国好人”。（王　林）

常阴沙现代农业示范园区

【概况】 常阴沙现代农业示范园区位于市域东部，北临长江，与南通市隔江相望。8月，现代农业示范园区更名为常阴沙现代农业示范园区。园区有沿江岸线9.7千米，区域总面积37.45平方千米，其中耕地面积2350公顷。年末，辖7个社区，1个居委会。有户籍8033户，人口20217人，另有外来暂住人口3763人。全年实现地区生产总值8.62亿元，比上年增5.64%。一、二、三产业增加值分别为2.3亿元、4.05亿元、2.27亿元。按户籍人口计算，人均生产总值为4.26万元。完成全口径财政收入12407万元，其中公共财政预算收入5182万元。完成全社会固定资产投资4.13亿元，比上年增5700万元。

经济建设与发展　年末，全区有企业330家，其中工业企业252家。18家规模以上企业全年实现工业总产值10.42亿元，主营业务收入10.3亿元，工业利税5128万元。有销售收入超1亿元的规模型企业4家，超2000万元的骨干企业20家。完成工业技改投入1.95亿元。新增个体私营企业44家，新增注册资本1.16亿元。引进外地资本5790万元，新批办个体工商户77家，新增注册资本472万元。申报并被认定省级民营科技企业2家，累计16家。技术开发备案企业5家，累计17家。新增产学研合作企业3家，累计11家，产学研合作项目11项，累计41项。开发高新技术产品6种，累计14种，技术开发备案企业6家，累计12家。申报专利122件，其中申请国家发明专利17件，授权发明专利11件，累计20件。全年完成服务业投资额1.82亿元，完成服务业增加值2.27亿元，分别比上年增20.53%和9.13%，服务业入库税金1238万元。推广农业实用技术6项，其中高效栽培新技术2项。推广农业种植新品种122种。新增高标准农田101.25公顷，累计建成高标准农田面积2134.58公顷。新增各类农业机械208台套399千瓦，累计3785台套24892千瓦。全年实现农业总产值3.72亿元，比上年增8.77%，粮食、瓜果、蔬菜、水产品总产量分别为27239吨、5407吨、16946吨、575吨。

社会事业发展　年末，有九年一贯制学校1所，教师82人，在校学生1162人。义务教育学龄人口入学率100%，初中升学率100%。年内，投入3000余万元整治农村环境，完成工业集中区和学校区域污水治理、农村自来水管网改造及“美丽村庄”建设。其中，常兴社区“美丽村庄”示范点建设通过苏州市验收，常沙社区二星级“康居乡村”通过张家港市验收。投入2000万元完成游客中心小木屋建设工程，工程占地9900平方米，建筑面积2500平方米，建成小木屋12栋。投资522万元，对油菜花主题公园进行规划设计和景观改造，完成土坡造型及景观湖开挖工程。投入328万元建成占地6000平方米，集冷藏、保鲜、检测、加工于一体的农产品配送中心。占地3600平方米，建筑面积3200平方米的常阴沙文化体育中心于7月末交付使用。禾丰佳苑3期共24套3600平方米安置房于7月底竣工并交付使用。全年完成河道拆坝3条，建桥（涵）3座；疏浚河道29条、25.1千米，完成土方11.9万立方米；完成生态河道建设4条、5.69千米。完成走马塘江边枢纽西侧顺堤河50米河道开挖、放心蔬菜基地沟渠配套改造工程、七干河常沙段300米及常南220米岸坡坍塌整治工程。投入444万元，新增林木面积23.2公顷，全区林木覆盖率20.42%。

福民工程实施　农村人均纯收入21689元，比上年增17.24%。年内新增就业岗位1003个，其中新开发公益性岗位105个。新增城镇职工养老保险人数300人，累计参加城镇职工养老保险人数8213人。农村居民合作医疗参保人数3836人。新增住房公积金交费企业18家，住房公积金累计交费企业95家，住房公积金扩面人数263人，住房公积金累计交费人数1294人。全年为128户198人低保对象及20户24人低保边缘户落实最低生活保障，发放低保资金103.4万元、低保救助金8.2万元，一次性生活补助金12万元。为788名80周岁及以上老人发放尊老金47万元，为41名残废人发放重残金20.8万元。救助贫困学生79人20.25万元，临时性救助困难家庭37户2.96万元，民生两险救灾补助22户35.33万元，节日走访慰问烈军属8.3万元，走访慰问33个类型的1889户困难家庭，共发放慰问金214万元。

2013年常阴沙现代农业示范园区各社区(居委会)基本情况

表94

社区(居委)名	面 积(平方千米)	户数(户)	人口数(人)	集体经济总收入(万元)	可用财力(万元)	总资产(万元)	社区(居委)党总支书记	社区(居委)主 任
常东社区	4.60	765	2276	407	275	1199	范兴华	陈 东
常南社区	5.48	1146	3592	564	346	1393	陶洪祥	—
常西社区	4.11	626	2181	406	329	1432	黄金菊(女)	孙惠祥
常北社区	5.20	980	2884	398	264	1503	瞿 伟	徐卫华
常红社区	4.89	948	2920	461	312	1164	陈金发	李永明
常兴社区	5.19	668	1957	389	283	1313	陈志华	沈维良
常沙社区	4.98	1163	3199	469	275	1415	李 平	朱金发
集镇居委会	—	886	1051	—	—	—	徐育清	徐育清

说明:表格中数据为农村调查数

【首届常阴沙油菜花节】 3月24日,为期1个月的首届常阴沙油菜花节启动。围绕创建“国家AAA级旅游景区”的目标,打造“苏南第一花海”,园区在拥军路、沿江路、红旗路、五棵松路两侧以及走马塘流域北侧等区域,规划种植近万亩油菜,并开发泛舟花海、自驾旅游、单车骑行、花田寻宝、摄影采风、烧烤垂钓、风筝展演等系列旅游活动。同时,50集情景喜剧《蜜月岛》也在园区完成最后10集拍摄工作。启动仪式当天,上海、苏州、无锡等地的上万名游客从四面八方涌向“花海”。油菜花节期间,还开展绿色自由骑行“游花海”、千车万人自驾“赏花海”、妙手偶得“摄花海”等一系列活动。活动期间,共接待游客20余万人次。

【常阴沙大米获国家地理标志证明商标】 1月28日,“常阴沙”大米地理标志证明商标经国家工商行政管理总局商标局核准注册。这是张家港市获得的第二件、苏州市获得的第三件国家地理标志证明商标,也是继获得“最受苏州老百姓喜爱的十大地产大米”金奖后的又一项荣誉,成为苏州市唯一获地理标志证明商标的大米类产品。“常阴沙”大米生产地域在常阴沙现代农业示范园区内,经过多年的种植实践和研究探索,常阴沙现代农业示范园区有着一套科学化的水稻栽培和管理模式,加上得天独厚的自然环境,形成了“常阴沙”大米晶莹剔透、口感柔软滑润、富有弹性、食味品质极佳的优势。园区按照“统一品牌、统一包装、统一销售”模式,将“常阴沙”大米通过联农农产品专业合作社在市区设立的“常阴沙”系列农产品销售门店和在苏州等地设立的销售网点推向市场。

【常阴沙农业产业化示范基地被认定为国家农业产业化示范基地】 10月,农业部下发《关于认定第二批国家农业产业化示范基地的通知》,常阴沙农业产业化示范基地榜上有名。作为张家港市发展现代农业的“核心区”,近年来,常阴沙现代农业示范园区围绕“打造苏南最高水平农业园”的总体要求,坚持“开发区模式建设、公司化模式运作”,集约要素资源,已形成“南北高效果蔬、中部绿色稻米、滨江特色水产”三大主导产业。同时,通过政府搭台、企业唱戏,组织和引导龙头企业通过合同订单、利益连结等形式,反哺基地农户,全力构建以“市场促龙头,龙头带基地,基地连农户”的农业产业化发展格局,大力发展粮油加工、蔬菜加工及配送等农业配套产业,龙头企业集聚发展格局基本形成。

(陆锦法)

常阴沙放心蔬菜基地 (常阴沙现代农业示范园区 供稿)

双山岛旅游度假区

金双山果园 （严子洋　摄）

【概况】双山岛旅游度假区位于市域西北部，地处张家港作业航道与长江主航道之间，与苏州、无锡、泰州和南通四市的长江水域相连接。区域总面积约20平方千米，其中堤坝外滩涂湿地约4平方千米，堤坝内面积16平方千米，环岛岸线长16.8千米，耕地面积400公顷，林地（含果林）面积215公顷。辖4个行政村、1个社区居委会（为“村居合一”体制）。区内以农业经济为主，无工业，主要发展特色种养业和旅游业。11月，2013年第四届环太湖国际公路自行车赛张家港双山岛绕圈赛举行，有五大洲的120名职业自行车运动员参赛。

经济建设与发展　年内，全区实现经济总收入1.97亿元（因统计口径原因，经济指标数大多未做单独统计），农业总产值3100万元。粮食、水产品产量分别为2400吨、1039吨。投资800万元，全面推进标准化农田建设，完成土地平耕、机耕路、渠道和电灌站等高标准农田建设配套工程，累计建设高标准农田400公顷。新增果林25公顷，累计75公顷。有无公害产品11种，绿色食品4种。新增收割机2台、中型拖拉机4台，累计有农机35台。有以村为经营主体的土地股份合作社4家，村均可用财力290万元，全区土地规模经营率100%。农产品中实现了大米种植、包装和销售一条龙服务。

社会事业发展　有1家社区卫生服务站，医务人员5人，病床6张。户籍人口计划生育奖励政策兑现率100%。全年新增绿化30公顷，疏浚河道19条。1月1日，启动双山岛旅游度假区建设协议安置工作，年内应安置人数11196人，至年末协议安置签字人数10902人，占应安置人数的97.3%。

福民工程实施　农村人均纯收入1.9万元。全年为163名困难群众发放临时救济款15万元，为104名低保对象发放党员关爱基金17.9万元，为63名困难学生发放助学金17.6万元，为47名优抚对象发放慰问金4.7万元。为1928名60周岁及以上老人进行体检。新增低保户5户、低保边缘重病困难户4户，累计为79户低保及31户低保边缘重病困难户发放最低生活保障金93.75万元。帮助215名剩余劳动力、农村富余劳动力、失业人员、就业困难群众实现就业。

2013年双山岛旅游度假区各村基本情况

表95

村　名	面积（平方千米）	户数（户）	人口数（人）	集体经济总收入（万元）	可用财力（万元）	总资产（万元）	村党支部书记	村主任
渡口村	2.08	1000	2475	592	296	2831	杜国平	陈建强
双中村	3.73	997	2670	677	289	4052	高金荣	孙新华
老圩村	3.71	1132	3021	848	287	2446	夏龙华	严海华（11月免） 丁修德（11月任）
新圩村	3.38	902	2471	474	290	1863	李群慧	刘正法

说明：表格中数据为农村调查数

【南码头航运大楼竣工】双山岛南码头是游客进入双山岛的唯一入口，其航运大楼工程总投资2900万元，包括南码头航运大楼及辅助设施整体改造，新建造价1000万元、容量36辆车的渡轮。航运大楼工程（含停车场）占地约9400平方米，建筑面积5180平方米。主楼4层，为航运中心。西侧辅楼3层，为综合服务楼和高尔夫球场接待中心。工程于3月开工建设，年末基本完工，新轮渡船计划于2014年投入使用。

【双山老街改造】双山老街改造项目总投资4000万元，包括整体外立面改造，外围及内部水系沟通，桥梁、道路、景观亮化等。工程于6月开工，年末基本完工。双山老街项目集餐饮、咨询、展销等综合性旅游服务于一体，内设农副产品展销中心，引进“百信超市”“奶熊”等品牌超市和连锁店。（施　恩）

【编辑　卢德兴】

人物·先进集体

Personages & Advanced Collectives

全国道德模范（敬业奉献模范）吴栋材与村民在一起　（庞瑞和　摄）

新任市领导

新闻人物

逝世人物

先进个人

先进集体

新任市领导

姚林荣

1965年1月出生，江苏吴江人，中央党校大学学历。中共张家港市委书记、张家港保税区党工委书记、管委会主任。

1982年7月参加工作。1982年7月至1984年11月，任吴江电机厂技术员。1984年11月至1987年8月，任吴江县经委能源科工作人员。1987年8月至1989年8月，任共青团吴江县委青工部工作人员、副部长。1989年8月至1994年6月，任吴江县（市）委组织部干部科科员、副科长、科长，干部科科长兼青年干部科科长。1994年6月至1996年2月，任吴江市委组织部组织员兼干部科科长、青年干部科科长。1996年2月，任吴江市盛泽镇党委副书记。1996年12月至1999年1月，任吴江市盛泽镇党委副书记、镇农工商总公司总经理。1999年1月至2001年6月，任吴江市盛泽镇党委书记。2001年6月至2001年10月，任吴江市委常委，盛泽镇党委书记。2001年10月至2003年4月，任吴江市委常委，盛泽镇党委书记、人大主席。2003年4月至2006年3月，任吴江市委常委，盛泽镇党委书记兼东方丝绸市场党工委书记。2006年3月至2007年1月，先后任吴江市委常委、政法委书记，吴江市委常委、副市长、政法委书记，吴江市委常委、副市长。2007年1月至2009年2月，任苏州市金阊区委副书记、代区长、区长。2009年2月至2010年10月，先后任苏州市经贸委主任、党组书记，苏州市经信委主任、党组书记。2010年10月，任张家港市委副书记、市政府副市长、代理市长，张家港保税区管委会主任（副厅）兼市政府口岸办公室主任、市机构编制委员会主任。2010年12月至2011年1月，任张家港市委副书记，市政府副市长、代理市长，张家港保税区党工委副书记、管委会主任（副厅）兼市政府口岸办公室主任、市机构编制委员会主任。2011年1月至2013年6月，任张家港市委副书记、市政府市长，张家港保税区党工委副书记、管委会主任（副厅）兼市政府口岸办公室主任、市机构编制委员会主任；2013年6月起，任中共张家港市委书记、张家港保税区党工委书记、管委会主任。

（市委办）

朱立凡

1971年12月出生，江苏昆山人，研究生学历。中共张家港市委副书记、市政府副市长、代理市长，张家港保税区党工委副书记、管委会副主任兼市政府口岸办公室主任、市机构编制委员会主任。

1993年8月参加工作。1993年8月至1994年11月，任昆山市会计师事务所注册会计师。1994年11月至1997年9月，任昆山市财政局综合科干部。1997年9月至1998年12月，任昆山市财政稽查大队副大队长。1998年12月至1999年12月，任昆山市城北财政所副所长、所长。1999年12月至2001年1月，任昆山市财政局会计事务管理科科长。2001年1月至2001年3月，任昆山市财政局局长助理、会计科科长。2001年3月至2001年7月，任共青团昆山市委副书记、市青联副主席。其间，1999年9月至2001年6月，在南京大学商学院企业管理研究生课程班学习。2001年7月至2002年12月，任昆山市石浦镇党委副书记、副镇长。2002年12月至2006年3月，任昆山市张浦镇党委副书记、镇长。2006年3月至2007年11月，任昆山市锦溪镇党委书记。其间，2003年9月至2006年12月，在江苏省委党校政治经济学专业研究生班学习。2007年11月至2008年11月，任常熟市政府副市长。2008年11月至2009年4月，任常熟市政府副市长、常熟东南经济开发区党工委副书记、管委会副主任。2009年4月至2011年3月，任常熟市委常委、常熟东南经济开发区党工委副书记、管委会副主任。2011年3月至2012年3月，任常熟市委常委、常熟东南经济开发区党工委副书记、管委会主任。2012年3月至2013年1月，任苏州市商务局局长、党组书记、市贸促会会长。2013年1月至2013年8月，任苏州市商务局局长、党组书记。2013年8月起，任张家港市委副书记、市政府副市长、代理市长，张家港保税区党工委副书记、管委会副主任兼市政府口岸办公室主任、市机构编制委员会主任。

（市府办）

新闻人物

胡军

1966年9月出生，美籍华人，清华大学博士。张家港智能电力研究院有限公司副总工程师。国家“千人计划”人选。

毕业于清华大学电机与应用电子工程系，于1988年、1991年和1995年分别获得清华大学学士、硕士和博士学位。1995年至1997年在加拿大瑞尔森大学电机与计算机工程系做博士后研究。1997

年至2001年在美国罗克韦尔科学中心担任科学家、资深研究员，专门从事与电力电子技术及系统相关的研究。2001年至2003年，胡军在美国研发与生产最先进的第二代高温超导材料的美国超导公司工作。作为首席工程师与项目经理，组织并带领技术团队开展用于电力系统超导储能（DSMES），以及动态无功补偿（DVAR）的新一代变流器产品的开发。2003年，他加入美国联合技术公司旗下的飞机设备制造公司——汉胜公司工作，担任电力系统的首席工程师。参与波音787飞机的发动机的启动装置及空气压缩机等多个电气控制系统的技术论证、项目投标与其后的产品开发，提出的多个技术方案及控制方法成功应用并取得多项美国与欧洲的发明专利。2008年，受邀再次加盟美国超导公司，担任电力系统技术总监，负责1.5兆瓦与3兆瓦大型风机的核心电气控制设备的开发，成功把用于风力发电的兆瓦级大功率变流器的制造技术转移到中国。2009年，担任美国超导设在中国的美恩超导公司工程总监，为中国分公司组建了整个技术团队。胡军在国际期刊专业会议上发表论文20余篇，在欧美获得发明专利6项，是美国IEEE会员、评审委员会成员。2012年11月，胡军加入张家港智能电力研究院有限公司担任副总工程师，全面负责研究院在电力系统与新能源产品方面的技术研发，带领团队主持开发新型多功能、模块化智能变流器，应用于兆乏级的分布式动态无功与电压补偿装置。胡军入选2013年"江苏省高层次创新创业人才引进计划"、2013年"姑苏创新创业领军人才引进计划"、2013年"张家港市领军型创新人才引进计划"等。2013年3月，入选中组部第九批国家"千人计划"。

（陶叶萍）

张　炜

1961年11月出生，美籍华人，美国匹兹堡大学博士。苏州汉酶生物技术有限公司研发副总。国家"千人计划"人选。

1982年毕业于南京大学分析化学专业，获学士学位。1982年至1989年在江苏省农药研究所工作。1989年至1995年在美国匹兹堡大学攻读有机化学专业，获博士学位，毕业后做博士后研究、任助理研究员。1995年至2001年在美国杜邦公司农化部担任首席研究员。2001年至2008年，参与创办美国氟相技术公司，担任资深科学家、化学开发部主任。2008年至2012年担任美国麻省州立大学绿色化学中心主任，终身教授。张炜将氟相化学技术应用于绿色化学及新药物的研发，有效解决合成反应混合物纯化的难题，提高合成效率。擅长天然产物的合成、多样性导向合成、化合物库的高通量合成及不对称合成，特别是不对称氟化，在氟相化学、绿色化学、组合化学领域均是国际公认的领军人物。近十年获得美国政府450余万美元课题基金，发表专著1本，论文147篇，文章被引用数超过3200余次。他是5个国际有机化学、组合化学及绿色化学期刊编辑（委），组织过3个国际学术会议，也是3个国际绿色化学协会委员，哈佛及其他2个美国医学会会员，受邀在12个国家和地区作过96次国际学术会议报告和讲座。2013年2月，加入苏州汉酶生物技术有限公司，担任绿色化学研发总监、研发副总。张炜通过整合氟化学催化技术与汉酶公司的生物合成技术，大幅度加快手性含氟药物的合成，用于新药开发和原料药的产业化。张炜入选2013年"江苏省高层次创新创业人才引进计划"、2013年"张家港市领军型创新人才引进计划"等。2013年3月，入选中组部第九批国家"千人计划"。

（陶叶萍）

张贵新

1963年4月出生，天津市人，新加坡南洋理工大学博士。江苏张家港智电电工高技术研究所有限公司总经理。国家"千人计划"人选。

1996年毕业于清华大学电机工程系，获工学学士和硕士学位。1996年至1999年在南洋理工大学攻读等离子体物理专业，获理学博士学位。1998年至2002年在新加坡MG Logic等公司任职，作为高级研发工程师和项目经理，成功主持开发多款新产品，其中CE-P1获得国际专利，其技术指标及性能超越世界顶级公司惠普及通用同类产品水平。2002年起担任清华大学电机工程系副教授、教授、博导。2005年，作为董事和技术总监参与北京浩霆光电技术公司创建，负责电子式互感器的研发工作，成功开发系列电子式互感器产品，取得相关的国家资质认证。2007年至2011年负责承担国家电网"智能化高压电器及数字化变电站"项目。2012年至2014年，负责承担国家"863计划"项目"高压开关设备智能关键技术"。2010年，主持研发的电子式互感器在第19届全国发明展览会上获得铜奖。他发表论文100余篇，申请专利20余项，编写相关专著和教材各1部。参与起草完成首部有关"电子式互感器"的国家标准。2011年6月，组建团队创建张家港智电电工高技术研究所有限公司，主要从事微波纳米材料制备与光电互感器的研发和生产。建立电子式互感器研究平台及实验室，初步完成多款10千伏至220千伏电压等级的电子式互感器样机研制，部分型号已通过国家检测中心的测试并成功挂网运行。张贵新入选2011年"张家港市领军型创业人才引进计划"、2012年"江苏省高层次创新创业人才引进计划"、2013年"姑苏创新创业领军人才引进计划"等。2013年3月，入选中组部第九批国家"千人计划"。

（陶叶萍）

王小良

1963年11月出生，美籍华人，美国医学博士。苏州良辰生物医药科技有限公司董事长兼技术总监。国家“千人计划”人选。

1985年获苏州医学院医学学士学位。1985年至1995年先后在上海中华造船厂、卫生部上海生物制品研究所工作，任实习研究员、助理研究员，获医学硕士学位。1995年至2001年在美国纽约血液中心（V.I.技术有限公司）工作，1997年获医学博士学位，担任访问科学家、科学家，开发一种血液制品病毒灭活工艺，在全球血液制品安全性方面做出重大贡献。2001年至2006年在美国ELUSYS制药有限公司担任高级科学家，领导抗炭疽病单克隆抗体的生产工艺研发。2006年至2007年在美国ALLERGAN制药有限公司担任高级科学家，2007年至2008年在美国SHIRE制药公司人类基因治疗部担任高级专家。在ALLERGAN、SHIRE、ELUSYS和NYBC公司工作期间，突破5个治疗用生物制品纯化工艺的瓶颈，确保ANTHIM、BOTOX和SD血浆等制品顺利通过美国FDA的认证或再论证。2008年至2010年在美国WERFEN集团仪器和试剂有限公司担任高级科学家，解决20余种心血管、血液学领域诊断试剂的生产工艺问题。在美工作15年间，领导多个专业团队研究和开发高端生物制品。对血液制品的研发和生产积累了丰富经验。个人获得10余项中国和国际个人专利，发表过10余篇国际学术论文。2010年3月，王小良在张家港经济技术开发区创办苏州良辰生物医药科技有限公司，主要业务是生物医药科技产品的研发、生产、销售及技术转让。重点项目是血栓与止血系统体外诊断试剂的研发和生产。王小良入选2010年“姑苏创新创业领军人才引进计划”、2010年“张家港市领军型创业人才引进计划”、2011年“江苏省高层次创新创业人才引进计划”等。2013年11月，入选中组部第十批国家“千人计划”。

（陶叶萍）

吴栋材

1935年8月出生，张家港市南丰镇人，高中学历，高级政工师。南丰镇永联村党委书记，江苏永钢集团有限公司董事长。第四届全国敬业奉献模范。

1952年10月参加中国人民志愿军，在朝鲜战场上负伤，后被民政部定为三等甲级残废军人。1958年任南丰“万斤大学”校长。1960年5月加入中国共产党。1969年至1975年先后担任南丰公社十四大队第二、第五生产队队长，副业队队长。1978年7月任南丰公社二十三大队（永联村）大队长，党支部副书记。1980年5月起任党支部（党总支、党委）书记。三十多年来，为了一个强村富民梦，他视事业如生命，把“发展集体经济，致富一方百姓”作为自己的毕生追求，带领全体村民发扬“敢破敢立、自强不息、团结奉献、实干争先”的永联精神，将一个人均年收入仅68元、集体负债6万元的沙滩穷村，发展成苏州首富村。吴栋材带领村民创造出一个“共同富裕、城乡一体、文明和谐的农村现代化新样板”。吴栋材创新社会主义道德观培育方式，实施“文明家庭奖”考核评比，促进村民“口袋”与“脑袋”共富。该村实现了98%的村民集中居住，98%的耕地规模化经营、98%的劳动力就地就业、98%的村民享受到比城里人更优越的福利保障。永联村呈现出一幅由“小镇水乡、花园工厂、现代农庄、文明风尚”构建的“中国农村现代画”。2013年，永联村被评为中国最美乡村、中国最具魅力休闲乡村。因成绩突出，吴栋材多次荣获国家级、省级、苏州市级荣誉。2013年9月，他被中央宣传部、中央文明办、总政治部、全国总工会、共青团中央、全国妇联等六单位评为全国敬业奉献模范，受到党和国家领导人接见。

（张爱华）

李秋菊

1971年11月生，张家港市杨舍镇人，大学学历，中共党员，市科学技术局副局长、纪检组长兼市人才办副主任。2013年全国县（市）科技进步考核先进个人。

1991年1月参加工作，历任市科学技术协会科员，市园林绿化局科员、副科长、科长，凤凰镇镇长助理、纪检委员、纪委副书记。2011年3月起，任市科学技术局副局长、纪检组长兼市人才办副主任。她亲力亲为、务实创新；勤学苦干、勇于探索，实现全市科技人才工作率先领先。2013年，张家港市国家“千人计划”人才新增数名列苏州县市第一，省“双创”人才新增数名列全省县市第一，“姑苏领军”人才新增数连续三年名列苏州县市第一。她指导建成苏州地区首家“省级千人计划研究院”，主持的关于全市科技人才工作研究课题实现全市省软科学项目零突破，项目被科技部作为“科技专报”报国务院及相关省部单位。2013年，张家港市通过全国科技进步考核，连续七届被评为全国科技进步先进市，位居全省前列。为表彰其对区域科技进步事业做出的积极贡献，11月，她被科技部评为“2013年全国县（市）科技进步考核先进个人”。

（夏观亮）

张晓波

1972年5月出生，张家港市塘桥镇人，大学学历。市人民法院执行局副局长。全国法院办案标兵。

1989年参加工作，任张家港市粮食局化验室职工。1994年进入法院工作，历任市人民法院书记员、助理审判员、审判员、执行庭庭长助理、执行庭副庭长和执行局副局长。2008年调至执行庭后，凭着"干一行、爱一行、精一行"的干劲，刻苦钻研执行业务，迅速成长为庭里的执行骨干，执结了全市首例拆迁行政裁决纠纷案等一批"硬骨头"案件。三年累计执结案件1470件，案件执结率97.48%，实际执行率93.42%，执行到位标的6.5亿元，执行标的到位率96%，涉诉矛盾化解率100%。至2012年末，他连续五年办案超400件，无论是办案数量和质量都遥遥领先。他先后获张家港市综合治理和平安创建先进个人、张家港市级机关优秀共产党员、获张家港市政府嘉奖、2010~2012年张家港市创先争优共产党员、苏州法院个人三等功、全省法院办案标兵并记个人二等功等称号。2013年1月，被最高人民法院授予"全国法院办案标兵"称号。

（何　薇）

赵贵清

1972年11月出生，张家港市金港镇人，大学学历，中共党员，市农机安全监理所所长，高级工程师。全国农机安全监理"为民服务创先争优"示范岗位标兵。

1996年8月参加工作，2002年5月任市农机推广站副站长，2008年12月任市农机推广站站长，2010年10月任市农机安全监理所所长，2013年4月任市农机安全监理所所长兼市农业委员会农机管理科负责人。围绕全市农机化发展和农机安全生产工作目标任务，他带领监理所全体人员，认真贯彻执行农机法律法规，依法行政，规范管理，加强农机监理业务规范化建设，深化平安农机创建，积极开展送检下乡、免费实地检验、农机监理"一条龙""一站式"服务等措施。赵贵清先后被评为市农业工作先进个人、省农机科技创新先进个人。2013年7月，被农业部授予2012~2013年度全国农机安全监理"为民服务创先争优"示范岗位标兵称号。

（毛　慧）

周春峰

1960年3月出生，张家港市杨舍镇人，大专学历。市委政法委员会副书记、市综治办主任。全国社会管理综合治理先进集体有关领导干部嘉奖获得者。

1978年3月参加工作，1978年3月至1997年7月在部队服役；1997年7月至2004年12月任市纪委、监察局副局长；2004年12月起任市委政法委副书记、市综治办主任。在致力于打造全省全国最安全地区的实践中，他不断探索构建"党委政府主导、综治牵头协调、职能部门负责、社会公众协同"的平安建设总体格局，张家港市公众安全感、群众满意率、社会和谐度显著提升，公众安全感连续3年保持苏州各市区第一。社会管理服务在全国县级市首创覆盖"入户、入医、入学"的新市民积分管理制度，并组织运行新市民数字化管理系统，在全国率先成立"新市民共进协会""房东协会"等新型社会管理组织，社会管理实效明显提高。全市基层单位平安创建覆盖率达到100%，超过90%的村（社区）达到社会治安安全村（社区）标准。张家港平安建设跻入全省全国先进行列，实现江苏省平安县（市、区）"十连冠"，被评为全国社会治安综合治理先进集体。2006年，周春峰被评为苏州平安建设先进个人，记一等功。之后多次获张家港市级嘉奖。2013年5月，被中央综治委、中共中央组织部授予2009~2012年度全国社会管理综合治理先进集体有关领导干部嘉奖。

（蔡　健）

倪永祥

1955年11月出生，张家港市南丰镇人，大专学历，中共党员，南丰镇人民调解委员会专职调解员。全国模范人民调解员。

1973年1月参加工作。1973年1月至1974年12月在南丰镇东生村五金模具厂工作；1975年1月至1976年10月任南丰镇东生村团支部书记；1976年11月至1978年1月在合兴镇基本路线教育工作队工作；1978年2月至1979年1月在南丰镇人民政府人保科工作；1979年2月至1981年6月任南丰镇东生村民兵营长；1981年7月至1995年2月任南丰镇东生村主任；1995年3月至2010年12月任南丰镇司法所副所长；2011年1月起任南丰镇人民调解委员会专职调解员。倪永祥把满腔心血倾注在矛盾纠纷调解上，并总结出人民调解"五心"工作法和"六字"工作经。经他调解的矛盾纠纷不计其数，从未因纠纷调处不及时或调处不当而导致矛盾激化和民转刑案件。他获省级防激化一等奖，先后被评为省级人民调解能手、"苏州市百佳人民调解员"、张家港市政法系统"十佳百星"先进个人。他的调解工作经验得到中央政法委书记孟建柱等中央领导的赞赏，2013年8月被司法部评为全国模范人民调解员。

（张爱华）

赵庆华

1979年2月出生，张家港市杨舍镇人，大专学历。市公安局城北派出所副教导员。全国公安机关工作成绩突出法制员。

2001年8月，进入市公安局城中派出所工作，2006年12月任城中派出所所长助理，2010年2月任市公安局城北派出所副教导员。自2003年任法制员起，立足岗位职能，认真履行执法监督、案件审核、指导服务等法制员职责，实行"日毕、周清、月办结"法制工作法，创新"人性化、层次化、互动化"法制培训方式，为提高执法质量和水平、推进基层执法规范化建设发挥了重要作用，成为法制员队伍中的佼佼者。她先后获评公安部2012年度优秀执法培训教官、全省公安机关执法标兵、"全省十佳法制员"，苏州市公安局"二十佳法制员""十佳女警"，张家港市"十大杰出青年"、优秀青年卫士，张家港市公安局"十佳青年民警"、优秀共产党员、优秀法制员。2013年11月，获公安部全国公安机关工作成绩突出法制员称号。

（史　雷）

刘欣石

1962年10月出生，张家港市杨舍镇人，在职研究生学历。市体育局行政许可服务科科长、群体部部长、市体育总会秘书长。全国群众体育先进个人。

1982年8月参加工作，先后在沙洲县中兴中学、市梁丰中学工作。1991年调任至市体育局工作，历任市少体校副校长（主持工作）、校长、市体育场场长。2006年2月起任市体育局群体部部长，2010年12月兼任市体育总会秘书长，2011年3月兼任市体育局行政许可服务科科长。作为全市群众体育职能部门的主要负责人，他带领部门全体同志积极参与全市群众体育工作政策、规定的研究制订工作。具体策划和实施了2004年的"全民健身周"、2005年至2010年的"全民健身月"、2011年至今的"全民健身节"活动。作为第一主持人主持省级体育科研课题1项、苏州市级体育科研课题3项，参与其他苏州市级以上体育科研课题2项。在全国性体育专业期刊发表学术论文16篇，撰写的《张家港市机关工作人员体质健康研究》论文在全国"第三次国民体质监测论文报告会暨体质研究国际研讨会"会议上交流，《对张家港市体育基本现代化指标体系的分析与研究》获第十八届全国城区体育工作研讨会二等奖。主编了《张家港市市民健身指南》，合作编写了全国第十届运动会《田径裁判工作手册》、《张家港市体育健身指导手册》等书刊。先后多次担任国际田联钻石联赛（上海站）、深圳国际马拉松赛、太原国际马拉松赛、亚洲青年运动会田径比赛、亚洲田径大奖赛、全国体育运动会田径比赛、全国田径锦标赛、江苏省体育运动会田径比赛等赛事的技术官员、总裁判长、裁判长、主裁判等职。他先后被评为江苏省优秀社会体育指导员、第三届全国体育大会组织承办工作先进个人、全国群众喜爱的社会体育指导员、全国第十届和第十二届体育运动会优秀裁判员、全国优秀社会体育指导员。2013年8月，被国家体育总局评为全国群众体育先进个人。

（倪志国）

董元清

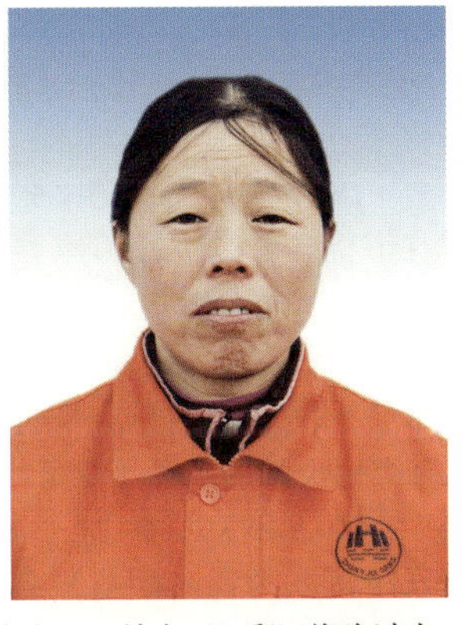

1966年11月出生，张家港市金港镇人，初中学历，群众。市市容管理处城西环卫所清扫保洁员。全国优秀环卫工人。

1993年11月参加环卫工作，成为市容管理处一名普通环卫工人。工作中，她20年如一日，始终坚守环卫一线。在平凡的岗位上任劳任怨，坚守职业信念，常常加班加点。通过多年实践积累，董元清总结出"三快加三看"道路清扫工作法，即作业时要眼快、手快、脚快；看地面、看路牙、看行车，做到眼观六路，勤扫快捡。道路清扫工作法得到广泛推广，为全市创建国家卫生城市、国家文明城市等做出贡献。2013年2月26日，在全国环卫工作座谈会暨优秀环卫工人表扬会议上，董元清被住房和城乡建设部评为全国优秀环卫工人。

（徐　霜）

王群刚

1970年9月出生，张家港市凤凰镇人，本科学历。市疾病预防控制中心主任、党总支书记。公共卫生与预防医学发展贡献奖获得者。

1990年8月参加工作。1996年9月至2008年3月，先

后担任市卫生防疫站寄防科副科长、科长，防病科科长，市疾病预防控制中心职业卫生科科长，市疾病预防控制中心副主任；2008年3月至2011年9月，任市卫生局卫生监督与疾病控制科副科长，办公室副主任；2011年9月起，担任市疾病预防控制中心主任、党总支书记。王群刚牵头实施“有毒化学品作业场所职业病危害现状及防治对策研究”“突发危险化学品事故防范与应急救援技术体系研究”等课题，分别获苏州市科技进步奖1次、苏州市“讲理想、比贡献”技术创新双杯奖2次、张家港市科技进步奖3次。2012年主编出版《实用常见危险化学品急性危害应急救援手册》，参与编著出版《疾病预防控制“三基”》《疾病预防控制“三基”试题集》，填补国内在基层疾控人员培训方面的空白。先后获江苏省疾控系统“创先争优”活动先进个人、职业病防治工作先进个人，苏州市卫生食药监系统深入开展创先争优活动优秀共产党员、苏州市消灭丝虫病先进个人，张家港市食品安全工作先进个人、安全生产先进个人、医疗卫生工作先进个人和卫生系统优秀共产党员等荣誉。2013年11月，获中华预防医学会“公共卫生与预防医学发展贡献奖”。

（张丽君）

钱王平

1967年10月出生，张家港市锦丰镇三兴人，本科学历，九三学社社员，江苏沙钢集团有限公司办公室主任、研究员级高级工程师。江苏省有突出贡献的中青年专家。

1989年8月参加工作，历任江苏沙钢集团有限公司动力处处长助理、计算机应用中心主任、公司办公室主任、副总工程师、自动化总工程师等职。主要从事钢铁行业自动化、信息化和智能化领域的科技创新及管理工作，是科技部科技奖励评审专家、中国钢铁行业信息化自动化专家，兼任全国冶金自动化信息网副理事长、中国人工智能学会智能优化专业委员会委员等职务。钱王平一直工作在钢铁企业科技创新第一线，近年主持实施公司购销一体化系统、炼轧集成制造执行系统、能源管理系统等一批信息化和自动化重大技术创新工程，为公司转型升级，以及信息化建设跻身国内领先水平做出了突出贡献。实践探索出一套高效实用的钢铁企业信息化实施方法和路线，先后主持国家科技支撑计划、863高技术研究发展计划和江苏省科技支撑计划等国家和省部级科研课题，攻克了一系列共性关键技术难题，取得多项高水平技术创新成果，并在行业内推广应用。他发表学术论文20余篇，申请发明专利3项、实用新型1项、计算机软件著作权9项。他先后获江苏省科技进步二等奖、中国钢铁工业优秀科技工作者、中国金属学会冶金青年科技奖等荣誉。2011年入选江苏省“333高层次人才培养工程”第二层次培养对象。2013年11月，被江苏省政府评为2012年度江苏省有突出贡献的中青年专家。

（施建兵）

汪本德

1980年10月出生，安徽省六安市人，初中文化，中共党员，市公安局城西派出所一级警辅。江苏省见义勇为先进分子。

2000年部队退役后，进入市城西派出所参加公安辅助工作。工作中，汪本德立足本职、认真履职尽责，发扬苦干能干作风，工作成绩十分突出。2009年10月28日凌晨，汪本德和队友巡逻至杨舍镇泗港街老农业银行北侧弄堂时，发现一名形迹可疑男子，上前盘问检查。该名男子突然从左裤袋掏出一把手枪（经相关部门鉴定有很大的杀伤力），威胁不要向前靠近。面对这一突发情形，汪本德义无返顾地扑向该男子并将其按倒在地，用尽全力从该男子手中将枪夺下，同队友一起控制犯罪嫌疑人。就在这时该犯罪嫌疑人又突然从右裤袋里掏出一个手雷。面对这危机，汪本德挺身而出，不顾生命危险死死地控制住犯罪嫌疑人员的双手，但在控制与挣扎的过程中该犯罪嫌疑人还是强行将手雷的拉拴打开，在手雷被抛出落地的一瞬间中，汪本德出于本能迅速用脚将手雷踢开（手雷由于其他原因未产生爆炸）。因其英勇机智、不怕牺牲的表现，他被张家港市公安局评为“爱我警营50佳”，被张家港市人民政府评为市社会道德模范、市见义勇为道德模范，并被苏州市公安局“记功”一次。2013年12月，汪本德被江苏省政府评为“江苏省见义勇为先进分子”。

（史　雷）

逝 世 人 物

邓绍基

1933年2月出生，塘桥镇妙桥横泾人。中国社会科学院荣誉学部委员。1955年8月复旦大学中文系毕业后进入中国科学院文学研究所工作，历任副研究员、研究员、研究室主任、副所长、学术委员会主任。他还是中国社会科学院研究生院教授、博士生导师，国家古籍整理规划小组

学术委员，全国古籍整理规划领导小组成员、中国杜甫研究会顾问，中国《水浒》学会、《红楼梦》学会和中国近代文学学会顾问。1992年起享受国务院颁发的政府特殊津贴。长期从事中国文学史研究工作，是国内外著名的文学史家。主编的《元代文学史》，资料丰富，论述深细，获中国社会科学院优秀研究成果奖；主编或参编的《中华文学通史》《中国文学通史系列》和《中国大百科全书·中国文学卷》等大型学术著作，在国内外有广泛影响。他选注并作序的《元诗三百首》，是近百年中第一部元诗选本。2013年3月，邓绍基逝世。

（史 志）

张光斗

1912年5月出生，塘桥镇鹿苑西街人。清华大学原副校长，水利水电专家，中国科学院院士，中国工程院院士。

1934年毕业于上海交通大学。1935年由清华大学公费留美。1936年获美国加州大学土木工程硕士学位。1937年获哈佛大学土木工程硕士学位并攻读博士。1937年至1943年历任国民政府资源委员会龙溪河水电工程处设计课长和襄渡河水电工程处主任。1943年至1945年在美国坦河流域局和垦务局任工程师。1945年至1949年任资源委员会全国水电工程总处设计组主任工程师、总工程师。1949年起历任清华大学水利系教授、系主任、副校长、校务委员会副主任。曾兼任中国科学院水工研究室主任，清华大学、水电部水利水电勘测设计院院长，中国科学院、水电部水利水电研究院院长，国务院学位委员会副主任，黄河和长江两水利委员会技术顾问，中国水利学会副理事长，中国水电工程学会顾问。1955年被选聘为中国科学院院士（学部委员）。曾任中国科学院主席团成员、技术科学部副主任。1994年被选聘为中国工程院院士、主席团成员。先后负责修建中国第一批自建水电站，负责设计密云水库和渔子溪水电站，参加人民胜利渠、荆江分洪、丹江口工程、三门峡工程、葛洲坝工程、二滩水电站、小浪底工程和三峡工程等设计，帮助解决复杂工程技术问题。90年代从事大型工程结构的安全性和耐久性研究。著有《水工建筑物》《高等工程教育研究》论文集。先后获中国工程院科技成就奖、何梁何利科技进步奖。参加的葛洲坝工程设计成果获国家科技进步特等奖。2013年6月，张光斗逝世。

（史 志）

王承绪

1912年8月出生，金港镇南沙三甲里人。浙江大学教育系教授，浙江省政协原副主席。

1936年毕业于浙江大学教育系，留校任教。1938年入英国伦敦大学教育学院攻读教育，获教师证书和硕士学位。1947年回国，历任浙江大学教育系教授、系主任，浙江师范学院教育系教授、系主任、院副教务长，杭州大学教育系教授、比较教育研究中心主任和高等教育研究所所长。1980年至1992年连任三届联合国教科文组织亚太地区教育合作顾问委员会委员，多次出席教科文组织的各种会议和应邀出国讲学及研究。并兼任国家教委教育发展中心兼职研究员、全国教育科学规划比较教育学科组成员、全国比较教育研究会顾问、全国教育史研究会理事、中国高等教育学会理事等职，曾任《中国大百科全书》教育卷编委会委员兼《外国教育》副主编、《教育大辞典》顾问。1993年被授予伦敦大学教育学院荣誉院士。他在比较教育的教学和研究方面有突出贡献，所领导的杭州大学比较教育研究中心和高教研究所，与英、美、德、法、日及前苏联等国的学者建立广泛的合作和交流，赢得了国际声誉。主要学术论著《从国外比较教育科学发展状况看我国比较教学中的若干问题》获全国首届教育科学优秀成果一等奖。2013年11月，王承绪逝世。

（史 志）

祁龙威

1922年2月出生，凤凰镇港口人。著名历史学家，江苏省政协原常委、扬州市政协原副主席，九三学社中央委员，扬州大学历史系名誉主任、教授。

1947年9月，苏州东吴大学物理系肄业。1947年8月至1954年7月，先后在上海大学法学院、上海震旦大学、上海法政学院和江苏常州高级中学任教。1951年10月，参加九三学社，历任九三学社中央机关干部，扬州分社副主委，扬州市委主委、名誉主委，江苏省委副主委、顾问，中央候补委员、中央委员。并任扬州市政协副主席、江苏省政协常委。1957年8月起，他先后任扬州师院历史系讲师、副教授、教授、系主任、名誉系主任。1995年3月，以扬州大学教授身份退休。祁龙威长期从事中国近代史和太平天国史研究，致力于教育教学和学术研究近70年。主要编著有《太平天国史学导论》《太平天国经籍志》《考证学集林》《张謇日记笺注选存》《辛亥革命江苏地区史料》等书，并与台湾学者合编《清代扬州学术研究》。另在《红旗》《人民日报》《历史研究》《中国文化》等报刊发表论文百余篇。2004年6月起，受国家清史编纂委员会委托，主持完成纂修《清史·朴学志》。2013年11月，祁龙威逝世。 （史 志）

先 进 个 人

2013年张家港市获国家条线表彰的先进个人一览

表96

姓 名	荣誉称号	授予单位	工作单位
姚林荣	全国科技进步考核先进个人	科技部	市委
蔡炳锋	全国科技进步考核先进个人	科技部	市委组织部
石锡贤	全国科技进步考核先进个人	科技部	市政府
李秋菊	全国科技进步考核先进个人	科技部	市科技局
王亚方	2009~2012年度全国社会管理综合治理先进集体有关领导干部嘉奖	中央综治委、中共中央组织部	市委
周春峰	2009~2012年度全国社会管理综合治理先进集体有关领导干部嘉奖	中央综治委、中共中央组织部	市委政法委
吴栋材	全国敬业奉献模范 中国好人（敬业奉献）	中宣部、中央文明办 中央文明办	南丰镇永联村
金小华	中国好人（助人为乐）	中央文明办	稻麦良种场
陈利芳	中国好人（孝老爱亲）	中央文明办	凤凰镇
林士坤	中国好人（孝老爱亲）	中央文明办	大新镇
花和平	中国好人（见义勇为）	中央文明办	杨舍镇
侯静叶	中国好人（诚实守信）	中央文明办	杨舍镇泗港环卫所
张晓波	全国法院办案标兵	最高人民法院	市法院
赵庆华	全国公安机关工作成绩突出法制员 2012年度“优秀执法培训教官”	公安部 公安部法制局	市公安局城北派出所
姜秀峰	2013年度全国公安机关优秀专业技术人才	公安部政治部	市公安局刑警大队
张金龙	指挥中心建设先进个人	公安部边防局	张家港边检站
崔丽超	全国优秀消防监督员	公安部消防局	市公安消防大队
倪永祥	全国模范人民调解员	司法部	南丰镇司法所
董元清	全国优秀环卫工人	住房和城乡建设部	市城管局市容管理处
赵贵清	全国农机安全监理“为民服务创先争优”示范岗位标兵	农业部	市农机监理所
董 红	第十届中国艺术节优秀表演奖 第26届中国戏剧梅花奖 第十三届中国戏剧节优秀表演奖	文化部 中国文联、中国戏剧家协会 中国文联、中国戏剧家协会	市文广新局
倪夏宇	第七届西岗杯全国相声新人新作大赛新人奖	中国曲艺家协会	市文广新局
陈彩芬	2012年度查处侵权盗版案件有功个人三等奖	国家版权局	市文广新局

续表96

姓　名	荣誉称号	授予单位	工作单位
李　明	2012年度查处侵权盗版案件有功个人三等奖	国家版权局	市文广新局
王　蔚	2012年度查处侵权盗版案件有功个人三等奖	国家版权局	市文广新局
方金海	2012年度查处侵权盗版案件有功个人三等奖	国家版权局	市文广新局
周　军	2012年度查处侵权盗版案件有功个人三等奖	国家版权局	市文广新局
董建芳	2012年度查处侵权盗版案件有功个人三等奖	国家版权局	市文广新局
毛　健	2012年度查处侵权盗版案件有功个人三等奖	国家版权局	市文广新局
王群刚	公共卫生与预防医学发展贡献奖	中华预防医学会	市疾控中心
杜国明	新疆脊灰防控工作先进个人	卫生部办公厅	市疾控中心
刘欣石	2009~2012年度全国群众体育先进个人	国家体育总局	市体育局
黄正东	交通公安严打整治专项行动先进个人	交通运输部公安局	长江航运公安局苏州分局
王　斌	交通公安严打整治专项行动先进个人	交通运输部公安局	长江航运公安局苏州分局
王　华	交通公安严打整治专项行动先进个人	交通运输部公安局	长江航运公安局苏州分局
金　波	2013年度直属海事系统优秀共产党员	中共交通运输部海事局党组	张家港海事局
何　伟	全国驾培行业“文明诚信、优质服务”优秀经理人	中国道路运输协会	江苏港城汽车运输集团公司
方　治	第三届全国粮食行业职业技能大赛一等奖	全国粮食行业职业技能竞赛组委会	市粮食购销总公司

2013年张家港市获省级和省条线表彰的先进个人一览

表97

姓　名	荣誉称号	授予单位	工作单位
汪本德	江苏省见义勇为先进分子	江苏省人民政府	市公安局城西派出所
钱王平	2012年度江苏省有突出贡献的中青年专家	江苏省人民政府	江苏沙钢集团有限公司
李立飞	2012年度江苏省有突出贡献的中青年专家	江苏省人民政府	市国泰华荣化工新材料有限公司
屈陈江	省市优秀援疆干部人才	新疆维吾尔自治区党委、新疆维吾尔自治区人民政府	金港镇人民医院
吴栋材	江苏省敬业奉献模范	江苏省委宣传部、省文明办	南丰镇永联村
金小华	江苏省助人为乐模范	江苏省委宣传部、省文明办	乐余镇稻麦良种场
缪建新	江苏省全民阅读先进个人	江苏省委宣传部、省文明办、省新闻出版局、省全民阅读办	市文广新局
李　明	江苏省新闻出版政府奖	江苏省委宣传部、省新闻出版局、省财政厅、省人力资源和社会保障厅	市文广新局
蒋　锋	江苏省文明职工	江苏省委宣传部、省文明办、省总工会	市第一人民医院
陈建丰	江苏省校外教育辅导站工作先进个人	江苏省精神文明建设指导委员会、省关心下一代工作委员会	塘桥镇党校

续表97-1

姓　名	荣誉称号	授予单位	工作单位
许文生	党员干部现代远程教育学用标兵	江苏省委组织部	乐余镇永利村
杨　平	江苏省党员干部现代远程教育优秀站点管理员	江苏省党员干部现代远程教育中心	塘桥镇
钱建兵	江苏省优秀工会工作者	江苏省总工会	张家港供电公司
王春亚	江苏省优秀工会工作者	江苏省总工会	江苏银河电子股份有限公司
张爱霞	江苏省优秀工会积极分子	江苏省总工会	市联宏纺织有限公司
许玲霞	江苏省优秀共青团员	共青团江苏省委	共青团张家港市委
徐　诵	2013年度江苏新疆少年儿童“手拉手”互助活动先进个人	共青团江苏省委、省少工委	共青团张家港市委
黄　奇	2013年度江苏新疆少年儿童“手拉手”互助活动先进个人	共青团江苏省委、省少工委	市教育局
陈　萍	2013年度江苏新疆少年儿童“手拉手”互助活动先进个人	共青团江苏省委、省少工委	市万红小学
蔡彩虹	江苏省“三八”红旗手	江苏省妇女联合会	市妇联
丁萍芬	江苏省“三八”红旗手	江苏省妇女联合会	金港镇德丰社区
陶彦斌	2012年度全省信息工作先进个人	江苏省委办公厅	市委办公室
汪伟斌	江苏省广播电影电视系统先进工作者	江苏省人力资源和社会保障厅、省广播电影电视局、省公务员局	市文广新局
季国锋	苏琼合作工作成绩突出个人	江苏省公安厅	市公安局法制大队
霍　鑫	全省刑事科学技术工作成绩突出个人	江苏省公安厅	市公安局刑警大队
	全省公安机关优秀共产党员	江苏省公安厅	
	首批“省级刑事技术青年人才”	江苏省公安厅	
李凤才	全省公安机关侦查工作“111”工程经侦行家	江苏省公安厅	市公安局经侦大队
姚　斌	2012年度全省公安机关优秀监管民警	江苏省公安厅	市公安局看守所
张向阳	全省公安机关“扫毒害保平安”严打整治行动成绩突出个人	江苏省公安厅	市公安局禁毒大队
倪茂华	全省公安机关信息化工作“111”工程信息化技术行家	江苏省公安厅	市公安局信科大队
张旦忠	全省公安机关执法规范化建设成绩突出个人	江苏省公安厅	市公安局法制大队
叶　凡	2011~2012年度全省公安机关调研工作成绩突出个人	江苏省公安厅	市公安局办公室
罗云飞	2012年度全省公安机关重要紧急信息收集报送工作百优民警	江苏省公安厅	市公安局办公室
陈海文	全省公安机关“审计整改年”和“审计整改年”回头看活动成绩突出个人	江苏省公安厅	市公安局审计科
鞠江平	2011~2012年度全省公安派出所工作“111”工程优秀派出所长	江苏省公安厅	市公安局塘市派出所
黄哲斌	2011~2012年度全省公安派出所工作“111”工程社区民警能手	江苏省公安厅	市公安局城北派出所
	全省公安机关群众工作标兵	江苏省公安厅	

续表97-2

姓　名	荣 誉 称 号	授 予 单 位	工 作 单 位
陶田荣	全省禁毒工作先进个人	江苏省禁毒委员会	市公安局禁毒大队
钱学明	江苏省检察机关严肃查办危害民生民利渎职争权犯罪专项工作先进个人	江苏省人民检察院	市人民检察院
吴　丹	2012年度全省法院信息工作先进个人 全省法院新闻宣传工作先进个人	江苏省高级人民法院 江苏省高级人民法院	市人民法院
季新宏	个人二等功	江苏省高级人民法院	市人民法院
丁中群	全省法院政治工作先进个人	江苏省高级人民法院	市人民法院
钱　璐	2012年全省法院办案标兵	江苏省高级人民法院	市人民法院
孙　凯	全省优秀人民调解员	江苏省高级人民法院、省司法厅	保税区（金港镇）政法和社会管理办公室
董　红	江苏省首届文华奖大赛“文华表演奖”	江苏省文化厅	市文广新局
彭　博	第六届“江苏戏剧奖·红梅奖”金奖	江苏省文化厅、省文联	市文广新局
王　越	第六届“江苏戏剧奖·红梅奖”银奖	江苏省文化厅、省文联	市文广新局
满佳鑫	第六届“江苏戏剧奖·红梅奖”银奖	江苏省文化厅、省文联	市文广新局
孟子歆	第六届“江苏戏剧奖·红梅奖”银奖	江苏省文化厅、省文联	市文广新局
朱桥宏	第六届“江苏戏剧奖·红梅奖”银奖	江苏省文化厅、省文联	市文广新局
谢志刚	第六届“江苏戏剧奖·红梅奖”铜奖	江苏省文化厅、省文联	市文广新局
高　进	第六届“江苏戏剧奖·红梅奖”铜奖	江苏省文化厅、省文联	市文广新局
沈　科	第六届“江苏戏剧奖·红梅奖”优秀表演奖	江苏省文化厅、省文联	市文广新局
陈丹锋	第六届“江苏戏剧奖·红梅奖”优秀表演奖	江苏省文化厅、省文联	市文广新局
惠　超	第六届“江苏戏剧奖·红梅奖”优秀表演奖	江苏省文化厅、省文联	市文广新局
谭朋枝	第六届“江苏戏剧奖·红梅奖”优秀演奏奖	江苏省文化厅、省文联	市文广新局
张聪毅	第六届“江苏戏剧奖·红梅奖”优秀演奏奖	江苏省文化厅、省文联	市文广新局
惠　鸽	第六届“江苏戏剧奖·红梅奖”表演奖	江苏省文化厅、省文联	市文广新局
荆洪俊	第六届“江苏戏剧奖·红梅奖”表演奖	江苏省文化厅、省文联	市文广新局
赵　科	第六届“江苏戏剧奖·红梅奖”表演奖	江苏省文化厅、省文联	市文广新局
季　超	第六届“江苏戏剧奖·红梅奖”表演奖	江苏省文化厅、省文联	市文广新局
符莎莎	第六届“江苏戏剧奖·红梅奖”演奏奖	江苏省文化厅、省文联	市文广新局
鞠海鑫	第六届“江苏戏剧奖·红梅奖”演奏奖	江苏省文化厅、省文联	市文广新局
翟　清	第六届“江苏戏剧奖·红梅奖”演奏奖	江苏省文化厅、省文联	市文广新局
倪夏宇	第五届江苏曲艺芦花奖·新人奖	江苏省文联、省曲艺家协会	市文广新局
戴　芳	第五届江苏曲艺芦花奖·新人奖	江苏省文联、省曲艺家协会	市文广新局
陶忠华	全省档案宣传工作先进个人	江苏省档案局	市档案局
唐建岳	江苏省工业经济运行监测重点调度企业先进个人	江苏省经济和信息化委员会	市经济和信息化委员会

续表97-3

姓　名	荣誉称号	授予单位	工作单位
彭　程	全省科技政务信息工作先进个人	江苏省科学技术厅	市科技局
郭　琴	2013年度全省冶金等工贸行业安全生产工作先进个人	江苏省安全生产监督管理局	市安监局
邵庄为	全省推进企业研发机构建设工作先进个人	江苏省推进企业研发机构建设工作联席会议办公室	市科技局
陈　莉	全省推进企业研发机构建设工作先进个人	江苏省推进企业研发机构建设工作联席会议办公室	市统计局
李国琴	基层统计岗位标兵	江苏省统计局	市统计局
徐建英	江苏省婚姻登记工作先进个人	江苏省民政厅	市民政局婚姻登记处
陆惠忠	2012年度江苏省文明口岸先进个人	江苏省口岸办公室	市口岸办(港口管理局)
沈贵平	船舶定线制实施突出贡献人物	江苏海事局	张家港海事局
陈　平	船舶定线制实施突出贡献人物	江苏海事局	张家港海事局
贾亚伯	2012~2013年度江苏海事好青年	江苏海事局团委	张家港海事局
金　波	年度优秀共产党员	江苏海事局党组	张家港海事局
邵　扬	年度优秀共产党员	江苏海事局党组	张家港海事局
杨志强	年度优秀共产党员	江苏海事局党组	张家港海事局
吴青松	年度优秀党务工作者	江苏海事局党组	张家港海事局
丁　波	年度先进工作者	江苏海事局党组	张家港海事局
罗义军	年度先进工作者	江苏海事局党组	张家港海事局
戚　巍	年度先进工作者	江苏海事局党组	张家港海事局
段圣新	年度先进工作者	江苏海事局党组	张家港海事局
洪　飞	年度先进工作者	江苏海事局党组	张家港海事局
徐利峰	年度先进工作者	江苏海事局党组	张家港海事局
陈正才	年度先进工作者	江苏海事局党组	张家港海事局
郁建凯	年度先进工作者	江苏海事局党组	张家港海事局
滕龙飞	年度先进工作者	江苏海事局党组	张家港海事局
惠平月	年度先进工作者	江苏海事局党组	张家港海事局
池文艳	年度先进工作者	江苏海事局党组	张家港海事局
黄　凯	年度先进工作者	江苏海事局党组	张家港海事局
曹德新	年度先进工作者标兵	江苏海事局党组	张家港海事局
韦　锋	2012年度江苏检验检疫系统十佳勤政廉政干部	江苏出入境检验检疫局	张家港检验检疫局
姚永华	江苏检验检疫系统新闻宣传先进个人	江苏出入境检验检疫局	张家港检验检疫局
刘　新	江苏检验检疫系统新闻宣传先进个人	江苏出入境检验检疫局	张家港检验检疫局
施向军	江苏检验检疫系统新闻宣传先进个人	江苏出入境检验检疫局	张家港检验检疫局
顾晓斌	江苏检验检疫系统政务信息先进个人	江苏出入境检验检疫局	张家港检验检疫局
贾庆虎	全国农产品质量安全检验检测技术竞赛江苏省选拔赛优秀奖	江苏省农业委员会、省海洋与渔业局	市土肥技术指导和农产品检测站
席利峰	全省农业信息化工作先进个人	江苏省农业委员会	市农业委员会
康春华	江苏省优秀动物防疫员	江苏省农业委员会	市动物卫生监督所

续表97–4

姓　名	荣誉称号	授予单位	工作单位
顾明柯	江苏省《农家致富》手机报推广优秀者	江苏省农业委员会	市作物栽培技术指导站
赵燕萍	江苏省《农家致富》手机报推广优秀者	江苏省农业委员会	市农业科技教育站
赵　忠	省渔政系统新闻宣传工作先进个人	江苏省渔政监督总队	市渔政监督大队
蔡东林	省农机行业职业技能获证奖补工作先进个人	江苏省农业机械管理局	市农业机械技术推广站
蒋利春	国家水稻产业技术体系南京综合试验站示范县工作“先进个人”	江苏省农业科学院粮食作物研究所	市农业试验站
丁　峰	国家水稻产业技术体系南京综合试验站示范县工作“先进个人”	江苏省农业科学院粮食作物研究所	市农业试验站
朱　慧	国家水稻产业技术体系南京综合试验站示范县工作“先进个人”	江苏省农业科学院粮食作物研究所	市农业试验站
仲斐斐	省交通运输系统先进个人	江苏省交通运输厅	市交通运输局
何继军	2012年度全省防汛防旱先进个人	江苏省防汛防旱指挥部	市水利局
陈少华	全省水利宣传工作优秀通讯（通联）员	江苏省水利信息中心	市水利局
丁一中	2012年度全省建筑行业管理先进工作者	江苏省住房和城乡建设厅	市住房和城乡建设局
卢东亮	江苏省城市供水工作先进个人	江苏省住房和城乡建设厅	市给排水公司
邵永斌	“扬子杯”优质工程施工项目经理	江苏省住房和城乡建设厅、省建筑工程管理局、省建筑行业协会	江苏港通路桥集团有限公司
潘益锋	“扬子杯”优质工程施工项目经理	江苏省住房和城乡建设厅、省建筑工程管理局、省建筑行业协会	江苏港通路桥集团有限公司
李　彬	“扬子杯”优质工程施工项目经理	江苏省住房和城乡建设厅、省建筑工程管理局、省建筑行业协会	江苏港通路桥集团有限公司
蒋　玲	2013年江苏省寄生虫病防治技术竞赛优秀选手	江苏省卫生厅	市疾控中心
陶　平	绿色功臣	江苏省环境保护委员会	市政协
张　平	2012年度全省环保执法工作先进个人	江苏省环境保护厅	市环保局
杜锁军	2012年度污染减排先进个人	江苏省节能减排工作领导小组污染减排办公室	市环保局
钱凤娟	2012年度全省村庄环境整治工作先进个人	江苏省村庄环境整治推进工作领导小组	市城乡环境卫生指导中心
黄利刚	2012年度全省村庄环境整治工作先进个人	江苏省村庄环境整治推进工作领导小组	塘桥镇城管爱卫办
盛洪彬	2012年度全省村庄环境整治工作先进个人	江苏省村庄环境整治推进工作领导小组	大新镇爱卫办
施建章	2012年度全省村庄环境整治工作先进个人	江苏省村庄环境整治推进工作领导小组	南丰镇建农村
严红艳	宣传工作先进个人	九三学社江苏省委	市国税局
丁　浩	宣传工作先进个人	九三学社江苏省委	苏州大地律师事务所
冷　莉	2012年度宣传工作先进个人 “江苏民盟活力基层建设年”优秀组织奖	民盟江苏省委 民盟江苏省委	民盟市委办公室
周卫君	“江苏民盟活力基层建设年”先进个人	民盟江苏省委	市监察局
缪健明	“江苏民盟活力基层建设年”先进个人	民盟江苏省委	市财政局

2013年张家港市获苏州市级表彰的先进个人一览

表98

姓　名	荣誉称号	授予单位	工作单位
季静娟	第六届“苏州市文学艺术奖”	苏州市委、市政府	市文广新局
徐　玲	第六届“苏州市文学艺术奖”	苏州市委、市政府	金港镇教管办
施建章	苏州市村庄环境整治先进个人	苏州市委、市政府	南丰镇建农村
袁雪祥	苏州市城乡一体化改革发展先进个人	苏州市委、市政府	市住建局
孙敏彪	苏州市城乡一体化改革发展先进个人	苏州市委、市政府	市委农工办
季　宗	苏州市城乡一体化改革发展先进个人	苏州市委、市政府	市国土资源局
周　兵	苏州市城乡一体化改革发展先进个人	苏州市委、市政府	市财政局
王觉方	苏州市城乡一体化改革发展先进个人	苏州市委、市政府	市规划局
赵永宁	2011~2013年度平安苏州建设先进个人	苏州市委、市政府	市委政法委
陈群燕	2011~2013年度平安苏州建设先进个人	苏州市委、市政府	金港镇
金俊龙	2011~2013年度平安苏州建设先进个人	苏州市委、市政府	南丰镇
陆志祥	2011~2013年度平安苏州建设先进个人	苏州市委、市政府	市公安局
姜卫义	2011~2013年度平安苏州建设先进个人	苏州市委、市政府	塘桥镇横泾村
肖　军	2011~2013年度平安苏州建设先进个人	苏州市委、市政府	凤凰镇综治办
刘亚飞	2011~2013年度平安苏州建设先进个人	苏州市委、市政府	乐余镇综治办
程　阳	2011~2013年度平安苏州建设先进个人	苏州市委、市政府	市委机要局
陆梦姣	2011~2013年度平安苏州建设先进个人	苏州市委、市政府	市便民服务中心
徐龙斌	2012年度党政信息工作先进个人	苏州市委、市政府	市委办公室
朱甲波	2012年度党政信息工作先进个人 苏州市2012年度政务信息工作先进个人	苏州市委、市政府 苏州市政府	市政府办公室
陶振祥	苏州市第三批建设社会主义新农村带头人	苏州市委	杨舍镇包基村
黄耀才	苏州市第三批建设社会主义新农村带头人	苏州市委	金港镇学田村
顾建民	苏州市第三批建设社会主义新农村带头人	苏州市委	金港镇占文村
杨正新	苏州市第三批建设社会主义新农村带头人	苏州市委	凤凰镇恬庄村
钱国忠	苏州市第三批建设社会主义新农村带头人	苏州市委	塘桥镇巨桥村
丁萍芬	苏州市优秀基层党组织带头人	苏州市委	金港镇德丰社区
陆晓筠	苏州市优秀基层党组织带头人	苏州市委	杨舍镇向阳社区
马狄武	苏州市优秀基层党组织带头人	苏州市委	市级机关工作委员会
眭　斌	苏州市优秀基层党组织带头人	苏州市委	市沙洲电力有限公司
徐卫民	苏州市优秀基层党组织带头人	苏州市委	江苏东渡纺织集团有限公司
唐利刚	苏州市优秀基层党组织带头人	苏州市委	张家港大唐纺织制品有限公司

续表98

姓　名	荣誉称号	授予单位	工作单位
陈世海	苏州市个人二等功	苏州市政府	市文广新局
黄　霞	2012年度市长信箱来信办理工作先进个人	苏州市政府	市政府办公室
宋向洪	苏州市“四个百万亩”工作先进个人	苏州市政府	市农业委员会
蔡惠良	苏州市粮食安全保供工作先进个人	苏州市政府	市粮食局
徐新华	苏州城市环境“四大整治、四大提升”先进个人	苏州市政府	张家港船闸管理处
刘学杰	2012~2013年度全市森林防火工作先进个人	苏州市政府	市林业局
殷永仁	2012~2013年度全市森林防火工作先进个人	苏州市政府	市香山管理处
徐　卫	2012~2013年度全市森林防火工作先进个人	苏州市政府	市凤凰镇西张林场
黄和元	2013年度“绿色苏州”建设先进个人	苏州市政府	市园林局
吴　震	2013年度“绿色苏州”建设先进个人	苏州市政府	市园林局
王雪芹	2013年度“绿色苏州”建设先进个人	苏州市政府	市园林局
何胜旗	2013年度“绿色苏州”建设先进个人	苏州市政府	市财政局
曹建峰	2013年度“绿色苏州”建设先进个人	苏州市政府	保税区规划建设局

先　进　集　体

2013年张家港市获国家条线表彰的先进集体一览

表99

获奖单位	荣誉称号	授予单位
张家港市	全国科技进步先进市	科技部
	2013年全国义务教育发展基本均衡县（市、区）	国务院教育督导委员会
	全国社会工作服务示范地区	民政部
	国家公共文化服务体系示范区	文化部、财政部
	中国曲艺之乡	中国曲艺家协会
	全国版权示范城市创建市	国家版权局
	国家餐饮服务食品安全示范县（市、区）	国家食品药品监督管理总局
	2010~2012年度全国法治县（市、区）创建活动先进单位	全国普及法律常识办公室
张家港市人民政府	第十三届中国戏剧节优秀组织奖	中国文联、中国戏剧家协会
张家港保税区	国家知识产权试点园区	国家知识产权局
张家港经济技术开发区	国家知识产权试点园区	国家知识产权局
江苏扬子江国际化学工业园	2013中国化工园区20强	中国石油和化学工业联合会、化工园区工作委员会
张家港新能源产业园	中华环境友好园区	中华环保联合会
市委政法委	2009~2012年度全国社会管理综合治理先进集体	人力资源和社会保障部、中央综治委

续表99–1

获奖单位	荣誉称号	授予单位
南丰镇永联村	中国最美乡村	农业部、环保部等6个单位
	中国最具魅力休闲乡村	农业部
市图书馆	2009~2012全国一级图书馆	文化部
	2012年“全民阅读”先进单位	中国图书馆学会
	2013年社区乡镇阅读推广活动优秀案例征集优秀组织奖	中国图书馆学会
	2013年全国中小型公共图书馆联合会征文活动征文组织奖	全国中小型图书馆联合会
市少儿图书馆	2009~2012全国一级图书馆	文化部
	全国少年儿童经典读物情景剧大赛优秀组织奖	中国图书馆学会青少年阅读推广委员会、中国图书馆学会经典阅读推广委员会
市文广新局	第五届“中国戏剧奖·小戏小品奖”优秀组织单位	中国戏剧奖·小戏小品奖组织委员会
市文化馆	第五届“中国戏剧奖·小戏小品奖”优秀组织单位	中国戏剧奖·小戏小品奖组织委员会
市文化行政综合执法大队	2012年度查处侵权盗版案件有功单位	国家版权局
市社会福利服务中心	全国敬老文明号	全国老龄工作委员会
江苏沙钢集团有限公司	第七届中华慈善奖	民政部
市农业委员会	全国农业先进集体	农业部
市渔政监督大队	全国渔业文明执法窗口单位	农业部
	全国优质船检机构	中华人民共和国船舶检验局
张家港地税局	全国五一劳动奖状	中华全国总工会
江苏港城汽车运输集团公司	全国“安康杯”优胜企业	中华全国总工会、国家安全生产监督管理总局
江苏港城公共交通运输有限公司228路	全国“安康杯”优胜班组	中华全国总工会、国家安全生产监督管理总局
江苏港城汽车运输集团公司机驾人员培训中心	全国驾培行业“文明诚信、优质服务”优秀	中国道路运输协会
市第三人民医院	创新医疗器械产品应用示范工程(十百千万工程)示范医疗机构	科技部、卫生部
	世界卫生组织健康城市合作中心健康单位	世界卫生组织健康城市合作中心
南丰镇	健康社区	世界卫生组织健康城市合作中心
	全国创建学习型社区示范街镇	中国成人教育协会社区教育专业委员会
市体育局	2009~2012年度全国群众体育先进单位	国家体育总局
市西城体育公园	2009~2012年度全国群众体育先进单位	国家体育总局
张家港南沙中学	2009~2012年度全国群众体育先进单位	国家体育总局
大新镇全民健身中心	全国乡镇体育健身示范工程	国家体育总局
杨舍镇全民健身中心	全国乡镇体育健身示范工程	国家体育总局
金港镇文体活动中心	全国乡镇体育健身示范工程	国家体育总局
市公安局交巡警大队	“大排查、大教育、大整治”货车违法行为专项行动成绩突出集体	公安部
市公安局看守所	2012年度全国一级看守所	公安部

续表99-2

获奖单位	荣誉称号	授予单位
张家港边防检查站	指挥中心建设先进单位	公安部边防局
长江航运公安局苏州分局	交通公安严打整治专项行动先进单位	交通运输部公安局
张家港水运口岸	全国运行管理先进口岸	国家口岸管理办公室
市政府口岸办（港口管理局）	2012年口岸信息工作先进集体特别奖	中国口岸协会
市粮食购销总公司	全国放心粮油进农村进社区示范工程示范销售店	中国粮食行业协会
市邮政局	全国实施卓越绩效模式先进企业特别奖	中国质量协会
江苏永钢集团	统计工作先进集体	中国钢铁工业协会
	2012年度财务细细信息化工作先进集体	中国钢铁工业协会

2013年张家港市获省级和省条线表彰的先进集体一览

表100

获奖单位	荣誉称号	授予单位
张家港市	财政收入质量提升表彰单位	江苏省人民政府
	江苏省“书香之县（市、区）”	江苏省委宣传部、省文明办、省新闻出版局、省全民阅读办
	江苏省创建无“小耳朵”标兵县（市、区）	江苏省广播电影电视局
	全省畜牧工作先进县	江苏省农业委员会
	2012年度全省兽医工作综合评比先进县	江苏省农业委员会
	江苏省国土资源节约集约模范县（市）	江苏国土资源厅
	2012年度社会管理综合治理先进县（市、区）	江苏省社会管理综合治理委员会
	2012年度平安县（市、区）	江苏省社会管理综合治理委员会
	2011~2012年全省人才工作先进县（市、区）	江苏人才工作领导小组
	全省和谐社区建设示范市	江苏省民政厅
	2013年度全省福利彩票销售十强县（市）	江苏省福利彩票发行中心
市委办公室	2012年度全省信息工作先进单位	江苏省委办公厅
市教育局	2010~2012年度江苏省文明单位	江苏省精神文明建设指导委员会
市国土局	2010~2012年度江苏省文明单位	江苏省精神文明建设指导委员会
市气象局	2010~2012年度江苏省文明单位	江苏省精神文明建设指导委员会
张家港海关	2010~2012年度江苏省文明单位	江苏省精神文明建设指导委员会
长江航运公安局苏州分局	2010~2012年度江苏省文明单位	江苏省精神文明建设指导委员会
长江引航中心张家港引航站	2010~2012年度江苏省文明单位	江苏省精神文明建设指导委员会
中国电信张家港分公司	2010~2012年度江苏省文明单位	江苏省精神文明建设指导委员会
中国移动张家港分公司	2010~2012年度江苏省文明单位	江苏省精神文明建设指导委员会
中国银行张家港分行	2010~2012年度江苏省文明单位	江苏省精神文明建设指导委员会
梁丰高级中学	2010~2012年度江苏省文明单位	江苏省精神文明建设指导委员会
市城市管理行政执法大队	2010~2012年度江苏省文明单位	江苏省精神文明建设指导委员会
市国际购物中心有限责任公司	2010~2012年度江苏省文明单位	江苏省精神文明建设指导委员会
张家港工商行政管理局	2010~2012年度江苏省文明单位	江苏省精神文明建设指导委员会

续表100-1

获奖单位	荣誉称号	授予单位
市环保局	2010~2012年度江苏省文明单位	江苏省精神文明建设指导委员会
	2012年度全省环境信访工作先进集体	江苏省环境保护厅
市财政局	2010~2012年度江苏省文明单位标兵	江苏省精神文明建设指导委员会
	2012年度全省法治财政建设先进单位	江苏省财政厅
	2010~2012年度法治财政建设示范点	江苏省财政厅
市国税局	2010~2012年度江苏省文明单位	江苏省精神文明建设指导委员会
市国税局第五税务分局	江苏省巾帼文明岗	江苏省城镇妇女“巾帼建功”活动领导小组、省妇女“双学双比”竞赛活动领导小组
张家港地税局	2010~2012年度江苏省文明单位	江苏省精神文明建设指导委员会
张家港地税局工会	江苏省模范职工之家	江苏省总工会
张家港地税局团委	2012年度“江苏省五四红旗团委”	共青团江苏省委
市公安局	2010~2012年度江苏省文明单位	江苏省精神文明建设指导委员会
	2010~2012年度全省公安执法优秀单位	江苏省公安厅
	2010~2012年苏琼合作工作成绩突出集体	江苏省公安厅
	2012年度全省群众工作优秀公安局	江苏省公安厅
	全省公安机关执法规范化建设成绩突出集体	江苏省公安厅
市公安局网警大队	全省县级公安机关一级网安大队	江苏省公安厅
市公安局国保大队	全省公安机关十八大安保工作成绩突出集体	江苏省公安厅
市公安局刑警大队	2012年度命案侦破工作有功集体	江苏省公安厅
市公安局治安大队	全省公安机关“打四黑除四害”专项行动成绩突出集体	江苏省公安厅
市公安局港区派出所	全省优秀公安派出所	江苏省公安厅
市公安局乘航派出所	集体二等功	江苏省公安厅
市公安局城北派出所	全省公安机关执法规范化建设成绩突出集体	江苏省公安厅
市公安局塘市派出所	全省公安机关执法示范所队	江苏省公安厅
	2011~2012年度公安系统省级“青少年维权岗”	共青团江苏省委、省公安厅
张家港边检站执勤业务三科	全省公安机关执法示范所队	江苏省公安厅
市公安消防大队	2010~2012年度江苏省文明单位	江苏省精神文明建设指导委员会
	全省公安机关执法示范所队	江苏省公安厅
市人民检察院	2010~2012年度江苏省文明单位	江苏省精神文明建设指导委员会
	2011~2012年度全省先进基层检察院	江苏省人民检察院
市人民检察院控申科	2012年度全省检察机关涉检信访工作先进单位	江苏省人民检察院
市人民法院	2010~2012年度省文明单位	江苏省精神文明建设指导委员会
	指导人民调解工作先进集体	江苏省高级人民法院、省司法厅
市司法局	全省法律服务“四万”工程活动优秀组织奖	江苏省司法厅
市公证处	江苏省青年文明号	共青团江苏省委
市水利局	2011~2012年全省水利系统文明标兵单位	江苏省水利厅精神文明建设领导小组
	2012年度“江苏水利好稿件”评选活动组织奖	江苏省水利信息中心

续表100–2

获奖单位	荣誉称号	授予单位
市水政监察大队	2010~2012年度江苏省文明单位	江苏省精神文明建设指导委员会
市走马塘工程建设处	江苏省工人先锋号	江苏省总工会
市长江防洪工程管理处	档案工作五星级单位	江苏省档案局
市委史志办	江苏省方志工作先进集体	江苏省地方志编纂委员会办公室
市档案局	全省档案宣传工作先进集体	江苏省档案局
市安监局	全省2013年安全生产月活动优秀单位	江苏省安全生产委员会办公室
	2013年度全省冶金等工贸行业安全生产先进集体	江苏省安全生产监督管理局
	2013年度全省输油气管道安全生产先进集体	江苏省安全生产监督管理局
市安全生产监察大队	全省安全生产监管监察系统先进集体	江苏省人力资源和社会保障厅、省安全生产监督管理局、省煤矿安全监察局、省公务员局
民盟市委	2012年度宣传工作先进集体	民盟江苏省委
	“江苏民盟活力基层建设年”先进基层组织	民盟江苏省委
九三学社市基层委员会	宣传工作先进集体	九三学社江苏省委
市工商联	全省县市区工商联先进集体	江苏省工商业联合会
市文广新局	集体二等功	江苏省文化厅
	2012年全省新闻出版（版权）“法治建设推进年”先进单位	江苏省新闻出版局（版权局）
	2013~2014年度全省新闻出版（版权）依法行政示范点	江苏省新闻出版局（版权局）
市文化市场管理办公室	2011~2012年度省级“青少年维权岗”	共青团江苏省委、省文化厅
市文化行政综合执法大队	2012年度全省文化市场综合执法先进单位	江苏省文化厅
	2012年全省文化市场十大案件办案单位	江苏省文化厅
	2013年全省新闻出版（版权）行政执法案卷评查一等奖	江苏省新闻出版局（版权局）
市广播电视台	江苏省广播电影电视系统先进集体	江苏省人力资源和社会保障厅、省广播电影电视局、省公务员局
市广播电视台广播传媒中心技术播出管理部	2012年度江苏省广播电视安全播出奖	江苏省广播电影电视局
市广播电视台电视传媒中心	江苏电视新闻荧屏繁荣奖	江苏省电视台
市广播电视台有线电视传输中心财务管理部	江苏省巾帼文明岗	江苏省城镇妇女“巾帼建功”活动领导小组、省妇女“双学双比”竞赛活动领导小组
市艺术中心	2013年江苏省少儿戏曲大赛优秀组织奖	江苏省校外教育专业委员会
市图书馆	2010~2012年度江苏省文明单位	江苏省精神文明建设指导委员会
新华书店有限责任公司	2010~2012年度江苏省文明单位	江苏省精神文明建设指导委员会
市民政局	2013年度民政宣传工作先进集体	江苏省民政厅
	全省民政工作创优奖	江苏省民政厅
市老龄工作委员会办公室	全省老龄宣传工作先进单位	江苏省老龄工作委员会办公室
市社会福利服务中心	江苏省敬老文明号	江苏省老龄工作委员会办公室
张家港海事局	2010~2012年度江苏省文明单位	江苏省精神文明建设指导委员会
	2012年度江苏省文明口岸先进单位	江苏省口岸办公室

续表100-3

获奖单位	荣誉称号	授予单位
张家港海事局	2012年度江苏省无线电台站管理先进单位	江苏省无线电管理局
	2013年度江苏海事局先进单位	江苏海事局党组
张家港海事局领导班子	2013年度江苏海事局“五好领导班子”	江苏海事局党组
张家港海事局党组	2013年度江苏海事局党建工作先进单位	江苏海事局党组
张家港海事局党组纪检组	2013年度江苏海事局先进纪检监察组织	江苏海事局党组
张家港海事局工会	江苏省模范职工之家	江苏省总工会
张家港海事局锦丰海事处	2013年度江苏海事局先进基层党组织	江苏海事局党组
张家港海事局锦丰海事处海巡06811号	2013年度江苏海事局先进班组	江苏海事局党组
张家港海事局指挥中心	2011~2012年度江苏省省级机关青年文明号	江苏省委省级机关工作委员会
	2013年度江苏海事局先进基层党组织	江苏海事局党组
	2013年度江苏海事局VTS运行管理考核优秀	江苏海事局
张家港海事局装备信息处	2013年度江苏海事局先进集体	江苏海事局党组
张家港检验检疫局	2010~2012年江苏省文明单位	江苏省精神文明建设指导委员会
	2012年度江苏省文明口岸先进单位	江苏省口岸办公室
	江苏检验检疫系统新闻宣传先进集体	江苏出入境检验检疫局
市物价局	全省价格工作先进单位	江苏省物价局
市科技局	全省科技政务信息工作先进单位	江苏省科学技术厅
	省推进企业研发机构建设工作先进集体	江苏省推进企业研发机构建设工作联席会议办公室
市知识产权局	2013年度知识产权工作先进集体	江苏省知识产权局、省科学技术厅
	2013年度江苏省知识产权政务信息工作先进单位	江苏省知识产权局
市人口计生委	2013年江苏人口发展优秀研究成果一等奖	江苏省人口计划生育委员会、省人口学会
市农业试验站	2012年度全省农民培训工作先进集体	江苏省农业委员会
	国家水稻技术体系示范考评先进单位	江苏省农业科学院粮食作物研究所
市种子管理站	全省种子管理工作先进单位	江苏省农业委员会
市植保植检站	全省农作物病虫害防治工作先进单位	江苏省农业委员会
	江苏省十佳植保站	江苏省植物保护站
	江苏省新农药新技术推广工作先进集体	江苏省省植保站
市畜牧兽医站	2012年度全省畜牧工作检查评比先进县	江苏省农业委员会
	2012年度全省兽医工作考核评比先进县	江苏省农业委员会
市动物卫生监督所	全省动物卫生监督工作先进集体	江苏省农业委员会
市土肥技术指导和农产品检测站	江苏省农产品质量检测资质单位	江苏省质量技术监督局
市农业机械技术推广站	江苏省农机推广工作先进单位	江苏省农业委员会
市渔政监督大队	全省长江渔政执法工作先进单位	省渔政监督总队
	全省渔政系统新闻宣传工作先进单位	省渔政监督总队
市土肥技术指导和农产品检测站	2013年度全省耕地质量建设与管理工作先进单位	江苏省耕地质量保护站

续表100-4

获奖单位	荣誉称号	授予单位
市住房和城乡建设局	2010~2012年度江苏省文明单位	江苏省精神文明建设指导委员会
	2012年度全省建筑行业管理先进单位	江苏省住房和城乡建设厅
	江苏省城市供水工作先进集体	江苏省住房和城乡建设厅
市建筑工务处	2012年度全省建筑行业管理先进单位	江苏省住房和城乡建设厅
市建筑安全监督站	2012年度全省建筑行业管理先进单位	江苏省住房和城乡建设厅
市建设工程招标投标管理办公室	2012年度全省建筑行业管理先进单位	江苏省住房和城乡建设厅
市给排水公司	江苏省城市供水工作先进集体	江苏省住房和城乡建设厅
市外事办	2013年度《江苏外事》通联工作先进单位	江苏省人民政府外事办公室
市卫生局	2010~2012年度江苏省文明单位	江苏省精神文明建设指导委员会
市疾控中心	江苏省疾病预防控制工作先进集体	江苏省卫生厅
市卫生监督所	全省2013年度基层卫生监督综合业务先进单位	江苏省卫生监督所
市政府口岸办	2012年度省文明口岸先进组织者	江苏省口岸办公室
市港口管理局	2012年度江苏省港口管理工作先进单位	江苏省交通运输厅港口局
	2011~2012年度全省交通运输依法行政先进集体	江苏省交通运输厅
	省级平安交通示范点	江苏省交通运输厅
市交通运输管理处	2010~2012年度江苏省文明单位	江苏省精神文明建设指导委员会
	全省退役士兵教育培训工作先进单位	江苏省民政厅、省教育局、省财政局、省人社局、省农业委员会、省军区政治部
市交通运输局	2011~2012年度全省交通运输行业作风建设优秀单位	江苏省交通运输厅
	2013年“春运安全优质服务劳动竞赛”先进集体	江苏省交通运输厅
市乡镇交通运输综合管理所	全省交通运输系统“群众满意基层站所”	江苏省交通运输厅
江苏港通路桥集团有限公司	全省“扬子杯”优质工程奖	江苏省建设厅、省建筑工程管理局、省建筑行业协会
市港城公共交通有限公司公交6路	省城市公交行业十佳文明公交线路	江苏省交通运输厅
市港城公共交通有限公司公交10路	省级“工人先锋号”	江苏省总工会
市亨通汽车出租有限责任公司	全省“AAA级服务质量信誉企业”	江苏省交通运输厅
市粮食购销总公司	2011~2012年农民满意收购企业	江苏省粮食局
江苏国泰国际集团有限公司	江苏省服务业创新示范企业	江苏省发展和改革委员会
	江苏希望工程实施20周年特殊贡献奖	江苏省青少年发展基金会、省希望工程办公室
张家港国贸酒店	江苏省旅游行业文明单位	江苏省旅游局、省精神文明办公室
市少工委	2013年度江苏新疆少年儿童“手拉手”互助活动优秀组织奖	共青团江苏省委、省少工委
万红小学少先队大队	2013年度江苏新疆少年儿童“手拉手”互助活动贡献奖	共青团江苏省委、省少工委
梁丰小学少先队大队	2013年度江苏新疆少年儿童“手拉手”互助活动贡献奖	共青团江苏省委、省少工委

续表100-5

获奖单位	荣誉称号	授予单位
大新中心小学少先队大队	2013年度江苏新疆少年儿童“手拉手”互助活动贡献奖	共青团江苏省委、省少工委
塘市小学少先队大队	2013年度江苏新疆少年儿童“手拉手”互助活动贡献奖	共青团江苏省委、省少工委
市第二中学少先队大队	2013年度江苏新疆少年儿童“手拉手”互助活动贡献奖	共青团江苏省委、省少工委
市暨阳实验小学少先队大队	2013年度江苏新疆少年儿童“手拉手”互助活动贡献奖	共青团江苏省委、省少工委
市青年商会	江苏希望工程二十周年特殊贡献奖	江苏省青少年发展基金会、省希望工程办公室
市行政服务中心	江苏省巾帼文明岗	江苏省城镇妇女“巾帼建功”活动领导小组、省妇女“双学双比”竞赛活动领导小组
市便民服务中心	江苏省“三八”红旗集体	江苏省妇女联合会
长江润发集团有限公司	江苏省巾帼文明岗	江苏省城镇妇女“巾帼建功”活动领导小组、省妇女“双学双比”竞赛活动领导小组
张家港供电公司	2010~2012年度江苏省文明单位	江苏省精神文明建设指导委员会
张家港供电公司金港供电所营业厅	江苏省巾帼文明岗	江苏省城镇妇女“巾帼建功”活动领导小组、省妇女“双学双比”竞赛活动领导小组
中国农业银行张家港分行	2010~2012年度江苏省文明单位	江苏省精神文明建设指导委员会
中国农业银行张家港分行南丰支行	江苏省巾帼文明岗	江苏省城镇妇女“巾帼建功”活动领导小组、省妇女“双学双比”竞赛活动领导小组
金港镇	2010~2012年度江苏省文明镇	江苏省精神文明建设指导委员会
	江苏省创新型试点乡镇	江苏省科技厅
	江苏省海智计划工作基地	江苏省科学技术协会
张家港保税区管委会	江苏省博士后创新实践基地	江苏省人力资源和社会保障厅
张家港环保新材料产业园	江苏省特色产业园	江苏省商务厅
金港镇长江村	2010~2012年度江苏省文明村	江苏省精神文明建设指导委员会
	2010~2012年度江苏省文明村	江苏省精神文明建设指导委员会
	江苏省社会主义新农村建设示范村	江苏省委农村工作领导小组
金港镇德丰社区	2010~2012年度江苏省文明社区	江苏省精神文明建设指导委员会
金港镇滩上村	省级“示范妇女儿童之家”	江苏省妇女联合会
金港镇巫山村	江苏省生态村	江苏省环保厅
杨舍镇	2010~2012年度江苏省文明镇	江苏省精神文明建设指导委员会
经开区(杨舍镇)东湖苑社区	2010~2012年度江苏省文明社区标兵	江苏省精神文明建设指导委员会
杨舍镇农联村	2010~2012年度江苏省文明村	江苏省精神文明建设指导委员会
杨舍镇田垛里村	2010~2012年度江苏省文明村	江苏省精神文明建设指导委员会
	江苏省社会主义新农村建设示范村	江苏省委农村工作领导小组
杨舍镇善港村	2012年度全省村庄环境整治工作先进集体	江苏省村庄环境整治推进工作领导小组

续表100-6

获 奖 单 位	荣 誉 称 号	授 予 单 位
杨舍镇包基村团总支	江苏省五四红旗团支部	共青团江苏省委
杨舍镇梁丰社区	省级“示范妇女儿童之家”	江苏省妇女联合会
杨舍镇金塘社区	省级“示范妇女儿童之家”	江苏省妇女联合会
锦丰镇	2010~2012年度江苏省文明镇	江苏省精神文明建设指导委员会
	省特级村镇建设档案室	江苏省住房和城乡建设厅
	江苏省放心消费创建活动先进单位	江苏省放心消费创建活动办公室
锦丰镇联兴村	2010~2012年度江苏省文明村	江苏省精神文明建设指导委员会
锦丰镇南港村	2010~2012年度江苏省文明村	江苏省精神文明建设指导委员会
锦丰镇海沙社区	2010~2012年度江苏省文明社区	江苏省精神文明建设指导委员会
锦丰镇永新社区	江苏省民主法治示范社区	江苏省依法治省领导小组
	江苏省地震安全示范社区	江苏省地震局
锦丰镇书院社区	全省城乡社区校外教育优秀辅导站	江苏省精神文明建设指导委员会、省关心下一代工作委员会
江苏沙钢集团有限公司	首届江苏省出口企业优质奖	江苏省政府
塘桥镇	2010~2012年度江苏省文明镇	江苏省精神文明建设指导委员会
塘桥镇牛桥社区	2010~2012年度江苏省文明社区	江苏省精神文明建设指导委员会
塘桥镇韩山村	2010~2012年度江苏省文明村	江苏省精神文明建设指导委员会
塘桥镇周巷村	2010~2012年度江苏省文明村	江苏省精神文明建设指导委员会
	江苏省社会主义新农村建设示范村	江苏省委农村工作领导小组
塘桥镇滩里村	江苏省民主法治示范村	江苏省依法治省领导小组
塘桥镇关工委	江苏省“五有五好”基层关工委先进集体	江苏省关心下一代工作委员会
塘桥镇牛桥农机专业合作社	江苏省三星级农机合作示范社	江苏省农林厅
塘桥镇总工会	江苏省模范职工之家	江苏省总工会
塘桥镇韩山村工会联合会	江苏省模范职工之家	江苏省总工会
江苏维达机械有限公司工会	江苏省模范职工之家	江苏省总工会
塘桥镇金村村金村苑小区	江苏省村庄环境整治三星级康居乡村	江苏省村庄整治办公室
塘桥镇蒋家村仇家小区	江苏省村庄环境整治三星级康居乡村	江苏省村庄整治办公室
塘桥镇大润发广场晨晚练点	江苏省优秀群众体育健身活动站（点）	江苏省体育总局
塘桥镇滩里社区广场晨晚练点	江苏省优秀群众体育健身活动站（点）	江苏省体育总局
江苏银河电子股份有限公司	江苏省劳动保障诚信示范企业	江苏省人力资源和社会保障厅、省社会信用体系建设领导小组办公室
塘桥镇妙桥宗誉后整厂	江苏省巾帼来料加工示范基地	江苏省妇女联合会、省妇女双学双比竞赛活动领导小组
凤凰镇	2010~2012年度江苏省文明镇	江苏省精神文明建设指导委员会
	2012年度全省村庄环境整治工作先进集体	江苏省村庄环境整治推进工作领导小组
凤凰镇程墩村	2010~2012年度江苏省文明村	江苏省精神文明建设指导委员会
凤凰镇金谷村	2010~2012年度江苏省文明村	江苏省精神文明建设指导委员会
凤凰镇恬庄村	江苏省社会主义新农村建设示范村	江苏省委农村工作领导小组

续表100-7

获奖单位	荣誉称号	授予单位
乐余镇	2010~2012年度江苏省文明镇	江苏省精神文明建设指导委员会
	江苏省创新型试点乡镇	江苏省科学技术厅
乐余镇乐余村	2010~2012年度江苏省文明村	江苏省精神文明建设指导委员会
乐余镇永利村	2010~2012年度江苏省文明村	江苏省精神文明建设指导委员会
乐余镇红联村	江苏省生态村	江苏省环保厅
乐余中心水利管理服务站	2011~2012年全省水利系统文明单位	江苏省水利厅精神文明建设领导小组
南丰镇	2010~2012年度江苏省文明镇	江苏省精神文明建设指导委员会
	江苏省爱国卫生先进单位	江苏省爱国卫生运动委员会
南丰镇财政所	江苏省巾帼文明岗	江苏省城镇妇女“巾帼建功”活动领导小组、省妇女“双学双比”竞赛活动领导小组
南丰镇永联村	2013年度江苏最具魅力休闲乡村金牌村	江苏省农业委员会
	2010~2012年度江苏省文明村	江苏省精神文明建设指导委员会
南丰镇建农村	2010~2012年度江苏省文明村	江苏省精神文明建设指导委员会
江苏永钢集团	2012年度节能先进企业	江苏省经济和信息化委员会
	江苏省工业旅游示范点	江苏省旅游局
	国家工商行政管理总局2010~2011年度“守合同重信用”企业	江苏省工商行政管理局
	2012年度节能先进企业	江苏省经济和信息化委员会
	江苏出入境检验检疫协会2012年度先进会员单位	江苏出入境检验检疫协会
大新镇新海坝村	2010~2012年度江苏省文明村	江苏省精神文明建设指导委员会

2013年张家港市获苏州市级表彰的先进集体一览

表101

获奖单位	荣誉称号	授予单位
张家港市	2012年度苏州市人才科技工作创新进步奖	苏州市委、市政府
	苏州市保护和发展“四个百万亩”工作先进集体	苏州市政府
市委办公室	2012年度苏州党政信息工作先进单位一等奖	苏州市委、市政府
	2012年度苏州督查工作先进集体	苏州市委、市政府
市纪律检查委员会	2011~2013年度平安苏州建设先进集体	苏州市委、市政府
市委组织部	2011~2013年度平安苏州建设先进集体	苏州市委、市政府
市人民检察院	2011~2013年度平安苏州建设先进集体	苏州市委、市政府
市人民法院	2011~2013年度平安苏州建设先进集体	苏州市委、市政府
市社会管理综合治理委员会办公室	2011~2013年度平安苏州建设先进集体	苏州市委、市政府
市公安局锦丰派出所	2011~2013年度平安苏州建设先进集体	苏州市委、市政府
市公安局交巡警大队	苏州市城市环境四大整治、四大提升行动先进集体	苏州市委、市政府
市公安局机关党委	苏州市“先锋基层党组织”	苏州市委
市司法局	2011~2013年度平安苏州建设先进集体	苏州市委、市政府

续表101–1

获奖单位	荣誉称号	授予单位
市新市民事务中心	2011~2013年度平安苏州建设先进集体	苏州市委、市政府
市城市管理行政执法大队	苏州市城市环境四大整治、四大提升行动先进集体	苏州市委、市政府
市房产管理中心	苏州市城市环境四大整治、四大提升行动先进集体	苏州市委、市政府
市委农工办	苏州市城乡一体化改革发展先进集体	苏州市委、市政府
经开区（杨舍镇）政法和社会管理办公室	2011~2013年度平安苏州建设先进集体	苏州市委、市政府
杨舍镇农服中心	苏州市保护和发展“四个百万亩”工作先进集体	苏州市政府
杨舍镇七里村	苏州市城乡一体化改革发展先进集体	苏州市委、市政府
杨舍镇农联村	苏州市城乡一体化改革发展先进集体	苏州市委、市政府
杨舍镇城西村	第二轮苏州市“先锋村”	苏州市委
杨舍镇西门社区党总支	苏州市“先锋基层党组织”	苏州市委
锦丰镇	苏州市村庄环境整治先进集体	苏州市委、市政府
	苏州市实施商标战略示范乡镇	苏州市人民政府
	2013年度“绿色苏州”建设先进集体	苏州市政府
锦丰镇政法委员会	2011~2013年度平安苏州建设先进集体	苏州市委、市政府
锦丰镇南港村	苏州市美丽村镇建设示范村	苏州市委、市政府
锦丰镇联兴村	第二轮苏州市“先锋村”	苏州市委
金港镇	苏州市城市环境四大整治、四大提升行动先进集体	苏州市委、市政府
	苏州市城乡一体化改革发展先进集体	苏州市委、市政府
金港镇滩上村	苏州市城乡一体化改革发展先进集体	苏州市委、市政府
金港镇长江村	苏州市美丽村镇建设示范村	苏州市委、市政府
	第二轮苏州市“先锋村”	苏州市委
金港镇德丰社区党总支	苏州市“先锋基层党组织”	苏州市委
塘桥镇金村村	苏州市村庄环境整治先进集体	苏州市委、市政府
	苏州市美丽村镇建设示范村	苏州市委、市政府
塘桥镇花园村	第二轮苏州市“先锋村”	苏州市委
凤凰镇	苏州市美丽村镇建设示范镇	苏州市委、市政府
	苏州市保护和发展“四个百万亩”工作先进集体	苏州市政府
凤凰镇建设局	2013年度“绿色苏州”建设先进集体	苏州市政府
凤凰镇恬庄村	苏州市美丽村镇建设示范村	苏州市委、市政府
凤凰镇金谷村	苏州市美丽村镇建设示范村	苏州市委、市政府
凤凰镇双龙村	第二轮苏州市“先锋村”	苏州市委
凤凰镇水蜜桃专业合作联社党支部	苏州市“先锋基层党组织”	苏州市委
南丰镇	苏州市美丽村镇建设示范镇	苏州市委、市政府
	苏州市现代化新农村建设示范镇	苏州市委、市政府
	苏州市城乡一体化改革发展先进集体	苏州市委、市政府
	苏州市城市环境四大整治、四大提升行动先进集体	苏州市委、市政府
	2011~2013年度平安苏州建设先进集体	苏州市委、市政府
	苏州市保护和发展“四个百万亩”工作先进集体	苏州市政府

续表101-2

获奖单位	荣誉称号	授予单位
南丰镇永联村	苏州市城乡一体化改革发展先进集体	苏州市委、市政府
	苏州市美丽村镇建设示范村	苏州市委、市政府
	第二轮苏州市“先锋村”	苏州市委
	苏州市现代化新农村建设示范村	苏州市委
	2012年度苏州市旅游工作先进集体	苏州市政府
南丰镇建农村	苏州市美丽村镇建设示范村	苏州市委、市政府
南丰镇永合社区党总支	苏州市“先锋基层党组织”	苏州市委
乐余镇扶海村	苏州市美丽村镇建设示范村	苏州市委、市政府
乐余镇永利村	第二轮苏州市“先锋村”	苏州市委
大新镇新海坝村	苏州市美丽村镇建设示范村	苏州市委、市政府
大新镇大新社区党支部	苏州市“先锋基层党组织”	苏州市委
常阴沙现代农业示范园区	苏州市保护和发展“四个百万亩”工作先进集体	苏州市政府
常阴沙现代农业示范园区常兴社区	苏州市美丽村镇建设示范村	苏州市委、市政府
江苏国泰集团有限公司党委	苏州市“先锋基层党组织”	苏州市委
江苏骏马集团有限公司党委	苏州市“先锋基层党组织”	苏州市委
张家港化工机械股份有限公司党委	苏州市“先锋基层党组织”	苏州市委
江苏飞翔化工股份有限公司党总支	苏州市“先锋基层党组织”	苏州市委
张家港爱丽塑料有限公司党支部	苏州市“先锋基层党组织”	苏州市委
江苏沙钢集团有限公司党委	苏州市“先锋基层党组织”	苏州市委
江苏沙钢集团有限公司	第二届苏州市市长质量奖	苏州市政府
市国土局党支部	苏州市“先锋基层党组织”	苏州市委
市国土局	苏州市保护和发展“四个百万亩”工作先进集体	苏州市政府
市国土局乐余分局	苏州市保护和发展“四个百万亩”工作先进集体	苏州市政府
市大新国土所	苏州市保护和发展“四个百万亩”工作先进集体	苏州市政府
市园林局	苏州市保护和发展“四个百万亩”工作先进集体	苏州市政府
市农业委员会	苏州市保护和发展“四个百万亩”工作先进集体	苏州市政府
市作物栽培技术指导站	苏州市科学进步奖	苏州市政府
市植保植检站	2012年度苏州市农业现代化建设先进集体	苏州市政府
市粮食局	苏州市粮食安全保供工作先进集体	苏州市政府
市护林防火指挥部办公室	2012~2013年度全市森林防火工作先进集体	苏州市政府
市政府办公室	2013年度“绿色苏州”建设先进集体	苏州市政府
市园林局	2013年度“绿色苏州”建设先进集体	苏州市政府

【编辑　钱永浩】

专记

Special Narration

永联小镇金手指广场　（黄智强　摄）

凝心聚力奏响书香城市新乐章，齐抓共管释放全民阅读正能量

——张家港市开展书香城市建设纪实

全国道德模范吴栋材的强村富民梦

凝心聚力奏响书香城市新乐章
齐抓共管释放全民阅读正能量

——张家港市开展书香城市建设纪实

近年，张家港市以“全民阅读，让张家港更文明”为主题，全面推进书香城市建设，实现了“四个全国首创”：首创试行覆盖城乡的“书香城市”建设指标体系、首创系统化的分众化全民阅读引导机制、首创民间阅读推广人队伍资格认证和建设管理制度、首创试点建设社区阅读活动站等。2013年年初，张家港市被首批命名为江苏省书香之县（市），“书香城市建设指标体系”荣获全省宣传思想文化工作创新奖，是全省县（市、区）中唯一获奖项目。7月，江苏省全民阅读工作经验交流会在张家港市召开，书香城市建设工作得到各级领导的关心支持和社会各界的高度关注。

一、率先创设覆盖城乡、重在建设的指标体系

1. 开展阅读状况“基线调查”，充分了解居民阅读需求。2012年4月至6月，张家港市与中国新闻出版研究院国民阅读研究与促进中心合作，在全市城乡开展全民阅读“基线调查”工作，采集有效样本2040个，经问卷回收、电话复核、数据录入、科学分析、报告撰写等环节，形成《张家港市全民阅读状况调查蓝皮书》。调查报告显示，全市全民阅读主要指标明显高于全国平均阅读水平（18周岁及以上居民的各类媒介综合阅读率达到89.5%，比全国平均水平77.6%高出约12个百分点），但仍有较大的提升空间。从设施资源看，公共文化设施的全设置并不代表服务功能的全覆盖，市民的知晓率、参与率并不高。从阅读体量的大小来看，77.3%的市民认为自己的阅读量比较少、38.7%的居民认为应该增加阅读活动的种类。调查结果表明，张家港市民文化素质较高，阅读需求旺盛，但是公共文化资源供给尚不充足，有待进一步丰富公共文化资源，以满足深入开展全民读书活动的需要。“基线调查”为全面推进书香城市建设确定了具体工作方向和目标。

2. 首创“书香城市”建设指标体系，系统设计全民阅读着力方向。根据全民阅读基线调查结果，围绕丰富阅读资源、提升市民参与度等关键环节，结合《全国城市文明程度指数测评指标体系》《国家公共文化服务体系示范区创建标准（东部）》，以及发达国家公共文化发展相关指标，张家港市着手起草“书香城市”建设指标体系，并专门邀请数十位国内权威专家学者专题研讨，反复论证。2012年11月，正式对外发布全国首个覆盖城乡的“书香城市”建设指标评价体系——《张家港市“书香城市”建设指标体系（试行）》。该指标体系包括阅读设施、阅读资源、阅读组织、阅读活动、阅读环境、阅读成效及保障条件等7个一级指标，涉及44个二级指标和87个三级指标，其中定量指标82个、定性指标5个、硬性指标15个，从标准和制度两个层面保障全民阅读活动向纵深发展，体现了政府主导下的公共文化服务普遍均等、城乡一体的核心理念。这一“书香城市”建设指标体系的形成，使全市的“书香城市”建设有了行动指南和制度保障。

3. 科学细化分解任务，夯实各方参与工作基础。一是党政主导。2012年10月，市委制定下发了《中共张家港市委员会关于深入开展全民阅读活动加快推进“书香城市”建设的意见》，同时将全民阅读工作写入市十三届人大二次会议的政府工作报告，明确提出把“书香城市”建设工作放到以文化人、文化强市的高度来考量，构建城乡一体的全民阅读服务平台，开展全民阅读活动。与此同时，建立健全张家港市全民阅读系列考评办法，制定出台优秀阅读项目、优秀民间阅读组织、优秀阅读推广人等十大类系列评选表彰办法，将“全民阅读”作为文明社区、文明单位、文明村镇等文明创建考评的重要指标，市财政设立100万元专项资金对获评优秀项目、组织和个人进行表彰奖励，各区镇也按照市级表彰标准予以配套资金扶持，激励全民阅读活动向纵深开展。二是专家指导。聘请北京大学、复旦大学、南京大学、中国新闻出版研究院、上海图书馆等单位的国内业界权威专家学者10人，组成市全民阅读活动专家指导委员会，参与“书香城市”创建工作全过程的规划指导，定期组织开展专家荐书、阅读指导等活动。三是加强动态监测。下发《张家港市“书香城市”建设指标体系任务分解表》，将创建目标责任分解落实到市级机关各相关职能部门和各区镇党委、政府，根据时间节点动态监测“书香城市”建设工程年度达标程度和项目绩效，实现阅读规划的可持续发展。按照率先创建书香区镇的目标，2013年，张家港经济技术开发区（杨舍镇）共设计开展镇级主题阅读活动30项，社区阅读活动106项，上下联动，全方位激发市民阅读热情。

二、全面打造城乡一体、公益普惠的全民阅读服务平台

1.完善城乡公共图书服务体系。依托市、镇、村三级文化设施网络，加大财政投入力度，在建设面积1.5万平方米的市图书馆新馆基础上，在全国县级市中率先建立面积1.25万

全省全民阅读工作经验交流会在市召开

（市委宣传部　供稿）

平方米的少年儿童图书馆。建立完善财政购书经费专项统筹投入机制，全市公共图书馆馆藏图书达到人均1.5册。以市图书馆为核心馆，区镇、办事处图书馆为分馆，村（社区）基层综合信息服务站为服务点，流动图书车为补充，构建资源共享、统一采编、统一检索、一卡通用、通借通还、覆盖城乡的总、分馆式的公共图书馆服务体系。在全省率先建立图书流转中心，按照每个镇级分馆每月500册、每个村级农家书屋每月200册的标准，定期开展图书流转工作。在全国率先实现公共图书馆建设从全设置向全覆盖转变、从系统内部小循环向社会大循环的转变、从阅读服务向阅读指导转变。市、镇两级图书馆每周开放时间不少于56小时。2013年市、镇两级图书馆共接待群众近150万人次，比上年增20%。2011年，张家港市在全国率先建成融农家书屋、社区（村）图书室、党员远程教育、文化共享工程基层点、公共电子阅览室"五位一体"的基层公共阅读服务体系。同时，启动实施农家书屋创星升级计划，实行财政"以奖代补"政策，对村级农家书屋（社区图书室）创星活动给予奖励，力争通过三年努力使全市三星级以上农家书屋（社区图书室）达到80%。

2.创新设立社区阅读活动站。在硬件设施日臻完善、阅读资源不断丰富的前提下，更加注重为老百姓提供"便捷、就近、高效"的阅读体验服务。以社区学龄前儿童及家长、青少年读者、老年人读者、新市民为重点服务对象，按照咨询服务、亲子阅读、数字阅读、报刊阅读、预约借书、交流分享等划分功能板块建设社区阅读活动站，充分利用社区阅读资源，开展集"阅读学习、阅读讨论、阅读活动"于一体的"一站式"阅读体验服务，让现代化的阅读设施真正变成老百姓"能用、爱用、常用"的"日用品"。在全市首批试点建设了永联亲子书屋、金港镇公益阅读吧等9家社区阅读活动站。率先建立全省第一家24小时自助图书馆，市民通过市民卡（新市民卡）可以直接进行简单、便利的自助借阅服务，拓展了图书馆的服务外延。该24小时自助图书馆日接待读者100余人次，日均自助借阅图书30余册。张家港市还将24小时自助图书馆建设列入2014年市政府实事工程，计划于年内在各镇（办事处）居民集中居住小区建成24家24小时自助图书馆。

3.着力打造数字阅读载体平台。在大力倡导传统纸质阅读的基础上，将数字阅读纳入到全民阅读活动计划中，建设"张家港市全民学习网"，打造全民阅读的信息交流平台；率先在全国县（市）中开通"无线张家港"手机客户端，引导建立"电子阅读节"，推广普及以手机、平板电脑等手持移动终端为接受端点的现代阅读形式，通过赠送电子书券，供市民依托手机、网络浏览图书。张家港市还将"数字图书馆"建设工程列入市政府实事工程，投入470万元，重点打造集分布式公共文化资源库群、数字图书馆虚拟网以及优秀文化集中展示平台于一体的现代阅览平台。

三、着力构建常态长效、多元互动的创建格局

1.建立分众化阅读引导机制。突破以往以单一的阅读活动覆盖全部人群的工作思路，注重吸收国际先进理念和经验，进一步加强阅读活动按照人群因素进行分类引导、合理规划的组织导向。围绕领导干部、0周岁至3周岁婴幼儿、3周岁至6周岁儿童、青少年学生、新市民、残疾人、老年人等重点人群，相继设置特色鲜明、内涵丰富的阅读活动品牌。例如参照发达国家"阅读起跑线"计划，全市专门设立针对0周岁至3周岁婴幼儿的"宝贝启蒙"行动，市计生、教育、文广新、妇幼保健等部门密切合作，在市妇幼保健所建立阅读指导室，向新生婴儿发放阅读礼包，包括借书卡、专业辅导画册、婴幼儿阅读成长记录、阅读体验卡等。专门邀请国内长期从事儿童发展心理学与早期阅读研究工作的专家撰写婴幼儿专业辅导画册，体现"阅读从0岁抓起"的工作理念。通过一年多的努力，张家港市涌现出了徐玲公益书屋、红帆企业阅读联盟、实验小学三味书屋、振兴社区开心果乐园等一批品牌项目。

2.建立阅读推广人资格认证制度。着眼于基层，率先建立起一支专业化、高素质、有活力的民间"阅读推广人"队伍。市委宣传部、市文广新局、市人社局和市全民阅读活动推进委员会联合制定《张家港市"阅读推广人"管理暂行办法》和《张家港市阅读推广人资格认证管理制度》，分"阅读推广员"和"阅读推广师"两个层次，全面推行阅读推广人资格认证、持证上岗制度，吸纳1075名网格文化员作为全市首批基层"阅读推广员"。通过文献导读、活动组织等专业知识和技能培训，使其承担起传递阅读信息、组织阅读活动、推动社会阅读等具体职责。充分发挥阅读推广人队伍的策划能力和组织能力，针对不同群体，依托学校、图书馆等公益阅读阵地，定期组织开展讲坛讲座、好书推荐、经典导读、书评大家谈等日常性、长期性阅读推广活动。并通过建立配套工作制度，评选表彰优秀"阅读推广人"，用"民间激励民间"的形式，充分发挥身边典型的示范引领作用，促使市民素养稳步提升、道德风气持续向好、城市品位显著提高。

3.建立民间阅读组织培育机制。在市图书馆建立全民阅读推广志愿服务中心，通过建立民间阅读组织登记注册、星级评定等制度，强化民间阅读机制保障；在机关、学校、企业、区镇、社区（村）重点培育有代表性和影响力的读书沙龙，推动建立读书会、书友俱乐部、文学社等民间阅读社团，举办"智慧分享"阅读文化展等活动；鼓励公共机构为民间读书组织发展提供场地、资金等方面的支持，引导民间读书组织健康、持续、特色发展；成立市民间阅读组织联盟，定期评选优秀民间阅读组织，在全市广泛形成制度完善、活动丰富、成效显著的民间激励形式，促使阅读对象主体意识更加突出，进一步激发民间公益阅读力量的参与力与创造力。先后培育张家港市职场人英语社交俱乐部、张家港市公益小书房、"夕阳红"读书沙龙等一大批特色鲜明、活动丰富的民间公益阅读组织。全市各类民间公益阅读组织达到200余个。

在持续不断地创新的驱动下，"书香城市"建设内生动力显著增强，"书香城市"建设格局进入了良性循环的新路径，全民阅读模式实现由"行政主导"向"民间自发"的转变，全民阅读活动实现由"浅层设置"向"科学规划"的转变，全民阅读对象实现由"被动阅读"向"自觉阅读"的转变，全民阅读评价实现由"模糊定性"向"科学考量"的转变。

（李云雷）

全国道德模范吴栋材的强村富民梦

吴栋材自1978年出任永联村党支部副书记，1980年起任党支部（党总支、党委）书记后，把“发展集体经济，致富一方百姓”作为人生追求和奋斗的目标，不畏艰难，不知疲倦，不懈追求，不断创新，带领全体村民发扬“敢破敢立、自强不息、团结奉献、实干争先”的永联精神，将一个当时只有816人、人均年收入只有68元、集体负债6万余元的苏州有名的沙滩穷村，打造成拥有村民1.04万人、人均年收入32937元、村级可用财力超亿元、村级经济实力位居全国前列的社会主义现代化新农村。

吴栋材先后被授予全国最美基层干部、全国创先争优优秀共产党员、江苏省劳动模范、江苏省优秀共产党员等称号，并获全国五一劳动奖章，受到过江泽民、胡锦涛、习近平等党和国家领导人的亲切接见。2013年9月，吴栋材荣获第四届“全国道德模范”称号。

荒野滩涂崛起“华夏第一钢村”

1978年7月28日，吴栋材作为第七任工作组组长到永联村赴任，当时永联的基本状况是“吃粮靠返销，生产靠贷款，生活靠救济”。

吴栋材深入了解并熟悉情况后，在村民大会上，立下誓言：“穷不会生根，富不是天生，我吴栋材来到这里，就是要和大家一起拔掉穷根，闯出一条富路来！”吴栋材铿锵有力的话语犹如给了全体村民一颗定心丸。他有胆有谋，敢为人先。他因地制宜，冒着当时仍有可能被“割资本主义尾巴”的风险，带领村民挖鱼塘搞副业，当年净赚8000余元，掘得永联村起家致富道路上的第一桶金。

吴栋材经过调研思考，深切体悟到无工不富的道理。突破以粮为纲的禁锢，他组织村民先后办起家具、枕套、水磨石等七八个小厂。至1983年年末，这几个小厂为村里积累了20余万元的“家底”。吴栋材既有经济头脑，又敢破敢立。1984年年初，他从苏南地区乡镇企业的快速发展中敏锐地察觉到，一个巨大的建筑用钢材市场形成，并展示出令人心动的美好前景。他果断决策，关闭所有小厂，集中资源，创建轧钢厂。那个年代，农民办钢厂，困难显而易见。办执照审批时被批复“无米之炊，不予批办”；找贷款，银行以“农民办不了钢厂”为由拒绝放贷；学技术，人家不让进车间，只许远远地站在外面看。但吴栋材咬定目标，毫不气馁，克服重重困难，终于使永联轧钢厂在是年8月20日正式点火投产，年内创利200余万元。至1985年，全村工业总产值突破千万元大关，永联村一举成为沙洲县经济强村。至1993年年末，更以邓小平南方谈话精神为动力，以永联轧钢厂为核心，组建江苏永钢集团有限公司，成为全国冶金行业建筑钢材的重要生产基地。

2002年，依靠国外进口钢坯作轧钢原料的永钢集团遭遇前所未有的重大危机，坯料供不应求，且价格上涨，面临两难选择：上炼钢项目，面临难以预测的市场风险，可能是“找死”；放弃炼钢项目，因原料短缺，“无米下锅”而“等死”。在这几乎是生死存亡的紧要关头，吴栋材以其睿智和气魄，果断决策，自筹资金，投入10余亿元启动百万吨炼钢项目，仅用了341天，一座永联钢城平地崛起，创造了中国冶金建设史上的一个令人惊叹的奇迹。其后，永钢集团在被认为“不适宜建码头”的长江张家港市东沙段觅得深水岸线，建成长江自备码头3个，共有万吨级以上泊位7个，年吞吐量1650万吨。从此，永钢集团的发展步入快车道。2013年，永钢集团销售收入355亿元，利税18.7亿元。以钢兴村，永联村由此成为名副其实的“华夏第一钢村”。

随着钢铁行业进入微利时代，诸多钢铁企业各显神通，尝试多种经营、多元发展。永钢集团领导层，在吴栋材带领下，不是简单地“去钢铁化”，而是进一步优化并充分发挥原有钢铁产业的资源和平台优势，延伸产业链，优化价值链，整合建筑板块，做强做优钢铁板块，推动重工板块强势崛起，现代服务业完成由“配角”向“主角”的转变，钢铁产

永联小镇鸟瞰图

（永联村　供稿）

业与其他产业互为支撑，共同发展，从而使闻名遐迩的“华夏第一钢村”继续保持良好的发展势头。

万余村民实现共同富裕

永联村靠工业“发家”，靠工业致富，在巨额财富和巨大利益诱惑面前，吴栋材以实现农民共同富裕为目标，始终摆正集体和个人的位置。1998年和2000年，永钢集团先后经历两次转制，在当时“彻底转，转彻底”的大背景下，吴栋材也曾动心过，但他想得更多的还是永联村民。他问过自己，扎根永联20余年，为的是什么，不就是带领村民致富，让村民共享改革和发展的成果吗？如果“彻底转”，他个人的资产虽能增加数亿元，而全体村民将会令人遗憾地失去他们热切向往享受永钢集团发展成果的物质载体。为了村民的长远利益，他在永钢集团管理层力排众议，坚持给村集体保留25%的股份。这25%的股份，使村集体每年的资产增值达到2亿元以上，每年可支配收入8000万元以上，成为永联村民赖以生存和发展的“摇钱树”。

有了这棵“摇钱树”，吴栋材又以社会主义新农村建设为抓手，带领全体村民实现共同富裕。永联村投资15亿元，建成配套设施完善、智能化程度较高的现代城镇化农民集中居住区——永联小镇。这个集高层、小高层及多层公寓楼、写字楼和舒适民居于一体的小区，可容纳3500户、1.5万余人，还配套建有学校、医院、商业街和休闲活动场所、污水处理设施和地下人行通道等。这不仅改善了居民的居住和生活环境，实现全村98%的村民集中居住，还节约土地38.27公顷。永联老年人每人每月能拿到700元生活补助，全体村民每人每月可得200元生活补助，困难户有救济金，学生每人每年可得1000元至5000元不等的奖学助学金。永联村还拿出828万元，帮4064个村民以较高标准办理了“城保”。与城里人相比，永联村民不仅享有同等的社会保障，还多了一份集体资产的二次分配。

在永联村依靠诚实劳动合法致富的进程中，以吴栋材为带头人的永联管理层，积极发挥主导作用，在1995年至2005年十年间，先后经历五次并队扩村，带动周边村民实现共同富裕。永联村村域面积扩至10.5平方千米，拥有77个村民小组和1.04万名村民，先后并入的新村民与老村民享受同等待遇。并队扩村后，随着村域面积的扩大，为全村土地的规模化和集约化经营创造了条件。为实现村民土地承包经营权统一流转，吴栋材积极探索，以农村合作社的形式，成立4个农业发展公司，尝试并成功实现村民以土地入股，村民（股民）不仅可享受每年每公顷1.95万元的固定股息分红，而且颇具独创性地实现由传统村民向产业工人的身份转变。为帮助村民（股民）实现充分就业和增收的目标，先后兴建农民创业园，建立农副业种植及养殖基地，创办劳动密集型企业，鼓励村民充分就业，积极引导村民自主或联合互助创业。全村村民就业率稳定在98%以上。

昔日乱村吹动文明新风

永联建村之初，是有名的穷村、乱村，一直被周边村看不起。经济发展起来后，吴栋材下定决心，要摘掉永联村“乱”的帽子。

2003年，吴栋材主导推行“文明家庭奖”制度，按每年每人1000元的标准，把村民在社会公德、职业道德、家庭美德、个人品德、计划生育、遵纪守法等方面的表现纳入百分制考核，按标准打分，年底按全年得分情况给予奖励，引导并激励村民讲文明话，做文明事。2009年开始，又尝试把所有福利待遇与“文明奖”挂钩，加大考核力度和透明度。2011年年末，又提出“出了永联门，还是永联人”的文明考核要求，依托村民所在社区、所在工作单位实施“文明家庭奖”考核，使永联村民不管走到哪里，都能成为自觉遵纪守法、自强自律的文明村民。

以往村小人少，村民邻里间闹矛盾纠纷，往往由吴栋材亲自出面，村民信服，矛盾也就能迎刃而解。随着村子规模的扩大和村民人数的增加，这种“清官断案”的模式明显不合时代要求。为此，吴栋材带领村民探索建立并不断完善村民民主自治制度，依靠村民自己的力量实施村内事务科学管理。不仅定期召开村民代表大会，还仿照欧洲议会形式，建起村民议事厅，村民间发生矛盾纠纷，都可以在议事厅接受公众评议，议事厅也就成了永联村民自己的“道德大讲堂”和“法律大讲堂”。

村民集中居住后，为实现工业与其他各业的协调发展，永联村先后与中国农业大学、江苏农科院合作，引进智力，投资1亿余元，建成200公顷（3000亩）现代化粮食生产基地、26.66公顷（400亩）鲜花培植基地、266.66公顷（4000亩）园林苗木种植基地和占地面积33.33公顷（500亩）的农耕文化旅游基地。同时投资8000万元建成全国最大的村级农民文化广场和文化活动中心。这些颇具独创性质的重大举措和成功实践，不仅加快实现了永联村由传统农业生产方式向现代农村经营管理模式的转变，而且使全体村民的文化生活日益丰富多彩，使原有传统的农村生活不良习惯大为改观。永联村民，早晨散步锻炼，晚上跳舞休闲，已成为一种文明时尚。

随着村庄规模的不断扩大，许多社会事务，村里管不了，也管不好。吴栋材突破“小村庄管大社会”的思维方式，积极引入符合时代潮流的社会化管理模式。2009年3月，在上级政府和社会的积极支持和协调配合下，南丰镇社会管理服务中心永联分中心成立，市公安、卫生、城管、工商、交通、消防等政府职能部门都在永联派驻机构和人员。2011年4月，上级政府又在永联成立永合社区居委会。原由村委会承担的计划生育、民事调解等社会管理职能，全部移交给南丰镇社会管理服务中心永联分中心和永合社区居委会，真正实现公共管理、公共服务的城乡一体化和均等化。

随着城乡一体化建设规划的成功实施和建设步伐的加快，永联村向世人呈现的是一幅由“水乡小镇”“花园工厂”“现代农庄”“文明风尚”共同构成的，既具中国特色、又不乏浓淡相宜的江南水乡色彩的现代农村生活画卷，受到各方肯定，并无可争议地被国家旅游局认定为“全国农业旅游示范点”。

在村民自治与公共管理的双轮驱动下，永联村连续三届被评为“全国文明村”。（永联村）

【编辑　卞永高　陈友恭】

统计资料

Statistics

暨阳湖　（张惠芬　摄）

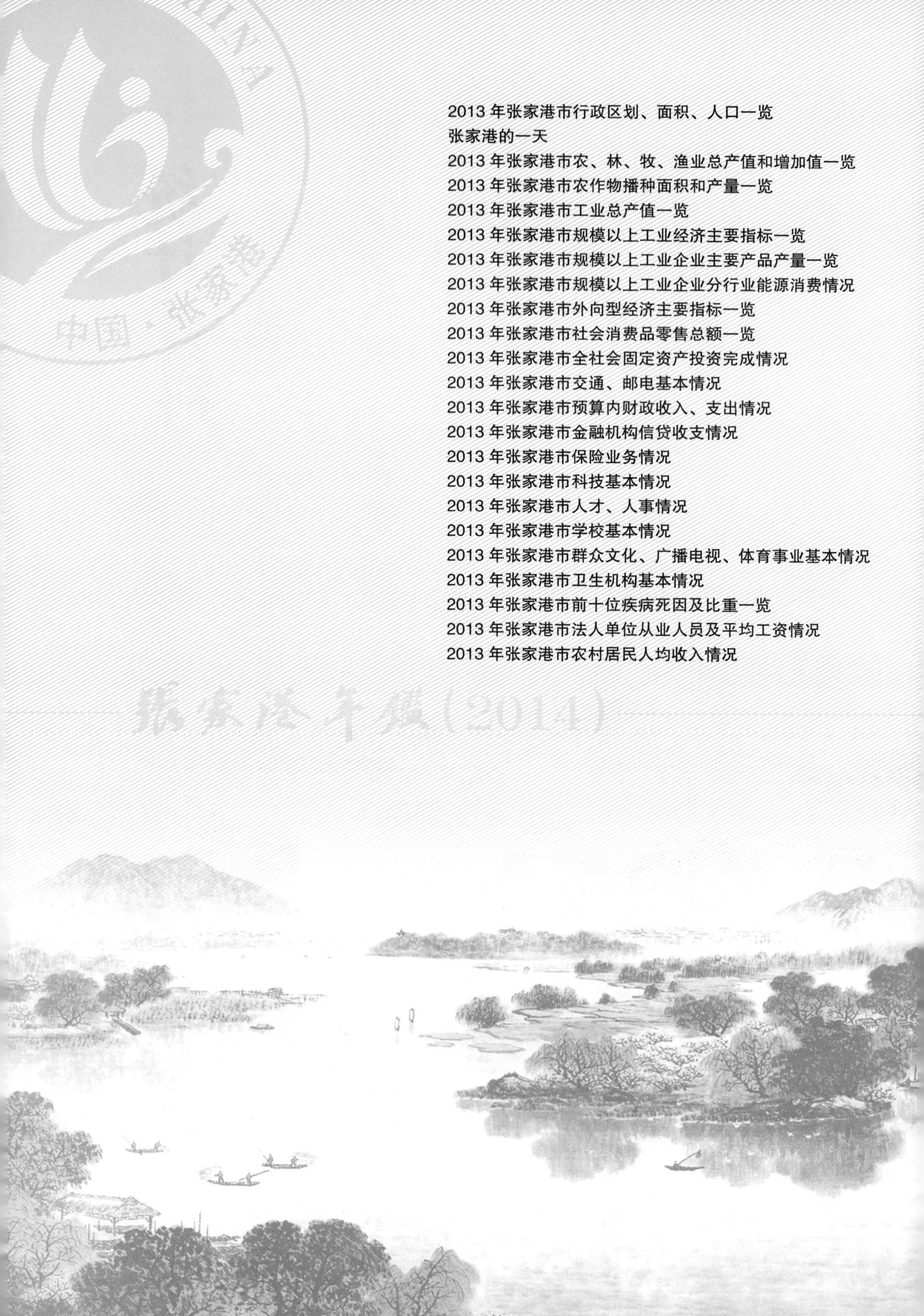

2013 年张家港市行政区划、面积、人口一览
张家港的一天
2013 年张家港市农、林、牧、渔业总产值和增加值一览
2013 年张家港市农作物播种面积和产量一览
2013 年张家港市工业总产值一览
2013 年张家港市规模以上工业经济主要指标一览
2013 年张家港市规模以上工业企业主要产品产量一览
2013 年张家港市规模以上工业企业分行业能源消费情况
2013 年张家港市外向型经济主要指标一览
2013 年张家港市社会消费品零售总额一览
2013 年张家港市全社会固定资产投资完成情况
2013 年张家港市交通、邮电基本情况
2013 年张家港市预算内财政收入、支出情况
2013 年张家港市金融机构信贷收支情况
2013 年张家港市保险业务情况
2013 年张家港市科技基本情况
2013 年张家港市人才、人事情况
2013 年张家港市学校基本情况
2013 年张家港市群众文化、广播电视、体育事业基本情况
2013 年张家港市卫生机构基本情况
2013 年张家港市前十位疾病死因及比重一览
2013 年张家港市法人单位从业人员及平均工资情况
2013 年张家港市农村居民人均收入情况

2013年张家港市行政区划、面积、人口一览

表102

项　目	单　位	数　值	项　目	单　位	数　值
一、行政区划			全市人口当年出生数	人	7588
镇人民政府	个	8	出生率	‰	7.89
现代农业示范园区	个	1	全市人口当年死亡数	人	6313
双山岛旅游度假区	个	1	死亡率	‰	6.56
村民委员会	个	152	自然增长率	‰	1.33
社区居民委员会	个	118	年内迁入人口	人	5068
二、全市总面积	平方千米	986.73	其中：省内迁入	人	2254
不含长江水域面积	平方千米	791.06	省外迁入	人	2814
全市耕地面积	万公顷	3.05	年内迁出人口	人	2542
三、全市总户数	万户	33.54	其中：迁往省内	人	1217
全市总人口	万人	91.47	迁往省外	人	1325

张家港的一天

表103

项　目	单　位	数　值	项　目	单　位	数　值
一、每天创造的财富			食用油	吨	2722
地区生产总值（当年价）	万元	58776	乳制品	吨	119
工农业总产值（当年价）	万元	155726	饮料酒	吨	152
其中：农业总产值	万元	1469	农用化肥	吨	821
工业总产值	万元	154256	平板玻璃	重量箱	82531
财政收入	万元	12348	水泥	吨	8671
社会消费品零售总额	万元	11337	铜材	吨	142
进出口总额	万美元	8827	粮食	吨	746
其中：出口总额	万美元	3513	出栏生猪	头	315
全社会用电	万千瓦小时	7627	水产品	吨	48
城乡居民人均生活用电	千瓦小时	2.30	出栏家禽	羽	4176
固定资产投资完成额	万元	21111	三、每天人口变动		
商品房销售面积	平方米	3025	出生人数	人	21
二、每天主要产品产出			死亡人数	人	17
钢材	吨	100332	迁入人数	人	14
电力	万千瓦小时	4491	迁出人数	人	7

2013年张家港市农、林、牧、渔业总产值和增加值一览

表104 单位:万元

项　目	总产值	增加值	项　目	总产值	增加值
合　计	536323	304050	其中:水果	37208	—
一、农业	299903	185590	二、林业	67500	36506
1. 谷物及其他作物	88797	—	三、牧业	46095	21625
其中:谷物	79578	—	其中:牲畜饲养	9968	—
豆类	2715	—	生猪饲养	22042	—
油料	2843	—	家禽饲养	13602	—
棉花	112	—	四、渔业	50900	29092
2. 蔬菜园艺作物	173193	—	其中:鱼类	26569	—
其中:蔬菜	119172	—	甲壳类	23178	—
3. 水果、茶作物	37808	—	五、农、林、牧、渔服务业	71925	31237

2013年张家港市农作物播种面积和产量一览

表105

作物名称	面　积（公顷）	总　产（吨）	作物名称	面　积（公顷）	总　产（吨）
农作物总播种面积	54945.80	—	其中:花生	149.40	325
一、粮食作物	38618.67	272291	油菜籽	1578.93	4125
1. 夏收粮食	19189.60	104299	3. 甘蔗	39.20	1891
其中:小麦	19005.73	103852	4. 药材	10.20	63
蚕豌豆	183.87	447	5. 蔬菜	10207.93	270528
2. 秋收粮食	19429.07	167992	6. 瓜果	1479.33	53626
其中:稻谷	18125.27	163197	其中:西瓜	244.20	11224
薯类	166.20	1072	香瓜	97.80	2712
豆类	952.87	2622	草莓	29.13	542
玉米	184.73	1101	水果	986.53	36578
二、经济作物	13550.80	—	7. 其他	5.00	325
1. 棉花	48.33	48	三、其他作物	2776.33	—
2. 油料	1760.80	4492	其中:青饲料	20.73	—

2013年张家港市工业总产值一览

表106 单位：万元

项　目	数　值	项　目	数　值
一、全部工业合计	56303500	重工业	37495562
1. 按轻重工业		2. 按登记注册类型	
轻工业	13412190	国有企业	39106
重工业	42891310	集体企业	34547
2. 按企业规模分		股份合作制企业	6162
大型企业	35141383	有限责任公司	26792361
中型企业	8026261	股份有限公司	1614641
小型企业	12941898	私营企业	9047160
微型企业	193958	外商投资企业	8852112
二、规模以上工业	49220492	港澳台投资企业	2827176
1. 按轻重工业		其他企业	7227
轻工业	11724930		

2013年张家港市规模以上工业经济主要指标一览

表107 单位：万元

项　目	数　值	项　目	数　值
工业总产值	49220492	应收账款	5074516
主营业务收入	50717497	产成品	2382892
利税总额	2189227	资产总计	44358881
利润总额	1151199	负债总额	29095106
流动资产合计	24960321	固定资产合计	15007172

2013年张家港市规模以上工业企业主要产品产量一览

表108

产品名称	单　位	数　值	产品名称	单　位	数　值
发电量	亿千瓦小时	163.91	服装	万件	16446.81
小麦粉	万吨	30.69	农用氮、磷、钾化学肥料（折纯）	万吨	29.98
大米	万吨	3.52	化学农药原药（折有效成分100%）	吨	7529.18
饲料	万吨	16.68	化学纤维	万吨	76.65
精制食用植物油	万吨	99.35	橡胶轮胎外胎	万条	560.72
乳制品	万吨	4.34	水泥	万吨	316.51
饮料酒	万立方米	5.54	平板玻璃	万重量箱	3012.38
纱	万吨	52.26	钢材	万吨	3662.14
布	万米	22291.24	精炼铜（电解铜）	万吨	18.57
印染布	万米	35114.56	自来水	亿立方米	1.67

2013年张家港市规模以上工业企业分行业能源消费情况

表109　　单位:吨标准煤

行业名称	数　值	行业名称	数　值
总　计	20528522	非金属矿物制品业	483266
农副食品加工业	110790	黑色金属冶炼和压延加工业	14756287
食品制造业	14741	有色金属冶炼和压延加工业	59981
酒、饮料和精制茶制造业	3668	金属制品业	119838
纺织业	436627	通用设备制造业	63883
纺织服装、服饰业	23098	专用设备制造业	22451
皮革、毛皮、羽毛及其制品和制鞋业	2396	汽车制造业	13227
木材加工和木、竹、藤、棕、草制品业	1269	铁路、船舶、航空航天和其他运输设备制造业	15451
家具制造业	799	电气机械和器材制造业	20127
造纸和纸制品业	30483	计算机、通信和其他电子设备制造业	7657
印刷和记录媒介复制业	27375	仪器仪表制造业	96887
文教、工美、体育和娱乐用品制造业	84657	其他制造业	197
石油加工、炼焦和核燃料加工业	47	废弃资源综合利用业	20394
化学原料和化学制品制造业	1669875	电力、热力生产和供应业	1864931
医药制造业	1125	燃气生产和供应业	538
化学纤维制造业	386987	水的生产和供应业	5174
橡胶和塑料制品业	184297		

2013年张家港市外向型经济主要指标一览

表110

项　目	单　位	数　值	项　目	单　位	数　值
一、进出口总额(海关数)	万美元	3221868	其中:保税区	万美元	61382
其中:三资企业	万美元	1043155	五、到账外资及港澳台资	万美元	70005
保税区	万美元	1371198	其中:保税区	万美元	27613
二、出口总额	万美元	1282350	六、当年投产企业	家	44
其中:三资企业	万美元	358333	七、新签境外工程、劳务合同额	万美元	20007
保税区	万美元	244894	八、完成境外工程、劳务营业额	万美元	25604
三、新批三资企业	家	108	九、新派境外劳务人员	人	642
其中:保税区	家	30	十、逐年累积批办三资企业	家	1152
四、注册外资及港澳台资	万美元	170497	十一、年末实有开业三资企业	家	1017

2013年张家港市社会消费品零售总额一览

表111　　单位:万元

项　目	数　值	项　目	数　值
社会消费品零售总额	4138019	二、按行业分	
一、按消费地区分		其中:批发业	290465
1. 城镇	3562109	零售业	3297450
其中:城区	1983601	住宿业	70706
2. 农村	575910	餐饮业	479398

2013年张家港市全社会固定资产投资完成情况

表112　　　　单位：万元

项　目	合　计	项目投资	房地产
总　计	7705555	6723725	981830
其中：当年开工	4412338	4145930	266408
一、按产业性质分			
第一产业	3600	3600	—
第二产业	4401923	4401923	—
其中：工业	4401923	4401923	—
第三产业	3300032	2318202	981830
二、按建设性质分			
新建	3322337	2340507	981830
扩建	3036980	3036980	—
改建	1263598	1263598	—
其他	82640	82640	—
三、按工程构成分			
建筑工程	3452688	2842387	610301
安装工程	151500	136684	14816
设备工器具购置	3395644	3389870	5774
其他	705723	354784	350939

2013年张家港市交通、邮电基本情况

表113

项　目	单　位	数　值	项　目	单　位	数　值
一、交通基本情况			二、邮政基本情况		
1. 公路总里程	千米	1539	1. 邮政局所总数	处	35
其中：高速公路	千米	36	邮政报刊图书销售点	处	52
一级公路	千米	227	2. 邮路（单程）	条/千米	13/844
二级公路	千米	626	农村投递路线（单程）	千米	5931
其中：国道	千米	32	3. 邮政业务总量	万元	12092
省道	千米	90	邮政业务收入	万元	14084
县道	千米	259	三、电信基本情况		
2. 公路桥梁	座/米	728/41061	1. 电信局（所）	处	2
3. 航道通航里程	千米	425	2. 电信业务总收入	万元	70624
4. 张家港口岸吞吐量	万吨	26000	3. 电话交换机总容量	门	307077
其中：外贸货物吞吐量	万吨	5091	4. 固定电话用户	户	324945
港口集装箱运量	万标箱	170	5. 移动电话用户	户	397770
5. 机动车总计	辆	323246	其中：移动互联网用户	户	357993
其中：汽车	辆	239093	6. 互联网用户	户	610280
农用车	辆	564	其中：用3G业务的互联网用户	户	296706
摩托车	辆	80344	四、移动公司移动通信用户数	万户	90.90
6. 张家港籍年检小货轮	艘/吨位	2/2200	五、联通公司移动通信用户数	万户	28.30

2013年张家港市预算内财政收入、支出情况

表114

单位:万元

项目	数值	项目	数值
一、财政收入合计	4507070	(12)罚没收入	16301
1. 公共财政预算收入	1541828	(13)专项收入	58080
(1)增值税(25%部分)	331428	(14)国有资产经营收益	142800
(2)营业税	243840	(15)行政性收费收入	40360
(3)企业所得税(40%部分)	190132	(16)其他收入	34106
(4)个人所得税(40%部分)	100261	2. 基金收入	1635685
(5)城市维护建设税	82813	3. 中央级财政收入	1329557
(6)房产税	56281	(1)一般消费税	3213
(7)印花税	31377	(2)增值税(75%部分)	890755
(8)城镇土地使用税	43964	(3)企业所得税(60%部分)	285198
(9)土地增值税	65781	(4)个人所得税(60%部分)	150391
(10)车船税	8062	二、财政支出合计	3099512
(11)耕、契两税	96242	1. 公共财政预算支出	1450240
其中:耕地占用税	16703	2. 基金支出	1649272

2013年张家港市金融机构信贷收支情况

表115

单位:万元

项目	数值	项目	数值
一、各项存款	22901388	1. 短期贷款	9962833
1. 单位存款	12984534	(1)个人贷款及透支	828587
其中:活期存款	3006332	其中:个人消费贷款	168501
定期存款	3035822	(2)单位普通贷款及透支	8090628
通知存款	592949	(3)银团贷款	5000
保证金存款	3487380	(4)贸易融资	1038618
2. 个人存款	8592967	2. 中长期贷款	6131081
其中:储蓄存款	8330538	(1)个人贷款	1749419
保证金存款	39256	其中:个人消费贷款	1523435
结构性存款	223173	(2)单位普通贷款	4100019
3. 财政性存款	181490	(3)普通并购贷款	34000
4. 临时性存款	20326	(4)银团贷款	246668
5. 委托存款	42458	(5)贸易融资	975
6. 其他存款	1079614	3. 票据融资	721654
二、各项贷款	16851539	4. 各项垫款	34144
(一)境内贷款	16849712	(二)境外贷款	1827

2013年张家港市保险业务情况

表116

单位:万元

项　目	数　值	项　目	数　值
一、保险收入	306215	二、当年赔款和给付	96716
1. 财产险	126545	1. 财产险	72724
其中:企业财产险	13581	其中:企业财产险	7664
机动车辆险	98652	机动车辆险	59905
货物运输险	2975	货物运输险	714
家庭财产险	1230	家庭财产险	65
2. 人身险	179671	2. 人身险	23992
其中:寿险	160055	其中:寿险	17798

2013年张家港市科技基本情况

表117

项　目	单　位	数　值	项　目	单　位	数　值
一、科技经费			三、科研成果		
科学技术支出	万元	47016	1. 科学技术奖		
占财政支出比重	%	5.90	（1）国家科学技术奖	项	1
二、高新技术			（2）省级科技进步奖	项	3
1. 国家火炬计划重点高新技术企业	家	23	（3）苏州市科学技术奖	项	19
2. 高新技术企业	家	244	（4）张家港市科学技术奖	项	62
其中:当年认定	家	55	2. 专利情况		
3. 新增国家创新基金项目	项	5	（1）申请专利	件	15735
4. 新增国家级火炬计划	项	20	（2）授权发明专利	件	500
5. 当年认定省级高新技术产品	种	305	四、技术贸易		
6. 新增省科技支撑计划（工业）	项	7	1. 签订各类技术合同	项	122
7. 新增省科技成果转化项目	项	2	技术贸易成交额	万元	26960
			2. 各类科技开发、技术贸易机构	个	28

2013年张家港市人才、人事情况

表118

单位:人

项　目	数　值	项　目	数　值
一、管理、专业技术人才	262554	二、工人岗位人才	739104
1. 人才文化结构		1. 本科	1360
（1）研究生	7203	2. 大专	9340
（2）本科	103028	3. 中专	136808
（3）大专	105879	三、公务员	3682
2. 人才职称结构		1. 研究生	266
（1）高级	8135	2. 本科	2423
（2）中级	37236	3. 大专	805
（3）初级	94099	4. 中专及以下	188

2013年张家港市学校基本情况

表119

项　目	学校(所)	毕业人数(人)	招生人数(人)	在校学生(人)	教职工(人)	专任教师(人)
合计	80	26951	30716	121721	9066	8084
高校	2	1914	3334	9912	672	513
电大	1	649	607	2370	162	122
中等专业学校	6	3374	2834	11088	915	821
普通中学	37	11690	13086	37123	3861	3396
其中:高中	9	4046	3522	10710	1460	1303
小学	33	9319	10833	61067	3423	3203
特殊教育学校	1	5	22	161	33	29
附:幼儿园	40	9331	10370	28898	1361	1066

说明:表中数据不含新市民子女学校及新加坡外国语学校

2013年张家港市群众文化、广播电视、体育事业基本情况

表120

项　目	单　位	数　值	项　目	单　位	数　值
一、群众文化			二、广播电视		
1. 机构数	个	10	电视覆盖率	%	100
群众文化馆	个	1	电视节目	套	1
文化部门文化站	个	9	有线电视用户	万户	36.50
2. 职工数	人	126	广播电台	座	1
群众文化馆	人	63	广播节目	套	1
文化部门文化站	人	63	广播覆盖率	%	100
3. 创作艺术作品数	件	615	三、体育		
群众文化馆	件	74	体育系统体育场(馆)数	个	7
文化部门文化站	件	541	举办运动会次数	次	7
4. 组织文艺活动数	次	1437	年内达到等级标准运动员	人	2
群众文化馆	次	300	年内输送运动员	人	43
文化部门文化站	次	1137	其中:国家队	人	5
5. 举办培训班结业人数	人次	6770	省队、省体校	人	6
群众文化馆	人次	245	苏州市级训练单位	人	32
文化部门文化站	人次	6525	在全国比赛中获得金牌	枚	8
6. 藏书	万册	75	在省级比赛中获得金牌	枚	23
文化部门文化站	万册	75	在苏州市级比赛中获得金牌	枚	132

2013年张家港市卫生机构基本情况

表121

项　目	单　位	数　值	项　目	单　位	数　值
一、卫生机构数	个	405	其中：卫生技术人员	人	7924
1. 医院	家	36	（1）医生	人	3278
2. 护理院	家	1	（2）注册护士	人	2963
3. 社区卫生服务中心	个	9	（3）药剂人员	人	432
4. 卫生院	家	—	（4）技师	人	287
5. 采供血机构	个	1	（5）其他	人	964
6. 妇幼保健院（所、站）	个	1	其中：私营卫生机构人员数	人	3724
7. 疾病预防控制中心	个	1	三、卫生机构床位	张	7878
8. 卫生监督所	个	1	1. 医院	张	7578
9. 医药教育机构	个	1	其中：综合医院	张	5814
10. 诊所、卫生所、医务室	个	134	中医医院	张	834
11. 村级卫生机构	个	220	专科医院	张	930
二、卫生机构人员数	人	9419	2. 其他	张	300

2013年张家港市前十位疾病死因及比重一览

表122

位次	合　计		男　性		女　性	
	死　因	构成比（%）	死　因	构成比（%）	死　因	构成比（%）
	总　计	95.90	小　计	95.46	小　计	96.47
1	恶性肿瘤	31.13	恶性肿瘤	37.56	脑血管病	25.20
2	脑血管病	22.11	脑血管病	19.53	恶性肿瘤	23.40
3	损伤和中毒	10.83	呼吸系统疾病	10.24	损伤和中毒	11.87
4	心脏病	9.21	损伤和中毒	9.95	心脏病	11.11
5	呼吸系统疾病	7.78	心脏病	7.62	内分泌代谢疾病	9.25
6	内分泌代谢疾病	6.24	内分泌代谢疾病	3.74	呼吸系统疾病	4.83
7	精神障碍	3.03	消化系统疾病	2.39	精神障碍	4.11
8	其他疾病	2.24	精神障碍	2.13	其他疾病	3.52
9	消化系统疾病	2.17	其他疾病	1.18	消化系统疾病	1.90
10	神经系统疾病	1.16	传染病	1.12	神经系统疾病	1.28

2013年张家港市法人单位从业人员及平均工资情况

表123

行　业	年末人数(人)	平均人数(人)	平均工资(元/人)
总　计	807936	806791	47979
1.农、林、牧、渔业	2881	2548	40371
2.采矿业	15	16	34071
3.制造业	480065	486344	47159
4.电力、燃气及水的生产和供应业	2987	2907	72535
5.建筑业	118706	115663	40369
6.批发和零售业	82166	81922	43929
7.住宿和餐饮业	5069	5034	36786
8.交通运输、仓储及邮政业	25220	24938	52933
9.信息传输、软件和信息技术服务业	4144	3937	73913
10.金融业	4984	4857	86401
11.房地产业	10539	10265	40791
12.租赁和商务服务业	13346	13452	44818
13.科学研究和技术服务业	7615	7588	55418
14.水利、环境和公共设施管理业	2593	2622	46000
15.居民服务、修理和其他服务业	3277	3230	38292
16.教育	15167	13117	83849
17.卫生和社会工作	9845	9654	69603
18.文化、体育和娱乐业	2030	1992	59826
19.公共管理、社会保障和社会组织	17287	16703	83702

2013年张家港市农村居民人均收入情况

表124　　　　单位:元

项　目	数　值	项　目	数　值
一、全年纯收入	21689.08	(三)财产性纯收入	1737.87
(一)工资性收入	14535.83	其中:利息	52.62
(二)家庭经营纯收入	3751.55	集体分配股息和红利	192.74
1. 第一产业纯收入	960.48	其他股息和红利	664.88
(1)农业收入	164.54	租金(包括农业机械)	567.88
(2)林业收入	1.46	转让土地承包经营权收入	213.49
(3)牧业收入	793.30	(四)转移性纯收入	1663.83
(4)渔业收入	1.18	其中:离退休金、养老金	1198.38
2. 非农产业纯收入	2791.07	城市亲友支付赡养费	60.60
(1)第二产业纯收入	1361.92	救济金、抚恤金、救灾款	88.10
(2)第三产业纯收入	1429.15	各项补贴收入	238.82
其中:交通运输、邮电业收入	639.40	二、全年总收入	25821.10
批零贸易业、饮食业收入	789.75		

说明:表格数据为农村住户调查数

【编辑　钱永浩】

附录

Appendix

梁丰生态园俯瞰　（市委宣传部　供稿）

媒体聚焦

发挥“第一资源”的“第一作用”

张家港：“六大提升”指向现代化

政府“导”群众“演”

挖掘再制造产业“金矿”

港城集聚创新冲击波

“书香城市”升级文明之城

文件选录

关于2013年全市城乡发展一体化工作的实施意见

张家港市现代化建设三年行动计划（2013～2015）

张家港市生态文明建设三年行动计划（2013～2015）

2013年中共张家港市委部分文件目录

2013年张家港市人民政府部分文件目录

媒 体 聚 焦

发挥“第一资源”的“第一作用”

姚林荣

党的十八大提出，人才工作要“以用为本”。张家港因港兴市，但人才资源却一直是张家港发展最可依靠、最值得信赖的要素。“人才工作做什么”“人才工作怎么做”一直是张家港上下求索的重要课题。

近年来，张家港始终坚持“创先争优、协调发展”，人才工作实现了“四个率先”：在全国率先开展“人才项目绩效评估”，率先推进“千人计划”专家工作站建设，率先在县级市中实施社会事业领域人才引进培育专项计划——“港城英才计划”，率先推进市级机关“研究生工作站”建设。坚持“以用为本、务求实效”，紧紧围绕本地新兴产业的发展定位和传统产业提档升级的内在需求，更加注重引进人才与本地产业、企业转型与人才发展的双融合，因地制宜、积极探索，大力推进“产业→企业→人才”的协调融合发展。目前，张家港已先后引进领军型创业创新人才（团队）229个，自主培育国家“千人计划”等各级人才专家88名。

通过对张家港这几年人才工作实践的梳理和总结，笔者主要有以下三个方面的思考：

第一，“资金、队伍、机制”是动真碰硬抓好人才工作的前提。

人才工作是一项“明天工程”。张家港未来的产业结构和城市内涵，取决于我们今天的战略规划和行动。今天的投入，就是明天发展的原动力。人才工作必须首先落实到“真金白银”的投入上。2013年，张家港人才开发资金年度预算由1.5亿元进一步提升到1.7亿元，专门用于人才的引进、培育、服务、激励等方面。自2010年以来，张家港直接用于领军型创业创新人才（团队）项目的启动资助、发展扶持、产业化推进上的各级财政资金近5亿元，撬动社会资本投入人才项目近10亿元。

有了资金保障，还要解决“谁来做人才工作”的问题。本着“人才工作就是经济工作”的理念，充分发挥经济部门熟悉企业、熟悉项目的优势，将发改、经信、商务、金融等部门纳入人才工作体系，通过人才办主任会议、引才联动体系等制度，群策群力，共同推进全市人才工作。同时，以各区、镇经济工作为落脚点，设立专门的科技人才工作机构，全力打造一支懂经济、知人才、晓政策的人才工作专业队伍。并通过在重点骨干企业建立人才工作管理员队伍的模式，将人才工作触角进一步延伸到企业，充分激发企业“引才、用才”的主体作用。

人才工作的扎实推进，还离不开有力的督查推进机制。为此，通过制度上的精心设计，实施“立体式”“组合拳”的考核督查。一方面，坚持人才工作目标责任制考核，按区镇细化分解人才引进指标任务，按年度完成情况，量化考核、刚性考问。另一方面，开展绩效问责，将人才工作纳入全市重点工作绩效考核，直接与区镇评优争先和年终奖金挂钩；实施“以奖代补”，通过“吸引力、承载力、提升力、成长力”等量化指标，根据实绩对各区镇人才载体建设“以奖代补”，充分调动各板块“建载体、引人才”的积极性。

第二，“产业、企业、视野”是量质并举引进适用人才的根本。

张家港以往的实践证明，如果引进的人才项目与地方产业匹配度不高，既不利于充分发挥产业基础与人才技术之间的互补优势，也大大弱化了人才项目对本地产业发展的示范带动效应，导致引才效果整体不足。为此，我们坚定不移地将服务转型升级作为人才工作的主旋律，紧紧立足本地的产业特色，紧扣全市产业发展“脉搏”，有针对性地制定引才目录，实施菜单式引才，着力提升人才助推产业发展的“靶向度”。引导区镇排出各自打造的重要产业节点，集中力量在一批重要节点上形成集聚效应，努力形成“错位发展、各有侧重”的板块产业特色。

企业家也是人才，企业管理也是专业知识。为此，张家港将本土规模企业集群作为引才的最大优势，鼓励人才与企业家“牵手”，扎实推进人才技术优势与企业资源优势的“嫁接”，着力提升产业吸纳创新资源的集聚度。实践证明，“嫁接”模式有力促进了企业的“管理优势、资金优势、市场优势”和人才的“科技优势、视野优势、人脉优势”深度融合，有效破解了海归人才创业“水土不服、资源不足”的难题，补长本土企业转型升级“缺信息、缺人才、缺方向”的短板，助推本土企业创新发展。目前，张家港已成功引导配对“嫁接”项目近40个，撬动了社会资本投资近10个亿。一批本土规模企业正通过“嫁接”人才项目的方式推进转型发展。

做好人才工作，需有国际化的眼光和视野。张家港加快落实“人才国际化”战略，坚持以全球视野集聚海外高层次创新创业人才，着力提升人才项目源头拓展的“覆盖度”。目前已与十多个海外合作组织建立紧密合作关系，构建了基本覆盖世界主要发达国家和地区的招才引智网络。坚持

"走出去",每年都在美、欧等人才集聚度高的国家或地区举办张家港海外招才引智活动;坚持"请进来",举办"海外人才项目"专场,探索推进海外人才工作站建设,无缝对接海外人才项目孵化器,把引才触角延伸到海外广袤的"人才森林",努力建设张家港的"人才树林"。

第三,"载体、服务、管理"是又好又快孵化人才项目的关键。

"家有梧桐,凤凰来栖"。人才项目有其鲜明的个性,启动之初往往最缺的就是资金等要素。我们在积极发挥本地产业配套优势、本土企业资源优势的同时,着力推进人才载体建设,努力为人才创新创业提供良好的场所、空间和公共服务平台。目前,张家港正在全力加快15个创新载体规划建设,其中沙洲湖科技创新园规划占地面积102公顷,可容纳3万人工作,预计年内将新增创新创业载体面积达30万平方米,为创新创业人才提供更加完善的发展平台。同时,着力推进"千人计划"专家工作站、"千人计划"研究院等建设,围绕光伏、锂电、磁传感、生物医药等重要产业节点集聚高端人才,集中力量打造新兴产业载体亮点。

安居才能乐业,尤其对外来人才来说。在提供购房补贴和租房补贴的基础上,为进一步满足领军人才的居住需求,近几年,我们大力推进人才公寓建设,目前已建成精装修人才公寓近500套,领军人才可"拎包入住"。此外,在与人才座谈、交流等活动中,不少人才反映,无论是项目的发展,还是生活待遇的落实都牵涉到相当多的政府部门,他们因不熟悉情况,往往不知从何办起。为此,我们及时成立领军人才"一站式"服务窗口,无缝对接各项人才政策,建立"扎口受理"的工作机制,并提供咨询、预约包括上门等服务,确保人才精力能集中于项目的发展推进上。

引才成绩如何正确考量?项目管理如何有效推进?针对这两大难题,张家港在全国率先探索"人才项目绩效评估"课题研究,并将绩效评估结果作为项目日常管理和后续支持的抓手。如对评估优秀的项目给予项目升级和重点支持;对评估不达标的项目要与人才面对面沟通、一对一地把脉问诊,共同商议提出补长发展短板、解决制约瓶颈的推进方案;对于部分发展慢、成效差的人才项目,实行动态绩效评估,动态管理清退。同时明确,人才项目达到绩效评估相应条件、经验收合格后,方可享受后续相关资助政策。为提振领军人才你追我赶的精气神,每年通过绩效评估的方式,评选一批"领军人才创新创业示范企业",通过身边鲜活的典型榜样,真正做到以实绩论英雄。

"长风破浪会有时,直挂云帆济沧海"。下一步,张家港将认真贯彻省委十二届五次全会的要求,以建设"苏南现代化示范区"为契机,进一步弘扬张家港精神,全力推进"111"目标的实现:即利用3年左右的时间,力争到2015年,引进和培育100名国家"千人计划"专家,年销售超亿元的高科技人才企业达到100家,拥有博士研究生学位的高层次人才达到1000名,努力为经济社会发展提供坚强的人才支撑和智力保障。

(摘自2013年《群众》第8期,作者系中共张家港市委书记)

新兴产业迅速崛起　传统产业加快提升

张家港:"六大提升"指向现代化

李仲勋　高　坡

日前结束的江苏省"双创计划"引进人才公示,张家港成为最大赢家,共入围18人,位列全省县区之首。统计显示,该市目前已引进领军型创业创新人才(团队)229个,自主培育国家"千人计划"等各级人才88名,他们大多活跃在光伏、锂电、磁传感、生物医药等新兴产业。

"只有在项目人才引进、企业技术改造、落后产能淘汰等方面取得突破性进展,张家港才能进一步推动转型升级,继续走在发展的前列。"张家港市委书记姚林荣介绍,争当苏南现代化示范区建设排头兵,张家港实施了经济实力、创新能力、生态文明、城市功能、民生福祉、社会管理"六大提升行动"。

"六大提升",每一个举措都鲜明指向现代化。

两个多月前,《张家港市现代化建设三年行动计划(2013–2015)》出台,同时配套实施以精心打造十大制造业基地、十大制造业项目、十大科技载体、十大生态工程等为主要内容的"810"工程,全力推进转型升级,加速构建以新兴产业为先导、先进制造业为主体、现代服务业为支撑、现代农业为基础的现代产业体系。

没有制度建设,转型升级就是一句空话。张家港决策层认识到,本市传统产业占比高,必须依靠制度设计持续推动,转型之路才能走通。张家港人的办法,是以硬约束倒逼产业结构向调高、调优、调绿转变。在系列制度的强力作用下,张家港新兴产业迅速膨化,推动产业层次向高端攀升。今年2月,张家港保税港区汽车整车进口口岸投入运营,力争实现汽车整车年进口10万辆、出口20万辆的规模,全面形成高辐射力、高附加值的进口汽车综合产业链;8月,《苏南现代化建设示范区规划》重大项目、总投资达360亿元的东华能源页岩气新材料综合利用研发生产基地落户港城,有望3到5年内形成千亿级新材料产业基地。同月,国家级再制造产业示范基地开张,集聚了富瑞特装、西马克等一批国内外再制造企业,明年有望实现销售120亿元……统计显示,今年1至9月,张家港实现新兴产业产值1404.4亿元，同比增长11.8%。到明年，新兴产业产值预计突破2800亿元，成为工业经济的先导产业。

“调整产业结构的过程中，我们正视传统产业偏重的事实，既求新也固本，寻求新的出路。”张家港代市长朱立凡说，在全力抢拼新兴产业的同时，张家港传统产业也迎来发展“第二春”。8月，总投资30亿元的江苏永钢集团东沙物流园区项目动工，建成后将形成年吞吐量超亿吨、年交易额超600亿元规模的大型现代物流园区。而此前，中国民营钢铁的龙头老大沙钢集团启动建设玖隆物流园，预计总投入300亿元，意在打造一个集现货交易、仓储加工、物流配送、信息发布、电子交易等于一体的现代化钢铁产业服务集聚区。张家港冶金“双子星”齐齐向高端物流环节攀升，成为全市传统产业提升的生动写照。

无论是发展新兴产业，还是提升传统产业，人才是核心支撑力。“如何为转型发展广泛集聚人才？首先要舍得投入‘真金白银’。”张家港市人才办主任于年中说，市里已把年度人才开发专项资金由此前的1.5亿元提升到1.7亿元，主要用于人才引进、培育、服务和激励。目前，张家港成功争取中国科协“海智计划”设立了全国唯一的县市海智工作基地，并与18家海外华侨华人组织合作，构建覆盖海外发达地区的招才引智网络。张家港提出，到2015年，力争引进和培育100名国家“千人计划”专家，拥有博士研究生学位的高层次人才达到1000名，持续为现代化建设提供人才支撑和智力保障。

放眼张家港，“千人计划研究院”、钢铁物流园、软件产业园等创新发展载体，拔地而起。姚林荣说，这样的发展新气象，来源于一个根本共识：产业结构的转型升级不可能一蹴而就，要的是久久为功！

（摘自2013年11月2日《新华日报》头版）

政府“导”群众“演”

——中国（张家港）长江文化艺术节的启示

苏　雁

地处长江之尾的江苏省张家港市，近年来自觉打起弘扬长江流域文化的大旗。从2004年到2012年，张家港连续举办了九届长江文化艺术节，开展各类跨区域大型公益文化活动80多项，超过80万名沿长江地区群众参与活动；长江流域文化资源的整合、共享和利用项目入选第二届“文化部创新奖”，被确立为江苏省重点打造的三大地方文化品牌之一。

如今，第十届长江文化艺术节又将开幕。长江文化艺术节为长江流域的城市文化生态带来了什么改变？

共建共享，构筑沿江城市文化对话平台

张家港是一座年轻的港口城市。改革开放以来，张家港经济社会实现了跨越式发展，上演了一幕从“边角料”到全国百强县（市）三甲的蜕变。

经济实力是城市的外形，文化才是城市的灵魂所在。2004年秋，张家港首创长江文化艺术节，将城市文化的发展方向放置在“长江文化”的宏大背景之中，整合长江流域丰富的文化资源，丰富张家港城市文化底蕴。

“我们是‘摸着石头过河’，第一届我们举办了长江流域戏剧艺术节，第二届举办了长江流域民族民间艺术节。同时，通过10年的‘长江颂’系列主题活动，从书法、绘画、诗词、歌曲、摄影、微电影等诸多艺术层面展示长江文化的特色与内涵。”张家港市委常委、宣传部长杨芳介绍说。

杨芳告诉记者，在首届艺术节中，江苏、安徽等9省市戏剧协会成立了“长江流域戏剧发展战略联盟”。联盟致力于建立科学的交流合作机制，打造产业链，开拓长江流域戏剧艺术全面发展的新局面。为了形成“共护、共享、共建”的机制和格局，长江文化艺术节打破地域屏障和艺术种类间的隔阂，构筑起沿江城市联动对话的平台。

2006年，经中国剧协授牌，张家港小戏小品创作基地成立。基地集沿江各省市创作人才之力，诞生了一批批优秀剧目。今年，基地正式更名为“中国戏剧家协会张家港（全国）小戏小品创作基地”，成为中国剧协在全国设立的唯一一个小戏小品创作基地。

10年间，张家港将“长江文化”品牌推向整个长江流域：举办“中国文化发展论坛”，开设“群星讲堂”，邀请长江流域12个省区市和江苏省13个市的戏剧和舞蹈创作干部参加培训；建成全国首个长江文化博物馆，助推长江流域民族、民俗、民间文化的普及……

同生同荣，长江文化与地方文化相映生辉

“2004年前后，戏剧艺术正处于一个困难的境地，市场萎缩，观众流失。”张家港市文广新局局长陈世海认为，长江文化艺术节的适时举办，正好起到了“水土保持”的作用，培养起了更多的受众。

在艺术节的影响下，长江流域各省市对民间戏剧、非遗的重视度不断增强。10年中，长江文化艺术节汇聚了来自沿江各省区市的51部大戏和96个民俗节目。

陈世海告诉记者，在“长江文化”的推动下，张家港本土文化也薪火相传，东渡文化、河阳文化等一批张家港本土文化品牌竞相绽放。目前，张家港8个镇全部创建成为苏州市级以上特色文化之乡，戏剧小戏《吴二赖讨田》《喜搬家》分别获得第十四、十五届“群星奖”群星大奖和金奖，大戏《一盅缘》获得江苏省首届文华奖最高奖“文华大奖”。

10年间，长江文化艺术节推出了《张家港文丛》等10多本图书，极大提高了市民的文化意识和对张家港文化的认知度。去年，该市评弹演员季静娟获得中国曲艺牡丹奖；

今年，锡剧演员董红摘得梅花奖。自此，张家港成为唯一一个“牡丹”“梅花”齐放的县级市。

善推善导，“文化推手”创新公共服务理念

对于张家港来说，10年的长江文化艺术节都致力于将长江文化回归民间，让市民的文化素养“水涨船高”。10月15日，张家港市民张老伯购买了第五届全国小戏小品大赛的门票。想起前几届艺术节，十几位梅花奖获得者同台演出，他依旧觉得“回味无穷”。

陈世海告诉记者，为了更好地满足群众的观演需求，引导群众的文化消费习惯，2012年，长江文化艺术节由政府埋单开展戏曲惠民，10元钱就能看大戏。“这是张家港政府作为‘文化推手’，激发百姓积极参与文化建设的好举措。”国家公共文化服务体系建设专家委员会副秘书长、江苏省文化馆副馆长戴珩认为，张家港借助长江文化艺术节这一平台，带动提高了地方公共文化共建水平，丰富了公共文化服务方式，创新了服务理念。

2011年11月，张家港市在全国率先实施网格化公共文化服务。将“文化网格”作为政府公共文化服务的基本单元，每个“文化网格”配1至2名网格文化员。张家港群众文艺团队数量由最初的145支激增到480支，全市新创作文艺节目超过500个，累计编排剧（节）目超过4000个。

浓浓的“书香味儿”是张家港市文化建设的又一成果。2012年11月，张家港出台全国首个《书香城市建设指标》评价体系，将“书香城市”概念量化，变模糊型推动为制度化约束。有关专家认为，“这在全民阅读评价方面具有填白意义。”

“政府要善于做‘导演’，研究、出台相关政策，建立长效机制，为群众搭好台。第十届长江文化艺术节丰富了群众的文化生活，继承和充实了‘张家港精神’的内涵，凝聚起全市人民共同实现‘中国梦’的精神力量。”张家港市委书记姚林荣说。

（摘自2013年10月28日《光明日报》头版）

挖掘再制造产业“金矿”

——探访首批“国家再制造产业示范基地”张家港经开区

陈学慧

再制造是国家鼓励的战略性新兴产业，也是循环经济和转型升级的重要内容。从2005年国务院出台《关于加快发展循环经济的若干意见》明确提出支持发展再制造，到2008年国家发展改革委批准一汽、潍柴等14家企业作为“汽车零部件再制造产业试点企业”，到2009年《循环经济促进法》明确提出“国家支持企业开展机动车零部件、工程机械、机床等产品的再制造”，2010年5月国家发展改革委、工业和信息化部、科技部等11部委发布《关于推进再制造产业发展的意见》，再到《国民经济和社会发展第十二个五年规划纲要》等，均把发展再制造产业作为重要内容。

近日，国家发改委批复了首批两家“国家再制造产业示范基地”，一个在华东地区的江苏张家港，一个在中部地区的湖南长沙。

政策暖风频吹，再制造产业发展现状如何？日前，记者来到位于江苏张家港经济技术开发区的张家港再制造产业基地，看这个国家级示范基地如何创新发展，如何形成集聚效应和产业亮点。今年正值张家港经济技术开发区成立20周年，能获批全国仅有的两家“国家再制造产业示范基地”之一，这份“生日大礼”着实让张家港人兴奋不已。20年总结表彰大会换成了发展再制造业的动员大会，还请来被誉为“中国再制造工程之父”的徐滨士院士，给经开区的工作人员和企业代表上了一堂课。

张家港经济技术开发区近年来坚定不移地发展再制造产业，区内集聚了富瑞特装、那智不二越、西马克等10多家从事再制造的骨干企业。“发展再制造，不仅对于节约资源和保护环境意义重大，更是经开区推动产业升级，促进经济转型的重要着力点。”张家港市委常委、张家港经济技术开发区党工委书记张伟告诉记者。

目前，该区在加快推动产业招商、形成集聚效应的同时，全力以赴推动载体建设，打造再制造产业大发展、大繁荣的平台，挖掘再制造产业“金矿”。

变废为宝

再制造是一个什么样的过程？记者在张家港富瑞特种装备股份有限公司见证了一台已经报废的柴油发动机，如何变成一台崭新的天然气发动机。

富瑞特装的大厂房里，一边摆着从各地收集来的已经报废的柴油发动机，油泥斑斑；另一边摆着从生产线上下来的崭新的天然气发动机，却闪闪发亮。

据公司动力事业部副总经理虞顶飞介绍，从柴油发动机到天然气发动机，这是完全颠覆性的再制造。“再制造实际上是零配件的再制造。”虞顶飞介绍，该公司将废旧发动机拆解后，除了直接采用近30%以外，其余零配件会提供给经开区其他公司再加工，生产出新的零配件后返回来用于新发动机。“总之，要‘吃干榨尽’。”虞顶飞说着玩笑话。

玩笑归玩笑，生产出的天然气发动机供不应求，着实让企业兴奋，也乐于不断追加投资。作为张家港再制造示范基地的核心企业之一，富瑞特装敏锐地捕捉到国家的政策导向。“国家级再制造示范基地这块金字招牌，给企业创造了更高的发展平台，我们也更有信心了。”富瑞特装董事长邬品芳表示，公司总投资15亿元的5万台汽车发动机再制造项目也即将开工建设。

集聚发展

再制造产业的一个重要核心，就是逆向物流。以发动机再制造行业为例，它的逆向物流问题，主要就是如何解决旧发动机的“进”和再制造后新发动机的“出”。总投资2亿元的张家港市汽车零部件再制造服务集成有限公司，即是经开区为区内企业打造全产业链的新成果。

“首先，我们将为区内再制造企业和区外企业建设一个旧件回收、再制造平台。这个平台，就是‘旧件’进和‘新件’出的信息交易平台。同时，我们还将建立逆向物流。比如在北京有人想出售100台旧马达，那这些马达使用情况如何？值多少钱？我们就有线上、线下的鉴定师对其进行分析、定价。交易成功后，我们还能负责物流问题。”公司投资建设方正大富通负责人表示。

亮出“大手笔”的正大富通看重的，正是“国家再制造产业示范基地”这块金字招牌。

2011年以来，张家港经开区根据国家发改委《关于再制造示范基地实施方案编制指南》、《关于推进再制造示范产业发展的意见》等相关政策，全面推进再制造基地前期工作，加速发展再制造产业。据了解，此次获批的张家港国家再制造产业示范基地，规划面积4.3平方千米，其中启动区1.1平方千米，目前规划重点项目37个，公共服务类项目9个，基础设施类项目6个，计划总投资超过100亿元。

张伟介绍，下一步张家港国家再制造产业示范基地将着重构建逆向物流和旧件回收体系、拆解加工再制造产业体系、公共服务保障体系等“三大体系”，重点发展汽车零部件、冶金设备及工程机械、机床模具及切削工具、电子办公设备再制造和再制造设备生产等“五大主导产品门类”，建好创业孵化、技术研发、质量检测、电子商务、物流配送、拆解清洗、固废收集“七大中心”。

张家港富瑞特种装备股份有限公司（庞瑞和　摄）

创新服务

基地的发展离不开政策扶持、技术保障以及人才引领。

10月22日，注册资本4.5亿元的张家港华夏再制造产业投资有限公司成立。这是张家港市为促进再制造产业发展设立的市级新兴产业投资资金，为基地建设提供资金保障和机制保障。

为了提升再制造基地的创新能力，经开区与国内有关行业协会、科研机构和高等院校合作，围绕再制造产业化发展所需要的众多关键技术，积极筹建工程技术中心、重点实验室和产业技术研究院。

目前，基地内已经成立了以中国工程院徐滨士院士领衔的院士工作站和大连理工大学张洪潮教授领衔的再制造“千人计划”专家工作站，下一步还将设立产业研究院，建设国家再制造实验中心张家港产业化基地。

80多岁高龄的徐滨士院士今年有三分之一的时间是在张家港，他及他的团队热情地指导再制造基地的建设，为基地内企业提供技术支持。张洪潮与富瑞特装共同开展实施了“发动机再制造油改气关键技术研发及产业化”项目。基地还将与西北工业大学开展产学研深度合作，引进西工大3D增材再制造技术，推动基地汽车关键零部件的模具再制造。

“张家港国家再制造产业示范基地将以国际视野和创新理念推进建设，力争在3至5年内，再制造产业规模达到300亿元，形成核心技术引领、产业特色鲜明、公共服务完善、运作模式先进的发展格局，建成具有国际影响力的再制造生产基地。”张伟很有信心地告诉记者。

让再制造与制造“并联”

将来去4S店购车，同一款车型可能有两种价格，而且价格相差会在15%以上。车价便宜的是因为汽车发动机等总成零部件采用的是“再制造”产品。

实际上，这样的场景在奔驰、宝马等品牌车的4S店已经出现。“再制造”不仅节约资源，减少环境污染，也能让消费者得到实惠。

再制造产业在日本、欧美等发达国家已经有50年的发展历史，其生产技术和市场推广已经相当成熟，但在我国的发展还处于初级阶段。2005年，国务院印发的《关于加快发展循环经济的若干意见》明确提出支持废旧机电产品再制造。近几年尤其是进入第十二个五年规划期以来，我国再制造业发展迅速。

张家港国家再制造产业示范基地就是在这样的背景下发展起来的。苏南地区是中国县域经济发展最具活力的区域。昆山、江阴、常熟等地都在大力推进产业转型升级。走差异化转型升级之路，是区域经济科学发展、持续发展的唯一选择。发展再制造产业，对于张家港来说恰逢其时：有自身及周边发达的制造业作为基础，有港口交通的便利，再加上迫切的转型升级要求。

早规划、早建设，让制造业与再制造业"并联"发展，这是张家港再制造产业发展成功的关键所在。让制造业与再制造业"并联"发展，意味着让制造业与再制造业融合，实现首首相接、尾尾亦相连的发展方式，是对经开区现有机械装备产业的一个横向拓展，也即推动现有机械装备企业向关键零部件、关键装备的再制造新领域转型。比如，富瑞特装利用废旧的柴油发动机，通过关键零部件的再制造，生产出天然气发动机，经济效益同样可观。

近几个月以来，国家对再制造产业的支持明显提速。8月，国务院出台《关于加快发展节能环保产业的意见》，明确提出将开展再制造"以旧换再"；9月，国家发展改革委、财政部等联合发布《再制造产品"以旧换再"试点实施方案》；10月，国家发展改革委批复设立首批两家"国家再制造产业示范基地"；11月，工业和信息化部印发《内燃机再制造推进计划》。

政策暖风频吹，关键还是在于政策的落实、企业的参与，以及消费者的认可等。"中国制造"创造了奇迹，"中国再制造"如何书写新的传奇？张家港国家再制造产业示范基地近年来的飞速发展再次证明，"中国再制造"前景可期。

（摘自2013年12月17日《经济日报》）

港城集聚创新冲击波

王乐飞

科技创新是转型升级的"金钥匙"，而人才则是科技创新的"原动力"。

引进一个高端人才，带来一个创新团队，催生一个新兴产业，培育一个经济增长点。在转型升级这扇大门面前，张家港牢牢握住"金钥匙"，不断集聚"原动力"，接连释放创新"冲击波"。

"千人计划"专家对接企业，技术携资本激发创新合力

今年3月23日上午，张家港市"百名千人计划专家·百家规模企业创新创业项目对接会"举行。可喜的是，当天就有25位"千人计划"专家与企业和镇区达成合作意向，签署了19个项目合约。"这些合约的签署标志着技术与资本融合为张家港新一轮创新创业注入强大合力。"张家港市人才办负责人于年中说。"发挥本土企业的产业优势，引导本地企业家和海内外人才合作创业。"这一人才引进思路被张家港人称为"嫁接"。张家港本土企业家在"资本、管理、市场开发"上的优势和高层次人才在"技术、视野、信息"等方面的优势进行有效对接，带来双赢的结果。数据显示，2012年，该市引导23个领军人才项目与本土企业"嫁接"发展，撬动社会资本投入近5亿元。骏马集团、海陆重工等一批本土企业，通过与领军人才项目的"嫁接"，实现了在新兴产业领域的"闪亮登场"。

国泰华荣是国内锂电池材料的龙头企业。对接会上，国家特聘专家"千人计划"引进人才、科技部"863计划"化学储能主题专家赵金保与国泰华荣"一见钟情"。赵金保说，"在IT行业和新能源行业中，龙头企业掌握的情报资源很多。只能通过和这种龙头企业的合作交流，我们才能知道这个行业到底需要什么，这对我们的研究方向是很好的帮助。"

高端人才需要通过企业获取一手的市场信息，同样，企业也需要人才带来的技术突破。江苏斯威森生物医药工程研究中心有限公司是抗疟疾特效药物青蒿素衍生物生产厂和世界卫生组织的定点企业。此次与"千人计划"专家李旭"牵手"，公司董事长闫勇义显得非常激动，"这不仅会给企业带来巨大经济效益，而且会给整个中国的青蒿素产业带来巨大变化。他们恰好弥补了我们的短板和缺陷，对整个产业链的延伸和发展都有重大意义。"

自主培养加上外部引进，"两条腿"跑出人才集聚加速度

日前，张家港市自主培养国家"千人计划"人才申报再次传来喜讯：张家港智能电力研究院引进的2名高层次人才张贵新博士和胡军博士被列入了第九批国家"千人计划"。截至目前，该市已自主培养"千人计划"人才7名。

张家港市科技局相关负责人表示，这两位"千人计划"专家将加快该市在电力领域研发、产业化方面的进程，推动张家港智能电力产业走向领域前沿水平。其中，张贵新是国内微波纳米磁密封材料及电子互感技术方面的专家，其研发的光电式互感器可为我国智能电网的发展提供高水平的产品支撑。胡军曾参与当前最先进的客机——波音787的发电、引擎起动、空压等多个电气控制系统的研发论证，他将增强张家港智能电力研究院在电力电子系统、新能源发电领域的研发实力。

不仅自主培养"千人计划"人才结出了累累硕果，去年，张家港市还新增省"双创计划"人才12名，苏州市"姑苏计划"人才21名，新增数量连续两年位居苏州各县级市之首。悄然间，张家港跑出了人才集聚的"加速度"。

同样，不久前举办的张家港市2013年度领军人才项目（海外专场）评审会，最终吸引了102名来自北美、欧洲等地的海外高层次创新创业人才参加评审、洽谈，他们所带来的项目涵盖新能源、新材料、电子信息、生物医药、现代装备制造等新兴产业领域。招才引智，张家港可谓是"不惜血本"。记者了解到，今年该市将安排1.7亿元，专项用于人才开发工作。人才开发资金预算方案由张家港市人才办根据年度工作计划和各有关单位申报的项目资助情况制定，主要用于领军型创业创新团队和高层次人才引进计划、人才教育培训、高端智力平台建设、人才工作基础建设和管理服务等方面。

人才载体企业量质并举，"三个一批"谋求创新高位突破

去年底，张家港市委、市政府将2013年定为"创新争先突破年"，提出了实施《张家港市科技创新"三个一批"行动方案》，即未来三年，着力引进一批领军型创新创业人才团队、建设一批创新创业载体、培育一批创新性企业梯队，进一步实施创新驱动战略，提升企业自主创新能力，建设创新型城市。

张家港市科技局负责人告诉记者，今年该市将深化与"千人计划"专家联谊会智库、中科协"海智计划"和教育部"春晖杯"项目智库等高端平台的合作，大力引进优质高层次人才项目。

该市邀请美国科工专协会会长周麓波等海外高层次人才创办的华东国际技术创新园成为亮点。该园一期总部建筑面积3万平方米，主要开展技术转移、专家评估、研发与创新实验室等方面合作。预计建成五年内，将引进400到500名海外高层次人才。

在创新载体建设方面，该市将强化"孵化器–加速器–产业园"三级创业载体建设。重点支持清华大学智能电力研究院、苏州大学工研院、东南大学工研院、江苏科技大学产业研究院、集成光电千人计划研究院等建设，加快成果转化。大力推进外籍院士工作站、企业博士后科研工作站、"千人计划"专家工作站、"千人计划"研究院等平台建设。

此外，围绕增强企业创新能力，促进科技创新与品牌企业创建有机结合，加快推进创新要素和政策资源向企业集聚。到2015年，力争培育省创新型领军企业10家左右。每年培育5家以上苏州市创新先锋企业，确保3年新增17家。每年培育高新技术企业40家以上，确保3年新增120家以上等。

张家港市委书记徐美健说，根据打造"实力张家港、文明张家港和生态张家港"的总体目标，张家港将始终坚持把"科技强市、人才兴市"作为倍增城市活力的第一驱动，本着"鼓励创造、尊重人才、宽容失败"的理念，为广大创业人才提供贴心服务和良好环境。

（摘自2013年4月4日《苏州日报》头版头条）

"书香城市"升级文明之城

——张家港创新制度激发全民"阅读风"

王乐飞

继在全国首推网格化公共文化服务之后，善于创新的张家港再次给我们带来了惊喜。去年11月，张家港发布了全国首个覆盖城乡的"书香城市"建设指标体系。这一有力抓手，实现了"书香城市"建设由模糊推进向科学建设的转变。这项制度创新，在享誉全国的文明之城吹起了书香弥漫的全民"阅读风"。

阅读推广人，角色引导激发民间"阅读自觉"

不久前，张家港土生土长的作家徐玲多了一个新身份——阅读推广人。多了这么一个角色之后，徐玲也显得更加忙碌，她在德积小学创办的"徐玲公益书屋"成为了同学们眼中的"香饽饽"，书屋一共有11个书架，其中两个摆放着徐玲的作品和她推荐的书籍，桌上的玻璃架夹有印制徐玲寄语和推荐书目的书签。

除了工作时间之外，徐玲业余时间就是向同学们介绍书籍，引导孩子们的阅读。"和一些同学接触下来，他们认为，这本书对我有帮助的我就读，对我没有帮助的我就不读，这是功利性的阅读。"她说。记者了解到，《张家港市"书香城市"建设指标体系》中共有7项一级指标，其中，在一级指标"阅读组织"之下，有专家指导组织、民间阅读组织、阅读推广人3个二级指标。而阅读推广人的地位又是重中之重，其队伍建设的成效是评价"书香城市"建设的重要依据。"通过阅读推广人、民间阅读组织建设，适应阅读行为个性化、兴趣化的特点，是激发全民阅读内生引导力、促进全民阅读持续深化的根本路径。"张家港市文广新局局长陈世海表示。网格化公共文化服务是张家港市深层推进公共文化服务体系建设的一项创举，如今该市1075名网格文化员不仅是文化活动的主力军，也是全民阅读的推广员。

民间阅读活跃，则全民阅读活跃。张家港"书香城市"建设指标体系不仅将民间阅读组织作为了一项指标，而且在这个体系下衍生出了一系列的激励考评机制，特别是从资金、场地等方面对阅读沙龙、读书会、书友俱乐部、文学社等民间阅读组织给予了扶持。"阅读组织作为指标体系的重要组成部分，诠释了'书香城市'重在建设的理念，而不是重在评价，这也是我们这套指标体系与其他城市评价现状的阅读指数之间的根本区别。"张家港市委常委、宣传部长杨芳表示。

个性化阅读，精准服务催生品牌活动生命力

去年，张家港与国内权威机构合作进行了全民阅读基线调查，并在此基础上发布了《2012年张家港市全民阅读状况蓝皮书》。调查结果显示，18周岁及以上居民的各类媒介综合阅读率达到89.5%，比全国水平高出约12个百分点，但从阅读体量的大小来看，"77.3%的市民认为自己的阅读量比较少""38.7%的居民认为应该增加阅读活动的种类，让更多的人真正参与到阅读活动中去"。

根据调查结果，阅读活动成为整个建设指标体系的一级指标，按照不同人群、年龄、爱好等设置了个性化阅读活动，有效地将社会差异化需求与阅读品牌建设结合起来。

张家港经济技术开发区（杨舍镇）徐丰小区有一个"快乐小书房"，每周三下午，在社工的帮助下，妈妈们就会带着孩子在这里一起看书、听故事、做游戏。记者看到，里面不仅有书籍，还有图文并茂的绘本近500册。社工姜润说，

“绘本不仅可以培养孩子们的观察力和理解能力，还可以培养他们勇敢、自信、友爱的精神。”

不同的人群有不同的阅读需求，设计适应差异化人群的阅读活动，才能打造出一批各具特点的阅读品牌，精准的服务才能催生品牌活动的长久生命力。根据社会需求，张家港在“书香城市”建设指标体系中设置了领导干部“品读好书、争当先锋”阅读计划、婴幼儿“宝贝启蒙”行动、儿童“幼儿启智”行动、青少年学校“红读”活动、新市民“家在港城”阅读计划、残疾人“阳光驿站”计划、“夕阳红”阅读计划等阅读活动的量化指标，并以此为导向，打破了原本阅读活动“天下大同”的同质化倾向。“从个人角度来看，阅读是个人行为，但是从社会层面来看，魅力十足的参与方式也很重要，通过活动分解等方式吸引更多人参与，才能真正使城市的书香气息更加浓厚。”陈世海说。

阅读全覆盖，便捷平台保障城乡文化服务均等

走进永联村图书馆，许多人难以相信这是一个村级图书馆。1500平方米的图书馆内，分别有期刊区、藏书区、阅览区以及拥有50多台电脑的电子阅览区，收藏了社会科学、政治法律、文学艺术、农技百科等22大类约30000册图书。永联村因永钢集团的发展，吸引了大量外地职工，图书馆还特意对外地职工所在省份进行统计，征订了《安徽日报》、《河北日报》、《新疆日报》等21种省级机关报，“看报、上网都方便了我们了解家乡的情况，这里是我们的精神家园。”这是外地职工的一致看法。

正是这样遍布城乡的高标准阅读设施，让张家港的“书香城市”建设有足够的底气。张家港市图书馆馆藏图书达人均1.1册（按常住人口计算），并在全国县级市中率先建立少儿图书馆，还以市级图书馆为核心馆，以镇（区）、办事处图书馆为分馆，城区社区、镇村（社区）基层综合信息服务站为服务点，流动图书车为补充，构建了资源共享、统一采编、统一检索、一卡通用、通借通还、覆盖城乡的公共图书馆总分馆体系。

张家港注重以“书香城市”建设带动公共文化设施、资源、服务的建设，指标体系的一个突出特点就是“覆盖城乡”。记者了解到，在15个硬性指标中，有13个集中在阅读设施建设上，其中包括镇图书馆设置率、城镇社区阅读活动站设置率、文化共享工程镇（村）基层服务点设置率等都须达到100%。

其中，在首批试点建设的9家社区阅读活动站，张家港以社区学龄前儿童及家长、青少年读者、老年人读者以及新市民为重点服务对象，按照咨询服务、亲子阅读、数字阅读、报刊阅读、预约借书及交流分享划分功能板块，为居民提供“一站式”阅读体验服务。此外，投资470万元的“数字图书馆”列入2013年实事工程，“全民学习网”、“无线张家港”等现代阅读形式相继推出，便捷的阅读平台吸引了越来越多的市民参与到全民阅读活动中。

文化部公共文化服务体系建设专家委员会副主任、北京大学教授李国新说，“张家港首创的‘书香城市’建设指标体系是落实公共文化服务体系建设的又一个重大创新，在全民阅读评价方面具有填白意义，充分体现了政府主导下的公共文化服务普惠均等、城乡一体化核心理念”。

（摘自2013年3月14日《苏州日报》头版）

文件选录

关于2013年全市城乡发展一体化工作的实施意见

（一）围绕城市能级这一核心，进一步提升城镇规划和建设水平

1.优化空间形态布局。按照“整体城市、一城四区”的总体布局，紧密结合地理位置、生态容量、文化底蕴和现实条件，进一步优化发展定位、功能分区和辐射范围，整体优化农业、工业、居住、生态、水系等空间布局，努力构建布局合理、功能配套、规模适当、层级有序的镇村体系，切实强化辐射带动功能，有效提升综合承载能力。编制完成杨舍核心区、塘桥核心区和东莱、鹿苑、港口、后塍、兆丰、老凤凰、妙桥、晨阳、德积、三兴等10个镇辖办事处控制性详规，明确办事处发展定位。融合当地自然禀赋和文化元素，以有机保留、合理开发、凸显风貌为原则，完善保留村庄规划。积极争取土地空间流量，做好新一轮土地利用总体规划修编，改善村镇用地结构，优化各类用地布局，加快“腾笼换凤”步伐，继续推进工业企业向园区集中，年底集中率达95%以上。

2.加快搬迁安置进程。坚持把搬迁安置作为加快推进城乡发展一体化的“牛鼻子”工程来抓，突出抓好项目载体搬迁、环境影响搬迁、农业用地区搬迁及形态搬迁，全年搬迁农户13060户，其中各区镇农户搬迁9560户。全力做好农业用地区农户搬迁工作，年内搬迁农户2297户，复垦宅基地1360亩。加快安置房建设进度，新开工安置房362万平方米、竣工360万平方米，力争通过今明两年的努力，全面解决现有过渡户的住房问题，并使新增动迁过渡户控制在当年动迁户数以下。同步优化集中居住区设施配套，让动迁安置小区环境更美、功能更全、服务更好。

3.加快基础设施建设。完成疏港高速公路路基土方和桥梁下部结构工程，沪通铁路、沿江城际铁路力争年内开工。完成晨丰公路、新泾路东延、杨锦公路改造等工程。开工建设张皋路、五棵松路等新建道路。加快东山村遗址博物馆、艺术中心、沙洲粮库等项目建设。继续抓好市政道路改造和新建工程，推进背街小巷整治和天然气普及利用工程。推进沙钢老海坝节点综合整治，加快双狮物流至老海坝码头"百年一遇"江堤建设，实施界泾河等城区防洪工程，进一步提升防汛防洪能力。

4.加快推进"三新"（新市镇、新街道、新社区）工程。推进新市镇建设。高标准抓好沙洲湖科创园、沙洲湖桥梁工程和配套工程，启动沙洲湖中央商务区商务大厦建设，西侧配套商业设施年内完成主体工程，展现城北科教新城形象。城西新区北延区、拓展区全面拉开道路框架，加快区域配套设施建设。推进金港滨江新城、锦丰·沙洲新城、凤凰新城、南丰新镇、大新滨江新镇等新城镇建设，提升镇区功能形象和集聚带动能力。推进新街道建设。年内完成19项街景改造工程，展现老街新姿。推进农民集中居住区建设。提升新社区建设品质，同步优化设施配套，努力将杨舍福前小区、金港金都小区、锦丰悦来花苑、塘桥何桥小区、凤凰花园、南丰民丰小区、乐余乐江花苑、大新新南社区等农民集中居住区建设成为省级示范小区。

5.大力推进生态环境保护与建设。围绕"率先打造全国生态文明建设示范区"目标，全力建设一批生态节点工程、亮点工程。重点抓好通洲沙西水道二期工程、城东生态区、常阴沙湿地公园等项目建设。按照"长江文化、时尚运动、健康养生、生态水岸"的功能定位，高水平推进双山岛项目规划和建设。精心打造一干河生态廊道，努力将其建设成为全市城乡发展一体化的综合示范片区。巩固村庄环境整治成果，着力提升星级康居乡村管理水平。推进田容田貌整治和造林绿化工程，持续改善农村生态环境。注重农业生态功能，落实生态农业保护长效机制。推进三干河南延等河道工程，完善市域水循环体系，创建全省水利现代化示范市。年内，疏浚四级河道311条、194千米，土方约151万立方米；完成拆坝107条，建桥涵102座；新增农村生活污水治理设施12处，接纳农户2000户。

（二）围绕强村富民这一根本，进一步提升村级经济和农民收入水平

6.推动村级集体经济转型升级。积极推行联合发展模式，抓好新联村镇发展公司（大新）、乐汇联合投资发展公司（乐余）、锦联发展有限公司（锦丰）、锦翔发展有限公司（锦丰）等四个以镇为单位的村级集体经济联合发展项目，新建南丰、凤凰、塘桥等3个村级集体经济联合发展平台。推动新一轮"十村十亿增千万"工程，重点抓好单项投资在5000万元以上的十大新增村级重大经营性项目建设。加快"退二进三"步伐，大力发展现代服务业，重点发展商业设施、房产开发、创业公寓、集贸市场、物流中心等三产物业经济。搞活资本经营，鼓励有条件的村重组资源资产，参与新能源、新装备、新材料等新兴产业和现代金融业发展，努力提高资本使用效益。

7.深化农村生产经营制度改革。继续推动农村承包土地向规模经营集中，优化完善统分结合的双层经营制度。深入实施"百村千亩增百万"工程，新培育20个超千亩的以村为经营主体或控股的土地股份合作社。推进经营主体专业化、知识化，继续与高等院校开展合作，加大农业农村专门人才培养力度，着力培养一批农村发展带头人、农技服务专业人才和农业生产经营能手。推行现代企业制度，创新农业组织形式，完善农技服务体系，提高农业生产经营水平。加大招商引资力度，吸引工商资本进入现代农业领域，提高农业科技含量和产出效益。推进农村资源交易平台建设，9月份前完成大新、塘桥、凤凰、锦丰等区镇平台的组建工作，并投入运行，实现农村资源交易平台互通、信息共享和资产资源配置效益最大化。

8.大力实施农民收入倍增计划。不断拓宽工资性收入、经营性收入、财产性收入、转移性收入等多元化的农民增收渠道。加大"三大合作"改革力度，构建集体经济与社员更为紧密的利益联结机制，逐步提高社区股份分红率，使股份分红成为农民增加财产性收入的重要途径，年内分红增幅10%以上。积极推行企业工资集体协商制度。巩固扩大社保扩面成果，新增城镇职工参保4.2万人。加大职业农民培育扶持力度，实施"百人千户惠万民"工程，培训100名骨干农技员、1000名农业科技示范户、10000名职业农民。加快发展新型富民合作社和劳务合作社，推动农民就业和劳动致富。大力推进就业援助工程，开发就业援助岗位12500个，其中公益性岗位2500个，帮助4000名就业困难人员实现就业，继续确保实现本市籍高校毕业生初次就业率99%以上、特困家庭劳动力就业率99%以上、特困家庭高校毕业生就业率100%的目标，充分就业社区（村）达标率实现100%，社会登记失业率控制在3%以内。加强对农民自主创业的指导、服务与扶持，年内新增创业孵化基地11个。

（三）围绕优质高效这一目标，进一步提升现代农业发展水平

9.加快农业产业结构调整。大力发展设施园艺、特色水产等高效农业，新增高效农业面积2万亩，其中设施农业面积1万亩。加快推进锦丰镇（新城）、凤凰镇（高庄）、金港镇（永兴）等观光休闲农业建设。加快培育乐余（梨、桃）、锦丰（枇杷）、现代农业示范园区（柑橘）等特色果品基地。着力推进高标准农田建设，年内力争建成1.5万亩。加大农业科技投入，加快农业科技创新，提高农业科技含量。推动农业"标准化、产业化、品牌化"生产，无公害农产品、绿色食品、有机农产品种植面积占比达到92%以上。

10.加快现代农业园区建设。坚持把园区化建设作为推进农业规模化经营、建设现代农业的重大战略举措，全市创建成国家级现代农业示范区。重点围绕"一核三区五园十基地"现代农业布局规划，加快建设锦丰金南港都市农业产业园、凤凰水蜜桃产业园、双山岛生态农业示范园等3个万亩以上现代农业综合园区。加快推进大新镇农业公园、南丰镇精准农业等10个以上千亩特色基地建设。巩固提升现代农业示范园区优势，打好市场营销、内涵提升、旅游升级"三个攻坚战"，全力创建"国家现代农业产业化示范基地"。启动塘桥镇蒋家跃进"万顷良田"工程，双山岛旅游度假区、现代农业示范园区"万顷良田"工程力争上半年通过省级验收。

11.加快培育农业龙头企业。积极引导企业参与现代农业建设,不断完善企业与农户的利益联结机制,力争新增国家级农业龙头企业1家、苏州市级2家,全市规模型农产品加工企业达50家。发展现代种业,组建苏州市级种子龙头企业。探索组建市级农业投资发展公司。引导现代农业示范园区、乐余镇、双山岛旅游度假区等区镇农业投资公司加快发展,提高组织化程度。加快青草巷农副产品批发市场易地新建进程,做大常阴沙、金麦穗、金南港3个农产品配送中心,鼓励各类市场主体进入现代流通业,现代流通业态销售率达到85%。

(四)围绕群众满意这一标尺,进一步提升城乡公共服务均等化水平

12.提供更多优质的公共服务产品。高层次调整优化教育布局,加快义务教育阶段新学校建设,均衡配置优质教育资源和师资力量,进一步缩小城乡教育差距,新建3所学校,更新66辆校车。加快推进区镇科文中心建设,完善村、社区"八个一"公共文化设施,构建城乡一体的全民阅读服务平台,深化网格化公共文化服务。完善医疗机构三级网络建设,提高镇、社区医疗水平,健全社区卫生服务体系,完成6家社区卫生服务中心新建和改建工程,全面提升社区卫生综合服务能力。推进居家养老服务,依托市便民服务中心公共信息服务平台和"一键通"应急呼叫系统,建设市"亲情"虚拟养老院,改(扩)建10个居家养老服务中心(站),养老机构总床位数超8000张。增设农产品价格指数保险、新市民意外保险、计生特扶人员住院护工补贴保险三大惠民险种。完成8个老农贸市场改造,增设15个优质蔬菜基地直销点。

13.创新基层党组织和政府服务群众方式。以密切联系群众、改进工作作风为导向,深化"网格化管理、组团式服务、社会化考评"活动,健全完善社区楼幢网格,配优配强网格服务力量,提高服务团队专业化、精细化、社会化服务水平。加强村、社区党组织与社会群团组织的联系,引导和支持社会组织参与联系服务群众工作,统筹社会工作者资源,推广"支部+协会+志愿者"工作模式,促进基层党组织与社会力量的互联、互补与互助。深化行政审批制度改革,进一步清理、下放、延伸行政审批服务事项,精简办事机构和服务人员,更多地依托现代网络信息技术,降低服务成本,积极尝试"政务微博",更好地为城乡居民提供点对点的即时服务。

(五)围绕安定和谐这一要义,进一步提升城乡社会管理科学化水平

14.创新动迁村和安置社区管理服务。梳理《动迁安置社区管理服务事项》《动迁村管理服务动迁居民事项》两份清单,理顺动迁安置社区与动迁村之间的关系,明确管理职能分工,让村民在村合作社享受经济权利、在社区享受政治文化等权利,最大限度地减少因"人户分离"带来的管理和服务缺位现象。梳理《基层群众自治组织协助政府工作事项》和《基层群众自治组织依法履行职责事项》两份清单,明确各方职责、减轻社区负担,努力将"政社互动"培育成一个新亮点。深化"网上行政服务中心"功能,整合综治中心、数字化城管、12345便民服务热线资源,全面推进镇村(社区)两级政务服务体系建设,实现社区管理手段信息化。

15.合力共建文明和谐社区。坚持"以城市的标准建农村、以市民的标准育农民",创新载体和方法,融教育于管理服务之中,深入开展文明村镇、文明社区创建活动,扎实推进人文素质提升工程,加快农民向市民、市民向文明市民的转化进程。创新和加强社会管理综合治理,同步加强新建安置社区的技防设施建设,构建立体化治安防控体系,建立健全"大调解"机制,着力提升城乡居民的安全感。积极开展省级和谐社区建设示范单位创建活动,对城市社区、农村社区和动迁安置社区进行分类指导,有序开展精品提升工程,确保每个区镇完成20%的精品社区创建任务。

——摘自《关于2013年全市城乡发展一体化工作的实施意见》(张委发〔2013〕1号)

张家港市现代化建设三年行动计划(2013~2015)

(一)经济实力提升行动

行动目标:基本建成现代产业体系框架。到2015年底,人均地区生产总值突破20万元,服务业增加值占比在47%左右,新兴产业产值占规上工业产值比重达到50%,现代农业发展水平达到95%,税收超5000万元的企业达到90家。

1.加快提升镇(区)产业实力

三年内全市完成产业投入突破2000亿元,到2015年底,全市入库税收达到340亿元左右。其中,保税区全力打造"江苏外高桥",加快建设进口整车物流园和进口消费品集采分销中心,不断拓展化工品交易场所功能,到2015年入库税收超过100亿元;经济技术开发区全力打造再制造、智能装备及电力电子3大国家级产业基地,重点培育再制造、智能装备、机器人、绿色能源和照明、智能电网、芯片等六大百亿产业集群,到2015年入库税收超过100亿元;冶金工业园重点推进玖隆物流园相关项目建设,到2015年入库税收超过60亿元。同时,其他各镇(区)继续加大项目投入,提高区域经济竞争实力。

2.加快发展先进制造业

新兴产业基地化。重点建设壮大页岩气新材料、光学膜材料、有机硅、新能源锂电、临港装备等十大新兴产业基地。到2015年底,全市新兴产业产值突破2800亿元,其中新材料、新装备、新能源产业产值规模分别超2000亿元、400亿元、200亿元。

企业培育规模化。全面实施转型升级"3333"百企培育工程,力争每年新增入库税收超5000万元工业企业10家。到2015年,全市入库税收超10亿元企业3家,入库税收5亿元~10亿元企业3家，入库税收1亿元~5亿元企业30家，入库税收5000万元~1亿元企业30家。

传统产业高端化。以冶金、纺织等传统产业的装备提升、工艺优化、产品升级，推动传统规模企业向高端产品、新兴产业拓展延伸。力争3年内，全市技改投入达到1000亿元，其中设备投入占比超过70%。

3. 加快打造现代服务业

大力发展现代物流。全力支持沙钢集团建设玖隆物流园项目，用3年时间，为“打造世界500强规模园区”奠定坚实基础。加快提高码头岸线资源利用效率，争取启运港退税试点和海港扶持政策。调整港口货物结构，提高货物附加值。到2015年，张家港口岸货物吞吐量达到2.8亿吨，集装箱突破200万标箱，成为我省连接长江上下游的重要中转港、上海国际航运中心的组合港。

做大做强专业市场。完善提升冶金、化工、纺织原料、进口消费品、进口汽车、粮油、大宗商品结算中心、名贵木材、建材家居、农副产品等十大专业市场。到2015年，形成9家超百亿、整体超5000亿的现代化专业市场集群。

积极优化融资服务。持续加大银行信贷投放力度，确保三年新增信贷投放超600亿元，到2015年底，全市银行业机构本外币贷款余额达2400亿元。按照“五个一批”原则抓好企业上市工作，力争到2015年底，上市企业总数达到25家左右，境外上市实现突破性增长，上市公司总数继续位居苏州各市（区）之首；引导境内上市公司完成一次再融资，再融资总额超120亿元。

4. 加快开放合作步伐

提高三外经济质量。每年新引进1个以上总投资超10亿美元的旗舰型项目和10个超亿美元项目，进出口总额保持平稳增长，境外投资额年均增幅10%以上。

扩大总部经济规模。到2015年，培育、引进总部企业累计20家，其中税收超5000万元总部企业达到10家。

5. 加快壮大文化产业

加快张家港国家影视网络动漫实验园、如意通动漫总部大厦等载体建设，重点打造创意动漫集聚区、河阳旅游休闲区、东渡文化创意区、滨江生态体验区等产业集聚地；加大对红叶视听、银河电子、如意通动漫、江南农耕文化园等一批骨干企业的培育扶持力度。到2015年末，确保文化产业增加值占GDP比重达到6%。

6. 加快建设现代农业

永久动态保护47万亩耕地、4.8万亩水面。高标准发展优质水稻、高效园艺、生态林地、名特水产，重点实施农业现代化工程行动计划。以市现代农业示范园区作为创建核心区，加快建设国家级现代农业综合示范区。到2015年，现代农业发展水平达到95%。

（二）创新能力提升行动

行动目标：实现“111”目标，建成“二市二区”。

1. 加速集聚高层次人才

以更大力度、在更大范围引进一批领军型创业创新人才（团队），力争三年新增自主培育国家“千人计划”人才10名，新增“千人计划专家工作站”70家，新增港城英才计划人才60名，新增市领军型创业创新人才（团队）250个左右；到2015年，博士累计突破1000名、省“双创”人才和“姑苏领军人才”累计150名左右，每万劳动力中研发人员数达到120人年、高技能人才数达到650人。硅谷人才（团队）引进取得突破。

2. 着力培育创新型企业

加快推进创新要素和政策资源向优质企业集聚，着力培育创新型企业，每年新增授权专利9100件、授权发明专利270件。到2015年底，销售超亿元的新兴产业科技型企业累计达到100家，其中，领军型创业人才（团队）企业销售超亿元的50家，销售超10亿元的3家~5家；高新技术企业达到310家，省科技型上市培育计划入库企业65家，苏州市以上创新型企业80家，全市万人发明专利拥有量达15件，高新技术产业产值占规上工业产值比重达到45%。

3. 大力建设创新载体

重点建设沙洲湖科技创业园、保税区科技创业园等十大科技创新载体。到2015年底，建成省级以上科技创新园区9家，省创新型试点乡镇4家，省级以上企业创新平台达到320家，创新创业载体面积达到150万平方米，大中型工业企业拥有研发机构实现全覆盖。

4. 优化科技创新环境

每年新增10个投入超亿元的科技项目。到2015年，全社会研发投入占地区生产总值比重提高到3%左右，科技进步贡献率达到61.5%，居民科学素质达标率达到10.9%。加快科技金融服务体系建设，到2015年，新增创（风）投公司6家，累计达到26家，注册资本总额达40亿元左右。

（三）生态文明提升行动

行动目标：国家生态文明建设试点示范区创建工作领先全国同类城市。

1. 全面推进污染防治

加快实施钢铁行业脱硫、电力行业脱硫除尘脱硝、玻璃行业脱硝工程建设。进一步加强对重点水污染企业和污水处理厂的监管。压缩燃煤热电机组，加快淘汰黄标车，30%以上公交车完成清洁能源替代，公交车全部达到国Ⅳ以上排放标准。到2015年，空气质量达到二级标准的天数比例在85%左右，主要污染物排放强度达到苏南现代化示范区建设要求。加快推进城乡环境整治，确保生活垃圾无害化处理率和村庄环境整治达标率均达到100%，康居乡村建设达标率100%。

2. 加快淘汰落后产能

深入实施淘汰落后企业三年行动计划，利用三年时间，关停并转一批污染重、能耗高的低端、落后设备和企业，实施腾笼换凤土地1.5万亩。

3. 积极开展节能低碳工作

积极实施万企节能低碳行动和能效促进行动，推动企业节约、清洁、低碳、安全发展，发展循环经济，深化公共机构节能，提倡低碳生活方式，单位GDP能耗力争下降至每万元1吨标煤以下，单位GDP二氧化碳排放强度每万元1.5吨左右。

4. 完善生态绿地系统

重点建设常阴沙生态湿地公园、环城河沿线景观、华昌路等道路绿化改造、走马塘等生态绿化项目，逐步形成城乡一体、水绿相依、特色鲜明的城市绿地系统。到2015年，林木覆盖率达到20%，城镇绿化覆盖率达到41.5%。

5.保障维护生态系统安全

切实加强饮用水源地生态环境保护，确保全市饮用、备用水源地水质达标率100%。严守“生态红线”，严保香山、凤凰山等山林资源，严控生态空间开发强度，确保受保护地占全市国土面积的20%以上。全面推行中水回用，到2015年，单位工业增加值新鲜水耗下降至每万元13.5立方米。

（四）城市功能提升行动

行动目标：基本形成“三纵两横”大交通框架，高标准建成“一城四区”。

1.优化城镇空间布局

按照城市总体规划构架，科学设置保留村庄规模和数量，继续优化中心城区规划、片区中心镇和特色镇（区）总体规划，加快编制医疗卫生、教育、体育文化、供电等专项规划。三年内实现城镇控规全覆盖。

2.提升中心城区形态

城北组团：加快基础设施及公共配套设施建设，完成沙洲湖科创园、沙洲湖公园、一干河生态廊道、朝东圩港——环城河滨河绿地建设，启动创业载体建设，基本形成城北科教新城核心区。城西组团：以环城河道为骨架，形成滨水（梁丰河、东横河、环城河）生态框架，完善泗港公共服务设施，初步形成泗港新城区功能形态。城东组团：加快区域道路设施、生态绿地等基础设施建设，全面拉开道路框架，畅通东西道路，形成黄泗浦生态公园。城南组团：深入推进旺西城市综合体、九州国际广场等商业项目建设，打造张家港国际商务新城。

3.加快建设重大基础设施

高水平编制双山岛旅游度假区总体规划和分区详细规划，加快建设景观系统、水系整理和主要干道，启动双山岛过江通道工程，力争到2015年基本形成旅游度假区开发框架。加快“两公两铁”大交通建设，疏港高速基本建成，锡通高速过江通道、沪通铁路、沿江城际铁路开工建设。加快完善交通出行体系，有效解决城市交通拥堵问题。全力打造智慧港城。加快实施基础设施、社会管理、市民生活、企业发展智慧提升计划，至2015年，信息化发展指数达92%，建成融合、智能、可靠的信息基础设施。

4.加快城镇化推进步伐

高水平建设金港、锦丰、凤凰等新镇（城），提升镇（区）功能形象和集聚带动能力；科学积极推进城乡一体化建设，到2015年，全市城镇化率达70%。探索建设城镇地下管道综合走廊实施机制。快速推进天然气城乡一体化利用工程，实施保留村庄供水设施改造。配套完善城镇污水管网建设，至2015年，市区、镇区、农村污水集中处理率分别达98%、90%和60%。优化公交线网布局和资源配置，城市居民公交出行分担率达到27%，镇村公交开通率达100%。

（五）民生福祉提升行动

行动目标：提升“六有”水平。

1.完善富民长效机制

健全覆盖城乡的公共就业服务体系，重点解决高校毕业生、就业困难人员、失业人员、农村劳动力等就业创业问题；大力开展就业援助工程，每年开发就业援助岗位1万个以上，创业带动就业3000人以上。创新农村集体经济发展路径，推动合作富民、强村富民。加大对低收入、困难人群的帮扶力度。建立企业职工工资增长机制，全面推行工资协商制度。到2015年，城镇居民人均可支配收入和农村居民人均纯收入分别达到5.6万元和2.8万元，力争超过6万元和3万元，低收入人群收入增幅高于全市平均水平，城乡居民收入达标人口比例达到42%。

2.完善社会保障体系

加快提升社会保险覆盖面，建立城乡养老保险待遇正常调整机制，确保城乡基本养老、医疗、失业、工伤、生育保险覆盖率均超过99.6%。进一步提高医疗保险待遇，力争三年内社会医疗保险政策范围内的住院医疗费用结报率职工医保提高至90%以上、居民医保提高至75%以上。继续完善以公租房为主、经适房为辅、廉租房为补充的住房保障体系，大力加快拆迁安置房建设，力争到2015年底，全面解决低保家庭的住房困难，逐步满足各层次人群的住房需求。加快养老机构建设，完善养老服务体系，到2015年，千名老人拥有机构养老床位数达40张以上。

3.完善公共服务体系

制定实施《学校布局调整三年规划》，积极推进“美丽学校”建设行动，大力实施“名学校、名校长、名教师”工程；以杨舍镇（初中）为试点镇，推进实施义务教育学校“以县（市）为主”的管理模式。到2015年底，现代教育发展水平达到93%以上。强化医学重点专科建设和人才培养，建成省级以上重点专科3个~4个，千人医生数达到2.65人，人均预期寿命81.8岁以上。优化“城区5分钟、中心镇区10分钟”体育健身圈建设，人均拥有公共文化体育设施面积达到3.9平方米。

（六）社会管理提升行动

行动目标：创新“一个模式”，领跑“三个领域”。

1.强化和谐社会建设

全面实施社会管理创新三年行动计划，确保公众安全感和法治建设满意度均保持在90%以上，并在全省处于领先水平。加快推行“一委一居一站一办”管理体制，加快理顺动迁社区与动迁村管理关系，加强动迁村经济发展和失地农民就业帮扶，到2015年底，城市和农村和谐社区达标率分别达到99%和99.6%。经常性开展社情民意征集工作，并及时解决群众普遍关注的热点、难点问题，确保人民群众对政府工作满意度95%以上，对现代化建设满意度80%以上。高度重视和研究网络发展对社会管理带来的新变化、新要求，加强正面引导，创新管理服务，不断凝聚发展正能量。

2.提升文明素质

深入实施城市文明提升三年行动计划，确保高分实现全国文明城市“四连冠”。深入开展全民阅读活动，大力推进“书香城市”建设。全面提升市民人文素质，每年力争有

4人以上入选“中国好人榜”，苏州市级以上文明单位、村、社区道德讲堂实现全覆盖。打造“学雷锋·志愿服务合作伙伴计划”品牌，力争用两年时间在镇（区）、行业、窗口单位、公共场所、村（社区）建成各类志愿服务站（点）。深化文明交通、文明餐桌、文明传播等主题创建活动，进一步放大文明城市共建共享效应。

3.有序培育发展社会组织

规范实施社会组织“增量提质工程”，建立政府向社会组织转移职能和购买公共服务的操作机制，积极构建新型政社合作关系。重点培育并优先发展公益慈善类、社会福利类、社会服务类、行业协会商会类社会组织，提升其承接政府职能转移的能力。到2015年末，争取每万人拥有社会组织数6.5个，基本形成政社分开、权责明确、依法自治的现代社会组织体制。

4.创新新市民服务模式

根据社会资源建设发展的承载度，逐年适量递增积分入医、入学、入户的比例；优化特困新市民救助的流程，进一步扩大救助范畴，接轨本地居民救助金额标准；积极推行商业保险，将新市民纳入社会保障体系；进一步完善积分管理办法，确保新市民服务管理模式全国领先。

——摘自《张家港市现代化建设三年行动计划（2013~2015）》（张委发〔2013〕13号）

张家港市生态文明建设三年行动计划（2013~2015）

（一）生态经济发展行动

1.加快传统产业转型升级。全面实施工业经济转型升级“3333”百企培育工程，力争每年新增入库税收超5000万元工业企业10家。到2015年，全市入库税收超10亿元企业3家，5亿到10亿元企业3家，1亿到5亿元企业30家，5000万到1亿元企业30家。严控高耗能、高污染行业新增产能及配套项目，大力推行循环经济和清洁生产，积极实施万企节能低碳行动和能效促进行动，不断提高资源产出效率，促进产业绿色发展、循环发展、低碳发展。深入实施淘汰落后企业三年行动计划，利用三年时间，关停并转一批污染重、能耗高的低端、落后设备和企业，实施腾笼换凤土地1.5万亩。

2.推进新兴产业集群发展。全力打造新材料、新装备、新能源三大产业集群，突破发展生物医药、智能电网等其他新兴产业，重点建设精品钢材、页岩气新材料、再制造、光学膜、临港装备、智能装备、有机硅、新能源锂电、LED、新医药等十大新兴产业基地。到2015年末，全市新兴产业产值突破2800亿元，其中新材料、新装备、新能源产业产值规模分别超2000亿元、400亿元、200亿元，新兴产业产值占规模以上工业产值比重达到50%。

3.提升发展现代服务业。以构建产业生态系统特色鲜明、产业链较为完整的县（市）域现代服务业产业体系为目标，积极发展大物流，建办大市场，整合大口岸，形成大流通，加快建设玖隆物流园、保税区进口整车物流园等十大服务业项目，完善提升冶金、化工、纺织原料、进口消费品、进口汽车、大宗商品结算中心、名贵木材、建材家居、农副产品等十大专业市场，全力打造省级服务业综合改革试点的样板区。到2015年，服务业增加值占GDP比重在47%左右，培育全国服务业500强、全省服务业100强企业20家以上，全国AAA级以上物流企业30家以上，成交额超百亿专业市场5家。

4.培育发展生态农业。以落实苏州市“四个百万亩”任务为总抓手，不断优化农业产业结构。到2015年，全市保持优质水稻面积24万亩、高效园艺面积14万亩、生态林地面积11万亩、特色水产面积4.8万亩。开展国家农产品质量安全监督示范县（市）建设，到2015年，镇级农产品监管机构建设良好以上等级100%。优化农产品产地环境，到2015年，全市主要农产品中“三品”（无公害农产品、绿色食品、有机食品）种植面积比重达到90%。大力发展集农业生产、观光休闲于一体的生态旅游农业，重点扶持现代农业示范园区、双山岛旅游度假区的休闲观光农业建设，着力打造凤凰水蜜桃主题公园、飞翔农业园、南丰永联村农耕文化园、锦丰镇沿一干河两侧的休闲观光农业带、杨舍镇沿晨丰公路两侧的现代都市型休闲观光农业带、金港镇永兴生态园等休闲观光农业景点。不断提高农业科技贡献份额，加大测土配方施肥、化学农药减量使用、畜禽污染综合利用推广力度，到2015年，全市测土配方施肥、化学农药减量使用工程、病虫害综合防治实现全覆盖，集中整治81个畜禽养殖场，全市大中型规模畜禽场畜禽粪便无害化处理与资源化利用率达到97%，农村秸秆综合利用率达98%。

（二）生态环境提升行动

5.实施大气污染治理。加快实施钢铁行业脱硫、电力行业脱硫除尘脱硝、玻璃行业脱硝工程建设，到2015年，基本实现钢铁行业烧结机脱硫，电力、玻璃行业脱硫除尘脱硝全覆盖。实施镇（区）集中居住小区天然气普及工程，建设大型天然气供热机组和天然气分布式能源站，替代部分燃煤热电联产企业，燃煤热电机组在2012年基础上压缩1/3。开展高排放机动车（黄标车）区域限行和淘汰工作，推进公交车尾气排放达标工程，到2015年，全市黄标车淘汰90%以上（其中2005年之前注册运营的黄标车全部淘汰），所有公交车全面执行国Ⅳ排放标准，30%以上公交车完成清洁能源替代。构建覆盖城乡的PM2.5监测网络，空气质量达到新二级标准的天数逐年增多。

6.推进水环境整治。加强饮用水源地保护，提升长江取水口和上下游水质自动监控能力，加快沙洲湖等备用水源地建设，确保饮用水源地水质达标率100%。强化工业污染源治理，加快塘桥、凤凰、后塍等区域工业污水接管和集中处理，到2015年，全市钢铁、印染行业中水回用率分别达到90%和30%。加快城镇污水管网配套建设工程，因地制宜推广和应用有动力、微动力农村分散型污水处理技术，到2015年，市区、镇区、农村污水集中处理率分别达到98%、90%和60%。加快实施市域水循环体系骨干河网整治，基本建成东、中、西部三大水循环体系，到2015年，完成市域东部三干河南延、七干河整治、六干河闸改建等工程，启动三干河北段拓浚工程；完成中部一干河拓浚、十一圩港枢纽改建、渡泾港闸和寿兴横套改道工程，继续实施城区二级河道整治、经济技术开发区南区水系沟通等工程；完成西部南横套（保税区段）、十字港南延、五节桥港河道、段山港闸和五节桥港闸站工程，实施护漕港闸站工程。开展城乡河道连片整治，沟通农村河道末梢水系，到2015年，疏浚各级河道1100余条，拆坝建桥300余座，建设生态河道70余条，完成全市城乡河道综合治理任务。

7.开展环保专项整治。组织实施环保“新333工程”，对大气污染综合防治、水环境整治提升、污染企业关停淘汰三项重点任务制订分年度推进计划，确保全市空气、水质明显改善。深入开展“整治违法排污企业保障群众健康”环保专项行动，加强对饮用水源地、重金属排污企业、集中式污水处理厂日常监管，持续开展环境安全大检查，多渠道解决一批群众关注、反响强烈的环境热点问题。实施完成全市工业园区（集中区）环境保护三年行动计划，重点对扬子江化工园进行提档升级，对东沙化工区全面实施转型提升，对冶金工业园开展环境突出问题专项治理，对其他工业园区实施环境提升工程，工业园区环评和规划环评执行率100%，污水（含生活污水）集中处理率100%、集中供热率100%、工业和危险废物安全处置率100%，工业废水和废气排放达标率100%，异味和噪声污染得到有效治理。

8.加强生态保护修复。严守“生态红线”，严保香山、凤凰山等山林资源，严控生态空间开发强度，确保受保护地占国土面积比例20%以上。实施《苏州市生态文明建设“十大工程”》确定的重大生态修复项目，重点推进黄泗浦生态园，沙洲湖——干河、常阴沙、凤凰湖生态系统建设，加强常阴沙生态湿地、双山岛生态湿地、北荫沙生态湿地等湿地保护，实施香山生态及北侧生态修复工程。

（三）生态人居优化行动

9.优化空间布局。在城市总体规划构架下，继续优化中心城区、片区中心镇和特色镇（区）总体规划，加快医疗卫生、教育、体育文化、供电等专项规划编制，建立完善的城镇规划体系。坚持城乡一体、统筹发展的基本思路，积极稳妥推进新型城镇化建设，不断优化城乡空间布局。到2015年，全市实现城镇控规全覆盖，农民集中居住率超65%，城镇化率达70%，争创国家级新型城镇化发展示范点。

10.打造宜居城市。以城北科教新城生态建设为示范，全面带动生态宜居城市建设。到2015年，全市新建居住区绿地率不低于37%（其中集中绿地率不低于10%），新建绿色建筑比例不低于75%，培育8个生态社区。推进公交优先工程，建设城市绿道，创建慢行示范街区，到2015年，城市居民公交出行分担率达27%，镇村公交开通率100%，清洁能源公交总数达280辆，公共自行车服务系统向市区二环路以外延伸，建成一干河、南横套、谷渎港等城市绿道长度31.5千米，完成慢行示范街区建设。

11.整治农村环境。以村庄环境综合整治为主抓手和突破口，深入开展以“三清两化一长效”（清洁家园、清洁田园、清洁水源、村庄绿化、环境美化、环境长效管理）为主要内容的农村环境综合整治，特别是对长期规划保留村庄，参照二星级及以上康居乡村标准进行全面整治。加快实施生活垃圾分类管理扩面工作，建立完善“户分类、组保洁、村收集、镇转运、市集中处理”的城乡生活垃圾收运处置五级网络体系，推进生活垃圾焚烧电厂二期和餐厨废弃物处理厂二期等建设，逐步引导有一定经济实力、有改革意向的村（涉农社区）试点环卫作业市场化运作模式，确保生活垃圾无害化处理率达100%。

12.推进城乡绿化。实施工业园区生态防护林带、杨舍城区环城林带等防护林带和南横套生态廊道、垃圾填埋场、焚烧厂生态隔离，污水处理厂生态隔离等工程建设，形成连通市域生态用地、保障城市生态安全的绿色屏障；实施市域公园建设、环城河（东横河—长安南路）沿线景观绿化、杨舍城区道路绿化工程，实现中心城区范围内出行300米可见不少于3000平方米组团绿地、500米可见不少于5000平方米片区绿地、1000米可见不少于20000平方米绿地的目标，人均绿地面积提升到10平方米。

（四）生态制度完善行动

13.加强生态绩效考核。强化绿色发展理念，建立科学执政体系，把资源消耗、环境损害、生态效益纳入经济社会发展评价体系，把生态文明建设工作纳入党政干部绩效综合考核体系，确保生态文明建设工作占党政实绩考核比例不低于22%。强化督查考核，定期通报生态文明建设工作情况，将考核结果作为党政干部评先创优、选拔任用的重要参考依据。做好指标体系研究与统计，确保各项考核指标摸得清、算得明。

14.实施政府绿色采购。树立节约环保理念，建立健全并严格执行政府绿色采购制度，落实政府绿色采购的工作机制和工作规程，制定绿色采购规划和目标。政府采购产品（办公自动化设备及其他相关产品）必须选购列入国家《节能产品政府采购清单》的产品，优先选购《环境标志产品政府采购清单》产品。

15.推行环境信息公开。根据《环境信息公开办法（试行）》相关规定，充分利用报刊、广播、电视、网络等媒介，及时向社会公布节能减排、生态建设、环境质量状况等信息，并结合“政风行风热线”、“六·五”世界环境日等活动，不断丰富政府环境信息公开形式和渠道。大力推广企业环境行为信息公开，建立环境行为诚信制度和环境监督员制度，继续实行有奖举报，鼓励检举揭发各种环境违法行为。

（五）生态文化培育行动

16.强化生态意识。发挥市“一报两台”宣传主阵地作用，开辟生态文明建设专栏，持续加强舆论引导。编印《生态文明建设市民读本》，并利用政务广场、咨询活动向社会公众广泛发放，进一步扩大生态文明建设在全市的影响力。借助“世界环境日”、“地球日”等重大环境节日，持之以恒开展城乡联动的生态文明系列宣传活动，进一步普及环境保护知识和生态文明理念，在全社会形成倡导绿色生活方式和绿色消费模式的良好风尚。利用各类培训、讲座等形式，以《生态文明建设干部读本》为教材，组织开展党政干部生态文明知识培训，不断提升党政干部，特别是领导干部科学决策、绿色行政水平。采取渗透—结合型教学模式，依托《生态教育例话》校本教材，将生态文明理念引入中小学课堂，着力打造“生态课堂”；充分利用青少年社会实践基地、暨阳湖生态教育馆等载体，积极开展生态科普活动，更好地普及生态环境知识。大力开展政企合作、校企合作的“责任关怀”推介活动，引导规模以上企业，特别是骨干企业积极投身环保公益活动，增强企业社会责任意识，到2015年，全市建成“责任关怀”示范企业20家。

17.倡导低碳生活。鼓励政府机关建立中水回用和雨水收集系统，率先实施绿色办公，大型机关办公楼建设电能管理平台，实现电能的现代化、可视化、网络化管理和节约用电，开展办公耗材回收利用，推行“无纸化办公”、视频会议等电子政务。倡导社区家庭绿色居住，试点建设低碳小区。引导公众争做低碳生活践行者，深入开展“文明餐桌行动”和“绿色购物行动”，普及使用节能电器和节水器具，优先选购环境标志产品，自觉抵制过度包装产品。完善公共交通体系，提倡绿色出行，适当采取步行、自行车等方式出行。

18.培育特色文化。借助长江文化艺术节活动载体，全面拓展长江流域文化资源的整合、共享和利用，将生态文明元素融入长江文化，从保护“母亲河”的角度，推动长江生态文化的传播、交流与合作。发挥我市生态文明建设先发优势，加强与中国生态文明研究与促进会深度合作，共同搭建县域生态文明建设高层研讨平台，进一步展示建设成果、彰显“品牌”效应。同时，结合“书香城市”建设，在全市开展生态文明主题阅读活动；依托“网格文化”建设，举办以生态文明为题材的“美丽张家港”系列才艺展演等活动。

（六）生态示范创建行动

19.深化生态系列创建。以“绿色、生态”为主题，在多领域、多行业全面开展生态文明示范创建活动。对照新颁布的国家生态市建设规范，高标准通过环保部组织的国家生态市复核验收。深入开展“生态村”“绿色社区”“美丽学校”“环境教育基地”等生态细胞创建活动，重点在丰富内涵、提升品位上下功夫，通过更深层次挖掘典型、培育精品，力争在工业园区、社区、企业、村镇、街道、学校、教育基地、商场、宾馆、景区等10大领域建成一批具有示范效应、值得借鉴推广的生态文明亮点工程。

20.推进美丽镇村建设。积极开展美丽镇村建设，确保2个镇和10个村建成苏州市美丽镇村建设示范点。在实现国家级生态乡镇全覆盖的基础上，深入推进凤凰、南丰镇生态文明建设示范镇深度试点工作。

——摘自《关于印发〈张家港市生态文明建设三年行动计划（2013~2015）〉的通知》（张委发〔2013〕14号）

2013年中共张家港市委部分文件目录

日期	文号	标题
1月16日	张委发〔2013〕1号	关于2013年全市城乡发展一体化工作的实施意见
1月17日	张委发〔2013〕2号	关于批转市残联《关于召开张家港市残疾人联合会第五次代表大会的请示》的通知
1月26日	张委发〔2013〕4号	中共张家港市委关于改进工作作风、密切联系群众的实施办法
2月4日	张委发〔2013〕5号	关于印发《中国共产党张家港市代表大会代表任期制实施细则》的通知
2月7日	张委发〔2013〕6号	关于表彰2012年度先进单位及条线先进集体、先进个人的决定
2月8日	张委发〔2013〕7号	关于印发《张家港市科技创新“三个一批”行动方案》的通知
2月25日	张委发〔2013〕8号	关于转发《政协张家港市第十一届委员会2013年度工作要点》的通知
3月5日	张委发〔2013〕10号	关于批转市侨联《关于召开张家港市侨联第五次代表大会的请示》的通知
6月27日	张委发〔2013〕11号	关于印发《2013年下半年度全市党委（党组）中心组专题学习计划》的通知
6月27日	张委发〔2013〕12号	关于批转市总工会《关于筹备召开张家港市工会第十一次代表大会的请示》的通知
7月18日	张委发〔2013〕13号	关于印发《张家港市现代化建设三年行动计划（2013~2015）》的通知
7月18日	张委发〔2013〕14号	关于印发《张家港市生态文明建设三年行动计划（2013~2015）》的通知
7月29日	张委发〔2013〕16号	关于批转市科协《关于筹备召开张家港市科学技术协会第七次代表大会的请示》的通知
8月19日	张委发〔2013〕17号	关于市委常委分工的通知
8月21日	张委发〔2013〕18号	关于在全市各区镇开展“民生面对面”活动的实施意见（试行）
8月27日	张委发〔2013〕20号	关于授予歌曲《永远和人民在一起》等作品和季静娟等同志第五届“张家港文学艺术奖”的决定
12月25日	张委发〔2013〕25号	关于批转市精神文明建设委员会、市绩效管理委员会《关于评选表彰2013年度精神文明建设先进单位和各条线先进集体、先进个人的意见》的通知
12月27日	张委发〔2013〕26号	关于表彰第二届张家港市道德模范的决定

2013年张家港市人民政府部分文件目录

1月9日	张政发〔2013〕2号	关于公布张家港市第二批城市紫线的通知
1月26日	张政发〔2013〕4号	关于认真做好2013年春运工作的通知
3月20日	张政发〔2013〕27号	关于公布张家港市拆迁安置房建设单位名单的通知
3月30日	张政发〔2013〕29号	关于做好第三次全国经济普查工作的通知
4月3日	张政发〔2013〕32号	关于公布张家港市第四批非物质文化遗产代表作名录的通知
4月11日	张政发〔2013〕36号	批转市物价局《关于张家港市2013年价格调控目标责任制实施意见》的通知
4月15日	张政发〔2013〕39号	关于增列张家港市拆迁安置房建设单位名单的通知
4月23日	张政发〔2013〕41号	市政府关于印发《张家港市电力需求侧管理(DSM)城市综合试点实施方案》的通知
4月23日	张政发〔2013〕44号	关于公布2012年度市政府规范性文件清理结果的通知
4月28日	张政发〔2013〕52号	关于颁发张家港市第五届哲学社会科学优秀成果奖的决定
4月28日	张政发〔2013〕46号	关于表彰2012年度张家港市劳动关系和谐企业的通报
5月16日	张政发〔2013〕54号	关于印发《张家港市旅游业全面提升三年行动计划(2013~2015年)》的通知
5月16日	张政发〔2013〕55号	关于印发《关于进一步加快全市旅游业发展的意见》的通知
5月21日	张政发〔2013〕59号	关于印发《张家港市关于实行最严格水资源管理制度实施意见》的通知
6月6日	张政发〔2013〕67号	市政府关于印发《张家港市省级服务业综合改革试点实施方案》的通知
6月8日	张政发〔2013〕68号	市政府关于印发《关于加强农村河道日常保洁工作的意见》的通知
6月8日	张政发〔2013〕69号	市政府关于印发《关于进一步加强村庄环境长效管理的意见》的通知
6月28日	张政发〔2013〕75号	市政府关于颁发2013年度张家港市科技创新创业市长奖和科技合作贡献奖的决定
7月6日	张政发〔2013〕77号	市政府关于认定表彰张家港市首批创新型标兵企业的通报
7月15日	张政发〔2013〕79号	市政府关于印发《张家港市市级河道岸坡整治建设管理意见》的通知
7月18日	张政发〔2013〕80号	市政府关于表彰“行行出状元”张家港市第一届职业技能大赛优秀选手和先进单位的决定
11月29日	张政发〔2013〕110号	关于颁发第五届张家港市青少年科技创新市长奖的决定
12月11日	张政发〔2013〕113号	市政府关于表彰首届张家港市市长质量奖获奖企业的决定
12月16日	张政发〔2013〕114号	市政府关于授予朱忻等同志第十一届张家港市十大杰出青年的决定
12月17日	张政发〔2013〕115号	市政府印发《关于公布2014年张家港市行政审批事项目录的通知》的通知
12月17日	张政发〔2013〕116号	市政府关于印发《张家港市第二批下放凤凰镇行政管理权限项目》的通知
12月23日	张政发〔2013〕117号	市政府关于颁发2013年度张家港市技术发明奖和科学技术进步奖的决定
12月31日	张政发〔2013〕124号	市政府关于印发《张家港市第三轮环保“三三三”工程行动方案(2013~2015)》的通知
12月31日	张政发〔2013〕125号	市政府关于印发《张家港市水利现代化暨水生态文明建设三年行动计划》的通知
3月11日	张政发规〔2013〕1号	关于印发《张家港市少年儿童机构康复及成人机构康复救助实施办法》的通知
3月15日	张政发规〔2013〕2号	关于印发《张家港市建筑企业外来务工人员工伤保险办法》的通知
4月12日	张政发规〔2013〕3号	关于印发《张家港市新市民积分管理办法》的通知
5月17日	张政发规〔2013〕4号	关于印发《张家港市旅游业发展奖励补助办法》的通知
6月9日	张政发规〔2013〕5号	市政府关于印发《张家港市救助申请家庭经济状况核对办法》的通知
6月13日	张政发规〔2013〕6号	市政府关于印发《张家港市城市基础设施配套费征收管理办法》的通知
6月13日	张政发规〔2013〕7号	市政府关于印发《张家港市发展预拌砂浆实施办法》的通知
10月17日	张政发规〔2013〕8号	关于印发《关于扶持村(社区)集体经济组织“一村二楼宇”建设的实施意见》的通知
10月17日	张政发规〔2013〕9号	市政府印发《关于进一步推进殡葬事业可持续发展的意见》的通知
10月17日	张政发规〔2013〕10号	市政府关于印发《张家港市版权示范单位、示范园区和优秀版权工作站评审奖励办法(试行)》和《张家港市软件正版化示范企业评审奖励办法(试行)》的通知
10月21日	张政发规〔2013〕11号	市政府印发《关于进一步加快服务业发展的若干意见》的通知
10月21日	张政发规〔2013〕12号	市政府关于印发《张家港市服务业发展与改革引导资金管理办法》的通知
12月17日	张政发规〔2013〕15号	市政府关于印发《张家港市城乡困难群众临时生活救助实施办法》的通知
12月24日	张政发规〔2013〕16号	市政府印发《关于推进社会养老服务事业发展的若干意见》的通知
12月24日	张政发规〔2013〕17号	市政府关于印发《张家港市建设工程抗震设防要求管理办法》的通知

【编辑　钱永浩】

索引

Index

市文化中心　（张家港日报社　供稿）

条目索引

表格索引

随文图片索引

说　　明

一、索引采用主题分析法编制，大部分选用关键词。

二、索引设有条目索引、表格索引、随文图片索引三个分目，按标引词首字的汉语拼音音序排列，首字相同按第二字音序排列，以此类推。

三、由类目、分目提取的索引用黑体字标明。标引词后的阿拉伯数字表示内容所在的页码，数字后面的a、b、c分别表示从左至右第一、二、三栏。标引词后第二个页码起，表示该索引参见内容所在位置。

四、为便于读者检索，张家港市的企事业单位以及在张家港市发生的事件名称，除易产生歧义者外，省略“张家港市”或“张家港”。

条目索引

A

埃塞俄比亚投资说明会　181a
爱心义工协会　356c
安徽商会　109b
安监局　274c
“安全到家”服务品牌　276a
安全监察　274c
安全教育　275a
安全生产标准化　275b
安全生产监督管理　274c
安全生产检查　275c
安置帮教　121c
澳洋集团　185c
澳洋医药物流公司　239b

B

“80后”生态文明智能人才库　143a
百信生活广场　227c
版权工作　305a
保费收入　258b
　平安财险　259a
　人民财险　258a
　人寿保险　258c
　太平洋财险　258c
　太平洋寿险　259a
　紫金财险　259b
保健品安全监管　322a
保留村庄布点　150a
保密工作　70b
保密普查　70c
保税港务　127b
保税区　359a　287a
保税区滨江大厦　362b
保税区专业市场　236a
保险　258b
保障性住房　222a
报告文学　389a
贝贝足球队　378b
边防检查　135b
便民服务　339a
标准化工作　273a
滨江生态景观带　146b
殡葬管理　343b
兵役工作　123a
病媒生物防制　323a
博士生工作站　118b
博物馆　303a

C

材种鉴定与木材检疫实验室　133c
财政　241　243a
财政扶持企业政策　243c
财政惠民政策　243b
财政涉农补贴　243b
财政审计　270c
财政收入　36b
财政政策清理　243c
财政政策整合　243c
财政专项资金绩效管理体系　244a
参政议政　96a
　工商联　108b
　九三学社　108a
　民革　105a
　民建　106c
　民盟　105c
　农工党　107b
　无党派　110a
餐厨废弃物处理　157b
餐饮服务　226b
餐饮服务监管　321a
餐饮服务食品安全示范市创建　322c
餐饮食品安全监管　322a
残疾人活动　355b
残疾人家庭居家无障碍改造项目　356b
残疾人事业　355a
拆迁安置　149a
长航公安　136b
　打击犯罪　136b
　治安管理　136b
长江国际港务公司泊位改造　128b
长江润发集团　186b
长江三鲜　33a
长江文化博物馆　304b

长江文化艺术节 314a
长江鲜美食节 227a
长江蟹 33b
长江引航 136a
长江渔业资源增殖放流活动 141b
长力机械高端装备制造基地 384a
常阴沙大米 393b
常阴沙农业产业化示范基地 393c
常阴沙现代农业示范园区 392a
常阴沙油菜花节 393a
常阴沙有机米 33b
厂务公开 110c
厂务公开协调小组 111b
场站枢纽建设 161b
超级电源研究院 362b
车辆维修培训 162b
陈利芳 382a
成本监审 269c
成人高考 297c
承办体育比赛 329a
　国际级 329a
　国家级 329a
　省级 329a
　苏州市级 329a
诚信贷 186c
“诚信张家港”网 174b
城北科技新城 151a
城东新区 151a
城管执法 158a
城区绿化 143b
城市测量 149c
城市管理 149b
城市水利 164c
城市体育舞蹈公开赛 328b
城市e管家 158c
城投集团 265a
城西新区 151a
城乡管理 157c
城乡规划 149b
城乡建设 147 42c
城乡绿化 143a 43a
城乡一体化 39a 57c
城镇管理 157c
惩防体系建设 100b
出口退税 245a
初中升学体育考试 327c
创新创业项目对接会 333b
吹瓶机 206a
慈善事业 342c
村(社区)党组织换届选举 60b
村级集体经济 198b
村委会换届选举 348c
存贷业务 250c

D

打击犯罪 120b
打击非法行医 321c
打击虚开发票 244c
大成广场 227b
大拇指装饰公司 219a
大事记 19
大唐纺织公司 203c
大新镇 389b
大新镇文化中心 391b
党的建设 39a
党风廉政建设 99
党风廉政建设责任制 99b
党和国家领导人考察 4
党建联盟 381c
“党建桥·心港湾”创建 135b
党史 67c
党史二卷本 68a
党校 67a
党员队伍建设 59c
党政领导考察活动 58a
档案 68b
　保管利用 68c
　管理督导 69a
　信息化建设 69b
　宣传 68c
　征集编研 69a
道德模范 187b 385b
道路河道绿化 144a
等级裁判员 327b
邓绍基 402b
低保 342a
地层 29a
地方特产 33a
地方志 67c
地理位置 29a
地理信息系统 149c
地貌 29b
地名勘界 343c
地情概要 29a
地区生产总值 36b
地税 245b
　风险管理 246a
　基础管理 245b
　稽查 246b
　纳税服务 246b
地震地质 29a
地震监测 290a
地震科普馆 290c
地震应急 290b
地政地籍 266c
地质地貌 29a
第三次全国经济普查 272b
第一人民医院 318a 319a
“点亮微心愿，献爱微公益”行动 114a
电力工业 208c
电视 309c 310b
电信 170a
电信公司 170a
电信网 171a
电影 309c 310c
电子口岸 137a 240c
　电子通关服务 137a
　危化品道路运输管理平台 240c
电子商务产业发展交流会 226a
调查研究 58c
东渡纺织集团 204a
东方工业园 177c
东昊石油公司 208a
东华期货公司 260a
东沙作业区码头 127c
东山村遗址 304b
东吴证券 259c
董元清 401b
对口支援和帮扶 89b
对外及对港澳台经济技术合作 180a 177b 39c
对外及对港澳台贸易 178a 177a 38c
多维科技公司 186a

E

220千伏鹿民输变电工程 157a
儿童收养登记 343a

F

发改委　263a
发展大楼　63a
发展规划编制　263c
法、检联审　119a
法律服务　121c
“法律之声”五巡惠民工程　122a
法院　118b
法制宣传　121c
法治　115
法治建设　117a　39b
法治文化作品创作征集活动　100c
反渎职侵权　119b
反腐倡廉宣传　99c
反贪污贿赂　119b
方言　32a
防洪除涝工程　164b
防雷减灾　289c
防汛防旱　166a
防震减灾　290a
房地产市场　222b　235c
房地产业　219c　37c
房屋权属登记　222a
房政管理　221a
纺织工业　202c
纺织原料市场　237b
非公经济纪检工作　100b
非物质文化遗产　391c
非物质文化遗产保护　304a
费托反应器　206b
风　30a
凤凰白茶　34a
凤凰稻　33b
凤凰湖生态建设工程　381a
凤凰山风景区　145b
凤凰水蜜桃　33c
凤凰文化　312c
凤凰镇　378a
佛教协会代表会议　351c
服务群众十项措施　121a
服务台商和台资企业　88c
服务业　225a　37a
服务业发展意见　84b
服务业企业500强　226a
福民工程实施　360b
　保税区（金港镇）　360b
　常阴沙现代农业示范园区　392c
　大新镇　390b
　凤凰镇　379b
　经开区（杨舍镇）　364c
　乐余镇　383b
　南丰镇　386c
　双山岛旅游度假区　394c
　塘桥镇　375c
　冶金园（锦丰镇）　371c
辐射源管理　142c
妇联　112c
妇女代表大会　113b
妇女发展　113a
妇女维权　112c
妇幼保健　319c
附录　441
富城拍卖　260c
富瑞特种装备公司　206a　285a

G

概况　27
干部队伍建设　59b
干部培训读本　67b
干部学习培训活动　58a
钢铁产业基地　373c
港澳侨台事务　88a
港城车大夫　162c
港城大厦　90c
港城公务员大讲堂　334b
港航行政管理联动执法　164a
港口管理　131a
　安监　131b
　规划　131a
港务集团　127c
港鑫船务公司　138c
港政管理　131b
高等教育　296a
高峰鹿液茶　33c
高考获佳绩　294c
高效农业　36c
高校毕业生初次就业率　334c
高新技术产业　282a
高新技术创业服务中心　279c
高兴达钢贸中心　240b
高血压远程检测　173c
高庄豆腐干　34a
革命传统纪念地　34c
个人所得税申报　246c
个私协会助私企融资　186c
个体工商户　187a
个体税收一体化应用平台　246c
工程地质　29b
工程建设管理　215c
工程审计　270c　271a
工会代表大会　111a
工商局　268a
工商联　108a
工商联会员服务　108c
工商维权　268c
工商行政管理　268a
工商银行　252a
工商执法　268c
工业　199　36c
工业投入　201a
工业循环经济　141c
公安　120b
公安边防部队边检长效机制建设　135c
公共场所卫生　321b
公共体育健身场地设施　327a
公共卫生服务　317b
公共文化服务　40b　301a
公共文化服务网格化　62c
公积金　276b
　发放　276b
　归集　276b
公立医院改革　318a
公路建设　161a
公务接待　69c
公务接待节约　70a
公务员考录工作“警示教育周”活动　334c
公用事业　156a
供电　156a
供气　156b
供水　156b
供销　227c
供销经济　227c
供销社　227c
谷渎港景观提升工程　146c
固定资产投资　36b
固体废物管理　142c

关爱民生法治行　118a
关心下一代工作　353c
光大银行　256a
光学膜产业　211b
光照　29c
广播　309c　310a
广电网　171b
广告管理　268b
广聚源典当公司　260c
归侨侨眷代表大会　114c
规划布局　149a
规划服务　149c
规划管理　149b
规模化采购　243b
国保单位　304a
国防教育　122c
国际科技合作基地　286a
国际网联男子巡回赛　330a
国际先进大型设备滚装工艺　135a
国际消费品市场　237b
国家地理标志证明商标　393b
国家农业产业化示范基地　393c
国家文化创新工程　62c
国家信息消费试点市　174b
国家星火计划　369a
国家知识产权试点园区　287a
国税　244b
　稽查　244c
　税源专业化管理　245a
　征管　244a
　征收服务　244c
国泰财务公司　182c
国泰房产开发　182a　182b
国泰国际集团　181b
国土局　266a
国土资源管理　266a
国信通信公司　172b
国有粮食企业改革　229b
国有资产经营管理　264c
国资办　264c

H

海港边检勤务综合指挥系统　135c
海关　132a
海关服务重点项目　133a
海关统计　132b
海陆环锻公司　206b
海陆重工公司　206b
海事　134b
海事服务重装码头建设　134c
海外高层次人才交流合作大会　88c
“海外华侨华人高层次人才江苏行”苏州站　88b
海宇航务公司　138c
海员俱乐部　138b
海智大会　288c
海智基地　288b　363a
韩国浦项市　89b
韩资企业党建联盟　381c
汉酶生物公司　334a
航道建设　161b
合同管理　268b
恒东热电公司　210a
恒丰银行　257b
烘干机　196b
红十字博爱月　324c
红十字救护　324b
红十字组织　324b
红叶视听公司　172c
宏宝五金公司　186b
宏观经济管理　263a
虹筑之家　216c
侯静叶　369c
胡军　397b
虎翼车业服务公司　240a
花和平　369c
华昌集团　207a
华尔润集团　208a
华芳集团　203a
华盛化学公司　211c
华泰证券　260a
华夏银行　256b
化工品交易中心　236c
化学工业　206c
化妆品安全监管　322a
环安行动　142c
环保执法　142a
环城河水利风景区　166c
环境保护　142a
环境卫生　322c
环境卫生设施　323c
环境整治　322c　317c
环境质量　142a
环太湖自行车赛双山岛绕圈赛　330b
汇丰银行　257b
惠残新政　356a
惠民工程　118a
惠民台账管理　198b
惠商系列活动　190c
惠商险　190c
婚姻登记　343a
货币投放　250b
货物吞吐　127a
货运　162b
霍尼韦尔张家港生产基地　179c

J

机电产品进口许可证　178a
机电工业　204c
机构编制管理　63b
机关办公用房　90c
机关党建　64a
机关副职领导作风评议　102a
机关干部教育培训　65a
机关干部下基层实践锻炼　65b
机关群团活动　64c
机关人大工作　64b
机关事务管理　90c
机器人产业园　211a
基本农田有偿代保　267c
基本医疗保险政策　336a
基层党校建设　67a
基层党组织建设　59c
基层服务型党组织建设经验　60c
基层民主自治　348a
基础教育　293c
疾病预防控制　319b
集成光电研究院　281a
集邮协会　169b
计量工作　273b
计生养老帮扶行动　349c
纪检　97
纪委　99a
纪委十届二次全会　99a
“技防城”建设　121b
技术市场　235b
技侦长江联勤大队　136c

季雪忠书法展　308b
暨阳湖生态园　145c
暨阳湖休闲街　146c
加拿大万锦市　89a
家庭服务业协会　339b
家庭农场　197a
家庭文明女性素质提升活动　113b
家庭信息化项目　171c
“家在港城”新市民阅读行动　340c
价格诚信城市创建　270a
价格服务　269c
价格管理　269b
价格检查　269c
监察　97
监察局　99a
监所检察　119c
检察　119b
检察工作模式　120a
“检港同行”服务承诺发布会　133b
检验检疫　133a
建材工业　207c
建设银行港城支行　253c
建设银行张家港支行　253b
建议办理　85a
建制沿革　30b
建筑工程恶意欠薪　335c
建筑企业外来务工人员工伤保险　336b
建筑企业转型升级　216c
建筑市场管理　215b
建筑业　215a
建筑资质　215a
健康城市建设　323b
健身步道建设启动　328b
《江边中国》　389a
江科大产业技术研究院　297a
江科大张家港校区　296a
江苏省学前教育改革发展示范区　293c
江苏银行　254b
江苏影视动漫年会　305b
“江苏永钢女篮”　330c
江源生态养殖农民专业合作社　391c
降水　30a
交流培训活动　89b
交通　159
交通管理　162c　120c
交通建设　161a
交通银行　254a
交通运输　162a　37c
教师队伍　298b
教师学历　298b
教育　291　41b
教育服务能力　293b
教育国际合作　293b
教育活动　58b
教育均衡发展　293a
教育人才队伍　293b
教育系统后备干部培养　282c
教育资源优化　293a
节能减排　142b　42c
巾帼公益服务活动　113c
金城公司　265b
金村庙会　377a
《金村文存》　308a
金港担保　260b
金港镇　359a
金港镇村均可支配收入　198a
金茂大厦　266a
金茂公司　265a
金融　37c　247
金融办　249a
金融风险预警防范和处置　250b
金融机构重大事项报告制度　250b
金融监管　249a
金小华　385b
锦丰镇　370a
进出口整车　127b
进口汽车物流中心　363a
经济建设　36a
　保税区（金港镇）　359a
　常阴沙现代农业示范园区　392b
　大新镇　389c
　凤凰镇　378b
　经开区（杨舍镇）　363c
　乐余镇　382b
　南丰镇　386a
　双山岛旅游度假区　394a
　塘桥镇　374a
　冶金园（锦丰镇）　370b
经济服务型干部培养工程　60b
经济责任审计　270c
经济作物　194b
经开区　363b　286a　287a
精神病防治　320b
精英企业家俱乐部　109c
景观建设　145a　43a
竞技体育　329a
敬老月活动　352c
纠风和专项治理　101c
九三学社　107c
“931”城市环境综合整治　158b
玖隆物流园　239a
韭菜收割机　196c
救灾物资储备库　348a
救助申请家庭经济状况核对办法　347a
就业　41a
就业援助　335b
居民阶梯式天然气价格　270a
居民屋顶光伏发电　370a
居委会换届选举　348c
巨幕电影城　311b
巨元科技　186b
军事　115
骏马集团　203c

K

开发区招商引资　178c
开放大学　295a
开放大学社区教育项目　295b
开放型经济　38c　175
康得新公司　211b
抗旱保绿　144c
抗震设防　290c
科技成果　285c
科技成果网上对接　279c
科技创新　38b　57c　201b
科技服务　288a
科技合作　279a
科技活动　58b
科技节　279b
科技企业孵化器　391c
科技人才　280c
科技项目　283b
科技载体　279c
科教兴卫　315a

科普工作 287b
科普宣传周 288c
科协第七次代表大会 288b
科学技术 277
科学普及 287c
客运 162a
空巢失能老人关爱行动 353a
控告申诉检察 119c
控制性详细规划 150b
口岸服务 136c
口岸共建 131c
口岸管理 131a
口岸检验检疫核心能力建设课题 133c
会计管理 243a
会计继续教育 243a
矿产资源 29c

L

劳动竞赛 110c
劳动就业 334c
劳动维权 335c
老干部工作 65c
老干部活动 66b
老干部生活待遇 66a
老干部政治待遇 66a
老龄工作 352a
老年大学 297c
老年教育 297c
老年协会组织 353c
乐余老街改造 385a
乐余镇 382a
“雷霆行动” 119a
李秋菊 399b
李志强 187b
理论武装 61a
理赔支出 258b
平安财险 259a
人民财险 258a
人寿保险 258c
太平洋财险 258c
太平洋寿险 259a
紫金财险 259b
立案信访 118c
利用外地资本 187c
利用外资及港澳台资 178c 177a
联冠科技 186c
联合铜业公司 202b
联通公司 170c
联通网 171b
廉洁文化建设 99c
廉政文化作品创作征集活动 100c
梁丰教育集团 294c
梁丰生态园 146a
粮食 228c
粮食储备 229a
粮食局 228c
粮食收购 229a
粮食作物 194a
粮油工业 229a
粮油食品工业 204b
“两区一园”发展调研 58c
烈士陵园 343b
林士坤 392a
林业类对外投资项目 181a
临时性困难企业帮扶措施 250b
“07式”服装换发 123a
零星采购 243b
领导班子建设 59b
领导干部廉洁自律 99b
领军人才 333a
刘欣石 401a
流动人口计生服务 350b
弄里芹菜 34a
鹿苑鸡 33c
路灯管理 156c
路政管理 163b
旅行社 231a
旅游业 230c 38a
旅游业发展意见 84a
绿化管理 144a
绿化养护 144b
“绿篱”专项行动 132c
绿色建筑发展实施意见 216b

M

马德文 124a
梅花奖 301c
梅花奖文艺家献艺 377a
媒体聚焦 443
媒体聚焦吴栋材 62b
媒体宣传 61b
“美丽港城我的家”社会实践活动 294b
“美丽教师”评选活动 298b
“美丽南丰”展示 388c
美丽镇村建设 155b
美容业 226b
面粉食品公司 204c
妙桥小学为患癌学生捐助 377a
民办非学历教育机构 297c
民防 124b
民防工程建设 124b
民防体系建设 124b
民防系统比武竞赛 124c
民防指挥通信建设 124c
民革 105a
民建 106c
民盟 105b
民盟“同心”社会服务工作站 106b
民商事审判 118c
民生档案共享服务平台 69b
“民生面对面”活动 57c
民生项目开工 373a
民生银行 255a
民事行政检察 119c
民营经济 183
民营企业 185b
民政事务 342a
民主党派 103
民主党派新成员培训班 63a
民主管理 110c
民主监督 96b
民主评议住建工作 96b
民族民间艺术节踩街展演 314b
民族事务 350c
民族团结进步主题教育馆 352a
民族宗教事务 334c
民族宗教网格化管理 351c
名人 32b
名人档案特藏馆 69c
名胜古迹 34b
明代墓葬 381a

N

NEWLOCKER品牌体验店 182b
内河航政管理 163b

内河水上交通安全管理　163c
南丰镇　386a
南丰镇获评健康社区　389b
南京银行市支行开业　257c
南京证券　260a
南码头航运大楼　394a
南师大附属合兴初中　374a
南师大附属合兴小学　374a
能源环境材料与装备　374b
倪永祥　400b
宁波银行市支行开业　257c
农博会　194a
农产品出口　197a
农产品质量　193b
农产品质量检测　228b
农村财务管理　197c
农村工作　191
农村河道保洁　324a
农村环卫保洁　324a
农村集体土地确权登记发证　267b
农村集体资产　197b
农村经营管理　197b
农村劳动力充分转移就业乡镇　391b
农村绿化　143c
农村商业银行　254a
农村水利　164b
农村土地承包管理　197c
农工党　107a
农工党服务小明沙社区卫生服务站　107c
农机服务　195b
农贸市场活禽交易　237b
农民增收　197c
农民增收调研　59a
农商行“强村富民”贷款　257c
农商行开发区科技支行开业　257c
农商行南通支行开业　257c
农田水利重点县工程　164c
农药集中配送　228a
农业　191　36b
农业产业化　196c　36c
农业发展银行　252a
农业服务业　195a
农业基础设施　193a
农业技术推广　195c
农业行政执法　196a
农业银行　252c
农资供应　195a

O

欧邦塑胶公司　210a

P

派驻公安机关检察官办公室　120a
攀华集团　186c
螃蟹养殖保险　194c
贫困生资助　354c
品牌房企　267c
平安财产保险　259a
平安建设　42a　117b
平台建设　117c
莆田商会　109b
浦发银行　255b

Q

七洲绿色化工　207b
期货　259b
其他工业　210c
祁龙威　403b
企业登记　268a
企业上市　188a
气候　29c
气温　30a
气象观测场　290a
气象监测　289a
气象科技　289a
气象预报　289b
汽车整车进口口岸　362c
“千人计划”　333b
钱王平　402a
侨界运动会　114c
侨联　114a
亲情虚拟养老院　339b
“勤廉天天问”软件　101a
青草巷市场　228b　228c
青年法官论坛　119a
青年志愿者　112a
青少年服务　112a
青少年教育　111c
青少年科技模型赛　384c
青少年体育　327b
区镇改造三年计划　155c
区镇概况　357
区镇绿化　143b
全国科技进步先进市　5
全国桥牌公开赛　328c
全国青少年车辆模型教育竞赛　328a
全国推动厂务公开民主管理工作先进单位　111b
全国文化“四大奖”　301c
全国义务教育发展基本均衡县　293c
全国运行管理先进口岸　131c
全民减盐行动　230c
全民健身路径　327a
全民阅读　425
全民终身学习活动周　298a
群星奖　301c
群众体育　328a
群众文化　301b

R

人才开发　333a
人才市场　235b
“人才项目绩效评估”体系　333c
人大调查视察　79b
　产业项目进展视察　79c
　防汛防涝视察　79c
　生态文明建设调研　79c
　实事工程视察　80a
　1号议案办理视察　80b
人大人事任免　75c
人大审议工作　75b
人大监督　76a　39b
　财政监督　76b
　督办代表建议　77b
　房产交易监督　76a
　精神卫生监督　76c
　企业上市监督　77a
　文化市场监督　77a
人大执法检查　78a
　安全生产执法检查　78c
　道路交通安全条例执法检查　78c

电力法执法检查　79a
宗教事务条例执法检查　78a
人大重要会议　73b
人工增雨　289c
人口　32a
人口和计划生育　349a
人口和家庭公共服务体系　350b
人力资源　331
人力资源市场　235b
人民财产保险　258a
人民代表大会　71
人民调解　121c
人民团体　103
人民武装　122b
人民银行　249b
人事管理　334a
人寿保险　258c
人文风情　32a
人物　395
肉菜流通追溯体系　227b
如意通公司　173c

S

三大利好助推塘桥发展　378a
"三个机制"衔接试点　123a
三级预警系统　158c
"3·31"火灾事故善后　341c
"三约三会"制度　348c
沙钢钢铁研究院　285b
沙钢集团　211c　202a　283a
沙工　296a
沙工慈善会成立　296c
沙工提供服务企业"330"菜单　296c
沙上文化研究会　370a
沙洲电力公司　210a
"沙洲新城美·网络群英会"活动　373a
沙洲优黄　34b
沙洲中心粮库　229b
商标管理　268b
商标质押融资　269a
商会交流合作　109a
商贸服务业　223
商品贸易　37b
商业　226c
上海银行市支行开业　257c
上市公司　187b
上源外供公司　138b
少年业余体校　327a
社工　343c
社会保险　336b
社会保障　41a　331
社会调解　341c
社会服务　105a
九三学社　108a
民革　105a
民建　106c
民盟　106a
农工党　107b
无党派　110a
社会福利　343a
社会管理　41c
社会管理创新　118b
社会管理综合治理　117a
社会建设　41a
社会教育　297b
社会民生　337
社会事业　41b
保税区（金港镇）　359c
常阴沙现代农业示范园区　392b
大新镇　389c
凤凰镇　378c
经开区（杨舍镇）　364b
乐余镇　382c
南丰镇　386b
双山岛旅游度假区　394b
塘桥镇　375a
冶金园（锦丰镇）　371a
社会志愿服务　35c
社会治安动态监控系统　173b
社会主义新农村示范镇　368c
社会组织　344a
社科工作　308b
社情民意信息收集　96c
社区建设　348a
社区矫正　121c
社区矫正管理教育服务中心　122b
社区教育　297b
申张线航道整治　161c
神园葡萄　369a
审计　270b
审计局　270b
审判监督　118c
审议与任免　75b
生产要素市场　235b
生产资料市场　235a
生活质量　41b
生态环境建设　139
生态文明建设　141a　42b
生态文明建设绩效考核　141c
生态文明建设三年行动计划　84b
"生育关怀、服务到家"品牌活动　349c
生猪定点屠宰　226c
省级服务业综合改革试点　264b
省级临床重点专科　319a
省级中小学档案教育社会实践基地　69b
省人文社科研究生工作站　62b
省少儿象棋定（升）级赛　327c
省消防总队总队长调研　124a
"诗歌里的城"朗诵会　308a
湿地保护　144c
十大科技载体　280a
十大研发平台　280b
十三届人大常委会会议　73b
十三届人大常委会主任会议　74b
十三届人大二次会议　73b
十一届政协常委会议　94a
十一届政协主席会议　95a
"十字一线"工作法　335c
石油经营　230b
实事工程　84c
食品生产企业从业人员培训考核　274b
食品药品监管　322a
食用植物油检测实验室　134a
鲥鱼育苗　195a
史志　67b
史志宣传　67c
世纪华庭小区　222c
世界斯诺克巡回赛张家港公开赛　330a
世茂房产　187a
市场　235a
市场管理　305a
市级机关工委　63c
市级机关基层党组织换届选举　65c

市级机关中层干部集中轮训　334b
市民网页综合服务系统　174c
市容保洁　156b
市委　55
市委全会　57a
　十届六次全会　57a
　十届七次全会　57a
市长质量奖　274a
市政道路建设　156c
市政府　81
市政府常务会议　83a
市政府全体会议　83a
市政府重要会议　83a
市政协　91
市政养护和管理　157a
事业单位改革　63c
逝世人物　402
收费管理　269c
书香城市　425
“书香溢晚霞”阅读活动　66c
书信文化活动　169c
双山岛景观　145b
双山岛旅游度假区　394a
双山老街改造　394b
双拥活动　342b
霜　30a
水利　159
水利管理　165a
水利建设　164b
水利设施　165b
水利站　166c
水上安全管理　134c
水上乐园　155c
水上搜救综合演练　134a
水上执法联勤联动合作机制　132a
水田植保机落户永乐村　385c
水政执法　165c
水资源　29c
水资源管理　165c
税务　241
司法行政　121b
私营企业　185c
思想道德　36a
思想理论武装　40a
“四个百万亩”工程　193c
“四季平安盒”捐赠　169c
苏化集团　207b
苏南现代化示范区建设排头兵　3
苏州国际精英创业周　333c
苏州理工学院　296a　297a
苏州银行　256c
苏州银行“诚信贷”业务　258a
苏州仲裁委员会张家港办事处　87a
宿豫工业园　90a

T

太平洋财产保险　258c
太平洋人寿保险　259a
泰隆银行市支行开业　257c
泰中（张家港）贸易投资机遇洽谈会　181a
塘桥镇　374c
特恩驰电缆公司　172b
特辑　1
特载　1
特种设备安全监察　273c
特种守押保安服务公司　239c
特种作业人员培训基地　274b
“腾龙换凤”推进塘桥产业转型升级　377c
提案办结　96b
提案办理　85a
体育　325　41c
体育彩票销售　330b
体育产业　330b
体育产业名录库　330c
体育队伍建设　327b
体育活动　58b
体育人才输出　327b
体育设施　327a
体育业余训练　327a
体育中心锦丰分中心建成　330c
“天天听民声”工作　88a
铁路建设　161b
通关作业改革　132c
通信　38a
通洲沙西水道　165a
“同心”品牌共建经验交流会　63a
统计　271b
统计调查　271c
统计规范化　272a
统计局　271b
统计宣传　271c
统计执法　271c
统计资料　429
统战　62c
投入产出调查　272b
图书　303a
图书馆　303a
土地储备交易　267a
土地规划　266b
土地利用　266b　267b
土地执法监察　266c
土地资源　29c
土壤水分观测站　289c
团委　111b
团委新媒体运用　112b
退休人员文体艺术节　336a
拖炉饼　34a

W

外代公司　137c
外汇管理局市支局　249c
外经贸扶持资金　178b
外事　89a
汪本德　402b
王承绪　403a
王群刚　401b
王小良　399a
网络媒体　310c
网上政务通　87b　102c
微电影大赛　314c
圩区管理信息化系统　173c
卫生　41c　315
卫生监督　321a
为农服务　228a
未成年人　36a
未成年人零犯罪社区（村）创建　354b
温冰　123b
文华奖　301c
文化　299
文化产业　40c　304c
文化活动　58b
文化建设　40a
文化设施　40b　301a
文化市场　304c

文化事业 301a 40b 61c
文化志愿服务 301b
文化中心 309b
接待服务 309b
美术创作 309c
特色活动 309b
展览展示 309b
文件选录 450
文明程度指数 36a
文明系列创建 35a
文明张家港 34c
文物博物 303a
文学艺术 305b
文艺创作与交流 306b
文艺活动 305c
其他类 306b
摄影类 306a
书画类 305c
文学类 306a
文艺生产 301b
文艺招贤赛 301a
污水处理 156b
无偿献血 324c
无党派人士联谊会 110a
吴栋材 399a 427
吴卫中 187b
“五个一批”人才 308a
“51维权——劳动仲裁”助手 336a
“五有五好”示范校外教育辅导站建设 354a
武警 123b
武警江苏总队领导检查 123b
武术文化交流赛 328c
物价管理 269b
物价局 269b
物流 225c 237c
物业管理 221b

X

“夕阳红”阅读活动 353b
“希望之光”国泰奖学金 182c
夏季绿叶菜保险 194b
先进个人 404
先进集体 411
现代化建设三年行动计划 57b
现代农业示范园区商会 109a
限时办结稽查制度 244c
乡村旅游节 232b
乡镇交通执法改革 163c
乡镇史志馆 68b
香山风景区 145c
项目奠基 58b
项目竣工 58b
项目开、竣工 362a
保税区(金港镇) 362a
大新镇 391a
经开区(杨舍镇) 368a
南丰镇 388a
项目开业 58b
项目签约 58b
项目审核报批 264a
消防 123b
消防设施 123c
消防宣传 123c
消费品市场 235a
消费市场 225c
消亡自然村 31a
小麦腥黑穗病 134a
小微企业就业扶持 335b
小微企业乡镇合作社 385a
小戏小品大赛 314b
小戏小品奖 314b
小学教育 294a
效能监察 101b
校长组阁制试行 298c
校外教育 297c
协商议政 96a
科技人才队伍建设协商 96a
污染防治协商 96a
职业教育协商 96b
中小企业科技创新协商 96a
新大新科技创业园 391c
新港星公司 208b
新华书店 303c
新美星公司 206a
新能源产业园 377b
新农村电气化村 157b
新任市领导 397
新三板 188b
新市民法律法规知识竞赛 340a
新市民服务 339c
新市民公益一日游 232a
新市民共进协会 341b
新市民健康素养知识竞赛 340b
新市民意外保险 341a
新闻 299
新闻人物 397
新兴产业 211a 38b 225c
新型工业化产业示范基地 373c
新型墙材 208a
“新张家港人数字电视全覆盖”工程 171b
信访 87c
信息产品开发 172a
信息产品生产 171c
信息化 167
信息化管理 174a
信息基础设施建设 171a
信息技术应用 172c
兴业银行 256c
星级饭店 231a
刑事检察 119b
刑事审判 118c
行政调解 86c
行政服务 87a
行政复议 86b
行政监察 101a
行政区划 30c
行政审判 118c
行政执法监督 86a
徐玲 308a
畜牧业 194c
宣传 61a
学前教育 294a
学生体检 320b
学术交流 288a
学校布局调整 293a
雪 30a
血糯 33b
循环养老试点 353b

Y

烟草经营 229c
沿江岸线 29b
沿江港务公司 138c
盐业经营 230a
扬子江诗学奖 308a
阳光诚信计生建设 350a

阳光好运网 162c
“阳光驿站”盲人阅读系列活动 355c
“阳光引航”服务品牌 136a
杨锦公路改造 161c
杨舍镇 363b
养老 41a
养老服务保障 352b
养老服务体系建设 352b
养殖业 194c
“12345”热线 339a
“12345”志愿服务专业委员会 339c
“110”接处警 120c
姚林荣 397a
药品安全监管 322b
冶金工业 201c
冶金园 370a
野生动植物资源 29c
页岩气研发生产基地 363b
“一村二楼宇”优惠政策 198c
一干河（沙洲湖）应急水源 157b
一干河生态廊道 155b
医患纠纷调解办公室 342a
医疗 318b 317a
医疗队伍 319a
医疗服务市场 321a
医疗机构 318b
医疗技术 318c
医疗联合帮扶 318a
医疗器械安全监管 322b
医疗设施 318c
移动4G进公交 173b
“移动的文化中心”品牌 309c
移动公司 170b
移动网 171a
遗体捐献 324c
议案办理 85a
银监办 249c
银行 250c
隐患排查治理 275c
应急救援 275a
“营改增”降低税负 245a
永钢集团 202a 274a
永钢集团能源管理中心 388a
永联村村民议事会 349a
优抚安置 342c
邮储银行 255c
邮电 167 38a
邮政 169a
邮政速递 240b
邮政支局长能力提升培训 170a
友利银行 257a
渝农商村镇银行 257a
渔业 194c
舆论宣传 312b
舆论引导 61b
预防保健 319b
预防职务犯罪“正廉指数” 119c
预约挂号服务 339c
园艺产业 193a
“园政合一”体制 63c
袁琦琦在东亚运动会摘金夺银 329c
援藏援疆 89c
运政管理 163a

Z

灾害性天气 30a
再融资 189b
再制造产业示范基地 369b
战备训练 122b
张光斗 403a
张贵新 398b
张化机公司 206b 285a
张家港创业说明会 88b 88c
张家港港 127a
《张家港纪事2013》 68b
张家港精神 34c
张家港论坛 309a
《张家港年鉴》 68b
张家港日报 312a
《张家港市志（1986~2005）》 68a
张炜 398a
“张闻明”精神 170c
张晓波 400a
招商队伍建设调研 59a
招商银行 255c
招商引资 38c
招商引资实务研修班 179c
兆丰学校 384c
《兆丰镇志》出版 385c
赵贵清 400a
赵庆华 401a
珍邮品鉴会 169b
镇（区）招商引资 179a
镇村建设 151b
　常阴沙现代农业示范园区 154c
　大新镇 154c
　凤凰镇 153b
　金港镇 151b
　锦丰镇 152a
　乐余镇 153a
　南丰镇 154a
　双山岛旅游度假区 155a
　塘桥镇 152c
镇域经济发展调研 58c
震害防御 290b
证券 259b
政策研究 263a
政风行风热线 102b
政府采购 243a
政府法制 85a
政府工作报告 13
政府规范性文件管理 85c
政务公开 102a
政务信息公开受理 102b
政协十一届二次会议 93c
政协重要会议 93c
政治建设 39a
政治协商 39c
知识产权保护 286b
肢体残疾康复中心 356c
执法服务 124a
执法监察 101b
执纪查案 100a
执勤备战 123c
执行工作 118c
直销企业行政指导 269a
职工维权帮扶 111a
职工宣教 110b
职能科室效能评议 102a
职务犯罪预防 119c
职校教师实践基地 295b
职业技能大赛 335a

职业教育　294c
职业介绍补贴　335a
职业能力测评工作室　374a
职业学校开展国际合作　295c
职业院校技能大赛获奖　295c
指标争取　263c
治安管理　120b
质监局　272c
质检服务十举措　274a
质量管理　273a
质量技术监督　272c
智慧安防　186b
智慧防汛信息系统　173a
智慧学学术研讨会　309a
智能冷库　320c
中残联会议　356a
中国产研学合作创新示范基地　369a
中国好人　369c　382a　385b　392a
中国科学院　374b
"中国梦"主题教育活动　353c
中国女子篮球甲级联赛　330c
中国曲艺之乡　301c
中国围棋甲级联赛　377b
中国戏剧奖　314b
中国县域生态文明建设高层研讨会　141b
中国银行　253a
中国最美乡村　389a
中华环境友好园　377b
中康电力公司　210b
中理理货公司　138a
中联理货公司　138a
中外运公司　137b
中小学生体育比赛获奖　327c
中小企业局　189c
　产业集聚服务　190b
　对上争取服务　190a
　企业培训　189c
　融资担保　190a
　政策咨询　190b
中心城区建设　150c
中新乐余新型城镇化项目　385c
中信银行金港支行　255a
中信银行市支行　254c
中学教育　294b
中央财经小农水补助工程　374b
中医医院　318a
中油泰富国际酒店　230b
中油泰富集团　230b
种植业　194a
众益物流公司　239b
重大项目　38a
重要活动　58a
重要决策　57b
重要施政　83c
周春峰　400b
朱立凡　397a
主题阅读实践区项目　114a
住房出租管理协会　341b
住房公积金管理　276a
住房公积金政策调整　276b
住房公积金中心　276a
驻南京办　90b
驻深圳办　90b
驻外办事处　90b
驻巡结合　120a
专记　423
"专精特"新产品认定　208b
专利三年行动计划　287a
专项审计　271a
专业合作经济组织　193c
专营专卖　229c
转型升级　38a　201c
装潢　218a
装饰协会　219b
资金争取　263c
紫金财产保险　259b
自然资源　29c
自学考试　297c
"自邮一族"　170a
自助图书馆　369a
宗教事务　351a
综合管理　261
综合实力　36a
总工会　110a
"走千家访万户送安全"三年行动　121a
组织　59a
组织机构及其领导人　43b
　保税区　44a
　法院　47b
　纪委(监察局)　47b
　检察院　47b
　经开区　44a
　民主党派　51c
　人大机关　48b
　人武部　47b
　社会团体　51c
　涉外单位　53b
　市级领导　43b
　市委　47c
　市属企业　53a
　条线管理部门　53b
　冶金工业园　44a
　镇(区)　45b
　政府工作部门　48c
　政府派出机构　51b
　政协机关　48b
　直属事业单位　52b
最美基层干部　62b

表格索引

B

保税区(金港镇)办事处情况　360
保税区(金港镇)村(社区)情况　360
保税区(金港镇)开工项目　362
保险机构经营情况　258
保险业务　437

C

常阴沙现代农业示范园区社区(居委会)情况　393
承办代表建议先进单位　78
承办体育赛事　329

D

大新镇村(社区)情况　390
大新镇开工项目　390
地方税(费)收入情况　245
电力企业　209
对外及对港澳台投资企业(项目)　180

F

法人单位从业人员及工资　440
纺织企业竣工项目　203
纺织企业产品产量　203
凤凰镇办事处情况　380
凤凰镇村（社区）情况　380
凤凰镇开工项目　381

G

改装车产量　205
高新技术企业　282
工业总产值　433
公共财政预算收入　243
公共财政预算支出　243
广播电视情况　438
广播电视作品获奖情况　311
规模以上工业经济　433
规模以上工业企业分行业能源消费量　434
规模以上工业企业产品产量　433
国家级科技项目　283
国家条线表彰的先进个人　404
国家条线表彰的先进集体　411
国税入库税收情况　244
国泰集团外贸子公司情况　181

H

化工企业竣工项目　207
化工企业产品产量　207

J

机电企业竣工项目　205
机电企业产品产量　205
建材企业竣工项目　208
建材企业产品产量　208
建筑工程获奖情况　217
交通　435
金融机构信贷收支　436
经开区（杨舍镇）办事处（街道办事处）情况　365
经开区（杨舍镇）村（社区）情况　365
经开区（杨舍镇）开工项目　368
居民消费价格指数　270
竣工楼盘情况　220

K

科技　437
快递企业　238

L

乐余镇办事处情况　383
乐余镇村（社区）情况　383
乐余镇开工项目　384
粮油食品企业竣工项目　204
粮油食品企业产品产量　204
流动人口分布　340
旅行社　231

M

美术创作成果　306
面积　431
民办非企业单位登记　346

N

南丰镇办事处情况　387
南丰镇村（社区）情况　387
南丰镇开工项目　388
农、林、牧、渔业总产值和增加值　432
农民人均收入　440
农作物播种面积和产量　432

Q

其他企业竣工项目　210
企业上市　188
前十位疾病死因及比重　439
全社会固定资产投资　435
群众文化　438
群众信访处理情况　87

R

人才　437
人大常委会任免　75
人口　431
人事　437

S

社会保险参保情况　336
社会团体登记　344
社会消费品零售总额　434
摄影创作成果　306
生产资料市场　236
省级和省条线表彰的先进个人　405
省级和省条线表彰的先进集体　413
省级科技项目　284
省名牌产品　273
十大出口企业出口情况　178
实事工程完成情况　84
书法创作成果　306
双山岛旅游度假区村情况　394
苏州市级表彰的先进个人　410
苏州市级表彰的先进集体　420
苏州市级以上科学技术奖励　285
苏州市级以上人才　280

T

塘桥镇办事处情况　376
塘桥镇村（社区）情况　376
塘桥镇开工项目　376
体育事业　438

W

外向型经济　434
外资及港澳台资项目　179
卫生机构　439
文化产品获奖情况　302
文学创作成果　306
物流企业　238

X

消费品市场　235
消亡自然村　31

信访情况 87
星级旅游饭店 231
行政区划 30 431
学校 438

Y

冶金园(锦丰镇)办事处情况 372
冶金园(锦丰镇)村(社区)情况 372
冶金园(锦丰镇)开工项目 373
冶金企业竣工项目 202
冶金企业产品产量 202
一级类土地利用构成情况 267
银行机构本外币存贷款和经营利润 251
银行机构网点 250
引进外地资本项目 187
营业性货运量 162
营业性客运量 162
优秀人大代表建议 78
邮电 435
预算内财政收入 436
预算内财政支出 436

Z

张家港的一天 431
张家港口岸码头泊位 128
《张家港日报》新闻作品获奖情况 313
政协优秀提案 94
政协重要人事任免 95
中心城区部分重点工程 151
重点督办建议 73
专利申请 287
专利授权 287
装潢工程获奖情况 218

随文图片索引

A

安监“诊断式”服务深入基层 275
澳洋集团车间 185

B

保税区 175
报警装置计量检定 261
便民服务热线服务团队 337
滨江社区全科医生工作室 318
博腾新材料公司 377
步行街夜景 223

C

长江流域民族民间艺术节踩街展演 299 314
长江润发公司 183
长江文化博物馆 304
长江鲜美食节 227
常阴沙放心蔬菜基地 393
晨阳办事处控规效果图 150
崇真中学 359

D

大新镇文化中心 391
代表建议督办 77
党风廉政建设责任制推进会 97
“党建桥·心港湾”活动室 135
德美幼儿园 371
灯光维护靓港城 157
地税系统深化税收征管改革动员会 246
地税专业化语音提醒服务 241
第一人民医院 315
电力法执法检查 79

F

方言分布 32
丰收 191
凤凰湖 1
凤凰镇恬庄村陆家宕 153
富瑞特种装备股份有限公司 447

G

港华燃气凤凰门站 266
公开招聘江帆小学校长 298
购物公园 27
购物公园克拉水岸 225
归侨侨眷代表大会 114
国际消费品中心营运大楼奠基 179
国税干部为桃农服务 244
国泰奖学金发放 182

H

河豚养殖 33
宏泰码头装运现场 125
“虹筑之家” 216
华灿光电(苏州)有限公司竣工典礼 3
化工品交易中心 237
环太湖自行车赛双山岛绕圈赛 325

J

机关干部下基层活动会议 65
暨阳湖生态园 146
暨阳湖一号 221
“家在苏州·美在南丰”活动 388
建行职工运动会 253
健康新村 80
《江边中国》研讨会 23
教学改革添活力 294
金谷村朱家弄 317
金双山果园 394
金塘社区保障性住房 222
经开区秋季项目开竣工和签约 368
经开区(杨舍镇)西区 357
居民生活用天然气价格听证会 269
巨幕影城 310

K

“开门红”项目集中开工 21
康得新公司车间 211
科技创业园 277

L

老干部文艺汇演　66
乐余老街　385
廉洁书画创作笔会　84

M

民革“送医、送药、送健康”活动　105
民盟“同心”社会服务工作站　106

N

南丰镇南丰西路街景改造　154
农村资源集中交易平台建设现场会　197
农行一对多营销电子渠道产品　247
农技专家现场指导　195
农商行为客户服务　254

O

欧美外商学做中国菜　177

P

莆田商会成立大会　109
浦发银行爱心义卖　255

Q

企业信用管理培训　190
气象监测仪　289
汽车堆场　233
青年法官论坛　119
全国重点文物保护单位　19

R

人大领导调研农药配送工作　228
人工增雨　24
人力资源市场　331
如意通公司　174

S

沙钢集团厂区　199
沙钢集团硅钢生产线　212
沙洲中心粮库　229
申张线航道整治　161
审计人员了解企业生产运营情况　271
“生育关怀、服务到家”活动　349
省全民阅读工作经验交流会　425
省首家县域科技支行成立　257
十三届人大常委会第二十次主任会议　75
十三届人大常委会第十二次会议　74
十三届人大二次会议　71
实验小学南校区　291
食品检查　268
食品现场检测　321
市民服务中心　81
市区夜景　11
市委十届六次全会　55
市委十届七次全会　26
市政协表彰优秀提案人和提案承办单位　95
市政协十一届二次会议　91
市政协视察政府实事工程建设　96
市政协组织委员集体培训　93
蔬菜大棚　193
双山岛旅游度假区　139
水上执法联勤联动协议签约　132
“四季平安盒”发放　169
苏园　213
苏州市美丽村庄示范点　153

T

通洲沙西水道整治　165
统计局送法下乡　272

W

微电影大赛　25
“我与父母共读书”活动　341

X

西凤路健身步道　328
西门路夜间市容环境整理　158
现代威亚公司数控机床车间　381
乡村河道　166
乡镇交通运输综合执法中队　163
香山湖之晨　145
小城河夜景　5
小戏小品奖颁奖晚会　25
新点软件公司　167
“新三板”挂牌推进会　189
新市民健康知识竞赛　323
“幸福网格乐翻天”才艺PK赛　22

Y

沿江高速公路　159
杨氏宅第　19
药品执法检查　322
1号议案办理视察　80
《一盅缘》　22
移动公司总经理接待日　170
应征青年领取入伍通知书　122
永钢集团电弧炉　26
永钢集团向江科大捐赠奖学金　297
永联村　7
永联小镇金手指广场　423
永联小镇鸟瞰　427
邮储银行总行考察沙钢集团　256
邮政速递公司技能赛　240

Z

职工艺术团汇报演出　103
职业技能大赛　215
智能冷库　320
中国女子篮球甲级联赛　330
紫金财险公司营业厅　259
自助图书馆　22
“走千家访万户送安全”活动　115

【编辑　陆文琰】

主审人员名单

（按姓氏笔画排序）

丁学东　丁建平　丁建华　马正阳　马汉其　马狄武　王少波
王世芳　王永康　王江涛　王苏嘉　王建明　王春松　王　剑
王晓峰　王静娟　石冬萍　龙大华　归　俊　朱丙华　朱志斌
朱　林　朱栋裕　朱桂明　朱晓敏　刘会荪　刘国华　刘　学
刘　俭　刘晓戎　许兴达　许　健　许海萍　孙屹东　孙利婵
孙浩龙　孙惠芳　严　忠　杜思梅　李世富　李　刚　李　劲
李秋菊　李　峰　李维兵　李　新　李群慧　肖维贤　吴云峰
吴永生　吴永兵　吴惠芳　何　伟　何　芬　何　俊　言成钢
沈栋华　宋一兵　张　平　张立新　张宇洲　张宏岗　张　建
张　健　张　辉　张新华　张愫阳　陆兆林　陆宇坤　陆晓红
陆益新　陆翊农　陆新玉　陈　飞　陈亚光　陈　丽　陈忠海
陈金发　陈绍峰　陈晓东　陈晓宇　陈　晔　陈菊新　陈维清
陈新峰　陈　霞　邵　浒　季　宗　季春郁　金显哲　金　炯
金继南　周志虎　周　枫　周春峰　周　钧　周新华　庞　沁
赵剑锋　侯寿松　侯蔚枫　俞晓英　施广建　施亦涛　施建彬
姚章华　贺正红　袁　勋　耿兴中　贾东航　夏燕良　顾永福
顾仲和　顾　青　钱凤娟　钱海刚　钱滨海　徐　丹　徐凤娟
徐平观　徐　伟　徐志斌　徐丽花　徐　沂　徐　松　徐莉萍
徐　晨　徐德华　高　攀　郭立军　唐晓东　展玉明　陶彦斌
黄永舫　黄利忠　黄　波　黄　浩　黄　梅　黄耀平　曹　平
曹丽萍　龚向东　章炳保　葛云芳　葛　峰　蒋卫忠　蒋祖明
蒋惠宏　景国荣　焦　实　谢正国　谢　江　蓬　元　路　江
詹亚军　褚　辉　管长兴　潘　杰　潘雪平　穆　军　穆利中
戴建明　魏　军　瞿秋霞

热烈庆祝张家港经济技术开发区成立20周年

1993年11月11日，江苏省人民政府批准成立江苏省张家港经济开发区，为省级开发区，规划面积4.62平方千米。其功能定位为全市高新技术产业密集区、张家港保税区工业出口加工配套区和现代化的新城区。2000年10月，原属杨舍镇的张家港民营科技园划入张家港经济开发区规划控制范围。2003年3月，原张家港欧洲工业园并入张家港经济开发区，形成张家港经济开发区和杨舍镇联动发展的新格局，规划控制范围达到30.8平方千米。2008年9月，市委、市政府对张家港经济开发区和杨舍镇实施“区镇合一”的管理新体制。2011年9月25日，经国务院批准，张家港经济开发区升格为国家级开发区，并更名为张家港经济技术开发区。20年中，区镇累计完成固定资产投资1073亿元，工商企业从不足800家扩展到12938家。2013年，完成地区生产总值618.7亿元，全口径财政收入81.19亿元，其中公共财政预算收入48.08亿元。获“全国十佳最具投资竞争力园区”称号。20年中，实际利用外资及港澳台资超过30亿元，引进世界500强企业19家。拥有上市企业7家；工业销售收入超亿元企业近百家；自主培育国家“千人计划”人才7人；新兴产业产值比重超过73%。成功获批全国首批、华东地区首家国家再制造产业示范基地、全省首批省级文化产业重点园区，成功创建国家级海外人才中国创业示范基地等8个国家级、12个省级特色产业基地，获得省级以上荣誉52项。20年中，区镇累计完成实事工程投入80余亿元，农民集中居住率58%以上，城乡居民养老、医疗保险覆盖率达到99.8%。2013年，城镇居民人均可支配收入43426元，农民人均纯收入26103元。20年中，张家港经济技术开发区坚定不移地落实科学发展观，全方位实施农民向市民、农村向社区的转型，全力打造现代产业集聚区、科技创新示范区、开发开放先导区、幸福宜居新城区。

1 张家港经济开发区初创时建设工地

2 2003年3月，原张家港欧洲工业园并入张家港经济开发区

3 2008年9月，张家港经济开发区和杨舍镇“区镇合一”

4 2011年9月，张家港经济开发区升格为国家级经济技术开发区

1 国家影视网络动漫实验园——软件动漫产业园效果图

2 江苏省科技企业孵化器——沙洲湖科创园效果图

3 国家高新技术创业服务中心——张家港科技创业园

4 江苏省产业技术研究院——张家港智能电力研究院

5 清华大学江苏华东锂电技术研究院

6 中国民营企业500强、全国纺织行业前五强——澳洋集团有限公司（总部大厦）效果图

7 中国民营企业500强，亚洲最大的帘子布生产基地——江苏骏马集团（骏马国际大厦）

8 全国LNG产业和再制造领域龙头企业——张家港富瑞特种装备股份有限公司

9 世界冶金装备制造行业龙头德国西马克集团在经开区设立的研发和生产基地——西马克技术（苏州）有限公司

10 世界著名机器人、超精密机械加工企业日本不二越株式会社在经开区设立的生产基地——那智不二越（江苏）精密机械有限公司

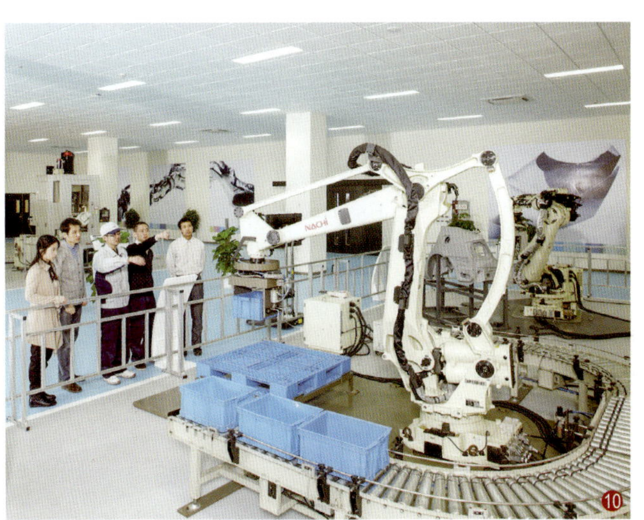

听真实的声
1

2

3

4

5

1 经开区（杨舍镇）领导参加区（镇）“民生面对面”活动
2 苏州市优秀农民集中居住区——晨阳彩虹苑
3 动迁村民安置小区——旺西花苑
4 洁美的农民集中居住小区——泗港七里庙小区
5 生态宜居居民区——塘市金塘社区
6 2012年落成的塘市小学
7 新建的福前实验幼儿园
8 全国模范敬老院——杨舍镇老年服务中心
9 城东街道万岁乐苑居家养老中心

1921 - 2011
90

1 “千年暨阳、美丽杨舍”文艺晚会

2 “幸福网格乐翻天”才艺 PK 总决赛

3 第二十届全民运动会开幕式

4 党旗辉映大杨舍——纪念建党 90 周年文艺晚会

5 “戏曲大舞台、欢乐乡村行”送戏下乡活动

6 暨阳历史文化研究

7 “人文暨阳、书香杨舍”读书活动

8 全省首家 24 小时自助借阅图书馆——梁丰社区图书馆

9 区镇志愿者在行动

张家港保税区（金港镇）

张家港保税区于1992年经国务院批准设立，2008年转型升级为保税港区，并与金港镇实施一体化管理。2013年，保税区（金港镇）紧紧围绕现代化建设和打造“江苏外高桥”总要求，全力推进经济社会平稳健康发展，全年完成地区生产总值578.03亿元，比上年增4.37%；全社会固定资产投资171.13亿元，比上年增13.06%；公共财政预算收入33.68亿元，比上年增5.18%；商品销售总额4703.26亿元，比上年增24.92%；进出口总额137.12亿美元。年内获江苏省开发区文明单位、2010～2012年度江苏省文明镇、江苏省创新型试点乡镇等荣誉称号。

临港产业加速推进。工业开票销售收入和工业投资分别达到1272亿元和118亿元，新兴产业产值和投入占比分别提高到48.97%和59%。新认定总部企业3家，销售超10亿元规模企业26家。霍尼韦尔一体化生产基地、康得新一期等24个超5亿元项目开竣工，页岩气新材料基地、克里斯托夫装备等15个重点项目签约落户。获评省“双创”人才3人，省级以上科技项目34项，新增高新技术企业11家，获评国家知识产权试点园区、全国首家以区镇为单位的省级海智基地和江苏省博士后创新实践基地。

服务经济提质增效。汽车口岸、进口消费品、化工、纺织、粮油、木材等六大专业市场实现交易额1212亿元、税收7.4亿元，分别比上年增55%和35%。汽车口岸、江苏化工品交易中心、进口商品集采分销中心被列入《苏南现代化建设示范区规划》。汽车口岸在全国新批口岸中首家通过验收并投运，进口消费品市场带动张家港口岸成为全省红酒进口货值最大口岸。保税抵押、转关政策等实现有效拓展。

产城融合步伐加快。新城“四纵四横”道路框架全面拉开，崇真中学、公共卫生服务中心落成启用，滨江大厦、金科地产一期加快推进。香山完成主入口提升改造，香山湖和梅花园、樱花园、运动公园建设有序推进，AAAA级景区通过验收。新开工安置房105万平方米，竣工107万平方米，创历史新高。

1 3月28日，省委副书记、省长李学勇调研张家港保税港区汽车整车进口口岸

2 7月8日，省委常委、苏州市委书记蒋宏坤考察康得新光电材料有限公司

3 页岩气新材料综合利用研发生产基地项目签约仪式

4 康得新2亿平方米光学膜产业集群项目投产仪式

5 国际消费品中心营运中心大楼奠基仪式

6 江苏启能新能源材料有限公司储能科技园奠基仪式

7 新塍小区、文昌小区安置房奠基仪式

8 重温张家港精神，领跑现代化建设，争先“810”绩效——秦振华专题报告会

9 汽车口岸在全国新批口岸中首家通过验收并投运

10 初具形态的滨江新城

11 香山风景区

三角滩村

三角滩村位于保税区（金港镇）后塍办事处东北侧，距后塍集镇约2千米，东至韩家港、南至南横套、西至天生港、北至长江村。总面积为4.5平方千米，下辖29个村民小组，15个自然村，居民1600户3971人，外来人口约2000人。2005年成立党总支，下设5个支部，党员150人。近年，三角滩村以经济建设为中心，牢固树立科学发展观。村党总支带领全村人民弘扬张家港精神，坚持立党为公，执政为民，廉洁自律，无私奉献，积极抢抓机遇，加快发展村级经济。全村共有25家私营企业，2013年，全村完成工业开票销售收入7090万元，农副业收入3.5亿元，村级可用财力达到436万元。三角滩村获江苏省卫生村、苏州市“实践科学发展、推进‘两个率先’先锋村”、张家港市文明村等称号，村党总支被评为张家港市先进党组织。

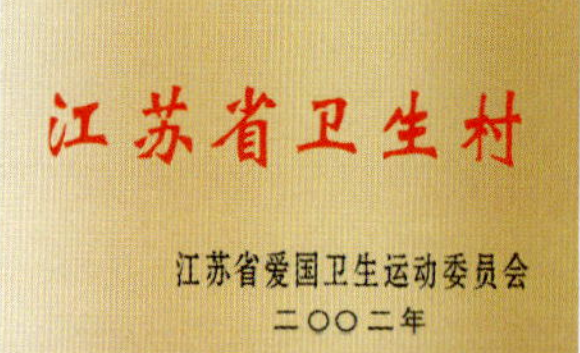

1 三角滩村党总支书记尤正良
2 三角滩村委全貌
3 三角滩村委服务大厅
4 三角滩村书屋
5 文昌小区篮球场
6 市AAA轴承有限公司

长山村

长山村位于保税区（金港镇）西部，东与长江村接壤，南临香山风景区，西依长山，北濒长江，风景秀美，交通便捷。2004年4月，由原长山村、高峰村、朝阳村合并而成。总面积6.9平方千米，下辖41个村民小组，居民2792户7523人。1957年，长山村建立党支部，1994年升格为党总支，2004年成立长山村党委。村党委下设党支部17个，党员505人，是苏州市首家成功举行“公推直选”的试点单位。

近年，长山村以经济建设为中心，紧紧围绕“科学发展、争先创优、富民强村”工作理念，抢抓机遇，锐意进取，开拓创新。境内有投资超35亿元的长山重型装备工业园、占地7.8万平方米的长山工业集中区以及张化机、久盛集团、中船圣汇等一批骨干企业。怡馨苑、高峰小区、长欣小区、长山别墅区等居民小区规划合理，环境宜人。港区小学、金港幼儿园港区分园、长山综合广场等配套设施齐全。2013年村级可用财力3862万元，人均可支配收入3万元，两项指标均居全市行政村前列。长山村获张家港市文明村标兵、苏州市“实践科学发展、推进‘两个率先’先锋村”、“苏州市新型集体经济十强村”、苏州市村级经济发展标兵村、江苏省文明村、江苏省生态村等称号。

1 村委办公大楼
2 长山村党的群众路线教育实践活动党员大会
3 张化机临江基地
4 久盛船业
5 中船圣汇装备有限公司
6 长山村健身队
7 龙家湾美景
8 怡馨苑夜景
9 长欣小区

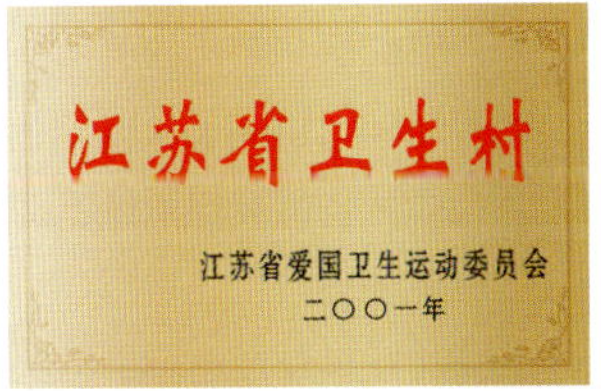

朝南村

朝南村位于保税区（金港镇）东部、德积集镇东南，东临大新镇段山村、朝东圩港村，西与小明沙村、新套村接壤，南接大新镇桥头村，北依长江。总面积5.64平方千米，耕地面积298.87公顷，下辖38个村民小组、4个自然村。居民2298户5909人。2004年成立党总支，下辖10个支部，党员184人。

近年，朝南村工农业齐头并进，社会事业稳步发展，大力推进机制创新工程，着力提升发展活力指数。工业以氨纶纱和造船为龙头，带动服装、织造、五金、运输机械、密封等企业共同发展，全村共有企业52家。村千亩丰产示范方成为区镇农业样板区。2013年，全村完成工业开票销售收入6.5亿元，利税2035万元，村级可用财力735万元。

朝南村先后获江苏省卫生村、苏州市文明村、苏州市“实践科学发展、推进‘两个率先’先锋村”、张家港市文明村、张家港市民主法制村、张家港市卫生村、张家港市计划生育工作先进集体等称号。

1 村党总支书记陈国平

2 村委大楼

3 党的群众路线教育实践活动征求意见座谈会

4 朝南村楼道长合影

5 党员志愿环保集体签名活动

6 健身场所

7 村支柱企业市雄丰氨纶制品有限公司

南港村

锦丰镇南港村位于锦丰镇西南部，东临一干河，南依福前村，西濒大新镇，北临光明村。2013年1月，由南港村和常家村牛市片合并而成，区域面积4.02平方千米。有34个村民小组，总人口3523人，外来人口约380人，耕地面积261.8公顷。村内生态环境优良，水资源充足，灌溉水质良好，适宜种植高效经济作物，建有南港蔬菜股份合作社、国旺农业现代生态园，发展高效设施农业，钢管大棚蔬菜基地为苏州市"市属蔬菜基地"和张家港示范基地。"金南港"牌13个品种蔬菜被认定为部级绿色食品。

南港村先后被评为江苏省文明村、生态村，苏州市机械化示范村，张家港市文明村、文明社区。

1 市人大常委会主任高建刚陪同省农业科学院教授考察
2 副市长、园（镇）党（工）委书记赵建明到南港村考察
3 江苏省农业自主创新现场观摩会在南港村举行
4 党总支书记许天明汇报三星级村庄建设情况
5 南港村办公大楼
6 金南港农业科普园

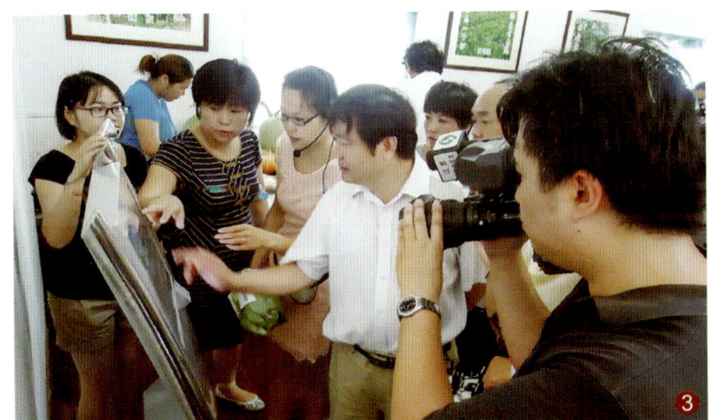

江苏扬子江国际冶金工业园（锦丰镇）

江苏扬子江国际冶金工业园（锦丰镇）位于张家港市北部，与如皋、通州市隔江相望，有沿江岸线13.8千米，是国内首家省级特色工产园区、省新型工业化产业示范基地（精品钢材）、张家港市以钢铁冶炼为核心，加工、贸易、仓储、物流等全面发展的新型工业基地。园（镇）总面积114.32平方千米，耕地面积4782公顷。2013年年末，辖2个办事处，23个行政村、9个社区居委会。有户籍人口11.43万人，另有外来暂住人口6.13万人。 全年实现地区生产总值513.45亿元；其中一、二、三产业增加值分别为4.06亿元、394.56亿元、114.83亿元，按户籍人口计算，人均生产总值达到44.93万元。完成公共财政预算收入19.25亿元，入库税金39.53亿元；全社会固定资产投资147.91亿元。全年实现工业产品开票销售收入1261亿元，完成工业投入99.51亿元、服务业投入41.22亿元，新兴产业产值590亿元。全年新批三资企业21家，新增注册外资及港澳台资2.86亿美元，自营进出口总额65.93亿美元。冶金物流中心新增入驻企业230家，实现开票销售收入1128亿元，入库税金1.78亿元，获全省特色产业园中物流产业园第一名。园区已形成炼铁3170万吨、炼钢3508万吨、轧材3385万吨、不锈钢100万吨、电解铜20万吨的年生产能力。沙洲县抗日民主政府纪念馆被命名为苏州市爱国主义教育基地，列入江苏省廉政文化旅游专线；锦丰文体中心投入使用，党建廉政展示馆、锦丰史志馆建成开馆。成立沙上文化研究会，《沙上革命斗争纪实》等沙上系列丛书出版。年内，获2011～2013年度平安苏州建设、苏州市村庄环境整治先进集体，江苏省2010～2012年度文明镇等称号。

1

2

3

4

5

6

7

8

9

10

11

1 7月11日，省委常委、苏州市委书记蒋宏坤考察

2 5月9日，省新闻出版局局长周琪考察

3 4月15日，苏州军分区政委李再胜调研人武工作

4 7月23日，省文明办副主任韩松林考察志愿服务中心建设情况

5 10月30日，省委党史工办副主任万建清参观沙洲县抗日民主政府纪念馆

6 8月22日，共青团苏州市委书记李朝阳到园（镇）指导工作

7 联东U谷产业项目签约仪式

8 山西潞安矿业（集团）入驻冶金工业园

9 深化生态文明建设暨大气治理三年行动计划总结表彰会议召开

10 悦来二村、三村和书院六村安置房项目开工奠基

11 沙洲河大桥工程奠基

江苏扬子江国际冶金工业园（锦丰镇）

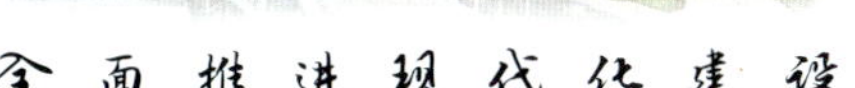

1 南京师范大学校长宋永忠、市委书记姚林荣为南师大附属合兴初中、合兴小学揭牌

2 冶金园（锦丰镇）首届“道德模范”颁奖典礼举行

3 “周末民生集市”进村入区

4 冶金园（锦丰镇）综合执法办公室正式挂牌成立

5 锦丰文体中心启用

6 组织大气环境整治情况督察

7 全市志愿服务工作现场推进会在冶金园（锦丰镇）召开

8 江苏省基础教育学校文化建设论坛活动在合兴初中举行

9 全市新市民阅读讲堂活动进锦丰镇锦秀学校

10 “同心传爱心，学子游港城”启动

11 美国哈佛教育学博士、贝瑞学校校长查尔斯到德美幼儿园考察交流

12 镇“俏夕阳”老年教育艺术节暨老年大学学员成果展

江苏扬子江国际冶金工业园（锦丰镇）

1 市沙上文化研究会成立

2 “沙上号子”“沙上婚俗”参加第五届（张家港）长江流域民族民间艺术节活动巡演

3 我们的节日——重阳节沙上文化展示活动举行

4 “沙洲新城·祝福永恒”郁金香之约活动闭幕式

5 沙上文化丛书赠书仪式

6 “沙洲新城美·网格群英会”特别节目——中秋文艺晚会

店岸村

锦丰镇店岸村位于有“清水走廊”之称的一干河两侧，2013年1月，由原店岸村、红光村合并而成，东邻华昌路、西邻大新交界、南邻南中心河、北邻沿江公路，区域面积8.23平方千米。辖区内华昌路、锦绣路、长安北路、沿江公路交汇贯通，交通十分便捷。全村有58个村民小组，常住人口7205人，暂住人口2768人。村党总支下辖15个支部，党员176人。

全村有五金工具、建材等私营企业51家，产品远销国内外市场，成为全村经济发展的主要支柱。村内多功能一站式服务大厅、卫生服务中心、世代服务中心、文化体育“十个一”工程等服务设施齐全，道路全部实现硬化，村域环境优美、绿树成荫，有园林生态公园、花园式自来水厂、三友生态鱼池等富有水乡特色的观光休闲去处。12支特色服务队长期开展内容丰富的志愿服务和文体活动，在全村营造了浓厚的文化氛围。

近年，店岸村经济和社会事业发展迅速、成果显著，先后获江苏省卫生村、生态村、民主法治示范村，苏州市和谐示范社区、文明村，张家港市文明村、社区标兵等称号。

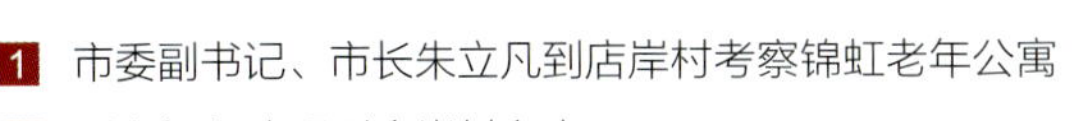

1 市委副书记、市长朱立凡到店岸村考察锦虹老年公寓

2 副市长赵建明到店岸村考察

3 村委办公楼

4 锦虹老年公寓

5 村境内的一干河水利枢纽

联兴村

联兴村位于锦丰镇区，由原联兴、其林、丰乐、南兴、锦丰五村合并而成，区域面积9.96平方千米。辖51个村民小组，有沙钢新村、锦苑新村、西苑小区、西兴花苑居民小区4个，常住人口1.31万人，外来暂住人员1.8万人。村党委下设党支部11个，党员225人。

近年，联兴村投资320万元租用悦来村6.67公顷流转土地用于大棚优质葡萄栽培，投资800万元对破旧厂房进行综合改建，新建综合性用房5000平方米。投资7300万元联建锦都中央广场竣工。村民人均收入23582元，村级可用财力1241.84万元。

联兴村社会事业全面发展，不断挖掘沙上文化资源，充实沙上文化内涵，使沙上文化展示馆发展成为集历史教育、文化教育、沙上人精神风格教育的综合教育基地。社区活动中心占地面积8400平方米，集社会综合治理（五位一体办公室）、社区卫生服务站于一体。主要有电子阅览共享信息工程室、图书室、特色文化展示室等“十个一”文化、服务、休闲场所。1500平方米塑胶篮球场、社区服务中心等为群众提供多样文体活动场所。居家养老服务站内乒乓室、书画室、谈心室、健身室、日托室、棋牌休闲室等基础设施一应俱全。联兴村连续多年被评为江苏省文明村、社会主义新农村建设先进村、民主法治示范村、五星级示范农家书屋，苏州市文明村、经济发展百强村，张家港市文明村标兵，村党委被评为“十佳党组织”。

1 省新闻出版局局长周琪到联兴村考察

2 省委组织部领导检查“四有一责”建设

3 省人口和计划生育委员会进行中期评估

4 投资7300万元兴建的锦都中央广场一角

5 村篮球队获市第七届社区篮球赛冠军

6 村周末亲子课堂开班授课

塘桥镇文体中心

塘桥镇文体活动中心占地总面积6500余平方米，融管理、服务、教育、培训、展览等功能于一体，设有市图书馆塘桥分馆、围棋宫、少儿围棋培训基地、书画活动室、健身室、青少年文化活动中心，老年活动中心等阵地。文体中心下辖金塘桥围棋俱乐部、阳光青年艺术团、夕阳红艺术团、金塘桥少儿合唱团、书画协会、音乐协会、戏曲协会、摄影协会等20余个社会团体，并在全市率先成立镇级文联。近年，塘桥镇的围棋、书法、艺术三大文化特色日益彰显。围棋团队在苏州市级以上赛事中屡获殊荣，围棋宫被评为全国围棋育苗“十佳基地”，培训定级（业余）小棋手2000余人。书画团队中有省级、国家级书法会员16人，书画协会坚持每月笔会，开展送春联、书画下社区、书画展览、书画点评等丰富多彩的活动。艺术表演获得文化部首届农民艺术会演“金穗奖”、省五星工程奖铜奖、全国“四省一市”国标舞比赛第一名等成绩。2013年，戏曲村村演、电影月月映、评弹天天说、社区艺术节等文化活动超过300余场，其中千人以上社区广场文艺50余场。

1 文体中心主任钱丽萍
2 棋圣聂卫平指导下棋
3 社区阅读中心
4 广场公益巡演
5 金村庙会表演
6 第七届围棋节开幕式

塘桥镇

塘桥镇位于张家港市东南部，东邻常熟海虞镇，南连凤凰镇，西接杨舍镇，北靠南丰镇，是全国文明镇、全国环境优美镇、中国棉纺织毛衫名镇、中国农村改革典型镇。全镇总面积94.26平方千米，辖2个办事处、14个行政村、7个社区居委会（其中3个挂行政村牌子）。2013年年末，全镇户籍人口9.15万人，另有外来暂住人口7.03万人。全年实现地区生产总值155.25亿元，其中一、二、三产业增加值分别为3.32亿元、89.97亿元和61.96亿元；完成全口径财政收入12.84亿元，其中公共财政预算收入5.58亿元；完成全社会固定资产投资41.92亿元。全年实现工业产品销售收入292.86亿元，有23家企业年销售收入超1亿元，其中华芳集团实现销售收入147.8亿元。规模以上工业企业完成总产值292.89亿元。科技创业园二期工程启动，环科新材料、爱玛特生物科技、福安电子等9家科技企业入驻东城科技园。引进国家“千人计划”人才3人、省“双创”人才1人，成立“千人计划”专家工作站4个，新增国家火炬计划2项、省科技支撑项目8项、省高新技术企业7家。推进企业转型升级，“腾龙换凤”淘汰落后企业24家。新建农技推广中心和金村、顾家2个农机库。投入600余万元添置36台烘干设备，建成日加工能力30吨的现代化稻米加工中心。新增高效农业面积172.27公顷、设施农业面积86.33公顷。小麦、水稻每公顷产量分别达到5457千克和9016.5千克。年内，塘桥镇获江苏省文明镇、苏州市农村圩区达标建设管理先进镇、苏州市防震减灾工作先进集体和苏州市科学育儿工作先进集体等称号。

5

6

7

8

1 5月8日，全国政协副主席、民建中央常务副主席马培华到塘桥镇调研

2 11月28日，省政协主席张连珍到金村村考察

3 1月30日，省委常委、苏州市委书记蒋宏坤，副省长许津荣到韩山老年公寓调研

4 11月21日，南京军区装备部部长孟昭斌少将考察银河电子集团

5 6月25日，中国曲协分党组书记、驻会副主席、秘书长董耀鹏，中国曲协副主席、江苏省曲协主席盛小云等到塘桥镇考察

6 12月13日，苏州市委副书记、市长周乃翔考察千年古村——金村村

7 5月31日，省农委主任吴沛良到塘桥镇考察家庭农场建设情况

8 3月19日，农业部专家到金村村调研

9 6月4日，加拿大国会原议员梁陈明任到东渡苑考察

9

塘桥镇

1

2

3

4

5

6

1 7月18日，张家港市“淘汰落后，腾笼换凤”现场推进会在塘桥镇举行

2 2月17日，南源光电光伏电缆及逆变器项目奠基

3 4月19日，全省机插秧现场会在塘桥镇举行

4 6月4日，苏州市作物栽培指导站小麦高产创建验收专家组到鹿北丰产方进行小麦高产创建实割实测验收

5 新建的谷物烘干基地

6 改造后的镇中路

7 花园小区开工典礼

8 馨塘新村

9 黄金湾居民小区

10 胡同社区广场

11 新建的塘桥派出所

塘桥镇

1 5月16日，江南庙会与非物质文化遗产保护高层论坛在塘桥镇召开

2 9月9日，塘桥镇老年大学成立

3 "民生面对面"活动

4 塘桥镇新疆巩留籍高校毕业生岗位培养总结交流会

5 塘桥镇首届"樱花诗会"

青龙村

青龙村位于塘桥镇郊结合部，由原青龙村、上相村、黄桥村合并而成，辖区面积4.3平方千米，下辖27个村民小组、1个居民委员会，常住人口1.35万人，其中外来人口8300余人。村党委突出抓好以招商引资为主的工业经济，累计建办各类工业企业78家，其中超1000万元企业4家。2013年，实现工业产品销售收入4.62亿元，利税总额4155万元，村级可用财力814万元，村民人均纯收入25000元。青龙村在2004年成立全市首家股份合作社，至2013年累计发放红利132万元。青龙村大力加强社会主义新农村建设，投资450万元的社区服务中心于2005年建成，占地面积2万平方米。按照城乡一体化标准新建的青龙住宅小区，占地面积27万平方米，有住户688户。全村基本医疗和养老保险覆盖率达到99.8%。青龙村先后获得全国减灾示范社区、江苏省民主法治示范村、江苏省绿色社区、苏州市生态村、苏州市健康示范社区、苏州市和谐社区、苏州市村务公开和民主管理示范村、苏州市新农村建设示范村、苏州市绿色社区、苏州市先锋村、苏州市文明村等荣誉称号。

1 村党委书记顾惠明

2 青龙村别墅群

3 青龙村社区广场

4 首届新市民读书活动

5 巾帼志愿服务队成立

滩里村

滩里村位于塘桥镇西部，地处古黄泗浦入海口，是唐代鉴真大师第六次成功东渡日本的启航地。全村由原滩里、鹿北、南林3个村合并而成，辖区面积6.79平方千米，下辖55个村民小组，有居民1961户、6042人，另有外来常住人口6200余人。村党委勇于开拓创新，坚持走富村强民之路，村级经济快速增长，三个文明协调发展。全村有个私民营企业150家。2013年，实现经济总收入1587万元，村级可支配财力达到1155万元，人均纯收入2.8万元。村党委十分重视党的农村基层建设，并以创建服务型党组织为动力，引导全村党员干部发扬张家港精神，以党建促文明、以党建促发展，年年有创新、年年有佳绩。近年，先后获江苏省民主法治示范村、苏州市文明村、张家港市文明社区标兵等称号。

1 村党委书记秦朝华

2 滩里村党员大会

3 滩里村社区服务中心

4 村唱春队参加镇公益文艺巡演

5 美丽的现代新居黄泗浦新村

蒋家村

蒋家村位于塘桥镇东北部，北与南丰镇永联村隔永南河相望，区域面积5.58平方千米，下辖22个自然村，设42个村民小组，有居民1331户、4574人。村党总支下设7个党支部，有党员140人。2013年，全村经济总收入575万元，可用财力386万元，农民人均纯收入24517元。近年，蒋家村在发展民营企业的同时，抢抓区域板块优势，大力发展特色农业，试种“苏香粳”“常优5号”等优质水稻品种，依托土地股份专业合作社231.33公顷的土地资源，扩大绿色大米的种植规模，并积极搭建农业科技平台，聘请省农科院专家，探索农业产业化发展道路。村党总支大力推动城乡一体化建设，年内在市、镇两级的支持下，投入650余万元，对仇家小区进行大规模的改造整治，创建成为江苏省三星级“康居乡村”。蒋家村还被评为张家港市文明村。

1 村党总支书记章晓东
2 雅农生态农庄
3 怡情休闲农庄
4 香玉牌绿色无公害大米
5 张家港弘林金属制品有限公司

凤凰镇

凤凰镇位于张家港市南部，全镇总面积78.79平方千米，耕地面积2785公顷。辖2个办事处，15个行政村、4个社区居委会。全镇总人口66281人,另有外来暂住人口52770人。全年实现地区生产总值91.94亿元，其中一、二、三产业增加值分别为3.58亿元、55.88亿元、32.48亿元，公共财政预算收入5.7亿元，入库税金14.03亿元。全社会固定资产投入52.7亿元。年末，有企业1828 家，其中工业企业1365家。全镇实现工业产品销售收入290亿元，销售收入超1亿元企业50家，其中有超20亿元企业2家，超5000万元以上的企业83家。完成工业技改投入36.1亿元，新批三资企业2家，累计104家。新注册外资及港澳台资11873万美元，到账外资及港澳台资2472万美元。全年完成进出口总额123683万美元。新批外地资本项目129项，注册外地民资6.19亿元。新批私营企业154家，新增注册资本38660万元。新批个体工商户787家，新增注册资本8088万元。全年完成服务业投资16.6亿元。村级经济运行平稳，15个村完成工业开票销售135.37亿元，村级技改投入7.56亿元。年内，凤凰镇被评为江苏省文明镇、苏州市平安镇、张家港市文明镇。

1 3月28日，省委副书记、省长李学勇到凤凰镇调研

2 2月27日，省委常委、苏州市委书记蒋宏坤到凤凰镇调研

3 江苏现代威亚有限公司扩产项目开工

4 凤凰镇科文中心等项目奠基

5 凤凰镇便民服务中心一角

6 党员干部“民生面对面”走进安庆村

7 千人迷你马拉松活动

8 凤凰湖风景区

9 恬庄村陆家宕美丽村庄建设

10 双龙村拆迁安置房建设

凤凰镇党员干部“民生面对面”活动
6

2014张家港凤凰桃花节暨千人迷你马拉松
Fenghuang Town Peach Blossom Festival & Mass Mini Marathon 2014 Zhangjiagang
7

8

9

10

清水村

清水村位于凤凰镇东南部，东与常熟市大义镇毗邻。全村辖区总面积6.6平方千米，耕地面积251.25公顷。党总支村建制，下设11个党支部，党员216人。村委下设庄泾、先锋、泗安、张巷、清水5个社区，58个村民小组，1550户4734人。全村有工业企业70余家，主要产品有毛纺、机械、电子、五金、印花等，2013年完成工业开票销售收入3.98亿元，村可用财力453万元。该村的种植、养殖业远近闻名，有“根根牌葡萄”生产基地，生态养猪场，种鸭养殖、苗鸭孵化、肉鸭养殖的“江苏省无公害畜禽养殖产地”。利用农副生产优势，形成屠宰、加工、销售产业链，欣盛食品有限公司生产的“庄泾”牌苗鸭、鲜鸭，“摇摆秀”牌酱鸭、盐水鸭、风鸭、真空咸鸭蛋、松花皮蛋等特产畅销周边市场。近年，该村在大力发展村级经济的同时，加快推进全村的各项社会事业建设，每年投入60余万元，新建篮球场、文体活动中心、居家养老服务站、农机维修服务站等。先后获江苏省和谐社区、苏州市“实践科学发展、推进‘两个率先’先锋村”、张家港市居家养老先进单位等荣誉。

1 村委会办公楼
2 市依兰服饰有限公司
3 清水村肉鸭养殖基地
4 市百佳服帽有限公司
5 水稻收割

夏市村

夏市村位于凤凰镇西南部，处张家港、常熟、江阴三市交界处。全村辖区总面积2.95平方千米，耕地面积129.31公顷。党总支下设3个党支部，党员93人。村委下设夏市、茅庵2个社区，28个村民小组，665户2078人。该村抓住苏虞张一级公路建成、程墩路西延等契机，筑巢引凤，招商引资，村级经济发展迅速。至2013年，全村有工业企业42家，完成工业开票销售收入8021万元，经济总收入688万元，村可用财力377万元。农业生产上打破传统模式，走特色农业发展之路，坚持多种经营全面发展，大力发展养殖业、水产业，苗木、果树等种植业。先后建成张家港云之兰奶业有限公司，集奶牛饲养、牛奶加工、乳品营销于一体；建成7.44万平方米的蔬菜生产基地1个；建成2.67万平方米的龙虾养殖基地1个；建成5.33万平方米的鑫钢园艺1家。全村种植桃树16.75公顷，走出了一条传统农业与现代特色农业相结合的完美之路。近年，夏市村先后获省环境整治试点村、苏州市和谐示范社区、张家港市文明村等荣誉，村调委会被评为苏州市规范化村（社区）人民调解委员会。

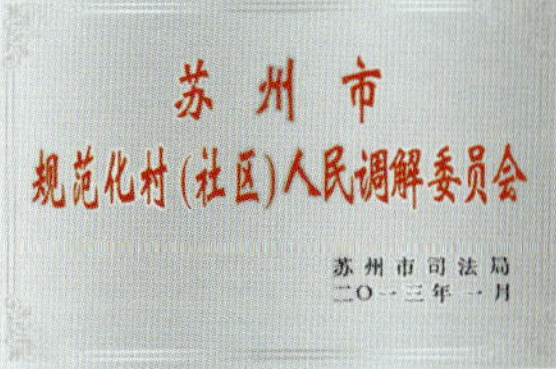

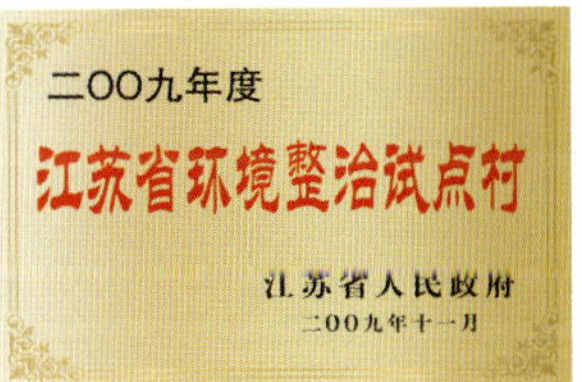

1 村委会办公楼

2 村标准型厂房

3 夏市村与韩国三星公司结缘一周年庆典

4 蔬菜大棚基地

5 环境整治后的村庄面貌

乐余镇

乐余镇位于张家港市东北部，与南通市隔江相望，有全市唯一保存完好的民国老街。2月6日，东沙居委会和东沙、东联、东风3个行政村划属南丰镇。9月14日，新增乐江社区居委会。是年，全镇总面积78.58平方千米，耕地面积3900公顷，辖1个办事处、21个行政村（场）、3个社区居委会。全镇总户数26651户，户籍人口71591人，另有外来暂住人口1.25万人。全年完成地区生产总值38.14亿元，比上年增5.5%。一、二、三产业增加值分别为2.92亿元、21.38亿元、13.84亿元。按户籍人口计算，人均生产总值为5.33万元。完成全口径财政收入5.58亿元。比上年减25.6%。其中公共财政预算收入2.68亿元，入库税金5.5亿元；全社会固定资产投资14.69亿元，比上年增11.6%。规模以上工业总产值65.92亿元。成功举办第二十五届全民运动会、“阅读，让乡风更文明”为主题的乐余镇第七届阅读节 、“感动乐余”微电影走村企，编纂出版《兆丰镇志》。年内，获江苏省文明镇、江苏省创新型试点镇、苏州市流动人口计划生育工作示范镇等称号。

1 2月25日，省委常委、苏州市委书记蒋宏坤考察兆丰学校

2 11月8日，苏州市委副书记陈振一考察美丽村庄扶海村

3 乐余镇长力机械高端装备制造基地项目奠基仪式

4 中新乐余新型城镇化项目签约仪式举行

5 市委常委、宣传部部长杨芳慰问“中国好人”、省道德模范金小华

6 乐余镇第七届阅读节开幕

7 乐余镇举办“扎根基层比贡献，创新争先我先行”青年干部演讲比赛

8 乐余镇党委书记陈卫兵、镇长徐凤琪等领导看望全运会和东亚运动会冠军袁琦琦

9 苏州市美丽村庄示范点——扶海村

10 全市首台韭菜收割机落户乐余镇红闸村

11 在乐余高中举办乐余镇第二十五届全民运动会

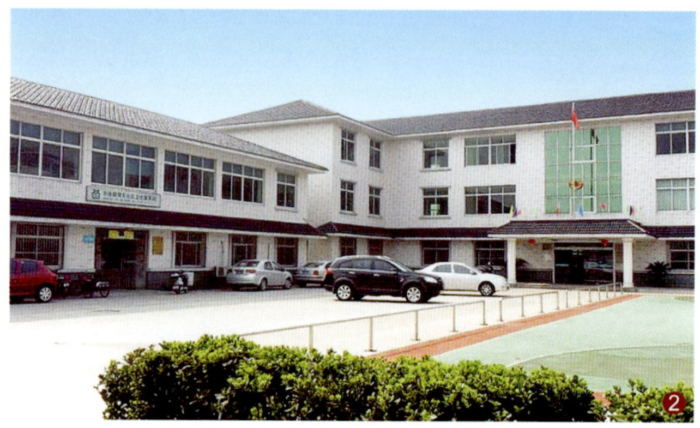

常丰村

常丰村位于乐余镇东侧，由原来的常丰村和同丰村合并而成，规划中的沪通铁路贯通，地理优势明显，交通运输方便。全村实际占地面积4.36平方千米，耕地面积108公顷。全村有26个村民小组，总户数1639户，户籍人口4413人，外来暂住人口2200余人。村党总支下设5个党支部，有党员178人。至年末，区域内私营企业超百家，全村实现工业销售4.1亿元，利税8200万元，技改投入2100万元，新建标准型厂房4600平方米，村级实际可用财力518万元，比上年增23%。发展中的常丰村着力于各项社会事业同步建设，社区服务中心设施齐全，包括一站式服务大厅、医疗服务中心、健身路径、篮球场、书画室、图书阅览室等。全年实事工程投入超过140万元，新筑道路近1万平方米，新筑桥梁3座，方便村民安全出行。该村先后获江苏省卫生村、江苏省生态村、江苏省民主法制示范村、苏州市“实践科学发展、推进‘两个率先’先锋村”、张家港市文明村标兵、张家港市文明社区等称号。

1 村党总支书记展高
2 村委会办公楼
3 社区广场文体活动——常丰杯篮球赛
4 村公共健身场所
5 动迁安置小区

登全村

登全村位于乐余镇最北端，北濒长江与南通隔江相望，距镇区约5千米，新204国道穿村而过，水陆交通非常便利。全村总面积2.15平方千米，有村民小组18个，农户724户2309人。村党总支下设3个党支部，有党员55人。

20世纪80年代起逐步形成花木特色产业，全村栽种面积44.67公顷。2012年村集体开始种植苗木，品种以法国冬青、香圆、桂花为主，2013年种植面积13.33公顷，成为沙洲片最大的法国冬青种植基地。

2013年年末，村内有私营企业14家，村级经济总收入374万元，村级净资产1068万元。全村村组道路全部硬化，建成永久性农业设施5000米，社区服务中心设施齐全，包括社区广场、一站式服务大厅、医疗服务中心、乒乓室、书画室、图书室等。登全村先后被评为江苏省卫生村，苏州市充分就业村、民主与法制示范村，张家港市文明村、文明社区、治安防范先进集体、创建人口协调发展先进村、绿色行动先进集体、农村基层党风廉政建设示范村。

1 市委书记姚林荣考察村苗木基地

2 村党总支书记陈向东

3 法国冬青苗木基地

4 村委会办公楼

乐西村

乐西村位于乐余镇镇郊结合部，东至恤济港，南与乐余村相邻，西与锦丰镇交界，北至常通港。有户籍人口2784人，农户825户，村民小组16个，党员81人。村社区服务中心建于2007年8月，占地面积2000平方米，其中建筑面积1400平方米、篮球场600平方米，有绿地面积800平方米。建有食用菌基地5.33公顷、苗木基地6.67公顷。

乐西村有村属企业23家，2013年实现工业销售收入2.2亿元，实现利税876万元，村可用财力196万元，农民纯收入1.82万元。在村级经济快速发展的同时，各项社会事业不断完善，村风民风明显改观。近年，新建篮球场、老年活动中心、乒乓室、图书室、卫生服务站、爱心超市等健身、休闲、服务、娱乐场所，不断满足社区居民精神文化生活需求。乐西村先后获张家港市文明社区、创建人口协调发展模范村、人口和计划生育先进集体等称号，村调委会获苏州市规范化村（社区）人民调解委员会称号。

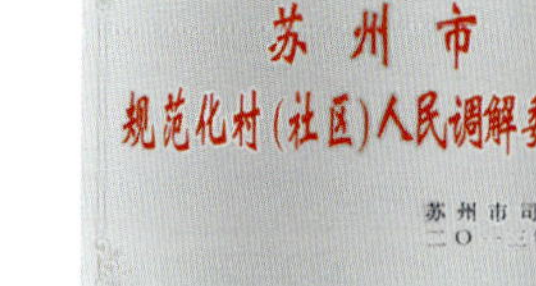

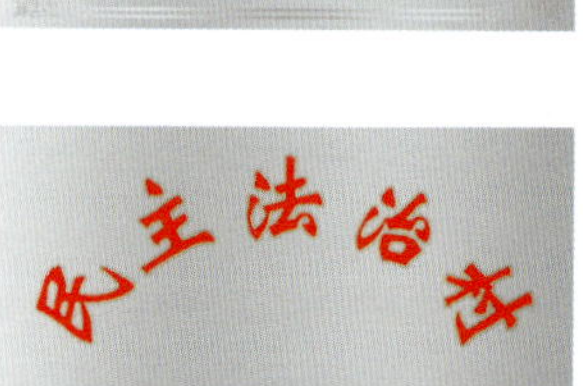

1 社区党总支书记张健

2 社区工作人员合影

3 江苏国泰国际集团领导考察食用菌基地

4 利康源食用菌生产基地

5 利康源食用菌基地鸟瞰图

庙港村

庙港村位于乐余镇最南部，港丰公路贯穿东西，乐兴南路贯穿南北，交通便利，地理位置优越。全村总面积2.25平方千米，有村民小组18个，动迁安置小区1个，农户929户，户籍人口2584人。村党总支下设7个党支部，有党员84人。

2013年，村内有私营个体企业19家，实现工业销售2.06亿元，利税1000万元，拥有村级可用财力202万元，村民人均纯收入23113元。村集体经营耕种水稻30余公顷，其中无公害水稻13.33公顷，生产的“乐你我”无公害有机大米口感香软，受到社会各界的喜爱和好评。

村社区服务中心设施齐全，包括社区广场、一站式服务大厅、健康室、医疗服务中心、乒乓室、书画室、图书阅览室等。庙港村先后获张家港市文明村、文明社区、计划生育示范村、社会保障先进单位等称号。

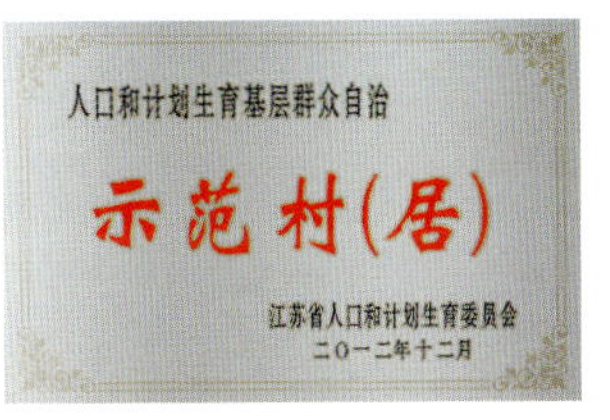

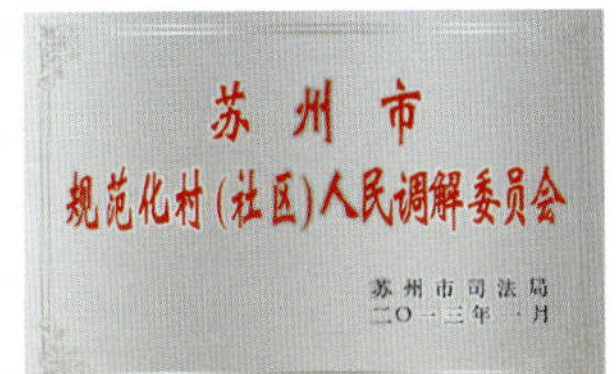

1 村党总支书记印忠良
2 社区服务中心
3 “乐你我”超有机大米
4 无公害水稻基地
5 骨干企业
6 庙港小区外景

南丰镇

南丰镇位于张家港市东北部，东连常阴沙农场，北接乐余镇，南邻塘桥镇，西与杨舍镇、锦丰镇毗邻。2013年3月东沙划入后，总面积62.47平方千米。辖1个办事处，12个行政村，4个社区居委会。全镇总户数22467户，有户籍人口57048人，暂住人口25680人。境内共有企业647家，其中工业企业528家，销售收入超1亿元的工业企业15家，全年实现工业开票销售收入631亿元。2013年，全镇实现地区生产总值109.05亿元，按户籍人口计算，人均国民生产总值为19.12万元；完成全口径财政收入15.59亿元，其中公共财政预算收入6.6亿元，入库税收15.25亿元；完成全社会固定资产投资55.15亿元。2013年，南丰镇获全国学习型社区示范镇、2010～2012年度江苏省文明镇、江苏省人居环境范例奖、苏州市现代化新农村建设示范镇等荣誉称号，实现“张家港市文明区镇标兵”三连冠。

1

2

3

4

5

6

7

8

9

10

11

12

1 4月22日，中央组织部常务副部长陈希到南丰镇调研

2 6月5日，省委副书记石泰峰到南丰镇调研

3 4月27日，省委常委、政法委书记李小敏到南丰镇调研

4 5月17日，全国县域义务教育均衡发展现场会代表参观南丰小学

5 3月11日，乐余镇、南丰镇行政区划调整宣布大会召开

6 4月13日，"家在苏州美丽南丰"现场展示活动在苏州观前街举行

7 12月28日，中共南丰镇第十次代表大会第四次会议召开

8 9月29日，南丰镇第二十七届全民运动会开幕

9 11月8日，"和美南丰百姓舞台"文化惠民演出暨"一村一品"特色展演举行

10 5月28日，"大爱南丰"主题活动启动暨"爱心驿站"揭牌仪式举行

11 11月26日，全市"三约三会"现场推进会在南丰镇举行

12 9月24日，市农村资源集中交易平台建设现场会在南丰镇举行

永联村

永联村位于南丰镇东部，区域面积10.5平方千米，总人口10931人。村党委下设2个党总支，有党员692人。2013年，永联村加快经济转型升级，全村基本形成钢铁、重工、物流、建设、金融投资、旅游餐饮等六大产业板块，累计实现销售收入355亿元，村级可用财力1.07亿元。加大惠民福民力度，增设尊老金，提升奖学助学金发放标准，拿出800余万元奖励村民学电脑上网，投入400万元建设全国农村首个公共自行车系统，村民年人均收入达到32937元。创新乡村治理结构，积极推进村民委员会制向经济合作社制转变，完成10676名社员的确权工作。加强精神文明建设，利用新建的村民议事厅，创新开展村民议事会、“文明大家谈”等活动，并依托爱心互助街，成立志愿者联合会，积极吸纳村民奉献爱心，促进社会文明和谐。年内，永联村获中国最有魅力休闲乡村、江苏最具魅力休闲乡村金牌村、苏州市现代化新农村建设示范村等多项荣誉。永联村党委书记吴栋材当选全国道德模范。

1 3月28日，省委副书记、省长李学勇到永联村调研

2 7月6日，“一个村的中国梦”报告文学《江边中国》首发式在永联村举行

3 3月2日，中国最有魅力休闲乡村发布会在永联议事厅举行，永联村被评为中国最有魅力休闲乡村之一

4 12月1日，2013年寻找最美乡村推介活动在永联村举办

5 4月14日，“美丽乡村快乐行·走进永联”活动在永联村举行

6 1月28日，永联议事厅启用暨永联小镇度假酒店开业仪式举行

7 2月17日，永钢集团200万吨精品棒材项目开工奠基

8 11月3日，2013年张家港长江文化旅游系列活动暨永联农耕文化节开幕式在永联小镇举行

9 9月11日，中国监察学院伊拉克预防腐败犯罪官员研修班到永联村考察

10 7月20日，盛泰通用码头工程竣工、江苏宏泰物流有限公司成立、张家港东沙物流园开发有限公司成立庆典仪式举行

11 12月10日，永钢集团获批设立国家级博士后科研工作站

12 7月6日，永联村文学艺术界联合会成立

大新镇

大新镇位于张家港市西北部，北濒长江，西临张家港保税区和江苏扬子江国际化学工业园，东接江苏扬子江国际冶金工业园，全镇总面积40.48平方千米，境内有7.9千米长江岸线。下辖10个行政村和3个社区居民委员会，户籍人口37836人，外来暂住人口31002人。2013年实现地区生产总值32.13亿元。完成全社会固定资产投资14.84亿元，入库税金4.13亿元。实现工业产品销售收入69.17亿元。年末有企业693家，其中工业企业590家。销售超1亿元的企业9家，创利税2.78亿元。年内新增高标准农业面积136.67公顷，设施农业面积43.33公顷，添置各类农机具49台套，发放涉农补贴和奖农资金2304.5万元，惠及农户7908户。全镇农民人均纯收入23772元，比上年增15.5%。累计城镇职工养老保险参保18558人，参保率99.8%。

大新镇先后获国家卫生镇、全国环境优美镇、江苏省新型示范小城镇、江苏省文化科技进步镇和江苏省教育现代化先进镇等荣誉。

1 大新镇夜景
2 农民居住区
3 老有所乐
4 新大新科创园
5 2013人新镇“美丽秧歌，幸福大新”网格PK赛决赛暨颁奖仪式

桥头村

桥头村位于大新镇西南方，由原龙华、桥头、福善三个市级扶贫村合并而成，东临朝东圩港村、南靠龙潭村、西依金港镇朝南村、北接段山村，港丰公路穿村而过，全村总面积3.24平方千米，共有32个村民小组，总户数1158户，总人口3430人，有党员167人，耕地86.53公顷，私营企业41家。

在注重经济全面发展的同时，桥头村委领导班子始终秉持着为村民办好事、办实事的工作原则，紧跟时代步伐，脚踏实地，大力倡导科学文明的生活方式，提高农民素质。同时，开展一系列实事工程，村容村貌不断改善。

1 村党总支书记朱杏春

2 村“老娘舅”调解服务站连续3年获市“十佳百优”社会组织称号

3 村委会办公楼

4 陈家埭兴建新农村示范点

5 村金桥舞蹈队获得大新镇秧歌PK赛二等奖

6 市创奇机械有限公司

1

2

3

4

5

6

龙潭村

龙潭村位于大新镇西南部，东临中山村，南靠杨舍镇晨南村，西依金港镇晨阳村，北接桥头村，港丰公路横穿而过。2004年由晨北村、龙潭村、施家村三村合并而成。总面积4.78平方千米，辖36个村民小组，人口4225人，耕地面积295公顷。村党总支下设7个党支部，共有党员152人。

近年，龙潭村紧紧围绕三年村级经济提增计划目标，整合龙潭村资源优势，加大招商引资力度，大力发展高效设施农业，加快发展村级经济。有村级企业28家，其中销售超1000万元企业4家。2013年，龙潭村实现工业开票销售收入1.7亿元，村级可用财力203.6万元。该村朝东埭于2012年被授予江苏省三星级“康居乡村”称号。村党总支于2013年被评为大新镇先进基层党总支。

1 市委书记姚林荣考察江源生态养殖专业合作社
2 龙潭村党总支书记秦燕军
3 村委会办公楼
4 华诚混凝土构件有限公司
5 江源生态养殖专业合作社全景
6 山羊养殖

双山岛旅游度假区

双山岛旅游度假区位于张家港市西北郊，地处张家港作业航道与长江主航道之间，与苏州、无锡、泰州和南通四市的长江水域相连接。全岛总面积约20平方千米，其中堤坝外滩涂湿地约4平方千米，堤坝内面积为16平方千米，环岛岸线共16.8千米。辖4个行政村，户籍人口10359人。双山岛是长江中下游地区原始生态环境保持最完好的“生态岛”之一，是镶嵌在长江下游的一颗璀璨的明珠，国际城市规划大师、两院院士、清华大学一级教授吴良镛先生曾用“黄金有价，宝岛难求”的诗句来赞美双山岛。

全岛以农业经济为主，无工业，主要发展特色种养业，生产的“双山岛”牌绿色、有机农副产品广受周边消费者好评。岛内主要建有36洞江岛型水上高尔夫球场、五星级标准高尔夫度假酒店、大伯墩湿地公园、渡江战役纪念碑等功能景区。

2011年12月，双山岛旅游度假区党工委、管委会成立，成为张家港市一个全新的板块。2012年7月1日，双山岛旅游度假区党工委、管委会正式揭牌运作。2012年9月，双山岛旅游度假区成功创建省级旅游度假区。未来将以“长江慢岛、沙上绿洲”为主题定位，建设融生态低碳度假、地域文化体验、品尚运动养身为一体的江岛型慢生活旅游度假目的地，打造成为国内著名的生态旅游、低碳旅游示范区，国家森林公园、国家级旅游度假区以及国家AAAAA级旅游景区。

1 苏州市副市长徐美健、张家港市委书记姚林荣考察双山岛规划情况

2 双山高尔夫球场

3 双山岛水上森林效果图

4 大伯墩湿地公园

5 新建成的航运大楼

6 快乐骑行

常阴沙现代农业示范园区

常阴沙现代农业示范园区东临长江，是国家农业产业化示范基地、江苏省现代农业产业园区和张家港市发展现代农业的核心区域。总面积37.45平方千米，其中耕地面积2350公顷，辖7个社区、1个居委会，有户籍人口20217人，外来暂住人口3763人。

2013年，园区把握“创新争先突破年”工作主基调，全力做好“调结构、强特色、惠民生、促和谐”的各项工作。富民强区步伐不断加快，“生态宜居地、幸福常阴沙”指数持续攀升。成功申报并被认定省级民营科技企业2家、技术开发备案企业5家，产学研合作企业3家，农业产学研合作项目11个。推广农业高效栽培实用技术6项，其中高效栽培新技术2项。农业种植新品种122种。同时，根据苏州市委、市政府“打造苏南最高水平农业园”的总要求，坚持“开发区模式建设、公司化模式运作”，集约要素资源，科学规划，加大投入，已形成“南北高效果蔬、中部绿色稻米、滨江特色水产”的三大主导产业。成功举办首届常阴沙油菜花节，“苏南第一花海”效应初步显现。“常阴沙”大米被国家工商行政管理总局商标局核准注册为地理标志证明商标。园区被农业部批准认定为国家农业产业化示范基地。常兴社区创建成苏州市美丽村庄示范点。

1 7月11日，江苏省委常委、苏州市委书记蒋宏坤到园区考察

2 10月17日，苏州市委常委、苏州市工业园区党工委书记王翔考察常阴沙知青文化主题馆

3 7月31日，苏州市政协副主席、市农委主任蒋来清考察园区农业生产情况

4 2014年第二届油菜花节开幕式

5 江滨生态游

6 常阴沙花海门楼

7 花海游

8 工厂化水稻育苗中心

9 澳洋快繁中心

10 美丽村庄

11 居民住宅

相约常阴沙 共浴花海湖
张家港市第二届常阴沙油菜花节开幕式
暨文明旅游启动仪式
市文明办 市农委 市旅游局
张家港市常阴沙现代农业示范园区管委会
张家港常阴沙文化旅游发展有限公司
张家港市香樟文化产业联合会（香樟文化联盟）

常阴沙花海

千年古村

美丽金村

省三星级“康居乡村”金村苑

金村古街

1926年中共金村支部旧址——园茂里